Le Routard

# Brésil

## 2022/2023

Cofondateurs : Philippe GLOAGUEN et Michel DUVAL

Directeur de collection et auteur
Philippe GLOAGUEN

Rédacteurs en chef adjoints
Amanda KERAVEL
et Benoît LUCCHINI

Directrice de la coordination
Florence CHARMETANT

Directrice administrative
Bénédicte GLOAGUEN

Directeur du développement
Gavin's CLEMENTE-RUIZ

Conseiller à la rédaction
Pierre JOSSE

Responsable voyages
Carole BORDES

Direction éditoriale
Élise ERNEST

Rédaction
Isabelle AL SUBAIHI
Emmanuelle BAUQUIS
Mathilde de BOISGROLLIER
Marie BURIN des ROZIERS
Camille CAMPET
Véronique de CHARDON
Laura CHARLIER
Florence CHARMETANT
Fiona DEBRABANDER
Anaëlle HASCOËT
Géraldine LEMAUF-BEAUVOIS
Alain PALLIER
Anne POINSOT
Alexia POULAIN

hachette

# TABLE DES MATIÈRES

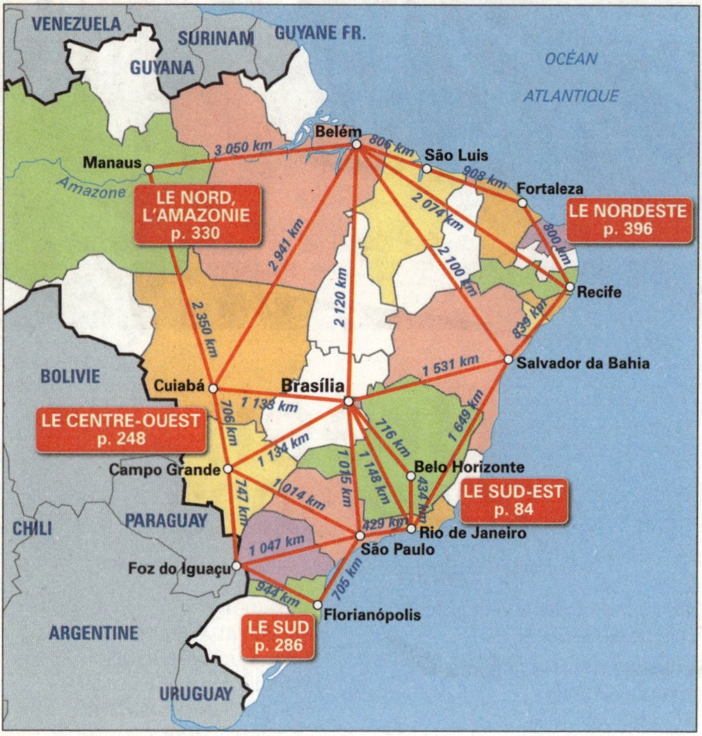


## PRÉAMBULE



## COMMENT Y ALLER ? ........................ 36



## BRÉSIL UTILE ........................ 52

## Pictogrammes du Routard

**Établissements**

- Hôtel, auberge, chambre d'hôtes
- Camping
- Restaurant
- Terrasse
- Pizzeria
- Boulangerie, sandwicherie
- Pâtisserie
- Glacier
- Café, salon de thé
- Café, bar
- Bar musical
- Club, boîte de nuit
- Salle de spectacle
- Boutique, magasin, marché

**Infos pratiques**

- Office de tourisme
- Poste
- Accès Internet
- Hôpital, urgences
- Adapté aux personnes handicapées

**Sites**

- Présente un intérêt touristique
- Point de vue
- Plage
- Spot de surf
- Site de plongée
- Recommandé pour les enfants
- Inscrit au Patrimoine mondial de l'Unesco
- Pas de côté

**Transports**

- Aéroport
- Gare ferroviaire
- Gare routière, arrêt de bus
- Station de métro
- Station de tramway
- Parking
- Taxi
- Taxi collectif
- Bateau
- Bateau fluvial
- Piste cyclable, parcours à vélo

**« OSONS LE PAS DE CÔTÉ »**

**Le surtourisme ?** Tous concernés. Et pourtant, à l'écart des grands flux touristiques, il existe plein de pépites méconnues, souvent oubliées des circuits trop encombrés. Ici un site ignoré ; là un quartier secret ; plus loin un village caché au charme discret, avec un troquet d'une autre époque. Il existe une infinité de lieux peinards que l'on a envie de mettre en avant avec ce pictogramme. Un vagabondage enfin calme favorisé aussi par les **visites aux heures creuses**. Vive le *slow trip* !

**#osonslepasdecote**

# LA RÉDACTION DU ROUTARD

© R. Delalande et E. Dessons

**La saga du *Routard* :** en 1971, 2 étudiants, Philippe et Michel, avaient une furieuse envie de découvrir le monde. De retour du Népal germe l'idée d'un guide différent qui regrouperait tuyaux malins et itinéraires sympas, destiné aux jeunes fauchés en quête de liberté. 1973. Après 19 refus d'éditeurs et la faillite de leur 1re maison d'édition, l'aventure commence vraiment avec Hachette. Aujourd'hui, le *Routard*, c'est plus d'une cinquantaine d'enquêteurs impliqués et sincères. Ils parcourent le monde toute l'année dans l'anonymat et s'acharnent à restituer leurs coups de cœur en toute indépendance.

**Merci à tous les Routards qui sont solidaires de nos convictions :** liberté et indépendance d'esprit ; découverte et partage ; sincérité, tolérance et respect des autres.

## NOS SPÉCIALISTES BRÉSIL

**Fiona Debrabander :** franco-britannique, passionnée d'histoire, de musique et de cinéma, elle apprécie autant prendre le thé après un trek qu'un café au comptoir, les bains de foule sur les marchés que les bains de minuit en bord de mer. Avide de rencontres et de nature, au coin de la rue ou au bout du monde, elle sillonne la planète avec l'envie de partager ses découvertes.

**Fabrice de Lestang :** il s'est longtemps levé bien tard puis a subitement réalisé, à 22 ans, que la vie c'est le mouvement. Régisseur sur les plateaux de tournage 7./7, il est passé avec bonheur des décors de studio aux paysages réels. Au *Routard* depuis plus de 20 ans, il se lève désormais très tôt et affiche plus de 100 voyages au compteur.

**Emmanuel Juste :** sa première passion fut la géographie. Petit déjà, il dévorait les atlas qui le faisaient rêver plus que tout ! Aujourd'hui, après une maîtrise en langues et un peu d'enseignement, sa fascination pour les cartes est intacte mais c'est sur le terrain qu'il découvre la surface du monde. Un ravissement qu'il partage depuis 15 ans, en tant qu'enquêteur, sans modération !

## Important : dernière minute

Entre deux parutions du *Routard*, des événements fortuits (conditions sanitaines, catastrophes naturelles mais aussi formalités, taux de change, conditions d'accès aux sites, fermetures inopinées, etc.) peuvent modifier vos projets de voyage. Pour éviter les déconvenues, nous vous recommandons de consulter la rubrique « Guide » par pays de notre site **• routard.com •** et plus particulièrement les dernières ***Actus voyageurs.***

## UN GRAND MERCI À NOS AMI(E)S SUR PLACE

**Pour cette nouvelle édition, nous remercions particulièrement :**

- **Alain, Clicea, Pauline,** et les amis à Rio de Janeiro ;
- **Axel,** jeune entrepreneur et guide passionné par Rio est son quartier fétiche de Santa Teresa ;
- **Sacha,** fin gourmet, passionné par la mise en valeur de la gastronomie et des produits brésiliens ;
- **Cécile et Marcelo,** pour leurs bonnes infos et leur bonne humeur ;
- **Patrice Bouvier,** pour ses bons tuyaux ;
- **Carolina Albuquerque,** pour son aide précieuse à Recife ;
- **Julien,** à São Luis do Maranhão ;
- **Stéphane Roerich,** au top sur Pipa ;
- **Izabella Borges,** qui nous a bien aiguillés à Olinda.

## NOS ENQUÊTEURS-FURETEURS

**Nous tenons à remercier tout particulièrement Loup-Maëlle Besançon, Thierry Bessou, François Chauvin, Grégory Dalex, Fabrice Doumergue, Cédric Fischer, Carole Fouque, Guillaume Garnier, Nicolas George, Michelle Georget, David Giason, Claude Hervé-Bazin, Emmanuel Juste, Fabrice de Lestang, Éric Milet, Pierre Mitrano, Louis Nagot, Olivier Page, Jean-Sébastien Petitdemange, André Poncelet, Thomas Rivallain et Jean Tiffon pour leur collaboration régulière.**

Guillem Aurenche, Andrea Blin, Jean-Jacques Bordier-Chêne, Philippe Coupy, Agnès Debiage, Jérôme Denoix, Tovi et Ahmet Diler, Clélie Dudon, Agustina Ernesta, Alain Fisch, Hermine Frachon, Adrien et Clément Gloaguen, Simon Hafi, Chloé Iacono, Lawrence Lemoine, Maeva Libessart, Marine Lucas, Lise Machu, Elisa Moreau, Martine Partrat, Odile Paugam et Didier Jehanno, Orianne Pouchard, Marva Prevost, Alexia Rambaud, Prakit Saiporn, Lara Tantawi, Sarah Toson, Lucas Truffier-Blanc, Emma Vadillo Quesada.

# DU CÔTÉ D'HACHETTE-LIVRE

**Direction :** Sidonie Chollet

**Direction éditoriale :** Élise Ernest

**Édition :** Matthieu Devaux, Olga Krokhina, Gia-Quy Tran, Julie Dupré, Amélie Ramond, Margaux Lefebvre, Lucie Léna, Joséphine Bonneau, Morgane Zambrelli et Tony De Sousa

*Ont également collaboré :* Dorica Lucaci, Alba Bastida, Nathalie Foucard et Jeanne Labourel

**Cartographie :** Frédéric Clémençon et Aurélie Huot

**Contrôle de gestion :** Jérôme Boulingre et Yannis Villeneuve

**Marketing :** Clotilde Tougeron et Margot Guinotte

**Assistance :** Julia Lorrain

**Fabrication :** Nathalie Lautout, Liza Sacco et Aude Cauchet

**Relations presse :** COM'PROD, Fred Papet et Laëtitia de Cerval. ☎ 01-70-69-04-69. • info@comprod.fr • Martine Levens (Belgique) ☎ +32-47-568-35-76.

**Contact Partenariats :** Jérôme Denoix • jeromedenoix@gmail.com •

**Contact Partenariats et régie pub :** Florence Brunel-Jars • fbrunel@hachette-livre.fr •

**Silhouette du Routard :** Clément Gloaguen (d'après Solé)

**Couverture :** le-bureau-des-affaires-graphiques.com ; **Maquette intérieure :** le-bureau-des-affaires-graphiques.com, Thibault Reumaux et npeg.fr

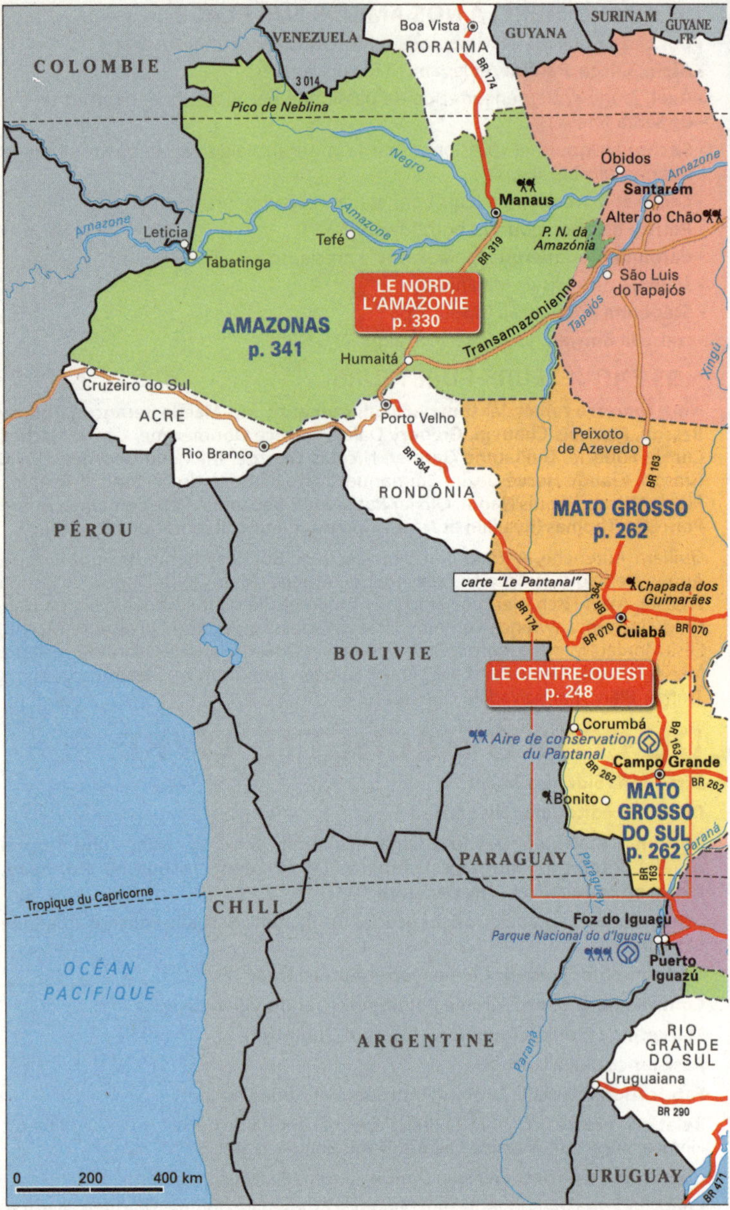

COLOMBIE
VENEZUELA
GUYANA
SURINAM
GUYANE FR.
Boa Vista
RORAIMA
BR 174
3 014
Pico de Neblina
Negro
Óbidos
Amazone
Santarém
Manaus
Alter do Chão
Amazone
Leticia
Tabatinga
Tefé
Amazone
P. N. da Amazônia
BR 319
São Luis do Tapajós
LE NORD, L'AMAZONIE p. 330
AMAZONAS p. 341
Transamazonienne
Tapajós
Xingu
Humaitá
Cruzeiro do Sul
ACRE
Porto Velho
Rio Branco
BR 364
Peixoto de Azevedo
BR 163
RONDÔNIA
MATO GROSSO p. 262
PÉROU
carte "Le Pantanal"
Chapada dos Guimarães
BR 364
BR 174
Cuiabá
BR 070
BR 070
BOLIVIE
LE CENTRE-OUEST p. 248
Corumbá
Aire de conservation du Pantanal
BR 163
BR 262
Campo Grande
BR 262
Bonito
MATO GROSSO DO SUL p. 262
Paraná
PARAGUAY
Paraguay
BR 163
Tropique du Capricorne
CHILI
Foz do Iguaçu
Parque Nacional do d'Iguaçu
Puerto Iguazú
OCÉAN PACIFIQUE
ARGENTINE
Paraná
RIO GRANDE DO SUL
Uruguaiana
BR 290
0
200
400 km
URUGUAY
BR 471

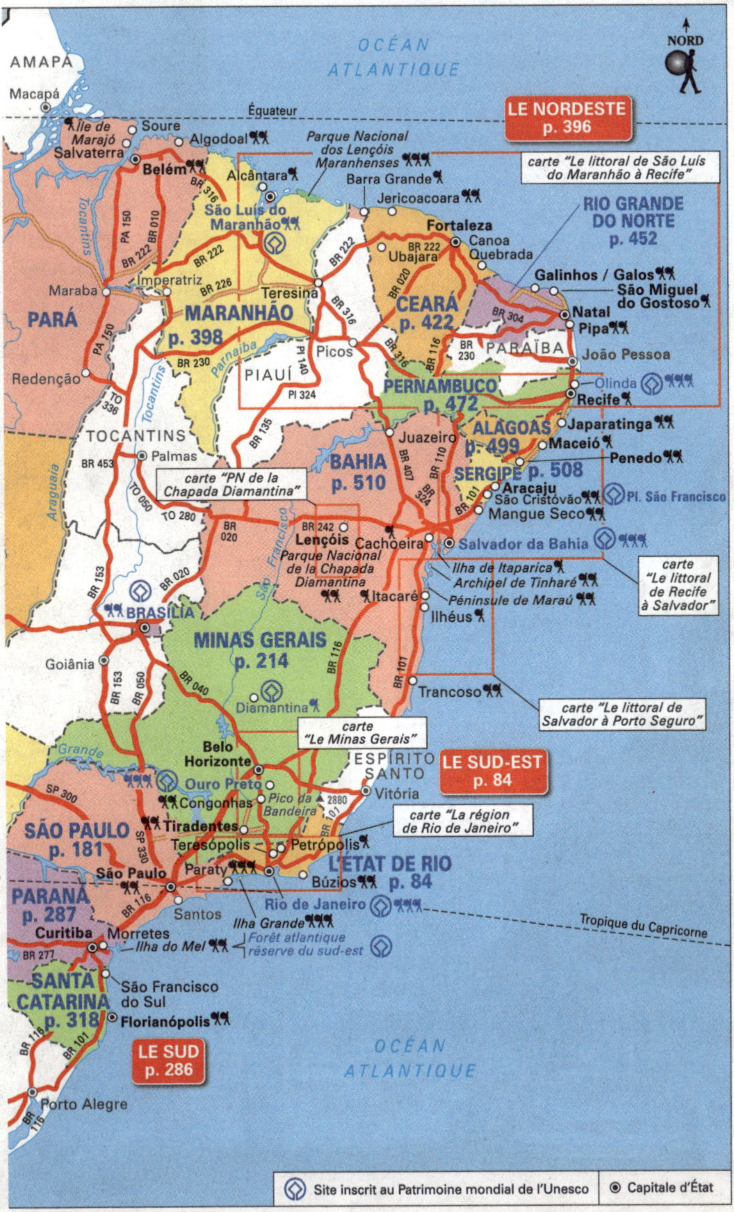
OCÉAN ATLANTIQUE
NORD
AMAPÁ
Macapá
Équateur
LE NORDESTE p. 396
Île de Marajó
Soure
Salvaterra
Algodoal
Parque Nacional dos Lençóis Maranhenses
carte "Le littoral de São Luís do Maranhão à Recife"
Belém
Alcântara
Barra Grande
Jericoacoara
São Luís do Maranhão
RIO GRANDE DO NORTE p. 452
Fortaleza
Canoa Quebrada
Ubajara
Imperatriz
Teresina
Galinhos / Galos
São Miguel do Gostoso
Maraba
PARÁ
MARANHÃO p. 398
CEARÁ p. 422
Natal
Pipa
Picos
PARAÏBA
João Pessoa
Redenção
PIAUÍ
Parnaíba
Tocantins
PERNAMBUCO p. 472
Olinda
Recife
TOCANTINS
ALAGOAS p. 499
Japaratinga
Juazeiro
Maceió
Penedo
Palmas
BAHIA p. 510
SERGIPE p. 508
carte "PN de la Chapada Diamantina"
Aracaju
São Cristóvão
Pl. São Francisco
Mangue Seco
Araguaia
Lençóis
Cachoeira
Salvador da Bahia
Parque Nacional de la Chapada Diamantina
São Francisco
Ilha de Itaparica
Archipel de Tinharé
Itacaré
Péninsule de Maraú
carte "Le littoral de Recife à Salvador"
BRASÍLIA
Ilhéus
MINAS GERAIS p. 214
Goiânia
Trancoso
Diamantina
carte "Le littoral de Salvador à Porto Seguro"
carte "Le Minas Gerais"
Belo Horizonte
ESPÍRITO SANTO
LE SUD-EST p. 84
Grande
Ouro Preto
Congonhas
Pico da Bandeira
2880
Vitória
SÃO PAULO p. 181
Tiradentes
carte "La région de Rio de Janeiro"
Teresópolis
Petrópolis
L'ÉTAT DE RIO p. 84
Paraty
São Paulo
Búzios
PARANÁ p. 287
Santos
Rio de Janeiro
Ilha Grande
Tropique du Capricorne
Curitiba
Morretes
Ilha do Mel
Forêt atlantique réserve du sud-est
SANTA CATARINA p. 318
São Francisco do Sul
Florianópolis
LE SUD p. 286
Porto Alegre
Site inscrit au Patrimoine mondial de l'Unesco
Capitale d'État

# LE BRÉSIL

Centre-ville de São Paulo

*« Dans les contes pour enfants, les princesses embrassent des crapauds. Dans la vie réelle, les princesses embrassent les princes et ceux-ci se transforment en crapauds. »*
*Paulo Coelho*

**Plus qu'un pays en Amérique du Sud, le Brésil est un continent dans le continent :** près de 8 515 770 km$^2$, 286 fois la Belgique, près de 16 fois la France !
**« Terre de contrastes »,** a dit l'anthropologue Roger Bastide dans une formule qui fit succès : matérialisme brutal contre mysticisme exacerbé, splendeur fastueuse du carnaval contre misère des *favelas*, baroque colonial contre délires futuristes de Brasília, ardente ferveur chrétienne et transes renvoyant aux racines africaines d'une partie de la population, fortunes colossales contre pauvreté endémique… On ne finirait pas d'en dresser l'inventaire.
De l'**Amazone** infini aux colossales **chutes d'Iguaçu,** du quadrilatère de la sécheresse dans le Sertão au territoire marécageux du Pantanal, ici, la nature atteint les extrêmes de la démesure.
**La démesure !** Voilà peut-être le mot-clé pour définir le Brésil.
On vient découvrir ce pays pour ses **plages,** pour sa **chaleur,** pour sa **musique,** pour la folie unique au monde de son **carnaval,** pour son **énergie** incroyable comme pour ses **langueurs,** pour ses **forêts tropicales** humides et la **jungle de ses villes…** et surtout pour ébranler ses certitudes, au contact d'un **peuple extrêmement accueillant,** qui a conservé sa joie de vivre malgré les difficultés.
Le Brésil, une frontière culturelle à franchir allègrement et à vivre intensément.

*Vue de Recife depuis Olinda*

© Pompe Ingolf/hemis.fr

# NOS COUPS DE CŒUR

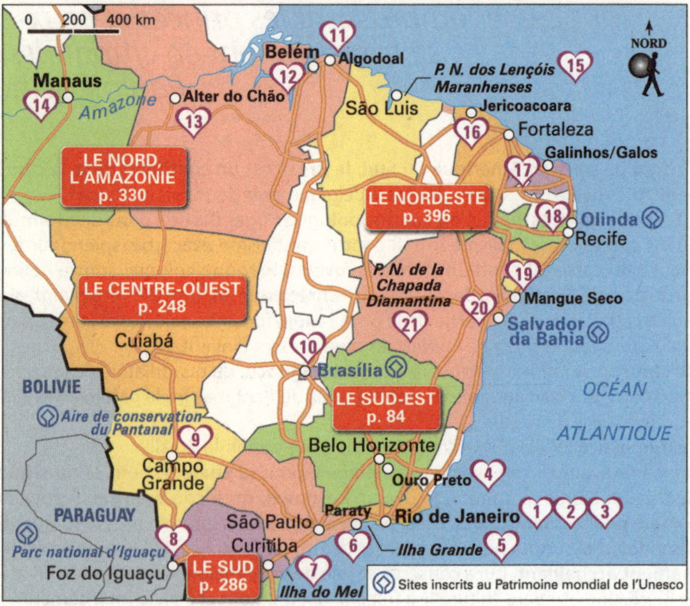


1 **À Rio, grimper au sommet du Corcovado et du Pain de Sucre, deux extraordinaires points de vue sur la ville et sa baie, uniques au monde.**
La *cidade maravilhosa* (« ville merveilleuse ») porte bien son nom. Sa beauté dépasse l'imagination : aucune ville n'aligne une telle succession de baies, de plages superbes, au pied d'un relief aussi accidenté qu'arboré ! Pour saisir la folie urbaine qu'est Rio, il faut d'abord la voir d'en haut. Depuis le Corcovado ou le Pain de Sucre, on jouit d'une vue panoramique grandiose. *p. 140, 142*
***Bon à savoir :*** *les deux visites sont complémentaires pour apprécier la topographie de la ville. Pour le Pain de Sucre, réserver son billet en ligne, par CB, c'est moins cher et ça permet de couper la file.*

© Gunter-Solomango/OnlyWorld.net

2 **Déambuler le long des plages de Copacabana et d'Ipanema.**
Peu de grandes métropoles sont capables d'aligner de telles plages de sable fin en plein centre. Longue de près de 4,5 km, la légendaire plage de Copacabana s'étire entre le Pain de Sucre au nord et la pointe d'Arpoador au sud. Le long de la promenade ou les pieds dans le sable, la balade est très agréable, égayée par les joueurs de foot ou par les œuvres des sculpteurs sur sable. Ipanema est plus chic, tout comme Leblon. *p. 145, 146*
***Bon à savoir :*** *venir à l'heure du coucher de soleil pour apprécier un des plus beaux clichés de Rio. Le dimanche, la moitié de la chaussée est fermée à la circulation automobile, de Flamengo à Leblon. Idéal pour arpenter le coin à pied, à vélo, en roller, etc.*

3 **Participer au carnaval : défiler avec une *escola do samba* à Rio, suivre un *trio elétrico* à Salvador ou se mêler à la foule à Olinda…**

Découvrir le Brésil pendant le carnaval, c'est plonger dans l'âme du pays. Rio, Salvador, Olinda… Chaque carnaval a sa particularité, les costumes éblouissent, les couleurs claquent, la musique percute, les corps chaloupent tout autant ! Plein d'autres carnavals réputés dans le pays, notamment à Florianópolis, au sud, ou à São Paulo ! *p. 86, 489, 525*

***Bon à savoir :*** *le carnaval a lieu en février ou en mars, 4 jours avant le mercredi des Cendres, mais les festivités débutent plusieurs semaines à l'avance, avec les répétitions.*

**4 Découvrir le génie de l'Aleijadinho à Ouro Preto, dans l'État du Minas Gerais.**

Classée par l'Unesco, cette superbe ville coloniale ramène le visiteur au XVIIe et XVIIIe s, lorsque l'or fit la fortune des *bandeirantes* et du Portugal, permettant la construction d'églises baroques toutes plus belles les unes que les autres, que l'on relie par un lacis de ruelles pavées au charme exceptionnel. L'Aleijadinho, le « Michel-Ange brésilien », bien qu'estropié, y donna toute la mesure de son talent. *p. 223*

***Bon à savoir :** la plupart des églises sont fermées le lundi.*

**5 Séjourner à Ilha Grande, superbe île tropicale couverte de végétation.**

Cette île de 193 km² est un site protégé, sans voiture et avec une infrastructure touristique essentiellement limitée au village de Vila do Abraão. Un site naturel de toute beauté, propice à de belles balades sur les sentiers en forêt, qui mènent à des cascades ou à des plages isolées. Sympa aussi de faire le tour en goélette *(escuna)*, du *snorkelling* dans la laguna Azul ou même du surf sur la praia de Lopes Mendes. *p. 166*

***Bon à savoir :** liaisons en bateau fréquentes depuis Conceição de Jacarei (l'embarcadère le plus proche d'Ilha Grande) à 140 km de Rio. Beaucoup de monde pendant les fêtes et vacances d'été brésiliennes (décembre-février).*

© M&G Therin-Weise/Age fotostock

**6** **Flâner dans les ruelles de Paraty, splendide petite ville du XVIIIe s.**
Un petit bijou colonial qui semble n'avoir pas bougé depuis sa fondation, lorsque Paraty était le port le plus important du pays. Le long de ses ruelles aux pavés irréguliers, églises et demeures coloniales lui confèrent un charme sans égal. Il faut aussi partir en bateau à la découverte des îlots alentour : la vue du village depuis la baie est très belle, tout comme les plages... *p. 174*
**Bon à savoir :** *liaisons en bus en 4h environ depuis Rio, 6h depuis São Paulo.*

© Chris Schmid Photography/Alamy/Hemis

**7** **Séjourner sur Ilha do Mel, petite île du Paraná qui recèle des plages vierges.**
Au large de Paranaguá, Ilha do Mel est une petite île paradisiaque que l'érosion sépare peu à peu en deux parties, uniquement reliées par un banc de sable. Au nord, une réserve écologique couverte de végétation abrite d'immenses plages de sable fin. Au sud, la plus petite partie de l'île concentre la majorité des insulaires autour de 2 petits villages. *p. 314*
**Bon à savoir :** *le nombre de visiteurs étant limité à 5 000 personnes/j., on embarque parfois au compte-gouttes, à mesure que les passagers débarquent.*

8 **Visiter les chutes d'Iguaçu, spectacle naturel impressionnant.**
Enserré dans la forêt tropicale, Iguaçu est un ensemble de 200 chutes que le Brésil partage avec l'Argentine et le Paraguay. La vue côté brésilien est saisissante et vertigineuse. Si certaines chutes ne sont que de minces filets d'eau, d'autres dépassent les 80 m de hauteur. Dans un nuage de vapeur d'eau et un grondement tonitruant, on assiste à un spectacle grandiose ! *p. 306*
***Bon à savoir :*** *ne pas manquer la visite côté argentin, tout aussi spectaculaire, en y consacrant 1 journée.*

9 **Observer la faune et les innombrables oiseaux qui peuplent le Pantanal, immense réserve naturelle.**
À cheval sur 2 États à la frontière avec la Bolivie, le Pantanal est une vaste plaine traversée par le río Paraguay et ses nombreux affluents. C'est la plus belle réserve naturelle d'animaux du Brésil, une occasion unique de côtoyer la faune locale (caïmans, oiseaux, etc.). Le Pantanal est sans aucun doute – avec l'Amazonie – la plus merveilleuse destination pour découvrir la nature brésilienne. *p. 263*
***Bon à savoir :*** *éviter la région en saison des pluies (novembre-avril) à cause des inondations.*

(10) **Découvrir Brasília, capitale dessinée par l'architecte Oscar Niemeyer.** Incroyable cité futuriste et utopique créée au milieu de nulle part, sur un plateau à 1 000 m d'altitude, construite en moins de 4 ans. Évoquant les décors d'un film de Jacques Tati, elle a été conçue par le génial et talentueux Niemeyer, disciple de Le Corbusier. Les trekkeurs urbains, les chasseurs d'images insolites, les amateurs d'architecture monumentale et d'urbanisme se régaleront… *p. 248*
***Bon à savoir :*** *loin de tout, s'y rendre de préférence en avion. 2 jours suffisent pour tout voir.*

(11) **En Amazonie, séjourner sur la petite île d'Algodoal, où l'on se déplace encore en charrette à cheval.**
L'attrait de ce paisible bout de terre réside surtout dans ses immenses plages désertes et son côté sauvage et rustique. Quant à l'intérieur de l'île, il abrite une brousse maritime peuplée d'une faune variée : perroquets, iguanes, singes… Amoureux de nature vierge et de vie simple, voici un endroit pour vous ! *p. 393*
***Bon à savoir :*** *période idéale de juin à décembre.*

12 **Remonter (ou descendre) l'Amazone en bateau depuis Belém ou Manaus.**
Qui n'a pas un jour rêvé de naviguer sur l'Amazone ? De nombreux bateaux vous attendent entre Belém, où le fleuve plonge dans l'océan Atlantique, et Manaus, la plus grande ville du centre de l'Amazonie. Ces bateaux sont le principal moyen de transport, la région ne disposant pas d'un réseau routier étendu. Pour parcourir 1 700 km, ils mettent 7 jours de Belém à Manaus et 5 jours dans l'autre sens… Allez, bon vent ! *p. 361*
***Bon à savoir :*** *la meilleure période correspond à la saison sèche, de juillet à décembre.*

13 **Faire escale à Alter do Chão, pour se prélasser sur les étendues de sable blanc, bordées d'eau turquoise.**
Alter do Chão est un village posé au bord d'un renfoncement creusé par le rio Tapajós. Tout autour, de superbes plages de sable blanc bordent un lagon dénommé *lago Verde*, qui prend une belle teinte turquoise lorsque les eaux sont basses. Ce qui n'empêche pas d'y aller toute l'année, car le cadre est très attrayant. *p. 367*
***Bon à savoir :*** *la meilleure période correspond à la saison sèche, de juillet à décembre.*

14 **S'enfoncer dans la forêt amazonienne, aux environs de Manaus, et passer une ou plusieurs nuits dans un hamac.**

Manaus est le point de départ idéal pour assouvir ses aspirations d'aventurier et partir à la découverte de la forêt tropicale. Pour vraiment « ressentir » le milieu amazonien, on optera pour une excursion itinérante, en bivouaquant chaque nuit à des endroits différents. Si votre condition physique vous le permet, l'expérience vous laissera des souvenirs inoubliables. *p. 358*

***Bon à savoir :** l'Amazonie, c'est avant tout une ambiance, une atmosphère, mais pas vraiment un lieu de safari car les animaux y vivent plutôt cachés.*

15 **Explorer le parc national dos Lençóis Maranhenses, véritable « Sahara » du Nordeste aux immenses dunes de sable blanc.**

Voici un de ces lieux privilégiés où la nature a créé de l'exceptionnel. Sur 155 000 ha, d'immenses dunes d'un sable blanc ondulent comme des draps (*lençois* en portugais) sur des dizaines de kilomètres, ponctuées par des lacs d'eau douce, des plages désertes où se réfugient tortues et oiseaux… Saisissant ! Un lieu fantastique, au sens 1er du terme. *p. 418*

***Bon à savoir :** période idéale de fin mars/avril à début septembre, lorsque les lagunes sont remplies d'eau (de pluie).*

16 **À Jericoacoara, déambuler en tongs, entre dunes et lagunes.**
Éloignée de tout et encore difficile d'accès, « Jeri » est une drôle de station balnéaire, atypique et branchée, les pieds dans le sable, littéralement. Au programme : cocotiers, dunes de sable fin, lagons d'eau douce qu'on rejoint en buggy. En prime, de sublimes couchers de soleil et des nuits animées au rythme du *forró*. Jericoacoara signifie « le lieu où les crocos dorment au soleil ». Imitons-les sans complexe ! *p. 422*
***Bon à savoir :*** *le site est aussi réputé pour le kitesurf qui se pratique d'août à décembre, lorsque le vent souffle fort !*

17 **Découvrir les petits villages de pêcheurs sur la côte du Nordeste.**
Du Maranhão à Bahia, le Nordeste est formé de 9 États alignés sur 3 500 km de côtes. Son littoral révèle des paysages côtiers parmi les mieux préservés du pays et abrite des villages de pêcheurs épargnés par l'agitation touristique, comme Mundaú, Galinhos, ou entre Japaratinga et Maceío. La mer, du sable et du vent, et puis c'est tout… C'est aussi ça, le Brésil ! *p. 430, 452, 501, 502*
***Bon à savoir :*** *l'idéal est de louer un véhicule pour plus de liberté. Certaines parties du littoral peuvent aussi se parcourir en buggy, avec une agence.*

18 **Parcourir les ruelles de la ville historique d'Olinda.**
Située à 7 km de Recife, la vieille ville d'Olinda est l'un des joyaux du Brésil. Son nom signifie d'ailleurs « Oh, la belle ! » en portugais. Ruelles escarpées bordées de maisons coloniales chatoyantes, églises baroques et fontaines mauresques : un centre historique dans son jus, plein de charme, mais aussi langoureux et chaleureux comme un air de bossa-nova. p. 488

***Bon à savoir :*** *une des périodes idéales pour visiter Olinda est décembre-janvier, avant la folie du carnaval.*

19 **Goûter aux joies du farniente à Mangue Seco, un bout du monde hors du temps.**

À mille lieues de l'atmosphère de bien des stations balnéaires animées de la côte, voici une immense plage quasi déserte face à l'océan, plantée de grappes de cocotiers, avec des dunes qui se déplacent sous l'effet du vent… et juste un petit village non loin, aux rues sablonneuses, pour se loger. De quoi, l'espace d'un ou plusieurs jours, oublier la vie moderne et renouer avec le silence et la force des éléments. *p. 511*

***Bon à savoir :*** *on y accède qu'en bateau depuis le micro-village de Pontal, où il faut laisser sa voiture.*

**20 Faire la fête dans le centre historique de Salvador (Pelourinho), au rythme endiablé des petites formations musicales.**

Si Salvador de Bahia séduit par son littoral, sa baie majestueuse et les splendeurs coloniales de son centre historique, la ville possède aussi une scène musicale parmi les plus riches du pays. Au Pelourinho, des petits concerts se tiennent presque chaque soir, aux terrasses des bars, sur les placettes et dans les ruelles. Laissez-vous guider par les rythmes brésiliens… *p. 548*

***Bon à savoir :*** *la meilleure période est celle des répétitions, de l'automne à février.*

**21 Explorer l'État de Bahia et randonner dans la spectaculaire Chapada Diamantina.**

À 400 km à l'ouest de Salvador, le parc national de la Chapada Diamantina est une splendide région de basse montagne, de canyons semés de cascades et de hauts plateaux. À une altitude moyenne de 1 000 m, c'est l'endroit idéal pour faire des randonnées inoubliables, notamment autour de la jolie ville coloniale de Lençóis. *p. 607*

***Bon à savoir :** à 6h de route de Salvador, compter minimum 4 jours de voyage et 3 nuits dans la Chapada.*

© Aldo Pavan/Sime/Photononstop

Plage d'Ipanema à Rio

# ITINÉRAIRES CONSEILLÉS

Voici plusieurs suggestions d'itinéraires qui peuvent s'enchaîner. Bien entendu, en fonction du mode de transport et des options choisies, les parcours peuvent rapidement s'allonger. Une quinzaine de jours peuvent suffire pour un avant-goût du Brésil, mais pour explorer une partie conséquente du pays, il faut nettement plus !

## Une semaine

### Rio de Janeiro et l'État de Rio

- **Du 1er au 3e jour : Rio de Janeiro (1).** À ne pas manquer : le Pain de Sucre et le Corcovado, les plages de Copacabana et d'Ipanema, le Centro et le quartier bohème de Santa Teresa, une virée nocturne à Lapa en fin de semaine.
- **Du 4e au 6e jour :** cap au sud vers **Ilha Grande (2)** et **Paraty (3)** : nature, plages idylliques, architecture coloniale et ambiance très relax.

Autre option à l'est de Rio : **Búzios (4),** ses nuits festives et ses nombreuses plages.

- **7e jour :** retour à **Rio (1)** pour passer le vendredi soir ou samedi soir sur place, au cœur de l'animation.

### Salvador et l'État de Bahia

- **Du 1er au 3e jour : Salvador da Bahia (1).** À ne pas manquer : les quartiers historiques du Pelourinho et de Santo Antônio, la basilique Nosso Senhor do Bonfim, une virée nocturne à Barra ou à Rio Vermelho.
- **Du 4e au 6e jour :** cap au nord avec un séjour balnéaire à **Praia do Forte (2)** ou à **Mangue Seco (3).**
- **7e jour :** retour à **Salvador (1)** pour passer le vendredi soir ou samedi soir sur place.

## 9-10 jours

Depuis l'État de Rio, extension possible par avion en 2 jours et 1 nuit pour visiter l'un des musts du continent, les **chutes d'Iguaçu (4).**

## 2-3 semaines

### Rio de Janeiro, l'État de Rio et le Minas Gerais

Même itinéraire que pour un séjour d'une semaine à **Rio (1),** mais en prenant plus de temps sur place (notamment sur les plages...) et pour explorer les alentours, comme **Petrópolis (5)** et les bijoux coloniaux du Minas Gerais : **Tiradentes (6), Ouro Preto (7),** etc. De quoi satisfaire à la fois les amateurs de musique, de baignade, de farniente, mais aussi de vieilles pierres et d'églises baroques.

### Le Nordeste

#### Option 1

Depuis **Salvador (1),** on peut explorer le littoral sud, **l'archipel de Tinharé (2),** un de nos coups de cœur, **la péninsule de Maraú (3),** ou plus loin et dans un autre registre, **Trancoso (4)** et **Itacaré (5)** pour les amateurs de *sea, sex & surf* (!).

Les randonneurs et amoureux de grands espaces ne manqueront pas de faire une incursion dans le superbe parc de la **Chapada Diamantina (6),** à 6h de route de Salvador – compter alors minimum 4 jours de voyage et 3 nuits sur place.

#### Option 2

Autre alternative pour visiter le Nordeste : longer le littoral depuis **São Luis do Maranhão (1),** en passant par les dunes de sable du **parc national dos Lençóis Maranhenses (2),** avant d'aller buller quelques jours dans l'une des stations branchées du littoral : **Jericoacoara (3), Canoa Quebrada (3)** ou **Pipa (3),** en entrecoupant le trajet d'étapes dans les nombreux villages de pêcheurs ou petites stations balnéaires, souvent réputés pour le kitesurf. Finir par la superbe **Olinda (4),** dans la banlieue de Recife, pour son charme colonial et ses fêtes populaires, notamment le carnaval. De Recife, s'il vous reste du temps, vous pouvez encore descendre le long du littoral à la découverte d'autres superbes plages bordées de piscines naturelles (Tamandaré, Maragogi, Japaratinga...).

## Le Sud

Escale à **São Paulo (1),** pour sa vie culturelle cosmopolite intense et sa gastronomie réputée. Après avoir visité les **chutes d'Iguaçu (2),** partir explorer le littoral sud, l'île de **Florianópolis (3)** et ses plages innombrables, **Ilha do Mel (4)** ou encore la **serra da Graciosa (5),** que l'on visite en train au départ de Curitiba, au cœur de montagnes nappées de végétation.

## Brasília et le Pantanal

Cette variante est particulièrement recommandée aux routards amateurs de nature sauvage. Ceux qui s'intéressent à l'architecture contemporaine feront étape à **Brasília (1),** capitale futuriste unique au monde, conçue par Oscar Niemeyer. Puis, partir explorer le **parc du Pantanal (2),** immense, une occasion unique d'observer de près la faune locale (caïmans, cabiais, toucans, ibis, perroquets et autres oiseaux exotiques), bien plus qu'en Amazonie où les animaux vivent cachés dans la forêt…

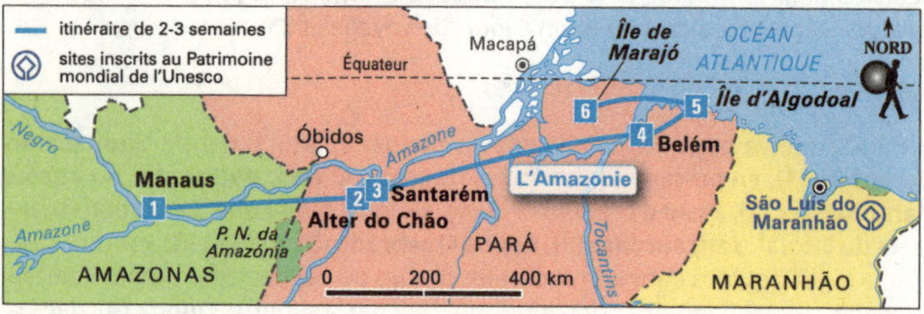


## L'Amazonie

Première étape : rejoindre **Manaus (1)** depuis Rio ou São Paulo, et faire une excursion (plus ou moins longue) en Amazonie (incontournable !). Puis se diriger vers Belém (en bateau ou en avion), en faisant étape à **Alter do Chão (2),** près de **Santarém (3).** Ensuite, rejoindre **Belém (4)** et en profiter pour aller séjourner sur les **îles d'Algodoal (5)** et **de Marajó (6).**

## SI VOUS ÊTES...

**Plutôt plage :** vous avez l'embarras du choix ! De la baie de Rio aux plages plus au Sud (Ilha Grande, Florianópolis et Ilha do Mel), des stations balnéaires branchées de Trancoso, Itacaré ou Praia do Forte en passant par Jericoacoara, Canoa Quebrada ou Pipa, au nord, et toutes les petites stations du littoral nordestin. Au menu : plages et dunes de sable fin, cocotiers, spots de kitesurf ou de planche à voile et soirées endiablées en saison.

**Plutôt nature :** l'Amazonie est mythique, mais c'est l'arbre qui cache la forêt ! Le Pantanal présente un paysage humide, plus ouvert, avec beaucoup plus de savane tropicale. La faune y est d'une grande richesse, tout comme celle de la Chapada Diamantina, dans le Nordeste. Le parc national du Lençóis Maranhenses est également de toute beauté, en particulier après la saison des pluies. Au sud, la région de Morretes se prête aussi à de belles balades au cœur de la forêt atlantique.

**Plutôt culture et vieilles pierres :** l'État de Rio, le Minas Gerais, Salvador, Olinda, São Luís… Le pays possède de nombreuses villes historiques à l'architecture coloniale, qui ne manqueront pas de charmer les amateurs d'histoire et d'églises baroques. Mais découvrir la vie culturelle brésilienne, c'est aussi visiter ses nombreux musées et centres culturels, ou simplement passer une soirée dans un bar populaire, pour écouter les classiques de la bossa ou de la samba…

**En famille :** privilégier le littoral et ses plages. Il y en a pour tous les goûts, des plus animées aux villages isolés dans un environnement idyllique. Iguaçu constitue aussi un spectacle mémorable, pour les grands comme pour les petits ! Enfin, le Pantanal peut offrir une belle occasion d'observer la faune et de profiter des activités en pleine nature (balade à cheval, en barque, etc.). En prime, pas de paludisme dans cette région, mais bien se protéger toutefois des moustiques.

*Démonstration de capoeira*

Ara chloroptère

## Interview #experienceroutard

**Par la rédaction du *Routard***

### En quoi cette destination est-elle unique ?

Le Brésil est en tête des pays « mégadivers », qui concentrent la majorité des espèces naturelles et se distinguent pour la richesse de leurs faune et flore. D'une région à l'autre, on en prend plein les yeux ! Le Brésil est aussi une terre de métissage, mêlant la culture des peuples indiens, africains et européens. Une destination aux multiples facettes, qui ne lasse pas de séduire...

### Une activité à faire absolument ?

Venir pendant le carnaval ! Mieux encore, visiter le pays quelques semaines avant, car les *batucadas* et groupes de musique répètent leur défilé un à deux mois avant le jour J. On profite ainsi de l'atmosphère festive, sans la cohue et les prix – très – élevés.

### Un souvenir de voyage ?

Un Jour de l'An à Salvador da Bahia. Voir la foule habillée en blanc de pied en cap, car c'est une tradition le 31 décembre et tout le monde joue le jeu ! Au petit matin, assister à la procession et à la cérémonie d'offrande à Iemanjá (déesse de la mer)...

### Une rencontre étonnante ?

L'artiste d'origine chilienne, Jorge Selarón, dans le quartier de Lapa à Rio. Cet excentrique avait investi l'escalier qui mène au quartier de Santa Teresa et entrepris de le recouvrir entièrement de céramiques diverses et variées. Le résultat est très esthétique. Il est décédé en 2013, mais son œuvre est bien conservée par les habitants du quartier et le lieu reste une attraction touristique à Rio.

### La spécialité culinaire à goûter absolument ?

La *moqueca* de poisson ou de fruits de mer, un plat mijoté à l'huile de coco, ou les *bolinho de bacalhau*, beignets de morue que l'on arrose de citron vert et qui accompagnent à merveille la caïpirinha à l'apéro. Pour les carnivores, la *carne do sol* et le *churrasco* (diverses grillades servies à volonté). Enfin, les *pão de queijo*, petits pains soufflés au fromage, à grignoter avec un délicieux jus de fruit exotique (variés et délicieux au Brésil).

### Quelques musiques emblématiques ?

Le répertoire jazz et bossa de Chico Buarque et de Tom Jobim, la samba de Beth Carvalho, Paulinho da Viola et Zeca Pagondinho, Marisa Monte, Gilberto Gil et Carlinhos Brown pour évoquer le Nordeste, sans oublier le *forró*, avec ces airs d'accordéon que l'on danse à deux.

### Un souvenir à rapporter chez soi ?

Des *fitas* de Salvador da Bahia, petits rubans colorés que l'on enroule au poignet en faisant 3 vœux, des tongs *Havaianas* (bon marché ici) et de la cachaça artisanale, pour les amateurs !

# LES QUESTIONS QU'ON SE POSE AVANT LE DÉPART

• Infos détaillées dans le chapitre « Brésil utile » *p. 52*

## ➢ Quels sont les documents nécessaires ?

Un passeport valable 6 mois à partir de la date d'entrée au Brésil suffit. Pas de visa de tourisme nécessaire pour un séjour de moins de 90 jours, sauf pour les ressortissants canadiens (infos auprès des services consulaires). Billet retour (ou de sortie du territoire) obligatoire.

## ➢ Quelle est la meilleure saison ?

Dans le sud, l'été va de décembre à mars. C'est la période la plus agréable (malgré les fortes chaleurs), et aussi la plus animée, car elle correspond aux vacances d'été et à la période pré-carnaval, très festive. Dans le nord, il fait chaud toute l'année, avec un pic de décembre à mars aussi, qui correspond à la « saison des pluies » (plus ou moins forte selon la zone, le Nordeste par exemple est relativement épargné). C'est la région à privilégier si vous voyagez au Brésil en juillet-août. Pour l'Amazonie, il pleut en gros toute l'année (mais un peu moins de juin à décembre). Ne pas perdre de vue non plus que, partout sur la côte, les mois de décembre à mars et juillet-août correspondent à la haute saison touristique et que les prix des hôtels grimpent ! En bref, il n'y a pas vraiment de saison idéale, pour voyager au Brésil, tout dépend du type de séjour envisagé et de la région visitée.

## ➢ Quel est le taux de change ? Comment payer sur place ?

La monnaie nationale est le « Real », dont le symbole utilisé au Brésil est R (et que l'on indique Rls dans le guide). Le taux de change moyen est de 0,24 € pour 1 Rl. L'euro et le dollar se changent facilement dans les villes touristiques. En revanche, contrairement à d'autres pays d'Amérique du Sud, on utilise peu le dollar (ou toute autre devise étrangère) pour payer sur place.

## ➢ Quel budget prévoir ?

Le coût de la vie est de plus en plus élevé au Brésil, surtout dans les grandes villes comme Rio, Salvador da Bahia et dans les zones très touristiques. Ailleurs, on peut encore s'en sortir à bon compte par rapport à l'Europe. En outre, on peut encore manger bon marché et parfois négocier les prix des hébergements hors saison ou pour un séjour prolongé.

## ➢ Comment se déplacer ?

L'avion est quasi obligatoire pour les longues distances. Les routards prendront le bus (ou le bateau en Amazonie), mais cela ne revient pas forcément moins cher. Louer une voiture offre une plus grande liberté, mais, là encore, il est difficile de sillonner un aussi vaste pays avec ce seul moyen de transport.

## ➢ Y a-t-il des problèmes de sécurité ?

Beaucoup d'a priori négatifs sont véhiculés sur le Brésil. La violence y est – certes – bien présente, notamment dans les grandes métropoles, mais les coins touristiques et les centres-villes sont relativement épargnés, notamment avec la présence de polices touristiques. En gros, en prenant les précautions élémentaires et en vous limitant aux zones plus ou moins sécurisées, votre séjour devrait fort bien se dérouler !

## ➢ Quel est le décalage horaire avec la France ?

Le Brésil a 4 fuseaux horaires, mais l'essentiel du pays se situe dans le fuseau de Brasília... qui passe, dans sa partie sud-est, à l'heure d'été (inversée par rapport à l'Europe !) de début novembre à fin février. Pour faire simple, quand il est 12h à Paris, il est 9h à Brasília (et Rio) en hiver, et 7h en été.

## ➢ Quel est le temps de vol moyen ?

Compter 11h-11h30 de vol depuis Paris avec un trajet direct vers Rio ou São Paulo, à partir de 15h de vol avec une escale.

## ➢ Côté santé, quelles précautions prendre ?

Il n'y a pas de ***vaccin*** obligatoire mais on recommande celui contre la fièvre jaune (obligatoire si vous visitez le Pantanal et l'Amazonie), ainsi que ceux contre la typhoïde et les hépatites A et B. Quant au ***paludisme,*** il y a un risque en Amazonie. Il est donc conseillé de prévoir un traitement prophylactique et de bien se protéger. La ***dengue*** et le ***virus Zika,*** également transmis par les moustiques, se sont fortement développés dans les grandes villes, notamment à Rio et à Salvador ; là, il n'existe aucun traitement préventif hormis l'usage de bons répulsifs (pour la peau et les vêtements).

## ➢ Peut-on y aller avec des enfants ?

Oui, bien sûr ! Outre les innombrables plages du littoral (certaines propices à la baignade, d'autres à la pratique du windsurf ou du kitesurf, donc plus dangereuses), la nature, la faune et le mode de vie brésiliens ne manqueront pas de séduire aussi vos enfants. On signale dans le guide les sites/musées particulièrement adaptés aux routards en herbe. Repérez-les grâce au symbole 👪.

## ➢ Quelles langues y parle-t-on ?

Le portugais du Brésil... avant tout ! L'anglais est peu pratiqué, même dans les lieux touristiques. L'idéal est d'apprendre quelques phrases et mots-clés. Sinon, les Brésiliens comprennent aussi un peu l'espagnol.

## ➢ Les plages brésiliennes, mythe ou réalité ?

Réalité ! Sublimes plages tout le long du littoral, tellement étendu qu'il existe encore des coins sauvages et déserts... C'est dans le Nordeste qu'on trouve les plus réputées : cocotiers, sable fin et soleil presque toute l'année. Mais le littoral au sud de Rio n'est pas en reste...

## ➢ Où profiter de la fièvre du carnaval ?

À Rio, bien sûr ! Mais il y a d'autres carnavals tout aussi réputés (et moins onéreux !), comme à Salvador, à Recife (et Olinda) ou dans le Sud, à Florianópolis. Sans oublier les « carnavals de rue », un peu partout dans le pays.

# COMMENT Y ALLER ?

## LES LIGNES RÉGULIÈRES

▲ **AIR FRANCE**
*Infos et résas : ☎ 36-54 (prix d'un appel local – tlj 6h30-22h), sur ● airfrance.fr ●, dans les agences Air France (fermées dim) et dans ttes les agences de voyages.*
➢ Air France dessert, au départ de l'aéroport Roissy-Charles-de-Gaulle, terminal 2E, Rio de Janeiro avec 1-2 vols/j. et São Paulo avec 1-2 vols/j.
➢ Également 13 destinations intra-Brésil opérées par la compagnie brésilienne *GOL,* en partage de code avec Air France et en correspondance avec les vols transatlantiques de/vers Rio de Janeiro et/ou São Paulo d'Air France.
Air France propose à tous des tarifs attractifs toute l'année. Pour consulter les meilleures offres du moment, allez directement sur la page « Nos meilleurs tarifs » sur ● *airfrance.fr* ● *Flying Blue,* le programme de fidélité gratuit d'Air France-KLM, permet de gagner des miles en voyageant sur les vols Air France, KLM, Hop et les compagnies membres de *Skyteam,* mais aussi auprès des nombreux partenaires non aériens *Flying Blue...* Les *Miles* peuvent ensuite être échangés contre des billets d'avion ou des services (surclassement, bagage supplémentaire, accès salon...) ainsi qu'auprès des partenaires. Pour en savoir plus, rendez-vous sur ● *flyingblue.com* ●

▲ **AIR EUROPA**
*– Paris : 58a, rue du Dessous-des-Berges, 75013. ☎ 01-42-65-08-00. ● aireuropa.com ● Bureau ouv lun-ven 9h-17h. Résas par tél 24h/24.*
➢ Assure 3 vols/sem entre Paris (Orly-Ouest) et Salvador da Bahia via Madrid. Des vols sont aussi proposés au départ de Roissy-Charles-de-Gaulle (2F), en collaboration avec *Air France* sur le trajet Paris-Madrid.

▲ **LATAM AIRLINES**
*☎ 01-85-14-87-25 (depuis la France). ● latam.com ●*
➢ Assure 1 vol/j. de Paris (Roissy-Charles-de-Gaulle T1) vers São Paulo. Les vols s'effectuent de nuit.

## LES ORGANISMES DE VOYAGES

– Ne pas croire que les vols à tarif réduit sont tous au même prix pour une même destination à une même époque : loin de là. On a déjà vu, dans un même avion partagé par 2 organismes, des passagers qui avaient payé 40 % plus cher que les autres. De plus, une agence bon marché ne l'est pas forcément toute l'année (elle peut n'être compétitive qu'à certaines dates bien précises). Donc, contactez tous les organismes et jugez vous-même.
– Les organismes cités sont classés par ordre alphabétique, pour éviter les jalousies et les grincements de dents.

### En France

▲ **ALLIBERT TREKKING**
*– Paris : 37, bd Beaumarchais, 75003. ☎ 01-44-59-35-35. ● allibert-trekking.com ● Ⓜ Chemin – Vert ou Bastille. Lun-ven 9h-19h, sam 10h-18h. Fermé dim. Agences également à Chamonix, Lyon, Nice, Chapareillan et Toulouse.*
Née en 1975 d'une passion commune entre 3 guides de montagne, Allibert propose aujourd'hui des voyages aux 4 coins du monde tout en restant une entreprise familiale. Découvrir de nouveaux itinéraires en respectant la nature et les cultures des régions traversées reste leur priorité. Pour chaque pays, différents niveaux de difficulté. Allibert est le premier TO certifié tourisme responsable.

▲ **ALMA LATINA**
*– Paris : 5 bis, rue de l'Asile-Popincourt, 75011. ☎ 01-53-70-23-68. ● alma-latina-tours.com ● Lun-ven*

*9h30-19h, sam 10h-13h, 14h-18h. Fermé dim.*

Depuis 1996, ce spécialiste des voyages à la carte vous accompagne dans l'élaboration de vos circuits en Amérique latine (du Mexique au Cap Horn via l'Amérique centrale, Brésil, Pérou, Bolivie, Équateur – Galápagos, Argentine, Chili et île de Pâques). Une équipe de globe-trotteurs passionnés est à votre disposition pour créer un programme adapté à vos envies : itinéraires en liberté, autotours avec ou sans chauffeur, circuits privés ou en groupe guidés en français, croisières, combinés inter-pays, ainsi que de nombreuses expériences insolites.

### ▲ ALTIPLANO VOYAGE

*– Annecy (Metz-Tessy) : Park Nord, les Pléïades n° 35, 74370. ☎ 04-50-46-41-55. • bresil@altiplano-voyage.com • altiplano-voyage.com • Lun-ven 9h-13h, 14h-18h. Fermé dim.*

Mariana, la directrice d'Altiplano Voyage, est Brésilienne. En contactant cette agence experte des circuits sur mesure depuis 15 ans, vous avez la garantie d'un voyage personnalisé inédit. À votre écoute, la spécialiste de la destination prend plaisir à composer avec vous l'itinéraire qui vous ressemble. Choisissez votre formule (location de voiture, véhicule avec chauffeur...) pour découvrir la vie sauvage du Pantanal et de l'Amazonie, les sites coloniaux du Minas Gerais et de Parati, les chutes d'Iguaçu, ou encore Salvador de Bahia aux influences africaines.

Altiplano est le spécialiste des programmes originaux et répond à des demandes spéciales (retour au pays pour des enfants adoptés, etc.).

### ▲ ANAPIA VOYAGES

*– Aix-en-Provence et Saint-Jean-de-Luz : ☎ 04-42-54-21-52. 📱 06-88-62-62-66. • anapiavoyages.fr •*

L'équipe d'Anapia Voyages s'appuie sur l'expérience de ses créateurs pour proposer des séjours et circuits, notamment en Amérique latine. Le plus d'Anapia : proposer, en plus des visites de sites incontournables, une qualité d'accueil dans les hébergements (de charme ou petites structures) et surtout une vraie rencontre avec les populations grâce à des repas, des activités et des nuits chez l'habitant. Le mélange est dosé selon le cahier des charges de chaque client, du sur-mesure au cousu main.

### ▲ BRÉSIL À LA CARTE

*Infos et résas : • bresil-alacarte.com •*

Contactez Brésil à la carte, une agence locale de confiance, pour organiser votre voyage sur mesure au Brésil. Les conseillers, fins connaisseurs du terrain et de la réalité du pays, vous accompagnent dans la préparation de votre voyage, en couple, en famille ou en groupe d'amis. Vous avez ainsi accès à un service personnalisé tout en bénéficiant d'un prix accessible. Membre de la communauté *bynativ,* la communauté des agences de voyage locales, Brésil à la carte vous propose un maximum de garanties et de services : règlement du voyage en ligne de façon sécurisée, possibilité de souscrire une assurance voyage et de bénéficier de garanties solides en cas d'imprévu. De quoi voyager de façon authentique et en toute tranquillité !

### ▲ BRAZIL SELECTION

*☎ 09-70-40-77-86. • brazil-selection.com •*

Agence francophone installée au Brésil depuis 2003, spécialiste des voyages sur mesure et haut de gamme. Son équipe, composée de français expatriés et de brésiliens, sillonne constamment le Brésil afin d'être toujours à la pointe de la connaissance de ce vaste territoire et de pouvoir ainsi vous proposer une sélection du meilleur du Brésil. Grâce à une écoute consciencieuse de vos attentes et à une organisation minutieuse, ils vous accompagnent pour faire de votre voyage un véritable moment d'exception.

### ▲ CERCLE DES VACANCES

*– Paris : 4, rue Gomboust (angle 31, av. de l'Opéra), 75001. ☎ 01-40-15-15-03. • cercledesvacances.com • Lun-ven 9h-20h ; sam 10h-18h30. Fermé dim.*

Le vrai voyage sur mesure, à destination de l'Amérique latine : Brésil, Argentine, Pérou, Bolivie, Chili, Mexique, Guatemala, Costa Rica, Cuba et Équateur.

Cercle des Vacances propose un large choix de voyages adaptés à chaque client : circuits privés, trekking, voyages au volant d'une voiture de location, croisières, circuits en petits groupes, combinés, voyages de noces... Les experts Cercle des Vacances partagent leurs conseils et leurs petits secrets pour faire de chaque voyage une expérience inoubliable. Cercle des Vacances offre également un service liste de mariage gratuit. Les petits plus qui font la différence : une virée en tyrolienne dans la forêt tropicale, une excursion en rafting, un tour en vieille voiture américaine, un cours de salsa...

**▲ CLUB FAUNE VOYAGES**

*– 14 rue de Siam, 75116. ☎ 01-42-88-31-32 • club-faune.com • Lun-ven de 9h-19h.*

Club Faune Voyages, spécialiste du voyage sur-mesure depuis 1985, vous invite à découvrir le Brésil. Accompagné et conseillé par un de leurs experts passionnés, vous construirez ensemble le « voyage de vos envies » et découvrirez les adresses les plus secrètes au cours d'itinéraires à la carte : survol des chutes d'Iguaçu en hélicoptère, circuit privé entre canyons et lagunes dans la Chapada Diamantina au départ de Salvador de Bahia, croisière de plusieurs nuits en Amazonie ou d'une journée dans la baie de Paraty à bord d'un bateau de pêcheur privé, farniente sur les belles plages du Nordeste, observation du jaguar dans la réserve de biosphère du Pantanal, balade à vélo sur les plages mythiques d'Ipanema et Copacabana à Rio...

Extension possible en Argentine.

Votre conseiller vous recevra dans « l'Espace Voyage » de l'agence : salon cosy avec projection sur grand écran des sites incontournables et d'une sélection d'hôtels et lodges de prestige, le tout pour satisfaire vos attentes et créer un voyage sur-mesure authentique !

**▲ COMPTOIR DES VOYAGES**

*• comptoir.fr • Lun-sam 9h30-18h30. Fermé dim.*

*– Paris : 2-18, rue Saint-Victor, 75005. ☎ 01-53-10-30-15.*

*– Bordeaux : 26, cours du Chapeau-Rouge, 33800. ☎ 05-35-54-31-40.*

*– Lille : 76, rue Nationale, 59160. ☎ 03-28-04-68-20.*

*– Lyon : 10, quai Tilsitt, 69002. ☎ 04-72-44-13-40.*

*– Marseille : 12, rue Breteuil, 13001. ☎ 04-84-25-21-80.*

*– Nice : 62, rue Giofreddo, 06000. Ouverture en 2020.*

*– Toulouse : 43, rue Peyrolières, 31000. ☎ 05-62-30-15-00.*

En plus de 30 ans, Comptoir des Voyages s'est imposé comme la référence incontournable du voyage sur mesure en immersion, avec plus de 90 destinations sur les 5 continents. Ses conseillers-spécialistes construisent des voyages uniques en s'adaptant à votre budget, vos goûts et vos envies. Pour favoriser les rencontres et l'immersion dans la vie locale, ils privilégient des hébergements typiques et des expériences authentiques. Sur place, des Greeters francophones partagent avec vous conseils et bonnes adresses le temps d'un café. Sur votre Smartphone, l'application mobile Luciole vous informe sur le déroulé de votre voyage et vous guide grâce à un GPS hors connexion. Comptoir des Voyages est membre d'Agir pour un Tourisme Responsable depuis 2009, labellisation ATR renouvelée par Ecocert Environnement en 2019.

**▲ EMOTIKA VOYAGES**

*– Marseille : 33, bd de la Liberté, 13001. 📱 06-48-36-76-28. • contact@emotikavoyages.fr • emotikavoyages.fr • Lun-sam 9h-18h. Fermé dim.*

Spécialiste du Brésil, Emotika Voyages vous propose des services de qualité pour vivre une expérience unique et authentique, 100 % sur mesure. La particularité de cette agence est de vous faire découvrir en toute sécurité des destinations hautes en couleurs, en vous imprégnant de la culture locale, ou en immersion au cœur de la nature. Emotika Voyages vous propose des hébergements de charme, parfois chez l'habitant, ainsi que des visites originales et toujours de qualité. C'est une option idéale pour ceux qui souhaitent voyager hors des sentiers battus, sans passer à côté des

À Rio,
on vous accueille
à bras ouverts !

incontournables et faire de ce voyage une expérience inoubliable !

**▲ ÉQUINOXIALES**

*☎ 01-77-48-81-00. • equinoxiales.fr •*
Véritable voyagiste spécialiste du sur-mesure depuis plus de 30 ans. Leur équipe de conseillers commence par vous écouter et est là ensuite pour vous accompagner et concrétiser vos envies de voyages, adaptés à votre personnalité et vos passions. Le Brésil fait partie des destinations fortes d'Équinoxiales. Du circuit accompagné au séjour à la carte, tous les types de voyages sont proposés sur chaque destination. Petit plus : la garantie assistance April offerte à tous les voyageurs.

**▲ NOMADE AVENTURE**

*☎ 01-46-33-71-71. • nomade-aventure.com •*
*– Paris : 40, rue de la Montagne-Sainte-Geneviève, 75005. ☎ 01-46-33-71-71. Lun-sam 9h30-18h30. Fermé dim.*
*– Lyon : 10, quai Tilsitt, 69002. ☎ 04-72-44-13-50. Lun-ven 9h30-18h30. Ouv certains sam.*
*– Marseille : 12, rue Breteuil, 13001. ☎ 04-84-25-21-86. Lun-ven 9h30-18h30. Ouv certains sam.*
*– Toulouse : 43, rue Peyrolières, 31000. ☎ 05-62-30-10-77. Lun-sam 9h30-18h30.*
Nomade Aventure propose des circuits inédits partout dans le monde à réaliser en famille, entre amis, avec ou sans guide. Également hors de groupes constitués, ils organisent des séjours libres en toute autonomie et sur mesure. Spécialiste de l'aventure, avec plus de 600 itinéraires (de niveau tranquille, dynamique, sportif ou sportif +) faits d'échanges et de rencontres grâce à des hébergements chez l'habitant, Nomade Aventure donne la priorité aux expériences authentiques à pied, à VTT, à cheval, en bateau ou en 4x4.

**▲ NOSTALATINA**

*– Paris : 19, rue Damesme, 75013. ☎ 01-43-13-29-29. • ann.fr • Lun-sam 10h-13h, 15h-18h. Fermé dim.*
Nostalatina propose des voyages sur mesure en Amérique latine, notamment au Brésil. Plusieurs formules au choix, dont 2 qui sont devenues des formules de référence depuis quelques années pour les voyageurs indépendants : *Les Estampes,* avec billets d'avion, logements, transferts entre les étapes en mixant avec astuces avion, bus, train, ou encore voiture de location ; *Les Aquarelles,* avec en plus un guide et un chauffeur privé à chaque étape. Vous trouverez sur le site internet des idées d'itinéraires que vous pourrez ensuite personnaliser et adapter selon vos envies avec Ylinh, la chaleureuse directrice qui connaît parfaitement le terrain et son équipe de jeunes passionnés qui vous donneront des conseils avisés.

**▲ LA ROUTE DES VOYAGES**

*– Paris : 10, rue Choron, 75009. ☎ 01-55-31-98-80.*
*– Angers : 6, rue Corneille, 49000. ☎ 02-41-43-26-65.*
*– Annecy : 4 bis, av. d'Aléry, 74000. ☎ 04-50-45-60-20.*
*– Bordeaux : 19, rue des Frères-Bonie, 33000. ☎ 05-56-90-11-20.*
*– Lyon : 59, rue Franklin, 69002. ☎ 04-78-42-53-58.*
*– Toulouse : 9, rue Saint-Antoine-du-T, 31000. ☎ 05-62-27-00-68. Agences ouvertes lun-jeu 9h-19h, ven 18h. Rdv conseillé.*
*• laroutedesvoyages.com •*
Plus de 25 ans d'expérience de voyage sur mesure sur les 5 continents ! 15 pays en Europe complètent à présent leur offre de voyages sur mesure. Cette équipe de voyageurs passionnés a développé un vrai savoir-faire du voyage personnalisé : écoute, conseils, voyages de repérage réguliers et des correspondants sur place soigneusement sélectionnés avec qui ils travaillent en direct. Son engagement à promouvoir un tourisme responsable se traduit par des possibilités de séjours solidaires à insérer dans les itinéraires de découverte individuelle. Elle a aussi créé un programme de compensation territoriale qui permet de financer des projets de développement locaux.

**▲ TERRA BRAZIL**

*• terra-brazil.com • ☎ 09-70-40-53-54.*
Depuis plus de 10 ans, l'agence de voyages Terra Brazil, basée à Rio de Janeiro, crée des itinéraires sur mesure au Brésil. Ses conseilleurs voyage

francophones sont tous de véritables experts de la destination, qui se rendent très régulièrement sur le terrain. Ils vous proposeront un circuit 100 % personnalisé, adapté à vos envies, à votre budget et à votre rythme.
Terra Brazil fait partie du réseau d'agences Terra Group, spécialiste du voyage sur mesure depuis 1998.

### ▲ TERRES D'AVENTURE

*Infos : ☎ 0825-700-825 (0,15 €/mn + prix de l'appel). ● terdav.com ●*
*– Paris : 30, rue Saint-Augustin, 75002. ☎ 01-70-82-90-00. Lun-sam 9h30-19h.*
*– Agences également à Bordeaux, Grenoble, Lille, Lyon, Marseille, Nantes, Rennes, Rouen, Strasbourg et Toulouse.*

Depuis 1976, Terres d'Aventure, spécialiste du voyage à pied, propose aux voyageurs passionnés de marche et de rencontres des randonnées hors des sentiers battus à la découverte des grands espaces de notre planète. Voyages à pied, à cheval, en bateau, avec raquettes... Sur tous les continents, des aventures en petits groupes ou en individuel, encadrées par des professionnels expérimentés sont proposées. Les hébergements dépendent des sites explorés : camps d'altitude, bivouacs, refuges ou petits hôtels. Les voyages sont conçus par niveaux de difficulté : de la simple balade en plaine à l'expédition sportive, en passant par la course en haute montagne.
En province, certaines de ses agences sont de véritables *Cités des Voyageurs* dédiées au voyage. Consulter le programme des manifestations sur son site internet.

### ▲ TERRES DE CHARME & ÎLES DU MONDE

*☎ 01-55-42-74-10. ● terresdecharme.com ●*
*– Paris : 5 bis, rue de l'Asile-Popincourt, 75011. Lun et mer-ven 9h30-18h30, mar 14h-18h30. Fermé le w-e.*
*– Paris : 68, rue de Miromesnil, 75008. Lun et mer-ven 9h30-18h30, mar 14h-18h30 ; sam 10h30-13h, 14h-17h. Fermé dim.*

Artisans du voyage individuel sur mesure depuis plus de 20 ans, leurs scénaristes du voyage ont à cœur de faire partager leurs passions en concevant des séjours authentiques, inoubliables et singuliers aux 4 coins du monde. C'est la rareté et le charme raffiné savamment dosés qui animent l'équipe pour créer des voyages placés sous le signe d'émotions intenses et rares. Sandals privés glissant le long du Nil, camp privatif au cœur du Masaï Mara, îles exclusives de l'océan Indien, décors magiques des Caraïbes, sites cachés en Asie, trains de luxe et de légende... Telles sont quelques-unes des créations de Terres de Charme & Îles du Monde pour faire de votre voyage une expérience unique.

### ▲ TERRES LOINTAINES

*● terres-lointaines.com ●*
*– Paris : ☎ 01-75-60-63-50.*
*– Bordeaux : ☎ 05-33-09-09-10.*
*– Lyon : ☎ 04-65-07-02-70.*
*– Lille : ☎ 03-59-61-59-40.*
*– Nantes : ☎ 02-52-59-48-00.*
*– Marseille : ☎ 04-65-07-02-80.*

Terres Lointaines affiche clairement son ambition : démocratiser le voyage sur mesure au prix le plus juste. Convaincu qu'un voyage réussi est un voyage qui dépasse les attentes du client, c'est en visant l'excellence que Terres Lointaines met le monde à votre portée, en individuel ou en petit groupe allant jusqu'à 12 personnes. Amériques, Afrique, Asie, Europe, Océanie... La palette de destinations proposée est vaste avec des conseillers à l'écoute de vos envies. Grâce à leur expertise et à des partenaires locaux de confiance Terres Lointaines crée des voyages de qualité pour vous offrir des découvertes exceptionnelles et de merveilleux souvenirs.

### ▲ TERRE VOYAGES / TERRE BRESIL

*– Paris : 28, bd de la Bastille, 75012. ☎ 01-44-32-12-81. ● terre-voyages.com/terre-bresil ● Lun-ven 8h-18h30, sam 10h-18h. Fermé dim.*

Les créateurs de voyages de Terre Voyages sont de fins connaisseurs, des experts des pays proposés, car tous natifs ou passionnés de leur destination. Ils sauront écouter vos attentes pour créer une offre de voyages sur-mesure qui réponde à vos envies de

découverte et vous proposeront une approche authentique des cultures et des peuples dans le respect de leur environnement naturel et au juste prix. Pour tous les voyageurs qui attendent d'une échappée lointaine plus qu'une simple visite mais, au contraire, une véritable connaissance et un apprentissage responsable des différentes cultures du Brésil, Terre Voyages est le spécialiste qu'il vous faut.

### ▲ VOYAGEURS DU MONDE – VOYAGEURS EN AMÉRIQUE DU SUD

*☎ 01-42-86-17-70. • voyageursdu monde.fr •*

*– Paris : La Cité des Voyageurs, 55, rue Sainte-Anne, 75002. ☎ 01-42-86-16-00. Lun-sam 9h30-19h. Fermé dim.*

*– Agences également à Bordeaux, Grenoble, Lille, Lyon, Marseille, Montpellier, Nantes, Nice, Rennes, Rouen, Strasbourg et Toulouse.*

Parce que chaque voyageur est différent, que chacun a ses rêves et ses idées pour les réaliser, Voyageurs du Monde conçoit, depuis plus de 30 ans, des projets sur mesure. Les séjours proposés sur 120 destinations sont des suggestions élaborées par leurs 180 conseillers voyageurs. Spécialistes par pays, ils vous aideront à personnaliser les voyages présentés à travers une trentaine de brochures d'un nouveau type et sur le site internet où vous pourrez également découvrir leurs hébergements exclusifs et consulter votre espace personnalisé. Au cours de votre séjour, vous bénéficiez des services personnalisés Voyageurs du Monde, dont la possibilité de modifier à tout moment votre voyage, l'assistance d'un concierge local, la mise en place de rencontres et de visites privées et l'accès à votre carnet de voyage via une application iPhone et Android. Voyageurs du Monde est membre de l'association ATR (Agir pour un tourisme responsable) et bénéficie de la certification Tourisme responsable AFAQ AFNOR.

> Voir aussi au sein de chaque ville les agences locales que nous avons sélectionnées.

***Comment aller à Roissy et à Orly ?***

> Conservez dans votre *bagage cabine* vos médicaments, vos divers chargeurs et appareils ainsi que vos objets de valeur (clés et bijoux). Et, on ne sait jamais, ajoutez-y de quoi vous changer si vos bagages n'arrivaient pas à bon port avec vous.

Toutes les infos sur notre site *• routard.com •* et à l'adresse : *• http://parisaeroport.fr/passagers/acces •*

## En Belgique

### ▲ CONNECTIONS

*Infos et résas : ☎ 070-233-313. • connections.be •*

Fort d'une expérience de plus de 20 ans dans le domaine du voyage, Connections dispose d'un réseau de 32 *Travel Shops,* dont une à Brussels Airport. Connections propose des vols dans le monde entier à des tarifs avantageux et des voyages destinés à des voyageurs désireux de découvrir la planète de façon autonome. Connections propose une gamme complète de produits : vols, hébergements, locations de voitures, autotours, vacances sportives, excursions...

### ▲ CONTINENTS INSOLITES

*– Bruxelles : rue César-Franck, 44A, 1050. ☎ 02-218-24-84. • continents-insolites.com • Lun-ven 10h-18h ; sam 10h-16h30 sur rdv.*

Continents Insolites, organisateur de voyages lointains sans intermédiaire, propose une gamme étendue de formules de voyages détaillées sur leur site internet.

– *Voyages découverte sur mesure :* à partir de 2 personnes. Un grand choix d'hébergements soigneusement sélectionnés : du petit hôtel simple à l'établissement luxueux et de charme.

– *Circuits découverte en minigroupes :* de la grande expédition au circuit accessible à tous. Des circuits à dates fixes dans plus de 60 pays en petits groupes francophones de 7 à

12 personnes. Avant chaque départ, une réunion est organisée. Voyages encadrés par des guides francophones, spécialistes des régions visitées.

▲ **PAMPA EXPLOR**
*– Bruxelles : av. du Parc, 10, 1060. ☎ 02-340-09-09. • pampa.be • Lun 13h-19h, mar-ven 10h-19h ; sam sur rdv 10h-18h.*
Spécialiste des voyages « à la carte », Pampa Explor propose plus de 70 % de la « planète bleue », selon les goûts, attentes, centres d'intérêt et budgets de chacun. Pampa Explor privilégie des découvertes authentiques et originales, pour ceux qui apprécient la jungle et les pataugas, ou ceux qui préfèrent les voyages de luxe. En individuel ou en petits groupes, mais toujours « sur mesure ».

▲ **VOYAGEURS DU MONDE**
*– Bruxelles : chaussée de Charleroi, 23, 1060. ☎ 02-543-95-50. • voyageursdumonde.com •*
Voir le texte dans la partie « En France ».

## En Suisse

▲ **ALTIPLANO VOYAGE**
*– Genève : pl. du Temple, 3, 1227 Carouge. ☎ 022-342-49-49. • agence@altiplano-voyage.ch • altiplano-voyage.ch • Sur rdv seulement.*
Rencontrez votre experte de l'Amérique latine et du Brésil, en plein centre de Carouge.
Voir le texte dans la partie « En France ».

▲ **HUWANS-CLUB AVENTURE**
*– Genève : rue Prévost-Martin, 51, 1205. ☎ 022-320-50-80 (lun-ven 9h-12h30, 14h-18h). • huwans-clubaventure.ch •*
Voir le texte dans la partie « En France ».

▲ **JERRYCAN VOYAGES**
*– Genève : rue Sautter, 11, 1205. ☎ 022-346-92-82. • jerrycan-voyages.ch • Lun-ven 9h-12h30, 13h30-18h.*
Tour-opérateur de la Suisse francophone spécialisé sur l'Afrique, l'Asie et l'Amérique latine. Nombreux circuits individuels et sur mesure. L'équipe connaît bien son sujet et peut vous construire un voyage à la carte.

▲ **LA ROUTE DES VOYAGES**
*☎ 022-552-34-46. • ch.route-voyages.com •*
Voir le texte dans la partie « En France ».

▲ **STA TRAVEL**
*☎ 058-450-49-49. • statravel.ch •*
*– Fribourg : rue de Lausanne, 24, 1700. ☎ 058-450-49-80.*
*– Genève : rue Pierre-Fatio, 19, 120. ☎ 058-450-48-00.*
*– Genève : rue Vignier, 3, 1205. ☎ 058-450-48-30.*
*– Lausanne : bd de Grancy, 20, 1006. ☎ 058-450-48-50.*
*– Lausanne : à l'université, Anthropole, 1015. ☎ 058-450-49-20.*
Agences spécialisées notamment dans les voyages pour jeunes et étudiants. 150 bureaux STA et plus de 700 agents du même groupe répartis dans le monde entier sont là pour donner un coup de main *(Travel Help)*.
STA propose des tarifs avantageux : vols secs *(Blue Ticket)*, hôtels, écoles de langue, *work & travel*, circuits d'aventure, voitures de location, etc. Délivre la carte internationale d'étudiant et la carte Jeune.

▲ **TERRES D'AVENTURE**
*– Genève : 19, rue de la Rôtisserie, 1204. ☎ 022-518-05-13. • geneve@terdav.com • Lun-sam 9h-18h.*
Voir le texte dans la partie « En France ».

▲ **TERRES LOINTAINES**
*• terres-lointaines.com •*
*– Genève : ☎ 0022-510-15-90.*
*– Zurich : ☎ 0044-512-25-90.*
*Agences ouv lun-ven 9h-19h, sam 10h-18h ; fermé dim.*
Voir le texte dans la partie « En France ».

▲ **VOYAGEURS DU MONDE**
*– Genève : 19, rue de la Rôtisserie, 1204. ☎ 022-519-12-10. • voyageursdumonde.com • Lun-ven 9h30-19h, sam 9h30-18h30 ; fermé dim.*
Le spécialiste du voyage en individuel sur mesure.
Voir le texte dans la partie « En France ».

## Au Canada (Québec)

▲ **EXOTIK TOURS**
*Infos sur • exotiktours.com • ou auprès de votre agence de voyages.*

Exotik Tours offre une importante programmation en été comme en hiver, notamment au Brésil. Dans la rubrique « Grands voyages », le voyagiste suggère des périples en petits groupes ou en individuel. Au choix : l'Amérique du Sud, le Pacifique sud, l'Afrique (Afrique du Sud, Kenya, Tanzanie), l'Inde et le Népal. L'hiver, des séjours sont proposés dans le Bassin méditerranéen et en Asie.

### ▲ EXPÉDITIONS MONDE

*• expeditionsmonde.com •*

Expéditions Monde est à l'avant-garde du voyage d'aventure, de découverte, de trekking, de vélo et d'alpinisme sur tous les continents. Les voyages en petits groupes facilitent les déplacements dans les régions les plus reculées et favorisent l'interaction avec les peuples locaux pour vivre une expérience authentique. Expéditions Monde offre aussi la possibilité de voyager en Europe à pied, ou à vélo en liberté.

### ▲ EXPLORATEUR VOYAGES

*Infos : ☎ (514) 847-1177. • explorateurvoyages.com • 328 Ontario Est, Montréal H2X 1H6. Ouv lun-jeu 9h-18h, ven 9h-20h.*

Cette agence de voyages montréalaise propose une intéressante production maison, axée sur les voyages d'aventures en petits groupes (5 à 13 personnes maxi) ou en individuel. Ses itinéraires originaux, en Amérique latine, en Asie, en Afrique et au Moyen-Orient, se veulent toujours respectueux des peuples et des écosystèmes, guidés par un accompagnateur de l'agence. Intéressant pour se familiariser avec ces différents circuits : les soirées Explorateur (gratuites), avec présentation audiovisuelle.

### ▲ TOURS CHANTECLERC

*• tourschanteclerc.com •*

Tours Chanteclerc est un tour-opérateur qui publie différentes brochures de voyages sur l'Amérique du Sud en circuits ou en séjours. Il s'adresse aux voyageurs indépendants qui réservent un billet d'avion, un hébergement (dans toute l'Europe), des excursions ou une location de voiture.

# BRÉSIL UTILE

## ABC du Brésil

- ***Nom officiel :*** république fédérale du Brésil.
- ***Capitale :*** Brasília.
- ***Superficie :*** 8 515 770 km², divisés en 26 États et un district fédéral. Et pas moins de 7 491 km de littoral !
- ***Point le plus élevé :*** le pico da Neblina (2 994 m), dans l'Amazonas.
- ***Population :*** env 209 millions d'habitants.
- ***Régime :*** démocratie constitutionnelle. Régime présidentiel.
- ***Chef de l'État :*** Jair Bolsonaro, élu avec 55,1 % des suffrages en octobre 2018.
- ***Densité de la population :*** 24,5 hab./km² (avec 86 % de population urbaine et 70 % des Brésiliens vivant à moins de 100 km de la mer).
- ***Moyenne d'âge :*** 32,4 ans.
- ***Taux d'alphabétisation :*** 92 %.
- ***Monnaie : real*** (pluriel ***reais***). 1 Rl = environ 0,24 €.

# AVANT LE DÉPART

## Adresses utiles

– Pas d'office de tourisme du Brésil dans les pays francophones mais des infos générales (en portugais, espagnol ou anglais) sur le site officiel : • *visitbrasil.com* •

### En France

■ ***Ambassade du Brésil :*** *34, cours Albert-Ier, 75008 Paris. ☎ 01-45-61-63-00. • paris.itamaraty.gov.br • Ⓜ Alma-Marceau. Lun-ven 10h-17h.*

■ ***Service consulaire :*** *65, av. Franklin-D.-Roosevelt, 75008 Paris. • cgparis.itamaraty.gov.br • Ⓜ Saint-Philippe-du-Roule. Lun-ven 9h-13h, sur rdv.*

### En Belgique

■ ***Ambassade du Brésil :*** *av. Louise, 350, boîte 5, Bruxelles 1050. ☎ 02-640-20-15. • bruxelas.itamaraty.gov.br • Lun-ven 9h-13h, 14h30-18h.*

■ ***Service consulaire :*** *rue du Trône, 108, 1050 Ixelles, Bruxelles. ☎ 02-626-28-91. • cgbruxelas.itamaraty.gov.br • Lun-ven 8h-13h.*

### En Suisse

■ ***Ambassade du Brésil :*** *Monbijoustrasse 68, 3007 Berne. ☎ 031-371-85-15. • berna.itamaraty.gov.br • Lun-ven 9h-13h, 14h30-17h.* Pas de service consulaire à Berne, consulats à Zurich *(Stampfenbachstrasse 138, 2e étage ; ☎ 044-206-90-20 ; • zurique.itamaraty.gov.br •)* et Genève *(45, rue de Lausanne, 3e étage ; ☎ 022-906-94-20 ; • genebra.itamaraty.gov.br •). Lun-ven 9h-13h.*

### Au Canada

■ ***Ambassade du Brésil :*** *450 Wilbrod St, Ottawa (Ontario) K1N 6M8. ☎ 613-237-1090. • ottawa.itamaraty.gov.br • Lun-ven 9h15-12h45 (12h pour le service des visas).*

– Également des consulats généraux à Montréal *(☎ 514-499-0968 ;*

● montreal.itamaraty.gov.br/pt-br/ ●), Toronto (☎ 416-922-2503 ; ● toronto.itamaraty.gov.br/pt-br/ ●) et Vancouver (☎ 604-696-5311 ; ● vancouver.itamaraty.gov.br/pt-br/ ●), ainsi qu'un consulat honoraire à Halifax (☎ 902-462-0714).

## Formalités

– ***Passeport :*** valable au moins 6 mois à partir de la date d'entrée au Brésil pour les Français, les Belges et les Suisses.
– ***Visa :*** il n'est pas exigé pour les Français, les Belges, les Suisses et les Canadiens, si le séjour touristique ne dépasse pas 90 jours (par période de 6 mois).
– ***Visa « Vacances Travail » ou PVT :*** visa de 1 an réservé aux 18-30 ans qui souhaitent passer une année dans le pays tout en travaillant légalement. Infos et conditions d'obtention auprès des ambassades.
– Les ***mineurs*** doivent être munis de leur propre pièce d'identité (passeport). Pour l'autorisation de sortie de territoire lorsque les enfants ne sont pas accompagnés par un de leurs parents, chaque pays a mis en place sa propre régulation. Ainsi, pour ***les mineurs français,*** une loi entrée en vigueur en janvier 2017 a ***rétabli l'autorisation de sortie du territoire.*** Pour voyager à l'étranger, ils doivent être munis d'un passeport, d'un formulaire signé par l'un des parents titulaire de l'autorité parentale et de la photocopie de la pièce d'identité du parent signataire. Renseignements auprès des services de votre commune et sur ● service-public.fr ●
– Tout voyageur doit être muni d'un ***billet retour ou de sortie du territoire brésilien.***

■ ***Action-Visas.com :*** *10-12, rue du Moulin-des-Prés, 75013 Paris. ☎ 01-45-88-56-70. ● action-visas.com ● Ⓜ Place-d'Italie (sortie « Bd-Blanqui »). Ouv lun-ven 9h30-12h, 13h30-18h30 ; sam 9h30-13h. Fermé sam ap-m et dim. Prix du service entre 26 et 49 € selon destinations plus les frais consulaires. Réduc de 8 €/pers pour nos lecteurs pour chaque destination : lors de votre commande, prendre l'option Paiement par chèque et déduire directement sur le total indiqué cet avantage en indiquant « routard » sur votre bon de commande.* Cette agence sérieuse s'occupe d'obtenir votre visa pour toutes destinations. Délais rapides, traitement immédiat du dossier dès réception et service fiable. Pour la province, demandez le visa par correspondance quelle que soit la destination. Les commandes de visas peuvent s'effectuer sur le site internet qui est actualisé quotidiennement et vous recevrez directement les formulaires et la liste des pièces à fournir. Réception d'un courriel sur votre messagerie à chaque étape du processus d'obtention du visa. La tendance étant aux e-visas, Action-Visas propose ce service d'obtention du visa en ligne et en français, avec un paiement en euros sur banque française, sur de nombreuses destinations et ce, en simplifiant la procédure.
Par ailleurs, Action-Visas prélève 1 € de sa marge commerciale pour financer un projet humanitaire qui peut être suivi en direct sur leur site internet.

■ Également ***Rapide Visa*** : *7, rue de la Boétie, 75008 Paris. ☎ 01-84-17-88-88. ● rapidevisa.fr ● Ⓜ Miromesnil. Lun-ven 9h-12h30, 14h-18h. Fermé le w-e.*

Pensez à ***scanner*** passeport, visa, cartes de paiement, billets d'avion et *vouchers* d'hôtel. Ensuite, adressez-les-vous par e-mail, en pièces jointes. En cas de perte ou de vol, rien de plus facile pour les récupérer. Les démarches administratives en seront bien plus rapides. Et tâchez de ne pas transférer tous ces documents sur une clé USB, car si quelqu'un de mal intentionné tombait dessus, il aurait toutes les infos à disposition...

## Avoir un passeport européen, ça peut être utile !

L'Union européenne a organisé une assistance consulaire mutuelle pour les ressortissants de l'UE en cas de problème en voyage.

Vous pouvez y faire appel lorsque la France (c'est rare) ou la Belgique (c'est plus fréquent) ne disposent pas d'une représentation dans le pays où vous vous trouvez. Concrètement, cette assistance vous permet de demander de l'aide à l'ambassade ou au consulat (pas à un consulat honoraire) de n'importe quel État membre de l'UE. Leurs services vous indiqueront s'ils peuvent directement vous aider ou vous préciseront ce qu'il faut faire.

***Leur assistance est, bien entendu, limitée aux situations d'urgence :*** décès, accidents ayant entraîné des blessures ou des lésions, maladie grave, rapatriement pour raison médicale, arrestation ou détention. En cas ***de perte ou de vol de votre passeport,*** ils pourront également vous procurer un ***document provisoire*** de voyage.

Cette entraide consulaire entre les États membres de l'UE ne peut bien entendu vous garantir un accueil dans votre langue. En général, une langue européenne courante sera pratiquée.

## Ariane : pour votre sécurité, restez connecté

Ariane est un service gratuit mis à disposition par le Centre de crise et de soutien du ministère des Affaires étrangères pour vous alerter en cas de risque sécuritaire lors de vos déplacements à l'étranger. Créez votre compte et inscrivez vos voyages personnels ou professionnels. Les informations déposées sur Ariane sont utilisées uniquement en cas de crise pendant votre séjour et permettent notamment de contacter les proches lors des situations d'urgence. Pour en savoir plus : ● *diplomatie.gouv.fr* ●

## Assurances voyage

■ ***Routard Assurance par AVI International :*** *40, rue Washington, 75008 Paris.* ☎ *01-44-63-51-00.* ● *avi-international.com* ● Ⓜ *George-V.* Enrichie au fil des années par les retours des lecteurs, *Routard Assurance* est devenue une assurance voyage référence des globe-trotters. Tout est inclus : frais médicaux, assistance rapatriement, bagages, responsabilité civile... Avant votre départ, appelez *AVI* pour un conseil personnalisé. Besoin d'un médecin, d'un avis médical, d'une prise en charge dans un hôpital ? Téléchargez l'appli mobile AVI international pour garder le contact avec *AVI Assistance* et disposez de l'un des meilleurs réseaux médicaux à travers le monde. *AVI Assistance* est disponible 24h/24 pour une réponse en temps réel. De simples frais de santé en voyage ? Envoyez les factures à votre retour, *AVI* vous rembourse sous une semaine.

■ ***AVA assurance Voyages et assistance :*** *25, rue de Maubeuge, 75009 Paris.* ☎ *01-53-20-44-20.* ● *ava.fr* ● Ⓜ *Cadet.* Un autre courtier fiable pour ceux qui souhaitent s'assurer en cas de décès-invalidité-accident lors d'un voyage à l'étranger, mais surtout pour bénéficier d'une assistance rapatriement, perte de bagages ou annulation. Attention, franchises pour leurs contrats d'assurance voyage.

■ ***Pixel Assur :*** *18, rue des Plantes, BP 35, 78601 Maisons-Laffitte.* ☎ *01-39-62-28-63.* ● *pixel-assur.com* ● *RER A : Maisons-Laffitte.* Assurance de matériel photo et vidéo tous risques (casse, vol, immersion) dans le monde entier. Devis en ligne basé sur le prix d'achat de votre matériel. Avantage : garantie à l'année.

## Vaccinations

– ***Vaccins obligatoires :*** même si le Brésil n'exige, en pratique, quasi jamais la vaccination contre la ***fièvre jaune*** à l'entrée sur son territoire pour les voyageurs en provenance d'Europe (sauf pour la visite du Pantanal, dans le Mato Grosso), il est extrêmement recommandé de se faire vacciner contre cette maladie. En outre, si vous venez d'autres pays d'Amérique du Sud, ce vaccin est exigé pour entrer au Brésil. S'y prendre à l'avance, au moins 1 mois avant votre départ.

– ***Vaccins universels :*** déjà recommandés aux Européens non voyageurs, ils sont évidemment encore plus utiles dans ce pays chaud, humide, à l'hygiène parfois déficiente et au système de santé encore bien défaillant en certains endroits. Vérifiez donc si vous êtes à jour de vos vaccins contre le tétanos, la poliomyélite, la diphtérie, la coqueluche (Repevax®) et l'hépatite B.

– ***Autres vaccins :*** l'hygiène alimentaire étant souvent défectueuse, les vaccinations contre la fièvre typhoïde (Typhim Vi) et l'hépatite A (Avaxim ou Havrix 1440) sont hautement recommandées. Vaccin contre les méningites A et C : séjours prolongés, contacts étroits avec la population, en particulier pour les enfants et les jeunes adultes. Vaccin préventif contre la rage : expatriés, séjours ruraux ou prolongés.

### Centres de vaccinations

Pour les centres de vaccinations partout en France, dans les DOM-TOM, en Belgique et en Suisse, consulter le site internet • *astrium.com/espace-voyageurs/centres-de-vaccinations-internationales.html* •

## Carte internationale d'étudiant (carte ISIC)

Elle prouve le statut d'étudiant dans le monde entier et permet de bénéficier de tous les avantages, services et réductions dans les domaines du transport, de l'hébergement, de la culture, des loisirs, du shopping...

La carte ISIC permet aussi d'accéder à des avantages exclusifs (billets d'avion spécial étudiants, hôtels et auberges de jeunesse, assurances, cartes SIM internationales, location de voiture...).

***Renseignements et inscriptions***

– ***En France :*** • *isic.fr* • *13 € pour une année scolaire.*
– ***En Belgique :*** • *isic.be* •
– ***En Suisse :*** • *isic.ch* •
– ***Au Canada :*** • *isicanada.com* •

## Carte d'adhésion internationale aux auberges de jeunesse (carte FUAJ)

Cette carte vous ouvre les portes des 4 000 auberges de jeunesse du réseau *HI-Hostelling International* en France et dans le monde. Vous pouvez ainsi loger dans 81 pays à des prix avantageux et bénéficier de tarifs préférentiels avec les partenaires des Auberges de Jeunesse *HI.* Enfin, vous intégrez une communauté mondiale de voyageurs partageant les mêmes valeurs : plaisir de la rencontre, respect des différences et échange dans un esprit convivial. Il n'y a pas de limite d'âge pour séjourner en auberge de jeunesse.

***Renseignements et inscriptions***

– ***En France :*** • *hifrance.org* •
– ***En Belgique :*** • *lesaubergesdejeunesse.be* •
– ***En Suisse :*** • *youthhostel.ch* •
– ***Au Canada :*** • *hihostels.ca* •

– ***En France et dans le monde :*** • hihostels.com • Si vous prévoyez un séjour itinérant, vous pouvez réserver plusieurs auberges en une seule fois !

## ARGENT, BANQUES, CHANGE

L'unité monétaire du Brésil est le *real* (*reais* au pluriel). Son taux est assez fluctuant, mais, ***courant 2019,*** le taux de change moyen est de : ***1 Rl = 0,24 €*** ou ***1 € = 4,20 Rls.***
– ***Important :*** si vous prévoyez un périple de plusieurs jours loin des principales villes, assurez-vous d'avoir suffisamment d'espèces, car il vous sera parfois difficile (voire impossible à certains endroits) de changer ou de retirer de l'argent avec une carte de paiement.

### Change

On conseille vivement de partir avec une somme en argent liquide (que vous garderez dans le coffre de la chambre en espérant qu'il y en ait un, sinon soyez prudent) et de se rendre dans les ***câmbios*** (bureaux de change), présents dans les principales métropoles. Les banques, comme *Banco do Brasil,* si elles veulent bien faire le change, prennent une forte commission et limitent le montant des retraits (voir plus loin), sans parler des files d'attente.
Ces bureaux de change sont généralement ouverts du lundi au vendredi de 8h30-9h à 17h-18h, voire plus tard, ainsi que le samedi matin (parfois aussi l'après-midi). Dans les endroits touristiques, on y change les euros en espèces à un taux proche du taux officiel et sans commission. En revanche, évitez ceux des aéroports, vraiment désavantageux.

### Les cartes de paiement

Quand vous partez à l'étranger, pensez à téléphoner à votre banque pour relever le plafond de retrait aux distributeurs et pour les paiements par carte, quitte à le faire rebaisser à votre retour.
Avant de partir, notez bien aussi le numéro d'opposition propre à votre banque (il figure souvent au dos des tickets de retrait, sur votre contrat, ou à côté des distributeurs de billets), ainsi que le numéro à 16 chiffres de votre carte. Bien entendu, conservez ces informations en lieu sûr et séparément de votre carte.
Par ailleurs, l'assistance médicale se limite aux 90 premiers jours du voyage et l'assistance véhicule aux cartes haut de gamme (renseignez-vous auprès de votre banque). Et surtout, n'oubliez pas aussi de VÉRIFIER LA DATE D'EXPIRATION DE VOTRE CARTE BANCAIRE avant votre départ !
***En cas de perte, de vol, ou de fraude,*** quelle que soit la carte que vous possédiez, chaque banque gère elle-même le processus d'opposition et le numéro de téléphone correspondant.
– ***Voir aussi plus loin la rubrique « Urgences ».***

– ***Carte Bleue Visa :*** *numéro d'urgence (Europ Assistance) : ☎ (00-33) 1-41-85-85-85 (24h/24).* • visa.fr •
– ***Carte MasterCard :*** *numéro d'urgence : ☎ (00-33) 1-45-16-65-65.* • mastercardfrance.com •
– ***Carte American Express :*** *numéro d'urgence : ☎ (00-33) 1-47-77-72-00.* • americanexpress.fr •

Petite mesure de précaution : si vous retirez de l'argent dans un distributeur, utilisez de préférence les distributeurs attenants à une agence bancaire. En cas de pépin avec votre carte (carte avalée, erreurs de code secret...), vous aurez un interlocuteur dans l'agence pendant les heures ouvrables.

– ***Cartes Visa et MasterCard :*** elles permettent de retirer de l'argent aux distributeurs de certaines banques du pays : *Banco do Brasil* et *Bradesco,* principalement, les autres banques n'assurant pas toujours ce service. Attention, il est souvent contraignant de retirer de l'argent ! Les plafonds de retrait sont bas (1 000 à 1 500 Rls maximum), notamment au *Banco do Brasil,* ce qui oblige à multiplier les retraits et, donc, les commissions bancaires. De plus, on ne peut pas toujours effectuer plusieurs retraits le même jour.
Moralité : pour limiter le nombre de retraits et de commissions, partez avec de l'argent liquide (voir plus haut) et payez autant que possible les grosses factures par carte de paiement. Les ***cartes de paiement*** sont acceptées dans la plupart des hôtels et restos d'une certaine catégorie, ainsi que dans pas mal de magasins et boutiques, y compris dans les stations-service. N'hésitez pas à les utiliser pour régler vos notes, la transaction est sûre et s'effectue en principe au taux officiel du jour. Cela dit, votre banque percevra une petite commission (en général, plutôt faible, mais renseignez-vous) à chaque transaction.
Afin d'éviter les frais lors de chaque paiement ou retrait en dehors de la zone euro, ***certaines banques offrent la gratuité des retraits*** dans leurs propres distributeurs (DAB) dans le monde entier (comme *HSBC* pour leurs clients) ou dans les banques avec qui elles ont un accord selon les pays (se renseigner avant le départ). Les banques en ligne comme *Revolut, N26* ou *Boursorama* proposent des cartes gratuites qui ne facturent aucune commission pour les paiements et retraits.
– ***Attention :*** les ***piratages de cartes de paiement*** sont fréquents au Brésil, notamment dans certains *Banco 24 Horas*. Ils ont lieu le plus souvent à un distributeur, équipé d'un faux lecteur qui copie votre puce, voire d'une caméra qui enregistre votre code. Les pirates effectuent ensuite des retraits débités de votre compte, sans que vous vous aperceviez de rien... Pensez à consulter régulièrement votre compte sur Internet pour vous assurer que tout est normal et faire rapidement opposition sinon. En cas de piratage, votre banque est tenue de vous rembourser les sommes débitées (mais souvent avec une franchise).

### Carte prépayée Travelex

La nouvelle formule de la carte prépayée *Travelex,* la *Travelex Money Card* est la nouvelle version de la carte prépayée *Travelex.* Il s'agit d'une carte multi-devise qui fonctionne comme une carte bancaire (elle remplace les chèques de voyage). C'est une version plus perfectionnée de l'ancienne carte *Cash Passport.*
Disponible en ligne sur • *travelex.fr* • ou en agence, chargez votre budget voyage sur cette carte dont la gestion est facilitée grâce à son application dédiée, la Travelex Money App. Vous pourrez y suivre vos dépenses et la recharger depuis le site • *travelex.fr* • partout dans le monde.
Une fois à l'étranger, elle est utilisable chez 32 millions de commerçants et distributeurs de billets. Pratique pour régler une note de resto ou d'hôtel, sans frais bancaires ni commission. Sûre, la carte n'est pas liée au compte bancaire de l'utilisateur et elle est protégée par une puce et un code PIN personnel. Assistance internationale d'urgence 24h/24 en cas de perte ou de vol. La carte est alors remplacée gratuitement sous 24h.

## ACHATS

### Artisanat, vêtements et autres souvenirs...

– ***Dans le Nord et en Amazonie :*** hamacs et sacs tissés sont incontournables. On trouve aussi de belles céramiques en grès, spécialités de la région, et les

fameuses poteries de l'île de Marajó, ornées de motifs géométriques. L'artisanat indien est varié et souvent superbe, mais peut se révéler encombrant, comme certaines pièces de vannerie ! On peut aussi être séduit par les jolis colliers colorés en graines, les bracelets en paille tressée, les animaux en patchouli (odorants), les armes traditionnelles, les masques de cérémonie, les peignes et objets en bois, etc.
Naturellement, on déconseille vivement d'acheter des objets faits à partir d'animaux sauvages (félins, perroquets, tortues, tatous...) : il s'agit le plus souvent d'espèces protégées, donc d'une part cela favorise le trafic et l'extermination d'espèces locales, d'autre part vous encourez de fortes sanctions aux frontières (brésilienne comme française)...
– ***Dans le Pernambuco :*** vous trouverez les fameuses figurines naïves en terre cuite, peintes de couleurs vives, représentant des scènes de la vie quotidienne. Jolies et authentiques, fabriquées à l'origine à Caruaru, elles sont vendues un peu partout dans le Nordeste, mais aussi dans les boutiques d'artisanat des grandes villes du pays.
– ***À Salvador et dans l'État de Bahia :*** pourquoi pas un pantalon de survêtement de capoeira ? Il en existe de diverses couleurs, les « rastas » (aux bandes rouges, jaunes et vertes) étant les plus répandus, les blancs restant plus « authentiques ». Préférer la marque officielle *Afro Bahia,* les autres sont des copies. Pour les amateurs, les « blocs » de carnaval Olodum et Ilê Aiyé vendent aussi des vêtements sympas à leurs couleurs. Et bien sûr les *fitas de Nosso Senhor do Bonfim,* petits bracelets porte-bonheur aux couleurs des divinités du candomblé. À Itaparica, on trouve les poteries du village de Maragogipinho.

## DU CAOUTCHOUC QUI VAUT DE L'OR

*Créée en 1966, la célèbre tong Havaianas fut d'abord vendue pour une poignée de reais, en modèle unique, devenant un accessoire de la vie quotidienne. L'État l'a d'ailleurs classée parmi les produits de 1re nécessité ! La marque connut une notoriété mondiale bien plus tard, en particulier avec la Coupe du monde de foot en 1998. Havaianas ornait alors les brides d'un petit drapeau en signe de soutien à la « Seleção »... Fabriquée uniquement au Brésil, Havaianas s'enorgueillit aujourd'hui de plus de 200 millions de paires vendues chaque année dans 80 pays...*

– ***Sur le littoral, de Rio à Salvador :*** ne manquez pas de fureter dans les boutiques de bikinis brésiliens, proposant une variété considérable de modèles, avec 3 tailles, petite, moyenne et grande, cette dernière équivalant au 38-40 européen... Et pour les hommes, le *shorty* en Lycra version années 1950 est un must (oui !). Pour compléter la panoplie, toutes sortes de paréos et les tongs Havaianas, bien sûr, de toutes les couleurs, de toutes les formes et ultrarésistantes (que l'on trouve partout dans le pays).
– ***Dans le Minas Gerais :*** de beaux objets fabriqués en « pierre à savon », une pierre lisse et marbrée. Également des pierres semi-précieuses, notamment l'améthyste, à acheter dans les boutiques délivrant un certificat d'authenticité.
– ***De Fortaleza à Recife :*** de jolis napperons blancs et de multiples dentelles. Quelques belles couvertures également, très colorées.
– ***La région de Natal*** est connue pour ses plages au sable de différentes couleurs. Vous pourrez toujours en rapporter dans ces petites bouteilles en verre un peu kitsch, renfermant des paysages exotiques.
– ***La région du Pantanal*** est réputée pour son artisanat local (céramiques, objets en bois, tissus). Mieux vaut faire ses achats dans les *centros* (ou *casas*) *de artesanato,* boutiques officielles qui reversent directement les bénéfices aux petits artisans.

– ***Côté gastronomie :*** la fameuse ***cachaça,*** l'eau-de-feu nationale, se trouve à tous les prix dans l'ensemble du pays. Plutôt sympa de rapporter une bonne bouteille artisanale achetée dans une distillerie. Pour le reste (fruits, produits frais), sachez que les importations de denrées alimentaires sont désormais interdites dans l'UE. Des noix de cajou ou du Brésil, peut-être, si vous les glissez discrètement au fond du sac...

### Pierres précieuses

Attention, terrain miné, les faussaires ne manquent pas de ressources pour faire passer le faux pour du vrai... Pour tout achat important, restez donc de marbre, exigez un certificat d'analyse émanant d'un laboratoire de gemmologie reconnu et non un certificat exotique bidon.
Sachez aussi que, pour avoir la valeur d'une partie de vos économies, une pierre doit avoir un marché. Combien de gemmes naturelles de qualité collent aux tiroirs parce qu'elles ne sont pas recherchées dans cette couleur, cette nuance, ce poids ou cette forme ? En juger est un métier.

#### ALEXANDRITE, PIERRE MYSTÉRIEUSE...

*Cette pierre précieuse, découverte en 1830 en Russie, tire son nom du tsar Alexandre II qui arborait les couleurs vert et rouge de la Russie impériale. Au Brésil, c'est l'une des gemmes les plus curieuses du Minas Gerais. Sa particularité ? Par un étrange phénomène, elle change de couleur selon la lumière : ainsi passe-t-elle du vert le jour (sous lumière naturelle) au rouge la nuit (sous lumière artificielle). Toute petite et très rare, elle vaut parfois plus cher qu'un diamant !*

## BUDGET

Le Brésil est un pays assez cher pour les petits budgets, encore que cela dépende du taux de change au moment du voyage. Dans certaines grandes villes, comme Rio ou São Paulo, le coût de la vie n'est guère éloigné de ce qu'il est chez nous, c'est dire. Belém et Manaus, en Amazonie, ne sont pas bon marché non plus. En revanche, dans les régions intérieures – Minas Gerais, Goiás, Tocantins, Centre-Ouest –, les prix demeurent souvent plus abordables.
On vous indique des catégories de prix pour l'hébergement et la restauration mais, comme d'habitude, elles ne sont qu'indicatives, les fourchettes pouvant varier d'une région ou d'une ville à l'autre, et bien sûr selon le taux de remplissage.

### Hébergement

Sur la côte, et notamment dans le Nordeste, de nombreux hôtels et *pousadas* pratiquent des tarifs haute saison, grosso modo de mi-décembre jusqu'au carnaval de février. En juillet et août (parfois même septembre), les prix connaissent aussi une fièvre inflationniste (logique, les Brésiliens du Sud partent à la quête du soleil dans le Nord...). En basse saison, en revanche, les prix sont plus doux, pouvant même parfois baisser de 50 % par rapport aux mois de janvier et février. Dans les régions concernées, nous vous indiquons donc généralement une fourchette couvrant la basse et la haute saison.
– Dans la majorité des endroits touristiques, les hôtels imposent un ***pacote*** (prononcer « pacotché ») durant les périodes de fêtes comme Noël, le Nouvel An ou le carnaval : il s'agit d'un séjour minimum de 3 à 5 nuits, à prix nettement gonflés, dont nous ne tenons pas compte dans nos fourchettes de prix.

– À l'inverse, selon la période, on peut demander assez facilement une ***réduction sur le prix*** des chambres dans les hôtels et *pousadas*. Des remises sont parfois aussi accordées si on paie en espèces, pour des séjours en basse saison ou à partir de 2 ou 3 nuits.
– ***Dans la très grande majorité des cas, le petit déjeuner est compris*** dans le prix de la chambre. Idem pour la ***connexion wifi.***
– Il arrive que certains établissements (catégorie « Chic ») ajoutent une taxe qui peut varier de 5 à 15 % ; c'est légal, mais à prendre en compte.
***Les prix ci-dessous s'entendent pour une chambre double (avec petit déj) en haute saison.*** Les voyageurs en solo peuvent s'attendre à payer un peu moins cher (en général).
***Le taux de change appliqué sur ce guide est de 4,20 Rls pour 1 €.***
– ***Bon marché :*** moins de 150 Rls (env 36 €).
– ***Prix moyens :*** de 150 à 250 Rls (env 36-60 €).
– ***Chic :*** de 250 à 500 Rls (env 60-120 €).
– ***Très chic :*** plus de 500 Rls (plus de 120 €).

### Restaurants

***Les fourchettes de prix que nous vous indiquons sont basées sur un plat principal,*** souvent assez copieux pour qu'on puisse se passer d'autre chose.
– ***Bon marché :*** moins de 40 Rls (env 10 €).
– ***Prix moyens :*** de 40 à 70 Rls (env 10-17 €).
– ***Chic :*** de 70 à 100 Rls (env 17-24 €).
– ***Très chic :*** plus de 100 Rls (env 24 €).

### Pourboire

Dans les restaurants, le service peut, ou non, être compris dans l'addition. Mais de nombreux établissements, chics ou non, ajoutent d'office 10 % à la note. Dans ce cas-là, inutile de laisser en plus un pourboire (sauf si vraiment vous y tenez !).
En taxi, on peut toujours arrondir la somme, mais il n'est guère besoin d'aller au-delà. On peut, en revanche, donner 2-3 Rls aux personnes qui gardent les voitures dans la rue, aux portiers dans les hôtels, ainsi qu'aux pompistes s'ils nettoient les vitres ou vérifient la pression.

## CLIMAT

Le Brésil est si vaste qu'il est pratiquement impossible de définir la saison idéale pour y voyager. Il n'y a pas un seul climat mais plusieurs, tout dépend de la région où vous allez. Rappelons que le pays se situant dans l'hémisphère austral, les saisons sont inversées par rapport à chez nous.
– ***Dans le sud du pays,*** l'été austral s'étend de décembre à mars. Il est très chaud, voire étouffant à Rio et à São Paulo. Il n'est pas exempt de pluies tropicales, soudaines et parfois diluviennes. L'hiver austral court de juin à septembre, mais les températures restent agréables, de 12 °C la nuit à 25 °C le jour (grosso modo). La côte offre un climat quasi méditerranéen : hiver doux, été chaud.
– ***Dans les États du Nordeste*** – Bahia et Pernambuco – proches de l'équateur, la chaleur, parfois lourde de décembre à mars, est ponctuée de fréquentes mais brèves averses. Préférez la période de septembre à mi-décembre et de mars à juin (prix plus doux aussi dans les hôtels) pour visiter cette région. Notez que la région du Sertão connaît des sécheresses terribles.
– ***Le Mato Grosso et le Mato Grosso do Sul*** connaissent aussi, pendant l'été austral, une saison des pluies qui inonde les grandes plaines du Pantanal. La ville

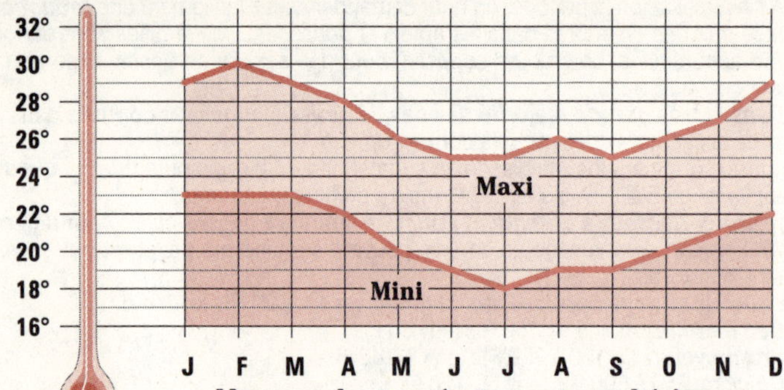


**Moyenne des températures atmosphériques**

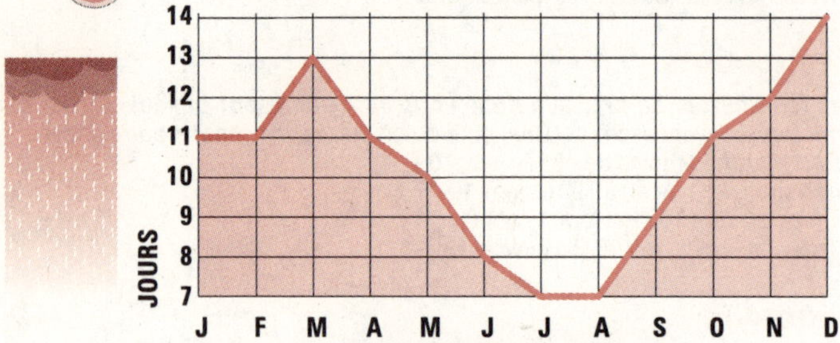


**Nombre de jours de pluie**

**BRÉSIL (Rio de Janeiro)**

de Cuiabá, dans le Mato Grosso, est réputée pour être une des plus chaudes du Brésil, avec des températures proches de 40 °C toute l'année.

– ***L'Amazonie*** est une région chaude, pluvieuse et très humide. Dans la forêt, le taux d'humidité atteint les 100 %. On distingue 2 périodes : celle de la *chuva,* qui s'étend, dans la plus grande partie du bassin, de janvier à juin (pluies parfois torrentielles, mais souvent de courte durée), et celle qui va de juillet à décembre (la saison « sèche »)...

## DANGERS ET ENQUIQUINEMENTS

Les images de violence sociale et urbaine ont de quoi inquiéter. Pourtant, les Brésiliens ne paraissent pas en être tant affectés dans leur quotidien... Le jour, les plages sont bondées, et les rues fréquentées par une foule de badauds. Le soir, terrasses et bistrots restent animés fort tard. Chaque année, certains de nos lecteurs nous reprochent d'être trop alarmistes, alors que d'autres, au contraire, nous remercient pour nos recommandations... Pour la plupart des visiteurs, le voyage se déroule sans problème, mais il arrive de temps en temps que d'autres aient moins de chance.

Alors, le Brésil est-il un pays violent ? En 2017, environ 60 000 homicides y ont été enregistrés, soit près de 7 tués par heure en moyenne (à titre de comparaison, il y en a eu 825 en France la même année, pour une population un peu plus de 3 fois inférieure)... La misère, le trafic de drogue, la délinquance et le crime organisé ne sont pas les seuls responsables de ce désastre. Il y a aussi des homicides

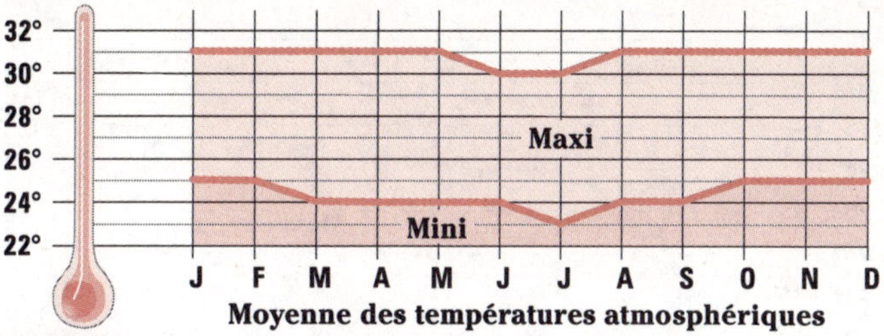


Moyenne des températures atmosphériques

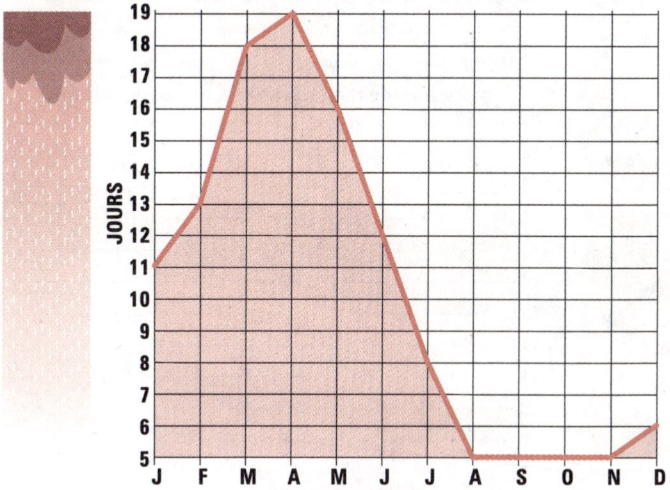


Nombre de jours de pluie
BRÉSIL (Fortaleza)

pour des raisons futiles et stupides : disputes, bagarres, altercations sous l'effet de l'alcool, crimes passionnels...

Quoi qu'il en soit, cette violence spectaculaire et sanglante concerne peu les voyageurs. La majorité des crimes est le fruit des conflits entre une police corrompue et une jeunesse désespérée ; ils ont lieu dans les favelas, les quartiers pauvres des grandes villes. Pour sécuriser les zones touristiques, des polices spécifiques *(polícia turística)* ont été créées dans certaines grandes villes (à Belém et à Salvador, par exemple). Leurs agents sillonnent toute la journée les lieux fréquentés par les visiteurs (les plages, centres historiques, etc.).

Alors, ***le Brésil est-il un pays dangereux pour le voyageur ? Notre réponse est formelle : vous pouvez voyager sans inquiétude, à condition d'observer certaines règles.***

Il faut avant tout ***distinguer*** l'intérieur du pays, ***les petites villes, où la violence est rare, des grands centres urbains.*** À Rio, São Paulo, Salvador, Recife, Natal, Fortaleza ou Belém, prudence, une concentration de pauvreté s'est accumulée à côté d'une grande richesse. Conséquence, tout ce qui est convoité est bon à prendre : baskets et vêtements de marque, bijoux, appareils photo, etc. Si un gamin vous demande les 3 frites qui traînent dans votre assiette, c'est parce qu'il a vraiment faim.

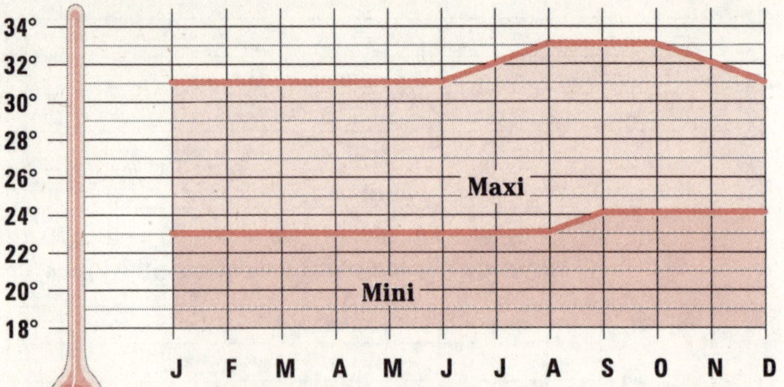


Moyenne des températures atmosphériques

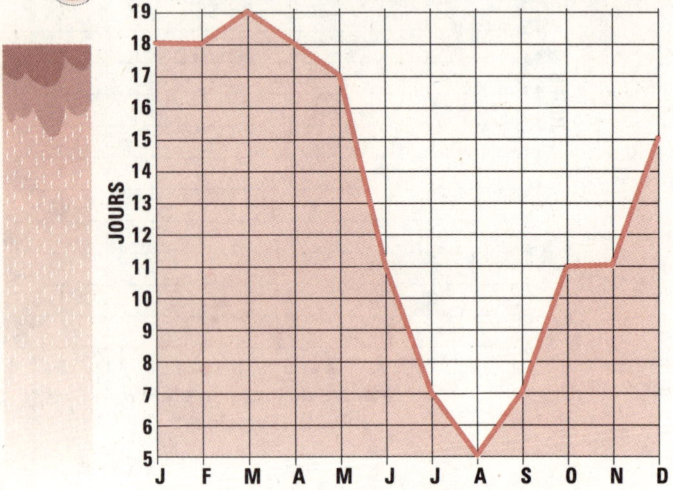


Nombre de jours de pluie
BRÉSIL (Manaus)

## Précautions élémentaires

– ***Faites des photocopies*** de tous vos papiers avant de partir : passeport, permis de conduire, etc. Mieux, scannez-les avant de vous les envoyer à votre adresse e-mail. Vous galérerez moins pour les faire refaire !

– Il n'est jamais superflu non plus de conserver au chaud une ***petite liste de numéros utiles,*** au cas où toutes vos affaires seraient volées : numéros de passeport, de cartes de paiement, de Sécu, numéros à appeler en cas de vol (consulats, banques, éventuels amis sur place), références de votre assurance-assistance, etc.

## Conseils pratiques

– ***Tenue vestimentaire :*** règle numéro un, ***évitez de (trop) ressembler à un touriste*** ! Cela peut sembler élémentaire, mais habillez-vous simplement, sans ostentation. Évitez les vêtements et accessoires de marques (lunettes, joggings, baskets...). Observez le style des locaux. Votre meilleur prêt-à-porter pour partir, c'est en gros : pantalon de toile ou jean, chemisette ou tee-shirt sobre, sandales, tongs ou baskets bon marché... Bon, que cela ne vous empêche pas non plus de privilégier le short au pantalon s'il fait particulièrement chaud.

- ***Sortez avec le strict nécessaire :*** généralement, les Brésiliens gardent tout simplement leurs affaires (clés de voiture, lunettes, cigarettes...) à la main. Si vous ne pouvez pas vous passer de votre sac, choisissez-en un porté en bandoulière, que vous pourrez placer devant vous dans la foule. Mais pour passer inaperçu, le mieux est encore de mettre ses affaires dans ses poches...
- ***Évitez les signes extérieurs de richesse :*** montres luxueuses, chaînes en or, gourmettes, bagues et autres bijoux clinquants, appareils photo dernier cri, etc. Pour un Brésilien qui gagne l'équivalent de 200 € par mois, une paire de baskets de marque représente 15 jours de salaire.
- ***Photos :*** si vous prévoyez de faire des photos, un petit appareil qui tient dans la poche vaut mieux qu'une sacoche remplie d'objectifs sophistiqués. Si vous ne pouvez pas vous en passer, procédez à un repérage préalable, comme un vrai pro, et évitez de trimbaler ces accessoires, même dans un sac, en tout lieu et à toute heure ; ça vous évitera, en prime, d'être obsédé par les risques de vol. La règle : voyager léger.
- ***À la plage,*** n'emportez que le strict minimum. Serviette ou paréo, crème solaire et juste 3 sous pour les boissons ou le *picolé.* Si vous devez emporter plus d'affaires, veillez à ce que votre sac soit toujours sous bonne garde (ami ou voisin de plage) pendant que vous faites trempette.
- ***La nuit :*** dans les grandes villes, évitez de vous balader à pied une fois la nuit tombée dans les quartiers peu fréquentés. Si vous avez une voiture, faites comme les autres automobilistes et utilisez les parkings ou emplacements surveillés.

## Conseils pour l'argent

C'est évidemment la cible n° 1.

- ***Effectuez toujours le change*** dans des officines spécialisées et vos retraits avec une carte de paiement pendant la journée plutôt qu'en soirée ou la nuit.
- ***Ne changez jamais avec un inconnu*** qui vous propose un taux intéressant, c'est un coup à se faire détrousser. Moins violent : on vous demande vos euros en vous disant qu'on vous ramène la somme changée dans 5 mn (ne riez pas, ça arrive !)...
- ***La sortie du bureau de change*** est un endroit où le braquage est tentant et courant. Ne traînez pas après avoir changé et, avant de sortir, rangez le principal de façon difficilement accessible pour ne garder en poche que l'argent immédiatement nécessaire.
- En général, ***ne gardez sur vous que l'argent indispensable*** et laissez le reste au coffre de l'hôtel ou correctement caché dans vos bagages (fermés avec un cadenas).
- Les ***ceintures avec zip intérieur*** ou à fixer sous votre pantalon sont une bonne solution, à condition de prendre un modèle discret (en tissu, moins chaud) et, bien sûr, d'éviter de s'en servir comme d'un portefeuille. L'inconvénient, c'est qu'il faut aller se cacher aux toilettes à chaque prélèvement !
- ***Évitez d'avoir des grosses coupures,*** supérieures à l'équivalent de 20 €. Si vous avez des euros sur vous, sortez-les discrètement et non par liasses.
- ***Évitez, bien sûr, de laisser votre portefeuille ou vos papiers dans la poche arrière de votre pantalon !*** Une combine qui a déjà fait ses preuves : garder les grosses coupures dans un endroit discret (poche ventrale intérieure, etc.) et les petites dans une poche de pantalon. En cas de braquage, le voleur pressé se contentera (peut-être) des petites coupures en croyant que vous n'avez rien d'autre...

– ***N'acceptez jamais de partager une boisson avec un inconnu :*** il se pourrait qu'il ait versé un hypnotisant dans le verre, notamment du gamma-hydroxybutyrate (GHB), la fameuse « drogue du violeur » (dans les bars ou boîtes de nuit, par exemple).
– ***Pendant le carnaval*** à Salvador, à Recife ou à Rio, respectez toutes les consignes précédentes. Le mieux est de sortir chaussé de vieilles baskets et vêtu d'un short léger (muni d'une pochette intérieure). Les nombreux pickpockets qui sévissent ne pourront rien vous voler (ou presque). Pensez aussi à faire une photocopie de votre passeport et à laisser l'original au coffre.

### Ultime conseil

Si, malgré toutes vos précautions (et nos recommandations !), vous vous faites braquer, ***surtout ne jamais résister et vider ses poches.*** Que votre agresseur soit armé d'un simple cutter ou d'une arme à feu, ne prenez en aucun cas le risque de le provoquer en lui refusant ce qu'il exige. C'est une règle élémentaire à respecter impérativement.

### Drogues

Des revendeurs proposent parfois de la drogue aux étrangers de passage. De grandes quantités de drogues illicites à bas prix circulent, principalement ***marijuana (maconha)*** et ***cocaïne.*** Leur consommation est fréquente : *maconha* parmi les classes populaires et la jeunesse, cocaïne parmi les classes plus aisées. Contrairement à ce que l'on croit, ***la répression de leur possession, transport, usage ou trafic, est extrêmement sévère,*** quelle qu'en soit la quantité. La corruption globale de la police et son implication généralisée dans le trafic ne font qu'aggraver les choses. Aussi, ne vous laissez pas griser par le sentiment d'exotisme et évitez toute imprudence dans ce domaine.
Il existe aussi au Brésil d'autres ***substances psychotropes,*** tenues pour sacrées par les Indiens d'Amazonie. Non soumises à la législation locale, elles sont utilisées par les communautés dans le cadre de cérémonies rituelles, soit pour entrer en transe dans un but divinatoire (pour le chaman), soit comme outil de purification dans une démarche thérapeutique. La plus célèbre est l'*ayahuasca* (« liane des esprits »), répandue dans tout l'ouest de l'Amazonie (Brésil, Pérou et Équateur).
L'*ayahuasca* est constituée de 2 ingrédients : des feuilles de *Psychotria viridis* (cousine du caféier) et de l'écorce d'une liane de la forêt, *Banisteriopsis caapi.* C'est la combinaison des 2 qui permet de libérer les effets psychotropes. Outre l'état second et les visions, la décoction peut induire nausées, vomissements, voire convulsions. Quelques Occidentaux en quête d'expériences spirituelles en sont même morts ces dernières années.

## DÉCALAGE HORAIRE

Ne demandez pas à un Brésilien de Rio de vous dire l'heure qu'il est à Manaus ou à Belém (et vice versa), il aura toutes les peines du monde à vous répondre ! Il est vrai que c'est compliqué et qu'on s'y perd facilement, d'autant que le sud-est du pays passe à l'heure d'été de novembre à février. Essayons de faire simple...
***Le Brésil est découpé en 4 fuseaux horaires,*** avec 1h de décalage pour chacun d'eux (de fin février à début novembre) :
– le fuseau de l'île de Fernando de Noronha, située à 400 km dans l'océan Atlantique, au large de Natal ;
– le fuseau de Brasília (le principal, dans lequel vit la grande majorité des Brésiliens), regroupant les régions du Nordeste, du Sudeste, du Sud, ainsi que les États du Goiás, de l'Amapá, et la moitié est du Pará ;

– le fuseau de Manaus avec les États du Roraima, de l'Amazonas, du Mato Grosso, du Rondônia, du Mato Grosso do Sul, du Tocantins et la moitié ouest du Pará (dont Santarém) ;
– le fuseau de l'État de l'Acre (tout à l'ouest, ne concerne pas grand monde).
***En bref,*** quand il est 12h en France, il est 7h à Brasília (ainsi qu'à Rio, São Paulo...) entre mars et octobre, et 9h entre novembre et février.
Seul le fuseau horaire de Brasília change d'heure selon la saison, passant à l'heure d'été début novembre (+ 1h) et retournant à l'heure d'hiver fin février (les saisons étant inversées par rapport à chez nous)... mais attention, seule la partie sud-est de ce fuseau observe le changement d'heure (Belém, Fortaleza et Recife par exemple conservent la même heure toute l'année), à moins que, l'année suivante, les autorités n'en décident tout autrement ! Vous suivez ? Pas simple, d'autant que le nouveau président du pays parle de supprimer prochainement le passage à l'heure d'été !

## ÉLECTRICITÉ

Le sujet peut paraître simple, mais, comme pour le décalage horaire, il n'en est rien ! D'une région à l'autre, les prises sont alimentées soit en 110 V, soit en 220 V, avec des prises à 2 fiches plates ou 3 fiches rondes (différentes des européennes). Par chance, on trouve des adaptateurs multiprises dans les stations-service.

## FÊTES ET JOURS FÉRIÉS

### Carnavals et fêtes locales

Le Brésil est un pays de fêtes... ce n'est pas un scoop ! Le carnaval de Rio, bien sûr, avec ses jours de folie... tout un mythe ! Les costumes éblouissent, les couleurs claquent, la musique percute, les corps chaloupent... Mais il ne faut pas perdre de vue que de nombreuses autres villes ont leur propre carnaval, comme Salvador, ou parfois organisés hors saison, comme le *Carnatal* à Natal, le *Fortal* à Fortaleza... On ne va évidemment pas les énumérer tous ici, comme on ne va pas citer non plus l'ensemble des fêtes locales, trop nombreuses. Au Brésil, chaque ville a son jour anniversaire, ainsi qu'un jour consacré à la célébration de son (sa) saint(e) patron(ne). C'est alors férié et une belle occasion de faire la fête ! Les principales manifestations sont mentionnées dans les rubriques spécifiques de chacune des villes dans le guide.
***À savoir :*** entre Noël et le Nouvel An, beaucoup d'adresses sont fermées. Non seulement les restos, mais aussi certains musées et sites touristiques. De manière générale, tout va un peu au ralenti pendant cette période-là, y compris le week-end.

### Fêtes nationales

– ***1er janvier :*** Jour de l'an.
– ***Février ou mars*** (4 jours avant le mercredi des Cendres) ***:*** le carnaval ! En 2020, du 21 au 26 février.
– ***Mars ou avril :*** Vendredi saint et lundi de Pâques (en 2020, les 10 et 13 avril).
– ***21 avril :*** jour honorant la mémoire de Tiradentes, martyr de l'Indépendance. Célébré notamment dans le Minas Gerais.
– ***1er mai :*** fête du Travail.
– ***Juin :*** de nombreuses villes célèbrent les *festas juninas.* Feux de joie et pétards à tout va honorent les saints du mois. Le 24 juin, la Saint-Jean est l'occasion de grosses fêtes dans le Nordeste.

– ***Fin juin-fin août :*** fêtes traditionnelles de *bumba-meu-boi,* célébrée dans le Nordeste et le Maranhão. Elle a pour thème l'histoire d'un bœuf tué et ressuscité et prend, selon les régions du Brésil, des noms différents.
– ***7 septembre :*** commémoration de l'indépendance du Brésil.
– ***12 octobre :*** le pays célèbre Nossa Senhora da Aparecida, sa sainte patronne.
– ***2 novembre :*** jour des Morts.
– ***15 novembre :*** jour anniversaire de la proclamation de la république en 1889.
– ***25 décembre :*** Noël.
– ***31 décembre :*** le réveillon du Nouvel An est aussi l'occasion de célébrer Yemanja, déesse de la Mer dans le culte umbanda, particulièrement fêtée à Rio et Salvador. Les fidèles du culte afro-brésilien jettent à la mer – à minuit – des offrandes et des fleurs. Dans tous les cas, si vous comptez passer le 31 au Brésil, glissez dans votre valise une tenue blanche, de rigueur ce jour-là.

## HÉBERGEMENT

– ***Petit rappel :*** en période de vacances (Nouvel An, carnaval, Semaine sainte, ponts prolongés, etc.), la plupart des hôtels imposent des forfaits *(pacotes),* c'est-à-dire des séjours minimum de 3, 5 ou même 7 jours, à des tarifs (très) élevés. Tenez-en compte dans l'organisation de votre voyage ! Et n'oubliez pas qu'en période de vacances scolaires brésiliennes mieux vaut réserver le plus à l'avance possible.
– ***Les auberges de jeunesse*** *(albergues da juventude)* ***:*** le Brésil compte une quarantaine d'AJ « officielles » (labellisées *Hostelling International*), bien réparties à travers le pays. Elles sont pour la plupart bien tenues et offrent, outre le petit déj, les services classiques de ce genre d'établissements (cuisine commune...). Il n'y a pas de limite d'âge pour y séjourner. De même, il n'est pas nécessaire d'être membre du réseau *Hostelling International,* mais vous paierez quelques *reais* de plus si vous ne l'êtes pas. Vous pourrez toutefois devenir membre au fil de votre séjour, car à chaque nuitée payée avec ce supplément, vous recevrez un cachet sur une fiche. Quand la fiche, qui contient 6 cases, est remplie, on est membre. Pour toutes les adresses et infos sur les AJ brésiliennes : • *hihostelbrasil.com.br* • ou • *alberguesp.com.br* • (le site du siège, à São Paulo).
Sinon, sachez que la FUAJ (Fédération unie des auberges de jeunesse) offre à ses adhérents la possibilité de réserver en ligne depuis la France, grâce au système de réservation international • *hihostels.com* •, jusqu'à 12 mois à l'avance, dans des centaines d'auberges à travers le monde. Ça évite de se retrouver le bec dans l'eau !
– ***Les auberges indépendantes :*** plus nombreuses, en fait, que les AJ officielles, elles ont souvent plus de caractère aussi, et pour un niveau de confort généralement équivalent. Il n'est pas rare non plus que l'ambiance y soit plus conviviale ou, tout du moins, plus animée ! En plus des dortoirs, elles possèdent souvent des chambres privées, qui se louent à prix moyens (voire chic !). Nul besoin d'avoir la carte des AJ, bien sûr, pour y séjourner.
– ***Les pousadas :*** au Portugal, une *pousada* est un hôtel de luxe classé monument historique. Au Brésil, c'est plutôt l'auberge espagnole, on trouve de tout ! En général, ce sont des petites structures pas trop chères, à l'atmosphère plus ou moins familiale, façon auberge. Mais on a vu aussi, sous le nom de *pousada,* de véritables demeures de charme aux tarifs en conséquence. Bref, le terme « *pousada* » est très élastique... Et pour ajouter encore un peu à la confusion, certains établissements qu'on serait tenté d'appeler *pousada* (grande maison avec des chambres d'hôtes) se nomment... hôtel.
– ***Les hôtels :*** terme flou lui aussi, puisqu'il peut tout aussi bien désigner une demeure aux allures de *pousada* qu'une structure hôtelière classique. Toutefois, un bâtiment avant tout fonctionnel, avec réception et chambres numérotées aux étages, s'appelle en général « hôtel » et non « *pousada* ». Comme celles-ci, ils peuvent être de toutes les catégories, de bon marché à très chic. Ils sont généralement bien tenus et confortables, avec, dès la catégorie « Prix moyens », la clim dans la chambre, une salle de bains privée, la TV et souvent un frigo.

Sachez que dans certaines régions un *quarto* désigne une chambre simple, parfois avec douche à l'étage, et un *apartamento* une chambre double avec salle de bains privée. L'*apartamento* est donc plus cher.

– ***Les motels :*** attention, ce sont des hôtels essentiellement destinés aux plaisirs galants. Nullement réservés à la prostitution, ils offrent, pour pas bien cher et quelques heures, un décor « hollywoodien » d'alcôve, équipé et adapté à toutes sortes de fantasmes, et un confort discret. Si vous êtes du genre coquin, ne ratez pas l'expérience ! Les plus kitsch sont dans les zones périphériques, repérables à leur nom évocateur comme le *Motel Extase* ou *Eros,* par exemple... En réalité, le motel correspond à une nécessité sociologique : comme il y a beaucoup de familles nombreuses au Brésil, les couples n'ont pas forcément d'endroits où faire des câlins. Le motel répond à ce besoin !

– ***La location d'appartements :*** une solution en plein développement dans le pays, en général via des agences. Avantage : on fait sa popote et on économise sur les restos. Le problème est le même que partout ailleurs : il faut vraiment faire confiance à l'agence pour réserver ! Nous en avons sélectionné quelques-unes, qui travaillent souvent uniquement sur une ville et que vous trouverez dans les lieux concernés.

– ***Les campings :*** situés surtout près des plages, ils sont en général basiques, soit un petit terrain privé avec plus ou moins d'ombre et un bloc sanitaires. On peut souvent y louer une tente déjà montée. Pour les adeptes du genre...

– ***Les redários :*** en Amazonie, vous trouverez un peu partout de ces « hangars à hamacs », où l'on accroche le sien pour guère plus de 15-20 Rls la nuit. En général, ils sont équipés de sanitaires, parfois de casiers et proposent un petit déj en supplément.

# LANGUE

## La prononciation

– *ão* se prononce « an » ou « on » ;
– *au :* « ao » ;
– *e :* « i » ;
– *l* après une voyelle s'avale comme pour Brasil, soit « Brasiou » ;
– *d :* « dj » (sauf dans le Grand Sud) ;
– *t :* « tch » (sauf dans le Grand Sud) ;
– *nh :* « gne » ;
– *lh :* « lie » ;
– *x :* « che » ;
– *r* en début de mot se prononce souvent à peine et devient une sorte de « h » aspiré. Ainsi, une *rua* se dit « houa ».

Pour vous aider à communiquer, n'oubliez pas notre *Guide de conversation routard* en portugais... sans perdre de vue que le portugais du Brésil diffère un peu de celui du Portugal !

### FAUX AMIS

*Noix de coco se dit coco, avec l'accent tonique sur le 1er « co ». Prononcé avec l'accent sur la 2de syllabe, ce mot signifie malencontreusement... « caca » ! De même pour* pão *(pain), dont on ne prononce pratiquement pas le « o » final : s'il est mal prononcé, les Brésiliens comprennent... « pénis ». D'une façon générale, lorsque les mots comportent un accent, il faut bien le respecter !*

## Vocabulaire de base utilisé au Brésil

| | |
|---|---|
| Oui, non | *Sim, não* |

***Politesse***

| | |
|---|---|
| Merci (dit par un homme) | *Obrigado* |
| Merci (dit par une femme) | *Obrigada* |
| Merci beaucoup | *Muito obrigado(a)* |
| Bonjour (le matin) | *Bom dia* |

| | |
|---|---|
| Bonjour (l'après-midi) | *Boa tarde* |
| Bonsoir, bonne nuit | *Boa noite* |
| Salut | *Oi* |
| À bientôt | *Até logo* |
| S'il vous plaît | *Por favor ou me faz um favor* |
| Excusez-moi | *Desculpa, me desculpe* |

***Vie pratique, argent***

| | |
|---|---|
| Ville | *Cidade* |
| Centre | *Centro* |
| Poste | *Correio* |
| Téléphone | *Telefone* |
| Banque | *Banco* |
| Faire, changer la monnaie | *Trocar* |
| Combien coûte... ? | *Quanto è? Quanto custa...?* |
| Payer | *Pagar* |
| Prix | *Preço* |

***Transports***

| | |
|---|---|
| Gare | *Estação* |
| Train | *Trem* |
| Gare routière | *Rodoviária* |
| Autobus | *Ônibus* |
| Billet | *Bilhete* |
| À quelle heure ? | *A que horas?* |

***À l'hôtel et au restaurant***

| | |
|---|---|
| Lit double | *Cama de casal* |
| Chambre simple, double | *Quarto de solteiro, de casal* |
| Chambre avec salle de bains | *Quarto com banheiro, apartamento* |
| Dortoir | *Dormitório* |
| L'addition | *A conta* |
| Petit déjeuner | *Café da manhã* |
| Déjeuner | *Almoço* |
| Dîner | *Jantar* |

***Chiffres et nombres***

| | | | |
|---|---|---|---|
| 1 | *um* (*uma* au fém.) | 12 | *doze* |
| 2 | *dois* (*duas* au fém.) | 13 | *treze* |
| 3 | *três* | 14 | *quatorze* |
| 4 | *quatro* | 15 | *quinze* |
| 5 | *cinco* | 16 | *dezesseis* |
| 6 | *seis ou meia* (moitié d'une douzaine, le plus utilisé) | 17 | *dezessete* |
| 7 | *sete* | 18 | *dezoito* |
| 8 | *oito* | 19 | *dezenove* |
| 9 | *nove* | 20 | *vinte* |
| 10 | *dez* | 50 | *cinquenta* |
| 11 | *onze* | 100 | *cem* |

***Jours de la semaine***

| | |
|---|---|
| Lundi | *Segunda-feira* |
| Mardi | *Terça-feira* |
| Mercredi | *Quarta-feira* |
| Jeudi | *Quinta-feira* |

| | |
|---|---|
| Vendredi | *Sexta-feira* |
| Samedi | *Sábado* |
| Dimanche | *Domingo* |

## Quelques phrases types

| | |
|---|---|
| Ça va ? Ça va ! | *Tudo bem? Tudo bem!* |
| Je ne comprends pas | *Não entendo* |
| Parlez-vous anglais (français) ? | *Você fala inglês (francês)?* |
| Je m'appelle... | *O meu nome é...* |
| Nous avons réservé une chambre | *Reservámos um apartamento* |
| Pourriez-vous me réveiller à... ? | *Pode acordar-me ás...?* |
| Un billet d'autobus pour... | *Uma passagem de ônibus para...* |
| Pouvez-vous... ? Oui, bien sûr | *Pode...? Posso* |
| Je voudrais... Nous voudrions... | *Queria... Queriamos...* |
| Je veux aller... | *Quero ir para...* |
| Je voudrais changer... | *Queria trocar...* |

# LIVRES DE ROUTE

– ***Le Brésil, terre d'avenir,*** de Stefan Zweig (LGF, « Le Livre de Poche », 2002). En 1940, l'écrivain de langue allemande le plus lu dans le monde doit fuir l'Europe piétinée par les nazis. Il se réfugie au Brésil, pays jeune et libre, qui le fascine et l'envoûte. Il voit dans cette terre et son peuple une raison de ne pas désespérer de l'humanité. Écrit dans un style enthousiaste, ce livre constitue un bel hommage à ce pays, une sorte de testament spirituel et artistique, avant sa fin tragique à Petrópolis en 1942.

### SUCCESS STORY

*L'académicien français Maurice Druon, auteur du* Chant des partisans, *est, au Brésil, une référence en matière de littérature pour enfants. Son livre* Tistou les pouces verts (O Menino do dedo verde), *édité pour la 1re fois en 1973, a été réédité plus de 80 fois et vendu à 1,4 million d'exemplaires ! Il est vrai que son arrière-grand-père était brésilien et qu'il avait lui-même traduit en portugais l'intégrale des œuvres d'Homère et de Virgile !*

– ***Tristes tropiques*** *(1955),* de Claude Lévi-Strauss (Pocket, « Terre humaine », 2001). Récit ethnographique. Le plus connu des livres d'anthropologie se déroule en majeure partie parmi les tribus indiennes du Mato Grosso, dont l'éminent académicien étudia longtemps les mœurs et les usages. Évitant tout didactisme, tout jargon, cet ouvrage fondateur pose une question essentielle : que peut-on connaître des hommes ?

– ***Maîtres et Esclaves*** *(Casa grande e senzala, 1933),* de Gilberto Freyre (Gallimard, 1978). Le grand sociologue (et iconoclaste) brésilien analyse la formation de la culture et de la société brésiliennes à la lumière de l'histoire des étranges relations entre colons, Indiens natifs et esclaves noirs. Au centre de l'étude, évidemment, la bouffe et la couche. Le livre choqua le Brésil à sa parution ; à sa énième édition, revue, enrichie et confirmée, c'est aujourd'hui LA référence.

– ***Rouge Brésil*** *(2001),* de Jean-Christophe Rufin (Gallimard, « Folio », 2014). Prix Goncourt 2001, ce roman d'aventures mêle habilement l'histoire réelle de la conquête française du Brésil au XVIIe s à l'épopée romanesque de 2 jeunes frère et sœur embarqués dans l'expédition pour servir d'interprètes. Sont évoqués les périls de la traversée maritime, la découverte d'une terre inconnue, dans la baie de Rio. Mais, surtout, l'auteur esquisse la confrontation de 2 civilisations, celle des Européens face aux Indiens, et la rigueur de l'Église opposée aux lois ancestrales de la nature.

– ***Bahia de tous les saints*** *(1938)*, de Jorge Amado (Gallimard, « Folio », 1981). Bahia la Noire et ses mauvais garçons, ses mulâtresses torrides, ses mendiants, ses rites, ses délires... Au travers de la vie d'Antonio Balduino, un Noir laissé-pour-compte, l'auteur chante sa ville et sa foi en l'homme. Un roman d'Amado « 1re manière », d'inspiration marxiste, mais baroque, joyeux et flamboyant. Autres incontournables : *Dona Flor et ses deux maris* (J'ai Lu, 2012) et *Gabriela, girofle et cannelle* (J'ai lu, 2014).

– ***Diadorim*** *(1965)*, de João Guimarães Rosa (LGF, « Le Livre de Poche », 2017). Roman épique écrit par un diplomate érudit, qui nous plonge dans le Brésil méconnu du Sertão, terre mythique et violente où l'homme dévoile son âme. Un hallucinant pavé au style tantôt lyrique, tantôt paillard, considéré comme l'un des chefs-d'œuvre de la littérature sud-américaine.

– ***L'Exposition coloniale*** *(1988)*, d'Erik Orsenna (Points, 2014). Véritable satire sociale, sous couvert de l'histoire romanesque de la famille de Marguerite, grande admiratrice de l'Empire, dont le voyage s'arrêta aux portes de Levallois-Perret. Prix Goncourt 1989.

– ***Dictionnaire amoureux du Brésil,*** de Gilles Lapouge (Plon, 2011). Ce très beau recueil donne à voir et à sentir ce pays-continent : « ses forêts (...), ses eldorados, (...), la douceur de ses habitants et leurs cruautés, la volupté de Rio, de Brasília, de São Luís, les fêtes et les sambas, les fascinants poissons de l'Amazone, l'aventure du caoutchouc, du café et de ce bois écarlate qu'on appelle « le bois brésil ».

– ***La Cité de Dieu*** *(1997)*, de Paulo Lins (Gallimard, « Folio », 2005). Résultat de 8 ans d'enquête, ce roman suit, sur 3 décennies, le parcours ultra-violent de jeunes habitants d'une favela de Rio gangrenée par le trafic de drogue. Un livre choc, écrit par un ancien habitant de cette *Cidade de Deus,* et adapté au cinéma en 2002 par Fernando Mereilles (voir la rubrique « Cinéma »).

– ***Corcovado*** *(2005)*, de Jean-Paul Delfino (Points, 2006). Assassin « malgré lui » du fils d'un parrain marseillais, le docker Jean Dimare s'enfuit à Rio. Accueilli par un oncle d'adoption, il devient João Domar et fait des rêves de fortune qui le conduiront dans la pègre et les lupanars. Seule rédemption possible : participer à la construction du Corcovado. Un roman qui décrit bien le fourmillement du Brésil au début du XXe s, ce nouvel Eldorado. La suite, *Dans l'ombre du Condor,* évoque le destin de Lucina et Paulo dans les années 1960-1980.

– ***Les Carnets de voyage de Jano – Rio de Janeiro,*** de Jano (Albin Michel, « Les Carnets de voyage », 2001). Une planche par page, des dessins truculents et colorés qui dépeignent avec un œil juste et une pointe d'ironie la vie quotidienne et l'ambiance de Rio, quartier par quartier.

– ***Je suis favela,*** ouvrage collectif (Anacaona, 2011). Une vingtaine de nouvelles, poétiques ou réalistes, douces ou violentes, traitant de la vie quotidienne dans les favelas de São Paulo. Des fictions complétées par un intéressant dossier documentaire, regroupant entretiens, articles de presse, etc. Il a été suivi des recueils *Je suis toujours favela* en 2014 et *Je suis encore favela* en 2018.

## Sur l'Amazonie et les Amérindiens

– ***Le Rêve amazonien,*** de Michel Braudeau (Gallimard, 2004). Publiés d'abord sous forme de reportage dans *Le Monde,* les 6 chapitres de ce tout petit livre déclinent « en grand » le rêve amazonien, fait de fantasmes et de mirages, au travers des histoires parfois méconnues, souvent extraordinaires, dans les pas de rêveurs éveillés : Candido Rondon, colon et philanthrope, Henry Ford et Fordlandia, Daniel Ludwig et son usine pharaonique de pâte à papier, la Transamazonienne – autoroute de l'amertume –, l'incroyable mine d'or de la Serra Pelada et l'aventure technologique des avions-espions du Sivam qui surveillent l'Amazonie du haut du ciel !

– ***Court voyage équinoxial*** *(Carnets brésiliens),* de Sébastien Lapaque (Table Ronde, 2008). Entre voyage pur, histoire et politique, cet itinéraire brésilien se noue en grande partie autour de l'Amazone et de la route transamazonienne – avec une escapade jusqu'à Cayenne et São Luís do Maranhão. Un reportage écrit avec passion et un bon sens de l'observation.

– ***Amazonie, ventre de l'Amérique,*** de Gaspar de Carvajal (Éditions Jérôme Millon, 1994). « Relation de la 1re descente de l'Amazone » effectuée en 1542 par le conquistador espagnol Francisco de Orellana et ses 57 hommes, depuis sa source jusqu'à son embouchure. L'auteur, un moine dominicain, perdit un œil dans une bataille contre les Indiens, mais il rédigea jusqu'au bout la chronique de l'expédition. Témoignage unique de cette prodigieuse aventure humaine dans le « ventre » inconnu du Nouveau Monde.

– ***L'Amazone, un géant blessé,*** d'Alain Gheerbrant (Gallimard, « Découvertes », 2005). L'histoire de ce pays à part, mais aussi sa population, sa faune, ses enjeux et les dangers qui le menacent. Bref, un panorama complet, magnifiquement illustré, par un poète spécialiste de la question, qui se fit connaître en dirigeant en 1949 l'expédition Orénoque-Amazone.

– ***Le Chant du Silbaco*** *(1969),* de Jacques Meunier et Anne-Marie Savarin (Payot, « Petite Bibliothèque », 1993). À la fois récit d'aventures, essai ethnologique et chronique inspirée à la gloire de l'Amazonie menacée. Écrit en 1968 après un long séjour sur place, ce livre constitue le 1er récit en français (avec Lucien Bodard) alertant l'opinion sur le génocide indien.

– ***Forêt vierge*** *(1938),* de Ferreira de Castro (Grasset, « Cahiers Rouges », 1988). Originaire du Portugal, Ferreira de Castro s'embarqua dans sa jeunesse pour l'Amazonie, où il vécut plusieurs années dans une plantation de caoutchouc du rio Madeira. De ce séjour, il rapporta ce témoignage âpre et vrai sur la vie des colons. Un classique du genre, encensé à juste titre par Stefan Zweig.

# POSTE, TÉLÉCOMMUNICATIONS

## Poste

En principe, ouverture des bureaux de poste du lundi au vendredi de 8h ou 9h à 16h ou 17h (voire 18h), selon les régions et l'importance des villes, et le samedi de 8h à 12h (ou 13h).

Deux tarifs : *simple* ou *preferencial,* ce dernier étant plus cher mais plus rapide. Un timbre *simple* pour l'Europe coûte environ 4 Rls. Comptez environ 10 jours pour que votre courrier parvienne à destination (parfois moins de Rio ou São Paulo). Postées dans les boîtes aux lettres traditionnelles, les lettres mettent un peu plus longtemps pour arriver à destination.

## Téléphone

Bon, soyons clairs, c'est assez compliqué, et le fonctionnement est un peu aléatoire. Pour faire court, sachez tout d'abord que la numérotation des téléphones fixes est à 8 chiffres (après l'indicatif). Par ailleurs, il existe (pour le réseau fixe toujours) plusieurs opérateurs privés. Le plus courant est le 021 qui marche dans tout le pays ; on peut aussi utiliser le 023 ou le 031. Ainsi, pour téléphoner de Rio vers São Paulo (indicatif 11), il faut faire : 021 (ou 023 ou 031) + 11 + le numéro du correspondant. Bon, ça, c'est la théorie. En pratique, on est souvent sujet à quelques tâtonnements avant d'arriver à joindre le numéro désiré... Si vous avez un doute, le mieux est de demander autour de vous. Il existe aussi, à toutes fins utiles, les annuaires internet suivants : • 102busca.com.br • telelistas.net •

– **Brésil → France :** 00 + un numéro d'opérateur sans le 0 (21 par exemple) + 33 + numéro du correspondant.

– **France → Brésil :** 00 + 55 + indicatif de la ville + numéro du correspondant.

– ***Brésil*** → ***Brésil :*** *d'une ville à l'autre,* il faut théoriquement, si l'on appelle un téléphone fixe, composer le numéro d'un opérateur (021 par exemple) + indicatif de la ville + numéro du correspondant. *En appel urbain,* sauf cas particuliers, on ne compose que le numéro du correspondant. Pour les téléphones portables, il faut aussi composer l'indicatif régional du portable du correspondant si on appelle en dehors de la zone de cet indicatif (voir ci-dessous).
– ***Renseignements téléphoniques au Brésil :*** composer l'indicatif de la zone d'où l'on appelle, suivi du 102.

## Téléphone portable

Les téléphones portables captent dans toutes les villes et les zones peuplées. Certains coins isolés, en revanche, sont assez mal couverts, et les communications ne passent pas ou très mal...
Au Brésil, les numéros de portables commencent tous par un « 9 », suivi de 8 chiffres. Particularité des portables brésiliens : ils ont tous, aussi, un indicatif régional... et, pour appeler un portable, il faut composer l'indicatif de ce dernier, sauf si on se trouve dans la zone de l'indicatif en question.
On peut utiliser son propre téléphone portable au Brésil avec l'option « International », mais c'est vraiment très cher. Renseignez-vous auprès de votre opérateur sur les conditions d'utilisation de votre portable à l'étranger.
– ***À savoir :*** un téléphone tribande ou quadribande est parfois nécessaire. Pour être sûr que votre appareil est compatible avec votre destination, renseignez-vous auprès de votre opérateur.
– ***Activer l'option « international » :*** elle est en général activée par défaut. Pensez sinon à contacter votre opérateur pour souscrire à l'option (gratuite), au moins 48h avant le départ.
– ***Le « roaming » ou itinérance :*** ce sont des accords internationaux entre opérateurs pour les communications à l'étranger. Concrètement, cela signifie que lorsque vous arrivez dans un pays, le nouveau réseau s'affiche automatiquement. Vous recevez rapidement un SMS de votre opérateur qui propose un ***pack voyageurs*** plus ou moins avantageux, incluant un forfait limité de consommations téléphoniques et de connexion Internet. À vous de voir...
– ***Forfaits étranger inclus :*** certains opérateurs proposent des forfaits où ***35 jours de roaming par an sont offerts*** dans le monde entier. On peut donc cumuler plusieurs voyages à l'étranger sans se soucier de la facture au retour. Attention, si SMS, MMS et appels sont souvent illimités, la connexion Internet est, elle, limitée. D'autres opérateurs offrent carrément le ***roaming toute l'année vers certaines destinations.*** Renseignez-vous sur le site de votre opérateur.
– ***Tarifs*** *(hors UE)* ***:*** ils sont propres à chaque opérateur et varient en fonction des pays (le globe est découpé en plusieurs zones tarifaires). ***N'oubliez pas qu'à l'international vous êtes facturé aussi bien pour les appels sortants que pour les appels entrants,*** idem pour les textos. Donc quand quelqu'un vous appelle à l'étranger, vous payez aussi. Soyez bref !
– ***Acheter une carte SIM/puce sur place :*** si vous avez besoin de téléphoner à l'intérieur du pays et de surfer sur Internet (par exemple, pour utiliser un GPS) et ce, sur une longue durée, c'est l'option à retenir. Mais là encore, c'est parfois compliqué ! En pratique, il est possible d'acheter une carte SIM locale (*chipe* ou *cartão chip*) pour une durée déterminée en présentant son passeport dans une boutique *Tim* ou *Claró* pour quelques dizaines de reais. Mais il faut se débrouiller en portugais pour comprendre le vendeur et pour activer la carte SIM par téléphone (sinon lui demander de le faire), recharger par Internet, etc. Sachez qu'en principe, il faut même posséder un numéro de CPF *(Cadastro de Pessoas Físicas)* pour obtenir ce numéro de téléphone local. Parfois, le vendeur se charge de l'opération mais pas toujours. Ce CPF n'est pas simple à obtenir non plus, mais il peut aussi être celui d'un ami brésilien... Donc, si vous

connaissez quelqu'un sur place qui peut vous « prêter » le sien, demandez-le-lui, c'est mille fois plus rapide que de l'obtenir soi-même : il faut faire une demande au *Banco do Brasil* ou auprès d'une poste *(Correios),* présenter son passeport, remplir divers formulaires, payer une petite taxe et se rendre dans une Receita Federal. Il est également possible de faire la demande dans son pays d'origine avant de partir, via le consulat général du Brésil. Infos et formulaires (en portugais et en anglais) sur • *receita.economia.gov.br* • Ouf : une fois que vous avez votre CPF, il ne vous reste plus qu'à acheter la carte SIM avec l'un des forfaits proposés (souvent téléphone + Internet, pour quelques dizaines de *reais,* ça dépend de l'opérateur et des offres du moment) et le tour est, enfin, joué...

## Wifi

Sauf rares exceptions, la plupart des hôtels, AJ, *pousadas* et de nombreux restos et bars possèdent le wifi, gratuit pour les clients. Dans les villes, il est fréquent de trouver des connexions sur les grandes places et dans les lieux publics comme les aéroports et les parcs. Bref, pas trop de souci pour se connecter. Cela dit, attention aux éventuels piratages (évitez de consulter votre compte bancaire avec une connexion publique !). Enfin, un conseil si vous avez besoin d'un GPS et que vous n'avez pas de carte SIM locale : chargez les adresses recherchées sur Google Map ou Waze avec le wifi et utilisez les ensuite hors connexion. Pour téléphoner gratuitement dans le pays, n'hésitez pas à télécharger WhatsApp, que les Brésiliens utilisent massivement.

### *Connexion Internet en voyage*

– ***Se connecter au wifi*** à l'étranger est le seul moyen d'avoir accès au Web gratuitement. Attention, ne vous connectez pas aux réseaux 3G ou 4G, au risque de faire grimper votre facture !
Le plus sage consiste à ***désactiver la connexion*** « données à l'étranger » (dans « Réseau cellulaire »). On peut aussi mettre le portable ***en mode « Avion »*** et activer ensuite le wifi. Attention, le mode « Avion » empêche, en revanche, de recevoir appels et messages.
– Une fois connecté au wifi, vous avez accès à tous les services de la ***téléphonie par Internet. WhatsApp*** (très utilisé dans le pays !), ***Messenger*** (la messagerie de *Facebook*), ***Viber, Skype*** permettent d'appeler, d'envoyer des messages, des photos et des vidéos aux quatre coins de la planète, sans frais. Il suffit de télécharger – gratuitement – l'une de ces applis sur son smartphone. Elle détecte automatiquement dans votre liste de contacts ceux qui utilisent la même appli.

# SANTÉ

La situation de la santé publique au Brésil s'améliore malgré l'existence de secteurs géographiques difficiles et quelques cas isolés de choléra et de méningite. La dengue est en progression considérable, et la fièvre jaune a fait un retour en force un peu partout, particulièrement dans le Sud touristique. Les risques généraux graves restent cependant limités en dehors des favelas et des zones rurales amazoniennes, pour peu que l'on fasse attention à l'eau (voir « Boissons » dans « Hommes, culture, environnement » en fin de guide). Le virus zika a aussi sévi dans le pays, mais est encore circonscrit. À noter cependant : des épidémies de coqueluche signalées en 2018 dans les grandes villes comme Rio et São Paulo ; ***on rappelle l'importance d'être à jour de ses vaccins universels*** (cf. « Avant le départ – Vaccinations »).
Enfin, si vous choisissez de vous rendre dans un hôpital privé, sachez que les prix des soins sont très élevés. Prenez une bonne assurance voyage avant le départ.

## En Amazonie

Pour les séjours en forêt amazonienne, une consultation médicale dans un centre de vaccinations internationales et de conseils aux voyageurs est indispensable, ne serait-ce que pour évaluer les risques de ***paludisme*** (c'est également là qu'un traitement contre ce dernier vous sera prescrit) et aborder aussi la prévention de la leishmaniose cutanéo-muqueuse (sic), en expansion régulière. Vaccination contre la ***fièvre jaune*** impérative. Pensez également, le cas échéant (séjours en forêt), à emporter des systèmes de purification de l'***eau*** : selon les cas, comprimés pour désinfection chimique ou filtres microbiens type *Katadyn.*

## Moustiques

Le principal risque de maladies vient des moustiques. En forêt, c'est le palu, la fièvre jaune, le virus zika, la leishmaniose, la dengue... Cette dernière, en très forte progression, sévit aussi dans les zones urbaines, avec des taux records recensés chaque année, en particulier dans l'État de Rio... Conseil : préservez-vous, autant que possible, des piqûres ! Et ce, à toute heure, de nuit (paludisme) comme de jour (dengue, etc.). En forêt, dans les zones infestées de moustiques, couvrez-vous, aspergez-vous de répulsifs efficaces (DEET supérieur à 35 %) et, à défaut de clim, évitez de dormir sans une bonne moustiquaire.

Pour la plupart, les répulsifs antimoustiques/arthropodes vendus en grande surface ou en pharmacie sont peu ou insuffisamment efficaces. Il existe néanmoins une gamme fiable et conforme aux recommandations du ministère français de la Santé : *Insect Ecran* (adulte, enfant, spray et trempage pour tissus).

En ***Amazonie,*** le germe responsable du ***paludisme*** étant résistant à la Nivaquine, on conseille la Malarone, ou, à défaut, la Doxycycline. Attention, cette dernière est potentiellement photosensibilisante. Dans tous les cas, demandez l'avis de votre médecin ; de toutes les façons, ces médicaments ne sont délivrés que sur ordonnance.

## Quelques recommandations

– Risque permanent pour les touristes : le ***soleil.*** N'oubliez pas casquette ou chapeau, de bonnes lunettes et une crème solaire, indispensables sous ces latitudes ! Faites surtout attention les 1ers jours et évitez de faire la crêpe trop longtemps sur les plages... Buvez beaucoup d'eau (minérale ou purifiée par vos soins) pour éviter les coups de chaleur et la déshydratation. Méfiez-vous aussi pendant les balades en bateau : on ne sent pas toujours la chaleur à cause du vent (et des nuages qui bloquent la chaleur mais pas les UV), mais on cuit à une vitesse folle !

– Autre problème possible : les ***parasites,*** qui pullulent dans la campagne brésilienne et sur les plages. Ne marchez pas pieds nus et évitez de vous baigner dans les eaux douces. À Bahia en particulier, mais sur toutes les plages en général, attention au *bicho de pé* (larva migrans), un parasite qui vit dans le sable et pénètre dans le pied. Pour l'éviter, une seule solution : porter des chaussures – ou des tongs – et s'allonger sur une natte !

– Se méfier également des ***punaises*** et des ***tiques,*** notamment en Amazonie. Quant aux ***serpents, scorpions*** et autres ***araignées,*** pas de panique : les accidents sont rares. Il suffit de regarder où l'on marche et de ne pas mettre ses mains n'importe où... En forêt, pour éviter ces désagréments, on dort dans des hamacs recouverts d'une moustiquaire imprégnée. Et si on est prudent, on secoue ses chaussures avant de les enfiler...

– Il faut savoir que les ***consultations*** dans un cabinet médical sont très chères (de 45 à 75 €). C'est également le cas pour les médicaments.

– ***Pharmacies*** *(droguerias)* **:** dans les grandes villes, aucune difficulté pour en trouver ouvertes nuit et jour.

– Enfin, n'oubliez pas de vous protéger contre le sida en utilisant des ***préservatifs.*** Il est à noter que le Brésil est précurseur dans le traitement de cette maladie et que le ministère de la Santé brésilien a l'obligation de prendre en charge financièrement le traitement des malades et d'assurer, le cas échéant, leur retraite.

## Faux médicaments

La contrefaçon de médicaments touche tous les pays et toutes les classes thérapeutiques. Un faux médicament est au mieux inefficace et au pire mortel. Mais, parce qu'il ne soigne jamais convenablement et qu'il est fabriqué dans la clandestinité sans aucun contrôle sanitaire, le faux médicament est toujours dangereux. L'IRACM, l'Institut international de recherche anti-contrefaçon de médicaments, vous donne des conseils pratiques et les précautions à suivre en prévision de votre séjour, durant les formalités d'embarquement, pendant le vol, une fois à destination et, enfin, si vous êtes contraint d'acheter des médicaments sur place. Pour plus d'informations, rendez-vous sur le site : ● *iracm.com* ●

***Avant votre voyage***

– Prenez suffisamment de médicaments pour toute la durée de votre séjour.
– Voyagez avec votre ordonnance rédigée en « Dénomination commune internationale » (DCI).

***Lors des formalités d'embarquement et pendant le vol***

– Conservez au moins une partie de vos médicaments en cabine (utile en cas de perte ou de retard de votre valise).
– Gardez vos médicaments dans leur emballage d'origine.

***En cas d'achat de médicaments à l'étranger***

– Pas de médicaments sans consultation.
– Soyez vigilant face aux contrefaçons.
– N'achetez vos médicaments qu'auprès de revendeurs officiels (pharmacies).
– En cas de doute, appelez votre ambassade pour obtenir la liste des pharmacies officielles.
– Vérifiez attentivement vos médicaments et leur conditionnement.
– Attention aux effets indésirables inhabituels. Consultez un médecin dans les plus brefs délais et apportez-lui les médicaments suspects.

*Source : IRACM. L'Institut international de recherche anti-contrefaçon de médicaments est une association internationale indépendante à but non lucratif, dont la mission principale est de promouvoir et de développer la lutte contre le trafic de faux médicaments à travers le monde.*

■ ***Catalogue Santé-Voyages :*** les produits et matériels utiles aux voyageurs, assez difficiles à trouver, peuvent être achetés par correspondance sur le site de Santé Voyages ● *astrium.com* ● Infos complètes toutes destinations, boutique web, paiement sécurisé, expéditions Colissimo Expert ou Chronopost. ☎ *01-45-86-41-91 (lun-ven 14h-19h).*

# SITES INTERNET

● ***routard.com*** ● Le site de voyage n° 1, avec plus de 800 000 membres et plusieurs millions d'internautes chaque mois. Pour s'inspirer et s'organiser, près de 300 guides destinations actualisés, avec les infos pratiques, les incontournables et les dernières actus, ainsi que les reportages terrain et idées week-end de la rédaction. Partagez vos expériences avec la communauté de voyageurs : forums de discussion avec avis et bons plans, carnets de route et photos de voyage.

Enfin, vous trouverez tout pour vos vols, hébergements, voitures et activités, sans oublier notre sélection de bons plans, pour réserver votre voyage au meilleur prix.
• ***autresbresils.net*** • Ce site a pour vocation de faire découvrir la société brésilienne aux francophones. Dossiers thématiques, infos, reportages, analyses et témoignages sur le Brésil en provenance d'un réseau de partenaires français et brésiliens.
• ***capoeira-france.com*** • Un site très complet et bien conçu pour tout connaître sur cet art martial brésilien.
• ***viagemeturismo.abril.com.br*** • Articles, reportages, photos et infos sur différents endroits du pays (mais aussi sur d'autres coins dans le monde)... En portugais seulement.
• ***unilat.org*** • Site de l'*Union Latine* fondée en 1954 pour promouvoir les cultures et patrimoines des pays latins. Version française disponible.
• ***carnaval-de-rio.fr*** • Pour tout savoir en français sur le carnaval de Rio : programme détaillé, plan du sambodrome, actualités...
– Voir aussi les sites internet propres à chaque ville ou région, indiqués en début de chapitres.

# TRANSPORTS

## Avion

Si vous ne disposez que de 2 ou 3 semaines et que vous désirez voir le maximum, c'est évidemment le moyen de transport à privilégier, vu la taille du pays. Les compagnies *LATAM* (fusion des compagnies *LAN* et *TAM*), *GOL* et *Azul* assurent la plupart des vols dans le pays. Pas de différences notables de prix entre elles, comme toujours il faut comparer les tarifs sur Internet. Mais sachez qu'il n'y a pas de compagnie *low-cost* au Brésil et que prendre l'avion y est comparativement plus cher qu'en Europe ou en Asie.
Attention, en décembre, janvier, février, ou encore en juillet, les Brésiliens sont en vacances, et de nombreux vols sont complets ; les attentes dans les aéroports peuvent alors être très longues.

■ ***LATAM Airlines :*** ☎ *0300-570-5700.* • *latam.com* •
■ ***GOL :*** ☎ *0300-115-21-21.* • *voegol.com.br* •
■ ***Azul :*** ☎ *4003-3255.* • *voeazul.com.br* •

## Bus

Propre, confortable, sûr, ponctuel... le réseau des bus au Brésil est vraiment bien organisé et reste un excellent mode de transport pour « sentir » le pays et rencontrer sa population. Les bus, qui vont partout, sont particulièrement pratiques pour les voyages à l'intérieur d'un même État, ou entre États voisins. En revanche, pour les très longues distances, genre Rio-Belém (plus de 2 jours de route !), ils rivalisent difficilement avec l'avion, pas vraiment plus cher (voire moins cher !) et... 15 fois plus rapide. De même, en Amazonie, il faut parfois faire des détours de plusieurs jours pour atteindre sa destination. Là encore, entre le bus et l'avion, le choix est généralement vite fait. Beaucoup de trajets se font de nuit, ce qui permet d'économiser sur le budget hébergement.
Chaque ville possède sa ***rodoviária*** (ou *terminal rodoviário*). Ces gares routières, à l'activité souvent débordante, possèdent toutes des *lanchonetes* pour manger, des boutiques, des consignes *(guarda volumes),* parfois aussi des douches, des distributeurs de billets et un petit bureau d'infos touristiques. Même s'il existe une multitude de compagnies, la plupart du temps, toutes partent de là.
– ***Remarque :*** en dehors des compagnies offrant un service de résas en ligne, on ne peut acheter son billet à l'avance que depuis la ville où l'on se trouve. En outre, passeport obligatoire.

- ***Un conseil :*** en saison, réservez vos billets dès l'arrivée dans votre ville-étape - en gardant à l'esprit, toutefois, qu'ils ne sont ni échangeables ni remboursables. La seule solution, si vous changez d'avis, est de trouver quelqu'un à qui les revendre.
- ***Bon à savoir :*** les bus s'arrêtent 15 à 45 mn toutes les 2h à 4h, ce qui permet de casser la croûte et de se dégourdir les jambes.
- Sur les moyennes et grandes distances, on peut en général choisir entre ***3 types de bus*** : ***convencional*** (pas de clim ni de w-c), ***executivo*** (avec clim, w-c, sièges inclinables et distributeurs de café et d'eau) et ***leito*** (sièges semi-couchettes, quasi à l'horizontale, avec oreillers et couvertures, aussi confortables que des *business* en avion). Évidemment, le *leito*, plus spacieux, est plus confortable pour les longs trajets, mais il coûte environ 2 fois plus cher que le *convencional* (et souvent plus que l'avion).
- ***Sites internet :*** • *transportal.com.br* • Infos sur les transports en bus dans tout le pays, les gares routières et les diverses compagnies. Pratique pour connaître les horaires et réserver son billet en ligne. Autre site à consulter : • *clickbus.com.br* • Ou encore directement sur les sites des compagnies, quand ils fonctionnent...

## Train

À vrai dire, ce moyen de transport n'existe pratiquement pas, sauf comme curiosité locale, pour se rendre dans la banlieue de Rio ou de São Paulo, relier Belo Horizonte à Vitória (sur la côte), s'offrir un saut dans le passé tiré sur une poignée de kilomètres par une loco à vapeur (lignes Tiradentes-São João del Rei et Ouro Preto-Mariana dans le Minas Gerais) ou explorer la petite sierra de Graciosa et Morretes au sud, dans le Santa Catarina.

## Voiture

Dans beaucoup de régions, c'est évidemment en voiture que vous serez le plus autonome. La conduite n'est pas particulièrement difficile, sauf peut-être dans certaines villes où les embouteillages et un certain chaos sur la route (absence de bandes de circulation et de marquage au sol, notamment) rendent le trafic plus confus. En théorie, ***on ne roule pas trop vite*** au Brésil (80-100 km/h en dehors des villes), et les nombreux camions ne sont pas faciles à doubler sur les routes étroites, souvent très fréquentées. Alors ne comptez pas les distances en kilomètres, mais en heures... et apprenez à rester zen !
- On ne saurait trop vous conseiller de voyager à l'aide d'un ***GPS,*** surtout au Brésil où la signalisation est déficiente. Les applications pour smartphones - comme • *maps.me* • - ne manquent pas et fonctionnent bien (surtout si le téléphone est connecté à Internet ; sinon, téléchargez vos adresses et/ou plans avec le wifi de l'hôtel et utilisez le GPS hors connexion). Les grands loueurs pourront parfois vous procurer un GPS (en supplément), si celui-ci n'est pas déjà intégré au tableau de bord de la voiture.
- Sur la route, on roule obligatoirement avec ses ***feux de croisement.***
- ***Les routes*** sont correctes dans l'ensemble, surtout dans le Sud et le Sudeste, mais méfiez-vous des chaussées défoncées sur les axes secondaires et dans les zones un peu reculées. Les routes bitumées peuvent aussi être parsemées de nids-de-poule et de dos d'ânes, prudence ! Attention également, pendant les périodes de fortes pluies (janvier), aux rochers s'effondrant sur la chaussée, notamment dans le Minas Gerais.
- ***Les autoroutes*** (payantes) sont assez rares, sauf dans le Sud, autour de São Paulo et Rio notamment. Ailleurs, ce sont de simples voies rapides (plutôt bonnes) qui relient les principales villes. En Amazonie, les routes, peu goudronnées, ne sont parfois utilisables qu'à la saison sèche. C'est en particulier le cas de certains tronçons de la *Transamazonienne* et de la *BR-319,* qui relie Manaus à Porto Velho - des travaux de remise en état sont en cours, mais ils devraient durer assez longtemps.

| Distances entre les villes (en km) | BELÉM | BELO HORIZONTE | BRASÍLIA | FORTALEZA | FOZ DE IGUAÇU | RECIFE | RIO DE JANEIRO | SALVADOR | SÃO PAULO |
|---|---|---|---|---|---|---|---|---|---|
| BELÉM | - | 2 824 | 2 120 | 1 571 | 3 381 | 2 074 | 3 250 | 2 100 | 2 933 |
| BELO HORIZONTE | 2 824 | - | 716 | 2 528 | 1 508 | 2 061 | 434 | 1 372 | 586 |
| BRASÍLIA | 2 120 | 716 | - | 2 285 | 1 573 | 2 220 | 1 148 | 1 531 | 1 015 |
| CAMPO GRANDE | 2 942 | 1 453 | 1 134 | 3 035 | 747 | 3 332 | 1 444 | 2 653 | 1 014 |
| CUIABÁ | 2 941 | 1 594 | 1 133 | 3 100 | 1 464 | 3 341 | 2 017 | 2 652 | 1 614 |
| CURITIBA | 3 193 | 1 004 | 1 366 | 3 278 | 637 | 3 078 | 852 | 2 385 | 408 |
| FLORIANÓ-POLIS | 3 500 | 1 301 | 1 673 | 3 565 | 944 | 3 375 | 1 144 | 2 682 | 705 |
| FORTALEZA | 1 571 | 2 528 | 2 285 | - | 3 846 | 800 | 2 805 | 1 389 | 3 127 |
| NATAL | 2 106 | 2 348 | 2 507 | 520 | 3859 | 297 | 2 625 | 1 126 | 2 947 |
| RECIFE | 2 074 | 2 061 | 2 220 | 800 | 3 572 | - | 2 338 | 839 | 2 660 |
| RIO DE JANEIRO | 3 250 | 434 | 1 148 | 2 805 | 1 472 | 2 338 | - | 1 649 | 429 |
| SALVADOR | 2 100 | 1 372 | 1 531 | 1 389 | 2 885 | 839 | 1 649 | - | 1 962 |
| SÃO LUIS | 806 | 2 738 | 2 157 | 908 | 3 418 | 1 573 | 3 015 | 1 599 | 2 970 |
| SÃO PAULO | 2 933 | 586 | 1 015 | 3 127 | 1 047 | 2 660 | 429 | 1 962 | - |

– ***Rouler la nuit :*** c'est tout à fait possible... mais pas vraiment recommandé. Être particulièrement vigilant en dehors des villes où l'éclairage se fait parfois fort rare. Surtout ne pas rouler trop vite, notamment en raison des nombreux dos d'ânes qu'on ne voit parfois qu'au dernier moment. Enfin, sachez que, la nuit, dans certains quartiers des grandes villes, les Brésiliens ne s'arrêtent pas au feu rouge par peur des agressions ; verrouillez bien vos portes !

– Évitez de vous déplacer en voiture dans les ***grands centres urbains*** (Rio, São Paulo...), à la circulation infernale.

– ***Essence et éthanol :*** les agrocarburants sont distribués dans toutes les stations-service sous le nom d'*Éthanol.* Plus « propre », cet alcool combustible fabriqué à partir de canne à sucre est le carburant le plus utilisé au Brésil. On en trouve de plusieurs qualités. Courant 2019, il coûtait entre 3,30 et 3,70 Rls le litre selon la région. Le *Super,* lui, est plus cher (entre 4 et 5 Rls/l), mais comme il brûle moins vite que l'éthanol, on parcourt plus de kilomètres, ce qui revient quasi au même côté dépenses. Les voitures de location acceptent généralement les 2. Quant au diesel, il coûte entre 3,50 et 4 Rls/l.

– ***Limitations de vitesse et radars :*** en principe, jusqu'à 80 km/h (de 40 à 60 km/h en ville), vous êtes dans votre droit. Sur autoroute, on peut grimper jusqu'à 100, voire 110 km/h. Évitez de dépasser ces limitations, les radars fixes sont devenus monnaie courante au Brésil, notamment aux abords des villes (petites ou grandes), en ville même et sur les périphériques (autour de Rio, São Paulo, etc.). En général, ils sont annoncés suffisamment à l'avance et sont faciles à repérer : ce sont des boîtiers, de couleur grise généralement, sur le côté de la route ou surplombant celle-ci. Cela dit, on tombe parfois sur une patrouille munie d'un radar à main et là, ça ne prévient pas... Attention, si vous louez une voiture et que vous êtes flashé, l'amende (qui peut être salée !) sera directement prélevée sur votre carte de paiement.

– ***Le port de la ceinture de sécurité*** est obligatoire, et l'amende, en cas d'oubli, peut atteindre 200 Rls.

– ***Contrôles de police :*** la police ne brille pas toujours par son intégrité, si vous voyez ce qu'on veut dire. Dans certains États, comme le Paraíba, sa réputation est même carrément mauvaise. Aux postes de contrôle routier, il est indispensable de rouler à vitesse réduite, mais sans s'arrêter, sauf si on vous le demande clairement. Ne cherchez pas le regard des policiers comme si vous leur posiez la question « Est-ce que je dois m'arrêter ? »... Ils pourraient en conclure que vous avez quelque chose à vous reprocher ! En cas de contrôle, à vous d'être irréprochable, car un policier mal intentionné contrôlera votre véhicule jusqu'à ce qu'il trouve un problème, si petit soit-il, histoire de vous extorquer un billet (au mieux) de 20 Rls...

– ***Permis de conduire :*** le permis de conduire international est rarement exigé, un permis national suffit en principe, mais vérifiez auprès de votre loueur.

– ***Location de voitures :*** les agences de location ont pour la plupart un comptoir à l'aéroport, certaines un 2d au centre-ville. L'agence nationale la plus répandue est *Localiza,* qui a localement fusionné avec *Hertz* (● *localizahertz.com* ●), mais, attention, elle n'est pas toujours moins chère que ses concurrents internationaux comme *Unidas / Alamo* (● *unidas.com.br* ●) ou *Avis* (● *avis.com.br* ●), présents aussi sur l'essentiel du territoire brésilien. Sachez que l'on ne peut pas systématiquement racheter la franchise permettant une assurance tous risques.

Les loueurs demandent toujours de fournir une carte bancaire pour régler la location de voiture et bloquer une somme en guise de caution. Mais attention, il existe une **différence entre une carte de débit et une carte de crédit,** et il arrive que certaines agences refusent votre location de voiture en cas de paiement par carte de débit. Certains loueurs acceptent les cartes de débit, mais ils vous demanderont alors de souscrire une assurance complémentaire – souvent très chère – en compensation. Donc vérifiez bien si une mention « CREDIT » (débit différé) ou « DEBIT » (débit immédiat) est inscrite sur votre carte bancaire, sinon renseignez-vous auprès de votre banque (avant votre départ).

Vous pouvez accéder à ces informations concernant les conditions de location des loueurs sur le site • *bsp-auto.com* • après avoir lancé votre recherche dans la rubrique « Informations détaillées ». Les tarifs les plus avantageux sont obtenus en réservant une voiture depuis la France, avant le départ, aux agences internationales classiques comme ***Hertz*** *(☎ 0825-861-861 – 0,18 €/mn ; • hertz.fr •)*, ***Avis*** *(☎ 0821-230-760 #x2013 ; 0,15 €/mn ; • avis.fr •)* ou ***Europcar*** *(☎ 0825-358-358 #x2013; 0,15 €/mn ; • europcar.fr •)*. Ou, moins classique, mais tout aussi efficace :

■ ***BSP Auto :*** *☎ 01-43-46-20-74 (tlj).* • *bsp-auto.com* • Les prix proposés sont attractifs et comprennent le kilométrage illimité et les assurances. *BSP Auto* propose exclusivement les grandes compagnies de location sur place, assurant un très bon niveau de service. Les plus : vous ne payez votre location que 5 jours avant le départ. Remise spéciale de 5 % aux lecteurs de ce guide avec le code « ROUTARD20 ».

# URGENCES

## Numéros d'urgences nationaux

– ***Police :*** *☎ 190 ou 197 (civile ou militaire, selon les régions).*
– ***Ambulance :*** *☎ 192.*
– ***Pompiers :*** *☎ 193.*
Les autres numéros d'urgences varient d'un État à l'autre.
– En cas de vol ou d'agression, porter plainte au commissariat le plus proche ou auprès des services de police touristique lorsqu'ils existent, et ne pas hésiter non plus à le signaler au consulat.
– En cas de gros pépin, contacter évidemment le consulat général le plus proche ou, à défaut, les consulats honoraires ; ils pourront vous orienter vers les médecins, cliniques ou avocats les plus à même de vous assister.

## Perte/vol de carte de paiement

– ***Carte Visa :*** *assistance médicale et véhicule incluse ; numéro d'urgence (Europ Assistance) : ☎ 0800-891-3680 (24h/24).* • *visa.fr* •
– ***Carte MasterCard :*** *numéro d'urgence, ☎ 0800-90-1387.* • *mastercard.com* •
– ***Carte American Express :*** *☎ (00-33) 1-47-77-72-00.* • *americanexpress.com* •

Il existe un serveur interbancaire d'opposition qui, en cas de perte ou de vol, vous met en contact avec le centre d'opposition de votre banque :
– en France : *☎ 0892-705-705 (prix d'un appel + 0,35 €/mn) ;*
– depuis l'étranger : *☎ + 33-442-605-303.*

## Besoin urgent d'argent liquide

Vous pouvez être dépanné en quelques minutes grâce au système ***Western Union Money Transfer*** présent dans les supérettes *7-Eleven* et les bureaux de change *Forex*. L'argent vous est transféré en moins d'une heure. La commission, assez élevée, est payée par l'expéditeur. Possibilité d'effectuer un transfert auprès d'un des bureaux *Western Union* ou, plus rapide, en ligne, 24h/24 par carte de paiement (*Visa* ou *MasterCard*).
Même principe avec d'autres organismes de transfert d'argent liquide comme ***MoneyGram, PayTop*** ou ***Azimo.*** Transfert en ligne sécurisé, en moins d'une heure. Dans tous les cas, se munir d'une pièce d'identité. En cas de perte/vol de papiers, certains organismes permettent de convenir d'une question/réponse-type pour vous permettre de récupérer votre argent. Chacun de ces organismes possède

aussi des applications disponibles sur téléphone portable. Consulter les sites internet pour connaître les pays concernés, les conditions tarifaires (frais, commission) et trouver le correspondant local le plus proche :
*• westernunion.com • moneygram.fr • paytop.com • azimo.com/fr •*
– Autre solution, envoyer de l'argent par ***la Poste*** : le bénéficiaire, muni de sa pièce d'identité, peut retirer les fonds dans n'importe quel bureau du réseau local. Le transfert s'effectue avec un mandat ordinaire international (jusqu'à 3 500 €) et la transaction prend 4-5 jours en Europe (8-10 jours vers l'international). Plus cher, mais plus rapide, le mandat express international permet d'envoyer de l'argent (montant variable selon la destination – 34 pays au total) sous 2 jours maximum, 24h lorsque la démarche est faite en ligne. *Infos : • labanquepostale.fr •*

## Urgence : en cas de perte ou de vol de votre téléphone portable

Suspendre aussitôt sa ligne permet d'éviter de douloureuses surprises au retour du voyage ! Voici les numéros des 4 opérateurs français, accessibles depuis la France et l'étranger :

– ***Free :*** *depuis la France : ☎ 3244 ; depuis l'étranger : ☎ + 33-1-78-56-95-60.*
– ***Orange :*** *depuis la France : ☎ 0800-100-740 ; depuis l'étranger : ☎ + 33-969-39-39-00.*
– ***Bouygues Télécom :*** *depuis la France comme depuis l'étranger : ☎ + 33-800-29-1000.*
– ***SFR :*** *depuis la France : ☎ 1023 ; depuis l'étranger : 📱 + 33-6-1000-1023.*

Vous pouvez aussi demander la suspension de votre ligne depuis le site internet de votre opérateur.
Avant de partir, notez (ailleurs que dans votre téléphone portable !) votre numéro IMEI utile, pour bloquer à distance l'accès à votre téléphone en cas de perte ou de vol. Comment avoir ce numéro ? Il suffit de taper sur votre clavier *#06#.

# LE SUD-EST

« São Paulo da café, Minas da leite,
e a Vila Isabel da samba... »
Feitiço da Vila
« São Paulo donne du café, le Minas Gerais donne du lait, et Vila Isabel donne la samba... ». On ne saurait mieux résumer le Sud-Est.

## L'ÉTAT DE RIO

• Carte *p. 151*

### RIO DE JANEIRO

6 330 000 hab. IND. TÉL. : 21

• Plan d'ensemble *p. 87* • Centre (plan I) *p. 90-91*
• Sud (plan II) *p. 94-95* • Les plages (plan III) *p. 96-97*
• Transports urbains *p. 103* • Santa Teresa (zoom) *p. 111*

**Pour saisir la situation exceptionnelle et le génie de Rio, il suffit, en effet, comme le dit la chanson, de monter là-haut. D'où que l'on soit, d'ailleurs, il ne se passe pas une heure sans qu'on n'aperçoive le Corcovado ou le Pain de Sucre. Aucune ville au monde n'aligne une telle succession de baies, de plages superbes, un tel bouleversement de reliefs, un tel puzzle géographique ni un nombre aussi impressionnant de points d'observation... Postée à l'entrée de l'immense baie de Guanabara, découpée par les *morros* – ces collines pointues où s'accrochent quelques-unes des 600 favelas de la ville –, coincée entre les flancs du luxuriant parc national de Tijuca et l'océan, Rio s'étire tout en longueur en un chapelet de quartiers aux tonalités changeantes : Santa Teresa, Lapa, Flamengo, Botafogo, Copacabana, Ipanema... Des noms de quartiers qui font rêver, à juste titre, et qu'il vous faudra arpenter à pied pour ressentir cette « seule grande ville de l'univers où le simple fait d'exister est un véritable bonheur », comme l'écrivait Blaise Cendrars.**
**Rio, ce sont les porte-conteneurs et les barques de pêcheurs, la mer à la montagne, la jungle urbaine à l'orée de la forêt tropicale, les tongs *Havaianas* et le complet-veston. Et toujours la plage pour horizon... Cette plage, les Cariocas (habitants de la ville de Rio) l'ont dans la tête, sur la peau, et même à des kilomètres de l'eau, le short tend au maillot de bain et la jupe se fait mini. Enfin, à Rio, converser est un art, un plaisir, une façon de vivre. On vous conseille donc vivement d'apprendre quelques mots de portugais (l'espagnol**

**peut cependant vous aider un peu) et de ne pas vous laisser intimider par les questions de sécurité. S'il convient d'être vigilant, le soir en particulier, Rio n'a rien d'un coupe-gorge et reste une expérience unique.**

## UN PEU D'HISTOIRE

Le site fut découvert le ***1er janvier 1502*** par les Portugais qui s'imaginaient à l'embouchure d'un grand fleuve, d'où le nom Rio de Janeiro : « rivière de Janvier ». En 1555, ce sont les Français qui s'y installèrent, avant d'être chassés par les Portugais quelques années plus tard. La petite ville prospéra grâce à la canne à sucre, mais surtout grâce à la découverte de l'or du Minas Gerais au XVIIIe s. En 1808, l'arrivée du roi du Portugal en exil provoqua une grande ouverture sur l'Europe.
Au début du XXe s, ***de grands travaux*** modelèrent son visage actuel. De larges avenues furent tracées, des *morros* rasés. La baie de Copacabana connut un grand développement dans les années 1930, lorsque les villas cossues cédèrent le pas aux grands immeubles du type Côte d'Azur et que la promenade fut aménagée, rognant largement sur la mer. En perpétuel mouvement, la ville s'étend alors sans cesse vers le sud.

### FIASCO FRANÇAIS

*Alors que le Brésil est investi par le Portugal, une expédition française est lancée en 1555 sous l'autorité d'Henri II afin d'éloigner les protestants de France. Menée par le chevalier de Malte, Villegagnon, la flotte débarqua dans la baie de Guanabara et y fit construire le fort Coligny, 1er bastion de la « France antarctique ». Mais les guerres de religion qui faisaient rage à l'époque n'épargnèrent pas la petite expédition, déchirée entre catholiques et protestants. Fragilisés, ils furent rapidement expulsés par les Portugais. Reste aujourd'hui la minuscule ilha Villegagnon, qui abrite l'école navale de Rio.*

LE SUD-EST

### 1930-1960 : l'âge d'or

Rio connut son heure de gloire entre les années 1930 et 1960. Capitale de ce qui s'appelait les ***États-Unis du Brésil,*** elle vit se développer une classe moyenne aisée de fonctionnaires et de rentiers, entourée d'un petit peuple qui passait des fonctions ancillaires au statut de travailleurs de l'industrie et des services. Durant cette période, entre les *morros* et la ville proprement dite, l'héritage culturel des anciennes classes de maîtres se mêla aux traditions populaires d'influences africaines.
Ville fétiche pour de nombreux artistes, Rio attira dans les années 1930 et 1940 des écrivains comme ***Blaise Cendrars*** et ***Stefan Zweig,*** qui en firent l'éloge dans leurs livres. Pour le 2d, « il n'y a pas de ville plus belle au monde ». Dans les années 1950 et 1960, bossa-nova, *cinema novo,* puis « tropicalisme » furent les signes éblouissants de cette ville unique en son genre. Ipanema est alors un repaire de bohèmes qui, pour la 1re fois dans l'histoire du pays, célèbrent la jeune fille, la *garota* de la fameuse ballade : bronzée, elle ondule sur le chemin de la plage. C'en est fini de la femme adultère et forcément fatale qui régnait sur l'univers de la chanson. Le Brésil se découvre jeune et plein d'espoir.
Mais un certain déclin du prestige de Rio s'est amorcé avec la ***perte du statut de capitale fédérale*** au profit de la toute nouvelle Brasília, suivie du ***coup d'État de 1964.*** Les militaires réprimèrent particulièrement Rio, traditionnellement la ville la plus à gauche du Brésil. Enfin, la crise économique des années 1980 emporta une bonne part de l'industrie. Pendant ce temps, l'hyperinflation plongea les pauvres plus encore dans la misère et les riches dans l'opulence de la spéculation, tandis que les ***favelas,*** abritant les plus démunis, s'étendaient plus vite que la ville elle-même.

## Rio, une ville faite de contradictions

Aujourd'hui, Rio continue d'être cette ville « merveilleuse » qui enchante les visiteurs, tiraillée par des contradictions économiques et sociales qu'il convient de connaître avant d'y débarquer.
On estime que ***20 % des Cariocas habitent dans les favelas*** (contre 6 % à l'échelle nationale), qui sont au nombre de 600. Contrairement aux idées reçues, les favelas ne sont pas des bidonvilles ! Si vous avez l'occasion d'y faire un tour (forcément guidé), vous y verrez en effet de la pauvreté, mais pas vraiment de profonde misère. Certes, il n'existe pas de cadastre, et le trafic de drogue et des armes y prospère toujours. Mais toutes les maisons sont en dur, bénéficient du tout à l'égout et sont alimentées en électricité par un nombre impressionnant de fils sauvages, sans parler des paraboles de télévision ! Quant aux habitants, si l'on met de côté les trafiquants, ce sont majoritairement des travailleurs que l'on croise tous les jours dans les beaux quartiers situés en dessous de leur favela : caissier(ère)s de supermarchés, gardiens d'immeubles, ouvriers, vendeurs de glace sur la plage...
En fait, chaque quartier un peu aisé est flanqué de sa favela et y « puise » sa main-d'œuvre quotidienne : *Dona Marta* au-dessus de Botafogo, *Pavão* et *Pavãozinho* au-dessus de Copacabana, *Cantagalo* au-dessus d'Arpoador et d'Ipanema, *Babilonia* et *Chapeu-Mangueira* au-dessus de Leblon ou encore *Vidigal* et *Rocinha* (la plus grande favela au monde avec de 70 000 à 200 000 habitants, selon les estimations !) entre Leblon et São Conrado. Sans oublier *Cidade de deus,* au-dessus de la Barra da Tijuca...
Tandis que les riches se retranchent derrière grilles et systèmes de sécurité, la peur (des pauvres, des Noirs, de la drogue, de la violence, etc.) obsède les classes moyennes. En outre, la violence extrême exercée par la police à l'encontre des gangs de narcotrafiquants, pour la plupart des jeunes, favorise un climat d'insécurité permanent aboutissant à une quasi-coupure des ponts entre les classes sociales.
Depuis les années 1990, la politique des gouvernements locaux a surtout été d'urbaniser les favelas et de les intégrer au tissu urbain, plutôt que de les évacuer et de les raser comme sous la dictature militaire. À partir de 2008, une politique de déploiement « d'unités de police pacificatrices » dans ces quartiers a même été lancée et, de fait, certaines favelas ont été alors « pacifiées ». Cette politique a été particulièrement active entre la Coupe du monde de foot de 2014 et les jeux Olympiques qui ont suivi en 2016, tourisme et audience mondialisés obligent... Mais depuis cette parenthèse médiatique, qui avait pourtant porté ses fruits, les financements se sont complètement taris et la situation est redevenue fragile. On ne peut donc plus parler de favelas « pacifiées ». Le trafic de drogue et la violence qui lui est liée sont repartis à la hausse à Rio ces dernières années, n'épargnant véritablement aucun quartier pauvre, pas même ceux que l'on croyait redevenus tranquilles. Cependant, on peut parfaitement visiter certaines favelas (sauf fait divers notable), à condition de le faire avec une agence officielle et en compagnie d'un guide tout aussi officiel (voir nos agences dans « Adresse utiles »).

## LE CARNAVAL

Le carnaval est une institution relativement récente, née du choc de 2 cultures : celle des Africains et celle des Portugais. Les esclaves possédaient une musique et des rythmes très dansants, les Portugais avaient apporté dans leurs bagages une de leurs fêtes, l'*Entrudo,* pendant laquelle ils s'éclataient quelques jours chaque année. Les colons s'amusaient dans leurs beaux salons, tandis que les Africains avaient déjà pris possession de la rue lors des processions religieuses. N'oublions pas l'influence de la fameuse Tia Ciata (voir encadré) dans sa maison du quartier de Petite Afrique, quartier où plus tard naîtra la 1re école de samba et où Oscar Niemeyer bâtira le sambodrome.

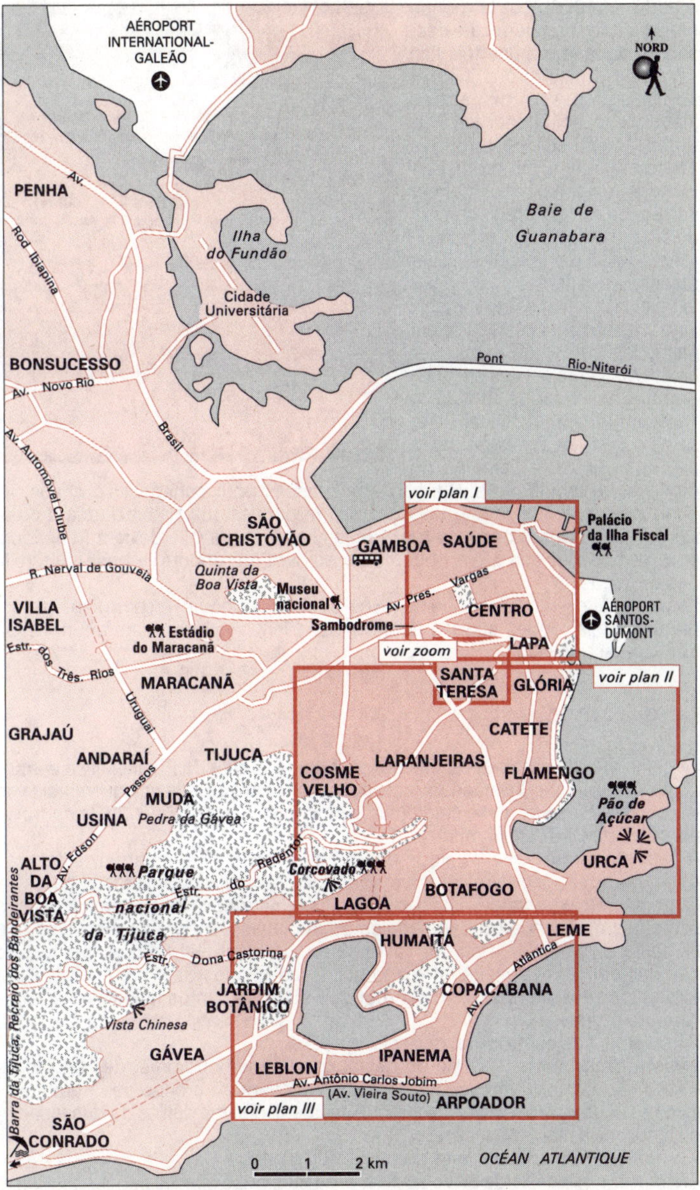


**RIO DE JANEIRO – Plan d'ensemble**

À partir de 1870, tout le monde prend donc l'habitude de descendre dans la rue une fois l'an sur des rythmes et des thèmes au début assez disparates (marches et polka pour les Portugais, percussions pour les Africains), qui vont progressivement fusionner pour donner naissance au 1er enregistrement de samba en... 1917. Cette innovation devait par la suite susciter maintes vocations de compositeurs et la création d'une véritable industrie. Les années 1920 voient naître les écoles de samba, et les 1ers concours ont lieu en 1933. Aujourd'hui, avec le foot et la « tchatche », le carnaval et le samba sont les sujets de gloire de Rio. Durant la semaine de carnaval, la moitié de la ville part en vacances pour échapper au chaos, un quart participe mollement, pendant que le dernier quart s'en donne à cœur joie ! Pour autant, à partir du mois de janvier, toute la ville devient frénétique, et le samba bat son plein. Il demeure aujourd'hui encore la base culturelle des Cariocas.

Le carnaval de Rio, c'est une semaine de folie qui bouleverse la ville, où tout paraît permis, où les classes sociales semblent se diluer dans un immense défoulement collectif.

### TIA CIATA, REINE DU CARNAVAL !

*Née à Bahia en 1854, Tia Ciata était une guérisseuse noire et une* mãe-de-santo *pratiquant la religion du candomblé. Grâce à ses dons, elle aurait soigné et guéri la jambe du maire de Rio, le fameux Pereira Passos, qui lui offrit alors le droit de pratiquer dans sa maison le candomblé et le samba, ce qui était alors strictement interdit. Accueillant de nombreux musiciens, elle en épousa un qui lui donna 14 enfants ! Mais on dit que son plus beau bébé, c'est le samba carioca, « né » chez elle. Pour lui rendre hommage, le 1er carnaval eut lieu devant sa maison. Une tradition était née !*

## Le déroulement

Le calendrier du carnaval est fixé en fonction de la date de Pâques. Il se déroule du vendredi au mardi précédant le mercredi des Cendres, soit une quarantaine de jours avant Pâques ; le mercredi, tout le monde va dormir ! ***En 2020, le carnaval aura lieu du 21 au 29 février.***

À l'approche du carnaval, vous pourrez faire la fête du matin au soir, avec des « parades » dès 9h ! Si vous souhaitez participer activement au défilé – une sacrée expérience –, il vous faudra commander votre costume plusieurs semaines à l'avance pour les écoles prestigieuses, ou arriver au moins une semaine avant le carnaval pour avoir le temps d'acheter un costume auprès des écoles moins prisées, et d'apprendre les paroles de votre samba. Pour toutes les infos pratiques, voir la rubrique suivante « Infos utiles » pour participer au carnaval.

Déroulement du carnaval, en règle générale :

– ***le vendredi soir :*** 1re partie du défilé, dans le sambodrome, des écoles de « seconde division » (groupe A), dont une accédera au groupe des « grandes » (écoles du groupe spécial). C'est moins fastueux que les défilés du dimanche et du lundi, mais moins cher aussi ;

– ***le samedi :*** 2e partie du défilé des écoles du groupe A ;

– ***le dimanche :*** défilé de 6 écoles de samba du groupe spécial ;

– ***le lundi :*** même programme que le dimanche, avec les 6 écoles du groupe spécial restantes ;

– ***le mardi :*** défilé (gratuit !) des écoles juniors de samba appelées *mirim* ;

– ***le samedi suivant :*** défilé des 6 écoles en tête du groupe spécial. Près de 200 000 personnes assistent au « défilé des Champions ».

## Infos utiles

Vous trouverez les infos complètes et actualisées – en français ou en anglais – sur les sites : • *carnaval-de-rio.fr* • *riocarnaval.org* • *riocostumes.com* • *rio-carnival.net* • *carnavalticketrio.com* • Programme détaillé, plan du sambodrome, vente de billets en ligne, infos sur les écoles de samba, vente de costumes, etc.

– ***Comment participer au carnaval ?*** 2 options. La 1re consiste à ***assister au défilé*** des écoles de samba comme simple spectateur, sur les gradins. La 2de consiste à ***figurer dans le défilé*** proprement dit, comme danseur revêtu d'un costume aux couleurs de l'école ! Et si vous séjournez à Rio quelques semaines avant le carnaval, ne manquez pas d'***assister à une répétition,*** celles organisées par les grandes écoles de samba sont annoncées à l'avance sur leur site internet et dans la presse culturelle. À l'approche du jour J, il y a foule, et l'ambiance est déjà endiablée !
– ***Acheter un costume, où, quand, comment ?*** Pour ceux qui souhaiteraient participer activement au défilé des écoles, le mieux est de consulter l'un des sites internet cités plus haut ou encore celui de l'école de votre choix, qui annonce les dates de répétition et fournit les infos pratiques pour commander son costume. Idéalement, il faut arriver à Rio au moins 2 ou 3 semaines avant le carnaval. On vous donne les coordonnées de quelques écoles dans la rubrique « Adresses et infos utiles. Loisirs et spectacles. Les écoles de samba ». À titre indicatif, il faut compter minimum 150 € pour un costume, et ça grimpe très vite ! On le récupère quelques jours avant le début du carnaval. Le jour de la grande parade, le candidat rejoint l'école à laquelle il s'est inscrit et reste attaché à sa « concentration » et à son groupe – « Ala ».
– ***Qu'est-ce que le sambodrome ?*** Il s'agit d'une avenue – l'avenida Marquês de Sapucai – située dans le quartier nord de Rio, près de la praça Onze. Longue de 700 m, elle est fermée à la circulation à l'occasion du carnaval et occupée par des gradins pouvant accueillir 75 000 spectateurs. C'est là que se déroulent les défilés en plein air des meilleures écoles de samba.
– ***Où et quand acheter son billet pour les défilés du sambodrome ?*** Le plus simple est de l'acheter sur Internet, sur l'un des sites cités plus haut, au moins quelques semaines à l'avance. On va ensuite le chercher à l'endroit spécifié sur le site (par exemple un hôtel en ville), la semaine du Carnaval.

**Adresses utiles**

- **3** Consulat de France et Air France-KLM (D3)
- **4** GOL (B2)

**Où dormir ?**

- **19** Hotel Belas Artes (B2)
- **20** Da Lapa Design Hotel (C3)
- **21** Selina (C3)
- **23** Casa da Gente (C3)

**Où manger ?**

- **59** Bar e Galeria Imaculada (C1)
- **61** Bistrô do Paço (D2)
- **62** Boteco do Gomes (C3)
- **64** Caffè Olé (C2)
- **65** Os Ximenes (C3)
- **66** Galeto Castelo (D3)
- **67** Confeitaria Colombo (C2)
- **69** Ancoramar (D2)
- **71** Adega Flor de Coimbra (C3)
- **72** Bar Brasil (C3)
- **73** Cosmopolita (C3)
- **74** Nova Capela (C3)
- **133** Ernesto (C3)

**Où boire un verre ? Où sortir ?**

- **61** Bistrô do Paço (D2)
- **65** Os Ximenes (C3)
- **67** Confeitaria Colombo (C2)
- **130** Casa Cavé (C2)
- **131** Antigamente (D2)
- **132** Via 15 Botequim (D2)
- **133** Ernesto (C3)

**Où écouter de la musique ? Où danser ?**

- **141** Beco do Rato (C3)
- **146** Pedra do Sal (B1)
- **147** Trapiche Gamboa (B1)
- **148** Carnaval Experience (A1)
- **150** Rio Scenarium (C2)
- **151** Rival (C3)
- **153** Carioca da Gema et Sacrilegio (C3)
- **156** Bar da Lapa (C3)
- **164** Circo Voador (C3)

LE SUD-EST

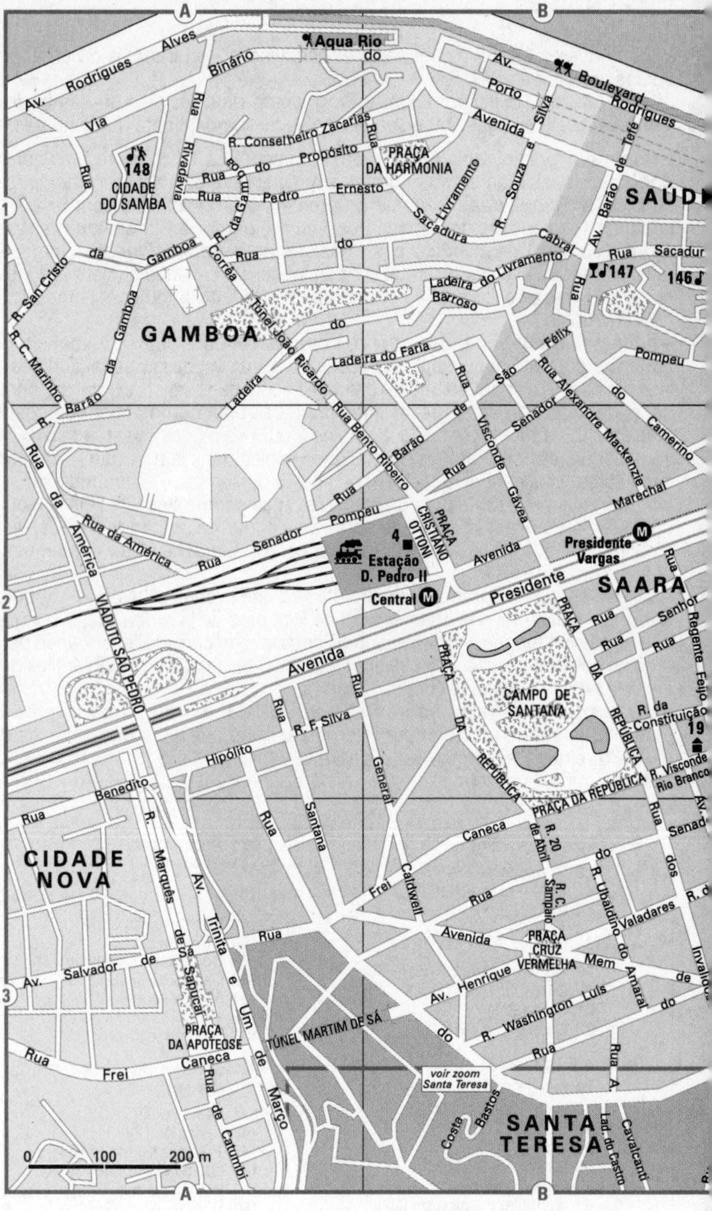
A
B
1
2
3
Aqua Rio
Av. Rodrigues Alves
Via Binário do Porto
Av. Boulevard Rodrigues
Avenida Rodrigues
Silva
R. Conselheiro Zacarias
Rua do Propósito
PRAÇA DA HARMONIA
Rua Pedro Ernesto
148
CIDADE DO SAMBA
Rua Rivadávia
Rua da Gamboa
R. da Gamboa
Rua
Livramento
Souza e
Barão de Tefé
Av. Barão
SAÚDE
Rua Sacadura Cabral
Rua do Livramento
147
146
Rua Sacadura
Ladeira do Livramento
Barroso
R. San Cristo
R. C. Marinho
GAMBOA
Barão da Gamboa
Correa
Túnel João Ricardo
Ladeira do Faria
Ladeira do
Félix
Pompeu
Rua São
Rua Alexandre Mackenzie
Rua do Camerino
Rua Barão de São
Senador
Visconde Gávea
Rua Bento Ribeiro
Rua Pompeu
Rua Senador
Marechal
PRAÇA CRISTIANO OTTONI
4
Estação D. Pedro II
Central
Presidente Vargas
SAARA
Avenida Presidente
Rua da América
Rua da América
VIADUTO SÃO PEDRO
R.
Avenida
PRAÇA DA REPÚBLICA
Rua Senhor
Rua Regente Feijó
Rua
Rua
CAMPO DE SANTANA
R. da Constituição
19
R. Visconde Rio Branco
PRAÇA DA REPÚBLICA
Rua R. F. Silva
Rua General
Hipólito
Benedito
Rua Santana
Rua Caneca
R. 20 de Abril
Rua dos
Av.
Senado
CIDADE NOVA
R. Marquês de Sapucaí
Av. Trinita e Um de Março
Rua Frei Caneca
Frei Caldwell
R. C. Sampaio
R. Ubaldino do Amaral
Valadares
Avenida Mem de Sá
PRAÇA CRUZ VERMELHA
Av. Henrique Valadares
Av. Salvador de Sá
Inválidos
R. Washington Luís
do
TÚNEL MARTIM DE SÁ
PRAÇA DA APOTEOSE
Rua Frei Caneca
Rua de Catumbi
voir zoom Santa Teresa
Rua A.
Costa Bastos
SANTA TERESA
Lad. do Castro
Cavalcanti
0
100
200 m

**RIO DE JANEIRO – Centre (Plan I)**

Il faut compter 35 à 85 € pour les défilés du vendredi et du samedi, et minimum 130 € pour ceux du dimanche et du lundi... pour les places les moins chères, les tribunes *(arquibancadas)* sont divisées en secteurs (à prix variables), numérotés de 1 à 13. Plus le chiffre est élevé, plus on est loin du début du défilé. En gros, on vous conseille plutôt les secteurs 4 à 10, mais pas vraiment les secteurs 12 et 13, populaires et donc moins chers, mais d'où l'on voit moins bien le spectacle. Il y a aussi les *frisas,* des sièges placés en bord de piste, au niveau du sol, ou encore des loges couvertes, mais c'est (beaucoup) plus cher ! Certains sites proposent également en option le transfert jusqu'au sambodrome.
- ***Comment aller au sambodrome ?*** Le plus facile est d'y aller en métro (en ayant pris soin d'acheter ses tickets à l'avance, car il peut y avoir du monde aux guichets des stations !).
***Attention :*** l'accès aux sections des tribunes portant un numéro pair ne se fait pas du même côté que pour celles portant un numéro impair ! Ainsi, si vous êtes dans une section paire, vous devrez descendre à la station « Praça Onze », mais si vous êtes dans une section impaire, il faudra descendre à la station « Central » (veillez-y, car rejoindre le bon côté à pied peut prendre du temps !). On peut aussi prendre un bus ou un taxi, bien sûr, mais ce n'est pas l'idéal, vu l'affluence. Enfin, le transfert peut aussi être compris dans votre ticket, une option tout confort.
- ***Conseil :*** faites un bon dîner avant, car la nuit est longue et éprouvante. Habillez-vous légèrement aussi, avec un sac peu encombrant et assez d'argent pour vos consos et déplacements, mais pas d'objets de valeur. Comme ça, vous serez tranquille.

LE SUD-EST

## Les écoles de samba

Il y a beaucoup d'écoles de samba à Rio. De la plus petite, groupant 20 personnes, à la plus prestigieuse en réunissant 6 000. Une petite école de samba peut devenir grande en s'alliant à d'autres, et se transformer en *bloco,* avec plus de moyens, des costumes plus riches, plus élaborés. Si un *bloco* remporte du succès, il peut prétendre entrer dans le groupe des écoles de samba E, puis grimper la hiérarchie jusqu'au groupe A. Les écoles des 2 meilleurs groupes (groupe A et groupe spécial) défilent dans le sambodrome, les autres dans les rues de Rio. Chaque école possède ses propres couleurs. Actuellement, dans le groupe spécial (ex-1er groupe) évoluent 12 écoles : de la plus appréciée, *Mangueira* (née en 1928, couleurs rose et vert), 19 fois championne du carnaval, notamment en 2016, à l'une des plus récentes, *Beija Flor* (née en 1948, couleurs bleu et blanc), en passant par *Portela,* l'une des plus anciennes et populaires (et championne en 2017, avec *Mocidade*), ou celle ayant le plus de participants, *Salgueiro* (6 000 personnes aux couleurs rouge et blanc), ou encore *Unidos da Tijuca* (costumes jaune et bleu).
Pour le grand défilé des écoles du groupe spécial, chacune choisit un thème (l'*enredo*) tiré du folklore ou de l'histoire du Brésil (les Dix Commandements, le foot, l'Amazonie, etc.), illustré par les paroles d'une chanson composée à cet effet, par les costumes, les danses, les chars, etc. En période électorale, les thèmes sont parfois très politiques (la santé, l'éducation...), mais dans les petits défilés de quartier, le thème le plus populaire est... le carnaval lui-même !

## L'attente et le jugement

Les juges vont avoir à noter un certain nombre d'éléments : l'homogénéité de chaque école (il faut éviter l'impression de pagaille et de rupture de ton), la musique – une samba de qualité reprise en chœur par la foule marque

beaucoup de points. De même, une école qui évolue pendant 70 à 85 mn doit éviter la cacophonie de sa musique, car la samba chantée en tête prend du retard, « se décale » au fur et à mesure qu'elle remonte le cortège. Éviter cet effet s'appelle l'*harmonie.* Seront notés aussi la *bateria,* l'orchestre, parfois composé de plusieurs centaines de musiciens, les costumes, d'une époustouflante richesse, les *passistas,* danseurs inventant de nouveaux pas de danse, les chars, les *porta bandeiras* (couples arborant le drapeau de l'école), etc.
L'ordre de passage des écoles est tiré au sort. La meilleure école peut très bien passer en dernier. Il n'est pas rare que, le défilé prenant du retard, la dernière école ne démarre que vers 9h ou 10h... du matin !

## L'âme du carnaval

Des soirées sont organisées tous les soirs dans les grands hôtels (dont le *Copacabana Palace*). L'entrée est en général assez chère ou sur invitation, mais l'atmosphère souvent démente.
Surtout, en marge du défilé, des écoles perpétuent le ***carnaval de rue*** ; certains quartiers de Rio (Lapa, Cinelândia, Copacabana, Ipanema, Santa Teresa...) sont envahis de *blocos,* tout le monde s'agglutine, danse et suit les cortèges. Les horaires et lieux de passage sont signalés dans la presse locale, ainsi que sur les sites internet mentionnés plus haut dans « Infos utiles ».
Le carnaval est aussi présent partout sous la forme d'orchestres de quartier – les ***bandas*** – jouant en fin d'après-midi les sambas à la mode. C'est à cette occasion que revit l'âme du carnaval. Car il faut bien reconnaître que le carnaval de Rio est devenu une gigantesque opération commerciale. Autre ambiance, contre-pied total même serait-on tenté d'écrire, au ***Bate Bola,*** un « carnaval off » furieusement populaire, organisé à la même période dans les quartiers périphériques nord et ouest de Rio.
En bref, il est possible de faire la fête dans la rue pendant 4 jours, s'enivrer de danse et de musique, se libérer des tensions... en toute liberté !

## Durant l'année

Pendant le mois qui précède le carnaval, vous pouvez assister chaque soir, du vendredi au dimanche, aux répétitions des écoles de samba au sambodrome. Programme dans les journaux à la page des spectacles ou sur Internet. Gratuit et très festif !

LE SUD-EST

**■ Adresses utiles**

7 Consulat de Belgique (G6)
8 Consulat général de Suisse (G4)

**Où dormir ?**

**24** Discovery Hostel (G4)
**25** Villa 25 Hostel (G5)
**32** Casa 48 (F4)
**35** Hotelinho da Urca (G-H6)
**36** Yoo2 (G5)
**45** Café Rio Hostel (F5)
**51** Les Jardins de Rio (E5)

**Où manger ?**

**60** Berbigão (G4)
**63** The Slow Bakery (F6)
**77** Marchezinho (G6)
**79** Refeitório Orgânico (F6)
**82** Comuna (F6)
**101** Boteco Belmonte (G5)
**108** Big Bi (G4)
**109** Mercado da Glória (G4)
**110** Tacacá do Norte (G5)
**111** Grégora Arte... Café (G4)
**115** Garota da Urca (H6)
**116** Terra Brasilis (H6)

**Où boire un verre ? Où sortir ?**

**101** Boteco Belmonte (G5)
**135** Bar Urca (H5)
**140** Quartinho Bar (G6)
**143** Santa Pizza (F4)
**144** O Plebeu (F6)

**Où écouter de la musique ? Où danser ?**

**121** Bar Bukowski (G6)
**122** Casa da Matriz (F6)
**145** The Maze (G4)

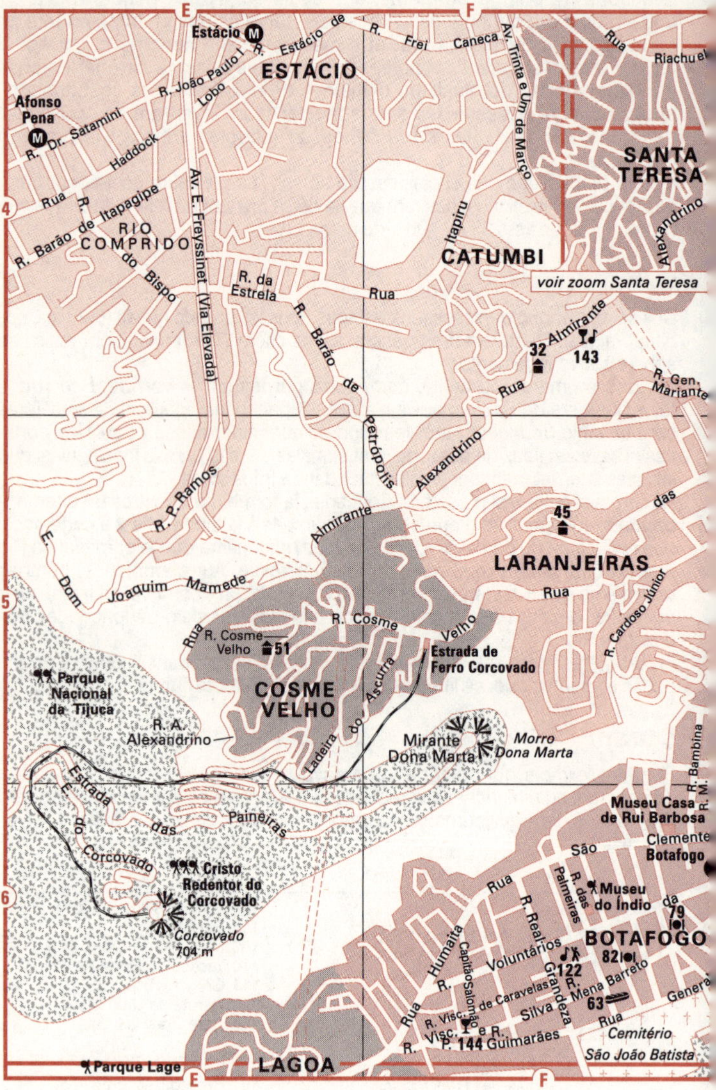


En dehors de cette période, on peut aussi assister aux répétitions des grandes écoles de samba (surtout à partir d'octobre), pour pas cher du tout. Quoi qu'il en soit, ces répétitions sont un spectacle à ne pas manquer, surtout si vous êtes à Rio à l'approche du carnaval. Certains préféreront d'ailleurs la période de pré-carnaval,

RIO DE JANEIRO – Sud (Plan II)

déjà effervescente et qui permet d’éviter la foule innombrable des 5 jours de fête officielle. Plus on approche du jour J, plus il y a de monde aux répétitions.
Si vous avez loupé le carnaval, on peut en avoir un bon aperçu avec, par exemple, *Carnaval Experience* (voir « Où écouter de la musique ? Où danser ? »).

■ **Adresses utiles**

- Riotur (L7)
- **1** Moreira Câmbio e Turismo (L7)
- **2** Localiza-Hertz et Unidas (L7)
- **5** Best Exchange Tur (L7)
- **6** Delegacia especial de apoio ao turismo (I8)

**Où dormir ?**

- **27** El Misti Ipanema (J8)
- **29** Che Lagarto Hostel Copacabana (L7)
- **33** Edifício Jucati (K7)
- **34** Hotel Santa Clara (K7)
- **39** Acapulco Copacabana (L7)
- **41** Premier Copacabana Hotel (K7)
- **42** Atlantis Copacabana Hotel (K8)
- **44** The Mango Tree (J8)
- **46** Ipanema Beach House (J8)
- **48** Lemon Spirit Hostel (I8)
- **49** Aquarela do Leme (L7)
- **53** Hotel Atlântico Rio (K8)
- **55** Bonita (J8)
- **56** Arena Ipanema Hotel (K8-9)
- **57** The Lighthouse et Ocean Hostel Ipanema (J8)

**Où manger ?**

- **75** Big Nectar (K8)
- **76** Papo de Anjo (K-L7)
- **80** Cervantes (L7)
- **81** Manoel & Juaquim (K-L7)
- **84** Gaia Art & Café (L7)
- **86** Restaurante New Natural (J8)
- **87** Bar do David (L7)

## RIO DE JANEIRO – Les plages (Plan III)

**88** Bazzar (J8)
**89** Gula-Gula (J8)
**90** Casa da Feijoada (K8)
**91** Alessandro & Frederico (J8)
**92** Churrascaria Carretão (K8)
**95** Zaza Bistro Tropical (J8)
**96** Bar Lagoa (J8)
**97** Boteco Belmonte (I8)
**98** Fellini (I8)
**99** Vegetariano Social Clube (I8)
**100** Jobi (I8)
**102** Churrascaria Palace (L7)
**103** Stands de Lagoa (I8)
**112** Mercearia da Praça (K8)
**113** Flor do Céu (hors plan par I9)
**114** BB Lanches (I8)
**117** Santa Satisfação (K7)
**123** Talho Capixaba Delicatessen (I8)
**125** Boteco Belmonte (K8)
**127** Haru Sushi Bar (K7)
**128** Apetite Café (K8)

### Où boire un verre ? Où sortir ?

**100** Jobi (I8)
**120** Delirium Café (J8)
**134** Bracarense (I8)
**136** Garota de Ipanema (J8)
**138** Empório et Barthodomeu (J8)

### Où écouter de la musique ? Où danser ?

**126** Fosfobox (K7)
**149** Beco das Garrafas (L7)
**158** Bip-Bip (K8)
**159** Vinícius (J8)

## Quand aller à Rio ?

En juin, juillet et août, qui sont les mois d'hiver, la température oscille entre 15 et 25 °C, avec des nuits plutôt fraîches, qui tombent vite (vers 17h30) et un ciel souvent couvert. Si la plage est praticable pour la bronzette, les vagues, en revanche, sont souvent hargneuses, et l'eau reste assez fraîche.
Les mois d'été correspondent à décembre, janvier et février. C'est aussi la période où la ville tout entière se prépare pour le carnaval. La musique retentit sur les places, les blocs de carnaval répètent en plein air dans les quartiers, la plage fait le plein. Pour ceux qui supportent la chaleur humide (souvent 35 °C et plus) et quelques orages tropicaux, c'est le meilleur moment. Pendant le carnaval, ça se complique : nombreux musées, commerces et restaurants sont fermés et les distributeurs souvent à cours d'argent. Octobre, novembre et début décembre sont une bonne option : il fait déjà chaud mais pas trop, le ciel est clair, et l'ambiance est estivale. Les mois de mars, avril et mai sont agréables, mais l'ambiance est beaucoup moins festive car on est en période post-carnaval, un rien *bluesy*...

## Rio, quartier par quartier

Les zones (essentiellement nord, sud et ouest) sont déterminées en fonction du parc national de Tijuca, la plus grande forêt urbaine au monde. Plus on va vers le sud, plus c'est riche. Et quelle que soit la zone, la pauvreté est reléguée dans les hauteurs, c'est-à-dire dans les favelas perchées à flanc de *morros* (collines), ou dans les quartiers éloignés du centre.

### *Zone nord* *(plan d'ensemble)*

Elle commence au nord de la zone portuaire restaurée à l'occasion des JO de 2016. Elle inclut le quartier de la ***gare routière*** et remonte vers l'avenida Brasil et l'île du Gouverneur, où se trouve l'aéroport international. On y trouve les quartiers ***São Cristóvão, Maracanã, Bonsuccesso...*** surplombés des grands *morros* et ***favelas de Sumaré, Central do Brasil, Mangueira, Complexo do Alemão, Penha, Portela,*** sièges des plus célèbres écoles de samba du Brésil. C'est là que vivent la majorité des Cariocas.

### *Centro* *(plan I)*

Le ***quartier des affaires et de l'administration*** s'étend autour de l'avenida Rio Branco, qui va de la zone portuaire au Parque do Flamengo, traçant une espèce de 5e Avenue jalonnée d'immeubles de bureaux. Une vraie fourmilière, du moins en semaine, lorsqu'il est assidûment arpenté par les employés qui y travaillent. Dans la journée, la circulation est intense. La foule se bouscule, et les centaines de restos, *lanchonetes* et comptoirs à jus de fruits rendent cette ambiance savoureuse. Le Centro est aussi le quartier historique, qui abrite nobles demeures anciennes et bâtisses coloniales. Reste que le quartier est – par essence – déserté le week-end et en soirée, sauf les ruelles adjacentes à la praça 15 de Novembro, où de nombreux troquets affichent complet dès 17h30 et jusqu'au bout de la nuit.
À la lisière du quartier d'affaires, de l'autre côté de l'avenida Rio Branco, commence le vrai centre humain et populaire. Au bas de Rio Branco, le quartier ***Cinelândia.*** Entre les marches du théâtre municipal et celles du conseil municipal, sur le trottoir et aux terrasses des cafés, se rencontrent l'intelligentsia et la bureaucratie. Le 3e secteur nous mène, depuis Cinelândia, vers la praça João Pessoa, au cœur du quartier de ***Lapa,*** haut lieu de la vie nocturne carioca avec sa concentration de bars mi-déglingués mi-branchés (cf. « Où écouter de la musique ? Où danser ? »).

### *Glória et Catete* *(plan II)*

Faisant la liaison entre le centre populaire, Santa Teresa et le début de la zone sud, ce sont les quartiers où résidait la classe politique avant que la capitale ne soit transférée à Brasília. D'où ces immeubles cossus à l'architecture années 1960, donnant dorénavant un style désuet à la zone qui demeure, somme toute, assez familiale et tranquille.

## *Santa Teresa* (plan I et zoom)

Voici un quartier qu'on adore. Un village perché au-dessus de la ville, un genre de « petit Montmartre » à la végétation luxuriante, le côté ultra-touristique en moins. À Santa Teresa, on se sent loin du bruit et de l'agitation du Centro, sans pour autant se trouver dans les quartiers riches du sud de la ville. Les artistes bohèmes ont investi les vastes demeures cossues délaissées lorsque le quartier a été cerné par les favelas – pourtant pacifiées. Les villas se succèdent, diverses, surprenantes, comme ce château « disneylandien » perché au-dessus de la station de taxis, à l'intersection de la rua Aarão Reis et de la rua Almirante Alexandrino. Il faut se balader au gré des ruelles pavées au charme tranquille, des escaliers musardant entre les jardins, et profiter de l'occasion pour découvrir les nombreuses fresques et graffitis – parfois superbes et souvent revendicatifs – qui ornent les murs du quartier. Le soir, tout se passe entre le *Bar do Mineiro* et l'embranchement du *largo dos Guimarães,* point de jonction du fameux *Bonde* (tramway).

## *Zone sud* (plans II et III)

### *Flamengo* (plan II)

C'est le début de la zone sud. Le chic s'affiche déjà sur le front de mer. On y fait son jogging, on y joue au volley à l'ombre des immeubles aux loyers exorbitants. Vers l'intérieur, en revanche, au pied de bâtisses Art déco élégamment défraîchies, les bouts de rues résidentielles bordées de palmiers impériaux alternent avec les artères populaires, égrenant les petites brasseries où s'attablent les employés des classes moyennes en fin de journée.

### *Urca, Botafogo, Laranjeiras, Cosme Velho et le parque nacional da Tijuca* (plan II)

Depuis la pointe d'Urca jusqu'à la forêt, cette large bande transversale, plutôt populaire, est célèbre pour ses deux sites incontournables : le Pain de Sucre et le Christ du Corcovado, véritables emblèmes de la ville. Longtemps le quartier le plus élégant de la ville, ***Botafogo*** est aujourd'hui largement dépassé par les quartiers du sud (Ipanema, Leblon). On y trouve encore de vieux immeubles de style Belle Époque patinés par le temps, quelques rues bordées de villas cossues, des voiliers au mouillage. C'est aussi de la baie de Botafogo que le *Christ du Corcovado* offre son meilleur aspect, de face. Quant à ***Urca,*** c'est le petit quartier qui se trouve au pied du *Pain de Sucre.* Un quartier résidentiel tranquille et une zone en partie militaire.

### *Copacabana* (plan III)

À la sortie du tunnel *Cintra* apparaît enfin la plage dont le nom, mythique et poétique, fut sans doute l'un de vos 1ers mots de brésilien. Très à la mode dans les années 1940 et 1950, elle a été dépassée en élégance (et en richesse) par Ipanema et Leblon. Si l'on vient toujours s'y faire voir sur son interminable plage, ses rues bordées de hauts immeubles ternis par les ans et la pollution ont perdu bien du lustre. Une foule mélangée y bourdonne entre une circulation dense et des *lanchonetes* installées à chaque coin de rue. Point positif, cependant, le bord de mer est fermé à la circulation chaque dimanche, ce qui en fait un lieu de balade/footing/skate/roller, etc. très apprécié des Cariocas !

### *Lagoa et Jardim Botânico* (plan III)

Situés au nord du Lagoa Rodrigo de Freitas, coincés contre les *morros,* deux quartiers résidentiels tranquilles et verdoyants. L'axe principal en est la rua *Jardim Botânico.* Toutes les rues, ruelles et impasses qui lui sont perpendiculaires sont bordées d'adorables petites demeures datant du XIXe s et de la 1re moitié du XXe s. Elles abritent souvent des cafés et restos. Un quartier « branché résidentiel », pourrait-on dire...

***Ipanema et Leblon (plan III)***

Dans le prolongement de Copacabana en allant vers l'ouest, deux quartiers riches aux immeubles rutilants et boutiques chics, coincés entre une belle plage de sable fin et la lagoa Rodrigo de Freitas. Le must : s'installer sur la pedra do Arpoador en fin de journée pour admirer le coucher de soleil sur la plage d'Ipanema, certainement la plus photogénique de Rio. Ambiance très sympa avec de nombreux vendeurs de rue et souvent des petits spectacles.
Le petit canal du jardim de Alah marque la séparation entre le quartier d'Ipa et de Leblon. C'est ici que se trouve la majorité des restos et bars chics de la ville. Toutefois la vie nocturne y est beaucoup moins animée que dans les quartiers de la zone nord.

## *Zone ouest*
*(plan d'ensemble)*

Après Gávea, São Conrado (qui bat le record du prix du mètre carré avec Leblon !) et la Pedra da Gavea – qui font encore partie de la zone sud – la zone ouest, soit la plus étendue en superficie, débute à Jardim Oceânico. Ensuite, c'est la plage de Barra da Tijuca qui s'étend sur 20 km, idéale pour ceux qui veulent fuir la foule de Copacabana et Ipanema... Dans ce coin-là, il y a 50 ans, les marécages ont laissé place à la ville, conçue notamment par l'urbaniste Lucio Costa selon le modèle nord-américain. C'est donc le royaume des larges avenues, des centres commerciaux de grand luxe et des condomínios, ces résidences surprotégées où vivent les familles riches, parfois équipées comme des villes en miniature : boutiques, écoles, etc.
Après Barra, on trouve de superbes plages de plus en plus sauvages : Recreio dos Bandeirantes, Macumba, Abricô (plage naturiste), Prainha, Grumari, etc, où l'on pratique surf et kitesurf, et enfin le quartier de Barra de Guaratiba. Au programme : randonnées (le rocher du Telegrafo est devenu viral sur le Net), plages désertes (sauf les week-ends ensoleillés !), le parc du paysagiste Burle Marx, réserve naturelle, mangrove et gastronomie locale à base de poisson frais... On y trouve même la 2e plus grande plage du Brésil... toutefois réservée aux militaires ! Véhicule obligatoire ou passer par une agence.

# Arrivée à l'aéroport

✈ ***Aeroporto internacional Galeão – Antônio Carlos Jobim*** *(plan d'ensemble)* **:** *à 15-20 km au nord du centre.* • *riogaleao.com* • Nommé d'après la plage qui s'étend face à l'aéroport et en hommage à « Tom Jobim », le père de la bossa-nova. Les arrivées nationales et internationales sont situées de part et d'autre du même hall, où se trouvent tous les services.
🛈 ***Kiosques Riotur :*** *dans le hall des arrivées. Tlj 6h-22h, sauf j. fériés.* Infos de base et plan de la ville. Quelques magazines également, dont le *Rio+3*, pour rayonner dans l'État. Ordinateurs à disposition.
■ ***Distributeurs automatiques :*** *nombreux dans les 2 halls d'arrivées.*
■ ***Bureau de change :*** *nombreux aussi, avt et après la sortie, mais taux vraiment médiocre. Mieux vaut changer en ville.*
■ ***Agences de location de voitures :*** *guichets au milieu du hall des arrivées.*
■ ***Consigne :*** *aux arrivées internationales. Ouv 24h/24.*

## Rejoindre le centre

➢ ***En bus :*** entre les sorties « B » et « C » du hall des arrivées. Qu'il s'agisse de Premium ou de Red Bus Airport Shuttle, leurs bus (bleus ou rouges, mais ts climatisés) assurent les mêmes liaisons. Les bus nos 2012, 2016 et 2017 desservent les différentes zones touristiques du centre. Attention, ça peut changer très vite, donc renseignez-vous toujours sur le quartier que vous visez pour descendre au plus près. Pour gagner la rodoviária (gare routière), prendre le no 2016 ou le no 2145.
Liaisons ttes les 30-40 mn env, 5h30-23h30 ; compter env 20 Rls. Selon

le trafic et la destination, trajet en 1h30 à... 2h30. Attention, dans le sens ville-aéroport, il n'y a pas d'arrêts définis. Guettez le bus : les conducteurs s'arrêtent à la demande.
– Pour aller **de l'aéroport international** à **l'aéroport domestique** de *Santos-Dumont,* lignes nos 2012 ou 2145 *(ttes les 30 mn env 5h30-22h30, ou 21h30 depuis Santos Dumont ; env 20 Rls).* En taxi, compter env 75 Rls.
– ***Infos et itinéraires détaillés*** *(sous réserve que le site soit correctement actualisé !)* **:** • *vadeonibus.com.br* •

➢ ***En taxi :*** en principe, le moins cher est de passer par ***Uber.*** Leurs chauffeurs attendent aux arrivées et il y a un bureau au 2e étage. Cela dit, comparez bien le prix annoncé (en principe 20-30 % moins cher) avec celui des taxis, qu'on ne profite pas de votre naïveté ! Le comptoir des ***Taxis Comun,*** situé aux arrivées, regroupe les compagnies *Aerocoop (☎ 3078-5050 ; • aerocoop.com.br •)* et *Aerotaxi (☎ 2467-1500).* Compter 60-75 Rls pour le centre et Catete, 80-90 Rls pour Copacabana et Ipanema, selon la destination précise et le moment (un peu plus cher les dim et j. fériés et après 21h).
– ***À savoir :*** *Cootramo* et *Transcoopass* proposent des voitures plus confortables, mais plus chères. On déconseille aussi de prendre un taxi au compteur à la sortie de l'aéroport, car certains peuvent faire des détours pour rallonger la course...

✈ ***Aeroporto Santos-Dumont, Castelo/Centro*** *(plan d'ensemble et hors plan I par D3)* **:** *accolé au centre-ville.* • *aeroportosantosdumont.net* • 
Pont aérien Rio-São Paulo ttes les 30 mn, ainsi que divers vols intérieurs tels que Brasília ou Belo Horizonte, gérés par les compagnies *Gol, Latam, Avianca* et *Azul*. Distributeurs d'argent, consigne, poste, quelques restos et cafés.
– Pour ***rejoindre les plages du sud*** (Copacabana, Ipanema...), bus ttes les 20 mn env (6h-21h). Pour ***l'aéroport international,*** lignes n° 2012 ou 2145 (ttes les 30 mn, 5h30-22h30 – ou 21h30 – depuis Santos-Dumont). Dans les 2 cas, compter env 20 Rls.



## Transports

– Attention : de 6h30 à 10h, la circulation en bord de mer (bus, voitures, 2-roues, etc.) s'effectue uniquement dans le sens Zona Sul-Centro. En outre, le dimanche et les j. fériés, la chaussée située le plus près des plages de Copacabana et d'Ipanema est interdite à la circulation afin de permettre aux promeneurs de déambuler en toute quiétude. Idem sur l'*aterro* entre Botafogo et l'aéroport de Santos-Dumont, via le quartier de Flamengo.

### Métro

Il fonctionne de 5h à minuit en semaine et de 7h à 23h les dimanche et jours fériés. Une seule ligne, mais divisée en 2 sections (avec des extensions en bus). Pratiques tout de même, car elles relient les principaux quartiers touristiques (Centro, Catete, Flamengo, Botafogo, Copacabana, Ipanema et Leblon) et, bien souvent, c'est plus rapide, pour le même trajet, qu'en taxi. Pas donné, en revanche : la carte magnétique à 4,60 Rls n'est vendue qu'à l'unité aux guichets des stations (à faire avaler par la machine à l'entrée du métro). Gratuit toutefois pour les seniors (avoir une pièce d'identité). Également des cartes rechargeables *(rio card),* pratiques pour les longs séjours mais qui ne donnent droit à aucune réduction...
À noter qu'il existe des ***extensions par bus*** (véhicules et stations marqués d'un « M »), qui permettent de rallier d'autres quartiers depuis certaines stations de métro, comme Jardim Botânico et Gávea depuis la station Botafogo ou Barra depuis General Osório. Si vous souhaitez utiliser ces navettes, spécifiez-le au moment d'acheter votre billet (appelé *metrô na superficie*).
Notez aussi qu'il existe des ***compartiments réservés aux femmes*** entre 6h et 9h et entre 17h et 20h (marqués d'un autocollant rose).
Pour plus d'infos : • *metrorio.com.br* • Objets perdus dans le métro : *☎ 0800-595-11-11.*

## Bus

Cher aussi *(env 4,05 Rls le trajet)*, car il n'existe pas non plus de réduction ni de carte journalière ou hebdomadaire pour les touristes. À plusieurs, autant prendre un taxi ! De plus, pas facile de s'y retrouver. La destination est, certes, inscrite sur le fronton, mais dans la majeure partie de la ville, les bus n'ont pas d'arrêts attitrés et la signalétique est souvent absente. Placez-vous dans n'importe quel abribus et faites signe de la main. À Leblon, Ipanema et Copacabana, en revanche, les lignes de bus sont classées en 3 listes (BRS1, 2 et 3), et chaque bus stoppe aux arrêts (marqués 1, 2 ou 3) correspondants à sa liste. Les listes sont affichées sur chaque abribus, avec le plan des arrêts 1, 2 et 3 les plus proches.

Pas de ticket, on règle la somme au contrôleur, puis on passe le tourniquet (dans certains minibus, on paie directement au chauffeur). Prévoyez de la monnaie et accrochez-vous dès que vous montez, car ça démarre souvent en trombe ! Pour descendre, appuyez sur la sonnette ou sifflez le chauffeur (oui, ça se fait !).

*– Infos pratiques et itinéraires : • vadeonibus.com.br •*

## Tramway

– Un système de trams, le ***VLT*** (« véhicule léger sur rails »), desservant le *Centro* et la zone juste au nord, est entré en service en 2016. 2 lignes : la 1, qui relie l'aéroport de Santos-Dumont et la Rodoviária Novo Rio, en passant par le boulevard Olympique (arrêt notamment devant le *museu do Amanhã*) ; la 2, qui relie la Praça XV à la Rodoviária, en passant par la gare (et station de métro) Central do Brasil. Notez que la ligne 3 devrait en principe bientôt relier l'aéroport de Santos-Dumont à Central do Brasil. Fonctionnent de 6h à minuit, avec un passage ttes les 10-20 mn. Pour les tickets, il faut acheter (aux machines ou aux préposés postés aux arrêts) une *rio card* que l'on charge ensuite du nombre de trajets souhaité.

– Également le ***Bonde,*** un tramway portugais début XX^e^ s, refait à l'identique mais en version moderne depuis un accident en 2011. Il monte à Santa Teresa depuis le centre *(plan I, C2)*, par l'*aqueduto da Carioca* de 1750 qui recouvre les arches de Lapa. Fonctionne ttes les 15-20 mn, 8h-17h40 (17h45 de Santa Teresa) en semaine, 10h-17h40 le samedi (18h de Santa Teresa), 11h-16h30 le dim et j. fériés. Assez folklo mais cher : 20 Rls (A/R obligatoire) ; gratuit moins de 5 ans.

## Taxis

Si vous voulez payer 2 fois moins cher qu'un taxi classique, munissez-vous d'une carte SIM locale et chargez/utilisez l'application ***Uber,*** qui connaît un gros succès par ici. En revanche, la ponctualité n'est pas toujours leur fort, et il vous faudra peut-être commander une voiture plusieurs fois...

Sinon, les ***taxis réguliers*** (tous de couleur jaune) sont en revanche très nombreux et faciles à héler dans la rue. Les chauffeurs mettent le compteur d'eux-mêmes (env 6 Rls au départ). 2 tarifs : le « bandeira 1 » en journée et le « bandeira 2 » entre 20h et 6h.

À titre indicatif, compter 15-20 Rls pour une course de 3 km.

– Quelques compagnies de taxis communs : ***Central Táxi*** *(☎ 2195-1000)*, ***Cooparioca*** *(☎ 2518-1818)* ou encore ***JB Taxi*** *(☎ 2178-4000)*.

Avec ***Aerocoop*** *(☎ 3078-5050 ; • aerocoop.com.br •)*, possibilité de négocier un forfait à env 50 Rls pour l'aéroport international depuis le centre ou les plages !

## Location de voitures

Pas grand intérêt pour se déplacer dans Rio, d'autant plus que ce n'est pas la solution la plus économique. Les tarifs sont assez élevés en général, et les taxes peuvent varier selon que l'on prend la voiture à l'aéroport ou en ville. En revanche, pour explorer les environs, proches ou lointains, c'est évidemment le moyen le plus pratique !

Faites attention aux ***nombreux radars*** automatiques sur les axes principaux

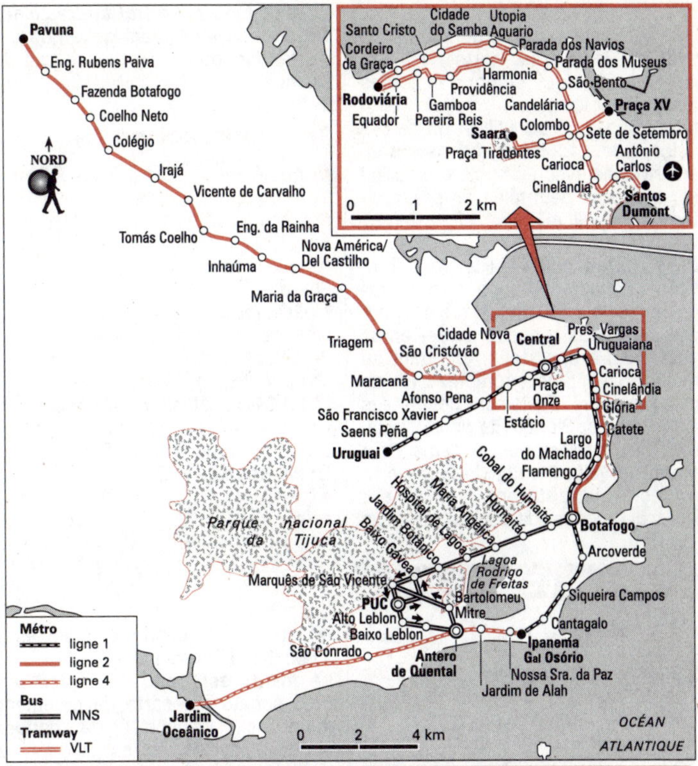


## RIO DE JANEIRO – Transports urbains

(linha Vermelha, avenida Brasil), notamment la BR 101 reliant Rio à Paraty.

■ ***Avis :*** *à l'aéroport international (tlj 6h-minuit),* 📱 *99432-4987.* ● *avis.com.br* ●

■ ***Localiza-Hertz*** *(plan III, L7,* ***2****) :* *av. Princesa Isabel, 150 (Copacabana).* ☎ *3575-5250.* ● *localiza.com.br* ● *Lun-sam 8h-20h, dim et j. fériés 8h-14h. À l'aéroport international (tlj 6h-minuit) :* ☎ *2153-2124.*

■ ***Unidas*** *(plan III, L7,* ***2****) :* *av. Princesa Isabel, 500 (Copacabana).* ☎ *0800-121-121.* ● *unidas.com.br* ● *Tlj sauf dim 8h-20h (18h sam).* Représente aussi ***Alamo.***

■ ***Budget :*** *à l'aéroport international.* ☎ *3398-2350.* ● *budget.com.br* ●

■ ***Thrifty :*** *à l'aéroport international.* ☎ *3398-2360.*

## Location de vélos

Une ***piste cyclable*** court tout le long des plages de la zone sud, de Flamengo à Leblon. De quoi se faire une balade sympa.

En prime, le ***dimanche,*** toute la moitié de la chaussée côté bord de mer est fermée à la circulation et réservée aux seuls cyclistes, piétons et autres skaters ou amateurs d'engins à roulettes ! De nombreuses auberges de jeunesse louent des vélos, ainsi que le magasin ***Bike & Lazer*** : *rua Visconde de Pirajá, 135, à Ipanema, près de la praça General Osório.* ☎ *2267-7778.* ● *bikelazer.*

*com.br • Tlj 9h-20h (17h sam), sauf dim.* On peut aussi expérimenter le système ***Bike Itaú,*** sorte de *Vélib'* carioca. Plan des stations et toutes les infos sur le site *• bikeitau.com.br •* (en portugais). Pour utiliser un de ces vélos, il faut toutefois disposer d'un smartphone avec un numéro brésilien sur lequel on peut télécharger gratuitement l'application *Bike Itaú.* Infos : *☎ 4003-6054.*

Le 1er forfait coûte 5 Rls pour 24h. Durant ce laps de temps, chaque trajet de moins de 60 mn est gratuit, pour peu que vous reposiez entre-temps votre vélo à une station pendant au moins 15 mn. Sinon, comptez 5 Rls de plus par heure. Également des forfaits à 15 Rls pour 3 j., 20 Rls pour 1 mois, etc., mais le principe est le même. Pour rendre le vélo, il suffit de l'arrimer à n'importe quelle station.

Notez que, comme dans de nombreuses villes du monde, les ***trottinettes électriques*** ont également débarqué sur les trottoirs de Rio. Prudence tout de même...

### Transport aérien

■ ***Air France-KLM*** *(plan I, D3,* ***3****)* **:** *av. Presidente Antônio Carlos, 58, 9e étage (Centro). ☎ 3212-1800. • air france.com.br • Dans le même immeuble que le consulat de France. Lun-ven 9h-18h.*

■ ***GOL*** *(plan I, B2,* ***4****)* **:** *praça Cristiano Otoni, s/n (derrière le métro Central do Brasil). ☎ 2233-9653. • voegol.com.br • Lun-ven 7h-21h (sam 14h).*

■ ***LATAM :*** *plusieurs agences en ville, par exemple à l'aéroport Santos-Dumont et av. Nossa-Senhora-de-Copacabana, 680. ☎ 3988-9414. • latam.com • Tlj 9h-18h30 (sam 15h), sauf dim.*

## Adresses et infos utiles

### Infos touristiques

ℹ ***Riotur*** *(plan III, L7)* **:** *av. Princesa Isabel, 183 (Copacabana). ☎ 2275-1959. • visit.rio • Tlj 9h-18h (17h le w-e).* Un bureau d'infos de *Riotur* parmi d'autres, car on en trouve un tas dans la ville, notamment des *kiosques* sur la plage de Copa, à l'entrée d'Urca, à l'aéroport et à la *Rodoviária (ouv 24h/24).* Toutefois, outre un plan utile de Rio, c'est sur le site internet que vous trouverez le plus d'infos !

– Plein d'infos pratiques et actualisées aussi (en portugais et en anglais) sur le site : *• ipanema.com •* Et pas mal d'informations culturelles sur le site (en portugais) *• bafafa.com.fr •*

### Change, distributeurs et transfert urgent d'argent liquide

Repérez les banques ***Banco do Brasil*** et ***Bradesco,*** quasiment les seules équipées de ***distributeurs*** acceptant les cartes de paiement internationales, type *Visa/MasterCard*. C'est souvent impossible ou compliqué dans les autres banques... Attention, les retraits y sont quand même limités à 1 000-1 500 Rls par jour.

Le mieux est donc de régler ses gros achats par carte de paiement (commission minime) et de changer ses euros, dollars, etc., en liquide. Allez de préférence dans les ***bureaux de change*** *(casa de câmbio)* et ***agences de voyage de Leme*** où le taux est en général excellent : ***Moreira Câmbio e Turismo,*** *rua Gustavo Sampaio, 831 (plan III, L7,* ***1****),* ***Best Exchange Tur,*** *av. Nossa Senhora de Copacabana (plan III, L7,* ***5****), ou encore chez* ***Universo Câmbio*** *juste à côté. En cas de besoin urgent d'argent liquide, bureau* ***Western Union*** *juste en face, au n° 388. Ts ouv tlj 9h30-18h (13h sam), sauf dim.*

### Urgences

■ ***Delegacia especial de apoio ao turismo*** *(commissariat spécial d'assistance au tourisme ; plan III, I8,* ***6****)* **:** *rua Afrânio de Melo Franco, 159 (face au Shopping Leblon). ☎ 2332-2924. Ouv 24h/24.* Pour enregistrer les vols de documents et porter plainte en cas d'agression.

■ ***Police Secours :*** *☎ 190 ou 197.*
■ ***Ambulances :*** *☎ 192.*
■ ***Pompiers :*** *☎ 193.*
✚ ***Hôpitaux :***
– Hôpital public d'urgence : **Hospital Souza Aguiar,** *praça da República, 111 (Centro). ☎ 3111-2804. Ouv 24h/24.*
– Hôpital privé d'urgence : **Clinica São Vicente,** *rua João Borges, 204 (Gávea). ☎ 2529-4422. • clinicasaoviente.com.br •*
■ ***Pharmacies ouvertes 24h/24 :*** un peu partout à Rio.
– *À Catete :* ***Drogaria Pacheco,*** *rua do Catete, 300 (largo do Machado). ☎ 4020-4404.*
– À Copacabana : **Farmácia do Leme,** *av. Prado Junior, 237. ☎ 3223-9000.*
Sinon, notez que beaucoup de pharmacies ouvrent jusqu'à 23h.

## Représentations diplomatiques

■ ***Consulat de France*** *(plan I, D3,* ***3****) :* *av. Presidente Antônio Carlos, 58, 8e étage (Centro). ☎ 3974-6699. • riodejaneiro.consulfrance.org • br.ambafrance.org • Lun-ven 8h30-12h30 (infos par tél 14h-16h).* Venir avec une pièce d'identité (ou une copie). Permanence de médecins français *(payant).*
■ ***Alliance française :*** *plusieurs adresses à Rio, notamment rua Duvivier, 43, salle 102 (Copacabana) ; dans le Centro (av. das Americas, 500, bloc 12 ; rua México, 21, salle 301 A, station Cinelândia), à Ipanema (rua Garcia d'Ávila, 72) et à Botafogo (rua Muniz Barreto, 730). Infos sur le site • rioaliancafrancesa.com.br •*
■ ***Consulat de Belgique*** *(plan II, G6,* ***7****) :* *rua Lauro Müller, 116 (salle 602) (Botafogo). ☎ 2543-8558 ou 8878. • brazil.diplomatie.belgium.be • Lun-ven 8h-13h.*
■ ***Consulat général de Suisse*** *(plan II, G4,* ***8****) :* *rua Cândido Mendes, 157, 11e étage (Glória). ☎ 3806-2100. • eda.admin.ch/riodejaneiro • Lun-ven 9h-11h30.*
■ ***Consulat du Canada :*** *av. Atlântica, 1130, 13e étage (Copacabana). ☎ 2543-3004. • international.gc.ca • Lun-jeu 8h-12h30, 13h30-17h ; ven 8h-13h30.*
■ Également les ***consulats de l'Argentine*** *(praia de Botafogo, 228, salle 201 ; ☎ 3850-8150),* de la ***Bolivie*** *(av. Rui Barbosa, 664, salle 101, Flamengo ; ☎ 2551-1796),* du ***Paraguay*** *(praia de Flamengo, 66 ; ☎ 2553-2294)* ou de l'***Uruguay*** *(praia de Botafogo, 210, 6e étage ; ☎ 2553-6030).*

***Accès Internet***
Le ***wifi*** est accessible gratuitement sur de nombreuses places et édifices publics, ainsi que dans la plupart des hébergements, cafés et restaurants.

## Agences de tourisme

Les agences de tourisme pratiquant toutes les mêmes tarifs (imposés par les organismes de tourisme officiels), leur différence se fait essentiellement sur la qualité des prestations.
■ ***Rio Autêntico :*** *à la Casa 48 (voir « Où dormir ? » à Santa Teresa). 📱 96525-0772. • rio-autentico.com •* Axel, jeune guide français officiel, a monté une maison d'hôtes à Santa Teresa. Avec son équipe, il propose de vous faire partager sa passion pour Rio à travers des visites guidées, diurnes et nocturnes, pleines d'infos et d'anecdotes. Une demi-journée où vous découvrirez l'étonnant *Projeto Morrinho,* une favela en briques peintes qui a fait le voyage à la Biennale de Venise ; mais aussi la colline des Deux Frères et la favela de Vigidal ; la forêt de Tijuca ; les répétitions des écoles de samba, etc. Ou encore une journée vers les plages sauvages de Prainha et Grumari.
■ ***Voyagez Rio :*** *📱 99013-5692. • voyagez-rio.com •* Créée par un couple franco-brésilien, Marcelo et Cécile, cette agence familiale francophone vous emmène découvrir le vrai Rio. Marcelo connaît par cœur sa ville natale. En plus de services de transferts et d'hébergements, ils proposent des excursions uniques comme un apéro au coucher du soleil dans la plus grande favela, une journée rando et pique-nique sur les plages désertes de la zone ouest, une soirée samba dans une des grandes écoles de la zone nord de Rio, un rituel du *candomblé* (religion venue d'Afrique), une baignade

avec poissons et tortues dans le lagon bleu d'Ilha Grande, et bien d'autres activités...

■ ***Rio by Jeep :*** *99693-8800.* ● *riobyjeep.com* ● Agence dynamique et sérieuse dirigée par le sympathique Ricardo Hammond, qui organise des excursions en Jeep, tour de Rio (4h30) ou forêt de Tijuca (environ 3h). Un excellent moyen de découvrir la ville et d'avoir un bon aperçu des lieux, sans se perdre. Capacité de la Jeep : 10 personnes. Les véhicules sont en très bon état, les conducteurs sérieux, les guides de bon niveau (anglais, espagnol, plus rarement français).

■ ***Favela Tour :*** *☎ 3322-2727. 99989-0074 ou 99772-1133.* ● *favelatour.com.br* ● Marcelo Armstrong organise la visite des favelas de Rocinha et Vila Canoas. La visite dure 3h *(départs à 9h ou 14h)* et est vraiment très instructive. Vous y découvrirez comment vivent et s'organisent ces communautés, leurs origines, les programmes sociaux mis en place. On visite aussi une école et un petit centre d'artisanat financé en partie par *Favela Tour.* Les visites se font généralement en anglais, mais aussi en français s'il y a un minimum de 3 francophones dans le groupe.

■ ***Exotic Tours :*** *☎ 2179-6972. 99222-6972.* ● *exotictours.com.br* ● Une agence un peu particulière, puisque Rejane Reis (francophone) forme des jeunes des favelas aux métiers du tourisme. Visites combinées ou non avec le Corcovado, le Pain de Sucre ou la forêt de Tijuca. Mais aussi découverte des écoles de samba et de capoeira, ou encore vente de billets pour les matchs de foot au Maracanã. Guides parlant le portugais, l'espagnol et l'anglais. Possibilité de visites en français, mais un peu plus chères.

■ ***Bon Voyage Turismo :*** *av. Presidente Antônio Carlos, 58, 10e étage (Centro). ☎ 3717-2767. En France : ☎ 0870-44-71-69.* ● *tourismebresil.com.br* ● *Dans le même immeuble que le consulat de France.* Une des plus vieilles agences de voyages françaises de Rio fiable et pro.

■ ***Brazil Expedition :*** *99376-2839 et 99998-2907.* ● *brazilexpedition.com* ● Agence dirigée par Wilson Neves. Surf, billet pour matchs de foot, samba, balades en forêt, *favela tour...* Compter, par exemple, 90 Rls par personne pour une soirée samba avec transfert en minibus (aller-retour), entrée à l'école incluse. On réserve par téléphone et on passe vous prendre à votre hôtel. Eduardo s'occupe en particulier des balades de la ville et en forêt autour de Rio. Les excursions se font dans une camionnette et avec un guide anglophone. Compter 160-230 Rls pour une sortie de 6h (soit de 10h à 16h).

## Loisirs et spectacles

Pour les adresses que nous donnons quartier par quartier, il est prudent de passer un coup de fil ou consulter le site/la page *Facebook* pour vérifier la programmation. Par ailleurs, les quotidiens *Jornal do Brasil* (*JB* pour les intimes) et *O Globo* offrent, dans leurs pages culturelles, de bons plans pour le soir même (liste des spectacles). Le *JB* édite une revue spéciale le vendredi *(Programa)* avec toutes les idées de sorties, théâtre, ciné et concerts. Même chose pour *O Globo (Rio Show).* Enfin, il y a aussi le très complet hebdomadaire *Veja Rio,* qui annonce la couleur le dimanche.

### *Les écoles de samba*

Le moyen le plus pratique (et le plus sûr) est de s'y rendre et d'en repartir en taxi. Vous trouverez la liste des 12 écoles membres du groupe spécial (le plus prestigieux) avec leurs coordonnées sur le site : ● *carnaval-de-rio.fr* ● (en français).

■ ***Salgueiro :*** *rua Silvia Teles, 104, Andaraí (près de Tijuca). ☎ 2238-9226.* ● *salgueiro.com.br* ● *Entrée : 40 Rls, sans les consos.* Fondée en 1953, c'est l'école de samba qui collectionne les premières : 1re à graver un disque, à accepter des femmes dans l'orchestre, à se produire à l'étranger... La plus proche du centre de Rio, elle est connue pour offrir les plus extraordinaires répétitions de la ville. Dès fin octobre, le mercredi à partir de 20h et plus tard le samedi (à partir de 23h), la batterie, composée d'une cinquantaine de percussionnistes, se lance dans une démonstration de force tandis que la foule « roule » littéralement dans le samba. Le reste de l'année, programmation régulière de soirées *Pagode do Batuta*. Infos et agenda sur le site internet.

■ ***Mangueira :*** *au Palácio do Samba, rua Visconde de Niterói, 1072. ☎ 2567-3419 (quadra). • mangueira.com.br • Du côté de São Cristovão et pas très loin de Salgueiro. Entrée : 20-40 Rls.* La plus célèbre de toutes les écoles de samba de Rio, maintes fois championne du carnaval. Ses couleurs, rose et vert, font partie de l'histoire de la ville. Les bals dits « de répétition », durant lesquels la *bateria* joue notamment le samba qui sera présentée lors du carnaval, se déroulent en général le samedi à partir de 22h. Venez les mains dans les poches, avec peu d'argent et à peine vêtu (!).

■ ***Portela :*** *rua Clara Nunes, 81 ; Oswaldo Cruz. ☎ 3256-9411. • gresportela.org.br • Entrée : 10-20 Rls.* Le plus vieux bloc de carnaval de Rio, fondé en 1923 dans ce quartier populaire de la zone nord. Arborant les couleurs bleu et blanc, la *Portela* a été rendue célèbre avec Paulinho da Viola ou Zeca Pagodinho, des grands noms du samba et du *pagode* brésiliens. Les répétitions de ce bloc (le vendredi à partir de 23h) sont un événement à ne pas manquer, d'une grande ferveur populaire ! Pas mal d'événements le reste de l'année, notamment le samedi à partir de 13h, avec la traditionnelle *Feijoada da Família Portelense* (agenda sur le site internet).

– Autre option : plusieurs agences organisent des ***visites d'écoles de samba.*** Ce sont des visites « participatives ». Les intéressés embarquent dans un minibus qui s'arrête aux différents hôtels pour prendre les clients. Une fois sur place, on passe une partie de la nuit à danser dans une ambiance enfiévrée de grand bal tropical. On trouve sur place des buvettes et des vendeurs d'en-cas pas chers. Au retour, le minibus dépose de nouveau chaque participant à son hôtel. On recommande notamment ***Voyagez Rio, Exotic Tours*** et ***Brazil Expedition*** (voir plus haut « Agences de tourisme » dans « Adresses et infos utiles »).

## Divers

### *Laveries*

■ ***Laveries*** *(lavanderias)* **:** *en général, lun-sam 8h-22h.*
– *À Copacabana : rua Barata Ribeiro, 369 A et 707 D ; et av. N. S. da Copacabana, 1226.*
– *À Ipanema : rua Farme de Amoedo, 55 A (près de l'hôtel* Vermont*) et rua Teixeira de Melo, 31, loja 1.*
– *À Flamengo : rua Marquês de Abrantes, 82 (ouv aussi dim 10h-18h) et au 178 A.*

### *Librairie*

■ ***Livraria da Travessa*** *(plan III, J8)* **:** *rua Visconde de Pirajá, 572 (Ipanema). ☎ 3205-9002. Tlj 9h (10h dim et j. fériés)-23h.* Élégante librairie toute de bois vêtue. Pas moins de 650 m² de livres (nationaux et étrangers) et CD (à l'étage), ainsi qu'un café branché. Autres adresses à Rio, notamment dans le Centro *(rue 7 de Setembro, 54 et av. Rio Branco, 44 ; lun-ven seulement, 10h-19h).*

LE SUD-EST

## Où dormir ?

Tout dépend de votre budget et de vos aspirations. Le secteur le plus sympa est peut-être Santa Teresa et ses charmantes ruelles pavées façon village, où les maisons d'hôtes et petits hôtels de charme se sont multipliés. Mais il faut savoir que le quartier, même s'il se situe entre la Zona Sul et le Centro, reste un peu isolé. Le soir, les bus ne sont pas légion, et les taxis rechignent parfois à s'y rendre...
Glória, Catete et Flamengo, à mi-chemin entre le centre, les chaudes soirées de Lapa et les plages de la

zone sud, peuvent constituer une bonne base pratique. On y trouve des hôtels de différentes gammes de prix et de nombreux restos. Enfin, les hôtels « à la plage » sont, eux, parmi les plus attrayants mais en général plus chers qu'ailleurs. Là encore cependant, l'éventail des possibilités est large, avec notamment pas mal d'*hostels* et, pour manger, c'est vraiment là que l'on trouve le plus grand choix.

– ***Important :*** faites-vous préciser le montant des éventuelles ***taxes*** additionnelles au prix affiché de la chambre, qui peuvent varier de 0 à 15 % suivant l'établissement. En principe, les tarifs que nous indiquons en tiennent compte.

Enfin, la ***location d'appartement*** est une autre solution pour ceux qui souhaitent séjourner un certain temps à Rio. Voir les classiques sites généralistes (*airbnb, booking,* etc.).

## DANS LE CENTRO ET À LAPA *(plan I)*

Nombreux petits hôtels dans les rues du Centro, mais on ne vous les conseille pas particulièrement. Mieux vaut aller du côté de Santa Teresa ou à Lapa, surtout si vous êtes du genre fêtard (en revanche, ce n'est pas le quartier le plus calme la nuit).

### De bon marché à très chic (moins de 150 à plus de 500 Rls / env 36-120 €)

🏠 ***Da Lapa Design Hotel*** *(plan I, C3,* ***20****) :* *rua do Lavradio, 200 (Lapa).* ☎ *2252-4237.* • *dalapahotel.com.br* • ♿ *Dortoirs 50-75 Rls, doubles 170-200 Rls. Promos sur Internet.* Au cœur de Lapa, idéal donc pour les noceurs. Un *hostel* plutôt de charme, comme ils disent, et c'est vrai qu'il a bien des atouts : déco intérieure design et originale, signée par un architecte de renom, et chambres privées agréables, bien finies et confortables (salle de bains, clim, TV, frigo), au sol en béton ciré. Cela dit, les dortoirs (6-12 lits, avec clim et casiers) sont plus basiques que le reste ; évitez ceux du 2ᵉ étage côté rue, assez bruyants. Tout s'articule autour d'un vaste patio garni de plantes et de chaises bigarrées, tendues de cordelettes en caoutchouc, sur 3 niveaux. Accueil pro et sympa.

🏠 ☂ ⚟ ***Casa da Gente*** *(plan I, C3,* ***23****) :* *rua Gonçalves Fontes, 33.* ☎ *2232-2634.* 📱 *98725-1941.* • *casadagente.com* • *Doubles 120-220 Rls.* Cette « maison des gens » fondée par une Française, à cheval sur Lapa et Santa Teresa, offre une architecture moderne et écologique, beaucoup de lumière, des couleurs vives, des meubles chinés ou contemporains et une flopée d'objets d'art naïf signés Getúlio Damado (voir « Achats »). Vous serez accueilli par Barbara, une sympathique Argentine qui saura vous indiquer les bons plans de la vie culturelle de Rio et vous rendre plein de petits services (visites guidées, résa de taxi, baby-sitting, etc.). Sur différents niveaux, une petite dizaine de chambres simples, agréables et personnalisées, avec salle de bains commune ou privée, dont quelques-unes peuvent accueillir jusqu'à 5 personnes (idéal pour les familles). Bon petit déj copieux et varié, avec pain bio et yaourt maison. Également 2 cuisines à disposition. Le must : un jardin suspendu qui offre une vue spectaculaire sur le centre-ville. Sans oublier la proximité de l'escalier coloré de Lapa (l'*escadaria Selarón*).

🏠 ***Hotel Belas Artes*** *(plan I, B2,* ***19****) :* *rua Visconde do Rio Branco, 52.* ☎ *2242-1855 ou 1707.* • *hotelbelasartes.com.br* • Ⓜ *Presidente Vargas. À 200 m de la pl. Tiradentes, d'où partent de nombreux bus. Doubles avec clim et frigo 165-175 Rls. Parking inclus (à l'arrière).* Derrière une élégante façade, un petit hôtel central, dans un quartier populaire à une encablure des zones qui bougent la nuit. En revanche, chambres assez petites, simples et sans prétention, à la déco désuète, mais d'un honnête rapport qualité-prix. Accueil aimable.

**Selina** (*plan I, C3,* **21**) : *largo da Lapa, 9. ☎ 2506-7800. • selina.com • Dortoirs 40-70 Rls/pers, doubles 120-700 Rls selon catégorie.* En plein largo da Lapa, ce vieil hôtel a fait son entrée dans la modernité branchée tout en conservant sa belle façade ancienne restaurée, ses colonnettes et son vieux carrelage. On y trouve quelques dortoirs avec lits en métal, casiers, salle de bains et une cuisine commune. Dans la partie moderne à l'arrière, des chambres confortables à la déco *vintage,* dont les prix varient grandement, de la standard à la *deluxe* en passant par la *Rock Star*. Côté espaces communs, une courette, une salle télé, une bibliothèque, un resto-bar, un *coworking* et un *rooftop* avec vue sur Lapa et la cathédrale Metropolitana. Seuls bémols : le service, encore parfois balbutiant, et la faune autour des escaliers colorés.

## À GLÓRIA ET CATETE (*plan II*)

Bien situé, entre le centre, Lapa (le quartier nocturne de Rio) et les plages au sud. De la station de métro Glória à celle de Largo do Machado, pas mal de cafés, snacks et restos.

### De bon marché à prix moyens (moins de 250 Rls / env 60 €)

**Discovery Hostel** (*plan II, G4,* **24**) : *rua Benjamin Constant, 26. ☎ 3449-0672. • discoveryhostel.com • Ⓜ Glória. Dortoirs 50-60 Rls/pers, doubles 150-180 Rls.* Une petite auberge de jeunesse privée à 2 pas du métro Glória. Même direction que les *Discovery Suites* de Santa Teresa, sauf qu'ici on s'en sort pour moins cher. Dans une maison ancienne, pas bien grande mais retapée, une poignée de dortoirs, dont un réservé aux filles, et 2 petites chambres privées. Salles de bains commune, cuisine et patio. Tous les services habituels : ouverture 24h/24, accueil dans toutes les langues, tours et sorties au tableau, infos pratiques, etc. Accueil sympa.

**Villa 25 Hostel** (*plan II, G5,* **25**) : *rua Gago Coutinho, 25. ☎ 3596-2069. • villa25.com.br • Ⓜ Largo do Machado. Dortoirs 45-70 Rls/pers, doubles env 150-200 Rls.* On entre par le bar-resto logé dans une cour tout en briques, égayée d'anciennes colonnettes métalliques. Dans le bâtiment moderne à l'arrière, une petite dizaine de dortoirs (dont 2 pour les filles et 1 pour les garçons). Avis aux claustrophobes, quoique confortables (rideaux, clim, casiers), ils sont parfois très petits. On préfère donc les chambres privées, qu'elles soient dans la partie ancienne (avec murs de pierres et pas mal de bois) ou moderne. Toutes ont également été rénovées avec clim, coffre, TV, frigo, etc. Petite piscine. Assez fréquenté par les familles.

## À SANTA TERESA (*plan I, A-B3 et zoom*)

On le redit, c'est l'un de nos quartiers préférés pour loger (d'autant que les adresses de charme ne manquent pas !), même s'il est un poil isolé et difficile d'accès. Pour accéder à la colline, le plus simple est le taxi, mais on peut prendre un bus (par exemple les n^os 006 et 014 depuis l'avenida Nilo Peçanha, dans le Centro), ou encore le *Bonde* (tramway), quoiqu'il soit assez cher.

### De bon marché à prix moyens (moins de 280 Rls / env 67 €)

**Rio Forest Hostel** (*zoom,* **26**) : *rua Joaquim Murtinho, 517. ☎ 3563-1020. • rioforesthostel.com • Dortoirs 40-90 Rls/pers ; doubles 230-240 Rls.* Tout près du parc des ruines, une auberge de jeunesse avec vue imprenable sur la ville, un bel espace commun avec bar pour rencontrer d'autres voyageurs et une piscine entourée de quelques peintures dans le ton du quartier. Le tout posé au sommet de Santa Teresa, elle est pas belle la vie ? Dortoirs accueillants de 6-9 lits, avec ou sans salle de bains, dont un réservé aux filles. Également 3 chambres privées, dont une triple. Possibilité de repas. Bon accueil. Un bon plan dans le quartier !

***Terra Brasilis Hostel*** (zoom, **22**) : *rua Murtinho Nobre, 156. ☎ 3439-0037. • terrabrasilishostel.com.br • Dortoirs 40-45 Rls/pers ; doubles 180-240 Rls.* Face à l'entrée du parque das Ruinas, dans une impasse au calme, une belle et grande maison coloniale sur plusieurs niveaux, avec balcons filants et vue imprenable sur la ville. 3 dortoirs (6-10 lits) et 6 jolies chambres (dont 2 avec salles de bains communes), parquet et haut plafond. Agréables terrasses pour profiter du panorama sur tout le centre de Rio. On y sert le bon petit déj et on y échange ses bons plans entre voyageurs. Atmosphère relax et cosmopolite. Une bonne adresse.

***Casa 48*** (plan II, F4, **32**) : *rua Almirante Alexandrino, 2023. ☎ 4103-1994. • casa48rio.com • Accès par une volée de marches. Doubles 180-220 Rls.* Un lieu original. D'abord parce qu'il est situé juste à l'entrée de Pereirão, la petite favela de Santa Teresa. Derrière les murs couverts de fresques, 2 jeunes Français, Axel et Valentin, ont ouvert cette maison d'hôtes avec 7 chambres simples et confortables, mais surtout une vue époustouflante sur la baie de Guanabara, Flamengo et le Pain de Sucre ! Au rez-de-chaussée, 3 chambres se partagent 2 salles de bains. Parmi les 4 chambres en contrebas, on a eu un coup de cœur pour les 2 suites : l'*Abacate,* mais surtout la *Manga,* avec son balcon en bois et la vue... Piscinette sur le toit végétalisé. L'autre intérêt de l'adresse, c'est l'accueil personnalisé, les infos pratiques, les bons plans pour sortir et les super tours guidés assurés par Axel, y compris dans « sa » favela (voir *Rio Autêntico* dans les « Adresses et infos utiles »). Un petit coup de cœur.

***Discovery Suites Santa Teresa*** (zoom, **38**) : *rua Almirante Alexandrino, 399. ☎ 3264-9665. • discoverysuites rio.com • Doubles 205-280 Rls.* Dans une maison restaurée de A à Z, avec un hall d'entrée agréablement décoré de cartes anciennes. Une poignée de chambres sur 3 étages, desservies par un escalier métallique et complètement dans le style bohème de Santa Teresa, avec leurs objets rapportés de voyage par les 3 proprios bourlingueurs. Confortables et équipées d'une minikitchenette (évier, micro-ondes, machine à café et frigo-bar). Enfin, petit bar-resto très sympa *(ouv à ts, le soir seulement, sauf le lun), The Explorer,* avec quelques tables posées sous une treille, d'excellents cocktails et une cuisine du monde. Un bon rapport qualité-prix. Notez que la maison possède aussi l'auberge de jeunesse *Discovery Hostel,* à Glória (voir plus haut).

## De prix moyens à chic (400 Rls / env jusqu'à 94 €)

***Modernistas Hospedagem e Arte*** (zoom, **40**) : *rua Paschoal Carlos Magno, 39. 📱 98139-3892. • modernistashospedagem@gmail.com • Résa conseillée. Doubles 200-250 Rls ; réduc sur Internet.* Une petite maison rose au grand charme. Cette adresse presque confidentielle est tenue par Thelma, sculptrice, et Lorena, psychanalyste, qui parle le français et saura vous réserver un accueil hors pair. Une volée de chambres de part et d'autre du hall d'entrée de la maison, toutes dédiées à un artiste brésilien contemporain. L'une possède un coin hamac, l'autre une baignoire à pattes, la 3e une douche en bois (extérieure) à effet « cascade »... Toutes sont nickel, ravissantes et décorées dans des tons vraiment harmonieux, en plus de disposer d'un équipement complet et moderne. Petit déj servi dans la chambre ou sur une petite terrasse à côté de la galerie d'art de la maison... Un de nos coups de cœur.

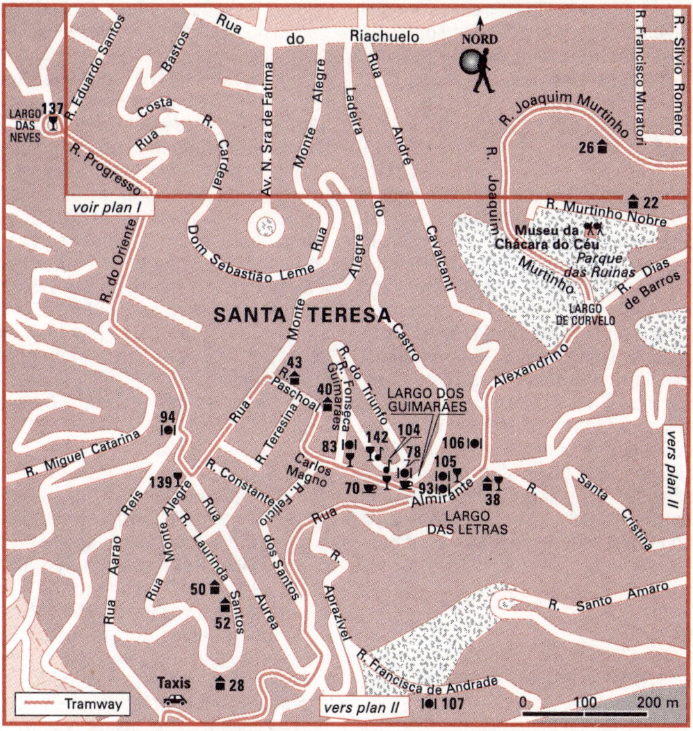


## RIO DE JANEIRO – Santa Teresa (Zoom)

**Où dormir ?**

- **22** Terra Brasilis Hostel
- **26** Rio Forest Hostel
- **28** Casa Beleza
- **38** Discovery Suites Santa Teresa
- **40** Modernistas Hospedagem e Arte
- **43** Mama Shelter
- **50** Villa Laurinda
- **52** Casa Cool Beans

**Où manger ?**

- **70** Cultivar Brasil
- **78** Café do Alto
- **83** Bar do Mineiro
- **93** Bar do Marco
- **94** Cantinho de Santa
- **105** Bar do Arnaudo
- **106** Espirito Santa
- **107** Aprazível

**Où boire un verre ? Où sortir ?**

- **38** Explorer Bar
- **83** Bar do Mineiro
- **104** Portella
- **105** Bar do Arnaudo
- **137** Largo dos Neves
- **139** Armazem São Thiago
- **142** Simplesmente

***Villa Laurinda*** (zoom, **50**) **:** *rua Laurinda Santos Lobo, 98. ☎ 2507-2216. • villalaurinda.net • Résa fortement conseillée. Doubles avec sdb commune 220-230 Rls ; suites 270-290 Rls.* À l'abri des regards, voici la demeure de Mauricio et Walter, 2 artistes polyglottes extrêmement accueillants. Une villa cossue de la fin du XIXe s, dans un vaste jardin avec une belle piscine. Des espaces communs aux chambres, on retrouve les beaux parquets, les hauts plafonds, une déco épurée... On s'y sent bien. Le soir, loin des foules, on sirote avec délice une caïpirinha au bar de la piscine, ou on s'offre une séance de sauna. Copieux petit déj.

***Casa Cool Beans*** (zoom, **52**) : *rua Laurinda Santos Lobo, 136. ☎ 2262-0552. • casacoolbeans.com • Résa obligatoire. Doubles 250-300 Rls selon confort.* Derrière un haut mur, une demeure à la façade pourpre et des peintures murales chatoyantes au cœur d'un jardin tropical verdoyant. Une surprenante maison d'hôtes là encore : la déco intérieure (patio, salles communes, terrasses) est particulièrement soignée, mêlant joliment les matériaux traditionnels aux tableaux contemporains. Chambres très confortables et de caractère, certaines avec vue sur le jardin, la plupart vraiment spacieuses. Petite piscine sur le toit à côté de l'espace petit déj, ce dernier se présentant sous la forme d'un copieux buffet. Un excellent choix.

## Chic (à partir de 300 Rls / env 72 €)

***Mama Shelter*** (zoom, **43**) : *rua Paschoal Carlos Magno, 5. ☎ 3980-0300. • mamashelter.com • Doubles 330-600 Rls ; réduc fréquentes sur Internet.* Après Paris, Marseille, Lyon, Bordeaux, Los Angeles... Mama Shelter s'est installé à Rio pour le plus grand plaisir des adeptes de la chaîne. Dans une grosse demeure classée du XIXe s, une cinquantaine de chambres à la déco design avec touches de couleur et mobilier flashy, jolies carpettes au sol, salle de bains nickel au carrelage ancien... et bien sûr tout le confort. Le reste est à l'avenant, avec les couloirs ornés de fresques de Jambeiro et bordés de portes métalliques et fenêtres industrielles, le bar (grand choix de cocktails maison et DJ en fin de semaine), la vaste salle de resto super agréable (pizzas au feu de bois, salades, burgers, poisson du jour, et brunch le dimanche), les patios pour se poser au soleil... Accueil au diapason. Le tout à prix encore raisonnables, surtout si vous pouvez bénéficier d'une offre intéressante !

***Casa Beleza*** (zoom, **28**) : *rua Laurinda Santos Lobo, 311. 📱 98288-6764. • casabeleza.com • Résa obligatoire (2 nuits min). Doubles 290-450 Rls selon confort.* Encore une perle... Cette belle propriété entourée d'un jardin exotique et agrémentée d'une jolie piscine est un véritable havre de tranquillité au cœur de Rio. Elle abrite une poignée de chambres hyper confortables, toutes personnalisées. Couleurs soignées et meubles chinés, l'ensemble a beaucoup de charme. Le must, très prisé des couples en lune de miel, est le bungalow avec terrasse privée et grandes baies vitrées, superbe ! Ou encore, pour les plus fortunés, la « villa », un peu isolée, qui peut accueillir jusqu'à 5 personnes. En prime, vous êtes accueilli par un couple franco-indien érudit, qui saura vous donner des conseils avisés pour explorer Rio.

# *À BOTAFOGO ET URCA* (plan II)

Vieux quartier populaire aux vénérables demeures, qui constitue dorénavant un bon point de chute avec quelques adresses de qualité, une atmosphère populaire et tranquille la journée et une vie nocturne assez animée.

## De prix moyens à chic (jusqu'à 350 Rls / env 84 €)

***Hotelinho da Urca*** (plan II, G-H6, **35**) : *rua Marechal Cantuária, 10. ☎ 3449-8867. • hotelinho.com • Doubles 185-350 Rls ; offres sur Internet.* Petit hôtel situé à 5 mn à pied du Pain de Sucre. Dans un immeuble de 3 étages, une dizaine de chambres, suites ou petits appartements meublés à l'ancienne, avec clim, salle de bains, TV câblée et frigo (certains dotés aussi d'un balcon-hamac ou d'une terrasse). On y vient aussi pour la terrasse commune avec son bassin pour se rafraîchir et sa vue imprenable sur la baie de Guanabará et le Corcovado au loin ! Vue superbe aussi, en contre-plongée, sur le Morro da Urca. L'endroit est également réputé pour son excellent petit déj (fruits et pain frais, yaourts et confitures maison, quiches, pâtés...), servi dans une salle d'où l'on bénéficie encore de cette même vue étonnante sur la baie. Bon accueil en français et en anglais.

### De plus chic à très chic (à partir de 450 Rls / env 107 €)

**Yoo2** *(plan II, G5,* ***36****)* **:** *Praia de Botafogo, 242. ☎ 3445-2000. • yoo2.com/riodejaneiro • Ⓜ Flamengo. Doubles 450-900 Rls.* Un hôtel contemporain et branché, logé dans une tour située face à la plage de Botafogo (même si on ne s'y baigne pas). Il offre des chambres tout confort et ultramodernes avec vue imprenable sur la ville, certes, parfois avec vue sur l'autoroute urbaine, mais aussi côté Corcovado ou, mieux encore, côté Pain de Sucre. Une vue spectaculaire... que l'on retrouve de la piscine sur le toit (accessible jusqu'à 18h ; bar ouvert tard). Le reste de l'hôtel (lobby, restaurant...) est à l'avenant : classe, bien conçu et design. Bon buffet du petit déj. Le tout pour des tarifs certes pas à la portée de toutes les bourses, mais loin d'être excessifs pour cet environnement et la qualité du service.

LE SUD-EST

## À COSME VELHO *(plan II)*

Pour ceux qui souhaitent dormir à l'ombre du Christ rédempteur, le fameux Corcovado... C'est aussi un joli quartier résidentiel, à la fois agréable et sûr.

### De bon marché à chic (moins de 250 Rls / env 60 €)

**Café Rio Hostel** *(plan II, F5,* ***45****)* **:** *rua Alice, 293. ☎ 3648-0250. • cafeterioho stel.com.br • Dortoirs 50-70 Rls, plus 1 double avec sdb 150-180 Rls.* Quelques dortoirs de 4-8 lits (dont un réservé aux filles) et chambres privées (double ou familiale) au-dessus d'une salle plaisante réunissant salon-TV, grande table, petite cuisine et coin Internet. Pas l'*hostel* le plus excitant de la ville, tant s'en faut, mais si vous cherchez à loger pas cher par ici, c'est un choix honorable.

**Les Jardins de Rio** *(plan II, E5,* ***51****)* **:** *rua Cosme Velho, 1342. ☎ 3217-1334. • jardinsderio.com • Doubles et suites 600-1 500 Rls en hte saison.* À flanc de colline, dans un quartier chic et verdoyant, une vaste maison blanche d'architecte datant des années 1970 avec des faux airs de casbah ou de maison grecque. À l'intérieur, plusieurs niveaux autour d'un vaste salon haut de plafond et égayé de fauteuils design et colorés, dessinés par la propriétaire française des lieux. Chambres et suites de bon confort, certaines avec baignoire, jardinet et terrasse. Piscine entourée de verdure. Un havre de tranquillité avec un cachet *vintage* dans un quartier résidentiel.

## LES PLAGES : LEME, COPACABANA, ARPOADOR, IPANEMA ET LEBLON *(plan III)*

### Leme

La plage de la zone sud la plus proche du Pain de Sucre, dans le prolongement est de Copacabana. Elle est dominée par une colline qui accueille un quartier populaire à l'atmosphère bon enfant, où se sont installés une poignée d'*hostels*.

### De bon marché à prix moyens (jusqu'à 250 Rls / env 60 €)

**Aquarela do Leme** *(plan III, L7,* ***49****)* **:** *ladeira Ary Barroso, 21. ☎ 2148-4740. • aquareladoleme.*

*com* ● ♿ *Dortoirs 60-70 Rls ; doubles 190-250 Rls, selon saison.* Le meilleur *hostel* de Leme et, disons-le, l'un des plus sympa de la ville ! Perché sur la colline (la plage est à 5-10 mn à pied), il est tenu par un couple franco-brésilo-suédois particulièrement accueillant. Dès l'entrée, on est séduit par le grand espace commun lumineux et sa terrasse donnant sur les immeubles et, au-delà, la mer. Les dortoirs (8-10 lits) sont géniaux, on se croirait presque dans des cabines de bateau avec leurs tons marins et leurs alcôves fermées par un rideau bleu ! Également 5 chambres privées fraîches et inondées de lumière, avec sol en béton ciré, la clim et des sanitaires neufs. Et, partout, cette vue sur l'océan... Terrasse aménagée sur le toit (vue et re-vue !) agrémentée d'un bar-restaurant et, en sous-sol, l'espace où se prend le petit déj (bon et varié, avec jus frais, fruits soigneusement coupés et pain fait maison). Vraiment un superbe point de chute à Rio, qui plus est assez stratégiquement situé, entre les plages du sud et le Pain de Sucre !

## Copacabana

Pour ceux qui aiment le footing et les bains matinaux... ou qui veulent dire à leurs amis : « J'y suis allé ! » Si vous choisissez un hôtel sur l'avenida Atlântica, demandez une chambre avec vue sur l'océan, bien sûr, mais ce n'est pas du tout pour les petits budgets. Plus vous vous éloignez de la plage, plus les prix deviennent abordables.

### De bon marché à prix moyens (jusqu'à 250 Rls / env 60 €)

🏠 ***Che Lagarto Hostel Copacabana*** *(plan III, L7,* ***29****) : rua Barata Ribeiro, 111.* ☎ *3209-0348.* ● *chelagarto.com* ● *Dortoirs à partir de 40 Rls ; doubles 120-190 Rls.* C'est l'une des 4 adresses cariocas de cette chaîne d'AJ très présente en Amérique du Sud. Dans une grande maison en pierre, des dortoirs climatisés mixtes ou non, certains avec sanitaires privés. Également 3 chambres privées (là encore avec ou sans salle de bains). Nombreux services, jacuzzi et bar-snack, cuisine à dispo, location de vélos, transfert depuis et vers l'aéroport, etc.

🏠 ***Edifício Jucati*** *(plan III, K7,* ***33****) : rua Tenente Marones de Gusmão, 85 (praça do Bairro Peixoto).* ☎ *2547-5422.* ● *edificiojucati.com.br* ● *Compter 210-230 Rls pour 2 pers, et 250-270 Rls pour 4. Pas de petit déj.* Sur une place animée, plantée d'arbres, ce bâtiment dispose d'une cinquantaine d'appartements spacieux avec clim, séjour, cuisine équipée et salle de bains. Déco simple mais c'est nickel et confortable, à des prix défiant toute concurrence si vous êtes quatre ! Un bon plan à plusieurs, donc, sachant que les apparts peuvent en fait accueillir jusqu'à 6 personnes. Cour intérieure calme, ensemble tranquille et bien tenu. Bon accueil.

🏠 ***Hotel Santa Clara*** *(plan III, K7,* ***34****) : rua Décio Vilares, 316.* ☎ *2256-2650.* ● *hotelsantaclara.com.br* ● *Doubles 180-270 Rls.* Dans une rue calme du quartier de Peixoto, à un peu plus de 1 km de la plage. Jolie maison à la façade blanche et aux volets bleus. Une bonne vingtaine de chambres rénovées, bien finies et confortables (salle de bains, clim, TV), quelques-unes avec un petit balcon. Petite salle colorée pour le petit déj. Accueil délicat. Une très bonne adresse dans cette catégorie.

### De prix moyens à chic (200-400 Rls / env 48-94 €)

🏠 ***Hotel Atlântico Rio*** *(plan III, K8,* ***53****) : rua Xavier da Silveira, 112.* ☎ *2128-7000.* ● *atlanticorio.com.br* ● *Doubles env 210-350 Rls (selon confort et saison).* Âgé d'à peine quelques années, cet immeuble moderne abrite pas moins de 240 chambres sur 17 étages. Elles sont impeccables, carrelées de blanc à terre et ornées de photos noir et blanc sur les murs, en plus de disposer d'un équipement neuf et complet (minibar vitré !). Les *deluxe* ont vue sur le quartier. Grands miroirs, canapés confortables et coin Internet dans le lobby. Accueil souriant. Un excellent choix.

**Acapulco Copacabana** (plan III, L7, **39**) : *rua Gustavo Sampaio, 854. ☎ 3077-2000. • acapulcohotel.com.br • Derrière le Méridien, à 100 m de la plage de Leme. Double à partir de 300 Rls. Parking.* Dans une rue assez calme. Un hôtel de standing à la déco sobre et moderne, avec quelques touches de couleurs vives dans le lobby. Une grosse centaine de chambres rénovées, bien nettes et tout confort (frigo, écran LCD, sèche-cheveux...). Les *deluxe,* plus grandes, disposent d'un petit balcon. Bon accueil et service efficace.

**Premier Copacabana Hotel** (plan III, K7, **41**) : *rua Tonelero, 205. ☎ 3816-9090. • premier.com.br • Ⓜ Siqueira Campos. Doubles 230-400 Rls selon saison ; réduc sur Internet.* Hôtel moderne et confortable, frappé du sceau de l'élégance avec son lobby aux fauteuils et canapés pourpres. Une bonne centaine de chambres là encore, classiques mais classes, avec double vitrage (mieux vaut, côté rue), coffre-fort, minibar vitré... Comme dans beaucoup d'hôtels de cette catégorie, on retrouve la traditionnelle salle de fitness et une petite piscine sur le toit, avec vue panoramique.

## Arpoador

Arpoador, c'est le coude qui relie Copa-cabana et Ipanema.

### De chic à très chic (300-500 Rls et plus / env 72-120 €)

**Atlantis Copacabana Hotel** (plan III, K8, **42**) : *rua Bulhões de Carvalho, 61. ☎ 2521-1142. • atlantishotel.com.br • À 3 blocs de la plage. Résa conseillée. Doubles 280-430 Rls.* Hôtel de standing offrant un excellent confort. 3 catégories de chambres : *economy* (plus petites et sans vue), *standard* (plus grandes et avec vue sur rue) et *ocean view* (vue mer !). *Coffee-shop,* bar, terrasse panoramique, petite piscine chauffée et sauna, *deck* pour bronzer... Agréable.

**Arena Ipanema Hotel** (plan III, K8-9, **56**) : *rua Francisco Otaviano, 131. ☎ 3512-8200. • arenaipanemahotel.com.br • À partir de 370 Rls la double.* Tout récent, avec des chambres cossues et super confortables, distribuées par des couloirs aux sol et cloisons en bois. Beau et grand lobby design et bar-solarium sur le toit, avec minipiscine et vue sur l'océan. Un cran au-dessus de l'*Atlantis Copacabana...* mais aussi un peu plus cher.

## Ipanema

Plus chic que Copacabana. Notre sélection d'adresses se limite ici aux *hostels,* plus abordables. Outre des dortoirs pour les petits budgets, ils proposent également des chambres privées aux tarifs oscillant entre « Prix moyens » et « Chic ». Bref, de quoi satisfaire un peu tout le monde.

### De bon marché à chic (jusqu'à 350 Rls / env 84 €)

**The Lighthouse** (plan III, J8, **57**) : *rua Barão da Torre, 175. ☎ 2522-1353. Dortoirs 40-70 Rls, plus 1 double 160-250 Rls. Résa sur Hostelworld.* Tout petit *hostel* niché au fond d'une cour, sur la gauche. À peine 2 dortoirs de 9 lits et 1 chambre double avec TV et salle de bains, au-dessus d'une salle à manger colorée, prolongée d'une cuisine. Atmosphère agréable et intime.

– Dans cette même cour, un peu avant, il y a également l'***Ocean Hostel Ipanema*** *(📱 98047-9994. • oceanhostelipanema.com.br • Dortoirs 30-50 Rls, plus 2 doubles 70-120 Rls),* minuscule lui aussi, avec un dortoir de 10 lits et 2 petites chambres toutes simples à l'étage d'une réception flanquée d'un petit espace TV (Netflix) et d'une cuisine. Même atmosphère et ensemble soigné.

**El Misti Ipanema** (plan III, J8, **27**) : *rua Joana Angélica, 47. ☎ 2246-1070. • hostels.elmistihostelipanema.com • Selon saison et confort, dortoirs 4-12 lits 45-100 Rls, doubles sans ou avec sdb 240-370 Rls.* À 2 pas de la plage, une AJ moderne et dans le coup dans un élégant bâtiment bleu et blanc qui évoque la mer et le ciel. Les dortoirs (avec casiers) et les chambres, où domine le blanc avec une touche de déco contemporaine, sont vraiment impeccables, tous avec clim. Beaux espaces communs également avec bar, terrasse et soirées festives avec DJ. Bon service, pas mal d'infos pratiques et bonne ambiance générale. Il faut dire qu'il n'y a qu'à traverser la rue pour piquer une tête !

***Ipanema Beach House*** *(plan III, J8,* ***46****)* **:** *rua Barão da Torre, 485. ☎ 3202-2693. • beachhouseipanema.com • Selon saison et confort, dortoirs 45-100 Rls, doubles sans ou avec sdb 180-350 Rls.* Cadre agréable pour cette AJ qui abrite 7 dortoirs et 6 chambres douillettes et colorés (avec clim), dans une grande maison sur 2 niveaux. Bar et joli jardin avec piscine, transats et parasols. Cuisine, bibliothèque, salon TV, billard, consigne, etc. Possibilité d'excursions et transfert de/vers l'aéroport. Location de vélos. Bon accueil, bonne tenue générale et ambiance très conviviale.

***The Mango Tree*** *(plan III, J8,* ***44****)* **:** *rua Prudente de Morais, 594. ☎ 3080-5031. • mangotreehostel.com • Dortoirs 40-100 Rls ; doubles 180-320 Rls.* Une auberge discrète dans une maison de 1930. Son nom se chuchote de bouche-à-oreille. On est loin des hordes de *backpackers* de la rua Barão da Torre ! Autour d'une courette (plantée de 2 manguiers...), une quinzaine de chambres (doubles ou triples) fraîches et agréables, avec TV et clim (et salle de bains pour la plupart), ainsi que 4 dortoirs de 6 lits. L'ensemble est impeccable et joliment décoré. Cuisine à dispo, salon-TV, hamac, etc. Jardin aéré et relaxant. Location de surfs. Un petit bar ouvre en soirée pour des soirées conviviales.

***Bonita*** *(plan III, J8,* ***55****)* **:** *rua Barão da Torre, 107. ☎ 2227-1703. • bonitaipanema.com • Dortoirs 30-80 Rls ; doubles (sans ou avec sdb) 120-330 Rls selon période et confort.* Une petite trentaine de chambres sobres, claires et cosy installées dans une grosse maison rose où vécut Tom Jobim. La plupart sont postées à l'étage, au-dessus d'une cour-jardin dotée d'un deck encadrant une petite piscine. Également 2 dortoirs de 6 lits. Cuisine à dispo, salle de petit déj aux chaises colorées, bar. Ajoutez à cela une bonne ambiance, des vélos à louer et toutes sortes de services ou excursions, et vous avez là de quoi faire un sympathique séjour !

### *Leblon*

Avec Ipanema, le quartier le plus chic de Rio. Et comme cela vaut aussi pour l'hébergement, on se contente de vous signaler l'une des seules auberges qu'on y trouve...

### De bon marché à prix moyens (moins de 250 Rls / env 60 €)

***Lemon Spirit Hostel*** *(plan III, I8,* ***48****)* **:** *rua Cupertino Durão, 56. ☎ 2294-1853. • lemonspirit.com • Nuitées en dortoir env 55-120 Rls.* Posté tout près de la plage, cet hôtel coloré abrite une dizaine de dortoirs (4-6 lits) impeccables, avec casiers et clim. Petit bar-salon où socialiser (souvent très animé), terrasse et cuisine. Service de prise en charge à l'aéroport et bus pour Ilha Grande et d'autres endroits touristiques en dehors de Rio. Une adresse pro et relax à la fois.

## Où manger ?

On compte des milliers de restaurants et snacks à Rio. L'embarras du choix ! On vous mentionne quelques belles adresses, les incontournables et ceux qui ont des caractéristiques intéressantes, mais on ne doute pas que vous ne trouviez vous-même la perle rare. Sans compter les innombrables *lanchonetes* pour un en-cas vite avalé et les restos *ao kilo,* qui permettent de faire un repas complet sans trop débourser. Les *rodizios* (buffets à volonté) sont également une formule avantageuse. Le samedi est par tradition le jour de la *feijoada,* et beaucoup d'établissements la proposent ce jour-là. Sinon, n'oubliez pas que les prix affichés, s'ils paraissent parfois élevés, sont souvent pour 2 personnes.

## *DANS LE CENTRO ET À LAPA* *(plan I)*

### *Centro*

Dans le centre des affaires, la plupart des nombreux restaurants sont ouverts le midi seulement et souvent fermés le dimanche. De quoi satisfaire tous les appétits, entre snacks et kiosques à jus de fruits, restos *ao kilo, lanchonetes* et autres *churrascarias,* qui permettent de s'offrir un repas complet et bon marché.

### De bon marché à prix moyens (moins de 70 Rls / env 17 €)

|●| Au tout début du boulevard Olympique, face à l'arrêt de tram *(plan I, C1),* plusieurs roulottes et camionnettes converties en ***foodtrucks*** proposent aux passants de quoi se sustenter en journée : kebabs, sandwichs, burgers, petits plats brésiliens... À emporter ou à grignoter sur place, attablé sur le trottoir.

|●| ***Bar e Galeria Imaculada*** *(plan I, C1,* ***59****) : ladeira João Homem, 7. ☎ 2283-2747. Tlj 11h30-22h (17h dim et 16h lun-mar).* Dans une ruelle pentue bordée de maisons historiques, un bistrot populaire dans le quartier, pour ses petites expos et ses plats du jour économiques à midi, sans oublier sa *feijoada* complète le dimanche. Le soir, menu de *petiscos* à accompagner de bières bien fraîches ou de *caipifrutas* et même, le samedi, au rythme de la samba *ao vivo* !

|●| ***Bistrô do Paço*** *(plan I, D2,* ***61****) : praça 15 de Novembro, 48. ☎ 2262-3613. Dans le patio du palais impérial* (Paço Imperial), *désormais centre culturel ; demander le* Paço, *tt le monde connaît. Tlj 11h-19h30 (12h-19h le w-e).* Tables en granit poli sous des arches anciennes, voilà un bistrot-salon de thé des plus engageant, qui sert des sandwichs et petits plats variés d'une belle fraîcheur et à prix raisonnables, ce qui attire une clientèle régulière. Strogonoff, quiches, salades, risotto... Une oasis de calme au cœur du centre agité.

|●| ***Caffè Olé*** *(plan I, C2,* ***64****) : rua do Teatro, 3. ☎ 3172-2884. Lun-ven 11h-17h. Fermé w-e.* Petite cuisine fraîche et inventive dans une salle à la déco fantaisiste et moderne. Spécialités de *ceviche* péruvien, pâtes avec sauces maison, plats du jour, sandwichs, salades, quiches... et un excellent tiramisù. Pour les gourmands, desserts variés et un grand choix de thés, cafés spéciaux et chocolats chauds.

|●| ***Galeto Castelo*** *(plan I, D3,* ***66****) : av. Franklin-Roosevelt, 84. ☎ 2532-4169. Derrière le consulat de France. Lun-ven 11h-22h. Fermé w-e.* Une vaste auberge très simple, établie dans une cour intérieure du secteur du Castelo. Boiseries, nappes rouge et blanc, véranda sur la cour et huile d'olive sur la table : on y sert des plats copieux et savoureux dans une ambiance de cantine populaire. Spécialité de poulet (éviter le bœuf, trop dur). Également des plats du jour bon marché.

|●| ☕ ***Confeitaria Colombo*** *(plan I, C2,* ***67****) : rua Gonçalves Dias, 32. ☎ 2505-1500. Dans une petite rue piétonne du centre. Tlj 9h-19h (17h sam), sauf dim.* Créée en 1894, cette immense brasserie-salon de thé avec sa verrière, ses volutes, ses moulures extravagantes et ses rayonnages remplis de bouteilles rappelle les cafés viennois Belle Époque. Témoin de l'élégance bourgeoise du XIXe s, c'est une véritable institution à Rio ! Au rez-de-chaussée, vitrine de souvenirs en tout genre et vente à emporter. Carte de brasserie, certes sans grand relief, mais à prix fort abordables et salon de thé pour s'offrir une des pâtisseries maison, nettement plus fameuses. Au 1er étage, calme mezzanine avec vue

plongeante. On y sert un buffet le midi et la *feijoada* traditionnelle le samedi (sur réservation). À la carte, les plats portent le nom de célébrités, comme l'*escalopinho de filé à la bouquetière de Villa Lobos* ou le *filé de frango à florista de Santos Dumont*. Service stylé et efficace. À ne pas manquer, même si on peut se contenter d'une pause goûter !

## De chic à très chic (70 à plus de 100 Rls / env 17-24 €)



**Ancoramar** *(plan I, D2, **69**) : près de praça 15 de Novembro et, plus précisément, praça Marechal Âncora, 186. ☎ 2240-8378. Face à l'ilha Fiscal, en bord de mer, tt près des docks. Fermé le dim. Resto lun-sam 11h30-17h.* Cet étrange édifice octogonal coiffé d'un petit dôme et constellé de nombreuses fenêtres, fut en fait l'une des tourelles du marché municipal, avant d'être reconverti en restaurant haut de gamme. Il vient de connaître un nouveau lifting mais propose toujours un bar au rez-de-chaussée et 2 salles de restaurant (ambiance plus raffinée à l'étage). Spécialité de fruits de mer, notamment des huîtres fraîches, *moquecas* traditionnelles et autres poissons et crustacés. Également de délicieux risottos. Outre la cuisine de qualité, on profite de la vue panoramique sur Niterói et la baie de Guanabara. Service à la hauteur des lieux, élégant.

### *Lapa*

L'avantage de dîner dans le quartier, c'est que vous n'êtes plus qu'à quelques pas des nombreux bars et boîtes qui, d'ailleurs, proposent eux aussi de quoi se sustenter. Voir aussi plus loin « Où boire un verre ? Où sortir ? » et « Où écouter de la musique ? Où danser ? ».

## De prix moyens à chic (40-100 Rls / env 10-24 €)

**Os Ximenes** *(plan I, C3, **65**) : rua Joaquim Silva, 82. ☎ 2221-6081. Tlj 7h-2h30 (5h30 le sam).* En face des escaliers de Santa Teresa, une position stratégique qui attire la foule de jeunes fêtards en fin de semaine. Tables en terrasse et salle un rien rétro. C'est un snack-bar populaire à toute heure, où l'on vient grignoter un sandwich, boire un jus d'*açaí* ou de fruits frais, ou encore prendre un verre entre amis autour de bons *tira gostos* (large choix pour l'apéro !). Côté resto, des plats traditionnels copieux, *picanha, churrasco, feijoada*. Bon accueil et service efficace, même quand le lieu est pris d'assaut le vendredi soir.

**Boteco do Gomes** *(plan I, C3, **62**) : rua do Riachuelo, 62. ☎ 2531-9117. Tlj 7h-1h.* Une institution populaire dans le quartier, qui brasse tout à la fois étudiants, noceurs, employés de bureau, papys endimanchés et touristes de passage. Un bistrot au cadre rétro, murs en brique, carrelage ancien et long comptoir en marbre noir. Serveurs en tenue, efficaces et diligents. Carte longue comme le bras : sandwichs, salades, *churrasco, pincanha, feijoada* (vendredi et samedi), plats de poisson, etc. Goûteux et ultra-copieux ! Bien aussi pour prendre le petit déj en profitant de l'animation.

**Adega Flor de Coimbra** *(plan I, C3, **71**) : rua Teotônio Regadas, 34. ☎ 2224-4582. En bordure de l'animation de Lapa, près des escaliers. Tlj, sauf dim, midi et soir jusqu'à minuit.* Petite taverne portugaise fondée en 1938, servant des plats traditionnels du Portugal, dont un excellent *bacalhau* (morue), décliné d'une dizaine de façons différentes. Également des plats à l'ardoise pas chers et copieux, et un large choix de *petiscos*.

**Bar Brasil** *(plan I, C3, **72**) : av. Mem de Sá, 90. ☎ 2509-5943. Tlj 11h30-minuit, sauf dim.* Un des derniers authentiques bistrots de Rio (depuis 1907). On aime bien son côté désuet et patiné. C'est aussi un resto de *deutsche Küche* aux accents cariocas (prix plus élevés). Pour les amateurs, énorme jarret de porc avec ses légumes servis copieusement. Et bien sûr de bonnes bières pression.

**Cosmopolita** *(plan I, C3, **73**) : travessa do Mosqueira, 4.*

☎ *2224-7820. Lun-jeu 11h-minuit (ven-sam 2h) ; fermé dim.* Un autre vieux bar-resto de Lapa (1926). Porte à battants façon western et cadre vieillot à souhait. Une cuisine brésilo-portugaise qui a fait ses preuves. Les viandards tenteront le filet « Oswaldo Aranha » en hommage au politicien créateur de la recette, qui avait l'habitude de venir déjeuner ici. Fameux. Sinon, on retrouve les traditionnels plats de brasserie, copieux, bien tournés et – qui s'en plaindra ? – peu ruineux.

|●| ***Nova Capela*** *(plan I, C3, **74**) : av. Mem de Sá, 96, anexo 98.* ☎ *2252-6228. Tlj midi et soir jusqu'à minuit.* En plein « Lapa festif », voici encore une petite institution populaire, datant de 1903. Plus de 100 plats (sans compter les desserts !) à la carte. Grande salle carrelée aux murs couverts d'*azulejos* couleur saumon et un personnel qui a quelques heures de vol. Plats cariocas et hispano-portugais bons et copieux (spécialité de *cabrito* à l'ail frit), vin de la maison.

|●| ***Ernesto*** *(plan I, C3, **133**) : largo de Lapa, 41.* ☎ *2509-6455. Tlj 11h-2h, sauf dim.* Grand café avec mezzanine, où les spectateurs du théâtre à côté ont leurs habitudes. On vient y écluser une bière bien fraîche ou engloutir un *Paris* (un gros steak en sandwich), l'un des nombreux plats simples mais bien servis (croquettes de morue, *feijoada*) ou une spécialité allemande. DJ (et parfois un concert) en fin de semaine.

LE SUD-EST

## *À SANTA TERESA* (zoom)

### De bon marché à prix moyens (moins de 70 Rls / env 17 €)

☕ ***Cultivar Brasil*** *(zoom, **70**) : rua Paschoal Carlos Magno, 124.* ☎ *3173-8952. Tlj 7h-20h, 8h30-19h le w-e.* Pas cher, naturel, bio et bon ! Petite salle populaire ventilée avec, au menu, des snacks, cafés, chocolats chauds et jus de fruits. On y sert un excellent *açaí* et des *pães de queijo* maison. Parfait pour un repas léger sur le pouce.

|●| ☕ ***Café do Alto*** *(zoom, **78**) : largo dos Guimarães, 143.* ☎ *2507-3172. Tlj sauf mer 12h-21h, w-e et j. fériés 9h-20h.* Ce café coloré propose une cuisine du Nordeste à prix très corrects. Petit menu du jour d'un bon rapport qualité-prix, mais aussi sandwichs, crêpes de tapioca, salades et jus de fruits frais, et même des *moquecas* et des *feijoadas* (pour 2). Une aubaine pour un repas goûteux, dans une jolie salle aérée. Copieux petit déj le week-end. Accueil sympa et service efficace. On en fait rapidement sa cantine quand on loge dans le quartier !

|●| ***Bar do Mineiro*** *(zoom, **83**) : rua Paschoal Carlos Magno, 99.* ☎ *2221-9227. Cuisine tlj 11h-23h, sauf lun.* Bar de quartier où l'on sert des *petiscos* de qualité et toute la cuisine du Minas Gerais. Délicieuse *feijoada,* également servie tous les jours *(env 85 Rls pour 2).* Les murs carrelés de blanc sont ornés de photos des grands noms de la *MPB.* Clientèle d'artistes et d'étudiants, notamment. Plein de monde en fin de semaine. Une valeur sûre depuis longtemps à Santa Teresa.

|●| ***Bar do Arnaudo*** *(zoom, **105**) : rua Almirante Alexandrino, 316.* ☎ *2210-0817. Tlj 12h-19h.* Une vénérable taverne offrant un grand choix de cachaças (visez les bouteilles au mur !). En prime, bonne cuisine nordestine : *sarapatel* (abats de porc), *carne de sol, carne seca com abobora* (bœuf au potiron), *cabrito,* etc. Prix modérés et possibilité de petites portions.

|●| ***Bar do Marco*** *(zoom, **93**) : rua Almirante Alexandrino, 412.* ☎ *2531-8787. Tlj 12h-18h.* Encore un vieux bistrot patiné par le temps, dont Santa Teresa a le secret. On y vient à midi pour profiter du plat du jour économique ou alors, mais pas trop tard, pour partager la *feijoada*, la *moqueca* ou encore le *bobó de camarão* aux saveurs bahianaises.

**Cantinho de Santa** (zoom, **94**) : *rua Aarão reis, 20. ☎ 2531-8787. Mar-jeu 9h-18h, ven-sam 9h-23h.* Une fois n'est pas coutume, on vous emmène dans une petite cantine végétarienne. Son plus, le balcon avec vue plongeante sur Catumbi. Et dans l'assiette, de doux plats de légumes bio à prix doux et servis par un personnel féminin... tout doux.

### De prix moyens à très chic (40-100 Rls et plus / env 10-24 €)

**Espirito Santa** (zoom, **106**) : *rua Almirante Alexandrino, 264. ☎ 2507-4840. Tlj 12h-minuit, sauf mar.* Avec un chef originaire du Nord aux fourneaux, pas la peine de miser sur les classiques cariocas. Certains figurent pourtant à la carte, mais se font largement voler la vedette par les poissons d'eau douce et les délicieuses spécialités sucrées-salées fleurant bon l'Amazonie. Une cuisine assez raffinée à prix modérés. On s'installe, au choix, dans un décor de bistrot, ou sur une sympathique terrasse qui domine les toits du quartier. Très romantique ! Également de bons cocktails. Accueil et service tout en douceur.

**Aprazível** (zoom, **107**) : *rua Aprazível, 62. ☎ 2508-9174. Ouv jeu-sam 12h-23h, 9h-18h dim et j. fériés ; fermé lun-mer. Résa très conseillée. Compter env 200 Rls (sans le vin).* Vaste ensemble en bois abritant des espaces ouverts sous paillote avec vue ainsi qu'une salle climatisée très élégante. Un resto particulièrement réputé pour la qualité de sa cuisine, spécialisé dans le poisson tropical, l'agneau sacré aux patates douces ou encore le porc du Minas Gerais sur confiture d'ananas au poivre, ou encore la *moquequinha* au lait de coco ! Carte des vins chère, surtout ceux de l'étranger, l'occasion donc d'essayer les crus brésiliens. L'une des très bonnes tables de Santa Teresa !

## *À GLÓRIA, CATETE, FLAMENGO ET LARANJEIRAS (plan II)*

### Bon marché (moins de 40 Rls / env 10 €)

**Tacacá do Norte** (plan II, G5, **110**) : *rua Barão do Flamengo, 35. ☎ 2225-7329. Tlj 9h-23h (dim 21h). CB refusées.* Un simple comptoir avec quelques tabourets, mais ça ne désemplit pas. Comme son nom l'indique, ce snack est spécialisé dans la cuisine du Nord aux influences indiennes et amazoniennes. Les audacieux tenteront donc la *tacacá*, une soupe à base de *tucupí* (bouillon de manioc), de tapioca, de crevettes séchées et de *jambu*, soit une sorte de cresson qui chatouille drôlement les papilles... Spécial ! Les sceptiques opteront pour la coquille *(casquinha)* et la pince *(unha)* de crabe. Enfin, ne manquez pas « le meilleur açai de Rio » selon l'avis de tous ! Les puristes le prennent sans *guarana*, mais c'est plus amer, à vous de voir... Également de bons jus de fruits et d'excellentes glaces, aux parfums amazoniens. Très sympa.

**Big Bi** (plan II, G4, **108**) : *rua do Catete, 202 (angle Corréa Dutra). ☎ 2265-6749. Tlj 24h/24.* Une chaîne de *lanchonetes* typiques, où les employés de bureau viennent se caler l'estomac d'un *pastel* ou d'un sandwich. Toute la variété de petits plats brésiliens aussi, accompagnés de *feijão*, riz et frites ! Également des jus de fruits frais naturels, délicieux.

**Mercado da Glória** (plan II, G4, **109**) : *à la sortie du métro Glória. Seulement le dim 9h-14h.* Si vous êtes par là un dimanche matin, ne manquez pas l'ambiance de ce marché et offrez-vous un *caldo de cana* (jus de canne à sucre), accompagné d'un *pastel de palmito* (tartelette au cœur de palmier) !

### Prix moyens (moins de 70 Rls / env 17 €)

**Boteco Belmonte** (plan II, G5, **101**) : *praia do Flamengo, 300 (Flamengo). ☎ 2552-3349. Lun-sam*

*9h-3h, dim 11h-minuit.* Un des *botequim* les plus populaires de Rio. On trouve même des filiales à Copa, Ipanema, Leblon, etc. Cadre classique avec une petite salle façon taverne, ouverte sur la rue, tables en bois, vieux carrelage et serveurs en tenue. Carte longue comme le bras de *petiscos, bolinhos de aipim, de bacalhau, empadas* au crabe ou à la *carne seca*. Également, bien sûr, des plats de viande, poissons, pâtes, pizzas... La foule s'y presse tous les soirs et déborde sur la rue, une chope de bière à la main. Ambiance conviviale et joyeusement bruyante.

**Grégora Arte... Café** *(plan II, G4, **111**) : rua Cândido Mendes, 98 (Glória). ☎ 2224-2020. Lun-sam 8h-minuit.* Un autre *botequim*, avec une petite salle chaleureuse ouverte sur la rue et un bout de terrasse. À chaque jour ses suggestions, végétariennes notamment, pour le déjeuner. Le soir, ambiance animée avec assiettes de tapas ou *mezze* et de bons plats copieux à la carte, à accompagner d'une bière artisanale. Musique bossa/jazz et petit concert de temps à autre, quelques photos ou expos d'artistes locaux sur les murs. Une adresse authentique et sympa.

### De prix moyens à chic (jusqu'à 100 Rls / env 24 €)

**Berbigão** *(plan II, G4, **60**) : rua do Catete, 150. ☎ 2205-7245. Tlj 11h30-minuit. Plat du jour bon marché, plus cher le soir.* Dans une salle haute de plafond (on respire), ou à l'étage, service nappé, du style et de l'efficacité. Spécialités de *mariscos.* Laissez-vous tenter par la *moqueca* de poulpe, le risotto de crevettes ou la paella. C'est bon, copieux, et la bière est servie dans des verres réfrigérés.



## À BOTAFOGO ET URCA *(plan II)*

### *Botafogo*

Ce vieux quartier aux accents populaires est en pleine renaissance culinaire. On y trouve pas mal de nouvelles adresses assez audacieuses qui animent à nouveau le quartier...

### De bon marché à prix moyens (moins de 70 Rls / env 17 €)

**The Slow Bakery** *(plan II, F6, **63**) : rua São João Batista, 93 ; attention, pourrait emménager prochainement à 2 pas, rua da Passagem. ☎ 3083-6187. Tlj 9h-19h30 (15h sam), sauf dim.* L'une des meilleures boulangeries de Rio sans aucun doute. Comme son nom l'indique, l'esprit est au *slow food*. Excellents produits élaborés à base de farines à l'ancienne, de levure naturelle et de fermentation lente. Tout est bon, du pain aux gâteaux en passant par les tartines et les *focaccie* !

**Marchezinho** *(plan II, G6, **77**) : rua Voluntarios da Patria, 46. ☎ 3083-6187. Tlj 11h30-1h, sauf dim. Formule plat + entrée ou dessert et menu ejecutivo 12h-15h. À partir de 18h, tapas, sandwichs et planches.* Sacha, originaire de Nice, et ses sympathiques associés brésiliens, tiennent bon la barre de cet élégant bistrot tout de noir vêtu. Ils offrent aux employés du quartier et aux gourmets de passage que nous sommes une fine cuisine franco-brésilienne à prix vraiment raisonnables. Le nom du bistrot est une allusion à leur passion pour les produits du terroir qu'ils vont chercher eux-mêmes, notamment la charcuterie et les fromages (d'ailleurs vendus à emporter). À midi, le menu est créatif et d'un excellent rapport qualité-prix. Mais tout est bon : les plats à la carte, les tapas, les planches, les sandwichs, les parts de pizzas, les quiches... Uniquement des produits frais, à faire descendre avec un bon cru brésilien. Très bel accueil.

**Refeitório Orgânico** *(plan II, F6,* ***79****)* **:** *rua 19 de Feveirero, 120. ☎ 2537-0750. Lun-sam 11h-16h. Fermé dim. Plat du jour env 25 Rls ; buffet complet env 30 Rls (36 Rls sam et j. fériés et 50 Rls après 15h).* Un resto végétarien beau et bio qui a la cote dans le quartier. On traverse un couloir anonyme pour accéder à une jolie salle avec vieux carrelage, murs en brique, poutres et tables en bois, plus un bouddha par-ci par-là. Formule à la carte au rez-de-chaussée et buffet dans la salle à l'étage, climatisée. La cuisine donne l'occasion de goûter à une grande variété de légumes et de plats mijotés (chou vert, purée de manioc ou patate douce, divers riz et salades). Également de bons jus de fruits frais. Le tout dans un esprit très relax, parfois même un peu trop (service pas toujours au top !).

**Comuna** *(plan II, F6,* ***82****)* **:** *rua Sorocaba, 585. ☎ 3579-6175. Mar-ven 12h-1h (minuit mar-mer), sam 18h30-1h, dim 18h30-minuit.* Dans un décor qui rappelle une cave, voici une adresse jeune et à l'esprit underground, connue comme le Corcovado pour ses délicieux burgers, les meilleurs de la ville selon beaucoup ! On les commande avec ou sans frites ou en formule *combo* (avec boisson). Et c'est vrai qu'ils sont délicieux. Ensuite, on écluse des bières dans la courette arrière en écoutant le son du DJ ou du groupe du jour (petite participation). Très cool. Autre bar bien animé juste en face...

### *Urca*

## De bon marché à prix moyens (moins de 40 à 70 Rls / env 10-17 €)

**Garota da Urca** *(plan II, H6,* ***115****)* **:** *av. João Luís Alves, 56. ☎ 2541-5040. Tlj 12h-minuit. Plats du jour bon marché en sem 11h45-15h30 (sauf j. fériés), à prix moyens le soir.* La *Garota* fait partie du même groupe que celui d'Ipanema. C'est un bistrot à l'ancienne situé derrière le Pain de Sucre, face à la petite plage d'Urca, offrant une jolie vue sur la baie de Botafogo et le Corcovado. Le bon plan, ce sont les plats du jour à midi, présentés de façon assez kitch, mais copieux et pas chers ! Sinon, bons poissons et viandes servis sur des plaques, à déguster à 2 de préférence. Service efficace. L'occasion d'une balade agréable au pied du Pain de Sucre.

**Terra Brasilis** *(plan II, H6,* ***116****)* **:** *praça General Tibúrcio ; praia Vermelha. ☎ 2275-4651. Au bord de la plage, à gauche de l'entrée du téléphérique. Resto tlj 11h30-minuit. Buffet lun-ven 11h30-15h30, w-e 12h-16h.* C'est la cantine des officiers de marine. On y va plus pour la vue unique sur la plage et les *morros* que pour la cuisine. Préférez donc la partie resto à la partie buffet *(ao kilo),* si vous voulez avoir la vue, car la grande salle est vraiment quelconque ! Parmi les spécialités : *pizza a lenha* (au feu de bois), picanha et moqueca pour 2. Musique *ao vivo* chaque soir et dès 13h le week-end.

# *LES PLAGES : COPACABANA, LEME, IPANEMA ET LEBLON (plan III)*

### *Leme*

## De bon marché à prix moyens (jusqu'à 70 Rls / env 17 €)

**Gaia Art & Café** *(plan III, L7,* ***84****)* **:** *rua Gustavo Sampaio, 323. ☎ 2244-3306. Mar-ven 12h-22h, w-e 9h-18h30.* Comme son nom l'indique, ce charmant café expose des artistes locaux et sert des plats végétariens venus de notre Terre, alias Gaia, ainsi qu'un excellent brunch le week-end. Dans une salle de bistrot moderne ouverte sur la rue, on avale avec plaisir *ovos, bolos,* quiches, salades, pâtes et autres pizzas et burgers végétariens et bio, sans oublier les douceurs, aussi bien présentées que les assiettes principales. Un bon plan dans le quartier.

🍽 ***Bar do David*** *(plan III, L7,* ***87****) :* *ladeira Ari Barroso, 66 ; loja 03. 📱 96483-1046. Tlj 12h-22h, sauf lun.* Dans la petite *favela* de Leme, à 2 pas de l'*hostel Aquarela.* Très couleur locale et fort bien tenu par un authentique habitant du quartier (David), qui a commencé il y a des années par un caboulot et qui tient maintenant un vrai petit resto au cadre coquet ! Plats du jour bon marché ou un peu plus chers à la carte, mais, quoi que vous preniez, c'est soigné, goûteux et assez original, à l'instar de la *feijoada* de fruits de mer. Beau choix de *petiscos* aussi, comme la *resurgencia* (salade de fruits de mer) et l'*acaraje* (chausson fourré au fromage, saucisse et bacon). Une excellente petite adresse si vous êtes dans le coin !

## Copacabana

Les adresses de ce quartier sont plutôt simples. Il s'agit souvent de petits restos où les employés du coin viennent se restaurer à moindres frais le midi.

### De bon marché à prix moyens (moins de 70 Rls / env 17 €)

☕ ***Apetite Café*** *(plan III, K8,* ***128****) : av. Rainha Elizabeth, 122. ☎ 2267-4198. Tlj 8h-20h (14h dim).* Tout le monde a bon appétit à l'*Apetite Café* ! Voici, à 2 pas de la plage, un autre lieu bien choisi pour prendre le petit déjeuner avec de bons croissants, de la baguette croustillante, un jus de fruits frais et de bons cafés (brésiliens). Également des snacks et pâtisseries pour une pause sucrée.

🥪 ***Big Nectar*** *(plan III, K8,* ***75****) : av. N. S. da Copacabana, 985. ☎ 2523-2662. À l'angle de Xavier de Silveira.* Faites donc comme les Cariocas : à n'importe quelle heure du jour et de la nuit, on les retrouve accoudés aux comptoirs de ces *lanchonetes,* débits de boissons et d'en-cas (sandwichs, chaussons fourrés...). Un franchisé qui joue des coudes avec *Big Bi,* adresse du même acabit et qui propose, elle aussi, des cocktails de jus de fruits frais, savoureux et détonants !

🍽 ***Cervantes*** *(plan III, L7,* ***80****) : av. Prado Júnior, 335 (à l'angle de Barata Ribeiro). ☎ 2542-9287. Tlj 12h-4h, sauf lun.* Une institution carioca, souvent citée par la presse locale comme l'un des meilleurs *botequins* de la ville. Ambiance sixties, personnel en livrée déambulant dans une salle quelconque. Toujours plein de monde, surtout la nuit. Allez-y pour goûter les fameux sandwichs au *lombinho* ou de *pernil* (filets ou cuissot de porc) à l'ananas.

🍽 🥪 ***Papo de Anjo*** *(plan III, K-L7,* ***76****) : rua Barata Ribeiro, 349. ☎ 2236-7803. Tlj 11h-22h (17h le w-e).* Dans une petite salle climatisée à la déco gentiment datée, excellente cuisine *ao kilo (compter 60 Rls/kg),* avec de nombreuses soupes et salades. Un petit havre de paix sur cette artère bruyante.

🍽 ***Santa Satisfação*** *(plan III, K7,* ***117****) : av. Santa Clara, 36. ☎ 2255-9349. Tlj 10h-22h.* Un petit italien très animé, coloré et débordant sur le trottoir (on s'installe, au choix, au-dedans ou au-dehors), comme en Italie ! Les plats de pâtes y sont bons, copieux (les « petites » portions suffisent pour une personne), fumants et peu ruineux, qui dit mieux ? Également salades, sandwichs et suggestions. Service diligent, et d'ailleurs il vaut mieux car le lieu ne désemplit pas !

🍽 ***Manoel & Juaquim*** *(plan III, K-L7,* ***81****) : rua Siqueira Campos, 12. ☎ 2549-3550. Tlj 18h (12h ven-dim)-1h.* Taverne portugaise typique, appréciée pour ses plats de qualité à partager dans une ambiance décontractée. Goûtez à leurs spaghettis aux fruits de mer, c'est excellent et bien servi ! Un bon rapport qualité-prix. D'autres adresses à Rio.

### De prix moyens à chic (40-100 Rls / env 10-24 €)

🍽 ***Haru Sushi Bar*** *(plan III, K7,* ***127****) : rua Raimundo Corrêa, 10. ☎ 2547-6867. Tlj 12h-minuit, sauf dim midi.* Diversité ethnique oblige, ce tout petit resto japonais nous rappelle l'importance de la communauté asiatique au Brésil. Certes, il ne paie pas de mine, mais on y déguste sushis et sashimis d'une fraîcheur et d'une qualité assez exceptionnelle. Prendre un *combinado*

LE SUD-EST

du chef et partager si l'on est plusieurs. Également des *ramen* superbement présentés... Et même, parfois, du *ceviche* !

🍽 Sans oublier le ***Boteco Belmonte*** *(rua Domingos Ferreira, 242, plan III, K8, **125**),* qu'on cite à Catete et à Leblon mais qui, à Copa, est aussi l'une des bonnes adresses du quartier, avec sa grande salle animée style brasserie.

### Très chic (plus de 100 Rls / env 24 €)

🍽 ***Churrascaria Palace*** *(plan III, L7, **102**) : rua Rodolfo Dantas, 16. ☎ 2541-5898. Tlj 12h-minuit. Résa conseillée le soir. Formule à volonté env 140 Rls, hors boissons.* On vient ici d'abord pour la viande, déclinée en une trentaine de sortes (dont du sanglier et de l'autruche). Le tout selon le principe du *rodizio* : les serveurs passent entre les tables avec une sélection de pièces grillées, et on choisit ce qu'on veut. Sans oublier, bien sûr, le très joli buffet, qui propose aussi des fruits de mer (huîtres notamment) et des sushis. Existe depuis 1951, ce qui en fait l'une des plus anciennes *churrascarias* de Rio. Cadre chic aux tables bien dressées, avec une longue fresque illustrant les dignes représentants de la bossa nova. Vraiment une valeur sûre !

## *Ipanema*

Ipanema est un quartier tendance, et qu'y a-t-il de plus tendance qu'un « pôle gastronomique » ? Vous en trouverez un dans la rua Jangadeiros *(plan III, K8),* côté est de la praça General Osório (où se tient la *Feira hippie* chaque dimanche). Pour le reste, peu de petites adresses dans le quartier, surtout des restos chics et branchés.

### Bon marché (moins de 40 Rls / env 10 €)

🍽 ☕ ***Restaurante New Natural*** *(plan III, J8, **86**) : rua Barão da Torre, 167. ☎ 2287-0301. Tlj 7h-22h.* Bon restaurant en libre-service installé dans une taverne, avec mezzanine. À côté de la salle principale, une petite boutique de produits naturels, ainsi qu'un comptoir servant de délicieuses tartes et chaussons aux fruits de mer, aux épinards, au poulet...

### Prix moyens (40-70 Rls / env 10-17 €)

🍽 ***Mercearia da Praça*** *(plan III, K8, **112**) : praça General Osorio. ☎ 3986-1400. Tlj 9h (11h lun)-minuit (1h ven-dim).* Une très jolie épicerie portugaise qui fait également restaurant. Dans un joli décor plein d'azulejos, de bouteilles et de bons produits, on s'attable volontiers pour déguster croquettes de poulet et de chorizo, la morue sous toutes ses formes et les douceurs traditionnelles comme le flan et les tartelettes. Délicieux et plutôt raffiné.

🍽 ⛱ ***Gula-Gula*** *(plan III, J8, **89**) : rua Barão da Torre, 446. ☎ 3322-2150. Tlj 12h-minuit (1h jeu-sam).* Élégante maison agrémentée d'une terrasse. Un cadre reposant pour une chaîne à succès qui compte une quinzaine de restos à Rio. Leur credo : la qualité des produits et du service, tout en gardant des prix serrés. Pour manger frais et léger, goûter aux quiches, aux fameuses salades et aux tartes salées. Également des pâtes et viandes grillées, de bons desserts et des plats enfants. Bref, il y en a pour tous les goûts.

**Bar Lagoa** *(plan III, J8,* ***96****)* **:** *av. Epitácio Pessoa, 1674. ☎ 2523-1135. Tlj 12h-1h.* Des promoteurs ont voulu le détruire... mais les riverains se sont mobilisés pour le sauver ! Pour cause, le *Lagoa* est une institution depuis 1934, connu notamment pour la mauvaise humeur de ses serveurs (qui n'est parfois qu'une légende). Une sorte de vieux bistrot rénové où l'on peut prendre une bonne viande à 2, dans la salle ou en terrasse.

## Chic (70-100 Rls / env 17-24 €)

**Casa da Feijoada** *(plan III, K8,* ***90****)* **:** *rua Prudente de Morais, 10 B. ☎ 2247-2776. Tlj 12h-minuit (23h dim et j. fériés).* Pour qui veut goûter au plat typique de Rio, ce mélange savoureux de haricots noirs, riz, chou, manioc et porc (queue, langue, oreilles, pied, petit salé). Pas de panique, vous pouvez choisir vos morceaux de viande (ouf !...). C'est bon, lourd et demande un après-midi entier (pour la commander, la manger, la digérer), mais c'est le programme du samedi par excellence et LE restaurant de référence en matière de *feijoada*. Enfin, le décor colle à l'assiette : ici, on est plus près des ambiances chantées par Dario Moreno que des restos-concept abreuvés de musique techno !

**Alessandro & Frederico** *(plan III, J8,* ***91****)* **:** *rua Garcia d'Avila, 134. ☎ 2521-0828. Tlj 8h-minuit. Menu du jour en sem (12h-16h).* Adresse branchée servant une cuisine d'inspiration italienne. On y déguste, en terrasse, des pâtes fraîches farcies (tortellini au brie et à l'abricot, ravioli au jambon de Parme et aux figues...), mais aussi de bonnes salades et grillades. Carte des vins variée.

**Churrascaria Carretão** *(plan III, K8,* ***92****)* **:** *rua Visconde de Pirajá, 112. ☎ 2267-3965. Tlj 12h-23h30. Formule à volonté env 110 Rls.* Un *rodizio* chicos (quoique moins que la *Churrascaria Palace,* voir plus haut), qui propose d'excellentes viandes. En témoigne la file d'attente le week-end, dès la fin de l'après-midi. Allez vous y régaler avant ou après le marché de la *Feira hippie,* le dimanche (lire « Marchés et foires »).

**Bazzar** *(plan III, J8,* ***88****)* **:** *rua Barão da Torre, 538. ☎ 3202-2884. Tlj 12h-minuit (19h dim).* L'un des restos tendance d'Ipanema ! Hauts plafonds, baies vitrées, bois clair et lumière feutrée pour un cadre chic et contemporain très réussi. Ici, on fait la part belle à la gastronomie brésilienne, dans un esprit nouvelle cuisine d'une belle inventivité. Le chef, qui a fait ses classes à l'ambassade du Brésil à Paris pendant 10 ans, met à l'honneur les meilleurs produits locaux dans des recettes aux délicieuses saveurs exotiques. On se damne pour le filet mignon sauce abricot (le plat phare), le *ceviche* de *namorado* au piment *biquinho,* les risottos exquis, la soupe de *feijoada* ou encore le *queijo quinta da pena* (fromage), à prendre avec une cachaça de *soleira...* Les desserts sont à l'avenant et la carte des vins sublime, avec quelques bons crus du Rio Grande do Sul. Service élégant en diable et addition... pas légère, légère !

**Zaza Bistro Tropical** *(plan III, J8,* ***95****)* **:** *rua Joana Angélica, 40. ☎ 2247-9101. Ouv tlj, 18h-minuit lun-jeu, à partir de 12h ven-dim. Happy hour 18h-19h.* C'est d'abord la jolie maison bleue qui retient l'attention, avec sa déco bigarrée. En soirée, la petite terrasse aux loupiottes colorées draine une foule éclectique. À l'étage, changement d'atmosphère, avec un salon aux banquettes et tables basses où l'on pénètre déchaussé. Mais le plus important est dans l'assiette : une délicieuse cuisine brésilo-asiatico-méditerranéenne, avec des plats aussi variés que le curry de poulet bio, le couscous (marocain), le poulpe grillé au pesto, les crevettes flambées et leur risotto au citron ou encore les croquettes d'agneau et autres entrées japonaises... Également un menu végétarien.

### Leblon

## Sur le pouce

**Talho Capixaba Delicatessen** (plan III, I8, **123**) : *av. Ataulfo de Paiva, 1022. ☎ 2512-8760. Tlj 7h-22h.* Une vaste et alléchante épicerie fine débordant de gourmandises (pains, fromages, charcuterie, gâteaux...), que l'on peut aussi grignoter sur place, accompagnées d'un café ou d'un jus de fruits. Salle à l'arrière, ou rangée de tables sur la rue.

**BB Lanches** (plan III, I8, **114**) : *rua Aristídes Espínola, 64. Tlj 9h-3h.* Même genre de comptoirs tout garnis de fruits sur la rue que les *Big Bi* et *Big Nectar*... mais en mieux ! Burgers, sandwichs et chaussons divers (sans oublier les jus !), le tout vraiment bien fait et dans les meilleures règles d'hygiène !

## De bon marché à prix moyens (40-70 Rls / env 10-17 €)

**Boteco Belmonte** (plan III, I8, **97**) : *rua Dias Ferreira, 521. ☎ 2294-2849. Tlj 11h-2h.* De toutes les *Boteco Belmonte*, celle-ci est peut-être la plus en vue, et assurément l'une des meilleures adresses du coin ! Vaste salle style brasserie ouverte sur la rue... et toujours bondée. Et, comme dans les autres, on y déguste cette savoureuse cuisine brésilienne à prix sages. En vedette (parmi les viandes) : le *filé a Oswaldo Aranha*, si tendre que le serveur le coupe avec une cuillère ! Il y a 7 autres *Boteco Belmonte* à Rio, notamment à Ipanema *(rua Texeira de Melo, 53)* et à Copacabana *(rua Domingos Ferreira, 242)*.

**Fellini** (plan III, I8, **98**) : *rua General Urquiza, 104 (angle Arthur Ramos). ☎ 2511-3600. Tlj 12h-16h (17h30 w-e), 19h30-minuit.* Une cafét' très appréciée des riverains. L'une des meilleures dans la catégorie *ao kilo*, en termes de qualité et de diversité des produits. Déco toute simple mais atmosphère conviviale et cuisine de qualité... La recette du succès !

**Vegetariano Social Clube** (plan III, I8, **99**) : *rua Conde de Bernardote, 26. ☎ 2294-5200. À côté de l'Academia da Cachaça. Buffet à volonté lun-ven 12h-17h ; dîner à la carte 17h-23h. Fermé dim soir et lun soir.* Buffet et plats servis dans une étroite salle assez sympa (mur orange et dessus-de-table en marbre), avec une longue banquette d'un seul tenant. Pour varier du régime brésilien – assez viandard, il faut le reconnaître –, le *Veg'Club* propose une cuisine un peu fusion, légère, inventive et 100 % végane, avec des associations sucré-salé. Sandwichs, pizzas, risottos, salades... Bon et pas très cher.

## De prix moyens à chic (40-100 Rls / env 10-24 €)

**Jobi** (plan III, I8, **100**) : *av. Ataulfo de Paiva, 1166. ☎ 2274-0547. Tlj 11h-4h.* Bistrot à l'ancienne chaleureux et populaire, très fréquenté par les habitants de la Zona Sul. Quelques tables sur le trottoir, une salle ouverte sur la rue, des nappes à carreaux et des serveurs en gilet noir. Les *bolinhos* et sandwichs sont délicieux. Goûtez aussi la *picanha* (bœuf) au beurre fondu : fondante ! Propose également la fameuse *feijoada* du samedi... mais tous les jours ! Réputé enfin pour sa bière pression, servie glacée. Souvent plein : on y fait la queue le week-end et pour l'apéro d'après boulot. C'est aussi un des bars du quartier fréquentés jusque très tard dans la nuit, et ce quel que soit le jour de la semaine.

**Flor do Céu** (hors plan III par I9, **113**) : *rua Aperana, 200 (Alto Leblon/Chácara do Céu). 📱 98867-9243. Seulement sur résa le midi sam-dim. Menu fixe env 130 Rls, sans la boisson.* Cette « Fleur du ciel », perchée au sommet de la favela Chácara do Céu, offre en même temps un magnifique point de vue sur la favela et la mer, et une cuisine italo-sud-américaine de haute volée. Spécialité de poisson, de fruits de mer et de légumes (carnivores, passez votre chemin !), le tout soigneusement élaboré à partir de produits frais. Et en musique *ao vivo*, s'il-vous-plaît... Une très belle expérience culinaire et même tout court, avant ou après un petit plouf sur la plage du Sheraton.

## *À JARDIM BOTÂNICO* (plan III)

### Prix moyens (40-70 Rls / env 10-17 €)

|●| ***Stands de Lagoa*** *(plan III, I8,* ***103****) :* *av. Borges de Medeiros, du 1400 au 2000, dans le parque dos Patins (ou parque Brigadeiro Faria Lima).* Sur une esplanade, une quinzaine de kiosques (bahianais, japonais, oriental, italien, et tout et tout...) proposent une cuisine honnête dans un cadre vraiment agréable, dehors, au bord de la lagune. À partir du jeudi, musique dans plusieurs kiosques, dont du *chorinho* qui chante l'âme de Rio, salsa, jazz, *MPB,* il y en a pour tous les goûts. En cas de pluie, les kiosques restent ouverts, mais pas de musique...

## Où boire un verre ? Où sortir ?

À chaque quartier son identité, de jour comme de nuit. De la Zona Sul, qui aligne les bars chics mais aussi des dizaines de kiosques le long de la plage et quelques *botequins* traditionnels, au quartier populaire de Lapa, où la foule se rassemble tous les soirs dès le milieu de la semaine dans une ambiance surchauffée, en passant par les quartiers « bohèmes » de Santa Teresa et Botafogo, vous aurez de quoi satisfaire toutes vos envies. Le soir, en particulier, s'il convient de rester vigilant, Rio est une expérience unique !

### *Dans le Centro et à Lapa* (plan I)

Dans le Centro, en journée, arrêtez-vous pour prendre un verre sur la ***praça Floriano*** *(plan I, D3).* Mais, dès 17h30, remontez vers le quartier de la Bourse, où tout se passe ! Là, vous verrez la ***rua do Ouvidor*** *(plan I, C2)* se remplir à vue d'œil, et c'est parti pour une bonne partie de la nuit ! C'est l'épine dorsale du quartier, une espèce de « rue de la soif » à la carioca, qui attire tous les soirs les fondus de caïpirinha et les inconditionnels de la mousse, avec une animation qui déborde jusqu'à la praça 15 de Novembro !
Plus au sud, on trouve le quartier de Lapa, qui est la zone où sortir le soir par excellence à Rio, en particulier le long de la ***rua Mem de Sá...*** (voir plus loin « Où écouter de la musique ? Où danser ? »).

### Plutôt en journée

☕ 🍸 ***Confeitaria Colombo*** *(plan I, C2,* ***67****) :* *rua Gonçalves Dias, 32. ☎ 2505-1500. Voir aussi « Où manger ? ». Dans une petite rue piétonne du centre. Ferme à 19h (17h sam).* Un des plus beaux cafés-salons de thé de Rio, dans le style Vienne 1900.

☕ 🍸 ***Casa Cavé*** *(plan I, C2,* ***130****) :* *rua 7 de Setembro, 137. ☎ 2224-2520.* Plus petit, plus discret que la *Confeitaria Colombo* mais tout aussi ancien (*azulejos* sur un mur), ce charmant salon de thé sert aussi du café et de savoureuses pâtisseries. Leurs caramels « maison » sont un délice !

☕ 🍸 ***Bistrô do Paço*** *(plan I, D2,* ***61****) :* *praça 15 de Novembro, 48. ☎ 2262-3613. Tlj 11h30-19h30 (12h-19h w-e). Voir aussi « Où manger ? ».* Le patio de ce centre culturel se prête bien à une pause rafraîchissante dans l'après-midi.

### Plutôt en soirée

🍸 ⛱ ***Antigamente*** *(plan I, D2,* ***131****) :* *rua do Ouvidor, 43. ☎ 2507-5040. Tlj 11h30-minuit (22h lun), sauf dim.* Une terrasse prise d'assaut par les cols blancs dès la sortie du boulot. Faut dire que cette brasserie, spécialisée dans les *pasteis,* ces petits chaussons aux farces diverses et variées, sert une des bières les plus glacées de la rue. Autrement, c'est samba un samedi sur 2. Le tout, c'est d'y trouver de la place !

🍸 ***Via 15 Botequim*** *(plan I, D2,* ***132****) :* *travessa do Comércio, 15. ☎ 2222-4016. Tlj sauf dim de 11h30 jusqu'au dernier client.* Oh là là ! Dans une grande maison toute verte, ça boit, ça mange, ça rigole... le tout sur 2 étages. Cuisine genre snack, pas chère et juste faite pour éponger, et surtout une carte des bières à faire pâlir un régiment de scouts ! Le samedi soir, c'est musique *ao vivo.* On en redemande !

Voir aussi **Os Ximenes** *(plan I, C3,* ***65****)* et **Ernesto** *(plan I, C3,* ***133****)*, décrits dans « Où manger ? ».

## Les plages : Copacabana, Leme, Ipanema et Leblon *(plan III)*

En fin de journée, les kiosques postés le long des plages restent un lieu privilégié pour s'offrir une bière fraîche ou une caïpirinha en profitant de la vue. Dans les rues adjacentes, les terrasses des brasseries et *botequins* sont aussi prises d'assaut à l'heure de l'apéro, en particulier pendant les mois d'été, de décembre à février, où l'animation bat son plein.



### Plutôt en journée

**Bracarense** (plan III, I8, **134**) : *rua José Linhares, 85 B, presque à l'angle d'Ataulfo de Paiva (Leblon). ☎ 2294-3549. Tlj 8h-minuit (10h-22h dim).* Un bar historique de Rio, quoique d'apparence banale. Les tables et chaises de bois qui ont poussé sur le trottoir, sous l'auvent moderne, ont remplacé les chaises de plage que l'on avait coutume de traîner jusque-là. Mais les sujets de conversation n'ont, en revanche, pas changé : les femmes et le foot ! Quelques en-cas à grignoter.

### Plutôt en soirée

**Garota de Ipanema** (plan III, J8, **136**) : *rua Vinícius de Moraes, 49 (angle Prudente de Morais). ☎ 2522-0340. Tlj 12h-minuit.* Bar archi-touristique, devenu un lieu de pèlerinage pour tous les fans de Vinícius de Moraes et Tom Jobim. C'est ici qu'ils écrivirent la célèbre chanson du même nom, monument de la bossa-nova (voir les photos affichées sur les murs !). De plus, la cuisine est succulente (très bonne *picanha* pour 2 servie sur plaque chauffante). D'autres adresses à Rio, à Copacabana, Tiguca...

**Delirium Café** (plan III, J8, **120**) : *rua Barão da Torre, 183. ☎ 2502-0029. Tlj 17h-1h (3h le w-e, minuit dim).* Il s'agit d'un rejeton du bar bruxellois du même nom, inscrit au *Guinness Book* pour le nombre de bières effarant qu'il propose. Celui-ci en affiche moins, mais vous aurez du choix quand même, notamment en matière de bières belges ! Le plafond et les murs sont d'ailleurs tapissés de bouteilles ! Prix élevés, vu la provenance de la plupart des breuvages.

**Empório** (plan III, J8, **138**) : *rua Maria Quitéria, 37 (Ipanema). ☎ 3813-2526. Tlj 19h-5h.* Vieille taverne très fréquentée le soir en fin de semaine. Jeunesses carioca et internationale s'y mélangent sur fond de rock indépendant et de caïpirinha. Toujours la foule agglutinée dehors, un verre à la main. Juste en face, le chic et décontract' ***Barthodomeu,*** avec musique live tous les soirs.

Pour un apéro accompagné de quelques *bolinhos,* détour possible aussi par **Jobi** et son excellente bière pression à Leblon *(av. A. de Paiva, 1166 ; plan III, I8,* ***100****).* Voir « Où manger ? ».

## À Santa Teresa *(zoom)*

Ce quartier coloré à flanc de colline abrite une forte communauté d'artistes, et la bohème de Rio aime à s'y retrouver. Le soir, public jeune dans les bars, et dehors, la canette de bière à la main ! La plupart de ces adresses sont également ouvertes le midi.

**Armazem São Thiago** (zoom, **139**) : *rua Áurea, 26. ☎ 2232-0822. Tlj 12h-1h (22h dim).* Un des derniers véritables *botequins,* qui date de 1919. Connu aussi sous le nom de *Bar de Gomez.* Beau décor de bois tropical, avec une superbe armoire à bouteilles au fond de la salle. Comptoir de marbre pour déguster une bonne bière, une caïpirinha ou l'une des 60 cachaças de la carte. Clientèle de quartier et touristes mélangés. Possibilité aussi de grignoter de copieux sandwichs et un grand choix de *petiscos* (boulettes, saucisses, crevettes, côtelettes...). Une authentique tranche de vie térésienne !

**Simplesmente** (zoom, **142**) : *rua Paschoal Carlos Magno, 115. ☎ 2508-6007. Tlj 18h-2h, sauf lun.* Samba *jeu et dim soirs.* Déco dans son jus pour ce lieu très populaire, dont le nom est un jeu de mots entre « simplement » et « mental simple »... On y sirote de délicieuses caïpirinhas à toutes sortes de fruits, en grignotant de bons et copieux *petiscos*. Quand l'ambiance monte pour le samba du jeudi et du dimanche, on pousse les tables, ça déborde sur le trottoir et le plus souvent ça danse... Tout simplement !

***Santa Pizza*** *(plan II, F4,* ***143****)* **:** *rua Almirante Alexandrino, 1458. ☎ 3971-0244.* Certes, on y mange de bonnes pizzas, mais on y vient surtout pour boire un verre au son du samba le dimanche soir !

***Portella*** *(zoom,* ***104****)* **:** *rua Paschoal Carlos Magno, 139. ☎ 2507-5181. Tlj 12h-1h.* Encore un cadre agréable pour ce resto-bar à la déco bohème, ouvert sur la rue. Musique *live* le week-end, dès l'ouverture. En revanche, la cuisine n'est pas à la hauteur.

***Largo dos Neves*** *(zoom,* ***137****)* **:** cette placette circulaire avec vue, agrémentée d'une petite église et d'un rond-point doté de quelques bancs, est entourée de plusieurs bars-restos sans prétention, où il fait bon boire un verre en compagnie des familles du coin. Peu ou pas de touristes...

On peut aussi se poser devant une bière ou une cachaça au ***Bar do Mineiro*** ou au ***Bar do Arnaudo,*** décrits dans « Où manger ? ». Ou encore devant un bon cocktail sur la terrasse perchée de l'***Explorer Bar*** (voir les *Discovery Suites* dans « Où dormir ? » ; *zoom,* ***38***).

## *À Urca, Botafogo et Flamengo* (plan II)

### Plutôt en soirée

***Bar Urca*** *(plan II, H5,* ***135****)* **:** *rua Cândido Gaffrée, 205. ☎ 2295-8744. Tlj 7h-23h, dim 8h30-21h.* Un muretin de pierre qui surplombe la baie de Guanabara. Tout le long, des groupes de jeunes se rassemblent pour boire une bière avec un *bolinho de bacalhau* (boulette de morue) ou une *empanada* de crevettes. La buvette elle-même, sans aucun charme, n'a ni chaises ni tables mais le muretin fait office de bar ! On y vient au coucher de soleil.

***O Plebeu*** *(plan II, F6,* ***144****)* **:** *rua Capitão Salomão, 50, face au resto Aurora. ☎ 2286-0699. Ts les soirs jusqu'à 2h (19h dim).* Belle façade colorée avec le Corcovado en arrière-plan. Plutôt tranquille en journée, ça se remplit le soir avec une clientèle jeune et animée. Ici, on écluse les bières et peu importe le décor. Salle au 1er étage plus intime. Ambiance au rez-de-chaussée. Cuisine sans prétention mais convenable.

***Quartinho Bar*** *(plan II, G6,* ***140****)* **:** *rua Arnaldo Quintela, 124. ☎ 2179-6447. Ts les soirs jusqu'à 2h, sauf dim-lun.* Un charmant petit bar à cocktails, tous très bien concoctés à base de savoureux jus de fruits (entre autres), dans un décor et une ambiance qui rappellent un peu la Grosse Pomme.

Voir aussi le ***Boteco Belmonte*** *(plan II, G5,* ***101****),* face à la plage de Flamengo, décrit dans « Où manger ? ».

LE SUD-EST

# Où écouter de la musique ? Où danser ?

## *Dans le Centro* (plan I)

***Rio Scenarium*** *(plan I, C2,* ***150****)* **:** *rua do Lavradio, 20. ☎ 3147-9000. • rioscenarium.art.br • Mar-sam à partir de 19h (20h sam). Fermé lun-dim. Entrée : 35-60 Rls.* Un immeuble ancien occupé sur 3 étages par un magasin d'antiquités, avec à chaque niveau des collections d'objets hétéroclites. Des balustrades en bois bordent un patio intérieur, qui accueille la piste de danse. Musique live avec de bons groupes. Plus on monte, plus on s'entend parler. Une des adresses nocturnes les plus courues de Rio, rien de moins !

***Rival*** *(plan I, C3,* ***151****)* **:** *rua Álvaro Alvim, 33-37. ☎ 2240-4469. • rivalpetrobras.com.br • Programme et achat des billets en ligne.* Dans une petite rue calme en plein centre, au sous-sol d'un immeuble moderne. Concerts d'artistes brésiliens, du *forró* au *pagode,* en passant par le rock et la pop sucrée... Fonctionne comme un cabaret, avec bar-resto. Également du théâtre. Le samedi après-midi, une fois par mois, *feijoada da tia Surica*, avec *roda de samba* des écoles prestigieuses de Rio. Ambiance garantie.

## *À Lapa (plan I)*

Lapa est fidèle à sa réputation. De la rua Joaquim Silva, plutôt rock et destroy, aux établissements plus chic gardés par des vigiles, chacun trouvera samba (LA tendance musicale de Lapa !) à son pied. Attention, moins d'ambiance en début de semaine.

***Carioca da Gema*** *(plan I, C3,* ***153****) : av. Mem de Sá, 79. ☎ 2221-0043. Tlj, sauf mer, jusqu'à 3h (4h le w-e). Entrée : 25-40 Rls.* Une référence pour les amateurs de samba *ao vivo*. Dans un joli décor fait de brique et... de bois (pas de broc ici). Concerts d'excellente qualité et ambiance folle certains soirs. Si vous y allez dans l'optique d'écouter de la musique d'ailleurs, évitez le week-end... on danse pratiquement sur la scène ! Possibilité de se restaurer, cuisine copieuse.

***Beco do Rato*** *(plan I, C3,* ***141****) : rua Joaquim Silva, 11. ☎ 2508-5600. Tlj, sauf lun et mer, jusqu'à 3h (4h ven et 22h dim). Entrée : env 10 Rls.* Dans un décor de peintures naïves, avec une belle collection de bouteilles derrière le bar. Venez donc vous trémousser au son de la meilleure *roda de samba* du quartier sans avoir peur de vous prendre un râteau !

***Sacrilegio*** *(plan I, C3,* ***153****) : av. Mem de Sá, 81. ☎ 3970-1461. • sacrilegio.com.br • Tlj, sauf dim-lun, à partir de 19h (20h sam). Programmation et tarifs sur leur site (entrée : 20-30 Rls).* Un *café cultural* aux couleurs du Brésil qui ne désemplit pas. Ici, on danse (la samba bien sûr) sur le granit... car le plancher chauffait trop ! 2 shows différents du jeudi au samedi.

***Bar da Lapa*** *(plan I, C3,* ***156****) : av. Mem de Sá, 69. ☎ 2221-2542. Tlj sauf lun 19h-2h (3h le w-e). Entrée : 10-40 Rls.* Dans un immeuble fin XIXe s, une grande salle un peu froide de prime abord, avec son carrelage noir et blanc et ses baies vitrées, mais qui se réchauffe vite, et ce tous les soirs ! Tables en coursive avec vue plongeante sur la scène, où se tiennent les concerts de samba et *pagode*.

***Circo Voador*** *(plan I, C3,* ***164****) : rua dos Arcos (Lapa). ☎ 2533-0354. • circovoador.com.br • Au pied des arches de l'aqueduc.* Un genre de centre culturel proposant notamment de nombreux concerts. Superbe programmation ! Des pointures de la scène musicale brésilienne y ont fait leurs débuts.

## *À Catete (plan II)*

***The Maze*** *(plan II, G4,* ***145****) : rua Tavares Bastos, 414, casa 66. ☎ 2558-5547. • jazzrio.com •* Un lieu assez exceptionnel, d'abord parce qu'il est perché dans la favela (tranquille) de Tavares Bastos, ensuite à cause de son décor d'art contemporain tout en mosaïques, sa vue, et puis pour son repas indien du dimanche et ses concerts de jazz du lundi à 19h et le 1er vendredi du mois à 22h. Pas mal de personnalités sont venues se détendre ici... Venir dès le coucher de soleil sur le Pain de Sucre. Fait aussi *B & B*.

## *À Santa Teresa (zoom)*

Les bars que nous citons plus haut dans la rubrique « Où boire un verre ? Où sortir ? » accueillent, pour certains, des musicos en soirée et baignent dans une belle animation. À moins de loger dans le quartier, taxi obligatoire pour le retour en fin de soirée (nuit ?). Signalons aussi le *samba dos Guimarães* du samedi soir au ***Largo das Letras*** (rua Almirante Alexandrino, 501) de 21h à 1h. Entrée : env 35 Rls, sans la boisson. Entrée assez sélecte, il faut dire que ce sont les beaux quartiers qui viennent s'encanailler à Santa Teresa... Chaude ambiance !

## *À Botafogo (plan II)*

Le coin de Rio qui monte... On trouve ici quelques adresses alternatives qui attirent la jeunesse « bobo » carioca. Il faut dire que ce quartier abrite de vieilles demeures de style Belle Époque, patinées par le temps. Une aubaine pour les patrons de restos ou bars branchés, qui investissent peu à peu les lieux.

***Bar Bukowski*** *(plan II, G6,* ***121****) : rua Álvaro Ramos, 270. ☎ 2244-7303.*

*Ⓜ Botafogo. Seulement ven-sam et veilles de j. fériés à partir de 18h30 ven et 21h sam. Tarifs variables selon programmation.* Dans une petite rue résidentielle, un superbe mansion qui abrite désormais le temple du rock'n'roll ! S'attendre à faire la queue ou venir tôt. Une fois à l'intérieur, on sirote une bière bien fraîche en profitant aussi de l'immense cour extérieure. Dans la salle, le DJ résident assure une programmation variée mais toujours rock, qui ne manquera pas de vous faire bouger la tête ou entamer un pogo endiablé sur la piste.

***Casa da Matriz*** *(plan II, F6,* ***122****) : rua Henrique de Novaes, 107. ☎ 2226-9691. Ⓜ Botafogo. Mer 20h-3h, jeu-sam 23h-6h. Fermé dim-mar. Entrée : 10-30 Rls.* Là encore, un bar-club établi dans une vieille maison coloniale. Le patron a conservé les meubles et objets de ses grands-parents, créant une ambiance de « fête entre amis » très conviviale. Programmation éclectique tendance rock, avec beaucoup de monde pour les soirées « Rock Away » ou les live sessions. Un incontournable de la nuit alternative carioca.

## *À Gamboa (plan I)*

***Trapiche Gamboa*** *(plan I, B1,* ***147****) : rua Sacadura Cabral, 155 ; praça Mauá (Centro). ☎ 2516-0868. • trapichegamboa.com • Ⓜ Uruguiana ou tram à 200 m ; sinon taxi. Musique mar-ven à partir de 20h30, sam à partir de 22h30. Fermé dim-lun. Entrée : 20-30 Rls.* Un des lieux les plus authentiques à Rio pour assister à des *rodas de samba*. On est loin des shows touristiques ou des clubs branchés cariocas. Très beau cadre rustique et chaleureux, avec ses hauts plafonds, lustres et carrelage ancien. Surtout, on y retrouve les meilleurs musiciens cariocas, une bière bien fraîche et des caïpis dignes de ce nom, à accompagner d'une excellente carte de *tira gosto* (snacks et tapas). Ambiance incroyable le soir en fin de semaine, ça danse partout entre les tables et la foule déborde sur la rue. D'ailleurs, la *Pedra do Sal* (voir ci-après) est toute proche...

***Pedra do Sal*** *(plan I, B1,* ***146****) : largo João da Baiana, rua Argemiro Bulcão. Taxi conseillé. Seulement lun, ven et sam.* C'est en fait une simple rue en pente dévalée par un escalier, qui évoque une grande pierre de sel. On est ici au cœur de la « Petite Afrique », ancien marché des esclaves et, dit-on, lieu de naissance de la samba carioca. Aujourd'hui, la tradition renaît 3 soirs par semaine, mais c'est le lundi le plus animé ! Concerts de musiciens experts en la matière, pour des *sambas de roda* endiablées. Quelques bars autour du largo et une foule de vendeurs de rue pour grignoter et s'offrir une caïpi ou une bière bon marché. Un rendez-vous incontournable pour tous les amoureux de musique brésilienne !

***Carnaval Experience*** *(plan I, A1,* ***148****) : Cidade do Samba, Barracão 4, rua Rivadávia Correia, 60. 97953-4140. • carnavalexperience.com.br • Ⓜ Central ou tram Cidade do Samba (ligne 1). Tlj à 11h et 16h, sauf dim. Entrée : 75 Rls (caïpirinha offerte).* Pendant 1h30, on vous fait visiter (en portugais et en anglais) la Cité du Samba en vous expliquant son histoire et celle du carnaval, on vous déguise en habits de lumière pour une séance photos et vous prenez un cours de samba tout en sirotant votre caïpi ! Touristique, mais de qualité, histoire d'avoir un bon aperçu du carnaval.

## *Les plages : Copacabana, Arpoador et Ipanema (plan III)*

Le soir, les quartiers chics de la zone sud se révèlent bien sages, à moins de fréquenter les bars ou clubs branchés, chers et sélects. Restent quelques institutions hautement recommandables !

***Bip-Bip*** *(plan III, K8,* ***158****) : rua Almirante Gonçalves, 50 (Copacabana). ☎ 2267-9696. Tlj 19h-minuit.* Petit bar ordinaire avec comptoir en Inox... mais samba les jeudi, vendredi et dimanche, bossa-nova le mercredi et *choro* les lundi et mardi. Le fondateur est décédé récemment, mais c'est toujours une véritable institution à Rio et un rendez-vous quasi obligé pour les artistes de

LE SUD-EST

passage qui y improvisent des bœufs. En général, on reste debout sur le trottoir car l'intérieur, minuscule, est pris d'assaut par les musiciens et les habitués. Excellente ambiance populaire ! Hip bip-bip... hourra !

**Fosfobox** (plan III, K7, **126**) : rua Siqueira Campos, 143 (Copacabana). ☎ 2548-7498. • fosfobox.com.br • Ⓜ Siqueira Campos. Mer-sam (parfois aussi dim-mar) à partir de 23h. Entrée : 30-50 Rls. Un club alternatif en plein quartier chicos, c'est possible et ça dure depuis bientôt 15 ans ! Ici, rien de branché ni de tape-à-l'œil, le cadre industriel brut de décoffrage se prête à tous les styles de musique : techno, house, hip-hop, pop-rock, funk, dubstep... Certains soirs, le club accueille des pointures de la scène électro, sinon programmation éclectique qui ne manque pas de faire danser la foule. Littéralement bondé en fin de semaine. Reste le bar à l'étage pour s'isoler un peu... Mais c'est en bas que ça se passe !

**Beco das Garrafas** (plan III, L7, **149**) : rua Duvivier, 37 (Copacabana). ☎ 2543-2962. • becodasgarrafas.mus.br • Tlj 19h-minuit. Chaque soir la petite scène accueille un groupe de musique *ao vivo* : samba, bossa-nova ou *MPB*. Un tableau noir recense tous les musiciens brésiliens passés par ici. Fait aussi resto. Clientèle un peu plus mature qu'ailleurs.

**Vinícius** (plan III, J8, **159**) : rua Vinícius de Moraes, 39 (Ipanema). ☎ 2287-1497. Tlj à partir de 21h30. Situé en face du bar *Garota de Ipanema,* ce petit club très cosy niché à l'étage propose une excellente sélection de musique live, *MPB* et bossa-nova.

## Achats

Attention : à part les grands centres commerciaux *(shopping centers)* ouverts tous les jours, la plupart des boutiques ferment à 14h le samedi.

### Livres, CD

#### *À Copacabana et Ipanema*

**Toca do Vinícius** (plan III, J8) : rua Vinícius de Moraes, 129 C (Ipanema). ☎ 2247-5227. • tocadovinicius.com.br • Tlj 9h-22h (10h-18h dim). Plus qu'une boutique, un centre culturel hors normes. Ouvert dans les années 1980 à l'initiative d'un admirateur du talentueux Vinícius de Moraes, cet antre musical recèle des trésors de musique brésilienne : bossa-nova, *choro,* samba et *MPB.* Mais c'est le petit musée niché à l'étage et les nombreux concerts gratuits organisés devant la boutique qui lui donnent toute son âme. Adresse incontournable ! Autre boutique, ***Beco das Garrafas*** : rua Duvivier, 37 A, à Copacabana.

**Livraria da Travessa** (plan III, J8) : rua Visconde de Pirajá, 572 A, à Ipanema (voir « Librairies, journaux français » dans « Adresses et infos utiles »). Tlj 9h (11h dim)-minuit. Vous dénicherez sans peine CD et superbes bouquins sur le Brésil.

### Maillots de bain, paréos, vêtements, accessoires de mode...

#### *Dans le Centro*

**MGA Souveniers** (plan I, C2) : rua da Conceição, 57. Tlj sauf dim 9h-19h. Le bon plan pour se fournir en tongs *Havaianas* ! Un choix inouï pour toute la famille (même les bébés), à prix imbattable. On y trouve des modèles vraiment originaux. Une autre boutique, ***RV 2007,*** lui fait concurrence dans la même rue (au nº 31). Tout aussi fournie, mais avec des modèles plus basiques (quoiqu'un poil moins cher). Et, dans le même quartier, nombreuses boutiques de chaussures et vêtements bon marché. Très populaire.

#### *À Ipanema et Copa, bien sûr !*

**Gilson Martins** (plan III, J8 et K7) : rua Visconde de Pirajá, 462 (Ipanema) et rua Figueiredo Magalhaes, 304 A (Copacabana). ☎ 2227-6178. Des sacs, porte-monnaie et accessoires plus originaux les uns que les autres (en forme de Pain de Sucre ou arborant fièrement les couleurs brésiliennes, etc.), créés par le talentueux designer carioca Gilson Martins.

**Osklen** (plan III, J8) : *rua Maria Quitéria, 85 (Ipanema). ☎ 2227-2911.* Marque brésilienne de sportswear assez branchée.

**Santa Clara** (plan III, K7) : *rua Santa Clara, 33 (Copacabana). Tlj sauf sam ap-m et dim.* Le temple des bonnes affaires : 12 étages de petites boutiques proposant maillots de bain, sous-vêtements, tee-shirts, paréos, la plupart à prix d'usine.

**Galeria River** (plan III, K8-9) : *rua Francisco Otaviano, 67, Arpoador (Ipanema). • galeriariver.com.br • Tt près de l'*Atlantis Copacabana Hotel. *Tlj 10h-20h, sauf dim.* Petit ensemble de *surf-shops* et de magasins de fringues de plage.

## Artisanat

Un réseau de commerce équitable est en place depuis quelque temps dans l'État de Rio sous l'appellation ***Rede Asta.*** Il soutient une trentaine de communautés et rassemble aujourd'hui plus de 600 artisans qui travaillent exclusivement des matériaux et fibres naturels ou recyclés (plastique, papier, métal, tissus, etc.). Infos et vente en ligne sur le site *• redeasta.com.br •*

### *À Santa Teresa*

**La Vereda** (zoom) : *rua Almirante Alexandrino, 428. ☎ 2507-0317. Tlj.* Une jolie petite boutique nichée au cœur de ce quartier bohème, proposant des pièces uniques de l'artisanat brésilien : peintures, poteries, tissus et plein d'objets de déco aux couleurs chaudes du pays. Grand et beau choix à tous les prix ; de quoi faire le plein de petits cadeaux. Cher, mais de qualité.

**Getúlio Damado** (zoom) : *à l'intersection des rues Aurea et Francisco de Castro.* Installé dans une réplique du Bonde, ce personnage du quartier fabrique depuis près de 50 ans toutes sortes d'objets et d'œuvres d'art naïf avec des matériaux de récup'. Il n'est pas toujours de bon poil et a arrêté d'être naïf, mais c'est une personnalité à Santa Teresa. La preuve, on trouve ses œuvres partout et quand on a voulu l'expulser, tout le quartier est venu le défendre !

### *À Laranjeiras*

**Pé de Boi** (plan II, G5) : *rua Ipiranga, 55 (Laranjeiras). ☎ 2285-4395. Tlj sauf dim 10h-19h (13h sam).* Dans une jolie petite rue aux maisons colorées, *Pé de Boi* vous propose de l'art brésilien de qualité, provenant de tout le pays... mais ce n'est pas donné !

## Bijoux, pierres précieuses

***Joailliers H. Stern et Amsterdam Sauer*** (plan III, J8) : *rua Garcia d'Avila, 105 et Visconde de Piarajá, 484 (Ipanema). ☎ 2512-9878. • hstern.net • amsterdamsauer.com • Visite gratuite des ateliers tlj, sauf dim, 9h-19h (16h sam).* Taille des pierres et confection des bijoux n'auront plus de secret pour vous. Entre ascenseurs silencieux, hôtesses polyglottes et vigiles souriants, le parcours a des petits airs de vieux *James Bond.* L'idée est bien sûr très commerciale, mais d'un coup ces bijoux précieux deviennent tout proches... Les filles peuvent essayer bagues de luxe et colliers de princesses sans aucune gêne. Les vendeurs ont tout leur temps et insistent pour assouvir votre curiosité, sans vous obliger à acheter. Hans Stern est le 1er groupe joaillier d'Amérique et domine 70 % du marché des aigues-marines, émeraudes, améthystes, tourmalines et topazes. Invitations distribuées dans les chambres de certains hôtels : taxis aller-retour payés par la société et visite gratuite du siège de l'entreprise à Ipanema.

## Divers

***Shopping Rio Sul*** (plan II, G6) : *rua Laura Müller, 116 (Botafogo). • riosul.com.br • Lun-sam 10h-22h, dim et j. fériés 12h-21h.* Un des plus grands centres commerciaux de la Zona Sul. Des boutiques à foison (fringues, maillots, etc.) et une profusion de restos-snacks.

**Botafogo Praia Shopping** *(plan II, G6)* : *praia de Botafogo, 400 (Botafogo). Lun-sam 10h-22h, dim et j. fériés 14h-21h.* Un autre centre commercial avec un large choix de boutiques de vêtements, un cinéma, divers snacks, etc. Le vrai plus, c'est la grande baie vitrée panoramique (accès gratuit ; prendre l'ascenseur jusqu'au dernier étage) qui offre une vue imprenable sur le Pain de Sucre !

**Armazém do Café** *(plan III, J8 et I8)* : *à Ipanema, rua Visconde de Pirajá, 261A et 595, et rua Maria Quitéria, 77 (loja G) ; à Leblon, rua Rita Ludolf, 87 (loja B) et rua Ataulfo de Paiva, 375 (loja C). Également une boutique dans le Centro et à Barra da Tijuca.* A obtenu le prix décerné par la presse brésilienne du « meilleur café de Rio ». On peut déguster sur place, dans un cadre fort agréable, et en rapporter quelques paquets dans sa valise. Pas donné, cependant.



## À voir

### *LE CENTRO ET LAPA (plan I)*

### *Centros*

Un quartier à découvrir à pied. Comme disait l'écrivain Stefan Zweig : « Mon vieux penchant de flâneur est devenu un vice à Rio. » La marche est la meilleure option pour découvrir les petites rues commerçantes animées, les vieilles demeures des XVIIIe et XIXe s et les églises coloniales... mais aussi le quartier du port, qui a fait peau neuve pour les JO de 2016, avec en vedette le tout récent *museu do Amanhã* (« musée de Demain »), posté telle une vigie, avec son architecture blanche futuriste, sur une bande de terre s'avançant sur la mer...

**Museu do Amanhã** *(plan I, C1)* : *praça Mauá, 1. • museudoamanha.org.br • Ⓜ Uruguaiana. Tlj, sauf lun, 10h-18h (17h la caisse). Entrée : 20 Rls ; réduc ; gratuit le mar, et tlj pour les - de 6 ans et plus de 60 ans. Billet combiné avec le* Museu de Arte do Rio *: 32 Rls ; réduc. Un conseil : achetez votre billet par Internet, ça vous donnera un créneau horaire avec accès coupe-file.* Le « musée de Demain », inauguré fin 2015, est vite devenu l'une des attractions phares de Rio... et même le musée le plus visité du pays ! Déjà le bâtiment, aux allures de paquebot prêt à prendre le large, conçu par le célèbre architecte espagnol Santiago Calatrava, séduit par sa blanche élégance et ses lignes futuristes. Il est consacré à l'avenir du monde, rien de moins.

Outre des expos temporaires sur les grands enjeux de la société contemporaine, situées au rez-de-chaussée, l'étage accueille 5 modules permanents intitulés « Cosmos » (un film retraçant en 8 mn l'histoire de l'Univers et de la vie sur Terre), « Terre » (qui porte sur la place de l'Homme dans la biodiversité et la diversité culturelle humaine), « Antropocène » (comment nous avons altéré notre environnement depuis 70 ans davantage qu'au cours de toute l'histoire), « Demains » et « Nous ». Avec ces 2 derniers modules, l'expo tente surtout de nous faire réfléchir à ce que pourrait être notre planète, mais aussi la société et même l'Homme... de demain, en montrant, entre autres, comment nos actions individuelles, même les plus infimes, ont un impact sur le devenir de l'humanité. Et pour symboliser tout ça : un *tjurunga,* objet aborigène d'Australie illustrant notamment la capacité à faire face au changement. Une belle expo, en somme, qui, si elle ne réserve pas d'énormes surprises, a le mérite d'interpeller le visiteur sur les grands enjeux d'aujourd'hui et de solliciter sa participation à la création du monde... de demain.

**Museu de Arte do Rio** *(MAR ; plan I, C1)* : *praça Mauá, 5. ☎ 3031-2741. • museudeartedorio.org.br • Ⓜ Uruguaiana. Tlj sauf lun 10h-17h. Entrée :*

*20 Rls ; réduc ; gratuit le mar, et tlj pour les moins de 6 ans et plus de 60 ans. Billet combiné avec le* Museu do Amanhã *: 32 Rls ; réduc.* Dans un palais du XIX<sup>e</sup> s auquel on accède par un bâtiment moderne autrefois utilisé comme terminal de bus. Il abrite, dans de beaux espaces revêtus de parquet, plusieurs expos temporaires à la fois d'art moderne et contemporain surtout, ainsi que sur l'histoire de la ville et du pays, certes d'un intérêt parfois variable. Beau point de vue aussi du 6<sup>e</sup> étage sur le *museu do Amanhã*. Un excellent complément, inauguré en 2013, aux autres musées d'art de Rio !

Bon resto, le ***Mauá*** (catégorie « De prix moyens à chic »), au 6<sup>e</sup> (et dernier) étage du nouveau bâtiment, avec une terrasse offrant une superbe vue sur la place, le *museu do Amanhã,* le port et la baie. Également un ***café*** au rez-de-chaussée, à côté de la boutique, proposant un plat du jour à prix raisonnable.

À l'ouest de la praça Mauá s'étend le ***boulevard Olímpico,*** parcouru par le tout récent tram VLT et bordé des ***plus grands graffiti muraux au monde,*** une œuvre impressionnante réalisée pour les JO de 2016 par Eduardo Kobra. Intitulée « Paix entre les peuples », elle couvre quelque 2 600 m² et représente 5 visages emblématiques des 5 continents, pour symboliser les 5 anneaux olympiques. Pour l'anecdote, il a depuis battu son record... pour une publicité.

***Aqua Rio*** *(plan I, A-B1)* **:** *praça Muhammad Ali (Gambôa). ☎ 3613-0700. • aquario.rio • Ⓜ Presidente Vargas. Tlj 10h-18h (17h la caisse). Entrée : 110 Rls ; réduc enfants 3-11 ans.* Le plus grand aquarium d'Amérique du Sud, avec 28 bassins regroupant quelque 350 espèces marines, la plupart originaires des côtes brésiliennes : gracieuses méduses, étoiles de mer écarlates, anguilles, murènes, poulpes, poissons écureuil et scorpions, hippocampes, superbes poissons-clowns, mais aussi de magnifiques bestioles caribéennes, d'Asie du Sud-Est et des « bébés-poissons »... en plus, bien sûr, du classique tunnel à raies et requins... de plusieurs millions de litres d'eau. Beau, certes, mais le prix d'entrée est vraiment gonflé !

***Mosteiro de São Bento*** *(plan I, C1)* **:** *rua Dom Gerardo, 68. ☎ 2206-8100. • osb.org.br • Ⓜ Uruguaiana. Près de la praça Mauá, à la pointe nord du Centro. Accès à pied ou en ascenseur (dans le hall au nº 40 de la rue Dom Gerardo - 5<sup>e</sup> étage). Église ouv tlj 6h30-18h30.* On parvient sur un parvis où se dresse la petite église, une des plus belles de la ville, de ce couvent fondé en 1641 par les moines bénédictins. La simplicité de la façade tranche avec l'exubérance et la richesse des boiseries à l'intérieur. La nef, tout en rouge et or, est remarquable.

➢ Tout près de São Bento, de l'autre côté de la place Mauá, dans le quartier de Saúde, le ***morro da Conceição*** rappelle l'histoire des 1<sup>ers</sup> colons qui surveillaient la baie depuis la butte. Quelques édifices historiques ont subsisté, dont le ***palácio da Conceição*** (petit musée à visiter, mais c'est plutôt pour la balade dans le quartier). C'est dans la favela da Conceição, à l'arrière de ce quartier et en haut de la colline, que fut tourné le film *Orfeu Negro,* de Marcel Camus.

***Igreja Nossa Senhora da Candelária*** *(plan I, C1-2)* **:** *praça Pio X. ☎ 2233-2324. Ⓜ Uruguaiana. Lun-ven 7h30-15h50, sam 9h-12h, dim 9h-13h.* Une des églises les plus riches de Rio, fondée en 1609 à la suite d'un naufrage. L'édifice actuel date de 1775 et a été achevé à la fin du

## LE MASSACRE DE LA CANDELARIA

*C'est devant cette église que, le 23 juillet 1993, une milice composée en partie de policiers ouvrit le feu sur un groupe d'enfants des rues. 8 d'entre eux trouvèrent la mort, des dizaines d'autres furent gravement blessés. La nouvelle eût un retentissement international. À titre d'exemple, Michael Jackson décida d'annuler le 1<sup>er</sup> concert sud-américain de sa tournée* Dangerous World Tour *prévu à Rio.*

LE SUD-EST

XIXe s. Il présente une façade baroque et des éléments néo-Renaissance. Intérieur couvert de marbre polychrome, contrairement à la tradition portugaise où les ornements principaux sont souvent en bois. Belle sacristie, sculptures en jacaranda.

**Centro cultural Banco do Brasil** *(CCBB ; plan I, C2) : rua 1° de Março, 66. ☎ 3808-2020. Ⓜ Uruguaiana. Tlj 9h-21h, sauf mar. GRATUIT.* En continuant l'avenida Presidente Vargas vers le littoral, on parvient à cet imposant édifice, siège de la *Banco do Brasil* jusqu'en 1986. Le hall, formé de gigantesques colonnes de marbre et d'une coupole de verre, est superbe. Bonne librairie, concerts gratuits, cinéma, théâtre, expos temporaires en général de qualité, salon de thé-resto. Cela vaut la peine d'y passer.

Presque en face, la **Casa França-Brasil** *(plan I, D1) : rua Visconde de Itaboral, 78. ☎ 2332-5275. • casafrancabrasil.rj.gov.br • Tlj 10h-20h, sauf lun. GRATUIT.* Elle date de 1820 et hébergea la 1re mission artistique française au Brésil. De style néoclassique, cette belle bâtisse, qui servit par la suite de douane, abrite régulièrement des expositions temporaires souvent intéressantes (photos, artisanat local...).



➢ Entre la *Banco do Brasil* et la praça 15 de Novembro, on entre là dans un carré de rues pavées, les plus anciennes de la ville, avec leurs lampadaires qui font le grand écart entre les maisonnettes rescapées du XIXe s. Très animé en fin de semaine. Au bout de la travessa do Comércio, on aperçoit l'*arco do Telles,* ancien passage qui mène à la **praça 15 de Novembro,** appelée plus communément *praça 15 (praça kinns').* Le week-end, sympathique brocante *(9h-19h).*

**Centro cultural Paço imperial** *(palais impérial ; plan I, D2) : praça 15 de Novembro, 48. ☎ 2215-2093. Ⓜ Carioca. Tlj 12h-19h, sauf lun. GRATUIT.* C'est l'ancien palais du vice-roi du Brésil. En réalité, ce bâtiment colonial fut édifié en 1743 pour être la résidence du gouverneur. Lorsque le roi du Portugal, João VI (et sa cour), se réfugia au Brésil le 8 mars 1808, après l'invasion du Portugal par les troupes de Napoléon, il en fit sa demeure. C'est aussi ici que la princesse Isabel signa en 1888 l'abolition de l'esclavage au Brésil. Après l'instauration de la république en 1889, le palais servit aux postes. Aujourd'hui, il abrite un cinéma alternatif, une bibliothèque, un café très agréable et des expositions au 2e étage.

**Palácio Tiradentes** *(plan I, D2) : rua 1° de Março. ☎ 2588-1251. • palaciotiradentes.rj.gov.br • Ⓜ Carioca. Tlj 10h (12h dim)-17h. GRATUIT.* Derrière le *Paço,* voici la chambre des députés de l'État de Rio, construite en 1992. On peut visiter les lieux aux heures d'ouverture, excepté pendant les sessions parlementaires (les mardi, mercredi et jeudi à partir de 14h). Juste en face, une statue du martyr Tiradentes (une ville porte son nom dans le Minas Gerais). Celui-ci prit la tête du mouvement révolutionnaire *Inconfidência* en rébellion contre le pouvoir colonial.

**Museu histórico nacional** *(plan I, D2) : praça Marechal Âncora. ☎ 3299-0324. • museuhistoriconacional.com.br • Mar-ven 10h-17h30, w-e et j. fériés 13h-17h. Fermé lun. Entrée : 10 Rls ; réduc ; gratuit dim.* Dans le quartier du Castelo. Situé dans un splendide édifice, construit sur l'emplacement d'un vieux fort (1603) dont les souterrains étaient utilisés comme prison militaire. Différentes constructions ajoutées aux XVIIe et XVIIIe s, lorsqu'il servit tour à tour d'arsenal militaire puis de fabrique d'armes. Panorama de l'histoire et des traditions du Brésil, notamment armes, peintures, vaisselle de toutes les époques, mobilier et un superbe carrosse de Dom Pedro II.

**Palácio da Ilha Fiscal** *(plan d'ensemble) : sur une île, face à l'espace culturel de la Marine (av. Alfredo Agache ; plan I, D1), d'où vous prendrez le bateau (seulement jeu-dim à 12h30, 14h et 15h30 ; embarquement 15 mn avt). ☎ 2233-9165. Visites guidées : 30 Rls ; réduc.* Ce petit palais vert amande à l'allure gothique abrita le 1er et dernier bal de l'empire, en novembre 1889, puisque quelques jours plus tard fut proclamée la république. Notez les superbes vitraux représentant Dom Pedro II et la princesse Isabel. Agréable visite et très belle perspective sur les gratte-ciel de Rio.

Retour praça 15 de Novembro : au 12, rua 7 de Setembro, on trouve l'ancienne cathédrale ***N. S. do Carmo da Antiga Sé*** *(plan I, C2 ; lun-ven 7h30-16h, w-e 9h30-12h).* C'est là, le 12 octobre 1822, que Dom Pedro I fut couronné empereur du Brésil. Construite en 1761, elle servit de chapelle royale pendant tout le XIXe s, puis de cathédrale jusqu'à une date très récente. Bel exemple de baroque portugais transplanté au Brésil.

> ***Ruas do Ouvidor, Rosário et alentour*** *(plan I, C-D2)* **:** voici le cœur de Rio. C'est dans ce lacis de rues (désert le dimanche), aux petits commerces colorés, que vous prendrez le pouls de la vie carioca. Les rues do Ouvidor et Rosário sont piétonnes et symbolisent le Rio élégant du XIXe s. Au bout de la rua do Ouvidor (au no 35), la très belle ***igreja N. S. da Lapa dos Mercadores*** *(lun-ven 8h-14h),* dotée de 12 cloches. Alentour, quelques vieux salons de thé ou boutiques rappellent l'ancienne identité bourgeoise de ce quartier, comme en témoigne l'étonnante décoration de la ***Confeitaria Colombo,*** rua Gonçalves Dias, 32, fondée en 1894 (voir aussi « Où manger ? » et « Où boire un verre ? Où sortir ? »). Vous êtes aussi au cœur du ***quartier des libraires et bouquinistes,*** l'occasion de flâner dans de superbes librairies anciennes, certaines avec une sélection de livres en français. Pour les amateurs, la ville édite un petit plan-itinéraire très bien fait, *Roteiro das livrarias do Centro histórico,* qui recense une cinquantaine de librairies anciennes et les principaux monuments du centre historique.

## AU PIED DE LA LETTRE...

*Au XIXe s, la rua do Ouvidor dénombrait près d'une centaine de magasins appartenant à des Français et qui avaient des noms évocateurs : la tour Eiffel, le Palais-Royal, l'Opéra. À cette époque, les 2 plus grandes librairies de Rio étaient françaises... Mais ce n'est pas tant pour ses belles-lettres que la France fit parler d'elle qu'en raison du grand nombre de prostituées en provenance de l'Hexagone. Les envoyer à Rio se disait « Faire le Brésil » chez les marlous de l'époque...*

***Saara*** *(plan I, B-C2)* **:** *entre les ruas Alfândega (au nord) et Buenos Aires (au sud), dos Andradas (à l'est) et praça da República (à l'ouest). Commerces ouv lun-ven 9h-18h, sam jusqu'à 14h.* Un micro-quartier qui concentre une foule de petits commerces. Saara signifie en réalité « Société des amis et voisins de la rua Alfândega ». Fondée en 1962, elle rassemble près de 600 commerçants ! Un véritable royaume du bric-à-brac : vêtements et chaussures bon marché (un bon plan d'ailleurs pour se fournir en tongs *Havaianas* !), alimentation, disques, etc. Sympa de prendre, au coin des rues animées, un verre de *chá maté* ou un jus de fruits au comptoir d'une *lanchonete.*

***Real Gabinete Português de Leitura*** *(plan I, C2)* **:** *rua Luis de Camões, 30. ☎ 2221-3138. • realgabinete.com.br • Lun-ven 9h-18h. Fermé le w-e. GRATUIT.* Superbe bibliothèque datant du XIXe s, construite dans le style « manuelino ». Façade ornementale avec les statues de Luis de Cabral, de Camões, dom Henrique et Vasco de Gama. Inaugurée en 1887 par la princesse Isabel, elle abrite 350 000 livres anciens, dont quelques rares manuscrits portugais du XVIe s, et des centaines de cartes géographiques, ainsi qu'une importante collection numismatique. À l'intérieur, éléments ornementaux, bois sculpté, fer forgé et vitraux. Peintures de Rodolfo Bernardelli, Texeira Lopes, etc. C'est dans cette salle monumentale qu'eurent lieu les 1res sessions de l'Académie des lettres au Brésil.

> ***Largo da Carioca*** *(plan I, C2)* **:** *vaste place située entre la rua da Carioca et l'av. Almirante Barroso.* Ⓜ *Carioca.* L'après-midi, vendeurs et artistes de rue s'y donnent rendez-vous. Le quartier est composé d'une série de grands buildings, dont ceux de la *Banco do Brasil,* de *Pétrobras* et de la *banque de Développement du Sud-Est.* Ces 3 établissements sont surnommés « le Triangle des Bermudes », car on dit que c'est là que disparaît une bonne partie de l'argent du pays...

★ ***Igreja e convento de Santo Antônio*** *(plan I, C2) : largo da Carioca. ☎ 2262-0129. • conventosantoantonio.com.br • Ⓜ Carioca. Lun-ven 8h (7h mar)-18h, sam 8h-11h. Fermé dim.* C'est une des plus anciennes églises de Rio, construite entre 1608 et 1620. Chœur très ouvragé recouvert à la feuille d'or. Dans la sacristie, sol en marbre de Carrare, remarquable meuble à tiroirs en jacaranda, murs couverts d'azulejos et beau plafond avec tableaux enchâssés dans des caissons dorés.

★★★ ***Igreja de São Francisco da Penitência*** *(plan I, C2) : largo da Carioca, 5. Difficile à trouver car l'église est en hauteur. Le plus simple est de se poster sur le largo da Carioca et de lever la tête ! ☎ 2262-0197. Mar-ven 9h-12h, 13h-16h, sam 9h-12h. Fermé dim. Accès payant : 10 Rls.* Un des joyaux du baroque brésilien, d'une richesse époustouflante. Couverte d'or de pied en cap, l'église fut construite entre 1622 et 1657, et l'intérieur terminé entre 1726 et 1739. Sur le plafond du chœur et de la nef centrale, 1res peintures en perspective du Brésil. Belles chaires latérales couvertes d'or. La taille modeste de l'église accentue la lourdeur de l'ensemble. Jetez également un œil à la sacristie. Petit *musée d'Art religieux.*

➢ ***Rua da Carioca*** *(plan I, C2) : commence au largo da Carioca et se termine praça Tiradentes.* Rue très commerçante, possédant de vieilles maisons aux façades décorées de moulures, petits balcons... Plusieurs boutiques d'instruments et de partitions de musique brésiliens (*bérimbau, cavaquinho,* percussions en tout genre). C'est ici que, tous les ans en novembre, le *rei Momo* (roi du carnaval) est choisi. C'est là également que l'on trouve le *Bar Luiz* (nº 39), la plus ancienne brasserie de Rio, ouverte en 1887 (voir « Où manger ? »).

➢ ***Praça Floriano*** *(plan I, D3) :* plus communément appelée *praça Cinelândia,* cette grande place au cœur du quartier des théâtres et des cinémas est ornée de statues d'hommes illustres, dont celle du maréchal Floriano Peixoto, 2e président de la République, ou encore celle de Francisco Serrador, créateur de Cinelândia, un quartier où les SDF viennent trouver refuge, si l'on peut dire. Super animation en fin d'après-midi. Terrasses de cafés bondées.

★★ Sur la place, on remarque le ***Theatro municipal*** *(plan I, C3),* construit en 1909 dans le style de l'Opéra de Paris et récemment restauré (les dorures extérieures, en particulier). Au début du XXe s, il constituait l'un des édifices les plus extravagants de la ville. L'escalier qui mène à l'étage est richement décoré par de grands noms de la peinture brésilienne de la fin du XIXe et du début du XXe s, notamment Henrique Bernardelli et Eliseu Visconti. *☎ 2332-9220. • theatromunicipal.rj.gov.br • Visites guidées mar-ven à 12h, 14h30, et 16h ; sam et j. fériés à 11h, 12h et 13h. Fermé dim-lun. Tarif : 20 Rls ; réduc. Tickets à retirer 30 mn avt à la billetterie située av. 13 de Mayo (sur le côté gauche).*

★★ ***Biblioteca nacional*** *(plan I, D3) : av. Rio Branco, 219. ☎ 3095-3993. • bn.gov.br • Ⓜ Cinelândia. Lun-ven 9h-18h, sam 10h30-15h. Fermé w-e. Visite guidée 10h-17h. GRATUIT (doc d'identité exigé).* Bâtiment de 1910 aux lignes néoclassiques. On y trouve près de 10 millions de documents et livres rares comme une édition originale des *Lusiades (Os Lusíadas, 1572)* de Luís de Camões ou le compte-rendu du procès de Tiradentes. Également de jolies expos temporaires *(payantes).*

★★ ***Museu nacional de Belas Artes*** *(plan I, C-D2-3) : av. Rio Branco, 199. ☎ 3299-0600. • mnba.gov.br • Ⓜ Carioca. Mar-ven 10h-18h, w-e 13h-18h. Fermé lun. Entrée : 8 Rls ; réduc ; gratuit dim.* L'un des meilleurs musées de Rio, créé en 1937. Construit au début du XXe s dans le style Renaissance français, il abrite aussi l'Académie des beaux-arts. Superbes collections d'œuvres brésiliennes et internationales du XVIIe au XXe s. Intéressante section sur l'art africain. Petite collection de gravures de Van Dyck, Goya, Turner, Sisley, Chagall, Picasso et Miró. Section de sculptures avec un bronze de Rodin *(La Méditation).* La galerie du XIXe s a été entièrement rénovée et présente plus de 230 œuvres majeures, peintures, sculptures, dessins, etc., en particulier du peintre brésilien Portinari.

➢ Plus au sud, vous rencontrerez le ***Passeio Público,*** le plus ancien jardin public de Rio (1783), qui fait la jonction avec le quartier de Lapa et mène au parque do Flamengo.

🏃 ***Museu de Arte moderna*** *(MAM ; plan I, D3)* **:** *av. Infante Dom Henrique, 85. ☎ 3883-5600. ● mam.rio ● Ⓜ Cinelândia. Tlj sauf lun 12h (11h w-e et j. fériés)-18h. Entrée : 14 Rls ; réduc ; gratuit le mer.* Abrite des collections d'artistes brésiliens contemporains (essentiellement des peintres, tel Gilberto Chateaubriand, mais aussi le sculpteur australien Ron Mueck) et des expos temporaires.

## Lapa

Ce vieux quartier est composé de ruelles pavées et de petits escaliers pleins de charme, encadrés de vieilles baraques patinées par les ans, où vit une population assez pauvre. C'est l'un des quartiers les plus authentiques de Rio et un lieu important de la vie nocturne. Son aspect se transforme d'année en année, mais Lapa garde son caractère populaire et sa mauvaise réputation de quartier de beuverie et de prostitution (beaucoup de travestis, en fait).

➢ La ***rua da Lapa*** (qui commence au largo da Lapa et finit rua da Glória) est bordée de belles maisons des XVIIIe et XIXe s avec portes à arcade, façades ouvragées dans les tons bleus, verts, orange et balcons en fer forgé.

🏃🏃 ***Arcos da Lapa*** *(aqueduc de Carioca ; plan I, C3)* **:** cet aqueduc fut construit en 1750. Avec ses élégantes arcades à 2 niveaux, il évoque un peu un ouvrage romain. Il servit à canaliser les eaux du rio da Carioca jusqu'à l'arrivée du fameux *Bonde* (tramway) en 1877. Aujourd'hui, l'aqueduc semble un peu perdu au milieu du quartier. Mais, le soir venu, en fin de semaine, les abords reprennent vie, surtout lorsqu'il y a un concert ou un spectacle au *Circo Voador,* installé au pied des arches (voir « Où écouter de la musique ? Où danser ? »). On trouve aussi de nombreux bars musicaux dans l'avenida Mem de Sá.

🏃🏃 Ne pas rater l'***escadaria Selarón,*** escalier entièrement couvert de céramiques, qui part de la rua Manuel Carneiro, perpendiculaire à Joaquim Silva *(plan I, C3).* Il fait la jonction entre les quartiers bouillonnants de Lapa, au cœur de la vie nocturne, et le quartier bohème de Santa Teresa. Œuvre d'un artiste un peu fou d'origine chilienne, Selarón, décédé brutalement en 2013. Cet artiste peintre et céramiste a œuvré ici pendant près de 20 ans, décorant minutieusement cet escalier de 215 marches devant lequel il habitait. Il a utilisé des milliers de céramiques et azulejos venant de tous les pays, dont certains très anciens, envoyés par les visiteurs et passants du monde entier. Il n'était pas rare de croiser Selarón en train de dessiner assis sur les marches ou de coller un ou 2 carreaux de faïence... Son décès a choqué la population carioca qui en avait fait une figure locale, voire nationale depuis le classement de l'*escadaria Selarón* aux Monuments historiques, en 2005. Le résultat reste spectaculaire et superbement coloré, même si la foule envahit les lieux chaque jour et que la faune des rues alentour n'est pas toujours des plus recommandables.

🏃 ***Catedral Metropolitana*** *(plan I, C3)* **:** *av. República do Chile, 245. ☎ 2240-2669. Ⓜ Carioca. Tlj 7h-17h. Messes mar-sam à 12h et dim à 10h.* Construit entre 1964 et 1976, cet immense édifice en béton issu du courant brutaliste (si, si !) de l'architecture dite moderniste évoque plutôt une pyramide maya futuriste, ce qui d'ailleurs était plus ou moins l'intention de départ. Même si l'architecte n'est pas Niemeyer mais Edgar da Fonseca, il aurait peut-être été plus à sa place à Brasília. Cela dit, sachez qu'avec ses 86 m de hauteur, il peut accueillir jusqu'à 20 000 personnes. À l'intérieur, voir ses immenses vitraux, notamment les 4 qui se trouvent tout en hauteur et symbolisent respectivement l'Église unique (vert), sainte (rouge), catholique (bleu) et apostolique (jaune). Au sous-sol, petit *musée d'Art sacré.*

## *SANTA TERESA (zoom)*

⚑⚑⚑ ⇚ Pour s'y rendre, même s'il est cher, prendre absolument le tramway *(Bonde)* qui fait totalement partie de l'histoire du quartier. Sinon, bus n^os^ 006 et 014 depuis la praça Floriano dans le Centro (*plan II, E5* ; ticket combiné avec le métro). Santa Teresa est le quartier le plus charmant du centre, avec ses ruelles exclusivement pavées qui grimpent dur, son tram à l'ancienne, ses vieilles maisons coloniales et ses petites adresses pleines d'atmosphère. On vous conseille, entre autres, de flâner dans les rues ***Almirante Alexandrino, Paschoal Carlos Magno*** et de pousser jusqu'au charmant ***largo das Neves*** (*zoom*). De l'autre côté, ne pas manquer le ***parque das Ruinas*** avec son ***museu da Chácara do Céu*** (voir ci-après) et son superbe point de vue sur la baie de Guanabara.

### L'ÂME DU QUARTIER

*Longtemps, le Bonde, avec ses grappes de gamins agrippés à ses marchepieds sans souci de sécurité, était un vrai spectacle en soi. Malgré de nombreux appels pour sa rénovation, le tram s'écrasa contre un mur un jour de 2011 et fit plusieurs morts, dont Nelson, le chauffeur, devenu une icône à Santa Teresa. Après 4 ans de travaux, une réplique moderne du Bonde a succédé à l'ancien, et il est dorénavant impossible de s'agripper aux marchepieds, devenus rétractables...*

⚑⚑ ⇚ ***Museu da Chácara do Céu*** (*zoom*) : *rua Murtinho Nobre, 93. ☎ 3970-1093. • museuscastromaya.com.br • Depuis la station du Bonde, largo do Curvelo, prendre la rampe sur la gauche, c'est au bout de la rue. Tlj 12h-17h, sauf mar et j. fériés. Entrée : 6 Rls ; gratuit pour les - de 12 ans et les + de 65 ans, et pour ts le mer.* Au sommet d'une colline, entouré d'un agréable parc d'où l'on a une vue unique sur Rio, voilà un joli but de balade. Collections dans une très belle maison ayant appartenu à l'industriel et mécène Raymundo Ottoni de Castro Maya, un Brésilien qui avait passé son enfance en France. Y sont exposés de grands peintres brésiliens : Visconti, et surtout Portinari. Également des tableaux de De Vlaminck, Courbet, Van Dongen, Picasso. Au dernier étage, des peintures de Rio au XIX^e^ s. Dans la grande bibliothèque, notez les œuvres complètes de Gide et les nombreux ouvrages en français. Intéressant mobilier des XVII^e^ et XIX^e^ s et petite collection d'art asiatique. Expos temporaires aussi.

## *URCA, BOTAFOGO, LARANJEIRAS ET LE PARQUE NACIONAL DA TIJUCA (plan II)*

### Pão de Açúcar (Pain de Sucre ; plan II, H6)

⚑⚑⚑ 👪 ⇚ *Av. Pasteur, 520, praça General Tiburcio, praia Vermelha. Infos : ☎ 2546-8433. • bondinho.com.br • Ⓜ Botafogo, puis prendre l'extension aérienne* (Integração Bus) *jusqu'à Urca. En bus depuis le Centro (rua Senador Dantas), Flamengo (praia de Flamengo) et Botafogo (praia de Botafogo), prendre le n° 107 ; de Copacabana (av. N. S. da Copacabana), d'Ipanema (rua Visconde de Pirajá) et de Leblon (av. Ataulfo de Paiva), le n° 582. Tlj 8h-21h (19h30 pour la billetterie). Tarif : 105 Rls A/R par CB aux machines ou sur Internet et 116 Rls aux guichets ; réduc ; gratuit - de 6 ans. Plein d'autres formules et tours guidés (plus chers, bien sûr, mais remise de 10 % par Internet). Départ des téléphériques ttes les 20 mn ou lorsqu'ils sont pleins.*

L'une des visites incontournables, même si c'est la foule et que le prix du billet augmente d'année en année. Pour ces 2 raisons, ***on vous conseille d'acheter votre billet sur Internet.*** Meilleur moment pour la visite : tôt le matin ou 1h avant le coucher du soleil. Éviter bien sûr les jours trop nuageux.

➢ On y accède par ***2 téléphériques successifs.*** Il est toutefois possible d'accéder à pied au 1er niveau, mais ça grimpe sec ! Pour les sportifs (déconseillé aux enfants) qui veulent tenter l'ascension, pas de départ après 17h (un militaire veille). Le chemin (la *pista Claudio Coutinho*) se prend à l'entrée du site militaire lui-même, situé à gauche de la plage la plus proche de l'entrée du téléphérique. On marche quelques centaines de mètres sur un chemin bitumé (colline à gauche, mer à droite), jusqu'à trouver une pancarte qui indique un sentier raide dans la forêt. Tout est matérialisé par des rondins de bois et la montée (parfois abrupte, avec passages nécessitant corde et baudrier) prend 30 à 40 mn. Une fois à la 1re station, il faut acheter son billet pour le 2d téléphérique (65 Rls ; réduc) jusqu'au sommet.
– Le 1er téléphérique vous mène, en 3 mn, au *morro da Urca* (220 m) à la vitesse de 22 km/h, où l'on peut voir les vestiges du téléphérique – en bois –, qui fut en service de 1912 à 1972, ainsi que le siège du plus luxueux bal du carnaval.
– Depuis le *morro da Urca,* le 2d téléphérique mène au Pain de Sucre proprement dit (396 m) à 36 km/h. Le parcours total est de 1 400 m et s'effectue en 6 mn.
S'il est communément admis que le nom de cette montagne provient de sa ressemblance avec un pain de sucre, une autre théorie veut que *pão de açúcar* soit une déformation du nom indien *Pau-nh-Acuqua* qui signifierait « montagne haute, pointue et isolée ». Les marins normands qui s'installèrent dans la baie de Guanabara en 1555 surnommèrent, quant à eux, ce morne exceptionnel le « pot de beurre ».
D'en haut, la vue est grandiose et très différente de celle que l'on a depuis le Corcovado. Côté sud et ouest, le regard porte très loin et permet de voir l'harmonieuse *baie de Copacabana* et, au-delà, les *plages d'Ipanema, Leblon,* etc. Sans oublier bien sûr, plein ouest, le *Christ du Corcovado.* Côté nord, la *plage de Flamengo* et son parc (tout ce qui est vert a été gagné sur la mer en 1965). On voit très bien l'*aéroport Santos-Dumont* (les avions volent plus bas que le Pain de Sucre), le *Centro* hérissé d'immeubles, la *nouvelle cathédrale,* etc., Par beau temps, possibilité de voir *Niterói,* de l'autre côté de la baie, et le pont de 14,5 km de long. Derrière les boutiques, joli jardin pour pique-niquer et beaux points de vue, mais gare aux singes chapardeurs !

### « RIVIÈRE DE JANVIER »

*Sur la pointe de terre la plus proche, à l'entrée de la baie de Guanabara, on note une forteresse construite par les Portugais. C'est là que les vaillants navigateurs se sont fièrement engagés le 1er janvier 1502 et, pensant avoir affaire à un fleuve, baptisèrent le site Rio de Janeiro.*

## ***Urca*** *(plan II, H5-6)*

Au pied du Pain de Sucre, le quartier d'Urca est un paisible lieu de promenade. Le quartier est calme, sûr... et riche. Il rassemble quelques superbes demeures et immeubles de style Art déco. Il y a même quelques toutes petites plages, la mer est belle, mais on vous déconseille d'y faire trempette car l'eau n'est pas d'une grande propreté.

## ***Botafogo*** *(plan II, F-G6)*

Pas grand-chose à visiter, mais une atmosphère populaire et tranquille, quelques vieux immeubles Belle Époque et des villas cossues, avec toujours le Christ qui apparaît au coin des ruelles arborées. C'est aussi depuis la plage de Botafogo que l'on a une vue imprenable sur le Pain de Sucre.

***Museu do Índio*** *(plan II, F6)* **:** *rua das Palmeiras, 55. ☎ 3214-8705. ● museudoindio.gov.br ● Mar-ven 9h-17h30, w-e et j. fériés 13h-17h. Fermé lun. GRATUIT.* ***Attention, le musée était fermé pour rénovation en 2019, se renseigner avt d'y***

LE SUD-EST

*aller.* Dans un bel édifice de 1880, représentatif de l'architecture de Botafogo à cette époque, ce musée administré par la Funai (Fundação nacional do Índio – Fondation nationale des Indiens) abrite de riches collections relatives à la vie des Indiens de l'Amazonie, du Pará, du Maranhão : instruments de musique, céramiques, armes, photographies. Sympa à visiter avec les enfants. Belle boutique d'artisanat indien.

## *Cristo Redentor do Corcovado (Christ rédempteur du Corcovado ; plan II, E6)*

Autre visite indispensable pour comprendre la topographie de la ville (à effectuer par beau temps, donc)... et surtout pour jouir du fabuleux panorama sur la baie de Rio ! La grande statue du Christ rédempteur du Corcovado domine la ville du haut de ses 704 m. Elle ouvre d'autres points de vue que le Pain de Sucre et en perd quelques-uns. L'avantage, c'est que du Christ on le voit, le Pain (et vice versa). « Corcovado », qui signifie « bossu » en portugais, est le nom donné à la montagne. ***À savoir :*** environ 600 000 personnes grimpent au sommet du Corcovado chaque année, donc parfois pas mal d'attente à prévoir si vous comptez emprunter le funiculaire... surtout en haute saison ! Il est ainsi très conseillé à cette période, si vous optez pour la montée en funiculaire, d'acheter vos billets à l'avance, ceux-ci permettant d'éviter la file devant la billetterie générale.

LE SUD-EST

*Comment y aller ?*

➢ Il faut se rendre à l'*Estrada de Ferro Corcovado (plan II, F5)* situé à ***Cosme Velho,*** d'où montent le funiculaire et des minibus jusqu'au Christ. Prendre le métro jusqu'à la station *Largo do Machado* et remonter la longue rua das Laranjeiras jusqu'au départ du funiculaire, soit à pied (compter quand même 20-25 mn), soit avec les bus n[os] 422 ou 507, soit encore en taxi (pas très cher). Possibilité aussi de prendre un bus direct jusqu'à Cosme Velho depuis certains quartiers de Rio, comme les bus n[os] 570, 583 ou 584 depuis Copacabana ou Ipanema.

➢ Ensuite, 2 possibilités pour se rendre au Christ.

– ***En funiculaire*** *(trem do Corcovado)* **:** *fonctionne tlj 8h-19h. Départs ttes les 30 mn. Trajet : env 20 mn.* La solution la plus sympa. Inauguré par Dom Pedro II en 1884, ce qui en fait le plus ancien du pays, il permet de faire une délicieuse balade à travers la forêt de Tijuca, jusqu'au sommet du Corcovado.

*Achat des billets*

Sur place, à la billetterie générale, ou à l'avance sur Internet, par carte de paiement, ou encore dans certains points de vente en ville, comme le kiosque du Largo do Machado *(plan II, G4-5)* ; celui de *Riotur* à Copacabana, av. Atlântica, en face de la rua Hilário de Gouveia *(plan III, L7)* ; ou au 1er étage du *Shopping Rio Sul* (accès rua Lauro Muller, *plan II, G6*). Possibilité également d'acheter ses billets dans certains bureaux de poste *(correios),* notamment ceux des aéroports et à Copacabana (voir « Adresses et infos utiles »). L'avantage de l'achat par anticipation, donc, c'est qu'on bénéficie d'un billet coupe-file à date et heure fixes.

*Tarifs : 65-79 Rls A/R (sem ou w-e et j. fériés) ; réduc 5-11 ans ; gratuit - de 5 ans. Entrée au Christ incluse. Infos : ☎ 2558-1329. • tremdocorcovado.rio •*

– ***En minibus :*** départ sur la place qui jouxte l'arrêt du funiculaire. Ils montent au sommet du Corcovado. Souvent moins d'attente que le funiculaire (si vous n'avez pas acheté votre billet à l'avance) car ils partent en continu, dès qu'ils sont pleins. Le trajet se fait en 2 temps, avec changement. Le 1er trajet vous hisse jusqu'à *Paneiras* (avec parfois un arrêt photos en route au *Mirante Dona Marta*), et le 2[d] de Paneiras jusqu'au Christ. *Compter 65-75 Rls A/R (sem ou w-e), entrée au Christ incluse.*

– ***À pied :*** en principe, il est possible d'effectuer l'ascension en 2h au départ du *parque Lage (plan II, E6)* après s'être fait enregistrer par un garde. Dernier départ à 15h30. Attention, ça grimpe dur, surtout sous le soleil. Arrivé là-haut, vous paierez seulement le billet d'entrée à environ 30 Rls pour voir le Christ.

*Visite du site*

La construction du Christ rédempteur fut voulue par l'ingénieur brésilien Heitor Silva Costa, et la statue dessinée par Carlos Oswald puis exécutée grâce au ciseau du sculpteur français Paul Landowski. Elle fut façonnée dans le studio de l'artiste à Boulogne-Billancourt, puis transportée en pièces détachées. En fait, le sculpteur ne mit jamais les pieds au Brésil ! Le Christ mesure 30 m de haut, repose sur un piédestal de 8 m et pèse 700 t ! Chacune des mains mesure 3,20 m et pèse 8 t. La vue est inoubliable (si ce n'est plus !), et vous ne serez pas seul à en profiter. Une boutade populaire assure que si le Christ a les bras ouverts, c'est qu'il attend que les Cariocas se mettent à travailler pour applaudir. Bien sûr, les mauvaises langues disent que ce sont les Paulistas (habitants de São Paulo) qui la colportent...

*Escaliers roulants et ascenseurs facilitent l'accès au pied de la statue. Cafés et, bien sûr, une chapelle.*

### CIRCUIT COURT

*Commencé en 1922 et après quelques déboires lors de sa construction, le Christ du Corcovado fut finalement inauguré le 12 octobre 1931. À cette occasion, les officiels décidèrent de faire illuminer le Christ à distance, par le célèbre Marconi, inventeur de la TSF. Ainsi, depuis sa résidence italienne (!) et par un astucieux système de relais passant par l'Angleterre, le physicien tenta-t-il d'illuminer Jésus. Quelle prétention ! Mais il n'y eut pas de miracle, la technique n'était pas au point, et l'on dut finalement éclairer le Christ en circuit court !*

## ***Parque nacional da Tijuca*** *(plan II, E5-6)*

Le parc national de Tijuca, à la végétation luxuriante, est cette masse verte et montagneuse située au sud de la ville, entre les quartiers touristiques et Barra da Tijuca. C'est la plus grande forêt urbaine au monde. Elle sert de point zéro à la ville, déterminant les différents secteurs de Rio et, surtout, elle lui permet de l'alimenter partiellement en eau et d'absorber un peu de pollution atmosphérique. Le Christ du Corcovado se situant sur la route d'accès côté est, on peut en profiter pour visiter ce dernier si on monte par là.

- ***Accès :*** *tlj 8h-17h (18h en été). GRATUIT.*
- ***Conseils :*** pour des raisons de sécurité, effectuez ces visites de préférence le week-end, vous serez moins isolé. Une bonne option consiste à passer par une des agences qui organisent des tours (« Adresses et infos utiles. Agences de tourisme »). Enfin, si quelques portions peuvent se parcourir à pied, un véhicule est indispensable.

Voici 2 circuits intéressants.

➢ *Par Cosme Velho :* si vous séjournez à Copacabana, Flamengo ou Botafogo, c'est la route que vous emprunterez. En chemin, vous traverserez le quartier de *Laranjeiras,* très plaisant, plein de verdure, où les « barons du café » firent bâtir de somptueuses demeures. En grimpant, on passe à proximité du Christ du Corcovado, puis on traverse une luxuriante forêt pour rejoindre le quartier d'Alto da Boa Vista, à l'autre bout du parc, côté ouest. Avant d'arriver là, possibilité de bifurquer à droite pour suivre un sentier pédestre qui mène au ***pico da Tijuca*** (1 022 m). Si le cœur vous en dit, compter alors 1h30 de marche. Ça grimpe sec, mais la vue est superbe. D'Alto da Boa Vista, on redescend vers le *Jardim Botânico* en passant par le Mesa do Imperador et la Vista Chinesa, qui offrent eux aussi de splendides panoramas.

➢ *Par le Jardim Botânico :* ceux qui résident à Ipanema ou Leblon emprunteront la route du *Jardim Botânico* à l'aller. Prendre alors l'entrada dos Macacos avant de rejoindre Alto da Boa Vista. Puis redescendre par la route qui mène au Christ du Corcovado et au quartier de Cosme Velho.

## *GLÓRIA, CATETE ET FLAMENGO* *(plan II)*

Encore des quartiers à découvrir à pied. Entre mer et montagne, Glória, Catete et Flamengo étalent leurs enchevêtrements d'immeubles anciens et modernes (années 1950 en général), Art déco pour certains.

***Parque Aterro do Flamengo*** *(plan II, G4-5)* **:** *au sud de Glória et au nord de Botafogo, le long de la mer jusqu'au port de plaisance de Glória.* • *parquedoflamengo.com.br* • Ce parc situé entre les immeubles et l'océan est une succession de jardins qui communiquent par diverses passerelles. Dessiné par le paysagiste Burle Marx, il abrite jardins suspendus, terrains de sport, « village des enfants », théâtre de marionnettes et piste cyclable. On y trouve le *musée d'Art moderne* (côté nord) et divers monuments. Un endroit très prisé des Cariocas en fin d'après-midi et le week-end. À éviter toutefois le soir, en particulier lorsqu'on se rapproche du port...

***Igreja N. S. da Glória do Outeiro*** *(plan II, G4)* **:** *praça da Glória. ☎ 2225-2869. Ⓜ Glória. Mar-ven 9h-12h, 13h-17h ; w-e 9h-12h. Fermé lun.* Un des symboles coloniaux de Rio. On entre par la charmante sacristie décorée d'azulejos, sur le côté gauche derrière l'église, après avoir gravi quelques marches. Les flancs de l'église sont également ornés d'azulejos. Intérieur assez dépouillé, typique de l'époque coloniale. Belle vue panoramique sur la baie.



➢ Poursuivre ensuite la ***ladeira de Nossa Senhora,*** jusqu'à trouver des escaliers sur la droite. Ils permettent de rejoindre la rua do Catete en passant par des rues calmes, bordées de belles demeures.

***Museu da República – Palácio do Catete*** *(plan II, G4)* **:** *rua do Catete, 153. ☎ 2127-0324.* • *museudarepublica.museus.gov.br* • *Ⓜ Catete. Mar-ven 10h-17h, w-e et j. fériés 11h-18h. Fermé lun. Entrée : 6 Rls ; réduc ; gratuit mer et dim.* Ancien siège du gouvernement fédéral, construit en 1867, il servit de 1897 à 1960 de résidence présidentielle. À présent, il abrite le *musée de la République* : meubles, objets, portraits, documents, etc. Vous verrez notamment la chambre où le président Getúlio Vargas mit fin à ses jours en 1954 (son revolver et son pyjama y sont exposés !).

## *LES PLAGES : COPACABANA ET LEME, ARPOADOR, IPANEMA ET LEBLON* *(plan III)*

### Copacabana

Un quartier balnéaire au nom légendaire ! Longue d'environ 3 km, la plage de Copacabana s'étire entre une pointe de terre qui porte le Pain de Sucre au nord-est et la pointe d'Arpoador au sud-ouest.
À l'origine, il y avait la *Mata Atlântica* et les natifs. Plus tard, les Portugais y construisirent un petit village de pêcheurs (Sacopenapa) où les Cariocas venaient en pèlerinage rendre hommage à Notre-Dame de Copa Caguana. Le nom se déforma ensuite en Copacabana, mais ce n'est qu'au début du XXe s qu'il entra dans la légende avec la construction du *Copacabana Palace,* un des 1ers hôtels de luxe en Amérique du Sud. En 1924, un raz-de-marée emporta la chaussée devant l'hôtel. Une broutille !
Au fil des ans, ce paisible quartier résidentiel prit de l'ampleur. On y construisit une série d'immeubles s'ordonnant autour de 2 axes : l'avenida Atlântica, gagnée sur la mer, et l'avenida Nossa Senhora de Copacabana, très animée, mais polluée et bruyante aux heures de pointe. Les habitants de Copacabana appartiennent à la classe moyenne (professions libérales, enseignants, etc.) et, de plus en plus, à la classe populaire. Ajoutez les marchands ambulants venus des favelas voisines, quelques poignées de mendiants, et vous obtenez le cocktail le plus singulier de toute la zone sud. Aujourd'hui, Copacabana a un peu perdu de son aura, mais reste un lieu incontournable.
Tous les matins, jusqu'à midi, à l'extrémité de la plage en face du *Sofitel,* les pêcheurs de Copa vendent la pêche de la nuit. On y croise des mamies qui négocient ferme

ou les coureurs du matin qui y font leur pause. Puis, toute la journée, une foule mélangée de promeneurs branchés comme décontractés, de joggeurs bodybuildés comme grassouillets arpentent le bord de mer, disputent des parties de beach-volley ou sirotent un verre dans l'un des nombreux kiosques alignés au bord de l'eau.
– ***Bon à savoir :*** jusqu'à 10h l'avenida Atlântica n'est ouverte à la circulation que dans le sens Copacabana-centre de Rio, pour permettre aux employés du Centro d'arriver plus vite au bureau.
– En « hiver » (juin-août), la vie nocturne se cantonne autour des restos et des boîtes.
– *Attention :* la partie la moins sûre de Copacabana se situe entre le *posto* 2 et le *posto* 3 (secteur autour de la discothèque *Help* et des bars à strip-tease) et à l'approche des hôtels de luxe.

***Forte de Copacabana*** *(plan III, K8)* **:** *praça Cel. Eugênio Franco, 1 ; posto 6. ☎ 2522-4460. • fortedecopacabana.com • Tlj 10h-20h (18h le musée), sauf lun. Entrée : 6 Rls ; réduc.* Ce fort militaire de 1914, construit pour la défense de Rio, occupe un promontoire rocheux qui marque la limite entre Copacabana et Ipanema. Très belle balade le matin ou en soirée, avec une vue superbe sur Copacabana et la longue plage. Il abrite un musée sur l'histoire (militaire surtout) du pays.



***Museu da Imagem e do Som*** *(MIS ; plan III, K8)* **:** *av. Atlântica, 3432. • mis.rj.gov.br •* ***Réouverture annoncée pour 2020.*** Ce bâtiment de 5 étages a été conçu par les architectes Diller Scofidio et Renfro. Extérieurement, il ressemble à un empilement métallique d'étagères de bureau ! Il devrait prochainement présenter sous forme digitalisée les collections du *Museu Carmen Miranda,* mais aussi proposer un parcours à travers l'histoire culturelle de Rio, et de promouvoir la culture au sens large. Affaire à suivre...

***Edificio Ypiranga*** *(plan III, K8)* **:** *av. Atlântica, 3940. Entre Julio de Castilhos et Francisco Sá. Ne se visite pas.* Difficile de ne pas le remarquer avec sa façade composée de 2 hautes avancées vitrées arrondies. Conçu par Niemeyer et construit en 1930 dans le style Art déco, l'*edificio Ypiranga* fut surnommé « Building Mae West », en raison de ses formes et courbes sensuelles, qui évoquait la pulpeuse star de Hollywood. C'est dans cet immeuble que le pionnier mondial de l'architecture moderniste avait ses bureaux (au 10e étage).

## Les plages *(plan III)*

Peu de grandes métropoles sont capables d'aligner de telles plages de sable fin au cœur de la ville *(plan d'ensemble et plan III).* Cependant, ***les plages de la baie de Guanabara (notamment Flamengo, Botafogo et Urca) étant très polluées, la baignade y est exclue.*** Flamengo est ainsi dévolue aux sports en tout genre revisités en version *beach,* du volley au football américain ! À Botafogo et Urca, on se contentera de regarder les mouvements des voiliers. Ne pas se baigner non plus sur les plages de l'île de Paquetá et de Niterói, de l'autre côté de la baie. En fait, tout le monde se baigne côté océan Atlantique, donc plus au sud, à partir de la plage de Leme...
– ***Rappels :*** à la plage, n'emportez que le minimum d'argent, pas de bijou précieux, ni appareil photo ni passeport, bien sûr. Copacabana – en particulier – est tristement célèbre pour ses pickpockets et ses *malendros* (« filous »), mais inutile de céder à la paranoïa. La règle d'or reste le bon sens : ne pas faire confiance à n'importe qui et ne pas laisser ses affaires sans surveillance.
– ***Bon à savoir :*** avis aux cyclistes amateurs, une interminable piste cyclable longe toutes les plages de la zone sud de Rio. En prime, ***le dimanche,*** toute la moitié de la chaussée est fermée à la circulation automobile, de Flamengo à Leblon. C'est le jour idéal pour arpenter le coin à pied, à vélo, à skate, roller, etc. Pour les locations de vélo, lire plus haut « Transports » en introduction de la ville.

***Leme et Copacabana :*** Leme est une plage tranquille, fermée par le *morro do Leme (plan II, G-H6).* On peut y grimper *(accès 4 Rls)* et profiter du sommet d'une belle vue sur les plages. Copacabana continue à faire rêver des millions de gens dans le monde. C'est la plus longue : environ 3 km. Cependant, elle n'est pas toujours nickel, et la mer peut parfois être dangereuse si le drapeau rouge est hissé (lames de fond). Les lendemains de pluie, le sable y est sale. Si le week-end on vient à la plage plutôt en famille, devant les grands hôtels certaines filles guettent toujours le gringo. Sur la promenade ou les pieds dans le sable, la balade reste très agréable, égayée par les joueurs de volley, de foot, ou par les prouesses des sculpteurs sur sable.

***Arpoador :*** le coin favori des surfeurs, situé à l'extrémité est d'Ipanema. Depuis les rochers, belle vue sur la baie, notamment au coucher de soleil. Parfois de grosses vagues, mais on peut quand même s'y baigner.

***Ipanema*** est nettement plus chic que Copacabana, et les gens y sont plus attentifs à leur look. Si, pour les femmes, les surfaces de tissu se calculent en décimètres carrés, tant pour le haut que pour le bas, ne vous avisez pas, Mesdemoiselles, de mettre bas le haut... ou le bas. Vous risqueriez de provoquer une émeute. Vous pouvez porter les strings les plus étroits de la terre, mais gardez le haut ! Ipanema est la plage la plus snob, mais aussi la plus propre, avec son beau sable blond. Au niveau du *posto 9,* on trouve les Cariocas les plus branchés et les forcenés du foot-volley. De fin février à avril, la mer est plus calme et souvent propice à la baignade.

***Leblon*** est clairement plus familiale. Le week-end, championnat de beach-volley ou de foot-volley. Au bout de la plage, remonter le début de l'avenida Niemeyer jusqu'au *Mirante do Leblon (hors plan III par I9),* joli point de vue, un petit peu en hauteur.

**São Conrado :** toujours plus au sud-ouest d'Ipanema, plutôt une plage pour surfeurs.

***Barra da Tijuca :*** plage d'une vingtaine de kilomètres, de plus en plus fréquentée malgré une mer parfois dangereuse. Nombreux restos, bars et motels à ***Recreio dos Bandeirantes.*** Un endroit surtout fréquenté par les Cariocas, donc très différent des plages de la Zona Sul. Eau saine à partir de Recreio. En longeant la plage depuis le *posto 8,* on peut s'offrir 2h de balade dans un bel environnement, entre mer et montagne.

Viennent ensuite les plus belles plages encore sauvages, situées dans une réserve ; le sable borde les collines à la végétation luxuriante : ***Recreio dos Bandeirantes, Macomba, Abricô*** (plage naturiste), ***Prainha, Grumari.*** Accessibles en voiture ou par agence (voir nos « Adresses et infos utiles »).

## ***LAGOA ET JARDIM BOTÂNICO*** *(plan III)*

## *Jardim Botânico*

C'est le quartier très résidentiel et tranquille compris entre la lagoa Rodrigo de Freitas et les *morros.*

***Jardim Botânico*** *(plan III, I7) : rua Pacheco Leão, 101 (pour les piétons) ; Jardim Botânico, 1008 (cyclistes). ☎ 3874-1808. • jbrj.gov.br • Ⓜ Botafogo + extension en bus. Utiliser les bus marqués « Gávea » ou « Leblon via Joquei ». Ne pas descendre au terminus Jardim Botânico-Horto, l'entrée principale est bien avt. Pas de parking voiture. Tlj 8h (12h lun)-18h. Entrée : 15 Rls ; réduc ; gratuit - de 5 ans.* Un grand parc de 140 ha, où poussent des milliers d'arbres et de plantes tropicales (plus de 8 000 espèces). Merci à João VI, qui, en 1808, lorsque la couronne du Portugal arriva au Brésil, eut la bonne idée de créer un parc d'acclimatation abritant des plantes des quatre coins de la planète. On pénètre dans le jardin par une allée bordée de splendides palmiers impériaux de plus de 30 m de haut, au centre de laquelle trône une jolie fontaine. Visite à ne pas manquer, en particulier entre septembre et décembre, quand tout est en fleurs. Superbes orchidées. Cette visite peut être couplée avec celle de la forêt de Tijuca, c'est le même chemin.

**Parque Lage** (plan III, I-J7) : *rua Jardim Botânico, 414. Accessible en bus depuis le métro Botafogo. Tlj 8h-17h (18h en été). GRATUIT.* Située à quelques kilomètres du *Jardim Botânico,* la vieille demeure de la famille Lage abrite aujourd'hui l'École des Beaux-arts (*Escola de Artes Visuais* ou *Instituto nacional de Belas Artes*). Nombreuses expos, soirées et, parfois, pièces de théâtre. N'hésitez pas à entrer dans cette belle bâtisse : au fond de la cour à gauche, un très mignon petit salon de thé. C'est aussi depuis ce parc que l'on peut accéder à pied, en 2h de grimpette, au Corcovado (voir le texte concerné).

## AILLEURS À RIO

### Dans la Zona Norte (plan d'ensemble)



**Museu nacional** (plan d'ensemble) : *dans le parc de Quinta da Boa Vista, av. Dom Pedro II.* Le plus grand musée d'Histoire naturelle du Brésil a été ravagé par un incendie en septembre 2018. Aucune victime, mais une perte inestimable : « 200 ans d'histoire ont disparu » selon le directeur adjoint du musée...

**Stade du Maracanã – Estádio Mário Filho** (plan d'ensemble) : *rua Professor Enrico Rabelo et av. Maracanã. • suderj.rj.gov.br • Ⓜ Maracanã.* Même si vous n'êtes pas fan de foot, essayez quand même d'assister à un match dans ce stade mythique, l'un des plus grands au monde. Un vrai moment d'émotion populaire, un happening inoubliable ! Même si le stade a été entièrement rénové pour la Coupe du monde de foot 2014, ce qui a entraîné la suppression des tribunes « debout » et donc une forme d'exclusion pour les aficionados les moins fortunés. Petits conseils : si vous avez la chance d'assister à un derby Flamingo-Fluminense au stade de Maracanã, évitez le rouge et le noir, ainsi que le noir et le blanc : vous pourriez être assimilé à un supporter et vous attirer des ennuis si vous n'êtes pas au bon emplacement ! En principe, les matchs ont lieu le dimanche à 17h ou le mercredi soir. S'y rendre au plus tard 1h à l'avance. Compter 20-50 Rls. Certains hôtels et agences touristiques proposent des forfaits aller-retour pour Maracanã. C'est plus cher, et on se coupe un peu de la masse vibrante des spectateurs, mais c'est plus confortable. Enfin, pour les grands matchs, si vous voulez éviter la cohue, sortez 5 mn avant la fin. En revanche, la visite guidée du stade (hors match, bien sûr) est assez décevante.
– Également la possibilité de visiter le ***museu de Esportes Mané Garrincha*** *(même adresse, portão 18).*

## À faire

– **Survol de Rio en hélicoptère :** *au Pain de Sucre, au 1er niveau du téléphérique, un petit stand Helisight et un héliport vous attendent ; ou alors directement à l'héliport de la Lagoa (av. Borges de Medeiros, plan III, I7). Résas : ☎ 2511-2141. • helisight.com.br • De 350 Rls/pers pour 7 mn de vol à 2 045 Rls pour 1h ! Attention, vols à partir de 3 pers min.* Cher, bien sûr, mais inoubliable.
– **Survol de Rio en parapente et en deltaplane :** *500-650 Rls. Vols de 10 à 30 mn selon le vent.* Cher également, mais sans doute inoubliable. Les vols se font en tandem, mais il faut ne pas dépasser un poids de 100 kg par personne ! Les envols se font d'un pain de sucre appelé Pedra Bonita (altitude 520 m) en bordure de la forêt de Tijuca, et l'atterrissage a lieu sur la plage de São Conrado.

■ **Delta Flight :** *📱 99693-8800. • deltaflight.com.br •* Demandez le dynamique et sympathique Ricardo Hamond, qui parle l'anglais (et un peu le français). Instructeur breveté et expérimenté en deltaplane et parapente, il a déjà emmené en vol des milliers de personnes.

■ **Just Fly Hang Gliding :** *📱 99985-7540. • justfly.com.br •* Paulo dispose d'une longue expérience en matière de vol libre.

■ ***Rio Adventures :*** *☎ 3587-3282. 96479-7414. ● rioadventures.com ●* Propose des vols en deltaplane, parapente... et tout un tas d'autres activités sportives et culturelles.

■ ***São Conrado Eco-Aventuras :*** *☎ 2522-5586. 99966-7010. ● saoconradoecoaventuras.com.br ●* Trekking, deltaplane, parapente, Jeep...

➢ ***Balade en voilier dans la baie de Guanabara :*** *avec* ***Saveiros Tour,*** *av. Infante Dom Henrique s/n, lojas 13, dans la marina de Glória. ☎ 2225-6064. ● saveiros.com.br ● Départ tlj à 9h30. Env 60 Rls/pers.* Balade de 2h, autour des plages d'Urca, de Copacabana, d'Arpoador, de Niterói, de l'île de Villegaignon, pour découvrir la ville sous un autre angle... Organise aussi des excursions en voilier à Ilha Grande, Paraty ou Búzios.

***Surf :*** les meilleurs spots sont *Arpoador* et *Praia do Diabo* (Ipanema), la *plage de Barra da Tijuca* (Quebra-Mar, Postinho, Pepê), *Barra Meio* (en face de l'avenida Lucio Costa), où se déroulent les championnats de surf, *Macumba Ponta, Prainha,* superbe crique, et enfin *Grumari,* un peu plus au sud.
– Pour ***louer le matériel,*** rendez-vous rua Francisco Otaviano, 67, à Arpoador (voir plus haut la rubrique « Achats. Maillots de bain... »).

***Plongée :*** à Rio, les meilleurs spots de plongée se situent dans l'archipel des Cagarras (en face d'Ipanema) et dans les îles Tijucas (Barra da Tijuca). Diverses possibilités, avec notamment *Dive Point (av. Ataulfo de Paiva, 1174/ss4, à Leblon ; 96429-0895 ; ● divepoint.com.br ●),* agence sérieuse qui propose aussi des vols en deltaplane, des excursions en bateau jusqu'à Parati, etc.

– ***Randonnées, escalade, alpinisme :*** infos et excursions auprès de diverses agences spécialisées dans les activités sportives à Rio, ou encore avec le *Centro Excursionista Brasileiro (av. Alm. Barroso, 2 ; ☎ 2252-9844 ; ● ceb.org.br ●).*

## Marchés et foires

– ***Feira hippie*** *(plan III, K8) : dim 7h-19h env, praça General Osório, au début de la plage d'Ipanema. Infos : ● feirahippieipanema.com ● Ⓜ Ipanema/General Osório.* Bijoux, vêtements, instruments de musique, objets en bois. Ambiance sympa, très touristique.
– ***Feira do Rio Antigo*** *(plan I, B2-3) : 1er sam du mois 10h-18h, rua do Lavradio (Lapa).* On y vend meubles, antiquités, livres, disques et bibelots, dans une ambiance relax.
– ***Feira Nordestina :*** *dans le pavillon de São Cristovão (plan d'ensemble). Infos : ● feiradesaocristovao.org.br ● Bus nos 441 et 474 d'Ipanema ou de Copacabana. Mar-jeu 10h-18h, et non-stop à partir de 10h ven jusqu'à 21h dim (!). Concerts ven-dim à partir de 20h. Entrée payante w-e : 5 Rls.* C'est un genre d'immense foire populaire, où les « immigrés » du Nordeste se retrouvent et vendent les spécialités de leur région : artisanat, hamacs (les moins chers de Rio), plats cuisinés, viandes fumées, etc. On y voit également des camelots et jeux de hasard. Très nombreux bars et gargotes où l'on peut grignoter et boire un verre en plein air, au son du *forró.* Près de 700 stands en tout et plus de 70 ans d'existence ! Et même si depuis quelques années le marché a gagné en propreté, car tout est bétonné, cela n'enlève rien à l'authenticité du lieu ! Une bonne idée du folklore nordestin.

## Fêtes et manifestations

– ***Hommage à Iemanjá :*** *la nuit du 31 déc.* Le soir du réveillon, vêtus de blanc, les Cariocas se rendent par milliers sur la plage de Copacabana pour assister aux feux d'artifice, mais aussi pour jeter des fleurs dans l'eau, en hommage à cette déesse de la Mer. Si elles franchissent la barre des sept vagues, elles seront reçues par la déesse, et les vœux seront exaucés. L'ambiance est familiale, apaisée, mais loin d'être recueillie. À minuit, le sable est déjà jonché de fleurs mouillées revenues sur la grève lorsque les bouchons de mousseux sautent et que les concerts commencent. Le gros de la foule s'évapore dans des fêtes privées, et le reste danse sur la plage. C'est la fête la plus importante de Rio avec le carnaval.

– ***Fête des Rois mages :*** *6 janv.* Correspond à la *fête du Reisado* dans le Nordeste.

– ***Rio Folle Journée :*** *pdt 5 j. en juin.* Même principe que les « Folles Journées » de Nantes. Des dizaines de concerts de musique classique autour d'un compositeur, dans plusieurs salles de Rio. Avec de nombreux artistes internationaux et l'orchestre philharmonique national.

– ***Festas Juninas :*** ce sont notamment les fameuses fêtes de ***Saint-Antoine*** (13 juin), de la ***Saint-Jean*** (24 juin) et de ***Saint-Pierre*** (29 juin). Danses folkloriques, défilés, etc. Un événement très populaire dans toute la ville, en particulier au pavillon de São Cristovão (voir « Marchés et foires ; Feira Nordestina »). Les fêtes se poursuivent aussi pendant tout le mois de juillet.

– ***Marathon de Rio :*** *fin juin. Ttes les infos sur le site • maratonadorio.com.br •* Avis aux amateurs, inscription en ligne pour le marathon officiel, le « semi-marathon » (21 km) ou la course familiale, de 6 km.

– ***Festival do Rio :*** *fin sept-début oct. Infos : • festivaldorio.com.br •* Festival de cinéma international, très réputé en Amérique latine.

LE SUD-EST

## DANS LES ENVIRONS DE RIO DE JANEIRO

***Ilha de Paquetá :*** *prendre le bateau sur les quais derrière la praça 15 de Novembro (plan I, D2). Départ tlj 5h30-minuit, ttes les 2h env ; 1h10 de trajet). Infos sur • ilhadepaqueta.com.br •* Une petite île en plein cœur de la baie de Guanabara, au nord-est de Rio et au large de l'ilha do Governador. L'une des promenades favorites des Cariocas. Île sans voitures ni motos. Parc agréable. Location de vélos. Plages et quelques restos. Laissez-vous tenter par une petite balade en calèche pour faire le tour de l'île, les guides qui le proposent ont souvent de bonnes anecdotes à raconter.

***Niterói :*** ville d'un peu moins de 500 000 habitants, à une vingtaine de kilomètres de Rio, de l'autre côté de la baie de Guanabara. La ville en soi n'a pas d'intérêt. C'est la balade pour s'y rendre qui est très chouette, soit en empruntant le pont de plus de 13 km *(péage : 5 Rls)* qui court sur la mer – économisant un détour de 150 km –, soit en prenant le bateau *(ferry ou catamaran : env 5 Rls l'aller)* en fin d'après-midi. Navette de la praça 15 de Novembro *(ttes les 15 mn 6h-23h en sem et ttes les heures w-e et j. fériés).* Le retour en bateau offre une arrivée splendide sur Rio.

À voir absolument néanmoins, si vous y allez :

– ***Museu de Arte contemporânea** (MAC) :* *mirante da Boa Viagem. ☎ (021) 2620-2400. • macniteroi.com.br • Du débarcadère, prendre le bus 47B. Tlj 10h-18h, sauf lun. Entrée : 10 Rls ; réduc ; gratuit mer.* Sorte de soucoupe volante géante construite sur des plans de Niemeyer, il abrite une collection d'œuvres d'artistes brésiliens contemporains réputés. Toutefois, on y va aussi pour la vue sur la baie de Rio et pour son étonnante architecture. Agréable resto avec vue superbe à l'intérieur du musée.

– ***Fortaleza de Santa Cruz :*** *estrada Gal Eurico Gaspar Dutra. ☎ (021) 2710-7840. Visites guidées mar-dim 9h-17h (10 Rls).* Un des 1^ers^ forts érigés sur la baie de Guanabara (1555), avec une superbe vue sur la baie.

***Plages d'Itaipu et Itacoatiara,*** après la *lagoa de Itaipu.* Les plus belles et les plus propres de Niterói. Itacoatiara enchantera les amoureux de la nature et du surf, tandis qu'Itaipu séduira les amateurs de fruits de mer et de couchers de soleil romantiques. À faire si vous avez une voiture, car elles sont un peu loin (45 mn environ du centre de Rio).

## QUITTER RIO DE JANEIRO

### En bus

**Rodoviária Novo Rio** *(plan d'ensemble)* **:** *av. Francisco Bicalho, 1 (entre Santo Cristo et São Cristovão).* ☎ *3213-1800.* Pour s'y rendre depuis l'aéroport international, bus *Premium* ou *Red Bus Airport Shuttle* nos 2145 ou 2016. Depuis le centre ou la Zona Sul, le plus simple est de prendre le métro jusqu'à la station *Cidade Nova,* située à env 1 km de la *Rodoviária.* Nombreux bus également (consulter le site : • *vadeonibus.com.br* •). Grande gare routière aménagée comme un aéroport. Nombreux services, point d'infos, consigne, distributeurs, etc. Tarifs, horaires, coordonnées des compagnies et achat des billets sur le site : • *novorio.com.br* •

➢ Bus ***vers São Paulo*** ttes les 15 mn (6h de trajet) et vers ***ttes les villes importantes ou touristiques. Angra dos Reis :*** 3h, env 15 bus/j. *(Costa Verde,* ☎ *3622-3123).* ***Paraty :*** 4h30, env 10 bus/j. *(avec Costa Verde).* ***Búzios :*** 2h30 à 3h, env 12 bus/j. *(Cie 1001,* ☎ *4004-5001).* ***Teresópolis :*** en 2h, ttes les 30-45 mn *(Viacao).* ***Ouro Preto :*** env 7h, 2 bus/j. *(Útil).* ***Belo Horizonte :*** 6h30-7h, 25 bus/j. *(Cometa, Útil).* ***Curitiba :*** 13-14h, 4 bus/j. *(Penha).* ***Foz do Iguaçu :*** 24h-26h, 3 bus/j. *(Catarinense, Pluma).* ***Salvador :*** 28-31h, 2 bus/j. *(Águia Branca, Kaissara).* ***Brasília :*** 17-18h, 5 bus/j. *(Útil, Kaissara).*

### En avion

Voir nos infos dans la rubrique « Arrivée à l'aéroport », en début de chapitre.

– ***Liaisons vers l'aéroport :*** depuis le centre ou les plages du sud, les compagnies ***Aerocoop*** *(☎ 3078-5050 ; • aerocoop.com.br •)* et ***Aerotaxi*** *(☎ 2467-1500)* proposent un forfait à env 50 Rls. Pas plus cher que le bus à partir de 3 personnes !

➢ Liaisons aériennes avec tout le pays ou presque. De nombreux vols intérieurs partent non pas de l'aéroport Santos-Dumont, mais de l'aéroport international Tom Jobim. Bien vérifier.

# AUTOUR DE RIO

• Carte *p. 151*

**Il existe, dans un rayon de 200 km autour de Rio, de magnifiques excursions à réaliser : des villes coloniales superbement conservées, des plages de rêve au sable blanc et fin, des îles et îlots pour jouer au Robinson, des forêts, des cascades... Possibilité de s'y rendre en bus depuis la *rodoviária Novo Rio,* bien sûr, ou en transfert privé depuis l'aéroport ou votre hôtel, mais avec une voiture de location vous disposerez d'autonomie, notamment pour accéder aux plages isolées et pour les balades en montagne.**

## À L'EST

**On y trouve de beaux coins maritimes et les stations les plus courues de la région. Du turquoise limpide à l'indigo profond, le dégradé de bleu de la mer est en effet saisissant. Du coup, l'endroit a connu un fort développement**

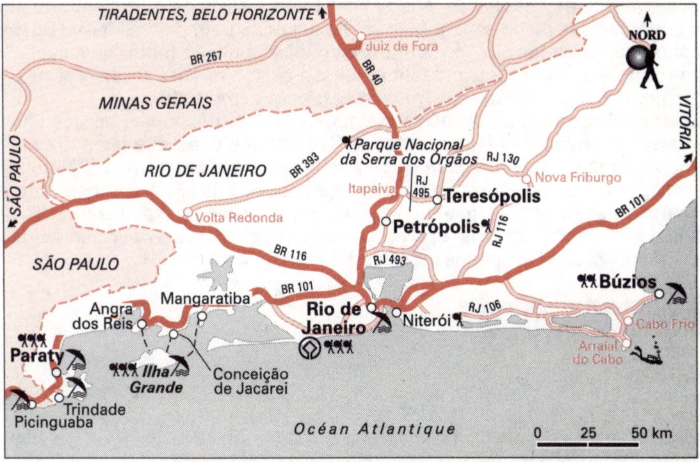


LA RÉGION DE RIO DE JANEIRO



touristique, à l'image de Búzios, station balnéaire que l'on peut rallier en 3h de bus. La localité – très fragmentée – s'étend dans un cadre naturel assez bien préservé. De quoi passer 2 ou 3 jours à faire du shopping, à faire la fête ou tout simplement de farniente, à la découverte de ses nombreuses plages, propices à la baignade ou au surf.

# BÚZIOS (ARMAÇÃO DOS BÚZIOS)

env 30 000 hab. IND. TÉL. : 22

• Plan *p. 154-155*

C'est une des destinations phares du littoral sud, prisée des touristes brésiliens, mais aussi argentins, qui viennent s'y offrir un séjour en maillot de bain. Ses ruelles pavées, ses jolies boutiques, ses centaines de *pousadas,* hôtels et restos donnent à cette station balnéaire un petit côté Saint-Tropez qui peut séduire les uns, excéder les autres... Du temps où Brigitte Bardot la fréquentait, ce n'était qu'un petit port méconnu. Aujourd'hui, si quelques barques de pêcheurs y dodelinent encore, la station ne cesse de s'étendre. La population quadruple durant l'été (entre Noël et mi-mars surtout), les jours fériés et lors

## ET BB CRÉA BÚZIOS...

*Búzios a été « lancée » par Brigitte Bardot dans les années 1960. Une des rues principales de la ville porte d'ailleurs son nom, et une statue lui rend hommage, sise face à cette mer turquoise qu'elle appelait « champagne bleu »... Depuis son passage, ce tranquille village de pêcheurs a connu une véritable ruée vers l'or touristique, tendance chic et branchée.*

**des week-ends ensoleillés. Mieux vaut donc éviter ces périodes, à moins d'aimer la foule ou de vouloir faire la fête jusqu'au petit matin. Mais si Búzios est chère et bondée aux beaux jours, on peut s'y baigner toute l'année, et elle est donc loin d'être désagréable en basse saison, même si ce n'est pas la même ambiance. Certains la trouveront presque trop calme...**
**Surtout, Búzios est située dans une péninsule très découpée, bordée d'une grosse vingtaine de plages toutes différentes les unes que les autres. On choisit sa plage de résidence selon son budget, ses envies et ses besoins : familles ou surfeurs, amoureux ou noceurs. Ici, pas de vilaines constructions anarchiques (les hauts immeubles sont interdits), les *pousadas* aux toits de tuiles rivalisent de charme et d'hospitalité, et ce n'est pas pour rien qu'on y trouve aussi des Européens installés à l'année.**



## Arriver – Quitter

### En voiture

➢ Depuis Rio, prendre le pont de Niteroi puis la BR 101, direction Campos (péages) ; au niveau de Rio Bonito, bifurquer sur la RJ 124 (via Lagos) vers Cabo Frío, puis suivre Búzios (RJ 102). Bien indiqué. Compter 3h de route. Attention aux embouteillages lors des week-ends ensoleillés et des jours fériés.

### En bus

🚌 ***Rodoviária*** *(plan C2 et zoom) : estrada da Usina, en bordure du centre.* On achète les billets en face, de l'autre côté de la route, auprès des agences *Auto Viação 1001* (☎ 2623-2050 ; ● autoviacao1001.com.br ●) ou *Humaitá* (☎ 2623-4436 ; ● linebuzios.com.br ●).

➢ ***Gare routière de Rio*** *(rodoviária Novo Rio)* **:** une dizaine de liaisons/j. avec *Viação 1001*, 6h-20h depuis Búzios. Durée : 3h.

➢ ***Aéroport Galeão de Rio*** *(GIG)* **:** 4 liaisons/j. avec *Viação 1001* et 6-7 liaisons/j. avec *Humaitá*.

### En avion

➢ La compagnie *Azul* assure des liaisons en fin de semaine avec ***São Paulo via Belo Horizonte*** depuis l'aéroport de Cabo Frio, situé à 25 km au sud-ouest de Búzios.

## Comment circuler ?

Búzios s'étend sur une péninsule aux multiples baies. Chaque zone s'est développée en bordure d'une plage (Geribá, Tartaruga, Ferradura...) parfois assez éloignée du « centre », qui se situe, lui, sur la côte nord de la péninsule, au bord de la praia do Canto. Si vous arrivez en bus, vous pouvez demander qu'on vous dépose en chemin dans l'une ou l'autre de ces zones, selon l'endroit où vous logez.

➢ ***En voiture :*** le plus pratique pour explorer la péninsule et accéder aux différentes plages mais, dans le centre, qui est assez petit, on se déplace plutôt à pied.
***À noter :*** le stationnement est payant un peu partout (env 3 Rls/h, à régler auprès d'un préposé en jaquette), y compris aux abords des plages (dont certaines proposent un forfait plutôt qu'une tarification à l'heure).

➢ ***En buggy :*** possibilité de louer un *buggy* sur place (permis de conduire et carte de paiement internationale exigés). Il y a des loueurs un peu partout. À partir de 140 Rls les 24h.

➢ ***En bus :*** de nombreux bus et minibus, en provenance de Cabo Frio, circulent le long de l'artère principale, qui longe d'assez près la côte nord de la péninsule. Facile ensuite de rallier à pied les plages côté nord mais, pour celles côté sud, il faut marcher davantage. Billet : env 4 Rls pour les minibus, le double pour les grands bus.

➢ ***En taxi aquatique :*** des embarcations à moteur qui vous emmènent d'une plage à l'autre, pour 8-30 Rls/pers selon la distance. Sympa, mais pas si bon marché.

➢ ***En taxi :*** ☎ *2623-2160 ou 6618.* Stations, avec panneau tarifaire, à la gare routière *(plan C2 et zoom)* et praça Santos-Dumont *(plan zoom).* À plusieurs, ça revient moins cher que le taxi aquatique.

## Adresses utiles

🛈 ***Centro de Informacões turísticas*** *(plan zoom) : travessa dos Pescadores.* ☎ *2633-6200. Tlj 8h-20h.*
– Plus d'infos sur le site : *• buziosonline.com.br •*

■ ***Distributeurs :*** *à la* ***Bradesco*** *(plan zoom,* ***3****), av. José Bento Ribeiro Dantas, 254.* Guichets automatiques accessibles de 6h à 22h. Également un distributeur face à l'office de tourisme.

■ ***Change :*** ***Malizia Tours****, en face du ponton (plan zoom,* ***1****).* ☎ *2623-2022. Tlj 9h-21h.* Bon taux de change.

■ ***Centro Médico Búzios*** *(plan zoom,* ***4****) : rua César Augusto São Luis, 100.* ☎ *2633-0200. Lun-ven 8h30-18h30. Fermé w-e.*

🧺 ***Supermarché Empório Econômico*** *(plan zoom,* ***5****) : av. J. B. R. Dantas. Tlj 8h-22h (20h dim).* Pratique pour faire ses courses pour le pique-nique.

LE SUD-EST

## Où dormir ?

Pas facile de loger bon marché à Búzios, surtout en haute saison (résa impérative à cette période). Nous avons classé les adresses dans l'ordre géographique, en commençant par la 1re que l'on rencontre en arrivant sur la péninsule. Si vous n'êtes pas motorisé, cela dit, on vous conseille plutôt de loger dans le centre, où l'on trouve le plus d'hébergements, de restos, de magasins et... d'animation ! De plus, c'est de là aussi que, à pied, on peut rejoindre le plus grand nombre d'endroits différents.

### *À Geribá* *(plan A-B3)*

### Bon marché (moins de 150 Rls / env 36 €)

🏠 ***Blanca Hostel & Bar*** *(plan A3,* ***10****) : rua dos Gravatás, 89.* ☎ *2623-9880. • blancahostel.com • À l'entrée de la ville, entre les plages de Geribá et Manguinhos. Dortoirs 45-65 Rls selon saison.* Dans une pimpante maison blanche au toit de tuiles, posée au fond d'un jardin, 4 dortoirs

---

■ **Adresses utiles**

- 🛈 Centro de Informacões turísticas (zoom)
- **1** Malizia Tours (zoom)
- **3** Bradesco (zoom)
- **4** Centro Médico Búzios (zoom)
- **5** 🧺 Supermarché Empório Econômico (zoom)

⛺🏠 **Où dormir ?**

- **10** Blanca Hostel & Bar (A3)
- **11** Chez Marine (B3)
- **12** Camping Búzios (B2-3)
- **13** Nomad Búzios Seashore Hostel (zoom)
- **14** Pousada Janellas do Mar (D1)
- **15** Che Lagarto Hostel (zoom)
- **17** Chez Nice (zoom)
- **18** Cesar Apartamentos (C1)
- **19** Casa Búzios (C1)

🍽 **Où manger ?**

- **30** Salsa Tempero e Arte (zoom)
- **31** Taverne 67 (zoom)
- **32** Bananaland (zoom)
- **33** Estância Don Juan (zoom)
- **34** O Barco (C1)
- **35** Sukão Bar (C1)
- **36** Rocka Beach Lounge & Restaurante (D2)

🍸♪ **Où boire un verre ? Où sortir ?**

- **40** Anexo Praia (zoom)
- **41** Chez Michou (zoom)
- **42** Pátio Havana (zoom)
- **43** Privilège et Luv (C1)

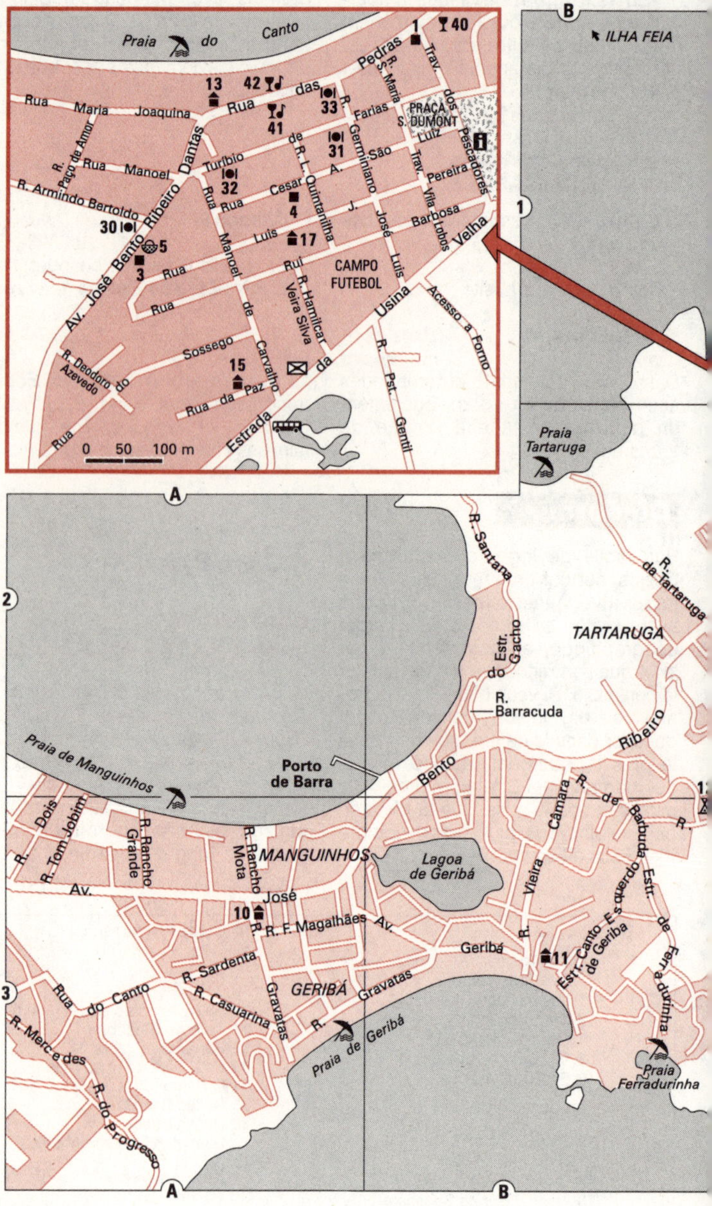
Praia do Canto
Rua das Pedras
Rua Maria Joaquina
Rua Manoel Turíbio
R. Paço de Amor
R. Armindo Bertoldo
Av. José Bento Ribeiro Dantas
Rua Manoel de Carvalho
Rua Cesar
Rua Luís
Rua Ruí
R. Hamilcar Veira Silva
R. L. de Quintanilha
R. Germiniano
R. S. Maria
Trav. dos Pescadores
PRAÇA S. DUMONT
Rua Farias
A. São Luiz
Trav. Pereira
Vila Lobos
J. José Luís
Barbosa
Velha
CAMPO FUTEBOL
Estrada da Usina
Acesso a Forno
R. Pst. Gentil
Rua Sossego
R. Deodoro do Azevedo
Rua da Paz
Rua
0 50 100 m
ILHA FEIA
Praia Tartaruga
R. Santana
R. da Tartaruga
TARTARUGA
Estr. do Gacho
R. Barracuda
Bento Ribeiro
Porto de Barra
Praia de Manguinhos
R. Dois
R. Tom Jobim
R. Rancho Grande
R. Rancho Mota
MANGUINHOS
Lagoa de Geribá
Av. José
R. F. Magalhães
Av. Geribá
R. Vieira Camara
R. de Barbuda
Estr. Canto Esquerdo de Geriba
Estr. de Ferradurinha
Rua do Canto
R. Sardenta
R. Casuarina
Gravatas
GERIBÁ
R. Gravatas
Praia de Geribá
R. Mercedes
R. do Progresso
Praia Ferradurinha
1 40 13 42 33 41 31 32 4 30 5 3 17 15 10 11
A B 1 2 3

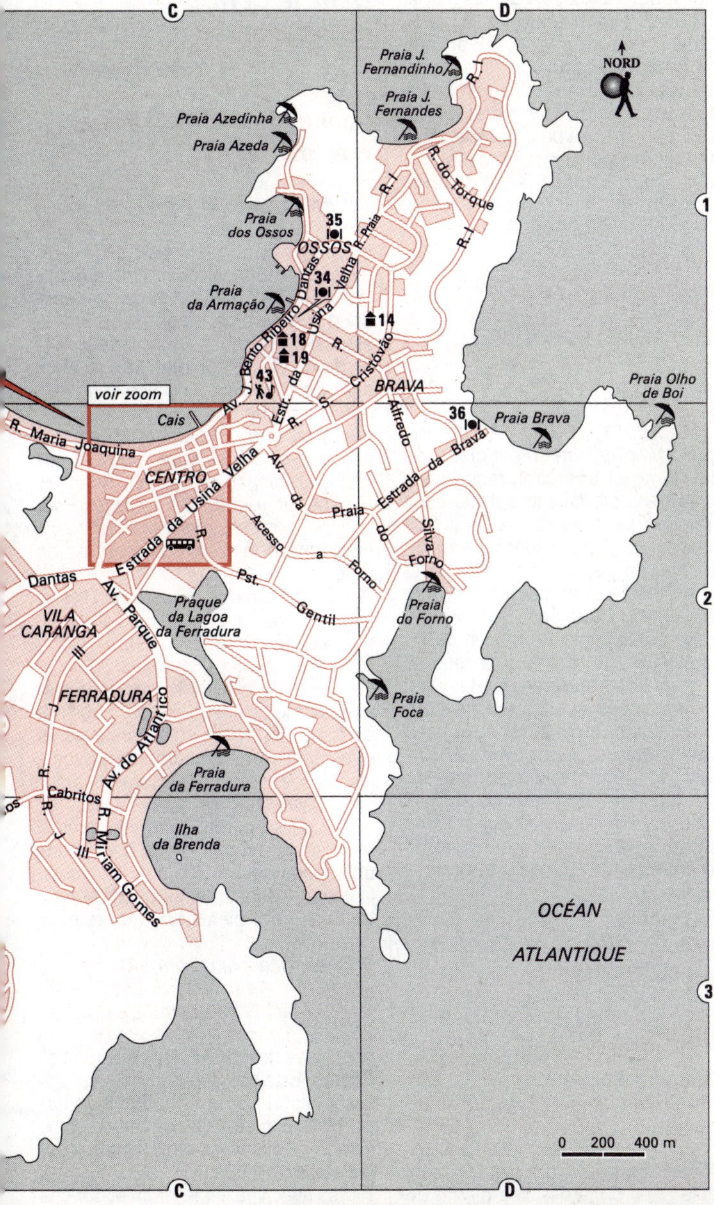
C
D
NORD
Praia J. Fernandinho
R. I
Praia J. Fernandes
Praia Azedinha
Praia Azeda
R. do Torque
R. I
Praia dos Ossos
35
R. Praia
R. I
OSSOS
Dantas
34
Velha
Praia da Armação
Usina
14
Av. J. Bento Ribeiro
18
19
R.
Cristóvão
43
da
Estr.
S.
BRAVA
R.
Praia Olho de Boi
voir zoom
Cais
Alfredo
36
Praia Brava
R. Maria Joaquina
Av.
Estrada da Brava
CENTRO
Estrada da Usina Velha
da
Praia
Estrada
R.
Acesso
do
Silva
a
Forno
Forno
Dantas
Pst.
Gentil
Praia do Forno
Av.
VILA CARANGA
Praque da Lagoa da Ferradura
Parque
III
FERRADURA
Praia Foca
J
Av. do Atlantico
R.
Praia da Ferradura
Cabritos
R.
R.
J
Ilha da Brenda
III
Miriam Gomes
OCÉAN
ATLANTIQUE
1
2
3
0 200 400 m

BÚZIOS

nickel et agréables de 4 à 8 lits : 2 par étage, avec chacun sa salle de bains, le plus grand se situant à l'arrière, dans une petite cour. De plus, charmant salon commun au rez-de-chaussée, avec sa télé grand format et son panier à revues, grande table à manger et cuisine moderne à dispo. Bar et hamac dans le jardin. Un bon point de chute.

### Plus chic (250-500 Rls / env 60-120 €)

**Chez Marine** *(plan B3,* ***11****)* **:** *aldeia de Geribá, 18. ☎ 2623-6299. 99995-0416. • chezmarine.com.br • Doubles 260-330 Rls selon confort et saison. Quadruples 430-580 Rls.* À 2 pas de la mer. Marine, une Française très accueillante et très cool, reçoit sans chichis dans sa maison perdue dans un mignon petit quartier entrelaçant ses ruelles pavées et fleuries. Déco foisonnante, un peu de bric et de broc, avec un thème pour chaque chambre (coquillages, dauphins, bambou...), par ailleurs agréable et équipée de TV, frigo et clim. Au rez-de-chaussée, la plus grande est réservée aux familles. Les romantiques, quant à eux, ne manqueront pas de demander celle avec balcon-hamac, douche ouverte et, surtout, un toit rétractable au-dessus du lit : ils dormiront ainsi sous les étoiles ! Piscine, billard, guitare et des romans en français, pour buller. Possibilité de dîner (marocain, thaïlandais, français...) sur place.

## Entre Geribá et le Centro (plan B-C2-3)

### Camping

**Camping Búzios** *(plan B2-3,* ***12****)* **:** *rua dos Cabritos, entre les plages de Ferradura et Geribá. ☎ 2623-2500. Compter 30-50 Rls/pers selon saison.* Petit camping familial à la pelouse rase, installé dans un jardin clos planté de quelques arbres. Sanitaires simples mais en grand nombre (9 douches !), cuisine en plein air (avec barbecue), épicerie et même un petit resto.

## Dans le Centro (plan C2 et zoom)

### De bon marché à plus chic (moins de 150-450 Rls / env 36-106 €)

**Che Lagarto Hostel** *(plan zoom,* ***15****)* **:** *rua da Paz, 7. ☎ 2623-1173. • chelagarto.com • Dortoir env 60 Rls (plus en pleine saison !).* Une adresse de la chaîne d'AJ *Che Lagarto.* Beaucoup d'Argentins, donc c'est l'occasion de pratiquer votre espagnol ! Dortoirs (4-12 lits) bien tenus avec salle de bains, autour d'une cour intérieure agrémentée d'un bar et d'une petite piscine. Également un espace canapés-billard à l'étage. Souvent pas mal d'ambiance en saison, donc les couche-tôt iront dormir... ailleurs. Pour le reste, nombreux services sur place, notamment la résa d'excursions en bateau.

**Nomad Búzios Seashore Hostel** *(plan zoom,* ***13****)* **:** *rua das Pedras, 25. ☎ 2620-8085. • nomadbuzios.com.br • Selon saison, dortoirs 55-80 Rls et doubles 220-390 Rls.* Notre *hostel* préféré dans le centre de Búzios. 7 dortoirs de 4 à 12 lits avec clim et sanitaires, et une quinzaine de chambres privées, les plus chères coquettement meublées, bien fraîches, avec TV, frigo et, cerise sur le gâteau, une vue géniale sur l'océan ! Le petit déj se prend dans un espace ouvert face aux flots, avec la plage juste en contrebas. Billard. Le tout vraiment bien situé, au cœur de l'animation !

**Chez Nice** *(plan zoom,* ***17****)* **:** *rua Luiz Joaquim Pereira, 94. ☎ 2623-4035. • pousadacheznice.com.br • Doubles 320-420 Rls selon saison. Parking.* Un petit havre de paix à 2 pas de la rua das Pedras. Une *guesthouse* typique dans une maison basse encadrant un jardin très fleuri et plein de charme, avec hamacs. Chambres charmantes, claires et confortables (TV, clim, frigo...). Toutes avec vue sur le jardin et douche électrique. Petite piscine, sauna, livres, jeux, petites tables disposées dehors... Eunicie, la propriétaire, parle un peu le français.

### *Autour de la plage d'Armação* (*plan C1*)

## De prix moyens à chic (150-400 Rls / env 36-94 €)

**Cesar Apartamentos** (*plan C1, 18*) : *av. J. B. R. Dantas, 974 (Orla Bardot). ☎ 2623-1349. • cesarbuzios.com • Sur la promenade qui longe la mer. Doubles 120-250 Rls ; apparts (jusqu'à 4 pers) 280-400 Rls/j.* Sur le joli port d'Armação. Marcela et Cesar gèrent 4 petits appartements sympa et bien aménagés dans cette agréable résidence, à 10 mn à pied du centre. 2 d'entre eux ont un balcon face à la mer. Un excellent choix pour les familles ! Également 3 chambres doubles donnant sur la cour dans l'entrée. Un peu sombres et plus modestes, mais d'un bon rapport qualité-prix aussi. Enfin, le couple possède également une maison toute neuve non loin de là, dont ils louent les chambres individuellement ou non. Quelle que soit la formule, c'est à vous de faire votre petit déj.

## De plus chic à très chic (250-500 Rls et plus / env 60-120 €)

**Casa Búzios** (*plan C1, 19*) : *rua Morro de Humaitá, casa 1. ☎ 2623-4885. • pousadacasabuzios.com • Doubles 300-750 Rls selon confort et saison.* Petit coup de cœur pour cette adresse de charme en surplomb du port de pêche, où vous accueille chaleureusement Suzana, qui parle le français. Une maison basse au toit de tuiles et à la déco marine-coloniale pleine de cachet. 6 chambres personnalisées, certaines vraiment vastes et pouvant accueillir 4 personnes, d'autres avec un petit salon privatif ou même une jolie terrasse à l'arrière. L'ensemble est très lumineux, décoré avec goût de meubles patinés, gros carreaux de grès et plafonds lambrissés de blanc. Et on bénéficie de tout le confort moderne (clim, TV, frigo-bar, coffre-fort...). En prime, vue sur la mer depuis le jardin (bien soigné) à l'avant, doté d'une petite piscine. L'endroit parfait pour savourer le bon et copieux petit déj maison !

**Pousada Janellas do Mar** (*plan D1, 14*) : *rua Bela Vista, 8, João Fernandes. ☎ 2623-4800. • pousadajanellasdomar.com.br • Doubles 250-650 Rls selon confort et saison.* Un petit complexe hôtelier construit en hauteur sur un terrain en pente avec plusieurs terrasses aménagées donnant sur la péninsule et l'océan. Belles chambres coquettes et douillettes, de taille variable, avec ou sans balcon et hamac, les plus chères avec vue sur mer. Faites votre choix ! Bonne literie aussi, et excellent confort partout. Piscine. Très bon accueil. Une fort belle adresse là encore, qui plus est bien située, à la fois à l'écart de l'agitation et à 5 mn à pied du port d'Armação.

# Où manger ?

### *Dans le Centro* (*plan C2 et zoom*)

## De bon marché à prix moyens (moins de 70 Rls / env 17 €)

**Salsa Tempero e Arte** (*plan zoom, 30*) : *av. J. B. R. Dantas, 94. ☎ 2623-9985. Tlj 12h-17h.* On a été séduits par ce resto *ao kilo* au cadre très agréable et lumineux. Grandes fenêtres donnant sur la rue, tables et chaises bistrot. La proprio, branchée bio et produits naturels, travaille, entre autres, avec les légumes issus de son potager. C'est frais, goûteux et varié, bref, de quoi faire un bon déjeuner sain !

**Bananaland** (*plan zoom, 32*) : *rua Manoel Turíbio de Farias, 50. ☎ 2623-2666. Tlj 11h30-23h.* Avec le précédent, l'un des meilleurs *ao kilo* de Búzios, installé dans une salle plaisante au plafond pentu. Plats particulièrement soignés et savoureux, que l'on peut aussi déguster aux

LE SUD-EST

quelques tables sur le trottoir. Accueil très aimable.

### De prix moyens à chic (jusqu'à 100 Rls / env 24 €)

|●| ⛱ **Taverne 67** *(plan zoom,* ***31****)* **:** *rua Manoel Turibes de Farias, 222. ☎ 2623-6627. Tlj, le soir seulement ; w-e à partir de 14h.* Une petite terrasse sous un auvent, comme d'autres dans cette rue, nous direz-vous, mais celle-ci est tenue par un couple franco-brésilien particulièrement accueillant. Ils proposent une bonne et copieuse cuisine de la mer : *moqueca* de poisson ou langoustines, risottos de crevettes (façon thaïe), paella, *feijoada* de fruits de mer, et on en passe. Le tout à prix encore modérés, surtout si on opte pour les plats pour 2. Une bonne petite affaire qui tourne bien.

|●| ***Estância Don Juan*** *(plan zoom,* ***33****)* **:** *rua das Pedras, 178. ☎ 2623-2169. Tlj jusqu'à minuit-1h. Fermé à midi lun-mer.* Ouverte sur la rue, cette très belle *churrascaria,* tout en mezzanines et demi-niveaux, propose des viandes argentines et uruguayennes à tomber par terre. Si c'est ce dont vous rêviez, n'hésitez pas. Carte des vins à l'avenant. Spectacle de tango *ao vivo* le mercredi soir.

## *À Praia da Armação* *(plan C1)*

### Prix moyens (jusqu'à 70 Rls / env 17 €)

|●| ⛱ **O Barco** *(plan C1,* ***34****)* **:** *Orla Bardot, 1054. ☎ 2629-8307. Tlj 11h-22h30, sauf mar.* Ici, pas d'esbroufe, juste une petite terrasse surélevée face au petit port d'Armação. Un resto bien connu des locaux, tenu par une famille de pêcheurs et qui, du coup, sert des produits très frais : *moqueca,* caldérade de fruits de mer, riz au poulpe, poissons grillés, stroganoff de crevettes... le tout à la fois copieux, savoureux et à prix tout à fait raisonnables, y compris les langoustes ! Le resto qui ne paie pas de mine, mais ne se paie pas la tête du client. Dans une station comme Búzios, ça fait du bien !

## *À Praia dos Ossos* *(plan C1)*

### Bon marché (moins de 40 Rls / env 10 €)

|●| ***Sukão Bar*** *(plan C1,* ***35****)* **:** *rua João Fernandes, à l'angle de la travessa Ângela Diniz. Tlj 11h-23h.* Bar à sandwichs ouvert sur la rue, avec quelques tables en carreaux de faïence. Parfait pour la pause déjeuner si vous êtes dans le coin (la plage dos Ossos est à 2 mn), les sandwichs (une trentaine au choix, certains au pain de pomme de terre !), sont bien réalisés et vous caleront pour la journée ! Excellents jus aussi, servis dans des verres d'un demi-litre.

## *À Praia Brava* *(plan D2)*

### Chic (70-120 Rls / env 17-28 €)

|●| ⛱ ***Rocka Beach Lounge & Restaurante*** *(plan D2,* ***36****)* **:** *praia Brava, 13. ☎ 2623-6159. En été, tlj 11h-18h30 ; le reste de l'année, tlj 11h-17h30, sauf mar.* Jolie terrasse en bois surplombant la belle plage de Brava. Tout autour, des banquettes pour siroter un verre en plein air, face à l'océan. L'adresse est réputée pour sa cuisine, très raffinée et d'une grande fraîcheur. Quelques délicieuses entrées, de belles salades à base de produits locaux, le poisson du jour pêché presque sous vos yeux, servi en ceviche, par exemple, ou encore les fruits de mer grillés au romesco, une merveille... En prime, le service est agréable et le fond musical de qualité. L'une des valeurs sûres de Búzios !

## Où boire un verre ? Où sortir ?

Une flopée de bars pour festoyer à Búzios, en particulier pendant l'été brésilien, en janvier et février. Une constante, la rua das Pedras, animée le soir en toute saison. Selon l'ambiance, l'heure et l'humeur de la nuit, voici quelques points de repère.

**Anexo Praia** *(plan zoom,* ***40****) : Orla Bardot, 392.* ☎ *2623-7302. Tlj 16h30 (13h w-e)-1h (22h dim).* Il ne faut pas arriver trop tard (le mieux, c'est au coucher du soleil) pour s'installer sur l'un des confortables canapés blancs en terrasse, quasiment les pieds dans l'eau... Idéal pour siroter une petite caïpirinha et regarder passer les *gatos* et *gatinhas* (beaux gars et jolies filles). Un des rendez-vous branchés du Búzios by night. Autre adresse sur la plage de Manguinhos.

**Chez Michou** *(plan zoom,* ***41****) : rua das Pedras, 90.* ☎ *2623-2169. Tlj 12h (17h mer)-4h (au moins).* Une véritable institution le soir, souvent bondée, toujours animée. On peut y boire un verre dans une grande cour intérieure truffée d'écrans (retransmettant les événements sportifs), bouger la tête en musique (DJ) et goûter aux copieuses crêpes brésiliennes (une cinquantaine au menu), préparées en plein air, derrière un long comptoir. Caïpirinhas pas chères. Un bon spot pour entamer la nuit... ou la finir.

**Pátio Havana** *(plan zoom,* ***42****) : rua das Pedras, 101.* ☎ *2623-2169. En face de Chez Michou. Tlj à partir de 17h30.* Vaste espace avec haut plafond et luminaires en forme d'étoile, donnant d'un côté sur la rue et de l'autre sur la mer... C'est en fait plus un resto qu'un bar, mais on peut se contenter d'y boire un verre, au rythme des concerts de jazz, *MPB* ou salsa qui ont lieu tous les soirs. Bonne ambiance certains jours.

**Privilège** *(plan C1,* ***43****) : Orla Bardot, 50.* ☎ *2623-5472.* • *privilegebrasil.com/casa/buzios* • *En fin de sem seulement, dès 23h. Entrée : à partir de 100 Rls (réduc pour les femmes).* Chérot, mais c'est le club le plus couru de Búzios, avec 2 grandes pistes de danse. L'ambiance ne décolle pas avant 1h30 du matin. À côté, le ***Luv*** *(tlj 17h-2h),* un peu moins cher. Bref, c'est de ce côté-là que ça se passe !



## Les plages

On en compte 25, dont une quinzaine facilement accessibles, réparties dans les baies et les criques rocheuses de la presqu'île. Si elles sont toutes différentes, elles sont pour la plupart investies par les bars et les transats. Nous les avons classées par ordre géographique, en commençant par la 1re que l'on rencontre en arrivant sur la péninsule.

**Praia de Manguinhos** *(plan A2-3) : à l'entrée de Búzios.* Longue plage assez ventée, et donc prisée des kitesurfeurs et véliplanchistes. Pas mal de cafés-restos de part et d'autre du petit ponton, qui attirent pas mal de monde pour le coucher du soleil.

**Praia Tartaruga** *(plan B2) : accès par une voie bitumée.* Très jolie plage mais étroite, donc pas beaucoup de place pour poser sa serviette en saison. C'est l'une des plus fréquentées par les familles, car l'eau est calme et considérée comme la plus chaude.

**Praia de Geribá** *(plan A-B3) :* grande plage que l'on rejoint par de petites ruelles. Le matin, au bout de la plage côté Ferradurinha, quelques pêcheurs vendent et vident leurs poissons à même la barque. L'eau est un peu frisquette, mais convient aux surfeurs (possibilité de louer des planches). Nombreux kiosques sur le sable, dont celui *do Mineiro,* qui concocte de savoureux *pasteis de camarãoes* et *bolinhos de bacalhau.* En saison, c'est le rendez-vous des surfeurs et de toute la jeunesse festive.
Un chemin mène à la plage de ***Ferradurinha,*** toute proche : crique adorable et petite plage entre les rochers. Location de kayaks et masques et tubas.

**Praia da Ferradura** *(plan C2) :* elle tirerait son nom du passé esclavagiste de la région, on y enlevait les fers des esclaves. À moins que ça ne soit dû à sa forme en fer à cheval ? Aujourd'hui, c'est une grande plage assez familiale. Mer calme propice au kayak ou à la pratique du stand-up paddle.

**Praia da Armação** *(plan C1)* **:** *proche du centre, bordée par la Orla Bardot.* C'est en fait un charmant petit port de pêche, Porto Velheiro, qui offre une belle vue sur la baie. On ne s'y baigne plus.

**Praia dos Ossos** *(plan C1)* **:** soit, littéralement, la « plage des os »... car on en a retrouvé beaucoup ici ! Búzios était en effet une plaque tournante de la piraterie et du commerce des esclaves. Elle est bordée de mignonnes maisons basses, tandis que des barques tirées sur la plage tiennent lieu de petits bars. Elle accueille aussi bateaux de pêche et taxis maritimes.

**Praia Azeda et praia Azedinha** *(plan C1)* **:** *à 5 mn à pied de la praia dos Ossos.* Quasiment des criques, bordées de végétation et vite prises d'assaut en été ! Vu la température idéale de l'eau, on comprend pourquoi. Amusant de voir tout ce petit monde repoussé vers le haut de la plage quand la marée monte. Sur Azedinha, ne pas manquer la charmante et grosse demeure coloniale blanche. Comme sur la plage précédente, des barques font office de débits de boissons.

**Praia João Fernandes et praia João Fernandinho** *(plan D1)* **:** aussi fréquentées l'une que l'autre. Eau très bonne, presque tiède. La 1re est assez étendue. Les touristes argentins en ont fait leur plage de prédilection.

**Praia Brava** *(plan D2)* **:** plage assez sauvage, avec juste quelques constructions sur le versant qui la borde (dont l'excellent *Rocka Bar,* voir plus haut « Où manger ? »). Belle et assez peu fréquentée, même en saison. Parfois pas mal de vagues, donc prisée des surfeurs, mais elle reste praticable pour tous.

Non loin, la ***praia Olho de Boi*** *(plan D2),* réservée aux nudistes, n'est accessible que par un sentier.

## À faire

Se baigner, se faire bronzer, se montrer et faire la fête, surtout ! Ou, au contraire, ne rien faire du tout... Le jour, on peut s'embarquer pour une ***balade en escuna (petite goélette),*** de crique en crique. Les tours durent 2h30, avec plusieurs arrêts baignade. Achat des billets *(env 80 Rls/pers)* dans toutes les agences, qui font toutes à peu près le même circuit : cap vers la plage João Fernandes, avant de revenir par les plages Azeda, dos Ossos... puis de pousser vers l'*ilha Feia* (une réserve naturelle) et de finir par la *praia Tartaruga.* Départs (du ponton du centre ; *plan C2*) très fréquents en été. Selon l'heure, une pause-déjeuner est prévue, mais à votre charge. À noter que, en saison, l'agence *Libertas (rua das Pedras, 141 ; • libertasturismo.com.br •)* propose aussi une sortie de 4h en ***catamaran,*** avec prêt de matériel de snorkelling et caïpirinha à volonté, pour un peu plus cher que les tours en goélette. Le vendredi, ce même catamaran lève l'ancre en fin d'après-midi avec un DJ à bord, et c'est parti pour la fiesta !
Enfin, les agences organisent aussi des excursions d'une journée à ***Arraial do Cabo,*** un cap sauvage (à 30 km au sud de Búzios) bordé de sable blanc et d'eaux turquoise.

# AU NORD : LA SERRA DOS ÓRGÃOS

**Perchées en altitude dans le massif montagneux de la Serra dos Órgãos, au nord de la baie de Guanabara, Petropólis et Teresópolis peuvent constituer des étapes agréables, pour qui dispose du temps suffisant pour les découvrir. La 1re s'enorgueillit de ses richesses architecturales héritées de son passé**

de ville impériale. La 2[de] marque le point de départ de belles randonnées dans le parc national de la Serra. Toutes 2 sont reliées par une superbe route tortueuse traversant les montagnes.

# TERESÓPOLIS

170 000 hab. IND. TÉL. : 21

**Nichée dans un cirque de montagnes verdoyantes à 92 km de Rio, Teresópolis culmine à 910 m d'altitude. Son emblème, le pic rocheux *Dedo de Deus* (le doigt de Dieu), se dresse droit vers le ciel à 1 692 m d'altitude. La ville est le point d'entrée du *parque nacional da Serra dos Órgãos,* qui s'étend sur 118 km² jusqu'à Petrópolis. Il offre de nombreuses possibilités de randonnées. Les grimpeurs et les cavaliers y trouveront également leur bonheur.**



## Arriver – Quitter

### En bus

**Rodoviária** *(gare routière)* **:** *dans le centre, rua 1° de Maio.* Consignes.

➢ ***Rio :*** bus ttes les 30-45 mn depuis la *rodoviária Novo Rio.* Dans l'autre sens, bus ttes les 30 mn 4h-8h, puis ttes les heures jusqu'à 22h. Trajet : 1h15.

➢ ***Petrópolis :*** 7 bus/j., 6h-19h, avec *Viação Teresópolis* (☎ *3644-6600).* Compter 1h30 de trajet.

### En voiture

➢ ***De Rio,*** prendre l'av. Brasil puis la BR 40. Bifurquer ensuite sur la route n° 493, puis sur la 116 (fléché).

## Adresses utiles

ℹ ***Centre d'infos touristiques :*** *à l'entrée de la ville en venant de Rio.* ☎ *2742-3352.* • *teresopolis.rj.gov.br* • *Tlj 9h (10h sam)-18h, sauf dim.* Pas grand-chose à glaner, mais superbe point de vue sur le *Dedo de Deus* depuis le parking.

ℹ ***Kiosque d'infos :*** *dans le centre-ville, praça Olímpica Luiz de Camões, au bord de l'av. principale. Mêmes horaires.*

## Où manger ?

|●| ***Taberna Alpina :*** *rua Duque de Caxias, 131 (centre-ville).* ☎ *2742-0123. Repas 30-60 Rls. Mar-dim 8h-22h30 (minuit ven et sam). Fermé lun.* De tradition allemande, ce petit resto propose une carte bien montagnarde à prix raisonnables. La salle *escondidinho* (« cachette ») porte bien son nom, avec ses airs de refuge en rondins de bois. Profitez également de votre passage pour découvrir les fromages de chèvre locaux.

## À faire

➢ ***Randonnées dans le parque nacional da Serra dos Órgãos :*** *accès au parc 6h-22h, billetterie ouv 8h-17h. Tarifs : 32 Rls/pers, 15 Rls/véhicule.* Même si 70 % de ce parc se trouve sur le territoire de Petrópolis, l'entrée est située à 5 km du centre de Teresópolis, au bord de l'avenue principale en direction de Rio. Nombreuses possibilités d'excursions et de randonnées. En prime, on ne souffre pas de la chaleur comme à Rio, car l'altitude oscille entre 850 et 1 000 m. La traversée

Teresópolis-Petrópolis est une superbe randonnée de 3 jours, à effectuer avec un guide du parc, qui offre (par temps clair) de très beaux points de vue sur la baie de Guanabara et Rio.
Toutes les infos sur les activités et les possibilités d'hébergement en refuge ou camping dans le parc auprès du *Bureau du parc national de la Serra dos Órgãos* (☎ 2236-0464 ; ouv 8h-17h). Infos également (en portugais) et liste des guides officiels sur le site ● icmbio.gov.br/parnaserradosorgaos ●

# PETRÓPOLIS

295 000 hab. IND. TÉL. : 24



**Posée au creux des montagnes, à 68 km au nord-est de Rio, Petrópolis est une ville d'altitude (entre 900 et 1 000 m) appréciée pour son climat vivifiant l'été. C'est donc tout naturellement que, fuyant la chaleur de la côte, l'empereur Dom Pedro II, septième enfant de Pedro Ier, en fit sa résidence estivale au XIXe s. Dans son sillage, les puissants de l'époque qui couvrirent alors la ville de palais et manoirs cossus, aux vérandas en fer forgé.**
**Aujourd'hui, tout ce joli monde est reparti et, minée par quelques vilains immeubles de béton, la « ville de Pedro » a un peu perdu de son lustre. Il n'empêche, places ombragées, monuments, villas bourgeoises aux façades colorées et jolis ponts rouges enjambant les rivières confèrent toujours à Petrópolis un charme désuet.**

> **NOM DE NOM !**
> *Le 1er empereur du Brésil indépendant se nommait en toute simplicité Pedro de Alcântara Francisco Antônio João Carlos Xavier de Paula Miguel Rafael Joaquim José Gonzaga Pascoal Cipriano Serafim de Bragança e Bourbon ! Allez savoir pourquoi, à l'usage on se contentait de l'appeler Dom Pedro...*

## Arriver – Quitter

### En bus

***Rodoviária :*** *rua Henrique Perdigão, 58, Bingen, excentrée dans le quartier de Capela.* Consignes. Pour rejoindre le centre-ville bus n° 100 (terminus à la gare routière des bus urbains, en plein centre). Taxis également.
➢ ***Rio*** *(rodoviária Novo Rio)* **:** bus ttes les 30-45 mn 5h-23h30 avec *Única Fácil* (☎ 0800-886-1000). Env 1h30 de trajet.
➢ ***São Paulo :*** 1 bus/j., à 23h, avec *Salutaris* (☎ 2249-9870). Env 6h30 de route.
➢ ***Belo Horizonte :*** 3 bus/j., 13h30, 15h30 et 23h30, avec *Útil* (☎ 3907-3900). Compter 6h de trajet et 130 Rls.
➢ ***Teresópolis :*** 7 bus/j., 5h45-19h, avec *Viação Teresópolis* (☎ 3644-6600). Env 1h30 de trajet.

### En voiture

➢ ***De Rio :*** prendre l'av. Brasil puis la sinueuse BR 40 (péage).
➢ ***De Teresópolis :*** belle route tortueuse (la 495) traversant le parc national de la Serra dos Órgãos.

## Adresses et info utiles

***Informações Turísticas – Centro de Cultura Raul de Leoni :*** *praça Visconde de Maua, 305.* ● *petropolis.rj.gov.br* ● *Tlj 9h-18h.* Quelques infos et brochures. Accueil lusophone. Autre centre d'info sur la *praça da Liberdade,* ainsi qu'à l'entrée de la ville en venant de Rio.

■ ***Distributeurs :*** ***Bradesco,*** *rua do Imperador, 816 (le plus central) ; ou rua Paulo Barbosa (la rue face à la poste), où l'on trouve* ***Santander*** *et* ***Banco do Brasil.***

– ***Orientation :*** la rua do Imperador est l'axe principal du centre-ville. Au milieu de cette artère démarre, à angle droit, la rua da Imperatriz.

## Où dormir ?

### De bon marché à prix moyens (moins de 200 Rls / env 48 €)

***UM Hostel :*** *rua Padre Siqueira, 325.* ☎ *2231-7129.* • *umhostel.com.br* • *Dans le centre, presque en face de la brasserie* Bohemia. *Dortoirs 60-70 Rls, doubles 150-190 Rls.* Un *hostel* design installé dans une grosse maison blanche perchée sur une petite butte, au cœur de la ville. Sans doute l'adresse la plus sympa où dormir, surtout si vous n'êtes pas réfractaire aux dortoirs, au nombre de 4, impeccables et très agréables avec leurs prises et liseuses individuelles et leurs casiers métalliques jaunes. Pour les autres, 3 chambres privées tout aussi avenantes, dans les tons gris, avec bonne literie, clim et frigo-bar. Sanitaires communs impeccables dans une véranda donnant sur le *palacio do cristal* ! Sans oublier le salon-TV avec billard et le coin à manger au rez-de-chaussée, particulièrement coquets avec leurs objets chinés. Cuisine moderne à dispo. Accueil souriant. Que dire d'autre ?

### De prix moyens à plus chic (200-450 Rls / env 48-106 €)

***Pousada 14 Bis :*** *rua Buenos Aires, 192.* ☎ *2231-0946.* • *pousada14bis.com.br* • *À 10 mn à pied du centre, à l'est de ce dernier. Doubles 280-350 Rls.* Dans un quartier calme et verdoyant, une vaste maison divisée en plusieurs bâtiments et pavillons décorés sur le thème de l'aviation, avec des photos, maquettes et panneaux retraçant la vie de l'aviateur Santos-Dumont. Chambres de caractère, très agréables et bien tenues (douche/w-c, frigo-bar, clim ou ventilo) donnant sur les jardins ou sur un patio intérieur. Piscine. Accueil chaleureux.

***Pousada Imperial Koeler :*** *av. Koeler, 99.* ☎ *2243-4330.* • *pousadaimperialkoeler.com.br* • *Doubles 220-350 Rls. Parking.* Au cœur du Petrópolis historique, dans une demeure classée du XIXe s, une quinzaine de chambres non dénuées de cachet là encore, de style un peu ancien, toutes différentes mais plaisantes et soignées, avec tout le confort (TV câblée, clim, frigo-bar...). En prime, une charmante piscine à l'arrière, bordée d'un mur couvert de lierre, ainsi qu'un salon avec une bibliothèque en mezzanine. Une adresse de qualité.

## Où manger ? Où boire un verre ?

### De bon à prix moyens (moins de 40-70 Rls / env 10-17 €)

***Tradição Mineira :*** *Galeria Gelli, rua do Imperador, 148 (ou rua 16 de Março, 155).* ☎ *2242-5592. Tlj 11h-16h.* À l'étage d'une galerie commerçante du centre, un resto *ao kilo* qui sert une bonne et copieuse cuisine locale à prix sages. En mettant (un peu) plus, on a droit au buffet japonais. Un bon plan pour le déjeuner.

***Duetto's Café :*** *rua da Imperatriz, 220, dans le parc du palais* *impérial (sur la gauche). ☎ 2243-2952. Tlj, sauf lun, 10h (9h w-e)-18h (22h jeu-sam). Plats 20-45 Rls.* Charmant café aux murs rouges chargés de bibelots, prolongé d'une terrasse. Parfait pour la pause-midi ou pour le goûter : succulents sandwichs, quiches, tourtes, petits plats de pâtes mais aussi plein de cafés spéciaux et de pâtisseries maison. On peut également y acheter des produits locaux, comme la cachaça à la framboise !

**Cervejaria Bohemia :** *rua Alfredo Pachá, 166. ☎ 2020-9050. Tlj 12h-23h30. Plats max 50 Rls.* C'est le bar-resto de la célèbre brasserie *Bohemia* (qui se visite, voir plus loin « À voir »), sis dans une grande salle plaisante genre entrepôt bordée d'espaces en terrasse. Le cadre idéal pour savourer les délicieux burgers maison, une salade ou d'autres plats plus élaborés, à prix démocratiques. À arroser, bien sûr, d'une bonne *Bohemia, Aura Lager* ou *838 Pale Ale*). Ambiance animée, service efficace, prix modérés : l'endroit où passer au moins une fois à Petrópolis !

**Bordeaux :** *rua Ipiranga, 716. ☎ 2242-5711. À 15 mn à pied du centre. Tlj 12h-23h (minuit ven-sam), dim 12h-19h.* Une adresse de charme très joliment installée dans la dépendance de la *Casa da Ipiranga,* au cœur de son parc luxuriant. Salle élégante et chaleureuse aux murs de brique contre lesquels s'empilent les bouteilles de vin – la maison ne s'appelle pas Bordeaux pour rien –, plus quelques tables posées sur les pavés à côté de la fontaine. Cuisine classique et soignée, des beignets de *bacalhau* au risotto de potiron à la viande séchée en passant par les côtes d'agneau et le contre-filet argentin. Tout un choix d'assiettes à partager également. Une valeur sûre.

## À voir

***Attention :*** la plupart des sites sont fermés le lundi.

**Museu imperial :** *dans le palais impérial, rua da Imperatriz, 220. ☎ 2233-0300. • museuimperial.gov.br • Tlj 10h30-18h, sauf lun. Entrée : 10 Rls ; réduc. Accès gratuit au parc. Spectacle son et lumière jeu-sam à 20h (20 Rls ; réduc ; entrée au musée pour le même jour incluse).* L'ancienne résidence d'été de la famille impériale, construite à partir de 1845, abrite depuis 1943 un musée rempli des trésors du règne impérial (1822-1889) : tableaux, porcelaines, tapisseries, meubles, bijoux... En vedettes, la couronne en or de Dom Pedro II, sertie de 639 diamants (!), la plume (en or aussi) avec laquelle la princesse Isabelle (fille de Dom Pedro II) signa l'abolition de l'esclavage en 1888, ou encore la toile illustrant la proclamation d'indépendance du pays en 1822. On doit enfiler des chaussons spéciaux pour préserver le parquet. Le palais est entouré d'un beau jardin aux arbres centenaires, où se trouve également le ***Duetto's Café*** (voir « Où manger ? Où boire un verre ? »), très agréable pour faire une pause.
En face, de l'autre côté de la rua Imperatriz, le ***palácio Amarelo*** (« palais jaune »), ancienne résidence d'un conseiller de l'empereur, abrite aujourd'hui le conseil municipal. Accès gratuit au hall principal et aux salles de sessions législatives *(tlj 10h-17h).*

**Cervejaria Bohemia :** *rua Alfredo Pachá, 166. ☎ 2020-9050. • cervejariabohemia.com.br • Mar-ven 12h (10h ven)-17h, w-e 10h-18h30 (17h30 dim). Fermé lun. Entrée : 39 Rls.*

### HEURES DE VOL

*C'est pour permettre à Santos-Dumont de lire l'heure en vol tout en gardant les mains sur les commandes que Louis Cartier créa en 1904 le prototype d'une des toutes 1res montres-bracelets, à la place de la montre gousset.*

La 1re brasserie industrielle du Brésil (1853), installée dans un bâtiment en brique, très joliment restauré, est toujours active (on y produit la fameuse *Bohemia*) et peut se visiter. On y découvre d'abord librement une expo, avec panneaux et écrans tactiles, sur l'histoire de la bière dans le monde et son introduction au Brésil par les Portugais ; les différentes marques de bières brésiliennes (belle mosaïque de la 1re brasserie *Brahma* de Rio !), ainsi que la salle des ingrédients, où l'on peut goûter différentes sortes de malt, observer la levure au microscope, etc. Puis démarre la visite guidée proprement dite (en anglais ou espagnol si besoin), expliquant le processus de fabrication et incluant une dégustation de 3 des 7 bières *Bohemia* (dont la *838 Pale Ale*).
Au passage, vous verrez aussi la grande cuve originale de la brasserie, ainsi qu'une salle dédiée aux différents types de bières qui existent dans le monde (lambic, stout, lager...) et la chaîne d'embouteillage. Enfin, petite incursion dans la boutique au sous-sol, où l'on peut se procurer, outre des produits locaux, la fameuse bière, et notamment la *Bohemia Reserva,* vendue au prix d'un bon vin !

***Casa de Santos-Dumont :*** *rua do Encanto, 22 (centre-ville). ☎ 2247-5222. Visites guidées (en portugais, anglais et espagnol) ou libres, tlj sauf lun 9h-17h30. Entrée : 10 Rls.* Le célèbre pionnier de l'aviation, Alberto Santos-Dumont, y vécut pendant la Première Guerre mondiale. C'est au Brésil qu'il étonna le monde en inventant en 1906 un des 1ers avions, la *Demoiselle.* Il construisit aussi des dirigeables et réalisa le 1er record du monde de vitesse. Une expo de photos et de gravures anciennes retrace ses principaux exploits. Quelques pièces insolites aussi, comme le « bureau-lit » ou la douche avant-gardiste (la 1re douche à eau chaude du Brésil)... Tout proche du musée, réplique d'un de ses fameux avions, le *14-Bis,* sur la place du même nom. Reproduit à 75 % de son échelle, ce coucou mérite le coup d'œil !

***Palácio do Cristal :*** *rua Alfredo Pachá, s/n (centre-ville). ☎ 2247-3721. Tlj 9h-18h, sauf lun. GRATUIT.* Le comte d'Eu, gendre français de l'empereur Pedro II, le fit construire en France. La structure métallique, conçue en 1884, fut ensuite importée par cargo jusqu'au Brésil. Le terme « palais » est un peu exagéré, il s'agit en fait plutôt d'une serre qui abrita des expos botaniques et accueille désormais un centre culturel (expos, spectacles, concerts, etc.). Noter que les fenêtres ne s'ouvrent que de l'extérieur car, à la grande époque, les employés chargés de cette tâche ne devaient se tenir qu'à l'extérieur de la serre...

***Catedral de São Pedro de Alcântara :*** *rua S. P. de Alcântara, 60. ☎ 2242-4300. Tlj 8h-18h. GRATUIT.* Construite entre 1884 et 1925 (ou 1969 si on compte la tour !) dans un style néogothique assez sobre. Entourée de flamboyants et d'arbres exotiques, elle abrite les tombeaux de Dom Pedro II et de la famille impériale, dont la princesse Isabel et son époux français, le comte d'Eu. Impressionnante flèche de 62 m de haut. Juste en face, statue de l'architecte de Petrópolis, Julio Koeller.

***Casa Stefan Zweig :*** *rua Gonçalvez Diaz, 34 (quartier Valparaíso). ☎ 2245-4316. • casastefanzweig.org • Accès en bus nos 206 ou 454 ; arrêt Duas Pontes. Ouv seulement ven-dim 11h-17h.* Adossée à une petite colline, au bout d'un chemin en pente, la maison est identifiable à une plaque indiquant « *Ele está de volta a Petrópolis* » (Il est de retour à Petrópolis). C'est ici que l'écrivain autrichien Stefan Zweig passa les dernières années de son exil. On aperçoit une stèle dans le jardin et la grande véranda où Zweig écrivit notamment son dernier livre, *Le Joueur d'échecs.* Bouleversé par la conquête de l'Europe par Hitler, l'auteur de *Brésil, terre d'avenir* se suicida avec sa femme en 1942. Ils reposent au cimetière de Petrópolis. Désormais, la maison se visite. Elle a été transformée en petit musée consacré à l'écrivain.

# LA COSTA VERDE

Après avoir contourné Rio par le nord, la BR 101, appelée Rio-Santos, longe la Costa Verde qui forme l'ourlet maritime de l'ouest de Rio. C'est d'abord l'immense *bahia de Sepetiba,* suivie de la *bahia de Angra dos Reis,* que vient fermer Paraty, bijou colonial et balnéaire.

En tout, plus de 200 km d'une côte bordée par plus de 360 îlots montagneux, couverte de cocoteraies et semée de quelque 2 000 plages au sable fin... Dominant le littoral, le décor somptueux de la luxuriante *serra da Bocaïna* descend vers l'océan depuis des sommets de 1 500 à 1 700 m d'altitude.

On peut facilement rallier la Costa Verde en bus (ou minibus via une agence) depuis Rio ou São Paulo, mais la voiture reste une option agréable pour explorer le coin en 2-3 jours (ou plus). Escale incontournable de cette Costa Verde, Ilha Grande reste la meilleure option pour poser son sac quelques jours entre mer et nature. On peut aussi se rendre sur l'une des nombreuses autres petites îles et y séjourner en camping sauvage, notamment sur la très belle Ilha da Gipóia, ou encore faire étape à Paraty, petite ville coloniale intacte, dont la baie abrite de nombreux îlots que l'on peut rallier en bateau. Un joli programme de vacances !



## ILHA GRANDE

3 500 hab. IND. TÉL. : 24

• Plan *p. 167*

« Oh Dieu, s'il y a un paradis sur terre, il n'est pas loin d'ici ! » se serait écrié Amerigo Vespucci en contemplant la baie d'Ilha Grande. Montagneuse, entièrement recouverte d'une forêt luxuriante découpée çà et là de plages de sable blond, cette splendide île tropicale de 193 km² est aujourd'hui un site protégé. Pas de voitures, et quand bien même le tourisme s'y est considérablement développé depuis la fermeture du pénitencier en 1994, les structures hôtelières sont limitées en nombre et en taille et se concentrent sur le seul village-port de Vila do Abraão. Seule ombre au tableau depuis quelque temps, l'arrivée de bateaux de croisière qui viennent mouiller ici et déversent leurs flots de touristes sur l'île, 2 fois par semaine de janvier à mars. Mais ils ne restent que quelques heures et se concentrent à Vila do Abraão... où la bétonisation, de toute façon, ne passera pas !

C'est l'un des rares endroits où vous pourrez faire seul de belles balades à pied en forêt, découvrir des plages quasi désertes et même vous baigner dans des cascades rafraîchissantes... On vous recommande donc vivement de passer 2 ou 3 nuits sur place.

### À L'EST D'ÉDEN

*Si paradisiaque soit-elle, Ilha Grande est pourtant un symbole des années de plomb du Brésil. Dans les années 1970, nombre d'opposants au régime furent envoyés sur le pénitencier de l'île et, pour la grande majorité d'entre eux, n'en sont jamais revenus. Si l'on doit aujourd'hui à cette ancienne « Alcatraz » d'être aussi peu construite et si sauvage, c'est bien parce que, jusqu'à la cessation d'activité du pénitencier, en 1994, personne n'était autorisé à y mettre les pieds.*

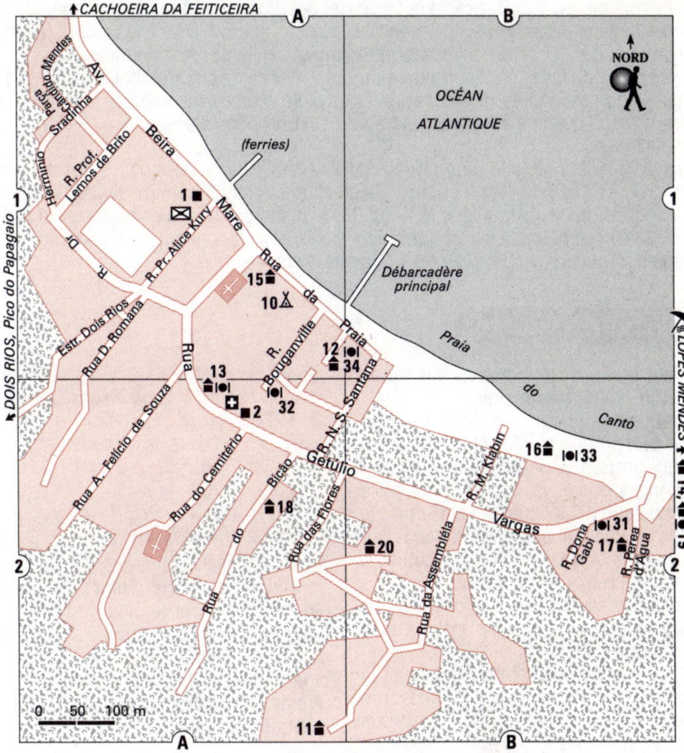


## ILHA GRANDE – VILA DO ABRAÃO

■ **Adresses utiles**

1 Poste de police (A1)
2 Laverie (A2)

**Où dormir ?**

10 Sombra dos Coqueirais (A1)
11 Holandês Hostel (A2)
12 Hostel Papagaio (A1)
13 Biergarten Hostel (A1-2)
14 Che Lagarto Hostel (hors plan par B2)
15 Pousada Tropicana (A1)
16 Pousada Manaca (B2)
17 Pousada Naturalia (B2)
18 Pousada D'Pillel (A2)
19 Sagú Mini Resort (hors plan par B2)
20 Hostel Refúgio (B2)

**Où manger ?**

13 Biergarten (A1-2)
31 Las Sorrentinas (B2)
32 Dom Mario (A1-2)
33 Restaurante Lua e Mar et Café do Mar (B2)
34 O Pescador (A-B1)

## GÉOGRAPHIE ET POPULATION

Ilha Grande s'étendant sur près de 30 km de long, il faudrait 2 jours pour la traverser à pied. La majorité de ses quelques milliers d'habitants sont regroupés sur Vila do Abraão (également appelée tout simplement Abraão), port principal reliant Ilha Grande au continent. *Pousadas* et restos s'y succèdent à touche-touche.

On y mange, on y dort, avant de partir découvrir le reste de l'île, sauvage. Quelques anciens employés du pénitencier vivent toujours à Dois Rios, sur la façade atlantique de l'île, reliée à Abraão par une piste qu'emprunte un minibus réservé aux seuls habitants (inutile de faire du stop, donc). Les autres baies abritent de petites communautés de pêcheurs. On trouve même, esseulé sur la pointe de Dos Marcos qui ne s'atteint qu'en bateau, un Européen s'essayant à l'élevage de coquillages.
Provetá, le 2e village le plus peuplé de l'île, est situé à l'opposé d'Abraão. Et, en effet, tout oppose les 2 bourgs. Siège d'une communauté religieuse, Provetá entend maintenir les touristes à l'écart. Il y a quelques années encore, seul le pasteur du village détenait un groupe électrogène, et il n'accordait la lumière qu'à ses fidèles... Tout un symbole ! Depuis, Provetá a été électrifié.



## Arriver – Quitter

Il faut d'abord rejoindre, en bus ou en voiture, l'un des 3 points d'embarquement pour Ilha Grande que sont (du plus proche au plus éloigné de Rio) Mangaratiba, Conceição de Jacarei et Angra dos Reis. On vous conseille Conceição de Jacarei, qui est le port le plus proche d'Ilha Grande et celui d'où partent désormais le plus de bateaux. Voir ci-après pour les détails.
On peut aussi acheter un ***forfait minibus + bateau*** depuis Rio, une formule un peu plus chère *(env 110 Rls par trajet)* que si vous prenez le bus et le bateau séparément mais intéressante pour les non-motorisés, car le minibus passe vous prendre à votre logement à Rio, vous évitant ainsi de devoir aller à la *rodoviária Novo Rio* pour y prendre le bus. De plus, il n'y a pas – ou peu – d'attente au lieu d'embarquement pour Ilha Grande, car l'arrivée du minibus et le départ du bateau sont synchronisés. Infos et résas sur • *easytransferbrazil.com* •, ou dans les agences de voyages de Rio ou d'Ilha Grande.

### En bus, vers les embarcadères

#### *Mangaratiba*

C'est le point d'embarquement le plus proche de Rio (116 km), mais les bateaux y sont très peu nombreux.
➢ ***Rio :*** 4 bus/j. depuis la *rodoviária Novo Rio* de Rio, avec *Costa Verde*, à 5h, 10h45, 15h et 19h (env 2h30 de trajet). Retour du quai des ferries de Mangaratiba à 5h45, 9h, 14h et 19h40. *Infos : ☎ (021) 3622-3123 ; lun-ven 8h-18h (17h ven). Résas par tél : ☎ 3907-3900 (depuis Rio) ou 4020-0800 (partout ailleurs) ; lun-sam 9h-21h (17h sam). • costaverdetransportes.com.br •*

#### *Conceição de Jacarei*

À 140 km de Rio, c'est l'embarcadère le plus proche d'Ilha Grande et celui d'où partent le plus de bateaux. Les bus Rio-Angra dos Reis (voir ci-dessous) s'arrêtent sur la route principale qui traverse le bourg, d'où l'on rejoint les embarcadères à pied en quelques minutes.

#### *Angra dos Reis*

Le port principal du coin mais le plus éloigné de Rio (à 170 km). En revanche, bus pour Rio, São Paulo, Paraty et Belo Horizonte.

***Rodoviária Nilton Barbosa :*** *☎ 3365-2041. À env 2 km de l'embarcadère.* Consignes à bagages, *lanchonete*. Bus urbain pour l'embarcadère (arrêt à 2-3 mn à pied du terminal).
➢ ***Rio :*** avec *Costa Verde* *(☎ 3365-1750)*. De Rio *(rodoviária Novo Rio)* vers Angra, env 10 bus/j. 4h-19h ; pour Rio, 4h-23h. Trajet : 3h.
➢ ***São Paulo :*** avec *Reunidas* *(☎ 3365-0565)*. Env 5 liaisons/j., 8h-22h, dans les 2 sens. Compter 7h de trajet.
➢ ***Paraty :*** avec *Colitur* *(☎ 3365-0223)*. Env 1 bus/h 5h-22h30. Le billet (15 Rls) s'achète directement au chauffeur. Trajet : env 2h15.

➢ ***Belo Horizonte :*** compagnie *Útil* *(☎ 3907-3900).* 2 bus/j., le mat (vers 9h d'Angra et vers 7h de Belo Horizonte) et le soir vers 20h. Trajet : 10-11h.

### En voiture

Ceux qui arrivent en voiture pour prendre le bateau vers Ilha Grande laisseront leur véhicule dans les ***parkings gardés*** contre 20 à 40 Rls/j. Ils sont bien signalés à proximité des embarcadères.

### Liaisons en bateau

➢ ***Depuis Mangaratiba :*** seulement 1 liaison/j., en ferry, à 8h de Mangaratiba (retour d'Ilha Grande à 17h30) ; le ven soir, départ supplémentaire à 22h de Mangaratiba. Trajet : 1h30-1h45 ; env 20 Rls.

➢ ***Depuis Conceição de Jacarei :*** liaisons en *flex boats* surtout, des bateaux rapides qui font le trajet en 20 mn. Plusieurs agences près de l'embarcadère, qui ensemble proposent 1-2 départs/h, 8h-18h (21h ven) env de Conceição, 7h30-18h30 (20h ven) d'Ilha Grande. Env 45 Rls par trajet ou 80 Rls l'A/R. Également 3 goélettes tlj, à 9h, 12h et 15h de Conceição (retour à 10h30, 13h30 et 17h). Là, compter 25 Rls et 40 mn de trajet.

– Attention : si vous retournez ensuite en bus sur Rio, pensez à réserver votre place à l'avance (auprès de la Cie *Costa Verde,* représentée par diverses agences à Ilha Grande), car Conceição n'est qu'une étape sur la ligne de bus Angra-Rio, et si vous n'avez pas de réservation et que le bus est déjà plein, il ne s'arrête pas à Conceição... Pour éviter ces tracasseries, vous pouvez aussi opter pour la formule minibus + bateau (voir plus haut)...

➢ ***Depuis Angra dos Reis :*** 3 options pour rejoindre Ilha Grande :

– *en flex boat (bateau rapide) :* env 1 départ/h 7h30-18h30 d'Angra, 6h30-17h30 d'Ilha Grande. Compter 50 Rls par trajet et 30-45 mn de traversée ;

– *en ferry :* avec *CCR Barcas,* au départ d'Angra à 15h30 en sem, 13h30 les w-e et j. fériés. Retour à 10h. Tarif : env 20 Rls. Trajet : 1h30 ;

– *en goélette :* 1 départ seulement, à 14h30 d'Angra (retour à 7h30). Compter 30 Rls et env 1h30.

LE SUD-EST

## Se déplacer sur l'île

On le répète, pas de voiture sur Ilha Grande, mais toute l'activité touristique, les hébergements, restos et bars se concentrent à Vila do Abraão, un gros village aux rues en terre qu'on peut traverser d'un bout à l'autre en 10-15 mn. À l'arrivée, des ***porteurs équipés de chariot à bagages*** proposent leurs services. Parfois utile pour rejoindre les adresses du bout de la plage, mais pas donné *(env 30 Rls pour 2 pers).*

Au-delà du village d'Abraão, on peut accéder à pied à certaines plages de l'île par des sentiers faciles. Pour les plus éloignées en revanche, il faut prendre un ***taxi-boat*** ou, plus simple si vous voulez surtout découvrir l'île, acheter l'une des excursions d'une demi-journée organisées par les nombreuses agences d'Abraão. On les décrit plus loin dans « À faire ».

## Adresses et infos utiles

– ***Important :*** il n'y a ***pas de distributeur de billets sur l'île,*** prévoir suffisamment de liquide à l'avance. En revanche, on peut payer par carte dans nombre d'établissements.

– ***Point d'infos touristiques :*** sur le débarcadère principal, qui peut vous donner quelques renseignements (en anglais) sur l'île, ainsi qu'un petit plan. Pour des infos plus spécifiques, il y a les nombreuses agences du village, ou le site internet suivant : • *ilhagrande.org* •

ℹ ***Offices de tourisme d'Angra dos Reis :*** *sur le port, à mi-chemin entre la* *rodoviária et l'embarcadère (tlj 8h-17h), et face à l'embarcadère des bateaux rapides (tlj 8h-19h). ☎ 3369-7704. • angra.rj.gov.br •* Horaires des bus et des bateaux, mais aussi quelques infos et un peu de doc sur Ilha Grande.

■ ***Poste de santé*** *(plan A2) : rua Getúlio Vargas (à côté du Biergarten). ☎ 3361-5523. Urgences 24h/24. Gratuit.*

■ ***Poste de police*** *(plan A1, **1**) : face au débarcadère des ferries.* On trouve aussi, derrière, un petit ***bureau de poste.***

■ ***Laverie*** *(plan A2, **2**) : rua Getúlio Vargas, à côté du poste de santé. Tlj 8h30-12h, 16h-20h30.* Cher, comme toujours.

Plusieurs ***supérettes*** dans le village, rua Getúlio Vargas.



## Où dormir ?

Nous indiquons des fourchettes de prix car ceux-ci varient (parfois du simple au double, voire plus !) selon la saison. Grosso modo, les tarifs sont plus élevés de décembre à mars.

### Camping

Le camping sauvage est interdit sur l'île. On compte en revanche plusieurs petits campings privés à Abraão (la plupart derrière la rua Getúlio Vargas), assez semblables : de petits terrains clos sans beaucoup d'herbe ni d'ombre, où les tentes s'entassent parfois sous une bâche...

***Sombra dos Coqueirais*** *(plan A1, **10**) : entre les 2 débarcadères, face au front de mer. ☎ 3361-9690. • campingsombradoscoqueirais.com.br • Compter 35 Rls/pers et autant pour la loc d'une tente 3 pl.* Le plus proche des débarcadères, c'est là son principal atout ! Au choix, un petit espace herbeux en plein cagnard ou le sable à l'ombre des 2-3 arbres (« l'ombre des noix de coco », en portugais dans le texte !). Sanitaires corrects, bar et cuisine. Accueil sympathique.

### De bon marché à un peu plus chic (moins de 150-350 Rls / env 36-84 €)

***Hostel Papagaio*** *(plan A1, **12**) : rua da Praia, casa 7. 999-06-99-14. Du débarcadère principal, prendre à gauche puis directement la 1re ruelle sur la droite, c'est au fond. Dortoirs 40-100 Rls.* Juste 2 dortoirs de 9 lits au-dessus d'une salle à manger équipée d'un bar. Tout petit, donc, mais atmosphère intime et excellente tenue générale. De plus, bon accueil et bons conseils du couple franco-brésilien qui tient l'*hostel*.

***Biergarten Hostel*** *(plan A1-2, **13**) : rua Getúlio Vargas, 161. ☎ 3361-5583. • biergartenhostel.blogspot.fr • Dortoirs 40-110 Rls ; doubles 150-350 Rls.* Dortoirs pimpants et climatisés de 4-8 lits, installés derrière le resto du même nom (lire plus bas « Où manger ? ») et 1 petit dortoir de 3 lits. Également 2 chambres privées assez spacieuses, dont une avec sa propre salle de bains. 2 cuisines, bar et, en prime, une courette très plaisante à l'arrière. Nickel et central.

***Holandês Hostel*** *(plan A2, **11**) : rua da Assembléia, s/n. ☎ 3361-5034. • holandeshostel.com.br • De la rua Getúlio Vargas, prendre la rua da Assembléia et la suivre jusqu'au bout, en gardant la gauche. Dortoirs 40-90 Rls ; chalets pour 2 pers 160-300 Rls. Réduc avec la carte HI.* Cette auberge de jeunesse s'est déployée dans un beau jardin traversé d'allées et agrémenté de petits bassins à poissons, au bout d'une ruelle qui s'enfonce dans la forêt. 6 agréables dortoirs de 6 à 8 lits et 5 petites doubles cosy, le tout avec salle de bains privée et pas mal de boiseries. Cuisine à dispo et hamacs pour buller.

***Hostel Refúgio*** *(plan B2, **20**) : rua das Flores s/n. 981-18-02-12. • hostelrefugio.com.br • Fléché depuis la rua Getúlio Vargas. Dortoirs 65-130 Rls.* Un peu isolé sur les hauteurs, un ensemble flambant neuf de petits bâtiments rouge-orange, abritant des dortoirs nickel avec sanitaires rutilants, épais matelas sur armature en bois, armoires et coffres-forts individuels. Une petite salle TV colorée à côté de la réception vient compléter le tout. Un bon choix, là encore !

**Che Lagarto Hostel** *(hors plan par B2, **14**) : rua Canto da Praia, s/n. ☎ 3361-9669. • chelagarto.com • Tt au bout de la praia do Canto. Dortoirs 50-130 Rls.* Une adresse qui bénéficie surtout d'une belle situation, avec une grande terrasse les pieds dans l'eau, où l'on s'installe dès le matin. La moitié des dortoirs (bien tenus, 4-8 lits) donnent également sur la mer. Coin bar et soirées pizzas le mercredi et burgers le samedi, ambiance très festive parfois, comme souvent dans les adresses de cette chaîne d'AJ argentine. C'est d'ailleurs là que le bât blesse, car en saison il peut être difficile d'y trouver le sommeil !

## Plus chic (250-500 Rls / env 60-120 €)

**Pousada Tropicana** *(plan A1, **15**) : rua da Praia, 28. ☎ 3361-5047. • ilhagrandetropicana.fr • Tt près du débarcadère. Doubles 250-400 Rls selon confort et saison.* Au cœur de l'animation, une belle *pousada* d'une grosse douzaine de chambres coquettes, fraîches et confortables (clim, TV, frigo...). Hormis la chambre qui donne sur la mer avec petit balcon et hamac, on préfère celles qui ouvrent sur le jardin tout garni de végétation, à l'arrière, vastes (certaines pour 3-4 personnes) et plus tranquilles. Dans chacune, des peintures (le dada du patron français) ornent les murs. La maison fait aussi crêperie. Accueil charmant.

**Pousada Manaca** *(plan B2, **16**) : praia do Abraão, 333. ☎ 3361-5404. 📱 9631-2374. • ilhagrandemanaca.com.br • Doubles 260-360 Rls selon vue et saison.* Gérard vit depuis plus de 40 ans au Brésil et il est une vraie mémoire vivante de l'île, qu'il a connue bien avant son essor touristique ! Il propose une poignée de chambres agréables, toutes dédiées à un artiste plasticien, avec boiserie, brique, sol en grès, literie confortable, clim et minibar. Certaines s'ouvrent sur un balcon tendu d'un hamac face à la mer... Pas de TV, pour garantir la tranquillité des hôtes. Cour-jardin bien sympa. Le petit déj enfin, excellent, se prend sous les arbres, avec le bruit du ressac... Un bon point de chute à Ilha Grande.

**Pousada Naturalia** *(plan B2, **17**) : praia do Abraão, 149. ☎ 3361-9583. • pousadanaturalia.net • Accès (fléché) par une petite allée qui part de la plage. Doubles 280-380 Rls.* Adresse assez haut perchée et très plaisante là encore, tenue par un Français, Laurent. Une douzaine de chambres nickel à la déco rustico-sylvestre, réparties dans 2 bâtiments adossés à la forêt. Toutes de bon confort et, surtout, dotées d'un petit balcon avec hamac tourné vers la mer ! Bon petit déj avec une variété de jus et fruits frais tropicaux, un délice. De plus, Laurent saura vous donner tous les conseils pour que vous profitiez au mieux de votre séjour sur l'île.

**Pousada D'Pillel** *(plan A2, **18**) : rua do Bicão, 51. ☎ 3361-5075. • ilhagrandedpillel.com.br • Doubles 160-350 Rls.* Le seul défaut de cette *pousada*, ce serait de ne pas être en bord de mer... car le reste nous a vraiment séduits : une belle maison réalisée dans des matériaux bruts abritant une bonne dizaine de chambres charmantes et climatisées, au sol en terre cuite et joli mobilier en bois, le tout dans d'harmonieuses tonalités brun-gris. Elles donnent toutes, soit de leur terrasse au rez-de-chaussée soit de leur balcon à l'étage, sur le beau jardin à l'arrière, là même où, sous une jolie paillote, se prend le petit déj. Petit salon TV et salle de jeux, en prime. Une belle découverte !

## Très chic (plus de 500 Rls / env 120 €)

**Sagú Mini Resort** *(hors plan par B2, **19**) : enseada do Abraão, s/n ; praia Brava. ☎ 3361-5823.*

LE SUD-EST

*• saguminiresort.com • À 15 mn à pied du village, au bout de la 2e plage après la praia do Canto. Doubles 570-660 Rls.* Un petit complexe hôtelier tout garni de végétation, les pieds dans l'eau et bien à l'écart de l'agitation. Une situation privilégiée, dont bénéficie la petite dizaine de chambres installées dans des petits bâtiments colorés. Bois sombre, déco soignée, elles disposent toutes d'un balcon avec vue sur mer. Également 2 chambres en duplex pour les familles. Kayaks à disposition, petit ponton et resto en terrasse, avec billard. Un cadre enchanteur, propice à un séjour des plus relaxant.



## Où manger ?

### De bon marché à prix moyens (moins de 70 Rls / env 17 €)

**Biergarten** *(plan A1-2,* ***13****) : rua Getúlio Vargas, 161. ☎ 3361-5583. Dans la rue principale. Tlj 12h-22h.* Des restos *ao kilo* à Ilha Grande, il n'y en a pas des tonnes. Celui-ci est tenu avec sérieux par Eduardo et propose toujours un bon choix varié. On remplit son assiette et on va s'asseoir à l'ombre dans la courette, où passe une bonne petite musique rythmée.

**Las Sorrentinas** *(plan B2,* ***31****) : rua Getúlio Vargas, 638. ☎ 3361-5063. Lun-sam 19h-23h. Fermé dim.* Agréable terrasse à l'étage d'une maison en bois, un peu à l'écart de la plage. Le menu n'est pas compliqué : quelques *sorrentinos* (de gros raviolis argentins) farcis au jambon-mozzarella, noix-gorgonzola, saumon... et servis avec une sauce au choix (pesto, champignon-crème, bouillon de viande tomaté...). Bon, copieux et peu ruineux. Même le verre de vin est abordable !

### De prix moyens à chic (40-100 Rls / env 10-24 €)

**Dom Mario** *(plan A1-2,* ***32****) : au bout de la rua Bouganville. ☎ 3361-5349. Mar-sam 17h30-22h. Fermé dim-lun.* Au fond d'une impasse, à l'écart de l'agitation, une grosse poignée de tables colorées sur une belle terrasse couverte. Le chef mitonne une cuisine fine et inventive : poisson sauce maracuja (fruit de la passion), viandes bien cuites sauce poivre vert ou gorgonzola... Le menu est immuable, mais d'excellente qualité. Clientèle fidèle. On ne change pas une recette qui gagne !

**Restaurante Lua e Mar** *(plan B2,* ***33****) : praia do Abraão. ☎ 3361-5113. Presque au bout de la plage. Tlj 11h-23h, sauf mer.* Jolie terrasse sur le sable, où goûter aux spécialités brésiliennes, en particulier les copieuses *moquecas.* Mais vous pouvez essayer aussi le risotto de fruits de mer, fameux. Une bonne cuisine et un cadre enchanteur, à l'ombre des amandiers le midi, ou à la lueur des bougies (et au rythme de la musique *ao vivo* !) la nuit venue. Les soirs d'affluence, en revanche, l'attente peut s'avérer très, très longue...

**Café do Mar** *(plan B2,* ***33****) : praia do Abraão. ☎ 3361-9446. Tlj 10h-minuit.* Toujours sur la plage, le voisin de *Lua e Mar* sort quant à lui son barbecue chaque lundi, mercredi et samedi soir à partir de 20h. On fait son choix parmi les viandes et poissons exposés... et y a plus qu'à attendre que ça grille ! On patiente en sirotant une caïpirinha bien préparée. De quoi passer une bonne soirée, les pieds dans le sable.

**O Pescador** *(plan A-B1,* ***34****) : rua da Praia, s/n, à côté du ponton de bois. ☎ 3361-5114. Tlj 17h-23h30, sauf dim.* Installé sur la plage, le « Pêcheur » passe à juste titre pour l'un des meilleurs restos de l'île. Outre la *moqueca,* fort bien réalisée, on y sert une cuisine brésilo-méditerranéenne. Des plats joliment présentés, toutefois moins copieux que la moyenne. Service agréable. Le tout dans un joli cadre romantique, face à la plage.

## À faire

La **baie d'Abraão,** outre la plage du village (la praia do Canto), compte quelques petites plages du côté est, plus propices à la baignade que celle du port. Prendre le sentier au bout de la praia do Canto (à droite en regardant la mer), puis suivre le littoral. Plus on s'éloigne, moins il y a de monde... Pas de vagues, on peut y faire du kayak de mer ou du *snorkelling.* Petit snack-bar sur la 1re et la dernière plage, sympa pour prendre un verre ou grignoter les pieds dans le sable.

### LA FIN DES HARICOTS

*Si aujourd'hui toutes les denrées consommées sur l'île arrivent du continent, Ilha Grande fut longtemps une terre de production agricole. L'abolition de l'esclavage – les machines ne peuvent remplacer les hommes sur ces pentes escarpées –, la fermeture du pénitencier et, enfin, le classement de l'île en zone protégée ont eu raison des cultures locales.*

***Praia de Lopes Mendes*** *(hors plan par B2)* **:** la plage incontournable de l'île (mais aussi la plus touristique !), par ailleurs excellent spot de surf. Une longue bande d'un sable presque blanc, si fin qu'il crisse lorsque l'on marche dessus, coincée entre forêt tropicale et eaux chaudes et limpides. Pas mal de monde en saison, mais la plage est grande, on peut toujours s'isoler. En revanche, ne pas se baigner trop loin, les courants sont dangereux.
On peut s'y rendre en bateau ou à pied.
➢ *En bateau :* départs d'Abraão toutes les heures 9h30-12h30 ; retour toutes les heures 15h-18h (en principe). Le dernier bateau du retour peut partir plus tôt ou plus tard selon l'affluence, se renseigner en arrivant à la plage. Compter 15-20 Rls par trajet. Le bateau vous dépose en fait à la *praia de Pouso.* De là, compter 20 mn d'une marche facile jusqu'à Lopes Mendes. Liaisons aussi en *taxi-boat* : environ 50 Rls/personne, mais vous partez quand vous voulez.
➢ *À pied :* l'option qu'on recommande (compter 2h30 de marche). Prendre le sentier qui part du bout de la plage d'Abraão (à droite en regardant la mer), puis tourner à droite dès la plage suivante (fléché). Assez raide les 40 premières minutes (ça grimpe), le chemin court à travers la forêt (avec ses papillons, ses singes...), offre de beaux points de vue sur l'île et passe par les plages de *Palmas, Mangues* et *Pouso,* qui sont autant de salutaires pauses baignade (bars de plage également). On pourra ensuite rentrer en bateau (infos à la *praia de Pouso*). Prévoir de l'eau et de la crème solaire (même si la majeure partie du sentier est à l'ombre).

**Balades à pied :** la forêt primitive qui recouvre Ilha Grande est parcourue de nombreux sentiers, certains au départ d'Abraão.
– Parmi les incontournables, citons, pour les sportifs, l'ascension du ***pico do Papagaio*** (*hors plan par A2* ; environ 3h aller et 2h-2h30 retour). Au sommet (982 m), superbe vue panoramique sur l'île. Partir tôt pour éviter les grosses chaleurs, et même avant l'aube (à condition d'être accompagné de quelqu'un qui connaît le sentier) si vous souhaitez assister au lever du soleil d'en haut ! En chemin, papillons, oiseaux exotiques et singes hurleurs. Le fléchage a été un peu amélioré, mais restez toutefois bien vigilant.
– Autre belle balade, plus courte, le sentier de la ***cachoeira*** (cascade) ***da Feiticeira*** : 1h30 de marche jusqu'à la cascade, puis direction la plage du même nom et retour en *taxi-boat* (pour 15-20 Rls/pers) à Abraão.

– Enfin, pour sortir des sentiers battus, excursion possible jusqu'à ***Dois Rios*** et sa plage enserrée dans un cirque de montagnes : c'est là que se situait l'ancien pénitencier, dont il ne reste que des ruines. Plage superbe cernée par deux rivières qui descendent de la montagne. Compter 5h aller-retour le long d'une piste assez facile.

***Excursions en bateau :*** toutes les agences proposent des demi-tours et des tours complets de l'île en bateau rapide. Compter 90-130 Rls pour les 1ers et environ 130-200 Rls pour les 2ds, selon saison. Le demi-tour permet de découvrir la côte nord, en particulier la *Lagoa Azul* et la *Lagoa Verde,* les meilleurs spots de ***snorkelling*** d'Ilha Grande. Départ vers 10h30 et retour vers 16h30. Le tour complet, lui, commence à 9h30 et se termine vers 18h, et vous fera découvrir aussi les plus belles plages côté sud, notamment Parnaioca et Aventureiro. Ces tours sont certes touristiques mais constituent le moyen le plus simple de profiter des charmes de l'île, l'alternative étant la location privée d'un bateau, nettement plus chère. Dans tous les cas, eau à boire et matériel de *snorkelling* (palmes, masque et tuba) sont inclus dans le prix de l'excursion. Enfin, il y a encore d'autres tours possibles, comme le tour *Super Sul,* où l'on explore la partie sud-est de l'île, ou l'excursion aux *Ilhas Paradisíacas,* un petit groupe d'îlots qui porte bien son nom à l'ouest d'Ilha Grande.

À Vila do Abraão, quelques ***clubs de plongée*** également.

LE SUD-EST

## PARATY

env 40 000 hab. IND. TÉL. : 24

• Plan *p. 177*

**Petite ville coloniale intacte, à 250 km à l'ouest de Rio, Paraty (du nom d'un poisson, le mulet, abondant dans ses eaux) est l'un des hauts lieux du tourisme historique brésilien. Au XVIIIe s, elle faisait la jonction entre le Portugal et le Minas Gerais. Par son port transitaient or, pierres précieuses, soies et épices. Mais l'abolition de l'esclavage et la construction de la voie ferrée entre Rio et São Paulo au XIXe s ont changé la donne, sonnant le glas de sa prééminence, et la ville, intacte, s'est endormie dans l'histoire...**

**Superbes demeures coloniales blanches aux toits de tuiles et balcons de fer forgé, chaussées (très) irrégulières pavées de pierres dites *pé de moleque* (« pieds de garnements ») – éviter vraiment les chaussures à talon ! –, mignonnes églises parsemant le vieux centre et un port exhibant ses canons d'époque confèrent à la ville un charme incontestable. À présent restaurée, elle ressemble à un musée à ciel ouvert. Et si elle est un peu déserte pendant la journée (les gens sont à la plage), ses rues se remplissent le soir venu d'une foule de badauds flânant entre les restos et boutiques de souvenirs. Hors saison et en semaine, c'est plutôt tristounet. L'occasion toutefois**

### POUR TOUT L'OR DU NOUVEAU MONDE...

*Les pavés cyclopéens sur lesquels vous vous tordrez les chevilles quand vous arpenterez les ruelles de Paraty ne sont pas brésiliens mais... européens. Ils proviennent du ballast des navires portugais qui permettait de les lester lorsqu'ils faisaient route à vide vers le Nouveau Monde. Au retour, c'est l'or en provenance du Minas Gerais qui prenait leur place au fond des cales.*

**de goûter au charme colonial de ce petit bourg et de partir à la découverte des plages des environs, parmi les plus belles de la Costa Verde.**

## Arriver – Quitter

### En bus

🚌 ***Rodoviária*** *(hors plan par A2).* Consigne.
➢ ***Trindade*** *(plages)* **:** env 1 bus/h, 6h-23h30, avec *Colitur (☎ 3371-1238).* Billet (5 Rls) à acheter directement dans le bus. Trajet en 40 mn. Prévoir un peu de marge au retour, car pas mal de monde en saison.
➢ ***Angra :*** env 1 bus/h, 5h-22h40 (22h w-e et j. fériés), avec *Colitur.* Env 2h de route. Connexion avec ***Belo Horizonte.***
➢ ***Rio :*** 10-12 bus/j., 4h-21h, avec *Costa Verde (☎ 3622-3123).* Trajet : env 4h30.
➢ ***São Paulo*** *(via São José dos Campos)* **:** 6 bus/j., 8h-22h, avec *Reunidas Paulista (☎ 4020-0800).* Trajet : 6h.
➢ ***Niterói :*** 4 bus/j., 6h20-19h20, avec *Costa Verde.*



## Adresses utiles

ℹ ***Centro de informações turísticas*** *(plan A2)* **:** *av. Roberto Silveira, à l'angle de la rua Domingos G. Abreu. ☎ 3371-1222. • visiteparaty.tur.br • Tlj 9h-20h.* Infos générales sur la ville et la région.
■ ***Distributeurs*** *(hors plan par A2,* ***3****)* **:** *plusieurs banques* ***(Banco de Santander, Bradesco, Banco do Brasil...)*** *au début de l'av. Roberto Silveira, à 5 mn à pied du centre.*
■ ***Paraty Tours*** *(plan A2,* ***4****)* **:** *av. Roberto Silveira, 479. ☎ 3371-1327. • paratytours.com.br • Tlj 8h-22h (21h hors saison).* Organise toutes les excursions à faire dans la région, en bateau (vers les îles de la baie de Paraty), en Jeep (dans le parc da Serra da Bocaina), en bus (à Trinidade), à pied, à cheval, en kayak... ou encore la visite du centre historique, des distilleries (*alambiques* en brésilien)... Sorties plongée aussi, et location de VTT. On y parle l'anglais et parfois même le français.
■ ***Paraty Adventure*** *(plan A1,* ***5****)* **:** *rua Marechal Deodoro, 340. ☎ 3371-6135. • paratyadventure.com • Tlj 8h30-21h.* Une autre agence sérieuse qui propose des programmes originaux, axés sur l'écotourisme et le tourisme d'aventure. Beaux treks sur un ou plusieurs jours, sorties en kayak de mer, notamment vers le *saco do Mamanguá* (l'unique fjord de la côte sud du Brésil !). Départs assurés à partir de 2 personnes. Location de VTT. Loue aussi 2 belles chambres à l'arrière de la boutique.
■ ***Laverie Lave Bem*** *(plan A2,* ***6****)* **:** *rua Dr. Derly Ellena. ☎ 3371-3199. Tlj 8h-22h, sauf dim.*

## Où dormir ?

Attention ! Comme partout dans les villes touristiques du Brésil, la plupart des adresses proposent des forfaits 3 ou 4 nuits *(pacote)* pendant les périodes festives : Noël et Jour de l'an, carnaval, Semaine sainte, etc. Et vu que Paraty compte pas moins d'une vingtaine d'événements par an... mieux vaut étudier le calendrier ! En dehors de ces événements, les prix varient selon la saison, la période estivale étant bien sûr la plus chère.
Dans un autre registre, prévoir un bon répulsif antimoustiques.

### De bon marché à prix moyens (moins de 150-250 Rls / env 36-60 €)

🏠 ***Leo's Clan Beach Hostel*** *(plan A1,* ***11****)* **:** *rua Oscar Pinto Silva, 6. ☎ 3371-6539. • leosclan.com • Dortoirs*

*35-65 Rls ; doubles 120-160 Rls.* De l'autre côté de la rivière, à 2 pas du centre, un petit *hostel* convivial avec 5 dortoirs de 4 à 9 lits et 2 doubles. L'ensemble est simple, bien tenu, avec clim et salles de bains privatives. Petit salon au rez-de-chaussée et courette intérieure avec quelques tables pour le petit déj. Cuisine à disposition et, sur le toit, piscine de poche.

**Paraty Hostel – Casa do Rio** (*plan A1,* **12**) : *rua Antonio de Oliveira Vidal, 120.* ☎ *3371-2223.* • *casadoriohostel.com.br* • *Dortoirs 40-50 Rls ; doubles 150-170 Rls, réduc avec la carte* HI. Mignonne AJ officielle joliment située en bordure de rivière. 7 petits dortoirs, 10 chambres privées (dont 7 familiales)... et encore une quinzaine de lits sur le toit, dans un espace ouvert ! Partie commune bohème, colorée et un peu foutraque, avec TV, jeu d'échecs, bar et minipiscine. Cuisine. Excursions, balades en kayak, etc. Animé et convivial là aussi.

**Che Lagarto Hostel** (*plan A1,* **13**) : *rua Benina Toledo do Prado, 22.* ☎ *3371-1564.* • *chelagarto.com* • *Dortoirs 35-80 Rls ; doubles 130-280 Rls.* Cette chaîne d'*hostels* a essaimé un peu partout au Brésil. Celle-ci propose des dortoirs de 6 à 10 lits et des petites chambres assez confortables (écran plat, clim et salle de bains) autour d'un jardin touffu, ou encore dans une petite annexe de l'autre côté de la rue. Personnel sympa et disponible. Ambiance jeune et festive en saison, comme souvent dans les *Che Lagarto,* avec des soirées pizzas ou barbecue organisées tous les jours. Hamacs, bar et minipiscine, massages et excursions (sur résa). Sans oublier les balades guidées gratuites.

## De prix moyens à plus chic (150-400 Rls / env 36-94 €)

**Hotel Solar dos Gerânios** (*plan B1,* **14**) : *praça da Matriz.* ☎ *3371-1550.* • *paraty.com.br/geranio* • *Double env 200 Rls.* Pas mal de cachet pour cette vieille maison coloniale située sur la vivante praça da Matriz (surtout le soir). L'entrée est un peu chaotique, mais ça s'arrange dans les chambres, très bien tenues, rustiques avec leur vieux plancher et mobilier ancien. Toutes avec salle de bains et certaines agrémentées d'un petit balcon donnant sur la place, très agréable en fin de journée. Bon accueil de Margarida, qui se débrouille bien en français.

**Casa da Colônia** (*plan A1,* **17**) : *rua Marechal Deodoro, 502.* ☎ *3371-2343. Doubles 180-250 Rls.* Une grosse *pousada* à l'atmosphère agréable. Elle abrite une vingtaine de chambres le long de 2 ailes sur 2 niveaux, petites, mais nickel, avec lit à baldaquin et déco personnalisée... Ventilo, clim et frigo. Préférer toutefois celles du haut, un peu plus fraîches. Le petit déj se prend à une très longue table au rez-de-chaussée. Bon accueil.

**Pousada Provence** (*plan A1,* **16**) : *av. Otávio Gama ; à côté de La Cigale.* ☎ *3371-2769.* • *pousadaprovence.com.br* • *Doubles 150-390 Rls. Parking.* Une quinzaine de chambres sur 2 étages autour d'une cour intérieure avec piscine au milieu. Elles sont d'un bon standing et dotées de tout le confort de base. De plus, l'accueil est charmant, en français si la patronne est là, et le petit déj bon et copieux. Jus de fruits, café et en-cas proposés gratuitement la journée.

**Pousada Naus de Paraty** (*hors plan par A1,* **15**) : *rua das Acácias, 24.* ☎ *3371-1825.* • *nausdeparaty.com.br* • *À 15 mn à pied du centre. Doubles 200-450 Rls.* Dans un bâtiment sur 2 étages encadrant une belle piscine, une vingtaine de chambres à la déco un peu passe-partout mais très bien tenues, avec TV, clim et frigo-bar. Agréable salon-cheminée et salle de petit déj garnie de tables et chaises de brocante. Une adresse sans histoire qui remplit bien sa mission.

## De plus chic à très chic (300-600 Rls / env 72-144 €)

**Pousada do Cais** (*plan A2,* **18**) : *travessa Santa Rita, 20, à 2 pas de l'église du même nom.* ☎ *3371-1200.*

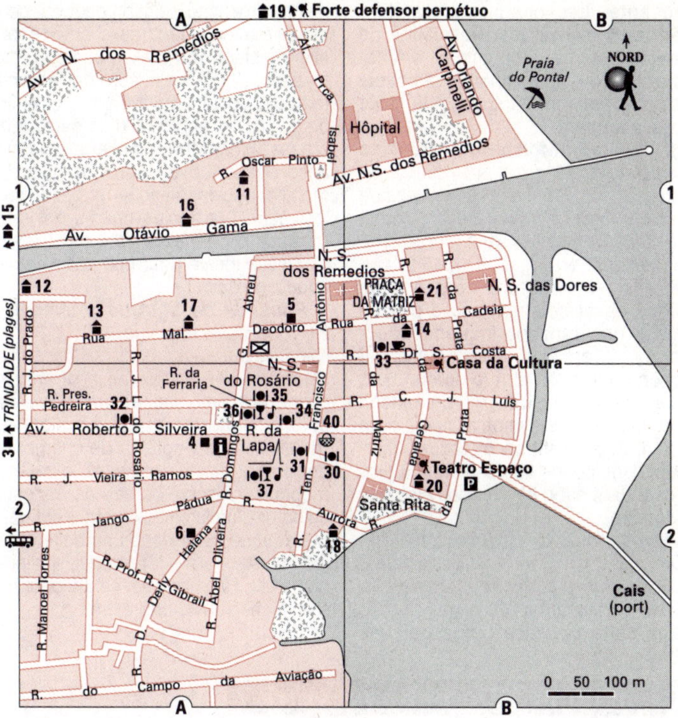


# PARATY

**Adresses utiles**

- i Centro de informações turísticas (A2)
- **3** Distributeurs (hors plan par A2)
- **4** Paraty Tours (A2)
- **5** Paraty Adventure (A1)
- **6** Laverie Lava Bem (A2)

**Où dormir ?**

- **11** Leo's Clan Beach Hostel (A1)
- **12** Paraty Hostel – Casa do Rio (A1)
- **13** Che Lagarto Hostel (A1)
- **14** Hotel Solar dos Gerânios (B1)
- **15** Pousada Naus de Paraty (hors plan par A1)
- **16** Pousada Provence (A1)
- **17** Casa da Colônia (A1)
- **18** Pousada do Cais (A2)
- **19** Pousada Morro do Forte (hors plan par A1)
- **20** Pousada Arte Urquijo (B2)
- **21** Pousada da Marquesa (B1)

**Où manger ?**
**Où boire un verre ?**

- **30** Oui Paraty (A2)
- **31** Thai Brasil (A2)
- **32** Restaurante Sabor da Terra (A2)
- **33** Café Pingado (B1)
- **34** Galeria do Engenho (A2)
- **35** Restaurante Casa do Fogo (A2)
- **36** Margarida Café (A2)
- **37** Paraty 33 (A2)

**Achats**

- **40** Armazém da Cachaça (A2)

*• pousadadocais.com.br • Doubles 340-430 Rls.* Situation idéale pour cette très belle demeure coloniale. Quitte à venir ici, autant opter pour l'une des chambres bénéficiant d'une vue splendide sur le port (les n[os] 2, 3, 7, 8 et 9). De plus, elles sont très plaisantes avec leur mobilier de

brocante. Les chambres standard sont plus classiques. Possibilité de balade en voilier. Bon accueil d'Amelia et Patrice, un sympathique couple franco-brésilien, et personnel tout aussi charmant.

***Pousada Morro do Forte*** *(hors plan par A1,* ***19****)* **:** *rua Orlando Carpinelli, 21. ☎ 3371-1211. • pousadamorrodoforte.com.br • À env 10 mn à pied du centre historique, sur le chemin du fort portugais. Doubles 360-520 Rls.* Architecture coquette de brique et de bois, avec jolie piscine et vue panoramique imprenable sur Paraty. Chambres impeccables, au sol en grès, avec tout le confort. Les plus chères disposent d'un balcon avec hamac, très sympa à l'heure de la sieste. Super petit déj et accueil charmant. Une bonne adresse dont le plus gros défaut est d'être un peu éloignée du centre.

***Pousada Arte Urquijo*** *(plan B2,* ***20****)* **:** *rua Dona Geralda, 79. ☎ 3371-1362. • urquijo.com.br • Doubles 450-600 Rls.* Le charme opère dès l'entrée dans cette *pousada* tenue par une peintre argentine, dont on peut voir certaines œuvres au rez-de-chaussée, où elle a installé son atelier. Juste après, un petit bar très stylé, suivi de l'espace petit déj, non moins attrayant, et enfin de la piscine, entourée d'un deck. Aux étages, 6 chambres nickel arrangées avec beaucoup de goût, garnies de mobilier ancien, plancher et brique sur les murs. Les 2 plus chères ont une terrasse privée avec vue sur la mer. L'adresse idéale pour une nuit romantique... ou deux !

***Pousada da Marquesa*** *(plan B1,* ***21****)* **:** *rua Dona Geralda, 99. ☎ 3371-1263. • pousadamarquesa.com.br • Doubles 500-600 Rls. Parking.* Dans un cadre plein de caractère, une demeure coloniale marquée par les siècles, qui abrite une vingtaine de chambres décorées de meubles et d'objets d'époque. Piscine bordée de transats au cœur d'un jardin luxuriant. Petit déj-buffet varié servi dans une belle salle lumineuse, garnie d'horloges anciennes. Salle TV, bar en soirée. Et, pour ne rien gâcher, un accueil extra !

## Où manger ? Où boire un verre ?

Très touristique, Paraty offre un large choix de restos pour toutes les bourses. Pour manger bon marché, cap sur les *lanchonetes* et *ao kilo* de l'avenida Roberto Silveira *(plan A2)*. Dans les rues du centre, les restos, au cadre très romantique pour certains, sont plus chers. Côté douceurs, ne passez pas à côté des délicieux gâteaux et sucreries que proposent les vendeurs ambulants postés çà et là. Enfin, pour l'animation le soir, tout se passe entre la rua da Lapa et la praça Matriz.

### Bon marché (moins de 40 Rls / env 10 €)

***Restaurante Sabor da Terra*** *(plan A2,* ***32****)* **:** *av. Roberto Silveira, 180. ☎ 3371-2384. Tlj 11h30-22h.* Formule *ao kilo* de qualité et pas chère, avec un buffet froid et chaud et même un gril. Quelques tables sur la rue. Très prisé des habitants le midi.

***Café Pingado*** *(plan B1,* ***33****)* **:** *rua Samuel Costa, 208. ☎ 3371-8333. Tlj 10h-23h, sauf mar.* Un coquet petit café bien dans le ton de Paraty, où grignoter sandwichs froids ou toastés, quiches, tourtes, pâtisseries... arrosés de jus de fruits frais servis en carafe. Également toute une gamme de bons cafés, ainsi qu'un excellent chocolat chaud bien onctueux. Parfois un peu d'attente.

### De prix moyens à chic (40-100 Rls / env 10-24 €)

***Oui Paraty*** *(plan A2,* ***30****)* **:** *rua Santa Rita, 190. ☎ 2122-2311. Ouv mer-dim 12h (15h45 mer-jeu)-23h. Fermé lun-mar.* Tenue par un Français, cette belle crêperie sert d'authentiques et savoureuses galettes au sarrasin : traditionnelle (à l'œuf fermier), « Paris » (champignons, gruyère, ail et moutarde ancienne, très bon !), au brie et jambon espagnol, aux crevettes flambées à l'eau-de-vie de Paraty... mais aussi des crêpes sucrées (dont la Suzette), bref de quoi contenter tous les palais ! De plus, le cadre est sympa (salle bien apprêtée au sol en béton ciré), et le service très courtois.

|●| ***Thai Brasil*** *(plan A2, **31**) : rua do Comércio, 308-A. ☎ 3371-2760. Tlj à partir de 18h, sauf dim.* Plusieurs petites salles aux murs ornés de fresques et garnies de petites tables et chaises colorées. Ce n'est pas ici que vous mangerez brésilien, mais ce resto est l'une des coqueluches de Paraty auprès des touristes nationaux et étrangers ! Excellente cuisine thaïe en effet, avec ses classiques currys, *pad thai* et autres *tom kha gai.* Ambiance animée.

|●| ***Galeria do Engenho*** *(plan A2, **34**) : rua da Lapa, 18. ☎ 3371-2335. Tlj 12h-22h30.* Plus de 40 ans d'activité n'ont pas entamé la qualité de cette table fort appréciée des locaux. Déco minimaliste, service décontracté mais efficace, pour une cuisine de terre ou de mer. Notre préférence va au risotto de fruits de mer, succulent et bien servi. La plupart des plats sont pour 2.

|●| ***Restaurante Casa do Fogo*** *(plan A2, **35**) : rua Comendador José Luiz (ou da Ferraria), 390. ☎ 3371-3163. Ts les soirs 18h-1h.* Une adresse originale, où se produisent presque chaque soir des musiciens (bossa-nova, *MPB*...). Dans l'assiette, une cuisine délicieusement exotique où la plupart des plats sont flambés avec des cachaças artisanales. Les hautes flammes du *fogo* font écho à la lumière vacillante des bougies. Une maison qui porte bien son nom !

|●| 🍷 ♩ ***Margarida Café*** *(plan A2, **36**) : praça do Chafariz. ☎ 3371-2441. Tlj 12h-minuit.* Sous un plafond traversé de poutres, une grande salle stylée et tamisée, garnie de grosses colonnes de pierre. Midi et soir, des groupes allant du blues à la *MPB* se succèdent sur la petite scène (attention, petit supplément dans l'addition pour la musique !). Côté cuisine, des plats copieux et honnêtement préparés de viande ou de poisson... On peut se contenter aussi d'y prendre un verre.

|●| 🍷 ♩ ***Paraty 33*** *(plan A2, **37**) : rua Maria Jácome de Mello (rua da Lapa), 357. ☎ 3371-1630. Tlj 12h-1h (4h ven-sam).* On y vient pour manger à l'heure du dîner, puis pour boire un verre, et même danser en fin de soirée, au rythme des petits concerts de *MPB* et de bossa-nova qui démarrent dès 20h. Le tout dans une grande salle au carrelage ancien et aux murs chargés de plaques émaillées. Un haut lieu de la vie nocturne de Paraty !

## Achats

***Armazém da Cachaça*** *(plan A2, **40**) : rua Maria Jácome de Mello, 279. ☎ 3371-7519. Tlj 9h30-22h (23h ven, minuit sam).* On trouve plusieurs boutiques de cachaça à Paraty, qui demeure un lieu de production important. Celle-ci en propose pas moins de 1 200 sortes, issues de tout le pays ! Bouteilles de 20 à... 3 000 Rls.

# À voir. À faire

Paraty dévoile ses charmes en fin de journée, quand la lumière se fait plus douce et que les vacanciers, de retour de la plage, envahissent les rues du centre historique. C'est alors l'occasion de musarder au gré des ruelles grossièrement pavées, ourlées d'élégantes demeures de maîtres portant des symboles de la franc-maçonnerie. Aménagées pour beaucoup en ateliers d'artiste ou en lieux d'expo, elles sont propices aussi à découvrir l'artisanat local, assez cher cependant. Mais Paraty, c'est aussi la plage, la baignade et les activités qui vont avec (*snorkeling*, etc.)... Sans oublier les nombreuses excursions possibles dans la *serra da Bocaina,* véritable sanctuaire de biodiversité.

## ON IRA TOUS AU PARATY !

*On a beau être égaux devant Dieu, à Paraty, au temps du commerce florissant de l'or, chacun priait de son côté. Ainsi l'église Nossa Senhora das Dores, avec vue sur mer, était réservée à l'aristocratie, l'igreja Matriz de N. S. dos Remédios destinée aux bourgeois, et Santa Rita réservée aux mulâtres. Quant aux esclaves, ils priaient un saint noir dans la très discrète petite église N. S. do Rosário.*

***Casa da Cultura*** *(plan B1-2)* **:** *rua Dona Geralda, 177.* ☎ *3371-2325.* ● *paratycultural.org.br* ● *Tlj 10h-22h (16h dim), sauf lun. GRATUIT.* Dans une belle demeure datant de 1754, expos temporaires d'artistes et artisans locaux. C'est gratuit et en plein centre, donc autant y jeter un œil... Petit café sur place.

***Forte defensor perpétuo*** *(fort portugais ; hors plan par B1)* **:** *à env 20 mn à pied au nord du centre.* L'occasion d'une bonne petite promenade de l'autre côté de la rivière, en montée. Le fort, qui abrite de petites expositions temporaires à caractère historique ou culturel *(tlj 9h-12h, 14h-17h, sauf lun ; GRATUIT),* n'est en fait qu'une grosse maison blanche restaurée au toit de tuiles, mais la vue panoramique depuis le parc, où se dressent encore quelques canons, est superbe.

***Teatro Espaço*** *(plan B2)* **:** *rua Dona Geralda, 327.* ☎ *3371-1575.* ● *teatroespaco.com.br* ● *Spectacles mer et sam à 21h : 55 Rls.* Spectacle de marionnettes pour adultes, poétique et sans paroles – nul besoin de comprendre le portugais, donc –, exécuté par la troupe *Grupo Contadores de Estórias.*

***Plages :*** on dénombre près de 25 plages dans les environs de Paraty, sans compter les îles ! La ***praia do Pontal*** *(plan B1)* s'étire juste de l'autre côté du centre historique, après la rivière. Mais on conseille plutôt de rejoindre ***Trindade*** (environ 1 bus/h depuis la gare routière) et ses 4 plages au goût de paradis (campings et *pousadas* sur place). En voiture, prendre la BR 101 direction São Paulo, puis à gauche après environ 14 km (borne 588). Au-delà de Trindade, vers l'est, il y a aussi les ***praia do Sono, praia dos Antigos...,*** qui invitent à la baignade ou au farniente, accessibles pour certaines en bateau (lire ci-après)...
– Ceux qui disposent d'un véhicule pourront pousser toujours plus loin vers le sud (puis l'ouest), et s'arrêter au gré de leurs envies en repérant les voitures garées en bord de route. Étape possible, le coloré village de pêcheurs de ***Picinguaba*** (à 35 km au sud de Paraty, dans l'État de São Paulo ; tourner à gauche peu après la borne 07). Posé en bord de forêt le long d'une jolie plage, il fait face à un chapelet d'îlots.

***Balades en bateau :*** très découpée, la côte est bordée d'un chapelet d'îles pour la plupart inhabitées, égrenant des plages toutes plus aguicheuses les unes que les autres. Elles sont accessibles en ***goélette*** *(escuna),* qui embarque une quarantaine de passagers. En général, les départs ont lieu entre 10h et 11h, du ponton *(cais)* situé à l'extrémité sud-est du village historique *(plan B2),* et le retour vers 17h. À partir de 65 Rls par personne pour une excursion de 5h avec 4 arrêts baignade (et/ou *snorkeling*) sur plusieurs îles. Achat des billets dans les agences du centre. Les repas ne sont pas compris dans le prix, pas plus que les boissons qui peuvent être servies à bord. Parfois, un musicien embarque sur le bateau. Mais attention à toutes ces petites options qui peuvent entraîner des frais supplémentaires...
Sinon, on peut aussi affréter l'un des petits ***bateaux privés*** qui patientent sur le quai, juste avant le ponton, et convenir avec son propriétaire d'un itinéraire. Compter alors minimum 100 Rls l'heure pour le bateau complet (se grouper).

– Enfin, les agences de Paraty (voir « Adresses utiles ») proposent encore d'autres activités : ***kayak, trekking, randos à vélo...***

# L'ÉTAT DE SÃO PAULO

**Après Paraty, on entre dans l'État de São Paulo en traversant le cap de Trindade. Le paysage est marqué par la montagne, encore plus présente, saupoudrée de petites villes balnéaires qui sont autant de lieux de villégiature pour les classes moyennes de la métropole.**
**Le littoral pauliste est tout à fait différent de la baie souriante d'Angra. Après *Ubatuba* et à partir de *Caraguatatuba* commence vraiment l'enfer des côtes à touristes, du commerce balnéaire et des complexes hôteliers. Une urbanisation à outrance qui grève sérieusement le paysage à mesure que l'on s'approche de la mégapole.**
**Mieux vaut alors opter pour l'intérieur des terres et le charme bucolique des grands lacs ourlés de forêts d'eucalyptus. La région du *vale do Paraíba* est parsemée de petites villes montagnardes peuplées de Caïpiras, les paysans du coin, artisans du bois et petits propriétaires, cultivateurs de café ou de canne à sucre.**



## VERS SÃO PAULO PAR LE VALE DO PARAÍBA

À Caraguatatuba, prendre la direction de São José dos Campos par la SP 99. Ensuite commence l'ascension des montagnes du ***vale do Paraíba*** et de l'intérieur pauliste. Route excellente et paysages somptueux. On découvre une terre de café, de canne à sucre, d'élevage laitier, de bananes, de *fazendas* et d'alambics. Entre les villes de Três Rios et Volta Redonda, possibilité de visiter quelques *fazendas* datant du XIXe s, lorsque la culture du café était à son apogée. Un itinéraire touristique est peu à peu mis en place autour de ce patrimoine architectural, mêlant randonnées ou balades à cheval et découverte des produits artisanaux traditionnels *(infos sur • preservale.com.br •).*
Ménagez-vous une courte halte à ***Paraíbuna,*** bourgade de 6 000 habitants perchée au cœur de la montagne. Une atmosphère paisible et authentique : quelques placettes où il fait bon flâner, un vieux kiosque et l'*igreja Matriz de Santo Antônio,* avec une belle façade d'azulejos portugais représentant les *bandeirantes.* À l'intérieur, de grandes fresques turquoise de l'artiste Alvaro Pereira ornent les plafonds. Jeter aussi un œil aux *halles* de la fin XIXe s, sur la praça do Mercado.
La réserve d'eau voisine, qui régule la rivière Paraíba (en tupi, « eaux sombres ») et fournit l'électricité à la région, forme sur 206 km un magnifique lac de montagne (artificiel), aménagé pour la promenade, ce qui le rend populaire auprès des familles paulistas. Un bateau assure des excursions sur le lac. Activités nautiques, équestres et pédestres possibles.

# SÃO PAULO

env 11,9 millions d'hab. IND. TÉL. : 11

• Ensemble (plan I) *p. 183* • Centre (plan II) *p. 186-187* • Plan III *p. 188-189*

**Mirage ou miracle ? Ange ou démon ? Monstre ou déesse ? Divine ou diabolique ? Quel terme choisir pour cette ville ? Si vous êtes attiré par les mégapoles (Shanghai, Mexico, Tokyo...), alors vous aimerez São Paulo et ses forêts de gratte-ciel à perte de vue, la plus grande agglomération urbaine de**

**l'hémisphère sud et la 5e du monde. Immense concentration humaine, où plus de 10 % des Brésiliens cohabitent sur un territoire correspondant à moins d'un millième de la surface totale du pays !**

**São Paulo est la capitale économique du Brésil et son principal centre bancaire et financier. Elle est le moteur et le baromètre de la croissance urbaine et économique. Un tiers de l'activité industrielle du pays se concentre ici. La ville contribue pour près de 25 % du PIB national. Les revenus moyens des familles y sont près de 2 fois supérieurs à la moyenne nationale. Ce n'est pas pour rien que São Paulo abrite 60 % des familles les plus riches du Brésil.**

**Certains la considèrent aussi comme la capitale des médias, car y sont concentrées les principales entreprises de communication du Brésil : *Globo, Abril, SBT,* le journal *O Estado de São Paulo*, *Record* et *Rede TV*... souvent établies dans le quartier de Pinheiros. L'université de São Paulo, la plus prestigieuse du pays, place aussi la ville au rang de capitale intellectuelle. Forte de son dynamisme économique, la ville est en outre la capitale du luxe, avec ses *fashion weeks* (semaines de la mode) et de la culture, avec notamment ses biennales d'art contemporain.**



**Les contrastes marquent aussi le paysage urbain de São Paulo. Comme dans toute ville d'Amérique latine, la plus éclatante opulence côtoie la plus triste indigence, même si, à la différence de Rio, on ne voit guère ici les favelas. Cette grande mégapole emporte tout sur son passage, poussant les riches vers les quartiers résidentiels (Morumbi, par exemple), concentrant les pauvres dans des quartiers défavorisés... Par ironie du sort, la plus grande favela de la ville s'appelle Paraisópolis, « la ville du paradis », et elle jouxte Morumbi... Splendeur et misère, or et poussière, miracle d'un côté, débâcle de l'autre... D'anciens immeubles fastueux, témoins de l'opulence des années 1930, sont aujourd'hui dégradés et surpeuplés (on les appelle les *corticos*), et abritent de nombreuses familles pauvres qui « squattent » le vieux centre urbain, devenu un secteur d'insécurité, de drogue et de violence (surtout la nuit), notamment le quartier surnommé Cracolândia, connu pour son trafic de crack.**

**Des immeubles, parlons-en ! La ville annonce fièrement près de 2 600 gratte-ciel. Là encore, il y a de tout. Des merveilles d'architecture contemporaine, des édifices signés Oscar Niemeyer et des buildings sans style ni caractère. Mais c'est sans doute là que réside l'intérêt de la ville, dans cette sorte de pèlerinage architectural où l'on se promène les yeux en l'air ; où l'on passe presque sans s'en apercevoir de l'avenida Paulista, symbole de la puissance économique de la ville avec son alignement de banques, à l'ancien centre historique, délabré et craquelé de partout.**

**Vous l'avez compris, São Paulo représente la quintessence des conurbations d'Amérique latine, typiquement fière de tous ses excès. Ce n'est pas une ville touristique. C'est pour ça que c'est aussi la ville idéale pour découvrir le Brésil : au milieu de cette diversité, marcheur anonyme, on est sûr de ne pas être vu comme un touriste et on peut rencontrer plus facilement les Paulistanos (habitants de la ville). Sans compter la richesse de sa vie culturelle : superbes musées, théâtres, concerts, festivals, etc. Et puis, ne l'oublions pas, la proposition culinaire de la ville est sans comparaison. São Paulo revendique à juste titre le rang de capitale culturelle et gastronomique du pays.**

## UN PEU D'HISTOIRE

### Aux origines...

À 750 m d'altitude, avec un temps plus doux et plus frais qu'à Rio, sur un plateau largement sillonné par des cours d'eau, les ***pères jésuites portugais*** trouvèrent

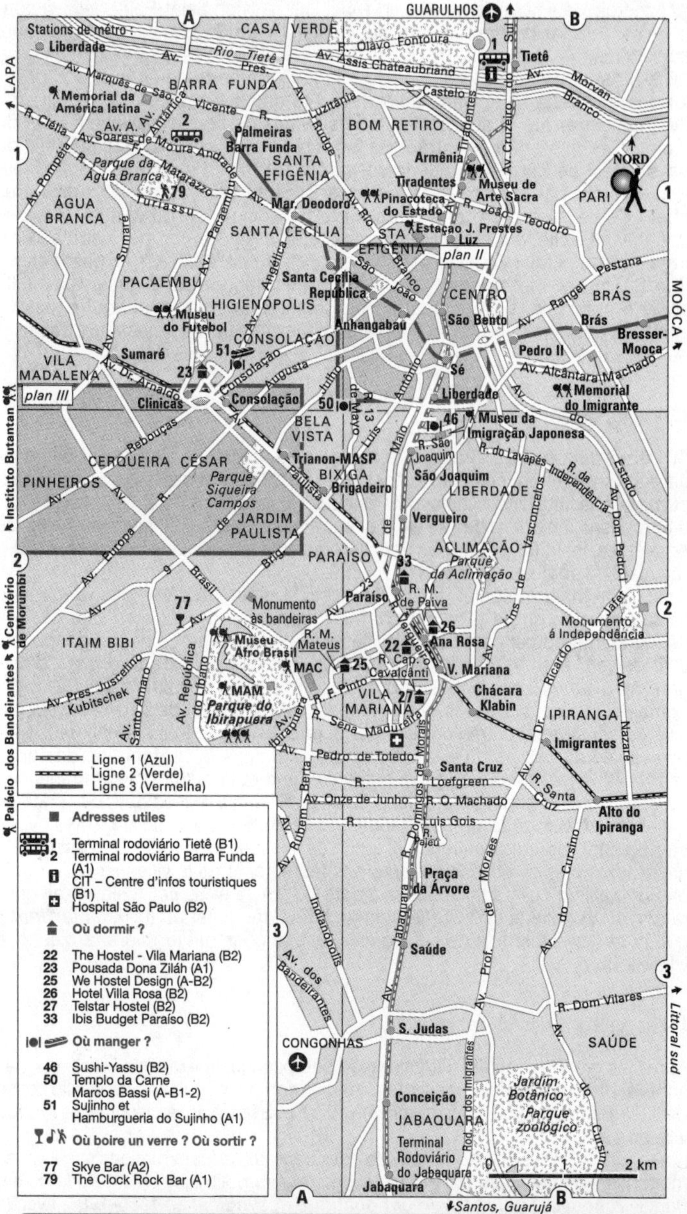


# SÃO PAULO – Plan d'ensemble (Plan I)

ici l'endroit idéal pour construire, en 1554, leur mission Saint-Paul. Celle-ci donnera son nom à la ville. Le « noyau d'origine » de São Paulo existe toujours aujourd'hui.
Au XVIIe s, la découverte de l'or du Minas Gerais provoqua un brutal développement de la ville. São Paulo devint le camp de base des orpailleurs, des ***bandeirantes*** et autres aventuriers avides de nouvelles richesses et de gloire. Ces explorateurs intrépides portèrent le progrès dans l'intérieur du pays. C'est de São Paulo que la ***conquête du Brésil intérieur*** a été initiée, très souvent par la force et la violence. Mais la ville n'a pas bénéficié des effets de l'exploitation de l'or. La route de l'or partait du Minas Gerais et aboutissait à Rio, d'où le précieux métal était convoyé par mer jusqu'au Portugal. C'est en fait la culture et le ***commerce du café,*** au XIXe s, qui fit entrer São Paulo dans le monde moderne et industriel, en bouleversant la vieille société coloniale. L'émancipation progressive des esclaves, qui s'acheva en 1888, entraîna l'arrivée en masse d'immigrants européens venus travailler dans les *cafezais.*

## Un creuset de migrants

Au ***début du XXe s,*** São Paulo est déjà une métropole, une place boursière mondiale et un important centre industriel. Dès les 1[res] ***grandes crises économiques européennes,*** Italiens, Allemands, Polonais, Russes, Espagnols, soit des millions d'Européens, ainsi que des sujets de l'ancien Empire ottoman, émigrent vers les Amériques. En 1908, ce sont les Japonais qui arrivent. Plus que tout autre, le Paulistano est d'abord et avant tout un émigré.
Creuset humain et social fait de l'apport de différentes cultures, São Paulo se targue d'abriter la plus importante ***diaspora japonaise*** du monde. Les descendants actuels sont appelés les « Nissei », mélange de sang japonais et brésilien. Ne pas oublier l'importante communauté de ***migrants d'origine syro-libanaise,*** dont les représentants actuels s'illustrent dans tous les domaines. L'hôpital syro-libanais *(Hospital Sirio Libanès)* de São Paulo est par ailleurs considéré comme un des meilleurs d'Amérique latine. Enfin, la mégapole ne serait pas ce qu'elle est de nos jours sans la contribution des ***émigrants italiens,*** qui ont forgé le caractère latin et la culture méditerranéenne de São Paulo. Ils sont aujourd'hui près de 3 millions à revendiquer des origines italiennes, issus de la grande vague d'immigration de la fin du XIXe s. Vous comprendrez pourquoi on mange tant de délicieuses pizzas ici ! Ce n'est pas un hasard non plus si, dans la majorité des restaurants de la ville, le client trouve une bouteille d'huile d'olive posée à côté du poivre et du sel : cela se fait couramment en Italie aussi ! Sur le plan architectural, c'est un Italien, ***Martinelli,*** qui, sous l'œil incrédule de ses concitoyens, a construit le 1er gratte-ciel de la ville en 1928.

## Une ville avant-gardiste

Après les grandes vagues d'immigration européenne, le « miracle brésilien » des années 1950 va entraîner une ***forte urbanisation.*** La population de la ville passe de 2,2 millions en 1950 à 8,5 millions en 1980, et São Paulo devient la plus grande ville du pays.
Mais, surtout, c'est elle qui entraîne le pays dans ses transformations sociales, sa modernisation culturelle et l'évolution des mœurs politiques : c'est de là qu'est parti le ***renouveau du mouvement politique et syndical en 1980-1985,*** avec la création du Parti des travailleurs ; c'est encore la mobilisation de São Paulo qui a donné le signal du mouvement populaire qui allait destituer le président Collor de Mello en 1992 ; et lors des élections de 1994, 2 « vrais » Paulistanos, Lula et F. H. Cardoso, se sont disputé la présidence du pays.

# Arrivée à São Paulo

## En avion

✈ ***Aéroport de Guarulhos*** *(hors plan I par B1) : à 25 km au nord du centre-ville.* ☎ *2445-2945.* Pour tous les vols internationaux, ainsi qu'une partie des vols intérieurs. Il y a 3 terminaux ; prévoir pas mal de temps en cas de connexion.

***Comptoirs d'infos touristiques :*** *dans les terminaux T1 et T2. Tlj 6h-22h.*

***Banques, change :*** si vous arrivez un week-end ou un jour férié, c'est le seul endroit où les bureaux de change sont ouverts. Leur commission est de 25 %. Dans le hall des arrivées, après le tapis à bagages, on trouve des guichets de *Banco Safra* *(ouv 24h/24)* et dans l'aérogare, ceux de *Cotação*. À côté, plusieurs **distributeurs** acceptant les cartes *Visa* et *MasterCard*.

***Pour rejoindre le centre-ville***

– 2 options : le bus ou le taxi.

***Airport bus Service :*** *à la sortie du terminal.* ☎ *2445-2430.* • *airportbusservice.com.br* • *Tarif : 50 Rls. CB acceptées.* Service de bus très pratique et 3 fois moins cher que le taxi.

➢ ***Praça da República*** *(plan II, C5)* **:** bus ttes les 30-40 mn minuit-23h10. Trajet : 55 mn (ou plus si embouteillages !).

➢ ***Gare routière – Terminal Tietê*** *(plan I, B1)* **:** bus ttes les 50-70 mn minuit-22h40. Trajet : env 40 mn.

➢ ***Avenida Paulista et rua Augusta*** *(plan III, H-I7)* **:** c'est le « circuit des hôtels ». 16 bus/j., 6h-23h10. Trajet : env 1h15.

➢ ***Aéroport Congonhas*** *(plan I, A3)* **:** bus ttes les 30-40 mn minuit-23h. Trajet : env 1h10.

– Une autre solution économique consiste à emprunter la ligne ***Terminal Metrô Tatuapé*** (attention, passer par la station « Ayrton Senna », car par « Assis Ribeiro », c'est 2 fois plus long). Billet : env 7 Rls ; bus ttes les 15-30 mn. Le bus vous dépose au métro Tatuapé, d'où vous pouvez joindre praça da República. Bus à éviter si vous avez beaucoup de bagages, car il faut les garder avec soi (pas de soute).

***Taxis :*** *comptoir d'achat des billets à la sortie de chaque terminal. CB acceptées.* ☎ *2440-7070.* ***Guarucoop*** propose des taxis prépayés (prix fixes quel que soit le temps passé sur la route). Intéressant si vous êtes plusieurs. Compter 140 Rls pour praça da República, 160 Rls pour Paulista.

✈ ***Aéroport de Congonhas*** *(plan I, A3)* est surtout utilisé pour les vols intérieurs. Il se trouve av. Washington Luiz, à 8 km au sud du centre de São Paulo. • *aeroportocongonhas.net* •

➢ ***Liaisons vers le centre-ville :*** bus ***urbains*** *(ônibus suburbano)* n^os^ 875 A « *aeroporto* ». Billet : env 5 Rls. Ces bus passent et s'arrêtent au niveau de l'aéroport, sur l'av. Washington Luís. Départs ttes les 20 mn env, 5h-minuit. Trajet : entre 30 mn et 1h selon les embouteillages. Ces bus marquent plusieurs arrêts sur l'av. Paulista et vont jusqu'au Centro (largo de Arouche, près de la praça da República).

– *Autre option :* prendre le bus n° 609 J « *aeroporto* » et descendre à la station de São Judas, et prendre ensuite le ***métro*** *(linha 1, Azul)*. Aux heures de pointe, c'est la meilleure solution.

– *En taxi :* compter 60 Rls (ou plus, selon circulation) pour gagner le centre.

## En bus

***Gare routière – terminal rodoviário Tietê*** *(plan I, B1,* ***1****)* **:** *av. Cruzeiro do Sul, 1800.* ☎ *2223-7143 (24h/24).* • *socicam.com.br* • Ⓜ *Tietê. Au nord de la ville.* Nombreux distributeurs ATM à l'étage (au niveau du métro). Point d'infos touristiques et consigne. Bureau de change au 1^er^ étage, au fond.

➢ Pour rejoindre le centre, prendre le ***métro*** direction Jabaquara et descendre à São Bento ou Sé.

Certains bus en provenance de Foz de Iguaçu ou de Campo Grande (Pantanal) arrivent au ***terminal rodoviário Barra Funda*** *(plan I, A1,* ***2*** *; av. Auro Soares de Moura Andrade, 664 ;* ☎ *3866-1100 ;* Ⓜ *Barra Funda).* Sur place, distributeurs ATM, consignes, etc.

➢ Pour rejoindre le centre, prendre le ***métro*** direction Corinthians-Itaquera et descendre à República.

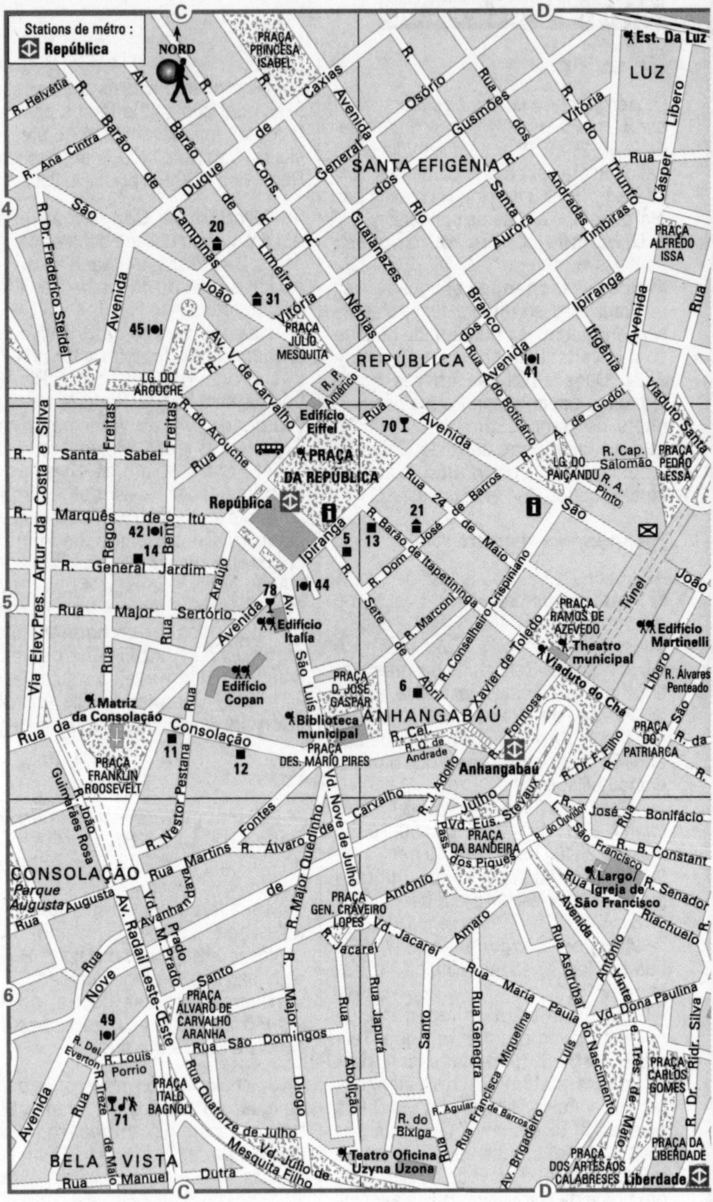
Stations de métro :
República
NORD
PRAÇA PRINCESA ISABEL
Est. Da Luz
LUZ
SANTA EFIGÊNIA
REPÚBLICA
PRAÇA ALFREDO ISSA
PRAÇA JÚLIO MESQUITA
LG. DO AROUCHE
Edifício Eiffel
PRAÇA DA REPÚBLICA
República
LG. DO PAIÇANDU
PRAÇA PEDRO LESSA
PRAÇA RAMOS DE AZEVEDO
Theatro municipal
Edifício Martinelli
Edifício Itália
Edifício Copan
Matriz da Consolação
PRAÇA D. JOSÉ GASPAR
Biblioteca municipal
ANHANGABAÚ
PRAÇA DES. MÁRIO PIRES
Anhangabaú
PRAÇA DO PATRIARCA
PRAÇA FRANKLIN ROOSEVELT
PRAÇA DA BANDEIRA
CONSOLAÇÃO
Parque Augusta
Largo/Igreja de São Francisco
PRAÇA GEN. CRAVEIRO LOPES
PRAÇA ÁLVARO DE CARVALHO ARANHA
PRAÇA ITALO BAGNOLI
PRAÇA CARLOS GOMES
PRAÇA DA LIBERDADE
PRAÇA DOS ARTESÃOS CALABRESES
Liberdade
Teatro Oficina Uzyna Uzona
BELA VISTA
Viaduto do Chá
Viaduto Santa Ifigênia
Túnel
Avenida São João
Avenida Ipiranga
Rua da Consolação
Av. Nove de Julho
Vd. Nove de Julho
Avenida Brigadeiro Luís Antônio
Avenida Vinte e Três de Maio
Av. Radial Leste-Oeste
Rua Augusta
Rua Santo Amaro
Rua Maria Paula
Vd. Dona Paulina
Vd. Jacareí
Rua Treze de Maio
Rua Major Diogo
Rua Japurá
Rua Abolição
R. do Bixiga
R. Genegra
Rua Asdrúbal do Nascimento
Rua Francisca Miquelina
Rua Manuel Dutra
Vd. Júlio de Mesquita Filho
Rua Quatorze de Julho
Rua São Domingos
R. Helvétia
R. Ana Cintra
Al. Barão de Campinas
R. Barão de Limeira
R. Duque de Caxias
Avenida Rio Branco
R. dos Gusmões
R. Vitória
R. General Osório
R. dos Andradas
R. do Triunfo
Rua Aurora
R. Timbiras
R. Santa Ifigênia
R. Conselheiro Crispiniano
R. Dr. Frederico Steidel
Via Elev. Pres. Artur da Costa e Silva
R. Santa Isabel
R. Marquês de Itú
R. General Jardim
Rua Major Sertório
Av. São Luís
R. Barão de Itapetininga
R. Dom José de Barros
Rua 24 de Maio
R. Sete de Abril
R. Marconi
R. Xavier de Toledo
R. Formosa
R. Líbero Badaró
R. Álvares Penteado
Rua Cásper Líbero
R. Cap. Salomão
R. A. Pinto
R. Bento Freitas
R. do Arouche
R. Amaral Gurgel
R. Nestor Pestana
R. Álvaro de Carvalho
Rua Martins Fontes
Rua Avanhandava
Vd. M. Prado
Rua Santo Antônio
R. Major Quedinho
R. Jacareí
R. J. Adolfo
Vd. Eus. Stevaux
R. Cel. Xavier de Toledo
R. Q. de Andrade
R. Dr. F. Filho
R. José Bonifácio
R. do Ouvidor
R. São Francisco
R. B. Constant
Rua Riachuelo
R. Senador Feijó
R. Aguiar de Barros
R. Dr. Rodr. Silva
R. Del. Everton
R. Louis Porrio
R. João Guimarães Rosa
Pass. dos Piques
20
31
45
41
70
42
14
21
5
13
44
78
6
11
12
49
71
C
D
4
5
6

## Adresses utiles

- CIT – Centres d'infos touristiques (C5, D5, E4)
- 5 Distributeurs Banco do Brasil (C5)
- 6 Distributeurs HSBC (D5)
- 11 Localiza (C5)
- 12 Unidas / Alamo-National (C5)
- 13 Livraria francesa (D5)
- 14 Alliance française (C5)

## Où dormir ?

- 20 São Paulo Hostel Downtown (C4)
- 21 Hotel Joamar (D5)
- 31 Ibis Budget São João (C4)

## Où manger ?

- 40 Café do Páteo (E5)
- 41 Sujinho (D4)
- 42 Churrascaria Boi na Brasa (C5)
- 43 Piero no Pátio do Colégio (E6)
- 44 Almanara (C5)
- 45 La Casserole (C4)
- 47 Bakery Itiriki (E6)
- 48 Casa Mathilde (E5)
- 49 Cantina Montechiaro (C6)

## Où boire un verre ?
## Où sortir ?

- 70 Bar Brahma (D5)
- 71 Café Piu-Piu (C6)
- 78 Bar de l'Edifício Itália (C5)



# SÃO PAULO – Centre (Plan II)

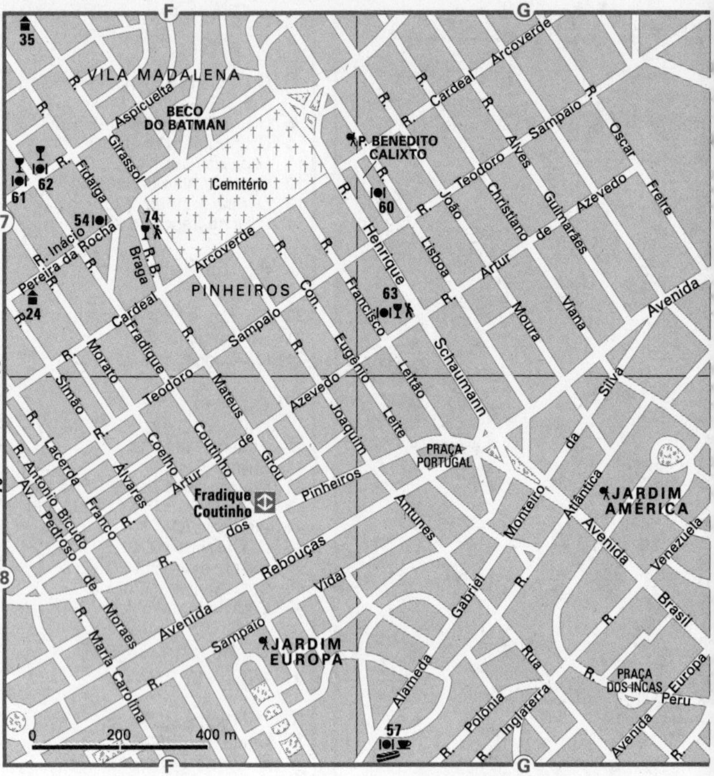


| | |
|---|---|
| ■ **Adresses utiles** | 30 Ibis Budget SP Paulista (I7) |
| CIT – Centre d'infos touristiques (I7) | 32 Ibis Budget Jardins (I8) |
| Hospital Sirio Libanês (I7) | 35 Sampa Hostel (F7) |
| 4 Banco do Brasil (I7) | **Où manger ?** |
| 7 Consulat de France (I7) | 52 Capim Santo (I7) |
| 8 Consulat de Belgique (I7) | 54 Peixaria Bar e Venda (F7) |
| 9 Consulat de Suisse (I7) | 55 A Griffe do Filé Mignon (I7) |
| **Où dormir ?** | 56 Frevo (I7) |
| 24 Ô de Casa Hostel (F7) | 57 Z-Deli (H7-8, G8) |
| | 58 Galeria dos Pães (H8) |

## Les différents quartiers

La ville s'est érigée sur l'espace de collines et de vals situés dans le confluent du fleuve Tietê et de la rivière Pinheiros qui la délimitaient au nord et à l'ouest.

➢ ***Centro :*** c'est le point de départ,

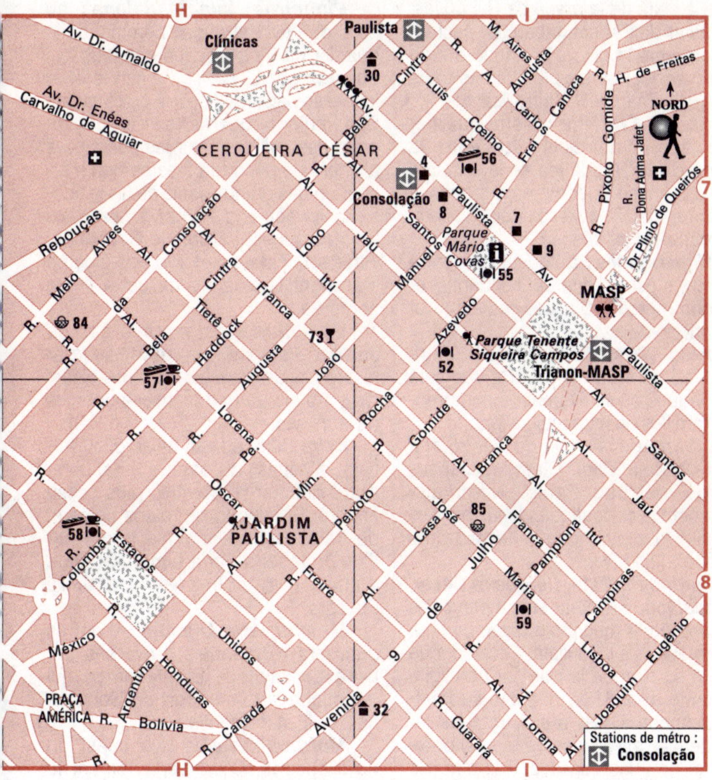


## SÃO PAULO (Plan III)

**59** Alfama dos Marinheiros (I8)
**60** Consulado Mineiro (G7)
**61** São Cristóvão Bar (F7)
**62** Porto Madalena (F7)
**63** Andrade (G7)

### Où boire un verre ?
### Où sortir ?

**61** São Cristóvão Bar (F7)
**62** Porto Madalena (F7)
**63** Andrade (G7)
**73** Ritz (H7)
**74** Bar Conexión Caribe (F7)
**75** Carioca Club (hors plan par F8)
**76** Bar das Batidas (hors plan par F8)

### Achats

**84** Havaianas (H7)
**85** Ponto Solidario (I8)

l'origine de l'histoire de la ville au XVIe s. La ville s'est établie de part et d'autre d'un petit affluent sud-nord du Tietê, qui formait le *vale do Anhangabaú* (prononcer « Aniangabaou », « vallée du Diable » en guarani). Aujourd'hui, bien que recouvert, le vieux rio est toujours enjambé par le ***viaduto du Chá,*** viaduc qui relie le quartier de la *praça da Sé* (place de la Cathédrale), à l'est, à celui de la *praça da República*, à l'ouest de l'Anhangabaú. Le secteur piéton entre la place, le viaduc et São Bento concentre les plus hautes tours de la ville (Martinelli, Altino Arantes...).

➢ ***Santa Efigênia :*** petit quartier populaire et défraîchi situé entre la praça de la República et la estação da Luz. Animé et commerçant dans la journée, mais à éviter la nuit (dealers, travestis, prostituées...).

➢ ***Higienópolis :*** à l'ouest du centre ancien, c'est un quartier résidentiel et de commerces. Classes moyenne et supérieure.

➢ ***Bela Vista, Bixiga :*** situés entre Jardim Paulista et le Centro, quartiers historiques où se fixèrent de nombreuses familles de migrants italiens.

➢ ***Liberdade :*** au sud du Centro et à l'est de Bela Vista. C'est le « Japantown » de São Paulo. Nombreux commerces et boutiques tenus par des Brésiliens descendants de migrants japonais (les *Nissei*).

➢ ***Jardim Paulista, Cerqueira César, Consolação :*** le cœur et le moteur des affaires de la mégapole, avec comme axe majeur l'av. Paulista. Cette longue artère surplombe la ville sur une ligne de crête de 2,8 km, orientée sud-est/nord-ouest. C'est aussi un quartier résidentiel, alternance de tours modernes et de villas cossues. Pas d'hôtels bon marché, mais une kyrielle de restos et de magasins. En descendant vers le sud et l'ouest, jusqu'aux rives du rio Pinheiros, on traverse encore des quartiers aisés. Grande concentration de bars et de restos entre l'av. Rebouças, la rua das Estados Unidos, Alameda Min. Rocha Azevedo et Alameda Franca.

➢ ***Pinheiros, Vila Madalena :*** au nord de l'av. Rebouças commence le quartier de Pinheiros, un des plus fréquentés par la classe moyenne et la jeunesse pauliste. Au-delà du cimetière São Paulo, le quartier suit le mouvement des collines, les rues quadrillées alignent de nombreux restos bon marché. Un des grands spots de la vie nocturne le week-end. À Vila Madalena, les rues Aspicuelta, Fradique Countinho, Girassol, Fidalga et Morato Coelho marquent l'épicentre de cette fièvre nocturne.

➢ ***Vila Mariana :*** au sud-est de Jardim Paulista, un petit quartier résidentiel de la classe moyenne aisée. On y trouve de nombreuses auberges de jeunesse.

➢ ***Itaim Bibi :*** au sud de Jardim Paulista, à l'ouest du parque Ibirapuera. Autre quartier résidentiel, plus cossu encore. Beaucoup de restos chics et de bars, dans le triangle formé par l'av. Brigadeiro Faria Lima, l'av. 9 de Julho, Kubitschek et Bandeira Paulista.

➢ ***Moema, Vila Olímpia :*** d'autres quartiers résidentiels, traversés par l'axe de l'av. dos Bandeirantes qui débouche sur l'aéroport de Congonhas. Chic et résidentiel.

➢ ***Morumbi :*** sur la rive ouest du rio Pinheiros. C'est certainement le quartier le plus chic et le plus cher de São Paulo.

➢ Il faut noter que les quartiers « cossus » se sont déplacés au fil du temps : d'anciens endroits chics sont devenus commerciaux (tels que l'avenida Brasil), ou même des zones pauvres aux maisons délabrées (tel Campos Elíseos).

## Comment se déplacer ?

### En métro et en bus

– ***Métro :*** fonctionne tous les jours, de l'aube à minuit. C'est le moyen de transport idéal pour les visiteurs, les touristes et les routards en général. Très simple d'utilisation, le métro de São Paulo est propre et bien organisé : le terminus de la ligne indique la direction à prendre. Tickets en vente à l'unité, billets combinés et cartes avec plusieurs trajets possibles.

À savoir : tarif réduit accordé aux plus de 65 ans, même étrangers. Les principales stations des lignes de métro sont reliées par un réseau de trains urbains (gérés par la CPTM) détaillé sur le plan du réseau *(mapa do Transporte metropolitano)*. Toutes les infos sur • *metro.sp.gov.br* • et • *cptm.sp.gov.br* •

– ***Bus :*** aussi très pratique. Au contraire de ce qui se passe dans la majorité des villes brésiliennes, ici, tout le monde le prend, et pas seulement les plus pauvres ou les étudiants. On monte et on descend par l'avant. Les plus de 65 ans ne paient pas (sur présentation d'une pièce d'identité). Cela ne vaut pas pour les petits bus (*microbus* ou *transporte alternativo*). • *sptrans.com.br* •

– ***Tarifs :*** le billet de métro à l'unité *(unitário)* vaut 4,30 Rls. En revanche, c'est gratuit pour les plus de 60 ans ! Il est valable pour un seul voyage. Par ailleurs, il existe un billet *integrado* combinant un trajet en métro et en bus (7,50 Rls) et des billets *único* valables 24h (à partir de 16,40 Rls). Pour le bus, le billet *único* s'obtient en rechargeant une carte que l'on retire dans les *lotéricas* ou dans les kiosques *SPTrans* (dans toutes les stations de métro). Il permet de prendre jusqu'à 3 bus et 1 métro dans un délai de 3h, en ne payant qu'un trajet.

## En taxi

À utiliser en priorité le soir et la nuit. Ils fonctionnent au compteur. La taxe de départ est de 5 Rls. Compter de 20 à 40 Rls pour les petites et moyennes courses. Bon à savoir : si la circulation est encombrée, on peut essayer de négocier un prix fixe.

## En voiture

Autant le savoir, la circulation automobile est le véritable calvaire des Paulistas : 5 millions de voitures circulent quotidiennement ! En outre, le relief a imposé l'aménagement de nombreux échangeurs à différents niveaux et des tunnels urbains. Bien souvent les distances sont énormes, tout comme le temps passé en voiture, sauf pour les riches businessmen qui se déplacent à bord d'une flotte d'hélicoptères sillonnant le ciel de la ville. São Paulo compte plus de plates-formes pour hélicoptères que New York !

Dans le centre, la circulation est assez compliquée, surtout du fait que dans les rues à double sens, on ne peut pas tourner à gauche ; par ailleurs, il faut faire attention aux échangeurs d'avenues sur plusieurs niveaux. Le Paulistano n'est pas un conducteur agressif, mais la conduite n'est pas une partie de plaisir. En outre, ne pas oublier que chaque jour ouvrable, 20 % des voitures ne sont pas autorisées à circuler entre 7h et 10h ni entre 17h et 20h. Se renseigner sur le site • *cetsp.com.br* •

Et garer sa voiture n'est pas toujours aisé ni bon marché. Mieux vaut prendre le métro, le bus ou... le taxi.

## En hélicoptère (!)

La voilà, la solution pour échapper aux embouteillages ! Imaginez : 5 mn dans les airs contre 2h coincé dans un véhicule collé à l'asphalte. Pour les entrepreneurs et les cadres très, très sup, le choix est vite fait. On en a même vu un qui, en plein milieu d'un bouchon, a laissé sa voiture sur place et a pris un hélico pour arriver à temps à sa réunion ! Pour l'atterrissage, pas de problème : São Paulo compte 420 plates-formes pour être précis, perchées au sommet des toits des gratte-ciel et une flotte de 600 hélicoptères. Il paraît qu'il y a toujours au moins 5 hélicos qui tournent en même temps dans le ciel « smogué » de São Paulo, jusqu'à 12 aux heures de pointe. Alors, si le métro vous étouffe et si les embouteillages vous angoissent, vous pouvez toujours téléphoner à l'une des compagnies d'hélicotaxis ! La plus importante est *Helimarte,* qui propose également des vols panoramiques et courses de nuit : • *helimarte.com.br* •

# Adresses et infos utiles

## Infos touristiques

**i** ***Offices de tourisme*** *(CIT – Centrais de Informação Turística) :* *infos complètes et actualisées sur le site officiel* • *cidadedesaopaulo.com* •

Quelques bureaux et kiosques d'*informação turistíca* dispersés dans la ville.

Cartes de la ville et dépliants touristiques. Voici quelques adresses.

*– À la gare routière – Terminal rodoviário Tietê (plan I, B1) : av. Cruzeiro do Sul, Santana. Au rdc (salle des embarquements), près du loueur* Localiza. *Tlj 6h-22h.*

*– Dans le centre (plan II, C5) : praça da República, s/n. Tlj 9h-18h. Autres bureaux av. Paulista (à l'entrée du parque Mário Covas ; plan III, I7) et dans la galerie commerciale Olido, av. São João, 473 (plan II, D5). Mêmes horaires.*

*– Mercado Municipal (plan II, E4) : rua da Cantareira, 306. Portao 4, rua E. Lun-sam 6h-18h, dim 6h-16h.*

## Argent, change

Attention, pas de change le week-end, car les banques sont fermées. Si vous n'avez pas de carte de paiement, il ne vous reste plus qu'à aller à... l'aéroport de Guarulhos !

■ ***Banco do Brasil*** *(plan III, I7,* ***4****) : av. Paulista, 2163 et 2421. Ⓜ Consolação. À la sortie du métro. Change lun-ven 10h-16h.* Distributeurs de billets au rez-de-chaussée (24h/24), cartes *Visa* et *MasterCard.*

■ ***Distributeurs :*** *dans le centre. Ce sont ceux de la* ***Banco do Brasil*** *(plan II, C5,* ***5****), rua 7 de Abril, 386. Lun-sam 6h-22h.* Pour cartes *Visa* et *MasterCard. Pratique aussi et bien située, la banque* ***HSBC*** *(plan II, D5,* ***6****), rua 7 de Abril, 101. Ouv 10h-16h.* Distributeurs à l'intérieur.

■ ***Banco 24 Horas :*** nombreux distributeurs automatiques, y compris dans des stations-service (24h/24 ou 6h-22h). Cartes *Visa* et *MasterCard.*

## Représentations diplomatiques

■ ***Consulat de France*** *(plan III, I7,* ***7****) : av. Paulista, 1842, Torre Norte, 14e étage. ☎ 3371-5400. • saopaulo.ambafrance-br.org • Ⓜ Consolação. L'immeuble est à env 80 m en retrait de la rue. Lun-ven 8h45-12h15 (sur rdv).* En cas de perte du passeport, possibilité d'en obtenir un en urgence ou un laissez-passer (moins cher) pour permettre le retour en France. On peut également vous recommander des médecins francophones.

■ ***Consulat de Belgique*** *(plan III, I7,* ***8****) : av. Paulista, 2073, immeuble Horsa I, 13e étage. ☎ 3145-7500. En cas d'urgence : 📱 99224-9866. • diplomatie.be/saopaulofr • Ⓜ Consolação. Lun-ven 8h30-13h30.*

■ ***Consulat de Suisse*** *(plan III, I7,* ***9****) : av. Paulista, 1754, immeuble Grande Avenida, 4e étage. ☎ 3372-8200. • eda.admin.ch/saopaulo • Ⓜ Trianon-MASP. Lun-ven 9h-11h30.*

■ ***Consulat du Canada*** *(hors plan I par A3) : av. das Nações Unidas, 12901, 16e étage. ☎ 5509-4321. • canadainternational.gc.ca/brazil • Lun-jeu 8h-12h, 13h-17h ; ven 8h-13h30.*

## Urgences

■ ***Ambulances :*** *☎ 192. 24h/24.*

■ ***Médecins francophones :*** *appeler le consulat, ☎ 3371-5400.*

✚ ***Hospital São Paulo*** *(plan I, B2) : rua Napoleão de Barros, 715. ☎ 5576-4000. Ⓜ Santa Cruz.* Hôpital de la faculté de médecine. Très bon service.

✚ ***Hospital Sírio Libanês*** *(plan III, I7) : rua Dona Adma Jafet, 91. ☎ 3394-0200.* Établissement privé de très haut niveau, considéré comme un des meilleurs du Brésil et d'Amérique latine avec l'*Hospital Albert Einstein* (quartier de Morumbi). Très cher : à n'utiliser que pour des urgences.

■ ***Police touristique Deatur*** *(plan II, E5) : rua da Cantareira, 390 (à côté du marché). ☎ 3120-4417. Lun-ven 8h-20h, w-e 13h-18h. Autres bureaux aux aéroports.* On y parle l'anglais et l'espagnol.

## Location de voitures

■ ***Localiza*** *(plan II, C5,* ***11****) : rua da Consolação, 419. ☎ 3231-3055. • localiza.com • Résas : ☎ 0800-979-20-00. Lun-sam 7h-20h, dim et j. fériés 8h-14h. Également* ***Hertz*** *à côté et* ***Avis*** *en face.*

*– À l'aéroport de Guarulhos : ☎ 2445-2133. Tlj 24h/24.*

– *À l'aéroport de Congonhas :* ☎ *5533-3535. Tlj 5h-minuit.*

■ ***Unidas / Alamo-National*** *(plan II, C5,* ***12****) : rua da Consolação, 323, loja 1.* ☎ *3237-2828.* ● *unidas.com.br* ● *Lun-sam 8h-19h45 (12h45 sam). Fermé dim.*

## Journaux et culture

La presse française se trouve sans difficulté dans les grands kiosques de la praça da República (avenida Ipiranga) et aussi avenida Paulista. Compter 2 ou 3 jours de décalage. C'est aussi là que vous pourrez acheter les guides et les cartes routières. Dans les aéroports, journaux et magazines français dans les librairies *Laselva.*

■ ***Livraria francesa*** *(Librairie française ; plan II, D5,* ***13****) : entrée discrète par un long couloir, rua Barão de Itapetininga, 275.* ☎ *3231-4555. Rue piétonne en face de la praça da República. Lun-ven 9h30-18h30, sam 10h-14h.* Très nombreux ouvrages francophones, ainsi que des guides de voyage.

■ ***Alliance française*** *(plan II, C5,* ***14****) : rua General Jardim, 182.* ☎ *3017-5699.* ● *aliancafrancesa.com.br* ● Ⓜ *República.* Café, expos, bibliothèque. *Nombreuses unités autour des quartiers de Centro : Jardins-Trianon à Paulista, Tatuapé, Vila Madalena, Vila Mariana, Butantã et Brooklyn.*

■ ***Fnac*** *(plan III, I7-8) : av. Paulista, 901.* ☎ *2123-2000.* Ⓜ *Trianon-MASP. Lun-sam 10h-22h, dim 13h-20h.* Fnac sans frontières ! Le célèbre centre culturel commercial français est aussi à São Paulo. Journaux et revues. Cafétéria. Événements culturels presque tous les jours. Vente de billets de théâtre jusqu'à 20h. 3 autres magasins en ville, notamment à Pinheiros et Morumbi.

■ ***Agendas culturels :***

– ***Time Out São Paulo :*** le fameux magazine culturel (en anglais) est vendu en kiosque. Sélection des meilleures salles de concert, boîtes, discothèques, expositions culturelles, etc. ● *timeout.com.br/sao-paulo* ●

– Consulter ● *insidesaopaulo.com* ● Un site en anglais sur la ville, complet et mis à jour très régulièrement. Tous les événements culturels et une large sélection d'adresses.

– Le mensuel ***Divirta-Se*** : disponible gratuitement dans les offices de tourisme. Programmation détaillée de toute l'activité culturelle de la ville (spectacles, concerts, théâtre, danse, cinéma, expos et bonne sélection de restos et bars).

– Le journal ***Folha de São Paulo*** ou l'hebdo ***Veja*** ; le 1er contient un supplément journalier *(Ilustrada)* et un supplément hebdomadaire (*Guia da Folha,* le vendredi), et *Veja* a un cahier (hebdo aussi, *Veja São Paulo*). Ils ont beaucoup d'infos sur l'actualité culturelle et gastronomique. ● *folha.uol.com.br* ● et ● *vejasp.abril.com.br* ●

LE SUD-EST

# Où dormir ?

## De bon marché à prix moyens (moins de 150-250 Rls / env 36-60 €)

### *Dans le centre* (plan II)

🏠 ⛱ ***São Paulo Hostel Downtown*** *(plan II, C4,* ***20****) : rua Barão de Campinas, 94 ; à l'angle de General Osório.* ☎ *3337-3305.* ● *hostelsp.com.br* ● Ⓜ *República. En dortoir de 4 ou 7 lits, compter 50-65 Rls/pers ; doubles 120-160 Rls, chambres pour 3-4 pers 190-240 Rls. Réduc avec la carte HI.* AJ installée dans un immeuble des années 1950, restauré et remis au goût du jour. Demander une chambre dans les étages élevés (c'est plus lumineux, plus calme, et il y a un ascenseur). Dortoirs équipés de ventilo, certaines chambres privées avec clim. On y trouve tous les services dignes d'une AJ : cuisine, barbecue, laverie, terrasse sur le toit, bar, salon TV, billard, Internet... Sans mauvaise surprise. Même les matelas sont confortables. Bon accueil.

🏠 ***Hotel Joamar*** *(plan II, D5,* ***21****) : rua Dom José de Barros, 187.*

*☎ 3221-3611. • hoteljoamar.com.br • Ⓜ República. Double env 170 Rls.* Dans une rue piétonne et commerçante, donc le taxi s'arrêtera à l'entrée de la rue. Pensez-y si vous êtes chargé et/ou si vous rentrez tard le soir. Secteur très animé de jour, mais peu sûr la nuit. On le cite quand même car les chambres sont bien tenues, avec douche/w-c et ventilo.

## *À Pinheiros et Vila Madalena* (plan III, F-G7)

**Sampa Hostel** (plan III, F7, **35**) : *rua Girassol, 519. ☎ 3031-6779. • sampahostel.com.br • Ⓜ Vila Madalena ou Fradique Coutinho (puis 10-15 mn de marche). Lits en dortoir 35-45 Rls ; double avec sdb env 160 Rls.* En haut d'une rue pentue d'un quartier résidentiel à la mode, à 2 pas des restos et de l'animation nocturne, une AJ vraiment sympa installée dans une villa entourée d'un jardin calme. En tout, 5 dortoirs impeccables de 4-8 lits et 3 chambres doubles dans un bâtiment indépendant. Cuisine commune et bar dans la cour, avec hamac et coin canapé pour se poser, plus un solarium sur l'arrière. Ambiance cool et personnel disponible.

**Ô de Casa Hostel** (plan III, F7, **24**) : *rua Inácio Pereira da Rocha, 385. ☎ 3063-5216. • odecasahostel.com • Ⓜ Fradique Coutinho. Lits en dortoir 50-60 Rls ; doubles sans ou avec sdb 130-150 Rls ; petit déj en sus.* Une modeste petite AJ, dans ce quartier très agréable. Derrière le mur peint et coloré de la façade se cache une petite maison, un jardin ensoleillé et des dépendances. Très bon accueil. Les dortoirs (4, 6 ou 8 lits) sont petits mais bien tenus et équipés d'armoires métalliques. Cuisine à disposition, café *da manha,* laverie possible.

## *À Vila Mariana* (plan I, A-B2-3)

C'est ici le cœur battant et branché de la nouvelle génération d'auberges de jeunesse à São Paulo. À l'est du grand parc de Ibarapuera s'étend ce quartier résidentiel très agréable, paisible et sûr. Les rues sont bordées de maisons et de jardins, de commerces de quartier. Plusieurs belles maisons bourgeoises et demeures de caractère ont été transformées en hôtels économiques pour petits budgets *(hostels).* Voici une sélection d'un très bon rapport qualité-prix.

**The Hostel – Vila Mariana** (plan I, B2, **22**) : *rua Domingos de Morais, 775. ☎ 2813-0464. • thehostelvilamariana.com.br • Ⓜ Ana Rosa. Compter 40-60 Rls/pers en dortoir ; doubles sans ou avec sdb 140-230 Rls.* Notre coup de cœur dans cette catégorie ! Située à proximité du métro, cette maison à la façade de style oriental beige et turquoise a du caractère. L'un des beaux dortoirs du rez-de-chaussée a des murs entièrement sculptés ! À l'étage, d'autres de 10-16 lits, quelques doubles agréables et un dortoir réservé aux filles. Le grand plus est le bar convivial sur le toit avec son mobilier en rotin et sa vue dégagée. Bien aussi, l'espace commun avec cuisine dans la courette pour le petit déj, le home cinéma et l'espace Internet. Accueil jeune et disponible.

**We Hostel Design** (plan I, A-B2, **25**) : *rua Morgado de Mateus, 567. ☎ 2615-2262. • wehostel.com.br • Ⓜ Ana Rosa (puis 15 mn de marche). Compter 60-90 Rls/pers en dortoir ; double env 250 Rls.* Là encore, une AJ comme on les aime, dans un petit manoir des années 1920 très joliment réhabilité, bordé d'un jardin tranquille et vert. Les parties communes ont un charme fou : vieux planchers lustrés, murs lumineux, déco de très bon goût, mobilier aux formes rétro inspirées des grands designers. Dortoirs impeccables et clairs de 4 à 8 lits. Également 2 chambres doubles dont une avec balcon. Tout est réuni ici : l'accueil, les prix raisonnables, le calme, le confort et le style !

**Telstar Hostel** (plan I, B2, **27**) : *rua Capitão Cavalcanti, 177. ☎ 2389-6383. Ⓜ Vila Mariana. Lits en dortoir 50-60 Rls ; chambre privée env 150 Rls.* À 300 m de la station Vila Mariana. Façade avec peinture murale futuriste qui annonce la personnalité originale de cette maison tenue par un artiste aimable et plein d'idées. 3 dortoirs mixtes de 6 à 8 lits et 1 autre réservé aux filles, tous impeccables et avec de l'espace pour mettre ses affaires. Il y a aussi une chambre double privée. À l'arrière, courette ensoleillée avec petite piscine et une grande peinture psychédélique. L'auberge organise, dans une grande salle avec un bar, des expos et des événements culturels, ainsi que des concerts live le samedi soir. La bière artisanale y coule à flots !

**Hotel Villa Rosa** (plan I, B2, **26**) : *rua Manuel de Paiva, 122. ☎ 5084-7306. • villarosahotel.com.br • Ⓜ Ana Rosa. Doubles 190-240 Rls. Parking privé.* Très bien situé, à 2 blocs de la station de métro Ana Rosa, un petit hôtel moderne et au calme, dans un quartier sûr. Une quarantaine de chambres irréprochables, très classiques mais confortables et climatisées. L'ensemble est à taille humaine dans un petit immeuble de 5 étages à la façade carrelée. Personnel anglophone et accueillant.

## De prix moyens à un peu plus chic (150-350 Rls / env 36-84 €)

**Ibis Budget** : *infos et résas sur • ibis.com • Chambres pour 2-3 pers 150-250 Rls.* Il n'est pas dans nos habitudes d'indiquer des hôtels de chaîne, mais, à São Paulo, c'est différent : c'est un très bon plan. Le groupe (français) *Accor* contrôle un étonnant réseau d'hôtels *Ibis Budget* dans tout le Brésil. Le confort des chambres est très standardisé, le décor est fonctionnel, mais les chambres sont bien équipées (douche/w-c, clim)... Accès Internet et wifi partout. Le petit déj est servi sous forme de buffet mais n'est pas inclus. 4 adresses centrales :
– *Ibis Budget SP Paulista* (*Consolação ; plan III, I7,* **30**) : *rua da Consolação, 2303. ☎ 3123-7755. Ⓜ Consolação.* Le plus cher mais le mieux situé ;
– *Ibis Budget São João* (*Centro ; plan II, C4,* **31**) : *av. São João, 1140. ☎ 2878-6400. Ⓜ República.* Dans un coin plutôt calme du centre-ville historique ;
– *Ibis Budget Jardins* (*Jardim Paulista ; plan III, I8,* **32**) : *av. 9 de Julho, 3597. ☎ 3886-4600. Ⓜ Trianon-MASP.* Sur un axe très passant et un peu loin du métro ;
– *Ibis Budget Paraíso* (*Paraíso ; plan I, B2,* **33**) : *rua Vergueiro, 1571. ☎ 5085-5699. Ⓜ Paraíso.* Face au métro mais aussi à un carrefour très bruyant dans un coin peu séduisant.

**Pousada Dona Ziláh** (plan I, A1, **23**) : *rua Minas Gerais, 112, Higienópolis. ☎ 3062-1444. • zilah.com • Ⓜ Paulista. Rue calme et résidentielle au bout de l'av. Paulista, à droite avt la descente. Doubles 370-450 Rls.* Une grande maison à la façade rouge, entourée de tours et d'immeubles, un îlot de calme à 2 pas de la bouillonnante avenida Paulista. Réparties sur 2 étages, 6 chambres sobres (pour 2 ou 3 personnes), avec parquet et mobilier ancien, terrasse pour certaines et salle de bains spacieuse et lumineuse. Fait aussi restaurant dans l'agréable jardin pour les résidents. Accueil doux et souriant.



# Où manger ?

À São Paulo, non seulement on mange une bonne cuisine régionale, où l'on sent un vrai fond paysan (la *feijoada paulista* aux haricots rouges n'a rien à envier à sa cousine de Rio), mais en plus presque toutes les cuisines du monde sont représentées. On a donc pris le parti de classer les restos et les bars par quartier, et par style de cuisine.

## *Dans le centre* (plan II)

Dans les *ruas Líbero Badaró* et *São Bento (plan II, D-E5),* vous trouverez quantité de bars et de restos populaires où l'on mange bon marché, d'excellents plats du jour ainsi qu'une multitude de *salgados* (amuse-gueules) nourrissants et de délicieux jus de fruits. Même chose dans la *rua 7 de Abril* et aux alentours, entre la praça da República et le viaduto do Chá *(plan II, C-D5)*. Enfin, les nombreux petits restos populaires, à l'étage du *Mercado municipal (plan II, E4-5)*, proposent les 2 spécialités du marché : le sandwich de mortadelle et le *pastel de bacalhau*.

## Snack-bar

**Café do Páteo** *(plan II, E5,* ***40****)* **:** *largo Patío do Colégio, 2. ☎ 3101-8512. Même entrée que pour le musée Anchieta, sur la place. Tlj 9h-16h45 (16h30 w-e), sauf lun. Bon marché.* Un havre de paix dans le bourdonnement incessant du centre. Il s'agit d'un café-snack en terrasse (ombragée), situé à l'arrière du *Pátio do Colégio*. Bien le midi pour boire un jus de fruits ou un café, manger un petit plat (tartes, quiches, pâtisseries) comme le fameux *pão do páteo*, friandise préférée des jésuites du XVIe s. Un endroit qu'on aime bien.

## Cuisine brésilienne

**Sujinho** *(plan II, D4,* ***41****)* **:** *av. Ipiranga, 1058 ; à l'angle de l'av. Rio Branco. ☎ 3231-1299. Ⓜ República. Tlj 12h-minuit (2h ven-sam). Plats 35-50 Rls.* Un incontournable de la cuisine paulista. Les restos d'origine sont situés rua da Consolação. Les prix sont partout les mêmes. Ce *Sujinho*-ci est plus classe que les autres, en conservant son décor assez vieillot. Agréable terrasse, protégée par une bâche, avec vue sur l'animation de l'avenue. On y sert une bonne viande, mais on peut aussi partager du poisson grillé. Pour plus de détails, voir plus loin le texte sur leurs restos rua da Consolação.

***Churrascaria Boi na Brasa*** *(plan II, C5,* ***42****)* **:** *rua Marquês de Itú, 188 ; à l'angle de Bento Freitas. ☎ 3222-9479. Ⓜ República. Tlj jusqu'à 4h du mat (!). Plats 60-90 Rls.* Connu et fréquenté par les gens du quartier, ce restaurant pas vraiment chic mais pas non plus 100 % populaire est une institution locale, établie depuis les années 1950. *Churrasco* respectable, de même que le poisson *(pintado)*. La viande est grillée devant vous. La *feijoada* des mercredi et samedi midi vaut aussi le détour. Vin ordinaire servi au verre. Prix raisonnables pour la qualité. En revanche, le quartier, animé dans la journée, n'est pas folichon la nuit venue.

## Cuisine italienne

***Piero no Pátio do Colégio*** *(plan II, E6,* ***43****)* **:** *rua Roberto Simonsen, 122. ☎ 3107-4205. Lun-sam 11h30-15h (12h-15h lun). Fermé dim. Plats 30-60 Rls.* À côté du *Pátio do Colégio*. Une sorte de grande cantine italienne, propre et toujours animée à midi par une clientèle régulière d'employés du quartier. Cuisine fraîche, carte très variée, pâtes maison, risotto, *bacalhau*, pain frais et portions très copieuses. Service rapide et aimable.

## Cuisine libanaise

***Almanara*** *(plan II, C5,* ***44****)* **:** *rua Basílio da Gama, 70. ☎ 3257-7580. Ⓜ República. Une ruelle qui se prend sur la praça da República, presque à l'angle de l'av. São Luís. Tlj 11h30 (10h dim)-23h30 (0h30 ven-sam). Plats 30-40 Rls.* Fondé dans les années 1950 par une famille d'origine libanaise, c'est désormais une petite chaîne de restos. Ici, grande salle avec miroirs, boiseries et un beau bar. Peu de lumière naturelle, donc à préférer pour le soir. 2 cartes, l'une « chic » et l'autre qui propose des formules copieuses à partager à 2.

## Cuisine française

***La Casserole*** *(plan II, C4,* ***45****)* **:** *largo do Arouche, 346. ☎ 3221-2899. Ⓜ Santa Cecília ou República. Faire le tour de la pl. : c'est en face du marché aux fleurs. Mar-ven 12h-15h, 19h-minuit ; sam 12h30-16h, 19h-0h30 ; dim 12h30-16h30. Fermé lun. Plats 50-90 Rls.* Ce resto du vieux quartier du centre est tenu, depuis 1954, par une famille française. Salle patinée par le temps, casseroles en cuivre accrochées aux murs, lambris et nappes blanches. Clientèle d'habitués nostalgiques de la bonne cuisine française traditionnelle : gigot, confit de canard, coq au vin, rognons, tripes à la mode de Caen, bouillabaisse... Très belle carte des vins, mais qui plombe lourdement l'addition.

### Pâtisserie, salon de thé

***Casa Mathilde*** *(plan II, E5,* ***48****)* **:** *praça Antonio Prado, 76. ☎ 3106-9605. Ⓜ São Bento. Tlj, sauf dim, 9h-19h30 (sam 9h30-16h30).* Face au fameux *Edifício Altino Arantes,* une grande pâtisserie-salon de thé un brin chic qui fera le bonheur des gourmands. Vaste choix de gâteaux portugais maison *(pastel de Nata, de Santa Clara...),* tous plus appétissants les uns que les autres. Excellent café également. On choisit au comptoir en présentant la carte magnétique donnée à l'entrée, qui servira au règlement final en sortant. Une pause douceur hautement recommandable !

## ***À Liberdade*** *(plan I, B1-2)*

### Cuisine japonaise

La praça da Liberdade est le cœur du quartier japonais, sorte de « Japantown » brésilien, où les restos de cuisine japonaise se succèdent presque de porte en porte. Mais gare à vos économies. C'est souvent hors de prix si l'on entre dans un resto digne de ce nom.

***Sushi-Yassu*** *(plan I, B2,* ***46****)* **:** *rua Tomaz Gonzaga, 98. ☎ 3209-6622. Ⓜ Liberdade. Tlj, sauf lun, midi et soir jusqu'à 23h (22h dim). Résa très conseillée le w-e. De prix moyens à chic.* Excellent petit resto fréquenté par la diaspora nippone depuis 1972. L'adresse est aussi prise d'assaut le dimanche midi avant une balade sur le marché de Liberdade. Au menu, des sushis, des sashimis, mais aussi des soupes, des *noodles,* de délicieux *gyoza* et autres calamars sautés. Et les prix sont raisonnables.

### Sandwicherie, salon de thé

***Bakery Itiriki*** *(plan II, E6,* ***47****)* **:** *rua dos Estudantes, 24. ☎ 3277-4939. Ⓜ Liberdade. À côté de la praça Liberdade. Tlj 8h-19h.* On y déguste toutes sortes de pains (faits maison) des sandwichs, des pâtisseries et *delicatessen* japonais, brésiliens et même... allemands. Le client passe à la caisse avant de s'installer à l'étage, dans un décor de grand salon de thé qui n'a rien d'oriental. Charmant, bon marché, très propre, nourrissant et appétissant. Bref, une très bonne adresse, surtout pour les en-cas.

## ***À Bela Vista*** *(plan I, A-B2 et plan II, C6)*

### Cuisine italienne

Les restaurants italiens sont ici, bien sûr ! Nombreux et souvent d'excellente qualité.

***Cantina Montechiaro*** *(plan II, C6,* ***49****)* **:** *rua Santo Antônio, 844. ☎ 3259-2727. Tlj (sauf lun) 11h30-15h30, 18h30-minuit ; en continu sam-dim 11h30-18h. Menus 45-55 Rls.* Fondé en 1974, ce resto italien est fréquenté par les familles, les artistes et les hommes politiques. Déco sobre et sans ostentation. Goûteuses pâtes et sauces maison, servies copieusement. Délicieux raviolis farcis à la mozzarella et aux champignons... Bon choix de vins brésiliens, y compris celui « du patron », débités au verre et en carafe. Y venir le midi en semaine pour la formule déjeuner, avec *antipasti,* carpaccio, salade mixte et plat au choix.

Nombreuses ***pizzerias*** de bonne qualité dans le haut de la rua 13 de Maio et la rua Barbosa *(plan II, C6).* L'accueil y est toujours chaleureux et, bien souvent, de petits groupes musicaux jouent le soir. On prend généralement une pizza pour 2.

### Cuisine brésilienne

***Templo da Carne Marcos Bassi*** *(plan I, A-B1-2,* ***50****)* **:** *rua 13 de Maio, 668. ☎ 3805-4284 ou 3288-7045. Ⓜ Brigadeiro. Tlj 12h-minuit (18h dim). Plats 100-270 Rls pour 2.* Avis aux carnivores : voici une *churrascaria* digne de ce nom ! On entre par une boutique, sorte de boucherie branchée, attenante au restaurant. Les morceaux sont exposés en vitrine afin de faciliter votre choix à table, mais on peut aussi y faire ses achats. Le patron, le jovial artisan boucher Marcos Bassi, est devenu une star médiatique. Il est considéré comme le génie de la viande brésilienne. Il a ses secrets, comme celui de « masser » la viande avant de la préparer... Bien sûr, les prix ne sont pas ce qu'il y a de plus économique, d'autant plus si on prend en plus des garnitures, un dessert et du vin. Certaines viandes sont toutefois plus abordables, surtout si l'on partage, vu qu'il est difficile d'avaler tout seul un pavé de 600 g...

### *À Consolação, Cerqueira César et Jardim Paulista* (plans I et III)

Les quartiers chics. Parfois chers, donc, mais ce serait dommage de ne pas passer au moins une soirée dans cet univers de restos et de bars rivalisant d'efforts dans la déco et la qualité de la cuisine.

## Cuisine brésilienne

I●I ***Sujinho*** *(plan I, A1,* ***51****)* **:** *rua da Consolação, 2063, 2068 et 2078. ☎ 3231-5207. Ⓜ Consolação ou Clínicas. 3 restos, dont 2 dos à dos et un autre en face. Tlj jusque tard dans la nuit (5h pour l'un d'eux !). Plats 35-50 Rls.* Une adresse qui a connu ses heures de gloire durant plusieurs décennies et qui se maintient pour la qualité de sa viande. Le plus ancien, au coin de la rue Maceió, a l'air plutôt populaire, mais en fait les prix sont les mêmes partout. Les rôtisseurs font griller les morceaux, selon votre goût, derrière les comptoirs. Le morceau de roi est la *picanha* et le morceau de baron, la *bisteca.* On vous en sert 500 g dans l'assiette, accompagné de banane et ananas frits, brocoli, riz et frites (léger !). Les plats sont super copieux, pas très fins mais pas chers non plus. Une 4e adresse dans le centre (voir plus haut).

I●I ***Capim Santo*** *(plan III, I7,* ***52****)* **:** *Al. Ministro Rocha Azevedo, 471. ☎ 3089-9500. Ⓜ Trianon-MASP. Tlj sauf dim soir et lun jusqu'à 23h30 (minuit sam). Buffet déj 60-90 Rls selon le jour, plats le soir 60-100 Rls.* Originaire d'un village près de Porto Seguro, passée par la cuisine française, la chef Morena Leite élabore une excellente cuisine brésilienne, enracinée et inventive à la fois. Le décor extérieur, la grande terrasse, les bananiers, la salle aérée et plaisante, l'ensemble porte la marque d'une vraie personnalité. Y venir plutôt pour le buffet à volonté, très abordable à midi en semaine. Le soir, repas à la carte (plus cher).

## Lanchonetes, snacks

I●I ***Hamburgueria do Sujinho*** *(plan I, A1,* ***51****)* **:** *rua Maceió, 64. ☎ 3231-5207. Tlj 12h-minuit (2h ven-sam). Bon marché.* Une autre annexe du célèbre *Sujinho,* qui élabore ici le meilleur hamburger artisanal de São Paulo, à emporter ou à consommer sur place dans un cadre moderne et coloré très agréable. La viande vient du Mato Grosso. Le client choisit le poids et la garniture accompagnant le burger. Il y a aussi des sandwichs, des glaces, des milk-shakes... Bref, une excellente petite adresse, à ne pas manquer.

I●I ***A Griffe do Filé Mignon*** *(plan III, I7,* ***55****)* **:** *Al. Ministro Rocha Azevedo, 267. ☎ 3288-1563 ou 2398. Ⓜ Consolação. Lun-ven jusqu'à 22h. Fermé le w-e. Prix moyens.* En plein centre du quartier des tours de verre et des buildings d'acier, en bordure du parc Mário Covas. La salle animée ouvre sur la rue. Le midi, c'est la cantine des employés. Plats brésiliens classiques qui changent tous les jours. *Carne asada, pincanha, feijoada...* C'est simple et bon. Une bonne escale à l'ombre des gratte-ciel.

I●I ***Frevo*** *(plan III, I7,* ***56****)* **:** *rua Augusta, 1563. ☎ 3284-7622. Tlj 11h30-0h30. Plat env 50 Rls.* Ce joli petit resto de quartier propose de la cuisine brésilienne influencée par l'Orient (Syrie-Liban). On y vient pour les célèbres *beirutes,* il y en a 11 sortes.

C'est du pain arabe (pita) que l'on garnit de tout un tas de bonnes choses... Le cadre est agréable avec ses fresques modernes, les serveurs sont en nœud pap', et les prix sont doux. On trouve une clientèle d'employés aux manches relevées et cravate dénouée, mêlée aux habitants du secteur. 2 autres adresses en ville, notamment à Jardim Paulista : *rua Oscar Freire, 603 (plan III, I8).*

**Z-Deli** *(plan III, H7-8,* **57***)* **:** *Al. Lorena, 1689. ☎ 3088-5644. Lun-ven 12h-19h, sam 9h-16h. Fermé dim. De bon marché à prix moyens.* Il s'agit d'un *delicatessen* de spécialités juives d'Europe orientale. Self au décor assez simple, mais ambiance chaleureuse et un rien bohème. Très fréquenté à l'heure du déjeuner. Sandwichs de *pastrame* avec leur *coleslaw,* salades, quiches et superbes gâteaux. Prix raisonnables et accueil fort sympathique. Vin au verre. Si c'est complet, allez juste à côté, rua Haddock Lobo, 1386. L'endroit est encore plus petit, et on n'y sert que des burgers et sandwichs mais jusqu'à minuit. Sinon, il y en a un 3e, plus éloigné, rua Francisco Leitão, 16 *(plan III, G8).*

**Galeria dos Pães** *(plan III, H8,* **58***)* **:** *rua Estados Unidos, 1645. ☎ 3064-5900. À l'angle de Haddock Lôbo. Ouv 24h/24. De bon marché à prix moyens.* « La galerie des pains » est une épicerie unique en son genre, qui fait boulangerie, pâtisserie, salon de thé, bar et resto-snack. On a bien aimé le buffet à volonté (12h-15h) et le buffet de soupes au petit matin. À emporter ou à déguster sur la mezzanine. Une adresse animée où il fait bon faire une pause au cours de la promenade dans le quartier.

## Cuisine portugaise

**Alfama dos Marinheiros** *(plan III, I8,* **59***)* **:** *rua Pamplona, 1285 (Jardim Paulista). ☎ 3884-9203. Ⓜ Trianon-MASP. Tlj midi et soir. Plats 100-200 Rls.* Une institution ouverte en 1969 par un migrant de Lisbonne. Ambiance luxueuse et paisible pour déguster une délicieuse cuisine en direct du Portugal. Excellent *bacalhau* (morue), LA spécialité maison servie d'une dizaine de manières différentes, mais addition très salée. Les autres plats sont plus abordables, surtout si l'on partage. Service attentif. En revanche, la carte des vins est trop chère et on ne débite pas au verre !

# *À Pinheiros et Vila Madalena* *(plan III, F-G7)*

Pinheiros est le quartier du soir, avec ses petites rues qui communiquent par des cours intérieures, ses maisons basses, sa foire artisanale du samedi, sa population de classes moyennes estudiantines et son air vaguement californien. Le quartier a détrôné Bixiga comme lieu des nuits bohèmes de São Paulo. Les restos et bars ferment très tard, de nombreux groupes musicaux animent les bistrots et, bien souvent, l'écho de réjouissances retentit longtemps après la fermeture.

## Cuisine brésilienne

**Consulado Mineiro** *(plan III, G7,* **60***)* **:** *praça Benedito Calixto, 74. ☎ 3064-3882 ou 3088-6055. Tlj, sauf lun, 12h-minuit (20h sam, 23h dim). Plats 85-105 Rls.* Le resto le plus recherché et le plus animé de cette place. Y aller le samedi pour déjeuner au milieu de la foire artisanale. Arriver avant l'heure pour avoir une table. Sinon, faire la queue comme tout le monde ! On y sert une cuisine savoureuse et copieuse du Minas Gerais : *feijão tropeiro, boi ralado, frango, tutu,* etc. Bien aussi pour boire un verre sur une table du trottoir. L'adresse est réputée pour sa sélection de cachaças, une centaine de crus différents. Autre adresse dans le quartier Cidade Jardim : *rua Prof. A. Ramos, 187.*

**Peixaria Bar e Venda** *(plan III, F7,* **54***)* **:** *rua Inacio Pereira da Rocha, 112. ☎ 2589-3963. Tlj sauf dim soir-lun. De prix moyens à chic.* Un gros coup de cœur pour ce formidable resto de poissons et fruits de mer à la déco folle ! Des objets hétéroclites multicolores évoquant la pêche accrochés un peu partout, il faut voir ça ! Mais le top est en présentation dans les vitrines réfrigérées : *ceviche*, crabes, crevettes, impressionnant choix de poissons, comme du *tucunaré* pêché 2 jours avant en Amazonie et une foule de suggestions de plats cuisinés à la carte, comme une bonne *feijoada* de fruits de mer. Avec ça, l'addition reste raisonnable pour la qualité du repas et le service excellent. On y retournera !

**São Cristóvão Bar** *(plan III, F7, **61**) : rua Aspicuelta, 533 (Vila Madalena). ☎ 3097-9904. Tlj 12h-2h (20h dim). Prix moyens.* Petite salle aux murs et piliers couverts de cadres, dessins, photos et fanions de clubs sportifs, dans un esprit bohème et convivial. Chaises et tables de bistrot. On peut y boire un verre, prendre un en-cas *(petiscos, bolinho de bacalhau)* ou déguster des petits plats locaux comme l'excellent *filé à Oswaldo Aranha,* le tout arrosé d'une bonne bière à la pression. Régulièrement de très bons groupes de musique brésilienne (ou de jazz).

**Porto Madalena** *(plan III, F7, **62**) : rua Fradique Coutinho, 1100. ☎ 3813-4446. Tlj 11h-1h (3h ven) ; sam 12h-4h ; dim 14h-1h. Prix moyens : plats 25-60 Rls.* Impossible de rater ce carrefour noir de monde les soirs de week-end. C'est un des endroits les plus animés de Pinheiros, bordé de bars et de restos en terrasse. Le *Porto Madalena* est une bonne adresse pour boire une bière et manger un plat de cuisine brésilienne (classique) à la tombée de la nuit. Musique chaque soir. Vaut surtout pour son emplacement stratégique.

**Andrade** *(plan III, G7, **63**) : rua Artur de Azevedo, 874. ☎ 3064-8644. Mar-sam 12h-15h (16h sam), le soir à partir de 19h ; dim 12h-16h. Fermé lun. De prix moyens à chic.* Restaurant typique du Nordeste, où l'on joue de la musique *forró* le soir et le dimanche midi. Ambiance populaire, authentique et chaleureuse. Ici, on ignore les phénomènes de mode. Excellente cuisine régionale servie en portions incroyables : la moitié d'une peut suffire pour 2. Parmi les spécialités, savoureux *carne de sol, moqueca, bobó de camarão.* Oubliez le vin, trop cher. Prix pas donnés quand même.

## Où boire un verre ? Où sortir ?

### *Dans le centre* (plan II)

**Bar Brahma** (plan II, D5, **70**) : *av. São João, 677. ☎ 3224-1250. Tlj 11h30-1h (2h sam et minuit dim).* À un carrefour stratégique du quartier, le *Brahma* est une succursale de la fameuse marque de bière brésilienne éponyme. Ambiance jeune, festive et fraîche. Idéal pour boire un verre en passant. En outre, c'est un grand rendez-vous des amateurs de samba. Un guichet de vente permet d'acheter des billets pour les concerts dans l'année et les défilés du carnaval.

**Bar de l'Edifício Itália** *(plan II, C5, **78**) : Terraço Itália, av. Ipiranga, 344. ☎ 2189-2929. Ⓜ República. Lun-sam 12h-minuit (1h ven-sam), dim 12h-23h.* Au 42e étage de ce célèbre gratte-ciel, à 160 m d'altitude, se trouve un piano-bar, endroit idéal pour prendre un verre face à la vue la plus spectaculaire de São Paulo, sur 270°. On domine la jungle étincelante et trépidante des gratte-ciel de São Paulo. Heureuse ou monstrueuse, affreuse ou délicieuse, la ville vue d'en haut reste un envoûtement ! Les boissons sont au même prix que dans n'importe quel bar de grand hôtel. Le restaurant à l'étage en dessous (41e étage) est très cher. Lire aussi plus loin la rubrique « À voir ».

### *Quartier de Bixiga* (plan II)

Les jeunes s'y retrouvent nombreux les soirs de week-end, passant d'un bar à un autre. Une ambiance de village s'en dégage. Nombreux restos agréables et bars décontractés. Le week-end, nombre d'entre eux présentent un petit groupe. Beaucoup sont fermés le lundi.

**Café Piu-Piu** *(plan II, C6,* ***71****) : rua 13 de Maio, 134. ☎ 3258-8066. • cafepiupiu.com.br • Tlj. Entrée : env 30 Rls.* *Piu-Piu* est une institution pauliste incontournable. Façade extérieure à l'allure provinciale et modeste, déco conviviale à l'intérieur, étagères garnies de bouteilles jusqu'au plafond, murs de brique et néons colorés. Des groupes différents (dont certains confirmés) y jouent chaque soir à partir de 21h30. Programmation éclectique : rock, blues, *MPB, chorinho...* Bières, caïpirinhas et cocktails pas trop chers.

## *À Jardim Paulista (plan III)*

**Ritz** *(plan III, H7,* ***73****) : alameda Franca, 1088. ☎ 3062-5830 ou 3088-6808. Ⓜ Consolação. Tlj 12h-15h, 19h30-minuit (1h ven-sam).* En passant, on ne voit qu'une façade toute rouge dans le style « glamour soft », et 2 vitrines avec des objets parfois bizarres. Pas de panneau, mais c'est bien là. La décoration intérieure est signée du designer Wesley Duke Lee. C'est un charmant resto qui abrite aussi un bar branché (dans l'esprit bistrot parisien) tout en bois, aux murs laqués. Boissons (et petite cuisine) un peu chères, mais l'endroit est agréable.

## *À Pinheiros (plans I et III)*

Dans les ruas Pinheiros, Henrique Schaumann, Fradique Coutinho, Mourato Coelho et autres Arapiraca, vous trouverez de nombreux bars et terrasses où faire halte, de l'après-midi jusque tard dans la nuit.

Voir dans la rubrique « Où manger ? » le ***São Cristóvão Bar*** *(plan III, F7,* ***61****)* et le ***Porto Madalena*** *(plan III, F7,* ***62****).*

**Bar Conexión Caribe** *(plan III, F7,* ***74****) : rua Belmiro Braga, 200. ☎ 3813-5229. • barconexioncaribe.com.br • Seulement mer-sam 20h-4h. Entrée payante.* Dans une rue qui longe le cimetière de São Paulo côté ouest. La plupart des façades sont couvertes de peintures murales aux couleurs éclatantes et d'une exquise fantaisie. De quoi faire danser les défunts du cimetière ! Voici une maison peinturlurée reconvertie en bar et resto cubain, où l'on vient danser salsa et *merengue.* Clientèle de 25 à 40 ans. Plein de photos de Cuba et d'autres pays latino.

**Andrade** *(plan III, G7,* ***63****) : rua Artur de Azevedo, 874. ☎ 3064-8644. Tlj sauf dim soir et lun.* Extérieurement, on dirait une cantine des faubourgs de Salvador. Poussez la porte et vous sentirez les bonnes ondes... Dans ce resto typique du Nordeste (voir « Où manger ? »), on danse sur des airs de *forró* du mardi au samedi soir et le dimanche midi, à condition de commander un plat et de payer le « couvert artistique ». Public d'âge mûr, plein d'entrain.

**Carioca Club** *(hors plan III par F8,* ***75****) : rua Cardeal Arcoverde, 2899. ☎ 3813-8598. • cariocaclub.com.br • Seulement jeu-sam. Entrée payante.* Très grand salon populaire (pouvant accueillir 1 200 personnes) où l'on danse samba, *pagode, gafieira,* rock, salsa, *merengue,* etc. (selon les soirs). Groupes confirmés 3 fois par mois. Public de 18 à 80 ans.

**Bar das Batidas** *(hors plan III par F8,* ***76****) : derrière l'église de Pinheiros, rua Padre Carvalho, 799. ☎ 2856-0927. Tlj 12h-1h.* Coin assez désert le soir, mais le bar est d'autant plus plein. Il ne paie pas de mine, avec 4 petites tables, un comptoir, une terrasse et une forêt de fromages et bouteilles de cachaça, noircis par la fumée, suspendus au plafond. Depuis 1954, Narciso Moreno, son vieux patron, est maître dans l'art de préparer des *batidas* sans cachaça, à base de vodka et vin blanc. Clientèle d'étudiants, surtout du jeudi au samedi. À l'opposé de l'ambiance des bars des beaux quartiers. Du reste, il doit à sa situation (derrière l'église) ce surnom très popu : *Cú do Padre...*

**Skye Bar** *(Hotel Unique ; plan I, A2,* ***77****) : av. Brigadeiro Luís Antonio, 4700 ; au sud-ouest de Jardim Paulista. ☎ 3055-4702. Y aller en taxi le soir ; assez excentré. Tlj jusqu'à 0h30 (minuit dim). Prévoir 30 mn de queue le w-e. Compter 40 Rls le verre !* L'hôtel porte bien son nom : il est unique ! Son architecte Ruy Ohtake (Brésilien d'origine japonaise), compagnon d'Oscar Niemeyer, a conçu un luxueux hôtel futuriste comme dans les romans de SF. Sa silhouette évoque une immense demi-sphère en béton percée de gros hublots, le tout posé à l'envers comme un OVNI regardant le ciel. Le *Skye* est un des bars les plus glamour de la ville, *dress code* un brin chic de rigueur. Djs à partir de 21h. Fait aussi resto (prix justes et peu abusifs pour la qualité). Venir ici pour boire une bière ou un cocktail et admirer depuis la grande terrasse la mégapole illuminée de mille feux... Unique !

***The Clock Rock Bar*** *(plan I, A1,* ***79****)* ***:*** *rua Turiassu, 806 (Perdizes, au sud de Barra Funda).* ☎ *3672-0845.* • *theclock.com.br* • *Seulement jeu 18h-1h ; ven-sam 21h-4h, dim 17h-22h. Voir agenda sur le site.* Près du parque da Água Branca, une boîte rétro placée sous le signe du rock des années 1950-1960. Insolite au Brésil ! Amateurs de rockabilly (leçons possibles sur place), voici votre temple. Clientèle de 30-50 ans en tenue des fifties.

## Achats

***Havaianas*** *(plan III, H7,* ***84****)* ***:*** *rua Oscar Freire, 1116.* ☎ *3079-3415.* • *havaianas.com* • *Lun-sam 10h-20h, dim 12h-18h.* Bien sûr, vous trouverez en vente ces célèbres tongs partout dans le pays, mais voici LE concept-store de la marque brésilienne, ultra-design et complet. Toutes les couleurs, toutes les formes, des accessoires, quelques modèles originaux ou à customiser.

***Ponto Solidario*** *(plan III, I8,* ***85****)* ***:*** *rua José Maria Lisboa, 838.* ☎ *5522-4440.* • *pontosolidario.org.br* • *Lun-sam 10h-19h (16h sam). Fermé dim.* Dans un tout autre registre, voici un petit espace dédié à l'artisanat populaire et indien du Brésil. Des produits issus du commerce équitable, en bois, en céramique ou à base d'objets recyclés. Également des bijoux, tissus, sacs, vannerie et un espace culturel au fond de la cour. Pas bon marché, mais de quoi faire des cadeaux originaux.

# À voir. À faire

Loin d'être une ville-musée, São Paulo est une ville grouillante de vie. On vous propose plusieurs promenades à pied. C'est ce qui vous permettra de humer l'ambiance, de saisir l'atmosphère de cette « metropolis ». Et si vous passez peu de temps à São Paulo, vous aurez déjà une bonne idée de la ville en vous baladant dans le centre et le quartier de l'avenida Paulista.

***À savoir :*** l'entrée est gratuite – et coupe-file – pour les plus de 60 ans dans la plupart des musées.

## *Le centre* (plan II)

Tout autour de la *praça da Sé,* c'est le quartier des affaires et des banques, qui s'étend le long de la pente du vallon du Anhangabaú, dans des ruelles piétonnes encadrées de gratte-ciel immenses, datant pour la plupart des années 1920 et 1930. S'y presse une foule hétéroclite. Le centre pullule de vendeurs de camelote qui proposent leurs articles de contrefaçon aux employés de banque. Mais ***attention, le week-end, le centre-ville est désert et devient un lieu de promenade dangereux pour le simple quidam.*** Les classes moyennes sont rentrées dans leurs lointaines banlieues. Les gens aisés, de leur côté, ont sauté dans leur 4x4 ou dans un avion pour prendre l'air à la plage ou à la campagne.

**Pátio do Colégio** *(plan II, E5)* **:** *largo Pátio do Colégio, 2. ☎ 3105-6899. • pateodocollegio.com.br • Tlj 9h-16h30, sauf lun.*
Voici le lieu de naissance de la ville, le 25 janvier 1554. Au milieu de la place, une colonne surmontée d'une belle Victoire rend hommage aux 1ers habitants de São Paulo : Indiens, Jésuites et quelques colons portugais. Quel contraste entre cet ancien collège de jésuites et son environnement hérissé de tours modernes !
Le bâtiment abrite une église, et un musée : le ***Museu Padre Jose de Anchieta*** *(tlj 9h-16h30, sauf lun ; entrée : 8 Rls, réduc).* Y sont exposées des reliques du père fondateur de la ville (comme son manteau de mission et un tibia sous verre). Agréable ***Café do Páteo*** dans la cour intérieure (voir « Où manger ? »).

**Solar da Marquesa de Santos** *(plan II, E5-6)* **:** *rua Roberto Simonsen, 136. ☎ 3105-6118. Tlj 9h-17h, sauf lun. GRATUIT.* Ce petit palais (hôtel particulier) du XVIIIe s brille par son élégance. Entre 1834 et 1867, ce fut la résidence de Domitíla de Castro e Canto Melo, « Marquesa de Santos ». Cette marquise est entrée dans l'histoire comme l'amante de l'empereur Dom Pedro I. Son idylle provoqua un petit scandale à l'époque. La demeure, fort bien restaurée, abrite aujourd'hui des expositions temporaires, notamment de photographies relatives à l'histoire de São Paulo.

**Catedral Metropolitana** *(plan II, E6)* **:** *elle domine la praça da Sé. Tlj 8h-19h (17h sam, 18h dim).* Construite dans le style néogothique (terminée en 1954 et restaurée en 2002). Sa tour s'élève à 92 m. À l'intérieur, remarquer les orgues fabriqués à Milan et composés de 10 000 tuyaux. On peut les entendre théoriquement le soir à 18h.

**Praça da Sé** *(plan II, E6)* **:** bordée par de vieux immeubles, ombragée par de hauts palmiers, la place de la cathédrale est le lieu de rassemblement des vendeurs ambulants, vendeurs d'or, démarcheurs et danseurs tziganes, mendiants et SDF, camelots et marchands de quat'sous... C'est aussi le kilomètre 0 de l'État de São Paulo.

**Largo et igreja de São Francisco** *(plan II, D6)* **:** en descendant depuis la cathédrale, vers la gauche, vous vous engagerez dans d'étroites rues piétonnes, pour arriver au largo de São Francisco, siège de la faculté de droit. Belle architecture néoclassique. À droite de la faculté, jolie église *(igreja)* de 1644 qui conserve de belles peintures portugaises au plafond.

## Le São Paulo financier des années 1930 *(plan II)*

C'est dans ce quartier que s'est édifié au début du XXe s, des années 1920 à 1940, le São Paulo financier et industriel moderne. Et c'est dans ses rues étroites qu'il continue de vibrer.

**Centro cultural Banco do Brasil** *(plan II, E5)* **:** *rua Alvares Penteado, 112. ☎ 3113-3651. • culturabancodobrasil.com.br • Tlj 9h-21h, sauf mar. GRATUIT (sauf pour certaines expos).* Superbe immeuble Art déco construit en 1901 pour la 1re agence de la *Banco do Brasil* à São Paulo. Magnifiquement restauré, il abrite un théâtre, un cinéma, des expos temporaires, et un café. Une halte agréable dans le trépidant centre-ville. Ne pas manquer également l'***Antigo Banco*** de 1938, à l'angle de la *rua Quinze de Novembro* et de la *praça Antonio Prado,* et son entrée majestueuse de style Art déco qui mêle marbre noir et bronze.

**Edifício Altino Arantes** *(edifício do Banespa ; plan II, E5)* **:** *au fond de la praça Antonio Prado, rua João Brícola, 24.* ***Ne se visite pas.*** Édifié en 1947, c'est le cousin germain de l'Empire State Building, version sud-américaine ! Il fut construit

LE SUD-EST

pour être le siège de la *Banespa (Banco do Estado de São Paulo),* et fut racheté en 2000 par la banque espagnole *Santander.* Bien plus haut que le *Martinelli,* il mesure 161 m et possède 35 étages. On l'apprécie surtout de loin, depuis l'avenida São João (de l'autre côté de l'esplanade), juste dans l'axe. On pourra apprécier son hall d'entrée Art déco agrémenté d'imposantes colonnades en accédant aux distributeurs de billets. Au sommet de la tour flotte le drapeau de l'État de São Paulo.

**Edifício Martinelli** *(plan II, D5)* **:** *situé rua São Bento, 405, mais entrée au nº 35 de la rua São João. ☎ 3104-2477. • prediomartinelli.com.br • Visite possible de la terrasse du 26e étage (gratuit, ascenseur spécial) lun-ven 9h30-11h30, 14h-16h (accès ttes les 30 mn ; w-e 9h-13h – 15h dim).* Avec 105 m de haut et 30 étages, voici le 1er gratte-ciel de la ville, bâti en 1929 par l'ingénieur italien et comte Martinelli. L'architecture fut confiée au Viennois William Fillinger, d'où le style Mitteleuropa qui s'en dégage. Pour faire taire les mauvaises langues qui disaient que l'immeuble allait s'écrouler, il s'y installa avec toute sa famille, occupant rien de moins que 4 étages, du 26e au 29e. L'immeuble tient toujours debout, et c'est même un très bel édifice, de teinte marron rosé et bien proportionné, qui domine la praça Antonio Prado. Mais cela n'a pas empêché le comte d'aller à la banqueroute ! Après une période de dégradation extrême (les années 1950), la tour a été réhabilitée et abrite désormais des bureaux. Les visiteurs accèdent aux vertigineuses terrasses et jouissent d'une vue incroyable à 360° sur la jungle de béton et les « fourmis humaines » de la mégapole.

***Basílica et largo de São Bento*** *(plan II, E5)* **:** *une pl. au bout de la rue du même nom. ☎ 3328-8799.* On y trouve une école et un monastère qui datent des années 1920. Le grand intérêt de ce lieu est de venir y écouter les chants grégoriens *(lun-ven à 7h, sam à 6h, dim à 10h).* Les façades des vieilles maisons bordant la place ont été restaurées. Partout, d'innombrables bistrots, bars, *lanchonetes.* L'escalier en courbe du métro São Bento mène à un bel espace avec des *lanchonetes,* une librairie et, surtout, le resto *Efigênia,* situé en dessous des arches métalliques du viaduc Santa Efigênia, au milieu d'une étonnante verdure. Incroyable havre de repos en plein centre !

***Mercado municipal*** *(marché couvert municipal ; plan II, E4-5)* **:** *rua da Cantareira, 306. Tlj 6h-18h (16h dim). Fermé certains j. fériés.* Belle architecture néoclassique de 1932, avec pas moins de 72 verrières réalisées par l'artiste russe Conrad Sorgenicht. Le 1er étage accueille de nombreux petits restos populaires alignés côte à côte, proposant les 2 spécialités du marché : le sandwich de mortadelle *(mortadela)* au ***bar do Mané*** et le *pastel de bacalhau* au **Hocca Bar.** Délicieux, super copieux et pas cher. Voir également plus loin la rubrique « Marchés et foires ».

***Viaduto do Chá*** *(plan II, D5)* **:** c'est sans doute le paysage urbain le plus saisissant de São Paulo, image de la fébrilité de la trépidante mégapole. Au commencement, c'était un pont sous lequel coulait jadis un ruisseau d'eau claire. Le monument fut dessiné en 1887 par l'architecte français Jules Martin. Les structures métalliques furent importées d'Allemagne. Aujourd'hui, il n'y a plus d'eau sous le pont, mais une sorte d'épaisse dalle verdoyante qui cache un tunnel souterrain, où passe un flot de voitures ininterrompu (surtout ne pas s'y promener seul la nuit car l'insécurité y règne). Au-dessus du pont, une gigantesque esplanade a été aménagée, sorte d'agora où l'on vient se promener la journée et prendre l'ombre.
Cet espace public est entouré par d'immenses tours qui abritent les sièges sociaux des grandes banques du pays. Du *viaduto do Chá,* on aperçoit un autre pont, métallique, dit « de Santa Efigênia », transporté de Belgique en 1913.

## *Vers la praça da República* (*plan II*)

Sur la rive opposée du *viaduto do Chá* commence l'autre centre, à peine plus ancien.

**Theatro municipal** (*plan II, D5*) **:** *praça Ramos de Azevedo. Visite guidée gratuite mer-ven à 11h, 13h, 15h et 17h. Visites en anglais mer-sam à 11h. On conseille de s'inscrire sur la liste des visiteurs : ☎ 3053-2090.* Construit en 1911 dans le style du palais Garnier de Paris, entouré de palmiers impériaux, il a été rénové en 2011, retrouvant une part de sa splendeur passée. La visite guidée inclut la visite du *Museu do Theatro.* Les rues étroites qui s'engagent derrière étaient jadis celles des plus belles boutiques de São Paulo. Ce temps est bien fini...

**Biblioteca municipal** (*plan II, C-D5*) **:** *praça D. José Gaspar.* Paisible place. La bibliothèque conserve l'original du poème de Blaise Cendrars, *La Prose du Transsibérien,* illustré par Sonia Delaunay. Pour l'admirer, il convient de faire une demande spéciale. Non loin de là, la librairie française (voir « Adresses et infos utiles »).

**Praça da República** (*plan II, C-D5*) **:** une des belles places de São Paulo, autour de son parc tropical, malheureusement quelque peu défraîchie par la pollution et la paupérisation du quartier. Dans les années 1920-1930, c'était le rendez-vous chic de la bourgeoisie pauliste, dans les années 1960 des hippies, des fauchés et des philatélistes. Autre temps, autres mœurs...
– Aujourd'hui, dans les jardins, le dimanche de 9h à 16h, se tient la ***Feira de arte e artesanato,*** un marché de brocante et d'antiquités où l'amateur peut trouver son bonheur parmi les centaines d'éventaires et de stands. Sur un des côtés de la place, un édifice de 1946 abrite le ministère de l'Éducation nationale, d'un style pompeux gréco-romain-néoclassique : vision assez surréaliste avec en arrière-plan les tours des années 1950.
– Toujours sur la place, l'***Edifício Eiffel,*** un immeuble d'habitation construit en 1956 et signé Oscar Niemeyer. C'est bien pour ça qu'on le cite. Car, franchement, cet édifice gris de 23 étages, dit « L'Armoire », est plutôt laid ; et pas seulement parce qu'il a mal vieilli.

**Edifício Itália** (*plan II, C5*) **:** *à l'angle des av. São Luís et Ipiranga ; entrée par l'av. Ipiranga, 344. Accès seulement réservé aux clients du bar et du resto !* Il fut dessiné par Franz Heep, architecte brésilien d'origine allemande. C'est la 2e plus haute tour de São Paulo avec 168 m et 46 étages. Vue absolument spectaculaire sur la ville, particulièrement le soir (voir aussi le bar panoramique mentionné dans « Où boire un verre ? Où sortir ? »).

**Edifício Copan** (*plan II, C5*) **:** *av. Ipiranga, 200. ☎ 3259-5917. • copansp.com.br • Accès gratuit possible lun-ven à 10h30 et 15h30.* L'un des chefs-d'œuvre du célèbre architecte brésilien Oscar Niemeyer. Sa forme est celle d'un grand S évoquant une vague ondulatoire. On reconnaît bien le style moderniste et la marque de Niemeyer qui disait à ce propos : « Aucune ligne droite, dure, inflexible ne m'attire, aucun angle droit ne retient mon attention... Je n'aime que les courbes libres et sensuelles... » L'*edifício Copan* est typique du style « organique » des années 1950. Son nom ne vient pas du célèbre site historique maya du Honduras (Copan). Il s'agit d'un acronyme du nom du promoteur immobilier : *Companhia Pan-Americana de Hotéis e Turismo.*
Haut de 115 m, il abrite 1 160 appartements répartis sur 38 étages. Près de 2 000 personnes y vivent, et, en raison du nombre d'habitants, l'immeuble possède son propre code postal ! On y trouve aussi près de 70 commerces, des restaurants, et plus de 100 employés sont chargés de son entretien.

Au croisement des ***avenues São João et Ipiranga*** *(plan II, D5)* : « Quelque chose se passe dans mon cœur, quand l'Ipiranga rencontre l'avenue São João »... pour reprendre les célèbres vers de Caetano Veloso. L'avenida São João descend vers le vale do Anhangabaú, en une large voie piétonne agréable, offrant une vue spectaculaire de la colline da Sé, notamment des immeubles *Altino Arantes* et *Martinelli.* Ici, quelques vieilles façades sont peu à peu repeintes.

## *Vers le nord* (plans I et II)

***Estação da Luz*** *(plan II, D4)* **:** *praça da Luz.* Construite par des Anglais entre 1895 et 1901, avec des briques rouges et des charpentes métalliques, cette gare ferroviaire est inspirée de celle de Sydney (Australie). Elle joua un rôle crucial dans le commerce du café. On aperçoit toujours une tour horloge qui ressemble à Big Ben.



***Estação Júlio Prestes et sala São Paulo*** *(plan I, B1)* **:** *praça Júlio Prestes.* Cette gare ferroviaire a été construite entre 1926 et 1938. C'est aujourd'hui l'une des meilleures salles de concert de São Paulo, l'antre du renommé Orchestre symphonique de l'État. L'acoustique est y excellente, un système hydraulique évite les vibrations, et le plafond est composé de panneaux mobiles, dont la hauteur est réglée en fonction des représentations. Allez-y pour un concert (prix très abordables), mais de toute façon, le lieu mérite une visite.
– ***Visites guidées :*** *☎ 3367-9573. • salasaopaulo.art.br • Sur résa seulement, en anglais et/ou espagnol lun-ven à 13h et 16h30 (5 Rls). Visites gratuites (en portugais) sam à 13h30 et dim à 13h.* Le bâtiment en brique, à la sortie (à gauche) de la *sala São Paulo,* est celui de l'ancienne police politique, où de nombreux opposants furent torturés pendant le régime militaire. Il abrite le *memorial da Resistência (largo general Osório, 66 ; ☎ 3335-4990).* De grands panneaux illustrent les luttes contre la dictature et la torture. Expo de photos et arts plastiques sur le thème des Droits de l'homme et de la démocratie.

***Pinacoteca do Estado*** *(plan I, B1)* **:** *praça da Luz, 2. ☎ 3324-1000. • pinaco teca.org.br • Ⓜ Tiradentes. Tlj 10h-18h, sauf mar. Entrée : 6 Rls ; gratuit sam.* La pinacothèque est installée dans un immeuble de brique conçu entre 1887 et 1905 par l'architecte Ramos de Azevedo, un édifice qui n'avait pas vraiment été achevé et qui fut modernisé dans les années 1990. Son architecture a un côté surréaliste. C'est le 1er musée d'Art de la ville. La luminosité des salles à l'intérieur en fait un des musées les plus agréables de São Paulo. Collection permanente de peinture brésilienne, surtout du XIXe s. Parmi les trésors de la peinture, admirez *Tropical* d'Anita Malfatti et *Mestiço* de Candido Portinari. On peut aussi y voir des œuvres d'artistes européens ayant visité le Brésil (Debret, Rugendas, Taunay et autres). Sculptures de Rodin, Bourdelle, Maillol.
Expos temporaires très importantes. Belle cafétéria Art déco au sous-sol. Sculptures en plein air dans le parque da Luz, à côté.

***Museu de Arte sacra*** *(plan I, B1)* **:** *av. Tiradentes, 676, quartier de Luz. ☎ 3326-3336. • museuartesacra.org.br • Ⓜ Tiradentes. Mar-dim 9h-17h. Fermé lun. Entrée : 6 Rls ; gratuit sam.* Installé dans le *mosteiro da Imaculada Conceição da Luz,* un ancien monastère construit en 1774 où sont conservées les reliques du 1er saint brésilien, le père Frei Galvão. Voici le plus important musée d'Art religieux du Brésil. Des pièces d'orfèvrerie somptueuses, des autels et retables baroques du XVIIe au XXe s, des icônes, des sculptures des plus grands maîtres brésiliens. Même les païens perdraient beaucoup à snober cette visite.

***Memorial da América latina*** *(plan I, A1)* **:** *av. Auro Soares de Moura Andrade, 664. ☎ 3823-4600. Ⓜ Barra Funda. Tlj 9h-18h, sauf lun.* Espace multiculturel avec salles d'exposition, bibliothèque et auditorium. L'architecture est signée Oscar Niemeyer, mais l'entretien laisse à désirer. Dommage. On se sent tout petit au milieu de ces grands espaces bétonnés, avec une énorme main sanglante (7 m de haut) au milieu. Nombreuses activités. Voir notamment le *pavillon de la Créativité* (artisanat et folklore latino) et le *salon Tiradentes,* avec un tableau monumental de Portinari et de très hauts panneaux de bas-reliefs de Caribé et Poty.

**Memorial do Imigrante** *(plan I, B1)* **:** *rua Visconde de Parnaíba, 1316 (Brá). ☎ 2692-1866. • memorialdoimigrante.org.br • Ⓜ Bresser-Mooca, d'où vous pouvez rejoindre le mémorial (500 m) par un tram touristique. Tlj 9h (10h dim)-17h, sauf lun. Entrée : 10 Rls ; gratuit sam.*
C'est ici que sont arrivés la majorité des immigrants débarqués au port de Santos pour s'installer à São Paulo : Italiens, Allemands, Libanais, Suisses, Japonais, Français, Russes. Construit à la fin du XIXe s, le bâtiment actuel servit d'auberge de transit à ces nouveaux arrivants. L'ancienne gare de chemin de fer est préservée, ainsi qu'un petit train, à bord duquel on peut faire une courte promenade.
À l'extérieur, une maison d'immigrants reconstituée (presque une case) ; à l'intérieur, des objets leur ayant appartenu, des témoignages et une étonnante pièce remplie de photos et papiers d'identité, qui donne une idée de la diversité de tous ces immigrants. Possibilité d'effectuer une recherche sur l'origine d'un nom, pourvu que l'immigrant ait débarqué au port de Santos.
Sur place, ***cinéma, bibliothèque, boutique de souvenirs*** et ***cafétéria.***



## Bela Vista et Bixiga *(plans I et II)*

C'est ici qu'est né le théâtre brésilien, introduit par les Italiens qui s'installèrent dans le quartier dès le début du XXe s. Le cœur de Bela Vista est le petit quartier *Bixiga* (qu'on écrit aussi *Bexiga* et qu'on prononce « Bechiga »). C'est un grand village de maisons basses de style européen et parfois de masures, qui s'étend sur les pentes d'une colline entre la rua Augusta (*plan II, C6* ; derrière la praça Roosevelt) et l'avenida Brigadeiro Luís Antônio.
De jour comme de nuit, les petites rues et ruelles en pente débordent d'animation. Innombrables bars et cafés ; restaurants italiens où des tablées entières se remémorent le passé... Mais l'identité de Bixiga est aussi noire qu'italienne. Son école de samba, *Vai-Vai,* une des grandes de São Paulo, est très présente dans le quartier.
Rua 13 de Maio et dans les rues adjacentes, vous trouverez des ***casas de samba et de pagode,*** où l'on fait également du rap aujourd'hui. Et un peu partout, des ***casas de umbanda*** vendant les produits nécessaires aux cérémonies. Infos sur : *• encontrabelavista.com.br •*

**Matriz da Consolação** *(plan II, C5)* **:** *praça Roosevelt, dans la partie basse de la rua Consolação. Tlj 8h-19h (18h sam, 20h dim). GRATUIT.* Construite au début du XXe s dans un style romano-byzantin, elle fut sous la dictature militaire le siège de bien des actes de solidarité contre l'arbitraire. À l'intérieur, riche décoration réalisée par Oscar Pereira da Silva, Benedito Calixto et Edmundo Cagni (peintures de la coupole centrale).

**Teatro Oficina Uzyna Uzona** *(plan II, D6)* **:** *rua Jaceguai, 520 (Bixiga). ☎ 3104-0678. • teatroficina.com.br •* Ce théâtre-atelier incarne depuis 1958 la scène avant-gardiste du Brésil, avec son directeur et fondateur le charismatique et génial José Celso Martínes Correia (né en 1937) ; un peu comme la Taganka avec Lioubimov à Moscou ou, en son temps, le TNP de Jean Vilar. Son répertoire est impressionnant et son architecture déconcertante : c'est la dernière œuvre de l'architecte Lina Bo Bardi. Les mises en scène d'Oficina et de Celso s'inscrivent dans les grandes créations reconnues au niveau international.

## ***Liberdade*** *(plans I et II)*

En traversant l'avenida Brigadeiro Luís Antônio puis le viaduc qui enjambe la 23 de Maio, autre quartier, autre ambiance. Vous entrez à *Liberdade,* le quartier japonais, ou plus généralement asiatique. Sur presque 4 $km^2$ vivent environ 60 000 habitants, ce qui constitue la plus grande communauté japonaise hors du Japon. Le quartier n'offre pas de grandes curiosités architecturales, si ce n'est les arches rouges (on les appelle des *torii*), de style japonais, avec leurs lampadaires, qui enjambent les ruas Galvão Bueno et da Glória.
Ne manquez pas de visiter les petits commerces et épiceries de produits asiatiques. Partout, bien sûr, restaurants japonais et *sushis-bars* où l'on peut manger une infinité de poissons crus, au comptoir ou dans de petites cabines particulières, sur un tatami. Les Japonais ont ajouté aux classiques poissons de mer la riche variété des poissons de rivière brésiliens. Bars-karaoké et saké (servi tiède) pour embrumer l'esprit dans les ruelles obscures. Ici aussi, la nuit est animée et la rue étonnante.



Pour découvrir l'histoire de ces migrants qui débarquèrent pour la 1re fois à Santos en 1908, vous pouvez vous rendre au riche ***Museu da Imigração Japonesa*** *(plan I, B2 ; rua São Joaquim, 381 ; ☎ 3209-5465 ; • museubunkyo.org.br • ; tlj 13h30-17h, sauf lun ; entrée : 12 Rls).*

***Praça João Mendes*** *(plan II, E6)* **:** *au bout de l'av. Liberdade.* Nous revoilà au centre, derrière la cathédrale *(Sé).* Si vous cherchez des plantes médicinales, des cigarettes roulées dans des feuilles de maïs *(fumo de rolo)* ou des bâtonnets de *guaraná,* la graine énergétique des Indiens, vous trouverez votre bonheur sur cette place. Voir aussi la ***paróquia São Gonçalo,*** avec sa belle façade datant de 1756.

## ***Les quartiers chics*** *(plan III)*

Vers l'ouest de São Paulo s'étendent les quartiers bourgeois de la ville, où vivent les classes aisées.

***Avenida Paulista*** *(plan III, H-I7-8)* **:** conçue une fois pour toutes par un cerveau unique à la fin du XIXe s, elle est devenue dès son ouverture en 1891 l'avenue la plus renommée de São Paulo. Là furent édifiées les plus belles demeures de la ville, habitées par les barons du café. De cette époque, il ne reste hélas quasiment aucun témoin. Les somptueuses villas, les petits manoirs urbains, les castels européens, ont disparu, rasés, anéantis sous la poussée des immeubles et tours modernes. À noter quand même, quelques rares maisons anciennes, devenues des banques, bars ou centres culturels, comme la ***casa das Rosas,*** au nº 37.
Aujourd'hui, l'avenida Paulista continue d'être l'artère majeure de la ville (c'est ici que se font les manifestations !). On l'a qualifiée de « Champs-Élysées paulistes » ou d'une sorte de « 5th Avenue », mais elle n'imite rien car elle est inimitable et colossale ! Pourtant, à l'usage, le promeneur ne se sent pas écrasé par les tours comme à New York. Ce qui compte ici, c'est le style moderne. Sur près de 3 km de long, les plus grands maîtres des avant-gardes brésiliennes y ont laissé leur marque.

***Museu de Arte de São Paulo*** *(MASP ; plan III, I7)* **:** *av. Paulista, 1578 (Cerqueira César). ☎ 3149-5959. • masp.art.br • Ⓜ Trianon-MASP. Tlj 10h-18h (20h jeu), sauf lun. Entrée : 35 Rls ; réduc ; GRATUIT pour tous les mar-mer.*
Installé dans un immeuble plutôt laid, construit en 1968, sur un projet de Lina Bo Bardi. Ce musée regroupe une collection rassemblée dans les

années d'après-guerre par Francisco de Assis Chateaubriand Bandeira de Melo (1892-1968), un avocat devenu un des grands magnats de la presse dans les années 1930. Grand amateur d'art, il fut un des hommes publics les plus influents du Brésil en son temps, mais aussi un des plus controversés.
Sa collection comprend plus de 8 000 œuvres et objets, mais seulement quelque 120 tableaux de grands artistes européens sont présentés au 2e étage. L'originalité de l'exposition en cours (commencée en 2015, pour une durée d'une dizaine d'années) est la présentation des œuvres, accrochées sur une plaque en verre posée sur un cube en bois au sol, toutes orientées dans le même sens, dans une vaste et unique salle. L'effet de découverte est assez étonnant en entrant ! Autre originalité, l'identification des œuvres est à l'arrière des tableaux, ce qui implique d'en faire le tour pour connaître le nom de son auteur et le titre du tableau.
Parmi les célébrités exposées, on reconnaîtra des œuvres de ***Bellini, Bosch, Rembrandt, Botticelli, Modigliani, Titien, Raphaël, le Greco, Velázquez, Goya, Gainsborough, Rubens, Van Dyck, Fragonard, Ingres,*** et bien d'autres...
L'école française est très bien représentée : ***Boucher, Delacroix, Corot, Renoir, Van Gogh, Gauguin, Monet, Manet, Degas*** (y compris ses danseuses), de nombreux ***Cézanne, Lautrec*** (dont son tout dernier tableau), ***Matisse, Courbet...***
L'école brésilienne, en revanche, est assez peu représentée, avec seulement quelques œuvres de ***Portinari.***
– Grandes ***expos temporaires*** aux étages inférieurs. Auditorium, cafétéria et librairie-boutique au sous-sol.
– Le dimanche, ***marché des antiquités*** à l'extérieur (voir plus loin la rubrique « Marchés et foires ») et une foire artisanale.

***Parque Trianon*** *(ou parque Tenente Siqueira Campos ; plan III, I7-8)* **:** *le long de l'av. Paulista, en face du MASP.* Une petite jungle dans la grande ville ! Au cœur du quartier des affaires, au pied des tours ultramodernes, ce petit parc offre un saisissant contraste. Tout en pente, dessiné par un paysagiste français (Paul Villon), ce jardin fut inauguré en 1892. Ce fut autrefois le lieu de promenade préféré des riches familles du quartier. En fait, il ressemble plus à une petite forêt urbaine, un morceau de jungle tropicale humide qu'à un jardin européen. Bosquets, sentiers, fontaines, squares et ravins forment un décor à la végétation sombre et touffue. Quand il fait chaud, l'ombre est accueillante... Avec un peu de chance, vous pourrez voir quelques animaux qui y vivent en liberté. Mais attention à éviter recoins sombres et isolés, au risque de faire de mauvaises rencontres !

***Jardim Paulista*** *(plan III, H8)* **:** non, ce n'est pas un jardin, mais le nom de ce vaste quartier, quadrillé par de longues rues ombragées et bordées de tours d'habitation (il y a aussi quelques belles maisons et villas), et de magasins. C'est ici l'équivalent du « faubourg Saint-Honoré » de la ville, avec ses restaurants et ses confiseries fines. La ***rua Oscar Freire*** est la plus chic de toutes, avec la présence des boutiques de grands couturiers et autres marques de luxe.

***Jardim América et Jardim Europa*** *(plan III, F-G8)* **:** quartiers toujours plus chic à mesure qu'on descend vers le rio Pinheiros. Un monde de villas somptueuses entourées de jardins où, derrière les grilles dissuasives et les systèmes de sécurité, patrouillent des gardes privés armés jusqu'aux dents. Les gigantesques centres commerciaux *Eldorado* et *Iguatemi,* sur les avenues Eusebio Matoso et Faria Lima, et, plus au sud, le *shopping center Ibirapuera* sur l'avenue du même nom sont des temples de la consommation des « élites » et des classes moyennes paulistanas.

## *Higienópolis et Consolação (plan I, A1)*

La rua da Consolação, parallèle à l'étroite rua Augusta, forme l'axe principal vers l'ouest. On s'enfonce petit à petit vers un autre genre de quartiers résidentiels : ***Higienópolis, Consolação, Pacaembu.*** Quartiers paisibles et cossus, aux gratte-ciel confortables et aux rues ombragées d'eucalyptus, d'amandiers tropicaux ou de manguiers.
***Higienópolis*** est aussi un quartier de bonne vie estudiantine, avec terrasses, cafés, *lanchonetes* où l'on mange au comptoir. Dans les petites rues, entre la Dona Veridiana et l'avenida Angelica, bars animés à la nuit tombée. Ne manquez pas la petite *praça Villaboim,* avec ses restos et bars, située tout près du musée d'art brésilien *FAAP.*



***Museu do Futebol** (plan I, A1) : estádio do Pacaembu, praça Charles Miller, dans le quartier Pacaembu. ☎ 3664-3848. • museudofutebol.org.br • À env 1 km du métro Clínicas. Tlj 9h-18h, sauf lun ; ferme plus tôt en cas de match. Entrée : 12 Rls ; GRATUIT mar.* Le football, véritable religion au Brésil, a désormais son musée national. En 15 salles, il retrace les grands moments des clubs et de l'équipe nationale : images en 3D, commentaires de reporters, ovations des supporters... Le football est aussi inscrit dans son contexte social et historique. Et puis les stars du ballon rond ne sont pas oubliées : le « roi Pelé », Zico, Socrates et Ronaldo sont en bonne place. Sans oublier la dernière star du foot brésilien, Neymar !

### UN PETIT PAS POUR L'HOMME...

*... un grand pas pour le football ! Eh oui, c'est précisément à São Paulo qu'a eu lieu le 1er match de foot de l'histoire du Brésil. C'était en 1894. La partie fut organisée par Charles Miller après un séjour en Angleterre, d'où il avait rapporté un petit livre contenant les règles du jeu. Aujourd'hui, le Brésil reste l'unique penta campion, avec 5 victoires à la Coupe du monde de football, ainsi que le seul pays à avoir participé à tous les mondiaux.*

## *Quartier de Pinheiros (plan III)*

Dans le triangle formé par les avenidas Dr Arnaldo et Rebouças s'étend le secteur de Pinheiros, avec ses quartiers aux jolis noms : ***Jardim das Rosas, Pinheiros, Vila Beatriz, Vila Madalena, Jardim das Bandeiras...*** Longtemps lieu de résidence des classes moyennes supérieures, avec ses ruelles bordées de petites maisons entourées de jardins, Pinheiros est peu à peu devenu le quartier d'habitation et de rencontre de la jeunesse universitaire, mi-dorée, mi-hippie (« bobo » quoi !). Le quartier n'a cependant rien perdu de son caractère un peu « californien ». Commencer ou finir votre périple par la praça Benedito Calixto, cœur battant de l'animation nocturne. Le 2d carrefour le plus animé se trouve plus au nord, dans le secteur de Vila Madalena, à l'intersection des rua Aspicuelta et Girassol *(plan III, F7).*
Juste à côté, voir absolument la rua Gonçalo Afonso et les ruelles adjacentes, dans le petit quartier surnommé ***Beco do Batman,*** une succession de fresques murales très colorées, du pur *street art* !

***Praça Benedito Calixto** (plan III, G7) :* c'est le cœur battant du quartier, du moins dans la partie basse située au sud du cimetière de São Paulo. Familles, groupes de jeunes, bandes de potes, artistes branchés, communauté LGBT, une grande variété sociale et humaine habite autour et fréquente cette belle place à la nuit tombée. C'est en particulier le samedi qu'il faut y venir. La place est alors

occupée par plus de 300 éventaires de brocanteurs et antiquaires. En soirée, les bars, restaurants et *lanchonetes* sont vite noirs de monde. Voir aussi la rubrique « Marchés et foires ».
De l'autre côté du rio Pinheiros, c'est l'immense campus de la *cité universitaire* et le magnifique *parque de l'instituto Butantan,* le long des avenidas Vital Brasil et Coriféu de Azevedo Marquês.

**Instituto Butantan** *(hors plan I par A2)* **:** *av. Dr Vital Brasil, 1500. ☎ 2627-9300. • butantan.gov.br • À l'ouest, dans le quartier de Butantã. Bus nº 778J (Jd. Arpoador) depuis le terminal Barra Funda. Tlj 9h-16h45, sauf lun. Entrée : 6 Rls ; réduc.*
Fondé en 1901, c'est l'un des centres d'étude des serpents les plus réputés au monde. Davantage tourné vers la recherche médicale plutôt que la zoologie, cet institut est chargé notamment de la conception d'antivenins (la sérothérapie).
Musée historique et intéressant musée biologique, on y présente de nombreuses espèces de reptiles et insectes (araignées géantes, scorpions, python de 6 m, etc.). Rien que la famille des cobras présente 70 variétés... Dans le magnifique et immense jardin (idéal pour s'oxygéner), des serpents roupillent dans de grandes fosses...



## *Parque do Ibirapuera* *(plan I, A2)*

En descendant la colline vers le sud par l'avenida Brigadeiro Luís Antônio, on débouche dans ce très beau parc. Aménagé par Oscar Niemeyer pour le 4e centenaire de São Paulo (1954). Réaménagé dans les années 1990, cet espace vert de 160 ha constitue l'un des lieux de promenade les plus agréables de São Paulo.
*– 10 portes d'accès au parc pour les piétons, chacune ayant des horaires distincts. La plupart ouvrent à 5h du mat et ferment à minuit. Accès notamment par l'av. Pedro Álvares Cabral, l'av. Quarto Centenário et l'av. República do Libano. Infos : • parquedoibirapuera.com •*
Le parc abrite le *pavillon de la Biennale (Fundação Bienal),* le *planétarium* *(ouv le w-e seulement à 15h ; places gratuites à retirer à 12h ou sur résa : ☎ 5575-5425),* la *OCA* (un gigantesque igloo, projet de Niemeyer, destiné à d'importantes expos temporaires), le *museu Afro Brasil,* le *Pavilhão das Culturas Brasileiras,* le *museu de Arte moderna (MAM)* et le *museu de Arte contemporânea (MAC).* Œuvre de Niemeyer également, l'*auditorium* ressemble à une tranche de gâteau blanc *(tlj sauf lun : mar-ven 11h-18h – 22h ven ; w-e 9h-22h – 20h dim).*
On y trouve également un jardin pour non-voyants avec les noms des plantes inscrits en braille, un grand lac et une pagode japonaise (visite le week-end). C'est aussi le lieu de concerts géants et gratuits donnés le dimanche, *praça da Paz.*
En face du parc, un grand obélisque commémore les héros de la révolution de 1932. Tout près, le ***palácio Nove-de-Julho,*** siège de l'assemblée législative de l'État. À l'angle des avenidas Brasil et Brigadeiro Luís Antônio se dresse l'imposant ***monumento às Bandeiras,*** de Brecheret ; c'est le symbole de la ville.

**Museu Afro Brasil** *(plan I, A2)* **:** *parque do Ibirapuera ; av. Pedro Álvares Cabral, pavilhão Manoel da Nóbrega, portão 10. ☎ 3320-8900. • museuafrobrasil.org.br • Tlj 10h-17h, sauf lun. Entrée : 7 Rls ; GRATUIT sam.* Très bel espace moderne consacré à la culture afro-brésilienne. Créé à l'initiative d'Emanoel Araujo, artiste plasticien, il présente plus de 5 000 œuvres de choix, peintures, sculptures, photographies, artisanat, folklore, en relation avec la culture africaine au Brésil.

Collection classique et contemporaine d'une grande richesse, belle muséographie thématique : l'Afrique des origines à l'esclavage, les religions (sacrées et profanes), mémoire et arts. Intéressant rappel historique de la vie et de l'action de Zumbi, chef de la révolte des esclaves du Quilombo dos Palmares.
Également diverses expos temporaires au cours de l'année, une bibliothèque, un théâtre et des événements culturels.

***Museu de Arte Moderna*** *(MAM ; plan I, A2)* **:** *av. Pedro Álvares Cabral, parque do Ibirapuera, portão 3. ☎ 5085-1300. • mam.org.br • Tlj 10h-18h, sauf lun. Entrée : 7 Rls ; GRATUIT sam.* Surtout des expos temporaires ; pour les passionnés de peinture brésilienne.

***Museu de Arte contemporânea*** *(MAC/USP ; plan I, A2)* **:** *av. Pedro Álvarez Cabral, 1301 (de l'autre côté du bd périphérique, accès par la passerelle). ☎ 3091-3031. • mac.usp.br • Mar-ven 10h-18h. Fermé sam-lun. GRATUIT.* Expos temporaires uniquement, assez pointues, de tous types d'art contemporain, dans un grand bâtiment imposant de sept étages, aux immenses salles toutes blanches et quasi vides. Très belle vue de la terrasse sur le toit. Surtout pour les passionnés, là encore.



## **Morumbi** *(hors plan I par A2)*

En descendant vers le sud-ouest par l'avenida Europa et Cidade Jardim, on franchit le rio Pinheiros ; derrière, le *Joquei Clube.* Là, au milieu de la colline du Morumbi, dans un fort joli parc, se dresse le ***palácio dos Bandeirantes,*** palais du gouverneur *(hors plan I par A2 ; av. Morumbi, 4500 ; tlj 10h-17h, sauf lun ; visites guidées ttes les heures ; GRATUIT).*

***Cemitério de Morumbi*** *(hors plan I par A2)* **:** *bus nº 217 – Vila Gilda – depuis le métro Ana Rosa.* C'est là que repose le plus célèbre et le plus vénéré des Paulistanos, ***Ayrton Senna*** (1960-1994). Depuis sa mort accidentelle le 1er mai 1994 sur le circuit d'Imola, des fans viennent se recueillir devant la tombe du triple champion du monde de Formule 1. Une simple plaque d'acier est érigée sur un parterre de gazon au centre du cimetière.

En face du cimetière, on peut faire une jolie balade au vert dans le ***parque Burle Marx*** *(av. Dona Helena Pereira de Moraes, 200 ; tlj 7h-19h).* Ensemble de jardins avec de belles perspectives, ponctués et marqués par les sculptures et plans d'eau conçus par le célèbre paysagiste Burle Marx (1909-1994).

## Marchés et foires

– ***Feira de Artes, Cultura e Lazer da Praça Benedito Calixto*** *(plan III, G7)* **:** *praça Benedito Calixto. • pracabeneditocalixto.com.br • Sam 9h-19h.* Peu connu des touristes. Bibelots, disques, artisanat, antiquaires (vraies et fausses puces), quoi qu'il en soit, c'est toujours animé et bon enfant. Musique traditionnelle *(chorinho)* l'après-midi dans la partie derrière les grilles, où l'on peut casser la croûte ; goûtez aux douceurs d'*Obeny.* Le resto *Consulado Mineiro* est là (voir « Où manger ? À Pinheiros »).
– ***Feira de Artes e Antiguidades do Bixiga*** *(hors plan II par C6)* **:** *praça Dom Orione (Bela Vista). Dim 9h-17h.* Semblable au marché de Pinheiros, avec la nourriture et la musique en moins. De bonnes affaires de temps en temps.
– ***Feira de antiguidades do MASP*** *(plan III, I7)* **:** *Arte e Cultura do Trianon, av. Paulista, 1578, sous le MASP. Dim 9h-17h.* C'est le plus important marché d'antiquités, mais les bonnes affaires sont rares. En traversant l'avenida Paulista, foire d'artisanat.

– ***Feira da República*** *(plan II, C-D5) : praça da República. Sam 9h-17h.* Artisanat, minéraux, timbres et pièces de collection.
– ***Feira da Liberdade*** *(plan II, D6) : praça da Liberdade (Ⓜ Liberdade). W-e 9h-18h.* Artisanat et produits orientaux, avec une majorité de produits japonais.
– ***Mercado municipal*** *(plan II, E4-5) : rua da Cantareira, 306 (Centro). Tlj 6h-18h (16h dim). Fermé certains j. fériés.* Au rez-de-chaussée, une ribambelle de stands et d'éventaires alimentaires : légumes, fruits, viandes, poissons... Le 1er étage accueille de nombreux bons petits restos populaires. Les amateurs de *cachaça* trouveront en outre les meilleures bouteilles du Brésil à l'*Emporio Chiappetta,* dont les prix ne sont pas donnés !

## Manifestations culturelles

São Paulo est certainement le plus important centre culturel d'Amérique du Sud. Biennales, grandes expositions se succèdent, ainsi qu'une foule d'événements concernant le cinéma, le théâtre, la poésie, la musique, les arts plastiques, la mode, etc. On le répète : le journal *Folha de São Paulo* a un supplément culturel quotidien *(Folha Ilustrada),* et l'hebdomadaire *Veja* un supplément *São Paulo* (voir plus haut « Adresses et infos utiles »).

■ ***SESC Pompeia*** *(plan I, A1) : rua Clélia, 93 (Pompeia). ☎ 3871-7700. Programmation sur • sescsp.org.br • Non loin du* Memorial da America *latina. Tlj 9h-22h (20h dim), sauf lun.* Grand centre culturel installé dans une usine rénovée du début du XXe s. Cafétéria sur place. En fait, l'ensemble des SESC, répartis un peu partout dans la ville, forment un réseau culturel unique. Ce sont des viviers de culture, d'animations, d'expositions. Certains sont installés dans d'anciennes usines en brique, d'autres sont flambant neufs et d'architecture contemporaine. Tous sont passionnants et très fréquentés.

■ ***Centro cultural São Paulo*** *(plan I, B2) : rua Vergueiro, 1000. ☎ 3397-4002 et 46 (résas). • centrocultural.sp.gov.br • Ⓜ Vergueiro. Tlj 9h-22h.* Un des centres culturels les plus actifs et polyvalents de la ville. Expositions, cinéma, théâtre, concerts, débats, événements.

## Fêtes

– ***25 janvier :*** anniversaire de la fondation de São Paulo (en 1554). Voir le texte consacré au *Pátio do Colégio,* dans la rubrique « À voir ».
– ***Février-mars : le carnaval.*** Très similaire à celui de Rio. Le défilé des écoles de samba a lieu au sambodrome d'Anhembi, sur l'avenida Olavo Fontoura *(plan I, A-B1).* Chaque école défile durant 55 mn environ. Ces écoles *(grupo especial)* se produisent les vendredi et samedi soir (7 par soirée ; il faut de l'endurance pour tenir le coup pendant 10h !). Les défilés, quoique moins délirants que ceux de Rio, restent très spectaculaires et obéissent exactement aux mêmes règles. Après le sambodrome, les défilés et la fête se poursuivent dans les rues de la ville, en particulier dans le quartier de Bixiga où se trouvent les meilleures écoles de samba de la mégapole.
– ***Juillet-août :*** en juillet se déroule chaque année le *Festival do Japão,* qui rassemble pendant 3 jours la communauté japonaise et de nombreux visiteurs. Infos sur le site : *• festivaldojapao.com •* Dans un autre registre, le 8 août commémore la fin de la Seconde Guerre mondiale et les bombardements d'Hiroshima et de Nagasaki.
– ***31 décembre :*** la *corrida* de la Saint-Sylvestre (rien à voir avec une corrida de taureaux) : traditionnelle course marathon à pied, prétexte à un rassemblement populaire.

# QUITTER SÃO PAULO

## En avion

➢ ***Aéroport de Congonhas*** *(vols intérieurs)* **:** *av. Washington Luíz, à 8 km au sud du centre.* Pour s'y rendre, prendre le métro *(linha 1, azul),* descendre à la station de São Judas, puis prendre le bus n° 609 J « *aeroporto* » (terminal João Dias) qui passe par l'aéroport. Aux heures de pointe, c'est la moins mauvaise solution...
Du centre de São Paulo, on peut aussi prendre les « *onibus suburbano* » comme le bus 875 A (« *aeroporto* ») depuis un arrêt situé au Largo do Arouche (près de la praça da Republica) ou bien au niveau du n° 282 av. Paulista (Jardim Paulista). Bus ttes les 20 mn env, 5h-minuit. Trajet : 30 mn ou plus en cas d'encombrement.

➢ ***Aéroport de Guarulhos*** *(30 km au nord de la ville)* **:**
- Navette *Airport bus Service* sur la ***praça da República,*** presque à l'angle du largo de Arouche *(plan II, C5)* ou bien au niveau de l'hôtel *Ibis,* av. Paulista 2355, dans le quartier de Jardim Paulista *(plan III, I7).* Bus direct ttes les 30 mn, 5h20-23h10 (le w-e, 1 bus/h 6h-23h). Également 3 bus de nuit. Trajet : 1h... aux heures de pointe, compter 1h45-2h. *Env 50 Rls. Infos :* ● *airportbusservice.com.br* ● *;*
- Service *Aiport bus* également de la ***rodoviária Tietê*** *(plan I, B1,* ***1*** *;* Ⓜ *Tietê).* Bus direct ttes les heures, 5h-23h30. 3 autres bus dans la nuit. Trajet : 40 mn (si tout va bien). Billet : env 50 Rls ;
- Autre option, bien moins chère, bus à côté du ***métro Tatuapé*** (env 30 mn ; attention, choisir « par Ayrton Senna » – « par Assis Ribeiro », c'est 2 fois plus long).

## En bus

***Terminal rodoviário Tietê*** *(plan I, B1,* ***1****)* **:** *av. Cruzeiro do Sul, 1800. Au nord de la ville.* ☎ *3866-1100 (24h/24).* Ⓜ *Tietê.*

➢ ***Rio :*** à 430 km ; 6h de trajet. Env 50 bus/j., toutes compagnies confondues, avec un écart de 30 mn max entre chaque bus.

➢ ***Belo Horizonte*** *(correspondance pour* ***Ouro Preto****)* **:** à 590 km ; entre 8h et 10h de trajet. Une vingtaine de bus/j., 9h-23h45. Les bus de jour sont moins chers que ceux de nuit (avec couchettes).

➢ ***Foz do Iguaçu*** *(les chutes)* **:** à 1 070 km. Avec *Pluma* *(☎ 0800-095-0836 ;* ● *pluma.com.br* ●*),* départs à 15h30, 16h et 20h30. Trajet : entre 13 et 18h.

➢ ***Brasília :*** à 1 100 km ; 14h de trajet (la nuit) et 16h (de jour). Avec *Real Expresso,* 6 bus/j. en moyenne entre 8h et 22h. ☎ *0800-085-8830 ;* ● *realexpresso.com.br* ●

➢ ***Argentine, Paraguay et Chili :*** avec *Pluma.* Destinations Assunção (Paraguay), Buenos Aires (Argentine) et Santiago (Chili).

***Terminal rodoviário Barra Funda*** *(plan I, A1,* ***2****)* **:** *av. Auro Soares de Moura Andrade, 664.* ☎ *3866-1100 (24h/24).* Ⓜ *Barra Funda.*

➢ ***Campo Grande*** *(Mato Grosso do Sul)* **:** liaisons avec *Andorinha* *(☎ 0800-704-8780 ;* ● *andorinha.com* ●*).* 2-5 bus/j., 7h45-22h25. Durée : 13-15h (plus rapide de nuit). À la gare routière de Campo Grande, connexion possible pour ***Bonito*** et ***Corumba*** (frontière Brésil-Bolivie).

➢ ***Cuiaba*** *(Mato Grosso)* **:** avec *Andorinha.* 2-4 bus/j., 7h45-22h35. Durée : 26h !

# LE MINAS GERAIS

● Carte *p. 217*

**Vaste comme la France, talonnant l'État de Rio pour se hisser à la 2e place économique du Brésil – derrière São Paulo –, ces « Mines générales » ont fait**

**la richesse du pays, autrefois avec l'or et les diamants, aujourd'hui avec le fer, la bauxite, les pierres précieuses et la topaze impériale. Voici une région montagneuse, encore grignotée par les coups de pelleteuses, parcourue de routes sinueuses sujettes aux glissements de terrain qu'empruntent de lourds camions de mine. La rupture de 2 barrages miniers en 2016 (« barrages de stériles », servant à stocker les eaux usées), dans la région de Diamantina, a d'ailleurs fait scandale, entraînant la pollution majeure d'un des fleuves les plus importants du pays...**
**Pour le voyageur, c'est avant tout une région d'histoire, semée de quelques bijoux d'architecture coloniale, des villes aux charmes baroques – Ouro Preto, Tiradentes, plus loin Diamantina... – surgies du boom généré par le Cycle de l'or au XVIIe s. Une région de préhistoire même, puisqu'on y a découvert dans plusieurs grottes de l'État une série de pétroglyphes parmi les plus vieux du continent. Une région rurale aussi, d'élevage – ses fromages sont réputés –, où l'on se déplace parfois encore à cheval dans des forêts d'altitude. Une région de labeur à l'image de sa solide cuisine rustique, à base de porc, de haricots rouges et de chou.**
**Mais le Minas Gerais, c'est aussi l'un des États à l'économie dynamique, avec d'importantes universités et une vie étudiante et culturelle d'une grande richesse. Une région du Brésil à découvrir, sans hésiter !**



# BELO HORIZONTE

2 479 200 hab. IND. TÉL. : 31

• Plan *p. 219*

**Postée à 850 m d'altitude, à 450 km au nord de Rio de Janeiro, Belo Horizonte, plus communément appelée « BH » (prononcer « Bé-Haga »), n'est pas une destination en soi, mais plutôt une étape pratique sur la route des villes baroques du Minas. Rien de vraiment remarquable dans cette mégalopole conçue à la fin du XIXe s, quadrillée comme un vaste échiquier avec de larges avenues et des rues se coupant à angle droit. Ce projet s'est limité toutefois au centre-ville, et les interminables faubourgs se sont construits de façon anarchique, poussés par les impératifs de développement, avec des rues qui épousent le relief, parfois aussi pentu qu'à San Francisco... le charme en moins et le trafic automobile en plus !**
**C'est ici, cependant, que le couple mythique Kubitschek et Niemeyer se constitua, dans les années 1940, pour le meilleur et pour le pire. Le premier, alors maire de la ville, offrit au second la possibilité de réaliser ses premiers projets architecturaux d'envergure et de se faire connaître sur la scène internationale. Les idées visionnaires du futur président du Brésil annonçaient l'aventure fantastique de Brasília... Belo Horizonte est aussi la ville natale de Dilma Rousseff.**

## Arriver – Quitter

### En bus

***Anel Rodoviária*** *(gare routière ; plan B1)* **:** *praça Rio Branco, 100. ☎ 3270-3000. En plein centre-ville.* Consignes, poste, distributeurs, etc. Les guichets des compagnies disposent aussi d'écrans interactifs. Sinon, bonnes infos au bureau administratif du 3e étage (24h/24).

➢ ***Ouro Preto :*** env 1 bus/h 6h-23h, dans les 2 sens. Compter 2h de route (env 100 km). Résa impérative en hte saison au guichet nº 7 de la compagnie *Viação Passaro Verde (infos : ☎ 3073-7575)*.

➢ **Congonhas :** liaisons avec *Viação Sandra (☎ 3201-2927 ; au guichet nº 10, 6h-17h)*. Durée : 2h.

➢ **São João del Rei** *(correspondance pour* ***Tiradentes****)* **:** 7 bus/j., 6h-19h, dans les 2 sens, avec *Viação Sandra* (guichet nº 10). Durée : 3-4h.

➢ **Diamantina :** 7-8 bus/j., 6h-minuit, dans les 2 sens, avec *Viação Passaro Verde* (guichet nº 7). Durée : 5h.

➢ **Mariana :** avec *Viação Passaro Verde.* Une quinzaine de bus/j., 5h30-minuit depuis BH. Durée : 2h30.

➢ **Santa Bárbara :** 8 bus/h 5h-18h30, avec *Viação Passaro Verde.* Durée : 2h30.

➢ **Sabará :** bus urbains (nºs 4988 et 4992), ttes les 40 mn env, à prendre rua Caeté *(plan B1,* ***1****)*.

➢ Bus également depuis et vers **Caeté** (bus nº 4800 avec *Patio Oeste*) et **Brumadinho** (avec *Saritur*, guichet nº 9).

***Bus longue distance***

➢ **Rio :** 6-8 bus/j., 8h30-minuit, avec *Viação Util (guichet nº 6 ; ☎ 3907-3900)* et *Cometa (guichet nº 1 ; ☎ 4004-9600)*. Durée : 7-8h.

➢ **São Paulo :** avec *Viação Gontijo* (guichet nº 7) et *Cometa* (guichet nº 1), 3 bus 9h-14h, puis bus de nuit ttes les 30 mn env 20h30-minuit. Durée : 8h (env 600 km).

➢ **Salvador :** liaisons régulières avec *Viação Gontijo.* Durée : 12h.

➢ **Brasília :** bus de nuit avec avec *Viação Gontijo, Itapemirim (☎ 0800-723-2121)* et *União (☎ 3521-0101)*. Durée : 11h.

➢ **Recife :** avec *Viação Gontijo* et *Itapemirim.* Durée : 36h, arrêts compris !

➢ **Belém :** au moins 1 départ/j. avec *Itapemirim* et *Transbrasiliana.* Durée : 40h.

➢ Bus également depuis et vers **Fortaleza** *(Viação Gontijo)* **et Vitória** *(Viação Gontijo, União et Itapemirim).*

## En avion

Attention, la ville compte 2 aéroports.

✈ Le petit ***aeroporto da Pampulha*** *(☎ 3490-2000),* proche du centre, est peu utilisé et seulement pour les vols régionaux.

✈ ***Aéroport international Tancredo Neves – Confins :*** *☎ 0800-037-1547.* Il est situé à 45 km au nord du centre-ville ! On y trouve un comptoir d'informations, des distributeurs, bureau de change, téléphone, poste, comptoirs et navettes des agences de location de voitures, etc.

➢ Liaisons directes et quotidiennes avec les principales villes du pays : ***Rio, Brasília, São Paulo, Vitória, Recife, Belém, Porto Alegre, Manaus, Fortaleza, Salvador...***

***Rejoindre le centre-ville***

➢ ***En bus :*** liaisons ttes les 30 mn à 1h, 24h/24, avec les bus *executivo* qui partent et arrivent devant le terminal. Env 30 Rls. Moitié moins chers mais plus lents, les bus *convencional* partent et arrivent à 200 m du terminal (traverser le parking), ttes les 15-20 mn, 24h/24. Env 15 Rls. Ts les bus passent par Pampulha et, en ville, s'arrêtent à la gare routière. Ceux qui ne souhaitent pas s'arrêter à Belo Horizonte pourront donc embrayer directement sur un bus pour Ouro Preto, Diamantina...

➢ ***En taxi :*** devant le terminal. Compter env 130 Rls pour le centre-ville.

# Adresses et infos utiles

## Infos touristiques

ℹ ***Office de tourisme*** *(Belotur) :* *mi-2019, le seul ouv se trouve au Mercado Central (plan A2), av. Augusto de Lima, 744. ☎ 3277-4691. Tlj 8h-17h (18h mer-ven et 13h le w-e). Peut-être que celui du Parque municipal (plan B2), av. Afonso Pena, 1055, sera rouvert... ● belohorizonte.mg.gov.br ●* Vous y trouverez un petit guide sur la ville, un guide de l'État, un plan du centre, etc.

– Infos culturelles et gastronomiques sur la ville en consultant le site : *● guiabh.com.br ●* Enfin, un site

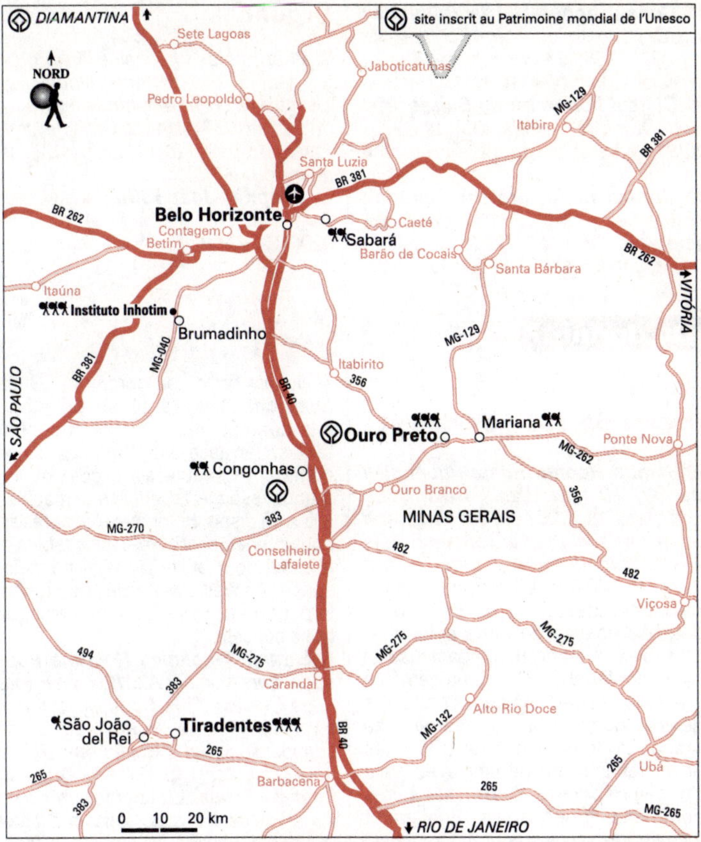


LE MINAS GERAIS



complet sur l'État du Minas : • *des cubraminas.com.br* •
@ ***Wifi gratuit*** sur toutes les places et dans les parcs du centre-ville.

## Argent, change

■ ***Banco do Brasil*** *(plan B2,* ***2****)* **:** *rua Rio de Janeiro, 750 (entre la rua dos Tamôios et la rua dos Tupis), 4ᵉ étage.* ☎ *3217-3000. Lun-ven 10h-16h. Fermé le w-e.* Distributeur accessible 6h-22h. Cartes *Visa* et *MasterCard*, dollars et euros. Pour le change, venir avant 15h.

■ Également une agence ***Bradesco*** dans le centre, rua da Bahia, 951 *(plan B2)*. Change aux heures d'ouverture et distributeurs accessibles 24h/24.

## Représentations diplomatiques

■ ***Consul honoraire de France*** *(hors plan par B2)* **:** *av. do Contorno, 5417 (Cruzeiro), 2ᵉ étage.* ☎ *4501-3649. En cas d'urgence :* 📱 *98873-4015.* • *consulat.belohorizonte@yahoo.fr* • *Sur rdv.*

■ ***Consul honoraire de Belgique :*** *rua Desembargador Jorge Fontana, 50. ☎ 3213-5554. • consulado.belgica.mg@terra.com.br • Sur rdv.*
■ ***Consul honoraire de Suisse :*** *rua dos Otoni, 712, sala 303. ☎ 3273-8991. • belohorizonte@honrep.ch • Sur rdv.*
■ ***Consul honoraire du Canada :*** *rua da Paisagem, 220 (Vila da Serra), 3e étage. ☎ 3047-1225. • consul.belo@gmail.com • Lun-jeu 13h-17h.*

## Urgences

■ ***Pharmacies :*** *la chaîne* **Araújo** *est en général ouv jusqu'à minuit ; par exemple, la pharmacie qui se trouve rua da Bahia, 1070 (plan B2) Celle de la rua Paraiba, 371-391 (hors plan par B2), est même ouv 24h/24.*
✚ ***Hospital João XXIII :*** *av. Alfredo Balena, 400 (Santa Efigênia). ☎ 3239-9200. Ouv 24h/24.*



# Où dormir ?

## Bon marché (moins de 150 / env 36 €)

***Samba Rooms Hostel*** *(hors plan par B2,* ***10****) : av. Bias Fortes, 368 ; Lourdes. ☎ 3267-0740. • sambaroomshostel.com.br • Dortoirs 5-9 lits 45-50 Rls/pers (draps fournis) ; doubles 110-140 Rls.* À 300 m de la praça da Liberdade. Coup de cœur pour cette AJ égayée de murs colorés et de tableaux modernes, spacieuse et hyper confortable ! Dans une demeure coloniale qui détonne dans ce quartier hérissé d'immeubles modernes, de grands dortoirs bien aérés : 3 mixtes et un féminin, ce dernier avec salle de bains privée. Sinon, sanitaires communs impeccables. Également 2 chambres privées pour 4 personnes, avec salle de bains agréables et bien tenues. Bon petit déj-buffet inclus dans le prix. Pas mal d'espaces communs aussi, notamment une cuisine, un salon TV et une jolie cour intérieure. Personnel à l'image des lieux, relax et très accueillant. Bref, de quoi passer un bon séjour.

***Lá em Casa Hostel*** *(hors plan par B2,* ***11****) : rua Eurita, 30 ; Santa Teresa. ☎ 3653-9566. • laemcasahostel.com • Nuitées 40-50 Rls/pers ; doubles 120-140 Rls. Parking gratuit.* Certes, un peu excentré, mais dans un quartier « bohème » agréable, à 20 mn à pied à l'est du centre et de Savassi. Une auberge de jeunesse établie dans une grande maison moderne et lumineuse. Dortoirs de 7-15 lits mixtes corrects, avec ventilo, casiers et sanitaires privés ou communs. Quelques chambres doubles privatives à la déco épurée, propres et confortables. Terrasse avec hamacs, salon commun agréable avec coin bibliothèque, espace TV, cuisine et machine à laver à dispo. En prime, une agréable cour intérieure, arborée, avec tables et chaises pour buller ou faire connaissance. Accueil sympa de Christophe, le patron français, qui donne plein de bons conseils.

***Laranja Mecânica Hostel e Pousada*** *(hors plan par A2,* ***12****) : rua Rodrigues Caldas, 714 ; Santo Agostinho. ☎ 3309-5881. • laranjamecanicahostelpousada.com • Nuitée env 40 Rls/pers ; doubles 140-160 Rls. Draps et petit déj inclus.* Là encore, un peu à l'écart du centre, mais dans un quartier tranquille. Maison à l'ambiance familiale avec 2 dortoirs séparés (8 lits), 2 autres (4-6 lits) avec salles de bains et 2 chambres privatives. Cuisine à dispo et petite salle commune. Déco inspirée du film *Orange mécanique,* de Kubrick, vous l'aurez compris ! Plutôt sympa dans le genre, et ensemble bien tenu.

## Prix moyens (jusqu'à 250 Rls / env 60 €)

***Hotel São Bento*** *(plan A2,* ***13****) : rua Guarani, 438. ☎ 3271-3399. • hotelsaobento.com.br • Doubles 150-180 Rls. Parking payant à proximité (réduc avec l'hôtel).* La façade ne paie pas de mine, mais ce petit hôtel est tenu avec sérieux. Différents types de

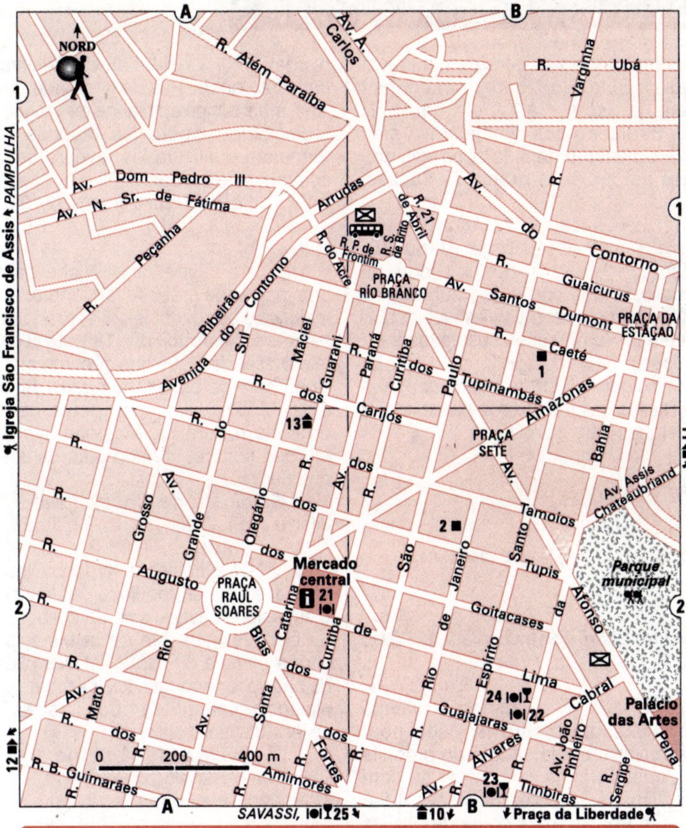


## BELO HORIZONTE

■ **Adresses utiles**

- ℹ Office de tourisme (A2)
- **1** Bus pour Sabará (B1)
- **2** Banco do Brasil (B2)

**Où dormir ?**

- **10** Samba Rooms Hostel (hors plan par B2)
- **11** Lá em Casa Hostel (hors plan par B2)
- **12** Laranja Mecânica Hostel e Pousada (hors plan par A2)
- **13** Hotel São Bento (A2)

**Où manger ? Où boire un verre ?**

- **21** Mercado central (A2)
- **22** La Greppia (B2)
- **23** Café Cultura (B2)
- **24** Sindicato do Chopp (B2)
- **25** Baiana do Acaraje (hors plan par A-B2)

chambres, toutes correctes, quoique certaines vraiment petites, mais couvrant une large palette de niveaux de confort : du ventilo à la clim, avec ou sans TV et frigo-bar. Petit déj copieux, accueil aimable. Un honnête rapport qualité-prix.

## Où manger ? Où boire un verre ?

Les restaurants et bars ne manquent pas à Belo Horizonte, notamment dans le secteur à l'angle des ruas de Bahia et dos Guajajaras *(plan B2)*, ou encore dans la zone très animée autour de la ***praça da Savassi*** *(hors plan par A-B2 ; bus indiquant « Savassi » depuis l'av. Alfonso Pena ou la praça Sete)*. C'est là qu'étudiants, « bobos », fêtards comme employés à la sortie des bureaux se retrouvent autour d'un verre (voire plusieurs !). Nombreuses enseignes franchisées de *world food* – du sushi au hamburger –, bistrots déployant leurs terrasses sur les artères piétonnes et quelques bars de nuit.



### De bon marché à prix moyens (moins de 40-70 Rls / env 10-17 €)

***Mercado central*** *(plan A2, **21**) : av. Augusto de Lima, 744 ; accès notamment à l'angle de Curitiba. Tlj 7h-18h (13h dim).* Immense marché populaire qui mérite la visite pour découvrir toute la variété de produits régionaux. Ici, la spécialité, ce sont les viandes au poids cuisinées à feu vif. On trouve aux 4 coins des halles des gargotes plus ou moins modestes (certaines disposent de tables et de chaises), où les passants s'accoudent au comptoir le temps d'avaler une assiette de poulet ou de bœuf grillé... À faire glisser comme il se doit avec une bière locale.

***La Greppia*** *(plan B2, **22**) : rua da Bahia, 1196. ☎ 3273-2055. Ouv 24h/24 !* Malgré la vaste salle, il n'est pas rare de devoir patienter un peu avant de dénicher une table. La recette du succès : un buffet basique de pâtes à volonté, à enrichir – ou pas, selon son budget – d'une kyrielle de viandes facturées au poids. Pas de la grande cuisine, mais bonne ambiance de grandes tablées. Idéal pour les fauchés, la formule a d'ailleurs les faveurs de la communauté étudiante.

***Café Cultura*** *(plan B2, **23**) : rua da Bahia, 1416. ☎ 3653-5992. Lun-ven et sam soir 11h-14h, 18h-1h. Fermé sam midi et dim.* Niché dans une ancienne bâtisse en angle, ce minuscule bar, plutôt jeune et rock, rassemble sur le trottoir dès 18h une clientèle aussi éclectique que décontractée. Bon choix de bières. Fait aussi resto (jusqu'à 22h), avec une petite carte de plats roboratifs. Musique sympa en fond sonore. Un bon plan dans le quartier.

***Sindicato do Chopp*** *(plan B2, **24**) : rua da Bahia, 1166. ☎ 3223-0567. Tlj 16h (11h ven-sam)-3h (4h jeu-ven, 1h sam).* Ce syndicat-là, hyper basique mais aussi hyper populaire, fait le plein d'adhésions chaque soir. Sa politique : de la bière, rien que de la bière, en chope comme en carafe, et des plats de base pour éponger. Ici, les tables en plastoc squattent le trottoir, mêlées à celles du snack voisin.

***Baiana do Acaraje*** *(hors plan par A-B2, **25**) : rua Antônio de Albuquerque, 440 (Savassi). ☎ 3264-5804. À 50 m de la pl. Ouv mar soir et mer-dim 12h-minuit (22h dim). Fermé lun et mar midi.* « Un peu de Bahia au cœur de Savassi », proclame l'enseigne. Et, en effet, un ballet de serveurs en tenue apporte *acaraje*, snacks, *porção* et même la *moqueca* (plus chère) sur la grande terrasse posée au cœur de la rue piétonne et festive. Ambiance décontract', ne manque que le sable... Pour prolonger l'apéro jusque tard dans la nuit, plein d'autres restos-bars alignent leurs terrasses, souvent très animées en fin de journée.

## Achats

***Feira da Afonso Pena*** *(plan B2) : av. Afonso Pena, 1500 ; entre la rua da Bahia et l'av. Carandaí (Centro). Seulement dim 6h-15h.* Impressionnante foire regroupant des centaines d'artisans. Exposition et vente de produits artisanaux : cuir, céramique, bois, bijoux, textiles... Un des marchés artisanaux les plus prisés du pays, étalé sur plus de 1 km. Sympa aussi de déguster un *salgado* et de boire son *caldo de cana* dans un des nombreux kiosques.

On retrouve ces différents objets dans la boutique chic du ***Centro de Artesanato mineiro*** *(hors plan par B2)*, installée dans le *palácio das Artes* : *av. Afonso Pena, 1537. ☎ 3222-0981. Tlj, sauf l'ap-m sam-dim, 9h-20h.* Prix un peu plus élevés, mais bonne qualité.

## À voir

Au détour des grandes avenues s'élèvent quelques beaux bâtiments datant du début du XX^e s et des églises à la façade colorée. Pour échapper au tumulte de la ville, il suffit de se balader dans le parc municipal, en plein centre, ou de s'échapper autour du lac de Pampulha, immense parc de verdure dédié à l'œuvre de l'architecte Niemeyer.

LE SUD-EST

***Parque municipal*** *(plan B2)* : *av. Afonso Pena, 1377. À gauche de l'av. en venant de la rodoviária. Tlj 6h-18h, sauf lun.* Petit poumon vert aux arbres touffus, le parc est un lieu de promenade agréable, au cœur du centre-ville. Il est bordé par une énième œuvre de Niemeyer, le ***palácio das Artes*** *(☎ 3236-7400 ; ● fcs.mg.gov.br ●)*, qui abrite un vaste centre culturel avec expos, salle de théâtre, projections, concerts, etc.

Autre petit coin de verdure, la ***praça da Liberdade*** *(hors plan par B2)*, agrémentée de fontaines. C'est le rendez-vous en fin de journée des joggeurs et adeptes de la marche sportive, tournant tous dans le même sens... un vrai manège ! *Pour s'y rendre, bus n^os 2104, 5106 ou 8001 depuis l'av. Afonso Pena, direction Mangabeiras.*
Plusieurs bâtiments remarquables autour de la place, datant du XIX^e s, notamment le ***Palácio da Liberdade,*** ancien siège des gouverneurs du Minas *(visites gratuites le dim 9h-15h)*. Certains ont été reconvertis en importants centres culturels *(gratuits)*.

Le ***Memorial Minas Gerais – Vale,*** toujours praça da Liberdade, à l'angle de la rua Gonçalves Dias, est un projet conçu pour rendre hommage à 6 grands noms originaires du Minas, entre autres le musicien Milton Nascimento et le photographe Sebastião Salgado. 2 des 3 salles sont consacrées aux artistes contemporains de la région. *Tlj, sauf lun, 10h-17h30 (21h30 jeu, 15h30 dim).*
Également d'intéressantes expos temporaires et un théâtre dans le ***Centro Cultural Banco do Brasil*** *(tlj 9h-21h, sauf mar ; GRATUIT)*, ainsi que le *palácio dos Despachos*, qui abrite aujourd'hui la ***Casa Fiat de Cultura*** *(mar-ven 10h-21h, w-e et j. fériés jusqu'à 18h, fermé lun ; ● casafiat.com.br ●)*.

***Igreja São Francisco de Assis*** *(hors plan par A1)* : *av. Otacílio Negrão de Lima, 3000. Au bord du lac de* ***Pampulha,*** *à env 10 km du centre. Bus n° 5106 depuis le Parque municipal. Mar-sam 9h-17h,*

### DIEU AIME LE TRAVAIL MANUEL

*Lorsqu'on la regarde en tournant le dos au lac de Pampulha, la façade de l'église São Francisco de Assis, conçue par Oscar Niemeyer, prend la forme d'une faucille et d'un marteau. C'est que l'architecte a toujours été militant communiste ! On lui doit d'ailleurs le siège du Parti communiste français, place du Colonel-Fabien, à Paris.*

*dim 11h-14h. Fermé lun. Accès payant (bon marché).* ***Attention, elle était fermée pour restauration en 2019.*** Conçue par Niemeyer dans les années 1940, cette petite église moderne qui semble couverte de carreaux de piscine fut controversée lors de son inauguration. Elle est aujourd'hui une référence dans le milieu de l'architecture, mais les néophytes risquent de la trouver bien modeste. Façade de verre, peintures murales de Portinari et clocher séparé de l'église.

– Dans le même secteur, autour du ***lac artificiel de Pampulha*** *(hors plan par A1)*, d'autres constructions de Niemeyer. L'ancien casino inspiré du style de Le Corbusier (maintenant ***Museu de Arte da Pampulha*** – *MAP*) est dédié aux expositions temporaires d'art contemporain *(tlj 9h-18h, sauf lun ; bus n° 51 depuis l'avenida Paraná ; plan A-B2)*. La ***Casa do Baile,*** minuscule salle de bal ronde reconnaissable à sa galerie serpentine, accueille aussi des expos *(tlj 9h-18h, sauf lun ; bus n° 5106 ou 5401 depuis la rua São Paulo, en face de la Galeria do Ouvidor ; plan B2)*.

LE SUD-EST

## DANS LES ENVIRONS DE BELO HORIZONTE

🙚🙚🙚 🚸 ***Instituto Inhotim :*** *à* ***Brumadinho,*** *à env 55 km à l'ouest de Belo Horizonte par la BR 381 ; sortie n° 501 direction Mário Campos.* ☎ *3571-9700.* • *inhotim.org.br* • *Liaisons en bus tlj sauf lun à 8h15, retour à 16h30 (17h30 le w-e et vac) avec la Cie Saritur. Sinon,* micro-ônibus *depuis Savassi. Également un départ en bus à 8h30 sur résa avec Belvitur depuis l'hôtel* Holiday Inn *(rua Professor Moraes, 600). Dans ts les cas, compter 70 Rls l'A/R. Tlj, sauf lun, 9h30-16h30 (17h30 w-e et vac). Entrée : 45 Rls les mar, jeu, ven, w-e et j. fériés ; réduc ; gratuit - de 5 ans et pour ts le mer (sauf j. fériés). Transport en voiture électrique : 30 Rls. Visite guidée (gratuite) à 11h et 14h. Attention, certaines galeries sont parfois fermées pour maintenance.* Prévoyez la journée entière, car le plus grand centre d'art contemporain à ciel ouvert du monde se trouve au cœur d'un magnifique jardin botanique de 140 hectares. Il fut conçu dans les années 1980 par Bernardo Paz, un riche commerçant spécialisé dans le minerai de fer, qui coule toujours une retraite heureuse près du domaine. Il délégua en partie sa réalisation au fameux paysagiste Roberto Burle Marx qui y a fait planter près de 1 400 variétés de palmiers et 1 000 espèces d'orchidées, et dessiné des collines, des lacs artificiels, etc. Des sentiers balisés et des navettes électriques permettent de sillonner le parc à la découverte des œuvres monumentales d'une centaine d'artistes de 30 nationalités différentes, notamment Matthew Barney, Chris Burden, Cristina Iglesias, Yayoi Kusama ou encore Miguel Rio Branco. Elles sont présentées à l'extérieur, dans une nature exubérante ponctuée de bancs taillés dans des troncs géants, ou alors dans la vingtaine de galeries disséminées dans le parc. En prime, sachez qu'une des œuvres en plein air n'est autre qu'une piscine (en forme de livre ouvert) accessible aux visiteurs... Pensez à prendre un maillot et une serviette ! Enfin, ne manquez pas la dernière galerie (G10), une rotonde panoramique (climatisée !) où le silence est d'or, parfaite pour une petite méditation...

Sur place, plusieurs snacks et restaurants, une boutique de souvenirs et une autre de plantes exotiques. Également diverses visites à thème et manifestations tout au long de l'année (consulter le site internet).

🏠 🍽 ***Villa Rica :*** *estrada Piedade do Paraopeba Aranha, 111 (rua Francisco dos Santos), sur la route* ***Ferreira-Palhano-Brumadinho.*** ☎ *3575-6022.* • *villaricapousada.com.br* • *À 32 km à l'est de Brumadinho. Doubles 350-600 Rls selon confort, petit déj maison inclus ; tarif dégressif à partir de 2 nuits. Plats 35-45 Rls.* En quittant Inhotim, si vous êtes en voiture et que vous mettez le cap sur Ouro Preto, voici une petite auberge confortable à laquelle on accède par une superbe petite route de campagne. Arrivé là, vous serez accueilli en anglais par le patron, un ancien saxophoniste professionnel et chaleureux, et en portugais par son épouse qui brille en cuisine. On loge en chambre avec salle de bains ou dans un chalet plus vaste, idéal pour les familles. Tout est rénové et confortable. Jacuzzi à l'extérieur. Au resto, spécialité de pâtes maison, bonne bière et *cachaça* artisanale. Excellent petit déj.

Vers Ouro Preto *(80 km), prendre la direction de Belo Horizonte puis la BR 40.* Avant la BR 40, à 10 km de la *Villa Rica,* grimpez le ***Topo do Mundo,*** une base d'envol pour parapentistes où trône une antenne-relais. Ou alors faites un arrêt juste avant, à *l'Estalagem do Mirante,* un petit ensemble de bungalows avec un resto et une boutique de céramiques, le tout assez cher, mais d'où l'on a le bénéfice d'une vue encore plus belle !

***Sabará :*** *à 27 km à l'est. Bus nos 4988 et 4992, env ttes les 40 mn, depuis la rua Caeté (plan B1,* ***1****). En voiture, quitter la ville par la BR 381 puis prendre à droite la MG 05 (fléché).* Petit *office de tourisme* à l'entrée de la ville, où l'on distribue un plan bien fait avec les différents monuments *(tlj 8h-17h ; prévoir 2 Rls pour chaque église).*

Ville coloniale n'ayant jamais fait partie du circuit touristique classique du Minas Gerais, Sabará a conservé son âme et présente le visage paisible d'une bourgade rurale pittoresque, dotée de jolies ruelles pavées et placettes ourlées de troquets populaires. 3 églises étonnantes y méritent aussi le détour. ***N. S. do Carmo*** (1763) est connue pour ses magnifiques statues sculptées par l'Aleijadinho. ***N. S. da Conceição,*** bel exemple d'architecture baroque, fut achevée vers 1710 pour le compte des jésuites. Elle penche sous le poids des ans et de son exubérant décor de bois sculpté qui serait recouvert de 400 kg d'or ! Enfin, ***N. S. do Ó*** (1720), située de l'autre côté de la rivière, est une adorable chapelle entièrement tapissée de peintures sur bois, dont quelques curieux panneaux aux motifs asiatiques inspirés par l'ex-colonie portugaise de Macao.

À voir également, le petit mais riche ***museu do Ouro – Casa de Borba Gato*** *(rua da Intendência, derrière N. S. do Carmo ; mar-ven 10h-17h, w-e 12h-17h, fermé lun ; 1 Rl),* aménagé dans la belle demeure de l'ancien intendant des mines, bâtie en 1730 et dotée de superbes pavements de pierre ronde. Soigneusement restaurées, ses nombreuses salles, ornées pour certaines de plafonds peints et de parquets anciens, sont meublées comme autrefois et abritent toutes sortes d'objets historiques : presse en bronze du XVIIe s, oratoire de Goa du XVIIIe s orné d'un christ en ivoire, coffres blindés pour le transport de l'or, outils liés à l'activité minière, argenterie, art sacré...

***Subarabuçu :*** *rua Dom Pedro II, 279 (praça Santa Rita). ☎ 3671-2313. Lun-jeu 7h-15h30, ven-dim jusqu'à 23h30. Plats ao kilo env 55 Rls/kg.* Située sur la jolie placette du vieux centre, une vaste salle en brique, sans charme, mais c'est la bonne adresse pour s'empiffrer d'une roborative cuisine *mineira* qui tient très bien la route et ne ruinera personne. Les dimanche et jours fériés, c'est *churasco na brasa*. De plus, l'accueil est excellent.

# OURO PRETO

73 350 hab. IND. TÉL. : 31

• Plan *p. 225*

**Située à une centaine de kilomètres au sud-est de Belo Horizonte, cette ville délicieuse et très escarpée, nichée dans un paysage de montagnes et de vallons, est un véritable joyau baroque, classé tout entier Monument**

**historique et Patrimoine culturel par l'Unesco depuis 1980. Le grand artiste de la cité s'appelle l'Aleijadinho, le « Michel-Ange brésilien ».**
**Hormis un hôtel moderne conçu par Niemeyer, on remonte dans le temps et l'histoire, 3 siècles en arrière, grâce à son incroyable lacis de rues en pente aux pavés ronds et polis, qui jouent les montagnes russes au gré des collines, ses églises baroques aux façades sculptées à chaque coin de rue, ses superbes maisons coloniales dignes de petits palais, ses balcons de fer forgé et ses cascades de toits de tuiles rouges à observer d'une colline à l'autre...**
**On vous conseille vraiment d'y passer au minimum 2 nuits pour profiter de la beauté des lieux, aussi bien le jour que la nuit, lorsque les faibles lumières projettent des ombres mystérieuses, et que toute la ville apparaît fascinante, dévoilant son caractère et son charme colonial... Enfin, loin d'être une ville-musée, Ouro Preto est une cité culturelle très vivante et étudiante (son université est reconnue dans la région).**



## UN PEU D'HISTOIRE

### Une ville au cœur d'or

Ouro Preto fut fondée vers la fin du XVIIe s par les ***bandeirantes*** (les pionniers) qui découvrirent dans ses environs, en 1693, le 1er filon d'or tant espéré par la puissance coloniale. Pour fêter l'événement, toutes les cloches du Portugal se mirent à sonner... Le précieux métal – 1 200 t ! – affleurait partout, dans les rivières ou sur les flancs des montagnes. Durant 1 siècle, Ouro Preto prospéra, compta jusqu'à 100 000 habitants, formant une enclave réservée aux riches colons portugais soumis à la loi royale – le roi délivrait les permis de séjour, sans lequel il était impossible de vivre et de travailler dans le secteur. Des bâtisseurs et des artistes du Portugal s'y installèrent, assurant l'essor de la cité. Elle se couvrit alors d'églises à la décoration baroque et rococo, de riches demeures seigneuriales, de fontaines ornementales, etc. Un grand de l'histoire artistique du pays, Antônio Francisco Lisboa dit l'***Aleijadinho*** (1730-1814) y déploya tout son génie (voir la rubrique « Personnages » en fin de guide).

**Adresses utiles**

- Posto municipal de turismo (B2)
- 2 Bus pour Mariana (B2)
- 3 Banco do Brasil et Bradesco (A2)
- 4 Bradesco (B2)
- 5 Drogaria Tiradentes (B2)
- 6 Lavanderia Nascente (A3)

**Où dormir ?**

- **10** Viva Chico Rei Hostel (B2)
- **11** Rock In Hostel (B2)
- **12** Bruma's Hostel (B1-2)
- **13** Pousada Nello Nuno (B1-2)
- **14** Pouso dos Sinos de São Francisco (B2)
- **15** Hospedaria Antiga (B3)
- **16** Pouso do Chico Rey (A2)
- **17** Pousada Casa Grande (B1)
- **18** Grande Hotel (A2)
- **19** Hotel Solar das Lajes (hors plan par B1)
- **20** Solar do Rosário (hors plan par A2)
- **21** Ouro Preto Hostel (B2)

**Où manger ?**

- **30** Café & Cia (A2)
- **32** Chafariz (A2)
- **33** Consola's Bar e Padaria (B2)
- **34** Bené da Flauta (B2)
- **35** O Passo (A2)
- **36** Forno de Barro (B2)
- **38** Tropea (A2)
- **39** Satélite (A2)
- **41** Chopp Real (B2)

**Où faire une pause sucrée ?**

- **37** Chocolates Ouro Preto (A2)

**Où boire un verre ? Où sortir ?**

- **34** Bené da Flauta (B2)
- **39** Satélite (A2)
- **40** Dirceu (hors plan par B2)
- **41** Chopp Real (B2)
- **42** Café Gerães et Escadabaixo (A2)

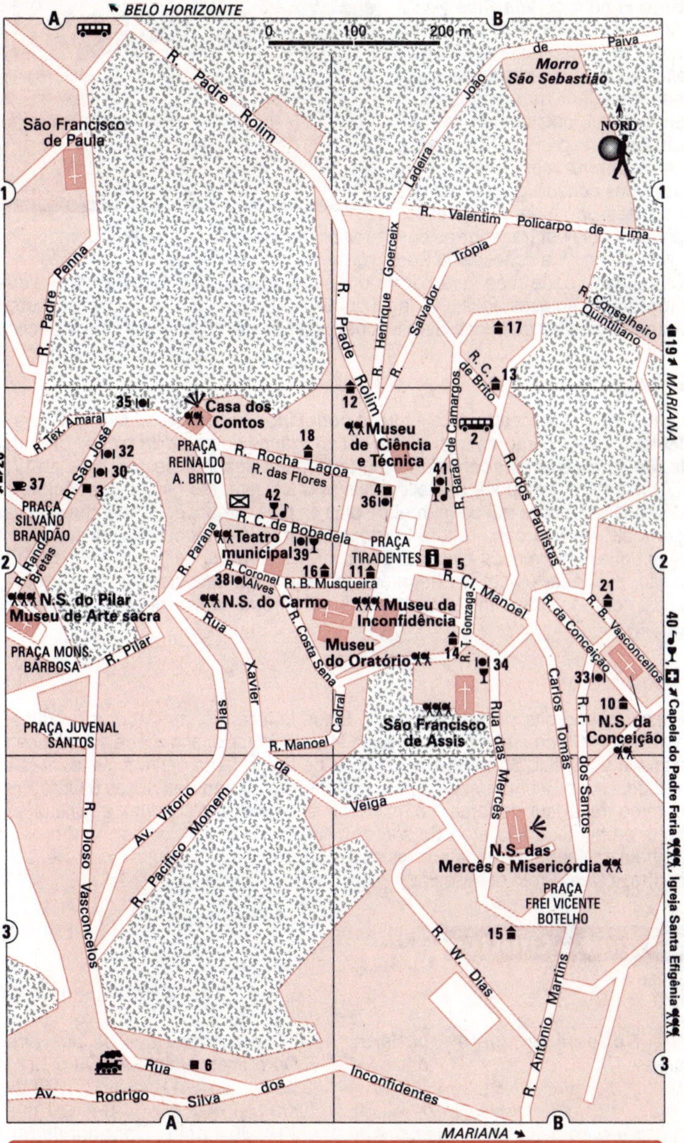
BELO HORIZONTE
0
100
200 m
NORD
R. Padre Rolim
São Francisco de Paula
Morro São Sebastião
R. João de Paiva
Ladeira
R. Valentim Policarpo de Lima
R. Henrique Goerceix
Trópia
R. Salvador
R. Prade Rolim
R. Conselheiro Quintiliano
19 MARIANA
17
R. C. de Brito
13
R. Padre Penna
35
Casa dos Contos
12
Museu de Ciência e Técnica
R. Tex. Amaral
R. São José
32
30
3
37
20
PRAÇA SILVANO BRANDÃO
PRAÇA REINALDO A. BRITO
18
R. Rocha Lagoa
R. das Flores
2
R. Barão de Camargos
41
R. dos Paulistas
4
36
42
R. C. de Bobadela
R. Rand. Bretas
R. Parana
Teatro municipal
39
PRAÇA TIRADENTES
5
R. Coronel Alves
16
11
R. B. Musqueira
38
R. Cl. Manoel
21
N.S. do Pilar
Museu de Arte sacra
N.S. do Carmo
Museu da Inconfidência
R. da Conceição
R. B. Vasconcellos
40
Capela do Padre Faria
Igreja Santa Efigênia
Rua Xavier
R. Costa Sena
Museu do Oratório
14
R. T. Gonzaga
34
33
PRAÇA MONS. BARBOSA
R. Pilar
Carlos Tomás
R. F. dos Santos
10
N.S. da Conceição
Dias
Cadral
São Francisco de Assis
Rua das Mercês
PRAÇA JUVENAL SANTOS
R. Manoel da Veiga
Av. Vitorio
R. Pacifico Momem
R. Dioso Vasconcelos
N.S. das Mercês e Misericórdia
PRAÇA FREI VICENTE BOTELHO
15
R. W. Dias
R. Antonio Martins
Rua dos Inconfidentes
6
Av. Rodrigo Silva
MARIANA
A
B
1
2
3

OURO PRETO

Sous le nom de ***Vila Rica*** (« ville riche »), Ouro Preto devint en 1720 la capitale de l'État de Minas. Les diamants de Diamantina y étaient momentanément entreposés, puis acheminés jusqu'aux ports de Rio et de Paraty, par le ***camino real*** (chemin royal), dans des convois gardés par des escortes de soldats. L'or et les diamants étaient transportés ensuite par la mer vers Lisbonne, l'« Eldorado » brésilien assurant la richesse du Portugal.

### L'AUTRE « OR NOIR »

*La caractéristique de l'or découvert à Ouro Preto résidait dans la pellicule noire d'oxyde de fer qui entourait les pépites et qui lui donna son nom : ouro preto (« or noir »). Rien à voir avec le pétrole...*

Cependant, cette ruée vers l'or ne dura qu'un temps. En à peine un siècle, les filons furent épuisés. Puis, dès la fin du XIXe s, le sacre de Belo Horizonte comme nouvelle capitale du Minas Gerais acheva de pousser Ouro Preto vers le déclin.



## Berceau de l'indépendance du Brésil

Ouro Preto fut le théâtre de la 1re ***lutte pour l'indépendance du Brésil.*** Pour protester contre les impôts trop lourds et l'arrogance du pouvoir colonial portugais, le ***Movimento dos inconfidêntes*** (Mouvement des infidèles) se créa en 1788-1789. Surtout composé d'intellectuels et d'officiers, il organisa des réunions et débats clandestins qui connurent de plus en plus de succès. La révolte populaire grondait, mais la conjuration, la ***Inconfidência,*** fut découverte et démantelée avant que l'insurrection n'éclate. Son chef, ***Tiradentes,*** fut pendu le 10 mai 1789 à Rio, puis écartelé, et les fragments de son corps dispersés à Ouro Preto... Il reste pour les Brésiliens le symbole du 1er cri pour la liberté et l'indépendance du pays.

## Chico Rei

Plusieurs endroits portent son nom. Selon la légende, au début du XVIIIe s, le roi africain ***Chico Rei*** fut enlevé, avec toute sa famille, afin d'être vendu comme esclave au Brésil. Sa femme et certains de ses enfants périrent pendant la traversée. Chico Rei fut emmené avec son dernier fils dans les mines d'Ouro Preto, comme travailleur de force. Le maître de la mine devint son ami, et Chico Rei la reçut en héritage à la mort de son propriétaire. Il y trouva de l'or. Tant d'or qu'il racheta sa liberté, celle de son fils et de tout son clan... Depuis, Chico Rei est un mythe, à Ouro Preto et au-delà.

# Arriver – Quitter

## En bus

***Rodoviária*** *(gare routière ; plan A1)* **:** *rua Padre Rolim, 661. Minuscule, elle est située à 10 mn à pied du centre (à l'arrivée, ça descend). À l'arrivée, ne pas manquer le point de vue depuis l'église São Francisco de Paula !* Quelques minibus et taxis pour la praça Tiradentes.

Liaisons avec :

➢ ***Mariana :*** attention, l'arrêt se trouve rua Barão de Camargos, proche de la praça Tiradentes *(plan B2,* ***2****).* Départs ttes les 30 mn 6h30-23h30. Trajet : 20-30 mn.

➢ ***Congonhas :*** pas de bus direct. D'Ouro Preto, rejoindre Ouro Branco (3 bus/j., à 7h, 11h45 et 17h15) avec *Turim (☎ 3551-6096).* De là, 7 bus/j., 6h-18h30, pour Congonhas avec *Comércio (☎ 3731-1386).*

➢ ***Tiradentes :*** il faut passer par Mariana, d'où il faut attraper le bus pour São Paulo de 19h (compagnie *Útil*), ou alors par Congonhas, mais ça fait 3 bus en tout (lire ci-dessus) !

➢ ***Belo Horizonte :*** avec *Pássaro*

*Verde,* env 1 bus/h 6h-21h, dans les 2 sens (plus tard le dim, jusqu'à 23h depuis BH). Trajet : 2h.

➢ ***Rio :*** avec *Útil (☎ 3551-3166 ; • util.com.br •).* 1 bus tlj sauf sam, à 10h, plus 1 bus de nuit le sam vers 22h. Trajet : env 7h.

➢ ***São Paulo :*** avec *Útil, tlj à 19h.* Trajet : env 6-8h.

➢ ***Vitória :*** mar-jeu et dim à 21h *(☎ 3552-3625 ou 3551-3889).*

### En train

➢ Liaisons avec **Mariana,** à bord du train touristique *Maria Fumaça.* Voir plus loin la rubrique « À faire ».

## Adresses et info utiles

Sachez qu'à Ouro Preto les rues ont parfois plusieurs noms.

***Posto municipal de turismo*** *(plan B2)* **:** *praça Tiradentes, 41. ☎ 3559-3269. • ouropreto.org.br • Tlj 9h-18h.* Petit comptoir où se procurer un plan de la ville, les horaires des bus et toutes sortes d'informations. Tenu par des guides multilingues dont certains francophones, qui demandent env 200 Rls la journée pour 2 à 6 personnes.

■ ***Argent, change :*** *pas de bureau de change officiel, possibilité toutefois dans les bijouteries (taux moyen)... Les banques sont regroupées rua São José, notamment la* ***Banco do Brasil*** *(plan A2,* ***3****), au nº 189, mais aussi* ***Bradesco*** *(plan A2,* ***3****) juste à côté, au nº 201*. Pas de change, seulement des distributeurs automatiques accessibles 6h-22h, voire 24h/24.

■ ***Bradesco*** *(plan B2,* ***4****)* **:** *praça Tiradentes, 32. ☎ 3551-2411.* Distributeur automatique (*Visa* et *MasterCard*).

■ ***Drogaria Tiradentes*** *(plan B2,* ***5****)* **:** *rua Cláudio Manoel (ou Ouvidor), 51. Tlj.* D'autres pharmacies dans le centre, notamment rua São José.

***Hospital Santa Casa de Misericórdia*** *(hors plan par B2)* **:** *rua José Moringa, à 5 km du centre, quartier Bauxita (proche de l'entrée du parc d'Itacolomi). ☎ 2551-1133.*

■ ***Police civile :*** *☎ 3559-7500 ou ☎ 190 (police militaire, 24h/24).*

■ ***Lavanderia Nascente*** *(plan A3,* ***6****)* **:** *rua dos Inconfidêntes, 5. Presque face à la gare. Lun-sam 8h-17h (12h sam). Fermé dim.*

## Où dormir ?

### Bon marché (moins de 150 Rls / env 36 €)

***Viva Chico Rei Hostel*** *(plan B2,* ***10****)* **:** *praça Antonio Dias, 14. ☎ 3552-3328. • freedomouropreto@gmail.com • Lits en dortoir env 60 Rls ; doubles 150-200 Rls.* Pas mal de cachet pour cette petite AJ installée dans une maison du XVIIe s, presque en face de l'église N. S. da Conceção. Dortoirs mixtes, pas bien grands mais propres, certains avec une fenêtre donnant sur la ville. Également 2 petites chambres carrelées avec salle de bains privative. Elles portent toutes des noms de personnalités noires, car les chaleureux patrons, Mama et Papa (qui parle l'anglais), revendiquent leur antiracisme haut et fort. Également une cuisine commune et un « jacuzzi » artisanal dans une baignoire victorienne sur pattes ! Enfin, on profite du panorama depuis la chouette terrasse avec barbecue, bien agréable à l'heure de l'apéro au coucher du soleil...

***Ouro Preto Hostel*** *(plan B2,* ***21****)* **:** *rua Bernardo Vasconcelos, 117. ☎ 3552-2808. • ouropretohostel@gmail.com • Dortoirs 45-50 Rls/pers ; double env 160 Rls.* Dans une charmante maisonnette ancienne, récemment rénovée, 2 dortoirs de 6 lits (préférer le nº 2 au nº 3, aveugle) avec casiers, rideaux, prises et miniventilo. Également 3 chambres privées (la triple a la vue mais la n° 4 est aveugle). Sanitaires communs (sauf pour une chambre), avec serviettes et produits fournis. Petite cuisine et salle de petit déj. Au sous-sol, laverie et salle TV et puis, tout en bas, une courette avec barbecue. Boulangerie juste en face. Accueil très sympa. Un très bon rapport qualité-prix.

**Rock In Hostel** *(plan B2,* ***11****) : rua Brigadeiro Musqueira, 14. ☎ 3351-3165. • rockinhostelouropreto.com.br • Dortoirs 60-70 Rls/pers ; double env 150 Rls ; bon petit déj inclus.* À un demi-pas de la place Tiradentes, une petite auberge installée dans un *casarão* du XIXe s, en partie rénovée. Seulement 3 dortoirs (4-6 lits) avec salle de bains commune ou privée et 2 chambres doubles avec sanitaires à partager. Déco personnalisée sur le thème du rock, avec guitares aux murs et quelques rock stars mythiques. Jolie vue sur la ville, ensemble lumineux et agréable. Petite cuisine commune, salon-TV *(Netflix)*, livres, jeux et vinyles à dispo. Petite nouveauté : le bar au rez-de-chaussée. Une adresse très relax.

**Bruma's Hostel** *(plan B1-2,* ***12****) : rua Padre Rolim, 167. ☎ 3551-2944. • brumashostel.com.br • Lits en dortoir 50-60 Rls ; double avec sdb privée 160 Rls. Petit déj inclus.* À 2 pas de la place principale, juste derrière le *Museu de Ciencia* et l'église N.S. das Merces. Un vrai dédale, digne du film *Les Choristes*, d'ailleurs on loge dans l'ancienne école religieuse Henri Gorceix (jetez un œil à la chapelle). 150 lits répartis dans des dortoirs mixtes ou non, avec ou sans douche, et des chambres privatives. Le tout est très rustique et pas vraiment confortable. Évitez les chambres minuscules et celles côté rue, très bruyantes. Cuisine commune sur une terrasse. Cela dit, l'accueil est plutôt sympa, et on roupille en plein centre.

## Prix moyens (150-250 Rls / env 36-60 €)

**Pousada Nello Nuno** *(plan B1-2,* ***13****) : rua Camilo de Brito, 59. ☎ 3551-3375. • pousadanellonuno.com.br • Doubles 170-220 Rls selon saison. Parking.* Dans une ruelle pentue et discrète, derrière la porte de bois, 2 courettes, puis une volée d'escaliers grimpant jusqu'à une terrasse au calme avec vue sur la montagne. Du charme, renforcé par la coquetterie des chambres (certes, petites et sans vue), équipées de vieux mobilier en bois, décorées de couvre-lits colorés et d'œuvres de la propriétaire. Ensemble confortable (douches électriques, frigo-bar). Petit déj autour de la table commune. Accueil en douceur. Une bonne adresse.

**Pouso dos Sinos de São Francisco** *(plan B2,* ***14****) : rua Costa Senna, 30. ☎ 3551-1138. • pousodossinos.com.br • Doubles 160-220 Rls. Parking.* Une vieille auberge avec vue directe sur l'église São Francisco de Assis, tenue avec soin. Confort suffisant, avec douches et toilettes sur le palier (sauf pour les 2 chambres les plus chères), chaque sanitaire étant affecté à une chambre. Un petit inconvénient compensé par l'emplacement et le caractère du lieu, avec parquet craquant et décoration style « grand-mère de province ». Notre chambre préférée, la n° 2, plus grande, dispose de 4 fenêtres avec vue sur l'église ! La n° 1 jouit d'une très jolie vue également. Un bon rapport qualité-prix-authenticité.

**Hospedaria Antiga** *(plan B3,* ***15****) : rua Xavier da Veiga, 1. ☎ 3551-2203. • antiga.com.br • Doubles env 160-200 Rls. Parking à proximité.* Au calme, une grosse maison rustique posée au milieu d'un jardin, en contrebas du centre historique. Chambres à l'ancienne, simples, voire assez rudimentaires, mais assez charmantes avec leur parquet à grosses lattes, leurs volets et leur mobilier patiné. Toutes bénéficient d'une petite vue sur la rue, le stade ou le pico Itacolomi. Accueil gentil.

**Pouso do Chico Rey** *(plan A2,* ***16****) : rua Brigadeiro Musqueira, 90. ☎ 3551-1274. • pousodochicorey.com.br • Doubles 175-180 Rls avec sdb commune, 240-290 Rls avec sdb privée. Remise à partir de 3 nuits. Parking.* Attention, chef-d'œuvre de *pousada* et lieu d'histoire ! Cette auberge presque tricentenaire, superbement patinée par le temps, appartient à un couple d'artistes. Magnifique salle de petit déj avec sa longue tablée, salon TV cosy au coin de la cheminée et d'authentiques peintures sur les murs. Chambres de caractère au confort rustique, certaines dotées de très beaux meubles. Les douches et w-c sont sur le palier pour 3 d'entre elles. Elles sont toutes différentes. La n° 6 accueillit Pablo Neruda, la n° 5 Jorge Amado, la n° 1 Vinícius de Moraes. Jean-Paul Sartre et Simone de Beauvoir y ont aussi logé. Un hôtel littéraire, en somme !

**Pousada Casa Grande** *(plan B1,* ***17****)* **:** *rua Conselheiro Quintiliano, 96. ☎ 3551-4314. • hotelpousadacasagrande.com.br • À 200 m de la praça Tiradentes. Doubles 200-270 Rls. Parking.* Belle demeure coloniale dominant la ville. On choisira les chambres les plus chères (très faible différence de prix !), pour profiter des balcons et de leur superbe vue sur Ouro Preto et le pic d'Itacolomi, comme la n° 301, pour 6 personnes, idéale pour une famille. Sinon, toutes ont la clim, mais évitez celles côté rue, et il faut reconnaître que le mobilier est plutôt désuet. Agréable salle de petit déj avec de larges baies vitrées et une petite terrasse. Accueil aimable.

## Chic (250-500 Rls / env 60-120 €)

**Grande Hotel** *(plan A2,* ***18****)* **:** *rua das Flores, 164. ☎ 3551-1488. • grandehotelouropreto.com.br • Doubles 240-320 Rls ; promos hors saison. Parking.* Bâti en 1938, le 1er hôtel d'Ouro Preto est aussi l'une des 1res réalisations d'Oscar Niemeyer, et c'est surtout pour cela qu'on vous le cite. De l'extérieur, rien d'extraordinaire dans cette longue structure rectangulaire blanche, perchée en surplomb de la ville, hormis toutefois une petite piscine agréable, rare ici. À l'intérieur, vaste salon d'un minimalisme abouti mais avec vue panoramique (resto), sans oublier un dessin du grand maître. 2 séries de chambres : les *standard,* très standard justement, qui donnent sur l'arrière, et les suites, plus étonnantes, avec ou sans clim. S'ouvrant sur un balcon avec vue sur la ville, elles s'organisent sur 2 niveaux – salon en bas, chambre à l'étage – reliés par un escalier ondulant, histoire de casser la rigueur de l'ensemble. En revanche, même si le mobilier fait franchement daté, il n'est pas d'époque, sauf pour la suite « présidentielle ».

**Hotel Solar das Lajes** *(hors plan par B1,* ***19****)* **:** *rua Conseilheiro Quintiliano, 604. ☎ 3551-3388. • hotelsolardaslajes.com.br • Un peu excentré, à env 500 m de la praça Tiradentes. Doubles 250-380 Rls. Parking.* Accrochée en escaliers à flanc de colline, cette bâtisse aux boiseries jaune et bleu jouit d'un panorama exceptionnel sur la ville et le pic d'Itacolomi. Seules les chambres supérieures et deluxe (plus les 2 standard nos 101 et 103 !) profitent de la vue, tout comme le salon du petit déj. En revanche, on est plutôt dans un hôtel que dans une *pousada* personnalisée. Bref, on y vient surtout pour la vue et les espaces communs : agréable terrasse de bois suspendue au-dessus du vide et bordée d'une cascadette, petite piscine et sauna. Accueil pro et serviable.

## Très chic (à partir de 500 Rls / env 120 €)

**Solar do Rosário** *(hors plan par A2,* ***20****)* **:** *rua Getúlio Vargas, 270. ☎ 3551-5040 ou 5200. • hotelsolardorosario.com.br • En face de l'église N. S. do Rosário. Doubles 360-630 Rls ; suites 850-1 050 Rls. Voiturier.* Sans conteste l'une des plus belles adresses d'Ouro Preto ! À l'angle d'une belle église baroque, une superbe demeure restaurée, avec moult dorures, lustres, parquet en bois précieux et meubles anciens. Le hall et la salle de resto annoncent la couleur : ici, tout n'est que luxe, patine et volupté... Dès les chambres *standard,* un confort irréprochable, avec notamment de belles salles de bains. En revanche, demandez une chambre à l'arrière, car la rue est bruyante. Les suites, vraiment très chic (les *supérieures* et les *baroques* ont un jacuzzi !), raviront les routards en lune de miel. Standing globalement à la hauteur des lieux et accueil au diapason. Une très belle adresse pour séjourner dans un décor chargé d'histoire.

## Où manger ?

### Bon marché (moins de 40 Rls / env 10 €)

**Café & Cia** (*plan A2,* ***30***) : *rua São José, 185. ☎ 3551-6747. Tlj 11h30-16h.* Cette brasserie tout en longueur mène à une baie vitrée donnant sur la rivière. Bonne formule *ao kilo* avec un choix, classique mais large, entrées, plats chauds et viandes grillées ; desserts et boissons (jus de fruits pressés) en supplément. Un excellent rapport qualité-prix. D'ailleurs le lieu ne désemplit pas.

**Consola's Bar e Padaria** (*plan B2,* ***33***) : *rua da Conceição, 18 (Bairro Antônio Dias). ☎ 3551-4175. Tlj 6h-22h, sauf mar.* Un bistrot de quartier vieillot qui fait aussi boulangerie, avec la télé en bruit de fond. On y vient volontiers pour se poser simplement et profiter le soir d'énormes pizzas cuites dans un vieux four à bois.

**Forno de Barro** (*plan B2,* ***36***) : *praça Tiradentes, 54. ☎ 3551-7442. Tlj 11h-15h30, 19h-22h.* Sur la grande place de la ville, une petite salle très simple avec un buffet de plats locaux à volonté. Rien de gastronomique, certes, mais prix imbattables.

**Satélite** (*plan A2,* ***39***) : *rua Conde de Bobadela, 97. Tlj 12h-2h.* Un *lanchonete* tout simple, pour boire une caïpi ou une bière tout en grignotant d'honnêtes snacks et pizzas, le tout pour 3 fois rien. C'est aussi là que se trouve l'ambiance populaire.

### Prix moyens (de 40-70 Rls / env 10-17 €)

**Chafariz** (*plan A2,* ***32***) : *rua São José, 167. ☎ 3551-2828. Tlj sauf lun 11h-16h. Buffet complet env 50 Rls/pers.* Feijoada *seulement le w-e.* Un « resto-musée » au cadre à la fois rustique et très chargé, comme chez grand-mère : mobilier ancien, photos d'époque, figures pieuses, bibelots... Décor idéal pour déguster de savoureuses spécialités du Minas, préparées par d'authentiques *mamas* expertes. Repas très copieux sous forme de buffets variés bien appétissants. Vous allez vous régaler de *feijão tropeiro*, de *tutu a mineira,* de côtelettes, de polenta et de fruits confits ! La maison offre le café et la liqueur pour aider à faire passer le tout... mais vous rappellera quand même l'existence du pourboire ! Néanmoins, c'est un coup de cœur tant la cuisine est à la hauteur du cadre.

**Tropea** (*plan A2,* ***38***) : *rua Coronel Alves, 15. 📱 99417-0076. Mar-ven 18h-minuit, sam 12h-minuit, dim 12h-18h. Service 10 % en sus.* Face au *Teatro* et sous l'hôtel du même nom, une jolie salle branchée tout en longueur, qui conduit à 2-3 tables avec vue. Pour changer un peu du régime *mineira,* voici une sympathique cuisine moderne à déguster au son d'airs jazzy, souvent francophones. À la carte, *bruschetta, carpaccio,* tartare de saumon, risottos, de bonnes pâtes maison, des viandes classiques mais bien exécutées et aussi des pizzas à fermentation naturelle. Bonne carte de vins et de bières locales. Service pro. Un resto nouvelle génération.

**Chopp Real** (*plan B2,* ***41***) : *rua Barão de Camargos, 8 ; à l'angle nord-est de la pl. Tiradentes. ☎ 3551-1584. Tlj 15h (12h ven-dim)-minuit.* On s'y pose à l'heure de l'apéro pour boire un verre en terrasse, souvent en musique, et pour avaler de bons *petiscos* (généreuses *burrata* et *bruschetta*) et d'autres petits plats (pâtes, steaks, pizzas), même s'ils ne sont pas spécialement bon marché et demandent un peu d'attente. Un emplacement stratégique, qui se paie un peu.

LE SUD-EST

### De chic à très chic (70-100 Rls et plus / env 17-24 €)

**Bené da Flauta** (*plan B2*, **34**) **:** *rua São Francisco de Assis, 32.* ☎ *3551-1036. Tlj 12h-23h45. Carte en français. Service 10 % en sus.* Avec ses 39 fenêtres (!) s'ouvrant sur le coin de rues, les maisons, les toits et les clochers du quartier de l'église São Francisco, ce vieux bistrot élégant a 39 raisons de capter votre attention, surtout le soir quand tout s'illumine... On y concocte une cuisine régionale, certes, pas donnée mais savoureuse, servie au rez-de-chaussée ou à l'étage. Bon accueil. Bien aussi pour y prendre un café ou un verre chic en soirée.

**O Passo** (*plan A2*, **35**) **:** *rua São José, 56.* ☎ *3352-5089. Juste après le pont. Tlj jusqu'à minuit (1h w-e). En saison, résa conseillée.* Un service chic et une jolie terrasse fermée d'une balustrade en pierre, jetée au-dessus de la rivière face à la *casa dos Contos.* Plusieurs salles, façon taverne ou dans un style plus contemporain. Au menu, des pizzas très honnêtes – une quarantaine au choix, rien que ça ! –, et des pâtes. Bon, l'addition grimpe vite, mais l'ensemble est goûteux, et on y passe un moment agréable. Petits concerts sur la terrasse en fin de semaine.

LE SUD-EST

## Où faire une pause sucrée ?

**Chocolates Ouro Preto** (*plan A2*, **37**) **:** *rua Getúlio Vargas, 66.* ☎ *3551-7330. Tlj 9h-19h (20h ven-sam). Petite annexe sur la praça Tiradentes (plan B2).* Une maison familiale connue de longue date pour son chocolat de qualité. Palets ou truffes ? Glacé ou bien chaud ? Chacun y trouvera son petit plaisir, à déguster dans le salon de thé attenant. Également toutes sortes de pâtisseries bien sucrées, et même des petits plats pour les becs salés. Pas donné tout de même.

## Où boire un verre ? Où sortir ?

Le soir, la jeunesse étudiante se retrouve essentiellement dans les bars de la *rua Conde De Bobadela (rua Direita)* ou dans le prolongement, *rua Pilar Paraná.*

**Dirceu** (*hors plan par B2*, **40**) **:** *largo Dirceu. Mer-ven 16h-23h, sam et j. fériés 10h-minuit, dim 10h-20h.* Situé sur une adorable placette triangulaire, au pied d'un pont de pierre et de l'église N.S. da Conceição, un bistrot avec vue. Très agréable odeur du café du matin au soir. Fait également resto avec sandwichs, salades, *porção* et petits plats. Joli fond musical, et on y écoute même du jazz *ao vivo* le samedi à partir de 16h. D'autres petits cafés avec terrasse autour de la place...

**Satélite** (*plan A2*, **39**) **:** *voir « Où manger ? ».* Le snack-bar le plus basique, le moins cher et le plus populaire de la rue. Très animé en soirée !

On peut également boire un verre agréablement dès l'apéro au **Chopp Real** (*plan B2*, **41**) pour sa jolie terrasse et sa musique *ao vivo* (même si les bières locales sont chères), ainsi qu'au **Bené da Flauta** (*plan B2*, **34**), décrits dans « Où manger ? ».

**Café Gerães** (*plan A2*, **42**) **:** *rua Conde de Bobadela, 122.* ☎ *3551-5097. Tlj jusqu'à minuit.* Petit bar *botequim* tamisé, à la déco assez étudiée, à l'ambiance et aux tarifs assez chic. Tomettes, meubles et parquet en acajou, service élégant... Piano le soir.

Au sous-sol du *Café Gerães*, **Escadabaixo** (*plan A2*, **42**) : *rua Conde de Bobadela, 122.* ☎ *3551-5097. Tlj jusqu'à minuit (1h jeu, 2h ven-sam).* Un pub confiné avec un grand choix de bières à la carte et des petits concerts régulièrement. Chic également.

## À voir

Ouro Preto peut s'enorgueillir d'un nombre impressionnant d'églises à visiter, toutes plus belles les unes que les autres ! Et si vous vous sentez frustré devant une église aux portes closes, sachez que certaines ouvrent le dimanche pour la messe (par exemple, *N. S. do Rosário* et ses saints noirs, le dimanche à 16h). Alors renseignez-vous une fois devant l'église qui vous intéresse. ***Attention : la plupart des églises sont fermées le lundi.*** Ce patrimoine, déjà unique en son genre, est encore enrichi par de somptueuses demeures seigneuriales abritant quelques musées.

### SECRETS DE MAÇONS

*Du temps de sa gloire, l'or d'Ouro Preto était exploité, fondu en lingots puis transporté jusqu'au littoral atlantique, à destination du Portugal. Seuls les lingots estampillés par les autorités royales avaient le droit de circuler. L'or en pépites devait rester sur place, aux mains des chercheurs qui souvent le coulaient dans des bouteilles dissimulées dans les murs de pierre des maisons. Aujourd'hui encore, lors de chantiers de restauration, les habitants découvrent parfois des bouteilles remplies d'or... certaines pouvant en contenir 25 kg !*



## Autour de la praça Tiradentes

L'idéal est d'explorer la ville à pied à partir de la monumentale praça Tiradentes. Au milieu de la place, un monument dédié à Tiradentes.

Sur cette place, l'imposant hôtel de ville, transformé en ***Museu da Inconfidência*** *(plan B2)* : *praça Tradentes, 139. ☎ 3551-1121. Tlj 10h-18h, sauf lun. Entrée : 10 Rls ; réduc.* Une visite à privilégier avant de partir explorer la cité. Installé dans l'ancien hôtel de ville, ce musée présente, dans une quinzaine de salles sur 2 étages, des souvenirs de la conjuration (dont 2 poutres provenant du pilori sur lequel Tiradentes fut supplicié), ainsi que des objets (armes, chaînes et fers d'esclaves) et œuvres d'art (statue du saint noir Benoît de Palerme) en rapport avec l'histoire de la région (lit en bois porté par des ânes...). À l'étage, magnifiques statues et peintures d'art sacré, mobilier, et adorables oratoires du XVIIIe s. Une salle présente des sculptures de l'Aleijadinho, mais les plus belles se trouvent dans les églises. Une autre expose les œuvres du peintre Mestre Ataíde. Expos temporaires également.

***Museu de Ciência e Técnica*** *(musée des Sciences et Techniques ; plan B2)* : *praça Tiradentes, 20. ☎ 3559-3118. Tlj 12h-17h, sauf lun. Entrée : 10 Rls.* Cette vaste citadelle conçue par Manuel Francisco Lisboa en 1741, ancien palais des gouverneurs, abrite l'école des mines. Elle est surtout connue pour être l'un des plus grands musées de minéralogie au monde. Impressionnantes collections de minéraux et de pierres semi-précieuses présentées sur 2 niveaux. Plus de 20 000 variétés y sont exposées, de l'or au topaze en passant par les améthystes et quartz géants, sans oublier une météorite de 47 kg découverte dans la région ! Quelques salles consacrées à l'histoire naturelle (fossiles, crâne du 1er homme découvert en Amérique du Sud...), la métallurgie, et à la mine (belles maquettes, machines-outils...) avec une section de galerie reconstituée. Pour finir, petite salle interactive où expérimenter toutes sortes de phénomènes physiques : effets visuels, arc électrique, énergie cinétique...

***Igreja Nossa Senhora do Carmo*** *(plan A-B2)* : *rua Brig. Musqueira. Lun-sam 8h30-11h, 13h-17h, dim 10h-15h. Entrée : env 3 Rls.* Elle date de la fin du XVIIIe s, fut dessinée par le père de l'Aleijadinho, puis terminée et modifiée par le « Petit

Estropié ». Une affaire de famille en somme... Notez d'abord le beau portail en pierre à savon. L'intérieur est moins flamboyant que d'autres églises (peu d'or !). De style rococo, elle est quand même la seule du Minas Gerais à posséder des azulejos portugais. Également de jolies balustrades en bois torsadé et des statues de Jésus... affublées de perruques. Dans la sacristie et le consistoire (à l'étage), beaux plafonds peints. Notez que les peintures du plafond de l'église datent de 1908, signées par le peintre italien Angelo Clerici. Elles représentent la Vierge donnant le scapulaire (vêtement religieux) aux carmélites, dont vous noterez le blason au-dessus de l'arche du transept.

### LES PORTES DU PARADIS

*Vous noterez que chaque église possède sa tapa vento (ou para vento). Cette porte, placée à l'entrée du narthex, permet d'éviter les courants d'air et que le vent n'éteigne les cierges allumés.*



🎯🎯 ***Museu do Oratório*** (plan A-B2) : *rua Brig. Musqueira.* ☎ *3551-5369.* • *museudooratorio.org.br* • *Tlj 9h30-17h30, sauf mar. Entrée : 5 Rls ; réduc ; gratuit pour les étudiants. Plaquette en français.* Petit musée sur le flanc droit de l'église N. S. do Carmo. Sur 3 niveaux de l'ancien noviciat de l'Ordre du Carmel, pas moins de 160 oratoires, contenant 300 images pieuses. De la minuscule cartouche à l'autel imposant en bois, en passant par les oratoires afro-brésiliens et les itinérants, la plupart datent du Cycle de l'or et renseignent sur le rang social du propriétaire. Quelques curiosités, comme ces oratoires rustiques sans aucune décoration, ceux au contraire constellés de coquillages ou cet autre logé dans un œuf d'autruche ! À ne pas manquer.

🎯🎯 ***Teatro municipal*** (plan A2) : *au bout de la rua Brig. Musqueira.* ☎ *3559-3224. Visites tlj, sauf dim, 12h-17h30 (16h sam). Entrée : env 4 Rls ; réduc.* Érigé dans les années 1770, ce serait le plus vieux théâtre d'Amérique latine toujours en activité, avec ses 3 étages de balcons et ses 350 sièges. Adorable !

🎯🎯🎯 ***Igreja de São Francisco de Assis*** (plan B2) : *largo de Coimbra, en dessous de la praça Tiradentes. Tlj sauf lun 8h30-11h45, 13h30-17h. Entrée : 10 Rls, incluant la visite de* N. S. das Mercês *; réduc. Photos interdites.* L'une des plus belles églises de la ville (construite entre 1766 et 1812). Elle réunit les talents des 2 principaux maîtres de l'époque, l'Aleijadinho et Ataíde. Classé en 2009 parmi les 7 merveilles du monde d'origine portugaise, ce trésor de l'art rococo est considéré comme un chef-d'œuvre du « Petit Estropié ». Il en dessina les plans, en suivit la construction et réalisa presque toute la décoration (la façade complète, dont le fameux médaillon de saint François recevant les stigmates, le retable du maître-autel, les chaires, le lavabo de la sacristie). Passé le porche altier entièrement sculpté en pierre à savon, on est aussi frappé par le plafond de la nef, réalisé par le Mestre Ataíde (minutieusement restauré en 1992). Cette peinture baroque aux couleurs chatoyantes représente le triomphe de la Vierge. On découvre aussi un exemple étonnant de tableaux peints sur bois, autour du maître-autel, créant un bel effet de relief. L'église abrite aussi, provisoirement, une petite exposition sur l'Aleijadinho, qui devrait retourner bien vite dans l'*église N. S. da Conceição* (voir plus loin).

🧺 La placette face à l'église accueillait jadis le marché municipal. S'y concentrent désormais les ***stands d'artisanat en pierre à savon.*** Vaste choix : vaisselle, objets de déco, bijoux...

## *Au pied de la colline, dans la partie est du centre historique*

🎯🎯 ⇐ ***Igreja Nossa Senhora das Mercês e Misericórdia*** (plan B3) : *rua das Mercês. Tlj 8h15-17h, sauf lun. Entrée : 10 Rls, ticket incluant (et à prendre*

*à) l'église* São Francisco de Assis *; réduc.* À l'intérieur, rien d'exceptionnel : notez les autels à colonnes torsadées. En revanche, le point de vue depuis le parvis est sublime : on est face au mystérieux *pico do Itacolomi,* sorte de menhir penché en équilibre au sommet de la montagne qui servait de point de repère pour les chercheurs d'or aux XVII$^e$ et XVIII$^e$ s ! Vue aussi sur le quartier populaire Antônio Dias, l'église des esclaves *Santa Efigênia* et sur l'église suivante...
En partant, jetez un œil à la petite *synagogue* au n° 150 de la rue.

**Matriz de Nossa Senhora da Conceição** (plan B2) **:** *praça Antônio Dias, tt en bas dans le prolongement de la rua Ouvidor.* ***Était en restauration en 2019.*** Encore une somptueuse église, réalisée cette fois par le père de l'Aleijadinho, Manuel Francisco Lisboa, entre 1727 et 1757. La décoration est un exemple parfait de l'art baroque rococo, dans un style ostentatoire, avec des colonnes et des arches surchargées d'anges, d'arabesques et de frises florales. C'est ici que se trouve le tombeau de l'Aleijadinho, inhumé sous son vrai nom Antônio Francisco Lisboa. L'exposition sur l'Aleijadinho, provisoirement installée dans l'église *São Francisco de Assis,* devrait revenir ici une fois la restauration terminée.



**Capela do Padre Faria – Nossa Senhora do Rosário dos Brancos** (hors plan par B2) **:** *rua Padre Fara, au pied de la colline de Santa Efigênia, sur le versant opposé au centre-ville. Tlj sauf lun 13h30-16h30. Entrée : 5 Rls ; réduc.* Située dans un quartier plus populaire, elle a été édifiée entre 1701 et 1704 et mérite vraiment le détour. C'est même un gros coup de cœur ! Derrière sa croix patriarcale à 3 branches, le plus vieil édifice religieux de la ville, qui porte le nom de l'un de ses fondateurs, détient également le chœur et l'autel baroques les plus richement dotés. Éblouissant ! Notez aussi les magnifiques peintures du plafond, dont une œuvre admirable figurant le couronnement de Notre-Dame du Rosaire. À l'extérieur, clocher séparé qui résonna longuement lors de la mort de Tiradentes le 21 avril 1792.

**Igreja Santa Efigênia** (hors plan par B2) **:** *rua Santa Efigênia, alto da Cruz. Passer le pont, puis grimper la rue pentue en face. Tlj 8h30-16h30, sauf dim midi et lun. Entrée : 5 Rls ; réduc. Photos interdites.* C'est un peu loin, mais l'effort est superbement récompensé par le point de vue sur les environs ! À l'extérieur, la plus ancienne horloge de la ville (1762). À l'intérieur, magnifique plafond peint et remarquables sculptures sur bois. L'autel est signé par le maître de l'Aleijadinho, Francisco Xavier de Brito. On y reconnaît Santa Efigênia, reine de Nubie choisie à l'époque comme patronne de l'église par la communauté noire d'Ouro Preto. À ne pas rater non plus !

## Dans la partie ouest du centre historique

**Casa dos Contos** (plan A2) **:** *rua São José, 12.* ☎ *3551-1444. En contrebas du Grande Hotel. Tlj, sauf lun, 10h (14h lun)-17h (15h dim et j. fériés). GRATUIT.*
L'une des plus belles maisons baroques de la province, dotée d'un beau portail de pierre et hérissée de balcons en fer forgé bien dans l'esprit de la fin du XVIII$^e$ s. Son histoire n'est pas des plus reluisante. Le percepteur

### VIVE L'INDÉPENDANCE !

*Utopia, Cruz Vermelha, Casi No... Les fanions des republicas fleurissent par dizaines aux fenêtres des maisons coloniales d'Ouro Preto. Mais n'y voyez pas un prolongement de la lutte pour l'indépendance. Ces « républiques » sont en réalité des foyers associatifs où logent les étudiants. Une autre forme d'indépendance, finalement !*

de l'époque, Macedo, en difficulté financière, loua sa maison aux troupes chargées de réprimer la révolte connue sous le nom de *Inconfidência Mineira.* C'était en... 1789. Du coup, la maison devint une prison pour les chefs de la « conjuration ». Toujours endetté, Macedo perdit ensuite pour de bon sa demeure, qui fut transformée en fonderie d'or et trésorerie royale (le *conto* est une ancienne monnaie).
Notez les courettes et sous-sols aux pavés disjoints, les escaliers de pierre et les balcons de fer forgé. À l'étage, de beaux salons parquetés (avec vue !) abritent du mobilier ancien, un petit musée de la Monnaie et une bibliothèque. Dans les sous-sols – les anciens quartiers des esclaves –, collection d'outils et d'armes, mais aussi de fers et d'instruments de torture... Ne pas oublier de monter au *secretaria* par la *balaustrada* pour admirer le point de vue. Expos temporaires.

***Igreja Matriz de Nossa Senhora do Pilar*** *(plan A2)* **:** *praça Mons. Castilho Barbosa. Tlj sauf lun 9h-10h45; 12h-16h45. Ticket combiné avec le musée : 10 Rls ; réduc.* En dévalant la charmante ruelle pentue, on finit par tomber en arrêt (ou presque !) sur cette superbe église de 1733. Elle surprend dans un 1er temps par sa forme curieusement décagonale. Mais elle est surtout célèbre pour ses riches décorations, parmi les plus fastueuses de tout le Brésil. Ses sculptures et ses autels croulant sous les matériaux précieux auraient nécessité plus de 430 kg d'or !
Pour faire bonne mesure, le ***museu de Arte sacra*** veille sur un autre trésor, dans la crypte : crosses, calices et ostensoirs rappellent la richesse de la ville à l'époque.

# À faire

***Train Maria Fumaça*** *(plan A3)* **:** *il relie Ouro Preto à Mariana. Infos : ☎ 3557-3844. Départ d'Ouro Preto sur la praça Cesário Alvim (plan A3) : en principe, ven-sam départs à 10h et 14h30, retours de Mariana à 13h et 16h. Dim, départs à 10h et 16h30 ; retour à 14h30. Durée du voyage : 1h A/S. Tarifs : selon confort, 40-100 Rls aller, 56-100 Rls A/R (donc plus rentable !) ; réduc enfants, étudiants et seniors.* ***À noter : passeport obligatoire.*** *Attention, il y a parfois des problèmes d'entretien et donc de fonctionnement.* Un parcours de 18 km à bord d'un vieux train tiré par une locomotive à vapeur. Très touristique, mais agréable. On vous proposera un wagon normal ou avec « baies vitrées panoramiques ». Préférer le 1er ou le dernier wagon pour avoir une meilleure vue d'ensemble sur le parcours. Les gares d'Ouro Preto et de Mariana abritent chacune un petit *musée* dédié au train (maquettes et panneaux).

# Manifestations

Ouro Preto est une ville historique, mais aussi culturelle et étudiante, réputée pour son école des mines et son université de pharmacie. De nombreuses manifestations sont programmées tout au long de l'année (festivals de cinéma, de la gastronomie, concerts, théâtre, etc.). Le ***carnaval*** et la ***Semaine sainte*** (rues et maisons décorées, processions retraçant la passion du Christ, etc.) en sont les points forts, mais n'hésitez pas à vous renseigner auparavant pour connaître les festivités. Infos sur le site officiel de la ville : • *ouropreto.org.br* • et sur • *carnavalouropreto.com* •
– ***Festival de Inverno :*** *tt le mois de juil.* Ce fut longtemps la plus grande fête d'Ouro Preto, devenue plus modeste depuis que les principales communes du Minas ont décidé de l'imiter ! Il faudra donc vous déplacer de temps à autre pour profiter des manifestations proposées dans toute la région. À Ouro Preto et Mariana, concerts, *batucadas,* spectacles de rue, théâtre, démonstrations

de capoeira... Point d'orgue le 8 juillet, date anniversaire d'Ouro Preto. En parallèle se tient le *fórum das Artes* : toute la ville devient un pôle artistique, prisé des artistes et de la jeunesse étudiante mineira. Infos sur le site • *festivaldeinverno.feop.com.br* •

## DANS LES ENVIRONS D'OURO PRETO

### *MARIANA* *(57 640 hab. ; ind. tél. : 31)*

Située à 14 km à l'est d'Ouro Preto *(nombreux bus ou train touristique ; voir plus haut « Arriver – Quitter »)*, cette charmante bourgade coloniale recèle quelques belles demeures et plusieurs églises dignes d'intérêt. C'est dans ce secteur que fut découverte la 1re pépite d'or, ce qui conduisit tout naturellement les colons à choisir le site pour y fonder la 1re capitale de l'État. Elle est aujourd'hui un peu oubliée et très peu visitée. La petite ville s'anime seulement durant les grandes manifestations de l'année, en particulier la ***Semaine sainte*** (foule énorme !) et le ***festival de Inverno*** (en juillet). Il fait pourtant bon flâner dans ses rues tranquilles et autour de la coquette place Gomes Freire. On peut y faire une étape, mais on séjourne rarement à Mariana, ce qui démontre la faiblesse de l'offre hôtelière. De fait, Ouro Preto est si proche...



### Adresses utiles

***Infos touristiques*** *(CAT) : rua Direita, 93. ☎ 3558-1062. • mariana.org.br • Dans la rue à droite de la cathédrale. Ouv lun-sam 8h-18h (17h sam) et dim 8h-13h.* Plan de ville et bonnes infos. Excellent accueil.

***Distributeurs de billets :*** *dans la rua Padre Gonçales Lopes, qui descend de la pl. de la cathédrale.*

## À voir

***Catedral Basílica da Sé :*** *praça Cláudio Manoel. ☎ 3557-1216.* ***En restauration jusqu'en 2020.*** La plus belle et la plus ancienne église de la ville devrait ressortir embellie de ses soins de beauté. Érigée entre 1709 et 1760, elle combine les 3 grandes périodes du baroque, du portugais au rococo. Riche ornementation avec profusion de dorures, sculptures, peintures, dont quelques œuvres de Francisco Xavier de Brito, le maître de l'Aleijadinho, et de Manuel da Costa Ataíde, natif de la ville. Lustres en cristal de Bohême. Après la restauration, on devrait pouvoir de nouveau assister au concert d'orgue chaque vendredi à 11h30 et le dimanche à 12h15 *(entrée payante)*.

***Museu Arquidiocesano de Arte sacra :*** *rua Frei Durão, 49. ☎ 3557-2581. Mar-sam 8h30-12h, 13h30-17h ; dim 8h30-14h. Fermé lun. Entrée : 5 Rls ; réduc.* Situé dans une belle bâtisse de 1770. C'est l'un des plus riches musées d'Art sacré du Minas Gerais. Objets liturgiques en or et argent (crosses, croix processionnelles) et beaux baptistères en pierre. Belle statuaire à l'étage, dont 3 vitrines de statues et reliquaires attribués à l'Aleijadinho (São Francisco de Paula et São João Nepomuceno, entre autres). Juste à côté, de jolies peintures religieuses anonymes et l'unique toile du musée signée Ataíde : *Queda de Jesus sob a Cruz*, avec de beaux visages ronds, presque poupons.

***Igreja São Francisco de Assis :*** *praça Minas Gerais.* ***En restauration jusqu'en 2021.*** Façade remarquable en pierre à savon, inspirée de l'Aleijadinho (1777). C'est ici que le grand maître Manuel da Costa Ataíde est enterré.

– Juste à côté, l'église **Nossa Senhora do Carmo** *(mar-dim 9h-12h, 13h30-17h, fermé lun ; 2 Rls)* présente une façade presque identique ! Elle a été restaurée après un incendie en 1999. Intérieur très classique.
Remarquer, au centre de la place, le triste ***pelourinho*** (le pilori, vestige des temps esclavagistes) ; il n'en reste plus que 2 encore debout dans le pays.

***Basílica de São Pedro dos Clérigos :*** *accès au bout de la rua Dom Silvério, au sommet de la colline du centre historique. Lun-sam 9h-12h, 13h-17h, dim 9h-14h. Entrée : 2 Rls.* Bâtie en 1752 dans un style néo-roman, elle n'a rien d'exceptionnel en soi, si ce n'est son emplacement et la vue sympa sur la ville, que l'on découvre en grimpant dans le clocher par un jeu d'escaliers en bois assez étroits. Sinon, l'intérieur est assez dépouillé, avec principalement un beau retable en bois brut.

## LA MINE D'OR DE PASSAGEM

*À 4 km de Mariana, sur la route d'Ouro Preto (nombreux bus locaux entre les 2 localités). ☎ 3557-5000. ● minasdapassagem.com.br ● Tlj 9h-17h30 (17h lun). Entrée : env 76 Rls (cher !) ; réduc enfants 6-12 ans et étudiants. CB refusées.* « Mine du passage », elle doit son nom à ses 35 km de galeries, dont une partie relie Ouro Preto à Mariana. Courte visite (45 mn environ) d'une petite portion de ces tunnels (environ 200 m), avec arrêts devant le petit oratoire de Santa Barbara, la patronne des mineurs, et une partie de la rivière souterraine qui forme quelques bassins. On peut s'y baigner (eau à 19-21° C, mais ne vous avisez pas de boire la tasse, l'eau est chargée en fer et sulfate de cuivre !). Pour les spéléologues aguerris, on peut aussi l'explorer en équipement de plongée sur 3 km (club sur place). La visite entre les piliers de roches (quartz, tourmaline, calcite et même de l'arsenic !) est agrémentée de commentaires détaillant les étapes du procédé d'extraction. Intéressant, à condition d'avoir quelques notions de portugais. Dans le cas contraire, c'est la descente insolite en wagonnet bringuebalant sur 315 m à 120 m de profondeur, façon *Indiana Jones,* qui amusera la galerie !

### DE L'OR À LA PELLE

*Mine légendaire considérée comme la plus ancienne et la plus riche du Minas Gerais, la mine d'or de Passagem stoppa son activité en 1985. Officiellement, on estime que 35 t d'or en furent extraites depuis le début de son exploitation, au XVIIIe s. Mais si l'on tient compte des prélèvements officieux, il s'agirait peut-être du double !*

## LA BASILIQUE SENHOR BOM JESUS DE MATOSINHOS À CONGONHAS

*Infos : ☎ (031) 3732-2526. Mar-dim 6h-18h ; église fermée lun, mais parvis accessible. GRATUIT. Visite guidée sur résa : 40 Rls. En contrebas, petit bureau touristique à côté du poste de police.*
➢ Située à environ 70 km à l'ouest d'Ouro Preto et 80 km au sud de Belo Horizonte (1h-1h30 de trajet), au bord de la BR 40, elle peut constituer une simple étape sur la route. En bus, pas de liaison directe avec Ouro Preto mais liaisons régulières avec Belo Horizonte *(avec Viação Sandra, 6h-17h ; durée : 2h).* Depuis la *rodoviária* de Congonhas, bus ttes les 30 mn (indiqués « Basílica »).
Postée au sommet d'une colline, elle fut érigée en 1758, et l'Aleijadinho acheva sa décoration extérieure de 1795 à 1805. Étroite, elle est ornée de splendides

peintures (toiles et plafond peint), mais son intérêt véritable réside dans le travail du sculpteur, qui y investit ses dernières forces avec une passion dévorante. Avant de descendre sur le parvis, ne pas manquer sur le flanc gauche la ***salle des miracles,*** qui contient les centaines d'ex-voto déposés chaque année depuis le XVIIIe s à l'occasion du pèlerinage, l'un des plus importants du Brésil (la 2e semaine de septembre).
Sur l'*adro,* le parvis de l'église dominant la vallée, l'Aleijadinho a exécuté ***12 statues en pierre à savon,*** représentant les prophètes qui annoncent la venue du Christ. Le travail de l'artiste est prodigieux, notamment dans le modelé des chevelures et le détail des vêtements ! Et avec le temps, le grain de la pierre usée les rend encore plus émouvantes.
Un peu plus bas se succèdent 6 chapelles symbolisant les 6 étapes, ou ***passos,*** de la passion du Christ. Elles abritent des sculptures en bois exécutées en partie par l'Aleijadinho et colorisées par Ataíde. Elles sont fermées, mais l'intérieur est visible à travers les vastes portes à croisées *(tlj 8h-20h30, sauf lun).*
Les souffrances endurées par l'Aleijadinho (lépreux et privé de ses doigts à la fin de sa vie) pour la réalisation des sculptures extérieures et intérieures sont perceptibles dans le rayonnement tragique des visages et des attitudes. Son style s'est ostensiblement éloigné du baroque pour tendre vers l'expressionnisme. On remarque notamment les traits grotesques des soldats sculptés des *passos* (visages quasi identiques avec le même gros nez !), chacune des postures étant une critique sournoise des colonialistes.
Le « Petit Estropié » ne sculpta plus après ce dernier message. Il mourut 10 ans plus tard, aveugle et paralysé, après avoir donné à l'Amérique latine une de ses œuvres les plus grandioses.
– En complément, on peut visiter le ***Museu de Congonhas*** *(mar et jeu-dim 9h-17h, mer 13h-21h ; entrée : 10 Rls ; réduc ; gratuit mer),* un gros bâtiment moderne qui se trouve en contrebas du parvis, sur la gauche. Il s'étend sur la vie et l'œuvre de l'Aleijadinho à travers maquettes, reproductions de statues et vidéos.

## TIRADENTES

7 450 hab. IND. TÉL. : 32

• Plan *p. 241*

**Charmante cité coloniale du Minas Gerais, fondée en 1702 par les colons de São Paulo à la recherche de mines d'or. Tiradentes fut une étape importante sur le *camino real,* le « chemin royal » par où transitaient les convois d'or et de pierres précieuses à destination du Portugal. On traverse d'abord Santa Cruz de Minas, la bourgade voisine sans charme, avant d'emprunter soudain la route pavée et d'entamer ce voyage dans le temps. Nichée dans un cirque de collines, entourée de monts aux formes douces, Tiradentes est une petite ville qui a conservé intacte son architecture coloniale. Une cité touristique, bien sûr, plutôt chic, mais pleine de cachet avec ses rues pavées qui ondulent comme des vagues, ses petites églises et chapelles baroques, ses maisons colorées, sa rivière que traversent de petits ponts de pierre...**

### UNE DENT CONTRE LA COURONNE

*La ville de Tiradentes a hérité du surnom de Joaquim José da Silva Xavier, leader indépendantiste né ici en 1746. Ancien dentiste, il était plus connu sous son sobriquet, Tiradentes, soit l'« arracheur de dents ».*

LE SUD-EST

**Le week-end en saison, les Brésiliens y affluent pour profiter de ce décor de carte postale, à coups de balade en calèche et de repas animés sur les terrasses autour de la petite place principale. Mais si vous y venez en semaine et hors saison, vous serez surpris par la grande quiétude des lieux, qui a incité d'ailleurs beaucoup d'artisans et artistes à s'installer ici.**

## Arriver – Quitter

### En bus

Tiradentes se trouve à environ 165 km d'Ouro Preto, 200 km de Belo Horizonte et 330 km de Rio.

– ***Attention :*** les grandes lignes ne passent par Tiradentes, mais par *São João del Rei,* 13 km plus loin. De São João à Tiradentes, liaisons dans les 2 sens avec *Viação Presidente* et *Porto Real,* départ ttes les heures env, à partir de 6h30 en sem, 7h30 le w-e. Env 25 mn et 5 Rls. À Tiradentes, les bus s'arrêtent à la petite rodoviária située en plein centre, rua São Francisco de Paula *(plan B1).*

🚌 ***Rodoviária do São João del Rei :*** départs et arrivées des grandes lignes. Connexion pour Tiradentes. Consignes, distributeur, etc.

➢ ***Ouro Preto :*** pas de liaison directe. Voir le chapitre « Arriver – Quitter » à Ouro Preto.

➢ ***Belo Horizonte :*** avec *Viação Sandra (☎ (31) 3201-2927).* Env 7 bus/j. dans les 2 sens. Passe par ***Congonhas.*** Compter 3h30.

➢ ***Rio :*** avec *Paraibuna (☎ 3213-1800),* 3 bus/j. Départs à 7h, 14h et 20h30 ou 23h de Rio, à 8h, 14h et minuit de São João. Passe par *Petrópolis.* Durée : 5h30.

## Adresses utiles

ℹ ***Office de tourisme*** (plan B2) **:** *rua Resende Costa, 71 (angle avec la pl. centrale). ☎ 3355-1212. • tiradentes.mg.gov.br • Tlj 9h-17h (dim 14h).* Plan de la cité et journal culturel *Me Guia.*

■ **Bradesco** (plan B2, **1**) **:** *rua Ministro Gabriel Passos, presque à l'angle de la pl. centrale.* Distributeur (*Visa* et *MasterCard*) accessible tlj 6h-22h.

## Où dormir ?

La ville compte des dizaines de *pousadas* et hôtels au charme colonial, mais peu d'adresses bon marché. Le week-end pendant les vacances scolaires et les festivals (nombreux ici), les prix sont revus partout à la hausse. En semaine et en période creuse, possibilité de négocier. La plupart des adresses chic offrent le thé de l'après-midi *(chá da tarde).*

### De bon marché à prix moyens (moins de 150 à 250 Rls / env 36-60 €)

🏠 ***Hostel Lumiar da Serra*** *(hors plan par B1,* ***10****)* **:** *rua Padroeiro Santo Antônio, 102. 📱 98821-7302. • lumiardaserra.webnode.com • Dortoir env 70 Rls/pers. Doubles 150-250 Rls selon période. Petit déj en sus.* Légèrement excentrée, cette maison jaune moutarde carrelée et parquetée abrite un dortoir mixte de 6 lits et 3 chambres privées. Elles sont petites mais propres, avec ventilo (et casiers dans le dortoir). L'une d'elles possède balcon et hamac. 2 douches à partager et une cuisine commune. Courette avec barbecue. Machine à laver *(payante).* Bon accueil de Maria et Daniel.

🏠 ***Hostel Tiradentes*** (plan A-B1, **13**) **:** *rua Custódio Gomes, 302. 📱 99195-1799. • hosteltiradentes.com • Dortoirs 55-60 Rls/pers. Doubles 130-140 Rls.* À peine en dehors du centre-ville, cette modeste AJ conviendra à ceux qui ne

LE SUD-EST

sont pas trop regardants sur le confort et le service. Ambiance assez *roots*. Néanmoins, les 2 dortoirs de 8 lits (dont un féminin avec salle de bains privée) sont corrects, tout comme les 2 chambres privées. Cuisine commune. Jardin avec piscinette à l'entretien aléatoire. Mais ce n'est vraiment pas cher pour Tiradentes !

### De prix moyens à plus chic (180-500 Rls / env 43-120 €)

**Pousada Chafariz das 4 Estaçãoes** *(plan A1, **14**) : rua do Chafariz, 120. ☎ 3355-1352. • chafarizdasquatroestacoes.com.br • Au bout de la rua G. Passos, puis à droite. Doubles 230-270 Rls.* Presque en face de la fameuse fontaine *(chafariz)*, une jolie bâtisse bleu-blanc-jaune, arrangée un peu comme un motel (on se gare devant la chambre), mais avec la tranquillité et un brin de charme en plus. Petites chambres fraîches avec douche/w-c, clim et frigo. Piscinette dotée d'un jet et sauna. Accueil très gentil.

**Pousada Tiradentes** *(plan B1, **11**) : rua São Francisco de Paula, 41. ☎ 3355-1232. • pousadatiradentesmg.com.br • Juste à côté de la gare routière. Doubles 180-280 Rls.* Grosse maison blanche typique du village. Chambres à l'étage ou donnant sur le micro-jardin, simples mais fraîches et assez confortables (bonne literie, clim, TV, douche électrique). Petite piscine dans le jardinet.

**Pousada da Bia** *(plan A1, **12**) : rua Frederico Ozanan, 330. ☎ 3355-1173. • pousadadabia.com.br • Au bout de la rua G. Passos, après la pousada Chafariz. Doubles 250-310 Rls. Parking.* Les chambres, plutôt basiques (ventilo, pas de clim) mais claires, sont réparties autour d'un jardin, où se niche une modeste piscine. Ensemble assez rustique, c'est le jardin qui en fait le charme. Bon accueil.

### Chic (250-500 Rls / env 60-120 €)

**Pousada Richard Rothe** *(plan A2, **15**) : rua Padre Toledo, 124. ☎ 3355-1333. 📱 99976-7414. • pousadarichardrothe.com.br • Doubles 450-550 Rls ; tarif dégressif dès la 2e nuit.* Une des *pousadas* les plus séduisantes, posée dans une rue typique de la vieille ville, au pied de l'église São Antonio. Vieille demeure de caractère arrangée avec beaucoup de soin par un antiquaire brésilien. Chambres vraiment spacieuses, confortables (avec ou sans clim) et délicieuses, donnant sur la rue ou sur le jardin intérieur avec sa belle piscine encadrée de palmiers. Une véritable adresse de charme !

### Très chic (plus de 500 Rls / 120 €)

**Pousada Brisa da Serra** *(hors plan par A2, **16**) : rua Santissima Trindade, 520. ☎ 3355-1838. • brisadaserra.com.br • Doubles 500-800 Rls, petit déj et thé complet inclus.* La plus belle adresse chic de la ville, perchée au sommet de la colline. On y contemple les montagnes avec délectation, surtout depuis la belle piscine ! Également un bassin à bulles et un sauna (sans supplément). Chambres hyper spacieuses, tout confort et meublées à l'ancienne, avec un bout de terrasse et un hamac ou un canapé. Buffet du petit déj à la hauteur, avec de bons gâteaux maison. Idem pour le thé de l'après-midi, un vrai petit repas sucré. Massages sur résa. Excellent service.

## Où manger ? Où boire un verre ? Où sortir ?

Pas mal de petites cantines pratiquent la cuisine *mineira* dans la rue principale et autour de la place. Il y a les adresses du midi, pas trop chères, et celles du soir, plus onéreuses. Cependant, n'oubliez pas que les plats principaux sont souvent pour 2 ; demandez le prix individuel si vous êtes seul(e).

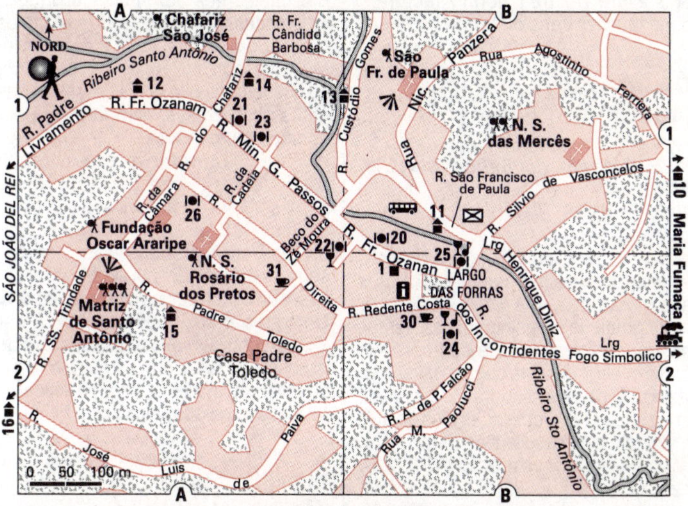


TIRADENTES

**Adresses utiles**

- Office de tourisme (B2)
- 1 Bradesco (B2)

**Où dormir ?**

- 10 Hostel Lumiar da Serra (hors plan par B1)
- 11 Pousada Tiradentes (B1)
- 12 Pousada da Bia (A1)
- 13 Hostel Tiradentes (A-B1)
- 14 Pousada Chafariz das 4 Estaçãoes (A1)
- 15 Pousada Richard Rothe (A2)
- 16 Pousada Brisa da Serra (hors plan par A2)

**Où manger ?**
**Où boire un verre ? Où sortir ?**

- 20 Sabor de Minas (B1)
- 21 Divino Sabor (A1)
- 22 Ouro Canastra (A1-2)
- 23 Estalagem do Sabor (A1)
- 24 Sabor com Arte (B2)
- 25 Templário (B1-2)
- 26 Tragaluz (A1)

**Où faire une pause sucrée ?**

- 30 Puro Cacau (B2)
- 31 Padaria Toledo (A2)

## Bon marché (moins de 40 Rls / env 10 €)

**Divino Sabor** *(plan A1,* ***21****) : rua Ministro Gabriel Passos, 300. ☎ 3355-1800. Tlj 11h-15h30, sauf lun.* Le self le moins cher et le plus sympa de la ville. Parfait à midi pour une bonne cuisine du Minas et des viandes grillées au feu de bois, servies *ao kilo.* Courette au calme, attenante à une gentille salle. Accueil familial impeccable.

***Sabor de Minas*** *(plan B1,* ***20****) : rua Ministro Gabriel Passos, 52. ☎ 3355-1632. Lun-mar 11h30-18h, mer-dim 11h30-23h.* Tout près de la place principale, une gentille cantine familiale avec une petite salle dans les tons chauds de la région. On y sert avec le sourire des *pratos tipicos* comme le *feijão tropeiro* et le *tutu à mineira,* vraiment excellents. Également du poulet *ora pro nobis* (feuilles de cactus), du *filé com fritas,* du tilapia, de la *picanha,* etc. Tout est fait avec amour et s'avère de très bonne facture... dans tous les sens du terme !

### De prix moyens à chic (40-100 Rls / env 10-24 €)

**Estalagem do Sabor** (plan A1, **23**) : *rua Ministro Gabriel Passos, 280. ☎ 3355-1144. Tlj 11h-17h. CB refusées. Attention, les prix annoncés sont pour 2.* Ouvert sur un jardin propret, voici un bon petit restaurant local aux airs de cottage, une table idéale pour partir goûter la cuisine du Minas. Tenter, bien sûr, les classiques *feijão tropeiro* et *tutu à mineira* ou alors osez le *mane sem jaleco*, du riz, des haricots, de la banane et du chou vert. Copieux, et plus fin qu'il n'y paraît. Une excellente adresse.

**Ouro Canastra** (plan A1-2, **22**) : *rua Direita, 205. 98871-1389. Tlj, sauf lun-mar, à partir de 10h ; jusqu'à 18h mer, 20h jeu-ven, 22h sam et 14h dim.* Situé dans le passage qui relie la rue principale, ce petit fromager qui fait aussi bar plaira à ceux qui veulent découvrir les surprenants fromages de la région, au lait cru, de vache, de brebis, dont l'AOC *serra da canastra*. À accompagner d'une bonne bière artisanale ou d'un verre de vin.

**Sabor com Arte** (plan B2, **24**) : *rua Resende Costa, 66 ; sur le largo das Forras (pl. centrale). ☎ 3355-1886. Tlj, sauf lun, 18h-23h (plus tard ven-sam).* Bar chaleureux aux murs de briques et faïences, banquette rouge et tables bistrot, ouvert sur la place centrale. Musique *ao vivo* en fin de semaine, jusque tard dans la nuit. Également des petits plats (pizzas, hamburgers) pour éponger toute la soirée.

**Templário** (plan B1-2, **25**) : *largo das Forras, 60 ; à 30 m de la pl. centrale, juste avt le petit pont. ☎ 3355-1197. Tlj 16h (12h ven-dim)-minuit.* Pour une mousse en terrasse, sous une forêt de parasols, ou pour mater un match sur les différents écrans. Quelques plats, plus copieux (pour 2-3 personnes) que très fins, histoire de maintenir le cap. Bonne ambiance dans la salle conviviale et service efficace. Musique *ao vivo* tous les soirs *(MPB)*.

### Plus chic (plus de 100 Rls / env 24 €)

**Tragaluz** (plan A1, **26**) : *rua Direita, 52. 99968-4837. Tlj à partir de 19h, sauf mar. Compter 150-200 Rls.* Grande salle chaleureuse (poutres, mezzanine en bois), dans une vieille maison coloniale aux murs blancs. Considéré comme un des meilleurs restos de Tiradentes. Cuisine du Minas soignée et savoureuse, mais aussi de délicieux risotto, salades, desserts...

## Où faire une pause sucrée ?

**Puro Cacau** (plan B2, **30**) : *largo das Forras (place centrale). ☎ 3355-1600. Tlj sauf lun, 18h-0h30.* Délicieux magasin de chocolats qui propose aussi des cafés et des glaces. On a envie de tout goûter... Ça tombe bien, on peut déguster sur place dans le sympathique patio à l'arrière.

**Padaria Toledo** (plan A2, **31**) : *rua Padre Toledo, 49. Tlj 7h-20h30.* Petite boulangerie dans un local tout simple. Seulement une table dehors, sinon petite salle assez fraîche. Pain frais, biscuits et autres douceurs. À accompagner d'un jus de fruits frais ou d'un café, sans chichis.

## À voir

**Igreja Matriz de Santo Antônio** (plan A2) : *sur la colline qui domine la ville à l'est. Tlj 9h-17h. Entrée : 5 Rls. Concert d'orgue le ven à 20h (40 Rls).* On y accède à pied en montant une rue pavée, bordée de charmantes maisons de style colonial portugais (quelques galeries et ateliers d'artisans). Belle vue sur les collines et la ville depuis l'esplanade. Construite en 1710, c'est un des plus beaux temples de style baroque de la région... et même du Brésil ! Époustouflante église, dont on dit que toutes ses dorures ont nécessité 482 kg d'or. Balcon avec buffet d'orgue et 6 autels, également couverts d'or et abondamment sculptés. Même le plafond à caissons est doré...

La plupart des églises de Tiradentes ont été construites au XVIIIe s, dans le style baroque colonial (ou rococo). Par exemple, la petite ***igreja Nossa Senhora Rosário dos Pretos*** *(plan A1-2 ; tlj 11h-17h ; entrée : 3 Rls),* dans le prolongement de la rua Cadeia. Datant de 1708, c'est la plus ancienne église de la ville, construite pour les esclaves. Autel doré et plafond peint à caissons. Notez le clocher, séparé de l'église.

***Capela São Francisco de Paula*** *(plan B1) : rua Nicolau Panzera. En principe, ouv le w-e 9h-12h pour la messe.* En fin de journée, jolie vue panoramique depuis le terre-plein, avec sa croix ornée d'un coq et d'outils traditionnels.

***Igreja N. S. das Mercês*** *(plan B1) : après la poste, sur le largo. En principe, ouv le w-e 7h-17h (messe dim à 8h).* Très simple, elle date de 1760.

***Chafariz de São José*** *(plan A1) : au bout de la rua Gabriel Passos, puis à droite.* Également appelée *Mae d'Água.* Cette grande fontaine à 3 bouches, érigée en 1749 et légèrement de traviole depuis, servait jadis à alimenter la ville en eau potable, d'abreuvoir pour animaux et de lavoir. Statue de Joseph tenant Jésus dans ses bras.

***Fundação Oscar Araripe*** *(plan A1) : rua da Camara (ladeira da Matriz), 98. ☎ 3355-1148. • oafundacao.org.br • Tlj 9h-20h. Entrée : 5 Rls.* Salle d'expo et atelier d'Oscar Araripe, un des grands peintres vivants du Brésil, ancien journaliste, militant de l'Action populaire dans les années 1970 et ami de Niemeyer. On peut découvrir ici ses peintures aux couleurs vives (thèmes floraux, paysages) et éventuellement le rencontrer.

Si vous avez suffisamment de place dans votre sac pour y glisser une armoire (!), sachez que Tiradentes est réputée pour ses meubles en jacaranda. À voir, nombreux ***ateliers d'ébénistes, de ferronniers et boutiques d'antiquaires.***

# À faire

➢ ***Randonnées :*** belles collines vertes à découvrir avec un guide local de préférence. Pas de difficultés majeures, balades faciles pour un débutant. Se renseigner à l'office de tourisme.

***Train Maria Fumaça*** *(hors plan par B2) : il relie Tiradentes à São Jão del Rei. Infos : ☎ 3371-8485. 2 A/R par j. ven-dim et j. fériés. Attention, il y a parfois des problèmes d'entretien et ces horaires peuvent varier : renseignez-vous à l'office de tourisme. En principe, départ ven-sam à 11h et 16h (plus 14h certains sam), et dim à 11h depuis Tiradentes, retour de São João à 10h et 15h ven-sam (plus 13h certains sam), seulement à 10h le dim. Tarifs : 60 Rls aller simple, 70 Rls A/R ; réduc. Durée : env 40 mn (aller).* Une dizaine de wagons tirés sur 12 km par une locomotive à vapeur de 1908. Une balade sympa si l'on voyage avec des enfants. Si vous prenez le dernier train depuis Tiradentes (17h), il vous faudra rentrer en bus ou en taxi *(env 40 Rls).* Et dans le sens Tiradentes-São João, préférez les sièges côté droit, pour une meilleure vue. À la gare de São João del Rei, petit *museu ferroviário (jeu-dim 9h-17h, fermé lun-mer ; GRATUIT).*

# Manifestations

- ***Mostra de Cinema :*** *9 j. pdt la 2e quinzaine de janv. Infos : • mostratiradentes.com.br •* Présentation de films et documentaires en plein air sur le largo das Forras, pour les adultes et les enfants. Programmation gratuite et élection du meilleur film par un jury populaire.
- ***Carnaval :*** près de 6 jours de fête dans les rues de Tiradentes.

LE SUD-EST

- ***Semana Santa :*** grande ferveur populaire. Procession religieuse, concerts, etc.
- ***Duo Jazz :*** *1re sem d'août.* Comme son nom l'indique...
- ***Festival Cultura e Gastronomia :*** *10 j. fin août.* Les grands chefs brésiliens et internationaux célèbrent la culture et les produits locaux. L'occasion de concerts, expos, spectacles, etc.

## DANS LES ENVIRONS DE TIRADENTES

***São João del Rei :*** *à 13 km de Tiradentes. Accès en bus de la gare routière de Tiradentes, en taxi (env 45 Rls) ou avec le train Maria Fumaça (lire « À faire »).* Petite ville commerçante et active, qui abrite un centre historique colonial assez bien conservé. Nombreuses rues pavées et églises, cela dit plus intéressantes à l'extérieur qu'à l'intérieur (accès payant). Agréable balade à pied entre l'église *São Francisco de Assis,* praça Frei Orlando, dont le cimetière abrite l'ancien président Tancredo Neves (notez la plaque hommage de François Mitterrand à l'entrée), la cathédrale *N. S. do Pilar,* rua Getúlio Vargas *(messe en musique mer-ven à 19h),* et l'église *N. S. do Carmo,* dont la façade présente toutes les différentes phases du baroque. De l'autre côté de *N. S. do Pilar,* vers *N. S. do Rosario*, on peut jeter un œil à la jolie *maison de l'acupuncteur Lustosa* et, juste après, à l'ancienne demeure vert-blanc-jaune de Tancredo Neves, *Solar dos Neves*.
Enfin, on peut grimper jusqu'à l'***igreja N. S. das Mercês*** *(tlj, sauf sam-dim ap-m, 8h-12h, 13h30-17h)* pour profiter du point de vue sur le centre historique (repérez les 4 églises susmentionnées !) et sur le bâtiment blanc et jaune de l'*hôpital N. S. das Mercês*.

## DIAMANTINA

47 650 hab. IND. TÉL. : 38

**Isolé à près de 300 km au nord de Belo Horizonte, Diamantina donne l'impression d'un village du bout du monde déposé comme par mégarde au milieu de sévères montagnes. Le hasard n'y est évidemment pas pour grand-chose... Au début du XVIIIe s, la découverte d'importantes mines de diamants a conduit les Portugais à s'implanter en force et à développer la région. Ce sera l'âge d'or de Diamantina. Aujourd'hui oubliée du grand public, malgré un formidable coup de projecteur lorsque l'enfant du pays, Juscelino Kubitschek, fut élu président de la République, cette séduisante cité n'a rien perdu de son charme colonial. Ses ruelles encaissées sont toujours dallées, bordées de maisons étroitement serrées qui ne cèdent la place qu'aux adorables églises. C'est ce qui lui a valu d'être inscrite au Patrimoine mondial de l'humanité, sans perdre au change la tranquillité et l'authenticité qui la caractérisent.**
- Un événement à ne pas manquer, de mars à octobre, 2 samedis par mois : la ***vesperata.*** Les musiciens de la ville se postent aux fenêtres des maisons de la rua da Quintada et jouent des morceaux populaires, dirigés par leur chef d'orchestre au pied des maisons. Immense foule et ambiance du tonnerre !

### Arriver – Quitter

#### En bus

***Rodoviária :*** *située à moins de 10 mn du centre, largo Dom João, 134. ☎ 3531-9176.*
➢ ***Belo Horizonte :*** env 8 bus/j., 6h30-minuit, avec *Viação Passaro Verde (☎ 3073-7575).* Trajet : 6h.
➢ ***São Paulo :*** 1 bus/j., en fin de journée, avec *Gontijo (☎ 0800-728-0044).* Trajet : env 13h.

## Adresses utiles

**Secretaria de Cultura e Turismo :** *praça Antônio Eulálio, 53. ☎ 3531-9532. • diamantina.mg.gov.br • Dans une rue parallèle à la pl. du vieux marché couvert. Tlj 9h-18h (17h sam, 12h dim).* Plan de la ville et horaires des monuments.

**Distributeurs Banco do Brasil :** *sur la pl. de la cathédrale, accessibles 24h/24.*

## Où dormir ?

### Bon marché (moins de 150 Rls / env 36 €)

**Pousada Gameleiras :** *rua do Rosário, 209. ☎ 3531-1900. • pousadagameleiras.com.br • Doubles 120-250 Rls.* C'est d'abord la belle situation de cette vieille maison coloniale qui retient l'attention : à quelques enjambées à peine de la place principale, face à la charmante et paisible praça do Rosário. Le jardin de curé est agréable à l'heure de l'apéro, tandis que les chambres vieille école s'avèrent propres et bien tenues.

### Plus chic (250-500 Rls / env 60-120 €)

**Pousada do Garimpo :** *av. da Saudade, 265. ☎ 3532-1040. • pousadadogarimpo.com.br • Double à partir de 250 Rls ; jusqu'à 480 Rls la suite avec vue panoramique.* Retirée à la lisière de la vieille ville, cette belle demeure a curieusement choisi l'option de la modernité à celle du charme de l'ancien. Si les chambres, confortables mais très neutres, peuvent décevoir, on se consolera avec la piscine, le sauna et la très jolie vue sur les montagnes. Bon standing et excellent accueil.

**Pousada Relíquias do Tempo :** *rua Macau de Baixo, 104. ☎ 3531-1627. • pousadareliquiasdotempo.com.br • Doubles env 350-480 Rls.* Attention les yeux ! Plus qu'une simple *pousada*, cette superbe adresse ressuscite le charme des vieilles demeures coloniales et l'atmosphère de l'époque. Ici, chaque détail semble raconter une histoire, comme le gramophone et les vieilles valises dans l'entrée, les tables de jeu dans le salon cosy, ou la chapelle attenante à la salle à manger rustique... Et pour en savoir plus, direction le petit musée privé. Du coup, les chambres, pourtant agréables et tout confort, paraissent presque trop simples. Un comble ! Piscine avec hydromassage. Bon petit déj (produits cuits dans l'antique four). Une belle adresse, d'un excellent rapport qualité-prix.

## Où manger ? Où boire un verre ?

### De bon marché à prix moyens (moins de 40-70 Rls / env 10-17 €)

**Grupiara :** *rua Campos Carvalho, 12. ☎ 3531-3887. Tlj midi et soir.* Cette vieille enseigne a les faveurs des Mineiras depuis ses débuts. Ses plats régionaux, tout simples et très copieux, se dégustent sans plus de façon dans une petite salle de bistrot.

Les troquets à l'ancienne mode rencontrés au hasard de vos pérégrinations vous donneront certainement envie de faire une pause, mais c'est la placette piétonne à l'angle de la rua Carvalho et de la rua Quitanda (juste derrière la cathédrale) qui rassemble le plus d'animation.

### Chic (70-100 Rls / env 17-24 €)

**O Garimpeiro :** *av. da Saudade, 265. ☎ 3532-1040. Lun-sam 18h (12h sam)-22h, dim 12h-16h.* La meilleure adresse gastronomique de la ville. Les plats régionaux à base de produits locaux sont parfaitement maîtrisés et servis avec la manière, dans une vaste salle très classique.

## À voir

Diamantina s'organise à partir de sa place principale, d'où rayonne un maillage étroit de ruelles pittoresques. La *catedral Metropolitana de Santo Antônio* occupe bien sûr la place d'honneur. Toutefois, si les lourdes tours hissées au-dessus des toits ne manquent pas de cachet, la visite du sanctuaire ne s'impose pas forcément.

***Museu do Diamante :*** *rua Direita, 14, derrière la cathédrale. ☎ 3531-1382. Mar-sam 10h-17h, dim 9h-13h. Fermé lun. GRATUIT.* Une ville née de la ruée vers le diamant sans musée sur le sujet, cela ferait désordre... Et pourtant, celui-ci se définit plutôt comme un musée d'Art et de Traditions populaires. Situé dans une jolie bâtisse de 1749, il égrène au gré de ses belles salles des collections d'art sacré, des armes, du mobilier ancien du Minas Gerais, des entraves pour rappeler l'esclavage et, l'honneur est sauf, quelques pierres dans un antique coffre-fort... Un peu fourre-tout mais plein de petits trésors.

***Passadiço da casa da Glória :*** *rua da Glória, 298. Tlj 9h-17h. GRATUIT.* C'est la carte postale la plus vendue de la ville ! Difficile d'échapper à ces 2 bâtiments blanc et bleu (le 1er du XVIIe s, le 2d du XIXe s) réunis par un passage couvert en bois à l'italienne. Après avoir longtemps appartenu à l'évêché, cet ensemble original abrite désormais l'institut de géologie. On y verra quelques vitrines de minéraux et une petite collection de photographies anciennes.

***Igreja Sr. do Bonfim dos Militares :*** *praça Mons. Neves. Mar-ven 13h-17h ; sam 9h-12h, 14h-17h ; fermé dim-lun. Entrée : 5 Rls.* Cette petite église, construite par les militaires d'Arrail do Tejuco vers 1771, est sans doute la plus attachante de Diamantina. De proportions harmonieuses, elle renferme un bel autel baroque richement décoré et d'admirables peintures polychromes sur bois. Mais ce qui rend la visite inoubliable, c'est la possibilité de grimper dans le vénérable clocher pour admirer la vue sur la ville. Gare aux marches de guingois et à la cloche suspendue à hauteur de tête !

***Igreja N. S. do Carmo :*** *rua do Carmo. Horaires variables. GRATUIT.* Les observateurs ont-ils remarqué ce qui cloche ? Eh bien, c'est justement l'emplacement de la cloche... repoussée curieusement à l'arrière de l'église. Le commanditaire aurait cédé aux caprices de la belle Chica da Silva, sans doute inquiète pour ses siestes ! Toutefois, cette belle église érigée en 1765 est également réputée pour être la plus riche de la ville, avec ses remarquables peintures et son orgue baroque.

***Igreja N. S. do Rosário :*** *largo do Rosário. En principe, mar-sam 9h-12h, 14h-18h, dim et j. fériés 9h-12h ; fermé lun. Entrée : 2 Rls.* Considérée comme le plus vieux sanctuaire de la ville, cette petite église inaugurée en 1728 a surtout l'avantage d'être située sur une place très pittoresque. Sa décoration intérieure se révèle d'une élégante simplicité. En sortant, jeter un œil à la fontaine *Chafariz do Rosário*, datant de 1787.
– En revenant sur vos pas, petit détour par la ***capela imperial do Amparo,*** datant de 1776 *(rua do Amparo ; mar-ven 13h-17h, sam 9h-12h, 14h-17h ; fermée dim-lun ; 2 Rls).* On y observe parfaitement l'influence du rococo sur le style baroque de la région.

***Mercado municipal :*** *praça de Guaicuí.* Une balade à Diamantina serait incomplète sans une halte au marché, datant de 1835. Le vendredi soir, ambiance très animée au son de petits concerts dans les travées. Le samedi matin, on y vend toutes les douceurs, *salgados*, produits de l'artisanat et ingrédients culinaires du Minas.

Ceux qui ont encore un peu de temps et d'énergie iront jeter un coup d'œil à la ***casa de Chica da Silva*** *(praça Lobo Mesquita, 266 ; mar-sam 12h-17h30, dim 9h-12h, fermé lun ; GRATUIT),* une maison coloniale typique où vécurent, entre 1755 et 1770, un riche entrepreneur et son esclave affranchie, la célèbre Chica da Silva, qui lui donna 13 fils, presque un par an ! Les expos qu'elle abrite sont toutefois nettement moins fascinantes que la maison elle-même.

# LE CENTRE-OUEST

**Cette région est longtemps restée la plus lointaine limite du pays, son « bout du monde ». Son essor date seulement de la construction de Brasília (1960), qui draine des millions d'habitants et développe un vaste réseau de transports. Désormais reliées au reste du pays, ses villes croissent rapidement grâce à l'exploitation de ses ressources minières (surtout aurifères), mais aussi dopées par l'agriculture et l'élevage. Malgré ces grands bouleversements, sa faune et sa flore, d'une richesse inouïe, exhalent encore un extraordinaire parfum de terre sauvage.**
**Si Brasília est une étape possible – voire recommandée – pour comprendre le Brésil moderne, le Mato Grosso et surtout le Pantanal sont sans aucun doute – avec l'Amazonie – la plus merveilleuse rencontre avec la nature que vous offrira le Brésil.**

## BRASÍLIA

2 914 800 hab. — IND. TÉL. : 61

• Plan *p. 249*

**La voici donc, cette capitale brésilienne, cette aventure architecturale et économique, cette cité futuriste et utopique créée au milieu de nulle part... sur un plateau à 1 000 m d'altitude, et à plus de 1 100 km de Rio. Est-elle un chef-d'œuvre architectural ouvert sur le futur ou un monstre moral et financier, un témoin de la folle ambition des hommes ?**
**Peu adaptées aux piétons, certaines avenues sont d'une largeur inhumaine, néanmoins, en s'armant de patience on peut se transformer en « trekkeur urbain », du moins dans la partie centrale en forme de fuselage d'avion (Eixo Monumental). L'essentiel de la vie sociale se concentre dans d'immenses *shopping centers* qui étalent leurs galeries marchandes et animées sur plusieurs étages. Au-delà de l'axe central et de la zone hôtelière, dans les ailes (*aslas,* quartiers d'habitation et des commerces) étirées sur des kilomètres, il vaut mieux prendre un bus ou un taxi. On ne marche pas dans Brasília, on roule... en voiture ou en bus ! Le réseau de bus est d'ailleurs facile à appréhender et fonctionne bien.**
**Cela dit, à Brasília, on parle d'un autre mode de vie, plus calme, plus proche de l'environnement, plus « écolo », oserait-on dire... Il est vrai que la végétation est omniprésente, conférant aux quartiers résidentiels l'allure de grands parcs. Alors, Brasília imposera-t-elle au routard d'infléchir sa route ? Les curieux, les amateurs d'architecture monumentale et d'urbanisme, les chasseurs d'images, répondront oui...**

BRASÍLIA

■ **Adresses utiles**

- 1 Rodoviária interestadual (hors plan par A1)
- 2 Rodoviária central (A1)
- 3 CAT (B2)
- 5 Banco do Brasil (A2)
- 6 HSBC (A2)
- 7 Alliance française (hors plan par A2)
- 8 Ambassade de France (B2)

**Où dormir ?**

- 11 Hotel das Americas et Hotel Bristol (A1)
- 12 Hotel Diplomat et Bittar Inn Hotel (A1)
- 13 Naoum Hotel (A1)
- 14 Mercure Brasília Eixo (A1)
- 15 Windsor Plaza (A1)

**Où manger ?**
**Où boire un verre ? Où sortir ?**

- 19 Café Daniel Briand (hors plan par A-B1)
- 20 Beirute (hors plan par A2)
- 21 Green's (A2)
- 22 Xique Xique (hors plan par A2)
- 23 Libanus (A2)
- 25 Bier Fass (hors plan par A2)
- 26 Bar Brahma (A2)
- 27 Lanchonetes et pastelerias (A1)
- 28 Feitiço Mineiro (hors plan par A-B1)
- 29 Churrascaria Espeto de Ouro (A1)
- 30 Coco Bambu (A1)

## UN PEU D'HISTOIRE

« Trois générations après la mienne, sur les bords d'un lac, entre les 15e et 20e parallèles sud, naîtra une terre promise. » C'est le rêve que ***don Bosco*** fit la nuit du 29 août 1883. Il n'en fallut pas plus à Kubitschek pour démarrer bien plus tard le projet de Brasília... En réalité, dès 1761, le ***marquis de Pombal*** avait déjà envisagé l'idée d'une capitale intérieure pour dynamiser le pays. On lui doit aussi d'avoir initié le plan de restructuration de Lisbonne (Portugal), au lendemain du tremblement de terre de 1755, mettant en application les théories des Lumières : simplicité, cohérence et fonctionnalité !

L'idée de décongestionner la côte, surpeuplée et concentrant toute l'activité économique, fut de tout temps la préoccupation des empereurs et des présidents du Brésil. Mais ce fut ***Juscelino Kubitschek*** qui décida, en 1956, au lendemain du suicide de son populiste de prédécesseur ***Getúlio Vargas,*** d'exaucer la promesse électorale de ce dernier. Brasília verrait le jour. Le planalto central, région très pauvre et pratiquement déserte, fut choisi symboliquement pour démontrer la volonté du gouvernement de développer toutes les régions et d'intégrer les plus défavorisées à l'économie nationale.

Partie de rien, Brasília devait être le symbole d'un pays neuf. L'emplacement fut choisi par des fonctionnaires besogneux qui ne connaissaient ni le terrain ni ses contraintes. C'est ainsi que Brasília est née de nulle part. La conception et la réalisation en furent confiées à l'urbaniste ***Lucio Costa,*** au paysagiste ***Roberto Burle-Marx,*** et au très médiatique et talentueux architecte ***Oscar Niemeyer*** (ni pire !), auteur de plusieurs bâtiments d'envergure. Niemeyer avait côtoyé de près l'architecte franco-suisse ***Le Corbusier*** quand celui-ci était passé à Rio dans les années 1930. Au début des travaux, les 1$^{ers}$ bulldozers et sacs de ciment furent parachutés. On défricha des milliers de kilomètres carrés et un immense lac artificiel de 42 km de long fut créé. La ville se construisit en 3 ans et 6 mois, le président Kubitschek ayant souhaité la voir achevée avant la fin de son mandat. Une urgence, une course contre la montre...

Envoyé par le général de Gaulle à Brasília le 25 août 1959, ***André Malraux*** y lit un discours lyrique et visionnaire. Il célébra l'audace de la nation brésilienne capable de construire une capitale futuriste en 41 mois sur un plateau quasi désertique. L'inauguration se déroula le 21 avril 1960, jour anniversaire de la mort de ***Tiradentes*** (héros de l'indépendance du Brésil).

### BRASÍLIA MYSTIQUE ET ALLUMÉE !

*À la fondation de la capitale futuriste, des mystiques exaltés y virent un « point névralgique de la planète », situé à la confluence exacte des 3 grands fleuves sud-américains (l'Amazone, le Rio de la Plata, et le São Francisco). Certains voyaient en Kubitschek la réincarnation du pharaon Akhenaton... Des millénaristes se réfugièrent à Brasília afin d'être à l'abri de l'engloutissement redouté du littoral brésilien par la montée des eaux le jour de l'Apocalypse... Des amateurs d'OVNI créèrent même une piste d'atterissage pour soucoupes volantes à Alto Paraiso, dans le nord de l'État de Goias...*

## L'URBANISME DE BRASÍLIA

Dans le ***projet initial,*** Brasília devait symboliser le mode de vie idéal du futur. Les axes routiers ont été tracés larges et sans croisements afin de garantir la fluidité du trafic. Chaque bloc résidentiel, prévu pour 3 000 personnes, fut construit à l'écart du flux des voitures avec un maximum d'espaces verts, son école, son église, son marché, sa poste, tous les commerces et artisans nécessaires à la vie du bloc. Bref, tout avait été conçu pour assurer le bien-être des résidents, quand bien même beaucoup de cinémas et d'équipements socioculturels ne furent pas réalisés.

Le ***plan de Brasília*** a commencé par une croix qui s'est transformée en une forme d'avion. Cela apparaît clairement quand on survole la capitale depuis le ciel. Les

ailes de cet avion en seraient l'axe routier courbe nord-sud *(eixo rodoviário)*, et le fuselage serait l'axe dit « des monuments publics », orienté est-ouest. Celui-ci, nommé « axe gouvernemental », croise l'axe résidentiel. Au croisement des 2 se trouvent les commerces et la culture (aujourd'hui, c'est plutôt la zone hôtelière). La tête et la queue de l'« avion » partent en s'effilant, tandis qu'à l'intersection des ailes et du fuselage on trouve la gare des transports urbains.
L'***axe gouvernemental*** se compose du palais de la Présidence de la République, de l'Assemblée nationale, du Sénat, de la Cour suprême, et d'une suite impressionnante de ministères. C'est la partie la plus belle de Brasília (surtout de nuit), celle où se tiennent les plus remarquables bâtiments dessinés par Oscar Niemeyer. En contrebas, au bord d'un lac, ont été construites les ambassades.
L'architecte Oscar Niemeyer, communiste convaincu, voulait abolir la propriété privée. Il créa à Brasília des « unités de voisinage » *(unidades de vinzinhacas)* où devaient loger en priorité les fonctionnaires et serviteurs de l'État. Des immeubles modernes en béton sont construits sur pilotis. Les maisons individuelles existent, mais plus loin du centre administratif, dans les « ailes » de la capitale-avion. De part et d'autre de l'axe routier (conçu pour de grandes vitesses avec voies pour autos, camions et autobus) s'alignent les ***superquadras*** ou « noyaux techniques de peuplement ». Si les habitations ne font guère plus de 3 étages de hauteur, les hôtels et les immeubles modernes du centre peuvent atteindre 10, 20 ou 30 étages.
Du haut de la tour de télévision, le panorama embrasse toute la ville, ce qui permet de se rendre compte des distances énormes qui séparent les différents pôles d'activité.



## Les limites de l'utopie futuriste

À l'époque de la création de la ville, il fallut payer double les fonctionnaires pour qu'ils acceptent de quitter l'ancienne capitale, Rio ! Aujourd'hui encore, les fonctionnaires doivent assurer 4 ans de présence avant d'être en droit de quitter leur poste à Brasília. Les ambassades étrangères mirent aussi des années à s'y installer. Le gouvernement brésilien dut même menacer les plus récalcitrantes de rupture diplomatique !
De fait, la vie sociale de quartier ne s'est pas vraiment bien greffée sur ces conditions matérielles supposées « idéales ». Les gens vivent chez eux, dans l'anonymat de grands ensembles sans âme. Devant l'augmentation du coût de la vie, y compris des loyers, les plus défavorisés ont rejoint les banlieues lointaines. Elles sont aujourd'hui autant d'appendices s'agglutinant à la ville elle-même, et favorisent la paupérisation des plus démunis. Prévue pour 400 000 habitants, Brasília en compte aujourd'hui près de 3 millions avec ses villes-satellites (29 au total).
Pour les uns, l'audace architecturale est sans doute stupéfiante, pour les autres, la ville n'est qu'une « utopie coupée du réel », une « ville mort-née », un enchevêtrement de blocs de béton, traversés par des artères sans fin. Il n'en demeure pas moins qu'à la différence de leurs parents les gamins nés ici ont apprivoisé leur ville, n'ayant pas connu d'autre mode de vie. Aujourd'hui, les adolescents jugent la cité bien moins sévèrement qu'il y a 12 ans. Pour certains, impossible de vivre dans l'enfer de São Paulo. Les notions de silence, d'espace et d'absence de pollution sont devenues des éléments indispensables à leur cadre de vie. En outre, Brasília connaît très peu de problèmes d'insécurité contrairement aux autres grandes villes du pays.

## L'architecte de Brasília : Oscar Niemeyer (1907-2012)

Le principe fondamental qui guida Niemeyer se résume à ceci : « L'architecture n'est pas un simple problème technique d'ingénieur, mais une manifestation de l'esprit, de l'imagination, de la poésie. » En clair, un bâtiment ne doit pas être qu'utile et fonctionnel, il doit être beau et utiliser au maximum les possibilités de tous les matériaux, en exprimant une idée forte, noble, originale.

Hautement allégorique, l'axe de réflexion fut d'abord la matérialisation de symboles, par exemple « la garde géante de l'épée » devant le ministère de l'Armée de terre, la couronne d'épines-cathédrale, ou encore le thème du portique utilisé dans de nombreux édifices et qui évoque les colonnades grecques.
Vient également l'utilisation massive des ruptures de rythmes, de volumes et de niveaux. Résultat : Brasília est une ville de contrastes. Aux lignes droites et « fonctionnelles » conçues par Costa s'opposent les courbes surprenantes et souvent audacieuses des monuments de Niemeyer.

### À HAUTEUR D'HOMME

*Communiste n'ayant jamais renié ses idées, Oscar Niemeyer vivait certes dans l'aisance, mais n'a jamais fait fortune. Pendant la durée du chantier de Brasília, il logea dans un baraquement pour être sur le terrain tous les jours. Il refusa le système des juteuses commissions. Intègre et entêté, il préféra être salarié comme un fonctionnaire de l'État.*



## Arriver – Quitter

### En avion

✈ ***Aeroporto internacional Presidente Juscelino Kubitschek*** *(hors plan par A1)* **:** *situé à env. 10 km à l'ouest du centre-ville.* ☎ *3364-9000.* • *bsb.aero/br/* • Liaisons directes et quotidiennes avec toutes les grandes villes du pays.

■ S'y trouvent les principales agences de ***location de voitures*** *(Avis, Hertz, Localiza, Unidas...)* avec service de navettes jusqu'aux points de prise en charge des véhicules, différentes ***banques, distributeurs*** pour cartes internationales *(Banco do Brasil, HSBC...)* et tous les ***services*** habituels (poste, change...).

■ ***Infos touristiques*** *(CAT – Centro de Atendimento ao Turista)* **:** *à l'extérieur de l'aérogare, face au hall des arrivées, à droite. Tlj 8h-18h.* Personnel efficace et anglophone.

➢ ***Liaisons avec le centre-ville :*** l'***Ônibus Aeroporto Executivo*** offre la solution la plus pratique. Navettes régulières entre l'aéroport et le centre, bus nº 113, ttes les 30 mn env, 6h30-23h55. ☎ *3344-2769.* Billet : env 15 Rls. Arrêts fréquents devant les principaux hôtels. On peut aussi prendre le bus public nº 102 (bon marché, ttes les 30 mn env, tlj 6h-23h) qui dessert la rodoviária central. En taxi, env 60 Rls pour le centre (30 mn de trajet).

### En bus

🚌 ***Rodoviária interestadual*** *(gare routière ; hors plan par A1,* ***1****)* **:** ☎ *3234-2185. Ouv 24h/24. À 15 mn du centre en métro depuis la station Central (arrêt « Shopping »). Accès en bus nos 108.8 et 108.9 (env 30 mn).* La gare routière est aussi moderne qu'un aéroport et dispose de tous les services. Une quarantaine de compagnies desservent toutes les grandes villes du pays, mais les trajets sont très longs, dans certains cas mieux vaut prendre l'avion (parfois au même prix si on opte pour une liaison *low-cost*).

➢ ***Rio de Janeiro :*** env 1-2 bus/j., avec *Itapemirim-Kaissara (☎ 0800-723-2121 ; • itapemirim.com.br •).* Prévoir 17h de trajet. La compagnie assure aussi des liaisons avec ***Belo Horizonte*** (10h), ***Porto Alegre*** et ***Recife*** (35h et 37h !).

➢ ***São Paulo :*** env 5-6 bus/j., avec *Real Expresso (☎ 0800-085-8830 ; • realexpresso.com.br •).* Trajet : env 15h.

➢ ***Cuiabá :*** 1 bus/j., avec *Eucatur (☎ 0800-690-800 ; • eucatur.com.br •).* Trajet : env 21h.

➢ ***Corumbá*** *(Mato Grosso do Sul)* **:** se rendre d'abord à Cuiabá puis changer de bus à Campo Grande (prévoir 2 j. de trajet !).

## Comment se déplacer ?

À Brasília, les rues n'ont pas de nom mais un numéro de quadra, de bloc et de lot. 2 axes principaux coupent la ville : l'Eixo Monumental ouest-est (autour duquel on trouve les principaux monuments) et l'Asa nord-sud (autour de laquelle s'organisent les quartiers d'habitation et leur îlot de commerces et restos). À l'ouest de l'Asa les quadras impairs, à l'est les quadras pairs. Dans chaque quadra, les blocs se succèdent de A à C, parfois jusqu'à H, à l'intérieur desquels on trouve souvent des lots, classés par numéro. Pas simple au début de s'y retrouver, mais on s'y fait une fois cette drôle d'organisation assimilée !

➢ ***En bus :*** le bus *Circular nº 131,* arrêt « Ponte Norte », permet de rejoindre la ***rodoviária central*** *(plan A1,* ***2*** *; ☎ 3327-4631).* On y trouve tous les bus urbains indiqués plus loin dans la rubrique « À voir ».

➢ ***En taxi :*** c'est le meilleur moyen pour voir le maximum de choses, sans perdre de temps. ***Brasília Rádio Táxi*** *(☎ 3226-3030).* Disponibles 24h/24. Ils fonctionnent au compteur. La taxe de départ est de 4,50 Rls. Compter 15-30 Rls pour les petites et moyennes courses.

➢ ***À vélo :*** avec **Bike Brasília City-tour.** Infos : • *bikebrasilia.com* • Même principe que le *Vélib',* achat d'un *pass* sur le site avec une carte de paiement, puis utilisation d'un vélo gratuitement pour une durée de 1h *(compter 5 Rls/h supplémentaire).* Idéal pour parcourir l'Eixo Monumental, mais les bornes manquent parfois de vélos !



## Adresses utiles

### Infos touristiques

**i** ***CAT*** *(Centro de Atendimento ao Turista ; plan B2,* ***3****) : praça dos Três Poderes. ☎ 3214-2742. • vemviver brasilia.df.gov.br • turismo.df.gov.br • Tlj 8h-12h, 14h-18h.* Personnel disponible et anglophone. Également un kiosque à l'aéroport.

### Argent, change

■ ***Banco do Brasil*** *(plan A2,* ***5****) : dans le Pátio Brasil (setor comercial sul, quadra 07). ☎ 3224-8926. Change lun-ven 11h-16h.*

■ ***HSBC*** *(plan A2,* ***6****) : av. W-3 Sul à l'angle avec le bloc 202. Visible de loin. Lun-ven 11h-16h.* Distributeurs automatiques acceptant *Visa, MasterCard* et *American Express.*

■ Également des ***distributeurs*** dans les *shopping centers.*

### Représentations diplomatiques

■ ***Ambassade de France*** *(plan B2,* ***8****) : SES, av. das Nações, lote 04, Qd 801. ☎ 3222-3999. • ambafrance-br.org • Lun-ven 8h30-12h ; seulement sur rdv le reste du temps.*

■ ***Ambassade de Belgique*** *(hors plan par A2) : SES, av. das Nações, lote 32, Qd 809. ☎ 3443-1133. Urgences : ☎ 8407-9756. • diplomatie.be/brasiliafr • Lun-jeu 8h30-12h30, 14h-17h ; ven 8h30-13h.*

■ ***Ambassade de Suisse*** *(hors plan par A2) : SES, av. das Nações, lote 41, Qd 811. ☎ 3443-5500. • eda.admin.ch/brasilia • Lun-ven 9h-11h30.*

■ ***Ambassade du Canada*** *(plan A2) : SES, av. das Nações, lote 16, Qd 803. ☎ 3424-5400. • canada.org.br • Lun-jeu 8h30-13h, 14h-17h30 ; ven 8h30-14h.*

### Urgences

✚ ***Hôpital de base do DF*** *(plan A2) : SMHS, Área Especial, Q 101. ☎ 3315-1280.*

■ ***Médecin francophone : Frédéric Steenhouver,*** *☎ 3223-8331.*

■ ***Ambulances :*** *☎ 192.*

■ ***Pharmacies ouvertes 24h/24 : Drogaria Rosário,*** *SCLN 116, bloco C, lojas 12, 16 et 20. ☎ 3212-1000.*

*Également SCLN 312, bloco B, lojas 12 et 23.*

■ ***Police :*** *☎ 190 et 197.*

## Divers

■ ***Alliance française*** *(hors plan par A2, **7**) : à Asa Sul, SEP-Sul E.Q. 708/907, lote A, près de l'école française François-Mitterrand. ☎ 3262-7600. Également dans le quartier sudoeste : CLSW 301, bloco A, loja 86. ☎ 3344-6880. • afbrasilia.org.br • Tlj sauf dim 8h-21h (19h ven, 12h sam).* Institution culturelle dynamique, idéale pour rencontrer des Brésiliens francophones. Bonne sélection de livres et de journaux français, expos temporaires, projections de films et quelques concerts (gratuits). Cafétéria dans un agréable patio fleuri et petit jardin tropical.

## Où dormir ?

***Attention :*** Brasília n'a pas été conçue pour les touristes, mais pour les congressistes et les hommes d'affaires. Résultat : très peu d'adresses bon marché pour les routards. Cela dit, la plupart des établissements cassent les prix le week-end (de 40 à 50 % moins cher !), lorsque les administrations sont fermées. Par ailleurs, on vous recommande de réserver votre hébergement sur le site internet de l'hôtel, vous bénéficierez de tarifs remisés de 30 % minimum par rapport à ceux demandés à la réception.

LE CENTRE-OUEST

### De bon marché à prix moyens (moins de 150-250 Rls / env 36-60 €)

***Hotel das Americas*** *(plan A1, **11**) : SHS, quadra 04, bloco D. ☎ 3034-3355. • hoteisbittar.com.br • Doubles 150-230 Rls.* Oublier la façade vieillotte et sa situation (comme ses concurrents) dans la zone hôtelière sans charme, cet hôtel recèle de belles chambres refaites dans un style moderne, de très bon rapport qualité-prix. Agréables et confortables, elles ont toutes un lit *queen,* la clim et un frigo-bar. Abrite aussi un restaurant.

***Bittar Inn Hotel*** *(plan A1, **12**) : SHN quadra 2, bloco N. ☎ 3704-3010. • hoteisbittar.com.br • Doubles 150-220 Rls.* Situé dans un bloc d'hôtels vieillots et bon marché, pas de quoi être émerveillé par la bâtisse, mais les prix sont très abordables pour la ville. Pas de clim mais ventilo dans les chambres, propres et fonctionnelles, décorées simplement. La marque *Bittar* reste une garantie de qualité hôtelière à Brasília.

***Hotel Diplomat*** *(plan A1, **12**) : SHN quadra 2, bloco N. ☎ 3204-2010. • diplomathotelbrasilia.com.br • Doubles 130-220 Rls ; promos selon affluence.* Dans le même esprit que ses voisins, mais avec une façade un peu moins datée 70's. Des chambres sobres, sans déco particulière, mais propres avec clim et frigo. Celles au niveau inférieur sont très petites et avec un vasistas pour fenêtre, mais elles sont proposées à prix riquiqui. Bon accueil.

### De plus chic à très chic (250-500 Rls et plus / env 36-120 €)

***Naoum Hotel*** *(plan A1, **13**) : SHS, quadra 03, bloco J. ☎ 3212-4545. • naoumhoteis.com.br • Doubles 220-450 Rls (w-e ou sem).* Incontestablement le meilleur hôtel dans cette gamme de prix. Un immeuble à taille humaine, de 4 étages, moderne et net, qui abrite des chambres très bien équipées et décorées sobrement, au goût du jour. Services de qualité et copieux petit déj-buffet.

***Hotel Bristol*** *(plan A1, **11**) : SHS, quadra 4, bloco F. ☎ 3204-6162. • bristolhotel.com.br • Doubles 240-350 Rls (w-e ou sem).* Bon hôtel également, si on fait abstraction de sa façade franchement démodée. Des chambres de bonne taille, refaites dans un style très actuel, avec mobilier en pin clair, grand miroir, clim, coffre-fort... Un petit resto agréable et, cerise sur le gâteau, une piscine toute ronde qui coiffe le toit de l'immeuble.

**Mercure Brasília Eixo** (plan A1, **14**) : *SHN, quadra 5, bloco G. ☎ 3424-2000. • mercure.com.br • Doubles 400-600 Rls en sem, moitié moins le w-e ; petit déj-buffet inclus. Promos sur le site internet.* Bel hôtel de standard international (près de 330 chambres), particulièrement avantageux les vendredi et samedi soir. Confort et service à l'image du groupe *Accor,* très bien implanté au Brésil. Chambres cossues, clim silencieuse, lit *king size,* certaines avec kitchenette. Autrement, piscine, sauna, fitness et tout le tralala inclus dans le prix. Restaurant pour dîner en amoureux. Demandez une chambre aux derniers étages, la vue est imprenable !

**Windsor Plaza** (plan A1, **15**) : *SHS, quadra 5, bloco H. ☎ 3322-4545. • windsorhoteis.com • Doubles 300-600 Rls (w-e ou sem). Promos sur le site internet.* Dans le genre super chic, encore un établissement qui sait tirer parti de sa situation ! Chambres luxueuses, de grand confort, rehaussées de bois sombre, avec meubles cossus et petits balcons. Piscine, sauna et resto de cuisine internationale. Un bon plan pour le week-end. Excellent accueil, classieux.

## Où manger ? Où boire un verre ? Où sortir ?

Peu de restos finalement pour une capitale. La plupart sont réunis dans l'îlot commercial de quadras assez excentrés par rapport aux hôtels. Il faudra donc prendre un taxi pour aller dîner. Sinon, il reste les restos des galeries commerciales ; certains sont très corrects. Côté vie nocturne, soyons clairs, Brasília n'est pas Rio ! Passé minuit, alors que les Cariocas commencent à peine à s'échauffer, les Brasílienses regagnent leurs pénates. C'est dans l'aile sud et plus particulièrement dans les 201, 206 et 109 que ça se passe. Sinon filez dans les clubs du bord du lac, où se retrouve la classe aisée.

### Bon marché (moins de 40 Rls / env 10 €)

***Lanchonetes et pastelerias au pied de la tour de la télévision*** (plan A1, **27**) : *du côté nord de la tour de la télévision, en contrebas de celle-ci à env 150 m, impossible de ne pas les voir. Tlj 9h-18h, sauf lun.* Les locaux appellent cet endroit la *Feira da Torre.* Une bonne quarantaine d'éventaires de cuisine répartis dans 2 ailes. Ces *lanchonetes* proposent les petits plats classiques de la cuisine brésilienne populaire. Les terrasses se suivent et se ressemblent, de même que les tarifs bon marché.

***Green's*** (plan A2, **21**) : *CLS 202, Asa Sul, bloco C, s/n, loja 4, ☎ 3321-5039. Tlj, sauf sam, 9h-22h (dim 10h-15h30). Autre adresse : asa Norte, 302, bloco B, s/n, loja 4. ☎ 3326-0272. Tlj, sauf dim, 9h-22h (sam 10h-15h30).* Dans une rue commerçante où se concentrent plusieurs bars et restos. Ce resto *ao kilo* propose de nombreuses formules 100 % bio et végétariennes. Buffet avec un grand choix de soupes à volonté, salades fraîches et naturelles, le tout à prix sages. Vin au verre pour écluser le tout. Très beaux desserts.

### De prix moyens à chic (40-100 Rls / env 10-24 €)

***Café Daniel Briand*** (hors plan par A-B1, **19**) : *CLN 104, bloco A, loja 26. ☎ 3326-1135. Tlj, sauf lun, 9h (8h w-e)-22h.* Dans ce café-bistrot à la française, on trouve toutes sortes de pâtisseries et viennoiseries, des macarons, des petits fours, mais aussi des tartes salées, des galettes, du vin au verre (très bien choisi), du café (remarquable aussi)... Le maître des lieux, le jovial Daniel Briand (originaire d'Anjou), pâtissier-chocolatier de métier, s'est enraciné à Brasília. Connu comme le loup blanc, il organise souvent des soirées à thème (causeries sur divers sujets), autour d'un buffet. Agréable salle intérieure dans le style bistrot parisien, terrasse extérieure verdoyante, toujours pleine à craquer ! Une adresse incontournable pour prendre le petit déj, faire une pause gourmande ou simplement boire un verre.

**Churrascaria Espeto de Ouro** *(plan A1, **29**) : SHN QD 2, Térreo Bl-I. ☎ 3328-6192. Tlj 11h30-15h30, 18h-23h.* Dans la zone hôtelière, une aubaine que cette *churrascaria* ! La viande, servie à volonté dans un ballet incessant de serveurs, est juteuse, goûteuse et tendre. Pas moins d'une quinzaine de morceaux différents, coupés en fines lamelles à partir de brochettes. Buffet à volonté pour accompagner. Après la grosse régalade, arrivé à saturation, il faudra bien crier : « Stop ! » Ne pas manquer de goûter à la caïpirinha, faite devant vous, l'une des meilleures dégustées dans la région !

**Beirute** *(hors plan par A2, **20**) : SCLS 109, bloco A, lojas 2-4. ☎ 3244-1717. Tlj 11h-1h (2h jeu-sam).* Malgré les années, ce resto syro-libanais n'a pas pris une ride. On y vient depuis des décennies pour ses *kibeirutes* et ses plats brésiliens. Son cadre aéré en fait d'ailleurs un lieu de rendez-vous idéal ! La déco est toute simple : d'un côté les popotes, de l'autre la salle avec des bancs et tables de bois, et dehors la terrasse (un arbre est même intégré à la toiture en tôle). Les serveurs sont efficaces et n'ont pas changé depuis la création de la maison.

**Bar Brahma** *(plan A2, **26**) : SCLS 201, bloco C, loja 33. ☎ 3321-2412. • barbrahmabrasilia.com.br • Lun-sam 12h-2h (16h dim). Couvert musical.* Grand bar et grande terrasse où des groupes du Minas Gerais se produisent en live pratiquement tous les soirs dès 19h. Le samedi (midi et soir), c'est le jour béni de la *feijoada*, et après avoir dégusté ledit « cassoulet » brésilien, tout le monde se met à guincher pour le digérer. Une institution à Brasília.

**Xique Xique** *(hors plan par A2, **22**) : CLS 107, bloco E, loja 2, Asa Sul. ☎ 3244-5797. Tlj 11h-minuit.* Un bon petit resto à prix raisonnables pour la qualité. Attention, un plat nourrit facilement 2-3 personnes. Les amateurs de *carne do sol* (viande séchée au soleil) ne rateront pas l'occasion de goûter à la fameuse *completa,* LA spécialité de la maison ! Mais le chef en propose également une version avec en plus du *queijo do sertão* (fromage cuit). Chic *Xique* alors !

**Libanus** *(plan A2, **23**) : SCLS 206, bloco C, loja 36. ☎ 3244-9795. Tlj 11h-1h (2h ven-sam).* Un endroit très populaire pour prendre un verre, avec sa grande véranda prolongée par une terrasse. Le vendredi soir, faut jouer fin pour obtenir une table compte tenu de l'affluence ! Bonne cuisine... libanaise (donc). Pas mal de choix et qualité régulière.

**Coco Bambu** *(plan A1, **30**) : SCN Quadra 05, bloco A, Asa Norte – dans la galerie commerciale du Brasília Shopping Center. ☎ 3038-1818. Tlj 11h30-minuit (1h jeu-sam) ; fermé lun-jeu 15h30-17h30.* Recommander un resto dans une galerie marchande de centre commercial, on aura tout vu ! Soulignons tout de même que c'est l'un des seuls restos dans le quartier des hôtels, que le cadre est plutôt agréable et que les tarifs sont très abordables. Bon choix à la carte, avec crevettes en sauce comme spécialités, servies copieusement (un plat suffit pour 2), mais la pizza se défend bien également, déclinée en une cinquantaine de variétés. Service efficace.

## Plus chic (plus de 100 Rls / env 24 €)

**Feitiço Mineiro** *(hors plan par A-B1, **28**) : SCLN 306, bloc B, lojas 45-51. ☎ 3272-3032. Lun-sam jusqu'à minuit et plus, dim 12h-17h.* Un très bon restaurant traditionnel qui sert de la cuisine du Minas Gerais. Le décor est celui d'une petite auberge, chaleureuse et sans prétention. On y mijote des plats très goûteux (très copieux aussi) à des prix sages. Musique *ao vivo,* groupes locaux de qualité, tous les soirs. Une bonne adresse authentique et conviviale.

**Bier Fass** *(hors plan par A2, **25**) : SHIS, lote 9, Pontão do Lago Sul. ☎ 3364-4041. Tlj 12h-1h (2h ven-dim).* Y aller à plusieurs entre amis en taxi de nuit de préférence. La traversée du lac Pontão (Lago Sul) sur le pont Costa e Silva avec au loin le pont JK illuminé (œuvre futuriste d'un architecte français) est un enchantement. Ce grand bar-resto musical se trouve dans un quartier résidentiel assez chic, au bord du parc qui longe la rive sud du lac. On y boit et on y mange sur fond de bonne musique. C'est spacieux, animé, et un lieu de rendez-vous incontournable des amis, collègues et familles.

## À voir

Vous pouvez vous débrouiller seul et à pied pour visiter les monuments de l'axe principal de la ville *(Eixo Monumental)* ; pour les autres curiosités, prendre un bus ou un taxi. Si vous ne restez qu'un jour, prenez un tour organisé (voir plus haut « Comment se déplacer ? »). Enfin, sachez que tous les monuments et les musées de la ville sont gratuits, à l'exception du mémorial de Kubitschek.

### *Autour de l'esplanade des Ministères (Eixo Monumental)*

*Santuário Dom Bosco* (plan A2) : *SEPS 702, bloco B. ☎ 3223-6542. Bus nos 107 et 105. Tlj 7h-20h. Messes lun-sam à 7h et 18h, dim à 8h, 11h, 18h et 19h30. Concert philarmonique mar à 20h. GRATUIT.* L'architecte Carlos Alberto Naves a conçu la plus belle architecture intérieure du Brasília monumental. Pas nécessaire d'être baptisé pour l'apprécier. Les « murs » de l'église sont formés de haut en bas de vitraux composés de milliers de morceaux de verre bleu, mauve et rose. Il y a 12 tonalités différentes de bleu (la couleur dominante). L'effet de luminosité est fantastique. Au plafond, un lustre de 2,6 t et 7 500 boules de cristal de roche. Un sentiment de paix extraordinaire se dégage de l'ensemble. Ce fut la 1re œuvre et le coup de maître de ce jeune architecte.

**LE POIDS DU MONDE...**

*Un lustre énorme (2,6 t) en verre de Murano servirait de contrepoids à la structure du sanctuaire Dom Bosco. S'il n'existait pas, le plafond éclaterait vers l'extérieur. C'est en tout cas ce que disent certains. D'autres affirment que le lustre ne fut installé que 3 ans après la construction de l'église... Essayez de le décrocher pour voir !*

**Torre de Televisão** (plan A1) : *sur l'Eixo Monumental. ☎ 3325-5735. Bus no 131. Accès en ascenseur pour la plateforme, tlj 9h-19h, sauf lun. GRATUIT.* Avec 230 m de hauteur (antenne incluse), son principal intérêt est le point de vue qu'elle livre de son 2e étage, à 75 m. Quel point de vue sur Brasília et son urbanisme futuriste ! Au sud de l'axe gouvernemental se dressent les 2 *tours du Congrès* avec le Sénat (bol renversé) et la Chambre des députés (bol droit). Juste devant, au 1er plan, au centre, la *gare centrale des bus,* et de chaque côté, 2 centres commerciaux, les plus grands d'Amérique du Sud. Les immeubles identiques qui courent en parallèle sont les différents ministères. Devant eux, la cathédrale (en couronne) à droite et le *Teatro nacional* à gauche. De l'autre côté du lac, au loin, une forêt de maisons basses aux toits rouges forme le quartier résidentiel (sénateurs, députés, ministres...).
De chaque côté partent les « ailes de l'avion », les quartiers d'habitation. Plus on est pauvre, plus on est logé au bout des ailes. Beaucoup plus loin, on aperçoit quelques cités satellites, longues séries d'habitations construites à la hâte pour les immigrants venus du Nordeste.

★ ***Teatro nacional Cláudio Santoro*** *(plan A-B1) : Eixo Monumental, W-3 Norte ; entre la rodoviária et le ministère de la Culture et de l'Éducation.* C'est le plus grand d'Amérique du Sud, construit en 1979. Sa forme est inspirée d'une pyramide aztèque. Les jardins sont de Burle Marx, la déco intérieure d'Athos Bulçao, et la sculpture représentant un contorsionniste est d'Alfredo Ceschiatti.

★★ ***Museu nacional*** *(plan B1-2) : esplanada dos Ministérios, sur l'Eixo Monumental.* ☎ *3325-5220. Bus nº 108. Tlj 9h-18h30, sauf lun. GRATUIT.* Est-ce une soucoupe volante ou un abri antiatomique ? La carapace d'un extravagant crustacé futuriste ? Entre la Bibliothèque nationale et la *Catedral Metropolitana,* sur une vaste esplanade, voilà une œuvre tardive de Niemeyer. Le vieil architecte avait 98 ans lorsqu'il a conçu ce monument ! On y accède par une longue rampe qui pénètre à l'intérieur sous une immense coupole de 50 m de diamètre. Ce musée ne présente que des expos temporaires, merveilleusement mises en valeur par ce volume impressionnant. Une salle plus petite, dont l'entrée est située sous la rampe, présente de plus modestes expos, temporaires également.

★★★ ***Catedral metropolitana*** *(plan B2) : esplanada dos Ministérios, av. L2 Sul, 601, sur l'Eixo Monumental.* ☎ *3224-4073. Bus nº 108. Tlj 8h (10h30 mar et ven)-17h. 1 messe/j. en sem à 12h15, sam à 17h, dim à 8h30, 10h30 et 18h. GRATUIT.*
Avec son dôme en forme de couronne d'épines, c'est le plus bel exemple d'union libre heureuse entre le verre et le béton. Son architecte, le génial Oscar Niemeyer, était agnostique et communiste, mais il comprenait le christianisme mieux que quiconque (il en avait été saturé dans son enfance). Il a inventé pour Brasília une merveilleuse cathédrale moderne à taille humaine. Construite en 1956, elle ne fut inaugurée qu'en 1970 !
À l'extérieur, l'accueil est assuré par les évangélistes, 4 belles sculptures de 3 m de haut signées par le fameux Alfredo Ceschiatti. La galette posée un peu plus loin sur la gauche abrite (qui l'eût cru ?) les fonts baptismaux. Sur la droite, un clocher supportant 4 grosses cloches forgées à Saragosse. On accède dans l'édifice par une descente qui révèle progressivement le ciel à travers des vitraux, où des anges suspendus à des filins semblent flotter dans l'espace. Noter la disproportion de leur taille, qui accentue la perspective et la notion d'espace. Au-dessus de l'autel, un œuf symbolise la vie.

★★ ***Palácio Itamaraty*** *(plan B2) : esplanada dos Ministérios, sur l'Eixo Monumental.* ☎ *2030-8051. Bus nºs 108 et 104. Visites guidées ttes les heures, tlj 9h-11h, 14h-17h (sauf 10h et 16h w-e et j. fériés). GRATUIT.*
Après la succession des 15 ministères, parallélépipèdes identiques (pas de jalousie entre eux) et bien alignés, le ministère des Affaires étrangères, appelé encore *Itamaraty* (du nom de l'ancien ministère à Rio), apparaît comme une œuvre qui focalise les regards. C'est l'un des plus « élégants » édifices de Brasília et une des œuvres les plus célèbres de Niemeyer. Connu aussi sous le nom de *Palacio dos Arcos,* il fut inauguré en 1970. Des colonnes en arches fines et élancées surgissent de l'eau et paraissent se prolonger dans son reflet, donnant à l'ouvrage une harmonieuse légèreté. Dans le bassin, un météore, œuvre du sculpteur Bruno Giorgi, symbolise les 5 continents.
La visite commence par une vaste salle aménagée par le paysagiste Burle Marx (auteur aussi des parties externes qui forment le « miroir d'eau ») et décorée de peintures d'Athos Bulçao et d'Alfredo Volpi, prolongée d'un jardin d'hiver. Noter la forme de l'escalier (dessin de Niemeyer). Plus haut, on peut voir la table sur laquelle la Princesa Isabel do Brasil, régente de l'empire du Brésil, signa la *Lei Aurea,* la loi qui abolit l'esclavage en 1888. ⮜ Au dernier étage, vaste salle de réception, agrémentée d'objets offerts par des pays amis, ouverte sur une terrasse-jardin avec des œuvres de Lasar Segall et de Victor Brecheret, père de la sculpture moderniste brésilienne.

– À côté du *palácio*, un long bâtiment de 1962 dont la façade se compose de centaines de carrés jaunes, orange et bruns. Il est l'œuvre de Sergio Bernades, l'architecte favori du président Quadros, qui ne voulait pas que Niemeyer fût totalement le maître d'œuvre de Brasília.

**Praça dos Três Poderes** *(plan B2)* : *bus nos 108 et 104. À noter : shorts ou bermudas interdits dans la plupart des bâtiments officiels.*
La place des 3 Pouvoirs : le centre du quartier gouvernemental et administratif formé par le ***Congresso nacional*** (pouvoir législatif), le ***Palácio de Planalto*** (pouvoir exécutif) et le ***Supremo Tribunal Federal*** (pouvoir judiciaire). C'est un des lieux les plus lumineux et aérés de Brasília, la « tête du fuselage », la « cabine de pilotage » de la ville futuriste et du Brésil.
– Sur cette vaste esplanade se dressent plusieurs sculptures comme *A Justicia* d'Alfredo Ceschiatti ; plus loin *Os Candanguos* (ou *Os Guerreros*) de Bruno Giorgi qui célèbre la mémoire des pionniers, ces milliers d'ouvriers venus défricher le terrain et élever les 1res tours de la ville. La sculpture *O Pombal* est signée Oscar Niemeyer.
– L'***Espaço Lúcio Costa*** (en sous-sol, accès par un escalier au centre de la place) abrite une grande maquette de Brasília *(☎ 3321-9843 ; tlj 9h-18h, sauf lun)* et rend hommage à cet urbaniste concepteur du plan d'ensemble (le *plano Piloto*).
– Le ***museu da Cidade*** *(☎ 3325-5254 ; tlj 9h-18h, sauf lun)* est ce long bâtiment rectangulaire en pierre de taille, reposant sur un socle unique, au bord de la place. Un tout petit musée... tout vide ! Aux murs, des extraits de textes de Juscelino Kubitschek, gravés dans le marbre, qui relatent la construction de Brasília et le transfert de la capitale. Pour en savoir plus, mieux vaut visiter son superbe *Memorial* (voir plus loin).
– ***Panteão da Pátria*** *(☎ 3325-6244 ; tlj 9h-18h, sauf lun).* En contrebas de l'esplanade, réalisé par Niemeyer et inauguré en 1986 en l'honneur de Tancredo Neves à qui les militaires donnèrent le pouvoir en 1984. Il mourut juste avant son investiture. Ce *monument de la Liberté* rappelle l'envol d'une colombe, ainsi que la forme du Brésil. À l'intérieur, belle fresque représentant le martyre de Tiradentes.
– À côté, impossible de manquer l'immense tour métallique au sommet de laquelle flotte le ***drapeau du Brésil*** (immense aussi).

## SYM-BOL-IQUES !

*Les 2 bols qui flanquent les tours du pouvoir législatif brésilien sont hautement symboliques. Le bol du Parlement, dont la concavité est tournée vers le ciel, est ouvert, libre, de manière à récolter un maximum d'idées ; celui du Sénat, en revanche, possède une concavité tournée vers le bas, de manière à conserver ces idées. Mais les Brasilienses ont eu tôt fait d'interpréter l'architecture de Niemeyer à leur manière, en affirmant que le bol renversé évoque des sénateurs rassasiés tandis que l'autre symbolise les députés qui réclament de l'argent.*

**Congresso nacional** *(plan B2)* : *praça dos Três Poderes, Eixo Monumental Leste, zona civico administrativa. ☎ 3216-1771. Tlj 9h-17h30. Visite guidée gratuite ttes les 30 mn (guide francophone en principe à 12h45 ou sur résa). Tenue correcte de rigueur et passeport demandé.* Le Congrès est un monument symbolique de la capitale. On ne peut pas le rater. Conçu par Oscar Niemeyer (encore et toujours lui !) et inauguré en 1960, il est formé de 2 bâtiments, hauts et étroits, curieusement accolés l'un à l'autre, qui abritent la Chambre des députés et le Sénat. Au pied de ces 2 tours, 2 immenses « bols », l'un tourné vers le ciel, représentant la Chambre des députés, l'autre retourné, symbolisant le Sénat. La visite détaille le fonctionnement de ces chambres. On appréciera les vastes espaces vides aux lignes courbes et rétro, rappelant certains décors de films de Jacques Tati.

**Supremo Tribunal Federal** *(Cour suprême ; plan B2)* **:** *praça dos Três Poderes. ☎ 3217-3000. Bus nos 108 et 104. Visites guidées gratuites (30 mn) mar et jeu mat seulement.* Siège du pouvoir judiciaire fédéral. Une architecture élégante aux proportions parfaites avec des lignes courbes encadrant des lignes droites, on reconnaît le style de Niemeyer. Il ressemble aussi au *Palácio do Planalto,* situé en face de l'autre côté de la place. Exposition permanente de projets architecturaux de tout le pays. Devant, une statue de la Justice aux yeux bandés (œuvre d'Alfredo Ceschiatti).

**Palácio do Planalto** *(plan B2)* **:** *quand on regarde la pl. vers le sud, le palais se trouve à gauche. ☎ 3411-2317. Visite possible, seulement dim 9h-13h30, départ ttes les 30 mn. GRATUIT. Relève de la garde tlj, ttes les 2h, 8h-18h.* C'est le palais présidentiel. Le drapeau national est hissé lorsqu'il (ou elle) est présent. Il est gardé par les *dragons de l'indépendance,* des soldats d'apparat en grand uniforme blanc. Au rez-de-chaussée, petite galerie des glaces. La visite, très bavarde, est recommandée à ceux qui comprennent bien le portugais, les autres se contenteront de voir de vastes pièces vides avec quelques cadeaux offerts par des présidents amis, la célèbre salle de presse que l'on voit régulièrement à la TV, la salle où se réunissent les ministres autour du président, et le bureau du président tout en baie vitrée ouverte sur l'esplanade de la *praça dos Três Poderes.*

**Palácio da Justiça** *(plan B1-2)* **:** *esplanada dos Ministérios, sur l'Eixo Monumental. ☎ 2025-3000. Ne se visite pas.* Inauguré en 1963, ce bâtiment public est une des plus belles œuvres de Niemeyer. Curieuse façade animée par de monumentales gargouilles placées à des hauteurs différentes et déversant de l'eau dans un bassin. L'art de faire du béton un matériau léger.



## À l'ouest

**Parque da Cidade – Sarah Kubitschek** *(plan A1-2)* **:** *Eixo Monumental Sul. ☎ 3229-0400. Tlj 24h/24.* Très grand parc de 40 ha situé en pleine ville. Piscine à vagues, terrains de jeux, aires de pique-nique, piste d'hélicoptères, manèges et attractions le week-end, *lanchonetes,* etc.

**Igrejinha N. S. de Fátima** *(hors plan par A2)* **:** *entre les quadras 307 et 308 Sul. ☎ 3242-0149. Tlj, sauf dim, ap-m 8h-12h, 13h-19h (17h lun).* Œuvre d'Oscar Niemeyer construite en 100 jours, en 1958, à la demande de la Première dame du pays. C'est le 1er édifice religieux de Brasília. Jolie façade ornée d'azulejos aux motifs de la colombe et de l'étoile polaire. Notez son toit en forme de coiffe de religieuse.
Dans le quadra suivant, le 308 Sul, les passionnés d'architecture pourront voir une ***cité Le Corbusier*** de 11 immeubles sur pilotis, en parfait état, tous de couleurs différentes. Amusant flash-back dans le siècle dernier.

## Au nord

**Memorial Juscelino Kubitschek** *(hors plan par A1)* **:** *Eixo Monumental, Lado Oeste, praça do Cruzeiro. ☎ 3225-9451. • memorialjk.com.br • Bus nº 131. Tlj 9h-18h, sauf lun. Entrée : 10 Rls ; gratuit dernier dim du mois.*
Quelques années après la mort de Kubitschek en 1976, sa veuve, Sarah, demanda à Niemeyer de penser à un projet de mémorial pour rendre hommage à son mari. En une semaine, la maquette fut prête ! Le monument vit le jour en 1981.
Une sculpture de Juscelino Kubitschek salue le visiteur de la main du haut d'une faucille. On pense alors à l'anecdote du général qui présida à son inauguration, celui-là même qui... l'arrêta au début de la dictature.

À l'intérieur, expos sur l'histoire de Brasília, et, bien entendu, sur la vie de l'ancien président. Au rez-de-chaussée, exposition d'objets personnels et reconstitution fidèle de sa bibliothèque. Remarquez l'importante collection de livres de médecine en français et les 9 ouvrages de Shakespeare, datant de 1820, offerts par la reine d'Angleterre. Accroché au mur, l'ordre national de la Légion d'honneur française décerné à Kubitschek en 1956. À l'étage, le mémorial prend toute sa dimension : on a l'impression de pénétrer dans une véritable crypte. Notez le tombeau, au centre du mémorial, à la limite du kitsch. Certains millénaristes exaltés considéraient, rappelons-le, Kubitschek comme une réincarnation du pharaon Akhenaton... Le sentiment que Brasília est le résultat d'un rêve fou, une utopie futuriste teintée de mégalomanie, s'empare inexorablement des esprits.

***Memorial dos Povos Indígenas*** *(mémorial des Peuples indigènes ; hors plan par A1)* **:** *Eixo Monumental Oeste, praça de Buriti. ☎ 3342-1156. Bus n^os 108.4 et 108.5. Face au mémorial Kubitschek. Mar-ven 9h-17h, w-e et j. fériés 10h-17h. Fermé lun. GRATUIT.* On fit appel à l'inusable Niemeyer pour concevoir l'architecture de ce bâtiment inauguré en 1987. Le dessin en spirale s'inspire des grandes maisons traditionnelles des Indiens Yanomami. Ce musée, très intéressant, présente les riches collections des anthropologues Darcy Ribeiro, Berta Riberio et Eduardo Galvao qui étudièrent pendant plusieurs années les peuples indiens du Brésil. Superbes masques, poteries, sculptures, parures aux plumes multicolores, etc.
Monument hautement symbolique, il a accueilli la dépouille de l'indien Gaudino Pataxo assassiné par des jeunes le 20 avril 1997. Accueille aussi des objets provenant d'autres musées indigènes du monde entier. Le musée organise parfois des spectacles de danse traditionnelle dans le patio.

Sur le chemin de ces 2 mémoriaux, on remarquera le célèbre ***stade national de Brasília Mané Garrincha,*** pouvant accueillir 72 000 personnes. À 2 km plus au nord, sur la droite, une route à 6 voies, servant aux défilés militaires, conduit au ***quartier général de l'armée,*** un vaste camp militaire avec son pentagone et un étonnant auditorium avec sa coque géante en forme de pommeau d'épée à l'effet d'écho saisissant. En face, le ***jardin des cristaux*** du paysagiste Roberto Burle Marx.

## Au sud-est

***Palácio da Alvorada*** *(hors plan par B2)* **:** *situé sur la peninsula do Alvorada, au bord du lac Paranoá (Setor de Hoteis e Turismo Norte). ☎ 3411-4000. Visite seulement mer 14h30-17h, départ ttes les 30 mn. GRATUIT.* C'est la résidence officielle du président du Brésil. Posée, un peu à l'instar de la Maison-Blanche, sur une esplanade exempte de grilles. Symbole de la République brésilienne, c'est l'une des 1^res constructions, édifiée en 1958, avant que le plan de Brasília ne fût définitivement établi, ce qui explique sa situation excentrée. Œuvre de Niemeyer, ce « palais de l'aube » est célèbre pour ses colonnades blanches en marbre qui s'ouvrent en demi-cercle, tels des hamacs. La visite des jardins se fait en bus au départ du parking du palais.

***Quartier des ambassades*** *(plan B2)* **:** *sur l'av. das Nações.* Intéressant à visiter en taxi. Au total, une cinquantaine d'ambassades sur les 160 présentes à Brasília. Chacune, dans ce quartier, est installée sur un terrain de 2,5 ha et a été construite par un architecte différent, plus ou moins dans le style du pays. Ainsi, celle d'Espagne ressemble à un Alhambra de béton, celle de France à un bâtiment de Le Corbusier, et celle de Suède se répartit en quelques chalets de forêt tout simples.

## *Plus au sud, vers le lago Paranoá*

**Le pont JK** *(Juscelino Kubitschek ; hors plan par B2)* **:** *à env 4 km au sud de Brasília.* Ce grand pont qui enjambe le lac artificiel Paranoá est une merveille architecturale. De nuit, illuminé, il est encore plus surprenant. Inauguré en 2002, il assure la liaison entre le *Setor Habitacional Individual Sul do Brasília* et le *Setor do Clubes* (secteur des bars, des clubs, etc.). Conçu dans l'esprit futuriste de feu Niemeyer, ce pont a été dessiné par Alexandre Chan (architecte brésilien né en 1942) et réalisé par l'ingénieur Mario Vila Verde. Son architecture consiste grosso modo en une large voie d'autoroute légèrement courbe et suspendue par des dizaines de câbles à 3 immenses arches arrondies et entrecroisées. On dit qu'Alexandre Chan se serait inspiré du mouvement d'une pierre rebondissant 3 fois à la surface de l'eau... Assurément poétique, cette vision artistique ne fut pas très facile à concrétiser. Véritable casse-tête chinois pour les ingénieurs et les ouvriers de l'entreprise de construction, le résultat est une prouesse technique et une œuvre d'art d'exception !

**CCBB – Centro Culturais do Banco do Brasil** *(hors plan par B2)* **:** *à env 4 km au sud de Brasília, avt le pont JK. ☎ 3310-7087. Infos : • culturabanco dobrasil.com.br/portal/distrito-federal • Bus gratuit au départ de la rodoviária central. Tlj 9h-21h, sauf lun. GRATUIT.* À proximité du lac Paranoá et de sa base de loisirs, ce centre culturel installé dans un long bâtiment sur pilotis, imaginé par Niemeyer, est un incontournable pour ses expositions temporaires d'art contemporain de très grande qualité, mais aussi ses représentations théâtrales, musicales ou cinématographiques (payantes celles-ci). Bon petit snack-resto sur place.



# LE MATO GROSSO ET LE MATO GROSSO DO SUL

**Ces 2 États sont limités par la Bolivie et le Paraguay à l'ouest, le monde amazonien au nord, et butent contre les contreforts des plateaux du centre. En portugais, *Mato Grosso* signifie « grande broussaille ». On y trouve d'interminables plaines à la végétation de savane *(cerrado).* La forêt se développe autour des vallées et s'épaissit vers le nord, pour se fondre dans la forêt vierge. Partout ailleurs, le territoire est recouvert de grandes plaines cultivées (soja, maïs) parfois ponctuées de plateaux rocheux, les *chapadas.* La plus spectaculaire est la *chapada dos Guimarães,* au nord de Cuiabá, avec ses nombreuses chutes d'eau et des canyons envahis par la végétation tropicale.**

## UN PEU D'HISTOIRE

La découverte du rio Paraguay remonte au XVIe s. Il faudra cependant attendre 1748 pour que la région soit intégrée à la Couronne portugaise. Son accès reste difficile, uniquement par voie fluviale. Au début du XVIIIe s, les *bandeirantes* s'aventurent dans cette région inhospitalière, à la recherche d'or, et fondent quelques villes, dont Cuiabá. Puis c'est le boom du caoutchouc et l'afflux de *seringueiros,* qui se heurtent à la résistance des Indiens. Les 1ers explorateurs arrivent au XIXe s, mais ce n'est qu'en 1950 qu'est créée la 1re ligne de chemin de fer.
Aujourd'hui, la région compte seulement 4,5 millions d'habitants pour une surface de plus de 1 million de km² (2 fois la superficie de la France). La rareté

des voies de communication, le climat continental et la végétation prédominante expliquent cette faible densité de population.
La principale activité est l'élevage extensif. Dans les immenses *fazendas* (fermes), les troupeaux de bovins (qui ressemblent à des zébus) paissent librement toute l'année et sont regroupés et recensés par les *vaqueiros* une fois par an. Grands propriétaires terriens et paysans pauvres du Sud ou du Nord-Est, installés sur de petits bouts de parcelles à défricher, continuent à se disputer la terre.

# LE PANTANAL

• Carte *p. 265*



**C'est sans aucun doute une des plus belles réserves naturelles d'animaux du Brésil. Quand on évoque la richesse de la nature brésilienne, on pense d'abord à l'Amazonie mythique et à sa pléiade de perroquets, singes, serpents... Mais la végétation ultra-dense de la forêt amazonienne offre autant de cachettes aux yeux du routard amateur de faune exotique. C'est bien ici, dans le Pantanal, que vous pourrez observer facilement toucans, aras, ibis, mais aussi *capibaras* (les plus gros rongeurs au monde !), innombrables caïmans et autres anacondas... Un voyage dans le Pantanal est l'occasion rêvée d'observer une nature sauvage et préservée, où la faune et la flore s'offrent avec exubérance au regard.**
**À cheval sur les États du Mato Grosso et du Mato Grosso do Sul, longeant à l'ouest la frontière bolivienne, c'est une grande plaine traversée par de nombreuses rivières (le rio Paraguay et ses affluents). Pendant la saison des pluies (novembre-avril), les hauts plateaux gonflent ces cours d'eau qui inondent plus de la moitié des terres (parfois jusqu'à 2 ou 3 m d'eau au-dessus du niveau du sol). Le Pantanal devient alors un immense territoire d'étangs et de marécages où les poissons viennent pondre à l'abri. C'est aussi la période où se regroupe, autour des îlots inondés, une grande variété d'oiseaux migrateurs et autres habitants des marais : oies sauvages, hérons, aigrettes... Le plus célèbre et le plus insolite est le *tuiuiu,* oiseau symbole du Pantanal, très grand échassier muni d'un large bec pour écumer le fond des marais.**
**Le reste de l'année, l'eau se retire, les marais s'assèchent. Seuls quelques points d'eau subsistent et la concentration d'oiseaux et de poissons y est singulièrement élevée. Une spectaculaire chaîne alimentaire se développe alors tout autour, et l'on peut y observer des centaines d'espèces d'oiseaux, de reptiles et de mammifères.**

## LE PEQUI, UN CURIEUX FRUIT

*Ce fruit pousse dans les arbustes du Mato Grosso. Sa coque dure jaune orangé est couverte d'une fine et douce chair. Seule cette partie se mange, car l'intérieur n'est pas comestible, il est rempli d'épines... Le pequi faisait partie de l'alimentation des Indiens du Pantanal.*

**Les oiseaux sont ici dans leur royaume : *jabiru, tuiuiu, baguari* (héron), martins-pêcheurs, etc. De superbes envols d'aras, d'ibis ou de toucans n'attirent même plus l'œil flegmatique des milliers de *jacarés* (caïmans). Les cerfs et les fourmiliers (plus rares) s'abreuvent dans les rivières à côté du *capibara...* C'est l'une des plus fascinantes découvertes du continent sud-américain !**

## Infos et conseils pratiques

– Le site officiel du Pantanal recense de nombreuses infos pratiques sur la région, la faune, les différentes villes, possibilités d'excursions, etc. : ● *portalpantanal.com.br* ●

– ***Important :*** prévoyez de vous faire ***vacciner contre la fièvre jaune.*** Le vaccin est obligatoire. En revanche, le traitement antipaludéen n'est pas préconisé ni obligatoire (mais renseignez-vous auprès de l'Institut Pasteur ou d'un autre institut spécialisé en médecine tropicale avant le voyage). Et si le paludisme ne sévit pas dans la région, les moustiques abondent et sont particulièrement voraces. Prenez vos précautions !

– ***Quand y aller ? La saison des pluies*** – abondantes – se situe entre novembre et avril. Pendant cette période (particulièrement en janvier-février), il est plus difficile de se déplacer en raison des inondations, mais plusieurs pistes restent accessibles en véhicule 4x4, surtout dans le Mato Grosso. Entre mai et septembre : c'est la ***saison sèche.*** Il fait très chaud (35-40 °C), le ciel est souvent bleu et sans nuages. C'est la meilleure période pour observer les animaux.

– ***Se déplacer :***

➢ Dans le ***Mato Grosso,*** une unique piste de terre (boueuse en saison des pluies) traverse la zone : la *Transpantaneira.* Elle prend naissance à Poconé (à 2h de Cuiabá) et s'enfonce tout droit au cœur du Pantanal, jusqu'à Porto Joffre. Les moins audacieux loueront un 4x4 avec chauffeur-guide local, les autres l'emprunteront par leurs propres moyens (à condition de louer un bon véhicule). Il faut passer de nombreux ponts en bois (planches) et parfois, quand le pont est cassé, les véhicules doivent passer dans le gué de la rivière.

➢ Dans l'État du ***Mato Grosso do Sul,*** une longue route nationale (bitumée, en bon état) rallie Campo Grande à Corumbá, à la frontière bolivienne, et longe le parc du Pantanal Sud, avec plusieurs pistes de terre pour atteindre les *fazendas.*

– ***À savoir :*** dès votre arrivée à l'aéroport de Cuiabá ou de Campo Grande, vous êtes assuré d'être abordé par une ou plusieurs ***agences d'écotourisme*** qui vous proposeront leurs services pour des excursions dans le Pantanal. Le type de prestations habituel est un forfait de 2 à 5 jours comprenant le transport, les nuitées en *pousadas* ou *fazendas* traditionnelles, l'ensemble des repas et les diverses excursions dans la nature. On s'offre ainsi des escapades en 4x4, à cheval, en bateau, canoë ou à pied, à la découverte de la faune et des paysages *pantaneiros.*

Faites marcher la concurrence et ***renseignez-vous bien avant de faire votre choix.*** Les prestations (hébergement et nourriture) varient aussi en fonction du prix (toujours assez élevé) : sous la tente, en cabanon, dans une *fazenda* rustique ou une *pousada* confortable. Tout dépend de vos aspirations d'aventurier et de votre budget ! À savoir, la majorité des adresses de la région propose d'intéressantes réductions si vous arrivez par vos propres moyens. Les prix varient parfois du simple au double.

– N'oubliez pas, pour éviter des déceptions ou de mauvaises surprises, qu'***un séjour dans le Pantanal coûte cher*** : c'est le prix à payer pour découvrir la région.

# LE PANTANAL NORD

**Le Mato Grosso et le Pantanal Nord présentent une végétation assez variée, alternant des paysages de *cerrado,* de marais, de forêts de palmiers ou d'eucalyptus... Au départ de Cuiabá et de Poconé, l'idéal est de loger dans les *fazendas* ou *pousadas* établies le long de la Transpantaneira. Si vous comptez parcourir cette piste par vos propres moyens, la location d'un**

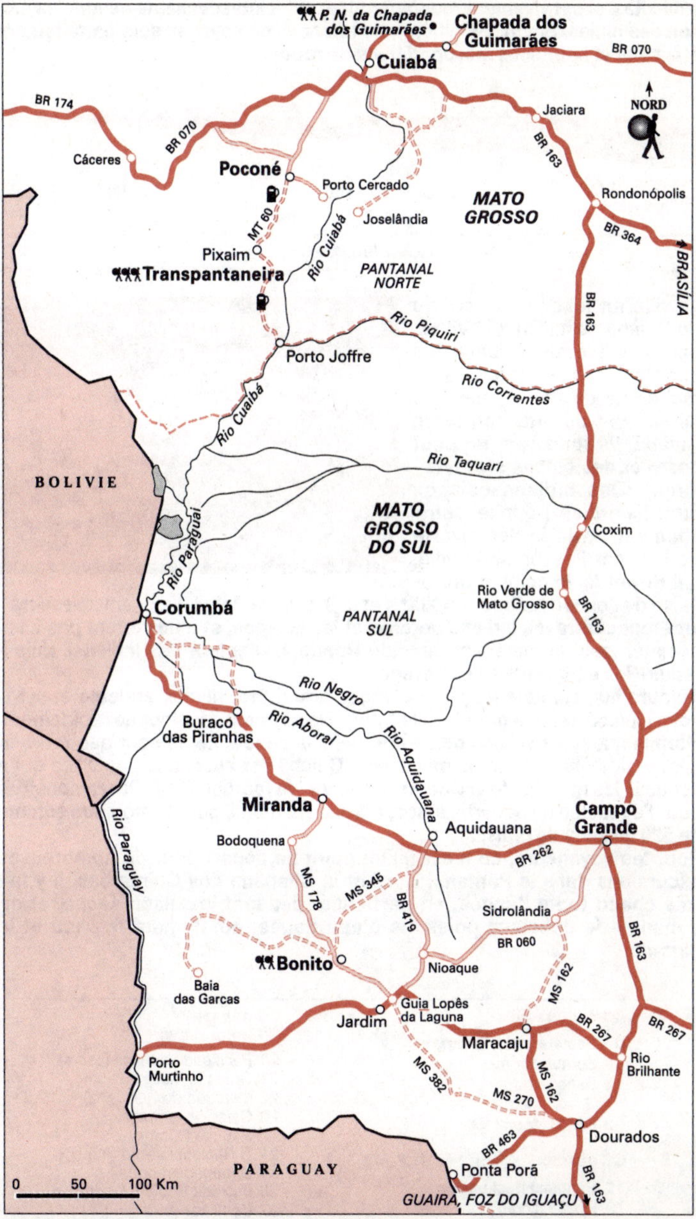
P. N. da Chapada dos Guimarães
Chapada dos Guimarães
BR 070
Cuiabá
BR 174
NORD
Jaciara
BR 070
Cáceres
BR 163
Poconé
Porto Cercado
MATO GROSSO
Rondonópolis
Joselândia
BR 364
MT 60
Rio Cuiabá
BRASÍLIA
Pixaim
Transpantaneira
PANTANAL NORTE
BR 163
Rio Piquiri
Porto Joffre
Rio Correntes
Rio Cuiabá
Rio Taquarí
BOLIVIE
MATO GROSSO DO SUL
Coxim
Rio Paraguai
Rio Verde de Mato Grosso
BR 163
Corumbá
PANTANAL SUL
Rio Negro
Buraco das Piranhas
Rio Aboral
Rio Aquidauana
Miranda
Campo Grande
Aquidauana
Rio Paraguay
Bodoquena
BR 262
MS 178
MS 345
BR 419
Sidrolândia
BR 060
BR 163
Bonito
Nioaque
MS 162
Baia das Garcas
Guia Lopês da Laguna
Jardim
BR 267
BR 267
Maracaju
Rio Brilhante
MS 162
Porto Murtinho
MS 382
MS 270
Dourados
BR 463
PARAGUAY
Ponta Porã
BR 163
0
50
100 Km
GUAIRA, FOZ DO IGUAÇU

LE PANTANAL

**véhicule 4x4 est vivement recommandée, voire indispensable pendant la saison des pluies. Sinon, les différentes agences de voyages sont parfaitement équipées et habituées aux conditions de route.**

## CUIABÁ

569 800 hab. IND. TÉL. : 65

• Plan *p. 267*



### DE L'OR DANS DU MIEL

*Un colon du XVIII<sup></sup>e s, Miguel Sutil, envoya quelques indigènes de Cuiabá à la recherche du miel sauvage. Ils revinrent le soir même, les mains remplies de pépites d'or ramassées en surface. Sutil et un compagnon appelé Barbudo suivirent les indigènes au lieu de leur collecte : l'or était là. En un mois, ils ramassèrent 5 t de pépites !*

**La ville fut fondée au bord du rio Cuiabá au milieu du XVIIIe s, par les explorateurs paulistes appelés *bandeirantes,* à la recherche de l'or. À quelques kilomètres du site actuel de Cuiabá, ils fondèrent un petit poste et des colons s'y installèrent. Des Indiens caiapos furent enrôlés pour le défrichement. Avec la découverte de l'or vint l'essor de la ville, qui devint la 1re colonie portugaise de l'ouest du Brésil au XIXe s et la 3e ville du Brésil. Les « envahisseurs » luttèrent contre les Indiens bororos et les caiapos, et n'hésitèrent pas à les décimer (sauf le maréchal Candido Rondo, protecteur des Indiens), puis à réduire les survivants à l'esclavage.**

**Aujourd'hui, capitale du Mato Grosso, grand État minier, agricole et sylvicole, Cuiabá est une grande ville tranquille qui s'est développée rapidement. Hormis quelques vieilles demeures dans le centre, ce ne sont que tours et immeubles plus ou moins modernes. Cuiabá est aussi une des villes qui a accueilli les matchs de la Coupe du monde de football 2014. On y a construit pour l'occasion un superbe stade, l'*Arena Pantanal,* pour la modique somme de 520 millions de *reais...***

**Pour les voyageurs, ce n'est qu'un point de départ pour de nombreuses excursions dans le Pantanal Nord et la Chapada dos Guimarães. Il y fait très chaud toute l'année, en particulier pendant la saison sèche, et on y mange de délicieux poissons d'eau douce, notamment le *pacú* et le *pintado.***

**Adresses utiles**

- i Secretária do Turismo – Sedtur (zoom)
- 2 Banco do Brasil (zoom)
- 3 HSBC (zoom)

**Où dormir ?**

- 11 Pantanal Backpacker Hostel (zoom)
- 13 Hotel Mato Grosso (zoom)
- 14 Mato Grosso Palace Hotel (zoom)

**Où manger ?**
**Où boire un verre ?**

- 20 Panificadora Viena (zoom)
- 21 Guaraná Maués (zoom)
- 22 Mercado do Porto (A2)
- 23 Cafés de la Praça Popular (zoom)
- 24 O Regionalíssimo (A2)
- 25 Choppao (zoom)
- 26 Peixaria Popular (zoom)
- 27 Confrade (zoom)
- 28 Dom Agostinho (B2)

**Achats**

- 40 Casa do Artesão (A-B2)

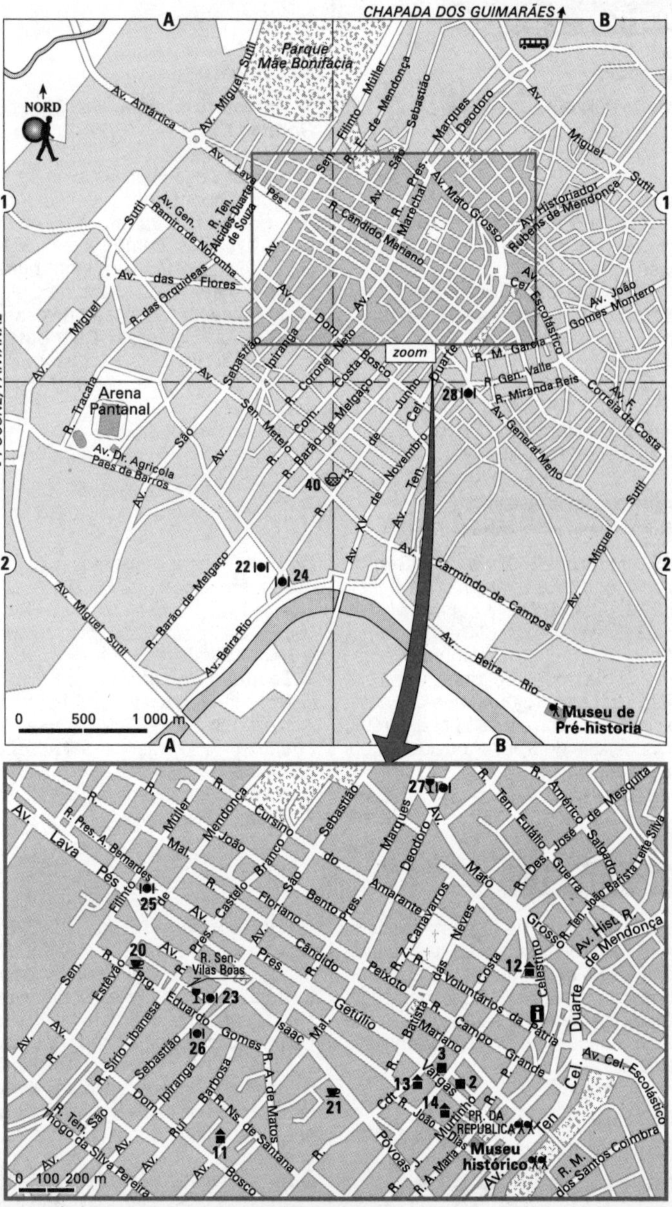
CHAPADA DOS GUIMARÃES
A
B
1
2
NORD
POCONÉ, PANTANAL
Parque Mãe Bonifácia
Av. Antártica
Av. Miguel Sutil
Av. Lava Pés
R. F. Müller
R. de Mendonça
Sen. Filinto
Av. São Sebastião
R. Pres. Marques
Marechal Deodoro
Av. Mato Grosso
Av. Historiador Rubens de Mendonça
R. Cândido Mariano
Av. Gen. Ramiro de Noronha
R. Ten. Alcides Duarte de Souza
Av. das Flores
R. das Orquídeas
Av. Ipiranga
Av. Dom
Av. Coronel Neto
Costa
R. Dom Bosco
Av. Cel. Escolástico
Av. João Gomes Montero
R. M. Garcia
R. Gen. Valle
R. Miranda Reis
Av. F. Correia da Costa
Av. General Mello
Arena Pantanal
R. Tracaia
Av. Dr. Agricola Paes de Barros
Av. São Sebastião
Av. Sen. Metelo
R. Com.
R. Barão de Melgaço
R. 13 de Junho
Av. XV de Novembro
Av. Ten. Cel. Duarte
Av. Carmindo de Campos
Av. Beira Rio
Av. Miguel Sutil
R. Barão de Melgaço
zoom
28
40
22
24
0
500
1 000 m
Museu de Pré-historia
27
25
20
23
26
21
11
12
13
14
3
2
R. Américo Salgado
R. Ten. Eulálio
R. José de Mesquita
R. Des. Guerra
R. Ten. João Batista Leite Silva
Av. Hist. R. de Mendonça
R. Pres. A. Bernardes
Mal. Müller
R. Cursino
R. João Mendonça
R. Castelo Branco
R. Floriano
São Bento
Pres. Amarante
R. Z. Canavarros
Neves
Costa
R. Voluntários da Pátria
Celestino
Duarte
R. Sen. Vilas Boas
Brg. Eduardo Gomes
Av. Pres. Getúlio Vargas
Mal. Isaac
R. Batista
R. Mariano
R. Campo Grande
Av. Cel. Escolástico
Cel.
R. Sírio Libanesa
Sebastião
Ipiranga
Dom
Barbosa
R. Ns. de Santana
R. A. de Matos
Rui
Av. Bosco
R. Ten. Thogo da Silva Pereira
Cdt. Póvoas
R. João Dias
R. A. Maria
PR. DA REPUBLICA
Museu histórico
R. M. dos Santos Coimbra
0
100
200 m

CUIABÁ

## Arriver – Quitter

### En bus

**Rodoviária :** *av. República do Libano ; au bout de l'av. Mato Grosso, en direction de Chapada dos Guimarães. ☎ 3621-3629.* Liaisons régionales et longue distance.

➢ ***Poconé/Pantanal Nord :*** avec *TUT (☎ 3621-1500),* env 5 bus/j. dans les 2 sens. Trajet : 3h.

➢ ***Chapada dos Guimarães :*** avec *Expresso Rubi,* une dizaine de bus/j., 6h30-19h30. Trajet : 1h30. Bonne route asphaltée.

➢ ***Campo Grande :*** avec *Andorinha,* 3-4 bus/j. 5h30-0h30 env. Durée : 12h.

➢ ***Rio de Janeiro :*** 1 bus/j. Durée : 34h.

### En avion

✈ ***Aeroporto internacional Marechal Rondon :*** *☎ 3614-2500. À 8 km du centre de Cuiabá.*

➢ Liaisons quotidiennes avec *Campo Grande* et connexions avec *São Paulo, Rio, Brasília, Belém,* etc. Vols notamment avec les compagnies *Latam, GOL, Trip* et *Azul.* Sur place, bureau d'infos touristiques (plans de Cuiabá et du Pantanal), agences de voyages, location de voitures. Distributeurs *(HSBC, Santander, Bradesco...)* et bureau de change *(lun-ven 8h-19h30, w-e 9h-17h).* Bus pour et depuis le centre. En taxi, compter 45 Rls.

## Adresses utiles

***Secretária do Turismo – Sedtur*** *(plan zoom) : rua Voluntarios da Patria, 365. ☎ 3613-9333. • cuiaba.mt.gov.br • Lun-ven 8h-12h, 14h-18h. Fermé le w-e.* Regroupe de nombreux organismes de tourisme dans l'État du Mato Grosso (infos pratiques, guides, excursions, etc.). Accueil chaleureux, mais difficile de trouver quelqu'un qui parle l'anglais.

■ ***Banques :*** ***Banco do Brasil,*** *av. Getúlio Vargas, 1189 ; à l'angle de Barão de Melgaço (plan zoom,* ***2****). Guichet automatique ouv 6h-22h (Visa et MasterCard). Juste en face, av. Getúlio Vargas, banques* ***HSBC*** *(plan zoom,* ***3****) et* ***Banco Real.***

■ ***Location de voitures :*** *en face de l'aéroport,* ***Hertz,*** *av. João Ponce de Arruda. ☎ 3682-2652. Également* ***Localiza*** *: une agence à l'aéroport (☎ 3682-7900), une autre dans le Centro, av. Dom Bosco, 965. (☎ 3624-7979). • localiza.com •*

## Où dormir ?

Peu de logements agréables dans cette ville urbanisée. Plutôt des établissements de standing, avec des prix en conséquence ou, à l'inverse, des petits hôtels au confort basique. De toute façon, aucune raison de s'éterniser à Cuiabá !

### De bon marché à prix moyens (moins de 150-250 Rls / env 36-60 €)

***Pantanal Backpacker Hostel*** *(plan zoom,* ***11****) : av. Marechal Deodoro, 2290. 📱 99939-6152. • pantanalbackpacker.com • Ouv tte l'année. Selon saison, dortoirs (4-8 lits) 75-85 Rls/pers ; doubles privatives 220-250 Rls. Réduc avec la carte HI.* Petite AJ affiliée à *Hostelling International.* Dortoirs avec clim et sanitaires collectifs bien tenus. Chambres avec coffre, frigo, TV et clim. Cuisine commune, salon. Possibilité de laver son linge et transferts vers le terminal de bus ou l'aéroport. Propose aussi les différentes excursions dans la région.

***Hotel Mato Grosso*** *(plan zoom,* ***13****) : rua Joaquim Murtinho, 170. ☎ 3614-7777. • hotelmt.com.br • Double 140 Rls.* Un hôtel situé entre le quartier animé la nuit et le centre administratif. Chambres propres desservies par des coursives en mezzanine, autour d'un hall central. Sans aucun charme, mais tout est carrelé, avec clim, frigo, TV, etc. Un bon rapport qualité-prix.

**Mato Grosso Palace Hotel** *(plan zoom, **14**)* **:** *rua Joaquim Murtinho, 170. ☎ 3614-7000. • hotelmt.com.br • Double env 160 Rls.* Grand immeuble moderne, bien pour le confort et les prix. Clim, TV, petit déj-buffet copieux, parking privé...

## Où manger ? Où boire un verre ?

### Bon marché (moins de 40 Rls / env 10 €)

**Panificadora Viena** *(plan zoom, **20**)* **:** *av. Brigadeiro Eduardo Gomes (et Estevão de Mendonça). ☎ 3321-5835. Tlj 6h-21h50.* « *Paes e doces* », il s'agit bien d'une « *panificadora* », c'est-à-dire une sorte de boutique hybride : cafétéria, épicerie, pâtisserie... Spécialisée dans les gâteaux et, surtout, dans de succulents snacks et sandwichs particulièrement élaborés. Également de la charcuterie et de bons fromages. Large terrasse protégée sur rue.

**Guaraná Maués** *(plan zoom, **21**)* **:** *av. Isaac Póvoas, 611 (Centro). ☎ 3321-6621. Juste à côté de l'AJ. Tlj 7h-19h, sauf dim.* Petit snack où savourer une variété de délicieux *sucos* et *vitaminas* aux fruits frais. Pour les petits creux, *salgados* à base de viande et légumes, et quelques gâteaux. Pour faire le plein d'énergie, la spécialité maison : le milk-shake au *guaraná,* céréales et banane. Vente également de *guaraná* naturel sous toutes ses formes. Prix imbattables.

**Mercado do Porto** *(plan A2, **22**)* **:** *dans les grandes halles de Cuiabá, quartier du port. Ouv midi seulement.* Une poignée de restos et *lanchonetes* mélangent leurs chaises et leurs effluves. Tous se ravitaillent bien sûr aux halles. Chez *San Antonio,* buffet de légumes avec viande ou poisson qu'on déguste autour de grosses tables en bois. Prix imbattables et ambiance populaire.

### Prix moyens (40-70 Rls / env 10-17 €)

**Praça Popular** *(plan zoom, **23**)* **:** une très agréable place ombragée et quelques cafés et bars autour, de quoi correspondre à votre humeur ou votre goût du moment...

**O Regionalíssimo** *(plan A2, **24**)* **:** *av. Beira Rio, s/n. ☎ 3623-6881. Installé dans l'ancien marché, dans le quartier du port. Mar-dim 11h-14h. Fermé lun.* Ses baies vitrées ouvrent sur le vieux patio. On y sert de délicieuses spécialités régionales du Pantanal, sous forme de buffet. L'occasion de goûter aux fameux poissons de rivière (*pacú* et *pintado*), accompagnés de riz, *pirão, pacoça, farofa,* salades... En prime, quelques desserts, le café et la liqueur de fruits maison. Les employés et les cadres du quartier en ont fait leur cantine.

**Choppao** *(plan zoom, **25**)* **:** *praça 8 de Abril, 44. ☎ 3623-9101. Tlj, sauf dim et mar, 11h-2h (4h ven-sam).* L'un des restos les plus populaires de la ville depuis 1974. Sur 2 niveaux, avec une grande terrasse protégée et un cadre intérieur sur arcades ouvertes. Toujours plein et animé. Clientèle jeune et familiale tout à la fois. Carte longue comme le bras, au moins 30 variétés de pizzas, *bacalhau* (morue) à l'espagnole ou à la portugaise, belles viandes, etc. Service efficace. Une de nos cantines préférées !

**Peixaria Popular** *(plan zoom, **26**)* **:** *av. São Sebastião, 2324 (Goia Beiras).*

☎ *3322-5471. Lun-sam 11h-15h, 19h-minuit ; dim 11h-17h.* Un peu excentré, mais c'est l'un des restos les plus appréciés pour expérimenter le fameux *rodizio de peixe.* L'occasion de déguster de bons poissons régionaux, notamment le *mojica de pintado* ou du *jacaré* (caïman). Cadre plutôt banal, mais on vient surtout ici pour la cuisine parfumée. C'est goûteux, copieux et servi avec efficacité.

**Confrade** *(plan zoom,* ***27****) : av. Mato Grosso, 1000.* ☎ *3027-2000. Tlj 11h-minuit (15h dim).* Ce fut une brasserie allemande à une époque. Aujourd'hui, c'est un grand bar-restaurant populaire où les jeunes et les familles viennent nombreux. Immense salle où l'on déguste pizzas et *pasta.* Et une très agréable terrasse pour boire une bière ou une caïpirinha à la tombée de la nuit.

## Chic (70-100 Rls / env 17-24 €)

**Dom Agostinho** *(plan B2,* ***28****) : av. Dom Aquino, 314.* ☎ *3623-8450. Tlj 19h-23h30, sauf dim. Seulement sur résa.* Dans une rue un peu marginale, une vieille maison de famille datant de 1889. Découvrez ici peut-être la meilleure cuisine italienne de la ville. Salle haute de plafond, vénérable carrelage, cadre un peu austère et patiné par le temps. Le chef Raphaël Maimoni vient lui-même conseiller aux clients ses petits plats minutieusement préparés : gnocchis et pâtes maison, délicieux risotto aux produits frais, parfumé à souhait sur son lit de parmesan, etc. Une adresse incontournable à Cuiabá.

LE CENTRE-OUEST

## Achats

**Casa do Artesão** *(plan A-B2,* ***40****) : rua 13 de Junho, 315 (Porto).* ☎ *3611-0500. Lun-sam 8h30-17h15 (13h15 sam). Fermé dim.* Une belle demeure coloniale entièrement rénovée, avec parquet en acajou et patio arboré. Plusieurs salles consacrées à la vente d'artisanat régional et indien : bijoux, céramiques, paniers, tissages, superbes hamacs... pour toutes les bourses. De bonnes liqueurs artisanales et quelques produits typiques. Et l'argent est reversé directement aux artisans locaux.

# À voir

La ***praça da República*** *(plan zoom)* et ses alentours concentrent l'activité commerçante de la ville. Dominée par la ***cathédrale,*** reconstruite dans un style moderne dans les années 1930. Cette ancienne église coloniale ressemble aujourd'hui, avec son médiocre habillage de béton et ses immenses pendules, à une... gare ! Parcourir à côté les ***ruas Galdino Pimentel, Cândido Mariano*** et ***Eng. Ricardo Franco,*** à la frénétique animation commerciale. C'est aussi la partie la plus ancienne de la ville. Quartier piéton à l'architecture plutôt horizontale, vénérables demeures coloniales aux façades élaborées, se déclinant dans tous les tons pastel. Relayé par d'autres quartiers populaires, livrant de temps à autre de jolies petites églises baroques.

***Museu histórico*** *(plan zoom) : praça da República, 131 (Centro).* ☎ *3613-9234. Mar-sam 12h30 (13h sam)-18h. Fermé dim-lun. GRATUIT.* Petit musée d'Histoire installé dans un bel édifice colonial (1896). Retrace l'histoire de Cuiabá depuis l'époque des *bandeirantes* jusqu'à aujourd'hui. Objets sacrés, peintures, photos et documents historiques. Documents et gravures sur l'esclavage, le commerce, les industries de la canne à sucre, plus le bureau historique utilisé par les présidents et gouverneurs de l'État pendant 150 ans. Également d'intéressantes photos en noir et blanc, de nombreux objets et médailles de la 1re moitié du XXe s. Les autres salles présentent un mobilier colonial, notamment de beaux miroirs gravés.

***Museu de Pré-historia – Casa Dom Aquino*** *(plan B2)* **:** *av. A. Beira Rio, 2000. ☎ 3613-9290. Tlj 7h30-11h30, 13h30-17h30 – sauf dim.* Installé dans une superbe demeure coloniale datant de 1842. Intéressantes collections archéologiques et paléontologiques. Fossiles d'espèces disparues comme cette variété de tatu *(Pampatherium Humboldt)* ou ce squelette de dinosaure *(sauropoda)* protégé par une bâche à l'extérieur. Voir aussi les fossiles provenant de la Chapada dos Guimaraes, du temps où cette région était sous la mer.

# POCONÉ – TRANSPANTANEIRA

30 000 hab. IND. TÉL. : 65

**Petite ville paisible perdue en plein *cerrado,* à 114 km de Cuiabá, Poconé marque l'entrée de la Transpantaneira, unique route de terre (149 km de long), qui traverse les plaines et les marais du Pantanal et relie la ville de Porto Joffre avec pas moins de 120 ponts en bois ! C'est la dernière étape pour faire le plein du réservoir et emprunter cette fameuse piste à la découverte de la faune locale et de superbes paysages. Un zeste d'aventure avec les iguanes et les caïmans qui ne manqueront pas de croiser votre route, un soupçon de poésie en observant le vol gracieux des aigrettes, ibis et oies sauvages, et quelques visions insolites avec l'immense *tuiuiu* et les *capibaras* au cri aigu caractéristique.**



## Où manger ? Où faire une pause goûter ?

***Vovo Giginha Café*** **:** *rua Campos Sales, 62. ☎ 3345-1264. Tlj 7h-20h.* Étonnant petit café-pâtisserie dans le style rustique-chic, tenu par une jeune Brésilienne charmante et dynamique. Très bons cafés (expresso, cappuccino...), *pastels,* croissants, *tortas* et *bombons de Magrellos,* tartes sucrées et salées. Bref, une excellente petite adresse.

***Restaurante e pizzeria Tradição*** **:** *praça Bem Rondon, 140. ☎ 3345-1060. À 20 m de l'hôtel* Skala. *Ouv seulement le soir. Plats 20-50 Rls.* Grande salle propre, carrelée et claire. Cuisine brésilienne classique et pizzas. Goûtez à la viande du Mato Grosso *(file do carne),* ou au *pintado a tradiçao* (poisson du Pantanal), la spécialité de la maison.

## Où dormir ?
## Où manger le long de la Transpantaneira ?

En sillonnant la Transpantaneira, vous pourrez vous arrêter dans des *pousadas* très agréables, offrant un accueil familial et de nombreuses possibilités d'excursions. C'est là, véritablement, l'intérêt de cette route... se poser quelque part et partir quelques jours dans la nature profonde. Si on se contente du paysage depuis la route (parfois un peu monotone !), malgré quelques vols élégants d'aigrettes ou d'ibis, la balade risque de se révéler un peu frustrante. Quelques adresses au fil de la route.

***Pousada Piuval*** **:** *rodovia Transpantaneira, km 13. ☎ 3345-3479. • pousadapiuval.com.br • À 10 km de la route principale, par une bonne piste en terre. À partir de 450 Rls/j. pour 2 en pens complète. Excursions et cheval non inclus dans le prix.* Bien insérée dans la ferme, l'une des *pousadas* les plus confortables de la région. Chambres bien aménagées avec véranda, AC, ventilo, salle de bains carrelée, frigo. Elles donnent directement sur le vaste jardin (petite piscine), les prés et les champs. Tout autour, un domaine de 7 000 ha, des paysages ouverts piqués de bosquets. Excellente cuisine régionale. En période de montée des eaux, balades en bateau et baignade dans la rivière (de décembre à avril). Observation des oiseaux et balades pédestres pour saisir la riche vie animale.

**Pousada Portal Paraíso :** *rodovia Transpantaneira, km 17, à 200 m de la route. ☎ 3345-2271. 99968-6300. • portalparaiso.com.br • Possibilité de transfert gratuit depuis Poconé. Compter 400-450 Rls/j. pour 2 en pens complète. Aire de camping bon marché et possibilité de déj pour les non-pensionnaires.* Authentique *fazenda* entourée de 750 ha de vastes prairies et d'arbres centenaires, qui abritent les fameux aras jacinthes. 4 km de passerelles au-dessus des marais et 2 tours permettent d'observer les animaux (tapirs, cerfs, capibaras, caïmans), au crépuscule ou à l'aube. Un pavillon en bois abrite des chambres à la déco basique, mais avec clim ou ventilo, eau chaude. Il y a aussi un autre cabanon isolé à 4 km (accès en voiture, à cheval ou en canoë selon saison). Très bon accueil de Guillerme et de Telma. Atmosphère familiale très agréable et activités de qualité (balade à cheval, safaris nocturnes, canoë, treks et balades à vélo). En prime, petite piscine nickel.

**Pousada Araras Eco Lodge :** *rodovia Transpantaneira, km 32 (assez facile d'accès). ☎ 3682-2800. 99983-8633. • ararasiodge.com.br • Env 500 Rls/j. par pers en pens complète.* Une des plus agréables *pousadas* situées sur le trajet, mais aussi une des plus chères. Chambres de style traditionnel et de bon confort (clim, ventilo), avec hamac devant chaque chambre et tonnelle près de la piscine. Balades en canoë et à cheval, pêche, tour d'observation des oiseaux, safari de nuit. En période des hautes eaux, possibilité de balade (de 2 km) sur un chemin en passerelle. Excursions comprises dans le prix et encadrées par une équipe accueillante et expérimentée. On y parle l'anglais et le français.

**Pouso Alegre Lodge :** *rodovia Transpantaneira, km 33, puis 7 km de piste. • pousalegre.com.br • Compter 400 Rls/j. par pers en pens complète.* Voici la plus dépaysante de toutes les *fazendas*. Un immense domaine de 11 000 ha, petit royaume sauvage traversé par le rio Bento Gomes, dans un paysage de brousse, de champs, de lacs et de marécages (zones inondables). Chambres basiques, mais propres et confort correct (clim, moustiquaire, douche/w-c), dans un bâtiment donnant sur un patio ombragé. Repas sur place servis dans un réfectoire. Cuisine locale copieuse. Excursions à pied, en bateau, à cheval, pour observer les oiseaux (perroquets *araras,* toucans...), reptiles, mammifères (tapirs, coatis, tamanoirs...).

**Pousada Rio Clarinho :** *rodovia Transpantaneira, km 40. 99998-8888 ou 99977-8966. • pousadarioclarinho.com.br • Piste de 3 km assez défoncée pour atteindre cette belle et grande pousada. Compter 250-300 Rls/j. par pers tt inclus. Camping env 30 Rls/pers.* Si vous aimez les *fazendas* isolées en pleine nature, dans un environnement superbe et sauvage, c'est ici qu'il faut faire étape. La ferme fait 900 ha. Le propriétaire, Afranio, y élève des bœufs. La maison d'habitation, aux murs blanc et bleu comme à l'époque coloniale, dispose de 12 chambres au confort suffisant (clim ou ventilo), toutes propres et spacieuses. Salle à manger-réception de caractère avec ses meubles anciens sculptés. On aime bien aussi l'antique fourneau à bois dans la cuisine. Paillote pour manger dehors, hamacs accrochés sous une autre. Savoureuse cuisine locale. Bonnes excursions à cheval ou en barque. Ne pas manquer la tour d'observation qui domine un beau morceau de forêt tropicale (on se croirait en Amazonie).

# CHAPADA DOS GUIMARÃES

18 400 hab. IND. TÉL. : 65

**Après la brousse et la savane à perte de vue, voici un Jura tropical, bordé de falaises, entouré de forêts, creusé de grottes, de cascades et de lagunes aux eaux rafraîchissantes. À environ 70 km au nord-est de Cuiabá, sur un plateau qui domine le parc naturel du même nom (Parque Nacional da Chapada dos Guimaraes), voici une agréable petite ville, verdoyante et bien propre. C'est le lieu préféré des Cuiabános pour passer le week-end. En raison de l'altitude (800 m), l'air y est vivifiant après la chaleur étouffante des plaines humides du Pantanal. Perchée sur les rebords de hautes falaises, la ville est quadrillée par des rues qui se coupent à angle droit. Elles convergent vers la place centrale, touffue et ombragée notamment par d'élégants palmiers royaux.**

## Arriver – Quitter

### En bus

➢ ***Cuiabá :*** liaisons avec *Rapido Chapadense* ; une dizaine de bus/j., 5h45-19h. En venant de Cuiabá, bus 6h30-19h. Env 1h30 de trajet.

## Adresses utiles

ℹ ***Centro de Apoio do Turismo :*** *praça Dom Wunibaldo, 57. ☎ 3301-2045. • chapadadosguimaraes.tur.br • Tlj 12h-17h, sauf dim.*

■ ***Eco Turismo Cultural :*** *rua Cipriano Curvo, 655. 📱 99678-4606. • chapadadosguimaraes.com.br • Lun-sam 8h-12h, 14h-17h ; dim 8h-11h. Excursions à la journée (avec ou sans son propre véhicule).* Toutes les infos sur la ville. Excursions dans le parc : cascades, grottes... Accueil sympa.

■ Distributeur (*Visa* et *MasterCard*) à la ***Banco do Brasil.***

## Où dormir ?

### Camping

⛺ ***Camping Oasis :*** *rua Fernando Corrêa da Costa, 394. ☎ 3301-2444. • campingoasis.com.br • Env 30 Rls/pers.* Pour les routards en mal de simplicité, un petit camping chez l'habitant, dans un joli jardin ombragé entouré de palmiers et tapissé de pelouse. Confort assez rudimentaire, mais ambiance conviviale. Coin cuisine et laverie sur place. Boulangerie à 50 m et *mercado* à 100 m.

### Bon marché (moins de 150 Rls / env 36 €)

🏠 ***Pousada Bom Jardim :*** *praça Dom Wunibaldo, 461. ☎ 3301-2668. • pousadabomjardim.com.br • Doubles 140-160 Rls selon confort. Quelques triples et quadruples. Parking gratuit.* Idéalement situé, sur la belle place principale ombragée et animée le soir. Abrite des chambres vieillottes et sans grand charme, mais de confort suffisant. Réfectoire pour le petit déj à l'arrière. Atmosphère fraîche bien appréciable. Accueil sympa et disponible.

### Plus chic (250-500 Rls / env 60-120 €)

🏠 ***Hotel Turismo :*** *rua Fernando Corrêa da Costa, 1065. ☎ 3301-1176. • hotelturismo.com.br • Tt près de la gare routière. Double env 350 Rls.* Une adresse très agréable. Joli jardin devant la maison et petite piscine pour se rafraîchir après une journée de balade. Chambres impeccables, avec salle de bains et clim. Possibilité d'excursions dans la *chapada*.

🏠 |●| ⛱ ***Pousada Penhasco :*** *av. Penhasco. ☎ 3301-1555 ou 3624-1000 (centrale de résas). • penhasco.com.br • À moins de 2 km du centre. Doubles 300-500 Rls selon période.* Grand complexe hôtelier situé en bord de falaise, avec panorama unique sur la vallée et le parc. Chambres de très bon confort, spacieuses, avec TV satellite, frigo, clim, terrasse. Belle piscine extérieure et piscine intérieure chauffée, sauna, salle de gym, tennis, terrain de jeux pour les enfants... Bar et resto panoramique, beau buffet. Chemin menant au *Mirante da Posada Penhasco* (privé), d'où la vue est remarquable. Idéal pour les séjours en famille.

## Où manger ?

### Prix moyens (40-70 Rls / env 10-17 €)

|●| ⛱ ***Felipe Restaurante :*** *rua Cipriano Curvo, 598 (Centro). ☎ 3301-1860. Tlj. Buffet* ao kilo *le midi, plats régionaux et quelques pizzas à la carte le soir.* Cuisine régionale de qualité, bons plats de viande (*filé* et *frango*) et poissons frais servis copieusement, comme le *pintado ao molho de camarão,* ou la *pacú assado.* Nappes en tissu, serveurs en nœuds pap', mais service cordial et efficace. Terrasse protégée donnant sur la place.

|●| ⛱ ***Pomodori :*** *rua Quinco Caldas, 60. ☎ 3301-3061. Lun-ven 16h-22h, sam 8h-minuit.* Un bon petit resto où l'influence italienne se fait bien sentir sur la carte. Pas de pizzas, mais des *penne,* risottos, spaghettis et autres bons petits plats. Salle claire, propre et bien agréable. Service pro. Terrasse extérieure le soir, de l'autre côté de la rue.

|●| ⛱ ***Morros de Ventos :*** *estrada do Mirante, à env 3 km direction Campo Verde ; bien indiqué. ☎ 3301-1030. Tlj, seulement pour le déj.* Situé dans un miniparc privé où il faut acquitter un droit d'entrée (10 Rls, remboursé si l'on mange au resto). La plus belle terrasse de la région située au bord de la falaise. Fort bonne cuisine à prix raisonnables. Spécialités de *mojica de pintado* et *feijoada amanhecida* (le dimanche).

## À voir. À faire

– On peut se déplacer par ses propres moyens et s'offrir une belle randonnée de 3h à la découverte du ***Parque Nacional da Chapada dos Guimarães*** *(9h-16h30).* Se renseigner à l'entrée du parc, signalée sur la route entre Cuiabá et Chapada (« *Cataratas* »).

– En passant par une petite agence de tourisme comme celle de Helio Caldas ou par *Ecoturismo* (voir plus haut), vous pourrez découvrir avec un guide les sites de la région. Cela permet d'explorer des coins reculés comme le vale do ***Rio Claro*** (à 38 km de Chapada), la ***caverna Aroe Jari*** et la ***gruta do Lago Azul*** (à env 40 km de Chapada dont 25 km de piste).

🚶🚶 Proche de la ville, la célèbre porte de l'Enfer, à-pic impressionnant, et le ***Veu de Noiva*** (« Voile de la Mariée »), cascade de 60 m.

🚶🚶 ***Morro dos Ventos :*** *à env 3 km de la ville. Accès payant : 10 Rls.* Très beau panorama sur toute la plaine cuiabána, jusqu'au belvédère de Mirante, considéré comme le centre géodésique de l'Amérique du Sud.

# LE PANTANAL SUD

**Le Mato Grosso do Sul offre un paysage de grandes plaines à perte de vue, avec de nombreux fleuves, rivières et points d'eau permettant la pêche et la baignade dans des eaux cristallines.**

**Au départ d'Aquidauana et de Miranda, on rejoint les *fazendas* ou *pousadas* « écologiques ». Pour la plupart, elles font partie de l'APPAN, une association de protection du Pantanal, et adhèrent à une charte d'exploitation touristique respectueuse de l'environnement et de la culture locale.**

## CAMPO GRANDE

832 300 hab. IND. TÉL. : 67

**À environ 700 km au sud de Cuiabá. Capitale du Mato Grosso do Sul, c'est une grande ville moderne qui a conservé une ambiance authentique. Entre les grands buildings et les avenues tracées au carré, on apprécie les larges places ombragées et le centre commerçant animé. Elle a été classée en 2011 comme la 5e ville la plus agréable à vivre au Brésil. On y circule facilement, les avenues sont larges et verdoyantes. Les habitants sont des descendants des pionniers, mais aussi des migrants venus au fil du XXe s de Bolivie, du Paraguay et du Japon. Cependant, si vous louez une voiture à l'aéroport pour aller dans le Pantanal Sud ou à Bonito, il n'y a aucune raison de s'attarder à Campo Grande, qui n'est qu'une ville de passage.**

### Arriver – Quitter

#### En bus

***Rodoviária :*** *av. Gury Marques, 1215, bairro universitário. ☎ 3026-6789. Infos et horaires : • transportal.com.br • À l'écart du centre, sur la route de São Paulo.* Pour les bus locaux comme pour les longues distances.

➢ ***Bonito :*** avec *Vanzella (☎ 3255-3005 ; • vanzellatransportes.com.br •).* 1 bus/j., vers 13h. Le bus passe par l'aéroport de Campo Grande. Durée : 6-7h.

➢ ***Aquidauana :*** env 5 bus/j. et 2h de trajet avec *Viação Andorinha (☎ 3382-3710).*

➢ ***Miranda :*** env 9 bus/j., 6h30-minuit, et 3h de trajet avec *Viação Andorinha.*

➢ ***Corumbá :*** env 9 bus/j. et 6h de route avec *Viação Andorinha.*

➢ ***Cuiabá :*** avec *Viação Andorinha*, 4 bus/j. Durée : 11-12h.

➢ Bus longue distance vers la ***Bolivie, Rio de Janeiro, São Paulo...***

#### En avion

✈ ***Aeroporto internacional :*** *av. Dq. de Caxias, km 7. ☎ 3368-6000. À env 12 km du centre-ville.* Vols quotidiens de/pour ***Cuiabá, São Paulo, Brasília, Rio...*** Bureau d'infos touristiques, agence *Banco do Brasil*, location de voitures, distributeurs *Visa* et *MasterCard...* Bus et taxis pour rallier le centre.

### Adresses utiles

ℹ ***Centro de informações turísticas e culturais :*** *Morada dos Baís, av. Noroeste, 5140. ☎ 3314-3142. • campogrande.ms.gov.br • Mar-sam 8h-18h, dim 9h-12h. Fermé lun.* Quelques brochures et plan de la ville. Bureaux également à l'aéroport et à la gare routière.

■ ***Banco do Brasil :*** *av. Afonso Pena, 2202 (à l'angle de la praça da República). ☎ 3321-8821. Guichet automatique 6h-22h (Visa et MasterCard). Change 10h-16h. Autre agence centrale rua Treze de Mayo, 2782.*

■ ***Alliance française :*** *rua Antônio Maria Coelho, 1719 (Centro). ☎ 3321-0339. • aliancafrancesacg.com.br •*

## Où dormir ?

### Bon marché (moins de 150 Rls / env 36 €)

**Pousada Dom Aquino :** *rua Dom Aquino, 1806. ☎ 3384-3303. • pousadadomaquino.com.br • Double env 140 Rls.* Un bon petit hôtel à prix sages, très bien situé. Long couloir conduisant à la réception, patio au fond. Chambres fonctionnelles, modestes mais calmes et propres. Douche/w-c et clim. Bon accueil.

**Pousada Mato Grosso :** *av. Mato Grosso, 1451. ☎ 3325-4225. • pousadamatogrosso.com.br • En plein centre. Doubles à partir de 150 Rls, copieux petit déj compris.* Une belle maison toute jaune et des chambres confortables, distribuées autour d'un joli patio. L'ensemble a du charme et l'atmosphère fraîche est très appréciable après un séjour dans le Pantanal. Accueil jovial.

### Plus chic (à partir de 250 Rls / env 60 €)

**Brumado Hotel :** *av. Afonso Pena, 743. ☎ 3041-2200. • brumadohotel.com.br • À quelques blocs de la gare routière, sur la route vers l'aéroport.* Immeuble moderne et fonctionnel. Chambres de bon confort (clim, TV, frigo). Piscine.

## Où manger ?

### De bon marché à prix moyens (moins de 40-70 Rls / env 10-17 €)

**Sabor EnQuilo :** *rua Dom Aquino, 1790. ☎ 3325-5102. Lun-ven, midi seulement.* À 2 blocs de la grande avenue Afonso Pena. Grand restaurant populaire et toujours plein le midi. On y sert de la cuisine classique brésilienne *ao kilo*. Prix sages et nombreux plats variés.

**Fogo Caipira :** *rua José Antônio, 145 (Centro). ☎ 3324-1641. Mar-sam 11h-14h (15h ven), 19h-23h (minuit ven-sam) ; dim 11h-16h.* Excellente cuisine traditionnelle du Pantanal. Salle climatisée ou terrasse couverte façon paillote donnant sur un agréable jardin. Clientèle *middle class*. Longue carte avec pour spécialités la *carne do sol na moranga* (viande séchée), le *rolê de frango com creme de pequi*.

**Água Doce Cachaçaria :** *rua José Antônio Pereira, 194 (Vl Rosa Pires). ☎ 3321-6978. Ts les soirs sauf lun.* C'est une grande chaîne de restaurants, sans les défauts habituels des chaînes. Le lieu a du caractère, le service est aimable. Le plus grand choix de cachaças de la ville et une bonne sélection de plats brésiliens (*escondidinho* extra !). Musique live presque tous les soirs.

**Café Mostarda :** *av. Afonso Pena, 3952 (jardím dos Estados). ☎ 3301-9990. Central. Tlj 17h-1h (3h ven-sam).* Bar-restaurant et *choperia* ! Terrasse prise d'assaut par la jeunesse locale, bondée même en semaine. Copieuse cuisine pour toutes les faims et à prix raisonnables : sandwichs, *medalhao mostarda* (300 g de viande juteuse), hamburgers, pâtes, salades... Musique live en semaine à un degré sonore redoutable (salle plus calme au fond).

### Chic (70-100 Rls / env 17-24 €)

**Vermelho Grill :** *av. Afonso Pena, 6078 (Chácara Cachoeira). ☎ 3326-7813. Mar-ven 11h30-14h30, 19h-23h ; w-e 11h30-23h30 (16h dim). Fermé lun.* À l'est de la ville (à l'opposé de l'aéroport), en face du *parque das Nações Indígenas*. Taxi obligatoire pour y aller. On y vient pour déguster une des meilleures viandes de bœuf de la ville (entre autres, excellents steaks et *ribs*). Cadre très agréable et belle vue sur le parc.

## À voir

**Museu das Culturas Dom Bosco :** *av. Afonso Pena, 7000. ☎ 3326-9788. • mcdb.org.br • Dans le parque das Nações Indigenas, en face de la praça da República. Mar-ven 8h-17h, w-e 13h-17h. Fermé lun. Entrée : 5 Rls.* Rien de religieux au sens strict, contrairement à son nom. Ce musée abrite une étonnante collection d'objets traditionnels indiens (les Caduveos, les Guatos, les Guaranis Kaiowas et les Ofaies), tous du Mato Grosso do Sul. D'autres ethnies sont représentées comme les Bororos, les Xavantes et les Karajas. Voir aussi les ribambelles d'animaux empaillés (près de 2 200 pièces !), oiseaux, reptiles et autres bestioles du Pantanal, ainsi qu'une salle consacrée aux papillons du monde entier.

**Casa do Artesão :** *av. Calógeras, 2050. ☎ 3383-2633. À l'angle de l'av. Afonso Pena. Lun-sam 8h-18h (12h sam). Fermé dim.* Une grande maison de style colonial où acheter toutes sortes d'objets culinaires ou décoratifs, en bois, céramique... fabriqués par les artisans de la région. On peut même y acheter de la liqueur de *pequi,* ce petit fruit délicieux qui pousse dans la région.

À découvrir aussi, le ***parque Florestal Antônio de Albuquerque,*** dans le centre, ou encore le ***parque das Nações Indígenas,*** à l'est de la ville *(tlj 6h-20h30),* qui abrite des espèces du Pantanal (*capibaras,* aigrettes, serpents...). On y trouve également le *museu de Arte Contemporanea.*



# BONITO

20 600 hab. IND. TÉL. : 67

• Plan *p. 279*

**À environ 300 km au sud-ouest de Campo Grande, tranquille petite ville située en lisière sud du Pantanal, au pied de la serra da Bodoquena. Coquette, riche, propre, écolo, quadrillée par des rues à angle droit, Bonito (« beau » en portugais) a bien mérité son nom : c'est une jolie ville commerçante, dans une ambiance de station verte. Pas de centre ancien ici, mais plein de commerces, de boutiques bien fournies, de cafés, de glaciers et de restos. Pas de mer pourtant, pas de plages non plus, mais, dans un rayon de 10 à 30 km autour de la ville, rien que de superbes paysages aquatiques composés de cascades, de grottes spectaculaires, de lacs cristallins, de rios aux eaux bleues et transparentes... La pureté des eaux régionales provient de la grande teneur en calcaire qui fait fonction de filtre naturel et fixe les impuretés au sol. On vient aussi ici pour les nombreuses activités sportives proposées comme le rafting, canyoning, kayak, la spéléo, etc. Bonito devient de plus en plus populaire comme destination écotouristique auprès des habitants des grandes métropoles urbaines...**

## Arriver – Quitter

***Rodoviária*** *(plan A2) : rua Vicente Jacques. À quelques blocs du centre-ville.*

➢ ***Campo Grande :*** 5 bus/j. avec *Cruzeiro do Sul.* Durée : 5h. Arrêts dans le centre de Campo Grande et à l'aéroport. Env 60 Rls.

➢ ***Corumbá :*** 1 bus/j. avec *Cruzeiro do Sul.* Durée : 7h.

✈ ***Aéroport*** *(hors plan par B2) : à env 12 km de Bonito.* Seulement 2 vols/sem depuis Campo Grande, assurés par *Azul.* Départs les mer et dim. *Infos et résas : • voeazul.com.br •* Pour rejoindre le centre, taxi (env 60 Rls) ou liaison en bus jusqu'à la gare routière.

## Adresses et infos utiles

– Un site internet très complet avec toutes les infos pratiques : ● *portalbonito.com.br* ●

**CAT** (*Centro de Atendimento ao Turista ; plan B2*) : *rodovia Bonito – Guia Lopes, km 1 ; à l'entrée de la ville. ☎ 3255-1850.*

■ **Banco do Brasil** (*plan B2*, **1**) : *rua Luiz da Costa Leite ; praça da Liberdade. ☎ 3255-1121.* Distributeur automatique (*Visa* et *MasterCard*).

■ **Ygarapé Tour** (*plan B2*, **2**) : *rua Cel. Pilad Rebuá, 1853. ☎ 3255-1733.* ● *ygarape.com.br* ● Bon programme d'excursions.

– **Transports locaux :** nombreux taxis. Intéressant à plusieurs pour les sites les plus proches de la ville. Pour les individuels, encore mieux, les motos-taxis. Négocier un forfait à la journée ou à la demi-journée.

## Où dormir ?

### Bon marché (moins de 150 Rls / env 36 €)

**Bonito Hostel** (*plan A1*, **10**) : *rua Dr Pires, 850. ☎ 3255-1022.* ● *ajbonito.com.br* ● *Compter 50 Rls/pers en dortoir ; double env 150 Rls. Réduc avec la carte HI.* Une belle auberge de jeunesse, très bien tenue par une équipe dynamique et souriante. Dortoirs de 6 lits et chambres simples (avec ventilo ou clim), très propres, avec salle de bains. Cuisine commune bien équipée. Laverie, placard avec cadenas. Possibilité de camper sur un petit terrain herbeux. Belle piscine. Sandwicherie et petite restauration sur place. Surtout, propose un très intéressant programme d'excursions à prix raisonnables : balades à cheval et en bateau, pêche au piranha, observation des oiseaux, *snorkelling* dans les lacs de grottes, excursions nocturnes, etc. Une de nos AJ préférées dans la région.

**Pousada Muito Bonito** (*plan B2*, **11**) : *rua Cel. Pilad Rebuá, 1444. ☎ 3255-1645.* ● *muitobonito.com.br* ● *Dans la rue principale. Doubles à partir de 150 Rls.* De loin la meilleure adresse dans cette catégorie de prix. Très bien situé, agréable petit hôtel familial donnant sur une cour intérieure verdoyante. Bon accueil. On aime bien la grande terrasse-salle commune où l'on prend le petit déj. Les chambres sont réparties le long d'une petite galerie, dans des pavillons en bois et en brique à l'arrière de la réception. Déco sobre, intérieur propre, douche/w-c, clim et ventilo.

### Plus chic (250-400 Rls / env 60-120 €)

**Pousada Rancho Jarinu** (*plan B1*, **12**) : *rua 24 de Fevereiro. 1895. ☎ 3255-2094.* ● *pousadaranchojarinu.com.br* ● *Double env 250 Rls.* Une bonne adresse à prix sages. Cette *pousada* est tenue par une dame charmante et aimable. Elle donne plein d'infos sur Bonito et propose des excursions aux environs. Les chambres, situées dans un pavillon à l'arrière, donnent sur le jardin (avec piscine). Déco simple et soignée, toilettes impeccables, nuits calmes assurées. Possibilité de se garer facilement dans la rue.

**Hotel-Pousada Bonsai** (*plan B1*, **13**) : *rua 15 de Novembro, 564. ☎ 3255-2000.* ● *hotelbonsai.com.br* ● *Doubles 250-340 Rls selon saison.* Petit hôtel à taille humaine, aux murs blanc et cerise et aux toits de tuiles rouges, au milieu d'une végétation exubérante. Les lampions japonais, la fontaine et le petit pont oriental dans le jardin intérieur pourraient indiquer un patron asiatique, mais non, c'est juste une fantaisie du propriétaire ! Abrite des appartements confortables (TV, frigo, clim), devant lesquels on peut garer sa voiture (façon motel). Petite terrasse avec hamac. Piscine chauffée et pataugeoire pour les enfants. Resto.

**Hotel Pirá Miúna** (*plan A1*, **14**) : *rua Luis da Costa Leite, 1792. ☎ 3255-1058.* ● *piramiunahotel.com.br* ● *Doubles 300-380 Rls selon saison.* À l'angle de 2 rues, dans le centre, un grand arbre du voyageur signale cet hôtel de style

BONITO

■ **Adresses utiles**

- CAT (B2)
- **1** Banco do Brasil (B2)
- **2** Ygarapé Tour (B2)

**Où dormir ?**

- **10** Bonito Hostel (A1)
- **11** Pousada Muito Bonito (B2)
- **12** Pousada Rancho Jarinu (B1)
- **13** Hotel-Pousada Bonsai (B1)
- **14** Hotel Pirá Miúna (A1)

**Où manger ? Où boire un verre ?**

- **20** Vicio da Gula Café (B2)
- **21** Cantinho de Peixe (A1)
- **22** Taboa (B2)
- **23** Casa de João (B2)

rustique-chic, non dénué de caractère. Bâtisse en brique vernissée, avec patio intérieur (piscine), autour duquel se répartissent les chambres, confortables et très bien tenues. Vue sur le patio ou sur les jardins et maisons du quartier.

## Où manger ? Où boire un verre ?

### De bon marché à prix moyens (moins de 40-70 Rls / env 10-17 €)

**Vicio da Gula Café** *(plan B2, **20**) : rua Cel. Pilad Rebuá, 1852. ☎ 3255-2041. Tlj à partir de 12h.* Une adresse incontournable en plein centre. Idéal pour manger sur le pouce, salé ou sucré. On y sert des sandwichs, des burgers, des *filés* (viande, poulet...) et de succulentes pâtisseries exposées dans une grande vitrine. Bon café expresso, jus de fruits naturels. La petite salle, fraîche et agréable, ouvre sur la rue. Quelques tables sur le trottoir.

**Cantinho de Peixe** *(plan A1,*

**21) :** *rua Cel. Pilad Rebuá, 1437. ☎ 3255-3381. Tlj sauf mer et dim soir 11h-14h30, 18h-23h (tlj 11h-23h en hte saison).* Probablement le meilleur resto de poisson de la ville. Central, bien tenu, avec une grande salle et une terrasse extérieure. Le chef accommode les poissons d'une douzaine de manières : *pintado, pacu* et autres *piraputanga* (aux champignons, à l'escabèche, etc.). En profiter, bien sûr, pour goûter au caïman ! Vin chilien servi au verre.

**Taboa** *(plan B2,* ***22****) : rua Cel. Pilad Rebuá, 1837. ☎ 3255-5598. Tlj 17h-3h.* La terrasse de café la plus animée de la ville, surtout le soir quand il y a un groupe de musiciens. Voici un lieu chaleureux où les murs sont couverts de signatures et graffitis des clients. Le bar vend sa propre production de cachaça. Quand la musique envahit la terrasse et celle du voisin, tous en profitent et certains dansent allègrement... Possibilité de grignoter snacks et petits plats rapides (prix raisonnables).

**Casa de João** *(plan B2,* ***23****) : rua Nelson Felico dos Santos, 664. ☎ 3255-1212. Tlj sauf mar 11h-14h30, 18h-23h30 (tlj en hte saison).* À l'écart de l'agitation, à seulement 2 blocs de la rue principale, un grand restaurant considéré comme une des meilleures adresses de la ville. Vaste salle soutenue par des piliers et une charpente en bois, tables bien espacées, décor rustique, accueil aimable. On y sert de très bons poissons : *pirarucu, pacu aberto, pintado.* Si vous n'aimez pas les arêtes, demandez le *traíra sem espinha.*



## Excursions dans les environs

Beaucoup de sites se trouvent sur des propriétés privées *(fazendas)* qui limitent le nombre d'entrées quotidiennes. La plupart ne peuvent donc se visiter qu'en passant par une agence locale ou par l'hôtel où vous séjournerez (qui possède très souvent sa propre petite agence). Le grand must, c'est le ***snorkelling*** : on se laisse flotter avec masque et tuba au fil de l'eau. Les poissons se voient déjà à 20 ou 30 m. Nombreuses autres possibilités sportives, comme le ***rafting*** ou le ***tubing*** (avec chambre à air) sur le rio Formoso.

– Quelques contraintes, comme l'interdiction d'utiliser les crèmes solaires pour ne pas polluer les eaux. Les agences fournissent généralement une combinaison.

– Penser, surtout au moment des visites brésiliennes, à réserver les excursions à l'avance.

## À l'ouest

***Gruta do lago Azul :*** *rodovia Três Morros, à 22 km à l'ouest de Bonito (dont 18 km de piste). Entrée : 60 Rls. Achat du billet et résa de l'excursion (en petit groupe) auprès d'une agence en ville.* Voici l'une des grottes inondées les plus grandes du Brésil. On la découvre au milieu d'une nature magnifique. Belles stalactites et -gmites, et incroyable variété de bleus. Lac profond de plus de 85 m. La grotte n'a pas encore été totalement explorée. Si vous avez la chance de vous y rendre entre le 20 décembre et le 15 janvier, y être impérativement entre 8h30 et 9h : le soleil parvient alors jusqu'au fond de la grotte. Moment sublime.

***Abismo Anhumas :*** *à 24 km de Bonito sur la route de Campo dos Indios (19 km de piste de terre). ☎ 3255-3313. • abismoanhumas.com.br • Réserver à l'avance. Ne sont admis que 2 groupes de visiteurs (8 pers max)/j. Entrée et excursion sportive : env 600 Rls (baignade et escalade en rappel).* Un site superbe et spectaculaire. Il s'agit d'une immense caverne rocheuse engloutie. Cependant, cette sortie s'adresse à des sportifs expérimentés. La veille de l'excursion, les candidats doivent suivre une séance d'entraînement obligatoire. Elle se passe au siège de l'agence, à Bonito. Il y a 72 m de descente en rappel le long d'une paroi avant d'atteindre le lac aux eaux cristallines (baignade, *snorkelling*). Dans la 2de quinzaine de novembre et la 1re semaine de février, les eaux sont encore plus claires.

**Estáncia Mimosa :** *à 26 km de Bonito (dont 24 km de piste) sur la route de Boquodena. • estanciamimosa.com.br • Tlj 7h-14h30. Accès : env 150 Rls, balade en bateau et repas inclus.* Très beau site naturel aquatique dans une vaste *fazenda.* Balades à cheval, observation des oiseaux et des jacarés (caïmans).

## À l'est

**Aquário Natural** (Reserva Ecológica Baia Bonito) **:** *estrada para Jardim. • aquarionatural.com.br • Tlj 9h-17h. Résa obligatoire auprès d'une agence. Accès : env 160 Rls (incluant transport, guide et loc du matériel de snorkelling).* À moins de 10 km de la ville (piste en terre sur la moitié du chemin), l'une des attractions majeures de Bonito. Une source naturelle, une plongée dans les eaux les plus cristallines qui soient. Le rêve, l'impression de nager dans un immense aquarium, avec près d'une trentaine de variétés de poissons (avec une dominante de *dourados*).

## Au sud

**Bonito Aventura :** *à env 6 km de Bonito. ☎ 3324-2409. • bonitoaventura.com.br • Entrée : 90 Rls ; 110 Rls avec le repas inclus. Achat des billets auprès des agences en ville.* Ce site naturel aquatique a l'avantage d'être proche de Bonito. Après 1,8 km de piste, on peut se baigner dans les belles eaux limpides du rio Formoso (profondeur 6 m). Le matériel complet est fourni. Quand il pleut, la baignade est annulée.

**Parque Ecológico do Rio Formoso :** *à env 8 km de Bonito, sur la route Bonito-Guia Lopes. ☎ 3255-2200. • parquerioformoso.com.br • Entrée : 90 Rls (110 Rls avec repas).* C'est sur le rio Formoso que s'effectuent nombre de balades en rafting ou tubing, mais la rivière sait aussi offrir moult occasions de *snorkelling* dans ses diverses anses et coudes. Plus loin, ***ilha do Padre,*** sur la rivière Formoso, est accessible par le Bote do rio Formoso en 1h30 de bateau (rafting). Pas mal d'agréables cascades, bien sûr. Attention, beaucoup de monde au moment des vacances brésiliennes.

**Rio Sucuri :** *à env 18 km de Bonito, dans la Fazenda São Geraldo. ☎ 3255-1030. • riosucuri.com.br • Entrée : 150 Rls, visite et repas inclus.* Compter une bonne demi-journée pour bien en profiter. Un des sites écologiques les plus remarquables de la région. Très belles eaux cristallines et transparentes dans des bassins naturels. C'est la particularité de ce site. On peut s'y promener en bateau, faire du vélo, et surtout nager dans ces incroyables eaux avec masque et tuba.



# MIRANDA – PANTANAL SUD

23 000 hab. IND. TÉL. : 67

**À 190 km à l'ouest de Campo Grande, Miranda est une petite ville assoupie et une halte sur la route vers Corumbá et la frontière bolivienne. Peu d'intérêt touristique, mais un certain charme avec un petit canal et quelques jolies maisons aux couleurs vives. C'est surtout le point de départ de plusieurs pistes vers le Pantanal Sud. Le voyage depuis Campo Grande s'effectue en 3h30 par une route asphaltée (BR 262), qui traverse en ligne droite les grandes plaines du Mato Grosso do Sul et les paysages de *cerrado.* Le territoire est d'ailleurs peuplé de toute la faune du Pantanal, et de nombreux panneaux nous rappellent la présence d'animaux sauvages susceptibles de croiser la route.**

## Adresses utiles

**Rodoviária :** *rotatoria de Miranda. ☎ 3242-1249. À côté du resto Zero Hora.* Bus pour Corumbá et Campo Grande.

■ ***Águas do Pantanal Tour :*** *av. Afonso Pena, 367 (Centro). ☎ 3242-1497. ● aguasdopantanal.com.br ●* Équipe compétente et accueillante, parlant l'anglais, le français et l'espagnol. Organise des excursions dans tout le Pantanal Sud. Infos sur les possibilités d'hébergement, les activités et les meilleures conditions pour observer la faune.

## Où dormir ? Où manger ?

🏠 ***Pousada Águas do Pantanal :*** *av. Afonso Pena, 367 (Centro). ☎ 3242-1242. ● aguasdopantanal.com.br ● Doubles 150-180 Rls. Également des chambres familiales et un minidortoir de 5 pers (env 60 Rls/pers).* On est accueilli par la dynamique et adorable Fátima Cordella, qui s'occupe aussi du bureau de l'agence *Águas do Pantanal Tour.* Sa belle maison traditionnelle est décorée avec goût. Tout est cosy et tenu à la perfection. Agréable salon et petite piscine dans un patio intérieur. Jolies chambres tout confort, certaines avec baignoire à remous... Une bonne adresse.

🏠 🍽 ***Pantanal Hotel e Restaurante :*** *Barão do Rio Branco, 609. ☎ 3242-1068. ● pantanalhotel.com.br ● À l'entrée de la ville, à 300 m du grand carrefour. Doubles 160-180 Rls.* Hôtel fonctionnel et propre, chambres bien tenues (douche/w-c, clim). Elles donnent sur une cour intérieure ombragée (parking privé). 2 piscines pour se rafraîchir, billard et table de ping-pong sous la tonnelle. Resto adjacent avec un self bon marché le midi et de bonnes spécialités de poisson le soir.

🍽 ***Restaurante Zero Hora :*** *Barão do Rio Branco, s/n (BR 262, km 558). ☎ 3242-4200. Juste à l'entrée de la ville. Tlj 11h-16h, 18h-23h. Le midi, buffet à volonté et rodizio de viandes au feu de bois.* La 1re salle est plutôt une *lanchonete,* simple et économique. L'autre salle abrite un véritable resto. Bonnes formules le midi et *churrascaria* le soir, avec nombreux hors-d'œuvre et légumes.

## Où dormir ? Où manger dans le Pantanal Sud ?

On vous indique ici les domaines *(fazendas)* qui sont aussi des *pousadas* et que l'on peut rejoindre par la route et des pistes de terre praticables. Il existe cependant d'autres adresses, perdues en plein Pantanal, offrant des paysages et une faune particulièrement sauvages, mais accessibles uniquement par les airs ou en bateau. Vous obtiendrez toutes les infos auprès des agences de voyages.

– À savoir : certaines *pousadas* demandent un séjour minimum de 2 ou 3 nuits.

### De plus chic à très chic

🏠 🍽 ***Fazenda Pousada Pequi :*** *en venant de Campo Grande, en direction de Miranda, sur la BR 262, 5 km après le village d'Anastácio, tourner à droite (panneau) et suivre une piste de 42 km. ☎ 3245-0949. Formule tt compris avec excursions, logement et repas à partir de 400 Rls/j. par pers.* Loin de l'agitation du monde moderne, voici une authentique *fazenda* isolée au milieu de grandes plaines, le long du rio Aquidauana. Atmosphère familiale, avec seulement 10 chambres fraîches et agréables (pour 2, 3, 4 ou 5 personnes). Repas servis dans une salle à manger à l'ambiance de *lodge* africain le soir... Piscine dans le jardin, activités autour de la ferme, balades à cheval, en bateau à moteur... Le propriétaire a une grande connaissance de la faune et de la flore du Pantanal, car il s'occupe de la réadaptation des animaux sylvestres...

🏠 🍽 ***Fazenda San Francisco :*** *en direction de Corumbá, 36 km après Miranda, accès par une piste de 6 km depuis la BR 262. ☎ 3242-1088. 📱 99964-3929. ● fazendasanfrancisco.tur.br ● Résa obligatoire. Selon période, forfait tt compris 700-850 Rls/j. pour 2. Possibilité de visite à la journée.* Située dans une des régions les plus peuplées d'oiseaux du Pantanal. La famille Coelho a une histoire intéressante. Le patriarche avait 100 000 ha de terres. À sa mort, il a partagé son domaine entre ses 12 enfants. Helio

Coelho a hérité de 15 000 ha ! L'environnement et les paysages sont remarquables. Chambres simples et impeccables (clim et ventilateur). Helio soutient aussi plusieurs actions scientifiques et écologiques pour la défense de la faune locale. Une de nos bonnes adresses pour découvrir le Pantanal.

***Refúgio da Ilha :*** *en direction de Corumbá, 17 km après Miranda ; accès par une piste de 11 km depuis la BR 262. ☎ 3306-3415. • refugiodailha.com.br • Forfait tt inclus (repas, hébergement, sorties) env 450 Rls/j. par pers.* Un de nos coups de cœur dans le Pantanal Sud. Située sur un îlot formé par 2 bras du rio Salobra, aux eaux cristallines, voici une belle *pousada* traditionnelle dans un site naturel remarquable. Tel un petit radeau d'humanité dans une immense plaine immergée par les eaux, c'est une des plus belles photos du célèbre livre *Vu du ciel,* de Yann Arthus-Bertrand. La BBC l'a mise à l'honneur aussi pour son site et son engagement dans le domaine de l'écotourisme durable. Le lieu dispose d'une dizaine de chambres confortables et bien tenues. Espace détente très convivial, atmosphère chaleureuse. Encore de superbes paysages et de nombreuses activités autour du rio : observation des animaux, balades à cheval ou en canoë, sorties de pêche, baignade.

***Refúgio Ecológico Caiman :*** *au niveau de Miranda, depuis la BR 262, il faut prendre une piste de terre (panneau) et la suivre sur 36 km. ☎ 3242-1450. Résas : ☎ (011) 3706-1800. • caiman.com.br • Env 2 600 Rls/pers sur la base de 3 j., tt compris bien sûr !* Pour les aventuriers plus riches, un vaste et luxueux complexe écotouristico-chic situé au cœur d'une des plus vastes *fazendas* du Mato Grosso do Sul (53 000 ha). Environnement privilégié et cadre soigné, avec 3 options de logement : au « siège » de la *pousada,* à 1 km de là (avec accès par un superbe pont en bois), ou en pleine nature, au cœur des marais (à 22 km plus loin). On retrouve les activités habituelles : sorties à cheval, en canoë, safaris-photos...



# CORUMBÁ

105 000 hab. IND. TÉL. : 67

**À 410 km de Campo Grande, Corumbá, ville frontière avec la Bolivie, s'étend sur un promontoire dominant le rio Paraguai. Durant la 1re moitié du XIXe s, Corumba fut l'un des ports fluviaux les plus importants d'Amérique du Sud. Les marchandises et les hommes remontaient le rio Paraná depuis l'Argentine, puis le rio Paraguay. On y comptait pas moins de 12 consulats et 25 banques internationales ! Puis l'avènement du chemin de fer (de 1937 à 1945) et l'ouverture de la ligne Campo Grande-Santa Cruz (Bolivie) tuèrent le commerce fluvial, et Corumbá périclita inéluctablement. La partie basse (le port fluvial), où l'histoire de la ville a commencé (quelques bâtisses de caractère), est reliée à la partie haute par 3 rues étroites et très en pente. Ces rues gravissent péniblement la colline, et soudain elles tournent à angle droit et débouchent sur le centre-ville où se concentrent les commerces.**

**Corumbá doit avant tout sa richesse à l'exploitation du minerai de fer local (3e mine de fer et de manganèse du pays), au commerce, à la contrebande et malheureusement... au trafic de drogue avec la Bolivie. C'est vrai que la frontière se révèle une vraie passoire... Cela peut toutefois constituer une ville-étape sur la route de Santa Cruz (Bolivie), d'autant que l'on y mange bien...**

## Arriver – Quitter

### En bus

***Rodoviária :*** *rua Porto Carreiro, 750. ☎ 3231-2033.*

➢ ***Campo Grande :*** env 9 bus/j., 6h30-minuit, et 6h de trajet avec *Viação Andorinha,* la meilleure compagnie *(☎ 3382-3710).* Arrêts en route à *Miranda* et *Aquidauana*.

➢ ***Bonito :*** 1 bus tlj sauf dim, à 7h du mat avec *Cruzeiro do Sul (☎ 3231-2383).* Compter env 5h de trajet (350 km).

➢ ***Bolivie :*** vérifier qu'on a bien son visa et son certificat pour la fièvre jaune. Bus pour la frontière sur la rua Dom Aquino (praça Independência). En principe, les bus pour Santa Cruz se prennent à la gare routière de Quijaro. Ils partent quand ils sont pleins.

## Adresses utiles

***Informations touristiques Setur :*** *rua 15 de Noviembro, 659, entre les rues Cuiabá et América. ☎ 3231-2886. Lun-ven 8h-18h.* Pas vraiment documenté ni efficace. Quelques infos pratiques sur la ville et la région en consultant le site (en portugais) : • *corumba.com.br* •

■ ***Consulat de Bolivie :*** *rua Porto Carreiro, 1651. ☎ 3231-5605. • consuladoboliviacorumba@gmail.com • Lun-ven 8h-12h30, 14h-17h30.*

■ ***Location de voitures :*** ***Localiza,*** *rua Edu Rocha, 692. ☎ 3231-6000.*

## Où dormir ?

### Prix moyens (150-250 Rls / env 36-60 €)

***Santa Mônica Hotel :*** *rua Antônio Maria Coelho, 345. ☎ 3234-3000. • hsantamonica.com.br • Double env 190 Rls. Parking.* Près des 2 grandes places animées de Corumba. Bâtisse de 5 étages, sans charme mais avec des chambres donnant la plupart sur un atrium. Pas très grandes, mais propres et fonctionnelles. Petite terrasse et piscine.

***Nacional Palace Hotel :*** *rua América, 936. ☎ 3234-6000. • hnacional.com.br • Double env 250 Rls. Parking.* Le petit hôtel de standing de la ville, à prix raisonnables. Une centaine de chambres de bon confort (TV câblée, clim, frigo, coffre). En demander une au 4e étage (plus clair, plus calme). Resto, piscine, etc.

## Où dormir dans les environs ?

***Pantanal Park Hotel :*** *au bord de la rivière Paraguay ; accès en bateau (env 25 mn au long de la rivière), depuis le pont de Porto Morrinho sur la route Campo Grande-Corumbá. ☎ 3275-1500. • pantanalpark.com.br • Résa obligatoire. Compter 450 Rls/pers en pens complète, activités comprises.* Dans un environnement paisible et verdoyant au milieu d'une superbe nature, cet hôtel abrite des chambres confortables. Piscine. Accueil très pro. Belle salle à manger et délicieuse cuisine. Spécialités régionales servies généreusement, produits frais venant de la ferme. Pour les enfants (et les « grands »), visite de la ferme et traite des bufflonnes. Également un riche programme de découverte du Pantanal : balades en bateau, à cheval, randonnées, observation nocturne des animaux, pêche aux piranhas... Repos et dépaysement garantis.

## Où manger ?

### Prix moyens (40-70 Rls / env 10-17 €)

***Restaurante Laço de Ouro :*** *rua Frei Mariano, 556. ☎ 3231-7371. Tlj jusqu'à 23h-minuit.* Petite terrasse sur le trottoir et grande salle ventilée sans déco particulière. On y sert une aimable cuisine locale, fraîche et à prix sages : du poisson (le *pintado* du fleuve est la vedette), des steaks tendres (viande du Mato Grosso) et aussi des pizzas (petites ou grandes). Un bon petit resto sans prétention mais

LE CENTRE-OUEST

qui n'a jamais démérité, ni auprès des locaux ni auprès des touristes. En face, au nº 499 de la même rue, le ***resto Avalon*** est recommandable aussi (un peu moins dans le style cantine, bonne cuisine mijotée).

|●| ***Rodeio :*** *rua 13 de Junho, 760. ☎ 3231-6477. Tlj 11h-15h, 19h-23h, sauf dim soir.* Le midi, excellent buffet *ao kilo* et le soir, à la carte. Grande salle banale mais climatisée, joyeusement animée, clientèle populaire d'habitués. Les mercredi et samedi, *feijoada.*

|●| ***Peixaria do Lulu :*** *rua Dom Aquino Corrêa, 738. ☎ 3232-2142. Tlj midi et soir jusqu'à 23h.* Pas de déco particulière, mais quelques photos de clients réjouis sur les murs, preuve d'une certaine patine et d'une reconnaissance locale. Du poisson, rien que du poisson et du bon, du frais. Goûter donc au *filé de pintado* ou au *pacu ensopado...* Les prix restent toujours raisonnables. Accueil jovial.

### De chic à plus chic (70-100 Rls et plus / env 17-24 €)

|●| ***Viva Bella :*** *rua Arthur Mangabeira, 1. ☎ 3232-9464. Tlj jusque tard le soir.* Resto perché sur le rebord de la falaise, dominant la vallée, le port et le rio. C'est à la fois un bar et un resto. On y vient pour les bons poissons et la succulente spécialité : le *picalo macho,* plat bolivien (patates, viande, saucisse, fromage).

|●| ***Ceara :*** *rua Albuquerque, 516. ☎ 3231-1930. Tlj sauf lun, midi et soir jusqu'à 23h.* Le resto « chicos » de la ville. Intérieur cossu à souhait. Spécialités de poisson et *churrascos.* S'intitule « *O Rei da Peixada* »... c'est presque vrai !



## À voir. À faire

***Porto Geral :*** situé dans la partie basse, le ***quartier du port*** consiste en une longue rue (rua Manoel Cavassa) bordée de plusieurs vieux immeubles de caractère, vestiges glorieux de l'époque où Corumba était le 3ᵉ port fluvial le plus actif d'Amérique latine. D'un côté, les immeubles et maisons colorées, de l'autre, en bordure du rio Paraguay, une longue esplanade piétonne, ombragée par des palmiers et des arbres tropicaux. Aujourd'hui, les façades retrouvent lentement leurs couleurs. Voir par exemple au nº 275 (milieu de la rue) la ***casa Wanderley Bais,*** datant de 1976, à la façade rose saumon (arcades au rez-de-chaussée). Elle abrite le *museu de História do Pantanal (mar-sam 13h-17h30 ; GRATUIT).*

➢ ***Estrada-Parque do Pantanal :*** voilà un superbe périple pour ceux qui disposent d'un 4x4 et d'un peu de temps. À faire de préférence en dehors de la saison des pluies (de novembre à avril), et – bien sûr – s'abstenir de rouler de nuit. Meilleure période : de mai à octobre.

C'est un morceau de l'ancienne route pour Campo Grande, longue de 120 km et entièrement en terre, qui se prend à environ 12 km après Corumbá, au lieu-dit *Lampião Aceso.* Elle fut ouverte par le maréchal Rondon lui-même à la fin du XIXᵉ s. La piste rejoint à nouveau la route de Campo (la BR 262) à *Buraco das Piranhas.* Outre les passages boueux, fondrières et traversées de caïmans et autres animaux débonnaires, on franchit quelque 71 ponts en bois plus ou moins en bon état !

À mi-parcours (km 68), traversée du *rio Paraguay* à *Porto da Manga* en *balsa* (bac, 6h-18h). Très riche vie animale tout du long, surtout le matin de bonne heure. Outre les *jacarés* (caïmans) et *capybaras,* on peut observer nombre d'oiseaux, *araras, tuiuius, cararas, sucuris...* Quelques hôtels-*fazendas* le long du parcours, se renseigner dans les agences de voyages.

– Rappel : pour ceux qui arrivent de Campo Grande, début de l'itinéraire à Buraco de Piranhas.

# LE SUD

La région sud comprend 3 États : le Paraná, avec un site touristique majeur, les chutes d'Iguaçu, le Santa Catarina, avec l'île de Florianópolis et la sublime Ilha do Mel, et le Rio Grande do Sul, dont la capitale Porto Alegre arbore déjà des airs de pampa argentine. C'est toute la partie du pays, notamment côtière, qui s'étend de l'État de São Paulo jusqu'aux frontières argentine et uruguayenne. Moins connue des touristes européens, la région sud recèle pourtant plusieurs sites remarquables : les grandioses *chutes d'Iguaçu* aux confins du Paraguay et que le Brésil partage avec l'Argentine, l'île de *Florianópolis,* à la fois touristique et relativement préservée, sans parler des *serras da Graciosa* et de *Morretes,* connues pour leurs sentiers de randonnée dans la forêt tropicale, ni même de *Paranaguá* et l'*ilha do Mel,* aux dizaines de plages paradisiaques. La côte du Paraná et du Santa Catarina est l'une des plus exubérantes du Brésil. La *serra do Mar,* cette chaîne montagneuse qui longe le littoral depuis l'Espírito Santo jusqu'au Santa Catarina, atteint ici des sommets de 2 000 m avec une végétation (la *Mata Atlântica,* ou forêt atlantique) qui mêle les espèces tropicales et subtropicales, pour se couvrir dans le Santa Catarina d'essences de type méditerranéen.

Le Sud est la région la plus riche et la plus développée du Brésil, grâce à une agriculture prospère et à une industrie de transformation très équilibrée. La misère y est donc moins flagrante que dans le reste du pays. Terre d'élection des immigrants d'Europe centrale au Paraná, d'Allemagne dans le Santa Catarina et d'Italie dans le Rio Grande do Sul, c'est un pays d'agriculture fruitière d'espèces tempérées (abricots, pommes, pêches, raisins), de légumes, de soja, de maïs, de tabac... C'est notamment au Paraná que vous trouverez ce tabac extraordinaire, le *fumo de rolo* ou *fumo de corda,* composé de feuilles de tabac tressées en cordes épaisses que l'on achète comme de la saucisse, au poids.

### POUR MATER LE CHOLESTÉROL !

*Une étude menée par l'université de l'Illinois observe le caractère cardioprotecteur naturel du maté. Son enzyme accroît le taux du bon cholestérol et lutte contre le mauvais ! Préparer cette boisson de manière traditionnelle, en versant de l'eau chaude à plusieurs reprises sur 50 à 70 g de feuilles de maté, permet de préserver les propriétés de cette enzyme. Si vous avez abusé de churrasco, vous savez ce qu'il vous reste à faire !*

Ici naquit aussi l'utilisation du *maté,* cette herbe empruntée par les jésuites aux Indiens guaranis pour en faire l'infusion nationale. Dans la région, on boit le très particulier *maté de chimarão* (voir la rubrique « Boissons » du chapitre « Hommes, culture, environnement » en fin de guide). C'est aussi traditionnellement une région de *fazendas,* de grands élevages de bœufs et de chevaux. Les gauchos des plaines du Rio Grande do Sul ont d'ailleurs fait la réputation de la région, dignes des meilleurs cow-boys et maîtres du lasso. Dans les villages du sud du Brésil (Santa Catarina compris), il n'est pas rare

**d'assister à de grands rodéos ou fête de la Bière (la 2e du monde en importance après celle de Munich). Une autre facette du Brésil ! Et dans ce pays d'éleveurs, la viande rôtie ou grillée à la broche, le fameux *churrasco,* est une véritable institution.**

– ***À savoir :*** dans toute cette région sud, la haute saison, en ce qui concerne l'affluence et les prix des hébergements, court de décembre à avril soit, en gros, de Noël à Pâques.

# LE PARANÁ

## LES CHUTES D'IGUAÇU

• Carte *p. 289*

« Poor Niagara ! »
**Eleanor Roosevelt (devant les chutes d'Iguaçu).**



**Iguaçu, en langue guaraní, signifie « grande eau ». Un bel euphémisme ! Plus de 200 chutes se pressent ici sur un front de 2,7 km, dévalant au cœur d'une végétation tropicale exubérante. Les cascades étagées se jettent les unes dans les autres, tantôt en de minces filets perçant au travers du manteau vert, tantôt en de larges et hautes cataractes déversant des milliers de tonnes d'eau à la seconde dans un grondement assourdissant. Aucun endroit au monde, pas même le Niagara, ni les chutes Victoria, n'impressionne autant par sa puissance.**

**Jusqu'à son confluent avec le Paraná, 23 km en aval des chutes, le fleuve Iguazú s'étire en méandres sur 1 320 km, s'épanchant sur parfois 1,5 km de large lorsqu'il parvient dans les frontières du parc national. Et voilà qu'il forme une boucle plus serrée : un U ample encombré d'îlots et d'écueils. Les eaux s'y divisent en bras multiples avant d'être littéralement « avalées » par une abrupte faille géologique en arc de cercle : les chutes d'Iguazú. Le caractère spectaculaire du site et la sauvegarde de la forêt tropicale qui lui sert d'écrin (par ailleurs menacée) lui ont valu d'être classé au Patrimoine mondial par l'Unesco dès 1984.**

### PORTUGNOL

*Dans cette zone de triple frontière (Brésil, Argentine et Paraguay), on parle un dialecte composé à la fois de portugais et d'espagnol, saupoudré d'un peu d'anglais et de guaraní, la langue indienne locale. Ce langage hybride évolue constamment. Aujourd'hui, le portugnol est même utilisé dans des chansons ou poésies.*

**L'automne, qui marque le ralentissement des pluies de l'été austral (décembre, janvier et février sont les mois les plus chauds et les plus arrosés), est la période où les chutes sont les plus spectaculaires, mais elles prennent alors une couleur marron-roux (due au lessivage continu des sols) et forment, en s'écrasant, des nuages de bruine pouvant dépasser 100 m de haut ! Autant dire que la douche est garantie et les photos souvent un peu voilées... Au printemps (septembre), le débit est moindre et les chutes se détachent mieux les unes des autres. Éviter de préférence les week-ends, pendant lesquels le site est vraiment surchargé.**

## Organiser sa visite

Situées dans la province de Misiones, enclave argentine entre le Paraguay et le Brésil, les chutes se forment sur le fleuve Iguazú – en un lieu où le cours d'eau marque la frontière entre l'Argentine et le Brésil. Politiquement parlant, les 2 tiers des *cataratas* se trouvent en Argentine et le dernier tiers au Brésil. On a d'ailleurs coutume de dire que les Argentins ont les chutes, tandis que les Brésiliens ont la vue des chutes ! À la lecture de la carte topographique du site, on se rend compte que le fleuve Iguazú se jette dans le grand Paraná peu après les chutes. Ce confluent marque d'ailleurs la frontière entre l'Argentine (au sud), le Brésil (au nord) et le Paraguay (à l'ouest). Les 3 villes frontières, se nomment Puerto Iguazú (Argentine), Foz do Iguaçu (Brésil) et Ciudad del Este, curieux port franc paraguayen.

Naturellement, la question se pose : vaut-il mieux voir les chutes du côté argentin ou du côté brésilien ? La réponse est simple : les 2, mon commandant ! Si les chemins aménagés sur plusieurs niveaux sont plus nombreux et variés côté argentin, permettant de ce fait une véritable immersion au cœur de la forêt, c'est en revanche le côté brésilien, où l'on bénéficie d'une vision panoramique plus complète, qui permet vraiment de se rendre compte de l'ampleur du site. Compter au moins 2-3h de visite du côté brésilien et 5h, voire 6h, côté argentin. Mais ne pensez pas faire les 2 le même jour, vous vous priveriez du plaisir de laisser vagabonder votre âme devant un si poignant spectacle. À noter, d'un point de vue plus prosaïque, que le passage de la frontière Argentine-Brésil peut prendre un peu de temps en haute saison touristique.

LE SUD

## Où séjourner ?

Les chutes se trouvant en amont du confluent de l'Iguaçu et du Paraná, il faut parcourir une vingtaine de kilomètres pour les rejoindre tant depuis Puerto Iguazú (Argentine) que de Foz do Iguaçu (Brésil). Alors quelle ville choisir pour y passer une nuit ou 2 ? Les avis sont assez partagés. Foz est une métropole sans grand charme mais elle présente l'avantage d'une vraie ville brésilienne avec des formules d'hébergements variées et des restaurants de qualité. Puerto Iguazú est plus petite et plus en adéquation avec le cadre naturel des chutes. 10 fois moins peuplée, nettement plus verdoyante, presque charmante avec ses rues grossièrement pavées et ses vieilles bicoques... Mais il faut bien avouer qu'une fois le soir venu, on s'y embête un peu... Si vous ne rechignez pas à jouer à saute-frontières, on vous conseille de tester les 2, histoire de vous faire votre propre idée !

## D'un côté à l'autre

### Avec un véhicule de location

Ceux qui ont loué une voiture côté argentin passeront, depuis l'étranger, d'un côté à l'autre a priori sans difficulté. Un permis *(payant)* est théoriquement exigé par le loueur (une mention qui figure en toutes lettres sur votre bon d'échange). Dans la majorité des cas, si la sortie d'Argentine est systématiquement accompagnée d'un coup de tampon sur le passeport, ce n'est pas toujours le cas côté brésilien, où la police des frontières rechigne à tamponner votre passeport à l'entrée, considérant que de toute manière, après la visite des chutes, vous retournerez avec votre voiture en Argentine. Dans le doute ou si l'un de vos passagers reste au Brésil, veillez à bien faire tamponner votre passeport à l'entrée au Brésil.

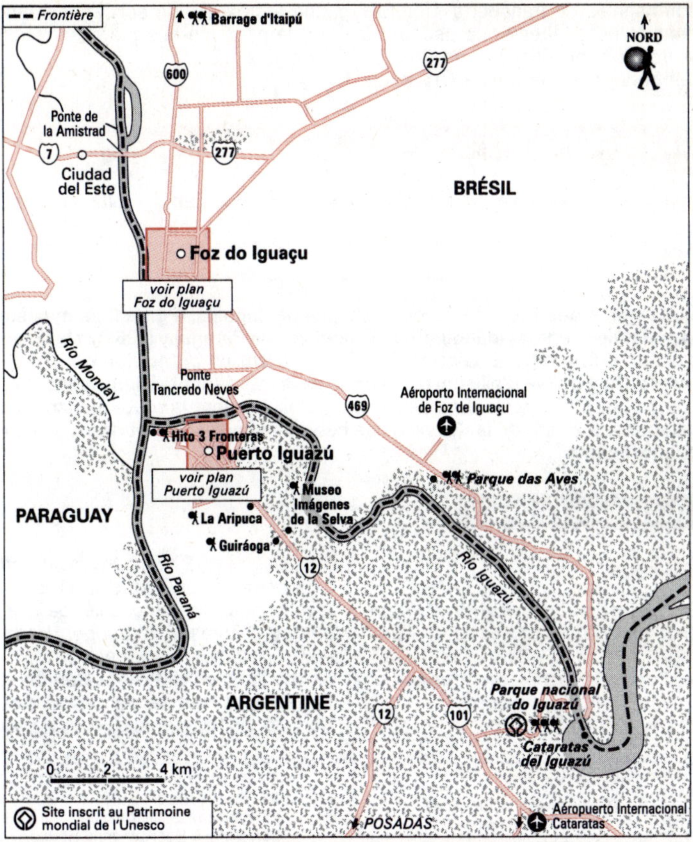


PARC NATIONAL D'IGUAÇU

LE SUD

## En bus

Ceux qui voyagent en bus veilleront à ce que leur passeport soit bien tamponné à l'entrée au Brésil. En général, c'est le conducteur du bus qui se charge de cette formalité. Mais parfois ce dernier ne s'arrête pas au poste de frontière brésilien, et là, vous vous retrouvez au Brésil sans tampon d'entrée. Ce qui est plus embêtant si vous poursuivez votre voyage dans ce pays ou que vous comptez entrer au Paraguay. Ici, même topo, vous avez tout intérêt à faire tamponner votre passeport à l'entrée au Brésil.
En cas d'oubli de cette formalité, pour retourner en Argentine en bus après avoir séjourné une ou 2 nuits sur le sol brésilien, il se peut que vous ayiez des difficultés pour reprendre le bus. Pour compenser l'absence de tampon d'entrée, il vous faudra peut-être une attestation de séjour rédigée par votre hébergeur brésilien (hôtel, auberge de jeunesse, etc.) prouvant que vous avez bien dormi chez eux. Vous pourrez alors, si besoin, la présenter aux

compagnies de transports. Une fois dans le bus, faites-vous déposer à la frontière brésilienne afin de faire tamponner votre passeport 2 fois (une entrée et une sortie) et attendez le prochain bus pour rentrer en Argentine.

# FOZ DO IGUAÇU (BRÉSIL)

263 650 hab. IND. TÉL. : 45

• Plan p. 291

**Cette ville moderne, 4e de l'État du Paraná par la taille, a grandi de manière exponentielle après l'inauguration du pont vers le Paraguay (1965) et la construction du barrage d'Itaipú (1975-1982), attirant un grand nombre d'émigrants. On y trouve d'ailleurs la plus grande mosquée d'Amérique latine ! Les chutes ont fait le reste. Des dizaines d'hôtels bordent la route menant aux *cataratas*, à 20 km de là. En ville, des hébergements variés et des tables de bonne facture.**



## Arriver – Quitter

### En avion

✈ ***Aéroport international*** *(hors plan par B3)* **:** *rodovia das Cataratas, km 16,5. ☎ 35-21-42-00. À 15 km du centre.* On y trouve un bureau d'infos touristiques *(tlj 9h-20h ; ☎ 0800-45-15-16 : appels entre 8h et 20h seulement),* 2 distributeurs au fond à gauche au niveau du rdc et les comptoirs de plusieurs compagnies de location de voitures (*Avis-Budget, Hertz, Alamo-National, Localiza* et *Unidas*).

➢ Vols tlj depuis et vers ***Río, Curitiba*** et ***São Paulo,*** et vers les grandes villes du Nord via São Paulo avec les compagnies

**Adresses utiles**

- Informações Turísticas (A1 ; hors plan par B1 ; hors plan par B3)
- **1** Rodoviária (hors plan par B1)
- **2** Terminal de Transporte Coletivo (TTU ; A1)
- **3** Bus pour Puerto Iguazú (A1)
- **4** Casa de cambio Continentalli (A1)
- **5** Bradesco (A2)
- **6** Consulat honoraire de France (hors plan par B3)
- **7** Consulat d'Argentine (A3)
- **8** Consulat du Paraguay (A2)
- **10** Corimeira Passagens (A2)
- **11** Central de Passagens (A2)
- **12** Police touristique (A2)
- **13** Pharmacies ouvertes 24h/24 (A1)

**Où dormir ?**

- **20** Pousada Natureza Foz (A1)
- **21** Che Lagarto Hostel (A1-2)
- **22** Paudimar Cataratas Hotel (hors plan par B3)
- **23** Tetris Container Hostel (B3)
- **25** Pousada Sonho Meu Foz (A1)
- **26** Posada Caroline (B3)
- **27** Pousada El Shaddai (A1)
- **28** Hostel & Bar Katharina House (A1)
- **29** Hostel Nature (hors plan par B3)
- **30** Hotel Pietro Angelo (A2)
- **31** Hotel Del Rey (A1)

**Où manger ?**
**Où s'offrir une bonne glace ?**

- **40** Super Muffato (A1)
- **41** Panificadora Maran (A2)
- **42** Oficina do Sorvete (A3)
- **43** Churrascaria do Gaúcho (A1)
- **44** Churrascaria Pizzaria Tropicana (A2)
- **45** Churrascaria Bufalo Branco (A1)
- **46** Confeitaria Jauense (A2)
- **47** Pop Art + Black Cat Café (A2)
- **48** Marias & Maria Confeitaria (A2)
- **50** Empório Com Arte (B3)

**Où boire un verre ? Où sortir ?**

- **51** Capitão (A3)
- **52** Eden Beer (B3)

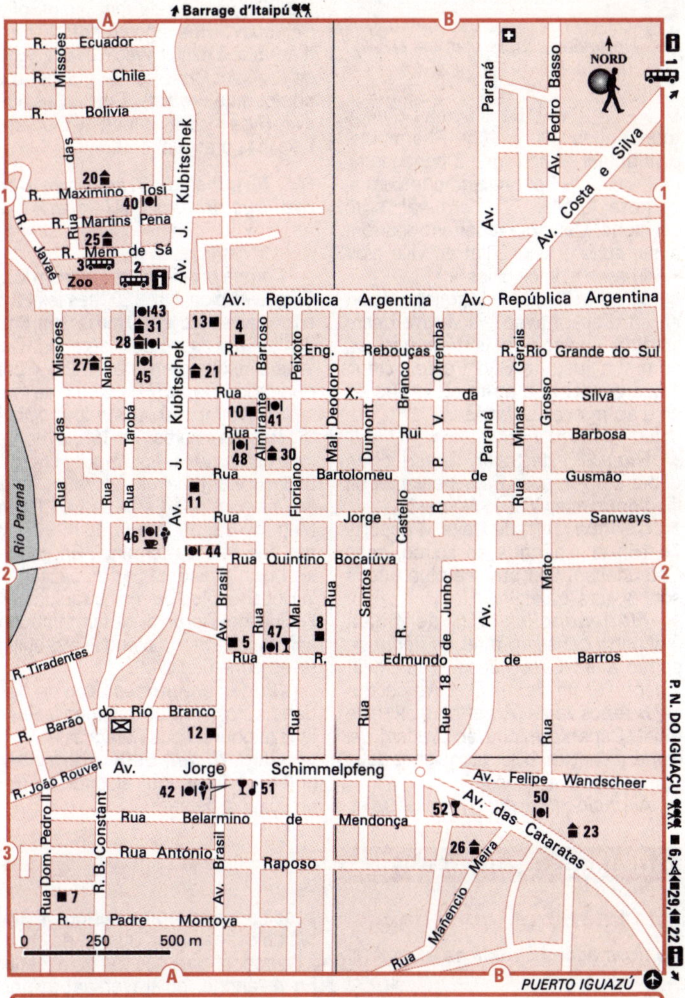


FOZ DO IGUAÇU

*LATAM, GOL, Avianca* et *Azul.*

➢ ***Liaisons avec le centre-ville :*** pour le centre et le terminal des bus urbains *TTU,* bus *Centro-TTU* nº 120 ttes les 22 mn en semaine (ttes les 30 mn le dim), 5h45-23h20. Compter 30 mn de trajet. Le même, dans l'autre sens, mène directement aux chutes (direction *Parque Nacional*). Pour la gare routière grandes distances, il faut changer au terminal *TTU* pour un bus *Rodoviária.* En taxi, compter 65 Rls pour Foz en journée, env 80 Rls pour Puerto Iguazú ; s'adresser au comptoir de prépaiement dans l'aéroport. Une solution, si vous avez réservé un hôtel : demandez-leur de vous envoyer un taxi, c'est en général moins cher.

## En bus

**Rodoviária** (hors plan par B1, **1**) : av. Costa e Silva, 1601 ; à env 3 km du centre, sur la route de Curitiba. ☎ 35-22-25-90. Petit bureau d'infos touristiques (tlj 7h-18h). Pharmacie, distributeur et consigne à bagages (tlj 5h30-minuit). Pour rejoindre le centre, prendre le bus *TTU/Terminal*, côté consigne. Ceux qui repartent pourront aussi acheter leur billet en ville (voir « Adresses et infos utiles »).

➢ **São Paulo :** 17h de trajet. Départ en fin d'ap-m avec *Viação Nordeste* jusqu'à Osasco, puis transport en commun jusqu'à São Paulo ; sinon 1 bus en début d'ap-m et 1 autre en fin d'ap-m avec *Catarinense* (☎ 0800-470-470 ; • catarinense.net •).

➢ **Río :** 26h de trajet. Départ tlj en début d'ap-m avec *Catarinense*, et en fin d'ap-m avec *Viação Nordeste*.

➢ **Curitiba :** 11h de trajet. 4 départs 7h-15h et 4 départs en soirée, avec *Catarinense*. Les bus les plus tardifs sont directs (trajet 9h30).

➢ **Florianópolis :** 16h de trajet. 3 départs dans l'ap-m et en début de soirée avec *Catarinense*. Également 1 départ en fin d'ap-m avec *Nordeste*.

➢ **Buenos Aires (Argentine) :** 21h de trajet. Départ à midi avec *Crucero del Norte* (achat du billet au guichet de la compagnie *Catarinense*).

➢ **Asunción (Paraguay) :** 6h de trajet. 1 bus tlj vers 1h du mat avec *Sol del Paraguay*. Bus également tlj en fin d'ap-m et à minuit avec *Nuestra Señora de la Asunción* (billet au guichet de la compagnie *Helios*). Enfin, 3-4 bus/j. avec *Rysa* mais au départ de Ciudad del Este (pas pratique).

**Terminal de Transporte Coletivo (bus urbains TTU** ; plan A1, **2**) : à l'angle de Juscelino Kubitschek et República Argentina. ☎ 35-21-98-74.

➢ **Chutes brésiliennes :** prendre le bus *Parque Nacional* (nº 120, ttes les 22 mn en semaine (ttes les 30 mn le dim), 5h20-23h10), qui passe par l'aéroport. Dans le sens retour (dernier à 23h20), il porte l'indication *Centro/TTU*. 30 mn de trajet.

➢ **Puerto Iguazú (Argentine** ; plan A1, **3**) **:** ttes les heures, 7h-19h, avec *Crucero del Norte* et *Río Uruguay* ; horaires un peu élargis avec *Easybus* • easybusfoz.com.br • Le départ se fait rua Mem de Sá, au niveau du nº 94 – une rue parallèle au terminal. En général, les bus n'attendent pas au passage de la douane, plus ou moins rapide selon l'affluence. Après avoir fait tamponner son passeport, on prend le bus suivant (avec le même ticket).

➢ **Chutes argentines :** rien de direct depuis Foz, il faut changer à Puerto Iguazú pour un bus *Cataratas*.

➢ **Ciudad del Este (Paraguay) :** *coletivos* fréquents et directs. Trajet en 20 mn à peine.

# Adresses et infos utiles

## Informations touristiques

**Informações Turísticas** (plan A1) : ☎ 0800-45-15-16 (appel gratuit ; accueil en anglais et espagnol tlj 8h-20h). • pmfi.pr.gov.br/turismo • Bureau principal av. das Cataratas, 2330 (hors plan par B3), tlj 8h-20h. Annexes à la rodoviária (hors plan par B1), tlj 7h-18h ; à la station des bus TTU (plan A1), tlj 8h-18h et à l'aéroport, tlj 9h-21h. Plan de la ville et du parc national d'Iguaçu. Personnel compétent et dévoué.

## Argent, change

Toutes les banques disposent d'un distributeur. Si vous venez d'Argentine, les pesos sont acceptés partout, mais le taux n'est pas bon. Bureau de change à l'aéroport mais pas à la gare routière. En revanche, en traversant le poste frontalier, du côté argentin, l'agence *Libres Cambio* prend les euros.

■ **Casa de cambio Continentalli** (plan A1, **4**) : av. Brasil, 151. Lun-ven 8h-18h (pause sieste), sam 8h-12h. Plusieurs autres bureaux de change dans la rue.

■ **Bradesco** (plan A2, **5**) : av. Brasil, 1151. Lun-ven 10h-15h. Agence et distributeur (Visa et MasterCard) 24h/24. D'autres distributeurs dans Almirante Barroso, entre E. Rebougas et Rui Barbosa.

LE SUD

## Représentations diplomatiques

■ ***Consulat honoraire de France*** *(hors plan par B3,* ***6****) : rua Osvaldo Requiao, 1010, Apto 103-B, Jardim Iguaçu. ☎ 99-57-01-63. Consul honoraire : M. Carlos Piedrabuena. • consulat.fozdoiguacu@yahoo.fr • Ouv sur rdv 9h-11h.*

■ ***Consulat d'Argentine*** *(plan A3,* ***7****) : travessa Vice-Cônsul E. R. Bianchi, 26. ☎ 35-74-29-69. • cfdig@mrecic.gov.ar • Lun-ven 10h-15h ; fermé le w-e.*

■ ***Consulat du Paraguay*** *(plan A2,* ***8****) : rua Marechal Deodoro, 901. ☎ 35-23-92-12. • fozconsulpar@mre.gov.py • Lun-ven 8h30-12h30, 13h30-15h30 ; fermé le w-e.* Les ressortissants canadiens ont besoin d'un visa pour séjourner dans le pays.

## Transports

■ ***LATAM :*** *☎ 35-21-75-00. À l'aéroport : ☎ 35-21-42-41 ou 42. • latam.com •*

■ ***Gol :*** *à l'aéroport. ☎ 35-21-42-88 ou 95. • voegol.com.br •*

■ ***Azul :*** *à l'aéroport. ☎ 35-21-42-63. • voeazul.com.br •*

■ ***Avianca :*** *à l'aéroport. ☎ 35-21-42-12. • avianca.com.br •*

■ 2 agences vendent les billets de bus longue distance au centre-ville, au même prix qu'à la gare routière et pour toutes les compagnies, ainsi que des billets d'avion : ***Corimeira Passagens*** *(plan A2,* ***10*** *; rua Almirante Barroso, 2047 ; ☎ 35-23-35-50 ; • corimeira.portaldaagencia.com.br •)* et ***Central de Passagens*** *(plan A2,* ***11*** *; av. J. Kubitschek, 526 (angle Bartolomeu de Gusmão) ; ☎ 35-23-47-00 ; • centraldepassagens.com •).*

## Urgences

■ ***Police touristique*** *(plan A2,* ***12****) : av. Brasil, 1374. ☎ 35-23-30-36 ou 35-21-21-50. En face de la Banco do Brasil. Lun-ven 9h-12h, 14h-18h. Également un bureau à côté de l'office de tourisme principal. Av. das Cataratas, 2330 (hors plan par B3). Tlj 8h-19h.*

■ ***Police :*** *☎ 190 (24h/24).*

■ ***Pharmacies ouvertes 24h/24*** *(plan A1,* ***13****) :* ***Farmarede*** *et, juste en face,* ***Farmácia Preço Justo,*** *au bout de l'av. Brasil (aux nos 46 et 65).* D'autres sur la même avenue.

⊞ ***Hôpital CEM*** *(plan B1) : av. Paraná, 1525. ☎ 35-21-18-00.* 1ers soins gratuits.

# Où dormir ?

## De bon marché à prix moyens (moins de 150-250 Rls / env 36-60 €)

***Paudimar Cataratas Hotel*** *(hors plan par B3,* ***22****) : rodovia das Cataratas, km 12,5 (Remanso Grande). ☎ 35-29-60-61. • paudimarcataratashotel.com.br • De l'aéroport ou du Terminal de Transporte Coletivo TTU, bus n° 120 jusqu'à l'hôtel San Juan. De l'arrêt San Juan, bus gratuit (Alimentador) jusqu'à l'hostel, ttes les 20 mn, 7h-19h20 ; sinon, marcher 15-20 mn. Nuitée en dortoir env 50 Rls ; doubles avec clim et sdb privée 130-150 Rls.* Située en pleine campagne, à l'écart de la route qui mène aux chutes, cette auberge à l'atmosphère chaleureuse s'étale sur un très grand terrain à la végétation luxuriante. Elle abrite plus de 170 lits – la plupart répartis dans des dortoirs – de 6 ou 8 lits avec salles de bain à partager – simples et un poil datés, mais bien tenus. Également des chambres doubles et familiales dans des cabanes indépendantes, ouvertes sur le jardin. Cuisine collective, service snack autour de la piscine non chlorée, casiers sécurisés, salle TV, salle de jeux, terrain de foot... En prime, possibilité d'y réserver billets de bus et excursions.

***Che Lagarto Hostel*** *(plan A1-2,* ***21****) : av. Juscelino Kubitschek, 874. ☎ 30-27-83-00. • chelagarto.com • Lits en dortoir 30-60 Rls, doubles avec sdb à partir de 90 Rls ; 60 Rls la pers supplémentaire.* En plein centre-ville, cette unité hôtelière combine des dortoirs (interdits aux moins de 18 ans) bien conçus et des chambres modulables pour 1 à 4 personnes ; le tout réparti sur 8 étages. L'ensemble fleure les retrouvailles entre routards, avec des espaces communs nickel chrome, une cuisine commune parfaitement équipée, salle de ping-pong, billard, jacuzzi sur le toit et tout le toutim. Le plus ici, si vous vous pointez un autre jour qu'un lundi, c'est le *all you can drink caïpirinha* gratis qui vous est proposé dès votre arrivée ! Sinon, une petite agence de voyages organise des excursions dans toute la région. Un bon plan.

**Tetris Container Hostel** *(plan B3,* ***23****) :* *av. das Cataratas, 639. ☎ 31-32-00-19. ● tetrishostel.com.br ● Lits en dortoir 45-60 Rls, doubles 135-160 Rls.* Amusant, cette AJ est née d'un empilage de containers de 40 pieds. Quand ils ont été conservés pleine longueur, ce sont des dortoirs de 10 ou 12 lits ; quand ils ont été coupés en 2, on obtient 2 doubles. Salle d'eau réduite, avec juste de quoi se doucher et lavabo dans un fût de 200 litres planté à côté du lit. Le tout resserré autour d'un petit espace coloré aménagé avec des meubles en bois de récup'. Minipiscine. Nombreuses sorties proposées.



**Pousada El Shaddai** *(plan A1,* ***27****) :* *rua Engenheiro Rebouças, 306. ☎ 30-25-44-90 ou 30-25-44-93. ● pousadaelshaddai.com.br ● À 3 blocks du terminal des bus urbains. Lits en dortoir 35-60 Rls. Doubles 100-200 Rls.* Dans cette maison, qui ne paie pas de mine de l'extérieur, les petits dortoirs (pas de lits superposés) et les chambres (pas bien grandes non plus) possèdent leur propre salle de bains, la clim et sont parfaitement tenus. Ajoutez à cela une cuisine commune, un parking gardé, une petite piscine, un bon accueil en français d'Eliziani, et vous comprendrez que le rapport qualité-prix y est tout à fait correct...

**Pousada Natureza Foz** *(plan A1,* ***20****) :* *rua Maximino Tosi, 253. ☎ 30-25-69-96. ● pousadanaturezafoz.com.br ● Lits en chambre de 4-5 pers 65-130 Rls, doubles avec sdb 102-204 Rls. CB refusées.* À peine excentré, cet hôtel – qui s'apparente plus à une colonie de vacances – propose des chambres dans plusieurs petits bâtiments répartis dans un grand espace fleuri. L'ensemble est entretenu (dernière rénovation en 2019), avec une tendance avérée pour le beige et des sols dignes d'une pub pour produits d'entretien. 2 grandes piscines en rooftop, cuisine commune et réfectoire à dispo, c'est du tout bon, d'autant que le supermarché *Muffato* est juste à côté.

**Hostel Nature** *(hors plan par B3,* ***29****) :* *Alameda Buri, 333 (Remanso Grande). ☎ 35-29-69-49. 📱 991-16-09-79. ● hostelnature.com ● Sur la rodovia das Cataratas, au km 12,50, prendre à droite juste avt* Dreamland, *passer* Paudimar Cataratas Hotel *et suivre le fléchage sur 2,5 km. En taxi, compter 60-70 Rls du centre-ville. Camping à partir de 50 Rls/pers, nuitée en dortoir env 75 Rls ; doubles avec clim et sdb privée 150-250 Rls.* Un petit coin de paradis ! Pour une robinsonnade à quelques kilomètres des chutes, au cœur d'une végétation luxuriante avec un petit lac où l'on peut pratiquer le *wakeboard*. Répartis sur 2 maisonnettes en briquette rouge, 2 dortoirs de 8 lits et une dizaine de chambres doubles impeccables, avec bon matelas, clim et salle de bains privée. Emplacement pour les campeurs aussi. Cuisine commune, sinon (bon) resto et bar au bord de la piscine. Ici, on perd vite la notion du temps !

**Hostel & Bar Katharina House** *(plan A1,* ***28****) :* *rua Tarobá, 952. ☎ 35-72-03-03. ● katharinahouse.com.br ● À 2 pas du terminal des bus urbains. Lits en dortoir 40-65 Rls, doubles selon confort 80-200 Rls.* Une quinzaine de doubles très colorées et 2 dortoirs dont 1 de 10 lits, immaculé et réservé aux filles. Le tout réparti sur 3 niveaux. Pas de piscine ni de cuisine commune ici, mais un resto-bar vraiment bien (super ambiance, excellentes pizzas... et la meilleure *caïpirinha* de la ville !). Le grand plus, c'est l'accueil de Luis quand il n'est pas au Chili, évidemment....

## Plus chic (250-500 Rls / env 60-120 €)

**Pousada Sonho Meu Foz** *(plan A1,* ***25****) :* *rua Mem de Sá, 267. ☎ 35-73-57-64. ● pousadasonhomeufoz.com.br ● ♿ À 1 block du terminal des bus urbains. Doubles 160-250 Rls.* « Mon Rêve » deviendra peut-être le vôtre... Cet hôtel familial tout de brique et de bois se distingue par une déco particulièrement soignée : beaux volumes ouverts sur le jardin d'essences tropicales (beaucoup de fleurs), meubles anciens, voilages, coins et recoins pour bouquiner, billard, salon télé, piscine, salle de fitness et même de quoi faire griller sa barbaque et la manger en bonne compagnie. Les chambres sont du même tonneau, avec un délicat assemblage d'azulejos et de bois, et des salles de bains avenantes. Excellent petit déj-buffet. Parking gardé. Très bon accueil.

☗ ***Posada Caroline*** *(plan B3,* ***26****)* **:** *rua Irlan Kalichewski, 231. ☎ 30-27-56-24 ou 30-27-56-23. • posadacaroline.com • Doubles 150-300 Rls.* À peine à l'écart du centre et d'un confort modeste, l'intérêt de cette adresse, dont les (petites) chambres sont réparties autour d'une minipiscine, tient à l'accueil francophone de Marcio et de son équipe. Agent réceptif local, Marcio est en effet réputé pour ses prestations sérieuses, à la carte.

☗ ***Hotel Del Rey*** *(plan A1,* ***31****)* **:** *rua Tarobà, 1020. ☎ 21-05-75-00. • hoteldelreyfoz.com.br • Doubles 200-340 Rls.* Les marbres, chromes, dorures et miroirs du lobby ne laissent en rien présager la sobriété qui règne dans les 90 chambres, assez petites mais nickel, de cet hôtel sans surprise. Rajoutez un bon petit déj-buffet et vous trouverez normal que cette adresse, située à 2 pas du terminal des bus, tourne à plein régime.

☗ ***Hotel Pietro Angelo*** *(plan A2,* ***30****)* **:** *rua Almirante Barroso, 1864. ☎ 35-21-83-05. • pietroangelohotel.com.br • Doubles 220-500 Rls, parking inclus.* Un hôtel moderne, entièrement rénové. Les chambres, toutes identiques, calmes et lumineuses, aux murs rehaussés d'élégants papiers peints, affichent un confort irréprochable. Accueil courtois. Une adresse sans surprise.

### Très chic, aux 1res loges...

☗ **Hotel Belmond Cataratas :** *rodovia das Cataratas, km 32 (avant-dernier arrêt du bus qui se rend aux chutes). ☎ 21-02-70-00 ou 800-913-079 (en France). • belmond.com/fr/brasil • Doubles à partir de 350 US$.* Dans le parque nacional do Iguaçu, pile en face des chutes ! L'hôtel est une grande bâtisse rose bonbon de style néocolonial... C'est vrai qu'il est bien situé, ce palace : aux 1res loges ! Les chambres sont magnifiques, avec plancher en palissandre et grand dressing pour certaines. Quitte à dépenser une fortune, prenez une *deluxe cataratas* avec vue (partielle) sur les chutes. Tour d'observation panoramique. Piscine à débordement, tennis, resto, bar chic, spa... et accueil ultra-professionnel. Le luxe quoi !



## Où manger ? Où s'offrir une bonne glace ?

Vous trouverez essentiellement des restos proposant des buffets bon marché et reconstituants le midi et des *churrascarias* (plutôt chères). Les végétariens ne seront pas en reste, puisqu'au Brésil aussi, la mode est au *vegan*.

***À savoir :*** les rues du centre-ville se vident après la fermeture des bureaux et magasins. On recommande une certaine prudence. Et si vous sortez dîner dans un resto éloigné du centre, optez pour un taxi.

### Bon marché (moins de 40 Rls / env 10 €)

|●| ***Super Muffato*** *(plan A1,* ***40****)* **:** *av. Juscelino Kubitschek, 1565. Tlj 8h-22h.* La cafétéria du supermarché est un plan économique dans le secteur. Buffet au kilo. Pratique pour un repas rapide à proximité du terminal.

🍸 |●| ***Pop Art + Black Cat Café*** *(plan A2,* ***47****)* **:** *Edmundo de Barros, 257. ☎ 30-29-59-39. Tlj 11h30-21h, sauf dim.* Petite dînette de poche qui sert un plat du jour d'inspiration *vegan* de bon aloi tous les jours jusqu'à 15h (3 choix proposés ; excellent burger végétarien). Sinon, bon café équitable et quelques pâtisseries. Préférer la mezzanine, plus intime.

|●| ***Panificadora Maran*** *(plan A2,* ***41****)* **:** *rua Almirante Barroso, 1968 (au pied du Golden Tulip). ☎ 30-27-12-12. Tlj 24h/24.* Il n'y a pas d'heure pour venir acheter du tabac et casser la croûte dans

cette cafét du centre : buffet midi et soir, sandwichs et soupes toute la nuit. Goûtez donc ses délicieuses croquettes au fromage et à la viande. Beaux desserts.

**Confeitaria Jauense** (plan A2, **46**) : *av. Juscelino Kubitschek, 117. ☎ 30-28-16-21. Tlj 8h-22h30.* Même principe que chez *Maran,* mais cadre plus agréable. Sur place ou à emporter, tartes salées, croquettes de *bacalhau,* sandwichs et, pour les becs sucrés, de fabuleux desserts (mousse de maracuja, baba au rhum...) à choisir dans les vitrines réfrigérées. Parfait pour un déjeuner rapide. Bon choix de glaces et sorbets.

**Oficina do Sorvete** (plan A3, **42**) : *av. Jorge Schimmelpfeng, 244. ☎ 30-28-09-18. Tlj 13h-minuit.* Plus d'une centaine de parfums de glaces (vendues au poids), classiques ou plus originaux, à compléter d'un choix extra de *toppings* ; les Brésiliens ne s'en privent pas ! On peut aussi y grignoter des sandwichs toute la journée, et de préférence en terrasse.



**Churrascaria do Gaúcho** (plan A1, **43**) : *rua Tarobá, 632, à l'angle avec República Argentina. ☎ 30-29-13-03. Tlj 11h30-23h. Menu unique 40 Rls en semaine (45 Rls le w-e).* Quand cette odeur de grillade vous tient et que le ballet de serveurs est ininterrompu, le repas s'annonce gourmand et... pantagruélique ! Le buffet dressé midi et soir est particulièrement riche, et si les carnivores se pâment au défilé de brochettes de viande, les végétariens sont aussi aux anges avec un large choix de légumes ! Une *churrascaría* vraiment pas chère, sans chichis et très populaire. Mais attention, à ce prix-là, ne pas s'attendre à des morceaux « nobles » de viande, c'est plutôt paleron, gite, basses côtes, travers... que *ojo de bife* ou *picanha* !

**Marias & Maria Confeitaria** (plan A2, **48**) : *av. Brasil, 505. ☎ 35-23-35-40. Tlj 7h30-21h45 (20h30 le w-e).* 2 salles proprettes et un buffet nickel chrome sont les atouts de cette adresse très prisée des locaux à l'heure du déjeuner (service 11h-15h20). Bien aussi pour son méga buffet de petit déj ou éventuellement pour une demi-lune à tremper dans son p'tit crème.

**Churrascaria Pizzaria Tropicana** (plan A2, **44**) : *av. Juscelino Kubitschek, 228. ☎ 35-74-17-01. Tlj 11h-15h30, 18h30-23h.* Le buffet à volonté de viandes grillées, salades, légumes et desserts est une bonne affaire au déjeuner, et les Brésiliens ne s'y trompent pas. Le soir, on y sert de bonnes pizzas, mais cette grande salle style cantoche et l'éclairage blafard laissent à désirer.

## De chic à plus chic (70-100 Rls et plus / env 17,50-25 €)

**Churrascaria Bufalo Branco** (plan A1, **45**) : *Engenheiro Rebouças, 530, angle Tarobá. ☎ 35-23-97-44. Tlj non-stop 12h-23h. Menu unique 90 Rls.* Le buffet offre une bonne variété : légumes tropicaux, salades, *mezze...* C'est le principe du *rodizio* (tout à volonté). Les viandes, toutes rôties à la broche, sont excellentes ; les serveurs en nœud pap' n'ont de cesse de défiler et de vous proposer de remplir votre assiette... Même si vous n'avez plus faim, allez faire un tour au buffet des desserts... rien que pour la couleur.

**Empório Com Arte** (plan B3, **50**) : *av. das Cataratas, 569. ☎ 35-72-42-40. Mar-dim 15h-22h30 (21h30 dim). Fermé lun. Plats 60-70 Rls.* Dans une bicoque en bois, farcie d'objets artisanaux, une petite table de qualité. Prenez donc place ici, histoire d'exciter vos papilles à la cuisine d'inspiration *vegane* (mais pas que). Au menu : pâtes maison, soupes et plats de céréales, délicieux *bolinhos de mandioca* (beignets de manioc) sans oublier le confit de canard servi avec des petites patates rustiques. Bien aussi pour boire un jus de fruits frais en terrasse en dégustant une crêpe.

## Où boire un verre ? Où sortir ?

Le soir, l'avenue Schimmelpfeng reste animée assez tard, surtout en fin de semaine. Bars et vastes *choperias* sont assiégés par une jeunesse festive qui afflue dès l'heure de l'apéritif, comme au **Capitão** *(plan A3, **51** ; à* *l'angle de la rua Almirante Barroso ; ☎ 35-72-15-12).* Les groupes d'amis se serrent sur la grande terrasse, autour de « tours » à bières dressées comme des obélisques sur les tables. *¡ Saúde !* Grands écrans pour les matchs et musique live certains soirs. D'autres bars semblables sur l'avenue, comme ***Rafain Chopp*** et, un peu plus loin sur l'*avenida das Cataratas*, l'***Eden Beer*** *(B3, **52**),* qui présente l'avantage d'une grande terrasse.

## À voir

***Parque nacional do Iguaçu* (*chutes brésiliennes*** *; hors plan par B3 et carte Parc national d'Iguaçu)* **:** *BR 469, km 18. ☎ 35-21-44-00. • cataratas doiguacu.com.br • Tlj 9h-17h (dernière entrée). Env 70 Rls l'entrée, transport compris ; 11 Rls 2-11 ans. Paiement possible en pesos argentins, mais la monnaie est rendue en Rls. CB acceptées. Distributeur.*

➢ *Liaisons directes en bus depuis l'aéroport de Foz vers les chutes, avec le bus* Parque Nacional *(ttes les 22 mn en sem, ttes les 30 mn le dim, bus n° 120). Consignes sur place.*

➢ *En voiture, parking à 24 Rls (20 Rls en dehors du parc, au* Parque das Aves, *mais prévoir 5 mn de marche jusqu'aux guichets du parc). Stationnement à l'entrée, puis on prend le bus comme tt le monde.*

*– Voir aussi plus haut la rubrique « Arriver – Quitter ».*

Tous les visiteurs passent donc par l'entrée du parc pour se procurer un ticket. On y trouve une petite expo-photo, qui retrace la mise en valeur du site, et un guichet spécialisé pour ceux qui voudraient s'offrir une excursion sportive (voir « À faire dans le parc »). Ensuite, des navettes conduisent les visiteurs jusqu'aux abords du superbe *Belmond Hotel das Cataratas,* d'où part le sentier menant aux chutes. Au retour, le dernier bus part à 18h30.

Long de 1,2 km, le sentier (accessible aux fauteuils roulants) descend en quelques virages au 1er point de vue : la majeure partie des *cataratas* argentines se déroule devant vous, en amphithéâtre !

La vue d'ensemble est saisissante et vertigineuse. Le débit de la rivière peut atteindre 6 500 $m^3$/s au moment des crues ; ce qui, en termes de débit, n'est pas si énorme comparé à l'Amazone qui charrie 219 000 $m^3$/s en moyenne. Les eaux se teintent alors de roux intense. En fonction de leur volume, le nombre des chutes varie, de 150 à 270 au maximum. Les « grands sauts » *(saltos)* sont au nombre de 19, dont 3 seulement se trouvent du côté brésilien (*Floriano, Deodoro* et *Benjamin Constant*). C'est donc naturellement de ce versant que le panorama d'ensemble est le meilleur, en particulier le matin (soleil dans le dos) ; c'est aussi le matin que l'on voit le plus d'arcs-en-ciel. Si on entend des oiseaux, on se contente de croiser les coatis au museau allongé. Ils sont a priori inoffensifs, mais comme ils ne crachent pas sur un grignotage, on vous demande de ne pas les nourrir afin de leur éviter d'éventuelles maladies.

Le chemin se poursuit en balcon sur le fleuve pour atteindre une longue passerelle. Elle s'avance au-dessus de l'eau jusque sous le *Salto Unión,* la plus haute (82 m), la plus puissante des chutes, en plein milieu de la *Garganta del Diablo.* Un nuage permanent de vapeur d'eau vous enveloppe dans un grondement tonitruant. Prévoyez un vêtement de pluie ou laissez-vous mouiller et protégez vos appareils ! Passé ce temps fort, le parcours s'achève au pied de la tour d'observation de l'*Espaço Naipi,* qu'on remonte en ascenseur panoramique (ou à pied, plus rapide en cas d'affluence). C'est déjà fini, et on est bon pour reprendre le bus. La station s'appelle *Porto Canoas...* Côté brésilien, seul ce sentier est accessible au public. Le reste du parc ne peut être parcouru qu'en s'inscrivant auprès d'un des prestataires privés qui organisent activités et balades.

Quelques ***kiosques à sandwichs*** et boissons se regroupent à l'*estação Porto Canoas.*

***Porto Canoas* :** *☎ 35-21-44-43. Tlj 10h-16h. Ce self-service propose un buffet à volonté le midi.* Varié et cher sans être génial, mais c'est le seul vrai resto du parc. Le mieux est de s'installer en terrasse.

## À faire dans le parc

■ ***Macuco Safari :*** *guichet spécifique au centre d'accueil.* ☎ *35-74-42-44.* ● *macucosafari.com.br* ● Cette agence organise toutes sortes de balades et d'activités dans les secteurs « privatisés » du parc... Le grand classique, le *Macuco Safari* (*tlj 9h-17h, durée 1h45, départ ttes les 15 mn, env 240 Rls (!) ; réduc enfants jusqu'à 11 ans et seniors ; gratuit - de 6 ans),* combine un tour en train électrique et une courte balade jusqu'à une petite chute, puis une excursion en Zodiac de 23 places dans la gorge du Diable pour approcher les chutes au plus près. Cette dernière partie est vraiment impressionnante, même si l'attraction est très touristique. Douche garantie ! Prévoir un change intégral. Également d'autres formules mêlant promenade, bateau, rafting, kayak, VTT... Mais les guides ne sont pas toujours au niveau.

■ ***Survol en hélicoptère :*** *avec* ***Helisul,*** ☎ *35-29-74-74.* ● *helisul.com* ● *Pas de résa à l'avance. S'adresser au bureau à l'entrée du parc, tlj 9h-17h. Compter 430 Rls/pers pour un survol rapide des chutes.* Dans des hélicos dernier cri, un spectacle grandiose mais cher et payable uniquement en cash. On choisit entre le survol de 9-10 mn juste au-dessus des chutes et celui de 30-35 mn, qui comprend aussi le barrage d'Itaipu. Côté argentin, on n'apprécie pas trop ces hélicos qui volent bien bas et font fuir les oiseaux. Une pétition circule toujours pour les faire interdire...

LE SUD

## À faire hors du parc

***Parque das Aves*** (carte Parc national d'Iguaçu) **:** *sur la route des chutes, après l'aéroport.* ☎ *35-29-82-82.* ● *parquedasaves.com.br* ● *Tlj 8h30-17h (dernière entrée). Entrée : 45 Rls ; gratuit - de 8 ans.* Ce parc ornithologique aménagé sur 16,5 ha, en pleine forêt tropicale, est peuplé d'environ 1 300 oiseaux (140 espèces) répartis dans des volières (on doit avouer qu'on ne les a pas tous vus !). Les plus grandes sont ouvertes au public. On croise des toucans inquisiteurs (toujours prêts à grignoter quelque chose), des aras aux couleurs flamboyantes, des grues, des nandous, des colibris, des vautours, des aigles, un casoar (sorte d'autruche), des ibis rouges, des flamants roses... Noter qu'ici les ornithologues ont dû tricher avec la nature en installant des miroirs : les flamants roses ne se reproduisent en effet qu'en « troupeaux ». Chaque volière présente un écosystème : le Pentanal, les forêts du parc national, la savane africaine... Il y a aussi quelques reptiles, anacondas et caïmans. Une balade pleine de surprises dans un cadre presque naturel qui reste quand même un zoo.

# DANS LES ENVIRONS DE FOZ DO IGUAÇU

## *LE BARRAGE D'ITAIPÚ*

➢ ***Comment y aller :*** *à 12 km au nord de Foz. Accès en bus n^os 101 ou 102 (env 30-50 mn de trajet).*

***Visite du barrage*** (carte Parc national d'Iguaçu) **:** *infos et résas :* ☎ *0800-645-46-45.* ● *turismoitaipu.com.br* ● ***Attention, horaires, prix et contenu des visites très variables ; consulter au préalable leur site internet. N'oubliez pas votre passeport.***
*– Visites guidées « panoramiques » bilingues (anglais et espagnol), tlj 9h-17h, ttes les 30 mn. Durée : 1h30 à 2h. Entrée : 42 Rls ; réduc ; gratuit - de 5 ans.*
*– « Circuito especial » (visite de l'intérieur du barrage) : une petite dizaine de visites/j. 8h30-16h ; durée : env 2h30 ; env 130 Rls (résa conseillée ; min 14 ans ; tenue correcte exigée).*
*– On peut aussi opter pour une visite de nuit ven et sam à 19h30 : 45 Rls ; durée : 1h30, ainsi qu'une visite en bateau tlj à 17h pour voir le coucher du*

*soleil : 90 Rls ; durée : 1h45 (1h de navigation seulement). Aussi d'autres animations, mais en portugais. CB acceptées.*
L'immense muraille de béton du barrage d'Itaipú (« rocher qui chante » en guaraní), commencé en 1975, à l'époque des folles années de l'industrialisation, vit s'élever contre lui de nombreux détracteurs, dénonçant l'impact de sa construction sur l'environnement. Dans les 1res années, la déforestation atteignit d'importantes proportions (700 km² concernés), avant que les autorités brésiliennes et paraguayennes ne commencent à prendre en considération le facteur écologique. Des réserves tampons furent alors créées, où ont été installés les quelque 25 000 animaux sauvés de la noyade. Des zones entières ont été replantées, et le barrage se veut aujourd'hui l'un des fers de lance du développement durable. À voir...
La visite commence par un film introductif, pas inintéressant même s'il fait un peu propagande en faveur d'un développement vert – ce qui peut surprendre après les polémiques liées à sa construction dans les années 1970. Les chiffres pleuvent : un réservoir long de 187 km, couvrant 1 350 km² et profond de 200 m, assez de béton pour construire 200 stades de foot et d'acier pour bâtir 380 tours Eiffel, des turbines de 3 300 t fournissant chacune assez d'électricité pour alimenter une ville de 2,5 millions d'habitants, 6,5 milliards de recettes cumulées et un demi-million de visiteurs par an... Eh oui, Itaipú est le plus grand barrage au monde après celui des Trois-Gorges sur le Yangzi Jiang en Chine. Amarré sur le Paraná, à cheval entre le Brésil et le Paraguay, il fournit à lui seul 20 % de l'énergie du 1er pays et 90 % pour le 2nd ! Inauguré en 1982, il n'a vu ses travaux s'achever qu'en 2007.
Après le film (30 mn), on grimpe sagement dans des bus pour la visite proprement dite. Au programme : 2 arrêts pour voir le barrage de près, puis retour à la case départ en effectuant une boucle par le côté paraguayen. Pas de douane ni de coup de tampon ! En été, le niveau de l'eau est souvent trop bas pour permettre les spectaculaires lâchers d'eau, et l'intérêt du spectacle en est largement réduit. A contrario, lorsque toutes les vannes sont ouvertes, le débit atteint 4 fois celui des chutes d'Iguaçu ! Reste que, hormis les proportions spectaculaires du barrage, on ne voit pas vraiment grand-chose d'inoubliable.

LE SUD

***Ecomuseu d'Itaipú :*** *800 m avt le hall où l'on reçoit les visiteurs pour le barrage. Mar-dim 9h-18h, fermé lun. Entrée : 18 Rls ; réduc ; gratuit - de 5 ans.* Ce musée assez disparate se consacre, pêle-mêle, à l'historique de l'occupation de la région (dioramas), à la construction du barrage, à sa gestion environnementale, à l'éducation civique des jeunes Brésiliens, à la géologie et à la faune (empaillée)... Le plus intéressant serait peut-être le gros camion de chantier datant de la construction du barrage, garé à l'extérieur, mais les Canadiens rigolent – ils en ont des bien plus gros !

***Refúgio biológico Bela Vista :*** *visites guidées tlj sauf lun à 8h30, 9h30, 10h30, 13h30, 14h30 et 15h30. Durée : env 2h30 (2 km de marche). Entrée : 30 Rls.* Malgré son nom, c'est avant tout un zoo, où ont été installés les animaux menacés d'être noyés par l'inauguration du barrage. Dans le désordre : cabiais, perroquets, ocelots et jaguars, serpents et iguanes, caïmans, renards, singes, tapirs, etc.

# PUERTO IGUAZÚ (ARGENTINE)

33 000 hab. IND. TÉL. : 3757

• Plan *p. 301*

**Puerto Iguazú est une petite bourgade noyée sous une végétation dense. Rien de bien spécial à y faire. Peu de bonnes tables, pas d'animation. Un**

**séjour d'une ou 2 nuits, pas d'avantage, à combiner avec une nuit à Foz do Iguaçu (Brésil) pour faire le tour de la question.**
– Le ***taux de change*** moyen appliqué pour cette édition est de 50 $Ar pour 1 €.
– L'***indicatif téléphonique*** du pays est le 54.

## Arriver – Quitter

### En avion

✈ ***Aéroport*** *(hors plan par B3)* **:** *au-delà de la bifurcation menant aux chutes argentines, à env 20 km du centre. ☎ 42-19-96. • aa2000.com.ar/iguazu •* Désormais aéroport international, on y trouve un bureau d'information, un distributeur et plusieurs représentants de compagnies de location de voitures (*Avis-Budget, Hertz* et *National/Alamo*).

➢ ***Buenos Aires :*** une dizaine de vols/j. (dont 1 en fin d'ap-m ou début de soirée pour le terminal Ezeiza avec la compagnie *Austral*). Durée : env 2h.

➢ ***Salta :*** 1 vol direct/j. (sauf mar, jeu et dim) avec *Austral,* sinon changement à Buenos Aires.

➢ ***Pour gagner le centre-ville :*** à chaque vol, liaison en minibus assurée par la compagnie *Four Tourist Travel.* Ticket au kiosque. Prévoir 200 $Ar/pers et env 30 mn de trajet. Pour le retour, réserver la veille *(☎ 42-06-81).* En taxi, compter env 700 $Ar pour le centre de Puerto Iguazú et facilement le double pour Foz.

### En bus

🚌 ***Terminal d'Omnibus*** *(plan A2)* **:** *à l'angle de Córdoba et Misiones.* Lockers *(7h-20h30)* et bureau d'infos.

➢ ***Buenos Aires :*** env 5 bus directs/j. 11h30-19h15 à destination du terminal El Retiro, avec *Tigre Iguazú* ou *Via Bariloche (• tigreiguazu.com.ar •)* ; ttes les heures. 12h-19h avec *Crucero del Norte (• crucerodelnorte.com.ar •)* ; 2 bus l'ap-m avec *Expreso Singer (• expresosinger.com.ar •)* ; même chose avec *Río Uruguay (• riouruguaybus.com.ar •).* La route est longue (minimum 17h de trajet) !

➢ ***San Ignacio et Posadas :*** départ ttes les heures 24h/24, avec les compagnies *Crucero del Norte, Horianski* et *Kruse.* Trajet : respectivement 4h et 5h.

➢ ***Salta :*** départ en matinée avec *Horianski* jusqu'à Posadas, changement, puis *Flecha Bus (• flechabus.com.ar •)* jusqu'à destination (arrivée le lendemain même heure). Aucun direct.

➢ ***São Paolo et Río de Janeiro :*** 1 bus tlj en début d'ap-m avec *Crucero del Norte.*

**■ Adresses utiles**

- ℹ Ministerio de Turismo de Misiones Argentina (A2)
- **1** Banco Macro (A1)
- **2** Bureau de change Links (A2)
- **4** Supermarché Dagu (A2)
- **5** Pharmacie Macrofarma (A2)

**Où dormir ?**

- **10** Tango Inn Club et Posada 21 Oranges (hors plan par B3)
- **11** Bambu Hostel (A1)
- **12** Hospedaje José Gorgues (B2)
- **13** Jasy (B1)
- **14** Porâmbá Hostel (B1)
- **15** Hostel Iguazu Falls (B2)
- **18** Tango Inn Downtown (A2)
- **19** Hotel Lilian (B2)
- **20** Arami Hotel & Lodge (B1-2)
- **22** Loi Suites (hors plan par B3)

**Où manger ?**

- **30** La Feirinha (A1)
- **31** Confitería y Panaderia El Arbol Real (A-B2)
- **32** The Van Burger (A2)
- **33** La Mamma (A1)
- **36** El Quincho del Tío Querido (B3)
- **38** Aqva et A Piacere (A2)
- **39** La Rueda (A2)

**Où manger une bonne glace ?**

- **40** Duomo (A2)
- **41** Cremolatti (A2)

**Où boire un verre ? Où sortir ?**

- **45** Lecker Public Bar (A1)
- **46** Casanova (A1)

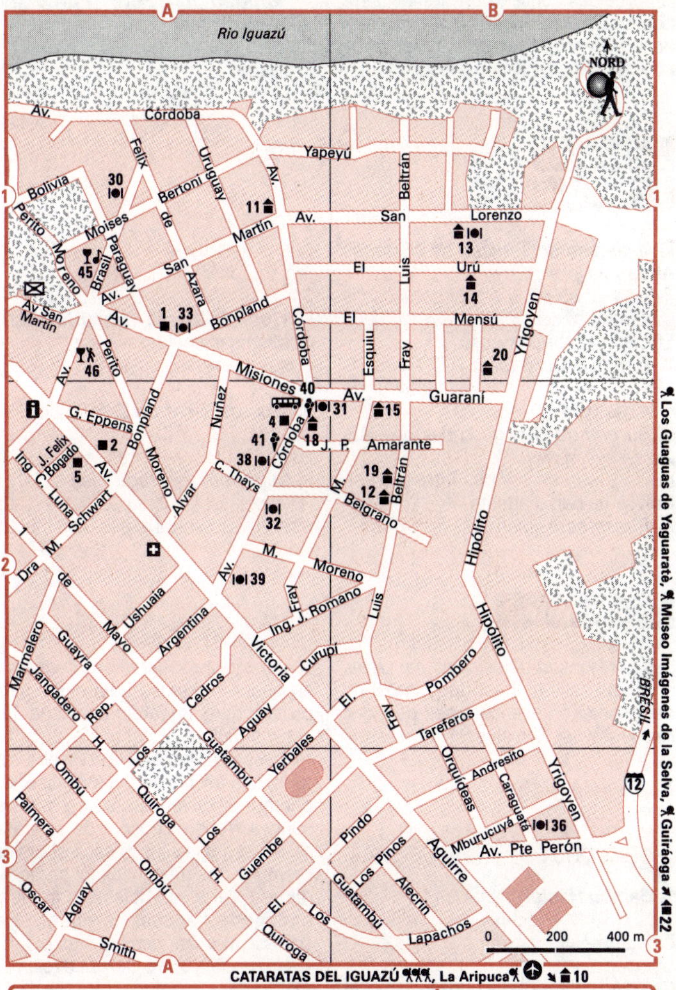


PUERTO IGUAZÚ



➢ ***Chutes argentines :*** ttes les 20 mn env, avec *Río Uruguay* (indication *Cataratas*). Départs 7h-20h, retours 7h20-20h15. Les soirs de *luna llena* (pleine lune) derniers retours à 22h35, 23h35 et 0h35.

➢ ***Chutes brésiliennes :*** *Río Uruguay* assure la liaison directe (indication *Cataratas Brasilenas*). Départs ttes les heures 8h30-14h30, retours ttes les heures 10h-17h. Trajet : 40 mn. Liaison directe également avec *Crucero del Norte* : 4 départs/j. (8h10-14h). Dernier retour à 17h.

➢ ***Foz do Iguaçu :*** ttes les heures avec *Crucero del Norte* (7h-18h) et *Río Uruguay* (6h30-18h30). Certains bus n'attendant pas toujours au passage de la police des frontières brésilienne (tamponnage du passeport), il faut alors prendre le suivant (avec le même ticket) après avoir fait tamponner son passeport.

➢ ***Ciudad del Este (Paraguay) :*** 10 allers directs 6h30-17h45 ; retours ttes les heures 7h45-18h30 avec *Río Uruguay.*

## Adresses et infos utiles

ℹ ***Ministerio de Turismo de Misiones Argentina*** *(plan A2)* **:** *av. Victoria Aguirre, 311.* ☎ *42-08-00.* • *direcciondeturismoiguazu@gmail.com* • *Tlj 8h-13h, 14h-21h.* Efficace et infos précises.

■ ***Banco Macro*** *(plan A1,* ***1****)* **:** *angle Misiones et Bonpland.* Distributeur de billets 24h/24.

■ ***Bureau de change Links*** *(plan A2,* ***2****)* **:** *av. Victoria Aguirre, 228. Tlj 7h-16h ; fermé dim hors saison.* Taux correct. Prévoir un peu d'attente.

■ ***Pharmacie*** *(plan A2,* ***5****)* **:** ***Macrofarma,*** *av. Victoria Aguirre, 351-399 (angle José Félix Bogado).* ☎ *42-13-34. Tlj, sauf dim, 8h-12h, 16h-21h.*

✚ ***Hôpital Samic (Hospital Marta Schwarz)*** *(plan A2)* **:** *av. Victoria Aguirre s/n, entre Ushuaia et Alvar Núñez.* ☎ *42-02-88 ou 42-06-26.*

■ ***Vice-consulat du Brésil :*** *Córdoba, 264.* ☎ *42-13-48.* • *conbrasil@iguazunet.com* • *Lun-ven 9h-13h.*

■ ***Supermarché Dagu*** *(plan A2,* ***4****)* **:** *av. Misiones, 287. Lun-sam 7h-22h ; fermé dim.* Hyper central et très bien fourni.

LE SUD

## Où dormir ?

Les pensions et hôtels sont vite pleins en haute saison, il est donc impératif de réserver à l'avance à ces périodes (janvier, février, Semaine Sainte et juillet).

### De bon marché à prix moyens (800-2 500 $Ar / env 16-50 €)

⌂ ***Bambu Hostel*** *(plan A1,* ***11****)* **:** *av. San Martín, 4.* ☎ *42-58-64.* • *hostelbambu.com.ar* • *Dortoirs très bon marché et doubles de bon marché à prix moyens.* Cette AJ colorée est à portée de mollet du quartier « le plus animé » le soir. On choisit entre 2 dortoirs de 4 lits (dont 1 réservé aux filles) et 1 dortoir mixte de 14 lits. Sinon, 5 chambres privées (dont 4 possèdent une salle de bains). Le tout un peu étriqué, il faut l'avouer. Clim partout. *Lockers,* mais pas de cuisine commune, et c'est bien dommage. L'ensemble est vraiment impeccable, en revanche.

⌂ ***Porämbá Hostel*** *(plan B1,* ***14****)* **:** *calle El Urú, 120.* ☎ *42-30-41.* • *porambahostel.com* • *Dortoirs très bon marché et doubles bon marché.* Un ensemble en brique resserré autour d'une petite piscine dans un jardin luxuriant. Telle est la structure de cet hostel de bonne tenue qui compte à la fois des dortoirs de 4 à 6 lits un peu exigus et des chambres privatives pour 2 à 3 personnes. Tous disposent de sanitaires privés et d'une clim efficace pour vous prémunir des mosquitos ici particulièrement voraces. Cuisine commune, bagagerie, accueil avenant. Une adresse stratégiquement située.

⌂ ***Hospedaje José Gorgues*** *(plan B2,* ***12****)* **:** *Fray Luis Beltrán, 169.* ☎ *42-06-41.* • *josegorgues@yahoo.com.ar* • *Chambres doubles bon marché. Pas de petit déj.* Une poignée de chambres situées en enfilade, derrière la maison des propriétaires, offrant l'un des meilleurs rapports qualité-prix de Puerto Iguazú. D'autres plus récentes, impeccables, bénéficiant d'une déco plus léchée. Chacune dispose d'une salle de bains et de la clim, et s'ouvre sur un petit bout de jardin. Cuisine à disposition. Cerise sur le gâteau, l'extrême gentillesse d'Elida la patronne !

■ ***Hostel Iguazu Falls*** *(plan B2,* ***15****) : av. Guaraní, 70. ☎ 42-12-95. • hosteliguazufalls.com • Dortoirs très bon marché et doubles bon marché à prix moyens. 10 % de remise avec la carte HI. CB refusées.* La situation ultra-centrale de cette AJ, à seulement 1 *cuadra* du terminal de bus, en fait un bon camp de base. Dortoirs de 4 à 8 lits, doubles avec clim et salle de bains privée, hamacs et piscine entretenue. *Parilla,* cuisine.

■ ***Hotel Lilian*** *(plan B2,* ***19****) : Fray Luis Beltrán, 183. ☎ 42-09-68. • hotellilian@gmail.com • Doubles bon marché, dont les prix peuvent grimper en flèche pdt les vac. CB refusées.* Ce petit hôtel familial, clair et d'une propreté convenable, est à la fois proche du centre et au calme. Mention spéciale pour la taille des chambres (pour 2 à 4 personnes), en particulier les supérieures à l'étage, dotées d'un large balcon et d'une baignoire. Excellent accueil. Un de nos meilleurs rapports qualité-prix dans cette catégorie.

■ ***Tango Inn Club*** *(hors plan par B3,* ***10****) : RN 12, km 5. À l'extérieur de la ville, en direction des chutes. ☎ 43-56-80. • tangoinn.com • Du centre-ville, bus Río Uruguay pour les chutes ; demandez l'arrêt. Dortoirs très bon marché, quel que soit le nombre de lits, chambres doubles (à prix moyens) et cabañas à prix chic. 15 % de réduc avec la carte HI ou si paiement en espèces.* Vaste AJ au bord de la route, dans un parc de 3 ha avec une grande piscine, bar, resto, cuisine, terrains de sport, billard, ping-pong, barbecue, soirées thématiques... L'endroit idéal pour faire des rencontres, même si ça fait un peu usine. Dortoirs de 4 et 6 lits (même prix), doubles proprettes mais sans aucune déco ; tout ça avec clim et sanitaires privés. Mais le plus ici, ce sont les *cabañas* dotées de 2 chambres, de 2 salles de bains et d'une cuisine. Conçues pour 7 personnes, elles bénéficient d'un rapport qualité-prix tout à fait honorable. Plein d'excursions organisées et transferts aux chutes.

■ ***Tango Inn Downtown*** *(plan A2,* ***18****) : Córdoba, 158. ☎ 42-55-59. • tangoinn.com • Dortoirs (6 lits) presque bon marché et doubles à prix moyens (plutôt dans le haut de la fourchette). 10 % de remise si paiement en espèces.* En plein centre, cette AJ est située juste en face du terminal des bus. On y rencontre des routards du monde entier, attirés là par les quelques mètres cubes d'eau de la piscine plantée dans le petit jardin, le bar et la proximité des restos alentours. Sinon, c'est du basique, et l'accueil mériterait d'être plus avenant.

## Chic (2 500-3 500 $Ar / env 50-70 €)

■ ***Posada 21 Oranges*** *(hors plan par B3,* ***10****) : km 5, calle Montecarlo, Zona de Granja y Quinta. 📱 + 549-3757-55-88-48. • 21oranges.com • Panneau très discret sur la ruta 12 : accès par la 1re piste de terre à droite, après celle de la Aripuca (en venant de Puerto Iguazú). Chambres doubles standard dans la partie basse de la fourchette.* L'hôtel, tenu par Rémy, un Français, se trouve au calme, en pleine campagne, dans un vaste jardin fleuri planté d'arbres fruitiers. Il abrite de ravissantes chambres standard, façon chalet, ainsi que quelques supérieures mêlant la pierre et le bois et bénéficiant d'une déco colorée, plus actuelle, faite de bois de récup'. Le tout d'un grand confort et réparti autour d'une jolie piscine. Le bon petit déj-buffet se prend dans le parc. Possibilité de se faire livrer son dîner. Une adresse plaisante, tout comme l'accueil, gentil et discret.

■ ***Arami Hotel & Lodge*** *(plan B1-2,* ***20****) : Gobernador Lanuse, 262. ☎ 42-42-42. • aramihotel.com.ar • ♿ Doubles limite prix moyen, mais lodges dans la partie supérieure de la fourchette.* Au calme, et pourtant à une encablure du centre animé. Cet hôtel bien conçu offre des chambres lumineuses pour 2 à 4 personnes plutôt grandes, bénéficiant de tout le confort que l'on est en droit d'attendre d'un 3-étoiles. Sinon, la formule *lodge,* un poil plus chère, intéressera les familles. Aménagé sur 3 niveaux, ces derniers offrent en bas la chambre des enfants, à mi-étage la cuisine et la salle de bains et, au dernier niveau, la chambre des parents. Pour parfaire le tout, 2 piscines et un accueil en français d'Ingrid Martin.

🏠 |●| ***Jasy*** *(plan B1,* ***13****) : San Lorenzo, 154. ☎ 42-43-37. • jasyhotel.com • CB refusées.* Presque en centre-ville et déjà en lisière de forêt, c'est précisément le cadre qui emballe ! Les chambres, toutes en mezzanine (jusqu'à 6 personnes) et élégamment décorées, se fondent dans la nature environnante. Dotées de balcon et bien équipées, elles sont particulièrement agréables le matin, quand le jour se lève sur la forêt. Belle piscine entourée d'une terrasse en bois. Restaurant apprécié (pâtes maison) et bar. Accueil à la fois pro et sympathique. Beaucoup de cachet !

### Spécial coup de folie (à partir de 180 €)

🏠 ***Loi Suites*** *(hors plan par B3,* ***22****) : dans la Riserva de las 600 Hectarias sur la R12 (route des chutes). ☎ 49-83-00. • loisuites.com.ar • Entrée de la réserve sur la droite, quasiment en face de la station YPF et de la Aripuca.* Sur ce territoire de 600 ha, aux portes de la ville, cohabitent 3 communautés d'Indiens et une quinzaine d'hôtels (le projet vise la vingtaine), qui se succèdent le long d'une route en boucle de 5 km. Dans cette forêt luxuriante, l'originalité vient du cahier des charges, imposant aux promoteurs une intégration parfaite dans l'environnement tropical. Le *Loi Suites,* un des plus luxueux, remplit le contrat à merveille : peu de bâtiments visibles, l'accès aux chambres se fait par des ponts suspendus, et l'immense piscine, au cœur du complexe, est noyée dans la verdure. Chambres hyper classe, spacieuses et contemporaines. Service 5 étoiles qui va bien avec. Et spa. Alors, cherchons la petite bête : le moustique, inclus dans le package en saison humide ! Autre belle adresse et tarifs plus attractifs à ***La Cantera,*** un 4-étoiles de style rustique tout en rondins de bois. Service cool et prêt de bicyclettes.

## Où manger ?

### Bon marché (de 200-400 $Ar / env 4-8 €)

|●| ***La Feirinha*** *(plan A1,* ***30****) : dans la partie haute de l'av. Brasil. ☎ 42-46-97. Tlj 10h-23h (pause pdt la sieste).* Une enfilade de petits restos populaires spécialisés dans la *picada* (tapas argentines). C'est là que les *Brasileiros* déboulent pour se graisser le bout des doigts aux olives vertes et se remplir le ventre de bière glacée. Rustique, typique et enjoué. Vérifiez quand même l'addition, on ne sait jamais...

|●| ***Confitería y Panaderia El Arbol Real*** *(plan A-B2,* ***31****) : Guaraní,14, angle Córdoba, face au terminal des bus. ☎ 42-02-13. Tlj 6h-23h30.* On trouve chez ce traiteur, spécialisé dans la cuisine régionale, de quoi remplir son panier en vue d'un pique-nique, mais on peut aussi décider de consommer sur place l'un de ses plats cuisinés vendus au poids. Les sandwichs sont à éviter, en revanche.

|●| ***The Van Burger*** *(plan A2,* ***32****) : Córdoba, 90. 📱 + 549-3757-63-04-65. Tlj 12h15-minuit.* 2 combis VW qui servent de cuisine, quelques tables en terrasse pour 2 ou 4 personnes, mais en cas d'ondée, c'est repli obligatoire pour partager sa tablée à l'abri, avec d'autres convives. Au menu ? Du burger (dont un végétarien), des salades, de la *cerveza,* et basta ! Prévoir de l'attente.

|●| ***La Mamma*** *(plan A1,* ***33****) : Bonpland, 217. ☎ 42-45-94. Mar-sam 9h-13h30, 18h-22h30 ; dim 9h-14h ; fermé lun.* Suivez les habitudes des aficionados qui emportent leur commande, et faites-vous une fournée d'*empanadas* à votre hôtel ! Même si le cadre est exigu et pas des plus chaleureux, on peut aussi s'installer à l'une des tables posées sur le trottoir pour savourer un bon plat de pâtes fraîches maison. C'est bon et très copieux.

### De prix moyens à chic (400-700 $Ar et plus / env 8-14 €)

|●| ***Aqva*** *(plan A2,* ***38****) : av. Córdoba, 135, à l'angle avec C. Thays. ☎ 42-20-64. Tlj 12h-23h30. Résa fortement conseillée le w-e et pdt les vac.* Des restos chics alignés en brochettes sur l'avenue Córdoba, *Aqva* est incontestablement celui qui a retenu notre attention. On y goûte sur des tables dressées en toute simplicité une excellente cuisine bistrotière : brochettes de *surubi* (poisson de rivière), pâtes maison, plats de viande élaborés... Du bon, du copieux et du joliment présenté. Ne pas faire l'impasse sur les desserts, originaux et bien travaillés. Manque juste une terrasse.

|●| ***El Quincho del Tío Querido*** *(plan B3,* ***36****) : av. Pte Perón, s/n. ☎ 42-01-51. Déj mar-dim 12h-14h ; dîner tlj 18h30-23h30.* Lieu de sortie très prisé, le « Grill du Cher Oncle » est envahi chaque soir par des hordes de locaux et de Brésiliens qui misent sur une valeur sûre et sur le spectacle (danse et musique). D'ailleurs si vous tenez à vos tympans, éloignez-vous des *musicos* ! L'ambiance bat son plein en fin de semaine, mais la cuisine et les prix se tiennent. Les viandes grillées sont excellentes, juteuses et fondantes, servies on ne peut moins généreusement. Hyper touristique mais bien réputé aussi.

|●| ☂ ***A Piacere*** *(plan A2,* ***38****) : av. Córdoba, 125. ☎ 42-41-90. Tlj 12h-minuit. Résa conseillée.* Ce restaurant classe (belles tables nappées) a l'avantage d'offrir une terrasse en hauteur en plus de sa grande salle climatisée. Il propose une bonne cuisine argentine. Le choix est vaste, avec toutes sortes de viandes, poissons de rivière et pâtes maison relativement bon marché, à accommoder avec la sauce de son choix. La carte des vins offre un échantillonnage de malbec impressionnant. Service attentionné et rapide.

|●| ***La Rueda*** *(plan A2,* ***39****) : av. Córdoba, 28. ☎ 42-25-31. Fermé mar au déj. Résa conseillée.* Fondé en 1975, ce resto (le plus ancien de Puerto Iguazú) est une institution ! S'il doit sa notoriété à sa viande, effectivement à la hauteur, le *bife de chorizo* côtoie des poissons de rivière, comme le *surubi,* délicieux fumé. Les pâtes *caseras* valent une incursion végétarienne tandis que la cave bien fournie contentera les épicuriens. Cadre agréable, mais service extralong, autant le savoir.

### *Dans le parc*

|●| On trouve quelques ***fast-foods*** et ***kiosques à sandwichs*** et boissons, au départ des sentiers, au pied des passerelles, à la *Garganta del Diablo* ou aux stations de train – comme *Dos Hermanas* au début du *Circuito Inferior.* Rien de génial, mais les prix restent corrects. Une foule de coatis traîne toujours aux alentours dans l'espoir d'un en-cas chapardé ! Ils sont adorables, mais ne les nourrissez pas, c'est mauvais pour eux... et en plus, ils ont de sacrées dents !

|●| Pour un déjeuner plus consistant mais plus cher, miser sur le buffet à volonté du resto-rotonde ***Fortin Cataratas*** *(tlj 11h-16h30),* au croisement des circuits inférieur et supérieur. Buffet typique argentin où l'on déguste des viandes *a la parrilla.* Au même endroit, quelques snacks proposent sandwichs, omelettes, salades, etc.

|●| 🍷 ☂ « Pour être complet, il y a aussi le très chic – et peu esthétique – ***hôtel Gran Meliá Iguazú.*** Cher, mais vous aurez accès à la belle piscine et bénéficierez d'une vue imprenable sur les chutes depuis la terrasse. Sinon, un lieu idéal pour boire un verre, en fin de journée.

– Dans tous les cas, si on veut faire des économies, mieux vaut prévoir casse-croûte et boissons avant les visites.

## Où s'offrir une bonne glace ?

🍦 ***Duomo*** *(plan A2,* ***40****) : av. Córdoba, 170. Tlj 9h-1h.* Moitié moins cher que son concurrent et bon choix de parfums (yaourt, chocolat, maracuja) vendues en cornet, en pot ou au poids. Sur place ou à emporter.

**Cremolatti** (*plan A2, **41***) : *av. Córdoba. Tlj, sauf dim, 10h-minuit (plus tard le w-e).* Cette chaîne bien connue des *Porteños* propose tant de parfums que le choix peut vite s'avérer cornélien. Bon point pour la sélection sans gluten (framboise, *dulce de leche*...). Bon mais cher, cependant... Autre adresse : *av. Victoria Aguirre (angle calle Marta Schwarz). Tlj 11h-23h30 (plus tard le w-e).*

## Où boire un verre ? Où sortir ?

**Lecker Public Bar** (*plan A1, **45***) : *av. Brasil, 155. Tlj à partir de 18h.* Pour boire une bonne bière artisanale en picorant des olives ou du jambon. Programmation musicale sur leur page Facebook.

D'une manière générale, « grosse animation » de l'apéro jusque tard le soir autour du rond-point des ***Siete Bocas*** *(le carrefour aux 7 routes)* et le long de **Brasil** (*plan A1*) où s'étirent les terrasses des restos-bars branchés.

***Casanova*** (*plan A1, **46***) : *P. Moreno, 269.* Vous n'êtes sans doute pas venu pour ça, mais si ça vous démange, vous pourrez vous dégourdir ici – ou, à défaut, vous offrir une *Quilmes* fraîche au bar de la cour. Inutile de débarquer avant minuit, c'est le calme plat.

LE SUD

## À voir

***Cataratas del Iguazú*** (***chutes argentines*** ; *hors plan par B3 et carte Parc national d'Iguaçu*) : *☎ 49-14-69 ou 42-01-80. • iguazuargentina.com • ♿ (sur 90 % du circuit). Tlj 8h-18h, dernière entrée à 16h30. Ne pas venir trop tard : le dernier train pour la Garganta del Diablo part à 16h10. Tarifs : 800 $Ar ; 6-12 ans 250 $Ar ; gratuit - de 6 ans. Parking payant (à régler au guichet avec le billet d'entrée). Si vous voulez revenir le lendemain, le prix d'entrée sera réduit de 50 % (« 2nd day pass ») ; faites tamponner le billet du 1er jour **avt** la sortie du parc.*
*Consignes à dispo. Prévoir eau, chapeau et crème solaire, de bonnes chaussures, plus un antimoustiques. Wifi gratuit dans le parc. On scanne le QR code pour obtenir la carte du site.*
Idéalement, il faut compter 1 journée entière pour découvrir tous les points de vue, faire toutes les balades et, si l'envie vous en prend, un tour en bateau. Aujourd'hui, l'infrastructure du parc est telle que (presque) rien n'est laissé au hasard. Entre le petit train, les 10 km de sentiers entrecoupés d'escaliers et de passerelles, et la foule de touristes, on se croirait un peu dans un parc d'attractions, surtout pendant les périodes chargées (janvier-février, pendant la Semaine Sainte et du 10 au 30 juillet)... Contrairement au côté brésilien où l'on reste cantonné sur des chemins dominant des panoramas, il s'agit là d'une véritable immersion au cœur de la forêt.
Chaque matin, au bureau d'infos du parc, des guides proposent leurs services pour faire découvrir la faune et la flore locales. Les balades, à la carte, se négocient directement avec eux. Certains parlent le français. Apprenez à reconnaître le chant du toucan, les plantes épiphytes, le *palo rosa* (palissandre de Río)... Plus de 2 000 espèces de plantes ont été répertoriées ! Le parc national, étendu bien au-delà des chutes, est l'un des derniers pans intacts de la *selva paranaensis*, seconde forêt tropicale d'Amérique du Sud après l'Amazonie. Malheureusement, elle est encore plus menacée : du million de km² sur lequel elle s'étendait jadis, seuls 54 000 km² ont été préservés. Sur les berges de la rivière Iguazú et dans la profondeur de la forêt vivent, entre autres, pumas et jaguars, ocelots, tapirs, fourmiliers, tatous, tamanoirs et cerfs, loutres et cabiais, sans compter des singes et de nombreux reptiles et oiseaux. Mais lors de vos balades aux chutes, vous aurez

surtout l'occasion de croiser les adorables coatis à la queue annelée (gourmands invétérés aux grandes dents !), des papillons (énormes) et, à condition d'avoir l'œil, des toucans.

*La visite*
À l'entrée, on a le choix entre prendre le petit train ou se rendre directement sur les différents circuits à pied. Si ça embouteille, optez pour la 2e solution.
➢ La plupart des visiteurs montent directement à bord du ***tren ecológico de la selva*** (il fonctionne à l'électricité), qui passe toutes les 20-30 mn. Le 1er arrêt se trouve à la ***Estación Cataratas,*** de là le train poursuit vers la *Garganta del Diablo*. Inutile de faire la queue pour attendre le 1er train, car une dizaine de minutes de marche suffit pour gagner la ***Estación Cataratas*** par le *Sendero Verde.* Pratique. En plus de ça, vous aurez l'occasion de croiser nombre de coatis très peu sauvages. De la ***Estación Cataratas*** partent 2 circuits différents, le *Circuito Superior* et le *Circuito Inferior.* Si vous arrivez le matin, commencez par le circuit inférieur. Beaucoup moins emprunté que dans l'après-midi, il offre en outre l'avantage pour les photographes d'avoir les chutes principales bien éclairées.
- ***Le Circuito Superior*** (environ 1,7 km et 40 mn de marche, facile d'accès et tout plat ; accessible aux fauteuils roulants sur certains tronçons) est le premier que l'on rencontre en contrebas de la gare. Il court en sens unique de passerelle en passerelle, en longeant la brèche géologique, égrainant un certain nombre de *saltos* (cataractes) que l'on peut admirer d'en haut. On commence par les *saltos Dos Hermanas, Chico* et *Bossetti,* dont la hauteur des chutes varie entre 40 et 60 m, avant d'aborder les chutes *Adán y Eva* et *Mbiguá.* Les belvédères se multiplient, léchés par une bruine tenace, agréable et rafraîchissante. Le chemin se termine face au fantastique arc de cercle formé autour du rugissant *Salto San Martín.* Il émerveille par la force avec laquelle les eaux se précipitent entre les pierres pour former une seconde chute à plus de 70 m en contrebas, dans des nuages vaporeux qui se nimbent souvent d'arcs-en-ciel.
- Peu après le départ du *Circuito Superior* (passé la tour de guet en forme de phare) se trouve le ***Circuito Inferior,*** que l'on rejoint par une série d'escaliers (boucle de 1h environ). Moins long (1,4 km) mais plus difficile avec ses nombreux escaliers, il rejoint d'abord les rives du río Iguaçu inférieur (en aval des chutes), avant de remonter, de point de vue en point de vue, vers le rideau des principales cataractes – celles-là mêmes que l'on découvre du haut depuis le *Circuito Superior.* Le parcours à travers la forêt est splendide. Parmi les temps forts de cet itinéraire figure le belvédère de la chute *Bossetti,* l'une des plus somptueuses, qui vous rafraîchira autant qu'une douche, puisqu'on peut s'en approcher jusqu'à presque la toucher !
➢ Face au *Circuito Inferior* se trouve la petite ***isla San Martín,*** dont l'accès est fermé au public.
➢ De la ***Estación Cataratas,*** le train poursuit son chemin jusqu'au second et dernier arrêt, la *Estación* **Garganta del Diablo** (15 mn de trajet). *On préconise de prendre le train en début d'ap-m (le dernier est à 16h10), après avoir fait les 2 précédents circuits. L'affluence est moindre et on garde le meilleur pour la fin ! Sinon, accès possible à pied depuis l'Estación Cataratas, mais le sentier qui longe la voie ferrée est long (4,5 km ; env 40 mn), non ombragé et ne présente aucun intérêt.* Une longue passerelle (accessible aux fauteuils roulants), étirée sur 1 100 m, mène par-dessus le cours apparemment tranquille du fleuve jusqu'à l'endroit où le fabuleux *Salto Unión* s'abîme dans la gorge du Diable. Si quelques nuages de vapeur d'eau annoncent le site, on tombe sans crier gare sur l'échancrure infernale en plein milieu de la rivière, comme si le sol s'était brusquement dérobé. Le spectacle est époustouflant ! Souvent, on peut observer les vols en piqué des *vencejos* (arbalétriers), des oiseaux de petite taille au plumage foncé, caractéristiques d'Iguaçu, qui ont été choisis comme symbole par l'administration du parc.
➢ Pour les courageux, un sentier ***(sendero Macuco)*** de 7 km A/R *(accessible jusqu'à 15h)* part de derrière la station centrale pour rejoindre le *Salto Arrechea* et

une piscine d'eau naturelle. La baignade est théoriquement interdite et la balade assez longue *(compter 2-3h A/R)*, dans un environnement peu varié, mais peut-être appréciable pour les passionnés de faune et flore. Bien se renseigner avant de s'engager, car l'accès peut être bloqué selon le niveau de l'eau.

## À faire dans le parc

5 nuits par mois, au moment de la pleine lune, le parc organise une balade nocturne – l'occasion d'entendre bruisser la forêt, un moment magique ! Un maximum de 120 personnes pouvant y participer, il est indispensable de réserver. *Compter 1 400 $Ar/pers ; réduc.* Attention, la visite est annulée si le ciel est nuageux. Résa en ligne sur : *• iguazuargentina.com •*

– Les autorités du parc ont autorisé la compagnie *Iguazú Jungle* *(☎ 42-16-96 ; • iguazujungle.com •)* à proposer plusieurs activités découvertes autour des chutes (accessibles aux enfants à partir de 12 ans) : *Aventura náutica,* une approche en bateau à moteur des cascades de *Tres Mosqueteros* et de *San Martín* (douche assurée !), *Paseo Ecológico,* une balade en bateau pneumatique (à rames) entre les îlots du fleuve *Iguazú Superior* et *Gran Aventura* (rafting dans les rapides de la rivière *Iguazú Inferior* puis retour en 4x4). Reste que les prix sont assez élevés et les activités d'une durée bien courte...

LE SUD

## À voir. À faire encore

***La Aripuca*** *(hors plan Puerto Iguazú par B3 et carte Parc national d'Iguaçu) : à 4,5 km de Puerto Iguazú, en direction des chutes (ruta 12). ☎ 42-34-88. • aripuca.com.ar • Tlj 8h-18h (les horaires peuvent varier d'une saison à l'autre). Entrée : 150 $Ar ; réduc.* C'est une gigantesque cabane en bois, réplique XXL d'un piège à oiseau traditionnel. Elle est composée d'une trentaine de troncs d'arbres de 2 à 3 m de diamètre, tous issus d'arbres âgés de 300 à 500 ans. Cette *Aripucà* (« piège » en guaraní), gérée par une association de défense de la forêt, invite à prendre conscience des effets de la déforestation. En coupant du bois, l'homme construit son propre piège. CQFD.

Vente d'artisanat guaraní et restaurant sur place.

***Museo Imágenes de la Selva*** *(hors plan Puerto Iguazú par B3 et carte Parc national d'Iguaçu) : ruta du Sanctuario (à env 5 km du centre, direction aeropuerto ; à la hauteur de Guiráoga, sur la gauche). Tlj 14h-17h, sauf dim. Parfois ouv le mat. Donation bienvenue.* Un bien étonnant musée entièrement consacré aux sculptures sur bois sorties tout droit de l'imaginaire (pour le moins mystique) de Rodolfo Teófilo Allou, dentiste à Puerto Iguazú pendant une petite trentaine d'années et petit-neveu de Jules Verne. Surprenant.

***Guiráoga*** *(hors plan Puerto Iguazú par B3 et carte Parc national d'Iguaçu) : à env 5 km du centre, direction Aeropuerto, sur la droite de la route. 📱 15-46-98-83. • guiraoga.com.ar • Tlj 9h-16h30 (dernier départ). Entrée : 300 $Ar (l'argent récolté sert à financer le fonctionnement du centre).* L'association *Guiráoga* récupère toutes les bestioles victimes de l'activité humaine, notamment celles qui sont chassées par la déforestation. Elle soigne, panse, rééduque toucans et coatis. La visite dure environ 1h30. Elle est obligatoirement guidée et en espagnol (audioguide en anglais disponible). Après une petite virée en tracteur (5 mn), on passe de refuge en refuge pour découvrir une soixantaine d'animaux.

***Hito 3 Fronteras*** *(carte Parc national d'Iguaçu) : au bout de l'av. Tres Fronteras.* Le belvédère surplombe le confluent du río Iguaçu et du río Paraná, révélant d'un seul coup d'œil l'Argentine, le Brésil et le Paraguay. La frontière est matérialisée par une grande borne sur chaque rive. Nul n'échappera à la photo devant la borne argentine... en attendant patiemment que la place se libère ! En soirée *(tlj en janv* *et fév à 20h et 21h ; le reste de l'année, se renseigner avt),* la fontaine du belvédère présente un spectacle d'eau de 30 mn avec projection d'hologrammes *(aguas danzantes).*

***Los Guaguas del Yaguarete*** *(hors plan par B3)* **:** *ruta 12. 15-50-99-40/41. Circuits de 1h30 à 2h pour 500 $Ar ; départs tte l'année à 9h, 11h ; départ supp en hte saison (janv-fév, Semaine Sainte et juil) à 14h et 16h.* Repérer le panneau « *Los Guaguas del Yaguarete* » en face de l'hôtel *Cataratas,* à la sortie de la ville. Roberto et Carla proposent des promenades en *guagua* (tracteur) dans la forêt, à la découverte du mode de vie des Indiens guaraní. Roberto, qui a longtemps travaillé comme guide dans le parc d'Iguaçu, connaît bien les animaux et les plantes du secteur.

# CURITIBA

1 850 000 hab. IND. TÉL. : 41

**Capitale moderne située dans l'intérieur des terres, à environ 900 m d'altitude, Curitiba (prononcez «** ***Curitchiba*** **») est renommée pour son architecture transparente (y compris ses arrêts de bus !) et ses nombreux parcs. Outre la superbe verrière du** ***Jardim Botânico*** **et « l'université écologique » (inaugurée par Cousteau en 1991), Curitiba a créé une série d'espaces verts qui évoquent les pays des principales vagues d'immigration de la région :** ***Bosque Alemão*** **(Allemagne),** ***Bosque Papa João Paulo II*** **(Pologne), etc. Le petit quartier historique autour du** ***largo da Ordem*** **et les différents sites peuvent être visités en prenant le bus touristique** ***Linha Turismo*** **depuis la praça Tiradentes. Mais on ne reste pas longtemps à Curitiba. La ville est avant tout une étape avant de belles excursions vers la côte paranaense.**
**On rallie Morretes et Antonina avec la ligne ferroviaire** ***Serra Verde,*** **qui traverse la** ***serra da Graciosa,*** **aux paysages vertigineux. Des paysages que les routards amateurs de randonnées ne manqueront pas d'explorer en y faisant étape. Et puis on s'échappe sur l'ilha do Mel à la découverte de belles plages sauvages.**

## Arriver – Quitter

### En avion

✈ ***Aeroporto Afonso Pena :*** *av. Rocha Pombo, km 17. ☎ 3381-1450 ou 1515. À 18 km au sud-est de Curitiba.* Tous les services : distributeurs *Visa* et *MasterCard* au rez-de-chaussée, banque *HSBC* au 1er étage, change, infos touristiques *(tlj 7h-23h),* location de voitures...

■ ***TAM :*** *☎ 0800-570-57-00.* Vols pour Foz de Iguaçu, São Paulo, Florianópolis... et correspondances vers les autres villes du pays. Nombreuses liaisons également avec les compagnies *low-cost* ***GOL*** et ***Azul.***

■ ***Loueurs de véhicules : Hertz*** *(☎ 3382-8001)* ; ***Avis*** *(☎ 3381-1370).*

➢ ***Liaisons avec le centre :*** bus *Executivo* (env 20 Rls) ttes les 15-20 mn 6h-0h30. Arrêts devant les gares routière et ferroviaire, puis dans le centre. Liaisons en bus commun *Ligeirinho* également (env 5 Rls). En taxi, compter 80 Rls et 30 mn.

### En train

***Rodoferroviária*** *(gares ferroviaire et routière)* **:** *av. Pres. Affonso Camargo, 330, à l'angle de 7 de Setembre. ☎ 3888-3488. Départs de la ligne Serra Verde : • serraverdeexpress.com.br •*
Le mode de transport à privilégier pour découvrir la serra da Graciosa et Morretes. Vues extraordinaires sur les pics Paraná (1 952 m) et Marumbi (1 576 m). 1er arrêt à Marumbi, puis terminus à Morretes, après 3h de trajet.

➢ Départs de Curitiba tlj à 8h30 ; de Morretes tlj à 15h. Trajet : 3h. Aller simple : selon confort env 90-160 Rls ; réduc enfants. Trajet moins cher dans le sens du retour : env 60-120 Rls ; en bus *Graciosa,* env 27 Rls. Départ également du *Litorina* (train de luxe) les sam et dim en déc-janv à 9h30 de Curitiba, arrivée à Morretes à 12h30. Retour à 14h30 de Morretes. Compter tout de même 260-360 Rls selon le train par trajet ! Le trajet inclut les transferts, le repas et la visite guidée de Morretes et Antonina.

## En bus

**Rodoferroviária :** *juste à côté de la gare ferroviaire.* ☎ *3320-3000.* Consigne à bagages 24h/24, distributeur de billets, point d'infos.

– Avec *Graciosa* (☎ *3223-0873* ; ● *viacaograciosa.com.br* ●) :

➢ ***Morretes et Antonina :*** env 7-10 bus/j., 5h30-20h30. Trajet : 1h30-1h50.

➢ ***Paranaguá :*** env 15 départs/j., 5h15-23h15. Trajet : 1h30-2h.

– Avec *Catarinense* (☎ *4002-4700* ; ● *catarinense.net* ●) :

➢ ***Florianópolis :*** liaisons ttes les 45 mn env dans les 2 sens. Trajet : 4-5h. Également des liaisons avec *Expresso do Sul.*

➢ ***Foz do Iguaçu :*** env 10 bus/j. Trajet : env 10h.

➢ ***São Paulo :*** env 15 départs/j. avec les compagnies *Cometa* (☎ *4004-9600* ; ● *viacaocometa.com.br* ●) et *Itapemirim* (☎ *0800-723-2121* ; ● *itapemirim.com.br* ●). Trajet : 6h.

➢ ***Rio de Janeiro :*** avec *Itapemirim* et *Penha* (☎ *0800-646-2122* ; ● *nspenha.com.br* ●). 3-4 départs/j. Trajet : 13h.

LE SUD

## Adresses utiles

***Infos touristiques :*** *à la gare ferroviaire, av. Pres. Affonso Camargo, 330.* ☎ *3225-4336.* ● *turismo.curitiba.pr.gov.br* ● *Tlj 9h-18h. Également un kiosque à l'aéroport.*

**Banco do Brasil :** *praça Tiradentes, 410.* Distributeurs *Visa* et *MasterCard* accessibles 6h-22h. Change *(10h-16h en sem).*

## Où dormir ?

### Bon marché (moins de 150 Rls / env 36 €)

***Albergue Roma Hostel :*** *rua Barão do Rio Branco, 805.* ☎ *3224-2117.* ● *hostelroma.com.br* ● *De l'aéroport, bus Executivo, arrêt Rodoferroviária à 300 m de l'hostel. Nuitée env 50 Rls/pers, petit déj compris ; double env 140 Rls. Réduc avec la carte HI. Parking payant.* Autour d'une cour, une centaine de lits répartis dans des dortoirs pour 4-6 personnes (filles et garçons séparés) ou chambres individuelles spacieuses, avec salles de bains et ventilo. Quelques *singles* et familiales. Salle TV, cuisine, laverie et plein d'infos touristiques sur la région. L'auberge est bien tenue et la situation centrale. Un bon rapport qualité-prix.

### De prix moyens à plus chic (à partir de 250 Rls / env 60 €)

***San Juan Executive :*** *av. 7 de Setembro, 2516.* ☎ *3302-0505.* ● *sanjuanhoteis.com.br* ● *Double env 250 Rls.* Moins cher que le *Johnscher,* du même groupe. Une centaine de chambres impeccables, modernes, confortables et climatisées dans une tour proche de la *rodoferroviária.*

***Johnscher :*** *rua Barão do Rio Branco, 354.* ☎ *3302-9600.* ● *sanjuanhoteis.com.br* ● *Doubles 250-300 Rls. Parking.* Cet hôtel central a un cachet contemporain qui sort du lot. Le hall d'entrée design, avec superbe cheminée appréciée en hiver, jouxte une très belle salle de petit déj. 24 chambres spacieuses, confortables et hautes de plafond. Accueil pro et anglophone.

## Où manger ? Où boire un verre ?

### De prix moyens à chic (40-100 Rls / env 10-24 €)

🍽 🍷 ⛱ ***Bar do Alemão :*** *rua Dr Claudino dos Santos, 63. ☎ 3223-2585. Tlj en continu 11h-2h. Plats 40-80 Rls pour 2.* Une taverne bavaroise au Brésil ! Issu de la forte immigration allemande, ce lieu est une institution dans ce quartier festif de la vieille ville. La bière coule à flots, consommée en terrasse ou dans une vaste salle à la déco typique d'outre-Rhin. Les plus courageux tenteront d'y manger, mais attention, rien de très fin ici, il faut aimer les saucisses bien grasses !

## À voir

***Museu Oscar Niemeyer** (MON) : rua Marechal Hermes, 999. ☎ 3350-4400. • museuoscarniemeyer.org.br • Tlj sauf lun 10h-18h (dernier billet à 17h30). Entrée : 20 Rls ; réduc ; gratuit - de 12 ans et pour ts mer.* Disciple de Le Corbusier, Niemeyer a dessiné la monumentale ville de Brasília et, entre autres réalisations, ce musée à l'architecture de verre, tel un œil bleu géant posé sur un socle. Avec une collection de plus de 2 000 œuvres, c'est l'un des plus grands d'Amérique latine. Expos temporaires d'artistes contemporains brésiliens. Une programmation de concerts, et cinéma également, de qualité. Boutique sympa et cafétéria agréable, dans un cadre lumineux.

***Jardim Botânico :*** *rua Ostoja Roguski, s/n. Visites guidées (gratuites) : ☎ 3264-6994. Tlj 6h-19h30 (20h l'été). GRATUIT.* Immense et superbe, il abrite notamment de magnifiques serres du XIXe s. Plus de 400 000 variétés de plantes y sont répertoriées. On peut également parcourir le *Jardim das Sensações*, composé de superbes tunnels végétaux et admirer les œuvres de l'artiste polonais Franz Krajcberg, pas moins de 110 sculptures en bois réparties dans le parc.

# MORRETES

16 400 hab. IND. TÉL. : 41

**Une petite ville au pied des montagnes, en pleine nature, traversée par le rio Nhundiaquara, belle rivière autrefois aurifère qui descend tout droit des sommets environnants.**
**Cette charmante cité historique du XVIIIe s a conservé sa vie et son cachet : constructions coloniales en bordure de rivière, entourées de flamboyants et de palmiers géants et, disséminées çà et là, des distilleries de cachaça. Entourée de vergers tropicaux, Morretes n'est qu'à 15 km de la mer. Au programme, randonnée, baignades dans les rivières ou descente en rafting sur le rio Cachoeira, dans des eaux claires et revigorantes. Un petit paradis en pleine serra da Graciosa ! Côté gastronomie, c'est ici qu'il faut goûter au *barreado*, plat typique à base de viande mijotée dans une cocotte en argile.**

## Arriver – Quitter

### En train

🚂 ***Ferroviária :*** *praça Rocha Pombo. Arrêt de la ligne Serra Verde (• serraverdeexpress.com.br •). ☎ 3462-1256.* Voir « Arriver – Quitter. En train » à Curitiba.

LE SUD

## En bus

**Rodoviária :** *rua Ricardo de Lemos, s/n. ☎ 3462-1115.*
➢ **Curitiba :** 7 bus/j. avec *Viação Graciosa (● viacaograciosa.com.br ●).*
➢ **Paranaguá :** 1 bus/j. seulement, en fin d'ap-m.
➢ **Antonina :** 8 bus/j. 5h-19h50.
➢ **Florianópolis :** se rendre à Curitiba, puis changer de bus.

## Adresses utiles

**Infos touristiques :** *casa Rocha Pombo, largo Dr José Pereira (dans la maison coloniale à côté du restaurante Casarão). ☎ 3462-1266 (poste 256). ● morretes.pr.gov.br ● Lun-ven 8h-12h, 13h-17h.* Donne de bonnes informations, en portugais uniquement.

■ **Banco do Brasil :** *rua 15 de Novembro, 198.* Distributeurs (*Visa* et *MasterCard*) 7h-21h. En revanche, attention, pas de change à Morretes.

■ **Calango Expedições :** *rua General Carneiro, 6. ☎ 3462-2600. ● calangoexpedicoes.com.br ● Tlj 9h-19h.* Petite agence de voyages sérieuse qui propose toutes sortes d'activités dans la région (randonnées, rafting, VTT, canoë, sortie en 4x4, etc.). *Compter 90-120 Rls/pers les 2h et 140-200 Rls/pers la ½ journée.* Loue aussi des vélos.

LE SUD

## Où dormir ?

### Camping

**Camping Shiro :** *estrada da Prainhas, à* ***Porto de Cima*** *(dans le complexe touristique, en pleine nature). ☎ 9839-3725. Arrêt de bus à 500 m. Compter 25 Rls/pers.* Shiro et Francisca, d'origine japonaise, tiennent ce camping simple et très « nature » dans leur calme jardin bien ombragé et bordé par une rivière. Bloc sanitaire correct. Bon départ pour de belles randonnées.

### De prix moyens à un peu plus chic (150-350 Rls / env 36-84 €)

**Pousada Cabanas do Curupirá :** *estrada da Graciosa, km 29,50. 📱 9998-9255. ● cabanasdocurupira.com ● À 7 km de Morretes sur la route d'Antonina, prendre l'estrada da Graciosa à gauche, puis le chemin à droite (fléché). Les bus Paranaguá-Antonina s'arrêtent à 500 m, station Figuera do Brazo. Nicolas, le proprio, peut venir vous chercher à la gare ferroviaire ou routière. Résa obligatoire. Doubles 150-170 Rls.* En pleine nature, 3 cabanes avec ventilo, frigo et cuisine commune à disposition. Sur la petite terrasse, laissez-vous bercer par les sons de la forêt environnante, lové dans un hamac. Sérénité garantie dans ce luxuriant jardin qui ne fait pas moins de 18 ha... de quoi se régaler ! Accueil très sympa de Marie et Nicolas, qui parlent le français. Nicolas accompagne les visiteurs pour des treks dans la jungle et n'est pas avare en bons conseils sur la région. Location de vélos. Une super adresse.

**Porto Real Palace :** *rua Visconde do Rio Branco, 85. ☎ 3462-1344. ● hotelportorealmorretes.com.br ● Dans le centre historique. Doubles et suites 180-250 Rls selon confort et saison.* La façade n'a rien d'un palace, mais une fois entré, la surprise n'en est que plus grande ! La déco est soignée dans le hall comme dans les chambres, auxquelles on accède par un bel escalier en fer forgé. Elles sont impeccablement tenues, équipées de clim et frigo. Pour quelques réais de plus, ne pas hésiter à prendre une suite, un brin kitsch mais bien plus spacieuse !

**Pousada Graciosa :** *estrada da Graciosa, km 8. ☎ 3462-1807. ● pousadagraciosa.com ● Les bus São João-Morretes (ou ceux qui vont à Curitiba via la estrada da Graciosa)* *s'arrêtent à 20 m de la* pousada. *Double env 400 Rls (réduc dès la 2e nuit).* 6 chalets en bois dans un parc tropical, tous bien conçus et d'un romantisme fou. Calme garanti. Vraiment très plaisant de se réveiller en pleine nature, puis de prolonger le farniente dans le hamac avant de piquer une tête dans la piscine. Accueil très chaleureux de Mirian. Bon petit déj servi sur la terrasse de son chalet. Son mari, Curt, prépare aussi des pizzas et brasse sa propre bière.

## Où manger ?

### De prix moyens à chic (40-100 Rls / env 10-24 €)

**Villa Morretes :** *rua Almirante Frederico de Oliveira, 155. ☎ 3462-2140. Tlj, sauf mar, le midi seulement.* Dans la vaste salle en pierre apparente d'une belle villa ou sur une romantique et calme terrasse au bord de l'eau, on se régale d'une cuisine locale généreuse et goûteuse. Un peu plus cher que ses concurrents, mais la différence est justifiée tant pour le contenu de l'assiette que pour le cadre.

**Terra Nossa :** *rua 15 de Novembro, 109. ☎ 3462-2174. Tlj midi et soir, sauf mar.* 2 salles trop grandes pour être intimes et terrasse pas désagréable. Quasiment incontournable pour dîner, puisque c'est une des rares adresses de la ville ouverte le soir. En plus de l'incontournable spécialité *(barreado de linguado)* et d'un choix de pâtes, on peut opter pour de savoureuses pizzas (servies le soir uniquement).

***Restaurante Casarão :*** *largo Dr José Pereira, 25. ☎ 3462-1314. Tlj, sauf mar, le midi seulement.* Outre la cuisine de qualité, on profite de l'agréable terrasse surplombant le rio Nhundiaquara. Le *barreado* est bien préparé et copieux : en plus de la viande (qu'on mélange à la farine de manioc), il peut être servi avec du poisson frit et moult accompagnements. Une bonne adresse mais assez touristique et le show du maître d'hôtel peut en agacer certains...

***Armazém Romanus :*** *rua Visconde do Rio Branco, 141. ☎ 3462-1500. Dans la même rue que le* Porto Real Palace, *mais à droite. Tlj, sauf lun, le midi seulement.* Certainement le restaurant le plus raffiné de Morretes. Propose une gastronomie brésilienne légère et de qualité. On trouvera aussi le traditionnel *barreado.* Il est mijoté ici pendant 12h et accompagné d'un délicieux *pirão,* d'oranges et de bananes frits. Service dans une salle un brin rustique ou en terrasse sur l'arrière.

LE SUD

## DANS LES ENVIRONS DE MORRETES

***Parque estadual do Marumbi :*** *accès à env 10 km de Morretes ; suivre la piste indiquée « Engenheiro Lange » depuis le centre.* Sentiers de randonnée et alpinisme sur les *monte Olimpo* (1 539 m), *Abrolhos* (1 200 m) et *Ponta do Tigre* (1 400 m). Départ des sentiers au *Centro de Visitantes (w-e 8h-18h).* Il est malheureusement quasi impossible de trouver des cartes. Possibilité de faire l'excursion avec l'agence *Calango Expedições* (voir plus haut « Adresses utiles »). *Compter 370 Rls/pers (min 2 pers ; tarif dégressif à partir de 4 pers).*

➢ La randonnée la plus accessible mène en 2h (aller) aux cascades ***saltos de Macaros*** et ***Redondo.*** Sentier agréable qui passe notamment par des piscines naturelles.

***Parque nacional Serra da Graciosa :*** *depuis Morretes, suivre la direction de Porto de Cima (à 6 km) puis São João da Graciosa (à env 9 km). De là, BR 116 (embranchement de la route nationale, en haut de la montagne), 20 km de grimpée ou 16 km par le sentier de forêt.*

Après São João da Graciosa, on emprunte l'*estrada da Graciosa,* une route pavée, construite en 1873, qui gravit la montagne à travers la forêt sur 20 km et environ 900 m de dénivelée. C'est possible à vélo ! Sinon, un sentier de randonnée part de São João et permet de faire l'ascension à pied à travers la forêt (16 km quand même, et ça grimpe !).
Le parc national Serra da Graciosa réunit la plus complète variété de fleurs et essences végétales originelles de la *Mata Atlântica,* forêt atlantique à la végétation exubérante qui recouvre la serra do Mar. Une partie est d'ailleurs classée au Patrimoine mondial de l'Unesco, comme « Forêt Atlantique – Réserves du Sud-Est ».

👫 ***Antonina :*** *à 18 km de Morretes (liaison en bus).* Jolie petite ville coloniale en bord de mer. C'est aussi le point de départ des descentes en rafting sur le rio Cachoieira. Si vous êtes dans les parages en juillet, ne manquez pas le *Festival de Inverno,* qui propose une excellente programmation de spectacles, expos, concerts...

➢ ***Rafting :*** depuis Morretes, l'agence *Calango* prend en charge le transport en bus (voir « Adresses utiles ») ; sinon, en allant directement à Bairro Alto (environ 1h de trajet, 3 bus/j.), c'est *Icatu Rafting* (📱 *98526-7983)* qui assure la descente en raft. *Compter 90 Rls/pers avec Calango, 70 Rls/pers avec Icatu.*

LE SUD

# ILHA DO MEL

IND. TÉL. : 41

• Carte *p. 315*

**Petite île paradisiaque de forme insolite, classée au Patrimoine mondial de l'Unesco comme partie de la « Forêt Atlantique – Réserves du Sud-Est ». L'érosion de la mer sépare peu à peu l'île en 2 parties, aujourd'hui uniquement reliées par un banc de sable, la *praia do Farol das Conchas.* Au nord, une réserve écologique couverte de végétation et abritant d'immenses plages de sable fin quasi désertes, face à l'océan. Au sud, la plus petite partie de l'île concentre l'activité touristique et la majorité des insulaires autour des villages de *Brasília* et *Encantadas.***
**En saison, la jeunesse paranaense et les surfeurs affluent à Brasília pour profiter des belles vagues et festoyer dans les bars. Encantadas est plus familial et surtout fréquenté le week-end. Afin de préserver ce paysage enchanteur et encore miraculeusement intact, le nombre de visiteurs sur l'île est limité à 5 000 personnes. Au pic de la saison (décembre-février), on embarque parfois au compte-gouttes, au fur et à mesure que des passagers débarquent. En semaine, il y a moins de monde.**

## Arriver – Quitter

➢ ***En bateau :*** depuis l'embarcadère de Paranaguá, dans le vieux port, des bateaux assurent la liaison avec l'Ilha do Mel. 2 départs/j., à 9h30 et 15h30 ; 2h de traversée. Liaison supplémentaire à 13h en haute saison (de déc à mi-mars). Compter 55 Rls/pers pour l'A/R. 2 arrêts sur l'île : d'abord au village de Brasília, puis à celui d'Encantadas. À l'arrivée, possibilité de faire porter ses bagages dans la *pousada* de son choix ; certaines étant assez éloignées, c'est un service (payant) plutôt pratique. Retour à 7h30 (10h le w-e) et 16h30 d'Encantadas, 30 mn plus tard de Brasília.
➢ ***En bus + bateau :*** depuis la *rodoviária,* bus pour Pontal do Sul (env 1h de trajet) puis courte traversée (20-30 mn) jusqu'à Ilha do Mel. Cette

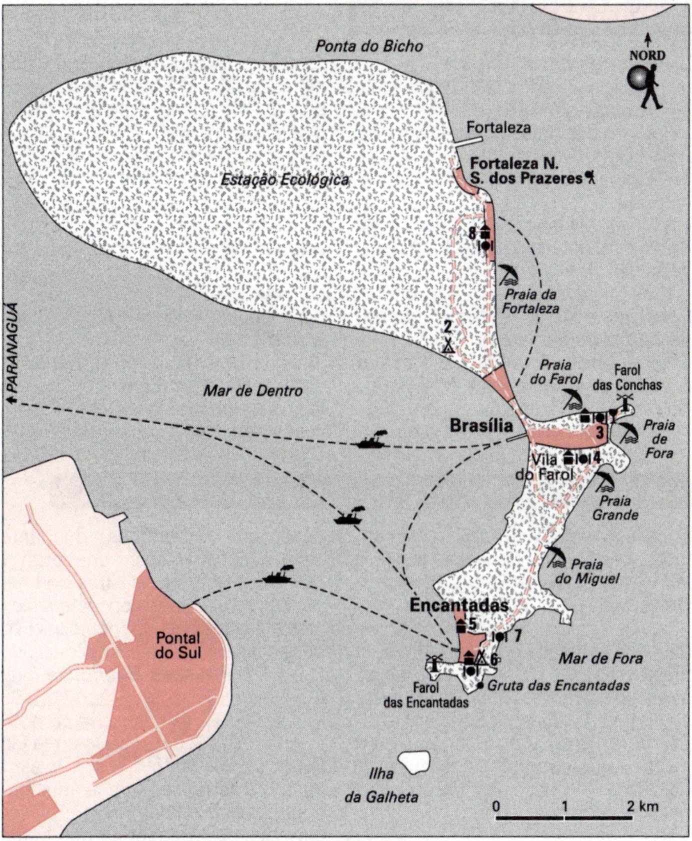


## ILHA DO MEL

**Où dormir ? Où manger ?**
**Où boire un verre ?**

**2** Camping Recanto Nativo
**3** Pousada Beehouse, Pousada Enseada da Conchas, Mar e Sol et Ilha do Mel Café
**4** Grajagan Surf Resort
**5** Pousada Marimar Encantadas
**6** Recanto do Frances, Pousada e Restaurante Orquídeas et Hostel Encantadas Ecologic
**7** Praça da Alimentação
**8** Pousada Dona Quinota

option, au coût équivalent, est un peu plus rapide, mais offre surtout des liaisons plus fréquentes (départ du bateau de Pontal do Sul ttes les 30 mn-1h, tlj 8h-18h ; 35 Rls/pers pour l'A/R). Pour ceux qui sont véhiculés, nombreux parking à Pontal do Sul (compter 20 Rls pour 12h).

➢ ***En bateau-navette :*** plusieurs liaisons/j. entre Brasília et Encantadas de 9h à 18h. Compter 15 Rls et 25 mn de traversée.

➢ Pour rallier les plages isolées ou Fortaleza, on loue les services de ***petits bateaux à moteur*** qui transportent jusqu'à 4 pers, pour env 35 Rls/pers.

## Adresses et infos utiles

**Points d'informations :** *à l'arrivée des bateaux à Brasília et Encantadas. En principe tlj 9h-19h.*
– Horaires des bateaux et infos sur les possibilités d'excursions dans la baie de Paranaguá sur le site : *• abaline.com.br •*
– Attention, ***ni banque, ni pharmacie, ni change,*** hormis en dépannage dans certaines *pousadas,* à un taux prohibitif. En revanche, ***la plupart des hébergements et restos acceptent les cartes de paiement.***
Sinon, ***pensez à retirer de l'argent à l'avance,*** notamment à la *Banco do Brasil* de Paranaguá (à 200 m de l'embarcadère en remontant la rua Mal Alberto de Abreu). Distributeurs automatiques (*Visa* et *MasterCard*) accessibles 7h-21h. Autres distributeurs 100 m plus loin, à la banque *HSBC,* rua Faraia Sobrinho, 371 ; accessibles 6h-22h.
■ ***Location de vélos :*** ***Pura Vida,*** *chez Tony, à praia do Farol (proche de l'embarcadère). Également chez* ***Eduardo Valentim,*** *un peu plus loin, moins cher mais vélos moins bien entretenus. Loc 20 Rls/h et 60-80 Rls/j.* Sympa pour parcourir le nord de l'île.
– ***Un conseil :*** voyagez léger ! Toujours pratique de ne pas avoir à traverser l'île avec ses malles. Et embarquez une lampe de poche, indispensable pour vos déplacements nocturnes dans l'île.

## Où dormir ? Où manger ? Où boire un verre ?



Dans les villages de Brasília et Encantadas, pléthore de *pousadas* alignées le long de petits sentiers sablonneux. Certaines plus engageantes que d'autres, avec terrasse en bois, jardin fleuri et façade colorée. Confort et prestations plus ou moins équivalents à des prix variables. Pour les adresses situées sur la plage de Fortaleza, descendre à Brasília puis accès à pied en 1h ou bateau-taxi de la praia do Farol (das Conchas). Sauf exception, le petit déj est inclus partout.

### À Brasília et autour

***Campings :*** plusieurs adresses au confort sommaire à Brasília et Encantadas, qui ont souvent quelques chambres bon marché. À 15 mn de marche au nord de Brasília, on recommande le ***camping Recanto Nativo*** *(plan, **2** ; ☎ 3462-8103),* simple mais bien tenu et à côté de la plage.

***Pousada Enseada da Conchas*** *(plan, **3**) : praia do Farol, tt au bout du chemin, à gauche après Treze Luas. ☎ 3426-8040. • pousadaenseada.com.br • Résa indispensable. Doubles 310-420 Rls selon saison.* Dans un coin tranquille, à 2 pas des plages, Sue et Carlos proposent 4 chambres à la déco très soignée et colorée, avec clim et frigo. Le maître mot ici, c'est l'accueil, débordant d'attentions touchantes comme de vous écrire une lettre de bienvenue en français ! Très bon petit déj de produits frais concocté avec le même dévouement. En prime, plein de bons conseils pour réussir son séjour.

***Pousada Beehouse*** *(plan, **3**) : praia do Farol, face au Mar e Sol. ☎ 3426-8029. • beehouse.com.br • Doubles 330-380 Rls.* Le resto le plus vivant de l'île, surtout le soir. Vaste et agréable terrasse, bonne musique, copieuses formules avec poisson, crevettes ou poulet et un bon burger. Bien aussi pour un verre ou une part de gâteau maison à toute heure. Sur l'arrière, 5 chambres à la déco soignée, avec terrasse privative. Enfin, pour les familles, un chalet climatisé bien aménagé dans le jardin.

***Grajagan Surf Resort*** *(plan, **4**) : praia Grande. ☎ 3426-8043. • grajagan.com.br • Doubles 490-1 080 Rls selon confort et saison.* Surplombant la magnifique plage de praia Grande, une vingtaine de chambres sont disséminées dans d'élégants bungalows perdus dans une végétation luxuriante. On emprunte des allées en cordage pour passer de l'un à l'autre, avant d'accéder à la terrasse qui émerge de la végétation et offre un beau point de vue pour observer les vagues ! Si les chambres ont une terrasse, il faut taper dans la catégorie supérieure (à l'étage) pour donner sur la mer. Toutes sont néanmoins spacieuses, et le charme du lieu tient autant à la déco exotique qu'à la situation privilégiée, sans aucune autre construction à des dizaines de mètres à la ronde ! Cher, mais le grand luxe, dans une atmosphère décontractée. Resto sur place.

**Mar e Sol** *(plan, 3)* : *praça Felipe Valentin, Farol dos Couchas. ☎ 3426-8021. Tlj 11h-22h. Repas env 50 Rls.* De grandes tablées conviviales, un brouhaha sympathique, une salle ouverte sur la nature, le décor est planté. Les plats, à base de poissons, crevettes et moules en salade vinaigrées sont d'une fraîcheur irréprochable... C'est bien simple : tout est bon. Pour goûter aux différents poissons et fruits de mer, un bon compromis : partagez une *moqueca com tudo dentro.* Service très prévenant.

**Ilha do Mel Café** *(plan, 3)* : *praia do Farol, dans le chemin à gauche après Mar e Sol. ☎ 3426-8065. Double env 380 Rls.* Une charmante adresse dans une maison en bois bleu, entourée d'un jardin. Hamacs, tables avec jeux d'échecs, échange de livres. Un lieu relaxant pour boire un verre et relever ses e-mails. Quelques plats simples et pas chers également. À l'étage, 2 chambres coquettes et climatisées.

## À Encantadas

**Pousada Marimar Encantadas** *(AJ ; plan, 5)* : *praia das Encantadas. ☎ 3426-9052. • pousadamarimar.com.br • Directement sur la plage. Doubles 280-350 Rls.* Les pieds dans le sable blanc, on ne peut rêver emplacement plus idyllique pour une AJ. Dortoirs de 4 à 6 lits nickel et chambres familiales. Prendre ses repas sous un parasol, les orteils en éventail, est un vrai bonheur ! Jeux pour enfants, baby-foot, billard, salle de TV, coffres individuels, cuisine commune à dispo et tout et tout. Une vraie ambiance de vacances. Musique le soir.

**Hostel Encantadas Ecologic** *(AJ ; plan, 6)* : *sur le chemin de la praia de Fora. 📱 9678-6428. • hostelencantadasecologic@hotmail.com • Lits en dortoir 35-40-50 Rls, doubles 100-160 Rls.* Face à une étendue herbeuse, une AJ un peu *roots* mais vraiment pas chère, bien pour les budgets réduits. Une poignée de dortoirs propres et mixtes de 4-6 lits et 2 chambres doubles dont une avec salle de bains privative. Cuisine commune et terrasse agréable. Possibilité de planter sa tente. Accueil sympa, en espagnol.

**Recanto do Frances** *(plan, 6)* : *sur le chemin de la praia de Fora. ☎ 3426-9105. 📱 9673-7856. • recantofrances.com.br • Doubles 160-200 Rls.* Tout près de la plage sauvage Mar de Fora, 4 chambres rustiques décorées de photos de Paris (l'ancien proprio était français). Pour les familles, une grande chambre de 6 lits. Bon accueil.

**Pousada e Restaurante Orquídeas** *(plan, 6)* : *dans une impasse à gauche, sur le chemin de la praia de Fora. ☎ 3426-9014. 📱 9975-8344. • pousadaorquideas.com • Resto tlj, midi et soir. Doubles 200-300 Rls.* L'un des restos les plus sympa d'Encantadas, particulièrement appréciable pour sa fameuse et copieuse *moqueca* de la mer. Propose aussi de belles chambres et des chalets confortables dispersés dans un agréable jardin.

**Praça da Alimentação** *(plan, 7)* : *praia de Mar de Fora. En hte saison, tlj jusqu'à 17h.* Sous cette grande paillote se côtoient plusieurs restos où l'on vient volontiers prendre le frais et grappiller un peu d'ombre. On n'y sert pas une cuisine élaborée, certes, mais le *prato comercial* pour 2 (crevettes, poissons, frites et riz) fera l'affaire. Les amateurs de crabe le dégusteront ici en *casquinha* « *metido a besta* » avec salade, ou encore en risotto. Service agréable et superbe vue sur l'océan.

Plusieurs ***bars*** et ***lanchonetes*** fréquentés par la jeunesse brésilienne et les surfeurs amateurs de *cerveja.*

## À Fortaleza

**Pousada Dona Quinota** *(plan, 8)* : *praia da Fortaleza. ☎ 3426-8171. • donaquinota.com.br • Transfert en bateau à moteur depuis la praia do Farol (30 Rls/pers). Doubles 350-390 Rls, avec petit déj et dîner.* Jolis bungalows de style case créole, en

LE SUD

bois bleu et blanc et parquet d'acajou. Certains donnent sur la forêt, d'autres sur l'océan... Confort simple, mais un charme authentique. Salle commune où déguster une cuisine locale parfumée, préparée avec de bons produits frais. Quelques tables sur le sable et des hamacs pour se prélasser. Atmosphère conviviale et détente garanties !

## À voir. À faire

Les ***plages,*** pardi ! On rejoint les plus éloignées en bateau-taxi, à pied, ou encore à vélo : *Ponta do Bicho* et *Fortaleza* pour la partie nord de l'île, *praia do Farol das Conchas* au centre, idéale pour la baignade et la superbe vue du pied du phare qui domine la belle *praia de Fora* bien connue des surfeurs, puis *praias Grande, do Miguel* et *Mar de Fora* à l'est de l'île, jusqu'à la *gruta das Encantadas,* dont l'accès sans guide est dangereux en cas de montée des eaux.

***Fortaleza :*** à 1h de marche de Brasília par un sentier également praticable à vélo. Penser à prendre de l'eau, un chapeau et un bon antimoustiques. Le fort, construit par les Portugais en 1767 pour protéger la baie des attaques espagnoles, se découpe joliment sur l'horizon. Au sommet, superbe vue. Possibilité de faire le retour en bateau.



# LE SANTA CATARINA

## FLORIANÓPOLIS

469 700 hab. IND. TÉL. : 48

• Centre (I) *p. 321* • Plan d'ensemble (plan II) *p. 323*

**Capitale de l'État de Santa Catarina, la ville de Florianópolis – « Floripa » pour les intimes – s'étend sur toute l'*île de Santa Catarina* et certains de ses quartiers débordent même sur le continent *(Grande Florianópolis).* La région offre un paysage de douces montagnes aux forêts subtropicales, de ravissants villages de pêcheurs, avec une magnifique lagune où l'on pêche des crevettes grandes comme la main et des moules tout aussi géantes et, évidemment, des plages, des plages, des plages. On en compte 42 rien que sur l'île ! Partout, des constructions colorées, des forts, des églises...**

**Sur cette île de 56 km de long et 18 km de large, surnommée *ilha da Magia,* le centre *(Centro),* qui lui n'a rien de féerique, n'occupe qu'un tout petit espace de 4 km, à la pointe la plus proche du continent. Fondé en 1726, à la grande époque de la pêche à la baleine pratiquée par des immigrants venus des**

### DESSINE-MOI UN AÉRODROME

*L'île de Santa Catarina fut choisie comme tête de pont de l'Aéropostale au Brésil. Pour acheter les terrains afin de construire l'aérodrome, il fallait trouver les propriétaires, mais les pauvres pêcheurs n'avaient pas de papier. On rédigea donc des actes de propriété pour formaliser les ventes et construire les pistes. Ce fut le début de l'aventure aéropostale entre la France et le Brésil. Un pêcheur de l'île créa d'ailleurs des liens d'amitié avec un certain « Zeperri », prononciation locale du nom de... Saint-Exupéry !*

**Açores, il est devenu prospère et moderne. Heureusement, les gratte-ciel et le paysage urbain se limitent à ce périmètre, avec toutefois des zones bétonnées également dans le nord de l'île. Aujourd'hui, Florianópolis vit essentiellement du tourisme, de la filière ostréicole (1er producteur d'huîtres du pays) et de l'industrie (c'est un pôle important de technologies).**
**Si certaines plages subissent malheureusement les affres du « bétonnage », il reste une culture populaire bien vivante, avec notamment plusieurs *blocos de samba* qui défilent chaque année pour l'un des carnavals les plus célèbres du Sud.**

## Arriver – Quitter

### En avion

✈ ***Aeroporto Hercílio Luz*** *(hors plan I par B2 et plan II)* **:** *av. Deomício Freitas, km 12 (Carianas).* ☎ *3331-4000.* Petit bureau touristique *Santur (lun-ven 9h-18h, fermé w-e)* ; on y parle l'anglais. Également un bureau de change, un distributeur de billets *Banco do Brasil* (plus *HSBC* à l'extérieur) et la plupart des loueurs de voitures : *Hertz (☎ 3236-9955), Localiza (☎ 3236-1244), Unidas (☎ 3234-5968)* et *Movida (à l'extérieur de l'aéroport ; ☎ 3236-1595).*
Enfin, guichet des compagnies aériennes : *GOL (☎ 0800-704-0465)* et *LATAM (☎ 0800-123-200).*
➢ ***Liaisons avec le centre :*** bus *Corredor Sudoeste* nos 183 et 186, de couleur blanc et bleu, à droite en sortant, ttes les 20 mn (env 5 Rls et 20-30 mn de trajet). Depuis le centre vers l'aéroport, les bus se prennent au ***Terminal Urbano*** *(plan I, B2, **2**)*. Également des taxis : compter 50 Rls pour le *Centro* (tarif fixe).

### En bus

🚌 ***Rodoviária Rita Maria*** *(gare routière ; plan I, A2, **1**)* **:** *av. Paulo Fontes.* ☎ *3212-3100.* Bus longues distances seulement. Billetteries de toutes les compagnies, bureau d'infos touristiques *Setur,* consigne à bagages 24h/24, distributeur de billets et pharmacie. Également une agence de voyages, *Atlantico Sul Turismo (☎ 3222-0048),* qui vend des billets d'avion pour les compagnies nationales et internationales, dont *Air France.*
➢ ***São Paulo :*** 10 bus/j. avec *Catarinense (☎ 4002-4700 ; ● catarinense.net ●)* et *Expresso do Sul (☎ 4004-9600 ; ● expressodosul.com.br ●).* Trajet : 12h.
➢ ***Rio de Janeiro :*** 1 bus/j. avec *Itapemirim-Kaissara (☎ 0800-723-2121; ● itapemirim.com.br ●).* Compter 18h de trajet.
➢ ***Paranaguá :*** 1 bus/j. à 5h ou 12h45 avec *Penha (☎ 0800-646-21-22 ; ● nspenha.com.br ●).* Env 6-7h de trajet.
➢ ***Curitiba :*** liaisons ttes les 45 mn avec *Catarinense.* Trajet : 5h. *Expresso do Sul* dessert aussi Curitiba avec 2 bus/j.
➢ ***Foz do Iguaçu :*** 2-4 bus/j. avec *Catarinense* et *Nordeste.* Compter 15h de trajet.
➢ ***Brasília :*** 3 bus/sem avec *Itapemirim-Kaissara.* Trajet : 29h.
➢ ***Buenos Aires*** *(Argentine)* **:** 1 bus/j. avec *JBL Int* et *Flecha Bus (● flechabus.com.ar ●).* 24h de trajet.
➢ ***Santiago do Chile*** *(Chili)* **:** 1 bus/sem (en principe mar) avec *JBL Int.* Env 46h de trajet en *semi-cama.*

## Adresses et infos utiles

### Infos touristiques

ℹ ***Santur*** *(infos touristiques de l'État de Santa Catarina ; plan I, B2, **3**)* **:** *rua Felipe Schmidt, 249, 8e étage.* ☎ *3212-6300. ● turismo.sc.gov.br ● Lun-ven 8h-19h. Fermé w-e.*
ℹ ***Setur*** *(infos touristiques de la ville de*

*Florianópolis)* : *à la rodoviária Rita Maria (plan I, A2, 1). ☎ 3952-7004. • guiaflo ripa.com.br • Tlj 8h-18h.*

## Banques, change, urgences

■ ***Banco do Brasil*** *(plan I, B2, 4)* : *praça 15 de Novembro, 321.* Change *(lun-ven 10h-16h).* Distributeurs *Visa* et *MasterCard* 6h-22h.

■ ***HSBC*** *(plan I, B1, 5)* : *av. Prefeito Osmar Cunha, 416.* Distributeurs *Visa* et *MasterCard.*

■ ***Pharmacie 24h/24*** *(plan I, B2, 6)* : ***Catarinense,*** *sur la praça 15 de Novembro, à l'angle de Conseilheiro Mafra.*

✚ ***Urgences médicales*** : ***Hospital Florianópolis,*** *rua Santa Rita de Cassiá, 279, Estreito (sur le continent). ☎ 3271-1500.*

## Transports

🚌 ***Bus pour l'île*** *(plan I, B2, 2)* : *dans le centre de Florianópolis, au Terminal Urbano, à 5 mn à pied de la rodoviária Rita Maria.* Plates-formes avec destinations bien indiquées. De très nombreux bus desservent les villages de l'île. En revanche, pour accéder aux plages, il vous faudra souvent changer de monture ! Plus rapides et confortables (clim), les bus *executivos* s'arrêtent là où vous le souhaitez sur leur ligne et vont directement aux plages depuis le *Centro.*

# Où dormir ?

LE SUD

2 adresses dans le *Centro* pour dépanner.

## De bon marché à un peu plus chic (moins de 150-350 Rls / env 36-84 €)

⌂ ***Floripa Hostel*** *(AJ ; plan I, A1, 22)* : *rua Duarte Schutel, 227. ☎ 3225-3781. • floripahostel.com.br • Assez excentré. Nuitées 65-70 Rls/pers ; double env 150 Rls ; réduc avec la carte HI.* 60 lits répartis dans des dortoirs non mixtes de 4 à 8 personnes sans confort superflu et suffocants en été. Les doubles, avec ventilo et salle de bains privée dans certaines, sont plus avenantes et spacieuses. Cuisine à disposition à l'étage. Autre AJ à Barra de Lagoa, au centre de l'île, très calme aussi.

⌂ ***Hotel Valerim Plaza*** *(plan I, A1-2, 23)* : *rua Felipe Schmidt, 705. ☎ 2106-0200. • hotelvalerim.com.br • Doubles 200-350 Rls selon confort et période. Parking.* Quitte à dormir dans le centre, autant ne pas manquer de confort. La centaine de chambres que compte cet hôtel moderne répond sans conteste à cette exigence. En semaine, il accueille surtout une clientèle d'affaires. Accueil très pro.

# Où manger ? Où boire un verre ?

## Bon marché (moins de 40 Rls / env 10 €)

🍽 🍸 ***O Padeiro de Sevilha*** *(plan I, B1, 31)* : *rua Esteves Junior, 214. ☎ 3025-3402. Lun-ven 6h50-20h30, sam 7h-14h. Fermé dim.* C'est sur la longue tablée en bois de cette délicieuse boulangerie qu'on s'offre un fameux petit déj ou un grignotage sur le pouce. Des pains spéciaux d'une qualité rarement égalée sous ces latitudes, cakes, fougasses, yaourts et fruits frais... Plein de gourmandises en prévision d'un pique-nique sur la plage.

🍽 🍸 ⛱ ***Botequim Floripa*** *(plan I, B1, 34)* : *av. Rio Branco, 632. ☎ 3333-1234. Lun-sam 11h30-14h30, 17h30-1h30. Fermé dim.* La salle a du cachet avec sa vieille caisse enregistreuse posée sur le comptoir et son carrelage ancien. On s'y sent aussi bien qu'en terrasse, et ça débite toute la soirée. On cause, on commande une bière en grignotant des *bolinhos da carne* ou des petits *pasteis...* Des groupes le soir de temps à autre. Une des rares adresses qui bouge en ville.

FLORIANÓPOLIS – Centre (Plan I)

| | |
|---|---|
| ■ **Adresses utiles** | **Où dormir ?** |
| 1 Rodoviária Rita Maria et Setur (A2) | 22 Floripa Hostel (A1) |
| 2 Terminal Urbano (B2) | 23 Hotel Valerim Plaza (A1-2) |
| 3 Santur (B2) | **Où manger ? Où boire un verre ?** |
| 4 Banco do Brasil (B2) | 31 O Padeiro de Sevilha (B1) |
| 5 HSBC (B1) | 32 Taberna Iberica (A1) |
| 6 Pharmacie 24h/24 (B2) | 34 Botequim Floripa (B1) |
| | 35 Box 32 (B2) |

## De prix moyens à chic (jusqu'à 100 Rls / env 24 €)

**Box 32** (*plan I, B2,* **35**) **:** *dans le mercado municipal, près du largo da Alfândega. ☎ 3037-2661. Au rdc, dans la partie couverte. Lun-sam 10h-20h (15h sam). Fermé dim.* Véritable institution de la ville, voici un authentique bar à tapas brésilien ! On y vient boire un verre et déguster quelques *camarões* ou huîtres dans une joyeuse ambiance. Bons plats cuisinés également, notamment une *feijoada do mar* et des coquilles Saint-Jacques. Vente au bar de bouteilles de leur propre cachaça !

**Taberna Iberica** (*plan I, A1,* **32**) **:** *rua Felipe Schmidt, 1333. ☎ 3225-0913. Lun-ven 18h-minuit ; sam 12h-15h, 18h-minuit. Fermé dim. Résa conseillée.* Un resto de cuisine portugaise « terre-mer » vraiment délicieuse. Une dizaine de suggestions de *bacalhau,* des fruits de mer, du filet mignon, du canard... *Tudo bom !* Salle agréable mais vite pleine, avec une vue géniale sur le vieux pont de Florianópolis, on se croirait à Brooklyn, de nuit ! Tarifs très abordables et service attentionné.

## À voir

**Museu histórico de Santa Catarina** *(plan I, B2)* **:** *palácio Cruz e Souza, praça 15 de Novembro, 227. ☎ 3028-8091. Tlj, sauf lun, 10h-18h (16h w-e). Entrée : 5 Rls ; gratuit dim.* Une jolie balade dans le temps. Derrière sa façade meringuée rose et blanc, ce palais Cruz e Souza, du nom d'un célèbre poète catarinense, date de 1770 et fut la résidence du gouverneur jusque dans les années 1950. Visite de ses appartements au 1er étage, en glissant sur le plancher ciré avec les patins prêtés à l'entrée. Expos temporaires au rez-de-chaussée.

La **praça 15 de Novembro** *(plan I, B2)* est le centre névralgique de la ville. On y croise quelques musiciens à l'ombre des arbres énormes aux troncs noueux, comme l'impressionnant *figueira da praça.* La **catedral metropolitana** fut construite à la même époque, en 1773. À quelques pas, très beau **mercado municipal** (1898), où vous trouverez toutes les variétés de maté, de *fumo de rolo* et, bien sûr, de nombreux restos populaires, très animés et accueillants.

**Casa-museu Victor Meirelles** *(plan I, B2)* **:** *rua Victor Meirelles, 59. ☎ 3222-0692. Mar-sam 10h-18h (14h sam). GRATUIT.* Pour ceux qui veulent en savoir plus sur le peintre catarinense (1832-1903). Le petit musée (3 salles) est installé dans sa maison natale, une des rares maisons du XVIIIe s encore préservées.

LE SUD

## LE CENTRE DE L'ÎLE DE FLORIANÓPOLIS

**Lagoa da Conceição** *(plan II)* **:** une grande lagune occupe le centre de l'île. D'un côté le village de *Lagoa,* de l'autre celui de *Barra da Lagoa.* L'église Nossa Senhora da Conceição (1750) surplombe le site d'un petit promontoire pour y faire entendre le timbre cristallin de sa cloche en argent massif. Splendide point de vue au-dessus de la *Lagoa du Morro das 7 Voltas.*

## Où dormir ?

### De bon marché à prix moyens (moins de 150-250 Rls / env 36-60 €)

**Share House Backpackers** *(AJ ; plan II,* **52***)* **:** *rua Servidão de Praihna, 29, à* ***Barra da Lagoa*** *(section nord). ☎ 3232-7606. • backpackersshare house.com • Bus nos 320 et 330 de la rodoviária de Florianópolis. Petits dortoirs ou chambres doubles (sdb séparées) 40-80 Rls/pers (2 nuits min en été) ; doubles 100-200 Rls.* De l'autre

**Où dormir ?**
- **52** Share House Backpackers
- **54** Pousada do Museu
- **55** Pousada Sítio dos Tucanos
- **56** Natur Campeche
- **57** Pousada Estrelas no Mar
- **58** Pousada Alemdomar

**Où manger ? Où boire un verre ?**
- **60** Casa do Chico
- **61** Sabor Perú
- **62** Ponta das Caranhas
- **63** Restaurante Rancho de Canoa
- **64** Porto do Contrato
- **65** Beira d'Água
- **66** Freguesia Bar
- **67** Bar do Arante et Restaurante do Vadinho
- **68** Nutri Lanches
- **69** Rancho da Ostra

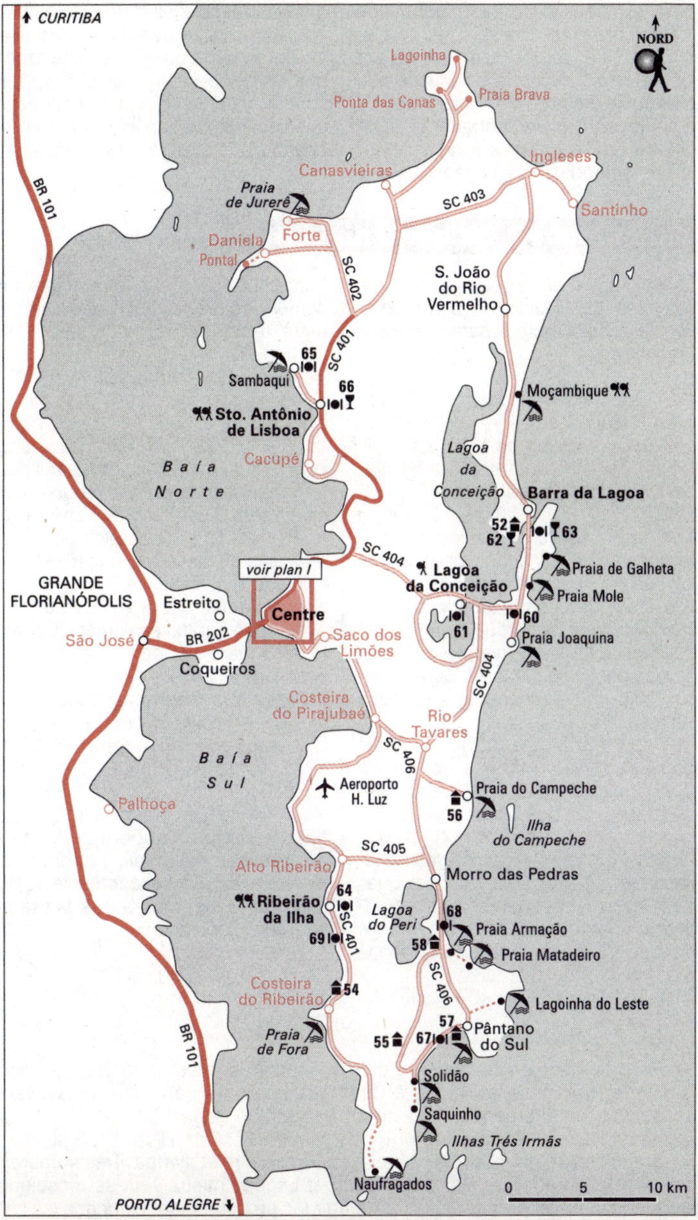


FLORIANÓPOLIS – Plan d'ensemble (Plan II)

côté du pont suspendu, dans une maison orangée adossée à la colline, où l'on vient à pied. L'ambiance est ici très relax. Pas de maniaquerie non plus sur le ménage et le rangement, ce qui n'a pas l'air de contrarier la jeune clientèle. Ce qu'on apprécie, c'est la vue splendide sur l'océan, encore meilleure depuis les chambres en hauteur. Dortoirs mixtes de 4-8 lits avec ventilo. Rapport qualité-prix intéressant d'autant que de nombreux services sont inclus dans le séjour : petit déj et une caïpirinha à l'apéro, surf et *body-board,* sortie et soirée chaque jour...

## Où manger ? Où boire un verre ?

Le soir, c'est à Lagoa que tout se passe. Ici, la cuisine se la joue internationale et les nombreux bars sont assez branchés.

🍽 🍸 ***Restaurante Rancho de Canoa*** *(plan II, **63**) : José Laurindo de Souza, 188, à **Barra da Lagoa.** ☎ 3232-3639. En venant de Lagoa da Conceição, prendre à droite avt le pont. Tlj 11h30-23h30. Plats 60-90 Rls pour 2.* Sur un ponton en bordure d'un canal de la lagune, d'où les enfants plongent avec joie, un bon resto de fruits de mer, particulièrement recommandable pour sa spécialité : les *camarões na moranga,* délicieux plat de crevettes cuites et servies dans une citrouille. Bons *petiscos* pour un déjeuner plus léger sous les parasols.

🍽 ***Sabor Perú*** *(plan II, **61**) : av. Afonso Delambert Neto, 659, à **Lagoa da Conceição.** ☎ 3065-5884. Dans la rue principale. Tlj, sauf mar, 18h-23h30, plus 12h-15h w-e. Plats 40-50 Rls.* *Ceviche, picante de marisco, tacu tacu, pescado a lo macho...* les classiques de la cuisine péruvienne à accompagner d'un bon *pisco sour.* Ça change un peu ! Dressage finement pensé (rare pour être souligné) et cadre forcément coloré. Service décontracté, mais rapide et sans fausse note. Un bon plan !

🍽 ***Casa do Chico*** *(plan II, **60**) : av. Rendeiras, 1620, à **Lagoa da Conceição.** ☎ 3232-5132. Face au lac. Tlj 11h30-23h30 (17h mer et dim).* Une institution depuis des lustres pour se remplir la panse d'une *sequência de camarões.* C'est l'une des spécialités de Floripa ! Une succession de 5 plats différents de crevettes, frites, grillées à l'ail, bouillies, en sauce... Pour les gros appétits, vous voilà prévenu ! *Moqueca* et huîtres en gratin également. Cadre à la déco marine et personnel en nœud pap'. Une valeur sûre.

🍸 ***Ponta das Caranhas*** *(plan II, **62**) : rodovia Jornalista Manoel de Menezes, 2377, à **Barra da Lagoa.** ☎ 3232-3076. Juste avt l'entrée du village, en venant du sud. Tlj 11h-minuit.* Pour un apéro romantique sur une grande pelouse, au bord du lac face au coucher du soleil, l'endroit est bien choisi ! En revanche, le resto, assez cher, ne nous a pas laissé un souvenir impérissable.

## À faire

➢ ***Promenades en bateau :*** le plus économique, c'est incontestablement la navette qui mène en 45 mn à *Costa la Lagoa,* un petit paradis sauvage accessible uniquement à pied ou en bateau *(un départ ttes les 30 mn de Lagoa da Conceição, au niveau du pont ; compter 10-15 Rls A/R).* Également des trajets en 30 mn pour *Barra da Lagoa.* Populaire et sympa. Très nombreuses possibilités depuis Barra da Lagoa et Lagoa ; mieux vaut se renseigner sur place, aux débarcadères, et comparer les prix. À Lagoa, *Ondança (av. das Rendeiras, au niveau du nº 2150 ; 📱 98803-3772 ; • ondanca.com •)* propose des balades en bateau de 2h ou 5h *(compter 50-70 Rls),* avec un arrêt à Costa da Lagoa pour l'excursion la plus longue, et halte dans un resto (non inclus dans le prix).

LE SUD

Sur la côte est, on ne se lasse pas de regarder les vagues déferler sur l'océan. Par conséquent, la baignade est souvent dangereuse, et on compte davantage de surfeurs que de baigneurs ! *Praia Mole,* au sable très fin et aux eaux révoltées, est connue pour ses *beach parties,* car fréquentée par un public gay. Également très prisée des surfeurs ; c'est d'ailleurs la dernière étape du championnat brésilien de bodyboarding ! Elle se prolonge par la *praia Joaquina,* avec de superbes dunes et une eau turquoise, puis la *praia do Campeche,* vers le sud, longue de 17 km et plus sauvage (peu de constructions). Au nord de *Mole,* la *praia de Galheta* est nudiste.

➢ ***Randonnées :*** une trentaine de sentiers sillonnent l'île. Pour découvrir la richesse de la *Mata Atlântica,* cette forêt originelle, traverser dunes et lagunes, vous faire une idée de la variété des paysages, on vous recommande de parcourir l'île à pied (au moins en partie). Presque la moitié de l'île de Santa Catarina est zone protégée. Une carte, disponible gratuitement au bureau touristique de l'aéroport ou à la *rodoviária* Rita Maria *(Centro),* indique certains sentiers avec les temps de parcours (de 30 mn à 3h30) et le niveau de difficulté de chacun. Plusieurs agences organisent des excursions *(• braziltrails.com • adrenailha.com.br •).*

***Surf :*** un vrai phénomène, ici ! Avant de se jeter à l'eau, voir le site de l'association des écoles de surf de Santa Catarina qui recense la liste des écoles : *• escolasdesurf.org.br •* Autre variante, sur le sable cette fois, le ***sandboard,*** largement inspiré du snowboard. On le pratique dans les dunes des plages de Joaquina et Ingleses, sur une planche avec des fixations. Location sur place.

– ***Kitesurf :*** Lagoa da Conceição est un spot très réputé pour le *kite.* Plusieurs écoles louent le matériel et assurent les leçons, tel *Openwinds (📱 99604-3360; • openwinds.com.br •).*

LE SUD

## LE SUD DE L'ÎLE

***Ribeirão da Ilha*** *(plan II)* **:** c'est un petit village de pêcheurs typique des populations açoriennes qui ont émigré à Santa Catarina. On y a introduit il y a quelques années l'élevage des huîtres qui, associé à la pêche aux crevettes, assure une vie paisible aux habitants du village. Superbes eaux turquoise, mais pas de réelle plage. Du coup, le tourisme gastronomique s'est développé, et on ne compte pas les restos qui bordent l'unique rue qui traverse ce village tout en longueur, à l'atmosphère calme et authentique. Un des plus jolis villages de l'île, avec ses maisons colorées et son atmosphère hors du temps.

### Où dormir ?

#### De bon marché à un peu plus chic (moins de 150-300 Rls / env 36-72 €)

***Pousada do Museu*** *(plan II,* ***54****)* **:** *rua Baldicero Filomeno, 10100,* ***Ribeirão da Ilha.*** *☎ 3237-8148. • pousadadomuseu.com.br • Arrêt du bus n° 561 juste devant. Doubles 200-240 Rls ; suites familiales également.* Cette grande bâtisse coloniale recèle une quinzaine de chambres monacales, avec clim et balcon dominant une plage privée. Une adresse simple, idéale pour ceux qui recherchent le calme et la simplicité. Fait resto en haute saison (décembre-janvier). Sur place, petit écomusée ouvert à tous, dédié aux émigrants des Açores (collection d'objets de la vie courante du XVIIe s à nos jours).

***Pousada Estrelas no Mar*** *(plan II,* ***57****)* **:** *praia do* ***Pântano do Sul,*** *240. ☎ 3879-4788. 📱 9673-4210. • pousadaestrelasnomar.com.br • Doubles 160-280 Rls ; familiales 250-360 Rls.* En bordure de la plage, une maison toute rouge, Olga et son fils louent 9 chambres charmantes pour 2-4 personnes avec baie vitrée ouverte sur le large, mobilier ancien et clim (en sus). Salle commune agréable, cuisine et petit jardin. Une bonne adresse.

## Plus chic (250-500 Rls / env 60-120 €)

**Pousada Sítio dos Tucanos** *(plan II, **55**) : estrada Rosália P. Ferreira, 2776. ☎ 3237-5084. • pousadasitiodostucanos.com • À 5 km du village de **Pântano do Sul.** Téléphonez pour qu'on vienne vous chercher. Selon saison et confort, doubles 230-350 Rls ; chalets 330-400 Rls.* Petit paradis en pleine nature, avec plusieurs hectares de maquis et de bosquets à flanc de montagne. Gerta, la maîtresse des lieux, parle l'allemand et l'anglais et vous accueille dans 2 bâtiments en brique et pierre bien intégrés dans le paysage, avec vue sur le village et la mer au loin. Les chambres sont meublées et décorées simplement mais avec goût. D'autres sont installées dans une bâtisse en contrebas, toutes avec un balcon en bois qui surplombe une rivière. Petit déj copieux, préparé avec de bons produits frais et servi dans l'adorable salle commune. Repas bio de bonne qualité sur résa, sinon cuisine à disposition. Beaucoup de charme et de tranquillité.

**Natur Campeche** *(plan II, **56**) : servidão Familia Nunes, 59, **praia do Campeche.** ☎ 3237-4011. • naturcampeche.com.br • À 6 km au sud de Lagoa, prendre à gauche après la station-service puis continuer sur 5 km, l'hôtel est dans une ruelle à droite avt l'axe perpendiculaire qui conduit à la plage. Doubles env 330-440 Rls.* À 300 m de la belle plage de Campeche, dans un jardin à la végétation tropicale luxuriante, avec piscine, des chambres très confortables à la déco thématique (Bali, Mexique...) avec balcon ou terrasse privative. Également des suites avec jacuzzi. Une belle adresse de charme et un point de chute idéal pour rayonner dans le sud de l'île. Bon petit déj de produits frais et services impeccables.

**Pousada Alemdomar** *(plan II, **58**) : rua Túlio de Oliveira, 403, à **praia Armação.** ☎ 3237-5600. • alemdomar.com.br • En venant du nord, prendre le chemin à droite juste après le* Nutri Lanches. *Fermé avr-oct. Doubles 300-450 Rls.* Blottie dans une végétation luxuriante, une superbe *pousada,* bien à l'écart de la route. Ambiance bucolique propice à un farniente prolongé dans un hamac, le regard perdu dans le magnifique jardin. Les chambres confortables, mélangeant brique et béton ciré, sont prolongées d'un balcon pour certaines. Sauna et jacuzzi.

# Où manger ?

## De prix moyens à chic (40-100 Rls / env 10-24 €)

**Nutri Lanches** *(plan II, **68**) : rodovia Francisco Thomaz dos Santos, 4615, **praia Armação.** ☎ 3237-5182. Tlj 8h-20h, sauf lun ; buffet 12h-15h (16h w-e).* Une cantine saine installée en bord de route. Pour déjeuner, profitez du buffet équilibré, qui promet une « overdose de santé ». Sinon, à toute heure, *empanadas* et autres snacks, ainsi qu'un coin épicerie avec une foule de bons produits locaux.

**Bar do Arante** *(plan II, **67**) : sur la plage de **Pântano do Sul.** ☎ 3237-7022. Tlj 11h-23h30 (22h dim).* Cette cabane de pêcheurs posée sur la plage est devenue mythique : outre la fraîcheur de ses poissons et crevettes, le plus ancien resto de Pântano do Sul voit s'accumuler au plafond et sur ses murs mots et dessins suspendus par les clients de passage ! Joyeuse ambiance du matin jusqu'au soir.

**Restaurante do Vadinho** *(plan II, **67**) : rua Manoel Vidal, 305, sur la plage de **Pântano do Sul.** ☎ 3237-7305. Quand on regarde la mer, dernier resto à gauche. En saison, tlj midi et soir ; hors saison, seulement w-e.* Depuis la salle, les fenêtres s'ouvrent sur la baie entourée de *morros.* Superbe ! Vadinho est pêcheur et propose des produits frais tous les jours, servis en toute simplicité sur des tables en formica. Il est aussi artiste et a peint les fresques de la salle. Service souriant.

**Rancho da Ostra** *(plan II, **69**)* **:** *rua Baldicero Filomeno, 6520, **Ribeirão da Ilha.** ☎ 3336-5790. Tlj, sauf mer, 11h-23h (22h w-e).* Parmi toutes les bonnes adresses gastros de ce village de pêcheurs, on aime bien ce petit resto familial pour ses bons petits plats à prix serrés, servis sur un ponton, les pieds dans l'eau. *Sequência de camarões,* risotto, huîtres et *petiscos* divers sont concoctés à la commande par Simone (prévoir donc un peu d'attente, voire beaucoup s'il y a du monde !).

***Porto do Contrato*** *(plan II, **64**)* **:** *rua Baldicero Filomeno, 5544, **Ribeirão da Ilha.** ☎ 3234-4454. Tlj, sauf lun, 12h-23h (17h dim).* Un p'tit bout d'paradis surplombant l'océan. Une belle maison en brique et bois avec 2 salles élégantes et une belle terrasse. Cuisine de la mer, plus élaborée qu'ailleurs, ponctuée de touches açoriennes. Service impeccable. Idéal pour une soirée en amoureux. Chic et assez cher, donc.

## À faire

La ***praia Armação,*** face à l'océan, est appréciée pour ses grosses vagues, mais les familles préfèrent aller se baigner dans les eaux calmes du ***lagoa do Peri*** (bel espace aménagé avec jeux pour enfants et resto). Pour le *snorkelling,* aller en bateau à l'***ilha do Campeche*** aux eaux translucides *(départ du petit port au sud de la plage Armação ; compter 90 Rls/pers).* On pourra y voir également des inscriptions rupestres vieilles de près de 5 000 ans !

Une autre plage magnifique, et celle-ci presque déserte, la ***praia Saquinho,*** accessible à pied depuis la ***praia de Solidão.*** À l'extrême pointe sud de l'île, la ***praia dos Naufragados*** a vu s'échouer plus d'un bateau. Elle est très belle mais difficile d'accès et ses eaux sont tumultueuses. Une superbe balade le long d'un sentier envahi par la végétation permet de s'y rendre en 3h depuis ***Pântano do Sul.*** Enfin, la ***praia Lagoinha do Leste*** et la ***praia Matadeiro*** (ambiance hippie) valent aussi le détour.

## LE NORD DE L'ÎLE

À partir de Barra da Lagoa, sur la partie océane de l'île (à l'est), la ***praia Moçambique*** remonte sur 28 km de sable vers le nord, battue par les déferlantes atlantiques, en bordure du parc de Rio Vermelho. Idéale pour le surf et les balades en amoureux, mais non surveillée. Sur la bordure occidentale de l'île, les plages de la Baia Norte, face au continent, égrènent de petits villages de pêcheurs, à la traditionnelle architecture açorienne. Maisons peintes, criques bordées d'embarcations. Culture d'huîtres et de coquillages, eaux calmes et claires, superbes couchers de soleil.

C'est volontairement qu'on passe sous silence *Canasvieiras* et son littoral bien abîmé par d'assez laides constructions. Néanmoins, on recommande aux familles la ***praia de Jurerê*** : la mer y est particulièrement calme.

***Santo Antônio de Lisboa :*** *pour s'y rendre en voiture, depuis la route principale en venant du Centro, prendre à droite au panneau et passer sous le pont. En bus, gare routière à env 1 km de l'église.* Village construit par les immigrants açoriens au XVIIIe s, avec la *igreja Nossa Senhora das Necessidades* (Notre-Dame-des-Nécessités) de style colonial avec dominantes de bleu ciel dans l'autel et les chapelles annexes. Maisons rose et bleu très bien préservées, restos de pêcheurs installés sur des pontons et terrasses, sympa pour prendre un apéro avec une douzaine d'huîtres !

LE SUD

## Où manger ? Où boire un verre ?

*Beira d'Água (plan II, **65**) : sur la plage de Sambaqui, après **Santo Antônio de Lisboa** ; le dernier resto en continuant la route. ☎ 3284-8643. Terminus des bus à 300 m. Tlj 10h-22h (20h dim).* C'est dans une authentique gargote de pêcheurs bleu pastel qu'on s'installe face aux eaux paisibles de la baie. Antônio élève depuis 35 ans les huîtres et les moules qu'il sert pour un prix ultra-raisonnable !

***Freguesia Bar** (plan II, **66**) : praça XV de Novembro, 179, à **Santo Antônio de Lisboa,** devant la baie. ☎ 3235-1098. Tlj 10h-22h. Douzaine d'huîtres 25-45 Rls.* Difficile de résister à un cadre aussi charmant, en terrasse, devant la mer ! Cet ostréiculteur s'y connaît aussi en *caïpi* et en *pasteis.* On échange quelques *reais* contre un moment magique...

# SÃO FRANCISCO DO SUL

48 600 hab. IND. TÉL. : 47

LE SUD

**Le littoral catarinense offre de nombreuses haltes balnéaires possibles. Tout au nord de l'État, à environ 200 km de Florianópolis, la ville historique de São Francisco do Sul, sur l'*île de São Francisco,* constitue une jolie escale sur la route de Curitiba (et d'Ilha do Mel). L'île elle-même fut découverte en 1504 par le Français Binot Paulmier de Gonneville, mais il fallut attendre 1 siècle avant que les Portugais n'y fondent le village.**
**C'est aujourd'hui une réserve naturelle avec une côte propice à la pêche, à la détente et au surf. En avril, la *festilha* sort la ville de sa torpeur le temps d'une fête traditionnelle qui commémore sa fondation.**

## Arriver – Quitter

***Rodoviária** : rua Barão do Rio Branco, 320. ☎ 3449-0311.*
➢ Bus pour ***Curitiba*** (2 bus/j., 7h10 et 18h50, 3h de trajet) avec *Catarinense* (*☎ 4002-4700 ; • catarinense.net •*) ; arrêt à ***Joinville*** à mi-chemin, d'où l'on peut rejoindre São Paulo par bus (8h !) ou par avion.
➢ Pour ***Florianópolis*** avec *Catarinense,* changer à Joinville (de là, bus fréquent). Compter 4h30 de trajet.

## Adresses et info utiles

***CAT – Informations touristiques** : rua Hercilio Luz, s/n (à l'angle de rue parallèle au front de mer). ☎ 3444-6682. Tlj 8h30-17h30.* Infos en portugais uniquement. De l'office de tourisme, accès gratuit au parc écologique qui domine le port. Également un ***autre bureau*** à l'entrée de la ville (*☎ 3444-6802 ; tlj 8h-18h).*
– Infos également sur le site *• saofranciscodosul.sc.gov.br •*
***Banque** : agence **Banco do Brasil,** rua Hercilio Luz, presque en face de l'église. Distributeur accessible 7h-22h.*

## Où dormir ? Où manger ?

***Pousada Solar da Beira** : rua Comandante Cabo, 95 (à l'entrée du centre historique, sur le front de mer). ☎ 3444-5835. • pousadasolardabeira.com.br • Doubles 260-300 Rls.* Reconstruit sur les ruines d'une maison coloniale du XVIIIe s, l'hôtel ne manque pas de charme. Selon leur catégorie, les chambres sont plus ou moins spacieuses, mais toujours lumineuses et coquettes. Confort irréprochable et, pour ne rien gâcher, certaines ont une terrasse qui embrasse la baie. Bar-resto sur place. Tarifs très intéressants le week-end. Excellent accueil.

**Zibamba Hotel :** *rua Fernandes Dias, 27 (dans le centre entre le port et l'office de tourisme). ☎ 3444-2020. • hotelzibamba.com.br • Doubles 240-260 Rls. Plats 30-50 Rls.* Grand hôtel des années 1950, à la façade toute bleue de style colonial. Les chambres, sobres, carrelées, climatisées avec frigo et minibalcon pour certaines, sont un brin vieillottes mais ont le charme de l'ancien. Personnel souriant.

**Restaurante Portela :** *rua Babitonga, 84. ☎ 3444-1579. Sur le port. Tlj midi et soir. Plats 45-150 Rls.* Ce grand resto de fruits de mer propose sur son vaste ponton pas moins de 30 façons d'accommoder la crevette. Prix variables selon la taille du décapode. Une adresse de référence dans ce domaine. Également pâtes et pizzas pour les petits budgets.

## À voir. À faire

**Igreja Matriz Nossa Senhora da Graça :** *praça Getúlio Vargas.* Construite en 1699 avec un mortier composé de sable, de coquillages et d'huile de baleine, elle est l'emblème de la ville.

**Museu nacional do Mar :** *rua Manoel Lourenço de Andrade, 133. ☎ 3444-1868. Tlj, sauf lun, 9h (10h w-e)-18h. Entrée : 5 Rls ; réduc.* Il retrace, entre autres, l'histoire des baleiniers açoriens et présente une riche collection d'embarcations de tout le Brésil, répartie sur plusieurs bâtiments coloniaux. On replonge dans l'atmosphère du XIXe s et dans les légendes des marins.

**Museu histórico :** *rua Col. Carvalho. ☎ 3444-5443. Tlj sauf lun 10h (9h sam)-17h30. Entrée : 3 Rls.* Installé dans l'ancienne assemblée municipale et l'ancienne prison (XVIIIe s), un musée qui retrace l'histoire de la ville.

➢ **Balades en bateau autour de l'île,** avec baignades. Départs vers 11h30 et 15h30 depuis le ponton, dans le centre historique. *Compter 40 Rls/pers et 2-3h.* Balade en goélette dans la baie de Babitonga.

Sur le continent, ***Vila da Glória*** est accessible en 30 mn de bateau. *6 départs/j. depuis le marché municipal.* Sur place, jolies cascades *(rota das Cachoeiras)* où l'on peut se baigner.

Belles ***plages*** aux alentours de la ville : la plus proche est ***praia do Mota,*** au sud du port, mais les plus belles sont à 15 km environ, vers l'est, notamment ***Ubatuba*** et ***Enseada,*** à l'ambiance familiale et ***Prainha,*** prisée des surfeurs. Bus au départ de la praça Matriz.

# LE NORD, L'AMAZONIE

**Depuis sa découverte par les Espagnols au XVIe s, et malgré les avancées de la civilisation, l'Amazonie reste l'un des derniers espaces sauvages de notre planète, « la face cachée de notre monde », selon la belle expression de l'écrivain Michel Braudeau, « l'ultime relique de Mère Nature, le dernier vestige de ce que fut le monde amérindien avant l'arrivée des Occidentaux. »**

## L'AMAZONIE EN QUELQUES CHIFFRES

Couvrant environ 7 millions de km² (13 fois la superficie de la France), le Bassin amazonien occupe à lui seul près de ***40 % du continent sud-américain*** ! Il s'étend sur 9 pays : Brésil, Bolivie, Pérou, Équateur, Colombie, Venezuela, Surinam, Guyana (ex-colonie anglaise) et Guyane française. Il abrite à lui seul ***10 % de la biodiversité mondiale.*** À peu près 80 % de cette surface (environ 5 500 000 km²) sont couverts de forêt tropicale, dont 60 % (un peu moins de 3 500 000 km²) situés au Brésil.
Côté démographie, quelque ***25 millions de personnes*** (les estimations varient) vivraient en Amazonie brésilienne, la plupart dans des villes et des bourgades reliées au reste du pays par voies aériennes et fluviales, et par des routes de plus en plus nombreuses.

## LE FLEUVE AMAZONE

Qu'il soit le 1er ou le 2e plus long fleuve du monde, l'Amazone est, de loin, celui dont ***le débit est le plus important :*** jusqu'à ***300 000 m³ à la seconde*** à la saison des pluies au niveau de l'embouchure, pour une moyenne annuelle d'environ 209 000 m³/s. Cela représente 1/5e du total de l'eau douce déversée dans les mers et les océans du monde !
Le 1er pont sur le fleuve n'a été inauguré qu'en 2011, en amont de Manaus. Il faut dire que si sa largeur ne dépasse pas, à cet endroit, 3,5 km, elle peut atteindre 45 km ailleurs, lorsque le fleuve quitte son lit durant la saison des pluies et envahit la forêt...
En outre, l'Amazone possède 1 100 affluents, dont 17 sont plus longs que le Rhin. Il est aussi sillonné par de nombreux navires et cargos jusqu'à Manaus, voire Iquitos, au Pérou.

### ET LA LONGUEUR DANS TOUT ÇA ?

*Avec ses 6 700 km de long, le Nil a longtemps été considéré comme le plus long fleuve du monde. Mais, en 2001, une équipe de scientifiques (brésiliens) a identifié une nouvelle source à l'Amazone : le Nevado Mismi, dans le sud du Pérou, à 6 800 km de l'embouchure. Détrônant le Nil, l'Amazone détiendrait ainsi tous les records de grandeur...*

## Un peu d'histoire

L'Amazone doit son nom aux hommes de la Renaissance, en particulier au conquistador ***Francisco de Orellana,*** qui en réalisa, en 1542, la 1re descente presque intégrale. Parti du Pérou l'année précédente en compagnie de Gonzalo Pizarro (le neveu de Francisco Pizarro, qui conquit le Pérou), Orellana le quitta pour poursuivre en éclaireur vers des contrées inconnues, escorté d'une cinquantaine d'hommes. Son but : trouver le royaume légendaire de l'Eldorado et les terres où pousse la cannelle, qui valait alors plus cher que l'or. La désillusion fut à la hauteur des espoirs : les canneliers se révélèrent inexploitables, et l'or absent.

### ELDORADO, MYTHE ET LÉGENDE

*Le mythe a été nourri par une coutume pratiquée par les Indiens Chibcha. Chaque année, leur chef, recouvert d'or en poudre pour l'occasion, se baignait dans le lac sacré de Guatavita en Colombie pendant qu'on lançait des objets en or dans l'eau. La légende est restée vivace jusqu'au XIXe s et les explorations d'Alexandre de Humbolt.*

Après 4 mois de progression, le détachement, en piètre état, dut affronter des Indiens commandés par de « redoutables femmes » : étaient-ce les Amazones évoquées par les Grecs de l'Antiquité ? Le moine ***Gaspar de Carvajal,*** membre et chroniqueur de l'expédition, relata l'événement en ces termes : « Nous les vîmes qui se battaient en tête de tous les Indiens, comme des capitaines. Et elles se battaient avec tant de courage que les Indiens n'osaient tourner le dos. Et ceux qui fuyaient devant nous, elles les tuaient à coups de bâton. »
2 mois plus tard, l'expédition atteignait l'embouchure du fleuve ; d'abord baptisé rio de Orellana, il prit bientôt le nom d'Amazone. Orellana repartit en 1544 pour coloniser cette « Nouvelle-Andalousie » dont il venait d'être nommé gouverneur. Las, mauvaise organisation, malchance, naufrages, famine et attaques indiennes sonnèrent le glas de ses espoirs. Le conquistador disparut en 1546.



## Un aventurier qui inspira Hergé et Spielberg

Parmi les légendes des explorateurs de la mystérieuse Amazonie, figure, en bonne place, le colonel ***Percival Harrison Fawcett*** (1867-1925). En 1906, il est chargé par la Société géographique de Londres d'établir une cartographie des frontières entre Bolivie et Brésil. Leurs frontières n'ayant pas été établies avec certitude sur un territoire où l'on se dispute la culture de l'hévéa, les 2 pays décident de faire appel à la neutralité d'un Britannique. De 1906 à 1913, Fawcett prend part à 6 expéditions pour faire le relevé détaillé de la région et découvrir de nouvelles régions inconnues. Ayant eu vent de récits et légendes fabuleuses, Fawcett est persuadé que les forêts d'Amazonie abritent les vestiges de cités disparues. En 1914, la découverte d'un manuscrit à la bibliothèque nationale de Rio de Janeiro le renforce dans ses convictions. Daté de 1753, il raconte les pérégrinations d'un aventurier portugais qui aurait découvert une vieille cité antédiluvienne du côté de la serra de Roncador, à l'est du rio Xingu. Après la guerre 1914-1918, il organise une expédition dans le but de trouver cette cité perdue à laquelle il a donné le nom de ***point Z*** sur ses cartes.
Son fils Jack l'accompagne. Le 29 mai 1925, il adresse un dernier message, mais ensuite l'expédition Fawcett ne donne plus aucun signe de vie. Pendant 1 an, on ne s'inquiète pas trop : l'explorateur avait prévenu que cela pouvait prendre du temps. Mais les rumeurs commencent bientôt à affluer. Des Indiens affirment l'avoir vu vivant avec une princesse indienne. D'autres disent qu'il a découvert la cité perdue, mais qu'il a renoncé à rejoindre la civilisation. En 1927, Brian Fawcett, son 2e fils, apprend que quelqu'un a vu son père en vie, les vêtements en lambeaux, sur une route du Minas Gerais. L'info se révèle fausse. En 1928,

*George Dyott* monte une expédition de secours. Avec ses hommes, il emprunte la piste que Fawcett a dû suivre et parvient à un village *anaqua,* sur le rio Kuliseu, où ils ont la surprise de voir le chef de la tribu porter une plaque de cuivre ayant appartenu à Fawcett. Le chef reconnaît l'avoir reçue de Fawcett, qui s'est ensuite enfoncé plus vers l'est. Dyott finit par renoncer, se trouvant au contact de tribus hostiles.

Dans les années 1930, d'autres expéditions sont mises sur pied. Certaines disparaissent corps et biens, probablement massacrées par les Indiens. En 1943, le président brésilien, Getúlio Vargas, ordonne une expédition pour établir des bases aériennes dans la région. Un journaliste profite de cette occasion pour aller chez les Kalopalos et en revient, persuadé qu'ils ont assassiné l'explorateur. En 1947, les 3 frères ***Vilas Boas,*** des indigénistes, se rendent à leur tour chez les Kalopalos pour vérifier ses dires. Ils demeurent plusieurs mois dans le village, parviennent à les mettre en confiance et acquièrent la certitude que Fawcett n'a pas dépassé les villages kalopalos. Leur chef, Ixarari, affirme qu'il s'est fait tuer par les Kayapos, une tribu insoumise qu'il est difficile d'approcher. En 1950, Ixarari se meurt. Il fait venir Orlando Vilas Boas et lui avoue qu'il a tué Fawcett et ses compagnons après qu'ils lui ont manqué de respect. Selon son témoignage, Fawcett l'aurait giflé lors d'une querelle. Ixarari lui aurait alors fracassé le crâne avec sa hache de pierre. Vilas Boas exhume la tombe de Fawcett et fait parvenir ses ossements à Londres pour y être analysés. L'examen ne confirme rien, et le mystère reste entier. Fawcett et ses compagnons ne seront jamais retrouvés.

En 1912, sir Arthur Conan Doyle, un ami de Fawcett, avait fait de l'Amazonie le cadre de son roman *Le Monde perdu,* qu'il peupla d'animaux préhistoriques, ce qui donnera plus tard des idées à Steven Spielberg tant pour le personnage d'Indiana Jones que pour son film ***Jurassic Park.***

En 1937, Hergé a publié l'***Oreille cassée,*** album dans lequel Tintin fait la connaissance de l'explorateur Ridgewell dans une forêt d'Amérique du Sud. Celui-ci, disparu depuis plus de 10 ans et que tout le monde croyait mort, est devenu le chef des Arumbayas avec lesquels il vit. L'analogie avec Fawcett est évidente.



## LA FORÊT AMAZONIENNE

Ce n'est pas un scoop, les forêts tropicales du monde entier sont en danger. ***Depuis les années 1970,*** sans avoir subi, à ce jour, une destruction de même ampleur que les forêts d'Afrique équatoriale et d'Asie du Sud-Est, ***l'Amazonie a perdu plus de 800 000 km²,*** en gros l'équivalent de la superficie de la France et de la Grande-Bretagne réunies. Parmi les ***causes de la déforestation*** (passées et présentes) figurent d'abord l'extension de l'élevage bovin et des cultures à grande échelle, comme celle du soja, dont la demande mondiale a beaucoup augmenté depuis les années 2000, pour nourrir le bétail (au Brésil et dans d'autres pays). Viennent ensuite l'exploitation minière et forestière et, d'une manière générale, les activités agricoles des petits paysans pour leur propre subsistance, lesquelles se greffent à des ***entreprises de défrichage*** préalables de plus grande ampleur (comme celles citées plus haut). Sans oublier la construction de routes et l'urbanisation anarchique qui, souvent, en découle (on estime, par exemple, que l'inauguration de la route Belém-Brasília, en 1958-1960, a favorisé l'installation de plus de 2 millions de personnes sur ses franges en 20 ans !), la spéculation foncière, la prospection pétrolière, les incendies (causés notamment par les brûlis des petits agriculteurs), les mégaprojets de barrages hydro-électriques (comme celui de Belo Monte), etc.

À propos des ***incendies,*** ceux ***d'août 2019*** ont pris une ampleur exceptionnelle qui a eu un large retentissement dans le monde, créant d'ailleurs un incident diplomatique entre la France et le Brésil. Cette année est marquée par une

augmentation de près de 80 % du nombre d'incendies dans le pays (qui n'atteint pas toutefois le chiffre des années 2000). Si des feux se produisent chaque année en Amazonie, les incendies de 2019 inquiètent les scientifiques et défenseurs de l'environnement, car ils ont gagné en intensité après des années de déclin de la déforestation et continuent de fragiliser un des plus riches écosystèmes terrestres. Avec la ***photosynthèse,*** les arbres absorbent du $CO_2$ qui est partiellement transformé en oxygène. Parallèlement, ils consomment de l'oxygène et rejettent du $CO_2$. Si l'on dit que les arbres « stockent du $CO_2$ », c'est qu'ils en captent plus qu'ils n'en rejettent. En revanche, lorsqu'une forêt brûle, en plus du gaz carbonique émis par la combustion, elle dégage instantanément tout le $CO_2$ stocké depuis des décénnies. D'où la catastrophe des grands incendies : la croissance de certaines forêts ailleurs sur la planète (notamment en Sibérie ou dans le nord du Canada) liée – en partie – au réchauffement climatique, ne compense pas les pertes enregistrées, ce qui a un ***impact sur le climat à l'échelle mondiale.*** Sans compter les ***dommages sur la biodiversité,*** car les forêts tropicales humides abritent une grande partie des espèces animales et végétales.
Le ***rythme de la déforestation*** avait beaucoup diminué depuis une bonne dizaine d'années grâce, notamment, aux mesures prises sous le gouvernement de Lula à partir de 2005-2006, qui ont eu pour effet de juguler l'activité destructrice des grands groupes en Amazonie. Mais la mauvaise nouvelle, c'est que la ***destruction de la forêt*** se poursuit malgré tout, et que l'élection récente de Jair Bolsonaro, peu porté sur la sauvegarde de l'environnement, risque bien d'aggraver rapidement la situation. Des sources officielles annoncent en septembre 2019 une augmentation de plus de 90 % de la déforestation depuis un an. Voir à ce sujet la rubrique « Environnement » dans le chapitre « Homme, Culture, Environnement ».



## LES INDIENS D'AMAZONIE

Lors du recensement de 2010, quelque ***900 000 personnes se sont identifiées comme « Indiens »,*** soit environ 0,45 % de la population du Brésil. La plupart d'entre eux vivent en Amazonie, dans plusieurs centaines de « zones indigènes », sur un territoire cumulé d'environ 1 million de km². On répertorie dans le pays ***305 ethnies,*** parlant ***274 langues.*** Certaines n'ont quasi rien changé à leur mode d'existence depuis des siècles et vivent encore surtout de la chasse, de la pêche et de la cueillette ; d'autres, en revanche, ont adopté certains attributs du monde moderne, en portant, par exemple, des tee-shirts, en utilisant des casseroles en fer pour la cuisine et en parlant un peu (voire bien) le portugais, en plus de leur langue d'origine (seuls 17,5 % des Indiens ne parlent pas du tout le portugais). Bien rares sont ceux qui n'ont jamais eu de contact avec le monde extérieur (et tous ont vraisemblablement au moins vu un avion passer dans le ciel !), et ce même si l'on compte officiellement quelque ***70 groupes « isolés ».***
Dès le début de la colonisation, les Indiens furent pourchassés et réduits en esclavage. Outre les massacres, les maladies nouvelles (grippe, tuberculose, maladies vénériennes), impitoyables pour des organismes qui n'y étaient pas préparés, firent des ravages. Débarquèrent ensuite les missionnaires, avec leur religion et leur morale venues d'un autre monde... Au final, ***la majeure partie de la population de l'Amazonie contemporaine est issue du métissage*** qui s'effectua au cours des siècles entre les colonisateurs et les Indiens sur les rives des fleuves. On estime à 5 millions le nombre de ces Brésiliens appelés ***caboclos,*** qui vivent pour la plupart au bord des *igarapés,* ces cours d'eau qui relient entre eux les affluents de l'Amazone.
Les Indiens sont « protégés » par la ***Funai*** *(Fundação Nacional do Indio),* qui dépend du ministère de l'Intérieur. L'organisme doit théoriquement leur porter assistance, leur prodiguer les soins médicaux adéquats, leur permettre d'accéder

à une scolarité, dans le but annoncé de les intégrer petit à petit à la société moderne, tout en essayant – but ô combien contradictoire – de préserver leur mode de vie et leurs traditions et de les prémunir contre les méfaits de cette même société.
Longtemps, les fonctionnaires corrompus du SPI (Service de protection de l'Indien), l'ancêtre de la *Funai,* firent exactement le contraire de ce qu'ils étaient censés faire : accaparer les terres, chasser et laisser massacrer les Indiens par les sbires des *rancheros* et des exploitants de bois. Une grande enquête réalisée en 1967 par le gouvernement brésilien révéla une incroyable liste d'exactions. Peu après, le *Sunday Times* britannique publiait un article choc intitulé « *Genocide* » – à l'origine de la création de l'ONG *Survival International.* La ***Funai*** prit le relais, sans réussir pour autant à régler immédiatement le problème. Jusque dans les années 1990, la découverte de gisements très riches sur certains territoires Indiens a permis aux compagnies minières de mettre en place une politique d'expulsion, voire d'extermination, en propageant des maladies mortelles parmi certaines tribus... L'ouverture, dans les années 1970, de la route *Transamazonienne* et de la *BR-163* (qui relie Cuiabá à Santarém), puis l'implantation de pôles agricoles et d'élevages gigantesques, ont aussi apporté leur lot de misère et de changement.
Heureusement, les choses ont évolué. En 1988, une nouvelle Constitution voit le jour, qui supprime les notions de tutelle et d'assistanat et promeut la reconnaissance des identités. But du moment : délimiter, à l'horizon de 5 ans, tous les territoires indiens (on y est encore aujourd'hui...). Plutôt que de tenter, comme jadis, de contacter à tout prix les groupes encore isolés, la *Funai* a tenté plutôt de garantir leur droit à ne pas l'être. Elle ne délivre un permis pour accéder aux réserves que très, très difficilement. En dehors des villages « touristiques » proches des villes, il faut donc être *au moins* ethnologue ou journaliste accrédité pour espérer pouvoir aller à leur rencontre.
Un exemple intéressant est celui des ***Yanomamis.*** Vivant de part et d'autre de la frontière entre le Brésil et le Venezuela, ils ont vu, dans les années 1980, leur territoire pris d'assaut par les chercheurs d'or. Ceux-ci, à l'instar des conquistadors, ont véhiculé des maladies fatales, sans parler de la contamination des rivières au mercure, de la violence générée par les armes à feu et de la régression de la faune due au survol des avions. Des mouvements d'opposition se sont constitués un peu partout pour assurer la survie des Yanomamis : encore aujourd'hui, des associations de défense locales et des organisations mondiales comme *Survival International,* soutenues par l'opinion publique, essaient d'intervenir pour que les gouvernements brésilien et vénézuélien prennent enfin les dispositions qui s'imposent et fassent respecter la sanctuarisation de leur territoire. Grand comme 2 fois la Suisse, le territoire Yanomani abrite une population estimée à 32 000 personnes.



## LA FLORE ET LA FAUNE AMAZONIENNES

En Amazonie, on distingue essentiellement 3 types de milieux. D'abord, la *forêt vierge* proprement dite, ou ***forêt primaire,*** avec des arbres de 30 à 40 m de haut, forêt tropicale et humide, très dense et touffue – bref, impénétrable.
Puis la ***forêt secondaire,*** qui remplace les zones déboisées de la forêt primaire (c'est là, par exemple, qu'on plante le fameux *Hevea brasiliensis,* l'arbre à caoutchouc).
Enfin, il y a l'***igapó,*** terre inondée en permanence et formée d'une végétation inextricable qui constitue le refuge d'une abondante faune aquatique ; batraciens, poissons, reptiles, dont les caïmans.
Qu'elle soit enchantée ou énigmatique, un « paradis » ou un « enfer vert », cette forêt amazonienne est un lieu absolument unique au monde pour la diversité de sa flore et de sa faune. ***Elle abrite 10 % de la biodiversité mondiale et concentrerait près de 25 % des espèces vivantes sur Terre*** ! Une étude publiée dans la revue *Nature* en 2013 révèle que la forêt amazonienne est composée de

***16 000 variétés d'arbres différents*** – dont 227 largement dominantes, à l'exemple des palmiers, muscadiers et noyers du Brésil, sans compter les ***40 000 espèces de plantes.***
En terme de biodiversité, les spécialistes avancent parallèlement qu'un hectare peut contenir de 500 à 700 espèces d'arbres et le double de variétés de plantes !
***La forêt amazonienne s'étage sur plusieurs niveaux :*** tout en haut, entre 20 et 40 m du sol, se trouve la canopée, qui est le royaume des oiseaux et des singes. Elle capte plus de 90 % de la lumière solaire, créant un écran pour les plantes des niveaux inférieurs. Le niveau intermédiaire se compose de lianes, de plantes parasites et de plantes épiphytes (qui poussent en se servant d'autres arbres/plantes comme support), comme les orchidées. Pour capter l'énergie qui leur fait défaut, elles lancent leurs racines vers le sol et trouvent dans l'humus et la décomposition des végétaux les substances nécessaires à leur survie. Les sols pauvres et acides sont couverts de fougères et de champignons et grouillent de fourmilières et termitières, pendant que les larves squattent les troncs et branches tombées au sol et en accélèrent la décomposition.

**SÈCHE TES LARMES...**

*La nature est ingénieuse : pour pallier le manque de sel en forêt, les papillons amazoniens lèchent les larmes des tortues d'eau douce, celles-ci étant saturées du sodium indispensable à leur survie. Du coup les abeilles les imitent et bourdonnent autour de leur tête. Dure, la vie de tortue !*

## Un eldorado végétal

L'infinie variété des espèces végétales est une des richesses encore en partie inexploitée de l'Amazonie, bien que les laboratoires pharmaceutiques et cosmétiques tentent de s'en approprier les vertus, afin de synthétiser leurs composants et d'accroître leur puissance commerciale. Cependant, sur les marchés locaux nombreux sont les fruits et les plantes, connus depuis toujours et qui servent aussi bien à la consommation courante, que pour la médecine traditionnelle. En voici quelques-uns parmi les plus courants :
- Le ***guarana*** et l'***açaï*** sont bien connus pour leur qualité énergisante. Dans le même registre, mais moins exportée, on trouve la ***catuaba,*** utilisée en phytothérapie comme aphrodisiaque et stimulant. De la même famille que la coca, elle ne produit, en revanche, ni effets toxiques ni accoutumance. Également consommée sous forme liquide, elle est très prisée dans le milieu de la vie nocturne en substitution aux boissons énergisantes.
- Le ***cupuaçu*** est le fruit acidulé de forme oblongue d'un petit arbre de 5 à 15 m de hauteur. Grâce à sa saveur particulière, il est utilisé dans la confection de desserts ou de bonbons. On le consomme aussi sous forme de jus ou de liqueur. Le *cupuaçu* possède des vertus qui lui valent une place de 1er plan dans la pharmacopée amazonienne : c'est un traitement naturel aux problèmes gastro-intestinaux et ses propriétés antioxydantes font également de son beurre un élément très utilisé en dermatologie, pour l'hydratation et la cicatrisation de la peau.
- Le ***jambú*** est une plante au fabuleux pouvoir anesthésiant : ses feuilles sont utilisées contre les douleurs dentaires. Plus les feuilles sont crues, plus l'effet anesthésiant est puissant. En outre, ses propriétés antiseptiques atténuent les effets des morsures de serpent. Elle est tout indiquée pour combattre les allergies et douleurs légères. Présente également dans la cuisine amazonienne dans des plats comme le ***tacaca,*** ou dans la préparation de certaines ***cachaça,*** surtout dans la région du Pará.
- L'***urucu,*** riche en caroténoïde, est reconnaissable à son fruit rouge vif. En cuisine, on l'utilise comme assaisonnement. À l'instar du safran, il donne une

couleur et une saveur unique aux plats. Ses pigments sont aussi utilisés par les populations locales pour se parer de leurs peintures corporelles. L'*urucu* vient en aide en cas de troubles respiratoires ou d'anémie, et fait office de crème solaire naturelle et de protection contre les piqûres d'insectes.

– La ***suma,*** l'équivalent brésilien du *ginseng,* est une racine utilisée pour soigner (presque) tous les maux. Aussi bien source de jouvence, que tonique énergisant, elle agit également pour la prévention de tout type de cancer. Mieux encore, elle est reconnue pour ses propriétés aphrodisiaques et s'utilise comme remède anti-inflammatoire.

– Le ***carapanaúba,*** un arbre d'une beauté brute, est couvert d'une écorce puissante qui contient de nombreux principes actifs. Consommée sous forme de thé, elle participe à la perte de poids, aide à la digestion, évite les gastrites... Macérée et mélangée à de l'eau froide, elle contribue, entre autres, au traitement du diabète de type 2.

– La ***cipo-d'alho*** est une fleur rose violacée, à la forte odeur d'ail, utilisée en cuisine pour sa saveur. Elle est aussi très efficace contre la fièvre, le rhume, l'arthrite, ou les rhumatismes.

## Une vie animale foisonnante

Côté faune, on dénombre au moins ***400 espèces de mammifères,*** autant d'amphibiens et presque autant de reptiles, ***1 300 d'oiseaux, 2 200 de poissons et... plus de 2,5 millions de variétés d'insectes.*** Des chiffres toutefois en évolution car certaines espèces disparaissent tandis que d'autres, à peine découvertes, s'ajoutent à la liste...

Si la forêt grouille de vie animale, il n'est pas aussi facile qu'on le croit de l'observer. Les animaux sont très discrets et ont tendance à fuir la présence humaine. ***L'idéal est d'être accompagné d'un bon guide*** qui peut interpréter tous les bruits de la forêt et vous indiquer les traces laissées au sol. Il faudra déceler un bruissement de branches pour surprendre un envol de perroquets ou apercevoir les singes se livrer à leurs acrobaties, ou encore traquer la nuit les yeux des caïmans à l'aide d'une lampe frontale puissante. Ne parlons pas du tapir, du jaguar, du fourmilier, de la loutre géante ou du pécari, leur rencontre tiendra vraiment du coup de chance !

Voici les noms brésiliens et une petite description des animaux les plus répandus.

– ***Anta :*** tapir. Ce mammifère herbivore muni d'une courte trompe qu'il utilise pour se nourrir est aujourd'hui de plus en plus rare, en raison d'une chasse intensive. De la taille d'une petite vache (ou d'un gros veau), c'est le plus gros animal de la forêt. Son ouïe et son odorat sont excellents.

– ***Apacanim*** *(ou Gavião-real)* ***:*** la harpie féroce est un aigle forestier de grande taille (1 m de hauteur et 2 m d'envergure), le plus puissant rapace de la forêt. Son plumage blanc vire au noir sur le haut du corps et sa tête, dotée d'un impressionnant bec bleu-noir, est surmontée d'une crête érectile. Ses serres jaunes sont équipées de griffes de près de 6 cm. Leur pression est supérieure à celle de la mâchoire d'un loup (!). Elle règne sans partage sur la canopée et se nourrit de paresseux et de singes.

– ***Arara :*** l'ara, bien sûr. Ces superbes grands perroquets égaient les arbres en bordure des cours d'eau, où ils se regroupent sur les berges argileuses. On en dénombre 5 espèces principales au Brésil : *arara piranga (macao),* rouge, bleu et jaune ; *arara canindé (ararauna),* bleu et jaune ; *vermelha (chloroptera),* rouge-vert-bleu ; le rare et superbe *arara azul (hyacinthinus),* bleu-violet à bande jaune sous le bec ; et *arara de fronte castanha (severa),* plus petit et tout vert. Tous sont menacés d'extinction à l'état sauvage.

– ***Arraiá :*** la raie. Fréquente dans les cours d'eau bordés de plages. Pour la plupart, elles sont venimeuses du fait de leur dard, au bout de leur queue. Planquée sur les fonds sablonneux, elle déteste se faire piétiner. Attention où vous mettez les pieds, les blessures sont très douloureuses, voire mortelles !

– ***Barbeiro :*** réduve en français, une punaise noire et rouge (d'environ 4 cm) qui transmet la maladie parasitaire de Chagas, proche de la maladie du sommeil.
– ***Beija flor :*** ce joli nom portugais du colibri illustre bien son activité permanente : le butinage du nectar des fleurs à raison de 20 à 80 battements d'ailes par seconde assurés par un cœur qui pulse le sang 500 fois par minute. Il a en effet besoin d'absorber l'équivalent de 50 % de son poids pour alimenter son organisme.
– ***Boto :*** le dauphin rose de l'Amazone. Pouvant atteindre 2,80 m de long et peser 150 kg, il diffère surtout de son homologue marin par son corps biscornu et son rostre tout allongé. Il est à l'origine d'histoires d'enchantements et de légendes partagées par les Indiens et les *caboclos.* On le rencontre communément, jusque le long des quais. Le *boto* a officiellement un cousin découvert en 2014 : *Inia araguaiaensis,* qui possède une plus grosse tête et moins de dents (il vit dans le bassin Araguaia-Tocantins).

## GARE AU BOTO !

*Un peu partout en Amazonie, on raconte que le boto, ce dauphin rose dont la taille du cerveau dépasse de 40 % celui de l'homme, se change comme il veut en beau garçon vêtu d'habits blancs et d'un chapeau. Ainsi métamorphosé, il se rend dans les bals de la région et y séduit les plus belles filles, avant de les entraîner vers les berges... pour les féconder. Ainsi, lorsqu'une fille tombe enceinte d'un inconnu... le coupable est tout trouvé !*

– ***Candiru :*** tout petit poisson couvert d'épines de moins de 15 cm, de mauvaise réputation puisqu'il s'infiltre par les orifices du corps de certains grands mammifères dont les humains, ce qui lui vaut le sobriquet de *poisson-vampire...*
– ***Capibara*** (ou *cabiai*) **:** le plus gros rongeur du Brésil ; un hamster géant en quelque sorte, puisqu'il peut dépasser 1,30 m de haut et afficher 60 kilos ! C'est un animal social inoffensif, mignon et excellent nageur. Très présent sur l'île de Marajó, ainsi que dans le Pantanal (Mato Grosso et Mato Grosso do Sul).
– ***Cobra :*** au Brésil, ce terme désigne les serpents en général et non le cobra indien. Les plus dangereux sont le serpent corail avec ses anneaux noir-blanc-rouge caractéristiques, le ***surucucu,*** une variété de crotale qui nage à la surface de l'eau, et le serpent ***fer-de-lance,*** particulièrement venimeux. Le ***serpent-liane*** doit son nom à sa façon d'attendre sa proie en suspension comme une liane. Le ***jiboia*** ou boa constricteur (1,5-4 m) enserre ses proies dans ses anneaux en bloquant la circulation sanguine et le privant d'oxygène.
– ***Folivora*** *(ou unau)* **:** le paresseux. Avec ses yeux tristes, sont pelage gris-vert qui se confond avec la végétation, ses 3 longues griffes et sa vitesse de déplacement ultra-lente due à son métabolisme bas, c'est une proie de choix pour les grands prédateurs. Cela dit, il sait se planquer, restant bien à couvert et dormant 20h par jour, en broutant les feuilles la tête souvent en bas. Il ne descend au sol qu'une fois par semaine, pour faire ses besoins, se vidant alors d'un tiers de son poids. Tout ça lui permet de vivre plus de 50 ans !
– ***Jacaré :*** le caïman, beaucoup plus craintif qu'on ne le pense. Le caïman noir d'Amazonie peut atteindre 6-7 m et peser plus de 1 tonne. Il est dangereux pour l'homme. Il a été chassé jusqu'au bord de l'extinction, principalement pour sa peau. Sa survie est maintenant dépendante de sa protection.
– ***Macacos :*** les singes en général (et non le macaque). Les plus courants sont le ***capucin*** et le ***singe hurleur*** (ou alouate) dont le cri vrille les tympans. Le ***singe-lion*** (ou tamarin), au pelage orangé, est menacé. Le ***douroucouli,*** ou singe hibou, est un petit singe aux mœurs nocturnes. Il a la particularité de pouvoir reproduire une gamme de sons aussi variés que le cri d'un fauve ou même celui d'un gong. Le petit ***singe-écureuil*** est très bruyant et remuant. ***L'aranha*** (ou singe-araignée), est doté d'une longue queue préhensile qu'il utilise comme une patte supplémentaire.

– ***Morpho :*** un papillon qui fait le bonheur des photographes avec des ailes ouvertes au bleu métallique intense et au revers plus discret, piqueté d'ocelles, qui imitent les yeux de plusieurs oiseaux, destinés à effrayer les prédateurs. Il mesure de 12 à 20 cm d'envergure.

– ***Onça pintada :*** le jaguar (tacheté) de la famille des panthères. Il ressemble au léopard africain, mais en plus massif. C'est un redoutable prédateur qui chasse en solitaire. Bon grimpeur et excellent nageur, il peut s'attaquer aux caïmans en transperçant leur crâne avec ses puissantes mâchoires qui perforent sans peine une carapace de tortue. Chassé par l'homme, il a vu son ère de répartition se restreindre du fait de la déforestation et son espèce risque aujourd'hui l'extinction.

– ***Peixe-boi :*** lamantin d'Amazonie (un mammifère). Il mesure néanmoins jusqu'à 3 m et peut peser 450 kg ! Peuplant les lacs et les eaux calmes, il a beaucoup souffert de la chasse qui convoitait sa peau au cuir de qualité. Les pesticides et la contamination par le mercure lui portent aussi préjudice.

– ***Pirarucu** (arapaima) **:*** c'est le plus grand poisson d'eau douce du monde. Il peut dépasser 4 m de long et peser plus de 250 kg ! Sa langue est tellement dure qu'on l'utilise pour râper les baies de *guaraná,* et ses écailles – qui le protègent des piranhas – servaient de lime à ongles aux Indiens ! Privé de branchies, il respire grâce à un appendice dorsal qui lui permet de capter l'air en surface. Victime de la pêche intensive, il faut aller loin pour en trouver. Il faut dire que sa chair – légèrement sucrée – est très appréciée. Il a été récemment introduit en Malaisie et en Thaïlande.

### LE PIRANHA POUR LES NULS

*Les serrasalminae, comme les appellent les scientifiques, habitent en nombre les cours d'eau sud-américains. Beaucoup d'entre eux sont herbivores ou frugivores et tout à fait comestibles. Les espèces carnassières, elles, ne s'attaquent a priori aux êtres vivants qu'en présence de sang. Elles n'apprécient pas tellement la chair humaine, sauf si elles ont vraiment faim : à la fin de la saison sèche, dans les trous d'eau subsistants, il ne fait pas bon laisser traîner un orteil...*

– ***Poraquê :*** l'anguille électrique, dont les décharges, potentiellement mortelles, atteignent 700 volts ! Elle vit en basse Amazonie, dans les Guyanes et dans le bassin de l'Orénoque. Longue de 1 m et plus, elle est noire à museau plat, avec des petites nageoires, comme des oreilles.

– ***Sucuri :*** l'anaconda. Un serpent qui suscite bien des fantasmes, alors qu'il ne s'attaque pas à l'homme. Il mesure jusqu'à 8 m et peut peser jusqu'à 200 kilos. Il repose immergé dans l'eau, avec une petite partie de la tête au-dessus de la surface, guettant la moindre proie convenable, avant de l'entraîner sous l'eau pour le noyer. Il peut en avaler une bien plus grande que la taille de sa gueule, car sa mâchoire peut se désarticuler. Il lui faut 6h d'efforts pour arriver à ingérer un *capibara.* Pendant cette digestion, il est très vulnérable. La femelle est plus grande que le mâle et il lui arrive d'étouffer et boulotter son conjoint.

– ***Suçuarana :*** le puma ou cougar. C'est le 2e grand félin de la région, plus petit que le jaguar mais plus souple, rapide, silencieux et excellent grimpeur. Il est capable de bonds de 12 m. S'il s'attaque parfois aux animaux d'élevage, il ne s'intéresse pas à l'homme et peut même être apprivoisé.

– ***Tambaqui :*** très gros poisson frugivore de l'Amazone qui peut atteindre 40 kilos. Lors de la montée des eaux, il se tapit sous les arbres pour se saisir des fruits qui tombent. Doté d'une mâchoire capable de percer les écorces les plus épaisses, il contribue à la dissémination des graines des fruits absorbés en déféquant plus loin sur le cours d'eau. Sa chair est succulente et il fait malheureusement l'objet d'une surpêche.

– ***Tucuxi :*** la 2e espèce de dauphins de l'Amazone, grise et non rose. Plus léger et trapu que le *boto,* il fait parfois de jolis sauts. On le rencontre dans les mangroves et les estuaires de fleuves.

– ***Urubu :*** de la famille des vautours il est très très commun. En bon charognard il assure la voirie en se nourrissant de carcasses, de poissons morts et de déchets ménagers. Son sens de l'odorat est très développé et il trouve sa nourriture en volant au ras des arbres, détectant les gaz produits par la décomposition des carcasses.
– Les sols sablonneux sont le refuge, entre autres, des terriers du ***tatou*** et de la ***tarentule.***

### LATEX FATAL

*Les Indiens racontent que c'est en observant un aigle se faire les griffes sur l'écorce d'une liane secrétant une sorte de latex, avant de fondre sur sa proie, qu'ils l'appliquèrent sur le curare. Depuis ils en enduisent la pointe de leurs flèches pour chasser, provoquant chez la victime la paralysie des muscles.*

## LA VOCATION ÉCONOMIQUE DE L'AMAZONIE

Au début des années 1970, le gouvernement brésilien décida, pour des raisons à la fois économiques, démographiques et militaires, de favoriser le développement de l'Amazonie en construisant la ***Transamazonienne*** – qui court d'est en ouest – et une route entre Cuiabá et Santarém (la BR 163), sur un axe sud-nord. L'idée : installer, le long de ces axes, des paysans pauvres du Sud et du Nordeste, en leur offrant des terres à cultiver, rendues accessibles. L'expérience fut un échec : le sol peu fertile de la forêt ne s'y prêtait guère, et les promesses en termes d'investissements et de soutien aux paysans restèrent lettre morte. En 1975, changement de stratégie : au lieu de tenter d'occuper « démographiquement » le terrain, la priorité fut donnée à l'économie, avec des ***pôles de développement*** où les multinationales, attirées par de juteux avantages fiscaux, jouèrent un rôle prépondérant... Des milliers d'hectares furent accordés aux grands propriétaires pour une bouchée de pain.
Les 1ers ***pôles, agropastoraux,*** virent se mettre en place l'élevage extensif de bovins spécialement acclimatés (zébus ou autres) sur prairie artificielle. Suivirent les ***pôles agrominiers,*** surgis pour exploiter, entre autres, les gisements de fer, de bauxite et de manganèse. En parallèle, la région connut une succession de ***ruées vers l'or.*** Aujourd'hui encore, les orpailleurs seraient environ 50 000 à travailler sur des exploitations illégales, entraînant une pollution majeure au mercure...
Du ***gaz*** et du ***pétrole*** furent découverts au début des années 2000, notamment dans la région de Coari, une ville située à plus de 400 km à l'ouest de Manaus, sur le rio Solimões (l'Amazone). La compagnie d'État *Petrobras* commença l'exploitation en 2005 et a fait construire, en 2009, un pipeline de 661 km reliant le site de production à Manaus.
Dans le même temps, les grandes ***plantations de soja,*** concentrées surtout à l'origine dans l'État du Mato Grosso, s'étendirent à l'Amazonie – les prix de la denrée sur le marché mondial n'ayant cessé d'augmenter. Du soja surtout utilisé pour nourrir les animaux d'élevage...
L'Amazonie, c'est aussi, bien sûr, la force des eaux... L'ouverture en 2016 du ***méga-barrage de Belo Monte,*** sur le rio Xingu (Pará), a des conséquences majeures en termes d'environnement et d'impact sur la population locale. Destiné à devenir le 4e plus important au monde et à produire 10 % de l'électricité du pays, ce barrage a noyé quelque 400 km² de forêt et déplacé 20 000 à 25 000 personnes – parmi lesquelles des groupes isolés d'Indiens de la région, qui se sont massivement opposés au projet, sans obtenir gain de cause.
Impossible, enfin, de ne pas aborder le sujet de la ***bio-industrie*** et de la ***recherche pharmaceutique.*** Il est fréquent d'entendre que l'Amazonie est le plus grand laboratoire du monde... Grandes entreprises pharmaceutiques, cosmétiques et « bio-pirates » peu scrupuleux y cherchent activement extraits

naturels et plantes médicinales. Le venin du *serpent jaracara* sert ainsi à fabriquer le *Captopril*, l'antihypertenseur le plus utilisé au monde. Quant au *venin de mygale*, il se vend extrêmement cher sur le marché noir, car ses vertus analgésiques sont, paraît-il, extraordinaires ! Le *curare*, utilisé par les Indiens sur les pointes de leurs flèches, est aussi un extrait naturel utilisé dans des myorelaxants. De fait, les possibilités sont énormes. Pour éviter que ce « nouvel or vert » ne lui échappe, le Brésil a donc mis en place des réglementations pour lutter contre la bio-piraterie, tout en commercialisant à son avantage ces trésors de la nature auprès des grands labos du monde. Le *Centro de Biotecnologia da Amazonia (CBA)*, à Manaus, a été fondé pour produire des extraits naturels dans ce cadre.
Et demain ? Demain laisse supposer une exploitation sans cesse accrue de l'Amazonie, avec sans doute des effets délétères sur l'intégrité du milieu. Tout dépendra des politiques et orientations prises par le gouvernement actuel, peu porté sur la préservation de l'environnement. La responsabilité de Bolsonaro risque d'être lourde.

## INFOS PRATIQUES

– ***Le niveau d'eau*** de l'Amazone et de ses affluents varie toute l'année et de façon spectaculaire. L'amplitude entre les basses et les hautes eaux peut aller de 10 à 25 m à Manaus, raison pour laquelle les quais sont flottants. La « saison sèche » débute en juillet, mais c'est à la fin novembre que la hauteur des eaux atteint son niveau le plus bas. Entre décembre et juin, c'est la « saison des pluies », le niveau remonte progressivement (en partie à cause des pluies abondantes dans les Andes, où naissent les cours d'eau du bassin amazonien) pour atteindre son maximum vers fin juin.
– ***La meilleure période pour faire une excursion en forêt ?*** En fait, chaque époque a ses avantages et ses inconvénients : pendant la saison sèche, il pleut moins (ce qui est tout de même appréciable !), mais le bas niveau d'eau peut empêcher de circuler dans les *igarapés* (les bras d'eau bordés de végétation).
Pendant la saison des pluies, c'est l'inverse : pas de problèmes pour naviguer, mais les pluies plus fréquentes peuvent rendre l'excursion pénible (les mois de mars et avril sont les pires). En définitive, les meilleurs mois sont sans doute juillet et août, car il ne pleut pas trop mais le niveau d'eau est encore élevé.
– ***Conseils vestimentaires :*** prévoyez une cape de pluie et des sacs étanches pour vos affaires – surtout, évidemment, si vous partez pendant la saison des pluies. Il est possible de se baigner dans certains cours d'eau exempts d'anguilles électriques : n'oubliez pas votre maillot de bain et une serviette. Attention aussi au soleil pendant les promenades en pirogue : chapeau, lunettes et crème solaire sont recommandés.
– ***À noter :*** prévoir des petits sachets de silicate pour préserver vos appareils électroniques de l'humidité. Pour les appareils numériques, prévoir des batteries bien chargées (et 1 batterie de rechange) lors des séjours en forêt.
– ***Le traitement antipaludéen :*** comme le vaccin contre la fièvre jaune, il est conseillé pour ceux qui projettent des balades dans la forêt, encore que tout dépende de la zone visitée (se renseigner auprès de l'agence de tourisme pour savoir s'il y a du paludisme là où vous comptez vous rendre). Sur le rio Negro par exemple (réputé pour l'acidité de ses eaux) et ses affluents, il n'y a pas (ou très peu) de moustiques. En revanche, dans les zones irriguées par les eaux brunes, chargées de sédiments, couvrez-vous les bras et les jambes, utilisez un bon répulsif, en particulier dès que la nuit tombe, et dormez sous une moustiquaire imprégnée de répulsif. À Manaus, à Santarém et à Belém, bref, dans les grandes villes, il n'y a pas vraiment de risque de paludisme. On vous conseille toutefois de lire attentivement la rubrique « Santé » dans « Brésil utile ».

# MANAUS

env 1 982 000 hab. IND. TÉL. : 92

• Plan *p. 343*

**Manaus : voici un nom qui véhicule encore bien des fantasmes. Attaché aux Indiens Manáos, 1ers habitants de la région, il évoque immédiatement des images d'exotisme, d'un fleuve Amazone corpulent et sauvage, de forêt profonde d'où émergent des airs d'opéra... Riche et vénérée du temps de « l'or mou » – le latex –, Manaus connut la fortune et la gloire au début du XXe s, avant de retomber dans l'oubli lorsque le monopole brésilien du caoutchouc se trouva contourné par les Anglais.**

**Dans les années 1930, il fallait encore, en remontant l'Amazone, naviguer pendant une dizaine de jours pour atteindre la ville par bateau. Aucun réseau routier ne la relie vers le sud au reste du pays, mais aujourd'hui, l'avion la met à la portée du 1er routard venu. Adossée au rio Negro, elle ne se trouve qu'à 10 km du confluent avec le rio Solimões, là où débute vraiment le cours du fleuve Amazone.**

**On s'attend à découvrir une cité un peu magique, exubérante de végétation et, dans la moiteur équatoriale, on tombe sur une grande ville moderne active... et anarchique. Zone franche depuis 1967, Manaus s'est muée en pôle industriel (c'est désormais le 1er centre de production d'appareils électroménagers et électroniques du Brésil).**

**La déception première fait vite place au parfum nostalgique de la *praça de São Sebastião,* pavée de galets portugais et veillée par le fastueux théâtre à nouveau pimpant. La municipalité, soucieuse de redonner à la ville un peu de son lustre de la Belle Époque, a restauré certains des plus beaux édifices hérités de l'époque du *boom* du caoutchouc pour les convertir en centres culturels et en musées. Une heureuse initiative, même si tout ne revêt pas le même intérêt. Le long du fleuve, où accostent une multitude de bateaux de bois rond charriant fruits, légumes et passagers à peine réveillés de leur nuit en hamac. Plus loin, l'immense et grouillant marché du matin fascine par son animation, ses étals de poisson, ses régimes de bananes et autres fruits à foison. Et puis Manaus est la base idéale pour découvrir la vie des environs du fleuve et s'enfoncer dans la forêt tropicale qui débute dès les derniers faubourgs passés.**

### RIFIFI EN AMAZONIE

*Manaus, seule ville amazonienne hôte de la Coupe du monde 2014, a fait construire pour l'occasion un splendide stade de 44 000 places. Son coût ? 205 millions d'euros ! Pour 4 matchs à peine... Car l'équipe de Manaus gravite en division D (4e) et n'attire guère plus de 2 000 spectateurs par match. Alors, que faire de ce méga-stade une fois la compétition achevée ? Une arène pour les grands prêches évangéliques ? Un centre de congrès ? Voire un lieu de détention de prévenus en attente de jugement ? La gabegie est flagrante...*

## UN PEU D'HISTOIRE

### Le grand boom du caoutchouc

L'histoire de Manaus est intimement liée à la saignée d'un grand arbre de la forêt, *Hevea brasiliensis...* La petite gomme blanche et élastique était connue depuis

longtemps des Indiens lorsque l'explorateur et scientifique ***Charles Marie de La Condamine*** la présenta à l'Académie royale des sciences française en 1736, à son retour d'Équateur et d'Amazonie. Un siècle plus tard (1843), le chimiste américain ***Charles Goodyear*** découvrait la vulcanisation du caoutchouc. Le *seringueira* – comme l'appellent les Brésiliens –, se mit à attirer les convoitises. À partir de 1857, des milliers de paysans du Nordeste vinrent travailler à la récolte du latex. En 1887, l'Écossais ***John Boyd Dunlop*** eut l'idée d'entourer les roues en bois de la bicyclette de son fils avec des tubes en caoutchouc remplis d'air afin d'en améliorer le confort, la vitesse et l'adhérence sur route. L'invention du pneu décupla la demande de latex.
Des fortunes colossales s'édifièrent à Manaus et à Belém, pendant que ceux qui travaillaient dans la forêt (les *seringueiros*) tombaient comme des mouches, victimes de la malaria, des parasitoses et des éprouvantes conditions climatiques. Avec le *Rubber Boom,* Manaus se développa alors prodigieusement, se dota de villas fastueuses, d'un marché en fer forgé de style Eiffel, et d'un réseau de tramways. La vie culturelle brillante est majestueusement illustrée par le théâtre *(Teatro Amazonas).* On raconte même, qu'à l'époque, les grandes familles du caoutchouc envoyaient faire blanchir leur linge à Lisbonne, l'eau du rio Negro étant trop noire... Eu égard à la durée du voyage, mieux valait avoir une garde-robe bien fournie !
Un tel monopole attira naturellement les convoitises des grandes puissances, dont l'impériale Grande-Bretagne, qui possédait parmi ses colonies, des contrées aux conditions climatiques favorables à la culture de l'hévéa. En 1875, l'aventurier anglais ***Henry Wickham*** réussit à se procurer plusieurs dizaines de milliers de graines à Santarém et à les emporter – au nez et à la barbe des douaniers brésiliens – aux *Royal Botanic Gardens* londoniens. À peine plus de 2 000 donnèrent des plants, mais ils suffirent à constituer les 1ers rangs d'hévéas à Ceylan (Sri Lanka) et en Malaisie. Bientôt proliférèrent des plantations rationnellement organisées, et autrement plus faciles à exploiter que les hévéas disséminés dans



**Adresses utiles**

- 1 Amazonastur (centre ; A1)
- 2 Amazonastur (marché ; A3)
- 4 Distributeurs Bradesco (A2)
- 5 Amazônia Cambio e Turismo et Moneygram (B2)
- 6 Distributeurs Santander (A2)
- 7 Alliance française et Heliconia Amazônia Turismo (B2)
- 8 Drogaria Farma Bem (B2)
- 9 Lavanderia Central (B3)
- 10 Amazon Eco Adventures (B1)
- 20 Amazon Antonio Jungle Tours (B2)
- 28 Amazon Explorers (A1)

**Où dormir ?**

- 20 Hostel Manaus (B2)
- 21 Local Hostel (A-B1)
- 23 Hotel Rio Branco (B3)
- 24 Villa Amazonia (A1)
- 25 Seringal Hotel (A1)
- 27 Central Hotel Manaus (A2)
- 28 Go Inn Manaus (A1)
- 29 B & B Chez les Rois (hors plan par B1)
- 30 Boutique Hotel Casa Teatro (A-B1)
- 31 Hotel Saint Paul (A-B1)

**Où manger ?**

- 40 Tacacá da Gisela (A1)
- 41 Tambaqui de Banda (A1)
- 42 Galo Carijó (B3)
- 43 Budega 101 (B2)
- 46 Casa do Pensador (A1)
- 47 Caxiri (A1)
- 48 Canto da Peixada (hors plan par B1)
- 49 Banzeiro (hors plan par B1)
- 50 Choupana (hors plan par B1)

**Où boire un bon jus de fruits ? Où s'offrir une glace ?**

- 46 African House (A1)
- 51 Ponto dos Sucos (B2)
- 52 Glacial (B2)
- 58 Skina dos Sucos (A1)

**Où boire un verre ? Où sortir ?**

- 53 Bar do Armando (A-B1)
- 54 Crocodilo's Club (A2)
- 55 Cabaret (A1)
- 56 Forró do Bagaça (hors plan par B1)
- 57 Porão do Alemão (hors plan par A2)

**Achats**

- 60 Galeria Amazônica (A-B1)
- 61 Amazônas Ecoshop (A1)

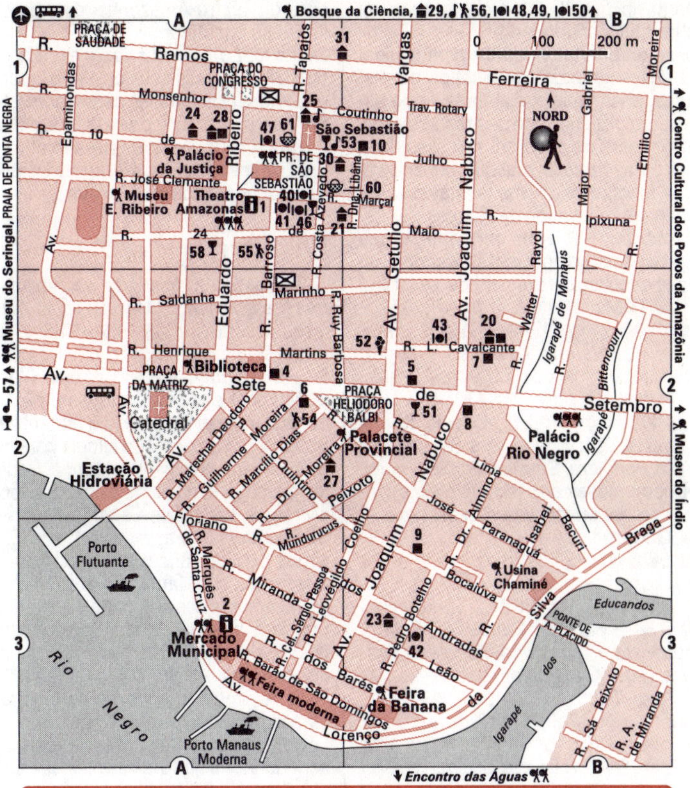

MANAUS



la forêt amazonienne. Lorsque le niveau de production de la Malaisie atteignit celui du Brésil, en 1910, les cours mondiaux s'effondrèrent, et Manaus amorça un déclin rapide. Il y eut un regain d'activité éphémère durant la Seconde Guerre mondiale en raison d'un besoin urgent en caoutchouc, alors que les plantations du Sud-Est asiatique étaient occupées par les Japonais.

L'écrivain américain ***Dos Passos,*** qui y séjourna en 1962, évoque, dans *Le Brésil en marche,* une ville comme habitée par d'étranges fantômes : « À Manaus, les récits d'échecs devant la forêt tropicale hantent tous les coins de rue. L'histoire de la ville elle-même est faite de plans superbes ayant tourné court. » Aujourd'hui, l'Amazonie ne produit plus guère de caoutchouc, contrairement à l'Asie du Sud-Est, qui en reste le 1er producteur mondial (94 %).

## Arriver – Quitter

### En avion

✈ ***Aeroporto internacional Eduardo Gomes*** *(hors plan par A1)* **:** à 14 km au nord de Manaus. ☎ 3652-1210. Vous trouverez un comptoir d'infos touristiques *Amazonastur* au milieu du hall d'arrivée, pas très utile, bien qu'on y parle un peu l'anglais. Le bureau de change *Confidence (ouv 24h/24)* propose un bon taux pour l'argent liquide. Et aussi : agences de location de voitures, pharmacie et distributeurs de billets. Sachez enfin que de nombreux vols atterrissent ou décollent au milieu de la nuit... Pas de souci pratique, cependant, tout fonctionne, même les cafés et les agences de location de voitures.

– Attention, si vous rencontrez des « rabatteurs » d'agences à l'aéroport, on vous déconseille vivement de les suivre.

■ ***LATAM :*** *à l'aéroport, terminal 1. ☎ 4002-5700 (n° national). • latam.com • Également* ***Latam Travel,*** *av. Mário Ypiranga, 1300, Loja 28, quartier d'Adrianópolis ; ☎ 3307-9381. Tlj 10h-22h, dim 14h-21h.* Depuis et vers Manaus, vols directs vers *Belém, Boa Vista, Fortaleza, Brasília, Rio, São Paulo,* et nombreuses connexions avec escales vers les principales villes du pays.

■ ***GOL :*** *à l'aéroport, terminal 1. ☎ 0300-115-2221 (n° national). • voegol.com.br • Aussi av. Max Teixeira, 1208, Flores. ☎ 3652-4200. Lun-sam 8h-12h.* Vols vers *Santarém, Belém, Boa Vista, Porto Velho, Fortaleza, Brasília, Rio* et *São Paulo.*

■ ***Azul-Trip :*** *à l'aéroport. ☎ 3652-1334 ou 0800-887-1118 (n° national). • voeazul.com.br • Tlj 11h30-15h, 22h30-2h30.* Vols vers *Belém, Brasília, Belo Horizonte, Rio* et *São Paulo,* mais aussi vers les plus petites villes amazoniennes comme *Parintins, Boa Vista, Rio Branco Tefé, Tabatinga* et *Porto Velho.*

■ ***Copa :*** *à l'aéroport. ☎ 0800-886-2672. • copaair.com •* Tous les vols de Copa transitent par Panama pour rejoindre les pays voisins.

#### *Liaisons aéroport – centre-ville*

➢ ***Les bus nos 306 et 813*** rejoignent le centre-ville (arrêt à droite en sortant du terminal). Le 1er est moins cher (env 3,80 Rls) mais moins confortable, le 2d plus cher (env 5 Rls) mais climatisé. Dans le centre de Manaus, ils partent de la *praça da Matriz* devant la gare fluviale *(plan A2)* et passent par l'av. Floriano Peixoto puis l'av. Getúlio Vargas (arrêt à la hauteur de l'hôtel *Taj Mahal*). Départ ttes les 20 mn env 4h30-23h40. Trajet env 30 mn (en fonction du trafic). Si vous logez du côté du Teatro Amazonas, demandez l'arrêt au chauffeur.

➢ Le tarif officiel des ***taxis*** est autour de 75 Rls et seuls ceux qui l'appliquent ont le droit de circuler dans l'enceinte de l'aéroport. On paie la course à l'avance au bureau des réservations près de la sortie. La plate-forme UBER, fonctionne très bien à Manaus.

## En bateau

***Estação hidroviária do Amazonas*** *(gare fluviale de Manaus ; plan A3)* ***:*** *face à la praça da Matriz. ☎ 2123-4350 (infos générales) ou 3088-5764 (horaires). • portodemanaus.com.br •* C'est le bâtiment de la gare maritime où on accède au quai flottant d'où partent les bateaux par un passage situé à gauche du bâtiment, puis par une rampe. Seuls les passagers munis de billets peuvent s'y rendre. Les billets s'achètent auprès de l'*Agência de Passagens (tlj 6h-18h)* située près de l'accès à la rampe, face à la praça da Matriz, ou auprès des représentants des compagnies (stands) postés à proximité, ainsi que le long du fleuve, derrière le *mercado municipal appelé aussi Adolfo Lisboa (plan A3).* Pour se simplifier la vie, on peut acheter son billet auprès d'une agence.

Les fréquences suivantes et les prix sont donnés à titre indicatif, les bateaux changeant régulièrement et les pannes n'étant pas rares. Voir aussi « Descente et remontée de l'Amazone (et de ses affluents) » à la fin de ce chapitre.

➢ ***Santarém*** *(2 j.)* ***et Belém*** *(3 j. ½ à 4 j.)* **:** notamment avec *AR Transporte • artransporte.com.br/operacao •,* départs le mercredi midi (sur l'*Amazon Star,* 850 passagers, ou le *Rondônia*), et le vendredi (sur le *Cisne Branco* ou le *Clivia,* plus petits et moins confortables), à la même heure. Autre option avec le *Nelio Corrêa,* le mer, 1 sem/2. Billet un peu moins cher. D'autres bateaux desservent Santarém tlj sauf dim, avec un départ en général vers 10h-12h. On vous conseille par exemple l'*Ana Beatriz* (le jeudi), et le *Golfinho do Mar III* (vendredi) de la Cie *Sousa.*

➢ ***Tefé et Tabatinga*** *(frontière avec le Pérou et la Colombie)* **:** compter 2 j. de voyage en bateau normal pour Tefé, jusqu'à 6 j. pour Tabatinga. Le *Lancha*

*Crystal I* (mardi à 6h) et le *Glória de Deus III* (ven à 6h) de *Cris Transporte Navigação* (☎ 3622-6047 ; ● terminalajato.com.br ●) sont les plus rapides : ils font le voyage jusqu'à Tabatinga en 40h env, repas inclus). Pour Tefé, compter 13h de trajet. Autres départs pour Tabatinga les mer, ven et sam mat à vitesse escargot. Pour Tefé, les options sont plus nombreuses et les tarifs varient selon la nuit en hamac ou en cabine pour 2 (avec clim et douche). Les bateaux partent du Porto Manaus Moderna, derrière le *mercado Lisboa (plan A3).*

## En bus

***Rodoviária*** *(gare routière ; hors plan par A1)* **:** *tt au bout de la rua Recife, à env 8 km au nord du centre, sur la route de l'aéroport. Pour s'y rendre, bus n*os *222, 227, 315, 317, 560 ou 640 depuis l'av. Getúlio Vargas.* Guichets des compagnies à l'extérieur. Bureau de poste et distributeurs.

➢ La Cie *Eucatur* ● *eucatur.com.br* ● dessert ***Itacoatiara*** (7 bus/j., 9h-23h), à env 250 km à l'est de Manaus, en aval de l'Amazone, et surtout ***Boa Vista*** (5 bus/j., 10h-23h, 10-12h de trajet), à 780 km au nord. Les mar, jeu et sam, le bus de 19h de Boa Vista permet de prendre la correspondance de 7h30 pour ***Puerto la Cruz,*** sur la côte du Venezuela. Compter 32h de route. Vaccination antiamarile exigée à la frontière.

➢ La Cie *Aruaña* (☎ *3615-2450)* dessert également ***Itacoatiara*** (7 fois/j., 6h-19h), au même tarif, ainsi que ***Silves*** (2 bus, à 8h et 18h), située au-delà.

# Comment se déplacer ?

➢ ***À pied :*** Manaus est une ville assez étendue, mais le centre historique, qui s'étend grosso modo de la *praça de São Sebastião* (siège du théâtre Amazonas jusqu'au marché bordant le fleuve, s'explore sans problème à pied. Ça tombe bien, c'est là que se concentrent les endroits où loger. En revanche, pas mal des meilleurs restos et des lieux de sortie sont excentrés – la plupart dans le quartier chic d'Adrianópolis, situé vers le nord. Pas vraiment d'autre solution que le taxi pour s'y rendre.

➢ ***En bus :*** ils sont nombreux et bon marché, mais comme souvent quand on ne connaît pas une ville, pas vraiment faciles à utiliser. On vous en indique certains pour les lieux les plus éloignés.

➢ ***En taxi :*** env 15 Rls pour une course dans le centre. Certains utilisent un compteur, d'autres non. ***Taxis Millenium :*** ☎ *3232-7219.* La plateforme du réseau Uber est une bonne alternative.

# Sécurité

Ces dernières années, Manaus est devenue une plaque tournante du trafic de drogue en provenance du Pérou et de la Colombie voisins (via Tabatinga). Si la violence qui lui est liée reste pour l'essentiel confinée aux personnes impliquées, une hausse globale de la criminalité est néanmoins notable dans certains quartiers, sauf le centre, bien sécurisé. Laissez les bijoux à la maison, ne vous laissez pas convaincre par un prétendu « guide » à l'aéroport ou dans la rue, et ne vous promenez surtout pas avec de grosses sommes d'argent – particulièrement de nuit et aux alentours du port. Utilisez alors les taxis ou VTC, bon marché.

# Adresses utiles

## Infos touristiques

***Amazonastur*** *(plan A1,* ***1****)* **:** *av. Eduardo Ribeiro, 666 (à l'angle avec la rua José Clemente, à 2 pas du Teatro Amazonas). Antennes à l'aéroport et au mercado Adolfo Lisboa (plan A3,* ***2****). En principe, lun-ven 8h-17h.*

LE NORD, L'AMAZONIE

*☎ 323-307-29. • visitamazonas.am.gov.br •* C'est l'office de tourisme de l'État d'Amazonas, mais vous n'en obtiendrez pas grand-chose... hormis un plan schématique de la ville et quelques sourires navrés. Ah... il y a aussi des toilettes.

## Argent, change

■ ***Distributeurs Bradesco*** *(plan A2,* ***4****) : av. 7 de Setembro, 895, à l'angle de Barroso. Accessibles 6h-22h.*
■ ***Distributeurs Santander*** *(plan A2,* ***6****) : rua J. Paranaguá, angle G. Moreira. Accessibles 6h-22h.*
■ ***Amazônia Cambio e Turismo et Moneygram*** *(plan B2,* ***5****) : av. 7 de Setembro, 1251, au rdc à l'entrée d'un couloir. ☎ 3622-7206. Lun-ven 9h-17h (12h sam).* Bonne adresse pour changer les devises.

## Représentations diplomatiques

■ ***Alliance française*** *(plan B2,* ***7****) : rua Lauro Cavalcante, 250. ☎ 3232-1373. • aliancafrancesamanaus.com • Tlj 8h-18h, sauf dim.* Agréable petite bibliothèque, TV et magazines en français. Propose aussi des activités culturelles épisodiques.
■ ***Consulat honoraire de France :*** *même adresse que l'Alliance française. 📱 98825-0960. • consulat.manaus@yahoo.fr • Lun et ven 14h-17h, mer 9h-12h.*
■ ***Consulat honoraire de Belgique :*** *rua Javari, quadra 34, casa 26, conj. Vieralves, bairro Nossa Senhora das Graças. ☎ 2126-0136. • manaus@consuladodabelgica.org •*

## Urgences

■ ***Policia civil :*** *☎ 174.*
■ ***Pronto Secorro*** (urgences) **:** *☎ 192.*
✚ ***Hospital 28 de Agosto :*** *av. Mário Yparanga, 1581, Adrianópolis. ☎ 3643-4800.*
■ ***Pharmacies :*** nombreuses dans le centre. Une bonne adresse : ***Drogaria Farma Bem*** *(plan B2,* ***8****), à l'angle de l'av. 7 de Setembro et de Joaquim Nabuco. Lun-sam 7h-21h, dim 8h-13h.* 3 autres juste en face.

## Divers

■ ***Lavanderia Central*** *(plan B3,* ***9****) : rua Quintino Bocaiúva, 607. Lun-sam 8h-17h30 (13h sam).* Laverie à la pièce mais assez bon marché. D'autres adresses dans le coin mais plus chères.



# Où dormir ?

Hormis quelques adresses, la plupart des établissements du centre de Manaus n'ont rien de très réjouissant : fonctionnels et sans charme, tout ça pour des tarifs tout de même assez élevés. Beaucoup de petits hôtels du côté du marché louent leurs chambres à l'heure (ou pour 2h), ce qui les apparente un peu à des hôtels de passe (ce que certains sont, d'ailleurs !)... Cela dit la fréquentation des « *love hoteles* » en nombre sur les grands axes (on les repère très aisément à leur décoration suggestive) ne sont pas liés à la prostitution, mais accueillent pour 2-3h les couples de tous âges qui désirent s'isoler ou fêter un anniversaire. On peut profiter de leurs installations (jacuzzi souvent) très confortables et même y rester jusqu'au petit déjeuner servi en chambre. Opportunités nombreuses, à saisir et/ou à négocier.

## Bon marché (moins de 150 Rls / env 36 €)

🏠 🍸 ***Hostel Manaus*** *(plan B2,* ***20****) : rua Lauro Cavalcante, 231. ☎ 3233-4545. • hihostelmanaus.com • En face de l'Alliance française. Dortoirs 42-44 Rls (sans ou avec clim), doubles 95-105 Rls, petit déj compris. Moins cher avec la carte HI. En 2018, 4 nouvelles chambres pour 4 pers ont été aménagées dans une annexe (85 Rls la nuit).* Voici l'AJ la plus populaire de Manaus qui compte plus de 70 lits. Membre de *Hostelling International,* elle occupe une grande maison agréable avec une cour intérieure et 2 terrasses, dont une couverte sur le toit. La déco luxuriante évoque, avec ses peintures d'animaux, la vie dans la jungle. Les chambres et dortoirs (mixtes ou non), avec ou sans clim, casiers et sanitaires partagés, sont bien tenus. Salon TV au rez-de-chaussée, où lézardent toujours quelques *backpackers,* cuisine, laverie. Parfait pour rencontrer des routards de tous les continents et préparer ses excursions, d'autant que le proprio, Antonio, est aussi celui de *l'Agence Amazon Jungle Tour.*

**Local Hostel** *(plan A-B1,* ***21****) : rua Dona Libânia, 215. ☎ 3213-9159. • localhostel.com.br • Idéalement situé à moins de 200 m du Teatro Amazonas. Dortoirs féminins et mixtes 6-8 pers 45-50 Rls, doubles env 100-120 Rls avec ou sans sdb privée, ttes avec clim. Petit déj 10-15 Rls. Réduc avec la carte HI.* Derrière une paroi métallique où est peinte une tête de jeune indien, une vaste cour précède le bâtiment joliment décoré. AJ au credo écoresponsable et durable bien marqué avec des matériaux recyclés. Lits superposés en dortoirs avec éclairage individuel et rideaux pour s'isoler, coffres sous le lit. Cuisine collective, laverie au poids. Organise également des excursions et le transfert de l'aéroport. Accueil adorable en anglais.

**Hotel Rio Branco** *(plan B3,* ***23****) : rua dos Andradas, 484. ☎ 3233-4019 ou 3321-0678. • hotelriobrancomanaus@yahoo.com.br • Doubles avec clim ou ventilo 80-100 Rls.* Non loin du marché et du port, dans un quartier pas très réjouissant, cet hôtel familial, où le jaune domine, dispose de chambres réparties sur 4 niveaux sans aucun charme, mais propres et bon marché ; la plupart sont assez (voire très) sombres. Certaines sont grandes comme une boîte de sardines, d'autres peuvent accueillir 4 personnes. En demander une au dernier étage, donnant sur la terrasse qui sert de laverie, mais qui offre une belle vue sur le rio Negro (n[os] 405, 406 ou 407). Coffres et vente de boissons.

## Prix moyens (150-250 Rls / env 36-60 €)

**Boutique Hotel Casa Teatro** *(plan A-B1,* ***30****) : rua 10 de Julho, 632. ☎ 3633-8381. • casateatro.com.br • Doubles 160-250 Rls, bon petit déj inclus.* Difficile de faire plus central : l'opéra est à un jet de pierre ! La *Casa Teatro* a indéniablement du charme. Ses espaces communs sont très joliment décorés, dans un style tropical chic et l'accueil y est souriant. Les chambres, impeccables, se partagent en 2 catégories. Les 1[res], avec salle de bains (vitrée) sont petites, mais élégantes ; les 2[des], avec lits superposés et sanitaires communs, sont minuscules, au point de ne pas avoir la place d'y poser une valise... Là, on se croirait presque dans un hôtel capsule japonais ! Bref, les prix sont élevés pour l'espace, mais le style est unique en ville. Terrasse au dernier étage.

**B & B Chez les Rois** *(hors plan par B1,* ***29****) : trav. Dos Cristais, 1, Conj. Manauense, Bairro Nossa Senhora das Graças. ☎ 3015-5638. • chezlesrois.com.br • Double env 220 Rls.* Excentré, à environ 2 km au nord du centre-ville, aux marges d'un quartier chic en plein essor et riche en restaurants. Pourquoi venir jusque-là ? Pour la jolie maison aérée entourée d'un jardin. Pour la petite piscine. Pour la dizaine de chambres spacieuses, confortables et bien équipées (clim, TV, frigo, coffre) – quoique sans déco. Les plus agréables ont un parquet en bois. Mais le gros plus reste l'accueil, vraiment sympathique.

**Go Inn Manaus** *(plan A1,* ***28****) : rua Monsenhor Coutinho, 560. ☎ 3306-2600. • atlanticahotels.com.br • Doubles 150-210 Rls selon saison, petit déj-buffet inclus.* Pour la touche de déco brésilienne, on repassera, mais les chambres de cet hôtel pas loin de la place principale sont modernes, bien finies et vraiment confortables (mais pas très grandes) : TV câblée, connexion internet, sèche-cheveux, coffre, etc. Petit déj à l'occidentale dans un espace clair. Salle de sport, espace jeux pour les enfants, snack. Accueil très pro, et en anglais, ce qui n'est pas fréquent.

🏠 ♪ ***Seringal Hotel*** *(plan A1,* ***25****)* **:** *rua Monsenhor Coutinho, 758. ☎ 3131-4420. • seringalhotel.com • Double env 150 Rls, petit déj 20 Rls.* Au coin d'un carrefour, un hôtel familial d'une quinzaine de chambres au charme résolument désuet comme à la Belle Époque : mobilier et papiers peints vintage, canapés capitonnés, éclairages faiblards. Les chambres du bas n'ont pas de fenêtre, douches minuscules, certaines peuvent s'avérer perméables au bruit extérieur. Le tout très propre. Musique *MPB* avec buffet à 25 Rls le vendredi soir. Personnel attentif.

🏠 ***Central Hotel Manaus*** *(plan A2,* ***27****)* **:** *rua Dr Moreira, 202. ☎ 3622-2600. Double env 120 Rls. Promos sur Internet.* Installé dans une rue calme du centre, pas loin du port, cet hôtel sans charme apparent propose des chambres pas très grandes, mais claires et bien équipées (clim, TV câblée, frigobar). Certaines seraient presque jolies avec leur mobilier en bois, à l'instar de la nº 108 (toute blanche). Bien pour une nuit. Staff accueillant.

## Plus chic (plus de 250 Rls / env 60 €)

🏠 ***Hotel Saint Paul*** *(plan A-B1,* ***31****)* **:** *rua Ramos Ferreira, 1115 ; dans le quartier du Teatro Amazonas. ☎ 2101-3800 ou 3303-9955 (résas). • hotelsaintpaul.tur.br • Doubles 180-360 Rls selon saison, bon petit déj inclus.* La soixantaine de chambres, impeccables et tout confort, occupent un bâtiment tout en hauteur ; celles des étages supérieurs ont une vue dominante sur la ville. Réel effort de déco, avec photos de fleurs. Peut-être un peu cher en haute saison mais un coup de cœur tout de même. Fitness, sauna, petite piscine ronde, restaurant et garage. Accueil très pro.

🏠 ***Villa Amazonia*** *(plan A1,* ***24****)* **:** *rua 10 de Julho Ramos, 315 ; dans le quartier du Teatro Amazonas. ☎ 3347-7832. • villaamazonia.com • Doubles 480-550 Rls selon taille et catégorie ; promos sur Internet.* Derrière une façade coloniale, un hôtel de luxe très bien situé, au charme discret, avec une piscine intérieure entourée de plantes tropicales, sur laquelle donnent les chambres à l'élégance feutrée, au confort sans failles et à l'équipement très complet. Excellent restaurant attenant nommé *Fitz* aux allures de bistrot, plutôt gastronomique et assez cher à la carte. Personnel aux petits soins et anglophone.

# Où manger ?

En dehors des environs immédiats du Teatro Amazonas, le centre de Manaus est assez désert le soir. Beaucoup d'établissements sont excentrés, accessibles uniquement en taxi. Bref, on vous indique ce qu'il y a de mieux dans le centre, ainsi que quelques adresses phares à Adrianópolis, le quartier chic qui s'étend plus au nord (à environ 2 km). La proximité du fleuve vous garantit la fraîcheur des poissons.

## Bon marché (moins de 40 Rls / env 10 €)

🍽 Le soir (jusqu'à 22h) sur la place du Teatro Amazonas, le kiosque ***Tacacá da Gisela*** *(plan A1,* ***40****)* sert, pour 20 Rls, une bonne... *tacacá,* cette soupe typique de l'Amazonie à base de *tucupi* (jus de manioc), feuilles de *jambú* (une sorte de cresson) et crevettes séchées – relevée d'une bonne louche de tapioca. On commande un bol et on va le déguster sur un banc de la place. Pas mauvais du tout, mais très salé.

🍽 ***Budega 101*** *(plan B2,* ***43****)* **:** *rua Lauro Cavalcante, 101. ☎ 32321-821.* Cantine self-service *ao kilo,* des employés locaux et étudiants du coin qui viennent choisir dans les préparations du jour de quoi déjeuner à l'économie. On remplit son assiette qui est ensuite pesée sur la balance. On reçoit son ticket et on paye en sortant. C'est frais, relativement bon et tout le monde est content.

**Casa do Pensador** (plan A1, **46**) : *praça de São Sebastião, 632. Tlj 16h-23h. Plats 25-50 Rls.* La large terrasse de cette ancienne école étalée sur la place piétonne aux vieux pavés noirs et blancs est idéale pour boire un verre au passage. Une petite faim ? Ajoutez-y un sandwich, des *bolinhos de peixe* (boulettes de poisson), une pizza ou un petit plat – végétarien ou non. Pas de génie, mais c'est copieux, et le cadre est joli.

**Galo Carijó** (plan B3, **42**) : *rua dos Andradas, 536, angle P. Botelho, non loin du port. ☎ 3233-0044. À 50 m de l'hôtel* Rio Branco. *Lun-sam 11h-15h30.* Presque centenaire, la salle ouverte sur la rue est fréquentée par les amateurs de poisson : *jaraqui* (le must), *matrinxã, tucunaré, tambaqui...* selon l'arrivage du jour, mais pas de poulet, malgré l'enseigne ! Les plats les plus chers sont pour 2. Un bon rapport qualité-prix.

## Prix moyens (40-70 Rls / env 10-17 €)

**Tambaqui de Banda** (plan A1, **41**) : *rua José Clemente, 596. ☎ 3236-5995. Sur la place, à gauche du Teatro Amazonas. Tlj 11h-23h.* Adresse très populaire, terrasse très agréable le soir, salles climatisées ou ventilées à l'intérieur. Spécialité de *tambaqui* grillé (qui l'eût cru ?) à choisir au poids selon le nombre de convives. C'est délicieux et les prix sont modérés ! Possibilité aussi de commander une portion de *pirarucu,* on a bien dit une portion... Le monstre peut faire 120 kilos ! D'autres poissons à découvrir, et à arroser d'une bière bien fraîche ou d'une caïpirinha. Carte en anglais. Succursale au *Parque do Mindú* au nord du centre.

## Très chic (plus de 100 Rls / env 24 €)

**Caxiri** (plan A1, **47**) : *rua 10 de Julio, 495. ☎ 3304-8700. Sur le flanc droit du Teatro Amazonas. Mar-sam 12h-16h30 et 19h-23h.* À l'étage d'une maison avec vue sur l'incontournable teatro, une salle haute de plafond, murs de brique, lustres imposants et tables dressées avec élégance. Carte variée et créative tendance fusion avec utilisation des produits typiquement amazoniens. Saveurs subtiles et déroutantes, présentation soignée et service stylé mais toujours décontracté. Belle carte des vins, quelques petites bouteilles de rouge chilien tout à fait acceptable. Desserts confondants.

## De chic à très chic (70-100 Rls et plus / env 17-24 €) et en dehors du centre

**Banzeiro** (hors plan par B1, **49**) : *rua Libertador, 102, dans le prolongement ouest de la rua Terezina, après la rua Maceió, à Adrianópolis. ☎ 3234-1621. Y aller en taxi. Tlj 11h30-15h30 (16h jeu-dim), 19h-23h30.* Les habitants de Manaus ne jurent que par ce resto chic tendance *cozinha amazônica,* où œuvre un chef formé en Europe. Il accommode avec élégance *pirarucu* (fumé ou non), *matrinxã* et autre *tambaqui,* sur des notes à la fois classiques et exotiques – ici du lait de coco, là des bananes et des noix du Brésil... Une vraie réussite pour des plats copieux, goûteux mais un peu onéreux.

**Canto da Peixada** (hors plan par B1, **48**) : *rua Emilio Moreira, 1677, à l'angle de la rua Ayrao. ☎ 3234-3021. À env 20 mn à pied au nord du centre. Tlj 11h-15h30, 18h-22h30, sauf dim soir. Plats (1 pers) 30-80 Rls.* Terrasse populaire, un peu bruyante, débordant sur le trottoir aux marges d'un quartier résidentiel en expansion. « Vivez plus en mangeant du poisson ! », telle est la devise de cette maison un peu excentrée. Au menu : les grands classiques du fleuve, pas donnés mais bien cuisinés, servis en portions copieuses – et en tablier, s'il vous plaît.

**Choupana** (hors plan par B1, **50**) : *av. Mario Ypiranga, 790, à Adrianópolis. ☎ 3635-3878. Lun-sam 11h-15h (16h ven-sam et dim) et 18h30-23h. Excentré, prendre un taxi pour s'y rendre. Fermé dim soir. Plats 2 pers 60-95 Rls. Carte en anglais.* Une excellente adresse pour goûter à toutes les subtilités de la généreuse cuisine locale, dans un cadre à la fois simple et soigné, inspiré de l'habitat indien. Le week-end, toute la bonne société locale y débarque en famille autour de grandes tablées ! Essayez le poisson sauce crevette, le *pato no tucupi* (canard à la sauce de manioc) ou le risotto de fruits de mer aux bananes plantain. Ambiance animée, service irréprochable et musique dès 20h le week-end (petite *cover charge*).

## Où boire un bon jus de fruits ? Où s'offrir une glace ?

***Skina dos Sucos*** *(plan A1,* ***58****)* **:** *av. Eduardo Ribeiro, 629. ☎ 3233-1970. Tlj 7h-18h30, sauf dim.* L'une des meilleures adresses de la ville dans son registre. Plus d'une trentaine de combinaisons possibles (certaines inconnues des palais européens). Également des milk-shakes, cafés et sandwichs. Blindé le midi.

***African House*** *(plan A1,* ***46****)* **:** *praça de São Sebastião. Tlj 7h-23h.* Un snack-bar installé dans une maison historique, qui donne sur la place du théâtre. Jus de fruits frais et sandwichs.

***Ponto dos Sucos*** *(plan B2,* ***51****)* **:** *av. 7 de Setembro, 1188. ☎ 3233-6578. Lun-ven 8h-18h.* Bar en U qui propose, là encore, d'excellents jus de fruits pas chers (une vingtaine au choix), des sandwichs et divers *salgados* (encas salés).

***Glacial*** *(plan B2,* ***52****)* **:** *av. Getúlio Vargas, 188. ☎ 3233-7940. Tlj 10h-22h (15h dim et j. fériés).* Fondé par les descendants d'un émigré portugais, ce glacier s'est imposé comme la référence en ville. Il compte à présent une dizaine de points de vente, où l'on savoure toutes sortes de bâtons glacés, coupes glacées et *sorvetes* au kilo (on se sert et on fait peser). Privilégiez les parfums aux fruits locaux – *taperebá* (prunier mombin), tapioca, etc.

## Où boire un verre ? Où sortir ?

Comme pour les restos, le centre-ville ne regorge pas de lieux de sortie, mais ça évolue. On vous indique les plus sympa, sachant qu'il en existe beaucoup d'autres loin du centre, souvent difficiles à trouver et pour lesquels il faut prendre un taxi. Avec un peu de chance, vous verrez danser le *forró*, ce rythme populaire typique du Nord, aux pas rapides et aux corps rapprochés...

### *Dans le centre*

***Bar do Armando*** *(plan A-B1,* ***53****)* **:** *rua 10 de Julho, sur la pl. du Teatro Amazonas. ☎ 3233-1195. Tlj 15h-2h, sauf dim.* Une institution à Manaus. Brésiliens et touristes du monde entier se retrouvent côte à côte dans ce bar chaleureux au nord de la place Sâo Sebastiâo, pour siroter une bière fraîche avec un sandwich au porc ou autour d'une assiette d'amuse-gueules. Armando n'est plus, mais un grand drapeau de son Portugal natal demeure au mur, entre maillots de foot et géants du carnaval en carton-pâte. Musique live la plupart des soirs, en particulier du jeudi au samedi.

***Crocodilo's Club*** *(plan A2,* ***54****)* **:** *rua Marcílilo Dias, 265. ☎ 3232-1883. Ven-sam dès 18h, dim à partir de 20h et soirées spéciales. Entrée : 20 Rls ; souvent gratuit pour les femmes en début de soirée.* C'est la plus ancienne boîte de Manaus, située en plein centre. Les DJs y débitent funk électro ou latino, à moins de verser dans les années 1990 ou 2000. Les *domingueiras* (le dimanche donc) sont les plus renommées.

***Cabaret*** *(plan A1,* ***55****)* **:** *rua Barroso, 293. ☎ 3622-4566. Ven-sam à partir de 23h. Entrée : env 30 Rls.* Ambiance house tribal et techno dans une belle maison rouge à 2 étages. C'est bondé le samedi, lorsque débarquent les *gogo dancers* ! Clientèle bien fringuée, plutôt gay, mais non exclusive.

### Plus loin

À 12-15 km au nord-ouest du centre-ville, la plage de ***Ponta Negra*** (voir plus loin « Où se baigner ? ») est bordée de petits *bars-restos* qui s'animent le soir, en particulier le week-end. On vient y flâner ou siroter une *cerveja* entre potes ou en amoureux, tandis que d'autres jouent au volley, au foot, ou tentent de savoir ce que l'avenir leur réserve... Un doux mélange des genres. La musique, souvent bien rythmée, imprègne l'atmosphère et fait chalouper bien des corps. Quelques groupes locaux.

***Forró do Bagaça*** *(hors plan par B1,* ***56****)* **:** *av. do Turismo (env 4 km au nord-est du centre). ☎ 3671-1933. Ven-sam à partir de 22h (18h dim). Entrée : 20 Rls.* Un vaste espace ouvert avec une scène et plusieurs bars, comme savent en créer les Brésiliens, où l'on peut écouter et danser le *forró, la samba.* C'est toujours noir de monde ! D'autres lieux du même type, très populaires, le long de la même avenue. C'est le coin à fréquenter le week-end si vous êtes amateur de ce genre de carnaval permanent !

***Porão do Alemão*** *(hors plan par A2,* ***57****)* **:** *av. São Jorge 1986. ☎ 3239-2976. • poraodoalemao.com.br • Entre Manaus et la plage de Ponta Negra. Mer-sam 18h-6h (19h sam). Entrée : 20 Rls (souvent gratuit pour les femmes jusqu'à 23h).* Véritable institution, cette grande taverne (un *bierkelder,* comme il se nomme lui-même) en contrebas de la route, à l'atmosphère un peu trash, organise son propre festival ! Concerts de rock à partir de minuit.

## Achats

***Galeria Amazônica*** *(plan A-B1,* ***60****)* **:** *rua Costa Azevedo, 272. ☎ 3302-3633. Sur la place du théâtre. Lun-sam 8h-19h, j. fériés 8h-12h seulement.* Cette très belle boutique-galerie appartient aux Indiens *Waimiri Atroari* (Kinja). On y trouve des objets confectionnés par une quinzaine d'ethnies, dont beaucoup de vannerie (nattes, panières), mais aussi des masques *ticuna,* des sarbacanes, colliers, flèches et carquois, etc. Les prix sont plutôt raisonnables pour la qualité, et les bénéfices vont droit aux communautés. À l'arrière, au bout du couloir, une annexe du MUSA (voir plus loin) avec petite cafétéria.

**Amazônas Ecoshop** *(plan A1,* ***61****)* **:** *rua 10 de Julho, 509, angle Tapajós. ☎ 3234-8870. Lun-ven 9h-18h, sam 9h30-15h.* On trouve d'autres boutiques d'artisanat autour du Teatro Amazonas, notamment ce magasin représentant une quinzaine d'ONG et 250 artisans. Au choix : colliers, bracelets, bijoux, sacs, belle vannerie yanomami, etc. C'est aussi un agréable salon de thé où l'on peut prendre une glace.

Sinon, il y a les petites échoppes du ***mercado Lisboa,*** nettement moins chères mais proposant pas mal de camelote.

LE NORD, L'AMAZONIE

## À voir

### **Le port** *(plan A3)*

C'est le coin le plus animé et le plus coloré de la ville. Les docks principaux ***(Porto Flutuante)*** se cachent derrière le bâtiment de l'*estação hidroviária* – qui donne sur la ***praça da Matriz,*** encombrée de stands, de petits vendeurs et de bus vrombissants. Ils ont été aménagés en 1906 par des ingénieurs anglais, de même que le curieux bâtiment néo-Renaissance de l'*Alfândega,* reconstruit pierre par pierre en blocs acheminés depuis la Grande-Bretagne. Les quais, flottants,

accompagnent les crues du fleuve, et l'amplitude peut varier de 10 à 15 m au cours de l'année. Un grand panneau indique d'ailleurs le niveau maximal atteint chaque année (vers juin en général) à l'orée de la rampe qui y mène – accessible uniquement à ceux qui ont un billet ou partent en excursion. Le record est de 29,97 m en 2012.
Un peu plus à l'est, adossé au mercado Lisboa (voir ci-dessous), le ***Porto Manaus Moderna*** est plus accessible : en contrebas de l'avenue du même nom, une flopée de bateaux en bois et en fer s'agglutinent autour d'une série de pontons. Au programme : des destinations qui sentent encore bon l'aventure, à 1, 2, 3, 6 jours de navigation vers l'aval ou l'amont. Spectacle incessant des dockers qui chargent et déchargent, les épaules chargées de poids insensés. Papa, maman et les enfants qui installent leur hamac sur le pont, petites embarcations qui font la navette depuis la rive opposée chargées de produits maraîchers... D'ici, on découvre enfin l'Amazone dans toute sa diversité.
De juillet à décembre, en période de basses eaux, une étendue de sable (et de déchets !) se découvre, et où de nombreuses familles improvisent des petits restos-bars-gargotes. Les poissons cuisent dans de grandes marmites posées à même le feu, dans une activité des plus fébrile, sous le regard patient des urubus (vautours) attendant leur heure pour jouer les éboueurs.

**★★ *Mercado municipal Adolpho Lisboa*** *(plan A3)* **:** *tlj 6h-18h (12h dim).* En face du Porto Manaus Moderna, le marché, superbement restauré au terme de 7 années de travaux, occupe une élégante structure métallique Art nouveau, inspirée, dit-on, des vieilles Halles de Paris. Inauguré en 1880, le bâtiment principal, où l'on vend surtout aujourd'hui des souvenirs, se vit adjoindre en 1908 plusieurs pavillons de même style – où l'on retrouve désormais vendeurs de viande, de poisson, de jus de fruits, de plantes médicinales et d'objets d'artisanat. Face à l'entrée nord, vous verrez également une jolie maison restaurée couverte d'azulejos.

**★★** Au-delà du marché Adolpho Lisboa, en longeant le quai vers l'aval, on découvre l'immense ***Feira Moderna*** *(plan A3)*, qui occupe plusieurs pâtés de maisons. Le matin, il faut déambuler dans la halle aux poissons (la 1re), bourdonnante et agitée, où les vendeurs en blouse blanche – vite maculée – donnent de la voix en aiguisant leurs coutelas ou en assenant de puissants coups de hachoir... À ne pas rater pour découvrir l'incroyable variété des poissons d'eau douce ! La halle suivante est occupée par d'innombrables stands de fruits, légumes et crevettes séchées. Enfin, tout au bout, au croisement de la rua Barão de São Domingos et de la rua Pedro Botelho, on atteint la halle ouverte de la ***Feira da Banana*** *(plan B3)*, où s'empilent à l'infini, des régimes à ne plus savoir qu'en faire.



## Le centre historique

« Une ville habitée par la nostalgie », disait John Dos Passos, qui y passa dans les années 1960... Si les immeubles sans grâce des époques plus récentes ont largement envahi le centre, la municipalité restaure peu à peu ce qui peut l'être encore. Plusieurs vieilles demeures de l'époque du boom du caoutchouc (autour du théâtre notamment) ont ainsi été rénovées et transformées en musées ou centres culturels. Sur certaines, couvertes d'azulejos, les initiales des orgueilleux propriétaires évoquent la splendeur d'une époque opulente désormais révolue.

**★★ *Praça de São Sebastião*** *(plan A1)* **:** c'est ici, au pied de l'opéra, que bat le pouls de la ville. Couverte de vieux pavés portugais blancs et noirs avec des motifs de vagues à la manière de ceux de Rio, l'esplanade, piétonne, est encadrée d'arbres et de bancs où il fait bon prendre le frais. Le soir, des musiciens y débarquent tandis que Gisela monte son stand de *tacacá* (voir « Où manger ? »). Au centre, la statue aux 4 proues de navire représente les 4 continents. Sur le côté nord, l'***igreja de São Sebastião*** (1888) ne paie pas de mine mais possède vitraux et plafond peint. Jetez-y un œil.

***Teatro Amazonas*** *(plan A1)* **:** *praça de São Sebastião. ☎ 3232-1768. Tlj 9h-17h, sauf dim. Entrée : 20 Rls avec la visite guidée (45 mn) ttes les 30-40 mn, en portugais et/ou en anglais.*
Symbole de l'opulence passée de la ville, l'opéra de Manaus a été inauguré en 1896, à une époque où le caoutchouc faisait encore recette. Le film *Fitzcarraldo,* de Werner Herzog, rappelle cet événement. Tous les matériaux de construction sont venus d'Europe par bateau : marbre de Carrare, marqueterie de France, tuiles alsaciennes de la coupole (aux couleurs du drapeau brésilien), miroirs de Venise, chandeliers italiens (près de 200 !), colonnes et murs en acier anglais, etc. Même le superbe rideau de scène, représentant la déesse du Fleuve Lara et la rencontre des eaux, a été peint à Paris, par un Brésilien, il est vrai ! Il ne se déroule pas, mais monte droit jusqu'à la coupole pour ne pas être abîmé. Étonnant plafond, (lui aussi réalisé en France), dont les 4 sections sont séparées par les pieds de la tour Eiffel vus du dessous et évoquent la danse, la musique, la tragédie et l'opéra. Sur les colonnes, on remarque les noms des grands dramaturges et compositeurs : Molière, Goethe, Racine, Mozart, Beethoven, Verdi...
À l'étage, une salle des pas perdus au somptueux parquet de bois précieux et aux murs peints de scènes amazoniennes prenait autrefois vie durant les entractes. Les musiciens continuaient à y jouer, perchés au balcon ! Du grand balcon, on embrasse du regard le centre-ville. Dans les petites salles attenantes, beau mobilier en jacaranda, un bois noir dur comme du métal.
La légende voudrait que le 1er à avoir chanté dans l'opéra de Manaus ne soit autre qu'Enrico Caruso. Rien n'est moins sûr... Sarah Bernhardt, également pressentie pour y jouer, n'y vint pas davantage, mais de grandes troupes européennes s'y produisirent, snobant parfois même Rio, la capitale d'alors. Pas pour très longtemps cependant, car l'opéra de Manaus ferma en 1925 suite à la régression économique et fut laissé à l'abandon... Rénové entre 1987 et 1990, il a retrouvé son faste et sa magnificence d'antan. Aujourd'hui, son orchestre philharmonique, principalement composé de musiciens venus d'Europe de l'Est, est considéré comme l'un des meilleurs du Brésil. Des concerts y ont lieu une ou 2 fois par semaine (ils commencent entre 17h et 20h). Assez souvent, c'est gratuit dans les balcons, mais payant au parterre (environ 20 Rls). À bon entendeur... Ne manquez pas, pendant 3 semaines en avril-mai les représentations du festival d'opéra. Prix tout à fait abordables.

## À PAS FEUTRÉS...

*Comble du raffinement, les pavés extérieurs du théâtre sont faits d'un amalgame de pierre et de caoutchouc, spécialement conçu à l'époque pour étouffer le bruit des calèches des retardataires, afin de ne pas perturber le spectacle.*

***Centro cultural Palácio da Justiça*** *(plan A1)* **:** *av. Eduardo Ribeiro, 833, juste derrière le Teatro Amazonas. ☎ 3248-1844. Mar-ven 13h-17h, dim 17h-21h. Fermé sam et lun. GRATUIT.* Cette imposante bâtisse, inaugurée en 1900, en style mâtiné de néo-classicisme anglais et de Second Empire français, possède un magnifique hall, de belles colonnades et un impressionnant escalier en fer forgé. Elle accueille à présent des expos d'art temporaires au rez-de-chaussée. Au fond, à droite, le vénérable café ***Leão de Ouro,*** repaire des intellectuels dans les années 1950, a été reconstitué à l'identique. Dans la *rua José Clemente,* voisine du théâtre, 3 belles façades de maisons au n° 290.

**Museu-casa Eduardo Ribeiro** (plan A1) : *rua José Clemente, 322. ☎ 3248-2938. Mar-dim 9h-17h (13h dim). Visite guidée (possible en anglais) obligatoire. GRATUIT.* Ce fut l'une des résidences d'Eduardo Ribeiro, plus important gouverneur de l'État d'Amazonas à la fin du XIXe s – à l'origine de la construction du Teatro Amazonas. Officiellement connue sous le nom de *Palacete Bretislau de Castro,* cette demeure néoclassique aux sols en bois précieux a été entièrement restaurée et garnie de mobilier d'époque. On découvre le petit salon où il recevait les barons du caoutchouc, son bureau, la salle à manger, la salle de bal à la porte-fenêtre arrondie très Art nouveau, ainsi que sa chambre à coucher, où sont exposés ses uniformes et une... camisole, car Ribeiro, vers la fin de sa vie, fut considéré comme schizophrène et placé en institution. À l'extérieur sommeille son fiacre, marqué à ses initiales, qu'il utilisait pour se rendre, entre autres, à l'opéra... Regardez les roues : elles sont couvertes de caoutchouc.

**Palacete Provincial** (plan B2) : *praça Heliodoro Balbi. ☎ 3631-6047. Tlj 9h-14h. GRATUIT. Possibilité de visites guidées (gratuites) en portugais ou en anglais.* Le bâtiment, construit en 1861, servit de résidence au gouverneur de la province avant de devenir Q.G. de la police militaire en 1895. Restauré, il accueille plusieurs minimusées.
Au rez-de-chaussée, la *pinacothèque* regroupe des œuvres de peintres locaux des XIXe et XXe s, et le *museu da Imagem e do Som,* de vieux appareils photo et quelques vestiges du ciné *Guarany,* qui accueillit le 1er film parlant de la ville.
À l'étage, la *section archéologique* vaut surtout le détour pour sa petite statuette anthropo-zoomorphe précolombienne de Tapajós, dont on ne connaît qu'une douzaine d'exemplaires similaires. Suivent le *museu Tiradentes,* consacré à la police militaire, puis le *museu de Numismática Bernardo Ramos,* où sont rassemblées quelque 12 000 pièces de monnaie du monde entier et de toutes les époques.

**Centro cultural Palácio Rio Negro** (plan B2) : *av. 7 de Setembro, 1546. ☎ 3232-4450. Mar-ven 10h-16h, dim 17h-20h. GRATUIT.* Le Palácio Rio Negro est une extraordinaire demeure à dominante néoclassique bâtie en 1903 pour **Waldemar Scholz,** l'un des riches barons du caoutchouc. Ruiné par la Première Guerre mondiale (qui coupa les lignes transatlantiques), puis par la chute des cours du latex, il retourna dans son Allemagne natale, laissant les gouverneurs de l'État d'Amazonas faire du palais le siège du gouvernement. Précédé d'une imposante façade flanquée d'une véranda à colonnade, l'édifice révèle des intérieurs fastueux, parfaitement restaurés, où est exposé du mobilier d'époque. Au milieu du hall d'entrée s'élance un splendide escalier en forme de ciseaux, au pied duquel trônent 2 statues françaises – l'une figurant la musique, l'autre la poésie. À l'arrière, à l'étage, une agréable véranda donne sur le jardin. Le lieu héberge des réceptions officielles et organise des expos temporaires, des récitals et des pièces de théâtre. Jolis jardins aménagés en contrebas.

**Usina Chaminé** (plan B3) : *av. Lourenço da Silva Braga. ☎ 3633-3026. Lun-sam 13h-17h ; dim 11h-15h. Visite guidée en portugais (et un peu d'anglais). GRATUIT.* Occupant, dans un quartier un peu glauque s'étendant au-delà du marché, une ancienne usine de traitement des eaux de 1910, bien restaurée depuis, cette exposition montre différents aspects de l'Amazonie à travers les 5 sens : on peut humer des essences, toucher les objets exposés (vannerie, hamacs, coiffes en plumes, sculptures sur bois, etc.), visionner des petits films et écouter les sons des instruments de musique traditionnels... Un parcours intéressant et plutôt inattendu. Le rez-de-chaussée accueille des expos temporaires à thème culturel. Pourquoi Chaminé ? Jetez un coup d'œil à l'extérieur, côté droit...

**Museu do Índio** (hors plan par B2) : *av. Duque de Caxias, 356. ☎ 3635-1922. Lun-ven 8h30-11h30, 13h-16h30 ; et sam mat. Fermé dim. Entrée : 10 Rls.*

Géré par les Salésiens, une institution religieuse, ce musée plutôt vieillot (il date de 1952) mais pas inintéressant, présente des objets de la vie quotidienne des Indiens *tucano, aruak, maku* et *yanomami*. Dans la 1re salle, on remarquera le *trocano* qui, creusé dans un seul tronc, servait de moyen de communication. Dans la salle III, différentes armes pour la pêche et la chasse ; salle IV, des parures de chef avec plumes colorées, hamacs et objets divers ; et salle V, des costumes funéraires, pirogues et instruments de musique.

## En dehors du centre

🚶 ***Centro cultural dos Povos da Amazônia*** *(hors plan par B1)* **:** *praça Francisco Pereira da Silva. ☎ 2123-5300. À env 4 km à l'est du centre-ville (Bolas da Suframa). Depuis le centre, bus nos 625, 705 ou 711. Lun-ven 8h-17h. GRATUIT.* Ce vaste centre culturel, installé à l'orée du quartier industriel de la ville, regroupe un amphithéâtre où est organisé un festival de danses amazoniennes (en juillet), un centre vidéo, une *maloca* (maison commune) indienne et l'intéressant *museu do Homem do Norte*. Il est consacré aux populations qui habitent le nord du Brésil et à leur histoire – des origines à nos jours, à travers des sections dédiées à l'archéologie, aux peuples de la forêt, à leurs rituels et leur art plumier, puis aux *caboclos* et aux festivités locales. On y donne le matin tôt des cours de capoeira.

🚶 👪 ***Bosque da Ciência*** *(hors plan par B1)* **:** *rua Otávio Cabral, s/n. ☎ 3643-3293. • bosque.inpa.gov.br • À env 6 km au nord-est du centre, dans le quartier de Pétropolis. Bus no 519 depuis la praça da Matriz ou micro-ônibus no 810. Mar-ven 9h-12h, 14h-16h30 ; w-e 9h-16h ; dernière entrée 30 mn avt. Entrée : 5 Rls.* Dans l'enceinte de l'INPA, noyé dans la végétation, ce parc botanique de 13 ha abrite des enclos et bassins où s'ébattent tortues, caïmans, loutres et autres *pirarucus* (plus grands poissons de l'Amazone) et surtout les lamantins on pourra éventuellement assister au repas des bébés lamantins, administré... au biberon !

🚶🚶 ***Museu do Seringal – Vila Paraíso*** *(hors plan par A2)* **:** *accès par bateau-taxi depuis la Marina do David, à Ponta Negra. ☎ 3631-3632. Tlj 8h-16h, sauf lun. Entrée : 10 Rls.* Voici une occasion, assez unique, de remonter le temps jusqu'à l'époque glorieuse du caoutchouc. Installé à l'embouchure de l'*igarapé São João*, sur la rive gauche du rio Negro, le domaine comprend la reproduction d'une maison de planteur meublée comme à l'époque, avec une chapelle, un magasin et une fabrique de farine de manioc. Un parcours forestier permet d'observer la collecte du latex et de rejoindre un atelier où il est séché et une modeste maison de *seringuero*. En fait, tout cela n'est qu'un décor de ciné construit pour les besoins d'un film (*A Selva*, *The Forest* en anglais) tourné dans ces lieux en 2002.

🚶🚶 ***MUSA*** **:** *av. Margarita s/n Cidade de Deus, au nord de la ville à la lisière de la forêt. Prendre un taxi. Tlj sauf mer 9h-17h (dernière entrée 16h). Entrée : 20 Rls, accès à la tour d'observation 20 Rls. Réduc. Visite guidée (anglais) 40 Rls, départ ttes les heures.* Aux abords de la jungle, le MUSA, une réserve de 10 000 ha, se veut une introduction didactique au monde de la forêt tropicale. Tous les animaux s'y trouvent, parqués dans des enclos pas trop bien aménagés ni entretenus, mais les propos du guide suffisent à rendre le parcours assez intéressant. On y découvrira également, au fil de la visite, les astucieuses techniques de pêche des Indiens, les instruments de cuisine, les légendes et la cosmogonie des Indiens, un vivarium aux serpents, un aquarium avec les principaux poissons du fleuve dont les piranhas et l'impressionnant *pirarucu* et, pour terminer, un bassin aux nénuphars géants. Mais ce qui fait à nos yeux l'intérêt de ce parc, c'est la montée au sommet de la tour métallique de 45 m (accès individuel possible) pour se rendre compte des différents étages de la végétation et découvrir depuis la canopée une mer d'arbres à 360°.

## Où se baigner ?

**Ponta Negra :** *à 12-15 km au nord-ouest du centre. Prendre le bus nº 120 sur la praça da Matriz (plan A2).* C'est une belle langue de sable blanc où il est agréable de passer la soirée (voir aussi « Où boire un verre ? Où sortir ? »). Quelques km en amont du fleuve, la ***praia da Lua*** est belle et propre.

## Fêtes et manifestations

- ***Festival d'opéra :*** *en avr-mai, pdt 3 sem.* Représentation environ 1 jour sur 2, assurée par l'orchestre philharmonique du théâtre *Amazonas*. Un superbe festival !
- ***Boi-Bumbá ou Bumba-meu-boi :*** *dernier w-e de juin, pdt 3 j. ; dans la ville de Parintins (110 000 hab.), entre Manaus et Santarém.* C'est la très populaire « fête du Bœuf », « Boi-Bumbá » signifiant : « Frappe, bœuf ! » Ce festival est célébré à l'origine dans le *Pernambuco*, mais s'est répandu tout le long du littoral, du Maranhão au Santa Catarina, dans le sud du Brésil. Ici, 2 équipes s'affrontent dans le « *bumbódromo* », le stade en forme de tête de bœuf... celle du bœuf capricieux et celle du bœuf « garanti ». Débauche de couleurs, de paillettes et de costumes somptueux, délire de chants et de danses évoquant légendes et rituels, c'est un événement unique qui réunit chaque année 100 000 spectateurs venus de tout le Brésil !
- ***Festival Folclorico do Amazonas :*** *en juil-août, au Centro cultural dos Povos da Amazônia.* L'occasion de revoir le Boi-Bumbá, si vous n'êtes pas allé jusqu'à Parintins, et bien d'autres groupes folkloriques du nord du pays.
- ***Festival de Jazz (Amazonas) :*** *en juil, pdt 2 sem.* Un festival regroupant des formations brésiliennes et internationales de qualité. Tous les concerts sont gratuits.
- ***Anniversaire de la ville :*** *le 24 oct.* Grande fête populaire à Ponta Negra.
- ***Amazonas Film Festival :*** *en nov, pdt 1 sem.* Créé sur une idée du cinéaste belge Jean-Pierre Dutilleux, qui fit connaître le chef Raoni en association avec le gouvernement d'Amazonas, le festival ouvre grand ses portes à des longs et courts métrages venus de tous les horizons.
- ***Fête de la sainte patronne de l'Amazonas :*** *le 8 déc.* Procession religieuse dans le centre de Manaus.



# DANS LES ENVIRONS DE MANAUS

Il y a, en gros, 3 types d'activités à faire au départ de Manaus : les excursions d'une journée, les séjours et randonnées en forêt de plusieurs jours, et la descente en bateau de l'Amazone en aval vers Belém, ou la remontée en amont vers le Pérou. Il est préférable de faire appel aux services d'une agence. Si vous partez plusieurs jours, laissez vos bagages à Manaus – au risque de tout retrouver mouillé – et prenez juste un petit sac.

## Excursions d'une journée

La balade la plus populaire consiste à se rendre en bateau jusqu'à la ***rencontre des eaux*** (*o encontro das águas ;* hors plan par B3). Petit rappel : Manaus ne se trouve pas sur l'Amazone, mais sur le ***rio Negro,*** un fleuve de 2 300 km qui prend sa source en Colombie et se jette dans le ***Solimões*** 8 km à l'ouest de la ville. Les 2 réunis forment l'Amazone proprement dit. Le spectacle est unique : le rio Negro, aux eaux noires, et le Solimões, brun-jaune et limoneux, refusent de fusionner et continuent à couler côte à côte sur environ 15 km en s'ignorant

superbement ! Ce phénomène s'explique par la différence de température et de densité des 2 cours d'eau. L'Amazone, aux eaux à 22 °C, coule à 4-6 km/h et le rio Negro (28 °C) à 2 km/h.
– Pour cette excursion, on conseille de passer par une ***agence.*** Elles possèdent pour la plupart un bateau à 2 ponts, qui offre un meilleur point de vue. Le principe est largement touristique : on se retrouve en groupe, dans une ambiance bon enfant. Départ vers 9h, retour vers 15h30. Prix de base : environ 150-200 Rls, déjeuner compris ou non, selon l'agence, le programme et... votre faculté à négocier ! En règle générale, évitez les agences destinées aux touristes brésiliens, ils ont tendance à être très bruyants...
En général, la balade inclut l'incontournable *rencontre des eaux,* un coup d'œil à l'un ou l'autre village flottant, un tour en pirogue dans les *igarapés* et une balade sur un ponton en bois au parc écologique *Janauary,* à la découverte des nénuphars géants et de la faune (souvent domestiquée pour le touriste...). Après le déjeuner, on part à la rencontre des dauphins d'eau douce. Pour cette activité, choisissez une agence respectueuse des mœurs des cétacés. On vous proposera de vous baigner avec eux, d'autant plus qu'ils sont peu farouches. Mais sachez qu'ils sont plus attirés par la nourriture que par le contact avec un humain. Parfois on visite un village indien – avec petit spectacle de danse et vente d'artisanat. Au passage, on découvre la vie des bords du fleuve : stations-service, magasins flottants, bateaux de ramassage scolaire (jaunes) et autres bateaux-ambulances – sans oublier le nouveau pont sur le fleuve, situé en amont de la ville ! Les plus pressés peuvent se contenter de négocier dans l'un ou l'autre port un court aller-retour jusqu'à la rencontre des eaux. Compter 50-100 Rls le bateau pour 1h à 2h de balade. De nombreuses options intermédiaires sont aussi possibles (avec ou sans dauphins/tour en barque/déjeuner, etc.).
– Dernière possibilité, pour les fauchés : prendre un ***bus*** affichant « Villa Buriti », « Vila da Felicidade » ou « Ceasa » sur la praça da Matriz, et descendre à *porto da Ceasa.* Là, des ***bateaux*** peuvent vous emmener à la rencontre des eaux. Balade d'environ 1h, pour environ 25 Rls par personne. Et si vraiment vous voulez dépenser le moins d'argent possible, vous pouvez encore, toujours depuis *porto da Ceasa,* prendre un des bateaux qui traversent le fleuve jusqu'à la bourgade de Careiro (d'où part la BR 319). Ces bateaux passent par la rencontre des eaux (sans s'y arrêter, bien sûr), et il ne vous en coûtera que 5 Rls par personne !
– Ceux qui prennent le bateau pour Santarém ou Belém ou vont rejoindre un *lodge* de la région (en aval) pourront faire l'économie de l'excursion : le trajet passe aussi par le site de la rencontre des eaux. Attention, on paie sa nourriture à bord.

Une autre excursion d'une journée à faire dans les environs de Manaus est celle qui consiste à ***grimper au sommet d'un arbre*** de la forêt, ce que certaines agences proposent. Il n'est pas nécessaire d'avoir de l'expérience, mais il faut être en bonne forme physique et de ne pas avoir le vertige... On grimpe à l'aide de cordes, de mousquetons et de harnais, et l'on descend en rappel. Assez cher cela dit, mais c'est une expérience unique et une excellente manière d'avoir un aperçu de la canopée !

## Agences

■ ***Heliconia Amazônia Turismo*** *(plan B2,* ***7****)* **:** *rua Lauro Cavalcante, 250, au fond de la cour de l'Alliance française.* *92-991-442-406.* • *voyage-amazonie.com* • 2 sympathiques Français, Remy Harbonnier et Olivier Jaudoin, ont repris cette agence en 2013 pour lui donner un dynamisme nouveau dans un esprit écoresponsable. Leur professionnalisme sans faille permet de garantir le meilleur rapport prix-qualité-satisfaction en se démarquant des activités formatées du tourisme de masse. Heliconia emploie des guides polyglottes issus des communautés amazoniennes qui connaissent leur environnement comme leur poche. Hors des sentiers battus, et en horaires décalés avec les principales agences, Heliconia propose une large gamme

LE NORD, L'AMAZONIE

d'excursions calibrées selon vos préférences et votre budget. En plus d'activités originales comme les stages photo, ou scientifiques en collaboration avec l'INPA et les séjours chez l'habitant dans leur casa Cabloca, le produit vedette de l'agence consiste à embarquer de 3 à 9 jours à bord de leur bateau, privatisé à la demande, pour un couple, une famille ou un groupe d'amis mais avec maximum 16 personnes : couchage en hamac sur le pont ou en cabine privée, une nuit dans un campement en forêt, repas à bord ou sur des restaurants flottants… L'assurance de découvrir la magie des *igapos,* la richesse de la faune et de la flore en randonnée, de se baigner en compagnie des dauphins roses, de rencontrer une tribu indienne et de revivre le boom du caoutchouc. Détails et prix à découvrir sur le site.

■ ***Amazon Eco Adventures*** *(plan B1,* ***10****) : rua 10 de Julho, 695. ☐ 98831-1011. • amazonecoadventures.com •* Cet opérateur fiable organise des excursions à la journée classiques, mais au rythme moins intense que les classiques « tout-en-un ». Plutôt que de tout cumuler, on choisit entre lac Janauary, nage avec les dauphins roses, découverte de l'archipel des Anavilhas (sur le rio Negro), des cascades ou de l'intéressant musée Seringal. Propose aussi des croisières, des expéditions en forêt, des séjours dans un lodge flottant sur l'Urubu, des cours de survie, des sorties de rafting et… des survols en bateau volant !

■ ***Amazon Explorers*** *(plan A1,* ***28****) : 3 adresses, dont dans le centre, Hotel Go Inn, rua Monsenhor Coutinho, 560. ☎ 3232-3052. • amazonexplorers.tur.br • Lun-sam 8h-18h (12h sam).* De la classique excursion à la rencontre des eaux sur un bateau de 2 étages, jusqu'au séjour complet dans la réserve de Mamirauá au lodge Uakari, en passant par une sortie aux chutes de Presidente Figueiredo, une croisière sur l'Amazone et une nuit dans les arbres, l'agence propose tous les classiques régionaux. Autre option : un intéressant combiné de visites : du museu Seringal Vila Paraíso, d'un village indien et nage avec les dauphins (cher quand même).

■ ***Amazon Tree Climbing :*** *☐ 98195-8585. • amazontreeclimbing.com •* L'agence, fondée par un grimpeur brésilien, s'est spécialisée dans les ascensions d'arbres géants. Tout est sécurisé et possible, même avec des enfants. Certaines sorties (maximum 6 personnes) sont combinées avec une visite de village indien, les chutes de Presidente Figueiredo et/ou une baignade dans le rio Negro ou avec les dauphins.



## Excursions et séjours en forêt

Si l'on vient jusqu'à Manaus, c'est avant tout pour découvrir l'Amazonie. La forêt tropicale humide est certes un milieu qui grouille de vie, mais ceux qui s'attendent à y voir des mammifères en grand nombre risquent d'être déçus… Certes, il y en a, mais ils sont pour la plupart discrets et craintifs – certains singes exceptés. De plus, la visibilité en forêt est mauvaise, en raison de la densité de la végétation. Bref, l'Amazonie, c'est avant tout une ambiance, une atmosphère, des bruits, des impressions, plus qu'un lieu de safari…
Les excursions les plus courantes durent entre 3 et 5 jours, mais on peut partir moins ou plus longtemps, bien sûr – tout dépend de

### UNE RICHESSE INÉPUISABLE

*Une étude du WWF a révélé l'existence de 441 nouvelles espèces : 258 nouvelles plantes, 82 poissons – dont un piranha végétarien –, 58 amphibiens, 22 reptiles, 18 oiseaux et 1 mammifère, le singe caqueta titi, qui a la particularité de ronronner comme un chat ! Et ce n'est pas fini puisqu'une nouvelle espèce de singe a été découverte début 2015, le titi de Milton ou titi à queue de feu. En outre, le recensement n'inclut pas les insectes et invertébrés… innombrables ! Un véritable réservoir de biodiversité.*

ses envies d'aventure et de son budget. Étant donné les temps de trajet (2-3h pour les *lodges* les plus proches), il est préférable de tabler sur au moins 3 jours, pour avoir une journée entière sur place. Plus vous partirez longtemps, plus vous pourrez vous enfoncer dans la forêt et la découvrir avec tout ce qu'elle a à offrir comme sensations...
La plupart des agences possèdent un ***lodge*** ou un ***bateau,*** qui servent de base opérationnelle, à partir de laquelle on part en excursion. On peut aussi opter pour une ***marche itinérante*** en forêt. On dort alors chaque nuit dans des hamacs sous des abris de feuilles et de bâches plastifiées. Si vous voulez vraiment « ressentir » le milieu amazonien et n'êtes pas trop à cheval sur le confort, c'est le type d'excursions qu'on vous conseille. Souvent, on peut combiner nuits en *lodge* et nuits dans la forêt, ce qui est un bon compromis ! Côté tarifs, attendez-vous à payer 150-300 Rls par personne et par jour, tout compris (transport, repas, guides, etc.), selon la durée et le confort, voire beaucoup plus s'il s'agit d'un séjour dans un beau *lodge* ou sur un joli bateau (environ 350-600 Rls)... Côté activités, vous pouvez vous attendre à peu près à la même chose quelle que soit la formule : marche en forêt à la découverte de la flore et de la faune, visite de familles *caboclas* (mais en rien style « zoo humain »), exploration des *igarapés* en pirogue (pas mal d'oiseaux), pêche au piranha, observation nocturne des caïmans, etc. Bien sûr, à la saison des pluies, les possibilités de randonnée sont largement limitées par le niveau des eaux, mais l'avantage de la pirogue, c'est que c'est moins fatigant !
On vous recommande plusieurs ***agences*** et ***lodges*** parmi les plus réputés ; bien sûr, il y en a beaucoup d'autres. Pour les 1[res], tâchez de voir si elles possèdent le certificat d'enregistrement *(cadastramento)* délivré par *Embratur* (le ministère du Tourisme). Certes, ce n'est pas un gage de professionnalisme, mais cela montre un minimum de sérieux. En tout cas, on vous déconseille vivement de partir avec les guides qui peuvent vous aborder à l'aéroport ou dans la rue : ils proposent souvent des prix cassés, mais les prestations sont rarement à la hauteur... Beaucoup se contentent de faire 3 petits tours dans des coins reculés des environs de Manaus où vous n'apercevrez que quelques aigrettes, et encore, avec de la chance !



## Agences et *lodges*

■ ***Amazon Antonio Jungle Tours :*** *installé à l'Hostel Manaus (plan B2, **20**), rua Lauro Cavalcante, 231, avec une antenne à l'Hotel Ideal (rua dos Andradas, 491). ☎ 3234-1294. 📱 99961-8314. • antonio-jungletours.com • Compter 275-360 Rls/j. par pers tt compris selon type d'hébergement.* Antonio Gomes organise d'excellents séjours et excursions en amont de la rivière Urubu sur un affluent de l'Amazone, à environ 200 km au nord-est de Manaus. La région est superbe, sauvage et, en prime, exempte de moustiques. Il faut compter environ 2h30 de route et 1h de bateau pour rejoindre ***Amazon Antonio's*** le joli *lodge* écologique et énergiquement autosuffisant, donnant sur la forêt, surmonté d'une tour d'observation et agrémenté d'un ponton pour prendre le soleil. Divers types d'hébergements : hamac, dortoir, chambre double ou bungalow avec salle de bains. Au programme quotidien : balades en petits groupes, bien sécurisées en forêt, en pirogue au coucher du soleil, la nuit pour aller voir les caïmans, visite d'une communauté indienne, pêche au piranha, etc. Les plus aventureux peuvent passer la 2e ou la 3e nuit en camping dans la forêt, une bonne manière de sentir le pouls de la *selva,* à condition d'être prêt à affronter des conditions rudimentaires (surtout s'il pleut !). Il est possible de séjourner, après l'excursion, un ou plusieurs jours supplémentaires à prix réduit dans le *lodge* principal. Une belle expérience, d'autant que les guides pour les tours, tous indiens (et parlant le français, l'anglais ou l'espagnol), sont vraiment sympathiques et compétents. Autre option de la même agence : la ***pousada Cumaru,*** située en aval du río Urubu à 250 km de Manaus, et à la déco semblable à celle de l'écolodge cité plus haut. Balades en canot à moteur pour observer les oiseaux, les dauphins et les caïmans. *Compter 155-325 Rls/pers et par j.*

■ ***Malocas Jungle Lodge :*** *99128-4741. • malocas.com • Compter 350 Rls/j., transport A/R depuis Manaus compris. Pas de CB sur place. Départ et retour à votre hôtel.* Ce *lodge* écologique (l'un des plus anciens de la région) géré par un couple franco-brésilien vraiment cool, se trouve à environ 120 km à l'est de Manaus, sur le rio Preto da Eva – affluent de l'Amazone –, dans un environnement préservé et sans moustiques comptant plusieurs jolies cascades. Sans électricité autre que solaire, il comprend 3 *malocas* (maisons indiennes circulaires) abritant 12 chambres rustiques avec sanitaires, un coin hamacs et un bar-resto, le tout distribué autour d'un espace sablonneux. Programmes de 2 jours à une semaine, incluant trek dans la jungle avec un guide indien passionnant, pêche au piranha, traque nocturne des caïmans, et pour les plus longs la descente du rio Preto et une ou plusieurs nuits dans la forêt. En prime, une succulente cuisine faisant la part belle aux poissons amazoniens. Une très bonne adresse.

■ ***Anaconda Amazon Island Lodge :*** *av. 7 de setembre 1251. Edificio Anônio Simoês. 99190-5070. • anacondalodge.com.br • Selon confort, compter 200-450 Rls/pers la journée, tt compris. CB refusées.* À 2h30 de Manaus par route et bateau, l'hôtel est installé sur sa propre île flottant sur le rio Negro (sans moustiques, donc). On loge dans la vingtaine de petits bungalows en dur, en chambre privée ou dortoirs, avec ou sans sanitaires, avec ou sans ventilo ou clim. Forfaits de 2 à 5 jours, avec option de nuit dans la forêt (apportez votre moustiquaire). Le lieu s'adresse en priorité aux jeunes voyageurs, mais on trouve quand même les forfaits un peu élevés. Petite piscine. Transferts quotidiens à 8h30 et 14h et électricité de 19h à 6h.

■ ***Tauari Inn :*** *99133-5577 ou 99627-9276. • tauari-inn.com.br • Double env 350 Rls, repas et excursions inclus.* À 3h de Manaus par bateau régulier (lun-sam à 10h15 du Porto Moderna), ce petit hôtel flottant s'amarre sur le lac de Janauacá, formé par un élargissement du fleuve. Tenu par les très accueillants Gastão Reis et son épouse Aldi, qui parlent un peu l'anglais et l'espagnol, il compte 4 chambres simples mais confortables (douche, clim). Ajoutez des hamacs sur les coursives – pardon, sous la véranda... Au programme : balades en barque à la découverte du fleuve et de la forêt, pêche, visite de communautés riveraines, etc. On peut aussi s'y rendre par la route (en van) ; dans ce cas, l'hôtel enverra quelqu'un pour vous accompagner.

■ ***Juma Amazon Lodge :*** *☎ 3232-2707. • jumalodge.com • Programmes de 1 à 5 nuits. Compter à partir de 975 Rls/j. par pers.* Bien intégré à la forêt, au bord du lac Juma (à 100 km et 3h de bateau de Manaus), ce *lodge* confortable compte 20 bungalows en bois, perchés sur de hauts pilotis, reliés par des passerelles ; certains donnent sur le plan d'eau, d'autres se nichent dans les arbres. Chacun dispose d'une grande chambre, d'une salle de bains et d'un hamac sur la véranda – mais malheureusement pas de moustiquaire.

■ ***Uakari Lodge :*** *rua Quintino Bocaluva 414. ☎ (97) 3343-4160 ou 9750. • uakarilodge.com.br • Programmes 3-7 j., compter 430-500 Rls/j. par pers selon saison (sur une base double), tt inclus, y compris le transfert depuis Tefé. Enfants de - de 12 ans non admis.* Située à 580 km en amont de Manaus, à 1h20 de bateau de la petite ville de Tefé, la réserve de Mamirauá, classée *Ramsar* (zone humide d'importance), s'étend sur 11 240 km² de forêt largement inondée *(várzea)* et de marécages. Elle fait partie du principal corridor écologique de l'Amazonie brésilienne. On y trouve plus de 400 espèces d'oiseaux, dont 15 sortes de perroquets, 2 de singes endémiques, des dauphins roses *(botos)* et gris *(tucuxis)*, une station de recherche et un unique *lodge* flottant – 5 bungalows en bois abritant 10 chambres simples mais confortables, avec resto et petite piscine –, le *Uakari*. Créé en partenariat entre les autorités du parc et les communautés indiennes et *caboclos* locales, il se fait le fer de lance d'un écotourisme de qualité, dont les bénéfices sont entièrement réinvestis localement. Des programmes de 3 à 7 jours sont proposés. Pour rejoindre Tefé, compter 1h sur un vol d'*Azul,* 13h de *lancha rapida* ou environ 2 jours de bateau normal.

■ ***Anavilhas Jungle Lodge :*** *98111-4298 (lodge) ou 3622-8996 (résas).* • *anavilhanaslodge.com* • *Forfaits 3-6 j., en bungalow standard ou de luxe, prix variant selon saison.* 2e plus grand archipel en eaux douces du monde, situé sur le rio Negro, à 180 km en amont de Manaus (3h30 de bateau), les îles *Anavilhas* se composent de bandes de terre émergées entrelacées d'une multitude de bras d'eau. On en compte plus de 400 en saison sèche – beaucoup moins lorsque les pluies font monter le niveau. C'est dans ce cadre que s'est établi le très luxueux *Anavilhas Jungle Lodge,* dont les cottages se fondent parfaitement dans le vert de la forêt. Confort plus que garanti : électricité 24h/24, eau chaude, clim et même minibar et sèche-cheveux, en pleine jungle ! Le nec plus ultra, ce sont les 4 bungalows privatifs entièrement vitrés, avec balcon et hamac, aussi cosy que romantiques. Également une très belle piscine avec deck en bois noyée dans la végétation. Et quitte à ne pas compter, pourquoi ne pas s'y rendre en hydravion ?

## Descente ou remontée de l'Amazone (et de ses affluents)

De nombreux voyageurs arrivent à Manaus en bateau depuis Belém ou Santarém, voire depuis le Pérou. Mais on peut aussi rejoindre Manaus en avion, voire par la route du Venezuela (c'est le seul accès routier), et continuer son voyage en descendant ou remontant l'Amazone. C'est un périple à part entière, une autre manière d'appréhender le bassin amazonien. On navigue le plus souvent sur des bateaux à 3 niveaux. On dort dans un hamac sur l'un des ponts couverts (avec ou sans clim), ou dans une cabine pour 2 personnes, avec clim et salle de bains partagée ou privée. Si vous optez pour le hamac, préférer le pont intermédiaire, moins bruyant (moteur au niveau inférieur et bar sur le pont supérieur). Les repas à bord (assez monotones, souvent du riz et des haricots avec quelques morceaux de viande) sont inclus dans le prix du billet pour les bateaux rapides *(lanchas),* mais en extra pour les trajets classiques *(3,50-5 Rls/pers pour le petit déj et 10 Rls pour le déjeuner et autant pour le dîner).* Si les heures de départ sont à peu près respectées, il en va autrement pour les heures d'arrivée, en raison notamment du nombre et de la durée des escales, et des éventuelles difficultés de navigation... Bref, cela fait partie de l'aventure, il faut l'accepter ou... prendre l'avion !

### AMAZONIE ?

*Quand les Espagnols descendirent le fleuve, au XVIe s, ils furent attaqués par des femmes très combatives. Il n'en fallut pas plus pour leur faire penser aux Amazones de la mythologie grecque... Le nom est resté pour dénommer le fleuve et la région qu'il traverse.*

– ***Quelques conseils pour le voyage :*** emportez de l'eau, des biscuits, du pain, du fromage et autres vivres faciles à conserver, un vêtement chaud pour les soirées fraîches, des bouquins (pas grand-chose à faire à bord) et, pour les non-lusophones désireux de tailler un brin de conversation avec les autres passagers, pourquoi pas le guide de conversation portugais du Routard ? Gardez vos papiers et affaires de valeur sur vous, et ne laissez pas votre sac sans surveillance (pour cela, la cabine privée, quoique plus chère, présente un gros avantage).

➢ ***Manaus-Santarém-Belém :*** voir « Arriver – Quitter » en début de chapitre pour les détails.

➢ ***Manaus-Tefé-Tabatinga (frontière avec le Pérou et la Colombie) :*** voir « Arriver – Quitter » pour les détails. Ne pas oublier de faire tamponner son passeport par la police fédérale en arrivant à Tabatinga (sortie du Brésil).
– ***Pour Iquitos, au Pérou :*** *Transporte Golfinho (☎ (97) 3412-3186 ; • transportegolfinho.com •)* assure 3 rotations/sem entre Tabatinga et Iquitos. Départs avant l'aube les mar, jeu et sam de Tabatinga, les mer, ven et dim d'Iquitos. Compter 9-10h de trajet, les repas sont inclus. N'oubliez pas de faire tamponner votre passeport la veille.
– ***Pour la Colombie :*** Tabatinga et Leticia (en Colombie) ne forment quasiment qu'une seule et même ville. N'oubliez pas, là encore, de faire tamponner votre passeport, il n'y a pas de poste de douane ! Côté brésilien, ça se passe *av. da Amizade, 650* ; côté colombien, à l'aéroport. De Leticia, le seul moyen de transport vers Bogotá est l'avion.

➢ ***Remontée du Madeira :*** c'est l'affluent le plus long de l'Amazone (4 200 km) et le 6e cours d'eau au monde par le débit ! Bateau les mar et ven soir pour Porto Velho, capitale de l'État du Rondônia, à 4 jours de voyage (voir « Arriver – Quitter »). On descend l'Amazone pendant quelques heures avant de remonter le rio Madeira. De Porto Velho, bus pour les villes du Sud : Cuiabá, Brasília, São Paulo... On peut aussi gagner la Bolivie par *Guajará-Mirim,* puis *Rurrenabaque,* mais là, la route non asphaltée n'est bonne que de juin-juillet à décembre. Pendant les pluies, le bus peut mettre 3-4 jours !

➢ ***Remontée du rio Negro :*** départs du porto São Raimundo, à l'ouest de la ville (voir « Arriver – Quitter »). Destination principale : Barcelos, d'où l'on rejoint le parc de Serra do Aracá et sa chute gigantesque (la plus haute du Brésil à 353 m). On peut continuer sur *São Gabriel da Cachoeira* (sur l'équateur), aux portes du territoire *yanomami*. Vous êtes dans la région du *Pico da Neblina* (3 015 m), la montagne la plus haute du Brésil, située sur la frontière vénézuélienne. Pour organiser votre séjour, adressez-vous à la *Pousada Pico da Neblina,* gérée par le proprio de l'*Hostel Manaus.* Une autre bonne option : l'*Hotel Roraima 3,* très propre, avec AC.

➢ ***Remontée du rio Branco :*** pour Caracaraí, à 140 km au sud de Boa Vista (sur la route du Venezuela). Paysages changeants à cause de l'altitude. Forêt plus ouverte. On traverse quelques réserves indiennes. Plus facile en bus.



## SANTARÉM

env 290 000 hab. IND. TÉL. : 93

• Plan *p. 363*

**Isolée au cœur de l'Amazonie, sur la rive droite de l'Amazone (au confluent du grand Tapajós), Santarém se trouve à mi-chemin à 766 km à l'est de Manaus par voie fluviale et 836 km à l'ouest de Belém. C'est une ville-relais peu fréquentée des touristes qui, si elle ne possède pas un charme immédiat, se révèle plutôt attachante et animée avec ses kilomètres de quais encombrés de bateaux, longés par une agréable promenade. La vie du fleuve s'y livre à tous les regards, entre cargos de passage, chargements et déchargements, va-et-vient des *popopopo* (petites embarcations à moteur), animation vespérale et dauphins roses en quête de poisson...**
**Peu d'hôtels et de restaurants, mais des environs facilement accessibles : notamment les kilomètres de plages de sable blanc (si, si !) de la gentille bourgade d'Alter do Chão (en été surtout), son réseau dense d'*igarapés* (affluents), la forêt primaire de Tapajós assez proches, les belles cascades d'Alenquer et les très anciennes peintures rupestres de Monte Alegre.**

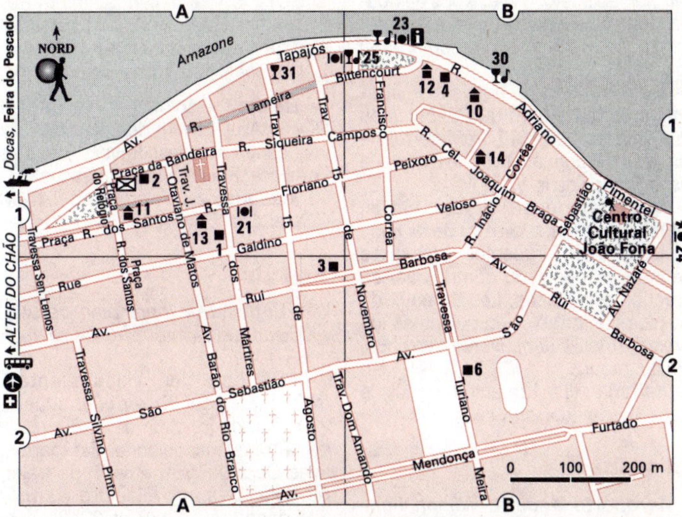


SANTARÉM

| | |
|---|---|
| **Adresses utiles** | 14 Hotel Sandis Mirante (B1) |
| Centre d'infos touristiques (B1) | **Où manger ?** |
| 1 Ourominas (change) (A1) | 21 Piracaia (A1) |
| 2 Banco do Brazil (A1) | 23 Massabor Orla (B1) |
| 3 Distributeurs Bradesco (A2) | 24 Piracema (hors plan par B1) |
| 4 Santarém Tur (B1) | 25 O Mascote (A-B1) |
| 6 Laverie Estoril (B2) | |
| **Où dormir ?** | **Où boire un verre ?** |
| 10 Hotel Beira Rio (B1) | 23 Massabor Orla (B1) |
| 11 Rios Hotel (A1) | 25 O Mascote (A-B1) |
| 12 Brisa Hotel (B1) | 30 Mascotinho (B1) |
| 13 Hotel Sandis (A1) | 31 Bonzão Lanches (A1) |

## Arriver – Quitter

### En bateau

***Docas do Pará*** *(port) : av. Cuiaba, à env 3 km à l'ouest du centre, au bout de la péninsule. ☎ 3512-8500. Comptoirs de vente des billets ouv lun-sam, env 6h-18h ; dim 6h-12h, 15h-19h. Préférer l'****agência De Ferreira*** *(hors plan par A2), trav. Professor Antônio Carvalho, 111-altos s 1 Aldeia. ☎ 3522-5418. Accès aux quais possible seulement avec un billet, 6h-7h, 10h-10h30, 12h-12h15 et 13h-14h.* Les horaires des bateaux (plus ou moins à jour) sont affichés sur un grand panneau au centre d'information touristique.

➢ ***Manaus :*** 1-2 bateaux/j., via Parintins, tlj sauf dimanche, en général départ à 12h. Durée : 3 j. La principale compagnie, *AR Transporte (☎ 3522-7947 ; ● artransporte.com.br ●),* est un peu plus chère mais propose les meilleurs bateaux – en l'occurrence l'*Amazon Star* et le *Rondônia* (sam), de gros navires de 850 passagers. Il y a bien sûr d'autres départs, par exemple le lun avec l'*Ana Beatriz III,* le mar avec le *Golfinho do Mar,* le mer avec le *São*

*Bartolomeu II,* etc. – vous vous en doutez, tout cela change très régulièrement... Compter grosso modo 45-55h de trajet.

➢ ***Belém :*** départ vers midi également, le ven à bord du *Rondônia* ou de l'*Amazon Star (AR Transporte),* le sam avec *Rodrigués Alves,* le dim sur le *Cisne Branco* ou le *11 de Maio.*

➢ ***Macapá :*** départ tlj vers 18h en bateau de bois *(madeira)* ou de fer *(feo),* depuis la praça Tiradentes – des quais s'étirant à l'ouest du centre-ville, en direction des Docas. Les bateaux de fer, plus confortables, circulent les lun *(Breno)* et jeu *(Luan).* Durée : env 33h, 48h au retour.

➢ ***Itaituba :*** tlj à 12h et 16h depuis la praça Tiradentes.

## En avion

✈ ***Aeroporto Maestro Wilson Fonseca :*** *à env 15 km à l'ouest de la ville.* ☎ *3522-4328.* Pour rejoindre le centre, bus (à droite en sortant du terminal) ttes les 60-90 mn, 6h-18h30. Au retour, il se prend *rua Rui Barbosa.* Prévoir 2 Rls. En taxi, compter 65 Rls.

■ ***LATAM :*** *à l'aéroport.* ☎ *3523-9744.* • *latam.com* •

■ ***GOL :*** *à l'aéroport.* ☎ *0300-115-2121 (nº national).* • *voegol.com.br* •

■ ***Azul :*** *à l'aéroport.* ☎ *0800-887-1118 (nº national).* • *voeazul.com.br* •

➢ ***Belém :*** 4-5 vols/j. avec *LATAM, GOL* et *Azul.* Env 1h de trajet. Certains vols continuent ensuite vers São Luis, Fortaleza, Recife, Salvador, Rio, etc.

➢ ***Manaus :*** 4-5 vols/j. avec *LATAM, GOL* et *Azul.* Env 1h de vol.

## En bus

🚌 ***Rodoviária*** *(hors plan par A2)* **:** *av. Cuiaba, à 3 km au sud du port, sur la BR-163.*

➢ Bus pour les villes alentour, mais aussi pour ***Rurópolis,*** située à 280 km, à la jonction de la BR 163 et de la transamazonienne (7 départs/j., avec *Ouro e Prata,* env 4h de trajet). Au-delà, on peut rejoindre ***Itaituba*** (4-5 départs/j. ; 6h30 et 22h30 avec *Ouro e Prata* et *Verde,* durée : 7h-7h30) et ***Marabá*** en 24h (1 départ/j. à 6h avec *Ouro* et *Prata*), à 1 200 km à l'est, où l'on retrouve le goudron et des bus pour São Luis. Également 3 liaisons/j., vers 6h30, 15h et 16h, pour ***Cuiabá,*** ville du Mato Grosso à 36h de route.

# Orientation

Santarém est assez étendue, mais le centre-ville est petit : limité au nord par le fleuve, que longe l'*avenida Tapajós,* il s'étend grosso modo sur 5 blocs du nord au sud et sur 7 blocs d'ouest en est. Toutes nos adresses s'y concentrent, vous n'aurez donc pas de mal à les rallier à pied. Pour rejoindre les Docas et prendre votre bateau, empruntez une moto-taxi (5 Rls).

# Adresses utiles

ℹ ***Centre d'infos touristiques*** *(plan B1)* **:** *face à la praça do Pescador, dans le bâtiment en bois s'avançant sur le fleuve. Tlj 9h-19h (en principe...).* Pas grand-chose à en tirer ; en fait, on y trouve quelques prospectus épars, vend surtout des excursions en bateau de 1h sur l'Amazone. Mais vous pouvez consulter le site officiel de la ville (en portugais), plus ou moins complet et mis à jour : • *santarem.pa.gov.br* •

■ ***Change :*** ***Ourominas*** *(plan A1,* ***1****), trav. dos Mártires, 198. Lun-sam 8h30-17h30 (13h sam).* L'unique bureau de change de la ville (cash seulement). Accessoirement, ils achètent de l'or... au cas où vous auriez trouvé une pépite...

■ ***Distributeur Banco do Brazil*** *(plan A1,* ***2****)* **:** *praça da Bandeira, 565, à côté de la poste. Lun-ven 9h-18h.*

■ ***Distributeurs Bradesco*** *(plan A2,* ***3****)* **:** *av. Rui Barbosa, 756. 14 ATM côte à côte !*

✚ ***Hospital Sagrada Família*** *(hors plan par A2)* **:** *av. P. Vargas, 1606.* ☎ *3067-5157.*

■ ***Santarém Tur*** *(plan B1,* ***4****)* **:** *rua Adriano Pimentel, 44.* ☎ *3522-4847 ou 3523-1836.* • *santaremtur.com.br* • *En face du fleuve, près de la jetée en bois.* Propose des excursions à la demande à la journée, notamment vers Alter do Chão, à la rencontre des eaux ou à la forêt de Tapajos, mais il faut parfois se grouper pour que le prix par personne soit abordable. On peut aussi y acheter des billets d'avion. On y parle un peu l'anglais.

■ ***Laverie*** *(plan B2,* ***6****)* **:** ***Lavanderia Estoril,*** *Turiano Meira, 167. Lun-sam 8h-18h.* C'est la seule dans le centre. Assez chère.

## Où dormir ?

L'hébergement n'est pas folichon à Santarém. En fait, la plupart des visiteurs filent directement à Alter do Chão, où les charmantes petites *pousadas* ne manquent pas et où, en plus, on profite de superbes plages de sable blanc.

### Bon marché (moins de 150 Rls / env 36 €)

🏠 ***Hotel Beira Rio*** *(plan B1,* ***10****)* **:** *rua Adriano Pimentel, 90.* ☎ *3522-2519. Double env 100 Rls.* Situé dans la rue qui longe le fleuve, presque en face du bar *Mascontinho.* Les chambres, plus ou moins grandes, avec TV et AC, s'alignent le long d'un couloir ; elles sont propres, mais la plupart n'ont pas de fenêtre. Petit déj servi à une table commune. Accueil rieur.

🏠 ***Rios Hotel*** *(plan A1,* ***11****)* **:** *rua Floriano Peixoto, 720.* 📱 *991-592-177-544.* • *rios_hotel@hotmail.com* • *Doubles 90-110 Rls.* La façade est plus pimpante que les chambres, pour la plupart sans fenêtre, mais elles sont propres et disposent toutes de douche, clim, TV et frigo.

🏠 ***Brisa Hotel*** *(plan B1,* ***12****)* **:** *rua Senador Lameira Bittencourt, 5.* 📱 *991-938-544.* • *brisahotel@hotmail.com* • *Double env 100 Rls.* Cet hôtel familial occupe une grande maison haute de plafond, bien tenue. Les chambres, avec clim et petite salle de bains mais sans fenêtre – et donc un peu étouffantes –, sont très semblables à celles du *Beira Rio* tout proche. Agréable salle de petit déj. Accueil gentil.

🏠 ***Hotel Sandis*** *(plan A1,* ***13****)* **:** *rua Floriano Peixoto, 609.* ☎ *2101-2738.* • *hotelsandis.com.br* • *Doubles 95-150 Rls.* Un cran au-dessus, le *Sandis* dispose de chambres carrelées, claires côté rue (tranquille la nuit), sans fenêtre côté intérieur, plutôt agréables et confortables, avec clim, TV satellite et frigo. Les *master* (les plus chères) ont même un ordinateur et un lecteur de DVD.

### De prix moyens à plus chic (150-250 Rls et plus / env 36-60 €)

🏠 ☂ ***Hotel Sandis Mirante*** *(plan B1,* ***14****)* **:** *rua Coronel Joaquim Braga, 180.* ☎ *2101-2705.* • *hotelsandismirante.com.br* • *Double env 240 Rls.* Hôtel tout blanc, de 4 étages et légèrement en hauteur. Chambres fonctionnelles de taille correcte et bien équipées mais sans déco. Salle de petit déj (passe-partout) style cantine qui fait aussi office de resto le soir au 4^e^ mais avec une terrasse à l'arrière avec vue sur le fleuve et le partage des eaux.

LE NORD, L'AMAZONIE

## Où manger ?

### Bon marché (moins de 40 Rls / env 10 €)

🍴 ***Piracaia*** *(plan A1,* ***21****)* **:** *rua Floriano Peixoto, 557.* 📱 *99133-5387. Tlj 11h-15h, sauf dim. Buffet* ao kilo. Voici, à notre sens, le meilleur rapport qualité-prix des différents buffets de la ville. Salle climatisée et une autre, extérieure, délimitée par un grand mur végétalisé où l'eau s'écoule des bambous. Les plats (pas mal de viandes, peu de poissons) sont goûteux et variés, le cadre attrayant et le service attentionné.

**Massabor Orla** (plan B1, **23**) : *sur le fleuve, face à la praça do Pescador. ☎ 3522-0509. Tlj à partir de 18h.* Sa terrasse sur le ponton en bois qui s'avance au-dessus du fleuve est bien agréable pour prendre un verre au coucher du soleil. Ambiance musicale. Certains jouent les prolongations devant une pizza, un gros sandwich bon marché (surtout à la viande) ou des *bolinhos de peixe.* Les spécialités de l'Amazonie brésilienne n'ont, elles, rien de mémorable. Attention à la note, parfois un peu gonflée...

## Prix moyens (40-70 Rls / env 10-17 €)

**O Mascote** (plan A-B1, **25**) : *praça do Pescador, 10. ☎ 3523-2844. Mar-dim 19h-1h30.* Face à la promenade du fleuve, le *Mascote* présente 2 visages : d'un côté la salle climatisée lumineuse avec écrans ; de l'autre la terrasse aux chaises en plastique où débarquent les musicos, le samedi soir. Cuisine de brasserie sans surprise, privilégiant les poissons comme la *caldeirada de tampaqui* ou de *pirarucu.*

## Chic (70-100 Rls / env 17-24 €)

**Piracema** (hors plan par B1, **24**) : *av. Mendonça Furtado, 71. Proche du centre culturel João Fona. ☎ 3522-7461. Mar-sam 11h-15h et 19h-23h30, dim 11h-16h. Résa conseillée.* Très jolie salle tout en longueur aux murs peints en jaune sous un toit en pente sans clim mais avec des ventilos qui brassent efficacement l'air. Déco d'objets artisanaux, vendus sur place. Tables nappées de fleurs. Cuisine raffinée et variée avec des plats déclinés en fleuve, terre et mer souvent servis pour 2 personnes. Essayez le carpaccio de *pirarucu,* le *pato no tucupi* ou la *caldeirada ribeirinha.* Attention à la coupelle posée sur la table contenant une sauce jaunâtre ; si on en croque les baies, on risque d'avoir la sensation d'avaler une grenade à fragmentation ! Une excellente adresse par ailleurs.

## Où boire un verre ?

Dans le centre de Santarém, c'est surtout le long du fleuve que les habitants se retrouvent en soirée. En fin de semaine, l'*avenida Tapajós* est même prise d'assaut par les jeunes qui viennent avec leur auto-sono, leur canne à pêche et quelques bouteilles... qui ne contiennent pas que du lait !

Pour s'asseoir et boire un verre, on conseille le bar-resto **Massabor Orla** *(plan B1, **23**),* installé sur le ponton en bois au-dessus du fleuve et, à 100 m de là, le **Mascotinho** *(plan B1, **30** ; av. Tapajós, au niveau du 114, face à l'hôtel* Beira Rio *; ☎ 3523-2399 ; ouv à partir de 17h).* La vaste terrasse de ce dernier, meublée de chaises en plastique, domine le confluent du rio Tapajós et de l'Amazone, où croisent constamment cargos et petits bateaux. Au coucher du soleil, les pêcheurs débarquent, souvent suivis par des bandes de dauphins en quête de poisson... Musique du vendredi au dimanche à partir de 20h ou 21h.

Tout près, **O Mascote** *(plan A-B1, **25** ;* voir « Où manger ? ») accueille des musiciens *en vivo* sur sa terrasse le samedi soir.

**Bonzão Lanches** (plan A1, **31**) : *av. Tapajós, 115, angle trav. 15 de Agosto.* Une trentaine de jus de fruits, du classique *açaí* au *guaraná* en passant par l'irrésistible *cupuaçu,* jusqu'aux cajou, carambole et *muruci* (sorte de petite prune jaune très parfumée).

## À voir

➢ La promenade longeant l'***avenida Tapajós*** *(plan A-B1),* qui suit le fleuve sur plusieurs kilomètres, offre l'occasion d'une agréable balade en fin de journée

(quand il fait moins chaud !). Les habitants s'y retrouvent pour pêcher, discuter en buvant une bière ou un *coco frio,* voire... faire du jogging. Au large, on devine assez bien la différence de couleurs entre les eaux du rio Tapajós et celles du rio Amazonas, qui s'ignorent superbement sur plusieurs kilomètres. C'est un peu moins spectaculaire qu'à Manaus, mais ça vaut le coup d'œil. L'office de tourisme propose des balades d'une heure pour voir de plus près cet ***encontro das aguas*** (voir « Adresses utiles »).
À environ 2 km vers l'ouest, on atteint la ***Feira do Pescados,*** un petit marché sur pilotis, avec ses étals de poissons et légumes, où les hérons et les urubus patrouillent dans l'espoir de trouver des restes de poissons. Certains s'amusent à jeter des petits poissons dans le fleuve pour attirer les *botos* (dauphins d'Amazonie). Presque en face, jeter un coup d'œil au ***mercadão Ano 2000*** : à l'intérieur, c'est une succession de compartiments carrelés où est stocké le poisson fraîchement pêché avant d'être découpé en tranches dans un joyeux brouhaha.
Juste derrière, vaste section de fruits et légumes, ainsi qu'un petit marché où l'on vend des vêtements. Un peu moins d'animation le dimanche.

***Centro cultural João Fona*** *(plan B1)* **:** *praça Barão de Santarém, à 3 pâtés de maisons à l'est de l'office de tourisme par la rua Adriano Pimentel, face au fleuve. Tlj, sauf dim, 8h-17h (13h sam). GRATUIT.* João Fona était un peintre local dont on peut voir les peintures murales – assez naïves – dans l'ancienne salle de justice du bâtiment (1867). Pour le reste, le musée se résume surtout à une accumulation de vieilleries locales sans grand intérêt – mis à part de beaux vases *tapajós* et un squelette de baleine de Minke (petit rorqual) venue finir ses jours ici, en 2007, à plus de 800 km de l'océan ! Comme quoi, il n'y a pas que les explorateurs qui se perdaient dans ce *rio-mar* amazonien...



## Fête

– ***Círio da Nossa Senhora da Conceição :*** *fin nov.* Grande fête populaire sur la praça José Gregório. Les portes de l'église restent ouvertes et la sainte patronne de la ville, sous les feux des projecteurs, veille ainsi sur ses fidèles, qui ne manquent pas de lui rendre une petite visite entre 2 danses.

# DANS LES ENVIRONS DE SANTARÉM

## *ALTER DO CHÃO (ind. tél. : 93)*

Tous les habitants de Santarém y déferlent les week-ends d'été. Et ça se comprend ! Alter do Chão est un gros village aux rues en partie goudronnées, en partie en terre battue, situé au bord d'un renfoncement creusé par le rio Tapajós, à 35 km à l'ouest de Santarém. Tout autour, de superbes plages de sable blanc bordent le bien nommé *Lago Verde,* dont les eaux prennent, à la saison sèche (de juillet à décembre), des teintes turquoise. Durant les hautes eaux, les plages sont en grande partie immergées. Restent malgré cela un cadre agréable et une ambiance de bout de la route qui ne sont pas pour nous déplaire. On croise ici des voyageurs venus d'un peu partout, dont certains ont posé leur sac à dos pour quelques semaines, quelques mois ou quelques années... Cerise sur le gâteau, le choix d'hébergement est excellent.
➢ Des **bus** *(Cie Borges, ☎ 3527-1204)* relient Santarém à Alter do Chão ttes les 40-60 mn (30 mn le dim), 5h30-19h, puis assurent une dernière rotation à 20h30. On les prend sur *Rui Barbosa,* dans le centre de Santarém. Retours d'Alter do Chão tlj, 5h30-20h. Compter 45 mn à 1h de trajet, et 3,60 Rls le billet.

## Où dormir ?

### De bon marché à plus chic (moins de 150-500 Rls / env 36-120 €)

☗ Destination fréquentée par des routards du monde entier, Alter do Chão ne manque pas d'hébergements pour les petits budgets. Ceux qui voyagent avec leur hamac pourront par exemple s'installer au ***Recanto Ana Cajueiro*** *(au coin de la trav. Frei Cristovão et la rua 31 de Março, à côté de la praça do Çaire ; 📱 99145-8117). Env 10 Rls/j. en hamac, 15 Rls en dortoir ou 60 Rls en chambre privée avec clim et 80 Rls avec petit déj.* Et la maîtresse de maison vous dorlotera de son mieux. Ce n'est pas le grand luxe, loin s'en faut, mais l'ambiance est familiale et il y a une cuisine commune et la possibilité de laver son linge.

☗ ***Pousada do Tapajós :*** *rua Lauro Sodré, 100, praia do Cajueiro. ☎ 9210-2166. • pousadadotapajos.com.br • Compter env 50 Rls en dortoir ; doubles 170-190 Rls.* Originaires du sud du Brésil, Moacir et son épouse ont longuement bourlingué en Amérique du Sud à vélo avant de poser leur barda ici et de monter cette auberge de jeunesse. On choisit entre les 3 dortoirs de 6 lits (hommes, femmes ou mixte) avec clim et les chambres : 2 doubles et 3 familiales (avec grand lit et *bunk*) carrelées, avec clim, TV, frigo et grande douche vitrée. Le top ! Grand salon TV et cuisine. Dans le jardin, hamacs sous un toit de palmes, barbecue et chant des oiseaux... Gros plus : les jeunes proprios sont polyglottes ! Propose aussi des excursions aux alentours.

☗ ***Pousada Tupaiulândia :*** *rua Pedro Teixeira, 300. 📱 99125-6258. • pousada-tupaiulandia.blogspot.com • À 5 mn à pied de l'église ; prendre la rue qui monte ; 200 m plus loin, tourner à droite (indiqué). Chambres 120-300 Rls selon capacité et saison.* Au calme, dans un espace arboré, 2 gros bungalows ronds en briques vernissées, un rouge, un jaune se divisent chacun en 4 chambres carrelées pouvant accueillir jusqu'à 4 personnes chacune. Rien à redire : même si ça manque un peu de charme, c'est bien tenu et plutôt confortable (frigo, TV, vieille clim). L'accueil de la proprio, Heloísa, est adorable.

☗ ***Pousada Sombra do Cajuero :*** *rua Pedro Teixeira, 200 la rue qui descend vers la Praia do Jacunda. 📱 99165-0345. • pousadasombradocajueiro@hotmail.com • Doubles 200-230 Rls.* Les chambres, petites mais joliment arrangées, se répartissent autour d'un jardin aux arbres magnifiques dont un grand anacardier – qui donne les noix de cajou. Assez récentes et hyper propres, elles sont claires, avec frigo, TV, clim, salles de bains étroites mais jolies touches de déco (une rareté !). Les 2 *master,* plus grandes, sont les plus chères. Réservation plus que conseillée si vous venez le week-end ou en été.

☗ ***Hotel Beloalter :*** *rua Pedro Teixeira 500. ☎ 3527-1230. 📱 99131-7677. • beloalter.com.br • À env 10 mn de marche au sud-est du « centre ». Doubles 250-330 Rls selon saison.* Le *Beloalter* est installé sur un vaste domaine s'ouvrant sur le Lago Verde, avec piscine, resto et petit étang, il compte une vingtaine de chambres confortables réparties dans des bâtiments bas. Assez simples, un peu datées, elles sont néanmoins spacieuses et bien équipées. Resto attenant.

☗ ***Chalé das Praias :*** *rua Febrônio Costa, 45. 📱 99160-5558. • chaledaspraias.com.br • À env 400 m du centre, passé le terminal de bus. Double env 250 Rls.* L'hôtel, assez récent, se compose de petits bâtiments aux noms de plages, disposés autour d'un patio central couvert. Les 10 chambres, carrelées et assez claires, sont impeccables, avec grand lit, petite TV à écran plat, clim et frigo. Comme c'est plus loin du centre (et plus cher), il y a souvent de la place.

## Où manger ? Où boire un verre ?

### De bon marché à prix moyens (moins de 40 à 70 Rls / env 10-17 €)

***La Dolce Vita, restaurante e pizzaria do Italiano :*** *praça 7 de Setembro.* L'établissement du sympathique Alberto venu de Vérone et de sa femme Fatima est au cœur de l'animation nocturne d'Alter do Chão. Sa grande terrasse donne sur la place et on s'y installe autant pour siroter un apéro sur les coussins des banquettes que pour s'attabler en parcourant la carte où figurent d'excellentes pizzas et plats de pâtes, *al dente,* comme il se doit, le tout arrosé d'un petit vin à choisir parmi un assortiment de produits d'importation.

***Siriá :*** *trav. Agostinho (à 100 m de l'église). 99124-0224. Mar-dim 12h-16h et 19h-21h. Menu unique jour env 20 Rls.* Tenu par Christian, un Brésilien, ce resto végétarien ne cherche pas à faire du chiffre, mais à se faire des amis. On y commande l'un des 2 ou 3 plats du jour pleins de verdure (légers, enfin !), avant de s'affaler sur le fauteuil en bois sous la véranda. Un moment cool, bercé par quelques mélodies douces.

***Farol da Ilha :*** *Orla (sur le quai), s/n. Tlj 11h-minuit (en principe).* Installé dans une maison en bois moderne posée sur la promenade littorale, juste en contrebas de la place, le *Farol* offre un point de vue parfait sur les *lanchas* depuis sa terrasse en étage. Il y a pourtant mieux que le panorama : la cuisine est généreuse, poissons et spécialités locales en tête. Les curieux goûteront les *cubinhos de tapioca,* si amazoniens. Excellents jus de fruits. Une bonne adresse, mais ne soyez pas pressé...

***Restaurante Tribal :*** *trav. Agostinho A. Lobato, s/n. ☎ 3527-1226. À côté du resto Siriá. Tlj 11h-15h, 18h-23h30.* Dans une grande structure de 2 étages ouverte aux 4 vents, on déguste de bons plats vraiment copieux : *tucunaré, pirarucu* sauce crevette ou lait de coco, *caldeirada,* viande, etc. N'hésitez pas !

Le soir, on se retrouve sur la praça 7 de Setembro, en terrasse de l'***Arco Iris*** ou de l'agence ***Mae Natureza,*** pour boire un verre en profitant de la fraîcheur et de l'ambiance animée. Certains soirs, musiciens locaux ou de passage grattent la guitare en échange de quelques pourboires.



## Achats

***Araribá :*** *rua A. Agostinho Lobato à l'angle de la rua D. Macedo Costa à un pâté de maison après l'église. ☎ 3527-1324. • araribah.com.br • Tlj 9h-21h (19h dim) ; fermé 12h-15h mars-juin. CB acceptées.* On aurait pu classer cette adresse dans « À voir »... Amoureux des peuples de la forêt et de leurs cultures, Marcelo n'a de cesse de parcourir l'Amazonie en quête de productions artisanales authentiques. Résultat ? Une vraie caverne d'Ali Baba, qui recèle des objets très divers et à tous les prix (de 1 à 2 000 Rls) : vannerie, masques *xingu, wayana* et *ticuna,* instruments de musique, parures, sarbacanes, objets en ivoire végétal, hamacs, bijoux en graines, céramique de Marajó... et même des tongs en vrai latex brésilien ! Également des CD de musique indienne et des DVD. Marcelo possède en outre 2 autres boutiques dans la même rue, dont l'***Araribá Tropical,*** qui propose un vaste choix de vêtements de plage et de souvenirs colorés.

## À faire

On vient ici avant tout pour se détendre et profiter des plages. La principale, formant une longue langue de sable blanc entourée d'eau, a été élue « plus

belle plage du Brésil » par le très british *Guardian* en 2009 ! C'est sans doute un peu exagéré, mais il faut avouer que le site est superbe. En période de basses eaux (août-décembre), il est possible de s'éloigner à pied vers d'autres plages moins fréquentées – et même de grimper (de préférence avec un guide) sur la *Serra Peraca*, la colline qui domine Alter do Chão, pour une vue panoramique sur la région. En hiver, période de hautes eaux, le sable se réduit à peau de chagrin.
On peut louer un kayak *(10 Rls/h)* ou un canoë pour aller explorer la lagune et ses affluents, qui forment de véritables *igarapés* par endroits, bordés d'une dense végétation. Pour une barque à moteur, c'est plus cher : environ 60 Rls de l'heure avec le batelier. Essayez, par exemple, de remonter la crique *Caranazal* jusqu'au resto du même nom, posé les pieds dans l'eau (bons jus frais et spécialités de poissons pêchés par le fils du patron). Au-delà, explorer la forêt inondée qui borde la *Laguna Verde* est trop risqué en solo : seul un habitué peut s'y retrouver dans ce labyrinthe.

■ ***Mãe Natureza Ecoturismo :*** *praça 7 de Setembro s/n.* ☎ *3527-1264 ou* 📱 *99131-9870.* • *maenaturezaecoturismo.com.br* • Agence sérieuse et écoresponsable, qui défend la nature et soutient les communautés natives. Équipes de guides locaux expérimentés et parfaitement impliqués dans leur environnement. À partir d'Alter do Chão, programmes d'une journée : vers le Lago Verde et la Ponta de Cururú ; dans la Floresta Nacional de Tapajós ou vers la Praia do Tapajós ; vers le Ponta de Pedras et le canal Jarí, une visite de communauté traditionnelle et découverte de l'artisanat. Également une expédition de 2-5 jours en bateau dans la région du rio Arapiuns et une autre de 5-10 jours pour découvrir les abords des rios Tapajós, Arapiuns et Amazone. Faites votre choix...



## FLORESTA NACIONAL DO TAPAJÓS

À environ 60 km au sud de Santarém (3h de bateau d'Alter do Chão), cette luxuriante forêt primaire protégée, entourée de plantations d'hévéas et de villages riverains, s'étend sur 5 270 km². La plupart des visiteurs et des tour-opérateurs se rendent à *Maguarí* ou à *Jamaraquá,* où ont été aménagés des sentiers pénétrant dans le couvert végétal – l'occasion de voir quelques superbes fromagers (kapokiers) géants. Au-delà, la région regorge de plages en été (160 km) et de forêts inondées en hiver. Les excursions comprennent en général une visite d'*igarapé* à *Jamaraquá* et des ateliers de latex des *seringueiros.*

➢ On peut visiter la forêt en passant par une agence de Santarém ou d'Alter do Chão, comme *Mãe Natureza* mais cela revient assez cher. Meilleur marché (mais seulement pour les plus motivés !) : y aller par ses propres moyens. Si cela vous tente, prendre le bus de Santarém jusqu'à *Maguarí.* Départ à 11h *(tlj sauf dim ; sur l'av. São Sebastião),* arrivée vers 14 ou 15h. Compter 10 Rls pour le bus, 15 Rls pour l'entrée au parc et 10 Rls pour la taxe communautaire. À *Maguarí,* possibilité de loger en hamac et de prendre ses repas chez l'habitant *(compter env 50 Rls/pers),* ainsi que de trouver un guide (lusophone uniquement) pour les promenades en forêt *(env 50 Rls par balade, 2 pers max).* Attention, pour le retour, il n'y a qu'un bus par jour, qui quitte Maguarí à... 3h du mat' !
• *icmbio.gov.br/flonatapajos/* •

## FORDLÂNDIA

Voici l'histoire d'une folle aventure. En 1923, Henry Ford, dont les usines sont en plein essor, décide de créer sa propre plantation d'hévéas en Amazonie pour fournir le caoutchouc des pneus de ses automobiles – et éviter de dépendre du

monopole britannique. Aux grands besoins les grands remèdes : il obtient du gouvernement brésilien une concession de 1 million d'hectares sur les bords du rio Tapajós. Tracteurs et bulldozers débarquent de 2 grands cargos. On installe un chemin de fer, une usine, une scierie. On déboise, on replante : la monoculture s'impose. Plus de 3 millions d'arbres sont mis en terre, près de 5 millions de dollars investis en tout. Et, dans la foulée, une petite ville américaine s'installe, avec son quai, son château d'eau, ses maisons en bois vert et blanc bien alignées, précédées d'un porche, ses trottoirs et ses allées rectilignes, son hôpital gratuit (où l'on pratique même la chirurgie plastique), son école Henry-Ford, son terrain de base-ball... 5 000 employés venus de tous les horizons la font vivre. Mais le projet piétine : les hévéas, plantés trop près les uns des autres, poussent mal ; les maladies de l'hévéa se répandent. Une 2e tentative voit le jour sur un 2d site, à *Belterra.* Des progrès techniques sont réalisés, mais le site reste un échec économique. Les ouvriers se plaignent : les conditions de travail sont difficiles, l'alcool et le tabac interdits. En 1945, le coup de grâce intervient avec l'invention du caoutchouc synthétique. Du jour au lendemain, le site est abandonné.
75 ans plus tard, *Fordlândia* s'est figée. Les herbes folles ont repris le dessus. L'usine s'est tue, vitres cassées, machines endormies sous une couche de poussière. Les chauves-souris ont envahi les salles de l'hôpital. Les maisons, croulantes, ont été réoccupées par les descendants des *seringueiros,* et le village s'est tourné vers la pêche et la production de farine de manioc. Un bus scolaire jaune et quelques voitures rouillées témoignent encore du passé. Fordlândia, une ville fantôme version latina...
Certains tour-opérateurs de Santarém et d'Alter do Chão proposent l'excursion.



## ALENQUER

Cette petite ville de 50 000 habitants s'amarre juste au nord de Santarém, sur l'autre rive du réseau complexe de voies d'eau de l'Amazone. Les bateaux rapides de l'*Expresso hidroviário Tapajós* y mènent en 2h30 *(📱 (93) 99182-0513 ; • viacao tapajos.com.br • ; départ lun-sam à 10h et 16h, dim à 16h)* depuis la *praça Tiradentes,* à environ 800 m l'ouest du centre de Santarém. Il existe aussi un bateau de nuit quotidien (6-7h de voyage). Retours tous les jours à 6h30 d'Alenquer et lundi-samedi à 16h.
L'attrait principal d'Alenquer, ce sont les majestueuses cascades situées dans les environs, notamment celles du *Vale do Paraíso* (à 58 km) ou, à 6h de marche de celles-ci, les *Chuvas de Prata,* d'impressionnantes chutes d'eau de 84 m de haut ! On peut y aller par ses propres moyens, du moins jusqu'au *Vale do Paraíso,* accessible en bus ou en taxi depuis Alenquer. Pour les *Chuvas de Prata,* c'est plus compliqué, il faut trouver un guide et partir avec du matériel de camping. Sinon, on peut confier toute la logistique à une agence, mais ça revient évidemment plus cher.

## MONTE ALEGRE

Également située sur la rive nord du fleuve Amazone, à environ 120 km en aval de Santarém, Monte Alegre est réputée pour ses peintures rupestres parmi les plus vieilles du continent (18 000 ans) et ses magnifiques points de vue sur la forêt. On s'y rend en bateau normal *(tlj, sauf dim, vers 14h ; compter 6h)* ou en bateau rapide avec l'*Expresso hidroviário Tapajós (voir plus haut ; départ tlj vers 16h, retour tlj à 5h45, sauf dim à 10h ; trajet en 2h45).* Les départs se font de la praça Tiradentes, env 500 m à l'ouest de la poste. Arrivé à Monte Alegre, on doit louer un véhicule 4x4 (mieux vaut être plusieurs) pour se rendre au site. Par une agence, comme *Amazon Star,* à moins d'être un petit groupe, c'est plutôt cher.

# BELÉM

env 1 426 000 hab. IND. TÉL. : 91

• Plan *p. 374-375*

**Une erreur classique consiste à croire que Belém est située au bord de l'Amazone. En réalité, la ville s'étale au bord d'un immense bras d'eau du delta du fleuve issu de la rencontre du Pará et du large Tocantins – bras d'eau qui délimite l'énorme île de Marajó par le sud (l'Amazone passant au nord). Belém a grandi sur un cap plat qui s'avance en rondeur dans la baie de Guajará, à l'embouchure du petit rio Guamá.**

**Incarnation du destin amazonien, la ville a connu une prospérité fulgurante au début du XXe s grâce au commerce du caoutchouc, avant de retomber dans l'oubli lorsque le filon s'est tari. Certains monuments du vieux centre assez décrépit témoignent encore de cette faste période. Formant aujourd'hui une métropole de 2,5 millions d'habitants, hérissée de tours et de gratte-ciel, la capitale du Pará est une ville brouillonne et trépidante. Devant un déclin inexorable, la municipalité a entrepris de revaloriser son patrimoine. Les anciens entrepôts au bord du fleuve ont été reconvertis en un vaste espace de loisirs regorgeant de cafés, boutiques et restos branchés. Plusieurs nobles édifices du micro-centre colonial et leurs musées ont eux aussi été restaurés. Mais, en retrait, les nobles vieilles demeures sont pour la plupart croulantes, leur façade mangée par la végétation…**

**Le pouls de la ville bat à présent sur son front de mer, autour du port des bateaux de pêche et du marché attenant – le célèbre Ver-o-Peso, installé sous une halle métallique 1900. Ici règne une nonchalante douceur de vivre. Au-delà, les ruelles animées aux magasins en pagaille cèdent le pas à de larges avenues et boulevards encore partiellement bordés de manguiers géants – *Cidade das Mangueiras,* dit-on, sous lesquels il est préférable de ne pas se garer lorsque les mangues arrivent à maturité (!).**

**En dehors du centre autour de la praça da Republica, mal famée dès la tombée du jour, la vie nocturne est animée du côté des *docas* et dans les quartiers périphériques modernes. Belém est aussi une excellente base pour rayonner dans la grande embouchure de l'Amazone : l'île de Marajó et l'île d'Algodoal.**

## UN PEU D'HISTOIRE

Le 12 janvier 1616, peu après l'expulsion des Français du Brésil, le capitaine ***Francisco Caldeira Castelo Branco*** fonde Belém autour du fort du Presépio. Il s'agit, pour le Portugal, d'ancrer ses revendications sur cette zone de l'embouchure de l'Amazone.

Avant-poste de l'activité des jésuites en Amazonie, le port devient le poumon économique de la région du XVIe au XVIIIe s, commerçant directement avec Lisbonne et l'Europe, sans passer par Rio ou Salvador. Belém met d'ailleurs presque un an pour reconnaître l'indépendance du Brésil, en 1823 !

### CABANAGEM : UNE RÉVOLUTION MANQUÉE

*En 1835, la plus grande insurrection de l'histoire du Brésil jeta le trouble dans la région du Grão-Pará. Les « Cabanos », Indiens, métis et Noirs qui vivaient dans les taudis bordant les rivières, se soulevèrent. Ils massacrèrent une partie des dirigeants blancs de Belém, pillèrent la ville et décrétèrent l'indépendance de la région. Le mouvement fut réprimé dans le sang par le pouvoir impérial. Plus de 30 000 personnes, soit près d'un quart de la population du Pará, périrent au cours de la répression.*

LE NORD, L'AMAZONIE

Passé l'épisode de la révolte de *Cabanagem,* le boom du caoutchouc fait la fortune de la ville ce qui la place sur la carte des grandes routes maritimes. C'est la Belle Époque, dans les 2 sens du terme. Grands planteurs et banquiers font de Belém un véritable ***petit Paris des tropiques.*** On s'y promène dans les rues vêtu au dernier chic parisien...
Le temps passe. La fortune se détourne, mais Belém garde son aura. Les aviateurs Mermoz et Saint-Exupéry y font escale entre l'Europe et la cordillère des Andes. L'écrivain Stefan Zweig s'enthousiasme pour la ville et son jardin zoologique – au contraire d'Henri Michaux, jeune poète aventurier qui y séjourne en 1928. Belém n'est alors plus qu'une gloire fanée au déclin inexorable.

## GASTRONOMIE BELENENSE

Au confluent des traditions indiennes de la forêt et de l'apport portugais, de la terre et de la mer, la cuisine de Belém est réputée dans tout le Brésil pour la variété de ses produits et l'originalité de ses saveurs. Un produit essentiel émerge : le manioc ***(mandioca).*** On en extrait le ***tucupi,*** ou jus de manioc, base de nombreux mets régionaux – on peut observer sa préparation sur le marché. Très présent aussi : le ***jambú,*** aussi appelé « *brèdes mafanes* » ou « cresson du Pará », une plante aux propriétés légèrement anesthésiantes. *Tucupi* et *jambú* se retrouvent dans la recette du *pato no tucupi* (canard au *tucupi*), l'un des plats les plus connus de la région.
L'incontournable ***tacacá*** est une sorte de soupe épaisse, qui se compose d'une base de *tucupi* dans laquelle on jette une boule de tapioca, des crevettes séchées, des feuilles de *jambú* cuites et un peu de *pimento do cheiro.* Le tout est servi bouillant dans une calebasse. On dit ici qu'un bon *tacacá* doit faire « trembler la langue » ! Vous en trouverez un peu partout, dans l'après-midi.
Au marché Ver-o-Peso et dans les restaurants spécialisés, vous pourrez goûter l'***açaí.*** Tiré du fruit d'une espèce de palmier, gros comme une cerise, il donne un jus épais de couleur violet-noir, réputé pour ses vertus aphrodisiaques – il semble en fait autrement plus intéressant comme antioxydant ! L'*açaí* est essentiellement consommé avec le poisson frit, voire avec la viande. La plupart des habitués y mêlent de la *farina de agua* (farine de manioc), du tapioca pour l'épaissir, et y ajoutent du sucre pour atténuer son amertume.
Autre classique, le ***maniçoba*** est un mélange de viandes de bœuf et de cochon salées et fumées, cuites en ragoût avec la *maniva* (feuille de manioc) et servies avec de la *farofa.* Pas mauvais, mais pas léger, léger ! Moins intéressante, la ***vatapá*** est une sorte de crème de pain et lait de coco à la crevette.
Enfin, ne manquez pas les « ***tok-tok*** », des petits crabes *(carangueijos)* entiers, cuits au court-bouillon, qu'on casse sur une planchette avec un pilon. Certains restos, appelés aussi *tok-tok,* s'en sont fait une spécialité.

LE NORD, L'AMAZONIE

# Arriver – Quitter

## En avion

✈ ***Aeroporto internacional Val-de-Cans*** *(hors plan par B1)* **:** *av. Júlio Cezar, à env 10 km au nord de Belém, soit 20-40 mn en taxi (selon le trafic) et 30-60 mn en bus. ☎ 3210-6000.* On y trouve un petit bureau d'info de *Setur,* un autre de *Paratur,* l'office du tourisme de l'État, un bureau de poste, des agences de location de voitures *(Hertz, Localiza, Movida, Unidas/Alamo),* des distributeurs de billets, une consigne (au fond, côté départs) et un bureau de change *(tlj 8h-minuit).* Les employés du comptoir d'infos de l'aéroport situé dans le hall des départs parlent assez bien l'anglais.

➢ ***Cayenne (et Paramaribo) :*** 2 vols/sem avec *Surinam Airways* (mar et ven depuis Cayenne, mer et sam depuis Belém). ● *flyslm.com* ● Souvent difficile d'avoir de la place, mieux vaut s'y

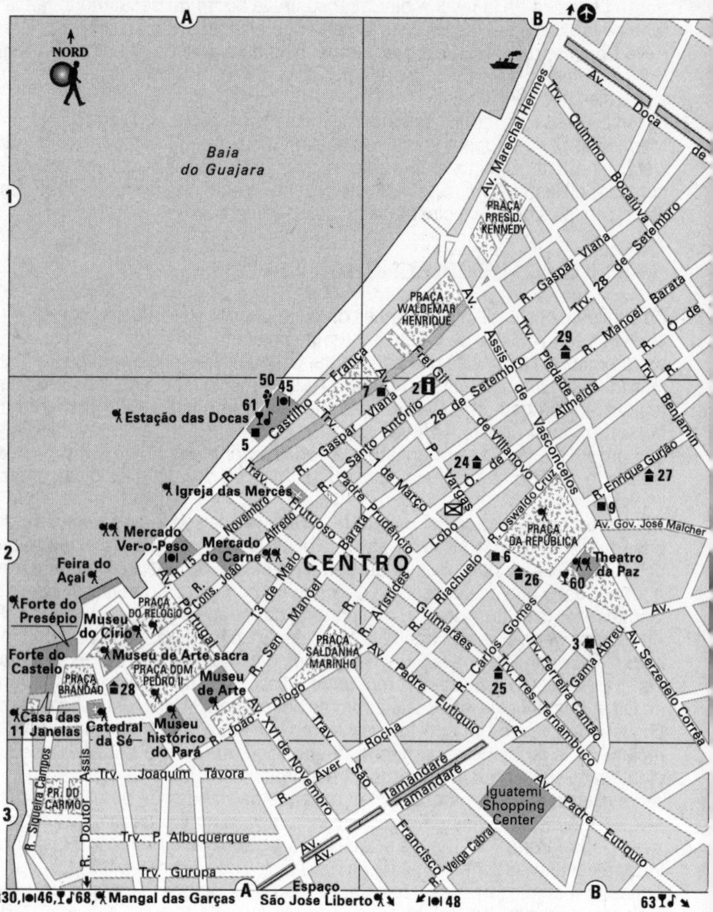


prendre bien à l'avance et n'arrivez pas à la dernière minute, il y a régulièrement du surbooking.

➢ Enfin, liaisons directes tlj avec ***Santarém, Manaus, Brasília, Rio, São Luis, Fortaleza,*** etc. avec *LATAM*, *GOL*, *Azul* et *Sete*.

***Liaisons aéroport – centre-ville***

➢ ***En bus :*** sortir de l'aéroport et marcher 200 m vers la gauche, jusqu'à un abri bleu. Là, prendre le bus (orange et blanc) affichant « Pratinha P. Vargas » ou celui, vert et blanc, indiquant « *Marex/Arsenal/Ver-o-Peso* » (env ttes les 15 mn 6h-22h). Billet : 2,20 Rls.

Au retour, prendre les bus « Marex » (le quartier de l'aéroport) ou tout simplement « Aeroporto », sur praça da República *(plan B2)*.

Il y a aussi le bus VIP n° 600, qui part de l'aéroport même (au bout du terminal, passé la porte E), mais il ne passe que ttes les heures env (7h-17h30).

➢ ***En taxi :*** en prépayant votre course au comptoir de la *cooperativa* (dans le

### ■ Adresses utiles

2 Belémtur (B1-2)
3 Distributeurs Bradesco (B2)
4 Alliance française (C3)
5 Police touristique, Fitta (change), Valverde Turismo (A2)
6 Turvicam (B2)
7 Macamazon (B2)
8 Consulat honoraire de France (C2)
9 Amazon Star (B2)

### Où dormir ?

21 Mama Hostel (C2)
22 Amazônia Hostel (C2)
24 Hotel Unidos (B2)
25 Ecopousada Miriti (B2)
26 Hotel Grão Pará (B2)
27 Hotel Massilia (B2)
28 Hotel della Luna (A2)
29 Senador Pousada Hotel (B1)
30 Atrium Quinta de Pedras (hors plan par A3)
31 Belém Soft Hotel (C2)

### Où manger ?

43 Tacacá da Dona Maria (C2)
44 Xicara da Silva (C1)
45 Lá Em Casa (A2)
46 Manjar das Garças (hors plan par A3)
47 Remanso do Peixe (hors plan par C2)
48 Point do Açaí (hors plan par B3)
49 Remanso do Bosque (hors plan par C2)

### Où s'offrir une bonne glace ?

50 Cairú (A2)

### Où boire un verre ? Où sortir ?

60 Bar do Parque (B2)
61 Microbrasserie Amazon Beer (A2)
63 Casa do Gilson (hors plan par B3)
65 Pub Cosa Nostra (C2)
67 Dom Bar et Chopp Devasa (C1)
68 Mormaço Bar & Arte (hors plan par A3)
69 Roxy (C1)
70 Mercearia (C1)

**BELÉM**



hall d'arrivée), vous paierez 45 Rls pour le centre-ville *(Coopertáxi : ☎ 3257-1720, 24h/24).*

## En bus

***Terminal rodoviário** (hors plan par C2)* **:** *av. Almirante Barroso. ☎ 3266-2625. À 3 km à l'est du centre.* Pour rejoindre le centre-ville, prendre, à droite du terminal en sortant, n'importe quel bus affichant « P. Vargas » ou « Ver-o-Peso ». Depuis le centre, prendre le bus affichant « São Brás » (le quartier de la gare routière) sur l'av. P. Vargas *(plan B2).* Dans le terminal, bureau d'infos, sanitaires (avec douches), distributeur de billets et consigne à bagages *(Guarda Volumes ; 24h/24).* Les compagnies se valent en qualité et en prix. **Pour les très longues distances, comparez bien avec l'avion, parfois pas plus cher** – et certainement moins éreintant... Résas sur *● busbud.com ●*

➢ **Maraba :** 12 bus/j. avec *notamment Açailandia et Ouro e Prata,* 7h-23h30. De Maraba, d'autres bus permettent de rejoindre Santarém.

➢ **São Luís :** 1 bus/j. (à 20h) avec *Rápido Marajó.* • rapidomarajo.com.br • Trajet : 12h30.

➢ **Fortaleza :** 2 bus/j. (à 7h30 et 13h) avec *Guanabara.* • expressoguanabara.com.br • Et 1 bus vers midi et 13h30 avec *Itapemirim.* • itapemirim.com.br • Trajet : 23-27h.

➢ **Natal :** 1 bus/j., à 7h30, avec *Guanabara.* Le trajet dure env 38h.

➢ **Recife :** 4 bus/sem départ à 11h, avec *Guanabara.* Compter env 13h30 de route.

➢ **Salvador :** 3 bus/sem (lun, mer, ven), vers 15h, avec *Itapemirim.* Compter 34h de trajet.

➢ **Brasília :** 2 bus/j. (à 12h et 20h) avec *Rápido Marajó.* Env 34h de trajet (2 100 km).

➢ **Rio :** 1 bus/j. (à 11h30) avec *Rápido Marajó.* Trajet en 51h...

➢ **São Paulo :** 1 bus/j. avec *Rápido Marajó* à 10h30. Trajet : 47h.

## En bateau

**Terminal hidroviário** *(plan B1) : av. Marechal Hermes, quai nº 10.* ☎ *3242-1570.* Les compagnies desservant Marajó et Macapá y ont un kiosque. Les horaires changeant très régulièrement pour l'achat des billets, le plus simple est de passer par une agence (voir « Agences de voyages »).

➢ **Marajó :** la compagnie **Banav** *(☎ 3269-4494 ; • banav.com.br •)* propose 1 départ/j. dans les 2 sens, en alternance : tlj à 7h depuis Belém, à 5h30 de Marajó ; Le bateau arrive à Camará, à 32 km au sud de Soure (voir le chapitre sur Marajó). Les billets s'achètent au terminal (résa conseillée en juillet). Compter 2h30-3h30 de traversée. Ceux qui voudraient passer avec un véhicule de location rejoindront Icoaraci, d'où **Henvil** *(infos : ☎ 3249-3400 ; résas : ☎ 3246-7472 ; • henvil.com.br •)* assure 1 ou 2 traversées/j. (dont 6h30 tlj depuis le continent et 16h tlj depuis Camará).

➢ **Macapá :** avec le *São Francisco de Paula* *(☎ 3242-2070),* départs de Belém mer à 11h et sam à 13h ; retours de Macapá (port de Santana) les lun et ven à 10h. Avec le *Clivia* ou l'*Ana Karolina* : mar et ven à 10h (retours mer à 15h30 et dim à 10h). Trajet : 24-28h. Nuits en hamac ou en cabine.

➢ **Santarém et Manaus :** la plus importante compagnie, *AR Transporte* *(• artransporte.com.br/operacao •)* assure (en 2 j. pour Santarém et 4 j. pour Manaus) des départs le mer vers 19h ; arrivées à Santarém les sam (4h ou 12h), puis à Manaus les lun vers 17h30 (soit presque 5 j. de voyage !). Les bateaux *Rondônia* ou *Amazon Star* partent en même temps, ils sont plus gros et confortables.
Autre option à bord du *Nelio Corrêa (Cie Magalhães Navegação),* qui effectue la liaison un mar sur 2. Les prix varient du simple au triple selon le choix du hamac sur le pont ou de la cabine pour 2 avec petite salle de bains et clim. Les repas (disponibles à bord, mais pas terribles) ne sont pas inclus. Allez, sur ce, bon vent !

# Adresses et infos utiles

## Infos touristiques

**Belémtur** *(plan B1-2,* **2***) : av. Presidente Vargas, 158.* ☎ *3283-4853.* • *belem.pa.gov.br* • *Lun-ven 8h-17h. Pas vraiment d'une aide efficace.*
– Les journaux locaux *O Liberal* et *Diario do Para* contiennent l'agenda culturel de la ville pour la journée.

@ **Internet :** l'**Alliance française** *(plan C3,* **4***)* met à disposition quelques postes gratuitement (à la médiathèque).

## Argent, change

■ **Fitta** *(plan A2,* **5***) : à l'entrée du bât. 1 de l'Estação das Docas (côté marché Ver-o-Peso). Lun-sam 10h-19h (18h sam), dim 9h-13h.* Change les espèces seulement.

■ **Turvicam** *(plan B2,* **6***) : av. P. Vargas, 640. Lun-sam 8h-18h30 (16h sam).* Un autre bureau de change, à côté de l'agence du même nom, au fond du couloir. Change les euros en liquide.

■ ***Distributeurs Bradesco*** *(plan B2,* ***3****) : av. P. Vargas, 988. Près du theatro da Paz derrière le grand magasin Lojas Americanas. Distributeurs accessibles 6h-22h.*

## Représentation diplomatique

■ ***Consulat honoraire de France*** *(plan C2,* ***8****) : av. Governador José Malcher, 815. Ed. Palladium Center, sala 701. ☎ 3224-6818. • consulat.belem@yahoo.fr • Lun, mer et ven 9h-12h.*

## Urgences

■ ***Police touristique :*** *dans l'Estação das Docas (à l'entrée du bât. 1 ; plan A2,* ***5****), ouv 10h-minuit (3h jeu-sam). Également trav. Castelo Branco, 239. ☎ 3212-0883 (heures de bureau).*

⊞ ***Hospital Beneficiente Portuguesa*** *(plan C1) : av. Generalíssimo Deodoro, 868, à l'angle de la rua Boaventura de Silva. ☎ 3215-4444.* Hôpital privé.

## Agences de voyages

■ ***Amazon Star*** *(plan B2,* ***9****) : rua Henrique Gurjão, 56. ☎ 3241-8624 ou 3212-6244. • amazonstar.com.br • Tlj, sauf dim, 8h-18h (12h sam).* Dirigée par Patrick Barbier, un Français installé à Belém depuis plus de 40 ans, l'agence travaille, entre autres, avec *Voyageurs du Monde.* Elle organise des excursions à Marajó (séjours en *fazenda,* balades à dos de buffle, etc.) et dans les environs de Belém : découverte des *igarapés* à bord de l'*Amazon Queen* (le bateau de l'agence), comprenant courte rando et sortie en canot à moteur ; plages, île aux Perroquets, etc. Excursions également vers Santarém et Monte Alegre. On peut aussi y acheter ses billets de bateau et d'avion (avec une commission si vous n'achetez que ce produit) et se renseigner pour des forfaits à la carte. Une valeur sûre

■ ***Valeverde Turismo*** *(plan A2,* ***5****) : Estação das Docas, à l'entrée du bât. 1. ☎ 2212-3388. • valeverdeturismo.com.br • Tlj 10h-22h, sauf lun.* Cette autre agence sérieuse (où l'on parle l'anglais, ce qui compense la carence des services officiels) propose des excursions dans les environs de Belém, notamment la visite des *igarapés,* de l'île aux Perroquets, de l'île de Mosqueiro, et une très touristique balade en bateau à l'aube ou au crépuscule dans la baie de Guajará – cette dernière avec animations à bord...

■ ***Macamazon*** *(plan B2,* ***7****) : av. Castilho França, 716. ☎ 3031-5899. • macamazon.com.br • Autre agence au terminal de bus.* Résas de billets de bateau et d'avion.

## Culture

■ ***Alliance française*** *(plan C3,* ***4****) : trav. Rui Barbosa, 1851. ☎ 3224-3998. • afbelem.com • Lun-ven 9h-13h, 14h-20h ; sam 9h-17h30.* Abrite une médiathèque, où l'on peut consulter les livres (échange possible), la presse et surfer gratuitement sur le Net. Concerts épisodiques.



# Où dormir ?

## Bon marché (moins de 150 Rls / env 36 €)

⌂ ***Mama Hostel*** *(plan C2,* ***21****) : av. Visconde de Souza Franco, 1313. ☎ 3353-7050. • mamahostelbelem.com.br • Dortoir 46 Rls/pers, double env 90 Rls avec petit déj.* Petite AJ récente, toute pimpante d'une douzaine de lits en 2 petits dortoirs féminin et masculin. Et 16 en chambre privée, dont des quadruples. Salle de douche à partager, cuisine, frigo de même. Casiers individuels. Draps fournis, et serviettes 5 Rls. Laverie payante. Déco amusante. Quartier tranquille et bonne ambiance.

⌂ ***Amazônia Hostel*** *(plan C2,* ***22****) : av. Governador José Malcher, 592. 📱 98195-8508. • amazoniahostel.com.br • Dortoir 25 Rls/pers, 40 Rls avec clim ; double env 80 Rls. Draps 3 Rls/pièce.* Cette auberge très basique occupe une ancienne maison haute de plafond, avec façade couverte d'azulejos, courette un peu pelée plantée d'un palmier et vieux planchers. On y trouve des dortoirs (non mixtes) de 6 lits avec clim ou ventilo, sans fenêtre, ainsi que 3 chambres privées, avec ou sans douche et w-c. Les sanitaires communs sont exigus mais propres, et l'ensemble est très correct malgré des prix un peu élevés. Salon TV, salle à manger, cuisine et laverie. Boulangerie en face pour le petit déj. Apporter son papier hygiénique... Bon accueil.

***Senador Pousada Hotel*** *(plan B1,* ***29****) : rua Senador Manoel Barata, 1241. ☎ 3241-2286. • cisa@amazon.com.br • Double env 100 Rls.* Ce petit hôtel familial de 20 chambres, aussi accueillant que son proprio, n'est pas situé dans le quartier le plus glamour, mais il propose une grosse quinzaine de chambres d'un bon rapport qualité-prix. Pas très grandes, elles sont néanmoins d'un confort acceptable (douche, clim, TV, frigo) et sont très bien tenues. Une bonne surprise : le petit déj !

**Hotel Unidos** *(plan B2,* ***24****) : rua Ó de Almeida, 545. ☎ 3224-0660. • hotelunidos.com.br • Double env 130 Rls, bon petit déj-buffet inclus. Réduc en payant cash.* Alternative centrale au *Grão Pará* (voir plus bas), l'hôtel *Unidos* propose une trentaine de chambres sans charme, mais de bonne taille, bien tenues et confortables (ça sent bon le propre !), avec salle de bains, clim, frigo et TV. Demandez-en une avec fenêtre. Accueil parfois en français.

## Prix moyens (150-250 Rls / env 36-60 €)

**Ecopousada Miriti** *(plan B2,* ***25****) : rua Padre Prudêncio, 656. ☎ 3252-2218. • miritipousada.com.br • Double env 150 Rls.* Derrière un mur végétalisé, à l'ombre de 2 tours un tantinet décaties, cette *pousada* aux airs de villa moderne se démarque des hôtels impersonnels du centre par son côté familial et coquet. Les chambres, claires et cosy (clim, TV, frigo, sanitaires nickel), donnent sur un jardinet tranquille tenu au cordeau. Accueil en anglais. Un vrai petit coin de rêve dans un quartier où il vaut mieux prendre un taxi le soir.

***Hotel Grão Pará*** *(plan B2,* ***26****) : av. P. Vargas, 718. ☎ 3321-2121. • hotelgraopara.com.br • Double env 150 Rls, plus cher certains j. fériés.* Haut de 15 étages, le *Grão Pará* occupe un emplacement stratégique sur la *praça da República*. Il abrite 150 chambres à la déco standardisée, mais de bon confort et de belle taille, avec grande douche vitrée, TV, frigo et clim. Bon rapport qualité-prix là encore. Évitez juste celles côté place, surtout aux étages inférieurs, à cause du bruit. En revanche, belle vue depuis les étages supérieurs. Accueil souriant. Quartier craignos dès la nuit tombée.

***Hotel della Luna*** *(plan A2,* ***28****) : praça Frei Caetano Brandão. 📱 913222-9952. • portasdaamazoniabelempara.com.br • Doubles 130-170 Rls selon taille et vue, petit déj compris.* Bien situé à côté de la cathédrale, cet hôtel à la jolie façade couverte d'azulejos promet un intérieur de caractère – et ne déçoit pas. 9 chambres aux hauts (parfois très hauts !) plafonds alignent joli lavabo, douche vitrée, clim, frigo, TV et de drôles de lampes faites dans une machine à presser le jus d'*açaí* ! Ajoutons des lits dotés d'excellents matelas. 2 donnent sur la place (dont une très spacieuse) et 4 autres (nos 6 à 9) sur une très agréable terrasse en bois couverte noyée de plantes, à l'arrière – avec canapés. Seul hic : les cloches sonnent dès 6h du mat' !

***Hotel Massilia*** *(plan B2,* ***27****) : rua Henrique Gurjão, 236. ☎ 3222-2834. • massilia.com.br • Double env 170 Rls.* Cet hôtel très central, niché dans une rue calme, point de chute des Guyanais à Belém, est tenu par Frank, un Marseillais jovial à l'accent bien marqué ! Une vingtaine de chambres aux murs en brique vernie entourent une cour-jardin intérieur avec piscine. Elles ne sont plus de première jeunesse, mais de confort suffisant (clim, TV, coffre, frigo). Certaines ont une mezzanine et peuvent accueillir 4 personnes. Fait aussi resto de spécialités françaises.

***Belém Soft Hotel*** *(plan C2,* ***31****) : av. Brás de Aguiar, 612. ☎ 3323-3400. • belemsofthotel.com.br • Double* *env 150 Rls.* Ce 2-étoiles a hérité du 4-étoiles qui l'a précédé des chambres spacieuses, carrelées, toutes blanches, vraiment impeccables, avec des salles de bains à l'avenant (douche vitrée). En prime : une grande fenêtre dominant la ville. Pas de charme, mais un bon rapport qualité-prix.

### De prix moyens à plus chic (moins de 250-500 Rls / env 60-120 €)

🏠 ***Atrium, Quinta de Pedras*** *(hors plan par A3,* ***30****)* **:** *rua Dr Assis, 834.* ☎ *3323-3400.* • *atriumhotels.com.br* • *Doubles 200-300 Rls.* Hôtel au charme un peu austère, établi dans un ancien couvent de la fin du XVIIIe s qui servit aussi d'école, d'hôpital et d'orphelinat. Entièrement rénové, il en a gardé les larges couloirs tapissés de brique et agrémentés de beaux meubles. Vastes chambres de bon confort mais sans fantaisie. Certaines donnent sur la paisible place, d'autres sur la piscine intérieure où les chaises longues attendent les baigneurs. Sauna, salle de fitness, bar et restaurant.

## Où manger ?

### Bon marché (moins de 40 Rls / env 10 €)

🍴 ***Mercado Ver-o-Peso*** *(plan A2)* **:** *entre le port de pêche et l'Estação das Docas. Ouv 24h/24.* Des dizaines de comptoirs en pierre aux hauts tabourets, abrités sous de grosses bâches blanches, proposent des *salgados* et des plats de viande ou de poisson servis avec du riz, des haricots et de la *farofa.* C'est bien préparé et vraiment pas cher. Un peu plus près du marché, côté fleuve, vous trouverez le coin des jus.

🍴 ***Tacacá da Dona Maria*** *(plan C2,* ***43****)* **:** *av. Nazare, à la hauteur du Colegio Marista (vers le n° 766-902 en général).* ☎ *9142-0433. Tlj 15h30-20h env.* S'il n'y avait qu'un stand amovible à *tacacá* à signaler, ce serait celui-ci. Dona María en prépare tous les jours, mais propose aussi le *tucupi* au litre, du gâteau de manioc frais au coco *(bolos de macaxeira)* et, chaque week-end, la *vatapá.* Attention, s'il pleut trop, elle remballe !

### Prix moyens (40-70 Rls / env 10-17 €)

🍴 ⛱ ***Xicara da Silva*** *(plan C1,* ***44****)* **:** *av. Visconde de Souza Franco, 978 A.* ☎ *3241-0167. Tlj 18h-minuit (1h ven-sam).* L'arche de verdure à l'entrée et la terrasse ombragée à l'avant en font une vraie petite oasis dans le brouhaha urbain. Salle haute de plafond avec charpente d'où descendent fées et fleurs pour survoler le mobilier en rotin. Les familles viennent ici avant tout pour les pizzas réputées à pâte fine, servies pour 2 personnes... ou une, si on a un appétit d'ogre ! Celle aux crevettes et *jambú* (cresson amazonien) vaut le coup. D'autres spécialités du coin à la carte, comme le bon *peixe Maria de Belém.* La viande, en revanche, nous a moins convaincus. Service prévenant, malgré l'affluence et bon service. Vin au verre.

🍴 ⛱ **Lá Em Casa** *(plan A2,* ***45****)* **:** *Estação das Docas, dans le bât. 2.* ☎ *3212-5588. Tlj 12h-15h et 18h-minuit (2h ven-sam).* Parmi les restos « branchés » de l'*Estacão das Docas,* celui-ci s'est spécialisé dans les mets typiques du Pará. On a bien aimé le *corridinho de peixe,* succulent assortiment de poissons d'Amazonie, accompagné, entre autres, de riz au *jambú* et de *farofa.* Parmi les autres options : haddock du Pará, canard au *tucupi,* filet de buffle de Marajó, etc. On s'installe à l'intérieur, dans l'immense bâtiment des Docas, ou sur la terrasse encadrée par les grues jaunes de l'ancien port.

🍴 ⛱ Plusieurs restos sont hébergés dans la longue galerie des Docas. On a retenu aussi l'italien ***Capone,*** et le ***Tio Armenio*** et ses plats de viande avec poisson plus élaborés et un peu plus chers.

**Point do Açaí** (hors plan par B3, **48**) : *rua Veiga Cabral, 450. Assez loin du centre dans un quartier de petites maisons. ☎ 3225-4647. Tlj 10h30-15h30, plus mar-sam 18h-22h30.* Une fontaine en forme de baie d'où sourdent des eaux violet-noir trône devant le resto, donne le ton : ici, c'est *açaí* à tous les étages ! La maison possède sa propre fabrique et un menu aux plats traditionnels de la région servis, selon leur taille, avec ½ litre ou 1 litre d'*açaí* en carafe. Voici l'occasion de se familiariser avec cet incontournable breuvage amazonien qui a conquis le reste du Brésil. Versez dans un bol, ajoutez selon les goûts sucre, tapioca et/ou farine de manioc, et dégustez avec des crevettes et poissons frits. Le lieu, plutôt chic, est apprécié des familles le week-end.

## De chic à très chic (70-100 Rls et plus / env 17-24 €)

**Manjar das Garças** (hors plan par A3, **46**) : *dans le parc Mangal das Garças (rubrique « À voir »), au sud du vieux centre. Tlj, sauf lun, 12h-minuit (1h jeu et 2h ven-sam ; 18h dim). Buffet du déj env 80 Rls.* Le cadre est séduisant, le décor, raffiné ; dans un vaste bâtiment en bois surélevé au toit de palmes, dominant le *Mangal* et sa végétation abondante, en léger retrait du fleuve. Installez-vous dans la salle très climatisée (brrr !), où se tient un petit orchestre, ou sur le balcon en bois, tout autour. On vous recommande en particulier le lieu pour son splendide buffet à volonté le midi, composé de viandes fondantes et de poissons goûteux et délicats. Le soir, on mange à la carte, c'est plus cher, mais on profite du cadre romantique. En prime, plats ultra-copieux, bien suffisants pour 2. Très belle carte des vins.

**Remanso do Peixe** (hors plan par C2, **47**) : *trav. Barão do Triunfo, 2590, casa 64. ☎ 3228-2477. À 5-6 km à l'est du centre, près du bosque Rodrigues Alves. Prendre un taxi. Mar-sam 11h-15h, 19h-22h ; dim 11h-15h30.* Une adresse presque confidentielle, nichée au fond d'une impasse, à l'étage de la dernière maison sur la droite (pas d'enseigne). Et, pourtant, c'est l'un des très bons restos de Belém, qui accumule les prix et récompenses depuis plusieurs années. Assez chic, certes, mais encore abordable, vu la qualité de la cuisine. Au menu, spécialités de poisson et de fruits de mer, magistralement préparés avec des produits locaux. Essayez la *moqueca paraense*, un pot-au-feu de la mer avec, sur le côté, un épais bouillon de poisson, ou encore la *caldeirada de peixe*, vous ne regretterez pas d'avoir fait le chemin ! Service impeccable et cadre coloré, réparti dans 2 salles. Service sans chichis. L'une de nos meilleures expériences culinaires au Brésil, rien que ça !

**Remanso do Bosque** (hors plan par C2, **49**) : *av. Rômulo Maiorana, 2350. ☎ 3347-2829. À 6-7 km au nord-est du centre, juste en face du bosque (parc) Rodrigues Alves. Mar-jeu 11h30-15h, 19h-23h30 ; ven 18h-23h30 ; dim 11h30-15h30.* Après le *Remanso do Peixe*, voici le *Remanso do Bosque...* Les frères Castanho font coup double avec cette excellente adresse où ils mettent en valeur le meilleur des produits frais amazoniens. À côté du fromage de Marajó, très présent, s'invitent *pirarucú* fumé, morue, canard du Pará, crevettes, lait de coco, bananes plantain, noix du Brésil... sans oublier de juteux steaks qui raviront les viandards. Service impeccable.

## Où s'offrir une bonne glace?

**Cairú** (plan A2, **50**) : *dans l'Estação das Docas, bât. 2. Tlj 10h-1h. Nombreuses autres adresses en ville.* De Belém à Manaus, les Brésiliens ne jurent que par ce glacier local, qui a popularisé les fruits de la forêt amazonienne aux citadins. *Cupuaçu, tapereba, açaí, uxi, bacuri, bacaba, graviola* et même tapioca (au goût de lait) cohabitent ainsi avec des parfums plus traditionnels.

LE NORD, L'AMAZONIE

## Où boire un verre ? Où sortir ?

Belém connaît une vie nocturne très intense, avec un tas de concerts programmés en fin de semaine (souvent vers 22-23h), mais ne vous attendez pas à des miracles : vous avez peu de chances de tomber sur le nouveau Mick Jagger ! En dehors des Docas les endroits branchés sont assez éloignés du centre historique. Pour les rejoindre taxi ou VTC sont indispensables.

🍷 ☂ **Bar do Parque** *(plan B2, **60**)* **:** *praça da República, tt contre le Theatro da Paz. Toujours ouvert !* Petit pavillon vert amande néoclassique flanqué d'une terrasse surélevée et ombragée par de vieux manguiers. La nuit venue, on y côtoie, au grand air, la faune composite de Belém, jeunes, étudiants, marginaux et *piranhas* (« femmes légères », en argot brésilien). Il a, pour son malheur, une excellente mauvaise réputation !

🍷 ♪ ☂ **Microbrasserie Amazon Beer** *(plan A2, **61**)* **:** *dans l'Estação das Docas, bât. 1 ; le plus à gauche face au fleuve. ☎ 3212-5401. Tlj 17h-minuit (plus tard w-e).* Toujours du monde sur cette immense terrasse dont une moitié est à l'intérieur et l'autre sur les quais, face au fleuve. On y sert la délicieuse bière *Amazon,* légère et subtilement mousseuse, déclinée en 7 variétés – dont une à l'*açaí.* Dès 20h, il y a une petite *cover charge* pour les musiciens qui jouent sur la plate-forme mobile au-dessus des tables. Quelques plats à la carte avec les bières qui les accompagnent idéalement.

🍷 ♪ **Pub Cosa Nostra** *(plan C2, **65**)* **:** *trav. Benjamin Constant, 1499. ☎ 3241-1068. Tlj 12h-4h.* Un quart de siècle déjà que ce pub abreuve le quartier de Nazaré. *Happy hours* avec pianiste de 18h à 20h et concerts dès minuit. Musique différente tous les soirs, mais c'est le mardi, jour du rock, qu'il y a le plus de monde. On danse alors où on trouve de la place, en haut comme en bas.

🍷 ☂ **Dom Bar** *(plan C1, **67**)* **:** *trav. Almirante Wandenkolk.* Ici, c'est un peu le fief de la *Skol* : la terrasse sur la rue est bondée en fin de semaine. Autre option pour écluser une (bonne ou moins bonne) bière, **Chopp Devasa** : *juste à côté, à l'angle d'Antônio Borreto.* Happy hours *jeu-sam 19h-22h.*

🍷 ☂ Plus haut sur la travessa, au carrefour de l'avenida Senador Lemos, on butte sur 2 incontournables de la nuit belenense. Côté pile, le très cool **Mercearia** *(plan C1, **70**)* s'entoure d'une belle terrasse et une déco tendance baroque. Concerts en fin de semaine. Côté face, l'incontournable **Roxy** *(plan C1, **69**)*, un bar-resto veillé par une Mona Lisa obèse, où les jeunes friqués de la ville aiment à se montrer sur leur 31 pour avaler des plats un peu surfaits portant des noms de films. Tenue pimpante de rigueur pour attendrir le videur.

🍷 ♪ **Casa do Gilson** *(hors plan par B3, **63**)* **:** *trav Padre Eutíquio, 3172. ☎ 3272-7306. Excentré, prendre un taxi. Ven 19h30-2h, w-e 14h-3h (1h dim).* La façade plutôt discrète cache un hangar à l'ambiance chaleureuse – peut-être le plus typique et le plus populaire des bars musicaux de Belém – avec une scène minuscule. À l'honneur : samba et *choro (MPB)* portés par des groupes venus de tous les horizons. Tous les grands y sont passés. Vous risquez d'y croiser Caetano Veloso ou Gilberto Gil venus faire un bœuf d'après récital. Venez de préférence le dimanche (musique à partir de 15h).

🍷 ♪ **Mormaço Bar & Arte** *(hors plan par A3, **68**)* **:** *passagem Carneiro da Rocha, 1, par la rua do Arsenal. 📱 98043-7275. Ven-sam 21h-5h (dim 11h-23h). Entrée : 5-15 Rls.* À côté du *Mangal das Garças,* par une allée qui part sur la droite. On longe alors un canal avec de vieux bateaux... avant d'arriver dans cet immense espace en bois, sur pilotis. Alternance de musique live et DJ (pop rock, reggae, *electronica,* samba, *carimbó* et autres musiques régionales), le tout dans une ambiance de folie !

LE NORD, L'AMAZONIE

## Achats

Quelques endroits à Belém proposent un peu d'artisanat d'Amazonie. Celui des Indiens de la forêt, bien sûr, mais surtout la céramique dans le style des Indiens marajóaras. Elle est travaillée en bas-relief ou peinte en rouge et noir ou brun et beige. Pour le reste, faites plutôt vos achats à Santarém et Manaus.

Au ***mercado Ver-o-Peso*** *(plan A2),* une section propose un choix d'objets artisanaux à prix raisonnables. Sinon, il y a le centre artisanal du ***museu de Gemas do Pará*** (cf. « À voir »), plus cher mais proposant des objets d'excellente qualité (copies de poteries précolombiennes, boîtes, animaux en bois, céramique, bijoux, sacs...).

## À voir

***Praça da República*** *(plan B2)* **:** au cœur de la ville, bordée de manguiers multi centenaires, l'esplanade est occupée par un grand parc et veillée par le vénérable *theatro da Paz* (voir ci-dessous), petite folie datant de la période du boom du caoutchouc. On y trouve aussi un joli kiosque à musique rétro, les pavillons néoclassiques rose et brun du théâtre expérimental et de la bibliothèque, et une grandiloquente statue de la Liberté offerte par la France. La place est devenue, depuis quelque temps, le refuge de pas mal de laissés-pour-compte de la crise économique brésilienne, sans compter les réfugiés économiques vénézuéliens du régime de Maduro. On vous conseille donc, autant que faire se peut, de l'éviter dès la nuit tombée.

***Theatro da Paz*** *(plan B2)* **:** *praça da República. ☎ 4009-8750. • theatrodapaz.com.br • Visite (en portugais et anglais) ttes les heures (sauf 13h et 14h), tlj 9h-17h (12h sam, 11h dim). Durée env 40 mn. Entrée : 6 Rls.*
Inauguré en 1878, le théâtre rappelle l'ère fastueuse du caoutchouc. Folie des grandeurs... Il pouvait accueillir 1 100 spectateurs, alors même que la ville comptait à cette époque moins de 50 000 habitants ! D'abord baptisé *theatro Nossa Senhora da Paz,* pour commémorer la fin de la guerre avec le Paraguay, il se vit confisquer le « Notre-Dame », l'évêque estimant que l'édifice, qui n'abritait jamais aucune manifestation religieuse, ne le méritait pas !
Comme à Manaus, tout a été importé d'Europe : lustres, chandeliers et miroirs français, marbres italiens, mosaïques portugaises, fer forgé britannique... Seuls les papiers peints n'ont pas résisté : ils se décollaient en raison de l'humidité et les murs ont donc été peints pour donner l'impression d'en être couverts ! Le grand lustre, lui, est américain ; il prend la forme du *Victoria amazonica,* ce nénuphar géant de l'Amazonie dont les feuilles atteignent 2,50 m de diamètre. De nombreux autres ornements évoquent le milieu naturel local. C'est en particulier le cas du superbe plafond peint (par un Italien), où figure Artémis, en train de fièrement chasser dans la forêt amazonienne.
Au parterre, les vénérables chaises canées ont été conservées, chacune aérée par une bouche de ventilation. Des marches, spécialement plaquées de bronze, mènent à la loge de l'Empereur, au 1er étage – qu'importe s'il ne vint jamais... La visite mène ensuite à la salle des pas perdus, puis sur le grand balcon dominant la place. La façade n'est pas d'origine : elle a été modifiée en 1904 pour mieux répondre aux canons néoclassiques.
Concerts de jazz, orchestre philharmonique, danse... le théâtre accueille des spectacles plusieurs fois par mois (janvier excepté). *Les billets se retirent le j. même au guichet, à partir de 9h (tlj 9h-18h – 12h sam, 11h dim).*

***Estação das Docas*** *(plan A2)* **:** *av. Castilho França. ☎ 3212-5660. • estacaodasdocas.com.br • Tlj 10h-minuit (9h dim ; 1h mer ; 3h jeu-sam).* Il s'agit d'anciens docks du début du XXe s, rénovés dans un esprit très contemporain réussi, avec vitres fumées et structure métallique rouge. Même les anciennes grues jaunes des quais ont été conservées. Tout en longueur, ce vaste complexe se compose de 3 bâtiments : c'est aujourd'hui pour ses nombreux bars, boutiques et restaurants avec terrasse face au fleuve, le rendez-vous préféré de la classe moyenne *belenense,* et un bel exemple de revalorisation du patrimoine architectural de la ville.

À 2 pas, travessa Frutuoso, l'***Igreja das Mercês*** *(plan A2)* a été fondée dans les 1[res] années de la colonisation et rebâtie au milieu du XVIIIe s. Siège d'un violent combat entre révoltes *cabanos* et forces loyalistes en 1835 (600 morts !), elle a subi de nombreux outrages. On verra surtout, dans la chapelle à droite de l'entrée, les étonnants ex-voto en forme de tête en cire ! Dehors, les pavés de la petite place proviennent du Portugal. Ils servaient à lester les bateaux qui revenaient à vide.

***Mercado Ver-o-Peso*** *(plan A2)* **:** *av. Castilho França, entre l'Estação das Docas et le port de pêche.* Son appellation, « voir le poids », remonte à la période coloniale, lorsque les contrôleurs du roi venaient vérifier le poids des marchandises pour prélever les taxes. Le Ver-o-Peso incarne l'esprit de la ville : mélange de baroque et d'Art nouveau, coiffé de 4 tourelles d'angle, il exhale tous les parfums et couleurs de l'Amazone dans la lumière dorée du matin. Le bâtiment principal couvert abrite le marché aux poissons. Les lève-tôt seront récompensés : le moment le plus animé se situe vers 7h, lorsque les bateaux multicolores déchargent le poisson sur les quais voisins.
À 10h, le marché a déjà changé de visage ; des métiers, des corporations ont disparu pour laisser la place à d'autres, et à la foule des acheteurs. On y trouve tout au long du quai une grande variété de fruits et légumes exotiques, mais aussi, tout autour des stands de jus et de petits plats chauds, des vendeurs de crevettes séchées, de farine, de plantes médicinales et de... philtres d'amour. *Atrativo do amor, talismá de felicidade, viagra natural...* tous les cas sont prévus. Essayez donc les os d'épervier contre la malchance ou les yeux du *boto* (pauvre bête !) pour retrouver un amour perdu...

En face, le grand bâtiment blanc cassé, de style pavillon Baltard, abrite le ***marché à la viande.*** L'intérieur, avec ses structures métalliques de style Art nouveau et son petit escalier en fer forgé s'élançant harmonieusement vers le ciel, a été joliment restauré. On peut y déguster une bonne soupe pour 5 Rls.

De l'autre côté de la darse où les urubus (vautours) et hérons s'agglutinent en quête d'un déchet à becqueter, une petite esplanade précède un embarcadère. C'est là que se tient tôt le matin la ***Feira de Açai,*** débarqué en quantités par les familles de *caboclas* venus négocier pour quelques réals leur cueillette de précieuses baies.

***Praça do Relógio*** *(plan A2)* **:** *entre le marché Ver-o-Peso et la praça Dom Pedro II.* Cette place encadrée de vieux bâtiments colorés est baignée, côté nord, par les eaux du port de pêche. Au centre se dresse une horloge lumineuse de 12 m de haut surmontée d'une girouette (la Big Ben locale), construite en 1931. Mais il y a belle lurette qu'elle ne donne plus l'heure... À l'époque, on installa aussi des lampadaires publics, les 1[ers] du Brésil à fonctionner à l'électricité.

***Praça Dom Pedro II*** *(plan A2)* **:** cette vaste esplanade signale l'entrée dans la vieille ville, où se juxtaposent petites maisons portugaises couvertes d'azulejos, hôtels particuliers de la Belle Époque, églises et bâtiments coloniaux sérieusement décrépits. La place, où ne se retrouvent plus les amoureux le soir sur les bancs publics pour cause de misère ambiante, est dominée au sud par le *palais du Gouverneur* (1762), 1er édifice néoclassique du Brésil, qui abrite le *museu do Estado* (voir plus loin). Peu après se dresse le *palais de la Préfecture,* bâtiment bleu délavé de style « Empire brésilien », où s'est installé le *museu de Arte* (voir aussi plus loin). Au n° 62, le bel édifice de l'ancien *Instituto Histórico e Geografico do Pará* est entièrement recouvert d'azulejos. De l'autre côté, à l'angle de 13 de Maio et Portugal, un hangar abrite un tram restauré – il est parfois de sortie le week-end.

**Museu de Arte de Belém** (plan A2) : *praça Dom Pedro II, dans le palais de la Préfecture (palácio Antônio Lemos). ☎ 3114-1024. Mar-ven 10h-18h, w-e 9h-13h. GRATUIT.* Siège de l'hôtel de ville, le palais Antônio Lemos (ou palais Azul), bâti au XIX^e s, abrite aussi un musée d'art. Celui-ci est en travaux de rénovation.

**Museu histórico do Estado do Pará** (plan A2) : *praça Dom Pedro II, dans le palais du Gouverneur (palácio Lauro Sodré). ☎ 4009-9831. Mar-ven 10h-17h, w-e et j. fériés 9h-13h. Entrée : 2 Rls ; gratuit mar.* Le palais, bâti entre 1762 et 1772 par les Portugais, abrita la résidence du gouverneur jusqu'au début du XX^e s et son bureau jusqu'en 1994. Il a été largement rebâti en 1903-1906 à la demande du gouverneur A. Montenegro et redécoré alors par le Français Joseph Cassé dans un style orientaliste, avec moult mosaïques italiennes d'inspiration néo byzantine. Le résultat est résolument éclectique – ce que reflètent pêle-mêle le bien nommé *Salão Ecléctico,* le *Salão Império,* de style Empire français, et le *Salão Renascença,* au plafond en acier moulé, égrenant les dates les plus importantes du Brésil et du Pará ! Les différentes pièces servent d'écrin à des collections de mobilier, de lustres en cristal, de pièces Art nouveau (vases de l'école de Nancy) et de souvenirs de l'époque du caoutchouc. On voit aussi une petite *chapelle,* où débutait jadis le *Círio de Nazaré* (voir plus loin « Fête »), et l'immense tableau de Parreiras (1907) intitulé *Conquista do Amazonas* (Conquête de l'Amazonie). Tout cela est passablement ennuyeux.

**Museu do Círio** (plan A2) : *praça do Relógio. ☎ 4009-8819. Tlj, sauf lun, 10h-18h (14h w-e). Entrée : 2 Rls ; gratuit mar.* Ce musée détaille l'histoire de la *fête du Círio,* qui rend hommage à Notre-Dame de Nazaré (voir « Fête », plus loin). Amusant : les objets réalisés par les dévots pour le « char à miracles », par exemple un frigo pour pouvoir se nourrir, une maison pour pouvoir se loger, un pénis pour... on vous laisse deviner !

**Museu de Arte sacra** (plan A2) : *praça Frei Caetano Brandão, s/n.* La visite commence et se termine momentanément par la splendide église Saint-Alexandre puisque l'ancien palais épiscopal attenant, qui met en valeur une belle collection d'art religieux, est en rénovation pour une période indéterminée.
– *Igreja de Santo Alexandre :* bâti au XVIII^e s par les Jésuites dans un beau style baroque, le sanctuaire a été fermé pendant un demi-siècle, perdant l'essentiel de ses peintures et dorures. Résultat ? Des intérieurs d'une rare sobriété, faisant ressortir le travail du bois – chaires très ouvragées en cèdre rouge, beaux retables, etc. Notez les petites loges réservées autrefois aux nobles pendant les offices, tandis que les Indiens restaient en bas et que les Noirs n'avaient tout simplement pas le droit d'entrer... La sacristie a conservé son plafond peint.

**Catedral da Sé** (plan A2) : *praça Frei Caetano Brandão. Lun 14h-18h ; mar-ven 7h-12h, 14h-19h ; sam 16h-20h ; dim 6h30-11h30 et 16h-20h.* Érigée de 1748 à 1782 dans le style baroque, elle évoque un peu un théâtre avec ses loges en hauteur sur toute la longueur de la nef, prolongées par des lampadaires... La façade et les tours doivent beaucoup à *Antônio Landi,* un architecte italien de Bologne qui œuvra une quarantaine d'années dans la région. L'orgue, français, était le plus grand d'Amérique latine lorsqu'il fut installé en 1882. Sur la place, quelques belles maisons aux balcons en fer forgé ramènent à des temps révolus.

**Forte do Presépio** (plan A2) : *praça Frei Caetano Brandão, en face de la cathédrale. Tlj, sauf lun, 10h-17h (14h w-e). Entrée : 4 Rls ; gratuit mar.* C'est ici que naquit la ville en 1616. Le fortin en bois d'origine fut remplacé en 1721 par la construction actuelle : une simple ceinture de briques enserrant une cour. De vieux canons sont toujours tournés vers le large, sur la terrasse offrant un panorama sur la baie de Guajará. Plus intéressant, l'enceinte abrite le petit ***museu do Encontro,*** bien fait, consacré aux 1^ers habitants de la région – Indiens, puis colons blancs. Explications en portugais seulement. On y voit même de belles poteries marajóaras et de superbes amulettes grenouilles en jadéite.

**Casa das Onze Janelas** (plan A2) **:** *praça Frei Caetano Brandão, à côté du forte do Presépio. Tlj, sauf lun, 10h-17h (13h w-e). Entrée : 2 Rls ; gratuit mar.* Cette « maison des Onze Fenêtres » fut le palais du gouverneur vers 1720, avant d'être transformée en hôpital, puis en *musée d'Art moderne et contemporain* – d'un intérêt très limité. On y trouve un bar-resto avec une agréable terrasse (voir « Où boire un verre ? »). Au pied du palais, amarré à un quai, la ***Corveta Museu Solimões,*** bateau de la marine nationale brésilienne *(mar-sam 10h-14h, dim 9h-13h ; entrée : 4 Rls).*

**Mangal das Garças** (hors plan par A3) **:** *passagem Carneiro da Rocha (à côté de l'arsenal de la marine). ☎ 3242-5052. À env 1 km au sud de la vieille ville, par la rua Dr Assis. Tlj, sauf lun, 9h-18h (dernière entrée 17h45). Entrée : 5 Rls/attraction ; pass 15 Rls.* Établi sur le littoral ouest, ce vaste parc se consacre à la faune et à la flore de la mangrove du Pará. Outre les aigrettes *(garças)* et les iguanes en liberté, on y admire de splendides oiseaux colorés (dont les fameux ***ibis rouges*** et les gracieux flamants), on parcourt une serre à papillons, on grimpe sur une tour d'observation (vue sur les tours de Belém d'un côté et le fleuve de l'autre) et on visite le ***museu Amazônico da Navegação*** *(gratuit le mar).* Équipé de commentaires en anglais, ce dernier expose pirogue indienne, embarcations *caboclas,* maquettes et objets de marine. Au-dessus se trouve le resto *Manjar das Garças,* qu'on vous recommande vivement pour son superbe buffet à midi (voir « Où manger ? »). Il n'est pas indispensable de payer le prix de chaque attraction : on voit par exemple aussi bien les oiseaux de l'extérieur que de l'intérieur de la volière...

**Espaço São José Liberto** *(ou musée des Pierres précieuses du Pará ; hors plan par B3)* **:** *praça Amazonas. ☎ 3344-3514. Tlj, sauf lun, 9h-19h (10h-18h dim). Entrée : 6 Rls.* Cet ancien couvent (1749) restauré hébergea tour à tour un arsenal, une caserne, un hôpital, puis une prison, de 1843 à 2000. On y trouve désormais, entre autres, un musée à l'abri de solides grilles qui héberge une très belle expo de pierres brutes ou polies bien mises en valeur : émeraudes, topazes, opales, améthystes, tourmalines, diamants et autres gemmes provenant des États du Pará, d'Amazonie et du Tocantins. Certaines sont étonnantes, comme le bloc de quartz de 2,5 t de l'entrée ou ce tronc d'arbre fossilisé vieux de 260 millions d'années, scintillant de cristaux.

Au début, une petite section archéologique présente aussi des objets des régions de Marajó et du Tapajós – dont de très belles amulettes grenouilles. Le reste du bâtiment abrite de nombreux ***ateliers et boutiques de joailliers,*** ainsi qu'une petite cafétéria et un espace de vente d'artisanat (voir « Achats »).



**Basílica Nossa Senhora de Nazaré** (plan C2) **:** *praça Justo Chermont. Bus Pedreira Condor, av. Nazaré, près de la praça da República. Lun-sam 7h-19h ; dim 11h-15h, 15h-21h.* En 1774, sur les lieux où un certain Placido trouva une image de la Vierge de Nazareth, on établit une petite chapelle, remplacée en 1908 par la basilique actuelle. On la dit inspirée de Saint-Pierre de Rome. L'intérieur se couvre de mosaïques, le marbre de Carrare resplendit, et le balcon en bois sculpté est superbe. En octobre, le sanctuaire est littéralement envahi par des centaines de milliers de personnes à l'occasion de la procession du *Círio* de Nossa Senhora de Nazaré, une des plus grandes manifestations du monde catholique (voir la rubrique « Fête »).

**Museo Emilio Goeldi** (hors plan par plan C2) **:** *av. Magalhães Barata, 376. ☎ 3182-3200. • museogoeldi.br • Mer-dim 9h-17h. Entrée : 3 Rls (parc et musée).* Ce parc zoologique qui couvre 52 ha en pleine ville a été inauguré en 1866. Il permet de se faire une idée (en réduction) de la flore et la faune amazoniennes. 2 000 espèces de plantes servent de cadre à des enclos d'animaux (près de 600) qu'il serait difficile d'apercevoir dans leur milieu naturel : jaguar, caïman, singes, paresseux, loutre géante, tapir, lamantin ou même le *piracuru.* Il abrite aussi des institutions scientifiques de valeur reconnue et propose une expo permanente consacrée à l'Amazonie, sa flore, sa faune et le mode de vie des populations qui l'habitent. Également un pavillon archéologique avec des remarquables pièces de l'art marajoara.

**Bosque Rodrigues Alves** (hors plan par C2) **:** *av. Almirante Barroso, 2453 ; à 5-6 km au nord-est du centre. Tlj sauf lun 8h-17h. Entrée : 2 Rls.* Ce grand parc créé en 1883 serait inspiré du bois de Boulogne... en version sacrément plus tropicale quand même ! Assez semblable au parc Goeldi, il forme un superbe carré de forêt en pleine ville, au sein de laquelle différents enclos et volières présentent tortues, lamantins, caïmans et oiseaux. On y croise aussi des agoutis, des paresseux, des iguanes et des bandes de singes saïmiris en liberté. Le dimanche, certains canotent sur le petit étang central.

## Fête

– ***Círio de Nazaré* :** *pdt 15 j. à partir du 2e dim d'oct. Infos : ● ciriodenazare.com.br ●* C'est l'une des plus grandes fêtes catholiques du monde, rien que ça ! Rassemblant jusqu'à 2 millions de personnes, elle a été classée en 2013 Patrimoine culturel de l'humanité. Le 1er jour est le plus important. La Vierge, aux traits indigènes, est transférée en grande procession (4,5 km) de la cathédrale *(da Sé)* à la basilique Nossa Senhora de Nazaré. Puis, chaque jour, pendant 2 semaines, les Belenses et les habitants de la région (voire du pays tout entier) viennent honorer la Vierge et, le soir, se recueillir à l'occasion de grandes messes. Sur le parvis et les places alentour, bals et fêtes foraines battent leur plein. On y mange alors les meilleurs *maniçoba, tacacá* et *pato no tucupi* de la ville.



## EXCURSIONS DANS LES ENVIRONS DE BELÉM

➤ ***Ilha das Papagais* :** *en face de Belém, sur une île de l'embouchure du Guamá.* Cette excursion d'environ 4h est proposée par les agences, notamment par *Amazon Star* (voir « Adresses et info utiles »). On vient vous chercher à votre hôtel avant l'aube (vers 4h30), on embarque sur un canot à moteur, on traverse le fleuve, puis on attend le lever du soleil... Apparaît alors une petite île recouverte d'arbres et, dans le ciel, des nuées... de perroquets ! Leurs cris sont assourdissants et le spectacle de ces centaines d'oiseaux sur fond de fleuve et de lever de soleil ne vous fait pas, en général, regretter de vous être levé si tôt. Cela dit, les envols des psittacidés ne sont pas aussi spectaculaires qu'on pourrait l'espérer. Ils quittent leurs perchoirs en bande (toujours en couple) puis disparaissent pour ne plus revenir. Dans la lueur faible de l'aube, on ne les distingue que comme silhouettes furtives. Retour vers 8h après un tour des villages sur pilotis, des igarapés tout proches de la ville. *Compter 150 Rls.* Attention, de septembre à décembre, ces délicats volatiles couvent, l'ambiance est beaucoup plus calme. À cette période, *Amazon Star* ne propose l'excursion que sur demande.

### SURFER SUR LA VAGUE

*Le pororoca (« grand grondement » en langue tupi), c'est le mascaret, qui se forme lorsque les grandes marées remontent l'Amazone et ses affluents en période de basses eaux. L'une des plus belles vagues, atteignant 3-4 m, se déploie en février-mars sur la Guamá, en amont de Belém. Un festival annuel de surf est d'ailleurs organisé à São Domingos do Capim... Au programme : une vague de rêve, qui se déroule sur des kilomètres. Oui, mais une vague dangereuse, qui arrache tout sur son passage et charrie son lot de branches et de troncs d'arbres !*

➢ ***Balade sur le Guamá :*** c'est le fleuve qui borde Belém par le sud et se jette face à la ville dans la baie de Guajará. L'excursion proposée par l'agence *Amazon Star* inclut la visite d'un village *caboclo* sur l'***ilha da Boavista*** et une remontée du rio Acará. On y découvre le mode de vie des *ribeirinhos* et on débusque un peu de faune locale (perroquets, mygales – c'est l'occasion ou jamais d'en prendre une en main !). Durée : une demi-journée, 1 jour, ou 24h avec nuit en bateau (hamac ou cabine) et île aux Perroquets au réveil.

***Icoaraci :*** *à 23 km au nord de Belém. Bus « Icoaraci » ttes les 30 mn env, sur la praça da República.* Dans la grande banlieue nord de Belém, Icoaraci regroupe à la fois un vaste parc industriel et un front de mer (Orla) très populaire, au bord du fleuve, avec plage, bars et petits restos servant *tok-tok* (crabes) et poissons grillés. Ambiance populaire, mais on ne viendra pas pour se baigner ! Le quartier de Livramento est, lui, réputé pour ses artisans, spécialisés dans les copies (très réussies) de poteries *marajóaras* et *tapajônicas* (de l'ethnie tapajós).
Juste en face d'Icoaraci, l'île fluviale de ***Cotijuba*** (25 mn de traversée) regarde le temps passer nonchalamment, entre plages de sable, tracteurs-bus et charrettes tirées par des chevaux. Le plus beau ruban de sable est celui de la praia Vai-Quem-Quer.

***Ilha de Outeiro :*** *à 30 km au nord de Belém, passé Icoaraci. Bus devant le theatro da Paz (praça da República) jusqu'à Icoaraci, puis autre bus pour Outeiro, ou bus direct pour Outeiro depuis la rodoviária, ttes les 30 mn env.* Une autre destination balnéaire populaire, facilement accessible puisqu'un pont dessert l'île. Au programme : restos de fruits de mer et farniente dans une ambiance bon enfant. Très fréquenté les week-ends.



## ILHA DE MARAJÓ

env 250 000 hab. IND. TÉL. : 91

**« Le bouclier de l'océan » : tel est son nom en langue marajóara. Voilà une île aussi grande que... la Suisse et qui compte tout juste 250 000 habitants, au cœur même de l'embouchure de l'Amazone. C'est simple, c'est la plus grande île fluviale du monde. Si sa partie occidentale est couverte de forêts largement impénétrables, l'est s'étale en vastes terres humides, frangées de plages et de mangrove, le tout formant des écosystèmes très riches, où vivent cabiais, anacondas et oiseaux à foison – dont l'emblématique *guará,* l'ibis rouge.**
**Les larges étendues de cette île sont terres d'élevage pour un énorme cheptel de buffles, en partie regroupés dans d'immenses *fazendas* pouvant atteindre plusieurs dizaines de milliers d'hectares. À la saison des pluies (janvier-juin), l'eau recouvre des territoires considérables. De fin juillet à janvier, c'est la saison sèche, meilleur moment pour découvrir l'île.**

### UN PEU D'HISTOIRE

Que sait-on des populations précolombiennes de Marajó ? Fort peu de choses, si ce n'est qu'elles ont laissé d'intrigants vestiges, remontant pour les plus anciens à l'an 1000 av. J.-C. Vers le milieu du 1er millénaire (la date fait débat), une culture forte émerge sur l'île : ***la civilisation marajóara.*** On a notamment retrouvé les fondations de villages en terrasses et des tertres funéraires – qui avaient sans doute aussi vocation à accueillir des constructions à l'abri des crues. Les maisons collectives, probablement semblables aux *malocas* actuelles des tribus de la forêt, pouvaient semble-t-il, héberger jusqu'à 20 familles ; certains murs de greniers

avaient 1 m d'épaisseur. Les archéologues émettent l'hypothèse de la présence de canaux, d'étangs et de terres de culture drainées, mais le limon déposé par les crues en a depuis longtemps effacé la trace. Une chose est sûre : les Marajóaras étaient de grands potiers, comme en témoignent les nombreuses urnes funéraires mises au jour, ornées de dessins géométriques et anthropomorphiques. La culture marajóara s'éteignit vers l'an 1300.
En 1499, 7 ans après la découverte de l'Amérique, le Florentin Amerigo Vespucci longea la côte et découvrit l'embouchure d'un grand fleuve qui n'était pas encore nommé l'Amazone. Il évoqua une grande île sur l'équateur. Le 26 février 1500, le marin espagnol Vicente Yanez Pinzón atteignit à son tour l'embouchure. On pense qu'il débarqua sur Marajó et qu'il repartit en Espagne avec des Indiens captifs. Progressivement, entre le XVIe et le XIXe s, les Indiens disparurent. Un des derniers Aruás en vie fut signalé à Chaves (sur la côte nord de l'île), en 1877.

## PETIT TOPO DE L'ÎLE

L'île est longue d'environ 250 km et large de 150 km en moyenne, mais seul un petit bout, dans la partie est, est véritablement habité. C'est là que se trouvent les 4 agglomérations principales. Du sud vers le nord : ***Camará*** (où arrive le bateau de Belém), ***Joanes, Salvaterra*** et, juste en face, de l'autre côté d'un gros bras de rivière (qu'on traverse en pirogue ou en bac), ***Soure,*** la plus importante des 4 bourgades (à 32 km de Camará). Lieu de résidence de la bonne société belenense dans les années 1950, Soure conserve quelques fières demeures de l'époque, réparties le long de rues goudronnées ou de terre ombragées par des manguiers géants. Difficile de s'écarter de l'axe littoral, car seules quelques pistes, largement impraticables à la saison des pluies, osent s'élancer vers les terres humides du cœur de l'île. Là, le bateau devient incontournable pour explorer cette immense « Camargue équatoriale » et rallier les *fazendas* (voir ci-après) éparpillées de loin en loin. Les 2/3 ouest de l'île sont, eux, en grande partie inhabités, couverts d'une épaisse végétation et globalement inaccessibles.



## LES *FAZENDAS*

Une des particularités de Marajó, ce sont ces fermes immenses, généralement consacrées à l'élevage, et dont certaines peuvent couvrir plusieurs dizaines de milliers d'hectares. C'est là que l'on rencontre le plus gros des 600 000 buffles de l'île – appartenant à pas moins de 5 races différentes. On peut loger dans une poignée de *fazendas* pour découvrir ce mode de vie bien particulier et profiter alors des activités qu'elles proposent : balades à cheval ou à dos de buffle (si !), en canoë ou en pirogue (le long d'*igarapés*), pêche, observation de la faune et de la flore, etc. Si vous en avez les moyens (en général ce n'est pas donné), on vous conseille d'y passer au moins une nuit.

## Arriver – Quitter

### En bateau

➢ ***Belém :*** 2 liaisons/j. avec les compagnies *Banav* et *Arapari,* en alternance. Départs de Belém *(terminal hidroviário)* à 7h et 8h30 (dim seulement 1 départ, à 8h45). Arrivée 2h30 à 3h30 plus tard (selon la marée) au petit port de Camará. Billet : 26 Rls en économique, 35 Rls en VIP (salle climatisée). Dans l'autre sens, départs à 6h30, 7h, 14h15 et 15h (dim seulement 1 départ, à 15h). Ceux qui sont véhiculés peuvent passer leur voiture en 3h30-4h sur le bac de la compagnie *Henvil* (voir à Belém « Arriver – Quitter. En bateau »).

➢ ***Pour rejoindre Joanes, Salvaterra et Soure depuis Camará,*** des bus municipaux *(8 Rls)* et minibus avec clim *(env 15 Rls),* comme ceux de la compagnie *Edgar,* attendent les passagers à chaque arrivée de bateau. Les 2ds sont plus rapides et plus pratiques car ils empruntent le bac qui relie Salvaterra à Soure et vous déposeront directement devant votre hôtel.

Les bus municipaux, eux, s'arrêtent au quai, où il vous faudra attendre le bac gratuit (ttes les 1h à 2h, 5h20-19h20 en sem, 7h20-18h20 le w-e) ou prendre un *popopopo* (pirogue) à 2 Rls (départs quasi constants). De Camará à Soure, compter env 1h de trajet, bac inclus. Taxis et motos-taxis sont présents de part et d'autre de la rivière, à Salvaterra comme à Soure.

## Adresses et infos utiles

– *Remarque :* à Marajó, pour contacter par téléphone un correspondant qui se trouve dans une autre agglomération de l'île (par exemple de Soure à Salvaterra), il faut composer l'indicatif 091.

### À Soure

Il n'est pas difficile de s'orienter à Soure : les rues, numérotées, sont parallèles au fleuve (la 1re étant celle qui le borde), et coupées à angle droit par les *travesas,* également numérotées. Attention, en revanche, il n'y a de panneaux qu'au centre même ; passé la 4a rua et les travesas 13 et 17, il vous faudra bien compter pour vous y retrouver !

**Centre d'informations :** *au niveau de la 1re rue et de la travessa 14 (au bord du rio Paracauri). Lun-sam 8h-16h (en principe, mais souvent fermé hors saison).*

■ **Banco do Brasil :** *3e rue, face au marché municipal, entre les trav. 17 et 18.* Pas de change (impossible sur l'île), mais un distributeur pour *Visa* et *MasterCard* (pas toujours très fiable), accessible de 6h à 22h.

■ **Bradesco :** *2e rue, 541 (et trav. 16).* Son distributeur est le plus fiable (à condition de prendre celui de gauche !).

■ **Motos-taxis :** *face à la* Banco do Brasil *et à l'arrivée du bac et des bateaux, mais il suffit de leur faire signe dans la rue.* Compter 5 Rls pour une course dans le village, plus pour aller aux plages.

■ **Location de vélos :** **Chez Bimba,** *4e rue, entre les trav. 18 et 19 (à côté du magasin* Gonçalves*). Ouv 7h-20h env. Compter 10 Rls/j.* Autre option auprès de la *pousada O Canto do Francês,* plus chère mais vélos en meilleur état. Une bonne solution pour se rendre aux plages.

■ **Location de vélos à Salvaterra :** *à la* pousada Bosque dos Aruãs *(voir « Où dormir ? Où manger ? »).*

LE NORD, L'AMAZONIE

## Où dormir ? Où manger ?

### De bon marché à prix moyens

**Hotel Inajá :** *7e rue, entre les trav. 22 et 23. ☎ 3741-1746. • pousadainaja2008@gmail.com • Double env 150 Rls.* L'hôtel est un peu loin du centre et la palissade peinte de l'entrée fait un peu cheap, mais, pour le reste, tout est nickel : l'accueil adorable de Fatima, les 11 chambres lumineuses et impeccablement tenues (avec TV, clim et frigo) et le minijardin gazonné agrémenté d'une petite piscine et quelques chaises pour prendre le frais. Bref, un excellent rapport qualité-prix pour ceux qui n'ont pas peur de marcher jusque-là (10 mn environ).

**O Canto do Francês :** *6e rue et trav. 8. ☎ 3741-1298. 98163-3546.*

*• ocantodofrances.blogspot.com • Double env 160 Rls (réduc en payant cash).* Une belle adresse tenue par la charmante Claudette. Dans une grande maison joliment décorée, une dizaine de chambres agréables et climatisées, avec TV, frigo et sanitaires impeccables, la plupart donnant sur le jardin. Possibilité de prendre vos repas sur place (dimanche excepté), à prix raisonnables. Service de laverie et vélos en location. Enfin, pas mal de balades et excursions dans l'île à pied, en bateau, à cheval ou même à dos de buffle.

**Calhau, café de Soure :** *3e rue, entre les trav. 15 et 17. 91-99830-7383. Mar-dim 17h-minuit (2h sam et 22h dim).* Cuisine simple et naturelle, avec le steak de buffle au beurre aillé, au poivre ou au gorgonzola servi dans la petite salle ou sur le trottoir dehors. Un bon plan.

**Patu Anu :** *2e rue et trav. 14. ☎ 3741-2196. 559-13741-1780. Tlj 11h30-14h30, 18h-23h.* Salle où, sur un mur, le Christ préside la Dernière Cène. Interdit d'y entrer sans chemise ! Quelques tables en terrasse. La souriante Mamma est aux fourneaux et propose de succulentes recettes à partir de viande de buffle, de poulet et de poissons. C'est bien cuisiné, bien présenté, et les portions sont généreuses.

**Solar do Bola :** *8e rue, 872, et trav. 9. ☎ 3741-2196. 559-137-412-196. Tlj 11h30-14h30, 18h-minuit.* Sandwichs *bem baratos,* pizzas, spécialité de *caldo* (bouillon) de *turú*, steak de buffle, crevettes, crabes, poisson et même *chaudière* (une *caldeirada,* dixit le menu traduit en français !), le choix est vaste, et les prix se tiennent. Cadre tout simple et bon accueil.

## Plus chic

**Pousada Maruanases (Fazenda Araruna) :** *14e rue et trav. 17. 99605-4874. • pousadamaruanases.com.br • À env 2 km du centre. Double env 220 Rls.* C'est une petite *fazenda* en bordure de Soure. Certes, on n'est pas dans le même environnement sauvage qu'à la *fazenda* citée plus loin, mais, pour ceux qui veulent expérimenter ce type d'hébergement sans trop s'éloigner, c'est une solution pratique. On y trouve 8 chambres bien tenues, dont 5 dans un petit bâtiment bas tout neuf (avec clim et belle douche vitrée) donnant sur des bouquets de bambous et les pâturages, où paissent généralement des buffles. Possibilité d'activités diverses en supplément. Accueil sympathique.

**Casarão da Amazônia :** *4e rue, 626, angle trav. 9. ☎ 3741-1988. • hotelcasaraoamazonia.blogspot.fr • Resto tlj 11h-14h, 18h-21h. Doubles 200-300 Rls selon saison.* Installée dans une demeure bourgeoise bleu outremer de 1948 aux faux airs coloniaux, l'auberge abrite 10 chambres aux noms de fruits – 5 dans la maison principale, confortables et spacieuses mais manquant tout de même d'un peu de charme pour le prix, et 5 dans des bâtiments annexes modernes, avec terrasse et salle de bains plus grande (nos préférées). Très jolie piscine.

## À Salvaterra

**Bosque dos Aruãs :** *2e rue, un peu à l'écart du centre. ☎ 3765-1115. Resto tlj 11h-15h, 18h-21h45. Doubles 120-200 Rls.* Au bord de la baie de Marajó, dans un cadre serein, face au fleuve, mais sans plage, rochers en contrebas, ce petit hôtel est constitué de bungalows assez simples en bois de 2 sortes : d'un côté les classiques, bien équipés mais sans fenêtres (lucarne opaque seulement), de l'autre les suites, spacieuses, avec une véranda tournée vers le large. Tous disposent de la clim et de sanitaires privés. Location de vélos. Bon resto.

**Pousada dos Guarás :** *praia Grande da Salvaterra. 991079-688. • pousadadosguaras.com.br • À 1,5 km de piste de la route principale, à l'entrée sud de Salvaterra. Double standard env 270 Rls (340 Rls pour 4 pers).* Située à l'extrémité sud de la praia Grande, dans un coin tranquille, face à la baie de Marajó, la *Pousada dos Guarás* est l'hôtel le plus chic de l'île. Les chambres, confortables et spacieuses, à la déco simple, sont installées dans des bungalows au toit de tuiles rouges semés sur un terrain gazonné aux beaux arbres – mais dont l'équipement date un peu. Hamacs pour se prélasser, bar-resto et piscine. Organise des visites d'une journée dans l'île. Seul hic : une fois qu'on est ici, on est coincé : taxi ou moto-taxi nécessaires pour se déplacer.

## Où dormir ? Où manger ailleurs sur l'île ?

**Pousada Ventania do Rio-Mar :** *4e rue, 3, dans le village de* **Joanes,** *à 21 km de Camará et autant de Salvaterra. ☎ 3646-2067. 99992-5716. ● pousadaventania.com ● Double env 160 Rls.* La *pousada,* propriété d'une Belge néerlandophone (rarement présente), surplombe superbement la praia Grande de Joanes et la baie de Marajó depuis son promontoire bien ventilé par la brise. Les 13 chambres colorées et à la déco soignée, avec ventilo et moustiquaire, occupent 2 bâtiments bas – l'un en bois (notre préféré), l'autre en dur. Le matin, on prend le petit déj dans un espace ouvert, avec le ressac en fond sonore. Restauration possible le midi. Sinon, il y a des petits restos sur la plage en contrebas (préférez le *Sales*). Des bus relient Joanes à Camará et à Salvaterra le matin et le soir seulement.

**Fazenda Sanjo :** *☎ 3228-1385. ● sanjo.tur.br ● À env 35 km au nord de Soure par le rio Paracauary (50 mn en canot à moteur). Compter 1 200 Rls/pers pour un pacote de 3 j. (en fait 2,5 j.) et 2 nuits, transfert depuis Soure, repas et activités inclus (base 2 pers). CB refusées.* Une autre *fazenda* à l'écart de tout, au milieu d'une vaste plaine typiquement *marajóara.* Dès l'arrivée en barque, on vous conduit à cheval jusqu'à la maison principale, qui abrite une poignée de chambres simples mais colorées, avec salle de bains, ventilo et quelques touches de déco. Ici encore, nombreuses activités en pleine nature : outre les traditionnelles balades à pied, à cheval, à dos de buffle ou en barque (dans les champs inondés et les *igarapés*), on peut participer au rassemblement des buffles en fin de journée ou assister à une démonstration de dressage. Au programme aussi : pêche aux piranhas et, dans un autre registre, séances de relaxation. Carlos, le proprio, est de plus un vrai cordon-bleu et se fera un plaisir de vous régaler durant votre séjour !

## Achats

**Curtume Art' Couro Marajó :** *dans la 1re rue du nouveau quartier, proche du centre (demander, les habitants connaissent). Tlj – sauf dim – 8h-12h, 15h-19h (18h lun et mer ap-m seulement).* Une boutique d'articles qui sentent bien bon le cuir de buffle, tenue par la même famille depuis 4 générations : sacs (en cuir de testicules...), portefeuilles, selles (pour nos lecteurs cavaliers...) et beau choix de sandales et tongs inusables. Prix très abordables. Possibilité de visiter l'atelier. Le cuir prend sa teinte caramel après un bain dans une décoction de racines de palétuviers (les arbres de la mangrove).

**Arte Mangue Marajó :** *trav. 14, entre les 14e et 15e rues. Un peu excentré près de la fazenda Araruna, prendre une moto-taxi. ☎ 8043-8903. Tlj 8h-12h, 14h-18h, sauf dim.* On peut y voir travailler la céramique à la manière des anciens Marajóaras, réalisée à partir d'argile locale et de pigments naturels d'oxyde de fer. Pas très cher. Également quelques objets en bois, un peu plus onéreux. On s'attendra à ce que vous achetiez quelque chose.

Plus au centre, à côté du marché, dans la 3e rue, entre les travessas 18 et 19, la coopérative **Soma** *(Pretinho da Bacabeira)* propose un petit choix d'artisanat varié : objets en

LE NORD, L'AMAZONIE

cuir de buffle, jouets en bois, poupées en patchouli, bijoux en graines et écailles, céramiques, sans oublier les crânes de *gorijubas* (un poisson) en forme de crucifix, très prisés des Brésiliens !

## À voir. À faire

**Salvaterra :** cette petite ville de plus de 20 000 habitants, située à 28 km au nord de Camará (45 mn de bus), s'enorgueillit d'une belle plage animée le week-end, avec une kyrielle de bars et de restos en bordure de la baie de Marajó.

**Soure :** *à 4 km au nord de Salvaterra, sur la rive nord du rio Paracauary.* C'est la ville principale de l'île (près de 25 000 habitants), mais elle conserve l'aspect d'un gros village, avec des rues et *travessas* goudronnées ombragées par des manguiers géants. On y croise buffles et chevaux sans licou... À l'angle de la 1re rue et des travessas 16 et 17, belle vue sur le large bras d'eau avec, au 1er plan, les bateaux de pêche. C'est à Soure que la route s'arrête. Au-delà, seule une piste continue vers le nord, jusqu'aux plages sauvages bordées par endroits de mangrove.

### BUFFLE À TOUT FAIRE

*L'île de Marajó serait peuplée de près de 600 000 buffles, dont les 1ers, dit la légende, arrivés à la suite du naufrage d'un cargo voguant vers la Guyane. À chaque buffle son usage. Certains fournissent la viande, d'autres le lait, et les grands carabaos originaires des Philippines, la force motrice. En périphérie de Soure, il n'est pas rare de croiser le buffle-poubelle tirant sa charrette... En revanche, la police montée à dos de buffle ne sort plus que pour les grandes occasions. Le reste du temps, le 4x4 se révèle quand même bien plus pratique !*

**Les plages :** elles sont nombreuses à border la baie de Marajó, sur la côte orientale de l'île. La marée basse découvre de longues étendues de sable fin, qui disparaissent presque entièrement à marée haute. De Soure, on rejoint aisément à vélo la ***praia Barra Velha*** (à 3 km) en suivant le prolongement de la travessa 14. Au niveau de la guérite demandant un droit d'accès aux photographes (10 Rls), on peut souvent voir de gros groupes d'***ibis rouges*** et d'***aigrettes*** au côté des buffles. L'accès à la plage se fait par une longue passerelle en bois suspendue au-dessus de la mangrove (attention aux tarentules !). La plage en elle-même n'a rien d'extraordinaire, avec ses multiples paillotes offrant un coup à boire. À 1 km au nord, la piste atteint la ***praia do Araruna,*** avec d'autres restos de bord de mer. À environ 13 km au nord de Soure, la ***praia do Pesqueiro*** est atteinte par la route partant dans le prolongement de la travessa 34 (tout au nord de la 3e rue). C'est l'une des plus fréquentées le week-end, avec bars et paillotes. Négocier avec une moto-taxi pour y aller, ou louer un vélo. Au-delà, à 1h30 de marche, on atteint la communauté de pêcheurs de Ceú et sa plage sauvage.
À Salvaterra, il y a la ***praia Grande da Salvaterra,*** plus petite que les autres malgré son nom et surtout plus urbanisée, qui attire pas mal de jeunes Brésiliens le week-end. On lui préfère, plus au sud, la belle et large ***praia Grande de Joanes*** – plus sauvage, mais aussi avec son enfilade de petits restos de plage.

➢ L'île offre de bien belles ***balades*** au cœur d'une nature sauvage, riche en faune et surtout en oiseaux, dont le plus emblématique est l'ibis rouge (leur envol groupé est un spectacle franchement magique et inoubliable !) : balades en barque sur des petits bras de rivière à travers la mangrove et, mieux encore, dans les *fazendas,* comme celle de ***Bom Jesus*** (7 000 ha), pas très éloignée (15 mn). C'est un véritable sanctuaire d'oiseaux, de buffles, de chevaux, singes et autres cabiais, évoluant dans un paysage plat gorgé d'eau. Sachez toutefois que la chasse se pratiquant largement à Marajó, la plupart des animaux ont tendance à décamper à l'approche des humains...

Si vous cherchez un guide francophone ou un moyen de transport, contactez Claudette de la *pousada O Canto do Francês* pour organiser tout cela sérieusement.

# ILHA DE ALGODOAL

env 2 000 hab. IND. TÉL. : 91

**Amoureux de simplicité et de nature vierge, voici un endroit pour vous ! À 170 km au nord-est de Belém, cette petite île semble faire partie d'un autre monde, où le temps n'est guère compté. Ici, pas de voitures, les déplacements se font à pied ou en charrette tirée par un cheval... Certes, la fée Électricité est arrivée depuis quelques années, mais tout reste paisible à souhait – sauf durant les fêtes, lorsque l'île est prise d'assaut par les habitants de Belém. En tout cas le moteur à explosion y est proscrit...**
**Algodoal a grosso modo la forme d'un triangle de 12 à 15 km de côté. Elle n'est séparée du continent que par un chenal, au sud, mais on y accède en bateau par l'ouest, depuis la petite ville de Marudá, au terme d'une traversée de 40 mn à peine. Outre son côté bout du monde, l'attrait de l'île réside surtout dans ses immenses plages de sable blanc, bordées par endroits de dunes recouvertes d'anacardiers et d'*agiru.* L'intérieur de l'île, lui, abrite une brousse maritime peuplée d'une faune variée : perroquets, ibis rouges, iguanes (appelés *camaleon* en portugais), singes...**
– ***Meilleure période :*** la saison sèche (moins d'insectes... et de pluie), entre juin et décembre. Février et mars sont les mois les plus arrosés, pas propices évidemment pour se dorer la pilule, sans parler des moustiques qui abondent.



## Arriver – Quitter

### En bus et en bateau

➢ ***De Belém :*** prendre un bus pour Marudá depuis le *Terminal rodoviário,* avec *Rápido Excelsior* (☎ 3249-6365). 4-5 départs/j., à 6h, 9h, 12h30, 14h30 et 16h30. Dans le sens Marudá-Belém, départs à 7h, 12h, 15h et 17h. Trajet : 3-4h. Billet : env 23 Rls. Il existe aussi des minibus privés plus rapides (2h30) et confortables, mais aux horaires et prix assez aléatoires (certains ne partent que quand ils sont pleins) ; se rendre à la gare routière le matin pour en trouver.
– Une fois à la gare routière de Marudá, il faut prendre un taxi (7 Rls) ou marcher (env 1,5 km) jusqu'à l'embarcadère, situé à 1 km au sud du front de mer. Bateaux Marudá-Algodoal, lun-jeu à 9h, 11h, 13h30, 15h et 17h30, ven-dim à 9h, 10h30, 12h30, 15h, 17h30 et 20h30 (sauf dim pour ce dernier).
Dans l'autre sens, lun-jeu à 6h, 8h, 10h30, 13h30 et 15h (plus 17h ven-dim). Les j. fériés et pdt les vacances de juil, traversées quasiment en continu. Prix du billet : env 10 Rls. Duré : 40 mn, sur une mer souvent un peu agitée (regardez s'il y a des dauphins !).
– À Algodoal, des carrioles à cheval attendent les passagers au bout du débarcadère, situé à 10 mn du village. Vous n'irez en réalité pas moins vite à pied, mais si vous êtes chargé, c'est pratique (compter 10 Rls/charrette).

## Où dormir ? Où manger ? Où boire un verre ?

Nous vous indiquons les prix ayant cours en général, c'est-à-dire hors périodes de grande affluence sur l'île : Nouvel An, carnaval, Semaine sainte,

2de quinzaine de juillet et 7 septembre (Fête nationale). Durant ces périodes, non seulement les tarifs sont plus élevés, mais il faut aussi généralement prendre un *pacote*, c'est-à-dire un séjour de minimum 2 ou 3 nuits.

## De bon marché à prix moyens

Il y a quelques aires pour le ***camping*** sur l'île, mais elles ne sont ouvertes qu'en période touristique. On peut en revanche planter sa tente dans le jardin de bon nombre de *pousadas* (contre un maigre forfait) et en utiliser les sanitaires.

***Pousada Paraiso do Norte :*** *face à la mer, à env 1 km du débarcadère. Tourner à gauche dans la rua Bertoldo Costa au niveau de la* Pousada ABC *(pas de panneau). 98199-0785. Doubles sans ou avec sdb 60-90 Rls.* On aime bien cette *pousada* face à la mer, à côté d'un bar sur pilotis, agréable pour boire une bière en regardant le soleil se coucher. Les 14 chambres sont très *roots,* sans déco mais bien propres, avec juste une moustiquaire, un ventilo et des sanitaires communs bien tenus. On peut aussi accrocher son hamac sur le grand balcon. Attention, en fin de semaine, le bar peut être bruyant.

***Pousada Ponta do Boiador :*** *rua Bertoldo Cost. 99262-2162. • boiador.com • Double 240 Rls, petit déj varié et copieux inclus. Pas de wifi.* Voici, croyez-le ou non, le seul hôtel d'Algodoal implanté sur le rivage. Cette agréable structure en bois abrite, sur 2 niveaux, des chambres pas très grandes mais très convenables, avec TV, frigo, clim, salle de bains et, surtout, un balcon face à la mer. Bar-resto en saison, bercé par le ressac – du moins à marée haute.

***Pousada Marhesias :*** *rua Bertoldo Costa, 47. ☎ 3854-1129. • pousadamarhesias.com • Resto tlj 12h-14h, 19h30-22h30. Compter 200 Rls pour 2, excellent petit déj inclus. Plats 20-35 Rls, pizzas (2 tailles) 35-55 Rls.* Bergo, le jeune patron, amateur de rock et de jazz et aussi peintre de talent, parle bien l'espagnol et son épouse l'anglais. Las de la ville, le couple a aménagé ici 4 bungalows en dur bien équipés (petite véranda avec hamac), à l'arrière du restaurant, et 2 chambres plus chères mais très spacieuses, vraiment tout confort (TV satellite, belles salles de bains). N'hésitez pas à manger au resto, même si vous ne logez pas à la *pousada* : la cuisine est soignée et copieuse ; spécialité de pâtes et de pizzas à pâte fine. Piscine dans le jardin.

***Pousada Chalés do Atlântico :*** *rua Bertoldo Costa, 33. ☎ 3854-1130. • pousadachalesdoatlantico.com • Compter 200 Rls pour 2 et 300 Rls pour 4.* En face de la *pousada Ponta do Boiador,* ce petit complexe précédé d'un restaurant aligne une série de 8 bungalows colorés autour d'un minijardin. L'ensemble est plutôt bien arrangé et lumineux, avec tout le confort.

***Restaurant Ilza :*** *rua Bertoldo Costa. 98268-9855. Proche des* Chalés do Atlântico. *Plats (1-2 pers) 40-60 Rls.* Ce petit resto, tout en bois sombre avec *rooftop,* est tenu par une gentille famille. La cuisine est copieuse et bien préparée : *bife, peixe...* Les plats sont servis avec haricots, riz et purée.

## Où dormir à Marudá ?

Au cas où vous prendriez le dernier bus de Belém et seriez obligé de loger à Marudá, voici une adresse :

***Pousada Santa Barbara :*** *av. Euvaldo da Gama Alves, 3. ☎ 3466-1401. • pousadasantabarbarademaruda.blogspot.fr • Dans la rue principale, à 100 m de la gare routière, en direction du front de mer. Double env 150 Rls.* Entourée d'un jardin, la maison, en brique brute, abrite 12 chambres carrelées bien propres avec clim, TV, frigo et salle de bains. Petite piscine. Le proprio tient une autre *pousada* à 2 pas, de qualité équivalente.

## À voir. À faire

➢ Juste au nord du village s'écoule un petit *igarapé.* Franchissez-le en barque (2 Rls) ou à pied presque sec à marée basse, et continuez 10-15 mn jusqu'à la Ponta do Boiador en longeant la côte. Là, au pied de grosses dunes, débute la ***praia da Princesa,*** étendue sur environ 15 km. Quelques cabanes de guingois et restos, généralement fermés hors saison, sont plantés dans le sable.

➢ En remontant l'*igarapé* qui sépare le village de la *praia da Princesa,* on peut rejoindre le ***lago da Princesa.*** On raconte qu'une sirène y attire les hommes. Gare à vous ! Les habitants disent que l'eau de la lagune est composée de Coca-Cola, rapport à sa couleur ferrugineuse. Vous aurez davantage de chances de voir des ibis rouges...

➢ D'autres activités sont possibles : ***excursions ornithologiques*** dans le sud de l'île, au cours desquelles, avec de la chance, vous verrez aussi singes ou tatous, et ***excursions en bateau*** vers les villages de Camboinha et Fortalezinha, situés sur la côte orientale. Adressez-vous à la *pousada Marhesias,* qui peut organiser tout ça pour pas trop cher.

# LE NORDESTE

**Le Nordeste est formé de 9 États alignés sur 3 500 km de côtes. D'ouest en est se suivent les États du Maranhão, Piauí, Ceará, Rio Grande do Norte, Paraíba, Pernambuco, Alagoas, Sergipe et Bahia. C'est une immense région aux multiples facettes, offrant une grande variété de paysages : dunes du parc dos Lençóis Maranhenses, canyons et plateaux tabulaires de la Chapada Diamantina, plages innombrables bordées de cocotiers, paysages de mangrove en arrière-plan ou le long du delta des Amériques, mais aussi vastes terres arides du Sertão.**

**C'est aussi dans le Nordeste que vous sentirez le cœur du Brésil caraïbe et *caboclo* battre au travers de nombreuses fêtes populaires et manifestations culturelles et religieuses.**

**Sur tout le littoral, on trouve une zone fertile de 100 km de large, abondamment arrosée, où poussent canne à sucre, coton et cacao. Puis, avant d'aborder le Sertão, s'étendent des régions d'élevage et de cultures moins nobles : manioc, tabac, haricots.**

**Vaste dépression aride, le Sertão s'étend donc au sud et à l'ouest des États côtiers et au nord du Goiás. Les rivières et fleuves sont à sec la moitié de l'année. La végétation se réduit à des épineux rabougris (la *caatinga*), quelques cactus et aux *juazeiros,* petits arbres qui donnent la seule tonalité verdoyante dans cet environnement désolé, gris et brûlé.**

**Cette région se caractérise aussi par de grosses poches de pauvreté aggravée par les sécheresses périodiques. Les cultures sont en grande partie liées aux caprices du temps. Pire que la sécheresse cependant, ici sévit le système latifundiaire. Le contrôle de la terre et de l'eau par une minorité de propriétaires terriens et de grands industriels est la cause principale de la pauvreté nordestine. Ce n'est pourtant pas la surface qui fait défaut, mais 70 % de la terre appartiennent à 4 % de gros propriétaires.**

**La croissance incontrôlée des villes, dès le début de la dictature militaire en 1964, est une conséquence directe du déséquilibre agraire et de l'aggravation de la concentration des richesses. Malgré les changements survenus dans le Nordeste au cours des cinquante dernières années, la situation sociale de la région est encore mauvaise. Selon l'Indice de développement humain (IDH) de l'ONU, les 9 États nordestins présentent des résultats inférieurs à la moyenne brésilienne. Parmi les 10 plus petits IDH du Brésil, 8 se situent dans le Nordeste. La question de la réforme agraire est plus que jamais au cœur de tous les enjeux brésiliens.**

## UN PEU D'HISTOIRE

### Le cycle du sucre

Historiquement et économiquement, le Brésil est né au Nordeste. La culture de la canne à sucre, exploitée de façon extensive dans les États du Pernambuco et de

Bahia pendant près de 2 siècles, a généré une forme d'organisation économique et sociale particulière : l'*engenho,* ou « moulin à sucre », dont il subsiste aujourd'hui encore de nombreuses caractéristiques dans les *latifundias,* et qui a marqué les rapports sociaux de façon définitive. La main-d'œuvre principale était formée d'esclaves noirs, les Indiens ne présentant pas suffisamment de résistance. Ils vivaient dans des conditions très dures et misérables. Les tâches plus techniques, moins pénibles, étaient confiées aux métis, les *mulatos,* mieux traités. On disait à l'époque : « Le Brésil est l'enfer des Noirs, le purgatoire des Blancs et le paradis des *mulatos.* »
Au XIXe s, le Sud du Brésil se mit à son tour à la canne à sucre, les cours chutèrent et beaucoup d'*engenhos* furent ruinés, faute d'alternative à la monoculture de la canne. Cela ne fit qu'accélérer la concentration de la propriété et le pouvoir de quelques familles de latifundistes et propriétaires d'usines de raffinage. Les *coroneis* (lire plus bas) devinrent industriels, et leur puissance sur les institutions s'accrut jusqu'à aujourd'hui.

## Les *quilombos*

Mal nourris, épuisés, les esclaves noirs des *engenhos* devaient aussi subir des châtiments corporels inhumains comme la *novena,* punition infligée pour le vol d'un quignon de pain, qui consistait à être fouetté pendant 9 nuits d'affilée. Aussi les évasions étaient-elles nombreuses. Les esclaves se réfugiaient à l'intérieur des terres et formaient des *quilombos,* communautés indépendantes capables de se défendre et d'organiser l'évasion d'autres esclaves. L'État d'Alagoas possédait la plus grosse concentration de *quilombos.* L'un d'entre eux comptait jusqu'à 10 000 maisons. La résistance de leurs habitants fut longue et héroïque. Les colons portugais durent lever de véritables armées, composées principalement de *bandeirantes* déjà rompus aux dures conditions du Sertão, pour éliminer les *quilombos.* Les derniers chefs se suicidèrent plutôt que de se rendre. Les exploits de ces communautés donnèrent lieu à toute une culture populaire, dont la *littérature de Cordel,* des chansons, des pièces de théâtre, etc.



## Le *coronel*

Héritier du « seigneur de l'*engenho* », le *coronel* régna – de la moitié du XIXe s jusqu'aux années 1930 environ – sur les terres arides de l'intérieur. L'esclave noir fut ici remplacé par le *caboclo* (métis de Blanc et d'Indien), mieux accoutumé aux dures conditions d'existence du Sertão. À la tête d'une immense exploitation régie par un système patriarcal très hiérarchisé, le *coronel* est un chef de bande lorsqu'il s'agit de piller un voisin plus faible ou de s'emparer de terres convoitées, mais aussi... juge et parfois chef spirituel ou religieux de la région. L'activité principale de ces grandes fermes était l'élevage. En cas de sécheresse catastrophique, le petit éleveur voyait mourir ses bêtes, et son endettement et sa dépendance vis-à-vis du *coronel* augmentaient au point de le rendre à son tour esclave à vie ou d'être obligé de fuir avec sa famille vers d'autres régions pour survivre.

## Le *cangaceiro*

Dans ce contexte de misère et de lutte contre la faim est apparu son corollaire inévitable : le bandit de grand chemin, le *cangaceiro,* un Robin des Bois du Sertão, en quelque sorte. En l'absence de justice légale, n'importe qui pouvait être amené à se défendre contre un *coronel* tyrannique et ainsi devenir hors-la-loi. Une mystique religieuse ou une foi fiévreuse animait souvent les *cangaceiros,* donnant là encore des héros insolites dont la littérature de Cordel raconte les exploits. Un des plus célèbres fut *Lampião,* qui aurait pris ce nom car « le feu de son âme ne s'éteignait jamais », figure légendaire du Pernambuco et du Nordeste. Il serait devenu *cangaceiro* pour se venger du meurtre de son père par la police, à la suite d'une querelle entre voisins.

### BONNIE & CLYDE BRÉSILIENS

*Escorté de sa fidèle compagne Maria Bonita et d'une troupe de 49 hommes armés, Lampião tint tête aux forces de l'« ordre » entre 1922 et 1938 et terrorisa les gros propriétaires. Adoré du peuple, il était considéré comme un justicier pillant les riches au profit des pauvres. Bandit le plus recherché du Brésil dans les années 1930, puis trahi par l'un de ses proches, il fut abattu avec sa femme par la police le 28 juin 1938. Toute la bande de Lampião finit décapitée, et les têtes furent exposées publiquement à Salvador. Son histoire et celle de Maria Bonita ont donné naissance à une véritable épopée dans le Nordeste.*

# LE LITTORAL DU MARANHÃO AU RIO GRANDE DO NORTE

• Carte *p. 400-401*

## LE MARANHÃO



### SÃO LUÍS DO MARANHÃO

1 092 000 hab. IND.TÉL. : 98

• Plan *p. 402-403*

**À 806 km de Belém et 1 055 km de Fortaleza : du fait de son isolement géographique, São Luís vécut longtemps de façon discrète, solitaire et besogneuse, loin du tapage du monde. Capitale du Maranhão, elle est d'abord une île, un bras de mer étroit séparant la ville de la terre ferme. Le progrès et les ponts l'ont fait devenir presqu'île. Son faible développement industriel et son isolement ont épargné son centre historique, dont le riche patrimoine colonial a été classé par l'Unesco mais souffre d'un manque d'entretien voire, par endroits, d'un quasi-abandon. Partout au fil des rues alternent des images de délabrement et de réhabilitation. Pour qui goûte la langueur des atmosphères décaties, ce centre historique reste pourtant vraiment intéressant à découvrir à pied dans la journée : rues pavées et pentues, échappées lointaines sur le fleuve, succession ondulante de toits de tuiles patinées en partie affaissés, façades à azulejos des *sobradões* (maisons bourgeoises de style portugais) ou *casarãoes* (grandes maisons coloniales) rongées par l'air salin et le climat tropical. Sans oublier la visite d'Alcântara, ville fantôme de l'époque coloniale, que l'on atteint en bateau (1h30).**

**On sent qu'il s'est passé quelque chose d'important et de brillant dans l'histoire de cette ville, mais la roue de la fortune a tourné dans un autre sens, entraînant la cité vers le déclin et la pauvreté. Splendeur déchue ! « Des décadences brésiliennes, je crois que celle de São Luís est la plus réussie », a écrit avec humour Gilles Lapouge dans un de ses récits.**

## UN PEU D'HISTOIRE

En 1612, 3 navires, toutes voiles dehors, quittent le port de Cancale en Bretagne. Destination : le Brésil. Objectif : créer une nouvelle France équinoxiale. Chef de l'expédition : ***Daniel de La Touche,*** seigneur de La Ravardière. C'est lui qui, la même année, fonde la ville en l'honneur du roi Louis XIII : « Saint-Louis », autrement dit São Luís. C'est la seule ville du Brésil dont le nom soit d'origine française. Les Français ne vont pas rester bien longtemps, à peine 3 ans. Les mousquetaires français affrontent les soldats portugais et finissent par déguerpir. Le rêve de ***France équinoxiale*** s'achève. Par la suite, les ***Néerlandais*** occupent la ville de 1641 à 1644, occupation éphémère encore. Pour stabiliser la région, le Portugal crée l'État du Maranhao et du Grand Parà, indépendant du reste du pays. Aux XVIe et XVIIe s, São Luís est plus proche de Lisbonne que de Rio de Janeiro. Le Brésil est formé alors par 2 colonies reliées directement à la cour de Lisbonne... De cette époque de splendeur, de cet âge d'or, la ville conserve quelques vestiges glorieux comme le palais du gouverneur, près de la cathédrale.
Longtemps une des villes les plus importantes (au XIXe s, 3e ville du pays, bien avant São Paulo), São Luís connaît une vie artistique et littéraire riche et vivante. On la surnomme alors l'« ***Athènes brésilienne*** ». Elle voit éclore de grands noms de la littérature et de la poésie : *Gonçalves Dias, Aluiso Azevedo,* et l'un des leaders du courant moderniste dans les années 1920 : *Graça Aranha.* La ***décadence économique*** commence à la fin du XIXe s, quand les prospères manufactures de São Luís sont concurrencées par celles de Manchester et des États-Unis, après la guerre de Sécession.



## SPLENDEUR, DÉCLIN ET RENOUVEAU DIFFICILE

En 2012, São Luís, capitale du Maranhão, fête ses ***400 ans d'existence,*** mais, malgré quelques chantiers de restauration, il reste encore de nombreuses demeures délabrées et vides, aux murs ruinés, aux façades décrépies. Corruption, détournement d'argent, inertie, négligence, délinquance et insécurité à certaines heures... Pour ces raisons, l'Unesco songerait même à retirer à la ville son prestigieux label...
Ce déclin est-il inéluctable ? La principale raison est d'ordre social. Les riches ont déserté depuis longtemps le vieux São Luís pour d'autres quartiers plus confortables. Les familles aisées et la classe moyenne, l'animation et l'activité économique de la ville se sont déplacées vers la partie moderne, à la périphérie et au nord, de l'autre côté du fleuve Anil, avec ses tours de verre dressées en retrait du bord de mer. Il y a 2 villes désormais, l'ancienne et la moderne, 2 visages si différents.

## Arriver – Quitter

### En avion

✈ ***Aeroporto Marechal Cunha Machado*** *(hors plan par C2)* **:** *av. Santos Dumont ; à 15 km du centre, au sud-est de la ville.* ☎ *3217-6100.* ● *infraero.gov.br* ● Dans le hall principal, kiosque d'infos touristiques, poste et plusieurs agences de location de voitures, notamment *Localiza-Hertz* (☎ *3245-1566 ;* ● *localizahertz.com* ●) et *Avis* (☎ *0800-725-2847 ;* ● *avis.com.*

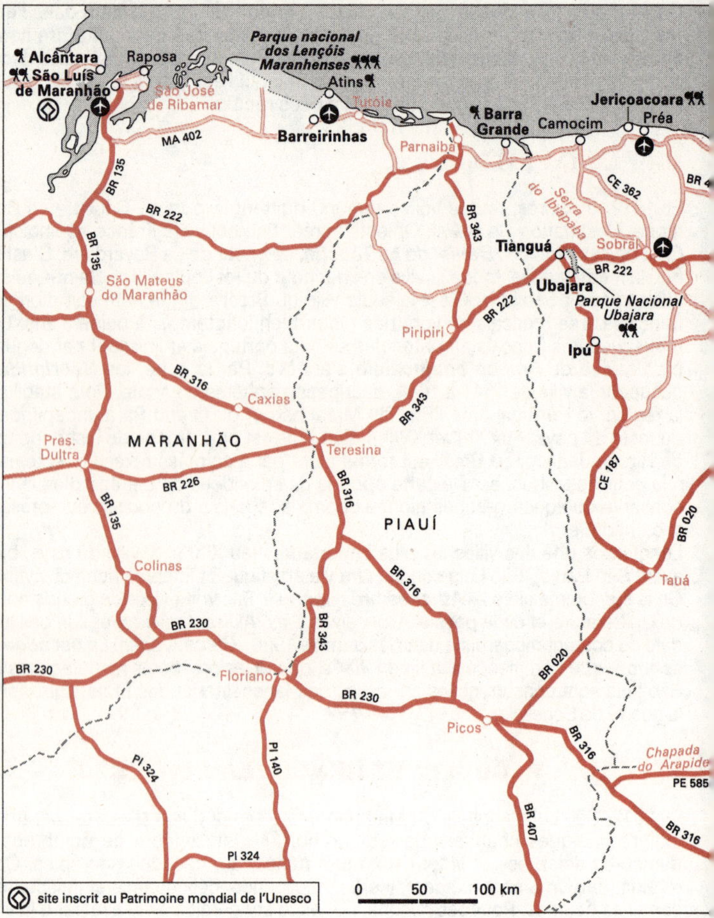




*br* •). Dans le 2ᵈ hall, distributeurs de billets (*Visa* et *MasterCard*).

■ ***LATAM :*** *à l'aéroport,* ☎ *3217-6174.* • *latam.com* •
■ ***GOL :*** *à l'aéroport,* ☎ *3217-6217.* • *voegol.com.br* •
■ ***Azul :*** *à l'aéroport,* ☎ *3217-6121.* • *voeazul.com.br* •

➢ Liaisons régulières notamment avec les compagnies *LATAM*, *GOL* et *Azul* pour ***Belém, Santarém, Manaus, Natal, Fortaleza, Salvador, Rio, Brasília, São Paulo*** et ***Recife.***

***Pour gagner le centre***

➢ ***En taxi :*** au compteur ; compter env 60 Rls pour rejoindre le centre historique. Plusieurs compagnies fiables, fonctionnant 24h/24, notamment *Cooper-táxi* (☎ *3245-4404*) ou *Ligue Táxi* (☎ *3222-2222*).

➢ ***En bus :*** pour le centre-ville, prendre le bus *São Cristovão* (sur la gauche

**LE LITTORAL DE SÃO LUÍS À RECIFE**



en sortant de l'aéroport) jusqu'à la praça Deodoro, à env 15 mn à pied de la vieille ville *(hors plan par C2)*. Circule tlj, ttes les 30 mn env 6h-21h.

## En bus

**Rodoviária** *(gare routière ; hors plan par C2,* ***1****)* **:** *av. dos Franceses, Santo Antônio (à env 10 km du centre historique). Infos : ☎ 3015-4015.* Pour vous y rendre, prendre le bus *Rodoviária* au ***terminal da integração*** *(plan A2,* ***2****)* ou sur la *praça Deodoro*. En taxi, 30-40 Rls. *Infos et horaires sur : • buscaonibus.com.br •*

➢ ***Barreirinhas :*** avec *Cisne Branco (• cisnebrancoturismo.com.br •)*. 4 bus/j., 6h-19h30 (6h-18h45 dans l'autre sens). Bus modernes et route bitumée. Trajet : env 5h.

➢ ***Belém*** *(Pará)* **:** avec *Boa Esperança (• viajeboaesperanca.com.br •)*.

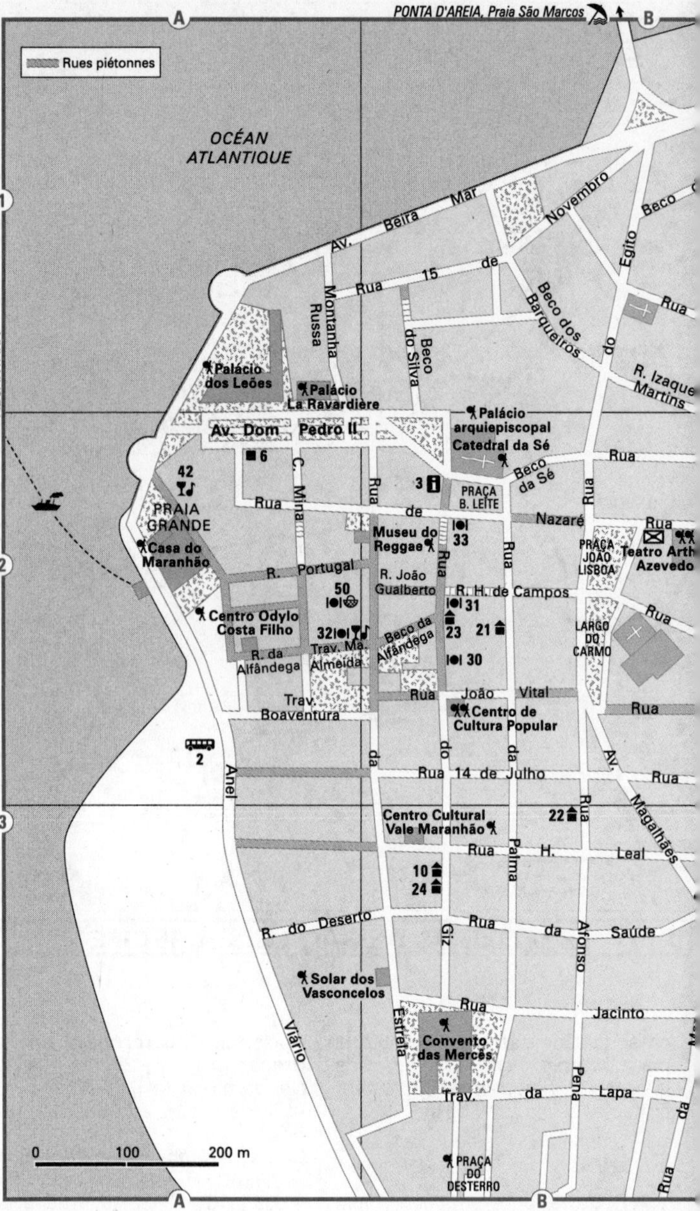

PONTA D'AREIA, Praia São Marcos
Rues piétonnes
OCÉAN ATLANTIQUE
ALCÂNTARA
Av. Beira Mar
Rua 15 de Novembro
Beco do Egito
Beco dos Barqueiros
R. Izaque Martins
Montanha Russa
Beco do Silva
Palácio dos Leões
Palácio La Ravardière
Av. Dom Pedro II
Palácio arquiepiscopal
Catedral da Sé
Beco da Sé
PRAÇA B. LEITE
6
42
3
PRAIA GRANDE
C. Mina
Rua de Nazaré
Museu do Reggae
33
Casa do Maranhão
R. Portugal
R. João Gualberto
R. H. de Campos
PRAÇA JOÃO LISBOA
Teatro Arth Azevedo
50
31
Centro Odylo Costa Filho
32
23
21
Beco da Alfândega
R. da Alfândega
Trav. Ma. Almeida
30
LARGO DO CARMO
Rua João Vital
Trav. Boaventura
Centro de Cultura Popular
2
Anel Viário
Rua da Estrela
Rua do Giz
Rua da Palma
Rua 14 de Julho
Av. Magalhães
Centro Cultural Vale Maranhão
22
Rua Afonso Pena
Rua H. Leal
10
24
R. do Deserto
Rua da Saúde
Solar dos Vasconcelos
Rua Jacinto
Convento das Mercês
Trav. da Lapa
PRAÇA DO DESTERRO
0
100
200 m
A
B
1
2
3

## Adresses utiles

- 1 Rodoviária (hors plan par C2)
- 2 Terminal da integração (A2)
- 3 Central de Informaçoes turísticas (B2)
- 6 Banco do Brasil (A2)

## Où dormir ?

- 10 Casa Lavinia (B3)
- 21 La Palma Hostel (B2)
- 22 Pousada Colonial (B3)
- 23 Pousada Portas da Amazônia (B2)
- 24 Casa Frankie (B3)

## Où manger ?

- 30 Dom Francisco (B2)
- 31 La Pizzeria (B2)
- 32 Antigamente (A-B2)
- 33 Senac (B2)
- 50 Comedoria de Mercado (A2)

## Où boire un verre ? Où sortir ?

- 32 Antigamente (A-B2)
- 42 Bar do Porto et Contraponto (A2)

## Achats. Marchés

- 50 Antigo Casa das Tulhas (A2)
- 51 Mercado Central (C3)

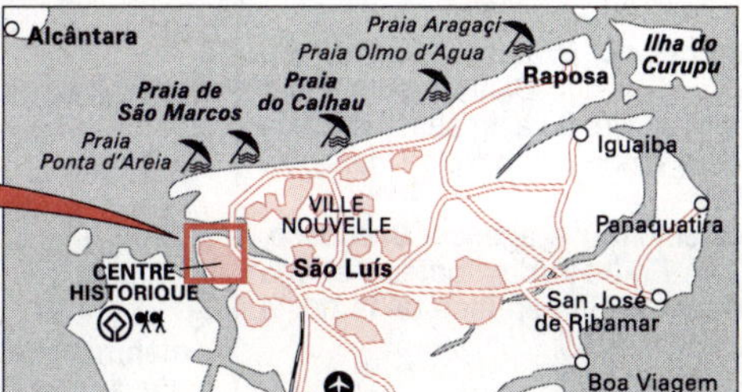


SÃO LUÍS DO MARANHÃO

3 bus/j., 2 tôt le mat et 1 vers 19h dans les 2 sens. Durée : env 13h.

➢ **Fortaleza** *(Ceará)* **:** Avec la Cie *Guanabara* *(● expressoguanabara.com.br ●).* 2 bus/j., à 8h30 et 13h (vers 12h30 et 21-22h dans l'autre sens). Durée : env 19h.

➢ ***Tianguá*** *(Ceará)* **:** 1 bus/j. avec *Guanabara,* à 13h (18h45 dans l'autre sens). Durée : env 13h.

➢ ***Natal*** *(Rio Grande do Norte)* **:** 1 bus/j. avec *Progresso* *(● progressoonline.com.br ●).* Départ vers midi, arrivée le lendemain vers 19h. Durée : env 31h pour 1 588 km.

➢ ***Recife*** *(Pernambuco)* **:** 2 bus/j. avec *Progresso,* vers 6h et midi. Durée : env 24h pour 1 581 km.

***Terminal da integração*** *(terminal des bus urbains ; plan A2,* ***2*****) :** *av. Senador Vitorinvo Freire, à Praia Grande, à 10 mn du centre historique. ☎ 3212-6231.* Pour les bus (bon marché) qui desservent la ville moderne et les environs, notamment les praias de São Marcos et do Calhau et le village de Raposa.

## En bateau

***Cais de Praia Grande*** *(plan A2)* **:** *av. Beira Mar.*

➢ Bateaux quotidiens pour ***Alcântara.*** Voir plus loin le chapitre qui lui est consacré.

# Adresses utiles

## Infos touristiques

***Central de informaçoes turísticas*** *(plan B2,* ***3*****) :** *praça Benedito Leite (Centro). ☎ 3212-6210. ● saoluis.ma.gov.br ● Tlj 8h-18h (12h sam-dim).* Peu d'infos en dehors d'un plan de la ville.

## Banques, change

■ ***Banco do Brasil*** *(plan A2,* ***6*****) :** *av. Dom Pedro II.* Distributeurs. Pour le change, aller à l'agence de la praça Deodoro, à env 15 mn à pied *(hors plan par C2).*

■ Également une agence, ***Bradesco,*** av. Dom Pedro II (distributeur) et une autre rua do Sol, en face de la poste centrale *(plan B2).*

## Urgences

***Hôpital* :** 2 établissements privés de qualité :

– ***Hospital Aliança do Maranhão*** *(hors plan par C1)* **:** *rua Rio Branco, 156 (Turu). ☎ 2106-2255.*

– ***UDI Hospital* :** *av. Professor Carlos Cunha, 2000 (Jaracatí). ☎ 3216-7979.*

■ ***Pharmacies Redemed* :** *tlj 24h/24.* Il y en a plusieurs en ville, notamment rua da Saúde, 122 *(plan B3).*

■ ***Police touristique*** *(plan A-B2)* **:** *petit kiosque situé rua da Estrela, sur la place.*

## Agence de voyages

■ ***Terra Nordeste* :** *rua Miquerinos, 1, ed. Golden Tower (sala 416), Jardin Renascença. ☎ 3221-1188. 📱 98810-1188. ● terra-nordeste.com ●* Une agence tenue depuis une douzaine d'années par Julien, un Français, et son équipe polyglotte. Bureau excentré, mieux vaut les contacter à l'avance. Circuits itinérants sur mesure dans le Nordeste (et tout le Brésil), de 3 jours à 3 semaines, axés sur l'écotourisme. Organise notamment des treks (3 à 5 jours) pour traverser le fabuleux parc national dos Lençóis.

# Où dormir ?

Toutes nos adresses sont localisées dans le centre historique. Il y a aussi des hôtels dans la ville nouvelle, non loin de la plage, mais on n'en mentionne pas ici.

## Bon marché (moins de 150 Rls / env 36 €)

**Casa Frankie** (plan B3, **24**) : *rua do Giz, 394. ☎ 3222-8198. • casafrankie.com • Double env 100 Rls (140 Rls avec salle d'eau privée).* Encore une immense demeure coloniale, ancien bordel de la Belle Époque transformé en maison d'hôtes de caractère par Frank, le propriétaire danois (pas toujours là). Partageant 2 salles d'eau, les chambres, impeccables, donnent sur une galerie couverte encadrant un patio et sa petite piscine. Elles n'ont pas la clim, mais des brasseurs d'air. Petit déj en supplément, mais le café est en libre-service, tout comme la cuisine. Également un beau salon commun. On s'y sent comme à la maison.

**La Palma Hostel** (plan B2, **21**) : *rua da Palma, 142. ☎ 3182-8787 ou 📱 98206-4361. Double 115 Rls.* Il y a du goût et de l'idée dans cette *guesthouse* montée dans une vieille demeure de caractère par les mêmes proprios que l'hôtel *Portas da Amazônia* (lire plus bas). Des objets chinés, des couleurs vives, du bois patiné, des hamacs et des loveuses en osier langoureusement disposés dans le patio commun et sur les galeries couvertes. Les chambres non plus ne manquent pas de charme, dommage qu'elles soient pour certaines un peu étouffantes et que le confort (matelas et douches notamment) soit un peu bricolé. Mais à un tel prix, difficile de faire la fine bouche...

**Pousada Colonial** (plan B3, **22**) : *rua Afonso Pena, 112. ☎ 3232-2834. 📱 98766-4688. • pousadacolonialslz.com • Doubles 130-150 Rls.* Belle maison coloniale bien rénovée, avec une façade couverte d'azulejos jaune et bleu. Agréable patio autour duquel se répartissent des chambres bien nettes et d'un confort honorable (clim, frigo, etc.), bien qu'assez banales et un peu étroites pour certaines. Les voir avant. Préférer celles côté patio, au 1er étage ; celles côté rue peuvent être bruyantes. Une bonne adresse dans tous les cas.

## De prix moyens à plus chic (150-250 Rls et plus / env 36-60 €)

**Casa Lavinia** (plan B3, **10**) : *rua do Giz, 380. ☎ 3232-9959. 📱 98885-1923. • casalavinia.com • Double à partir de 220 Rls.* Superbe maison coloniale (*casarão* du XIXe s) soigneusement restaurée et aménagée avec beaucoup de style et de goût. Seulement une poignée de chambres, avec hauts plafonds, parquets anciens, murs en pierre et meubles de caractère (lits à baldaquin) dont une, la *Padronal* (plus chère), jouit d'une immense et luxueuse salle d'eau. On profite librement des beaux espaces communs, notamment la jolie salle de petit déj ouverte sur le patio garni de plantes. Une atmosphère à la fois classe et conviviale, et beaucoup de personnalité. Excellent accueil du gérant français, Franck, qui tient également une petite agence de voyage. Bref, certainement la plus belle adresse de charme du centre historique.

**Pousada Portas da Amazônia** (plan B2, **23**) : *rua do Giz, 129. ☎ 3182-8787 ou 3222-9937. • portasdaamazonia.com.br • Doubles 200-250 Rls.* Hauts plafonds, beaux parquets cirés, murs en pierre, déco sobre qui allie la patine de l'ancien et quelques touches modernes. Si l'adresse, logée dans une demeure du XIXe s, ne manque pas de caractère, l'entretien et les finitions (douches notamment) auraient mérité plus de soin, dommage. Petit déj (assez médiocre) servi dans une courette verdoyante. Attention, on est au cœur de l'animation : du jeudi au samedi, éviter absolument les chambres sur rue et celles donnant sur la cour à l'arrière, très bruyantes jusqu'à 1h du mat'.

## Où manger ?

### *Dans le centro histórico*

#### Bon marché (moins de 40 Rls / env 10 €)

**Comedoria de Mercado** (plan A2, **50**) : *à l'intérieur de l'Antigo Casa das Tulhas, entre la rua da Estrela et la rua do Portugal ; plus connu sous le nom de « Feira da Praia Grande ». Attention, tt ferme à 20h.* Pour une pause déjeuner entre les étals du marché couvert, choisir un boui-boui dans la douzaine de cantines populaires, où l'on mange pour une poignée de *reais.* C'est d'ailleurs très fréquenté par les Brésiliens, qui viennent aussi y vider quelques bières en fin d'après-midi. Voir aussi la rubrique « Achats ».

**Dom Francisco** (plan B2, **30**) : *rua do Giz, 155. Tlj, sauf dim, midi et soir.* Vieux murs en pierre et tables recouvertes de nappes blanches, ce resto bien mis est fréquenté le midi pour sa formule *ao kilo.* Le soir, menu bon marché et classiques du pays à la carte.

#### Prix moyens (40-100 Rls / env 10-24 €)

**Antigamente** (plan A-B2, **32**) : *rua da Estrela, 220 (Praia Grande). ☎ 3231-3734. Tlj 10h-2h.* Dans la journée, c'est calme et provincial, le soir, on est au cœur de l'animation du centre historique ! Les tables envahissent l'agréable petite place pavée. C'est alors un joyeux brouhaha, auquel se mêlent des musiciens presque tous les soirs *(couvert artístico).* Cette fièvre musicale atteint son sommet du jeudi au samedi. On peut débuter par une caïpirinha ou un bon cocktail de fruits. Puis on a le choix : salades, pâtes, pizzas, viandes, poissons grillés ou plus cuisinés. Pas de la grande cuisine, mais c'est copieux.

**La Pizzeria** (plan B2, **31**) : *rua do Giz. Tlj 18h-23h.* À portée d'oreilles de l'animation de la rua da Estrela, sous les hautes arcades d'une vénérable demeure coloniale aux murs de pierre et dalles polies par les siècles, une salle tout en longueur avec, au fond, le four. Celui des pizzas, vous l'aurez deviné, charnues, variées, et qui requinquent !

**Senac** (plan B2, **33**) : *rua da Nazaré, 242. ☎ 3198-1100. Ouv tlj, le midi seulement.* Un bon plan que ce resto d'application de l'école hôtelière du Maranhão, servant le midi un gargantuesque buffet à volonté, plutôt fin et très frais et à prix fort raisonnable, avec un large éventail de légumes et de crudités, ça change ! Thème différent chaque jour. Ambiance et décor un peu compassés en revanche, qui ne rebutent ni familles ni travailleurs du quartier venus en nombre profiter de l'aubaine.

### *Le long de l'avenida Litorânea*

Pour un repas les pieds dans le sable, direction l'une des innombrables ***barracas*** qui ponctuent tous les 200 m l'avenida Litorânea, le long de la praia São Marcos, dans la ville nouvelle *(hors plan par B1 ; compter env 30 Rls en taxi).* Même formule de l'une à l'autre, une paillote ronde au toit de palme et les tables qui essaiment autour, sous les parasols, l'œil sur l'océan. Au menu, cocktails, poissons et fruits de mer, rarement frais, dommage. Plus animé le week-end, quand les *barracas* restent ouvertes jusqu'à minuit.

## Où boire un verre ? Où sortir ?

En dehors des quelques rues animées aux alentours de la rua da Estrela, éviter de vous balader le soir dans le centre historique, ou prenez un taxi.

***Rua da Estrela*** (plan B2-3) : dans le bas de cette rue piétonne, en bordure d'une placette, plusieurs ***bars-restos*** font terrasse commune avec musique *ao vivo.* Avec les 2 ou 3 rues adjacentes, c'est là essentiellement que les – jeunes – noctambules se retrouvent. Grosse ambiance jusqu'à 1h du mat' du jeudi au samedi, quand les grappes de fêtards s'égayent sur les escaliers, que les roulottes à caïpi colonisent les trottoirs. Pour tâter l'atmosphère, on peut s'installer à la terrasse du bar-resto ***Antigamente*** (*plan A-B2,* ***32*** ; voir plus haut « Où manger ? »), en plein cœur de l'animation, avant d'aller expérimenter une des boîtes improvisées squattant de vieilles bâtisses délabrées des alentours.

***Bar do Porto*** (*plan A2,* ***42***) **:** *rua do Portugal, 61 (ou rua Trapiche). Ouv env 18h-1h.* Déployant son immense terrasse sur une place, presque en face du quai de départ des bateaux pour Alcântara, voici le bar reggae le plus connu et le plus ancien de la ville. Et le reggae, à São Luis, c'est presque une religion (lire aussi plus loin « À voir – Museu do Reggae Maranhão »). Ambiance très conviviale, qui glisse vers la boîte de nuit, reggae toujours, à mesure que l'heure avance. Programmation plus éclectique chez le voisin, ***Contraponto,*** avec, en principe, soirée reggae le mercredi, mais aussi régulièrement des concerts *indie,* métal, etc. (programmation sur *Facebook*).

## Achats. Marchés

***Artisanat :*** nombreuses boutiques dans la *rua da Estrela* et les rues adjacentes. Pas mal de babioles, mais aussi de beaux hamacs, objets en vannerie, etc.

***Antigo Casa das Tulhas (Feira da Praia Grande*** ; *plan A2,* ***50***) **:** *entre la rua da Estrela et la rua do Portugal, dans le centre historique.* Petit marché où l'on trouve quantité de produits locaux exotiques : miel, bouteilles d'alcool avec des morceaux de crabe à l'intérieur, leite de Janaúba (fortifiant naturel), huile de pequi (un fruit)... et, bien sûr, une collection de cachaças. Les gosiers entraînés peuvent essayer la *cachaça de mandioca* ou *tiquira* (alcool de manioc), mais c'est costaud ! On peut aussi y manger et même y siffler une bière (voir plus haut « Où manger ? »).

***Mercado central*** (*plan C3,* ***51***) **:** *à la fin de l'av. Magalhães de Almeida, à 15 mn à pied du centre ancien.* Y aller le matin, beaucoup de couleurs et d'odeurs. Sur le pourtour du marché couvert, échoppes de vannerie, de cuir, de hamacs, de fringues, de matériel de cuisine et, à l'intérieur, poissonniers, bouchers et maraîchers se partageant les étals carrelés. Quelques tables et comptoirs où l'on peut grignoter des plats très bon marché ou se faire presser un excellent jus de fruits.



## À voir

***Centro histórico :*** l'Unesco a classé près de 5 000 édifices, mais une majorité est en ruine ou en très mauvais état. La vieille ville peine à retrouver son éclat d'antan et, vidée de sa population, offre un visage encore bien délabré. Le climat tropical humide n'arrange pas les choses, et l'aspect un peu zone de certains quartiers ajoute à l'impression d'abandon. Dommage, car le vieux centre recèle quelques petits bijoux d'architecture coloniale, aux façades couvertes d'azulejos.

### COMMENT JOINDRE L'UTILE À L'AGRÉABLE...

*À São Luís, de nombreuses maisons ont leur façade couverte d'azulejos. Autrefois, on les utilisait dans les cuisines. Puis on a trouvé judicieux de les coller sur les façades afin de protéger les maisons des pluies tropicales. Pratique et esthétique. À admirer notamment rua do Portugal, où se succèdent de beaux édifices couverts d'azulejos.*

Si en semaine le centre historique est animé, en revanche, le dimanche et les jours fériés, il redevient désert. Et la nuit, à l'exception des périodes de fêtes populaires, il ne reste guère plus que quelques passants isolés. Seul le bas de la rua da Estrela et ses alentours vibrent des rires et des bruissements des terrasses. Bref, s'il y a bien un tort qu'on ne peut reprocher au vieux São Luis, c'est de s'être aseptisé... Son patrimoine est indéniable, mais on est bien loin de la ville musée. De quoi flâner agréablement le temps d'une ou de 2 journées et d'une nuit, avant de partir explorer Alcântara, le littoral sud ou l'Amazonie.

– Pour agrémenter la balade, la ville compte de nombreux petits ***musées,*** relativement mineurs dans l'ensemble. On ne les cite pas tous. Sachez que la visite y est quasi toujours guidée (en portugais seulement la plupart du temps) et que presque tous sont fermés le lundi.

***Catedral da Sé*** *(plan B2)* **:** *fermé lun. Entrée libre.* Bâtie à partir de 1690 par les jésuites portugais, en l'honneur de Notre-Dame de la Victoire, sainte patronne de São Luís. À l'intérieur, retable doré et richement sculpté, considéré comme une pièce essentielle de la sculpture coloniale brésilienne baroque. Remarquez, dans les 2 chapelles, un œil ouvert dans un triangle, symbole de l'architecte de l'univers, que l'on retrouve dans la franc-maçonnerie. Jolie placette fleurie en contrebas de la cathédrale, où se tient en principe le dimanche matin un ***marché artisanal,*** animée par un groupe *ao vivo.*

Accolé à la cathédrale, le ***Palácio arquiepiscopal,*** ancien collège des jésuites jusqu'à leur expulsion du Brésil en 1759, abrite le ***Museu de Arte Sacra*** *(plan B2 ; tlj, sauf lun, 9h-18h – 17h sam, 13h dim ; dernière entrée 30 mn avt ; billet : 5 Rls).* On y voit principalement des statues de saints en bois peintes, du XVIIe s au début du XXe s, issues des différentes églises de la ville, ainsi que quelques objets liturgiques et bustes en métal. Une visite à réserver aux convertis, qui noteront la statue de saint Jean-Baptiste dont le haut du corps, creux et amovible, était destiné à cacher des pierres précieuses... Dans le même genre, voir aussi celle du *Bom Jesus dos Martírios,* très expressive. Amusant, sinon, la petite collec' d'art sacré populaire, avec ses statuettes représentant des prêtres noirs ou des nonnes aux traits indigènes.

### L'ARBRE QUI CACHE LA FORÊT...

*Au XVIIIe s, beaucoup de statues de saints étaient élaborées avec des troncs creux dans lesquels la bourgeoisie cachait des objets précieux pour échapper aux lourdes taxes. Les Brésiliens ont depuis gardé l'expression « saint de bois vide » pour désigner quelqu'un qui fraude.*

➢ ***Avenida Dom Pedro II*** *(plan A1-2)* **:** belle esplanade qui part de la cathédrale pour s'ouvrir sur la mer. C'est ici que la ville a commencé au XVIIe s, les Français choisissant de s'établir au sommet de la colline pour pouvoir contrôler les arrivées par la mer. Mauvais choix stratégique, puisque les Portugais les prirent à revers, attaquant depuis le continent...

***Palácio dos Leões*** *(palais des Lions ; plan A1)* **:** *sur l'av. Dom Pedro II. Visite guidée tlj, sauf lun, 9h-17h, en portugais, anglais, voire en français avec un peu de chance. GRATUIT.* Un 1er fort fut construit en 1624 à cet emplacement puis démoli pour être remplacé en 1766 par l'actuel palais, qui aurait été inspiré par le Trianon de Versailles. Il abrite aujourd'hui le gouvernement de l'État du Maranhao dont São Luís est la capitale. Visite des salons d'apparat, leur porcelaine de Sèvres et leur mobilier style Louis XVI, Louis-Philippe, Louis de Funès... Parmi les toiles exposées, remarquer *Le Naufrage (O Naufragio),* figurant la mort du poète Gonçalves Diaz lors d'un naufrage au large du Maranhão, alors qu'il rentrait finir sa vie au pays après un long séjour en Europe. De la galerie, vue sur les buildings de la ville nouvelle qui encombrent l'horizon, et sur la jolie piscine du gouverneur...

À droite de ce grand palais, le **palácio La Ravardière** *(plan A1-2)* date de 1689 et abrite aujourd'hui la mairie (*Prefeitura municipal,* ne se visite pas). Devant l'entrée trône le buste en bronze de Daniel de La Touche, sieur de La Ravardière, fondateur de la ville. Lire plus haut « Un peu d'histoire ».

***Museu do Reggae Maranhão*** *(plan A-B2)* **:** *rua do Estrela, 124. ☎ 3232-4034. Tlj 10h-20h, sauf lun. GRATUIT.* Un petit musée récent, consacré à la passion des habitants de São Luis pour le reggae, allant jusqu'à surnommer leur île la 2de Jamaïque ! En entrant, murs d'enceintes en hommage aux *radiolas,* les *sound system* qui ont popularisé le genre à São Luis. Collec' de vinyles ensuite, avec tous les incontournables, et *playlist* à faire défiler un casque vissé aux oreilles, l'occasion de découvrir le groupe local le plus célèbre, *Tribo de Jah,* et la version en portugais de *No Woman No Cry* de Bob Marley par Gilberto Gil, qui contribua, à la fin des années 1970, à faire connaître le reggae au Brésil. Également des vidéos de soirées reggae locales, où l'on danse en couple, collé serré, sensuel. Et pour passer de la théorie à la pratique, soirée *radiola* le jeudi sur la placette constellée de graffs jouxtant le musée (en saison sèche seulement).

***Casa do Maranhão*** *(plan A2)* **:** *rua do Trapiche, s/n. ☎ 3218-9955. Tlj 9h-17h, sauf lun. GRATUIT.* Ancien entrepôt, converti en un musée consacré aux traditions du Maranhão. Costumes et instruments de musique de la fête du *Bumba-meu-Boi,* tambours de Crioula ou de Mina... Quelques vidéos pour se faire une meilleure idée. Lire aussi plus loin « Fêtes et manifestations ».

***Centro de Criatividade Odylo Costa Filho*** *(plan A2)* **:** *rua da Alfândega, à 50 m de l'Antigo Mercado das Tulhas. ☎ 3218-9930.* Centre culturel abritant un théâtre (nombreux spectacles), un cinéma d'art et d'essai, une salle de danse.

***Centro de Cultura popular*** *(plan B2)* **:** *rua do Giz, 221. ☎ 3218-9924. Tlj 9h-18h, sauf lun. GRATUIT.* Même concept qu'à la *Casa do Maranhão*, avec une muséographie plus vieillotte mais des collections peut-être un peu plus riches. On commence, au rez-de-chaussée, avec des costumes de la fête des tambours de Mina puis, au 1er étage, avec ceux du carnaval de São Luis. Plus étonnant, au 2d, des costumes et personnages du *Bumba-meu-Boi.* Également des exemples de crèches populaires, dont une figurant un accouchement de Marie pour le moins réaliste. Au passage, admirer la vue sur la baie depuis le minuscule balcon. Fin de la visite sous le toit, avec un hommage à *Andor do São Raimundo,* un saint que la ville célèbre le 31 août, mais qui n'est pas homologué par le Vatican. Nombreux ex-voto (mains, têtes ou pieds en bois).

### FIANÇAILLES BOITEUSES

*Au XVIIIe s, les jeunes filles de la bonne société de São Luís annonçaient leurs fiançailles en boitant. Elles claudiquaient d'une manière gracieuse dit-on, marchant dans des bottines aux talons dissemblables, faites chez un cordonnier de la rua da Estrela. C'était l'usage encore à la moitié du XIXe s. Après leur mariage et les noces, ce cordonnier mettait une feuille d'or dans le talon le plus bas pour compenser la différence de niveau. Mariées, elles ne boitaient plus...*

## À l'ouest de la vieille ville

***Teatro Arthur Azevedo*** *(plan B2)* **:** *rua do Sol, 180. ☎ 3218-9900. Visites guidées tlj 14h-16h30, sauf lun. Entrée : 5 Rls.* Construit par de riches commerçants portugais et inauguré en 1817, il est considéré comme le 2e plus ancien théâtre du Brésil après celui d'Ouro Preto (Minas Gerais). Belle façade de style néoclassique et merveilleuse et élégante salle d'une capacité de 800 places. On pourrait se croire à Milan ou à Vienne !

**Fonte do Ribeirão** *(plan B-C2)* **:** *largo do Ribeirão.* Sculptée et entourée de hauts murs, une jolie fontaine dans les tons bleu et blanc, construite en 1796 pour approvisionner la ville. Remarquez les barreaux de fer aux fenêtres. Ce serait l'un des accès aux galeries souterraines du centre historique, découvertes dans les années 1990.

***Museu histórico e artístico do Maranhão*** *(plan C2)* **:** *rua do Sol, 302. ☎ 3218-9922. Tlj, sauf lun, 9h-17h (16h sam, 13h dim). Entrée : 5 Rls.* Belle demeure coloniale de 1836 au parquet bien ciré, avec patio encadré de galeries de bois. Y a été reconstitué l'intérieur d'une demeure bourgeoise du Maranhão du XIXe et du début du XXe s. Riche collection de mobilier et d'objets d'époque, dont quelques pièces étonnantes (filtres à eau en porcelaine brevetés par l'institut Pasteur, belle chocolatière en métal ciselé... et un crachoir par salle !). Dans la bibliothèque, une collec' de médailles, dont la Légion d'honneur française. Remarquer aussi l'ingénieux plafond ajouré, pour laisser circuler l'air. On termine par le jardin, où sont exposés des bustes de personnages illustres du Maranhão.

## Au sud de la vieille ville

***Centro cutural Vale Maranhão*** *(plan B3)* **:** *av. Henrique Leal, 149. ☎ 3232-6363. • ccv-ma.org.br • Tlj 10h-19h, sauf lun. GRATUIT.* Expos temporaires éclectiques et de qualité (photos, art contemporain, patrimoine...), dans une belle demeure restaurée. Également des conférences, performances, etc.

Le sud du centre *(plan B3),* quartier sans doute le plus délabré de la vieille ville, où nombre de demeures menacent de s'effondrer (quand ce n'est pas déjà le cas...), compte encore quelques monuments, notamment le ***Solar dos Vasconcelos*** *(rua da Estrela, 562 ; en principe, ouv lun-ven 9h-18h ; GRATUIT),* palais colonial bordé d'un misérable squat, et qui abrite une expo de maquettes du centre historique et de bateaux. Un peu plus bas, le ***Convento das Mercês*** *(rua da Palma, 502 ; ☎ 3231-0641 ; lun-ven 9h-18h ; sam 9h-12h ; fermé dim tte la journée et lun mat. GRATUIT)* construit en 1654 et successivement utilisé comme couvent puis comme caserne, abrite la *fundação da Memória republicana,* dédiée au mandat présidentiel de José Sarney, local de l'étape, 1er président de l'après dictature militaire (1985-1990) : cadeaux offerts par différents dirigeants, voitures de fonction, trombinoscope des présidents brésiliens et un bref historique des soubresauts de la République. Enfin, 200 m plus au sud, sur la praça do Desterro, se dresse la plus ancienne église de la ville l'***igreja do Desterro*** (ne se visite pas), dont la construction, commencée en 1641, ne fut achevée qu'en 1863.

LE NORDESTE

## Les plages de São Luís

São Luís a la particularité de connaître le marnage le plus important du Brésil (7 m d'amplitude entre la marée haute et la marée basse). Du coup, à marée basse, elle dispose d'immenses étendues de sable, mais, à marée haute, vu le rétrécissement de la plage, c'est l'invasion des sonos poussées à saturation. Au large mouillent les cargos. La mer est loin d'être bleue : sans doute les alluvions charriées par les embouchures du rio Pará et de l'Amazone plus au nord sont-elles pour quelque chose dans sa coloration ocre laiteux... mais il semblerait que les égouts de la ville n'y soient pas étrangers non plus !

***Praia de São Marcos et praia do Calhau*** **:** *le long de l'av. Litorânea ; à env 10 km du centre historique. En bus, direction « Calhau-Litorânea » au terminal da integração (terminal des bus urbains ; plan A2,* ***2****) ; bonnes fréquences. En taxi, compter env 30 Rls.* Près de 9 km de plage de sable fin, quasi déserte en semaine. Si vous souhaitez passer une soirée en bord de mer, c'est là qu'il faut aller ; grosse animation le week-end dans le chapelet de *barracas* jalonnant la Litorânea. Lire aussi plus haut « Où manger ? ».

## Fêtes et manifestations

- ***Tambours de Mina :*** rites afro-brésiliens propres à l'État de Maranhão. Ils suivent chaque année un calendrier précis, les dates sont annoncées dans les journaux. Les principales fêtes tombent le 20 janvier (en l'honneur de saint Sébastien), le 13 juin (saint Antoine), le 24 juin (saint Jean), les 29 et 30 juin (saint Pierre et saint Marçal), le 19 août (saint Georges-Ogum) et le 26 juillet (Sant'Ana).
- ***Festa do Divino Espírito Santo :*** *de l'Ascension à la Pentecôte.* Événement mi-religieux mi-profane, marqué comme beaucoup de fêtes du Nordeste par les apports africain et portugais. Cette fête célèbre la prodigalité de la nature et la bonté de Dieu pour avoir favorisé de bonnes moissons. Elle s'accompagne de messes, de processions et de grands repas. Les thèmes principaux, qui s'interpénètrent, sont la célébration du Saint-Esprit et de l'Enfant Jésus et le couronnement d'un « empereur » parmi les notables de la région. Une des cérémonies les plus colorées réside dans la transmission de la couronne entre l'empereur de l'année précédente et celui nouvellement désigné par tirage au sort.
- ***Tambor de Crioula :*** danses d'origine africaine qui accompagnent toutes les fêtes populaires. Il s'agit d'un dialogue entre les percussions et les chants des hommes et les danseuses aux jupes colorées, les *coreiras.* Contrairement aux autres danses, celle-ci est pratiquée toute l'année, de manière informelle. Elle témoigne de la force de la culture africaine dans le Maranhão.
- ***Bumba-meu-Boi :*** *de la 2de quinzaine de mai à fin juin.* Certainement la plus belle fête du Maranhão et la plus appréciée de ses habitants ! Les jours les plus animés sont les 24, 29 et 30 juin, qui rappellent le carnaval par leur folie festive. Atmosphère colorée, familiale et bon enfant. Le nom de la fête, Bumba-meu-Boi, signifie « Blesse mon bœuf », et s'inspire d'un conte paysan, traitant d'une femme enceinte qui manifeste brutalement une envie folle de manger la langue du plus beau bœuf *(boi)* du troupeau. Son mari va donc tuer ce bœuf, mais ne fait que le blesser. Le mari passe en jugement. Il se repent, et le pardon lui est accordé tandis que le bœuf guérit. La représentation dure toute la nuit, et le bœuf en est le héros principal. Fait d'une armature légère en bois recouverte de toile noire richement brodée et de fanfreluches multicolores, le bœuf est animé par un des participants, le *miolo.* La résurrection ou la guérison de l'animal est, bien entendu, prétexte à de grandes réjouissances. Chants et danses s'expriment à l'aide d'instruments de musique typiques du Maranhão : le *sanfona,* le membraphone, les tambours, etc.
- ***Festival de Folklore :*** vers mi-août, en particulier au *Centro de Cultura popular* (le 22 août étant le jour clé).
- ***28 juillet :*** commémoration de l'adhésion de l'État du Maranhão à celui du Brésil en 1823.
- ***8 septembre :*** anniversaire de São Luís. Diverses manifestations culturelles.



# DANS LES ENVIRONS DE SÃO LUÍS DO MARANHÃO

## *RAPOSA*

➢ *Bus devant le terminal da integração (plan A2, **2**). En principe, départ env ttes les heures, à partir de 7h. Trajet : env 1h15.*

À 28 km au nord-est de São Luís, tout au bout de la presqu'île, face à la mer et bordé par la mangrove, ce village de pêcheurs fut fondé à la fin du XIXe s par des habitants du Ceará chassés par la famine. Plutôt délabré, le village affiche un caractère atypique assez homogène, la plupart des maisons, des cabanes plutôt, bâties sur des pilotis de bois. Au bout de la rue principale, au bord de l'eau, s'entassent des étals de guingois où l'on découpe le poisson fraîchement débarqué, quand il n'est pas mis à sécher à même le quai. Traditionnellement, les

femmes du village confectionnent des *rendas* (dentelles) d'une grande finesse, selon un procédé ancien. Leurs doigts font passer à une vitesse incroyable les navettes de fil entre des clous plantés dans une espèce de pouf en toile.
À marée haute, on peut se baigner au pied de dunes en face du village que l'on atteint en bateau, et prolonger l'excursion par un tour dans la mangrove (petites agences autour du terminal des bus). Également quelques restos sur la jetée, pour déguster les meilleurs poissons du coin.

# ALCÂNTARA

21 600 hab. IND. TÉL. : 98

**On se croirait sur une île oubliée du monde et de la modernité. Il n'en est rien. Alcântara est bien sur la terre ferme, même si on y accède en bateau depuis São Luís. Elle connut son âge d'or aux XVIIe s et XVIIIe s, avant de tomber en décadence dans la 2de moitié du XIXe s. C'est aujourd'hui presque une ville fantôme, romanesque, perchée sur un promontoire au-dessus de la mer. Elle conserve les traces de sa richesse évanouie. Le silence des rues y a quelque chose d'étrange. Le temps semble s'y être figé.**
**S'y balader une journée vaut vraiment le déplacement, afin de goûter son atmosphère si particulière. Quelques *pousadas* permettent de loger sur place si vous avez envie de prolonger l'expérience ou si avez raté le dernier bateau pour São Luís !**

## UN PEU D'HISTOIRE

Fondée en 1634, la ville s'est enrichie grâce à la canne à sucre et au coton jusqu'à devenir la capitale de l'aristocratie terrienne de la région. Elle était au XVIIIe s plus importante que São Luís et servait de résidence aux grands propriétaires portugais. L'abolition de l'esclavage (1888), la crise du sucre et le développement de São Luís provoquèrent le départ des habitants d'Alcântara, qui abandonnèrent leurs somptueuses demeures. La ville sombra alors dans le marasme. Peu à peu, la végétation tropicale reprit le dessus, maisons et églises se dégradèrent et aujourd'hui ne sont plus que vestiges et ruines, même si quelques belles façades ont su résister aux outrages du temps ou ont été restaurées.



## Arriver – Quitter

➢ ***Cais da Praia Grande*** *(plan de São Luís A2)* **:** av. Beira Mar. C'est là que s'achètent les billets (un guichet par bateau). Réserver à l'avance, au moins la veille. Le souci, c'est qu'il n'y a pas vraiment d'horaires ni de numéro de téléphone fiable... Le mieux est de passer en début de matinée.
La traversée dure env 1h30. 2 types de bateaux, les ***late,*** longs bateaux publics en bois et à moteur *(env 25 Rls A/R),* et les ***catamarans*** *(env 30 Rls A/R),* sur lesquels on voyage en cabine, à l'arrière ou bien à l'avant du bateau sur l'habitacle en plastique, le visage offert aux embruns... Dans les 2 cas, ça tangue et ça remue, mieux vaut que votre estomac ait le pied marin. En fonction des marées, les horaires de départ des *late* s'étirent de 7h à 15h (idem pour le retour), ceux des catamarans entre 8h et 9h (retour entre 13h30 et 15h). Selon les bateaux et les marées, on embarque (et débarque) soit du Cais de Praia Grande, soit de la plage de Ponta d'Areia, au nord du centre *(hors plan par B1).* Renseignements au guichet. Dans le 2d cas, il faudra prendre un taxi ou un bus.

## Adresse utile

■ ***Banco do Brasil :*** *rua Grande. ☎ 3337-1275. Lun-ven 9h-12h.* Distributeur accessible 24h/24 (en principe) pour cartes *Visa* et *MasterCard*. Agence ***Bradesco*** dans la même rue, avec distributeur.

## Où dormir ?

### Bon marché (moins de 150 Rls / env 36 €)

***Pousada dos Guarás :*** *praia da Baronesa, à 1,5 km du village. ☎ 3337-1339. 98422-2453. Double env 120 Rls.* Éloignée du village (1 200 m), parfaitement isolée, donnant sur une plage, cette *pousada* mérite une escale. Sous les palmiers et les manguiers, au cœur d'un joli jardin tropical, la plupart des bungalows sont loués aux employés de la base aérospatiale, mais le gérant en conserve quelques-uns à disposition des touristes. Chacun avec terrasse privée et hamac, ils logent 2, 3 ou 4 personnes. Possibilité de repas à base de poisson et de fruits de mer. Délicieux jus de fruits avec les produits du jardin. Jolie plage à proximité (il faut d'abord passer la mangrove avec une barque). Attention toutefois : beaucoup de moustiques en été...

***Pousada do Mordomo Régio :*** *rua Grande, 134. ☎ 3337-1513. Dans la rue qui part à gauche au bout de la praça da Matriz. Doubles 90-110 Rls selon confort.* Dans le centre du village, une vieille maison avec de beaux parquets patinés par le temps et une galerie à l'arrière donnant sur le jardin. Chambres très rudimentaires avec salle de bains intérieure ou sur le palier. Ventilo ou clim selon le prix. Depuis la véranda, belle vue sur la mer. Un rapport qualité-prix très moyen.

### Prix moyens (jusqu'à 250 Rls / env 60 €)

***La Maison du Baron :*** *rua do Sossego, 10. ☎ 3337-1091. 98424-4331. Doubles 190-220 Rls.* Derrière l'église do N. S. do Carmo, dans la partie haute du village, un petit hôtel de charme tenu par un Français proposant des bungalows fort bien arrangés, situés dans un jardin tranquille et en pente. Toutes les chambres sont bien équipées, confortables et décorées avec soin, certaines ont des lits à baldaquin. Les chambres de luxe (quadruples) portent chacune le nom d'un baron de l'Empire du Brésil. Possibilité de pension complète.

LE NORDESTE

## Où manger ? Où boire un verre ?

***Restaurante Cantaria :*** *largo do Desterro, à côté de l'église do Desterro. Tlj 10h-16h. En montant la rue principale depuis le port, c'est sur la droite à 150 m après la petite chapelle das Merces.* Petit resto familial bien situé. Au choix : terrasse couverte donnant sur une jolie chapelle ou petites tables en plastique à l'ombre d'une paillote, avec vue sur le large. La carte, limitée, propose surtout du poisson et des préparations à base de crevettes. Accueil charmant.

## À voir

On découvre Alcântara à pied. Pas plus de 20 mn de marche entre les endroits les plus éloignés. Sinon, possibilité de prendre une moto-taxi (3 fois moins cher que le taxi normal). Accrochez-vous bien en roulant sur les pavés !

**Praça da Matriz :** c'est la place principale, vaste et imposante, l'endroit le plus aéré du village. De l'*église São Matias* en ruine ne subsiste que la façade. À côté se tient le *pelourinho,* pilori où l'on fouettait les esclaves. Sur le côté de la place, l'ancienne prison, qui abrite aujourd'hui les bureaux de la municipalité. Tout autour, les plus remarquables demeures de la ville *(sobradões),* construites par des esclaves originaires d'Angola et de Guinée. On s'installe avec plaisir sur l'un des bancs pour prendre le temps d'observer l'animation (toute relative !) de la place.

**Casa histórica de Alcântara :** *praça da Matriz, à l'angle de la rua das Mercês. Tlj, sauf lun, 9h30-16h30 (14h30 w-e). Billet : env 2 Rls.*
Belle demeure du XVIIIe s, très bien restaurée et réhabilitée, jadis maison bourgeoise habitée par une famille aisée de commerçants portugais. Abandonnée par ses propriétaires au fil des ans, elle fut rachetée et restaurée en 2004 par le Département des musées du gouvernement fédéral du Brésil. C'est un beau témoignage de la vie d'antan au village.
L'architecture était adaptée au climat, les fenêtres nombreuses favorisant la ventilation et l'aération naturelles de la demeure. Le commerce se faisait au rez-de-chaussée, tandis que la famille habitait à l'étage. On peut voir une petite pharmacie privée, des meubles de style (dont une belle psyché – une coiffeuse à glace), 2 grands salons de réception et une chambre à coucher reconstituée à l'ancienne. Au dernier étage, des lits pour malades dans une salle aérée. Photos, documents et objets de l'époque évoquant l'histoire des familles São Bento, Guimaraes et Viveiros ayant vécu ici.

**Museu histórico :** *praça da Matriz, à 50 m de la Casa histórica. Mar-dim 9h-14h. Entrée : env 2 Rls.* Musée aménagé dans l'ancienne maison du baron de São Bento. Belle façade ornée d'azulejos. Exposition de photos qui évoquent le vieux Alcântara et qui rappellent également que, non loin de là, se trouve une base aérospatiale qui procède à la mise en orbite de satellites. À l'étage, mobilier d'époque avec, notamment, un fauteuil de Dom Pedro II, placé sous un portrait de Marie de Médicis. Petite expo d'art sacré. On remarquera un christ de 1703 et un remarquable candélabre du XVIIe s taillé dans du jacaranda.

**Casa do Imperador :** *rua Grande.* Ces ruines de pierre sombre racontent une drôle d'histoire : l'empereur Pedro II du Brésil ayant exprimé le désir de venir à Alcântara, 2 seigneurs de la ville décidèrent de construire une maison digne de lui. Mais comme ils se disputaient le droit de recevoir en priorité l'empereur, celui-ci mit tout le monde d'accord en renonçant au voyage, et la maison ne fut jamais achevée. Il en reste des vestiges de chapiteaux en pierre sculptée qui gisent tristement au sol.

**Igreja de Nossa Senhora do Carmo :** *rua Grande. Tlj 8h-12h, 13h-17h.* Belle église flanquée de 2 tours blanches. Sur le côté, le couvent en ruine, érigé en 1665 (certains contestent la date). Admirer l'autel de style baroque.

**Fonte da Miritiua :** *au bout de la rua Mirititiua (15 mn à pied).* Une jolie fontaine de 1747. Voir aussi le cimetière envahi par les herbes.

## BARREIRINHAS

env 62 400 hab. IND. TÉL. : 98

**Grosse bourgade populaire et commerçante, Barreirinhas est engourdie au bord du rio Preguiças qui décrit quelques courbes avant de se jeter dans la mer (à 20 km de la ville au nord). Porte d'entrée principale du somptueux parc national dos Lençóis Maranhenses, c'est là qu'il vous faudra dormir (au moins 2 nuits) pour découvrir sur la journée cet incroyable désert maritime fait de majestueuses dunes ondulant à l'infini. Prévoir un peu plus de temps**

**si vous souhaitez prolonger votre expérience « dunaire », ou si vous voulez descendre le fleuve en bateau jusqu'à son embouchure et, pourquoi pas, oublier le monde quelques jours dans le village d'Atins.**

## Arriver – Quitter

### En voiture ou en 4x4

➢ ***De São Luís :*** 260 km de route. Prendre la BR 135 en direction de Fortaleza, puis suivre Teresina. Après env 60 km, au village de Bacabeira, prendre sur la gauche la MA 402 (indiquée). Bonne route bitumée. Trajet : 3h30-4h.

➢ ***Pour Barra Grande et Jericoacoara :*** compter une bonne journée pour Jericoacoara, et 5h de route pour Barra Grande. On commence par une piste puis une route asphaltée entre Barreirinhas et Tutóia (env 70 km), puis route jusqu'à ***Parnaíba,*** grosse ville de l'arrière-pays (env 3h30 de trajet pour 200 km). De Parnaíba à ***Barra Grande,*** bonne route asphaltée (60 km, env 1h). De Barra Grande (ou Parnaíba) à ***Jericoacoara,*** route asphaltée en partie mitée de nids-de-poule jusqu'à ***Camocim*** (130 km ; env 2h30). De là, 1re option, avec 4x4 et chauffeur, prendre le bac à moteur sur le rio Correau pour rejoindre Jeri par les plages (55 km ; env 1h30). Avant d'arriver à Jeri, on passe encore un bac de fortune sur le ***rio Guriu.*** Autre option, à Camocim, prendre la route qui passe dans l'arrière-pays, par Granja et Jijoca de Jericoacoara (env 95 km en 2h30).

### En bus

➢ ***São Luís :*** avec la Cie *Cisne Branco (● cisnebrancoturismo.com.br ●),* 4 bus/j., 6h-19h30 depuis São Luís ; 6h-18h45 dans l'autre sens. Trajet : env 5h. À Barreirinhas, gare routière rua Anacleto de Carvalho, à 50 m de l'église.

➢ ***Jericoacoara :*** une vraie expédition ! Il n'existe aucune liaison directe, il faut multiplier les changements. Si vous faites tout le trajet en bus, compter au moins 2 jours, car les liaisons ne s'enchaînent pas toujours. À plusieurs, il est beaucoup plus simple et pas tellement plus cher de louer un véhicule avec chauffeur (env 1 000-1 200 Rls si vous êtes 4 passagers) ou de faire une partie du trajet en taxi.

Sinon, on commence par un bus *Cisne Branco* (2/j., vers 10h et 18h ; 6h et 14h dans l'autre sens) ou un pick-up collectif jusqu'à ***Tutóia,*** à 70 km. Puis bus (3/j. à 5h – sauf w-e –, 9h30 et 15h) avec *Trans Buriti* jusqu'à ***Parnaíba,*** grosse ville et nœud routier de l'arrière-pays. À la gare routière de Parnaíba, prendre un bus de la Cie *Guanabara* pour ***Camocim*** à env 2h30 de route (3-4/j. à 9h30 puis vers 18h30 et 22h ; attention 1 seul bus à 15h dans l'autre sens ; *● expressoguanabara.com.br ●*). À Camocim, minibus collectif ou bus *Fretcar* (5/j. 11h30-23h15 ; *● fretcar.com.br ●*) pour ***Jijoca de Jericocora*** (env 2h30). À Jijoca, pick-up collectif *(jardineira)* ou taxi 4x4 pour Jeri.

➢ ***Barra Grande :*** même trajet que pour Jeri jusqu'à ***Parnaíba.*** À Parnaíba, en principe 2-3 bus/j. (rien dim) pour Barra Grande (70 km ; env 1h).

➢ ***Fortaleza :*** pas de bus direct. Passer par São Luís.

## Adresses utiles

■ ***Banco do Brasil :*** *dans la rue principale.* Distributeur (*Visa* et *MasterCard*). Également une agence ***Bradesco*** dans la rue Godinho (parallèle à la rue principale du côté opposé au rio).

■ ***Excursions aux dunes des Lençóis :*** nombreuses agences en ville, la plupart situées dans le centre, sur l'avenida Brasília (entre la praça do Trabalhador et l'église). Toutes proposent les mêmes types de tours (voir plus loin le chapitre consacré aux Lençóis). Ce sont surtout la qualité du guide et du chauffeur qui feront la différence. Parmi les adresses sérieuses, citons ***Caetés*** *(av. Brasília ; ☎ 3349-0258 ; 📱 98899-5089 ;*

*• caetesturismo.com.br •)* qui organise les classiques tours en 4x4 et des treks sur 1 à plusieurs jours. En principe, guide francophone possible.

■ ***Taxis-motos en ville :*** *sur la praça do Trabalhador, au centre.*

## Où dormir ?

### De bon marché à prix moyens (moins de 150-200 Rls / env 36-48 €)

■ ***Casa do Professor Hostel :*** *rua Projetada, 33. ☎ 98808-2546 ou 98328-8782. • casadoprofessorhostel.com.br • À env 300 m à l'ouest du centre. À l'entrée de la ville, prendre à gauche au feu la rua Inácio Lins, puis 4e à gauche et 1re à droite. Lit en dortoir 40 Rls ; hamac 25 Rls.* Dans une ruelle en terre en bordure du centre, une bicoque toute simple, où vivent le *professor,* ses fils, et les routards de passage, répartis entre les hamacs du jardinet, la courette où planter sa tente et 2 dortoirs empilant les lits superposés, rafraîchis par de vieux ventilos rouillés. Confort basique donc, mais atmosphère relax des plus conviviale. Cuisine.

■ ***Pousada Lins :*** *av. Joaquim Soeiro de Carvalho, 550. ☎ 3349-1494. • pousadalins.com.br • Dans la rue principale, juste en face de la place. Doubles 85-115 Rls selon saison.* L'un des 1ers hôtels de la ville, situé en plein centre. Les chambres, simples et un peu étriquées mais claires et bien tenues, donnent à l'arrière sur une agréable courette abritant une petite piscine.

■ ***Pousada do Porto :*** *475, rua Anacleto de Carvalho (rue qui longe l'église sur la droite). ☎ 3349-0654. Doubles 150-180 Rls selon saison.* Petit hôtel familial et propret à la fois calme et central, à 200 m de la place de l'église et juste au bord de la rivière. Piaules bien nettes mais un peu étroites et assez basiques pour le prix. Certaines (à l'étage) ont vue sur la rivière.

### De prix moyens à plus chic (jusqu'à 350 Rls / env 84 €)

■ ***Pousada Murici :*** *rua Domingos Carvalho, 590. ☎ 3349-1192. • pousadamurici.com • À env 800 m de la pl. principale. Doubles 200-270 Rls selon saison.* Le cadre est plus que séduisant, un grand jardin tropical verdoyant et fleuri, soigneusement entretenu, venant mourir sur les rives du fleuve où s'est installée la paillote du resto. Sous les galeries des parties communes, la déco foisonne, bariolée, un peu kitsch aussi. Dommage, en revanche, que les chambres soient d'une froide banalité, malgré un confort honnête. Piscine, trampoline, table de ping-pong et balades en bateau.

■ ***Pousada Sossego do Cantinho :*** *rua Principal, nº 2. ☎ 3349-0753. • sossegodocantinho.com.br • Doubles 270-310 Rls.* À l'écart de la ville, en pleine cambrousse : on y accède en prenant un petit bac gratuit et motorisé *(Balsa Cruzeiro)* depuis la rive du rio Preguiças, puis à pied (ou en taxi-moto) sur une piste de sable (10 mn). On peut aussi venir vous chercher en vedette à Barreirinhas, si vous avez réservé à l'avance. Il n'y a que 4 bungalows dans cette charmante *pousada* tenue par le jovial Mikaël, un Suisse allemand de Zurich, et sa femme brésilienne. Ils sont tous vastes et bien aménagés et donnent sur le jardin en bordure de rivière. Les repas sont servis sur place, à la demande. Savoureuse cuisine familiale bien mijotée. Prêt de kayaks. Une excellente adresse, d'une sérénité absolue.

■ ***Pousada do Rio :*** *rua Cazuza Ramos, 700. ☎ 3349-1255. • pousadadorioma.com.br • Poursuivre la rue principale presque jusqu'au bout, puis à gauche au dernier croisement. Doubles 200-270 Rls selon saison.* En bordure du centre-ville, 2 petits immeubles face à face, empilant sur 2 niveaux des chambres claires et modernes au confort honorable, avec balcon et hamac. Vrais plus du lieu, la piscine et le bout de jardin, avec son ponton léché par le rio.

LE NORDESTE

## Où manger ? Où boire un verre ?

### De bon marché à prix moyens (moins de 40-70 Rls / env 10-17 €)

|●| 🍸 ⛱ ***Les restos de Beira Rio :*** une grappe de restos se partagent la courte promenade en bois aménagée au bord du rio, en centre-ville. Cadre agréable, avec de grandes terrasses le nez dans les bateaux, et menus à rallonge, assez semblables d'une adresse à l'autre : du poisson, de la viande, des fruits de mer, des pizzas... Bref, un peu de tout, à prix raisonnable mais d'une qualité plutôt quelconque, et des cocktails pour s'hydrater. Dans le lot, *A Canoa* se distingue par son cadre plus élégant de paillote chic, tandis que *O Jacaré* présente l'avantage de fournir une carte en français, nationalité du patron. Également une paire de ***kiosques,*** où l'on grille des brochettes et prépare des *caïpi.* On peut d'ailleurs se contenter de venir boire un verre.

|●| ⛱ ***Bela Vista :*** *rua Anacleto de Carvalho, 617. ☎ 3349-1746. À 50 m de l'église. Tlj midi et soir.* Une petite salle quelconque, prolongée d'une terrassette surplombant la rivière. Une adresse modeste et familiale, pour des poissons et fruits de mer frits ou en sauce, à prix très raisonnables.

## À faire

➢ ***Excursions dans le parque nacional dos Lençóis :*** voir plus loin.

➢ ***Balade sur le rio Preguiças :*** *organisée par ttes les agences en ville (voir « Adresses utiles »). Compter env 90 Rls/pers l'excursion en lancha de 12 pers, repas inclus.* On descend la rivière jusqu'à son estuaire en admirant un paysage de mangroves et de dunes (le Petit Lençóis), sur lesquelles se dresse l'un des plus grands parcs d'éoliennes du pays. Cette belle excursion prévoit un arrêt à Vassouras, où vagabondent des macaques (belle vue du haut de sa dune) et un autre à Mandacaru, un village de pêcheurs. Du haut de son phare, superbe vue panoramique sur le parc national et l'embouchure du fleuve. Peu après, on atteint le hameau reculé de ***Caburé,*** isolé sur une langue de sable où l'on peut se baigner. On peut y passer la nuit dans une paire de *pousadas.* On vous recommande de poursuivre la balade jusqu'à ***Atins,*** pour mieux voir l'océan, s'y baigner, et pourquoi pas se poser quelques jours (lire plus loin). Pour les fans de gros engins, balades en ***quad*** possibles dans les dunes du Petit Lençóis (interdit dans le parc national).

➢ ***Survol du parc en avion :*** plusieurs compagnies affrètent de petits coucous à hélices, notamment *Voar (📱 98264-2945 ; • voarfotografiaaerea.com.br •)* et *Ava (📱 98287-2854 ; • voeava.com.br •),* sur l'av. Brasília. Compter 350-600 Rls pour 30 mn à 1h de vol.

➢ Possibilité d'excursions également vers le ***delta de Parnaíba,*** ou delta des Amériques, 3e plus grand au monde après ceux du Nil et du Mékong. Embarquement principal sur sa rive est, au *porto de barcas* de Parnaíba. On peut aussi partir de Tutoía (rive ouest), plus proche de Barreirinhas, ou organiser l'excursion avec une agence de Barreirinhas. Très agréable, la balade en bateau dans la mangrove permet d'observer (avec un peu de chance) de superbes ibis rouges *(guarás),* singes, iguanes et autres spécimens du coin. Possibilité aussi d'explorer l'une ou l'autre des rares îles habitées du delta (ilha do Caju, ilha das Canárias).

## DANS LES ENVIRONS DE BARREIRINHAS

### *ATINS*

Accessible seulement en 4x4 ou en bateau, égaré à l'embouchure du rio, entre dunes, au loin, et océan, Atins vit comme retiré du monde, les pieds dans le sable, la tête dans les cocotiers et les cajous. Chèvres, vachettes et chevaux vaquent entre les maisons dispersées, enfouies dans leur jardin tropical vivrier. Au bord de l'océan, qui forme ici un lagon protégé par un banc de sable (courants dangereux, gare !), quelques *barracas* branlantes jouent les bars de plage. On y pratique le kitesurf en saison. Une bonne dizaine de *pousadas* ont fleuri ces dernières années dans ce lieu où on laisse si facilement filer le temps. Plusieurs excursions possibles au départ du village : à cheval en bord de mer, en barque pour aller observer les ibis rouges sur le fleuve au coucher du soleil, en 4x4 dans le parc des Lençóis. À pied aussi, puisque l'on peut entamer d'Atins un trek dans le parc. Compter 6 km jusqu'à Canto do Atins et les 1res dunes (lire plus bas le chapitre consacré au parc).

– ***Comment y aller :*** le plus simple est de rejoindre le village en bateau, soit avec une agence à l'issue d'une balade sur le rio Preguiças (lire plus haut « À faire » à Barreirinhas), soit avec le bateau collectif *(voadeira),* qui n'effectue que 1 liaison/j. Sinon, en principe, également 2 liaisons/j. en *jardineira* (pick-up collectif) vers 6h et 14h. Compter 1h30-2h de route.

#### Où dormir ? Où manger ?

***Hostel Casa do Pescador :*** *rua Principal, à 200 m du débarcadère. 99954-1938 ou 9871-1862. Lit en dortoir env 40 Rls/pers.* Une simple maisonnette, dans laquelle logent 2 dortoirs de 4 et 6 lits, avec salle d'eau intégrée. Pas de jardin, seulement quelques hamacs sous l'auvent. Pas de petit déj, mais grande cuisine en libre-service. Accueil sympa.

***Pousada Cajueiro :*** *rua Principal s/n. 99214-4000 ou 99211-2000. • pcatins.com.br • Doubles 300-350 Rls selon saison. Transfert inclus depuis le débarcadère d'Atins.* À 300 m de la plage, dans 2 bâtisses de brique enfouies sous de généreux cajous, des chambres fraîches et ventilées, avec moustiquaire, ouvrant chacune sur une terrasse privée et son hamac. Resto sous une agréable paillote (prix très raisonnables). Difficile de trouver plus tranquille...

LE NORDESTE

## LE PARQUE NACIONAL DOS LENÇÓIS MARANHENSES

**Quand le vent, le sable et l'eau se retrouvent ensemble sous l'équateur, ce n'est pas pour dire des banalités, mais pour donner naissance à des merveilles. Les Lençóis Maranhenses sont effectivement l'une des sept merveilles du Brésil, un de ces lieux privilégiés où notre planète Terre a généré un paysage exceptionnel. Sur une**

#### TOMBÉS DU CIEL ?

*On trouve – et on pêche ! – de petits poissons dans certaines des lagunes qui se forment au creux des dunes du parc national. Comment font-ils pour réapparaître d'une année à l'autre, après que la lagune s'est asséchée ? Ils ne tombent pas du ciel mais, malins, enfouissent leurs œufs dans le sable.*

**superficie de 155 000 ha s'étend un panorama d'une beauté envoûtante et fantastique : d'immenses dunes d'un sable blanc aveuglant, ondulant à perte de vue comme des draps (d'où le mot *lençóis,* qui signifie « draps » en portugais), sur des dizaines de kilomètres. Certaines atteignent 20 à 25 m de haut. Au creux de ces belles des sables se sont formés des centaines de bassins d'eau douce et limpide, tantôt bleue, tantôt verte, pouvant atteindre après les pluies plusieurs mètres de profondeur. L'effet est saisissant, comme si le désert du Sahara avait épousé les plages de l'océan Indien. Déployée sur près de 80 km de littoral, la mer de sable blanc vient mourir dans la mer aux eaux bleues. L'océan est pourtant assez loin, parfois à plus de 10 km à vol d'oiseau.**

**Hormis quelques buissons et taillis tropicaux, une paire d'improbables villages aussi, établis au cœur de cet étrange désert, peu de vie, si ce n'est au sommet d'une crête ventée, la silhouette immobile d'un zébu.**

**Les plages sont désertes, refuges d'espèces de tortues marines en voie de disparition et d'oiseaux migrateurs. Et puis il y a le silence de cet espace infini, qui, loin d'être angoissant, invite au calme intérieur.**

**Vous l'aurez compris, les Lençóis sont sans doute l'un des plus beaux sites du Brésil, en tout cas l'un des plus étonnants. Longtemps oublié et presque confidentiel, ce coin de paradis attire aujourd'hui de plus en plus de monde. Même si l'on regrette parfois la concentration de visiteurs à certains endroits du parc, la balade à pied dans les dunes avec baignade – en saison – dans un des bassins d'eau douce reste une expérience inoubliable. Et, en optant pour un trek sur plusieurs jours, il est toujours possible d'explorer certains coins très sauvages.**

### MER DE SABLE

*Sous l'effet du vent, les fameux alizés, les dunes du parc dos Lençóis progressent vers les terres de plusieurs mètres par an. Elles engloutissent tout sur leur passage, y compris les maisons de pêcheurs...*

## Infos pratiques

– Le territoire du parc n'est accessible qu'aux véhicules des agences accréditées (voir nos adresses à Barreirinhas).

– Mieux vaut s'y rendre lorsque les lagunes sont remplies d'eau, de fin mars à début septembre, la meilleure période étant le mois de juillet. À partir de novembre, les lagunes sont à sec. Il pleut de janvier à juin.

– Il existe 2 portes d'entrée principales : Barreirinhas (le plus pratique), mais aussi le village de Santo Amaro do Maranhão.

– N'oubliez pas d'emporter suffisamment d'eau, une crème solaire, un chapeau, un vêtement à manches longues pour le soleil, des tongs ou des sandales et votre maillot de bain.

## Comment visiter le parc ?

– ***L'excursion classique*** est une balade d'une demi-journée au départ de Barreirinhas. Les agences viennent chercher à leur hôtel les clients ayant réservé. De Barreirinhas à la lisière du parc, le transport se fait à bord d'un pick-up tout-terrain *(jardineira)* contenant une douzaine de passagers assis à l'arrière. Le trajet dure environ 1h, avec passage d'un bac sur le rio Preguiças avant d'emprunter un chemin de sable qui circule à travers la mangrove et une sorte de savane envahie par les buissons et les petits arbres.

Les véhicules se garent tous au même endroit, et on continue à pied avec un guide (environ 30 mn, parfois plus, ou moins, selon le guide et l'envie).

Les guides parlent parfois l'anglais, très rarement le français. ***2 destinations au choix,*** la *lagoa Azul* ou la *lagoa Bonita,* sachant que l'une comme l'autre ne sont que des repères, désignant une zone plus qu'une lagune en particulier. Dans les 2 cas, on verra en réalité plusieurs lagunes, dans lesquelles on pourra se baigner. Paysage un peu plus spectaculaire depuis la zone de la lagoa Bonita, les dunes y étant plus hautes. En revanche, c'est un peu plus loin (et donc un peu plus cher).

– Il y a ***2 horaires*** distincts pour les excursions : l'une qui part à 9h, l'autre à 14h. Préférez celle de l'après-midi, car la lumière est plus belle, et, à certaines périodes de l'année, vous pourrez assister au coucher du soleil (en saison des pluies on ne voit rien à cause des nuages). Au total, compter 4 à 5h d'excursion. Même tarif pour toutes les agences : environ 80-90 Rls/pers selon la zone choisie. Sachez que les ***nombreuses agences*** de Barreirinhas suivent toutes ce même modèle. Ça fait donc pas mal de monde à se retrouver pour marcher dans les dunes et faire trempette !

– La plupart des agences proposent également ***une excursion à la journée*** jusqu'au hameau de Canto de Atins (différent du village d'Atins), à l'extrémité du parc, côté océan. S'y sont établis 2 restos spécialisés dans les crevettes grillées (on y prend le repas de midi). À la différence des tours à la ½ journée, on profite avec celui-ci d'une vue lointaine sur l'océan (possibilité de pousser jusqu'à la plage en payant plus cher). Passage par plusieurs lagunes évidemment, dont celle de Preguiça. Compter env 120-150 Rls, repas non inclus.

– On peut aussi opter pour une ***excursion privée*** en louant un 4x4 avec guide/chauffeur. Compter 500-750 Rls la journée. Choisissez une agence professionnelle, avec un guide expérimenté et respectueux de l'écosystème.

– Si vous êtes en bonne condition physique, possibilité de faire un ***trek*** de 1 à 3 jours dans le parc, dans une zone interdite aux véhicules. Une expérience inoubliable, hors des sentiers battus, avec nuit en hamac chez l'habitant, dans l'une des 2 oasis habitées du parc, Baixa Grande et Queimada dos Britos. Journées de 3h à 7h de marche, avec pauses baignade et départ de nuit, pour randonner à la fraîche, sous les étoiles. Avec un peu de chance, on croisera en chemin la petite faune qui peuple les dunes : serpents, tortues, tatous, renards. Arrivée avant midi à l'oasis, puis repos et nouvelle balade en fin de journée, pour le coucher de soleil. Compter 700-900 Rls/j. tout compris (guide, nourriture, logement et transfert). S'adresser aux agences de Barreirinhas, ou à *Terra Nordeste,* à São Luis (voir les « Adresses utiles » de cette ville).



## BARRA GRANDE

2 200 hab. IND. TÉL. : 86

**Dans l'État du Piauí, entre Maranhão et Ceará, entre Barreirinhas et Jericoacoara, voici une immense et magnifique plage sauvage, bercée par le vent d'est et soumise à un fort coefficient de marée (jusqu'à 2 km), qui forme un superbe lagon d'eau plate. De quoi faire de Barra Grande un spot très réputé parmi les amateurs de kitesurf, qui affluent en saison. On y vient aussi goûter quelques jours de farniente, dans un environnement encore préservé, le village se limitant en quelques chemins de sable menant à la plage, avec ici et là des pensions et hôtels jouissant de l'espace immense du site. S'il y a bien une poignée de bars et restos, fêtards s'abstenir, il y a peu à faire le soir... Hors saison, le calme est intégral !**

**Pour varier les plaisirs, on peut aussi, à partir du village, partir explorer le delta de Parnaíba (lire « À faire » à Barreirinhas).**

– Attention, pas de banque dans le village. Infos pratiques sur : ● *barragrandepiaui.com* ●

## Arriver – Quitter

Pas de gare routière à Barra Grande. En bus, passage obligé par la ville de ***Parnaíba,*** à env 70 km à l'ouest. De Parnaíba, en principe 2-3 bus/j. (rien dim) pour Barra Grande avec *Microbus Damasceno* (env 1h de trajet). Ils ne partent pas de la gare routière mais de l'agence *Fontenele.* Sinon, prendre un taxi (env 150 Rls).

***Terminal rodoviário de Parnaíba :*** *av. Pinheiro Machado, à Parnaíba.* Sur place, plusieurs distributeurs.

■ L'agence ***Rastro,*** située dans la gare routière, propose des transferts en 4x4 pour Barra Grande, Camocim et Jericoacoara. ☎ *3321-2193.* *99970-3272.* • *rastronordestino.com* •

➢ ***Fortaleza :*** env 5 bus/j. dans chaque sens, en matinée et en soirée, avec *Guanabara* (• *expressoguanabara.com.br* •). Trajet : 8-9h.

➢ ***São Luís :*** 2 bus/j. avec *Guanabara,* vers 6h30 et 21h (8h30 et 20h depuis São Luís). Env 9-10h de trajet.

➢ ***Barreirinhas ou Jericoacoara :*** reportez-vous à la rubrique « Arriver – Quitter » de Barreirinhas.

## Où dormir ?

### Prix moyens (moins de 250 Rls / env 60 €)

***Barra Grande Beach Club :*** *rua São Benedito.* ☎ *3369-8004.* • *barragrandebeachclub.com* • *Doubles 190-250 Rls selon saison.* En retrait du front de mer, légèrement excentrée dans la partie ouest du village, une structure moderne de plusieurs bâtisses sobres et contemporaines, coiffées d'un toit de palme et disposées dans un jardin avec piscine. De l'air, de l'ombre, des hamacs, et des chambres confortables, ambiance béton ciré. Un honnête rapport qualité-prix. Accueil gentil, en français.

### De plus chic à très chic (plus de 300 Rls / 72 €)

***BGK – Barra Grande Kitecamp :*** *dans la rue principale, côté plage.* ☎ *3369-8019.* • *bgk.com.br* • *Possibilité de transfert depuis Parnaíba. Doubles 370-730 Rls selon type.* La 1re *pousada* de Barra Grande a bien grandi au fil des ans, et s'étend désormais dans une vaste cocoteraie venant mourir sur la plage, face au coucher de soleil. Un site splendide et apaisant, sur lequel sont dispersés quelques bungalows modestes avec toit de palme et douche semi-extérieure, et de luxueux *palafitos* (cabanes sur pilotis) donnant sur l'océan et conçus en matériaux traditionnels. S'y ajoutent de nombreux espaces où se poser, et une délicieuse piscine tout en rondeurs. Également un bar-resto (fermé le soir), avec terrasse côté mer pour observer les prouesses des kitesurfeurs et, bien sûr, une école de kite. Accueil très serviable. Bref, une excellente adresse.

***Pousada Ventos Nativos :*** *dans la rue principale, côté plage.* *99942-6354.* • *ventosnativos.com* • *Possibilité de transfert depuis Parnaíba. Doubles 340-370 Rls selon confort ; palafitos 475-535 Rls.* Grand espace couvert de palmiers, débouchant sur la plage et l'océan et tenu par Mathieu Crégut, un Franco-Brésilien, fan de kitesurf (il donne des cours). Chambres très joliment décorées et confortables (hamac, frigo-bar...), installées au rez-de-chaussée ou à l'étage d'un bungalow au toit de palme. Spacieuses, elles peuvent loger jusqu'à 4 personnes. Également des *palafitos,* huttes sur pilotis pleines de charme, avec coin salon, hamac...

## Où manger ? Où boire un verre ?

Hormis quelques *barracas* simples et pas chères installées sur la plage, tous les autres bars et restos se regroupent dans le même coin, dans la partie est du village, 200 m après l'hôtel *BGK.*

**Bandoleiros :** *rua Pontal da Barra, 326. ☎ 9912-3809. De bon marché à prix moyens.* Sorte de grande paillote de palmes et de branchages, les pieds dans le sable au bord du chemin. Pas un choix inouï, mais quelques plats de poisson et viande, et des crêpes, salées (à la *carne do sol* !) comme sucrées. Une cuisine très correcte qui a le mérite d'être copieuse et fraîche. La *caïpirinha* est fameuse, l'endroit se prête donc aussi à un verre en soirée. D'autant que la musique est bonne, l'accueil très sympa et le cadre agréable.

**La Cozinha :** *rua Pedro Castro de Medeiros, 548 (fléché). ☎ 3369-8171. Hors saison, fermé mar soir et le midi lun-mer. De prix moyens à chic.* Montée par des Belges, une bonne table du village, adossée à une *pousada* chic. Cuisine ouverte, terrasse intime et élégante, étalée sous plusieurs paillotes. Au tableau noir, le menu du jour, complété d'un choix restreint à la carte. Une cuisine européo-brésilienne pas toujours épatante mais créative, qui aime autant le poisson que la viande, les légumes, les fruits, avec même des options végétariennes. Ça change.

**Manga Rosa :** *rua Ponta de Barra (à 150 m à droite après l'hôtel* BGK*). ☎ 3369-8151. Fermé lun hors saison.* Pour une soirée romantique, à la lueur des bougies et bercée de musique *MPB.* On y sert une cuisine régionale assez élaborée (*bobo de camarão, moqueca,* etc.). Accueil charmant.

# LE CEARÁ

## JERICOACOARA

8 200 hab. IND. TÉL. : 88

• Plan *p. 423*

**Lagunes et dunes de sable blond, vent d'est permanent et coucher de soleil dans l'océan, tels sont les éléments naturels de ce gros village longtemps isolé du monde, aujourd'hui propulsé petite capitale balnéaire de cette portion de littoral, que les promoteurs touristiques ont rebaptisé « rota das emoções » (route des émotions). Car, si elle n'est toujours reliée par aucune route, si ses rues n'ont pas été goudronnées, si l'on n'y compte toujours pas de banque, la foule afflue désormais dans cette station atypique et branchée, les pieds dans le sable, littéralement. À tel point que « Jeri », comme on dit (c'est tout de même plus simple !), compte depuis 2017 un aéroport, nouvelle porte d'entrée des couples ou bandes de copains friands de virées en buggy dans les dunes, de fêtes, de balades pieds nus dans les ruelles de sable. Et, bien sûr, de kitesurf ou de planche à voile, en particulier d'août à décembre quand le vent souffle... fort ! Peu profonde en revanche, la plage ne se prête guère à la baignade, qu'on pratique plutôt dans les lagunes des environs que l'on rejoint en buggy, presque en convoi en pleine saison.**

**S'il aligne *pousadas,* restos et boutiques de plage, le village reste tout de même de taille modeste. L'été, on y danse le *forró* jusqu'au petit matin, tandis que des écoles de *capoeira* animent la plage tous les soirs. Bref, on y passe sans problème quelques jours de détente. D'ailleurs, Jericoacoara signifie « le lieu où les crocos dorment au soleil ». Alors, imitons-les sans complexe !**

– ***À savoir :*** les visiteurs doivent s'acquitter à l'entrée du village d'une ***taxe*** de séjour de 10 Rls/jour et par personne (gratuit - de 12 ans et + de 60 ans).

LE NORDESTE

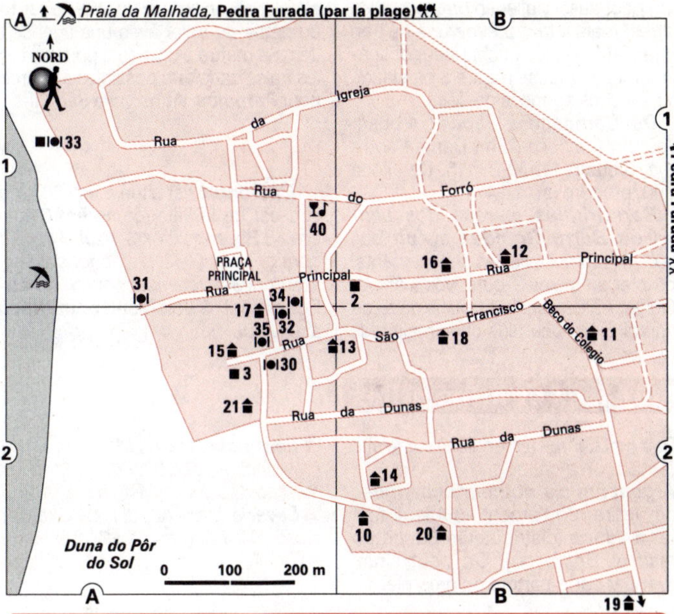


JERICOACOARA



| | |
|---|---|
| ■ **Adresses utiles**<br>2 Farmacia Nova Vida (B1)<br>3 Laverie (A2)<br>33 Club Ventos (sports nautiques ; A1)<br><br>**Où dormir ?**<br>10 Hostel America do Sul (B2)<br>11 Natura Hostel Jeri (B2)<br>12 Mandala Hostel (B1)<br>13 Hostel Jeri Central-Pousada Tirol (A-B2)<br>14 Pousada Pôr do Sol (B2)<br>15 Pousada Chalé dos Ventos (A2)<br>16 Jeri Pousada (B1)<br>17 Pousada Baobá (A1-2) | 18 Villa Caju (B2)<br>19 Vila Bela Vista (hors plan par B2)<br>20 La Villa Jeri (B2)<br>21 Vila Kalango (A2)<br><br>**Où manger ?**<br>30 Restaurante do Sapão (A2)<br>31 Naturalmente (A1)<br>32 EAT on the Streets (A2)<br>33 Club Ventos (A1)<br>34 Bistrôgonoff (A1)<br>35 Pimenta Verde (A2)<br><br>**Où boire un verre ? Où sortir ?**<br>40 Dona Amélia (A1) |

## Arriver – Quitter

### Par la route

➢ ***Fortaleza :*** avec *Fretcar (agence dans la rua São Francisco, dans la galerie de l'hôtel Jeri Village ; plan B2, 1 ; ☎ 3402-2244 ; ● fretcar.com.br ●).* 3 départs/j. à 7h, 14h45 et 18h (départ supplémentaire à 4h ven-lun) depuis Fortaleza ; à 6h15, 14h55 et 22h30 (plus 16h55 ven-lun) depuis Jeri. Durée : env 6h pour 305 km. Les 20 km de piste entre Jijoca et Jericoacoara sont assurés par la même compagnie à bord de pick-up aménagés *(jardineira).* À Fortaleza, le bus dessert la gare routière, l'aéroport et la plage de Meireles.

– On peut aussi y aller en ***buggy*** par les plages, mais il faut prévoir une nuit en route. Tarifs élevés et chauffeur obligatoire, mieux vaut se mettre à plusieurs. Voir avec les agences de Jeri.

➢ ***De Camocim à Jijoca :*** 4 bus/j. avec *Fretcar,* 7h-23h. Dans l'autre sens, 5 bus/j. 11h30-23h15. De Jijoca à Jeri, prendre un taxi 4x4.

➢ ***Barreirinhas*** *(parque dos Lençóis)* ***ou Barra Grande :*** aucun bus direct, il faut multiplier les changements. Compter au moins 2 jours. Voir « Arriver – Quitter » à Barreirinhas pour le détail de l'itinéraire. Un peu plus cher, mais plus simple, organiser un transfert pour tout ou partie du trajet avec une agence de Jeri. Se mettre à plusieurs pour partager les frais. Transferts possibles également pour ***Parnaíba, Atins*** voire ***São Luis.***

### En avion

✈ ***L'aéroport*** est situé à env 30 km au sud-est de la ville (compter 40 mn et env 80 Rls en taxi 4x4). *Azul* (● voeazul.com.br ●) et *GOL* (● voegol.com.br ●) assurent 3-4 vols/sem pour ***São Paulo.*** Également 3 vols/sem pour ***Recife*** avec *Azul.*

## Adresses et infos utiles

– Pas mal d'infos (en anglais) sur le site ● jericoacoara.com ●

– ***Argent : ni distributeur ni banque !*** Pour retirer de l'argent liquide, il faut aller à ***Jijoca*** (distributeurs *Banco do Brasil* et *Bradesco*). On peut sinon payer par carte partout ou presque.

■ ***Farmacia Nova Vida*** *(plan B1,* ***2****) :* *rua Principal. ☎ 3669-2273. En face du mercadinho Jacare. Ouv 7h-23h.*

■ **Laverie** *(plan A2,* ***3****)* **:** *rua Sao Francisco, 34. Face au Chalé dos Ventos, au bord du chemin menant à la plage.*

## Où dormir ?

Pas moins de 150 *pousadas* dans ce petit village, où se loger coûte cher. Pour éviter les mauvaises surprises, on vous indique les tarifs en haute saison (grosso modo juillet-août et décembre-janvier).

### Bon marché (moins de 150 Rls / env 36 €)

🏠 ***Hostel America do Sul*** *(plan B2,* ***10****)* **:** *rua das Dunas, 130. 📱 99796-6808. ● hostelamericadosul@gmail.com ● Lits en dortoir 50-60 Rls selon confort.* Un *hostel* de voyageurs au long cours, installé dans une villa un rien décatie et ses dépendances, retirée au calme dans la partie sud du village, presque au pied de la duna do Pôr do Sol. Pas de chambres privées, mais différents dortoirs 4-6 lits, avec ou sans clim et salle d'eau intégrée. À dispo, 2 cuisines, dont une en extérieur, flanquée d'un énorme barbecue. Et, bien sûr, des hamacs, accrochés sous les galeries ou dans le jardin bien ombragé. Atmosphère très relax, entre routards du monde entier.

🏠 ***Natura Hostel Jeri*** *(plan B2,* ***11****)* **:** *beco do Colegio s/n. 📱 99984-5810. Facebook. ● naturahosteljeri@gmail.com ● Lit en dortoir 70 Rls ; doubles 150-200 Rls.* À l'écart du centre, dans une ruelle tranquille et résidentielle, un *hostel* adorable, logé dans une maisonnette bariolée envahie par les plantes. Seulement 2 dortoirs, vastes et dotés de belles salles d'eau, et autant de chambres privées, dont une climatisée donnant sur un bout de verdure. Cuisine et mignon salon commun, ouvert sur un jardin soigné.

🏠 ⛱ ***Mandala Hostel*** *(plan B1,* ***12****)* **:** *au bout de la rua Principal. 📱 99851-2537. Facebook. Lit en dortoir env 55 Rls ; double 240 Rls.* À la fois proche du centre et en retrait de l'agitation, un *hostel* de poche au cadre soigné. Terrasse et cuisine commune à l'avant, chambres et dortoirs (8 lits) sur l'arrière, empilés sur 2 niveaux. Modernes et climatisés, ils ouvrent sur un jardin aussi minuscule que rafraîchissant.

**Hostel Jeri Central-Pousada Tirol** *(plan A-B2,* ***13****)* **:** *rua São Francisco, à 200 m de la plage. 99747-8070. • hosteljericentral.wixsite.com/hosteltirol • Lits en dortoir 60-75 Rls selon taille.* En plein centre, une bonne adresse pour les routards à petits budgets. Dortoirs de 4 à 8 lits (avec casiers et sanitaires) donnant sur une cour intérieure sableuse et couverte. Petit déj sur la terrasse. Cuisine à dispo, laverie, infos sur les transports et les bus.

## Prix moyens (moins de 250 Rls / env 60 €)

**Pousada Pôr do Sol** *(plan B2,* ***14****)* **:** *rua das Dunas. 99670-2316. • pousadapordosoljeri.com.br • Double env 250 Rls (180 Rls en basse saison).* Dans la partie sud du village et à 2 enjambées des dunes, une *pousada* au calme et en 1re ligne pour assister, depuis la terrasse, aux remarquables couchers de soleil ! Chambres pas immenses mais rénovées et bien tenues, d'un rapport qualité-prix très honorable. Préférer celles ouvrant sur les galeries à l'étage, moins confinées qu'au rez-de-chaussée. Hamacs pour une petite sieste. Ambiance familiale.

**Pousada Chalé dos Ventos** *(plan A2,* ***15****)* **:** *tt au bout de la rua São Francisco, côté plage. 99961-2692 ou 99993-0731. • chaledosventos.com.br • Double à partir de 180 Rls.* Centrale, mais planquée dans un cul-de-sac plutôt tranquille, voilà une adresse abordable et assez bien conçue. Fraîches, coquettes et colorées, les chambrettes logent dans de petits bungalows en dur chaulés de blanc, imbriqués les uns dans les autres dans une cour fermée et reliés par des passerelles de bois ombragées de toits de palme. Hamacs bien sûr, et espace pour rincer son matos de kite. Un plan modeste et convivial.

**Jeri Pousada** *(plan B1,* ***16****)* **:** *rua Principal. 99742-4739. • jeripousadabrasil.com • Doubles 200-260 Rls selon type.* Dissimulées dans un étroit jardin généreusement ombragé, 2 petites bâtisses sur 2 niveaux, abritant une dizaine de chambres seulement, avec balconnet et hamac pour les plus chères. L'ensemble est très simple mais baigne dans une agréable atmosphère familiale, le tout à prix raisonnable pour Jeri. Accueil chaleureux et en anglais de la maîtresse des lieux.

**Pousada Baobá** *(plan A1-2,* ***17****)* **:** *dans une ruelle entre la rua São Francisco et la rua Principal. 99604-4187. • baobajeri.com • Doubles 220-260 Rls selon type.* Pas de baobab ici, mais un emplacement on ne peut plus central. Les chambres, simples et bien nettes, s'organisent autour d'une courette dans laquelle est servie le petit déj. Préférer celles à l'étage, plus intimes (et plus chères, évidemment...).

## Plus chic (250-500 Rls / env 60-120 €)

**Villa Caju** *(plan B2,* ***18****)* **:** *rua São Francisco, 347. ☎ 3669-2299 ou 99666-4742. • villacaju.com.br • Doubles 280-390 Rls selon période.* Bonne affaire que ce petit complexe à la fois tranquille et central, distribuant ses bungalows en dur dans un exubérant jardin tropical doté de 2 piscines. Chambres sobres et impeccables, bien isolées les unes des autres, toutes avec terrasse et hamac.

**Vila Bela Vista** *(hors plan par B2,* ***19****)* **:** *rua dos Coqueros, 100 ; à env 600 m du village. 98102-9810. • vilabelavista.com • Doubles 300-390 Rls selon type.* La plus éloignée du village, mais aussi la plus proche des dunes. Une adresse de charme et un véritable havre de paix, aménagée dans un grand jardin tropical. Les chambres, confortables et sobrement décorées, toutes avec terrasse privative, logent dans des pavillons en brique sur 2 niveaux, avec vue sur les dunes ou le jardin. Petite piscine. Un très bon rapport qualité-prix.

## Très chic (plus de 500 Rls / env 120 €)

**La Villa Jeri** *(plan B2,* ***20****)* **:** *rua Nova Jeri, 17. 99971-4100. • lavilla-jeri.com • Doubles à partir de 600 Rls et jusqu'à 1 000 Rls et plus selon confort.*

Au sud du village, à l'écart de l'agitation, cette villa en désigne en réalité plusieurs, voisines les unes des autres, donnant sur les dunes ou la mer, organisées en *pousada* ou en maison privative, que l'on peut louer en entier ou par chambre. Toutes ont en commun leurs grands volumes, leurs voilages, leur habillage de pierre et de bois, leurs immenses salles d'eau façon tadelakt marocain. Beaucoup d'allure donc, un esprit très actuel, comme tiré d'un magazine de déco. Ajoutons à cela au moins une piscine par maison, un calme intégral, un accueil en français et de nombreux services : balades à cheval, salle de yoga et de massages, kitesurf, windsurf... Évidemment, tout cela a un coût.

**Vila Kalango** *(plan A2,* ***21****) : rua das Dunas, 30. ☎ 3669-2290 ou 98629-4354. • vilakalango.com.br • Sur la plage, presque face à la dune. En saison, double à partir de 550 Rls, jusqu'à 700 Rls la palafita avec vue sur l'océan.* Dans le registre ultrachic, voici une adresse remarquable, postée sur la plage, toute proche de la dune de Jeri. Chambres dans le bâtiment principal ou dans des pavillons individuels. Les plus beaux sont les *palafitas,* sortes de cabanes de Robinson montées sur pilotis, vastes et luxueusement aménagées, décorées de matériaux traditionnels et de beaux tissus colorés, quelques-unes avec vue imprenable sur l'océan. Dans le jardin donnant sur la plage, plein de recoins avec banquettes et hamacs, kiosque à massages, etc. Cuisine fine et variée au restaurant, à la hauteur des lieux. En saison, les prix atteignent des sommets, mais sont justifiés au regard de la beauté des lieux et de la qualité du service. Routards en fonds ou en lune de miel, cette adresse est pour vous !

## Où manger ?



Comme dans beaucoup de stations balnéaires, si on ne manque pas de choix pour manger, la qualité est parfois inégale... Voici tout de même quelques adresses qui nous ont semblé sortir un peu du lot.

### De bon marché à prix moyens (moins de 40-70 Rls / env 10-17 €)

Pour un repas pas cher le midi, on trouve une grappe de ***self-service*** *ao kilo* en remontant la rua Principal, à 100 m de la place *(plan A1).* Sympa et moins cher encore, le soir cette fois, d'humbles ***stands*** essaiment dans la rua São Francisco *(plan A-B1-2),* installant chacune une paire de tables en plastique sous les arbres en guise de terrasse. Plats délicieux et vraiment bon marché (env 12 Rls).

**Restaurante do Sapão** *(plan A2,* ***30****) : rua São Francisco. 99745-2225. Tlj midi et soir. Musica ao vivo le soir en saison.* En plein air, un petit resto simple et central, à 20 m de la plage. Poisson, pizzas au feu de bois, pâtes, etc. à prix très raisonnable. Le soir, un chanteur accompagne le dîner à la guitare.

**Naturalmente** *(plan A1,* ***31****) : sur la plage, à droite au bout de la rua Principal. Tlj jusqu'à 23h.* Modeste et tranquille, une paillote sous un toit de palme, dotée de quelques tables à peine, zieutant l'océan. Au menu, des crêpes sucrées et salées, des salades, des jus frais. Rien d'extraordinaire, seulement une halte agréable pour un déjeuner léger, à l'heure où le soleil cogne.

**EAT on the Streets** *(plan A2,* ***32****) : dans une ruelle entre la rua São Francisco et la rua Principal. Tlj 17h-minuit.* Un *food truck* à burgers, les pieds dans le sable. Pas très local, mais bien régressif : les burgers, confectionnés à vue, sont aussi joufflus que juteux, et accompagnés de bonnes grosses tranches de patates passées au gril. Nombreuses recettes et, si on ne trouve pas la sienne, on peut en composer une soi-même. Autre adresse rua da Forró.

**Club Ventos** *(plan A1,* ***33****) : rua da Praia, s/n. ☎ 3669-2288. Dans le* *club de surf et kitesurf du même nom, au bout de la plage. Tlj 10h-18h.* Bercée de musique *lounge,* une grande terrasse en surplomb de la plage, avec transats et vue imprenable sur l'océan. Pas mal le midi pour un copieux sandwich, une salade, ou un hamburger et des frites croustillantes. Bien aussi pour prendre un verre dans la journée : cafés spéciaux (vrai expresso), *sucos, vitaminas* et nombreux cocktails à prix très raisonnables.

### De chic à très chic (70-100 Rls et plus / env 17-24 €)

|●| ***Bistrôgonoff*** *(plan A1,* ***34****) : beco do Guaxélo, 60. ☎ 3669-2220. Entre la rua Principal et la rua São Francisco. Tlj 12h-23h.* Dans une étroite ruelle animée le soir, une cuisine excellente et variée, à prix raisonnables pour le coin : bons plats de viande et poisson grillé, pâtes au basilic frais (savoureuses) et raviolis maison. En saison, les gourmands réserveront une petite place pour ne pas rater la divine tarte aux fraises et au chocolat... La même maison tient également le snack ***Pasta & Grill,*** situé 300 m plus loin dans la rua São Francisco, direction la plage.

|●| ***Pimenta Verde*** *(plan A2,* ***35****) : rua São Francisco. 99916-0577.* Seulement quelques tables sous un kiosque ouvert sur la rue. Ici, le cadre importe peu, on se concentre sur l'assiette. Plats de poisson et viande traditionnels ou, plus original, assaisonnés aux fruits du pays. Également des pâtes fraîches remarquables. Le plat vedette ? Des crevettes aux mangues flambées au rhum... un régal !

## Où boire un verre ? Où sortir ?

Fête locale *(forró)* les mercredi et samedi, et presque tous les soirs en saison, avec des concerts organisés dans différents lieux. Se renseigner sur place et sur l'appli *Live in Jeri.* À minima, groupe chaque soir au *Samba Rock Café,* sur la place *(couvert artístico).*

En journée, plusieurs terrasses animent le front de mer, juchées sur les rochers et sous les cocotiers, côté droit quand on regarde l'océan. La plupart ferment avec la nuit, pour céder la place à une ribambelle de ***barracas de caïpirinhas,*** des roulottes à cocktails qui se déploient à la queue leu leu au bout de la rua Principal et le long de la plage *(plan A1-2).* On opte pour la *caïpirinha* ou la *caïpiroska* de son choix, et on sirote le tout les pieds dans le sable. En saison, il n'est pas rare que la fête se poursuive tard dans la nuit, sur la plage...

***Dona Amélia*** *(plan A1,* ***40****) : rua da Forró.* Maison basse abritant une salle de resto traditionnel et une grande cour pour les concerts de *forró,* qui se tiennent en principe tous les mercredis et samedis. On mange en musique, puis on danse.

LE NORDESTE

## À voir. À faire

Jericoacoara est intégré dans le *parque nacional* qui porte son nom, étendu sur env 8 500 ha, de Préa à l'est au rio Guriú à l'ouest. Au programme, des falaises, des dunes, l'océan et des lagunes d'eau douce, à explorer à pied, à cheval, en quad... et bien sûr en buggy (lire plus bas). Renseignements auprès des innombrables agences du village.

En fin de journée, incontournable procession jusqu'à la ***duna do Pôr do Sol,*** à 5 mn à pied du village *(plan A2),* pour admirer le coucher de soleil dans l'océan. Au retour, à l'entrée du village, les *barracas de caïpirinhas* forment une haie d'honneur aux adorateurs du soleil.

***Pedra furada :*** une arche naturelle plantée sur la plage et chahutée par le ressac. On la rejoint à pied (env 45 mn aller), en empruntant, au bout de la rua do

Forró (avant le cimetière), le chemin qui grimpe à gauche sur la colline. Impossible de se perdre (vous ne devriez pas être seul sur le sentier !). Retour par le même chemin ou, mieux, par la plage à marée basse (il faudra escalader quelques rochers) ou par le chemin qui la surplombe à flanc de dune, le long de la côte, rocheuse et déchiquetée sur cette portion. Une délicieuse balade en fin de journée, avec en ligne de mire le soleil qui plonge vers l'océan. Et personne d'autre, ou presque, pour profiter du spectacle.
On arrive à Jeri par la ***praia da Malhada*** *(hors plan par B1)*, plage sauvage à la sortie est du village, plus belle que la plage principale. On peut, bien sûr, faire la boucle dans l'autre sens (de Jeri, remonter le littoral après les bars du front de mer juchés sur les rochers). Possibilité, aussi, de rejoindre la Pedra furada en calèche.
– ***Excursions en buggy ou 4x4 :*** le grand truc de Jeri. Le choix se limite à 2 options principales, *Litoral Leste* et *Litoral Oeste*, proposées par toutes les agences et hôtels du village. Si les paysages diffèrent, l'objectif est peu ou prou le même : rejoindre des lagunes naturelles d'eau douce pour y barboter quelques heures. Au programme, baignade donc, poisson grillé, et farniente sous des parasols et dans des hamacs plantés directement dans l'eau, le tout dans une ambiance festive de parc d'attractions pour adultes.

## UN TOMBEAU DE SABLE...

*La Grande Dune de Tatajuba est la seule à faire du surplace. Les pêcheurs du coin racontent que c'est parce qu'elle renferme un bateau qui s'est échoué et qu'elle le maintient prisonnier. En réalité, ce « sortilège » est dû à un phénomène éolien. À cet endroit précis, le vent souffle en tourbillons ; du coup, la dune ne fait que tourner sur elle-même ! N'empêche, les nuits de pleine lune, on dit que l'on peut entendre tinter la chaîne d'ancre...*



***Côté Leste,*** après un passage par la *Pedra furada* et un crochet par la modeste *lagoa Azul*, on rejoint directement la ***lagoa de Paraíso,*** à une quinzaine de km de Jeri, près de Jijoca. La lagune, immense et pas spécialement paradisiaque, est bordée d'un chapelet de *barracas* les pieds dans l'eau où l'on squatte quelques heures.
***Côté Oeste,*** le parcours, plus long (36 km), oblige à passer le rio Guriú en bac de fortune, puis traverse une portion de mangrove sèche *(mangue seco)* assez photogénique, avant de chevaucher les belles ***dunes de Tatajuba,*** entre lagunes et océan, façon Lençóis en miniature. Beaux paysages, mais qu'on ne déguste pas vraiment, l'ambiance étant plus à l'adrénaline qu'à la méditation : slalom dans les dunes pied au plancher, sonos à fond, toboggans et tyroliennes (en supplément) dévalant les pentes jusqu'à des mares naturelles.
Possibilité aussi de suivre un petit ***passeio ecológico*** *(env 20 Rls/pers)*, balade en barque de 15 mn pour observer la mangrove et surtout les *cavalos marinhos* (hippocampes), qui abondent dans le coin. On les pêche dans un verre avant de les relâcher. Enfin, on atteint la ***lagoa da Tatajuba*** pour la baignade et le farniente. *Dans les 2 cas, compter ½ journée d'excursion et 50-70 Rls/pers selon que vous avez opté pour le buggy ou le 4x4 (pick-up avec banquettes à l'arrière, moins cher car embarquant plus de passagers).* Possibilité également de privatiser un buggy *(250-300 Rls selon l'excursion, le Litoral Oeste étant un peu plus cher, car plus éloigné).* Sachez, enfin, que toutes les agences décollent quasi en même temps (vers 9h), si bien que le week-end ou en pleine saison, on se suit presque en convoi. On peut demander à partir un peu plus tôt, mais on ne sera jamais vraiment seul.
– ***Sports nautiques :*** *avec* **Club Ventos** *(plan A1,* ***33****), sur la plage, du côté droit en regardant la mer. ☎ 99697-0808. • clubventos.com •* Kitesurf, surf, planche à voile, kayak, paddle, etc. Très pro. Matériel et cours pour tous niveaux. Loue également des *fatbike*, vélos dont les larges pneus sont adaptés au sable.

# DANS LES ENVIRONS DE JERICOACOARA

## PRÉA

À une dizaine de kilomètres à l'est de Jericoacoara par la côte, ce village de pêcheurs bordé d'une longue plage sauvage et venteuse fait office de spot de kitesurf pour qui séjourne à Jeri. Si on peut venir sur la journée, on peut aussi loger sur place, dans un cadre plus rudimentaire que chez le turbulent voisin.

### Arriver – Quitter

– En principe, *Fretcar* (☎ 3402-2244 ; ● fretcar.com.br ●) assure une liaison/j. (2 le dim) de/vers Fortaleza. Départ de Préa vers 5h ; retour vers 16h30.

### Où dormir ? Où manger ?

#### De bon marché à prix moyens

***Kite Brazil*** : *à l'écart du village, en retrait de la plage direction Jeri. 98106-5116 (WhatsApp). ● kite-brazil.com ● Doubles 190-250 Rls selon saison.* Dans un jardin touffu surplombant la plage, une adresse conviviale et tranquille, à la tonalité très actuelle. Grands bungalows privatifs encadrés de terrasses, déco bois et béton ciré, céramiques et tons pastels. Pas de clim, seulement le vent (on est venu pour lui, non ?), sauf pour 1 chambre donnant sur l'arrière. Également une belle chambre en mirador au sommet d'une tourelle, offrant un panorama à 360° jusque dans la salle d'eau. Piscine. Accueil adorable. Un très bon rapport qualité-prix.

***Pôr do Sol*** : *dans le village.* Une gargote et sa grande terrasse informelle, en bord de rue, tenue par l'aimable Ivone. On y sert des plats typiques de la région à prix sages. Savoureux fruits de mer pleins de fraîcheur. Sinon, plusieurs ***barracas*** le long de la plage préparent poissons ou fruits de mer grillés.

#### Très chic

***Rancho do Peixe*** : *rua da Praia. ☎ 3660-3118. ● ranchodopeixe.com.br ● À l'écart du village. Bien indiqué depuis la rue principale. Bungalows pour 2 env 480-590 Rls selon vue ; jusqu'au double en pleine saison.* Même propriétaire que la *Vila Kalango* à Jeri. Dans un immense parc en bord de mer, un complexe hôtelier de charme, comptant seulement une vingtaine de bungalows, dont une douzaine face à l'océan, le long d'une plage de sable fin. Déco très soignée, appuyée sur de beaux matériaux traditionnels, en harmonie avec le site : toits de palme, planchers en bois, tissus colorés. Belles douches semi-extérieures et grandes terrasses ouvertes sur le large. Hamacs, banquettes, transats dans le grand jardin et une immense piscine (25 m !). Bonne cuisine au resto, assez raffinée, et savoureux petit déj, copieux et varié. École de kite sur place. Accueil charmant, à l'image de ce havre de paix. Et si l'envie vous prend d'aller profiter de l'animation à Jeri, le transfert en buggy le long de la plage est compris !



# LE LITTORAL DE JERICOACOARA À FORTALEZA

**Plutôt que de filer tout droit par l'arrière-pays, pourquoi ne pas musarder le long de la côte atlantique, succession de belles plages caressées d'un vent**

**régulier, ponctuées de champs d'éoliennes et de villages de pêcheurs, pour certains reconvertis en modestes stations balnéaires ? Autant d'étapes pour pratiquer le kitesurf en saison (de juillet à décembre), ou pour seulement buller, sous les cocotiers...**

– ***Trajet en buggy :*** probablement le plus beau tronçon du littoral ; s'il y en a un à découvrir en buggy, c'est celui-là ! Il faut obligatoirement passer par une agence et prévoir au moins 2 jours de trajet, avec notamment 2 passages sur des bacs manuels de fortune, à Mundaú et Guajiru. Le prix est élevé, mais ça en vaut la peine. Pour plus de détails, lire plus loin « Adresses utiles – Agences de voyage » à Fortaleza. En **bus,** les différentes stations du littoral sont desservies depuis Fortaleza par la compagnie *Fretcar (☎ 3402-2244 ; • fretcar.com.br •),* avec 1-2 bus/j. selon la destination.

## ***ICARAÍ DE AMONTADA*** *(IND. TÉL. : 88)*

Également connu sous le nom d'Icaraizinho, cet ancien village de pêcheurs, à environ 200 km à l'ouest de Fortaleza, cerné de cocotiers et bordé de jolies plages tranquilles, est très prisé des kitesurfeurs pour son lagon aux eaux calmes et son vent régulier. De quoi en faire un spot en plein essor touristique, toutes proportions gardées.

– ***Attention :*** pas de banque à Icaraí. Très peu de commerces acceptent le paiement par carte de crédit. Prévoir des espèces.

### DANS LE VENT

*Né dans le tournant des années 2000, le kitesurf a vu en seulement quelques années le nombre de ses pratiquants exploser. Cette partie de la côte du Nordeste est un de leur spot mythique, c'est d'ailleurs là qu'un Néo-Zélandais a réalisé en 2010 le record du plus long voyage en kite : 2 000 km entre Salvador et São Luis, en 30 jours de glisse !*



### Où dormir ? Où manger ?

#### De prix moyens à plus chic

🏠 |●| ⛱ ***País Tropical :*** *le long de la piste bordant la plage. 📱 98106-1599. • pais-tropical.com • Doubles 220-360 Rls selon confort et saison.* En retrait de la plage qu'on aperçoit toute proche, éparpillés dans un grand espace verdoyant et fleuri, une série de bungalows font la ronde autour d'une piscine. Ils sont conçus sur 2 niveaux : chambre simple, mais claire et impec', au rez-de-chaussée, plus classe à l'étage, avec lit *king size* et déco travaillée. Terrasse privative avec hamac dans les 2 cas. Également un resto. Le tout est tenu par des jeunes Français très accueillants qui donnent des cours de kite.

🏠 ***Pousada Rio Verde :*** *au bord d'un chemin menant à la plage. Demandez. ☎ 3636-3038. • pousadarioverde.com • Double env 200 Rls.* À 100 m de la plage, ce petit hôtel familial et coquet répartit ses chambres entre l'étage de la maison principale et les dépendances, dans le jardin. Fraîches et bien tenues, elles sont équipées de la clim ou d'un ventilo. À partager, des hamacs, un coin bibliothèque et une piscine de poche.

|●| ***Restaurante Hibisco :*** *rua Joaquim Alves Parente. ☎ 3636-3076. Tlj midi et soir. Résa conseillée. Prix moyens.* À l'écart du village, les pieds dans le sable sous un auvent de palme, un resto tendance *slow food,* réputé pour sa cuisine locale soignée, à base de produits frais. Fait aussi *pousada,* mais bien trop chère pour le confort proposé.

## ***MUNDAÚ*** *(IND. TÉL. : 85)*

À environ 135 km au nord-ouest de Fortaleza. Quel site étonnant ! Un gros village traditionnel niché dans les cocotiers, une immense plage sauvage, des éoliennes plantées sur les hautes dunes, les pêcheurs et les kitesurfeurs au coude-à-coude, et une rivière (le rio Mundaú) qui se jette dans la mer en formant un charmant et modeste delta, zigzaguant entre les bancs de sable blond et blanc. Tout est calme, paisible, et le tourisme reste encore bien discret. Quelques excursions à faire dans le coin, notamment le long du rio. Un endroit idéal, comme une parenthèse, pour admirer la nature et se ressourcer.

## Où dormir ? Où manger ?

**Pousada Cabôco Sonhadô :** *av. Beira Mar, face à la plage. ☎ 3351-9047. 📱 99975-6720. • caboco.com.br • Doubles 180-200 Rls, avec ventilo ou clim.* Posée sur la plage, dans un bosquet de cocotiers, une petite pension tout entière tournée vers l'océan. Chambres simples, claires et bien tenues, avec terrassette et hamac, clim au rez-de-chaussée, ventilo (et jolie vue) à l'étage. Accueil sympa et ambiance sereine, propice au farniente...

Plusieurs ***restos*** au village.

## *GUAJIRU (IND. TÉL. : 85)*

À environ 120 km de Fortaleza, au bout d'une piste en cul-de-sac qui passe par la station balnéaire de Flecheiras, encombrée de clubs de vacances. Autre ambiance, dans cette belle cocoteraie étirée le long de la plage. Une grappe de jeunes du village s'essaient à surfer les vagues. Quelques barques sèchent sur le sable. En retrait, une rue pavée, bordée de maisonnettes coquettes et colorées, tachées de bosquets de fleurs. Seulement une poignée d'hôtels et de *pousadas* ont essaimé jusque-là. Une école de kite aussi, et quelques gargotes. Un lieu presque retiré du monde, où vivre au rythme du ressac. Autant en profiter, tant que ça ne se sait pas trop.

## Où dormir ? Où manger ?

**Pousada Bons Amigos :** *rua Principal (dans le village). 📱 99951-4016 ou 99112-3725. Doubles 110-170 Rls selon confort.* *Pousada* familiale, simple et tranquille, alignant ses chambres les moins chères, avec ventilo et chaulées de blanc, dans une bâtisse en longueur donnant sur la rue. Plus sympa, les climatisées, avec terrasse et hamac, donnent sur le grand jardin à l'arrière.

**Rede Beach :** *rua Principal. 📱 99912-4059. • redebeach.com.br • Doubles 270-440 Rls selon vue et saison.* Établissement de charme, étendu dans un grand jardin en bord de plage hérissée de cocotiers, et doté d'une jolie piscine donnant sur l'océan. Les chambres, cossues, soignent leur atmosphère tropicale : du blanc, du bois, de la vannerie, un hamac bien sûr. Prix selon vue : piscine, mer ou jardin. Bon resto. Pas mal d'activités : école de kite, sorties en buggy, etc.

**Guajiru com Pimenta :** *rua da Praia (au centre du village, sur la plage). 📱 99687-6017. Tlj midi et soir. De bon marché à prix moyens.* Une baraque dominant la plage. 2 rangées de parasols dans le sable. Un accueil familial. Du poisson et des légumes grillés, des fruits de mer, une cuisine simple et soignée. *Todo bem !*

– En continuant vers le sud par le littoral, on croise encore, à une dizaine de km de Guajiru, la belle plage de ***Lagoinha,*** lovée au creux d'une falaise mais malheureusement en plein boom immobilier, puis, 80 km avant Fortaleza, la petite ville tristoune de ***Paracuru,*** qui compte dans ses proches environs un spot de kitesurf réputé.

# FORTALEZA

env 2 627 000 hab. IND. TÉL. : 85

• Plan *p. 434-435*

**Fortaleza, 5e ville du pays et capitale du Ceará, est une cité moderne à l'américaine, tracée en damier. On y trouve, à l'ouest, un centre populaire et brouillon animé en journée et un immense front de mer (plusieurs kilomètres) bordé de belles plages et hérissé de hauts immeubles. La ville n'a gardé pratiquement aucun vestige de son passé. On retiendra seulement que cette « forteresse » fut fondée par les Néerlandais (ils y bâtirent le fort Schoonenborch au XVIIe s) et qu'elle fut prise et reprise aux Indiens par les Portugais.**

**Peu à faire, peu à voir... Honnêtement, les avis sont mitigés sur Fortaleza. Certains y déplorent le manque d'histoire et de monuments. D'autres un climat de tensions assez présent rappelant l'atmosphère un peu glauque de la chanson *Fortaleza,* signée Bernard Lavilliers. À vrai dire, ce sont surtout les noctambules qui pourraient s'y retrouver, les nuits y étant réputées « chaudes ». On y danse le *forró,* cette musique très particulière, assez syncopée et très différente de la samba. Si vous n'avez pas l'âme d'un fêtard, inutile d'y prévoir un long séjour... Servez-vous de Fortaleza comme d'une porte d'entrée vers les belles et longues plages du littoral du Ceará.**

### MUSIC « FOR ALL »

*Le nom de* forró *(musique du Nordeste) daterait des années 1940, lorsque les Américains, durant la Seconde Guerre mondiale, avaient installé une base aérienne à Fortaleza. Sur le bâtiment qui leur servait de club-house, ils avaient déployé une banderole avec l'inscription* « Music for all », *devenue* Music forró *!*



## Arriver – Quitter

### En avion

✈ ***Aeroporto Internacional Pinto Martins*** *(hors plan par A3)* **:** *à 10 km au sud du centre.* ☎ *3392-1200.* • *aeroportofortaleza.net* • Dans le hall d'arrivée, ***comptoir d'infos touristiques*** (plan de la ville et infos de base) et ***bureau de change.*** Loueurs de voitures (*Localiza-Hertz, Avis, etc.*). Distributeurs et bureau de poste à l'étage, niveau départs, où l'on trouve aussi des fast-foods. Consignes à bagages à l'extérieur du terminal.

➢ Au départ de Fortaleza, *GOL* et *LATAM* desservent pratiquement ***toutes les destinations nationales,*** avec 1 à plusieurs vols quotidiens directs pour São Luís do Maranhão (1h10), Belém (le plus court), Rio (env 3h), Brasília, Manaus, Recife, Salvador, etc.

➢ Côté destinations internationales, vol quotidien pour ***Lisbonne*** avec *TAP,* 2 vols/sem pour ***Paris*** avec *Air France* et pour ***Amsterdam*** avec *KLM.* Fortaleza est l'aéroport le plus proche de l'Europe (env 9h de vol depuis Paris, contre 11h30 pour São Paulo).

#### *Liaisons avec le centre-ville*

➢ Les ***bus*** (bon marché) se prennent à l'extérieur du terminal, au niveau du parking. Le no 917 relie l'aéroport aux plages via le centre historique, puis en longeant plus ou moins le littoral de Iracema à Meireles. Départ ttes les 30-40 mn (1h le w-e), 6h30-22h30. Le no 404 dessert la gare routière *(rodoviária)* avant de poursuivre vers le centre (mêmes fréquences).

➢ Sinon, 2 types de ***taxis,*** 24h/24 (kiosques en face des arrivées) : au compteur avec *Táxi comum-Coopertáxi* (☎ 3477-5549), ou à prix fixes avec *Táxi Credenciado/Coopaero* (☎ 3392-1502). Dans les 2 cas, compter 60 Rls pour rejoindre praia de Iracema.

***Liaisons avec Jericoacoara***

Pour ceux qui ne veulent pas s'attarder à Fortaleza, *Fretcar* propose 3-4 bus directs/j. pour Jeri à partir de l'aéroport. Départ à 6h, 14h15 et 17h30 (bus supplémentaire à 3h30 ven-lun). Retour de Jeri à 6h15, 14h55 et 22h30 (plus 16h55 ven-lun). Bureau à droite en sortant de la salle des bagages, à côté de l'office de tourisme. • hretcar.com.br •

## En bus

***Rodoviária Engenheiro João Tomé*** *(gare routière ; hors plan par A3)* **:** *av. Oswaldo Studart, 1630 (Alto da Balança), à l'angle de l'av. Borges de Melo. ☎ 3256-2200. À 5 km au sud du centre-ville, dans le quartier de Fátima. Bus nos 13 et 14 pour le centre (mercado central ; plan A2). La nuit, prendre un taxi, c'est plus sûr.* Comptoir d'infos touristiques, distributeurs de billets, restaurants et consigne à bagages *(guarda volumes).*

➢ ***Jericoacoara :*** avec *Fretcar* (☎ 3402-2244 ; • fretcar.com.br •). Bus climatisés et confortables. 3 départs/j. à 7h, 14h45 et 18h (départ supplémentaire à 4h ven-lun). Durée : env 6h pour 305 km. Les derniers 20 km du parcours (de Jijoca à Jericoacoara, piste de sable et de terre) sont assurés par la même compagnie à bord de pick-up aménagés *(jardineira).* On peut aussi prendre le bus à l'aéroport (lire plus haut) et à la plage de Meireles *(plan C2),* entre les hôtels *Seara* et *Praiano* (agence *Fretcar* sur place ; réserver à l'avance). De Jeri, retour à 6h15, 14h55 et 22h30 (plus 16h55 ven-lun).

➢ ***Canoa Quebrada :*** env 5 bus/j. (6 ven-dim) 6h-17h avec *São Benedito* (☎ 3444-9999 ; • sbautovia.com.br •). Trajet : 3h30. La compagnie dessert également Beberibe (liaison pour Morro Branco) et Fortim (Pontal de Maceió).

➢ ***Natal :*** avec *Guanabara* (☎ 0800-728-1992 ; • expressoguanabara.com.br •), env 5 bus/j., tôt le matin puis vers midi et à 21h. Trajet : env 9h.

➢ ***Recife*** *(à 822 km à l'est de Fortaleza)* **:** avec *Guanabara,* 4-5 bus/j., le 1er à 7h30, les autres en fin de journée. Trajet : env 14h.

➢ ***São Luís do Maranhão :*** avec *Guanabara,* 2-3 bus/j., 12h30, 21h et 22h. Trajet : 18h30-20h.

➢ ***Salvador da Bahia :*** avec *Guanabara,* 1 bus/j. (sauf sam) à 19h. Trajet : env 24h.

➢ ***Belém :*** avec *Guanabara,* 2 bus/j. vers 16h et 17h. Également 4 bus/sem vers midi avec *Itapemirim* (☎ 0800-723-2121 ; • itapemirim.com.br •). Durée : min 26h.

# Adresses utiles

## Infos touristiques, banques et taxis

***Office de tourisme*** *(plan A2)* **:** *dans le mercado central, av. Alberto Nepomuceno, 199. • fortaleza.ce.gov.br • En principe, tlj 9h-20h.* Également un kiosque d'info sur la plage de Meireles, au niveau du marché *(plan C2, **80**).*

■ On trouve des agences de la ***Banco do Brasil*** (avec distributeurs) un peu partout en ville. Sinon, grosse concentration de ***banques avec distributeurs*** 24h/24 (*Visa* et *MasterCard*) le long de la rua Major Facundo *(plan A2, **4**),* dont une agence *Bradesco,* à l'angle de Senador Alencar.

***Taxis :*** *service 24h/24 avec **Rádio Taxi** (☎ 3254-5744) et **Disque Taxi** (☎ 3287-7222).*

## Représentations diplomatiques

■ ***Alliance française*** *(plan B3, **6**)* **:** *rua Catão Mamede, 900 (Aldéota). ☎ 3244-7056. • affortaleza.com •*

## Adresses utiles

- **i** Office de tourisme (A2)
- **4** Banques (A2)
- **6** Alliance française (B3)

## Où dormir ?

- **11** Hotel Sonata de Iracema (B2)
- **14** Pousada Beleza Tropical (B2)
- **17** Fortaleza Hostel (A-B2)
- **18** Hotel La Maison et Hotel-pousada Mundo Latino (C2)
- **19** Hotel Casa de Praia (B2)
- **20** Hotel Villa Mayor et Villa Smart (C2)
- **21** Pousada do Suiço (B2)
- **22** Hotel Pousada Jardim (B2)

## Où manger ?

- **29** Leão do Sul (A2)
- **30** L'Escale Palacete (A2)
- **31** L'Escale Florence (B2)
- **32** Mercado dos Peixes (D2)
- **33** Picanha Iracema (B2)
- **34** Sabor de Mar (C2)

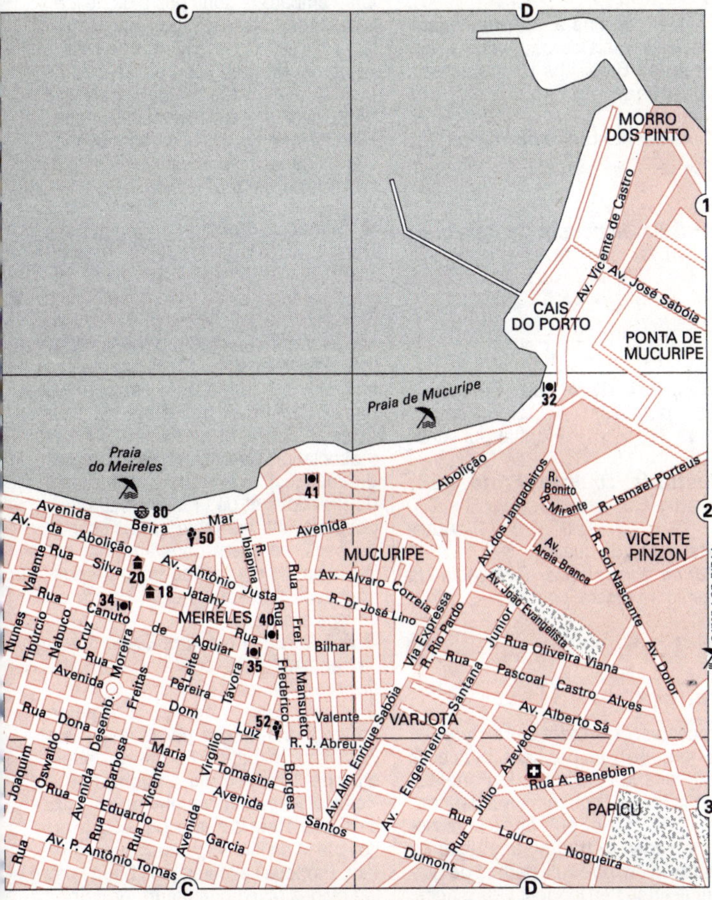


## FORTALEZA

**35** Coco Bambu – Meireles (C2)
**36** Jardim do Alchymist (B2)
**38** Santa Clara Café et Dragão do Mar (A2)
**40** Colher de Pau (C2)
**41** Coco Bambu – Beira Mar (C2)

### Où s'offrir une bonne glace ? Où boire un bon jus de fruits ?

**50** 50 Sabores (C2)
**51** Frutas e da Fruta (A2)
**52** Bellucci (C2-3)

### Où boire un verre ? Où sortir ?

**38** Bars du centre culturel Dragão do Mar (A2)
**60** O Pirata (B1)
**61** Clubs de la rua Jaceguai (*Orbita, Armazem* ; A-B2)

### Achats

**51** Mercado central (A2)
**70** Centro do turismo (A2)
**80** Mercado de praia do Meireles (C2)

*Lun-sam 8h-19h30 (12h ven, 17h sam).* Lieu destiné à l'apprentissage du français, mais on peut venir y rencontrer des Brésiliens francophones. Médiathèque et manifestations culturelles.

■ ***Consulat honoraire de France :*** *rua João Cordeiro, 831 (Meireles). ☎ 3226-3470. 📱 99997-9901. • consulat.fortaleza@yahoo.fr •*

■ ***Consulat honoraire de Belgique :*** *rua Torres Câmara, 644 (sala 3). ☎ 3094-2171. • consulbelfor@ig.com.br •*

## Urgences

🏥 ***Hospital Geral de Fortaleza*** *(HGF ; plan D3) : av. Ávila Goulart, 900. ☎ 3101-3209.* Hôpital public de qualité.

🏥 ***Instituto Dr José Frota*** *(IJF ; plan A3) : rua Barão do Rio Branco, 1816 (Centro). ☎ 3255-5000.* Autre hôpital public de qualité.

■ ***Police touristique*** *(Delegacia de proteção ao turista, plan B2) : av. Almirante Barroso, 805 (praia de Iracema). ☎ 3101-2488.*

## Agences de voyages

Les agences organisent des excursions à la journée (ou pendant plusieurs jours) dans les environs de Fortaleza et sur le littoral, notamment à Jericoacoara. C'est à elles qu'il faut s'adresser pour voyager en ***buggy,*** très répandu dans la région, puisqu'il permet de parcourir le littoral en longeant les plages. Le trajet est déterminé à l'avance en fonction des marées et le chauffeur avec permis spécial est obligatoire. On n'embarque donc pas plus de 2 ou 3 passagers, les bagages sanglés sur le toit. Celui-ci ne couvre pas tout le véhicule, douche assurée en cas de pluie ! Bref, voyager en buggy est une petite aventure, qui revient assez cher. Pour aller de Fortaleza à Jericoacoara, 2 jours de trajet sont nécessaires ; prévoir une nuit en route.

■ ***Brazil Selection :*** *av. Santos Dumont, 304, salas 806 et 807. ☎ 09-70-40-77-86 (depuis l'étranger seulement ; prix d'un appel local). 📱 853219-4470. • brazil-selection.com •* Agence francophone spécialiste des voyages au Brésil sur mesure et haut de gamme. Elle est certifiée par l'EMBRATUR (ministère du Tourisme du Brésil) et membre de l'ABAV (Association brésilienne des agences de voyages). Son équipe, composée de Brésiliens et de Français expatriés, possède une véritable connaissance du pays, en allant constamment sur le terrain. Ils sont à votre écoute pour concevoir votre excursion, circuit ou voyage à la carte.

■ ***A & A Tour*** *(Aventura & Acompanhamento) : rua Perboyre e Silva, 111, Ed. Alvorada, sala 404. ☎ 3253-4403. • voyageaubresil.com.br •* Agence francophone dirigée par le jovial Éric Ravineau, installé à Fortaleza depuis plus de 15 ans. Il ne cherche pas à « casser » systématiquement les prix, c'est avant tout la qualité, la sécurité du voyage et de l'hébergement qui comptent. Propose l'excursion en buggy par les plages (avec chauffeur), de Fortaleza à Jericoacoara (le plus beau morceau du littoral du Ceará). Réserver à l'avance.

# Où dormir ?

Les hôtels du *Centro* sont moins chers, mais souvent bruyants. De plus, la nuit, mieux vaut éviter la zone. On vous conseille plutôt de séjourner dans les quartiers de *praia de Iracema* (si vous souhaitez être proche de l'animation nocturne), de Meireles (belle plage et nombreux restos un rien chic) ou d'*Aldéota* (pour ceux qui préfèrent le calme).

## De bon marché à prix moyens (moins de 150-200 Rls / env 36-48 €)

🏠 ***Fortaleza Hostel*** *(plan A-B2, **17**) : rua Dona Leopoldina, 323 (Centre/Aldéota). ☎ 3253-3284.*

• *fortalezahostel.com.br* • *À l'angle de la rue Costa Barros. Lit en dortoir env 50 Rls ; doubles 140-150 Rls selon confort.* Grande maison bourgeoise dans un quartier sûr et assez central, entourée de grilles et dotée d'une courette intérieure où sont suspendus des hamacs. Climatisés ou ventilés, les dortoirs non mixtes (4 lits) et chambres privatives (frigo) sont bien tenus. Laverie et cuisine à disposition. Excursions dans la région. Accueil avec quelques mots d'anglais.

***Pousada do Suiço*** (plan B2, **21**) **:** *rua Antônio Augusto, 133 (praia de Iracema).* ☎ *3219-3873.* 📱 *98859-8288 (WhatsApp).* • *pousadadosuico.com.br* • *Doubles 95-125 Rls selon type. Parking.* À 100 m de la plage et du front de mer, dans une rue calme bordée de maisons et d'immeubles modernes, un petit hôtel économique tout à fait honorable, surtout si l'on opte pour les chambres encadrant le patio couvert. Les moins chères (sans eau chaude) donnent en revanche sur un corridor un peu confiné. Clim partout et tenue impeccable. Bar-terrasse au dernier niveau.

***Pousada Beleza Tropical*** (plan B2, **14**) **:** *rua Dom Joaquim, 132 (praia de Iracema/Aldéota).* ☎ *4006-0350.* • *pousadabelezatropical.com.br* • *Doubles 90-130 Rls.* Située dans une petite rue bien tranquille, à 2 pas des commerces et à 10 mn de la mer, cette petite *pousada* sérieusement tenue profite d'une petite piscine dans sa cour à l'arrière, bordée d'un agréable café-paillote où est servi le petit déj. Préférer les chambres donnant dessus, les autres n'ont souvent qu'une lucarne en guise de fenêtre.

***Hotel Casa de Praia*** (plan B2, **19**) **:** *rua Joaquim Alves, 169 (praia de Iracema).* ☎ *3219-1022.* • *hotelcasadepraia.com.br* • *Doubles 130-190 Rls. Parking.* À quelques enjambées du front de mer, un hôtel à taille humaine d'un très bon rapport qualité-prix, avec ses chambres lumineuses, modernes et bien arrangées, certaines avec balcon et vue sur la mer derrière la barrière d'immeubles. Solarium avec jacuzzi sur la terrasse du 5e étage, où l'on peut aussi se poser tranquillement pour bouquiner.

***Hotel-pousada Mundo Latino*** (plan C2, **18**) **:** *rua Ana Bilhar, 507 (Meireles).* ☎ *3088-3339.* • *mundolatino.com.br* • *Doubles 120-140 Rls. Parking.* Une maison orange, à 200 m de la plage, au pied de tours modernes. On aime surtout les chambres autour de la cour plantée d'un grand manguier, pour leur taille, leur calme et leur ombrage. En revanche, éviter celles derrière la réception, vraiment trop petites pour le prix ! Quelques familiales pour 4-5 personnes.

***Hotel La Maison*** (plan C2, **18**) **:** *av. Desembargador Moreira, 201 (Meireles).* ☎ *3048-4200.* • *hotellamaison.com.br* • *Doubles 140-160 Rls.* Grande bâtisse rouge, entourée de tours modernes, à 201 m de la plage (d'où le numéro de l'adresse !). Chambres confortables (même si les clim datent un peu...), de différentes tailles, donnant sur la rue, le côté ou sur le jardin à l'arrière.

## De prix moyens à plus chic (200-500 Rls / env 48-120 €)

***Hotel Pousada Jardim*** (plan B2, **22**) **:** *rua Idelfonso Albano, 950 (Aldéota).* ☎ *3226-9711.* • *hoteljardimfortaleza.com* • *Double env 220 Rls.* Quelle surprise de découvrir cette oasis de calme et de verdure en plein centre-ville ! Les chambres donnent sur un vaste et beau jardin, entretenu avec soin. Confortables, bien équipées, elles sont simples mais nickel. Une bonne adresse dans cette catégorie de prix.

***Hotel Villa Mayor*** (plan C2, **20**) **:** *rua Visconde de Mauá, 151 (Meireles).* ☎ *3466-1900.* • *villamayor.com.br* • *À 100 m de la plage. Double standard env 400 Rls en saison.* Étonnante adresse si proche de la mer ! Cet hôtel ressemble à une vieille maison du Fortaleza des années 1930. Il s'agit d'une reconstitution de charme, isolée au pied des tours. Les chambres sont réparties sur 3 étages autour d'un patio, occupé par une jolie piscine et quelques palmiers. De taille moyenne, elles sont dotées de tout le confort, et même un balcon côté patio pour les plus chères. Copieux petit déj-buffet.

Prêt de vélos. Accolée à la *Villa Mayor,* la ***Villa Smart*** (même gestion) tente un habillage plus pop, avec ses couleurs acidulées. Prix *(env 235 Rls)* et confort un cran en dessous, avec des chambres récentes mais étroites, certaines sans fenêtres. On peut profiter de la piscine du voisin. ● *villasmart.com.br* ●

***Hotel Sonata de Iracema*** *(plan B2, **11**) : av. Beira Mar, 848 (praia de Iracema). ☎ 4006-1600. ● sonatadeiracema.com.br ● Double env 350 Rls.* Stratégiquement placé devant la plage d'Iracema, un hôtel de bon standing d'une quinzaine d'étages, dont les chambres, modernes et bien équipées, regardent toutes l'océan. La réception loge quant à elle dans une petite bâtisse rétro postée en avant de la tour, et dotée d'une jolie piscine sur le toit, l'œil sur le front de mer. Bref, une option tout confort mais encore abordable, au cœur de l'animation. Prêt de vélos.

## Où manger ?

Frites, brochettes, maïs grillé et bien sûr *coco verde,* le long du front de mer un régiment de roulottes offre aux passants de quoi grignoter. Pour une paillote *(barraca)* presque les pieds dans le sable, direction la plage de Meireles *(plan C2),* qui les aligne par dizaines.

### Sur le pouce

***Santa Clara Café*** *(plan A2, **38**) : perché au milieu de la passerelle du centre culturel Dragão do Mar (centro/Iracema). ☎ 3219-6900. Tlj 15h-22h, sauf lun.* Loin de l'agitation du centre et de la torpeur de la plage, ce café climatisé au cadre design propose une excellente carte de cafés bio et de *shakes* à base de café : essayez par exemple le *frappuccino,* un cappuccino glacé, ou encore l'*affogato,* un café chaud servi sur de la glace... Rafraîchissant ! Également de bonnes pâtisseries au tapioca et des petits plats salés (tartes, crêpes...). Accueil adorable.

***Leão do Sul*** *(plan A2, **29**) : rua Pedro Borges, 193, sur la praça do Ferreira (centro). ☎ 3231-0306. Tlj, sauf dim, 9h-18h30 (13h30 sam).* Dans le centre populaire et animé de Fortaleza, au rez-de-chaussée d'un joli bâtiment Art déco de 1926, une petite salle en longueur décorée de photos anciennes de la ville. Y venir en journée pour siroter debout ou assis (en jouant du coude sur l'unique banc !), un jus de canne *(caldo de cana)* pressé sous vos yeux, à savourer avec un *pastel* (chausson fourré à la viande).

### Bon marché (moins de 40 Rls / env 10 €)

***L'Escale Palacete*** *(plan A2, **30**) : rua Guilherme Rocha, 48 (Centro), angle avec la rue Floriano Peixoto. ☎ 3393-9492. Dans une rue piétonne sur un côté de la praça do Ferreira. Ne pas confondre avec le Café L'Escale situé sur la place même. Lun-sam 11h-15h30 seulement.* Une institution du centre-ville que ce self-service *ao kilo,* logé au 1er étage d'une magnifique demeure coloniale soigneusement restaurée. Hauts plafonds, vieux parquets, fenêtres grandes ouvertes sur la rue et ventilos brassant l'air chaud. La cuisine est fraîche, excellente, copieuse, et le choix important : nombreuses salades composées, viande et poisson.

***Mercado dos Peixes*** *(plan D2, **32**) : à l'extrémité est de la plage de Mucuripe. Tlj. Venir plutôt le soir.* Une immense terrasse commune, joyeuse et populaire, étendue sur une digue face à l'armada des *jangadas,* les barques de pêche qui dodelinent au mouillage. Derrière, sous un grand toit de tôle, s'alignent les échoppes du marché aux poissons, nourries de la pêche du jour. On fait ses emplettes – poissons, crustacés (dont de la langouste) – avant de regagner la terrasse et de confier le tout à une série de gargotes qui l'accommodent selon la recette de son choix, contre une poignée de *reais.* À moins de préférer gober quelques huîtres fraîches, à arroser d'une bière à la même température. Sans conteste le plan le plus sympa de la ville !

I●I ⛱ ***Picanha Iracema*** *(plan B2,* ***33****)* **:** *rua Joaquim Alves, 89. ☎ 3219-4593. Tlj 11h-23h.* En retrait de l'agitation d'Iracema, un petit resto populaire avec une terrasse couverte et ombragée. Pas de la haute gastronomie, mais les prix sont très raisonnables ! Et gros avantage : on peut y manger à toute heure. Sert aussi des pizzas.

## Prix moyens (40-70 Rls / env 10-17 €)

I●I ***Dragão do Mar*** *(plan A2,* ***38****)* **:** *rua José Avelino, 303 (centro/Iracema). ☎ 3219-2954. Tlj 11h30-0h30.* Calé au pied de la grande passerelle métallique qui traverse le *Centro Dragão do Mar*, ce resto donne sur une petite place tranquille. Les hautes fenêtres grillées ouvrent sur la place, la salle de style grande cantine locale est fréquentée par les gens du quartier. On y sert une cuisine *ao kilo* à prix très doux : poulet, viande, crudités... Bon, frais et copieux.

I●I ⛱ Plusieurs autres ***bars-restos*** alignent leurs tables en terrasse au pied du ***centre culturel Dragão do Mar*** *(plan A2,* ***38*** *; ts les soirs sauf lun)*, très animé en fin de semaine. Chacun rivalise de ses spécialités : plats brésiliens, cuisine italienne... Le week-end, divers concerts. De belles tranches de vie.

I●I ⛱ ***Sabor de Mar*** *(plan C2,* ***34****)* **:** *av. Des Moreira, 256 (Meireles). ☎ 3242-8180. Tlj sauf dim soir.* À 200 m de la plage, sous un toit de palme en surplomb d'un carrefour, cette terrasse ne paie pas de mine. On y sert pourtant une bonne cuisine de la mer, des assiettes de crabe à décortiquer (la spécialité maison), des poissons à choisir frais avant de les envoyer passer *na brasa* (à la braise). Et des *coco verde* pour arroser. Un bon plan, qui fidélise pas mal d'habitués.

I●I ⛱ ***L'Escale Florence*** *(plan B2,* ***31****)* **:** *av. Barão de Studart, 855 (Aldéota) ; à l'angle de la rua Costa Barros. ☎ 3133-0002. Tlj midi et soir.* À 300 m de la plage, une cousine de *L'Escale Palacete* situé dans le centre (voir plus haut). Ici, décor de grande brasserie (plus une terrasse sur la rue) abritant l'un des meilleurs buffets *ao kilo* de la ville, très fréquenté le midi. Grand choix de salades, viandes et poissons en tout genre. On y trouve souvent de la terrine, des poireaux vinaigrette et d'excellentes merguez ! Le soir, formule pas chère de *rodizio de massas e pizzas* (pâtes et pizzas à volonté) ou carte.

## Chic (70-100 Rls / env 17-24 €)

Nombreux restos branchés, cuisine du Brésil et du monde, dans le quartier de Varjota *(plan C-D2)*, notamment autour de la rua Frederico Borges.

I●I ⛱ ***Colher de Pau*** *(plan C2,* ***40****)* **:** *rua Ana Bilhar, 1178, angle avec rua Frederico Borges (Varjota). ☎ 3267-6680. Tlj 11h-minuit. Bas de la fourchette.* Excellente adresse de cuisine traditionnelle proposant pas mal de spécialités du Ceará, à déguster en terrasse ou dans la salle climatisée : *carne do sol* (viande de bœuf), *casquinha de camarão* (crevettes), *caldo de feijão* (haricots)... Également du poisson et d'excellentes langoustes.

I●I ***Coco Bambu – Meireles*** *(plan C2,* ***35****)* **:** *rua Canuto de Aguiar, 1317 (Varjota). ☎ 8641-7068. Tlj 11h-minuit. Parking (payant) juste en face.* Grand resto au décor tropical chic, avec tables et bancs en bois sous de grandes paillotes... climatisées. En principe, cuisine *ao kilo* le midi. Le soir, les grands fours à bois donnent à plein, et la carte des pizzas est impressionnante. Large choix de plats également, surtout côté mer. Coup de cœur pour le *bobó de camarão* (crevettes dans une purée de manioc au lait de coco). Crêpes de tapioca salées ou sucrées et desserts raffinés. Également une bonne carte de bières et de cocktails. Autre adresse av. Beira Mar, face à la plage (lire plus loin), pour cette chaîne née à Fortaleza et désormais répandue dans tout le pays.

I●I ⛱ ***Jardim do Alchymist*** *(plan B2,* ***36****)* **:** *rua Barão de Aracati, 801 (Aldéota). ☎ 3032-7208. Y aller en taxi. Lun-sam 18h-minuit.* Le bon resto italien de Fortaleza se distingue surtout par sa délicieuse terrasse, un grand jardin en pleine ville, foisonnant et intime, propice aux dîners en amoureux. Salle élégante sinon, mais ce serait dommage de bouder ce qui fait d'abord l'intérêt du lieu. Cuisine et service soignés.

### Plus chic (plus de 100 Rls / env 24 €)

**Coco Bambu – Beira Mar** *(plan C2, **41**) : av. Beira Mar, 3698, angle rua Manuel Jacaré (Mucuripe).* ☎ *3198-6000.* Nichée au pied des tours de verre et d'acier, cette grosse hutte à l'architecture « rustique chic » est réputée pour ses fruits de mer comme pour ses classiques brésiliens. Un lieu animé et aéré, avec une grande terrasse surplombant l'avenue Beira Mar, un service diligent, des plats soignés et copieux, et une addition plus ou moins raisonnable en fonction de ce que l'on mange. Ne pas rater l'exquise caïpirinha de *Coco Bambu* !

## Où s'offrir une bonne glace ?
## Où boire un bon jus de fruits ?

**Bellucci** *(plan C2-3, **52**) : Frederico Borges, 624 (Varjota). Dim-jeu 12h-23h ; ven-sam 14h-2h.* Une petite merveille que ce glacier artisanal tenu par des Italiens qui ne travaillent que des produits naturels, du coin et de saison autant que faire se peut, avec notamment toute une gamme de glaces aux fruits locaux à se damner (waouh, le maracuja !). Tout est fait sur place, derrière la vitre du labo, même les esquimaux !

**50 Sabores** *(plan C2, **50**) : av. Beira Mar, 2892 (Meireles), entre le Praiano Hotel et le Seara Praia Hotel.* ☎ *3032-0050. Tlj 10h-minuit.* Ce bon glacier, qui compte 6 magasins à Fortaleza, propose, comme son nom l'indique, une cinquantaine de parfums différents. À déguster sur place ou à emporter. Pas donné, mais généreusement servi... Autre adresse au nº 3958 de la même avenue.

**Frutas e da Fruta** *(plan A2, **51**) : av. Alberto Nepomuceno, 199. Au sous-sol du Mercado central.* Petite échoppe colorée débordant de fruits frais que l'on presse sous vos yeux en combinaisons variées. Complétées d'eau minérale ou de lait. Cure de vitamine C garantie. N'hésitez pas à goûter aux fruits du coin : *acerola, caju, maracuja, graviola...*

LE NORDESTE

## Où boire un verre ? Où sortir ?

La nuit, les quartiers les plus animés sont ceux de ***Dragão do Mar,*** du ***ponte dos Ingleses*** et d'***Iracema,*** où les – très – jeunes viennent se trémousser en bandes à même la plage. Le jeudi soir, l'animation se concentre généralement à ***praia do Futuro*** (taxi obligatoire ; lire plus loin « Les plages des environs »).

Les vendredi et samedi, les habitants dansent le *forró* dans les nombreuses (et gigantesques) ***casas do forró*** *(entrée env 10-15 Rls selon groupe).* Problème : la plupart d'entre elles sont très éloignées de Fortaleza (entre 15 et 30 km !). Taxi obligatoire. La plus proche : ***Kukukaya*** *(av. Ponte Viera, 55 – São João do Tauape, à env 15 mn au sud de praia de Iracema ;* ☎ *3227-5661 ; Facebook),* est ouverte seulement les vendredi et samedi le soir. Beaucoup de monde, chaude ambiance, possibilité d'y manger.

***Le centre culturel Dragão do Mar*** *(plan A2, **38**) : voir « Où manger ? ».* Plusieurs bars avec concerts en fin de semaine. Parfois, ça se passe directement sur la place ou autour... Se repérer au son !

QG des noceurs, le quartier compte aussi une pléiade de ***clubs*** installés dans d'anciens entrepôts de part et d'autre de la ***rua Almirante Jaceguai*** *(plan A-B2, **61**),* dans le prolongement du *Dragão de Mar.* Citons, par exemple, le ***Orbita,*** qui glisse du bar à la boîte branchée au fur et à mesure de la nuit. Sa devise « *In Rock we trust* ». La musique diffuse généreusement à l'extérieur, pratique pour tâter l'ambiance... Quelques billards. *Rua Dragão do Mar, 207, angle Jaceguai.* • *orbitabar.com.br* • *Ouv jeu-sam à partir de 21h. Petit droit d'entrée.* Juste à côté, l'énorme boîte ***Armazem*** *(av. Barroso, 444, angle Jaceguai ; Facebook ; ouv mer et ven-sam 22h-6h du mat ; droit d'entrée)* occupe un grand bâtiment du XIXe s avec une vingtaine de portes ouvrant sur la rue (c'était autrefois un entrepôt de coton). Le mercredi, c'est soirée *forró* endiablée. Le week-end, l'endroit se transforme en bar-boîte, avec une salle à dominante électro, une autre aux sonorités plus éclectiques (*pagode, forró*, pop-rock, etc.).

🍸 ♩ ***O Pirata*** *(plan B1,* ***60****) : rua dos Tabajaras, 325 (Iracema).* ☎ *4011-6161.* • *pirata.com.br* • *À côté du ponte dos Ingleses, repérable à ses mâts de bateau et à la foule... Attention, O Pirata est* ***ouv seuleument lun et ven*** *(soirée à thème) à partir de 20h. Entrée : env 50 Rls (25 Rls le ven).* Cet endroit exceptionnel mérite le prix d'entrée assez élevé. En haute saison, c'est un incontournable. *O Pirata* a autoproclamé sa soirée du lundi « la plus grande fête du monde », c'est dire ! Arriver dès 20h, la soirée démarre par un quadrille en costumes à 22h, puis place au groupe pour une nuit de rythmes brésiliens, *forró* principalement. Sur une gigantesque piste de danse à ciel ouvert, un monde fou se retrouve dans une ambiance populaire et bon enfant. Bière et cachaça coulent à flots, ça danse sans discontinuer dans tous les coins, et ça dure jusqu'à l'aube. Soupe gratuite à 3-4h pour reprendre des forces. Rebelote le vendredi, pour une plus modeste soirée *forró e tapicoa* (!). Ouverture des portes dès 17h.

🍸 Dans la même rue qu'*O Pirata* se trouvent plusieurs ***bars,*** tous très animés en fin de semaine. La nuit, le quartier n'est pas toujours bien fréquenté et demande de la vigilance.

## Achats

***Centro do turismo*** *(plan A2,* ***70****) : rua Senador Pompeu, 350 (Centro).* ☎ *3101-5508. Ouv 8h-18h (16h sam, 12h dim).* Ce grand centre d'artisanat est installé dans une ancienne prison datant de 1866. On y trouve notamment des tissus et vêtements brodés de dentelle de belle qualité. On peut aussi y acheter de bons produits naturels comme des noix de cajou grillées. Pour ceux qui cherchent un hamac, préférer le *mercado central.*

***Mercado central*** *(plan A2,* ***51****) : av. Alberto Nepomuceno, 199.* • *mercadocentraldefortaleza.com.br* • *Tlj 8h-18h (17h sam, 13h dim).* Étagé sur 3 niveaux, ce grand marché couvert rassemble près de 500 éventaires différents. Articles en cuir, alcools, noix de cajou, babioles souvenirs et des centaines de stands de vêtements. La qualité des dentelles est plus ordinaire qu'au *Centro do turismo* ; en revanche, grande variété de hamacs et prix intéressants. Pour ceux qui veulent casser la croûte, restos *ao kilo* au 1er étage.
En face du marché se dresse la ***Fortaleza da Nossa Senhora da Assunção,*** la forteresse à qui la ville doit son nom, ancien fort Schoonenborch construit en 1816 par les Néerlandais. Ne se visite pas (c'est une caserne).

***Mercado de praia do Meireles*** *(plan C2,* ***80****) :* sur le front de mer, entre la rua Osvaldo Cruz et l'avenida Desembargador Moreira, plusieurs centaines d'exposants déploient leurs stands tous les soirs (17h30-22h30), formant un immense marché de souvenirs en bord de plage.



# À voir. À faire

Bien entendu, ne pas manquer d'arpenter le ***front de mer,*** depuis la praia de Iracema jusqu'à la praia de Mucuripe, 3 km de promenade aménagée entre larges plages de sable fin et buildings de verre. Une belle randonnée si vous la parcourez

en entier ! Heureusement, buvettes et vendeurs ambulants ponctuent la balade. Ambiance sympa et bon enfant, avec toujours du monde, le jour comme le soir, et une foule de joggeurs, skaters, rollers... aux heures où le soleil se fait plus sage. En revanche, si les plages sont belles, elles ne sont pas vraiment recommandées pour la baignade (eaux polluées). Mieux vaut pousser jusqu'à praia do Futuro voire Cumbuco (lire plus bas « Les plages des environs »).
Côté ouest, on démarre par le ***Ponte dos Ingleses*** *(plan B1)*, bordant la praia de Iracema. Appelée aussi « Ponte Metálica », cette jetée fut construite par une entreprise anglaise en 1921, d'où son nom. La tradition est d'aller y admirer le coucher du soleil. Le matin, on peut parfois apercevoir des dauphins. La promenade des Anglais de Fortaleza, en quelque sorte...
À mi-parcours, on atteint la ***praia de Meireles,*** peut-être la plus animée, avec ses *barracas* et son marché de plage, le soir (voir « Achats »). La balade se termine à l'est à ***Mucuripe,*** la plage des pêcheurs (et du chouette *Mercado dos Peixes,* lire plus haut « Où manger ? »), encombrée de frêles *jangadas* tirées sur le sable, au pied des immeubles clinquants. Sacré contraste...
Le retour des *jangadas* est un spectacle à ne pas manquer, mais difficile de préciser une heure : tout dépend de la marée. Littéralement « radeaux », ces bateaux traditionnels des pêcheurs de Fortaleza et de toute la côte jusqu'au Pernambuco, sont composés de troncs courbes assemblés par des chevilles de bois, d'un mât et d'une grande voile. Leur équipement se limite au strict nécessaire : un filet lesté de pierres, une réserve d'eau et de nourriture, le panier pour rapporter les poissons. En dehors du folklore, la vie des pêcheurs est probablement l'une des plus rudes du Nordeste. Certains ne sont même pas propriétaires de leur bateau et doivent laisser une grosse partie de leur pêche contre l'utilisation d'une *jangada.*

### VOILIER OU RADEAU ?

*La jangada, cette embarcation séculaire, est d'une efficacité remarquable. Elle servit notamment à assurer le transport des esclaves en fuite vers le Ceará, 1er État à abolir l'esclavage.* 3 jangadeiros *réussirent même à parcourir 3 000 km, en 1941, de Fortaleza à Rio ! On reste cependant loin de La* Jangada *de Jules Verne, qui, dans son roman, en fait un immense radeau surmonté d'habitations, et même d'une église, le tout remontant tranquillement le cours de l'Amazone...*



## Le centre-ville

**Museu do Ceará** (plan A2) **:** rua São Paulo, à l'angle de la rua Floriano Peixoto (Centro). ☎ 3101-2609. Mar-sam 9h-17h. GRATUIT.
Musée sur l'histoire de la ville et de la région, installé dans un monument historique de 1871. À l'étage, une réplique de la *jangada* dans laquelle 3 courageux pêcheurs rejoignirent Rio en 1941 pour revendiquer de meilleurs droits du travail auprès du président Getúlio Vargas. Collections de céramiques anciennes, mobilier, monnaie, etc. Armes et souvenirs des hommes qui marquèrent la vie politique du Ceará, notamment les abolitionnistes de l'esclavage. C'est d'ailleurs ici que se tint, le 24 mai 1883, l'assemblée proclamant l'émancipation des esclaves à Fortaleza ; une peinture le rappelle. Petit hommage aussi aux femmes qui ont marqué la région. Le musée évoque aussi la personnalité du Padre Cicero (1844-1934), figure de la culture populaire locale.
À quelques mètres de là, la ***praça do Ferreira*** *(plan A2),* place la plus vivante de cette partie de la ville, est bordée d'immeubles rescapés de la période Art déco, notamment, à l'angle de la rua Guilhermo Rocha, 2 très beaux édifices éclectiques restaurés et peints de bleu et vert. Voir aussi la jolie façade de la *Drogaria e farmacia Oswaldo Cruz.*

**Teatro José de Alencar** (plan A2) : *praça José de Alencar (Centro). ☎ 3101-2583. Visites guidées ttes les heures : mar-ven 9h-12h, 14h-17h ; w-e et j. fériés 14h-17h. Entrée : 5 Rls.* Inauguré en 1919 dans un style français Belle Époque, il se distingue par sa très belle et très originale architecture métallique Art nouveau. Il porte le nom de José de Alencar, écrivain et homme politique né en 1829 à Fortaleza et mort à Rio en 1877, auteur notamment de *Iracema, légende du Ceará.* Riche programmation, avec parfois des concerts et des spectacles de danse.

### « LA VIERGE AUX LÈVRES DE MIEL »

*Indienne appartenant à la tribu des Tabajaras (habitants de l'arrière-pays, alliés des Français), Iracema tomba amoureuse de Martin, un colon portugais allié à la tribu rivale des Potiguaras. Le roman de José de Alencar raconte cet amour impossible. Esseulée, désespérée, elle donna naissance à Moacir, symbole du métissage culturel du Brésil. Iracema est aujourd'hui la figure tutélaire de Fortaleza. Une statue à son image se dresse au bord de la plage qui porte son nom.*

**Centro cultural Dragão do Mar** (plan A2) : *rua Dragão do Mar, 81 (praia de Iracema). ☎ 3488-8600. ● dragaodomar.org.br ● Mar-ven 8h-22h, w-e 14h-21h. GRATUIT.*
Ce centre culturel moderne porte le nom d'un pêcheur célèbre, figure de la lutte en faveur de l'abolition de l'esclavage, et originaire de Canoa Quebrada (voir plus loin l'introduction de cette ville).
Des passerelles relient les différents lieux : théâtre, planétarium, cinéma, gigantesque mosaïque murale d'Aldemir Martins évoquant les paysages du Ceará, et 2 musées. À vrai dire, l'animation bat surtout son plein dans les cafés (lire plus haut « Où manger ? » et « Où boire un verre ? »).
– ***Mémorial de la culture du Ceará :*** plusieurs vitrines sur la culture populaire, la littérature de Cordel (relative aux faits et méfaits du bandit d'honneur Lampião), les fêtes campagnardes, l'artisanat, l'art religieux, ou encore le folklore du Cariri (une région au sud de Ceará où les traditions sont encore bien vivantes). Le 2e espace est consacré aux *vaqueiros,* ces « cow-boys » brésiliens qui ont joué un rôle important dans l'occupation des terres à l'intérieur du pays.
– ***Musée d'Art contemporain :*** accueille des expos temporaires.



## Les plages des environs

**Praia do Futuro** (hors plan par D2) : *à env 10 km à l'est du centre. Bus no 906 depuis l'avenida Abolição. Le soir, taxi obligatoire.* Superbe plage longue de 8 km, bercée par le vent d'est qui souffle en permanence. L'eau y est enfin propre et le sable fin. Quasi déserte en semaine et bondée le week-end, la plage est bordée de nombreuses paillotes *(barracas)* où déguster gambas et langoustes grillées.
En journée, point commun entre toutes : une sono bien puissante qui fait chalouper les plagistes. Le jeudi, bonne ambiance pour les soirées *caranguejo* (crabe), assurées dans de nombreux établissements. Sauf programmation spéciale, pas la peine d'y aller les autres soirs, c'est mort (et pas très sûr).

***Barraca Croco Beach :*** *av. Zézé Diogo, sur la partie ouest de la plage (la plus proche de Fortaleza). ☎ 3521-9600.* Une des plus connues, des plus fréquentées, pas mal pour buller toute la journée, en couple ou en famille. Un énorme club de plage, presque un village de vacances, avec restos les pieds dans le sable, piscine, massages, boutiques... et bars avec musique *ao vivo.* Beaucoup d'ambiance. Le jeudi soir en été, ça commence à s'échauffer vers 20h30 et ça se poursuit jusqu'à 3-4h du mat'. Dans le même genre, mais en format plus réduit, on peut aussi tenter le ***Chico de Caranguejo*** une paire de km plus à l'est *(av. Zézé Diogo, 4930. ☎ 3262-0108).* Bonne atmosphère, plus popu qu'au *Croco Beach.* Piscine.

**Cumbuco :** *à 30 km au nord-ouest de Fortaleza. Bus nº 363 depuis le centre-ville (av. Duque de Caixas). En taxi depuis Fortaleza, compter env 120 Rls (quel que soit le nombre de pers). Infos sur : • cumbuco-brazil.com •* Jolie plage bombée vers l'océan, tranquille en semaine, très fréquentée le week-end par les habitants de Fortaleza. Au programme, kitesurf, quad et *eskibunda* (« luge ») dans les dunes, journée farniente dans les grands clubs de plage avec resto et piscine, et soirées arrosées dans les bars paillotes au centre de la station. Au loin se détache la silhouette du port minéralier de Pecem.

Un des plus beaux sites de plongée de la côte se situe à 30 km environ, au large de ***praia de Pecem*** (65 km au nord de Fortaleza), par 30 m de fond. Il s'agit d'un navire coulé en 1943, pendant la Seconde Guerre mondiale. Le ***canal de Arabaianas,*** à 30 km de Fortaleza, garde lui aussi quelques belles épaves.

## Fêtes et manifestations

– ***Maracatu :*** *fin fév-début mars.* Carnaval folklorique et culturel de Fortaleza. Moins spectaculaire que le *Fortal* en juillet.
– ***19 mars :*** fête de São José (Saint-Joseph), patron du Ceará. C'est un jour férié. Elle commence quelques jours avant le 19 mars. Nombreuses processions dans tout l'État pour demander la pluie, un élément rare sur la côte, surtout dans l'intérieur de l'État, aride et sec. S'il pleut ce jour-là, c'est gagné : la saison sera bonne !
– ***13 avril :*** anniversaire de Fortaleza. Un grand gâteau (dont la taille dépend des récoltes) est réalisé sur la praça do Ferreira et généreusement offert. En soirée.
– ***13 mai :*** fête de Nossa Senhora de Fatima. On s'habille en blanc pour parcourir les 10 km de procession qui chemine dans la ville.
– ***13, 24 et 29 juin :*** aux fêtes de São Antônio, de São João et de São Pedro, on danse le quadrille. Festival, concerts gratuits...
– ***Juillet :*** pendant la dernière semaine se déroule le *Fortal,* l'un des carnavals « hors saison » les plus animés du pays. Près du quartier de Dunas, dans la « cidade Fortal », des milliers de gens sont pris de folie au son des *trios elétricos* de renommée nationale.
– ***15 août :*** fête de *Iemanjá,* la reine de la Mer. Manifestation de *candomblé* sur la plage.



# L'INTÉRIEUR DU CEARÁ

**L'intérieur du Ceará offre des paysages d'une beauté saisissante où, dans une chaleur d'enfer, l'eau jaillit de partout, dans d'immenses plaines recouvertes d'une végétation arbustive, mêlée de quelques cactus filiformes. C'est le domaine des *fazendas.* Et, subitement, de manière presque inattendue, se dresse la *serra da Ibiapaba.* À 900 m d'altitude, c'est alors un paysage tantôt aride, tantôt de luxuriantes forêts de palmiers.**
**Au cœur du massif rocheux, le *parque nacional de Ubajara* est l'un de ces endroits extraordinaires. On peut y faire une excursion de 2 jours en dormant à Ubajara ou à Tianguá. On y découvrira aussi les gens du Ceará, *caboclos* et *sertanejos* au caractère fier et libre.**

## Arriver – Quitter

➢ ***En bus :*** *Guanabara* assure la liaison entre la *rodoviária* de Fortaleza et Tianguá ; 7 bus/j. dans les 2 sens. Env 5h de trajet pour Tianguá, 6h pour Ubajara. En outre, la plupart des bus au départ de Fortaleza en direction de Teresina, São Luís ou Belém s'arrêtent à Tiangá. Également une liaison de nuit Tianguá-São Luís. À la gare routière de Tianguá, liaisons fréquentes avec Ubajara (30 mn de trajet ; env 7 liaisons/j.). Également des minibus à prendre en centre-ville qui assurent la navette entre Tianguá et Ubajara.

➢ ***En voiture :*** les routes sont excellentes et très belles. C'est la meilleure solution, si votre porte-monnaie vous le permet. Sortir de Fortaleza par la BR 222 en direction de Sobra ; continuer après Sobra jusqu'à Tianguá, à l'entrée du *parque nacional* (280 km).

## *TIANGUÁ (IND. TÉL. : 88)*

« Là où l'eau apparaît toujours », en langue indienne. Ancienne ville indienne, donc. C'est à 20 km de Tianguá que débute l'ascension de la *serra da Ibiapaba.* Très beaux paysages.

## *UBAJARA (IND. TÉL. : 88)*

À 850 m d'altitude et 18 km au sud de Tianguá. Le nom signifie « Seigneur des pirogues » en langue indienne. À l'origine, la région était habitée par les Indiens tabajaras. Le 1er conquistador portugais arrivé en 1604 tenta de coloniser les terres fertiles de la serra da Ibiapaba, s'opposant parfois violemment aux tribus autochtones. C'est à la fin du XIXe s que la région fut peuplée par des vagues d'immigrants portugais.

## Où dormir ? Où manger ?

***Pousada Sítio do Alemão :*** *à env 4,5 km du village et à 1,5 km de la grotte. 99961-4645. • sitio-do-alemao.20fr.com • Possibilité de transfert sur résa. Doubles 80-100 Rls selon confort.* Au cœur d'une plantation de caféiers et d'une végétation luxuriante de bananiers, manguiers, etc., Herbert Klein, le patron, est un sympathique Allemand qui parle le français. Il propose 5 petits chalets pour 2 à 6 personnes, dont 2 avec salle de bains commune. Super petites balades à faire au sein d'une forêt dense. Un véritable coin de charme. Bon petit déj avec confitures maison. Herbert propose aussi des excursions pour admirer de jolies cascades. Une très bonne adresse.

***Nevoar :*** *av. Monsenhor Gonçalo Eufrásio, 167. ☎ 3634-1312. Dans le centre d'Ubajara. Tlj midi et soir.* Considéré comme le meilleur resto de la ville... Pourtant, il nous a paru juste correct. Pour dépanner.

## À voir. À faire

***Parque nacional e gruta de Ubajara :*** *à 3 km d'Ubajara, au cœur du parc forestier de 563 ha. 98861-6623. • portalubajara.com.br • Parc ouv 8h-17h. Accès à la grotte : 5 Rls. Accès à la grotte par téléphérique (mar-dim 9h-14h30 ; 10 Rls A/R). Si vous avez le vertige (la descente se fait à pic et parfois le vent souffle !), possibilité d'emprunter un sentier de 6 km (guide obligatoire).* La grotte s'étend sur un peu plus de 1 km, mais on n'en visite que 420 m. La 1re salle servit longtemps de lieu de culte ; on pouvait même s'y marier ! On ne s'étonnera pas alors de la présence de Notre-Dame de Lourdes... Quelques beaux jeux de lumière mettent en valeur d'étonnantes formes. Dans la salle des portraits se dissimulent un cheval, un caïman, un cobra... et, dans la dernière, un véritable essaim de chauves-souris (bien vivantes, celles-là !). La grotte est également connue pour son lac souterrain, mais il ne se visite pas.

### *IPÚ*

À 75 km au sud d'Ubajara, sur la CE 075, la ***bica do Ipú*** (chute d'eau de 120 m) est une cascade impressionnante de janvier à avril ; le reste de l'année, le filet d'eau s'évapore en milliers de gouttelettes emportées par le vent. Quelques restos à proximité. Sympa pour une petite halte, avec possibilité de baignade dans les eaux pures. Au retour, à 7 km après Ipú, prendre sur la gauche la CE 157 en direction de Canindé, puis, à Santa Quiteria (65 km), continuer par la CE 032 jusqu'à Canindé (encore 111 km). Très beau voyage à l'intérieur du Ceará entre eaux et aridité extrême.

### *CANINDÉ*

À 105 km de Fortaleza par la route BR 020. Haut lieu de pèlerinages populaires dédiés à saint François, guérisseur des maux du corps et de l'âme. Plongée impressionnante dans la foi fervente du peuple du Nordeste. Rues envahies d'images pieuses, de chapelets, etc. Grande *fête de São Francisco de Assis* au début du mois d'octobre, pendant 9 jours.



## LE LITTORAL DE FORTALEZA À CANOA QUEBRADA

**Moins couru que sa partie nord, vers Jericoacoara, le sud du littoral du Ceará recèle cependant quelques jolis paysages côtiers et plages délaissées, qui peuvent mériter une halte sur la route de la sympathique station de Canoa Quebrada.**

– En bus, cette portion de côte est desservie par la compagnie *São Benedito* (*● sbautovia.com.br ●*).

### *MORRO BRANCO* (*IND. TÉL. : 85*)

À 90 km environ au sud-est de Fortaleza, le site et la plage de Morro Branco (commune de Beberibe) forment un paysage surprenant, un phénomène naturel attribuant 12 couleurs différentes aux jolies falaises en sable. Le vent d'est souffle en permanence, adoucissant la chaleur équatoriale, les kitesurfeurs glissent et s'envolent sur la crête écumeuse des vagues... Station balnéaire en miniature, l'endroit est très populaire au Brésil (surtout le week-end) depuis qu'une émission TV a utilisé ses paysages en générique. Le soir, en revanche, c'est bien calme... La portion préservée des falaises débute à seulement 500 m des *barracas* du front de mer, en descendant la plage vers le sud. Après un coup d'œil à d'étonnantes sources d'eau douce jaillissant du sable, on peut remonter vers le village par le « labyrinthe », un minicanyon circulant entre les parois striées d'ocre, de vert, de rouge, de noir... Compter une petite demi-heure pour la boucle complète, à faire seul ou avec un guide (30-50 Rls). Possibilité aussi de faire un tour en buggy d'environ 2h30 jusqu'à la plage de Uruau, son immense dune de sable blanc et son lac d'eau douce. Compter env 300 Rls.

➢ ***Comment y aller :*** passer par ***Beberibe.*** Une dizaine de bus/j. 5h30-19h depuis Fortaleza (1h30 de trajet) et 5 bus/j. de Canoa Quebrada (env 2h). De Beberibe, taxi pour Morro Branco (4,5 km).

## Où dormir ?

***Pousada Ibitu :*** *av. Luis Gama, 438. ☎ 3338-6080. • ibitu.com.br • À 400 m de la plage, sur les hauteurs du village. Selon confort et saison, doubles 145-165 Rls.* Juchée sur les falaises, une *pousada* en brique et en bois dans un environnement verdoyant et calme, avec vue sur la mer. Les chambres du rez-de-chaussée disposent d'un ventilo, celles à l'étage profitent de la vue. Aussi des duplex (avec mezzanine) qui peuvent accueillir 4 personnes. L'ensemble est correct, et l'accueil agréable. Piscine (plus une pataugeoire pour les enfants). Possibilité d'excursions en buggy. Pas de resto, mais nombreuses *barracas* sur la plage pour se sustenter.

# *PRAINHA DO CANTO VERDE (IND. TÉL. : 85)*

À 110 km environ au sud-est de Fortaleza, enfoui sous les cocotiers, ce minuscule village de pêcheurs géré par un « conseil de la terre », est resté épargné par l'agitation touristique. Rongées par l'avancée de l'océan, les maisons sont posées sur un sable à la blancheur éclatante qui, grâce à la complicité du vent, semble constamment regagner du terrain... Là encore, de superbes plages. Rien à faire, si ce n'est contempler le spectacle saisissant des *jangadas* chahutées par les vagues, écouter les alizés effleurant les palmes des cocotiers, et prendre le temps, tout simplement, de faire connaissance avec les habitants. La mer, du sable, du vent et puis c'est tout...

– Toutes les informations sur le tourisme communautaire à Prainha : *• prainhadocantoverde.org •* Hébergement, restos, activités, etc.

➢ ***Comment y aller :*** prendre un bus pour Aracati (une quinzaine de bus/j. 6h-19h depuis Fortaleza et 5/j. depuis Canoa Quebrada) et descendre au village de Lagoa Poeira (3h30 de route de Fortaleza ; à env 7 km de Canto Verde). De là, transport gratuit si vous avez pris soin de réserver un hébergement et d'organiser le transfert ; sinon, prendre un taxi.



## Où dormir ? Où manger ?

***Pousada Recanto da Mãezinha :*** *dans le village. ☎ 3274-0141. 98140-7246. • pousadarecantodamaezinha.com • Doubles 115-140 Rls selon saison.* Côte à côte dans un jardin de sable, une grappe de chambres, simples et propres, avec frigo et salle d'eau, bordées d'une terrassette ombragée d'un auvent. Petite piscine, un peu trouble. Au bout du terrain, l'océan. Calme parfait et excellent accueil. On peut aussi y manger de copieux plats de poisson et fruits de mer... et même de la langouste, à prix très raisonnable !

# *PONTAL DE MACEIÓ (IND. TÉL. : 85)*

À 135 km de Fortaleza (et env 40 km de Canoa Quebrada). Presque à l'embouchure du rio Jaguaribe, une mince plage coincée entre l'océan et un étroit pré-salé qui verdit sous la pluie. Sur le sable, des *jangadas.* En retrait, juchées sur une dune, une poignée de *barracas,* actives le week-end. À quelques centaines de mètres du front de mer, un minuscule vieux village, pittoresque avec ses 4 ruelles aux pavés disjoints. Loin des foules, Pontal de Maceió vit au rythme du ressac.

➢ ***Comment y aller :*** bus jusqu'à ***Fortim*** (env 10 bus/j. et 2h30 de trajet de Fortaleza, 5 bus/j. de Canoa Quebrada), puis taxi.

## Où dormir ? Où manger ?

🏠 🍽 ⛱ ***Vila Selvagem :*** *tt au bout de la plage (fléché).* ☎ *3413-2031.* • *vilaselvagem.com* • *Doubles 560-1 035 Rls selon catégorie.* Bien sûr, elle ne s'adresse pas à tous les budgets. Mais cette adresse luxueuse et intime, isolée entre océan et lagune, est un petit bijou. Les chambres, immenses, tout confort évidemment, privilégient la sobriété, le bois, le blanc, un esprit tropical. Elles se répartissent dans un immense jardin cultivé à même le sable, et semé de 2 belles piscines. Prix selon emplacement : vue piscine ou mer, en bungalow individuel ou non, mais toutes avec terrasse privative. Spa, et resto de « cuisine française », nationalité du patron, qui tient aussi un hôtel pour kitesurfeurs, le *Jaguaribe,* sur le rio du même nom.

# CANOA QUEBRADA

IND. TÉL. : 88

**Avec Jericoacoara au nord-ouest, Canoa Quebrada est devenue, en plus modeste, l'autre station balnéaire prisée du Ceará, mais cette fois au sud de Fortaleza (à 170 km).**
**Ancien rendez-vous des hippies dans les années 1970, aujourd'hui haut lieu du kitesurf et des balades en buggy, le village est perché sur une ligne de falaises de roches rouges, surplombant une immense plage de sable où sont plantées des *barracas* sur pilotis. Le vent d'est souffle en permanence, ce qui donne un côté très tonique au site. Impression assez cocasse à l'arrivée, lorsqu'on découvre successivement un paysage d'éoliennes et la ribambelle de parapentistes rasant les toits des *barracas,* elles-mêmes léchées par les vagues, le tout face à une mer devenue terrain de jeu pour les adeptes du kitesurf ! Quoique très touristique, le village reste agréable avec ses petites ruelles en pente, son animation nocturne et sa grande passerelle qui surplombe l'immense plage.**

### DRAGON DE MER

*Le héros historique de Canoa Quebrada, c'est Francisco José do Nascimiento alias* « Dragão do Mar ». *Émigré à Fortaleza au milieu du XIX^e^ s, il travaillait comme marin-pêcheur sur une* jangada, *ces bateaux à voiles traditionnels. Devenu chef des* jangadeiros, *révolté par la traite négrière, il impulsa une grève des marins contre le transport des esclaves, puis se rendit en 1882 à Rio par la mer, où il rencontra la princesse Isabel, régente de l'Empire, pour plaider sa cause abolitionniste. Résultat : l'esclavage fut aboli au Ceará en 1884, soit 4 ans avant le reste du Brésil.*

## UN PEU D'HISTOIRE

Comme Jericoacoara, Canoa Quebrada fut découverte par les « hippies » dans les années 1970. Décidément, ils avaient du flair ! À l'origine, ce n'était qu'un hameau de pauvres pêcheurs, vivant dans des masures sur la falaise, s'éclairant à la bougie et se nourrissant de poissons. 2 caisses en bois empilées devenaient une buvette, et on sifflait de la bière à gogo... En 1968, le film *Le Grabuge,* du français Édouard Luntz, tourné en partie dans le village, est diffusé par la télé brésilienne *O Globo.* Le village perdu est désormais connu des foules ! Les hippies brésiliens s'y installent, puis arrivent des babas cool des Pays-Bas et d'Angleterre qui adorent l'endroit. La dictature brésilienne alors au pouvoir tolère cet îlot marginal où la drogue est assez peu présente.

En 1994, la construction de la route bitumée ouvre le village au reste du pays, mettant fin à l'époque *Peace and Love.* Canoa se transforme en une petite station balnéaire cosmopolite et branchée. Au fil des ans, le village se dote d'infrastructures et pave ses rues, en commençant par la rue principale, encombrée de bars-restos et boutiques de plage et rebaptisée pour l'occasion *Broadway* (!).

### L'ÉTOILE ET LE CROISSANT

*Non, Canoa n'est pas une ville convertie à l'Islam ! En fait, un routard d'origine pakistanaise vint ici à l'époque « Peace and Love ». Il aima le lieu et se mit à dessiner des T-shirts et des objets avec ces 2 symboles musulmans. Avec le temps, ils sont devenus les « armoiries » de cette ancienne station hippie.*

## Arriver – Quitter

### En bus

➢ ***Fortaleza :*** 5 bus directs/j. dans les 2 sens, 6h-17h30 (17h depuis Fortaleza), avec *São Benedito* (● sbautovia.com.br ●). Trajet : env 3h30. À Canoa, achat des billets à l'agence ***SB Viagens,*** au début de la rue principale (Broadway).

### En voiture

➢ ***Fortaleza :*** la route la plus facile est la CE 040, double voie qui passe par Aquiraz, Cascavel, Beberibe puis Fortim et Aracati. Compter env 3h pour env 170 km. Seule difficulté, trouver le bon embranchement pour sortir de Fortaleza. Le GPS peut être utile.

## Adresses et infos utiles

– Infos touristiques très complètes sur le site ● *portalcanoaquebrada.com.br* ●

■ ***Police touristique :*** *au début de la rue principale (Broadway). Ouv 24h/24.*

■ ***Distributeurs*** (*Visa* et *MasterCard*) dans la rue principale (Broadway), à côté du bureau de poste *(correios),* dans le hall de la *pousada Latitude.* Attention, parfois vide en fin de semaine... Mieux vaut arriver avec une réserve en liquide.

■ ***Orientation :*** Canoa a gardé ses dimensions de petit village. L'activité se concentre sur la plage et de part et d'autre de la rue Dragão de Mar, surnommée Broadway (1re rue à droite en arrivant dans le village), qui se termine au bord des falaises.

## Où dormir ?

Les prix augmentent en haute saison (de mi-décembre à fin février et en juillet-août), et peuvent alors sauter de « prix moyens » au « chic ». Réservez durant cette période. Beaucoup de monde aussi le week-end.

### De bon marché à prix moyens (moins de 150-250 Rls / env 36-60 €)

🏠 ***Pousada Alternativa :*** *rua Francisco Caraço, 55. ☎ 3421-7278. 📱 99932-7242. ● pousada-alternativa.com.br ● Résa conseillée. Doubles 130-150 Rls.* Bien située, en retrait de la rue principale (Broadway), cette jolie *pousada* aligne une poignée de chambres fraîches et impeccablement tenues. Certaines n'ont pas de fenêtre, mais toutes sont bien équipées (clim, ventilo et frigo). Terrasse sympa sur le toit pour le petit déj et l'apéro. Un bon rapport qualité-prix pour Canoa.

🏠 ***Tropicalia Hotel :*** *av. Dragão do Mar (Broadway). ☎ 3421-7292.*

*• canoaquebrada.tur.br • Doubles 120-200 Rls (plus cher le w-e). Parking.* 200 m avant le porche d'entrée de Broadway, cet hôtel à prix sages se remarque à sa grande véranda en bois style latino dominant la rue. Sympa pour prendre le petit déj en zieutant les passants. Les piaules, simples, propres et honnêtes, sont réparties à l'étage le long de la galerie encadrant le large patio intérieur. Chambres en duplex pour les familles.

**Pousada Vale do Luar :** *rua Caminho do Mar (1re à gauche après l'arche de Broadway). 9997-2322. • valedoluar@canoaquebrada.com • Doubles 180-290 Rls selon chambre et saison.* À 2 pas du centre comme de la plage, un vaste et paisible jardin dominant au loin la mer, et accueillant une grappe de bungalows en dur, modestes mais agréables, certains en duplex. Chacun profite d'une terrasse, sur laquelle est servi le petit déj. Également 2 immenses chambres pouvant loger jusqu'à 4 personnes à l'étage de la bâtisse principale, ouvrant toutes 2 sur une large galerie commune embrassant le panorama sur l'océan. Grande piscine, doublée d'une pataugeoire pour les gosses. Accueil relax et adorable (madame parle français).

**Pousada Azul Marinho :** *rua Leandro Bezerra. ☎ 3421-7003. • azul-marinho.com • Remonter la rua Nascer do Sol (parallèle à Broadway côte mer), jusqu'au bout, et tourner à gauche. Doubles 200-300 Rls. Résa conseillée.* À l'écart de l'agitation de Broadway, perché au sommet de la falaise, cet hôtel de poche, presque une maison d'hôte, se tourne tout entier vers l'océan. Alignées le long d'une galerie de bois dominant la piscine et le panorama, les chambres, très grandes, sont chacune précédée d'une véranda privative avec hamac. Pour ne rien gâcher, elles ne manquent ni de confort ni de caractère (parquet, mobilier choisi). Un coup de cœur ; pensez à réserver.

**Pousada Californiá :** *rua Nascer do Sol, 136. ☎ 3421-7039. 99637-0111. • californiacanoa.com • Dans la rue parallèle à la rue principale, côté mer. Doubles 160-330 Rls selon confort et saison.* Petit établissement joyeux et coloré, dont les chambres propres et bien arrangées s'ordonnent autour de la piscine avec hamacs et relaxantes banquettes-lits. Certaines ont vue sur la mer au loin. Resto réservé aux clients (carte courte). Magazines internationaux pour bouquiner. Bon accueil.

## Plus chic (250-500 Rls / env 60-120 €)

**Refúgio Jardim de Canoa :** *dans la partie nord du village. ☎ 3421-7430. • refugiocanoa.com.br • En arrivant de Fortaleza, ne pas tourner dans Broadway mais continuer tt droit vers la mer, monter à gauche après la pousada* La Dolce Vita, *puis prendre la ruelle en sable à droite, en haut de la côte. Doubles 260-330 Rls.* Légèrement excentré, à 10 mn à pied du centre, cet établissement aux lignes contemporaines s'organise autour d'un jardin soigné creusé d'une belle piscine ovale sur laquelle s'ouvrent les chambres, étagées sur 2 niveaux. Sobres, confortables et très spacieuses, elles sont bordées de terrasses galeries où suspendre son hamac et ferment par d'élégantes portes coulissantes à claies. De quoi donner l'agréable impression d'être à la fois dedans et dehors. Ne manque que la vue sur la mer... Également des chambres en duplex et une « case familiale ». Bon petit déj frais et varié. Accueil pro et attentif du patron, qui parle le français.

**Pousada Lua Estrela :** *rua Nascer do Sol, 106. ☎ 3421-7040. Dans la rue parallèle à la rue principale, côté mer. Double à partir de 270 Rls.* Déco soignée, du bois, de la brique, des coquillages, pour cet hôtel en terrasses offrant une vue lointaine sur l'océan. Les chambres les plus chères profitent du panorama, les autres se situent en contrebas de la piscine, bordée d'un agréable jardin fleuri. Dommage que l'ensemble manque un peu d'intimité.

## Où manger ?

### *À midi, côté plage...*

### Bon marché (moins de 40 Rls / env 10 €)

Pour prendre toute la mesure de l'expression « les pieds dans l'eau », allez donc déjeuner dans l'une des *barracas* sur la plage, de grosses cabanes en bois sur pilotis, plantées dans le sable. Même menu ou presque de l'une à l'autre (on en compte une bonne quinzaine), avec en vedette poisson et langouste grillés. Évitez le côté gauche (en regardant la mer), les *barracas* y reçoivent les excursionnistes venus en car de Fortaleza.

– ***Attention :*** les *barracas* ne sont ouvertes que dans la journée et ferment vers 18h. Elles ouvrent parfois leurs portes comme bar musical à partir de 23h et seulement à certaines époques de l'année (voir plus loin rubrique « Où sortir ? »).

|●| ***Barraca Lazy Days :*** *sur la plage, l'une des dernières sur la droite (en faisant face à la mer).* La plus branchée des baraques de la plage. La terrasse en bois se donne des airs de *lounge* ibizien avec ses transats et ses fauteuils en osier, le tout sur fond de musique d'ambiance... On y passe facilement la journée au rythme de la marée qui vient lécher généreusement l'escalier d'accès à la plage. Plats de bonne facture dans tous les sens du terme. On peut aussi se contenter d'y boire un bon jus de fruits. Billard.

### *Le soir, au village...*

Pour le dîner, ça se passe « en ville » : une ribambelle de restos et bars se suivent le long de Broadway.

### Bon marché (moins de 40 Rls / env 10 €)

|●| ***Lanchonetes :*** *dans la ruelle Francisco Caraco, parallèle à Broadway côté mer. Tlj 18h30-minuit.* Dans une étroite ruelle piétonne, une dizaine de kiosques alignés côte à côte, proposant des snacks et petits plats très simples et pas chers du tout, à consommer sur place ou à emporter.

|●| Autre option presque aussi bon marché, ***Panela Cearence,*** une petite cantine basique proposant un buffet honorable *(au bout de Broadway).*

### Prix moyens (40-70 Rls / 10-17 €)

|●| ***L'Atelier :*** *rua Nascer do Sol, 362. ☎ 98817-9964. Tourner à gauche dans la 1re rue après l'arche de Broadway, puis à droite. Tlj, sauf mer, à partir de 17h.* À l'écart de l'agitation de Broadway, une terrasse-jardin intime et décontractée, au service d'une cuisine mixte franco-brésilienne (le patron est français) qui aime autant la mer que les viandes et s'autorise quelques importations et réadaptations : ratatouille, blanquette de fruits de mer, etc. C'est frais, plutôt original et facturé à prix raisonnable. Une jolie étape.



## Où sortir ?

Canoa vit aussi la nuit, avec de nombreux ***bars*** alignés dans Broadway. En saison (de mi-décembre à février, les mercredi, vendredi et samedi), les ***barracas*** sur la plage rouvrent leurs portes à partir de 23h. Et c'est parti pour une nuit de folie... jusqu'à l'aube. Les soirs de pleine lune sont aussi l'occasion de fêtes endiablées.

# À faire

➢ ***Excursions en buggy :*** le tour basique dans les dunes, combinant plage, lagune d'eau douce et *eskibunda* (luge dans le sable) dure 1h30 et coûte env

250 Rls pour 4 personnes max. Plusieurs autres balades sont possibles, dont celle vers l'***embouchure du rio Jaguaribe,*** à 10 km au nord-ouest, un spot des adeptes du kitesurf. Mais l'excursion la plus exaltante reste sans doute celle qui mène à ***Panta Grossa,*** à 30 km au sud-est. On longe la plage (départ en fonction des marées), pour une petite demi-journée d'excursion au cœur d'un magnifique paysage contrasté, entre le dégradé d'ocre des falaises, le blanc lumineux du sable et le bleu de la mer. Des cahutes de pêcheurs, de frêles *jangadas* couchées sur le sable jalonnent le parcours, qui se fait plus spectaculaire et sauvage à mesure qu'on s'éloigne de Canoa. En chemin, le chauffeur vous indiquera peut-être d'étonnantes résurgences d'eau douce qui affleurent à même la plage. Possibilité aussi de faire du *snorkelling (mergulho)* dans les rochers (ne pas s'attendre à la grande barrière de corail !). Enfin, voilà Panta Grossa, gigantesque d'une bordée de falaises multicolores avançant en promontoire dans l'océan. Au retour, arrêt possible dans un hameau de pêcheurs où l'on déguste de divines langoustes. En pleine saison, la multiplication des buggys peut ôter pas mal de charme à la balade, autant le savoir. *Compter 350-400 Rls le buggy pour 4 pers.*

## DANS LES ENVIRONS DE CANOA QUEBRADA

***Praia de Redonda :*** *à 50 km au sud de Canoa (25 km par les plages en buggy), sur la commune d'**Icapuí.** De Canoa, prendre à gauche la BR 304 vers Mossoro, tourner à gauche à mi-chemin sur la CE 261 vers Icapuí puis, à 8 km, encore à gauche vers la praia de Redonda.* Ce gros village très peu touristique s'étend au sommet d'une falaise avec, en contrebas, une grande plage blottie au sein d'une anse, presque au pied de la gigantesque dune de Panta Grossa (lire plus haut « Excursions en buggy »). 3 couleurs dominent : l'ocre rouge des falaises, le bleu de la mer et le blanc du sable. Du haut de la falaise, vue spectaculaire sur les dizaines de *jangadas,* aux voiles repliées qui évoquent des plumes posées dans leurs encriers. Un paysage encore naturel, où rien ou presque n'a changé depuis des décennies... Ici, on vit surtout de la pêche et de la langouste. Une halte agréable, mais seulement pour ceux qui sont véhiculés.

***Pousada Beija Flor :*** *sur la route qui longe le sommet de la falaise. 99256-2714. • beijaflor-redonda.com.br • Double env 160 Rls.* Au sommet d'une falaise, une maison de brique et de tuile, plantée dans un charmant jardin verdoyant, avec piscine. Jolies chambres ou bungalows avec terrasse privée, mais sans vue sur mer. Pas besoin de climatisation, la brise naturelle fait office d'air conditionné... Restauration possible le soir.



# LE RIO GRANDE DO NORTE

• Carte *p. 400-401*

## GALINHOS ET GALOS

2 150 et 350 hab. IND. TÉL. : 84

**Galinhos et Galos font partie de ces petits villages peu touristiques vraiment charmants sur cette côte du Nordeste. D'abord, on y accède en bateau, ce qui vous met tout de suite dans une ambiance particulière. Ces villages de pêcheurs sont en effet séparés du continent par une lagune de 30 km de long. Restent le charme des carrioles à cheval, la simplicité des ruelles**

**en damier, et puis cette belle plage qui aboutit d'un côté à un petit phare, et de l'autre à de superbes dunes parcourues par quelques buggys, les seuls véhicules à moteur autorisés. Ici, pas de boutiques, pas d'enfilades de restos... Bref, beaucoup de charme et de farniente au programme.**

– ***Attention,*** pas de banque (encore moins de distributeur de billets) et pas de station-service dans le secteur. Faire le plein de *reais* et d'essence avant d'arriver...

### UN ESCLAVE, UN POULET

*Les villages de Galinhos et Galos doivent leur nom au trafic d'esclaves qui régnait encore dans la région malgré son interdiction à la fin du XIX^e s. Jusqu'à l'abolition définitive, les trafiquants cachaient en effet leurs cargaisons d'esclaves avec des cages à poulets, tout en annonçant un arrivage de volaille...*

## Arriver – Quitter

➢ ***En bus :*** 3 bus/sem depuis Natal. Ils partent avec *Expresso Cabral (● expressocabral.com.br ●),* en principe assez tôt le dim, le lun et le ven, vers 6h (mais vérifiez à la gare routière de Natal), env 3-4h de trajet. Retour vers 17h15 le dim et 15h lun et ven. Également des taxis et voitures privées pour repartir de Galinhos, renseignez-vous sur place...

➢ ***En voiture : de Canoa Quebrada,*** prendre la BR 304 via Mossoro jusqu'à Assu, puis tourner à gauche vers Ipanguaçu et Alto do Rodrigues (mieux vaut demander sa route à Assu !) avant de rejoindre la BR 406. Au croisement, faire le plein pour éviter de se retrouver en panne sèche et partir à droite. L'embranchement pour Galinhos sera sur la gauche, mais il reste encore 25 km ! Compter 3h-3h30 de route.

***De Natal,*** c'est plus simple et plus rapide (env 2h-2h30) : prendre la route pour Ceará Mirim, rester sur la grande ligne droite de la BR 406, faire le plein à Jandaira puis tourner à droite pour l'embarcadère de Patragi. Là, parking (pourboire demandé au retour) et bateaux réguliers qui font la traversée pour Galinhos presque 24h/24 (ttes les 30 mn env). Compter 10 mn de traversée pour env 2 Rls. À l'arrivée, nombreuses carrioles à cheval. Mais on peut facilement se rendre dans une *pousada* à pied. Nettement moins de bateaux pour Galos, mais on peut s'y rendre depuis Galinhos, à pied, en carriole à cheval ou en buggy.

## Où dormir ? Où manger ?

### *À Galinhos*

#### De bon marché à prix moyens

🏠 ***Pousada Galinhos :*** *rua Prefeito Walfran Ribeiro, 207. ☎ 3552-0047. ● pousadagalinhos.com.br ● En débarquant à Galinhos, aller tt droit jusqu'à la poste et tourner à gauche. Double env 160 Rls, petit déj inclus.* Une petite pension toute verte avec 6 chambres sur le côté, toutes avec ventilo, sauf une avec clim. Simple mais propre. Sommiers en ciment, douche/w-c avec eau froide (mais pas si froide que ça). Bon accueil d'Antonia.

🍽 Pour les petits budgets, 2 ***boulangeries*** (dont une fait aussi pizzeria) à côté de la *Pousada Galinhos.*

#### De chic à très chic

🏠 🍽 ***Pousada Brésil Aventure :*** *à l'arrière du village, sur la plage. ☎ 3552-0085. ● bresil.galinhos@hotmail.com ● Double env 230 Rls. Plats 30-55 Rls/pers. CB et euros acceptés.* Notre adresse coup de cœur ! Une *pousada* avec une superbe terrasse, une piscine et une quinzaine

LE NORDESTE

de chambres spacieuses, dont 8 ont la vue sur la plage et ses couchers de soleil incendiaires. Toutes avec une charmante déco, la clim, des lits *king size,* douche chaude et frigo-bar. En fait, le lieu est à l'image de Selma, sa charmante propriétaire, dont le mari français a lancé la mode des randonnées en buggy sur la côte. Comme les attaches familiales sont aussi lyonnaises, leur fils, Evandro, a fait l'institut Paul-Bocuse (on le voit en photo avec Bernard Pivot et le roi des marmites). D'où cet agréable restaurant (ouvert à tous) avec, à l'honneur, poissons, crevettes et langouste *a la plancha,* plus des cocktails de fruits frais pour se rafraîchir. Excellent accueil.

***Pousada Amagali :*** *av. Beira-Rio, 17 (Centro), sur la droite, à l'arrivée des bateaux (repérable de loin). ☎ 3552-0083. • amagali.com • Doubles 250-300 Rls ; chalets 330-400 Rls.* Dans une grande structure en dur couleur ocre qui donne sur la lagune, une vingtaine de chambres confortables avec clim, frigo et hamac. Également 2 bungalows doubles, un peu plus isolés. Piscine et resto-bar. Tenu par François, originaire de Belgique, et sa femme Suzana.

***Chalé Oásis :*** *à l'arrivée des bateaux sur la droite, côté lagune. ☎ 3552-0024. Doubles 250-320 Rls.* Une poignée d'adorables « chalets » en bois peints de toutes les couleurs, répartis dans un joli jardin avec hamacs et coin détente. Déco colorée très sympa. Un lieu assez branché avec spa et piscine face à la plage.

### À Galos

On peut s'y rendre à pied ou en carriole à cheval... Galos est un village sympathique, mais on a trouvé l'unique *pousada* trop chère pour le cadre et le confort. Nos 2 restos se trouvent juste à côté.

***Rio Paisagem*** (chez Nalva) **:** *rua da Candelaria, 49. 99429-7485. Tlj 9h-17h, 19h-21h. Buffet déj env 30 Rls/pers ; le soir, plat env 20 Rls.* On y vient d'abord pour sa terrasse avec vue sur « le fleuve », mais aussi pour son buffet du midi, fort honorable. Le soir, soupes, poissons et crevettes. Bien aussi pour boire un verre.

***Irene :*** *rua da Candelaria. ☎ 3552-2016. Tlj 8h30-20h30. Buffet déj env 35 Rls/pers ; le soir, plats 15-30 Rls.* Située face au ponton, juste à côté de l'unique *pousada* du village, la vieille et malicieuse Irene nourrit les groupes de touristes qui s'aventurent jusqu'ici dans la journée. Grande salle banale, sans vue réelle, avec tous les classiques au buffet. Correct sans plus.

***Lojinha Variedades :*** *entre les restos Rio Paisagem et Irene. Tlj 16h-20h.* Un petit glacier très bon marché, bien agréable pour une pause fraîcheur dans l'après-midi.



## À faire

➢ Évidemment, un tour à pied dans le village et côté lagune s'impose. Mais, le must, c'est la ***balade sur la plage,*** côté Atlantique, surtout au coucher du soleil, souvent magnifique... On peut notamment aller jusqu'au petit phare (sur la gauche en regardant l'océan depuis la *pousada Brésil Aventure*).

➢ ***Balade en carriole à cheval :*** *au débarcadère ou auprès de votre pousada. Compter 40 Rls pour un A/R au phare et env 100 Rls pour une balade de 2h.*

➢ ***Tour en buggy :*** *s'adresser à votre pousada.* Pour faire un tour d'environ 1h dans les dunes à l'est du village, compter 150 Rls pour 4 personnes. Vaut vraiment le coup, surtout au coucher du soleil ! Encore mieux, un tour complet de la péninsule en 3h30.

➢ ***Balade en bateau :*** *compter 160-190 Rls le bateau à la journée selon nombre de pers.* Possibilité de pêcher et de griller le poisson à bord.

– ***Kitesurf :*** *s'adresser à la pousada Brésil Aventure (voir plus haut) ou à votre pousada.* La plage de Galinhos se prête très bien à la pratique du kitesurf, car le vent y est fort et régulier.

# SÃO MIGUEL DO GOSTOSO

9 200 hab. IND. TÉL. : 84

**Petite ville du littoral fondée en 1884, à 110 km au nord de Natal et 160 km à l'est de Galinhos (mais seulement 80 km par la plage !). C'est avant tout une immense et belle plage qui fait le bonheur des véliplanchistes et des kite-surfeurs (vent régulier et eaux calmes). Mais ce qui fait aussi le charme de cet endroit, c'est son ambiance authentique de village de bord de mer, où le tourisme naissant ne fait pas de vagues, s'accommodant d'une atmosphère calme et familiale. Ici, la vie nocturne est réduite à son strict minimum, autrement dit au *forró* local du samedi soir. Petit inconvénient quand même : le village est extrêmement étendu, et sans voiture, c'est un peu galère pour se déplacer.**

## Arriver – Quitter

➢ ***En bus :*** liaisons régulières Natal-Touros, Touros-São Miguel, avec *Expresso Cabral (☎ 3223-4041 ; • expressocabral.com.br •)* ; min 4 bus/j. Trajet : env 3-4h.

➢ ***En voiture :*** env 1h30 de trajet en longeant le littoral. Depuis Natal, suivre d'abord la route du littoral nord (BR 101) puis, env 3 km après le pont de Natal, prendre à droite la direction Extremoz/Barra de Maxaranguape, et ensuite à gauche, suivre les indications jusqu'à Touros (env 80 km), puis encore 30 km jusqu'à São Miguel.

## Adresses et infos utiles

– Infos touristiques sur *• saomigueldogostosobrasil.com •*

■ Pas de banque à São Miguel mais 2 distributeurs de billets ***Banco do Brasil*** et ***Bradesco*** pour cartes *Visa* et *MasterCard*.

■ Petit poste de santé et ***pharmacie*** sur place.

## Où dormir ? Où manger ?

### De bon marché à prix moyens

☗ ***Albergue da Jangada :*** *sur la plage, juste avt l'Escola Gostoso (même direction). ☎ 3263-4071. • alberguedajangada.com • Selon saison, 60-70 Rls/pers en dortoir (petit déj inclus) ; doubles 180-240 Rls.* Joli bâtiment avec beaucoup de bois enserrant un petit jardin à 2 pas de la plage. On peut loger dans les dortoirs de 3 à 5 lits au rez-de-chaussée ou dans l'une des 6 chambres privées à l'étage (avec ou sans vue selon le prix). Déco sobre et élégante. Cuisine commune à disposition. Également un bar. Bon accueil.

☗ ***Pousada Vila Bacana :*** *av. dos Arrecifes, 498. ☎ 3263-4042. • pousadavilabacana.com • Doubles 190-230 Rls.* Une douzaine de bungalows répartis dans un beau jardin avec une jolie piscine (pas d'accès direct à la plage). Chambres *standard* ou en duplex selon le prix, chacune avec terrasse en bois et hamac, clim, eau chaude, frigo, etc. Jolie déco. Tenu par une Brésilienne et son compagnon italien, passionné de kitesurf. Pas vraiment bon marché mais charmant. Tous les conseils pour s'initier au kite et possibilité d'excursions à cheval ou en buggy.

|●| 🍸 ***Quintal :*** *rua Praia da Xêpa, 100. ☎ 3263-4297.* Grande paillote les pieds dans le sable avec lumière tamisée le soir. On y vient prendre un verre ou manger une bonne pizza cuite au feu de bois. Un endroit un peu animé et tenu par un Brésilien qui a fui l'enfer de São Paolo pour le paradis de São Miguel.

## À voir. À faire

Il y a 4 **plages** qui bordent le village : ***Maceió, Xêpa, Cardeiro*** et ***Ponta do Santo Cristo*** pour le kitesurf et la planche. Au moins 10 km de sable blanc pratiquement vierge ! Et les buggys y sont en principe interdits.
Si le cœur vous en dit, vous pouvez aller encore plus loin pour atteindre ***Tourinhos,*** un village de pêcheurs authentique et une très belle plage (à 7 km au nord, accessible aussi en voiture par une piste praticable). Pour ceux qui en veulent toujours plus, la piste mène ensuite à la ***praia do Marco*** (environ 23 km plus loin, par la piste).

– ***Kitesurf :*** *sur la plage de Ponta do Santo Cristo.* Le spot est de plus en plus connu, avec un vent entre 20 et 25 nœuds, donc moins fort que sur la côte au nord de Fortaleza. Si vous êtes débutant, c'est le moment ou jamais de faire vos 1res galipettes aéro-aquatiques. Voici une bonne adresse :

■ ***Escola Gostoso :*** *sur la plage ou s'adresser à l'Albergue da Jangada.* ☎ *3263-4071.* 📱 *99102-7686.* ● *escolagostoso.com* ● *Ouv tte l'année.* Une école de kite tenue par des Brésiliens et un jeune Français, tous très sympa. Bon à savoir : ils tiennent aussi l'*Albergue Jangada,* juste à côté (voir « Où dormir ? Où manger ? »).

– ***Planche à voile :*** la plage de Ponta do Santo Cristo est aussi un excellent spot pour les véliplanchistes, surtout d'août à février. D'ailleurs, Kauli Seadi, le triple champion du monde, y a ouvert une école... Infos sur place ou sur ● *clubekauliseadi.com* ●

***Farol de Calcanhar :*** *plus connu sous le nom de* Farol de Touros. *Visite seulement dim 14h-17h.* Un joli but de promenade sur la route de Natal, à environ 6 km du centre de Touros. Haut de 62 m, c'est le plus grand phare du Brésil. Il marque aussi le point zéro de la BR 101, le tout début de la fameuse route nationale qui longe toute la côte brésilienne jusqu'à la frontière avec l'Uruguay sur 4 542 km de long !

LE NORDESTE

## NATAL

env 860 000 hab. IND. TÉL. : 84

● Plan I (centre) *p. 458* ● Plan II (Ponta Negra) *p. 459*

**Natal, « Noël » en portugais. C'est bien ce jour-là, en l'an de grâce 1599, que fut fondée la ville. Comme quoi, les colons ne manquaient pas d'imagination ! Après l'exploitation du sel au XIXe s, Natal s'est illustrée en prenant part à l'épopée de l'Aéropostale, puis devint une base alliée vers l'Afrique du Nord pendant la Seconde Guerre mondiale. C'est aussi une destination bien connue des voileux, car c'est ici que depuis quelques siècles les navires accostent après leur**

### LE PAYS DES « MANGEURS DE CREVETTES »

*Bienvenue au pays potiguar, nom désignant les anciennes peuplades tupis qui vivaient sur le territoire des actuels Etats du Rio Grande do Norte et du Paraiba. En tupi, le mot signifie « mangeur de crevettes ». D'ailleurs, certains descendants de ces tribus indiennes, ayant été baptisés selon le rite chrétien, se sont vu attribuer le nom de « Crevette », en portugais bien sûr, tel le célèbre combattant Filipe Camarão !*

**longue traversée de l'Atlantique. Logique, c'est le point le plus proche des côtes africaines, et la route bénéficie des alizés qui poussent tout droit les voiliers vers la terre brésilienne. C'est aussi ce célèbre vent qui est à l'origine des étonnants et magnifiques paysages de dunes de la région. D'ailleurs, une immense dune sépare Natal en 2.**
**Aujourd'hui, la ville accueille surtout les Brésiliens du coin pour ses plages qui viennent lécher les hauts buildings du littoral, en particulier à Ponta Negra, quartier à l'ambiance balnéaire situé à une douzaine de kilomètres au sud du centre.**
**Sinon, à l'instar de sa grande sœur Fortaleza, Natal est l'une des portes d'entrée vers les plages de la côte du Nordeste, splendides, immenses, vierges et bien souvent bordées de colossales dunes de sable.**

## Topographie

Natal n'échappe pas au modèle d'urbanisation nord-américain conçu pour des gens véhiculés. Il y a même une plage qui s'appelle *praia Miami.* L'idéal, pour embrasser la ville du regard, est d'arriver par le « nouveau » pont *(ponte Newton)* qui relie la ville aux plages du littoral nord. Vue spectaculaire ! Plus petite que Fortaleza, Natal est néanmoins une ville brésilienne... donc très étendue. Une bonne douzaine de kilomètres sépare le centre-ville hérissé d'immeubles, au nord, du quartier de *Ponta Negra* au sud, hérissé de tours lui aussi mais plus agréable (ambiance balnéaire) et où séjournent la plupart des voyageurs (brésiliens en majorité). C'est là que se trouvent surtout nos adresses.

## Arriver – Quitter

### En avion

✈ ***Aeroporto Aluízio Alves*** *(hors plan I par A3)* **:** ***São Gonçalo do Amarante*** *à env 25 km à l'ouest de Natal.* ☎ *3343-6060.* • *natal.aero/br/* • Sur place, comptoir d'infos, bureaux de change (mauvais taux) et distributeurs (au niveau des départs seulement, au 1er étage), agences de transport et loueurs de voitures (*Hertz, Avis, Budget, Movida, Localiza* et *Unidas*).

***Pour rejoindre le centre***

– Le **bus** *Trampolim R* (bien vérifier l'affichage « Natal ») rejoint le centre-ville pour env 4,60 Rls. Départ à droite en sortant de l'aéroport, ttes les 30-60 mn en sem (4h25-22h45), ttes les 1-2h le w-e (4h20-22h20). Compter 1h de trajet. Il passe par la gare routière *(rodoviária)*. Pour Ponta Negra (où se trouvent nos adresses), changement de bus au terminus (Midway Mall).
– Plusieurs ***agences*** *(Van Service, Pipa Transfer...)* proposent le transfert vers les hôtels de Natal (env 30-40 Rls) et Pipa (60-70 Rls). Prix fixe par personne.
– Sinon, il existe une association de ***taxis*** accrédités (comptoir avant la sortie). Compter 100 Rls (jusqu'à 4 pers) et env 45 mn pour rejoindre Ponta Negra.

### En bus

***Nova rodoviária*** *(hors plan I par A2)* **:** *av. Capitão Mor. Gouveia, 1597.* ☎ *3620-4040. Excentrée, à env 7 km au sud-ouest du centre et 12 km au nord-ouest de Ponta Negra.* Sur place, petit bureau d'infos, boutiques, cafés, consignes et wifi (et distributeurs au supermarché d'à côté). Station de taxis.
Liaisons avec :
➢ ***Belém :*** 1 bus/j., vers 7h, avec *Guanabara* *(📱 98634-6238).* Trajet : 36h.
➢ ***São Luís :*** 1 bus/j., vers 14h30, avec *Progresso* *(📱 98875-3303).* Trajet : 35h.
➢ ***Fortaleza :*** 12 à 15 bus/j., notamment avec *Viação Nordeste* *(☎ 3205-6161)* et *Guanabara.* Trajet : 8h.

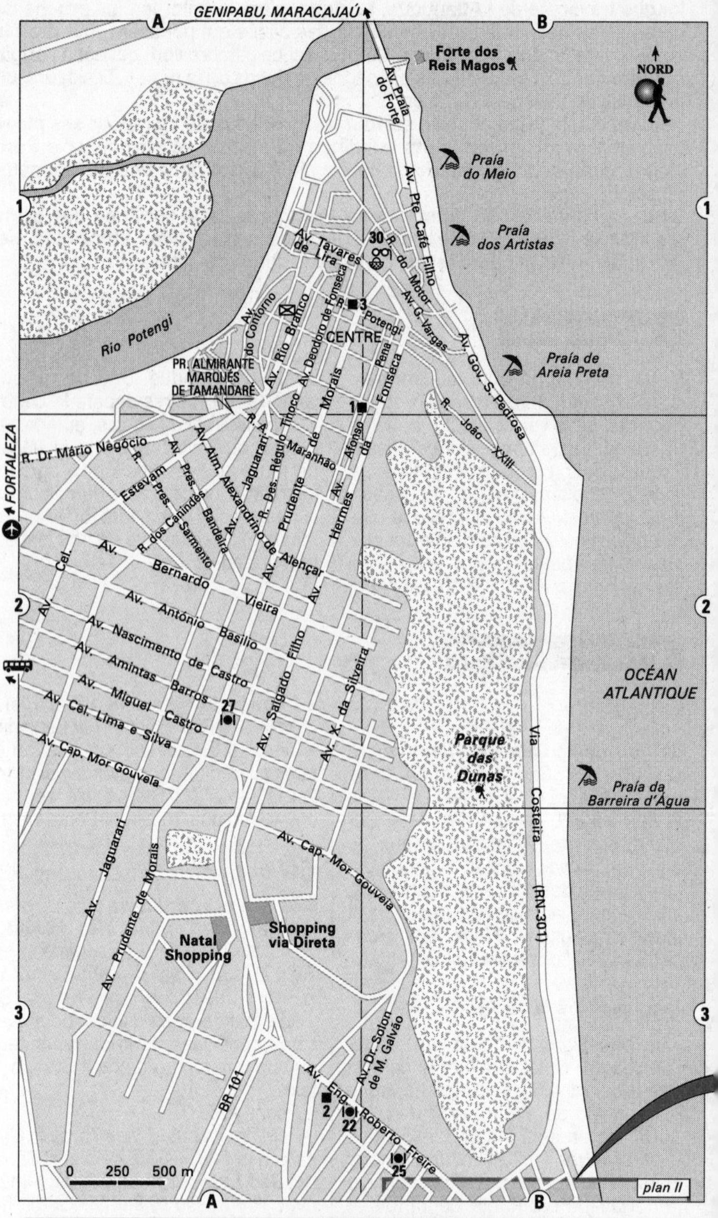


## NATAL-CENTRE (PLAN I)

■ **Adresses utiles**

1 Distributeur Banco do Brasil (plan I, A-B1)
2 Pharmacie 24h/24 (plan I, A3)
3 Alliance française (plan I, A1)

**Où dormir ?**

10 Republika Hostel (plan II, A1)
11 Pousada Coco Verde (plan II, B2)
12 Pousada Bavária Alemã (plan II, B2)
13 Natal Paradise (hors plan II par B2)
14 Natal Dunnas Hotel (plan II, B2)
15 Manary Praia Hotel (plan II, B1-2)

**Où manger ?**

20 Casa de Taipa (plan II, A1)
21 A Familia (plan II, B2)
22 Sol e Brasa (plan I, A3)
23 Farofa d'Agua (plan II, A1)
24 Camarãoes Potiguar (plan II, A1)
25 Tábua de Carne (plan I, B3)
26 Cipó Brasil (plan II, B2)
27 Mangai (plan I, A2)

**Où boire un verre ? Où sortir ?**

30 Forró com Turista (plan I, B1)
31 Rastapé (plan II, B2)
32 La Taberna (plan II, B2)

**Achats**

30 Centro de turismo (plan I, B1)

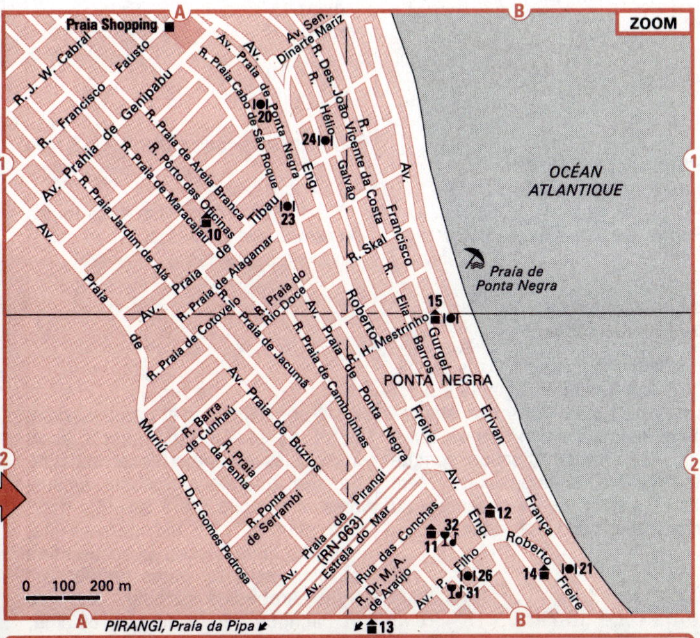


**NATAL-PONTA NEGRA (PLAN II)**

➢ ***Pipa :*** env 12 bus/j. (6h-18h) avec *Viação Riograndense* (☎ 3205-4388).
➢ ***João Pessoa :*** env 10 bus/j. (7h-18h30), avec *Progresso* et *Viação Nordeste*. Trajet : 3h.
➢ ***Recife :*** env 9 bus/j. avec *Progresso*, 6h30-23h55 (éviter quand même le dernier bus de nuit). Trajet : env 5h.
➢ ***Maceió :*** 2 bus/j., vers 7h avec *Catedral* (📱 99639-6144) et vers 18h45 avec *Gontijo* (☎ 3205-4735). Trajet : env 10h.
➢ ***Aracaju :*** 3 bus/j. (9h, 17h et 18h45) avec *Gontijo*. Trajet : 14h.
➢ ***Salvador :*** 2 bus/j. vers 9h et 17h, avec *Gontijo*. Trajet : 21h.
➢ ***Rio et São Paulo :*** 4 bus/sem avec *Gontijo*. Trajet : env 48 et 51h respectivement.

## Adresses utiles

### Infos touristiques

ℹ Pas d'***office de tourisme*** en ville ; juste des petits bureaux d'infos à l'aéroport et à la *rodoviária*. Sinon, un site (en portugais) : • *turismo.natal.rn.gov.br* •

### Argent, change

■ ***Distributeurs de billets :*** *dans ts les centres commerciaux, notamment au* Praia Shopping *de Ponta Negra (plan II, A1). Également av. Alfonso Pena, 826 (plan I, A-B1), dans le centre.*

### Urgences

■ ***Pharmacie 24h/24 : Drogarias Globo,*** *av. Eng. Roberto Freire, 2960 (plan I, A3,* ***2****).*
■ ***Police*** *(assistance aux touristes) :* ***Delegacia Especializada Assistência ao Turista,*** *dans le* Praia Shopping *(plan zoom).* ☎ *3232-7402 (ou* ☎ *190 si urgence). Tlj sauf dim 8h-18h (12h sam).*

### Transports

🚗 ***Taxis : Cooptax,*** ☎ *3605-1327.* ***Rádio-Taxi,*** ☎ *3221-5666.*

■ ***Location de voitures :*** attention, aucun bureau en ville, tous les loueurs se trouvent à l'aéroport.
– ***Avis :*** ☎ *3343-6277.*
– ***Hertz :*** ☎ *0800-979-2000 (central de résas).*

### Divers

■ ***Alliance française*** *(plan I, A1,* ***3****) : rua Potengi, 459.* ☎ *3222-1558.* • *afrnatal.com* • *Lun-sam 8h15-19h (17h30 ven, 12h sam), fermé dim.* Propose de temps en temps des petites activités culturelles (expo, spectacle).

LE NORDESTE

## Où dormir ?

Inutile de traîner le soir dans le centre, il n'y a rien à faire et le secteur n'est pas des plus sûrs. Tous nos établissements se trouvent donc dans le quartier de Ponta Negra. Attention, comme partout sur la côte, les prix augmentent en haute saison, de mi-décembre au carnaval, et en période de fêtes.

### Bon marché (moins de 150 Rls / env 36 €)

🏠 ***Republika Hostel*** *(plan II, A1,* ***10****) : rua Porto das Oficinas, 8944, Ponta Negra.* ☎ *3236-2782.* • *hostelrepublika@gmail.com* • *Dortoirs 25-40 Rls ; doubles 55-80 Rls.* Il fait bon séjourner et paresser dans cette petite AJ aux murs blancs immaculés et volets bleus, installée dans un quartier résidentiel. Chambres et dortoirs (de 3 à 6 lits) dans ces mêmes tons méditerranéens, simples mais nickel, avec ventilos ou clim (salle de bains privée partout). Ambiance sereine, musique et cachaça servie au bar, cuisine, hamacs et petit espace TV ouvert. Également une laverie, des cours de surf et des vélos à louer. Transfert possible depuis l'aéroport.

■ ***Natal Paradise*** *(hors plan II par B2, **13**) : rua Carapeba, 100, Ponta Negra. ▯ 99855-7836. • pousadanatalparadise.com.br • Dortoirs 25-45 Rls ; doubles 70-180 Rls. Petit déj compris en hte saison.* Tenu par Bertrand, un Français très accueillant, et Rafael, son partenaire brésilien. On se sent tout de suite bien dans cette grande maison, un peu à mi-chemin entre la *pousada* et l'*hostel,* avec ses 2-3 dortoirs et sa demi-douzaine de chambres privées pour 2 à 6 personnes. Équipement plus ou moins neuf, clim ou ventilo, mais excellente tenue générale et bon rapport qualité-prix partout ! De plus, les espaces communs sont très confortables et conviviaux, comme la terrasse à l'avant avec plancher et vue sur la ville, ou le salon TV équipé de canapés moelleux. Cuisine et barbecue pour les hôtes, laverie, excursions, navette pour l'aéroport... Le tout dans une rue tranquille à 10 mn à pied de la plage.

■ ***Pousada Coco Verde*** *(plan II, B2, **11**) : rua Cavalo Marinho, 55. ☎ 3219-2398. • pousadacocoverde.com.br • En face du bar* Taberna. *Doubles 80-150 Rls.* Un petit ensemble aux murs de brique et teintes colorées, qui abrite des chambrettes douillettes et très propres, avec tout le confort de base (clim mais aussi frigo et coffre !). Certaines, pour 4 personnes, en duplex, ont en plus un coin cuisine. Ajoutez à cela le calme environnant et la petite piscine, et vous avez un bon point de chute. Pas de petit déj mais cuisine commune à dispo au bord de la piscine.

■ ***Pousada Bavária Alemã*** *(plan II, B2, **12**) : rua Pedro Fonseca Filho, 2030, Ponta Negra. ☎ 3219-2655. • pousadabavariaalema.com • Compter 100-150 Rls.* Pile à mi-chemin entre la plage et le secteur animé de Ponta Negra, cette auberge noyée dans la verdure offre une grosse poignée de chambres fraîches et confortables (bonne literie), avec plus ou moins de déco mais sans fenêtre. La plupart sont à l'étage, le long d'une galerie ouverte où pendent des hamacs. Un bon plan calme et pas cher.

### De plus chic à très chic (250-500 Rls et plus / env 60-120 €)

■ ***Natal Dunnas Hotel*** *(plan II, B2, **14**) : av. Eng. Roberto Freire, 5248. ☎ 3646-4007. • nataldunnas.com.br • Doubles 200-350 Rls.* Un hôtel classique mais agréable et aux prestations impeccables ! Déjà le lobby, bien frais, en jette, avec ses bibelots et plantes sous vitrines et son mobilier chiné. Les chambres, à la déco standard, sont parfaitement tenues et tout confort, avec en prime un balcon donnant sur le beau jardin et ses 2 piscines (et sa roue à aube) ou... carrément sur la mer (un peu plus chères, mais c'est justifié !). Resto. Sans nul doute l'une des meilleures options dans cette catégorie.

■ |●| ***Manary Praia Hotel*** *(plan II, B1-2, **15**) : rua Francisco Gurgel, 9067. ☎ 3204-2900. • manary.com.br • Doubles 450-800 Rls (hors taxes). Promos sur Internet.* Face à la mer, l'hôtel de charme de Ponta Negra est d'un excellent niveau de confort et décoré avec goût. Belle piscine entourée de cocotiers. Spa avec divers soins et massages. Petit déj-buffet généreux et excellent resto (orienté fruits de mer). Pour ceux qui peuvent s'offrir une petite tranche de luxe, par exemple pour une lune de miel...

LE NORDESTE

## Où manger ?

### Bon marché (juqu'à 40 Rls / env 10 €)

|●| ***Casa de Taipa*** *(plan II, A1, **20**) : av. Praia de Ponta Negra, 8868. ☎ 3219-5798. Tlj 18h-23h, sauf mer.* Que ce soit dans la jolie salle (un peu sombre) ou sur la grande terrasse claire, rustique et agréable, la déco a conservé l'esprit ethnique coloré de la petite *tapiocaria* de plein air des débuts. On vient de loin pour déguster les fameuses crêpes de tapioca (vraiment onctueuses) qui ont fait la renommée de la maison. Généreusement

garnies de viande ou de crevettes cuisinées, et accompagnées de sauces, elles constituent un repas à part entière. Tout aussi convaincantes en version sucrée. Succès oblige, on y fait souvent la queue, mais le roulement est bon. Accueil adorable.

**A Familia** *(plan II, B2, **21**) : rua Erivan França, 3180. 99808-3952. Accès aussi sur l'av. Eng. Roberto Freire, face à l'hôtel* Dunnas. *Tlj 13h (11h le w-e)-22h.* Face à la plage, parfait si vous vous dorez la pilule de ce côté. La salle, ouverte, est accueillante et, surtout, on y sert de savoureux et copieux plats du... sud-est de l'Europe : grillades, assiette gyros, pizzas, kebab végétarien, burger artisanal des Balkans, *ribs* ou encore l'*ajar,* un délicieux pâté de poivron... Tout est fait avec beaucoup de soin (y compris le pain !) par la famille serbe sympa (et anglophone) qui tient l'endroit. Excellents jus frais aussi. On s'est régalés !

## Prix moyens (40-70 Rls / env 10-17 €)

**Sal e Brasa** *(plan I, A3, **22**) : av. Eng. Roberto Freire, 1070. ☎ 3217-5919. Tlj 11h30-23h30.* L'emplacement et le style font redouter la grosse artillerie touristique. Erreur l'ami ! *Sal e Brasa* compte parmi les meilleures *churrascarias* de Natal. On retrouve du reste l'enseigne dans toutes les grandes villes du Nordeste. La formule est celle du *rodizio,* avec les viandes qui passent entre les tables, servies à volonté avec de délicieux accompagnements. Un buffet de hors-d'œuvre, particulièrement riche et varié, complète le tout. Mention spéciale pour le chariot de desserts (en supplément), à ne bouder sous aucun prétexte. Piano tous les soirs.

**Tábua de Carne** *(plan I, B3, **25**) : av. Eng. Roberto Freire, 2396. ☎ 3642-1236. Tlj 11h30-15h30, 18h30-22h30.* Nombreuses tables dans un cadre ouvert et décontracté en bordure de la grande avenue. Il s'agit ici aussi d'un superbe *rodizio* avec buffet de salades et viandes à volonté. Un festival de sabres embrochant les viandes les plus diverses et les plus savoureuses. Le plus difficile, finalement, c'est de refuser la tranche de trop ! Ambiance familiale et musique midi et soir. Également une annexe sur la via Costeira (route du centre) qui bénéficie d'une très belle vue, mais pas de *rodizio.*

**Camarões Potiguar** *(plan II, A1, **24**) : rua Pedro Fonseca Filho, 8887. ☎ 3209-2425. Tlj 11h30-15h (15h30 w-e), et 18h30-23h ven-dim.* S'il est un resto que tous les « Natalais » vous conseilleront, c'est bien le *Camarões* ! Énorme et rugissant, avec ses différents espaces et salles sur 2 niveaux, élégants mais pas guindés, on y vient en famille ou en bande (les plats sont pour 2, voire 3 personnes !) déguster les nombreuses préparations de crevettes surtout (la spécialité de la région), mais aussi de poisson (avec chaque fois le choix entre 3 espèces) et de viandes. On en ressort repu et la mine réjouie. Une véritable institution, qui d'ailleurs a fait des petits puisqu'il en existe 3 autres en ville !

**Farofa d'Agua** *(plan II, A1, **23**) : av. Praia de Ponta Negra, 8952. ☎ 3219-0851. Tlj 11h30-23h.* En terrasse (vaste et aérée) ou en salle, on est accueilli à bras ouverts par une armada de serveurs affairés. Grands classiques locaux tels que la *carne do sol* cuisinée de différentes manières, des poissons et fruits de mer bien frais, des *grelhados* servis sur réchaud et autres bons plats régionaux (gratins, risottos de *camarões,* etc.). La carte est longue comme le bras, les portions effarantes, le service rapide. Les touristes adorent ! Nous aussi...

**Cipó Brasil** *(plan II, B2, **26**) : rua Aristides P. Filho, 3111. ☎ 3219-5227. Tlj dès 18h, sauf mar.* Une déco tropicale sympa avec des fresques aux murs, des tables et chaises colorées, une roue à aubes, un bassin... le tout sous une grande paillote. Au menu, des crêpes (salées et sucrées) et des pizzas surtout, ces dernières (au feu de bois) étant fort bien réalisées (essayez la *sertão* – à la *carne do sol* et 2 types de fromage –, la *portuguesa* ou encore celle aux crevettes !). Et si vous hésitez, prenez donc 2 demi-pizzas différentes ! Très bonnes crêpes aussi (mais rien à voir avec celles de Bretagne). Beaucoup de monde en saison. Il faudra peut-être vous inscrire sur une liste et attendre qu'une table se libère...

**Mangai** *(plan I, A2,* ***27****) : av. Amintas Barros, 3300 (Lagoa Nova). ☎ 3206-3344. Tlj 11h-22h.* Un vaste resto branché et coloré avec des lustres façon « cocotiers », des régimes de bananes accrochés aux murs, des tomettes en terre cuite au sol et des grandes tables en bois. Buffet *ao kilo* très varié avec une excellente cuisine régionale : *carne do sol* (de différents styles), *feijoada, moqueca, cuscuz, buchada* et desserts à base de banane et de noix de coco. N'oubliez pas la petite cloche sous la table pour appeler les serveurs...

## Où boire un verre ? Où sortir ?

Le soir, le gros de l'animation se concentre à Ponta Negra, le long de la plage (éviter toutefois la partie sud, près du Morro do Careca) et autour du bar *La Taberna.*

### Spectacles

**Forró com Turista** *(plan I, B1,* ***30****) : Centro de turismo de Natal, rua Aderbal Figueiredo, 980, Petrópolis. ☎ 3211-6218. • forrocomturista.com.br • Jeu seulement, à partir de 22h. Entrée : 35 Rls.* Pour s'initier au *forró,* si ce n'est déjà fait ! Le centre n'est pas un bureau d'informations, comme on pourrait le croire, mais un centre d'artisanat... et d'initiation au *forró* le jeudi soir, dans la cour intérieure d'une ancienne prison de style néoclassique. Très touristique.

### Bars

**Rastapé** *(plan II, B2,* ***31****) : rua Aristides Porpino, 2198. ☎ 3219-0181. • rastapecasadeforro.com.br • Ouv seulement mer et ven-sam 22h-4h. Entrée : env 20 Rls.* C'est la maison de *forró* du quartier, avec une déco kitschounette très sympa, inspirée du Sertão. Bons groupes et très bonne ambiance. Ah ! les envolées accordéonesques ! La bonne petite adresse pour danser traditionnel.

**La Taberna** *(plan II, B2,* ***32****) : rua Dr Manoel Augusto Bezerra de Araújo, 500. ☎ 3236-3696. • tavernapub.com.br • Tlj 21h30-3h, sauf mer et dim. Entrée : 25-30 Rls.* Le bar de cette ancienne auberge de jeunesse est au diapason avec l'étonnante architecture pseudo-médiévale de la bâtisse : armures, blasons, écus et collection de canettes de bière. Concerts de musique brésilienne, de blues, de reggae ou de rock. La programmation est aussi éclectique qu'inégale. En tout cas, ça démarre tard... Pour info, le lundi est le jour le plus animé (car soirée célibataires !).

LE NORDESTE

## Achats

**Centro de turismo** *(plan I, B1,* ***30****) : rua Aderbal Figueiredo, 980 (Petrópolis). ☎ 3211-6149. Tlj 8h-16h.* Installé dans les jolis murs de l'ancien pénitencier. Nombreuses petites boutiques d'artisanat (souvenirs, chapeaux, sacs, vêtements, hamacs...) dans les galeries autour du patio central, et pseudo-galerie d'art à l'étage. Également un bon resto, le ***Marenosso,*** d'où l'on a une très belle vue sur la mer.

Signalons également le centre d'artisanat ***Potiguar,*** juste à droite du ***Praia Shopping*** *(plan II, A1).* Artisanat régional.

# À voir. À faire

***Parque das Dunas*** *(plan I, B2-3) : av. Alexandrino de Alencar (Tirol). ☎ 3201-3985. • parquedasdunas.rn.gov.br • Tlj 8h-18h, sauf lun. Entrée : 1 Rl. Visites guidées (en portugais) vers 8h et 14h (sur résa seulement).* Cet espace naturel, fait de dunes et de zones boisées correspondant aux « reliques » de l'ancienne forêt atlantique, est une « Réserve de la biosphère » de l'Unesco. Avec ses 1 172 ha, ce serait le 2e plus grand parc urbain du pays. Petit centre d'expo sur les milieux naturels, mais l'intérêt du lieu réside plutôt dans les balades guidées (dans la partie nord du parc seulement).

**Forte dos Reis Magos** *(plan I, B1)* **:** *av. Praia do Forte.* ***Fermé pour travaux (date de réouverture indéterminée).*** On peut toutefois l'admirer de l'extérieur. Située à la rencontre de l'océan et du rio Potengi, la jolie silhouette blanche de la 1re construction de la ville (démarrée le 6 janvier 1598, jour des Rois mages, d'où le nom) a été bâtie en forme d'étoile à 5 branches. Elle servit d'abord de défense contre les assauts français et indiens, puis de prison. On y voit la 1re pierre gravée par les Portugais au Brésil (1501). Une originalité : la poudrière dissimulée au-dessus de la chapelle ! Remarquer aussi l'entrée du fort, qui, une fois n'est pas coutume, est située sur le côté.

**Ponta Negra** *(plan II, B1-2)* **:** belle plage très fréquentée dans la partie sud de la ville. On s'imagine bien, à la sortie du bureau, aller faire un petit plongeon avant de rentrer chez soi. Tout au bout (au sud), grande dune qui dévale vers la mer, le *Morro do Careca,* mais il est interdit d'y grimper. Il est déconseillé également d'y traîner le soir. Si vous vous levez tôt, vous pourrez donner un coup de main aux pêcheurs qui remontent leurs filets. À noter : les plages proches du centre, depuis le fort dos Reis Magos jusqu'au phare, sont à éviter, même en journée, pour des raisons de sécurité.

## Fêtes et manifestations

– ***6 janvier :*** jour des Rois mages.
– ***Juin :*** les *Festas juninas* s'étalent sur plusieurs jours à la fin du mois, avec des danses, des groupes de musique et des vendeurs de préparations à base de maïs un peu partout en ville. C'est en général le 24 juin que la fête bat son plein !
– ***21 novembre :*** fête de Nossa Senhora da Apresentação, la sainte patronne de Natal. Grande procession autour de la cathédrale.
– ***Début décembre :*** pendant 4 jours, c'est le *Carnatal,* le célèbre carnaval hors saison de la ville. À ne pas manquer si vous êtes dans la région. • *carnatal.com.br* •
– ***25 décembre :*** c'est Noël, certes ! Mais c'est aussi l'anniversaire de Natal...



## DANS LES ENVIRONS DE NATAL

**Genipabu :** *à 20 km au nord de Natal. En voiture, prendre la route littorale nord et traverser le ponte Newton au-dessus du rio Potengi. Vue imprenable sur Natal ! Env 80 Rls en taxi depuis Ponta Negra.* Plage en cul-de-sac pas désagréable, même si ce n'est pas notre préférée. Le week-end et pendant les vacances brésiliennes, l'ambiance est franchement bruyante (sono à fond !). On vient ici avant tout pour faire un tour en buggy *(nombreux loueurs sur place ; compter 250-350 Rls jusqu'à 4 pers)* dans les dunes et le week-end, là encore, ça se bouscule.

## PIPA – TIBAU DO SUL

env 5 000 hab. IND. TÉL. : 84

• Plan *p. 466-467*

**Pipa – appelée aussi praia da Pipa –, extension balnéaire du petit village de pêcheurs de Tibau do Sul, lui-même perché sur des falaises ocre, compte parmi les plus belles plages de la région. Et, d'ailleurs, ce n'est pas une, mais 7 plages qui jalonnent ce bout de côte nordestine bordée d'autre part par l'imposante végétation de la *mata atlântica* (forêt primaire).**

**Pipa concentre l'essentiel de l'activité touristique, et, aujourd'hui, il y a foule dans ce village-station fréquenté par la jeunesse plutôt aisée, les surfeurs (le coin est réputé) et les routards de tous poils.**
**Les fins de semaine et durant toute la saison touristique, la vie nocturne bat son plein, on marche à touche-touche dans la rue principale au rythme des concerts, improvisés ou pas, dans les bars et restos ouverts sur la rue. En journée, c'est une autre image qui se dévoile, celle d'une station balnéaire réputée, entre autres, pour ses belles boutiques.**
**Bref, en quelques années, Pipa est devenue LA station balnéaire la plus cotée du Rio Grande do Norte. Ce n'est pas pour rien que les Brésiliens l'appellent « *O Paraiso* » ! Pipa est certes très fréquentée, mais l'offre hôtelière est tellement variée qu'on peut tout aussi bien opter pour une *pousada* de charme que pour une hôtellerie plus classique ou un *hostel* tout simple. Bref, une très agréable station balnéaire où il fait bon séjourner quelques jours, ou plus, si affinités. Viva Pipa !**

## Arriver – Quitter

Pipa se trouve à 85 km au sud de Natal.

### En voiture

– Par la BR 101 jusqu'à Goianiha, puis vers Tibau do Sul-Pipa. Ceux qui sont équipés d'un 4x4 peuvent longer la côte après Tabatinga (dunes), puis emprunter le bac pour Tibau do Sul : traversées régulières, 8h-17h. Joli parcours, dépaysant.

### En bus

➢ ***Natal :*** env 1 bus/h avec *Viação Riograndense* (☎ 3205-4388), 6h-18h depuis Natal et 5h-18h30 depuis Pipa. Trajet : env 1h30.
– Également 3 minibus/j. (☎ 3205-6868), à 5h30, 9h10 et 13h55 depuis Natal et 7h30, 11h30, 16h30 depuis Pipa.
➢ ***Depuis le sud (Recife** notamment) :* 9 bus/j. (env ttes les 2h) avec *Progresso* (● progressoonline.com.br ●). Arrêt à Goianinha. De là, navette régulière (ttes les 15 mn, 5h-minuit) pour Pipa.

## Adresses et infos utiles

– Pour tout type d'infos, ● pipa.com.br ● (disponible en espagnol et en anglais), documenté et très à jour.
■ ***Distributeurs :*** dans l'espace commerçant à côté de la petite place principale *(plan B1, **1**)*. Sinon, dans la galerie *Vila da Pipa (plan A1, **1**)* et l'espace marchand *Kanto da Pipa (plan A1, **1**)*.
■ ***Bureaux de change :*** dans la rue principale, face au resto *O Golfinho (Sol Corretora ; plan B1, **2**)* et un peu plus haut *(Boa Viagem Câmbio ; plan A-B1, **2**)*. Taux sensiblement identiques.
🚗 ***Taxi :*** 📱 99127-3782 (Joan). Compter 20-30 Rls pour une course moyenne (vers les plages à proximité immédiate, par exemple).
– Les *Vans Alternativo* effectuent la navette Pipa-Tibau do Sul-Goianinha dans les 2 sens tlj 5h-minuit (ttes les 15 mn). Dessert notamment la plage de Madeiro.

## Où dormir ?

Les campeurs pourront planter leur tente au ***camping do Amor*** (📱 99126-6627 ; compter 30 Rls/pers ; hors plan par C2), qui surplombe la plage de la Praia do Amor. En partie ombragé et, en plus, il bénéficie d'un superbe panorama sur la mer.
Dans Pipa même, l'offre est aussi pléthorique qu'éclectique, de la simple AJ au *resort* de luxe, en passant par la

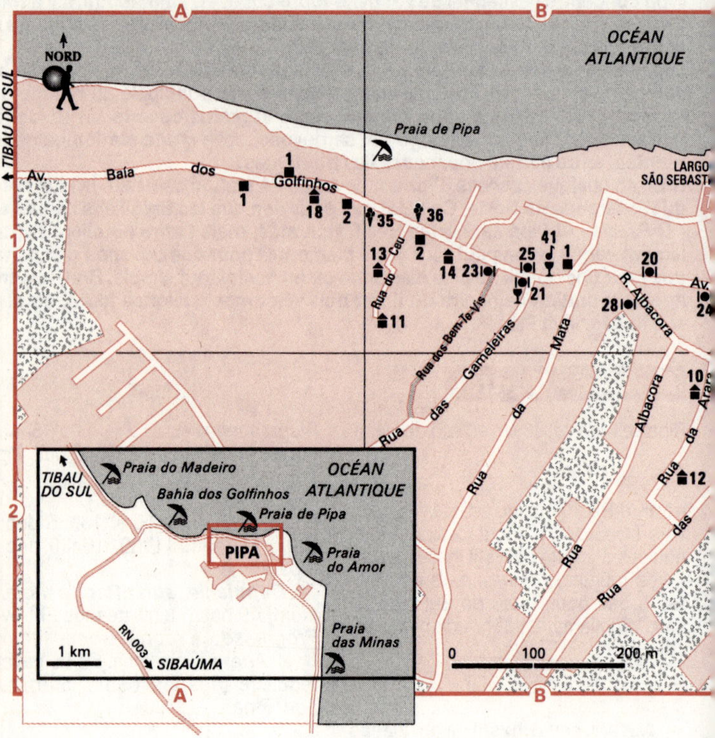




petite structure de charme. Comme ailleurs, les fourchettes de prix indiquées pour chaque établissement correspondent surtout aux variations saisonnières, la période de mi-décembre à mars (avec un pic en janvier) étant la plus courue. Juillet-août sont également assez chargés. Pour ces époques de l'année, pensez à réserver à l'avance !

## De bon marché à prix moyens (moins de 200 Rls / env 48 €)

☗ **Carioca Hostel** (plan B2, **10**) : *rua da Arara, 68. ☎ 3246-2117. 📱 99910-0991. ● cariocahostel.com.br ● Compter 45-65 Rls/pers en dortoir, 120-180 Rls pour 2 pers en chambre privée et 250 Rls pour 4.* Notre *hostel* préféré à Pipa. Dans une belle petite bâtisse, il abrite 6 dortoirs joliment colorés (de 4 à 8 lits) et 4 chambres privées coquettes et cosy (une petite double, les autres avec un grand lit et 2 lits superposés), tous avec la clim et une bonne literie. Agréables courettes extérieures (et salon TV) pour buller, piscine de poche pour se rafraîchir, belle cuisine commune pour faire sa popote et même un barbecue. Mais le must, c'est le petit déj servi sur une terrasse à l'étage, avec vue sur la mer. De quoi démarrer la journée sur les chapeaux de roue !

☗ **Hostel do Ceu** (plan B1, **11**) : *rua do Ceu, 153. ☎ 3246-2235. 📱 99221-6112. ● hosteldoceu.jimdo.com ● Prendre à gauche avt la pousada Aconchego. Dortoirs 40-55 Rls, doubles 110-160 Rls.* Une charmante propriété, très au calme, s'agençant

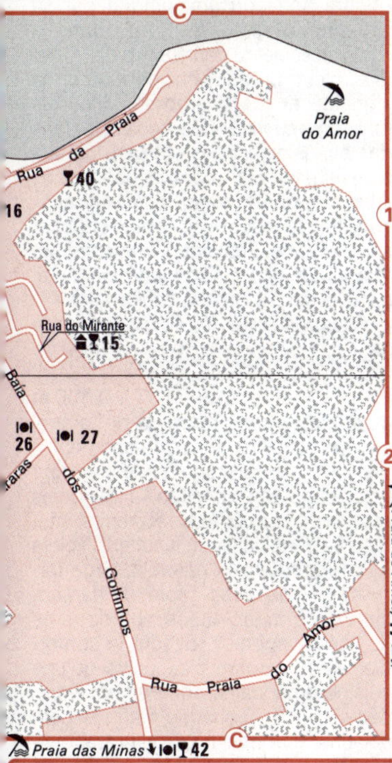


**Adresses utiles**

1 Distributeurs (A1 et B1)
2 Change (A-B1 et B1)

**Où dormir ?**

10 Carioca Hostel (B2)
11 Hostel do Ceu (B1)
12 Pipa Hostel (B2)
13 Pousada Aconchego (B1)
14 Pousada Oasis (B1)
15 Pousada Mirante de Pipa (C1)
16 Pousada Barbara (C1)
17 Pousada Terra dos Goitis (hors plan par C2)
18 Pousada Toca da Coruja (A1)

**Où manger ?**

20 Dona Branca (B1)
21 Fases da Lua (B1)
23 Tapas (B1)
24 Atelier de Massas (B1)
25 Pizzaria Dall'Italiano (B1)
26 O Tal do Escondinho (C2)
27 Rola Peixe (C2)
28 El Farolito (B1)

**Où s'offrir une bonne glace ?**

35 Gelateria Preciosa (B1)
36 Sorveteria Real de 14 (B1)

**Où boire un verre ? Où sortir ?**

15 Mirante Sunset Bar (C1)
21 Bar Nativos (B1)
40 Pipa Beach Club (C1)
41 Agora (B1)
42 Bar da Praia by Toca da Coruja (hors plan par C2)

**PIPA**



autour d'une petite piscine bordée de bananiers et de cocotiers, avec une grande table et un barbecue à côté. Ici aussi, 6 dortoirs (6-8 lits) et quelques chambres privées, agréables et bien nets mais sans la clim (juste des sanitaires et un ventilo). Petit salon garni de livres à côté de la réception. En face, le ***Chalés da Pipa*** (mêmes proprios et coordonnées) propose d'autres chambres, simples mais bien tenues aussi et, surtout, peu chères, pour 2 à 5 personnes *(compter 70-180 Rls pour 2 pers et 100-240 Rls pour 4, avec ou sans clim ; petit déj en sus).* Un bon plan pour les petits groupes !

***Pipa Hostel*** *(plan B2,* ***12****) : rua Arara, 105. 99815-0755. • pipahostel.com.br • En dortoir, 35-50 Rls/pers (réduc de 10 % avec la carte HI) ; doubles 120-180 Rls. Parking (5 places).* L'auberge de jeunesse « officielle » de Pipa, installée dans une grosse maison protégée par une large grille. L'ensemble est un peu vieillissant, mais des travaux de rénovation sont prévus. En attendant, les dortoirs (6-8 lits) et chambres privées sont en fait très corrects, assez sobres (sol en béton ciré et mobilier en bois) mais bien tenus, avec une bonne literie, un frigo et la clim. Jardin avec petite piscine. Cuisine collective, salle TV, billard, baby-foot, etc. Accueil cool.

## De prix moyens à plus chic (150-500 Rls / env 36-120 €)

***Pousada Aconchego*** *(plan B1,* ***13****) : rua do Céu, 100. ☎ 3246-2439. 99479-4660. • pousada-aconchego.*

*com • Au milieu du village, au fond d'une impasse. Congés : mai-juin. Doubles 170-280 Rls. Parking.* Un emplacement en or pour cette *pousada* tenue par François, un Français qui a bien roulé sa bosse en Amérique du Sud. Le voyage, ça le connaît. Les attentes des voyageurs aussi. Du confort, mais pas de chichis, du clean et du bien tenu, une bonne ambiance, des conseils, une présence sympathique... voilà ce qu'il propose à ses hôtes. Une dizaine de chambres, dont 2 avec vue mer, et 1 maison de 2 étages avec 2 chambres et cuisine, idéale pour les familles. Excellent confort général (clim, ventilo, TV, frigo, terrasse privative, hamac) et bon goût. Atmosphère tranquille dans le jardin, autour de la piscine. On adore !

**Pousada Oasis** *(plan B1, **14**) : av. Baía dos Golfinhos, 672 ; accès au fond d'une petite galerie marchande. ☎ 3246-2330. • pousadaoasispipa.com • Doubles 270-350 Rls. Parking.* L'un de ses atouts est sa localisation, on ne peut plus centrale. Mais il règne aussi un calme paisible dans cette structure d'une quinzaine de chalets alignés le long d'un grand jardin avec piscine et fontaine. Une oasis, quoi ! Chambres spacieuses, sympa et tout confort. Le tout impeccablement tenu. Espace petit déj ouvert sur le jardin. Accueil gentil comme tout.

**Pousada Mirante de Pipa** *(plan C1, **15**) : rua Mirante, 1. 99991-4483. • mirantedepipa.com.br • Doubles 280-350 Rls (500-650 Rls avec vue mer). Parking.* Sur les hauteurs, dans un domaine noyé dans la végétation, mais à 10 mn à pied seulement du cœur de la station et de la plage. Difficile de faire plus tranquille ! Une situation de choix donc, mais on a été séduits aussi par les chambres, installées dans des bungalows, très agréables avec leur sol en terre cuite et terrasse privative où pend un hamac. Pour nos lecteurs les plus fortunés, 2 d'entre elles ont même un grand jacuzzi privé sur une plateforme donnant sur la mer ! Également des familiales. N'hésitez pas.

**Pousada Barbara** *(plan C1, **16**) : largo São Sebastião, 2. ☎ 3246-2351. • pousadabarbara.com • Sur la praia do centro, derrière l'église São Sebastião. Doubles 200-370 Rls. Parking.* Encore une *pousada* unique par sa situation, presque les pieds dans le sable (la seule du genre à Pipa)... À vrai dire, c'est surtout pour cela qu'on la signale car les chambres, colorées mais un peu vieillottes, réparties dans des bungalows, nous ont paru un peu surévaluées. Bon confort néanmoins (clim, TV, coffre, frigo). Elles ont chacune une terrasse avec hamac donnant sur la piscine. Également une chambre familiale et une maison indépendante, sur la plage. Le proprio est français.

**Pousada Terra dos Goitis** *(hors plan par C2, **17**) : rua das Acacias ; praia do Amor. ☎ 3246-2261. • terradosgoitis.com • Doubles 325-450 Rls.* À 100 m de la plage, cette *pousada* de (grand) charme est un hymne au raffinement. Il faut juste accepter de s'excentrer pour loger dans ces « chalets » individuels aux tons harmonieux et reposants, répartis dans un jardin luxuriant. Volets en bois, matériaux naturels, large terrasse privée avec table et hamac, chambres spacieuses, baldaquins de voiles vaporeux. Et tout le confort bien sûr : TV, coffre, clim... ainsi qu'une cuisine américaine entièrement équipée où est livré chaque matin le petit déjeuner tout frais à savourer tranquillou chez soi ! Belle piscine, bar plein de caractère (avec bibliothèque) pour un dernier verre le soir... Accueil adorable des propriétaires. Un seul petit bémol : le wifi n'est actif que dans les parties communes. N'empêche, voilà une adresse romantique en diable, et notre coup de cœur à Pipa, sans hésiter !

## Très chic (plus de 500 Rls / env 120 €)

**Pousada Toca da Coruja** *(plan A1, **18**) : av. Baía dos Golfinhos. ☎ 3246-2226. • tocadacoruja.com.br • À l'entrée de Pipa, sur la droite en venant de Natal. Resto sur résa seulement. Doubles 900-1 700 Rls.* Un Éden tropical au cœur de la ville. On croit rêver devant l'étendue du domaine (2,5 ha de *mata atlântica*) et la beauté de l'architecture balinaise des bungalows qui abritent les chambres. C'est unique à Pipa. Là, l'animation de la rue principale semble à des années-lumière.

LE NORDESTE

Végétation exubérante mais maîtrisée, glougloutement de fontaine, grillons, passerelles, sculptures, 2 belles piscines... l'atmosphère est presque irréelle et véritablement propice au repos. Vastes chambres de très grand confort et décorées dans un style *lodge* tropical qui sent le magazine de déco à plein nez. Charme inouï et sens du détail, même pour les *standard*. Sans surprise, le service est très stylé. Et le resto (*Oca Toca,* ouvert le soir seulement), très réputé (mais encore abordable, lui). Bref, tout est raccord. Les prix aussi !

## Où manger ?

À Pipa, un pas-de-porte sur 2 est un resto. Il y en a pour tous les goûts, tous les budgets.

### Bon marché (moins de 40 Rls / env 10 €)

**|●| *Dona Branca*** (*plan B1,* **20**) **:** *av. Baía dos Golfinhos, 946A. Tlj 11h-20h30. Compter 18-20 Rls/pers, hors boisson.* Une petite cantine familiale et populaire, avec toiles cirées sur les tables et vue sur la mer en contrebas. Elle propose, pour un prix modique, une viande, un poisson ou des crevettes grillées avec un buffet d'accompagnements (chauds et froids) à volonté. Sans oublier les fruits en dessert, et le café. C'est frais et propre.

**|●| *Fases da Lua*** (*plan B1,* **21**) **:** *av. Baía dos Golfinhos, 785. Tlj sauf lun. Buffet 15 Rls/pers (hors boisson).* Autre bon plan le midi que ce buffet soigné, goûteux (avec poulet et poisson) et pas cher, à déguster dans une petite salle hyper nette donnant sur la rue. Rien à redire pour le prix. Le soir, c'est sandwichs et crêpes (salées) à la carte.

### Prix moyens (40-70 Rls / env 10-17 €)

**|●| *Tapas*** (*plan B1,* **23**) **:** *rua dos Bem-te-Vis ; à l'angle de la rue principale. 📱 9414-4675. Le soir seulement. Fermé dim-lun.* Le resto de Pipa qui ne désem... Pipa ! Il faut dire qu'il bouscule les habitudes culinaires avec une cuisine aussi créative que raffinée, mélangeant saveurs brésiliennes et asiatiques. Parmi les spécialités, le steak de thon juste saisi en croûte de sésame (à prendre avec les patates douces au wasabi !), ou le pavé de bœuf sauce gorgonzola, excellents ! Fraîcheur des produits indiscutable. Décor chaleureux. Accueil à la hauteur des lieux, prix très raisonnables, bref une adresse exceptionnelle.

**|●| *Pizzaria Dall'Italiano*** (*plan B1,* **25**) **:** *av. Baía dos Golfinhos, 731. 📱 9152-8651. Tlj 18h-23h30.* Ce ne sont pas les restos italiens qui manquent à Pipa. Celui-ci a un truc en plus : la qualité des pizzas, au feu de bois. Énormes et généreusement garnies, elles remportent un franc succès auprès de la clientèle vacancière familiale pas contrariée d'y laisser un budget un peu plus élevé que chez les concurrents... Certes, la qualité a un prix !

**|●| *Atelier de Massas*** (*plan B1,* **24**) **:** *av. Baía dos Golfinhos, 1008. 📱 99637-3289. Tlj 18h30-23h30, sauf mer.* À la *pizzaria Dall'Italiano* les pizzas, et à l'*Atelier de Massas*... les pâtes ! C'est, en effet, dans une petite salle des plus accueillantes ouverte sur la rue, l'unique proposition de la carte : ravioli de *carne do sol* (ou de potiron, de crevettes...), cannelloni aux légumes, fettuccine aux fruits de mer... à combiner avec l'une de leurs sauces maison. C'est savoureux et l'ambiance, plutôt intime, est bien agréable.

**|●| *O Tal do Escondinho*** (*plan C2,* **26**) **:** *av. Baía dos Golfinhos, 1130. 📱 9425-0496. Tlj sauf mar 18h-22h30, plus dim au déj.* Une référence locale en matière de cuisine régionale : *moqueca, bobo de camarões, baião de dois* et, surtout, le fameux *escondidinho* (sorte de hachis Parmentier) gratiné, à la *carne do sol* (le traditionnel), au poulet, au cabillaud ou même végétarien. C'est le moment de revoir (ou d'apprendre) ses classiques nordestins. On savoure ces spécialités dans une grande salle ouverte style un peu Far West ou en terrasse, dans une chaude ambiance musicale.

## Un peu plus chic (50-80 Rls / env 12-19 €)

|●| ***Rola Peixe*** *(plan C2,* ***27****) : av. Baía dos Golfinhos, 1133. ☐ 9157-7354. Tlj 18h-23h, sauf dim. Résa conseillée.* Le poisson est une spécialité locale, c'est connu. Mais s'il est un endroit où il faut l'apprécier, c'est bien ici, dans ce cadre informel de baraque de pêcheur, tenu par un Espagnol cool et chaleureux. L'ardoise se renouvelle chaque jour au rythme de la pêche, gage de la plus grande fraîcheur. D'ailleurs, ici, les crevettes sont sauvages (en saison du moins) ! Parmi les valeurs sûres, goûtez le *cioba robalo* (bar) ou le *polvo a gallega* (poulpe). Côté tapas, jetez-vous à l'eau, tout est extra : *mexilhoes* (moules), *zeviche, matrimonio* (anchois sur toasts), *tartar de atum...* Très fréquenté aussi par les locaux, c'est toujours bon signe.

|●| ***El Farolito*** *(plan B1,* ***28****) : rua Albacora, 1. ☎ 3246-2643. Tlj 18h-23h, sauf mar.* Bienvenue en terre... argentine. Dans un cadre qui n'est pas sans rappeler les *steakhouses* du Nordeste argentin, on savoure d'excellentes spécialités de viandes cuites au feu de bois (les meilleures, en fait, de Pipa), accompagnées d'incomparables *patatas fritas*. Mention spéciale pour le *bife de chorizo*. On apprécie aussi les portions de *gaucho...* et l'accueil personnalisé du patron.

## Où manger dans les environs ?

|●| ***Natural Brasil*** *(hors plan par A1) : rua Dr Hélio Galvão, 441 ; à* ***Tibau do Sul****, à 8 km de Pipa. ☎ 3246-4250. Tlj 13h-22h, sauf mer.* Si vous traînez de ce côté, voici un petit café-boutique d'artisanat sympa et coloré. Joli cadre plein de verdure et bonne musique. Sandwichs, salades, pâtes et jus de fruits, notamment de l'*açaí*, une baie locale bourrée d'antioxydants. Bon et pas (trop) cher.



## Où s'offrir une bonne glace ?

***Gelateria Preciosa*** *(plan B1,* ***35****) : av. Baía dos Golfinhos, 530. Tlj 12h-minuit, sauf lun.* Les glaces les plus réputées de la station. Une palette de 16 parfums qui changent au fil des jours et des saisons, à base de produits locaux (*carambola, graviola, caju*, etc.)... ou non, comme le délectable chocolat amer ! À emporter ou sur place, dans le très agréable salon de thé.

***Sorveteria Real de 14*** *(plan B1,* ***36****) : av. Baía dos Golfinhos, 617. ☎ 3246-2083. Face à la rua do Ceù. Tlj 10h-minuit.* Autre maison proposant de délicieuses glaces artisanales. Plus d'une cinquantaine de parfums tous les jours, qui dit mieux ? On a adoré la *banana real* et la *whisky* !

## Où boire un verre ? Où sortir ?

***Pipa Beach Club*** *(plan C1,* ***40****) : sur la plage du centre. Tlj 11h-20h.* L'endroit idéal pour boire un verre en journée, les pieds dans le sable.

***Mirante Sunset Bar*** *(plan C1,* ***15****) : rua do Mirante, 1. ☎ 3246-2251. Tlj 16h-19h.* Le bar de la *pousada do Mirante* (voir « Où dormir ? ») est ouvert au public à l'heure de l'apéro ! Et l'endroit (différentes terrasses noyées dans la végétation, avec banquettes surélevées, balancelles...) est vraiment idéal pour assister au coucher de soleil en direct. Fabuleux.

***Bar Nativos*** *(plan B1,* ***21****) : av. Baía dos Golfinhos, 748. Tlj dès 18h.* Si vous avez la flemme de monter jusqu'au *Mirante Sunset Bar* pour l'apéro, le *Bar Nativos* fera fort bien l'affaire aussi avec ses nombreux cocktails ! Intérieur ouvert sur la rue vraiment agréable.

***Agora*** *(plan B1,* ***41****) : av. Baía dos Golfinhos, 795. Tlj 21h30-1h30 (ou 2h). Forró jeu et dim ; les autres j., salsa, samba, reggae, MPB.* Un long couloir garni de plantes, qui débouche sur le bar extérieur de la *pousada* du même nom (une *pousada* où on fait la fête !). À la fois touristique et très prisé des locaux les soirs de *forró*. Certains soirs, on peine à avancer !

Dans la rue principale *(Baía dos Golfinhos)*, ça bouge pas mal aussi du côté de ***Mikro Ponto, Tribus bar,*** souvent blindé de jeunes, ou au ***Bakana,*** toujours animé.

***Bar da Praia by Toca da Coruja*** *(hors plan par C2, **42**)* **:** *face à la praia das Minas, à 3 km du village. Tlj 10h-16h, sauf lun.* Quoi de mieux que de lézarder face à la plage des tortues ? Pour ce faire, le très chic hôtel *Toca de Coruja* reçoit dans ce bar-resto-jardin garni de chaises longues, complètement à l'écart du village, face à la mer. Excellents *petiscos* et jus frais naturels. On est loin, très loin déjà de l'agitation de la station...

## À faire

***Praia de Pipa*** *(plan A-B-C1)* **:** appelée aussi *praia do Centro,* elle est vraiment belle, légèrement en arrondi. Eaux bleues, sable blond, et, en ligne de mire, des falaises et des dunes. Le palmier penché, immortalisé sur les cartes postales, a contribué à sa réputation. Pas mal de monde durant les vacances et week-ends.
– ***Les plages au sud-est :*** derrière la pointe à l'est se cache une jolie falaise rose qui descend sur une plage adorable (mais vite à l'ombre en fin d'après-midi). Les locaux l'appellent ***praia do Amor*** *(plan C1)* pour sa forme de cœur à marée basse. Mais ce doux nom romantique ne doit pas faire oublier son vrai nom, *praia dos afogados* (des naufragés) à cause de sa dangerosité. Les surfeurs en ont pourtant fait leur spot de prédilection. Plus au sud, la ***praia das Minas*** *(hors plan par C2)* est bien plus sauvage car plus difficile d'accès : on peut y faire des kilomètres sans croiser âme qui vive. Totalement paisible. Quant aux tortues, à moins de veiller discrètement toute la nuit, il faut être bien chanceux pour en croiser une (entre novembre et mai)... Entre les 2 plages, ne pas manquer le promontoire rocheux des ***chapadão*** (prononcer « chapadaan »), qui offre notamment un point de vue unique sur la *praia do Amor.* Belles photos en perspective (surtout à marée haute).
– ***Les plages au nord-ouest :*** s'il n'est pas courant de croiser des tortues du côté de *praia das Minas,* la chance est déjà plus élevée du côté de ***bahia dos Golfinhos,*** laquelle est accessible uniquement par la plage à marée basse ou en bateau. Mais plus que les tortues, ce sont les dauphins qui peuplent régulièrement les eaux à cet endroit. On peut même les voir nager à quelques mètres de soi (surtout à marée haute) ! Plus au nord, la très belle ***praia do Madeiro*** est accessible depuis la plage du centre à pied (40 mn de marche à débuter lorsque la marée commence à descendre) ou depuis la route (descente alors par un grand escalier). Bordée d'un haut mur végétal, protégée, avec peu de vagues, elle est très appréciée des familles. Pas mal de bars pour se restaurer, avec parasols.

***Tibau do Sul :*** *à 8 km au nord de Pipa.* Étalé sur une pointe, c'est le village dont dépend administrativement Pipa. Belle plage de sable jaune clair. À droite, l'océan ; à gauche, un lagon (la *lagoa Guaraíras*) aux eaux calmes et turquoise, où la baignade est un délice. On peut aussi y faire une excursion en bateau pour voir les dauphins *(compter 40-50 Rls/pers)* ou louer un kayak *(35 Rls/2h)* pour l'explorer. Peu de monde (sauf le week-end, où c'est très populaire), paysages vraiment ravissants.

➢ ***Balades : à pied*** *dans le* ***Santuário écológico*** *(☎ 3201-2007 ; tlj 7h-17h ; accès à 1 km de la sortie de Pipa en allant vers Tibau do Sul ; entrée : 15 Rls),* traversé par une douzaine de sentiers différents (plan fourni à l'entrée). Il s'étend entre la route et la bahia dos Golfinhos d'un côté et la praia do Madeiro de l'autre (accès à cette dernière par un escalier long et raide depuis le sanctuaire) ; ***en bateau,*** avec plusieurs excursions possibles, par exemple jusqu'à la *lagoa Guaraíras* pour voir les dauphins (durée 1h30-2h) ; ***à cheval,*** sur la plage das Minas.

LE NORDESTE

Et, dans un registre moins écolo, virées ***en buggy*** vers le sud, jusqu'au village de pêcheurs de Bahia Formosa, en passant par le magnifique petit village de Barra de Cunhaú *(compter 500-600 Rls, jusqu'à 4 pers et pour la journée).*

# LE LITTORAL DU PERNAMBUCO AU SERGIPE

• Carte *p. 473*

## LE PERNAMBUCO

**Créé le 12 mars 1537, l'État du Pernambuco est l'un des États fondateurs du Brésil. Il a participé activement à l'histoire du pays par la défense d'idéaux politiques humanistes (tolérance, liberté, justice sociale). Sa cuisine, riche, trouve ses origines dans les racines populaires maritimes et rurales. Ainsi, l'un des plats typiques est la *galinha de cabidela* (importée par les Portugais), une poule fraîche cuite dans son sang et servie avec une purée ou du riz. On la sert encore dans les *lanchonetes* populaires pour quelques *reais.* La *carne do sol* est le 2e plat de base de la population, préparée avec les parties les plus tendres du bœuf (contre-filet...), recouvertes de sel, puis séchées au soleil plusieurs jours.**

### RECIFE

env 1 600 000 hab. (4 millions pour l'agglomération) IND. TÉL. : 81

• Plan d'ensemble *p. 475* • Centre (plan I) *p. 477*
• Boa Viagem (plan II) *p. 479*

**Capitale du Pernambuco, 1er port de commerce du Nordeste, Recife connaît depuis les années 1970 un développement accéléré, pour le meilleur et pour le pire. Avec une interminable barrière d'immeubles modernes, c'est apparemment le modèle urbain de l'Amérique du Nord (la Floride) qui prévaut désormais à Recife. On y trouve une immense plage sur près de 7 km de long avec des « piscines naturelles » et, à environ 100 m du bord, une barrière de corail, le fameux « récif » qui a donné son nom à la ville. Mais, comme vous le signalent les nombreux panneaux en bordure de plage, les requins vous attendent au-delà de cette barrière naturelle. Surtout, ne jamais la franchir et se baigner dans les piscines naturelles à marée basse !**
**Cela étant dit, entre les 2 rivières et les multiples canaux qui la traversent et l'ont fait surnommer « la Venise brésilienne », on découvre une vénérable vieille ville dans le sens noble du terme, le *Recife Antigo.* Engagé dans un processus de réhabilitation, ce quartier – naguère splendide avec ses palais, ses commerces et ses riches habitations – commence peu à peu à retrouver son éclat et sa beauté passés. Et, indéniablement, le charme opère.**
**On aime aussi en journée, les quartiers de *São José* et *Santo Antônio,* en face du vieux Recife, ses rues commerçantes et ses marchés colorés et vivants. Et puis il ne faut pas manquer les 2 musées majeurs de la ville, tous 2 situés en périphérie. Enfin, Recife, c'est aussi le carnaval, qui a conservé une spontanéité populaire à nulle autre pareille.**

# LE LITTORAL DE RECIFE À SALVADOR

## UN PEU D'HISTOIRE

Fondée en 1537 par les Portugais, Recife ne fut au commencement qu'un tout petit port à l'ombre d'Olinda, la capitale du Pernambuco. Son nom lui vient tout naturellement de la barre de récifs au large de la côte. En 1630, les Hollandais attaquent le Pernambuco et s'emparent d'Olinda, siège du pouvoir portugais de la région. Ils la nomment Mauritsstaad en hommage à Maurice de Nassau qui voulait en faire une nouvelle Amsterdam, organisée autour de canaux. Les Hollandais restent les maîtres du Pernambuco de 1630 à 1654, avant de se faire expulser par les Portugais. L'âge d'or du sucre, aux XVII^e^ et XVIII^e^ s, contribua ensuite à la richesse d'Olinda et à l'extension de Recife, qui devint rapidement la véritable capitale économique. Le transfert de souveraineté se fit officiellement en 1825. Recife se distingua aussi par une activité intellectuelle et culturelle intense. Divers mouvements pour l'indépendance du pays, puis contre l'empereur y virent le jour, notamment la révolte républicaine de 1817.

On y trouve aussi les rites afro-brésiliens les plus purs et les plus naturels : c'est à Recife que les cérémonies sont les plus intéressantes par leur richesse et leur spontanéité. Dans les *terreiros* (paroisses) se pratique le ***xangô,*** équivalent du *candomblé* de Salvador da Bahia. Il existe plusieurs centaines de *terreiros,* plus toutes les nuances de rites, comme les *tendas de umbanda.* Nombreuses manifestations en avril, août et septembre. Si vous êtes là mi-juillet, réservez une soirée à Oxum, déesse de l'Eau douce (associée à N. S. do Carmo).

## FÊTES ET TRADITIONS

– ***Maracatu :*** cette procession profane, aux profondes réminiscences africaines, met en scène le couronnement du roi du Congo et de sa femme, la *rainha da Maracatu,* accompagnés de leur suite (les vassaux, les courtisanes – *damas-do-poco* –, etc.). Magnifiques costumes des participants, qui dansent sur une musique à base de cuivres. Le *museu do Homem do Nordeste* à Recife en présente les plus beaux atours.
– ***Frevo :*** la musique typique de Recife, un genre de polka très rythmée, beaucoup plus populaire que la samba. Se joue avec des cuivres : saxo, trombone, trompette, tuba et clarinette. Les danseurs exécutent certaines figures traditionnelles : *dobradiça, parafuso* et *saca-rolha,* mais une grande liberté d'initiative caractérise les *passistas* (danseurs de *frevo*). Un centre culturel lui est dédié en ville.
– ***Caboclinhos :*** les enfants des *caboclos* (métis d'Indiens) forment un des plus anciens groupes de danse dont rites et costumes se réclament de la tradition culturelle indienne. Plumes d'oiseau multicolores, pagnes, arcs et flèches servent aussi à rythmer la musique, le plus souvent improvisée. Les figures dansées reprennent des thèmes de la vie quotidienne de l'Indien : chasse, pêche, cueillette, les batailles et les victoires.
– ***Blocos :*** clubs de quartier qui, au moment du carnaval, jouent dans la rue leurs propres compositions.
– ***Bumba-meu-Boi :*** cette tradition issue de la culture du Maranhão (voir au chapitre « São Luís do Maranhão ») est également perpétuée à Recife au moment des fêtes religieuses.
– ***Fandango :*** spectacle populaire très animé qui met en scène danseurs, musiciens, conteurs...
– ***Mamulengo :*** nom donné aux petits théâtres fantoches introduits au Pernambuco dès le XVIe s, inspirés du catholicisme du Moyen Âge. L'*urso de Carnaval* (l'ours du Carnaval) est l'une des figures traditionnelles de la fête.



## Arriver – Quitter

### En avion

✈ ***Aeroporto dos Guararapes*** *(plan d'ensemble)* **:** *à 11 km au sud du centre.* ☎ *3322-4188.* • *aeroporto recife.net* • Une aérogare ultramoderne, qui accueille de nombreux vols nationaux et quelques vols depuis l'étranger. On trouve tous les services de base dans le hall d'arrivée : comptoir d'infos, bureaux de change, distributeurs, poste, agences de location de voitures, agences de voyages, police touristique...

***Rejoindre le centre-ville***

➢ ***En métro :*** circule de 5h à 23h, 3 lignes en tout. La *Linha Sul* (bleue) dessert directement le centre (station « Recife ») depuis l'aéroport (station « Aeroporto », qui se trouve en fait à 500 m de l'aéroport mais est reliée à ce dernier par une passerelle). Env 3,60 Rls le ticket. Ceux qui souhaitent rejoindre la gare routière descendront à la station « Joana Bezerra » (juste avant la station « Recife ») et prendront la ligne orange n° 1, qui dessert la gare routière (station « Rodoviária ») tout à l'ouest de la ville.

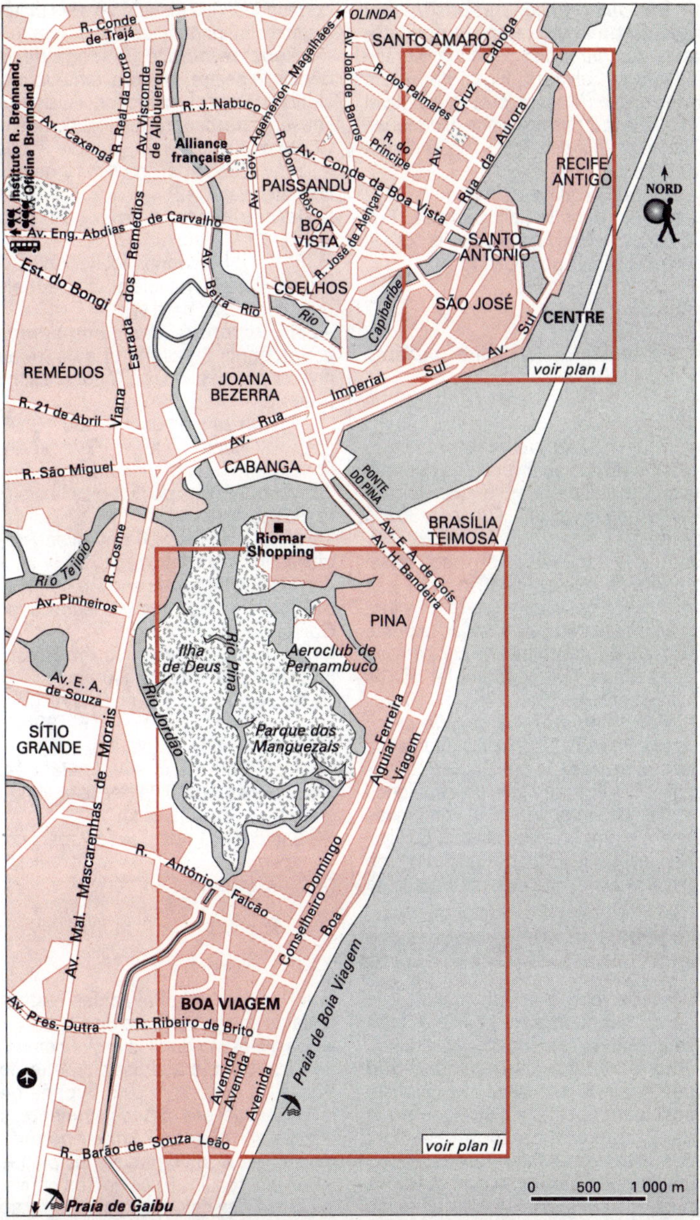


RECIFE – Plan d'ensemble

➢ ***En bus :*** plusieurs bus relient l'aéroport à la ville, mais le plus utile est le bus *Aeroporto* n° 042 (arrêt face à l'aéroport en sortant) qui dessert la plage de Boa Viagem, puis Boa Vista et São José (à 2 pas du centre historique). Circule tlj sauf dim 7h30-19h30 (6h15-18h50 sam).

➢ ***En taxi prépayé :*** achat au guichet des taxis, dans le hall d'arrivée. Env 20 Rls pour Boa Viagem, 30 Rls pour le centre et 60 Rls pour Olinda.

## En bus

***Rodoviária TIP*** *(gare routière ; hors plan d'ensemble) : très excentrée, à env 15 km à l'ouest du centre, sur la route BR 232.*

➢ ***Pour rejoindre le centre :*** prendre le métro (accès au niveau des départs) jusqu'à la station « Recife » (non loin du *Recife Antigo ; plan I, A3*) ; env 30 mn de trajet.

Depuis la *rodoviária,* on peut aussi prendre le bus situé au niveau des arrivées (en bas), sur la droite. Il va jusqu'à l'av. Guararapes, près de la poste *(plan I, A2).* Également une coopérative de taxis au 1er étage (compter 55 Rls pour le centre).

➢ ***Pour rejoindre Boa Viagem :*** prendre le métro jusqu'à la station João Bezerra et, de là, le bus 080 « Boa Viagem ». Il s'agit de l'une de ces lignes rapides « Integração » (SEI) combinées avec le métro (même ticket : 3,60 Rls), donc **ne pas** sortir de la station de métro, mais suivre les panneaux de correspondance menant vers les plateformes d'où partent les bus.

➢ ***Pour rejoindre la* rodoviária** depuis le centre, prendre le métro à la station « Recife », direction « Camarajibe », et descendre à « Rodoviária ». Compter 30 mn. Sinon, prendre le bus « TIP/av. Conde da Boa Vista » devant la poste *(plan I, A2).*

***Bureau d'infos touristiques :*** *au niveau du hall des arrivées (tt en bas). Tlj 8h-18h.* Personnel accueillant, qui se débrouille en anglais. On peut s'y procurer le plan de la ville.

– Les ***comptoirs des compagnies*** sont répartis à gauche et à droite au niveau des départs, au fond. Liaisons avec :

➢ ***Fortaleza :*** 5 bus/j., 7h30-19h15 (depuis Recife), avec *Guanabara (● expressoguanabara.com.br ●).* Env 14h de trajet. Bus de nuit plus luxueux et plus confortable.

➢ ***Natal :*** ttes les 2h env avec *Progresso (● progressoonline.com.br ●),* à partir de 7h45. Trajet : env 5h.

➢ ***Caruaru :*** bus ttes les heures avec *Caruaruense (● caruaruense.com.br ●),* un peu moins avec *Progresso,* 5h-minuit env. Trajet : 1h40-2h.

➢ ***Maceió :*** 7 bus/j. avec *Real Alagoas (● realalagoas.com.br ●),* 6h-23h55 (dans les 2 sens). Trajet : 4h.

➢ ***Aracaju :*** avec *Real Alagoas,* 1 bus/j. (vers 12h30 de Recife et 22h30 d'Aracaju). Trajet : min 8h.

➢ ***Salvador :*** 1 bus/j. avec *Itapemirim (● itapemirim.com.br ●),* vers 19h15. Min 14h de route.

## Les différents quartiers

Avec son long bord de mer et ses rivières qui quadrillent la ville, Recife semble s'être bizarrement constituée.

– ***Recife Antigo*** *(Vieux Récife),* ***São José*** et ***Santo Antônio :*** ces quartiers constituent le centre historique de la ville. São José et Santo Antônio sont très vivants le jour mais déserts (et peu sûrs) la nuit... contrairement à Recife Antigo qui constitue l'un des pôles de la vie nocturne. De l'autre côté du rio Capibaribe, le *quartier de* ***Boa Vista*** aligne ses immeubles modernes. En allant vers le sud, ***Pina*** est le 1er quartier que l'on rencontre, avec ses restaurants de poisson en bord de plage.

– ***Boa Viagem :*** dans le prolongement de Pina, c'est le quartier balnéaire de Recife, et la zone la plus huppée de la ville avec ses grands immeubles alignés sur plus de 7 km en bord de mer ! C'est ici qu'on trouve les plages (attention, requins !), les grands hôtels, la plupart des cafés-restos en terrasse et une bonne partie de la vie nocturne. Sans oublier les centres commerciaux. S'y déroule également le « carnaval hors saison » du mois d'octobre.

LE NORDESTE

## RECIFE – Centre (Plan I)

**Adresses utiles**

- Informations touristiques (B2)
- **1** Banco do Brasil (B2)
- **2** Bradesco (B2)

**Où dormir ?**

- **10** Antigo Recife Hostel (B2)
- **11** Pousada Lorde Inglês (hors plan par A2)

**Où manger ?**

- **20** O Buraquinho (A3)
- **21** Leite (A2-3)
- **22** Altar, Cozinha Ancestral (hors plan par B1)

**Où boire un verre ? Où sortir ?**

- **30** As Galerias (B2)
- **31** Bodega de Veio (B2)

**Achats**

- **40** Casa da Cultura (A3)

➢ ***Pour aller du centre à Boa Viagem*** (et inversement), prendre l'un des bus qui circulent le long de l'avenida Conselheiro Aguiar (031, 032, 039, 061...) et vont jusqu'au Cais Santa Rita *(plan I, A-B3)* à São José (centre historique).

## Adresses et infos utiles

### Infos touristiques

***Kiosques touristiques :*** il y en a plusieurs en ville.
– *Dans le centre historique : praça Artur Oscar (plan I, B2). ☎ 3355-3402. Tlj 8h-18h.* Accueil charmant (parfois en anglais). S'y procurer le plan de la ville.
– *À Boa Viagem : praça Boa Viagem (plan II, zoom), au pied de l'église bleue. ☎ 3182-8297. Tlj 8h-18h.*
– Également au *Shopping Recife,* à la *Rodoviária* et à l'aéroport.
– Enfin, infos sur le site • *turismoemrecife.com.br* •

### Argent, change

– ***Distributeurs*** un peu partout en ville : **Banco do Brasil,** *av. Rio Branco, 240 (plan I, B2,* ***1****) ;* **Bradesco,** *av. Marquês de Olinda, 126 (plan I, B2,* ***2****) ;* **Citibank,** *av. Conselheiro Aguiar, 2034 (plan II, B2,* ***3****) ; et bien sûr dans ts les centres commerciaux.*
– Pour le ***change,*** bureaux dans les centres commerciaux surtout, par exemple *Europa Câmbio (au Shopping Recife et au Shopping RioMar ; lun-ven 9h-17h),* ou *Labor Câmbio (au Shopping Boa Vista ; lun-sam 9h-20h).*

### Représentations diplomatiques

■ ***Consulat général de France*** *(plan II, A3,* ***4****) : edifício BV Corporate (10ᵉ étage), rua Prof. Aloísio Pessoa de Araújo, 75 (Boa Viagem). ☎ 3117-3290.* • *recife.consulfrance.org* • *Lun-ven 8h30-12h30, 14h30-17h30 (16h ven). Démarches consulaires 9h-12h, sur rdv seulement. Fermé w-e.*

■ ***Consulat honoraire de Belgique :*** *rua Rosa Amélia da Paz, 388, à Piedade, Jaboatão dos Guararapes (au sud de Boa Viagem). ☎ 3223-1001.* • *jbamps@ig.com.br* •

### Urgences

■ ***Police touristique*** *(delegácia de turistas) : au niveau du hall des arrivées de l'aéroport de Recife. ☎ 3322-4867. Ouv 24h/24.* En cas d'incident, c'est ici qu'il faut venir. Sérieux et efficace.

■ ***Pharmacie ouverte 24h/24 :*** **Farmácia Pague Menos** *(plan II, A3,* ***5****), av. Conselheiro Aguiar, 4635 (Boa Viagem). ☎ 3301-4220.*

***Real Hospital Português*** *(hôpital privé) : av. Conselheiro Aguiar, 2502. Boa Viagem. ☎ 3416-1800.* L'unité principale se situe au nord de la ville : *av. Gov. Agamenon Magalhães, 4760. ☎ 3416-1122.*
– Bon à savoir, le consulat de France présente sur son site une liste de médecins parlant le français (rubrique « Services aux citoyens »).

### Divers

■ ***Alliance française*** *(plan d'ensemble) : rua Amaro Bezerra, 466. ☎ 3202-6262.* • *af.rec.br* • *Près de la praça do Derby. Lun-jeu 7h30-19h ; ven 8h30-17h ; sam 7h30-12h30. Fermé dim.* Souvent des soirées culturelles le vendredi soir à partir de 19h : ciné-club ou musique. Entrée généralement gratuite.

## Où dormir ?

Si le centre historique (*Recife Antigo* et *Santo Antônio*), avec ses églises, ses bâtiments anciens et 2-3 musées, est la partie la plus intéressante à visiter, on n'y trouve encore quasiment rien pour dormir. Il faut se tourner vers les quartiers plus modernes, comme *Boa Vista* et surtout *Boa Viagem,* le front de mer urbanisé. L'autre solution, parfaitement jouable (et, en fait, beaucoup plus

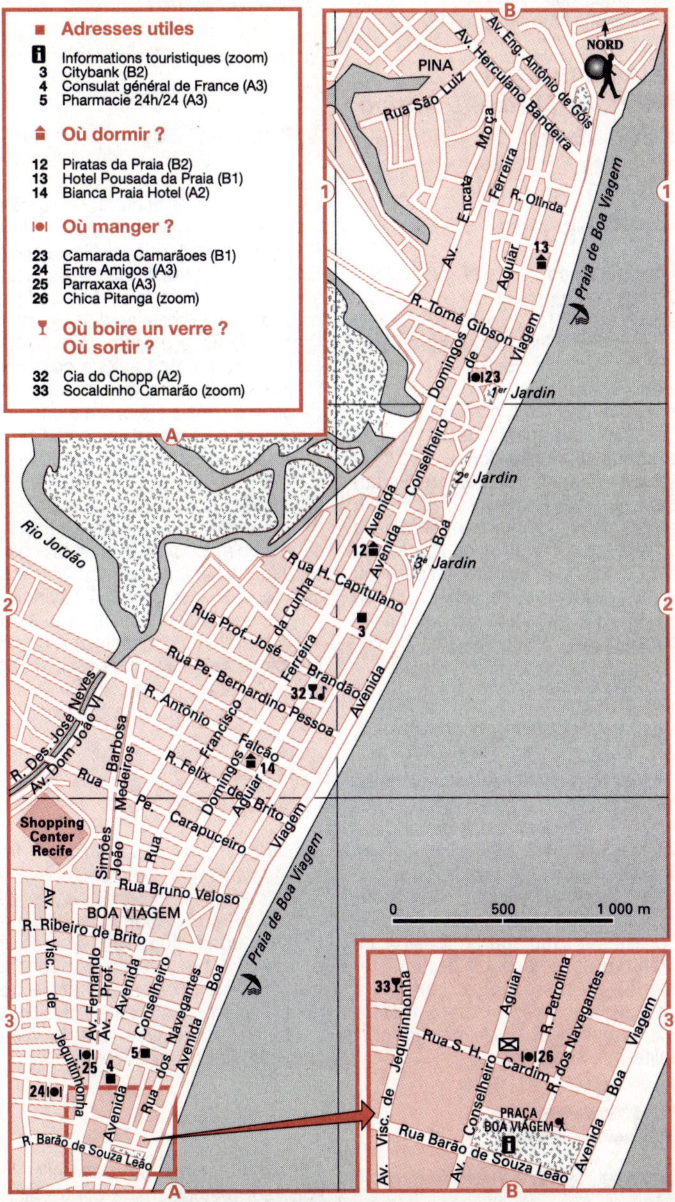


RECIFE – Boa Viagem (Plan II)

charmante), consiste à loger à Olinda et à passer la journée à Recife.

### *Du côté du centre historique (à Recife Antigo et Boa Vista)*

## Bon marché (moins de 150 Rls / env 36 €)

**Antigo Recife Hostel** *(plan I, B2, **10**)* : *rua da Guia, 117. ☎ 3097-7767. Dortoir env 45 Rls/pers, petit déj non compris.* Pour les routards pas trop regardants sur le confort et qui souhaitent loger dans le vieux Recife, c'est l'une des rares possibilités. Propose juste 2 dortoirs... de 14 lits (pas beaucoup d'intimité donc), aux 1er et 2e étages d'une maison en plein cœur de la vieille ville. Plus agréables, en fait, sont les parties communes, comme la terrasse à ciel ouvert avec hamacs et petite piscine, ou encore l'espace au rez-de-chaussée tout en longueur avec son coin TV, sa cuisine et ses tables pour se poser.

## Prix moyens (150-250 Rls / 36-60 €)

**Pousada Lorde Inglês** *(hors plan I par A2, **11**)* : *rua Padre Inglês, 90. ☎ 3423-6169. • pousadalordeingles.com.br • Doubles 190-210 Rls.* Située dans une rue calme pas trop loin du centre historique, une chouette découverte que cette *pousada* très soignée et plaisante, avec son petit salon TV à l'entrée sous le puits de lumière. Chambres impeccables aux murs et sol blancs, avec ou sans fenêtre (plus sympa avec !). Un bon rapport qualité-prix-situation.

### *À Boa Viagem*

## Bon marché (moins de 150 Rls / env 36 €)

**Piratas da Praia** *(plan II, B2, **12**)* : *av. Conselheiro de Aguiar, 2034. ☎ 3326-1281. • piratasdapraia.com • Dortoir 40 Rls/pers.* Au 3e et dernier étage d'un immeuble, une AJ colorée, accueillante et écologique, tenue par le sémillant Paolo ! On n'y trouve que des dortoirs (de 4 à 8 lits), mais ils sont frais et propres, avec des matelas plus ou moins fermes. Espace cuisine-salle à manger et divers petits salons communs tapissés de photos et peintures. Pas de petit déj, mais thé ou café offerts et supermarché à proximité immédiate.

**Hotel Pousada da Praia** *(plan II, B1, **13**)* : *rua Alcides Carneiro Leal, 66 (Pina). ☎ 3326-7085. • hdapraia.com.br • Double env 140 Rls.* Petit immeuble situé à 66 m (comme le dit la brochure) de la mer. Chambres assez petites mais bien tenues, avec clim et TV, certaines un peu sombres et confinées toutefois avec une fenêtre donnant sur le couloir. En voir plusieurs donc, si possible. Petit déj en terrasse sur le toit. On viendra surtout pour les prix et la situation.

## Prix moyens (150-250 Rls / env 36-60 €)

**Bianca Praia Hotel** *(plan II, A2, **14**)* : *rua Mamanguape, 142. ☎ 3327-0958. • biancapraiahotel.com.br • Double env 220 Rls.* À 2 blocs de la plage, un petit hôtel d'un blanc immaculé, à la déco sobrement contemporaine. Les chambres sont nickel et de bon goût. Préférez juste celles des 1er et 2e étages, plus claires. Grand calme, en prime. Et excellent accueil.

# Où manger ?

### *Dans le centre historique*

2 bonnes adresses (voir ci-dessous) dans le quartier de Santo Antônio, mais ouvertes pour le déjeuner seulement, comme tous les établissements de ce secteur. Le soir, il faut donc aller – si l'on veut rester dans le centre historique – dans le *Recife Antigo,* où l'on trouve pas mal de ***bar-restos*** animés (rua da Moeda et avenue Alfredo Lisboa notamment).

## Bon marché (moins de 40 Rls / env 10 €)

|●| ***O Buraquinho*** *(plan I, A3,* ***20****) : patio de São Pedro, 28. ☎ 98658-6635. Lun-ven 11h-16h ; fermé le w-e.* La petite cantine à l'ancienne comme on l'aime ! Situé sur la charmante praça São Pedro, ce resto populaire – mais très bien tenu – sert un plat différent chaque jour. En principe, c'est *cabrito* le lundi, *rabada* le mardi, *guisado de porco* le mercredi, *dobradinha* le jeudi et *cozido* (superbe !) le vendredi. Sinon, il y a la carte... Quoi qu'il en soit, c'est non seulement (très) copieux mais vraiment bien fait, mitonné comme à la maison ! Service souriant, en prime.

## Chic (70-100 Rls / env 17-24 €)

|●| **Leite** *(plan I, A2-3,* ***21****) : praça Joaquim Nabuco, 147 (à l'angle de la rua de la Concórdia). ☎ 3224-1882. Ouv seulement le midi (11h-15h30), tlj sauf sam. Menus fixes 60-70 Rls ; plats à la carte 50-100 Rls (pour 1 pers).* Ce serait le plus vieux resto du Brésil (il date de 1882)... Un conseil : ne venez pas en short, et sortez la chemise que vous avez fourrée au fond de votre sac, sous peine de vous sentir marginalisé par une clientèle d'affaires plutôt bien sapée. Côté fourneaux, on n'est pas déçu par les délicieuses spécialités de la maison que sont, entre autres, la morue, l'agneau au four, la langue de bœuf sauce madère ou, en dessert, la *cartola*... Salle climatisée chic, service stylé en cravate. Une institution.

### *À l'écart du centre historique*

## Prix moyens (40-70 Rls / env 10-17 €)

|●| ***Altar, Cozinha Ancestral*** *(hors plan I par B1,* ***22****) : rua Frei Cassimiro, 449. ☎ 99800-1090. Dans le quartier de Santo Amoro. Tlj 12h-17h, sauf lun. Résa indispensable.* Chez Dona Carmem, on vit autant une expérience culturelle que gastronomique. Cette mamma afro-brésilienne, exubérante et joviale, reçoit telle une prêtresse dans sa maison *terreiro* (lieu de culte afro-brésilien) aux murs colorés. Sa cuisine inspirée des rites du *candomblé* en respecte les principes : des ingrédients originaires d'Afrique, et nobles car destinés aux divinités ! Ici, les divinités, c'est nous, et l'on se régale de plats bahianais iconiques : *xinxim de galiha, sarapatel de porco, feijoada de frutos do mar* et de délicieuses *moquecas,* entre autres. Une adresse exceptionnelle dans tous les sens du terme.

### *À Boa Viagem*

C'est ici, du côté de la praça da Boa Viagem notamment, que l'on trouve les restos les plus en vogue de Recife. En voici quelques-uns.

## De prix moyens à un peu plus chic (40-80 Rls / env 10-19 €)

|●| ***Camarada Camarãoes*** *(plan II, B1,* ***23****) : rua Baltazar Pereira, 130. ☎ 3325-1786. Lun-mer 17h-23h, jeu-sam 11h30-minuit, dim 11h30-20h.* L'un des restos de poisson et crustacés les plus courus de Recife. Dans une vaste salle animée au sol en béton ciré, on y dévore des huîtres fraîches, toutes sortes de plats de crevettes (à la bière notamment), mais aussi des *moqueca,* caldérades portugaises et autres gratins de la mer ! Très convivial, et grosses portions dans les assiettes (beaucoup de plats pour 2-3 personnes). Espace en terrasse également, dont il fait bon profiter en début de soirée, au moment de l'*happy hour.* Possède 2 autres adresses en ville.

|●| ***Entre Amigos*** *(plan II, A3,* ***24****) : rua Marquês de Valença, 50. ☎ 3312-1000. Tlj 11h30-2h.* Grande salle ouverte sur la rue avec des écrans TV, ou terrasse sur le trottoir, pour une clientèle essentiellement de copains, comme son nom l'indique. La star, ici, c'est le mouton *(bode),* tendre et préparé de différentes manières. La plupart des plats sont pour 2 ici aussi. Sinon, le resto propose aussi un buffet

sushi à volonté à l'étage... à prix raisonnables pour des sushi ! Également une annexe (plutôt pour poisson et fruits de mer) sur le front de mer, ***Entre Amigos Praia*** *(av. Boa Viagem, 760).* Clientèle plus *bling bling* et ticket moyen plus élevé, mais cuisine fraîche et terrasse vue mer bien agréable.

ꟾ●ꟾ ***Parraxaxa*** *(plan II, A3,* ***25****) : av. Fernando Simões Barbosa, 1200. ☎ 3463-7874. Tlj 11h30-23h. Formule buffet ao kilo (env 60 Rls le soir et 70 Rls à midi).* Des serveurs en costume qui tendent des cartes avec un numéro de table aux arrivants, et une grande salle climatisée avec des chaises en bois et des lampions au plafond, le tout baignant dans une musique folklo. Comme souvent dans les « buffets au kilo », ça grouille le midi mais c'est plus calme le soir (avis à ceux qui cherchent une atmosphère intime !). Vaste choix de bons plats traditionnels. Et les desserts ne sont pas en reste.

ꟾ●ꟾ ***Chica Pitanga*** *(plan II, zoom,* ***26****) : rua Petrolina, 19. ☎ 3465-2224. À 2 pas de la praça da Boa Viagem. Tlj 11h30-15h30 (16h w-e), 18h-22h. Buffet ao kilo (70-80 Rls en sem et env 90 Rls le w-e).* Une des bonnes adresses de Boa Viagem. Déco chaleureuse style brasserie avec un faux arbre au milieu et des serveurs en costume traditionnel. Bon buffet *ao kilo,* mais préférer les plats brésiliens, meilleurs que ceux à la mode européenne. Le soir, le buffet prend des teintes plus régionales, ce qui n'est pas plus mal. Accueil avenant et pro. Arriver assez tôt pour éviter l'interminable file d'attente !

## Où boire un verre ? Où sortir ?

### Dans le centre historique

– 🍸 ♪ ⛱ Si le quartier de *Santo Antônio* est désert (et même peu sûr) le soir, c'est plutôt l'inverse dans le *quartier Antigo (plan I, B2),* avec pas mal de bars-restos animés qui proposent, pour beaucoup, de la musique *ao vivo* en fin de semaine. On peut citer le ***Sushi Digital*** (qui n'en finit pas d'étendre sa terrasse dans la rue), la ***Casa da Moeda*** et le ***Burburinho,*** situés dans les rues da Moeda et Madre de Deus ; aussi, côté *praça do Marco Zero,* le ***Seu Boteca*** (pour boire un verre, pas la peine d'y manger) et le ***Let's Rock & Ribs*** (où l'on grignote aussi des *ribs* !). Sans oublier la ***praça Artur Oscar*** (Arsenal da Marinha), pleine de monde les samedi et dimanche soirs avec ses bars (musicaux ces jours-là) qui débordent allègrement sur le trottoir. Enfin, à un jet de pierre du centre historique, la rua *Mamede Simões (plan I, A2)* est aussi envahie par les chaises et tables en plastique de nombreux bars (mention spéciale pour le ***bar Central*** et le ***Lisbelo***).

🍸 ***As Galerias*** *(plan I, B2,* ***30****) : rua da Guia, 207 (praça Artur Oscar), à côté du kiosque touristique. ☎ 3097-4460. Tlj 7h-21h (22h w-e).* Une petite institution qu'on adore. L'enseigne a ouvert son 1er bar en 1928. Voir les vieilles photos aux murs. Il est réputé pour son *leite maltado,* mélange de lait, de glace, de vanille et de malt (servi frais) : une délicieuse spécialité cubaine. Un lieu plein de nostalgie... qui est aussi le bar préféré de Lenine. Non, pas le révolutionnaire, mais le musicien, originaire de Recife (voir sa photo face au comptoir).

🍸 ♪ ***Bodega de Veio*** *(plan I, B2,* ***31****) : av. Rio Branco, 162. Tlj sauf lun 10h-23h.* Avec ses rangées de bouteilles derrière le comptoir, il rappelle un peu le bar du même nom à Olinda ! La différence est que celui-ci possède, en plus, une grande terrasse sur la rue piétonne. Beaucoup d'animation en fin de semaine, quand les soirées samba, *forró* ou simplement vinyle vont jusqu'à faire guincher la clientèle !

### À Boa Viagem

Quartier balnéaire et chic, on y trouve évidemment aussi toute une vie nocturne, notamment dans les bars disséminés le long des avenues qui traversent la zone du nord au sud, ainsi que dans les rues transversales qui vont vers les plages.

🍸 ♪ ***Cia do Chopp*** *(plan II, A2,* ***32****) : av. Conselheiro de Aguiar, 2775. ☎ 3465-9066. Tlj à partir de 10h.* Dans une salle

LE NORDESTE

ouverte sur la rue, un bar-resto qui ne désemplit pas, où l'on vient autant pour ses burgers et viandes grillées que pour descendre des choppes au rythme du *chorinho* live (le mardi), du jazz, blues ou de la bossa (le mercredi) ou du pop-rock (le vendredi). Le jeudi, c'est soirée spaghetti bolo à volonté, les dimanche et lundi c'est *happy hour,* et le samedi... ça dépend !

🍷 ***Socaldinho Camarão*** *(plan II, zoom,* ***33****)* **:** *av. Visconde de Jequitinhonha, 106. ☎ 3462-9500. Tlj 12h-minuit (2h sam).* Bar couru pour ses cachaças. Terrasse couverte et bien aérée avec quelques écrans, et musique en fin de semaine dès 20h. On peut aussi y manger des petits plats copieux et vraiment pas chers le midi seulement, en semaine. Bonne ambiance.

## Achats

L'artisanat du Pernambuco est l'un des plus riches et des plus variés du Brésil. C'est l'occasion de faire quelques emplettes.

***Centro de Artesanato de Pernambuco*** *(plan I, B2)* **:** *av. Alfredo Lisboa. ☎ 3181-3450. Tlj 8h-19h (16h dim).* Tout près du *Marco Zero,* dans les bâtiments réhabilités des anciens docks, ce complexe propose une sélection des richesses artisanales du Pernambuco. Sculptures et objets en bois peint ou naturel, jeux, céramiques, textiles brodés, objets décoratifs en papier mâché et fibre de coco, paniers... Beaucoup de choix. Prix corrects.

***Mercado São José*** *(plan I, A-B3)* **:** *se reporter au texte dans « À voir. À faire. Dans le centre historique ».* On peut y acheter notamment un hamac en prévision d'un voyage en Amazonie car, là encore, ils sont moins chers et de bonne qualité.

***Casa da Cultura*** *(plan I, A3,* ***40****)* **:** *rua Floriano Peixoto. ☎ 3224-4017. Tlj 9h-19h (18h w-e).* Les anciennes cellules de cette prison ont été reconverties en boutiques. Pour le moins original !



# À voir. À faire

## Dans le centre historique *(plan I)*

Le centre historique regroupe le quartier de ***Recife Antigo*** (l'île reliée à la ville par des ponts) et les quartiers voisins de ***São José*** et ***Santo Antônio*** (qui forment en fait une autre île). Le 1er, qui est le berceau de la ville, est le plus agréable et le plus intéressant avec ses bâtiments anciens plus ou moins restaurés et son musée sur la région du Sertão. À Santo Antônio, quartier populaire grouillant en journée (mais désert le soir), petite concentration d'églises, de couvents, de palais et d'édifices coloniaux mais peu entretenus, qui voisinent avec des immeubles vieux de quelques décennies mais déjà bien décatis (en clair, moches). Les bras d'eau qui entourent le centre historique, avec leurs ponts Belle Époque et leurs quais, exhalent quant à eux un certain charme.

## Dans le Recife Antigo

***Museu Cais do Sertão*** *(plan I, B2)* **:** *av. Alfredo Lisboa. ☎ 3182-8268. • caisdosertao.org.br • Mar-ven 9h-17h ; w-e 13h-17h. Fermé lun. Entrée : 10 Rls ; réduc ; gratuit mar.*

Un musée consacré à l'histoire et à la culture du Sertão, cette vaste région semi-aride (*sertão* étant une contraction de *desertão*) englobant le Pernambuco et 7 autres États du Nordeste. D'abord peuplé de tribus indiennes, le Sertão fut ensuite occupé par des Européens descendant de colons qui vinrent y élever du

bétail ou cultiver la canne à sucre, devenant ainsi de riches propriétaires terriens appelés « colonels ». Parallèlement, des communautés constituées de descendants d'esclaves *(quilombos)* et de Juifs convertis de force investirent les régions plus reculées. Avec le transfert de la capitale de Salvador de Bahia vers Rio, les riches migrèrent vers le sud, laissant derrière eux une population asservie à la solde de quelques colonels et des bandes organisées de mercenaires *(cangaceiros),* sans oublier d'autres personnages hauts en couleur. Lampião est l'un de ces héros légendaires, sorte de Robin des bois dévoué à la cause des pauvres. La région tombe ensuite un peu dans l'oubli, mais ses traditions, aussi riches que vivaces, perdurent et alimentent la création artistique : littérature, artisanat, photographie (Sebastião Salgado) et musique.
Au travers d'une expo interactive et innovante dans un hangar de l'ancien dock, le musée tente d'évoquer tout ça mais peine un peu, hélas, à toucher le public non lusophone. À voir et à explorer, un peu en vrac : le module consacré à Luis Gonzaga (1912-1989), auteur-chanteur populaire originaire du Pernambuco, qui a chanté la culture du Sertão au rythme du Baião ; de belles vitrines de costumes de *vaqueiros,* la reconstitution d'un intérieur, des bornes interactives et installations multimédia multiples (témoignages – en v.o. – d'habitants du Sertão) ; des petites salles où l'on peut reprendre en karaoké les airs sartéjans ou essayer des instruments traditionnels... Sans oublier le mur des gravures reprenant sous forme de B.D., et suivant un design traditionnel, les grands thèmes du Sertão dont la fameuse migration des riches vers le sud ; ni la grande fresque murale, Sol et Mar, en noir et blanc, de Derlon Almeida, artiste graffeur renommé. Enfin, jeter aussi un œil au film de Marcelo Gomes *Um dia no Sertão* (2013), qui tourne en boucle face à la réception.

**Synagogue Kahal Zur Israel** (plan I, B2) **:** *rua do Bom Jesus (ancienne rue aux Juifs), 197. ☎ 3224-2128. Mar-ven 9h-16h30, dim 14h-17h30, fermé lun et sam. Entrée : 10 Rls.*
Construite en 1636 par les juifs hollandais, c'est la 1re synagogue du continent américain. L'édifice a été superbement restauré et rouvert en 2001, après des recherches archéologiques ayant mis au jour ses fondations. Elle est la preuve historique de la tolérance religieuse instaurée par Maurice de Nassau dans le Pernambuco pendant l'occupation néerlandaise. Après l'expulsion des Hollandais en 1654, de nombreuses familles juives émigrèrent à New York ou à Curaçao, par crainte des Portugais. Mais certaines sont restées à Recife et y ont fait souche.
Au rez-de-chaussée, vestiges d'un puits, du *mikvê* (servant à la purification), des murs qui canalisaient l'ancien lit de la rivière. À l'étage, reconstitution fidèle de la salle de prière. On identifie parfaitement les parties anciennes et récentes ; c'est un choix délibéré et très réussi !
La rue Bom Jesus est bordée de maisons du XVIIe s aux jolies façades colorées qui ont été modifiées tout en conservant leur structure d'origine.

LE NORDESTE

**Torre de Malakoff** (plan I, B2) **:** *praça do Arsenal. Mar-ven 10h-17h, sam 15h-18h, dim 15h-19h. Fermé lun. GRATUIT.* Restauré, cet observatoire fut construit en 1855 pour rendre hommage à la défense de Sébastopol par les Russes lors de la guerre de Crimée (1853-1855). Retranchés dans la tour de Malakoff, les soldats russes résistèrent héroïquement à Mac-Mahon. Cet événement a ému la société brésilienne de l'époque au point que la municipalité décida de construire une vague réplique de la tour originale. Aujourd'hui, elle abrite un centre d'expositions temporaires. De la terrasse, accessible seulement le dimanche, on peut toujours observer les étoiles !

**Paço do Frevo** (plan I, B2) **:** *praça do Arsenal da Marinha. • pacodofrevo.org.br • Mar-ven 9h-17h, sam-dim 14h-18h, fermé lun. Dernière admission 30 mn avt la fermeture. Entrée : 10 Rls ; réduc ; gratuit mar. Déj musical ven avec démonstration de frevo.* Dans un bel immeuble colonial blanc aux volets verts, un lieu vivant dédié à la culture du *frevo,* inscrit au Patrimoine mondial de l'Unesco au titre d'héritage culturel. À la fois centre de documentation, de formation et musée ; on y découvre, au rez-de-chaussée et au 3e étage (jolie vue sur la place), l'histoire du *frevo* dans des espaces d'exposition, essentiellement au travers de photos. Également des photos de carnavals et divers accessoires. Le 2e étage est réservé quant à lui aux écoles de musique et de danse. Démonstrations folkloriques le mardi et le week-end.

**Igreja Madre de Deus** *(plan I, B2-3)* **:** *rua Madre de Deus.* Une belle église baroque du XVIIIe s, dotée d'un autel peint à la feuille d'or. Bel effet entre clarté et obscurité. Nombreux mariages de la bourgeoisie locale le week-end.

**Coluna de Cristal** *(plan I, B2-3)* **:** *en face de la praça Rio Branco.* Sur la jetée qui sépare encore sur quelques mètres le fleuve de la mer, cette colonne réalisée par Francisco Brennand en l'an 2000 célèbre le 500e anniversaire du Brésil. À sa base, 5 sirènes symbolisent les 5 siècles écoulés. La 6e n'est donc pas achevée...

## À Santo Antônio et São José

**Praça da Independência** *(plan I, A2)* **:** ici s'élève le célèbre édifice du *Diario de Pernambuco,* le plus ancien journal d'Amérique latine, fondé en 1825, ainsi que la *Matriz Santo Antônio.*

**Matriz de Santo Antônio** *(plan I, A2)* **:** *praça da Independência. Lun-ven 7h30-12h, 14h-17h ; sam 16h-18h30 ; dim 7h-12h, 16h-18h. GRATUIT.* Imposante façade de style baroque et étonnant cloître dont les 12 colonnes sont taillées dans du récif.

**Capela dourada** *(chapelle dorée ; plan I, A-B2)* **:** *rua do Imperador. ☎ 3224-0530. Lun-ven 8h-11h30, 14h-17h ; sam 8h-11h30. Fermé dim. Entrée : 5 Rls.* Cet ensemble imposant se trouve presque en face des jardins du palais du Gouverneur, à la pointe nord de Santo Antônio. C'est l'une des plus riches églises du Brésil, datant de 1697. Structures et plafonds en bois de jacaranda et de cèdre, recouverts à la feuille d'or. Le Christ est affublé de vrais cheveux. À gauche de l'autel, portrait de Saint Louis. Beau jardin alentour.



**Praça da República** *(plan I, A-B2)* **:** ici se dresse le ***palais du Gouverneur*** *(Palácio de campo das Princesas),* datant de 1843 *(visites gratuites possibles, jeu-ven 9h-11h, 14h-16h, dim 10h-12h ; sur résa : ☎ 3181-2100 ; shorts et tongs interdits !).* En face, le ***palais de justice*** (1930), de style néoclassique monumental (style introduit par les Français), et le ***théâtre Santa Isabel,*** construit en 1850 par Louis Léger-Vauthier. Remarquez également le baobab, qui fait partie de la vingtaine de spécimens recensés au Brésil.

**Igreja de Nossa Senhora do Rosário dos Pretos** *(plan I, A3)* **:** *rua Estreita do Rosário. Lun-ven 9h-16h30, plus dim à 11h.* Édifiée de 1662 à 1667 par des esclaves noirs (d'où son nom « dos Pretos »). Remarquable maître-autel et plafond peint. Et dans la salle du consistoire, une très belle statue de saint Benoît (São Benito), du milieu du XVIIIe s.

**Convento e basilica Nossa Senhora do Carmo** *(plan I, A3)* **:** *praça do Carmo. Lun-sam 6h30-19h (17h lun, 12h sam) ; dim 9h-20h.* Vaste esplanade agrémentée de quelques bars populaires (et de quelques immeubles disgracieux). Le couvent (qui ne se visite pas) s'est installé en 1687 dans l'ancien palais du gouverneur hollandais Maurice de Nassau, qu'il avait donné à l'ordre des Carmélites. Sur la gauche, la basilique, dotée d'une riche façade (mais assez délabrée), est un peu la synthèse des techniques du baroque du XVIIIe s. L'une de ses tours est curieusement amputée. L'intérieur a été en partie restauré. Notez l'ossuaire à gauche en entrant. L'ensemble est dédié à Notre-Dame du Carmel, la patronne de cœur de la ville.

**Pátio de São Pedro** (plan I, A3) **:** cette place entourée de petites maisons coloniales colorées est assez charmante, même si elle mérite, elle aussi, un p'tit ravalement général. Certains mardis à partir de 19h, elle accueille la superbe *terça negra,* des concerts de musique afro-brésilienne.

– Sur la place s'élève la ***catedral São Pedro dos Clérigos*** *(tlj 8h-17h, sauf dim ; jusqu'à 13h sam ; entrée : 5 Rls),* l'une des plus riches de Recife. Commencée en 1724, elle vient d'être restaurée. L'intérieur, superbement décoré, est un mélange de baroque et de néoclassique. Autel en bois (et non en pierre !) richement sculpté. Jolis balcons sur le côté. L'édifice tire aussi son originalité de sa nef de forme octogonale et de son harmonieux plafond peint en trompe l'œil. À gauche, accès à la sacristie, de style baroque pur.

À côté du pátio de São Pedro, on trouve l'***igreja Nossa Senhora do Livramento*** *(plan I, A3 ; mar-ven 8h-17h, sam 10h-15h, messe dim 11h-15h30 ; fermé lun).* Assez sobre, quoique garnie de quelques jolies boiseries dorées. Bel exemple d'architecture coloniale classique.

**Mercado São José** (plan I, A-B3) **:** *praça Dom Vital. À quelques pas du patio São Pedro. Tlj 8h-17h (15h sam, 12h dim).* Le marché le plus populaire et le plus animé de la ville, abrité dans des structures métalliques type Baltard. Vaut vraiment le détour. Sous ses grandes halles, on trouve les gros poissons de l'océan et les étals de viande. Activité fébrile dès le petit matin. Une partie est réservée aux étoffes et à l'artisanat. On y trouve de tout : hamacs, dentelles, figurines et statuettes religieuses, plantes médicinales, encens, bougies, petits personnages de terre cuite, amulettes et petits cercueils ; le matériel indispensable pour jeter un mauvais sort ! À côté de la grande halle, un chapelet de petites *lanchonetes* populaires.

**Basilica Nossa Senhora da Penha** (plan I, A3) **:** *praça Dom Vital. Mar-ven 8h-12h, 13h-17h ; sam 15h-17h. Fermé dim.* Restaurée, la façade rose et blanc de cette église de 1656, ornée de chapiteaux corinthiens, se démarque nettement des autres édifices religieux. Structure classique, empreinte d'humilité. Au fond, à gauche de l'église, le petit *museu Dom Vital,* du nom d'un évêque célèbre au Brésil pour avoir combattu la franc-maçonnerie.



**Casa da Cultura** (Maison de la culture et de l'artisanat ; plan I, A3) **:** *rua Floriano Peixoto. ☎ 3182-3184. Tlj 9h-19h (14h dim).* Installée, comme celle de Fortaleza, dans l'ancienne prison *(casa de detenção)* composée de 3 ailes en étoile, laquelle fut construite en 1855 puis fermée en 1973. La structure a été conservée, et les cellules, du rez-de-chaussée au 2e étage, ont été converties en... boutiques (de vêtements et souvenirs). Beaux escaliers (particulièrement raides !) et balcons de fer forgé.

**Forte das Cinco Pontas** (plan I, A3) **:** *praça das Cinco Pontas (São José). ☎ 3355-9540. Tlj, sauf lun 9h-17h (16h dim). GRATUIT.* Ce fort, restauré, fut édifié par les Hollandais en 1630, et reconstruit par les Portugais en 1677. Il abrite le ***museu da Cidade*** *(● museudacidadedorecife.org ●),* qui présente notamment quelques gravures de l'époque hollandaise, azulejos et *pinhas* portugais, ainsi que des photos assez impressionnantes de l'avenida Boa Viagem dans les années 1950.

– **Croisière sur le rio Capibaribe** (plan I, A3) **:** *cais das Cinco Pontas (São José). ☎ 3424-2845 ● catamarantours.com.br ● Derrière le forte das Cinco Pontas. En principe, départs tlj à 11h, 16h et 20h (+ 14h30 et 17h30 w-e). Compter 60 Rls/pers pour 1h10 de traversée.* Une petite croisière à bord d'un catamaran, histoire de voir Recife depuis le fleuve. Commentaires en portugais et en anglais. Sympa.

## Dans le quartier de Boa Viagem (plan II)

**Praça Boa Viagem** (plan II, zoom) **:** elle possède une très jolie église qui abrite un christ couché. Tous les soirs, marché nocturne qui vaut le détour. On y fait de très bonnes affaires.

***Praia de Boa Viagem** (plan II) :* longue d'environ 7 km et bordée d'immeubles luxueux qui témoignent du désir de la bourgeoisie locale de posséder son Copacabana. Agréable. Au nord, ambiance populaire et animée, mais on recommande de ne pas y traîner le soir. La partie de plage qui s'étend entre les 1er et 3e jardins est plus sécurisée. Mais le meilleur endroit, pour vous baigner avec des enfants ou si vous n'aimez pas les vagues, ce sont les piscines naturelles créées par la barrière de corail (récif) et bordant la plage ; elles sont concentrées dans la partie sud. Des petites embarcations déposent les nageurs dans les piscines, moyennant quelques reals.
– **ATTENTION :** ***il y a des requins au-delà du récif.*** Donc interdiction formelle de le franchir, et même de se baigner à marée haute ! Conformez-vous aux règles de prudence locales.

## À la périphérie de la ville (hors plan d'ensemble)

2 lieux d'art et d'histoire à ne pas manquer, que l'on doit à la famille Brennand. Plus précisément à Ricardo Brennand, grand collectionneur d'art, et à Francisco Brennand, créateur de la *Coluna de Cristal* (entre autres). Cousins, ils sont nés tous 2 en 1927 et issus d'une riche famille ayant prospéré dans la canne à sucre et la production de matériaux divers (porcelaine, verre, acier, ciment, tuiles...).

### À CHACUN SON HOBBY

*À 12 ans, le jeune Ricardo se vit offrir un canif par son oncle et démarra une formidable collection d'armes, aujourd'hui unique en son genre. Son cousin Francisco, lui, choisit l'arme de la séduction... Il se vantait en effet d'avoir conquis un millier de femmes dans sa vie, tout en reconnaissant, un peu envieux, que ce n'était « rien, à côté de Simenon et ses 10 000 femmes » !*

***Instituto Ricardo Brennand** (hors plan d'ensemble) : alameda Antônio Brennand, s/n, Várzea. ☎ 2121-0334. ● institutoricardobrennand.org.br ● Près du campus de l'UPFE, à 11 km à l'ouest du centre. Tlj sauf lun 13h-17h30 (dernier accès à 17h). Entrée : 30 Rls (32 Rls le w-e) ; réduc ; audioguide en français (conseillé) 15 Rls. Compter 1h30-2h de visite.*
Si vous ne devez voir qu'un seul musée dans la région, arrangez-vous pour que ce soit celui-ci. C'est l'un des plus beaux du Brésil ! Il est installé dans une sorte de castel médiéval à l'architecture gothique de style Tudor, tout de briques et vitraux (une incongruité dans cette région !), lui-même niché dans un magnifique parc tropical avec plans d'eau et sculptures. Rassemblées pendant 50 ans par son fondateur, Ricardo Brennand, les collections qu'il abrite sont absolument remarquables. D'abord la ***collection d'art sacré*** à l'entrée, pleine d'œuvres baroques (de différents pays) ; puis, en entrant dans la grande salle, on découvre la ***collection hollandaise*** : nombreuses peintures (de Franz Post notamment, qui sont parmi les représentations les plus anciennes de la région connues à ce jour), de vieux globes terrestres, des livres anciens, les 1ers plans de Recife, des gravures et lithographies illustrant la ville à ses débuts, et encore d'autres peintures du Brésil et de ses habitants (indigènes notamment) au XIXe s. Superbe !
Magnifique ***mobilier*** aussi, tapisseries (des Gobelins) et nombreux objets d'***art décoratif,*** comme ces sculptures chinoises en ivoire incroyablement ciselées. Plus loin, ne pas manquer non plus le ***musée de cire,*** qui met en scène le procès de Nicolas Fouquet sous Louis XIV, avec ses 45 personnages grandeur nature (cherchez Molière et D'Artagnan) ; ni, à l'étage, la ***bibliothèque*** de 60 000 volumes consacrée à la période hollandaise de la colonisation.
Enfin, le ***musée des armes,*** dans un autre bâtiment, rassemble la plus grande collection d'armes du pays, de l'armure médiévale au fusil à lunette en passant par un ensemble stupéfiant de « canifs » au nombre incalculable de lames !
– ***Expos temporaires*** également, dans un 3e bâtiment.

Après tout ça, faites donc une pause bien méritée au très agréable ***café*** en terrasse situé dans le bâtiment principal (entre la grande salle et le musée de cire). Sinon, il y a aussi un bon resto (un peu chic), le ***Castelus,*** à côté du parking.

***Oficina de cerâmica Brennand*** *(hors plan d'ensemble)* **:** *propriedade Santo Cosme e Damião, Engenho São João, Várzea ; à env 15 km à l'ouest du centre (proche – à vol d'oiseau – de l'*Instituto Brennand *mais à 6-7 km par la route, à cause du détour qu'il faut faire).* ☎ *3271-2466.* • *brennand.com.br* • *Lun-ven 8h-17h (16h ven), w-e 10h-16h. Entrée : 20 Rls ; réduc.*
Dans une ancienne briqueterie située en pleine *Mata Atlântica,* entre monuments et jardins, sont exposées ***2 000 œuvres en céramique*** de Francisco de Paula Coimbra de Almeida Brennand. Plus connu sous le nom Francisco Brennand (né à Recife en 1927, comme son cousin Ricardo), il est l'une des signatures les plus importantes de la sculpture contemporaine au Brésil. Ses statues et ses compositions, alliant mondes animal et végétal dans un univers évoquant Jérôme Bosch, troublent, heurtent et attirent en même temps, comme des appels à la lascivité et à un écorchement voluptueux. Il a installé son propre musée dans sa propriété, à côté de ses ateliers, en pleine nature donc, dans une portion de la forêt tropicale atlantique d'origine. Faire le détour (en couplant la visite à celle de l'*Instituto Brennand*), ce lieu est peut-être l'un des plus étranges du nord-est du Brésil.
Sur place, un café et un resto où l'on mange dans de la vaisselle fabriquée par les ateliers du maître. Également des céramiques à vendre (pas donné, naturellement).

***Praia de Gaibu*** *(hors plan d'ensemble)* **:** *au sud de Recife. Bus n° 191 du centre de Recife pour Cabo puis bus pour Gaibu.* Une plage superbe. De là, en grimpant la petite colline sur la droite, on enchaîne avec la ***praia de Calhetas*** et son petit village de pêcheurs. Très belles eaux claires.

## Fêtes et manifestations

– ***Festa dos Reis :*** *le 6 janv.* Représentation de *pastoril* et de *Bumba-meu-Boi.*
– ***Carnaval :*** *à partir du ven précédent le Mercredi des cendres.* L'un des plus authentiques et des plus populaires du Brésil ! Un véritable carnaval de rue, qui s'étale sur 6 jours. Nulle part ailleurs le carnaval n'offre une aussi riche combinaison de traditions et de rites africains, européens et indigènes. Le *frevo* éclate à tous les coins de rue du Recife Antigo, dans le tourbillon des ombrelles des danseurs, grâce aux écoles de *maracatu* et de *frevo* (un peu l'équivalent des écoles de samba à Rio). Ne pas rater le fameux *galo da madrugada* qui a lieu le 1er samedi matin du carnaval ! Le mardi soir, patio de São Pedro, c'est la *terça negra* : on se déhanche dès 19h au son des percussions afro-brésiliennes, et ce, parfois jusqu'au petit matin...
– ***Fêtes de Santo Antônio, São João et São Pedro :*** *en juin.* Le 24 juin, la plupart des commerces ferment leurs portes.
– ***Processions de N. S. do Carmo :*** *11-16 juil.* C'est la sainte patronne officielle de Recife.
– ***Fête de N. S. da Conceição :*** *le 8 déc.* Ce jour-là, on célèbre la patronne de la ville choisie par la population. Férié.

# OLINDA

env 390 000 hab. IND. TÉL. : 81

• Plan *p. 491*

**À 7 km au nord du centre historique de Recife, ancienne capitale du Pernambuco, Olinda est, avec Ouro Preto, un des bijoux du Brésil,**

**classée d'ailleurs par l'Unesco qui l'a déclarée « héritage de la nature et de la culture de l'humanité ». Son nom viendrait du cri que poussa le capitaine Duarte Coelho quand il découvrit le site au début du XVI<sup>e</sup> s : « *O linda !* » (« Oh ! la belle ! »).**
**La vieille ville, à l'architecture essentiellement des XVII<sup>e</sup> et XVIII<sup>e</sup> s (et quelques édifices religieux du XVI<sup>e</sup> s), est en effet d'une homogénéité exceptionnelle. Elle a conservé son lacis de ruelles pavées escarpées et pentues, bordées de maisons coloniales aux façades colorées (hélas, parfois aussi taguées !), le cachet des églises baroques, le charme des fontaines mauresques et la végétation luxuriante qui épouse le relief de ses 7 collines.**
**Loin d'être une ville-musée, la vieille Olinda est authentique, langoureuse et chaleureuse comme un air de bossa-nova. Elle revendique aussi une atmosphère « marginalo-bohème », avec ses ateliers d'artistes qui fleurissent un peu partout. Tandis que la ville moderne d'Olinda, avec ses immeubles, grandit et commerce à côté.**

## LE CARNAVAL

Visiteur au long cours, Olinda est un peu comme la déesse Iémanja : si elle vous prend, elle ne vous lâchera pas. Si vous craignez la frénésie débridée du carnaval de Rio ou les excès des défilés de Salvador, venez à Olinda, où se déroule une belle fête populaire, plus simple, plus rustique... et entièrement gratuite. N'oubliez pas cependant que le thermomètre peut dépasser les 40° C et qu'il y a plusieurs dizaines de milliers de personnes dans les rues, ce qui peut occasionner quelques mouvements de foule. Les hôtels, qui imposent des *pacote,* sont également très chers à cette période. Mieux vaut alors loger à Recife. Sinon, vous pouvez aussi venir un peu avant le carnaval, pendant les *previas* du début de l'année. Ce sont les préparatifs, un peu les répétitions du carnaval, et c'est extrêmement sympa aussi, la cohue en moins !

### LES PARAPLUIES D'OLINDA

*Le frevo, cette danse subversive originaire du Pernambuco, est inscrite désormais au Patrimoine de l'humanité par l'Unesco. Son rythme endiablé mené par un orchestre de cuivres s'inspire notamment de la polka et du quadrille. Les danseurs effectuent des figures acrobatiques, aidés d'un parapluie multicolore qui leur permet de garder l'équilibre. Celui-ci était naguère utilisé comme une arme contre les bandes rivales.*

## Arriver – Quitter

➢ ***Du centre historique de Recife :*** le bus « Jardim Atlântico » (n° 1574) qui part de la rua do Sol, près de la poste, à Recife, dessert les quartiers récents d'Olinda. Descendre alors à *praça do Carmo,* devant la poste, pour rejoindre le quartier historique à pied. On peut prendre aussi le bus « Casa Caiada/ Bultrins » (n° 1973) sur l'av. Dantas Barreto (descendre également devant la poste). ***D'Olinda à Recife,*** c'est presque pareil : le bus part de la rua do Sol, près de la poste *(plan B1)* ! Départ, en gros, ttes les 30 mn, et 20-30 mn de trajet. En taxi, compter env 50 Rls.

➢ ***Depuis Boa Viagem (quartier sud de Recife) :*** prendre le bus « Rio Doce Piedade » (n° 1910), en provenance de Piedade. Il passe sur l'av. Conseilheiro Aguiar, à Boa Viagem. Descendre praça do Carmo, devant la poste d'Olinda. Dans l'autre sens, descendre sur l'av. Domingos Ferreira, à Boa Viagem.

## Adresses utiles

🅸 ***Casa do Turista*** *(plan A1) : rua Prudente Morais, 472, angle Ladeira da Misericordia.* ☎ *3305-1060.* • *olinda.pe.gov.br* • *Tlj 8h-18h.* C'est l'office de tourisme municipal. Plan de la ville (avec les églises) et infos (plutôt en portugais) sur Olinda et les environs.

■ ***Police touristique :*** ☎ *3181-1718.*

■ ***Argent, change :*** il n'y a plus de distributeurs dans la vieille ville. Le plus proche est celui de la station-service BR (*plan A2,* ***2***), au début de l'av. Olinda, en direction de Recife. Pas de bureau de change à Olinda non plus !

■ ***Location de véhicules*** *(avec ou sans chauffeur) :* **Comsol** *(plan A1,* ***3****), rua Prudente de Morais, 424.* 📱 *98899-3000.* • *comsolrentacar.com.br* • Agence sérieuse, prix intéressants et patron sympa (Mauro Araújo). Possibilité également de transferts et balades dans la région.

## Où dormir ?

### *Dans le centre historique*

### De bon marché à prix moyens (max 250 Rls / env 60 €)

☗ ***Hostel Canto dos Artistas*** *(plan A2,* ***10****) : rua 27 de Janeiro, 85.* ☎ *3493-1921 ou* 📱 *99911-4207.* • *hostelcantodosartistas.com.br* • *Dortoirs 50-60 Rls/pers, doubles 120-250 Rls (selon saison).* Un des *hostels* sympa d'Olinda. Pas le grand luxe côté chambres (équipées toutefois de clim et TV) et dortoirs (de 6 lits), mais l'ensemble est plaisant, avec son mobilier et son équipement farfelus ça et là : seaux en guise de lavabos, fauteuils en carton, couloir couvert de peintures, etc. Espace petit déj ouvert à l'arrière avec une petite cuisine et un jardinet... où l'on peut aussi planter sa tente. Sans oublier la réception flanquée d'un petit bar tout mignon. Bon accueil.

☗ ***Hostel da Treze*** *(plan A1,* ***11****) : rua 13 de Maio, 269.* ☎ *3439-2007.* 📱 *99849-7412.* • *hostelda13@gmail.com* • *Dortoir 45 Rls/pers, et 1 quadruple à 120 Rls.* Récent, ce petit *hostel* tout charmant et cosy nous a séduits ! Il s'agit d'une maison particulière où vivent les proprios, presque un *hostel-B & B* en somme ! Outre 2 petits dortoirs très bien tenus de 6 lits et une chambre privée pour 4 personnes, on profite d'un joli salon-TV avec cuisine, ainsi que d'une terrasse surplombant une piscine bien agréable (et bienvenue quand le thermomètre s'emballe !). Petit déj régional. Parfait, si vous voyagez seul ou entre amis.

☗ ***Cama e Café Olinda*** *(plan A1,* ***12****) : rua da Bertioga, 93.* 📱 *98822-9083.* • *camaecafeolinda.com* • *Pas d'enseigne, entrée par un portail bleu. Double 165 Rls.* Tenue par un couple autrichien-brésilien très accueillant, une petite maison coquette et très au calme, dans une ruelle en contrebas de la *praça Alto da Sé.* Elle abrite 2 chambres douillettes, personnalisées et nickel, avec TV, clim et tout. Petit balcon avec hamac pour l'une, et vue partielle sur la mer et Recife pour l'autre. Vue que l'on retrouve de la petite terrasse où il fait bon prendre le petit déj – régional et de qualité – préparé par les charmants hôtes. Notre point de chute préféré dans cette catégorie !

☗ ***Pousada São Pedro*** *(plan A2,* ***13****) : rua 27 de Janeiro, 95.* ☎ *3439-9546.* • *pousadapedro.com* • *Doubles 160-230 Rls.* Vieille maison avec un superbe escalier en fer forgé, tenue avec cœur par Arantès. Déco raffinée. Différents types de chambres, soit dans la maison, soit dans le long jardin. Elles sont toutes personnalisées et assez agréables, mais nos préférées (une triple et une quadruple) se situent au fond du jardin, à côté et en surplomb de la piscine. Bonne tenue générale et pas mal de cachet. Pour finir, petit déj avec gâteaux maison, pain perdu, fruits, etc.

### Plus chic (250-500 Rls et plus / env 60-120 €)

☗ ***Pousada dos Quatro Cantos*** *(plan A1,* ***14****) : rua Prudente de Morais, 441.*

LE NORDESTE

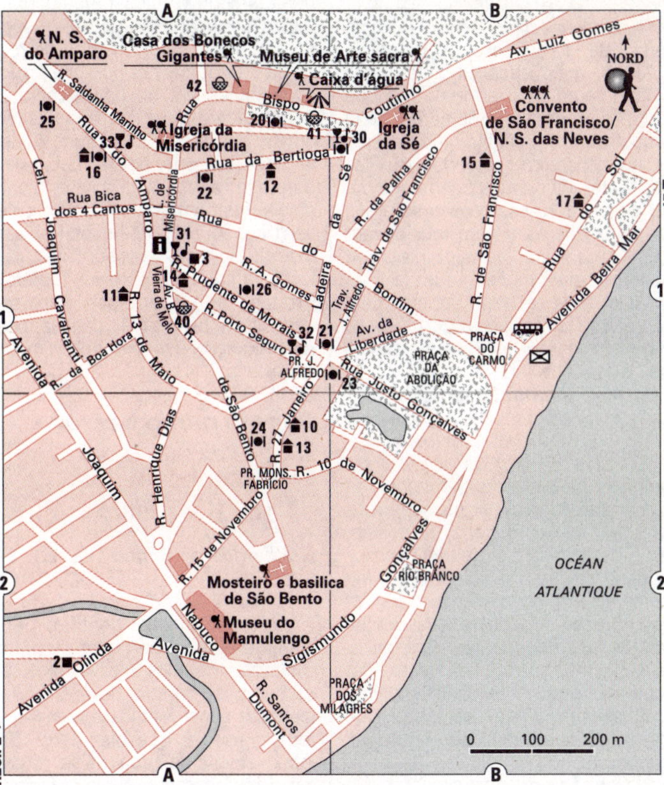


# OLINDA

## Adresses utiles

- i Casa do Turista (A1)
- 2 Distributeur (A2)
- 3 Comsol (A1)

## Où dormir ?

- 10 Hostel Canto dos Artistas (A2)
- 11 Hostel da Treze (A1)
- 12 Cama e Café Olinda (A1)
- 13 Pousada São Pedro (A2)
- 14 Pousada dos Quatro Cantos (A1)
- 15 Hotel 7 Colinas (B1)
- 16 Pousada do Amparo (A1)
- 17 Albergue de Olinda (B1)

## Où manger ?

- 20 Barracas de Tapioca (A1)
- 21 Creperia (A-B1)
- 22 Casa de Noca (A1)
- 23 Mourisco et Casbah (A-B1)
- 24 Sabores Ibericos (A2)
- 25 Oficina do Sabor (A1)
- 26 Don Francesco (A1)
- 27 Estrela do Mar (hors plan par B1)

## Où boire un verre ? Où sortir ?

- 30 Olinda Art & Grill (B1)
- 31 Estação Café Quatro Cantos (A1)
- 32 A Venda de Seu Biu (A1)
- 33 Bodega do Véio (A1)

## Achats

- 40 Mercado da Ribeira (A1)
- 41 Mercado do Alto da Sé (A1)
- 42 Imaginario (A1)

*☎ 3429-0220. • pousada4cantos.com.br • Doubles 230-360 Rls.* On aime bien cette grande maison coloniale du XIX^e^ s, avec escalier à colonnes et patio fleuri. Le charme ne manque pas : belle réception très aérée, beau parquet et une vingtaine de chambres joliment décorées et confortables. Elles sont toutes différentes : certaines ont leur propre terrasse (nos préférées), les moins chères ont un mur devant la fenêtre... Alors, essayez d'en voir plusieurs, mais méfiez-vous, la maison affiche vite complet. Superbe petit déj, servi en terrasse ou dans une belle salle à l'ancienne. Petite piscine. Calme total. Bon accueil.

**Hotel 7 Colinas** *(plan B1,* **15***) : ladeira de São Francisco, 307 (Carmo). ☎ 3493-7766. • hotel7colinas.com.br • Double à partir de 365 Rls.* Un complexe de plusieurs bâtiments, au pied du couvent São Francisco, dans un superbe parc à flanc de colline, planté de cocotiers et de plantes exotiques et décoré de sculptures. Une quarantaine de chambres tout confort avec terrasse, à la déco standardisée mais assez impeccables. Grande et belle piscine, sauna, bar, resto... et même un petit musée. Très calme et situation vraiment agréable. Une très bonne alternative aux *pousadas* « historiques ».

**Pousada do Amparo** *(plan A1,* **16***) : rua do Amparo, 199. ☎ 3429-6889 ou 3439-1749. • pousadadoamparo.com.br • Doubles standard 240-320 Rls, jusqu'à 535 Rls pour les deluxe en saison.* Dans une des plus jolies rues de la ville, une maison de caractère du XVIII^e^ s patinée par le temps. Les chambres, de style rustique ancien, sont confortables et ne manquent pas de cachet non plus, même si certaines ont un équipement qui commence à dater (ne pas hésiter à en voir plusieurs). Autre atout du lieu : la petite terrasse, noyée dans la verdure, avec sa vue sur Recife et la petite piscine en contrebas. C'est là qu'est servi le (bon) petit déj-buffet. Fait aussi resto (le *Flor do Coco*) : honnête cuisine locale (à prix un peu élevés toutefois). Propose également des chambres dans une annexe située dans la même rue, mais on préfère celles de la maison principale.

### *Dans la partie basse*

### Bon marché (moins de 150 Rls / env 36 €)

**Albergue de Olinda** *(plan B1,* **17***) : rua do Sol, 233. 98533-1319. Lits 65-70 Rls/pers en dortoir ; doubles 120-140 Rls.* Une gentille petite auberge à un jet de pierre de la mer. Chambres doubles avec clim et salle de bains, ou dortoirs de 4, 6 ou 8 lits (certains avec ventilo seulement), le tout sympa et très bien tenu. Seul inconvénient, le bruit de la route à côté, très passante (quoique moins la nuit) : évitez les chambres tout près de celle-ci. Espace ouvert bien agréable avec cuisine, barbecue et hamacs. En prime, une piscine qui fait le bonheur des routards les jours de canicule. Accueil délicat.

## Où manger ?

### *Dans le centre historique*

### De bon marché à prix moyens (max 50 Rls / env 12 €)

**Barracas de Tapioca** *(plan A1,* **20***) : sur la praça da Sé, face au musée d'Art sacré. Tlj 15h-23h.* S'il est un endroit où il faut goûter la *tapioca* traditionnelle, c'est bien ici. Excellente en version salée *(camarão, frango, carne do sol...)* comme sucrée, préparée sous vos yeux. Mention spéciale aussi pour la *cartola,* fourrée au fromage *(queijo),* banane et cannelle. Aussi bonne et fondante que calorique ! Très bonne hygiène, mais privilégier les stands des femmes qui portent des gants (et la charlotte) et équipées d'une glacière.

**Casa de Noca** *(plan A1,* **22***) : rua Bertioga, 243. ☎ 3439-1040. Tlj*

LE NORDESTE

*11h-16h, 18h-23h.* Entrée discrète : un peu de peinture orange, un couloir très étroit, et on débouche sur une cour sans fioritures, avec du mobilier publicitaire en plastique. Ici, un seul plat, la *carne do sol,* servi avec « la meilleure *macaxeira* du monde », vous savez, cette grosse purée de manioc... En effet, elle est bonne et (très) copieusement servie, compensant un peu le côté salé et un peu sec de la viande grillée. En tout cas, ça nourrit son homme. Et ça ne le ruine pas.

|●| ***Creperia*** (plan A-B1, **21**) : *praça Conselheiro João Alfredo, 168. ☎ 3429-2935. Tlj 11h-23h.* Un décor comme on les aime : une salle rustique, particulièrement reposante aux heures chaudes de la journée, avec dessus de table en faïence, carrelage ancien au sol, peintures et toutes sortes de bibelots sur les murs. De quoi bien apprécier les succulentes crêpes salées, déclinées de maintes façons (à la viande hachée, saucisse portugaise, aux épinards, au cabillaud, cordon-bleu...), ou encore version sucrée. Également des pizzas et des salades. Parfait à midi !

|●| ***Mourisco*** (plan A-B1, **23**) : *rua 27 de Janeiro, 7. 📱 98325-4002. Tlj 11h-15h.* Entrée par une petite porte latérale, sur la maison où est écrit « Casbah ». On s'installe alors sur une terrasse couverte entourée de verdure, où est servi le midi un bon petit buffet *ao kilo* de cuisine locale, pas cher et apprécié des familles. Le soir, place à la ***Casbah,*** sorte de taverne avec quelques tables aussi sur le trottoir. Sympa pour ses petits plats exotiques... et son bon et copieux couscous « marocain » !

## De prix moyens à chic (40-100 Rls / env 10-24 €)

|●| ***Sabores Ibericos*** (plan A2, **24**) : *rua de São Bento, 210. ☎ 3439-1577. Tlj 12h-23h, sauf lun.* Agréable décor de taverne pour ce resto tenu par Jaime, un chef d'origine espagnole et portugaise ayant vécu à Levallois (banlieue parisienne) et parlant le français. Fort sympathique, il pratique une cuisine globalement hispanisante, avec quelques plats français, italiens et portugais. Sa spécialité est la *paella da casa,* mais les plats à base de morue sont aussi délicieux (hmm, les beignets !), de même que le poulpe au four ou *a la galega.* En dessert, *cocada de forno ao vinho do porto* (gâteau à la noix de coco et au porto), tarte Tatin, mousse maison et parfois le *pudim.* Petite terrasse au fond du resto, pour un supplément d'intimité. Un bon moment en perspective.

|●| ***Don Francesco*** (plan A1, **26**) : *rua Prudente de Morais, 358. ☎ 3429-3852. Mar-ven 12h-15h, 19h-23h ; sam 19h-minuit ; dim 12h-16h30 ; fermé lun.* En ville, on ne présente plus Francesco, un Italien volubile devenu figure locale. Qu'on se le dise : ici, la *pasta* est faite *a mano,* et les légumes viennent du jardin. *Spaghetti al ragù, lasagna asparagi, tagliatelle baccaro* (sauce tomate maison et ricotta), ravioli... et, pour les irréductibles carnivores, 2 plats de viande *(filé mignon).* Tout est hyper frais et vraiment savoureux. Possibilité de manger en terrasse. Sinon, la petite salle aux couleurs de l'Italie est ravissante aussi.

|●| ⛱ ***Oficina do Sabor*** (plan A1, **25**) : *rua do Amparoc, 335. ☎ 3429-3331. Mar-jeu 11h30-16h, 18h-minuit ; ven-sam en continu jusqu'à 1h ; dim 11h30-17h ; fermé lun. Résa conseillée.* C'est un resto chic, à la déco soignée mais à l'atmosphère relax, en partie aménagé sur une terrasse avec vue sur Recife. On vient ici pour manger la fameuse *jerimum,* une citrouille délicieuse que l'on fourre à peu près à tout. D'autres plats également de cuisine régionale. Très réputé, un monde fou !

## *En bord de mer*

Pas mal de restos sur l'avenue du bord de mer (avenida Ministro Marcos Freire), certains avec une terrasse, mais la route est très passante et bruyante ; d'autres, comme *Marisqueira,* disposent quelques tables et chaises sur la promenade bétonnée qui surplombe la mer.

|●| ***Estrela do Mar*** (hors plan par B1, **27**) : *av. Ministro Marcos Freire, 1691. ☎ 3439-3040. À env 3 km au nord de la praça do Carmo par la route littorale. Tlj 11h-minuit.* Ce grand resto de bord

de mer, au cadre bien net et reposant, propose une cuisine locale très fraîche, à base de fruits de mer. Plats pour 2 surtout, à prix moyens.

## Où boire un verre ? Où sortir ?

***Olinda Art & Grill*** *(plan B1,* ***30****) : rua Bispo Coutinho, 35. ☎ 3429-9406. Face à la igreja da Sé, au milieu de la place, descendre une volée de marches sur la droite. Tlj 11h-23h (20h dim).* Cette taverne rustique est avant tout un resto, mais on peut aussi y boire un verre en terrasse en ayant une splendide vue panoramique sur une partie de la vieille ville, avec Recife en toile de fond. Musiciens tous les soirs (sauf mardi), prévoir alors un « couvert artistique ».

***Estação Café Quatro Cantos*** *(plan A1,* ***31****) : rua Prudente de Morais, 440. ☎ 3429-7575. En face de la pousada du même nom. Tlj, sauf lun, 14h-21h (22h ven-sam).* Petite galerie d'artisanat doublée d'un agréable café (et d'une expo de géants de carnaval à l'étage), où il fait bon se poser en journée. En principe, concert de *chorinho* le samedi soir (petit « couvert »).

***Bodega do Véio*** *(plan A1,* ***33****) : rua do Amparo, 212. ☎ 3494-3412. Tlj 10h-23h30, sauf dim.* Une épicerie-bar que l'on repère vite grâce à son animation. Les gens du coin s'y donnent rendez-vous pour picorer des assiettes de saucisson et de fromage en avalant une bière sur le trottoir. Et surtout, ne pas manquer les renversantes *pasteis de nata* maison. Une fois qu'on s'est frayé un chemin jusqu'au comptoir, on socialise dans la rue qui s'anime au fur et à mesure que la soirée avance. *Forró ao vivo* le samedi soir. Incontournable !

***A Venda de Seu Biu*** *(plan A1,* ***32****) : rua 27 de Janeiro, 32. Mer-dim à partir de 16h. Fermé lun-mar.* Dans un cadre plutôt destroy, c'est l'un des hauts lieux d'Olinda pour les petits concerts, avec du reggae le jeudi, du *forró* le vendredi et de la samba le dimanche ! Les autres soirs ça dépend. Très couru le week-end !

Enfin, au croisement des *rua do Amparo* et *Prudente de Morais (plan A1),* on peut citer le ***bar do Peneiro,*** un bar à bières à la façade rouge-bleu bien dans son jus (musique *ao vivo* le week-end), et le **Café Baracho...** qui fait aussi dans le *live* en fin de semaine, avec pas mal de monde qui déborde dans la rue.



## Achats

***Mercado da Ribeira*** *(plan A1,* ***40****) : rua Bernardo Vieira de Melo. Tlj 9h-19h.* L'ancien marché de la ville de la fin du XVII^e s (où étaient vendus des esclaves) abrite une modeste foire artisanale : souvenirs variés, chapeaux, vêtements, ouvrages de dentelle, masques du carnaval...

***Mercado do Alto da Sé*** *(plan A1,* ***41****) : praça Alto da Sé.* Plusieurs éventaires occupent la place, face au château d'eau. On y trouve notamment de petites sculptures faites dans l'écorce de *caja,* représentant les maisons colorées d'Olinda. Excellente sélection de CD de musique traditionnelle aussi à la ***Oficina da Música*** (1^re échoppe à gauche en entrant dans le petit marché couvert).

***Imaginario*** *(plan A1,* ***42****) : rua Bispo Cutinho, 814. Tlj 9h-18h30.* Une vaste boutique proposant un peu de tout : vêtements, sacs, sandales, jeux, jouets, statuettes... C'est sans doute ici que vous trouverez le plus de choix pour un souvenir ou un p'tit cadeau à rapporter.

***Galeries d'art*** et ***ateliers d'artisanat*** un peu partout dans la ville. Beaucoup sont fermés le matin. Assez chers dans l'ensemble.

– ***Atelier de Luciano Pinheiro :*** *rua Bispo Cutinho, 828. 📱 98884-0946. Pas d'enseigne, grille à gauche du magasin* Imaginario *(plan A1,* ***42****). Pas d'horaire, sonner.* Luciano Pinheiro, peintre de l'avant-garde d'Olinda des années 1960, présente ses œuvres chez lui : des peintures abstraites, fruit d'une quête de l'essentiel... Il est intarissable (en portugais) sur ce mouvement, très actif à l'époque de la dictature, dont il ne reste à ce jour que quelques représentants. Peut-être vous montrera-t-il aussi, du balcon de sa maison, la vue sur l'*horto del Rey*, un jardin botanique qui abrite une faune et une flore endémiques.

## À voir

Ne manquez pas d'aller faire un tour sur la ***praça Alto da Sé*** *(plan A-B1)*, qui domine la vieille ville et offre une vue superbe sur celle-ci, l'océan et Recife au loin. À part ça, Olinda compte, outre 2-3 petits musées, une vingtaine d'églises que nous n'énumérons pas toutes, d'autant qu'elles sont souvent fermées ou en restauration. Notez qu'en période de carnaval toutes les façades sont protégées par du placo et les entrées des églises et musées, condamnées. Entre carnaval et culture, il faut choisir... Voici cependant les plus remarquables.

### VESTIGE DE LA RÉPUBLIQUE

*Le pan de mur en face du Mercado da Ribeira est un vestige de l'ancienne Chambre des conseillers de la ville créée en 1548 (la 1re au Brésil). Une modeste plaque en forme d'étoile indique que ce fut aussi le siège du Sénat, où, en 1710, Bernardo Vieira de Melo prononça le 1er discours appelant à la proclamation de la république du Brésil.*

**Igreja da Misericórdia** (plan A1) : *rua Bispo Coutinho. Ouv seulement pdt les offices : lun-sam 12h-12h30, dim 7h30 et 18h.* Une des plus anciennes églises du Brésil (1540). Bâtie sur la colline qui offre un point de vue superbe sur la ville. À l'intérieur, des bénédictines missionnaires vous accueillent avec le sourire. Maître-autel de bois doré très chargé, plafond peint et jolis azulejos. Chaire de 1740.

**Museu de Arte sacra** (plan A1) : *rua Bispo Coutinho, 726. Tlj sauf lun 10h-17h. Entrée : env 10 Rls.* Petit musée présentant des sculptures religieuses des XVII-XVIIIe s surtout, dont un « Christ-armoire » contant la Nativité et un autre, de porcelaine, avec de vrais cheveux. Voir aussi les statues en pierre décapitées au XVIIe s par les Hollandais qui, protestants, ne les jugeaient pas « catholiques » ! Également des peintures de l'école de Cusco (XVIIIe s) et des œuvres d'art populaire. C'est le seul bâtiment à porter la plaque d'inscription d'Olinda au Patrimoine mondial de l'Unesco.

**Caixa d'água – Alto da Sé** (plan A1) : *à droite du museu de Arte sacra. Tlj 8h-20h. Accès payant : 8 Rls.* Château d'eau moderne doté d'un ascenseur, c'est le point de vue le plus élevé d'Olinda pour admirer le panorama, superbe quand le soleil brille, sur la vieille ville, l'océan bleu-vert et l'interminable muraille d'immeubles de Recife dans le lointain. Il en est devenu, du coup, une attraction. Construite en 1934, la tour fut immédiatement recouverte d'une enveloppe de béton supposée ne pas (trop) dénaturer l'harmonie architecturale d'Olinda. Les petits trous dans la façade *(combogos)* avaient une double fonction : ventiler et faire pénétrer la lumière. Niemeyer, puis Le Corbusier se sont par la suite inspirés de ce procédé.
– La maison vert et rose, en contrebas de la praça Alto da Sé, est la plus vieille école de samba d'Olinda. Le bonhomme au chapeau noir sculpté sur sa façade en est le créateur. Elle organise des défilés les mardi et samedi, les 2 semaines précédant le carnaval.

**Igreja da Sé** (plan B1) : *à l'angle de Bispo Coutinho et Ladeira da Sé. Lun-sam 9h-16h, dim 6h-15h.* C'est l'actuelle cathédrale. Encore un des édifices religieux les plus anciens du Brésil, puisqu'il date de 1537. Plus grand-chose à l'intérieur, si ce n'est des vestiges d'azulejos et une belle sacristie avec son mobilier en jacaranda (qu'on peut observer par les fenêtres ouvertes à l'arrière). À droite de l'entrée, la tombe de dom Helder Câmara, évêque de Recife controversé au Vatican, qui a voué son existence aux plus démunis. Voir l'introduction de Recife, le paragraphe consacré au « Creuset d'idées nouvelles », ainsi que la rubrique « Personnages » en fin de guide.

**Casa dos Bonecos Gigantes** (plan A1) **:** *rua Bispo Coutinho, 780. 98794-4243. Tlj 9h-17h30. Entrée : 10 Rls.* Pour avoir une petite idée de ce qui se passe dans les rues d'Olinda durant le carnaval, ce petit musée privé présente un échantillon de 80 géants. Assez impressionnant.

**Convento de São Francisco e igreja Nossa Senhora das Neves** (plan B1) **:** *rua São Francisco, 280. Tlj, sauf dim, 9h-12h, 14h-17h30 (en théorie). Entrée : env 3 Rls.* Un de nos édifices favoris. Ce fut le 1er couvent franciscain du pays, en 1585. Détruit par les Hollandais en 1631, il fut reconstruit plus tard par les Portugais. Splendide autel de bois doré dans l'église. Dans la chapelle tertiaire, noter les fresques du plafond, finement réalisées et de style très épuré. Dans la sacristie, considérée comme l'une des plus belles du Brésil, voir les panneaux d'azulejos, qui recouvrent également en nombre les murs du cloître. Les chapelles et les salles attenantes méritent aussi un coup d'œil. En vis à vis, dans le jardin, la croix de Saint-François. À ne pas rater !

**Igreja Nossa Senhora do Amparo** (plan A1) **:** *largo do Amparo. Mar-ven 9h-12h, 14h-17h ; w-e 9h-12h ; fermé lun.* Édifiée en 1613 et partiellement reconstruite en 1644 à la suite d'un incendie causé par les Hollandais. Autel baroque polychrome. En face, la petite *igreja de São João,* toute simple.

**Mosteiro e basilica de São Bento** (plan A2) **:** *au bout de la rua São Bento, dans un cul-de-sac. En principe, église ouv 8h-12h, 14h-18h30. Concert de chants grégoriens dim 10h.* Datent de 1582, mais incendiés par les Bataves et reconstruits à la fin du XVIIIe s. Intérieur assez décoré, avec de beaux pupitres en bois sculpté et un remarquable autel baroque. C'est ici que se sont tenus les 1ers cours de droit. Le monastère est même considéré comme la 1re faculté de droit du Brésil.

**Museu do Mamulengo** (plan A2) **:** *dans le mercado Eufrásio Barbosa. ☎ 3493-2753. En principe, mar-sam 9h-17h. Fermé dim-lun. GRATUIT.* C'est désormais dans ce beau marché rénové que le *museu do Mamulengo* présente – 2 salles seulement – son intéressante collection de poupées et de figurines des XIX-XXe s. En fait, pour beaucoup, des marionnettes, dont la fonction était de raconter des histoires (vraies pour la plupart) pour divertir. Des scènes historiques ou burlesques étaient ainsi jouées : une femme avec ses amants, Lampião (le Robin des bois brésilien) et sa bande attaquant une ferme... Un petit mélange de *commedia dell'arte* et de rites indigènes !

## À faire

Les **plages** les plus proches de la vieille ville, *Carmo* et *Milagres,* sont à éviter. Pour trouver quelque chose de décent, montez jusqu'à la hauteur du *Quatro Rodas* (l'hôtel de luxe du coin) ; c'est par là que vont se baigner les gens du coin.

## Fêtes et manifestations

– **Seresta** (Sérénade) **:** *le ven à partir de 22h, depuis la praça João Alfredo (plan A1), devant l'église São Pedro.* Des groupes de musiciens jouent dans les rues de la ville.
– **Carnaval :** *pdt 4 j. en fév ou mars.* Il commence officiellement le dimanche qui précède la semaine des festivités. En fin de matinée, un défilé d'hommes de la

LE NORDESTE

ville déguisés en femmes ouvre la parade. Et tout l'après-midi, rua do Sol, les *trios eléctricos* sont rois. Cette journée d'ouverture du carnaval est haute en couleur et en extravagances ! Le carnaval de rue, fait de *blocos,* démarre 2 jours plus tard dans le centre historique. Là, pas de *trios eléctricos,* mais on peut les retrouver à Recife, tout comme les défilés de Maracatu. Ces 2 villes voisines offrent des carnavals très différents. Si vous ne pouvez pas venir pendant le carnaval, essayez de venir pendant les *previas,* la période qui le précède : dès septembre, des festivités ont lieu en fin de semaine, puis c'est quasiment chaque soir à partir de janvier et vraiment tous les soirs 2 semaines avant le carnaval.

- ***12 mars :*** anniversaire de la ville.
- ***6 août :*** fête de Senhor Salvador do Mundo, saint patron d'Olinda.
- ***10 novembre :*** commémoration du 1er appel à la création d'une république au Brésil (le 10 novembre 1710 à Olinda).

## CARUARU

env 338 000 hab. IND. TÉL. : 81

**Principal centre artisanal du Pernambuco, à 140 km à l'ouest de Recife (2h de bus ou 4h de train). C'est aussi là que naquit et vécut Mestre Vitalino, père de la sculpture en terre cuite et des miniatures peintes, reflets typiques de la vie sociale et du folklore du Nordeste.**

### À voir. À faire

- ***Visite des ateliers de sculpture en terre cuite :*** *dans le quartier Alto do Moura (où se tient le museu Vitalino, et, dans le même bâtiment, le museu do Forró), situé à 7 km du centre, et dans le quartier do Cedro. Pour s'y rendre, prendre le bus « Alto do Moura ». En principe, lun-ven 8h-17h, le w-e seulement le mat.* C'est la principale activité artistique de cette ville. Ce sont ces petites figurines en terre cuite représentant des personnages de la vie quotidienne, les petits métiers ou les différents rites religieux *(maracatu, Bumba-meu-Boi).* Elles sont réalisées de façon réaliste ou en accentuant les aspects les plus saisissants. Certains ensembles aux couleurs vernissées sont magnifiques, mais la production en terre cuite toute simple ne manque pas de charme. Les statuettes ou figurines signées de Vitalino, le maître du genre, ou de l'un de ses disciples, sont évidemment plus belles et plus chères. Il existe, bien sûr, d'autres tendances artistiques en terre cuite, résolument modernes ou abstraites.

## TAMANDARÉ

env 22 000 hab. IND. TÉL. : 81

**À environ 100 km au sud de Recife, on accède à Tamandaré par une jolie route de la canne à sucre. Son nom, d'origine indienne, signifie « le refondateur », « le repeupleur » (légende indienne similaire à l'arche de Noé).**
**C'est un gros village pas désagréable qui s'étire le long de la mer, aux eaux bleu clair, tandis qu'une petite route conduit 8 km plus au nord à la charmante *praia dos Carneiros.* Un peu plus au nord encore, le *rio Formoso* (*formoso* veut dire « très beau ») se glisse entre les cocotiers et une péninsule ourlée de plages de sable blanc, avant de se jeter dans l'océan. Cet estuaire où se mêlent paysages tropical et marin dévoile une nature intacte et magnifique.**

## Arriver – Quitter

➢ ***Recife :*** avec *Progresso* (depuis le centre de Recife), 2 bus/j. lun-sam, en principe à 10h et 17h40, et 1 bus le dim à 7h30. De Tamandaré, départ à 5h et 14h (16h le dim). Trajet : 2h30. Départ et arrivée au centre de Tamandaré, sur la place en face de l'office de tourisme. Depuis Recife, le départ se fait sur l'av. Dantas Barreto, d'où partent aussi les bus pour Porto de Galinhas.

## Adresse utile

ℹ ***Office de tourisme :*** *sur la place principale, à l'entrée du village. Tlj 8h-20h.* Moderne et bien documenté (plan de la ville) mais infos en portugais seulement.

## Où dormir ? Où manger ?

Comme ailleurs, les prix de l'hébergement varient selon la saison, la période chargée allant de décembre à février, puis de juin à septembre surtout.

### Bon marché

⌂ ***Pousada Cambara :*** *rua Hermes Samico, 420. ☎ 3676-1151. • pousadacambara.com.br • Compter 90-150 Rls pour 2.* Une petite *pousada* sans chichis, simple mais agréable et colorée. Chambres sobres au confort suffisant et très bien tenues, de part et d'autre d'un espace intérieur planté de quelques arbres. Pas de petit déj, mais une cuisine pour faire sa popote (supermarché dans le village), avec en prime une grande table ombragée. Parfait pour le prix et la localisation, centrale.

### De prix moyens à plus chic

⌂ ***Hotel Coral Beach :*** *rua São José, 450. ☎ 3676-2274 ou 75. • hotelcoralbeach.com.br • L'hôtel donne sur la plage, tt près du resto* Tapera do Sabor. *Doubles 370-490 Rls.* Emplacement top, quasi sur la plage, pour ce *resort* à l'architecture moderne, de taille humaine et à l'atmosphère plutôt tranquille. Les chambres sont classiques mais d'excellent confort, réparties dans de beaux petits bâtiments de 2 étages (balcon ou terrasse de plain-pied) autour d'une jolie piscine. Le tout dans un jardin au gazon impec et planté de palmiers. Vue mer de toutes les chambres situées en étage, mais nos préférées sont celles juste devant la plage (très demandées, évidemment). Pour dîner, une table chez *Tapera do Sabor* (voir ci-dessous) s'impose. Accueil pro.

|●| ***Tapera do Sabor :*** *sur la plage, face à la mer, accessible en voiture par un petit chemin de sable qui longe la plage. ☎ 3676-1509. Tlj 11h30-21h (22h ven-dim). Plats 35-70 Rls (ou 80-130 Rls pour 2 pers).* Une jolie surprise que cette paillote un peu chic, reposante et bien ventilée, avec ses rideaux de coquillages et son beau mobilier en bois. La cuisine est fraîche et copieuse, à base de poisson et fruits de mer surtout, comme la *moqueca,* la paella, les plats de *bacalhau,* ou encore le riz au poulpe à la crème d'asperge, succulent. Bonnes salades aussi, excellents jus frais et jolis desserts maison.

### Spécial lune de miel

⌂ |●| ***Bangalôs do Gameleiro :*** *à* ***Praia dos Carneiros.*** *☎ 3676-1421. • praiadoscarneiros.com.br • À env 8 km au nord de Tamandaré, bien indiqué. Doubles 340-560 Rls ; familiales 700-980 Rls.* Praia dos Carneiros est un lieu tout désigné pour roucouler, et cet hôtel en bordure de plage, noyé dans la cocoteraie, s'y prête particulièrement. Les parties communes s'ouvrent sur le jardin, la plage et les transats, tandis que les bungalows

(10 dont 3 familiaux), dotés d'une terrasse avec hamac, sont disséminés dans la cocoteraie. Également 4 appartements contigus dans un petit bâtiment à l'arrière. Déco épurée et élégante rehaussée de touches de couleurs, confort parfait. Accueil naturel et serviable. Fait aussi resto.

## À voir. À faire

***Forte Santo Inácio :*** *pas très loin de l'office de tourisme, accès par la rua Leopoldo Lins. Tlj 8h-17h. Entrée : 5 Rls.* Fort carré construit au XVII$^{e}$ s par les Portugais pour surveiller la côte du Pernambuco et la défendre des incursions hollandaises. Il abrite une petite expo sur le projet de conservation du récif corallien de la bien nommée « Costa dos Corais ».

***Praia dos Carneiros :*** *à 8 km au nord de la ville.* La route asphaltée devient une piste qui s'enfonce dans la cocoteraie sur 1 km et conduit à cette plage, longue de 5 km au moins, considérée – à juste titre – comme l'une des plus belles du coin. Il faut dire que le paysage, une longue bande de sable blond, bordée d'un côté de cocotiers et d'une mer aux eaux translucides de l'autre, a quelque chose d'enchanteur. Possibilité de faire des balades à cheval ou en bateau. On recommande aussi la balade à pied jusqu'à la petite chapelle coloniale ***São Benedito,*** dont le blanc immaculé se détache sur le sable. Aussi photogénique que romantique. D'ailleurs, on y célèbre des mariages...

– *Manguezal Ecoturismo (● manguezalecoturismo.com.br ●)* propose des ***tours en catamaran*** entre Tamandaré et la *praia dos Carneiros.*

# L'ÉTAT D'ALAGOAS

**Le drapeau de cet État porte 3 couleurs (rouge, blanc, bleu, le drapeau français à l'envers), avec un emblème central rappelant, entre autres, les activités agraires de la région. L'Alagoas produit de la canne à sucre, mais son économie repose désormais aussi sur le tourisme avec ses très beaux paysages côtiers, parmi les plus sauvages et les mieux préservés du littoral du Nordeste. Pour la culture et l'histoire, il convient de s'arrêter à Penedo, pour la vie urbaine moderne à Maceió, et à Japaratinga et à Maragogi pour leurs grandes plages sauvages bordées de cocotiers.**

## MARAGOGI

31 300 hab. IND. TÉL. : 82

**Sur le littoral nord de l'État d'Alagoas, à 130 km au sud de Recife. Bienvenue au pays des cocotiers et du farniente ! La municipalité de cette petite ville compte 23 km de plages bordées de cocoteraies et, au large, de beaux récifs coralliens (les *galés*). À Maragogi même, front de mer assez urbanisé et ambiance balnéaire, qui plairont à certains. Ceux qui cherchent une atmosphère plus tranquille (et des plages plus sauvages) pousseront plutôt jusqu'à Japaratinga.**

### Arriver – Quitter

Mieux vaut être motorisé pour visiter cette partie du littoral, assez mal desservie par les transports en commun.

### En bus

➢ ***Recife :*** pas de liaison directe ; il faut prendre un bus (départs réguliers) depuis l'av. Dantas Barreto, dans le centre de Recife, jusqu'à *São José da Coroa Grande,* et de là une correspondance (départs fréquents aussi) pour Maragogi. Idem dans l'autre sens.

➢ ***Maceió :*** 6 vans directs/j. depuis la gare routière de Maceió, 5h30-18h20. Trajet : env 2h30. Dans l'autre sens, les vans partent de la « praça das vans » à Maragogi, 4h50-17h.

## Adresse et infos utiles

ℹ Petit ***office de tourisme*** *(ouv lun-ven 8h-20h, jusqu'à 14h le w-e)* au milieu de la rue qui longe la plage. Utile pour des infos sur les transports.

- Sinon, pas mal d'infos sur le site : *• maragogionline.com.br •*

■ ***Distributeurs :*** ***Banco do Brasil,*** *rua José Carvalho Raposo, 22 ; et* ***Bradesco,*** *praça Batista Acioly, 50.* Tous 2 dans le centre.

## Où dormir ? Où manger ?

### Au nord de Maragogi

|●| ***Restaurante Calamares :*** *à 20 km au nord de Maragogi, à São José da Coroa Grande, côté Pernambuco. ☎ (081) 3688-1288. Mar-jeu 11h-22h, ven-sam 11h-23h, dim-lun 11h-17h. Plats (pour 2) 70-160 Rls.* Certes, c'est un peu éloigné et donc réservé aux routards véhiculés. Mais voici une belle paillote un peu chic au bord de l'eau, avec des serveurs en tenue qui vous régaleront de délicieux poissons et fruits de mer (langouste notamment), ainsi que de juteuses *picanhas.*

### À Maragogi

Toutes ces adresses se situent sur le front de mer. Attention, ici, les prix entre la haute et la basse saison diffèrent grandement, allant souvent du simple au double (voire plus).

### De bon marché à plus chic

🏠 ⛱ ⚡ ***Maraga Beach Hostel :*** *av. Senador Rui Palmeira, 483. ☎ 3296-1713. • maragahostel.wixsite.com/hostel • Dortoirs 35-60 Rls/pers, doubles 100-150 Rls.* À l'étage d'un petit bâtiment, voici sans doute le meilleur *hostel* du coin. Réception au 1er étage, espace commun au 2e avec baie vitrée donnant sur le large, mais le grand plus, c'est la terrasse couverte au 3e étage, avec vue directe sur la plage et la mer turquoise... Ça tombe bien, c'est là aussi que se prend le petit déj ! Côté chambres (2-4 personnes) et dortoirs (4-8 lits), c'est assez simple, dans les tons blancs, mais bien tenu, avec clim et sanitaires privés. Un peu de bruit pour certaines, côté rue... mais bon.

🏠 ***Pousada Mariluz :*** *av. Senador Rui Palmeira, 885. ☎ 3296-1511. • pousadamariluz.com.br • Doubles 185-300 Rls.* Une bonne petite *pousada* offrant des chambres pas très grandes mais nickel, avec équipement neuf et complet. Quelques-unes, en prime, avec vue sur la mer (celles à l'avant). Parking, petit bar et piscinette.

🏠 ***Pousada Olho d'Agua :*** *av. Senador Rui Palmeira, 94. ☎ 3296-1263. • pousadaolhodagua.com • Doubles standard 200-450 Rls.* Un joli petit bâtiment ocre sur 2 étages, bien situé en front de mer, avec en plus un agréable jardin à l'avant. Chambres soignées et disposant d'un balcon, certaines avec vue sur la petite piscine, la cocoteraie et la mer. Un peu (trop) cher en période de vacances mais, hors saison, ses tarifs sont plus doux.

|●| ⛱ ***Restaurante Odoia :*** *av. Senador Rui Palmeira, 956. ☎ 3296-2214. En face de la pousada Olho d'Agua. Tlj 11h-21h30. Plats (1 pers) 35-65 Rls.* La bonne adresse où manger à Maragogi, dans une grosse maison ocre qu'on repère bien vite, au milieu de la rue côtière. Au menu : pâtes maison, *moqueca* (dont une végétarienne), filet

mignon, *polvo galego* (poulpe), poisson grillé à l'orange... c'est à la fois original et vraiment bien fait ! Et en plus, le cadre est charmant : une salle très soignée aux tables en bois colorées, ou alors la super terrasse face à la plage !

### Un peu au sud de Maragogi

#### Très chic

**Pousada Praiagogi – Restaurante Tuyn :** *route 101, km 124, à la sortie sud du village (env 4 km du centre).* ☎ *3296-1206.* • *praiagogi.com* • *Compter env 900 Rls pour 2 en ½ pens. Resto ouv le soir aux non-résidents, mais seulement sur résa (et il faut arriver avt 19h30).* Si votre budget vous le permet, une vraie pépite ! À peine 6 chambres, mais elles sont ravissantes et tout confort, dans les tons méditerranéens, avec fleurs fraîches, balcon (ou petite terrasse) et hamac. Seul bémol : l'adresse est interdite aux enfants de moins de 16 ans ! Au programme, donc, repos maximal, avec baignades, transats, lecture et massages *(payants).* Petit jardin-*lounge* face à la mer. Sans oublier le très bel espace à manger sous une treille de branchage où Sandrijn, le patron hollandais, et Fernanda, sa femme brésilienne, proposent une cuisine d'une grande fraîcheur et d'une belle inventivité. Pâtes, pizzas et risottos au menu, mais aussi des crevettes à la cardamone ou le filet mignon au café et cacao !

## À faire

➢ ***Les « galés » :*** situés à 6 km de la côte, ce sont des récifs coralliens aux eaux émeraude, qui abritent une faune et une flore très riches. On les découvre à marée basse, dans le cadre des excursions vendues par les agences qui jalonnent le front de mer. L'heure de départ dépend donc des marées. *Compter 75-100 Rls par pers, selon saison (masque et tuba non compris, disponibles à la loc).*

La municipalité de Maragogi compte 23 km de ***plages*** de sable (plus ou moins fréquentées), certaines vraiment belles et bordées de cocotiers, vers le nord et le sud. Vers le nord et le rio Persinunga, accessibles par la route : *Burgalhau, Barra Grande, Antunes, Xaréu, Ponta de Mangue, Dourado, Peroba.* Vers le sud : *Camacho, São Bento* et, plus loin, *Japaratinga.*

LE NORDESTE

# LA ROUTE DE MARAGOGI À MACEIÓ

***Japaratinga :*** un village de pêcheurs à 10 km au sud de Maragogi, dans un site ombragé par des rangées de palmiers et de cocotiers, le long d'une grande plage de sable fin. Située sur la côte des Coraux *(costa de Corais),* ainsi nommée en raison de la longue barrière de corail qui se termine à Tamandaré (au nord de Maragogi). À marée basse, on peut se rendre jusqu'aux piscines naturelles de la barrière de corail. Japaratinga est aussi le point de départ d'une superbe petite route côtière en direction de Maceió.

➢ Après Japaratinga, la route longe le littoral et ses paysages idylliques de carte postale : océan Atlantique aux eaux émeraude, plages de sable fin, arrière-pays couvert de cocotiers. Après avoir pris un petit bac à ***Porto de Pedras*** *(seulement 6 voitures par traversée, rotations continues ; compter 15 Rls/voiture),* on poursuit la route de bord de mer en longeant des villages, comme ***Porto da Rua,*** qui semblent encore préservés, un peu hors du temps. En quittant ***São Miguel dos Milagres,*** la route traverse cette fois un environnement vallonné, monte sur des collines couvertes de plantations de canne à sucre et de fermes agricoles. Le charme s'estompe en arrivant sur Maceió...

## Où dormir ? Où manger sur la route ?

### Plus chic

**Estalagem Caiuia :** *estrada de Japaratinga, km 2, praia de Bitingui ; à 3 km au sud de Japaratinga (14 km de Maragogi). ☎ 3297-1381. 99659-1313. • estalagemcaiuia.com.br • 440-620 Rls pour 2 en ½ pens (langouste incluse !) ; séjour de 2 nuits min. Pour les non-résidents, possibilité de manger sur place (mais résa obligatoire pour 19h30 max).* Les pieds dans l'eau, une charmante auberge rustique-chic tenue par la non moins charmante Fernanda. Une petite dizaine de chambres agréables les unes à côté des autres, au bord de l'eau, toutes un peu différentes et évidemment tout confort. Également un super jardin tout au bout, avec sa piscine et ses transats face à la mer. Atmosphère très relax, façon maison d'hôtes. Enfin, le resto n'est pas en reste : savoureuse cuisine de la mer (essentiellement), avec un risotto de poulpe qui nous a laissés pantois !

**Pousada Doze Cabanas :** *rua da Praia, s/n, à* ***Barreiras do Boqueirão*** *; à 5 km au sud de Japaratinga. ☎ 3297-1338. • dozecabanas.com.br • Double env 350 Rls en ½ pens ; réduc à partir de la 2e nuit. CB refusées.* Tenu par Freddy, un surfeur patenté et très accueillant. Comme son nom l'indique, une douzaine de bungalows, aux murs ocre et aux toits de palme, juste au bord de la plage pour certains. Une sorte de petit village avec des chambres simples mais sympathiquement arrangées et au confort suffisant (clim, douche/w-c et frigo). Isolé, sans TV ni musique (et wifi uniquement dans les parties communes) : une option tranquille pour qui cherche le repos. Et tout le matos pour s'éclater sur l'eau : planches de surf, *paddle*...

### Très chic... et charme

**Pousada Côté Sud :** *Porto da Rua, à* ***São Miguel dos Milagres.*** *☎ 3295-1283. 9942-7357. • pousadacotesud.com.br • Compter 860-1 360 Rls pour 2, en ½ pens.* Assurément l'une des plus charmantes étapes de cette paradisiaque route écologique. Dans un grand parc planté de cocotiers et impeccablement tenu, 9 bungalows personnalisés au confort optimal et à la déco très réussie, avec du mobilier chiné et des tonalités particulièrement harmonieuses. Tous bien espacés les uns des autres et équipés d'une terrasse privative, pour un supplément d'intimité. La quiétude des lieux imprégnés du doux bruissement de la brise marine, la superbe piscine surplombant la mer, la bibliothèque (livres, DVD, jeux), les massages, la qualité de la table (cuisine de la mer créative et raffinée, produits locaux, et même issus du potager), le service à la fois naturel et pro, le sable blond d'une plage quasi déserte, le scintillement des eaux mirifiques... font de cette adresse, tenue par un couple franco-belge, un véritable rêve. Bien sûr, cela a un prix... mais ce dernier est justifié !

# MACEIÓ

env 1 000 000 hab. IND. TÉL. : 82

• Plan *p. 505*

**À mi-chemin entre Recife (260 km au nord) et Aracaju (275 km au sud), Maceió, capitale de l'État d'Alagoas, est une grande ville moderne bordée par les eaux turquoise de l'Atlantique et prolongée au sud par une bande de terre qui ferme le lagon Mundau. Il y règne une atmosphère balnéaire,**

**et ses habitants apprécient cette qualité de vie, ce d'autant qu'elle ne connaît pas (encore ?) les maux des grandes métropoles.**
**Pour nous, ce n'est qu'une étape sur la route littorale du Nordeste, étape toutefois bienvenue si l'on cherche un peu d'animation.**

## Arriver – Quitter

***Terminal rodoviário João-Paulo II*** *(plan A1)* ***:*** *av. Gov. Afranio Lages, quartier de Feitosa, à env 3 km du centre. ☎ 3221-4080.* Guichet d'infos touristiques.
➢ ***Aracaju et Salvador :*** 4 bus/j. (6h-19h30) avec *Rota (● rotatransportes.com.br ●)*, et 2 bus (15h et 18h) avec la compagnie *Catedral.* Trajet : 10-12h (moitié moins pour Aracaju).
➢ ***Recife :*** 7 bus/j., 6h-minuit, avec *Real Alagoas (● realalagoas.com.br ●).* Ils prennent la BR 101. Les horaires sont identiques au départ de Recife ou de Maceió. Trajet : env 4h.

## Adresses et infos utiles

***Infos touristiques :*** *à la gare routière, tlj 8h-17h (19h sam-dim).* Donne des renseignements de base... et une sorte de carte-guide sommaire de la ville. Mieux vaut s'adresser aux ***agences de voyages,*** comme *Jaraguá Turismo (rua Dr Messeias de Gusmão, 188 ; ☎ 3337-2780. ● jaraguaturismo.com ● ; plan A2,* ***1****)* et *Maceió Turismo (rua Jangadeiros Alagoanos, 1292, sala 8, Galeria Arte Pajuçara ; ☎ 3327-7711. ● maceioturismo.com.br ● ; plan B2,* ***2****).* En plus de vous vendre des transferts et excursions, elles peuvent vous donner de bonnes infos. Vous trouverez leur brochure avec leurs tarifs dans tous les hôtels de la ville.
– Voir aussi le site *● turismomaceio.com.br ●*
■ ***Distributeurs, change :*** on trouve des distributeurs à la gare routière et un peu partout en ville, notamment sur le front de mer de Jatiúca, dans la pharmacie attenante à la station-service *Stela Maris (plan B1,* ***3****).* Pour le change, on vous conseille le bureau *Turiscam* situé dans l'hôtel *Maceió Atlantic Suites (av. Alvaro Otacilio, 4065 ; ouv lun-ven 9h-17h, sam 8h-12h ; plan B1,* ***4****).* Bon taux.

## Où dormir ?

### De bon marché à prix moyens (moins de 250 Rls / 60 €)

***Cedrus pousada e hostel*** *(plan B2,* ***10****)* ***:*** *av. Doutor Jose Sampaio Luz, 673, Ponta Verde. 99612-4745. ● cedrus-pousada.hotels-maceio.com ● Dortoir 40 Rls/pers, double env 100 Rls.* Un petit bâtiment marron style années 1970 qui abrite un dortoir de 8 lits et 6 chambres privées pour 2 à 4 personnes (et une familiale), le tout avec clim et salle de bains privée. Pour le prix, c'est plus que convenable ! Petit déj inclus, qui plus est, bonne tenue générale, cuisine à dispo, coin salon et petit patio avec hamac, et même une piscine.

***Hotel-pousada des Basques*** *(plan B1,* ***11****)* ***:*** *av. Julio Marques Luiz, 694, Jatiúca. ☎ 3325-8000. 99648-4487. ● hoteldesbasques.com.br ● Double env 160 Rls.* À 500 m de la plage de Jatiúca, un hôtel sans histoire proposant des chambres toutes blanches, sans grande déco mais confortables, propres et pas trop chères. Patio intérieur agrémenté d'une piscine de poche. Excellent accueil d'André Chambres (ça ne s'invente pas !), Basque d'origine (eh oui !), et de sa femme brésilienne. Ils connaissent bien la ville et la région, et peuvent vous donner de bons conseils.

***Pousada Gogó da Ema*** *(plan B2,* ***12****)* ***:*** *rua Francisco Laranjeiras, 97, Ponta Verde. ☎ 3231-2117.*

*• hotelgogodaema.com.br • Double env 150 Rls (jusqu'à 240 Rls en janv-fév).* Autre bonne adresse, située à un jet de pierre de la plage, pile entre Jatiúca et Pajuçara. Les chambres sont coquettes et cosy, avec équipement neuf et literie douillette. Également des apparts, pas beaucoup plus chers mais moins charmants. Un bon rapport qualité-prix hors saison touristique.

## Où manger ?

### Prix moyens (40-70 Rls / env 10-17 €)

**Divina Gula** *(plan B1,* ***20****)* **:** *rua Engenheiro Paulo B. Nogueira, 85, Jatiúca. ☎ 3235-1016. Situé dans le quartier derrière le McDo et la station-service Stela Maris. Tlj, sauf lun, 12h-minuit (2h ven-sam).* Bienvenue dans ce grand établissement familial géré par le père et le fils, ce dernier ayant été formé chez Bocuse (rien que ça !). C'est l'un des meilleurs restos de la ville, particulièrement réputé pour ses *picanha* et son cochon de lait croquant, mais il y a aussi des plats plus rares, comme la *costelinha zé pipi* (travers de porc, petits piments et haricots, un plat du Minas Gerais) ou le poisson en croûte de noix du Brésil... Belle sélection de vins, de bières artisanales et de cachaça pour arroser tout ça. Le tout dans un cadre qui en jette, avec une vaste terrasse d'un côté, une non moins grande salle de l'autre, et les fourneaux bien en vue entre les 2 !

**Casa de Mainha** *(plan B2,* ***21****)* **:** *rua Engenheiro Democrito Sarmento Barroca, 80, Pajuçara. ☎ 3317-2897. Tlj 11h30-16h, 17h30-21h. Buffet 70 Rls/kg... ou 40 Rls à volonté !* Dans une salle à la déco campagnarde (tables fleuries, ustensiles et bibelots aux murs, plafond en bambou), ce petit resto propose un très beau buffet de plats régionaux, dont vient profiter sans vergogne, midi et soir, une clientèle d'habitués. Vu le prix, on comprend ! Bon accueil, en prime.

**Carne de Sol do Picui** *(plan A2,* ***22****)* **:** *av. da Paz, 1140, Jaraguá. ☎ 3223-8080. Sur la grosse av. du bord de mer, près du musée Theo Brandão. Tlj 11h-17h.* Un resto réputé, qui s'enorgueillit d'avoir la meilleure *carne do sol* de la région. Cela dit, à côté de l'onctueuse *carne do sol,* servie pour 1 ou 2 personnes, la carte décline également un bon choix de viandes et grillades, ainsi que des poissons et fruits de mer. La véranda et l'enfilade de salles soignées, la belle carte des vins et la gentillesse de l'accueil ajoutent à l'attrait du lieu.

## À voir. À faire

**Jaraguá** *(plan A2)* **:** c'est le petit quartier ancien de la ville, son centre historique, aux rues bordées de demeures coloniales colorées en partie restaurées. Quelques beaux bâtiments comme l'*Associaçao Comercial,* de style néoclassique. Au XVIe s, les marins et les marchands y déchargeaient leurs marchandises venues d'Europe et embarquaient du sucre, du tabac, des noix de coco, du bois brésil *(pau brazil)* et du cuir.

**Museu Théo Brandão** *(plan A2)* **:** *av. da Paz, 1490. ☎ 3214-1716. • mtb.ufal.br • Non loin de Jaragua, le petit centre historique. Tlj, sauf lun, 9h (12h w-e)-17h. GRATUIT.* Dans un beau bâtiment restauré de la fin du XIXe s, quelques petites salles modernes présentent les collections anthropologiques de Théo Brandão, un spécialiste du folklore ayant vécu au XXe s. Grandes photos noir et blanc, statuettes (illustrant le syncrétisme des cultures locales), figurines et poteries. À l'étage, costumes, masques et coiffes de carnaval (notez celle surmontée d'une église miniature). Quelques géants aussi. Expos temporaires en sous-sol et jolie boutique au rez-de-chaussée.

## MACEIÓ

| | |
|---|---|
| ■ **Adresses utiles** | **11** Hotel-pousada des Basques (B1) |
| **1** Jaraguá Turismo (A2) | **12** Pousada Gogó da Ema (B2) |
| **2** Maceió Turismo (B2) | **Où manger ?** |
| **3** Distributeur (B1) | **20** Divina Gula (B1) |
| **4** Change (B1) | **21** Casa de Mainha (B2) |
| **Où dormir ?** | **22** Carne de Sol do Picui (A2) |
| **10** Cedrus pousada e hostel (B2) | |



Avec leur sable clair, leurs cocotiers et leur eau bleu-vert, les plages de Maceió, en particulier celle de Jatiúca *(plan B1)* ont de quoi attirer (et retenir quelque temps) nombre de vacanciers.

***Piscines naturelles :*** au large de la baie principale, en bordure de la barrière de corail. On y accède (à marée basse seulement) en *jangada,* le petit bateau à voile traditionnel de la côte nordestine. *Compter 30-40 Rls par pers.*

***Feira de artesanato do Pontal da Barra*** *(hors plan par A2) :* *à l'extrémité sud-ouest de la ville (accès par la route côtière), sur la bande de terre qui ferme le lagon Mundau.* Un ensemble de boutiques spécialisées dans le *filé,* une technique de tissage rappelant un peu la dentelle, utilisée pour faire des sets de table, taies d'oreiller, dessus de lit, rideaux, etc. Plein d'autres choses (souvenirs, etc.) aussi en vente.

# LA ROUTE DE MACEIÓ À PENEDO

***Praia do Francês :*** *à 25 km au sud de Maceió, par une jolie cocoteraie.* Ce qui n'était qu'un hameau de pêcheurs dans les années 1970 est devenu une station balnéaire assaillie par la foule. À l'origine, un Français y a ouvert un resto, et les paillotes ont depuis poussé les unes après les autres, d'où le nom de « plage du Français ». Le week-end, des hordes de Brésiliens assoiffés de soleil viennent s'y faire dorer la pilule. Pas notre tasse de thé, mais il existe de nombreuses *pousadas* et hôtels sur place, pour qui voudrait prolonger l'étape.

➢ La route qui suit se déroule en une longue bande bitumée qui longe la mer, comme sur un grand toboggan (attention parfois aux rebonds !) au milieu du Grand Vert, entre les cocoteraies et les plantations de canne à sucre. Des paysages superbes (on imagine l'émerveillement d'Amerigo Vespucci), un trajet hors des sentiers battus, dans des régions ignorées du grand tourisme. Compter env 2h en roulant normalement pour rejoindre Penedo. Avant, on peut faire une halte à ***praia do Gunga,*** une très belle langue de plage bondée le week-end et constellée de *barracas* avec chacune sa spécialité culinaire. Avant d'y descendre, on peut admirer le point de vue sur l'embouchure du rio São Miguel et sur l'immense cocoteraie alentour en grimpant le mirador du bar-resto *Mirante do Gunga* (ça coûte 3 Rls, mais bon...). Un peu plus loin, on conseille une halte dans le petit village de pêcheurs ***Pontal de Coruripe,*** charmant et hors du temps. Le resto-bar *Rainha do Mar* (au pied du phare) est une étape bien agréable pour grignoter ou boire un verre en journée, avec sa petite terrasse stratégiquement située face au port de pêche.

# PENEDO

65 000 hab. IND. TÉL. : 82

**Grand fleuve bleu clair (le 2e plus long fleuve brésilien après l'Amazone), le rio São Francisco dessine à Penedo un ultime et somptueux méandre au pied d'une falaise rocheuse. C'est dans ce recoin abrité des vents du littoral que des Portugais aventureux décidèrent naguère de jeter l'ancre et fondèrent un poste de pionniers. Le nom de la petite ville – Penedo – vient d'ailleurs de ce « rocher » contre lequel elle a été bâtie.**

**Au bout d'un long couloir à travers des faubourgs modernes, on débouche dans un sanctuaire architectural où l'horloge du temps s'est arrêtée au XVIIIe s. Églises baroques, maisons simples mais de caractère, demeures bourgeoises : voilà un cadre historique, fier et authentiquement patiné par le temps. Les tourments du monde et les diables du modernisme semblent avoir oublié Penedo, presque à mi-chemin entre Maceió (168 km au nord-est) et Aracaju (122 km au sud-ouest). Voilà, ami routard, une belle raison de faire un détour.**



## Arriver – Quitter

### En voiture

➢ ***Aracaju et Salvador :*** avant d'arriver à Penedo (venant du sud), il faut prendre un bac *(balsa)* à Neópolis. Env 2 rotations par heure et 28 Rls par voiture. Traversée en 10 mn. Dans l'autre sens, départ depuis la place principale du Penedo historique, près de la station-service et du resto *Oratorio*.

### En bus

À Penedo, les départs et arrivées des bus se font du petit *terminal rodoviário,* dans la rue de la vieille ville qui borde le fleuve.

➢ ***Maceio :*** minibus ttes les heures, 5h-16h, avec l'*Associação de Transporte Litoral Sul.* Ils passent par la route du littoral (AL-101, via Pontal de Coruripe et Praia do Francês). Trajet en 3h env. Également 1 bus avec *Real Alagoas* vers 12h qui prend la BR (plus long, 4h env).

➢ ***Aracaju et Salvador :*** 1 bus direct/j. pour Salvador via Aracaju avec *Aguia Branca* (● aguiabranca.com.br ●). Départ vers 6h le mat dans les 2 sens, trajet respectivement en 3h30-4h et 9h. Sinon, plus de départs (en minibus) depuis Neópolis, de l'autre côté du rio São Francisco (prendre le bac depuis Penedo pour s'y rendre).

## Adresse et info utiles

– Pas d'***office de tourisme*** à Penedo.
■ ***Distributeur :*** ***Banco do Brasil,*** *en retrait de la pl. principale du centre historique.* Attention, pas de change.

## Où dormir ? Où manger ? Où boire un verre ?

### De bon marché à prix moyens

***Encantos de Penedo :*** *Rodovia AL 110, nº 195, Santa Luzia. ☎ 3551-3111. • hotelencantosdepenedo.com • Doubles 110-170 Rls.* À l'entrée de Penedo, et en face d'une station-service, ce petit hôtel à la façade noir et jaune est une alternative avantageuse aux possibilités de logement dans la vieille ville. La déco moderne, assez épurée, fait même penser à un hôtel pour VRP ! Entretien nickel, chambres agréables (pour 2, 3 ou 4 personnes) avec tout le confort de base (mais sans frigo pour les moins chères) et une excellente literie. Accueil adorable et petit déj très correct.

***Hotel São Francisco :*** *av. Floriano Peixoto, 237. ☎ 3551-2273. • hotelsaofrancisco.tur.br • Doubles 180-240 Rls.* Le meilleur choix dans la vieille ville. Dans un immeuble des années 1960, une bonne cinquantaine de chambres à la déco classique, mais confortables et bien finies, avec clim, frigo, literie douillette et, cerise sur le gâteau, une terrasse avec vue panoramique sur la ville et le fleuve ! En choisissant une « super luxo », vous aurez droit à encore un peu plus d'espace et de confort. Sans oublier les 2 piscines en plein air. Très bonnes prestations.

***Oratorio :*** *av. Beira Rio, 301. ☎ 3551-2985. Sur la pl. centrale, à côté de l'embarcadère des bateaux pour Neópolis. Tlj 10h-minuit (2h ven-sam). Plats 40-45 Rls (ou 70-80 Rls pour 2).* Pour l'oratoire ancien, vous repasserez, mais sa terrasse couverte donne sur le rio São Francisco et ses jolis bateaux. Un cadre sympa pour une honnête cuisine locale, copieuse et pas très chère *(peixe ao molho de camarão, bisteca de porco, moqueca de tilapia...).* Visez, sur le comptoir, les énormes bouteilles de *cachaça* !

***Restaurante Forte da Rocheira :*** *rua da Rocheira, 2. ☎ 3551-2486. Tlj 11h-16h. Plats 35-60 Rls (ou 50-75 Rls pour 2).* Un peu à l'écart, sur une terrasse accrochée au vieux fort, avec une belle vue sur le fleuve. Bonnes spécialités de *peixe à Rocheira* (poisson pané sauce vin blanc) et de *bacalhau à Gomes de Sà.* Bien aussi pour boire un verre.

LE NORDESTE

## À voir. À faire

➢ Le ***rio São Francisco*** prend sa source à 1 428 m d'altitude dans les monts Canastra du Minas Gerais, puis il coule sur près de 3 000 km avant de se jeter dans l'océan Atlantique. À environ 200 km en amont de Penedo, entre les villes de Piranhas et de Paulo Afonso, il s'enfonce dans un ***canyon*** spectaculaire déclaré parc national depuis 2009. Beaucoup plus en aval, à 30 km de Penedo, des bateaux descendent, au départ de Piaçabuçu, les 13 derniers kilomètres jusqu'à l'embouchure *(env 2h A/R).*

***Igreja Nossa Senhora da Corrente :*** *au bout de la rue qui longe le fleuve, à côté de la* Pousada colonial. *Tlj 8h-17h (15h sam et 14h dim).* Datant du

XVIIIe s, elle est considérée comme l'une des plus belles églises baroques du Brésil. Remarquer la façade extérieure percée de fenêtres, plutôt rare. À l'intérieur, autel baroque, retable doré à la feuille d'or, sol en mosaïque anglaise et portugaise, superbes azulejos du Portugal. Enfin, notez à gauche de la statue de Nossa Senhora das Dores (sous le Christ) la petite porte qui, dit-on, servait à cacher des esclaves...

### COURS D'EAU ET D'HISTOIRE

*Le rio São Francisco fut découvert par l'explorateur florentin Amerigo Vespucci, le 4 octobre 1501, jour de la Saint-François d'Assise : il n'est pas allé chercher son nom bien loin... À l'époque de la conquête du Brésil, ce fleuve était emprunté par les colons portugais à la recherche d'or... qu'ils finirent par trouver après avoir remonté une grande partie du cours d'eau, dans le Minas Gerais.*

**Memorial Raimundo Marinho e Museu do Paço imperial :** *en face de l'igreja N. S. da Corrente. Mar-ven 11h-17h, sam 9h-15h. Fermé dim et lun. Entrée : 3 Rls.* Cette belle demeure où séjourna (2 nuits) le dernier empereur du Brésil, dom Pedro II, porte aujourd'hui le nom d'un ancien maire de Penedo (de 1961 à 1980), qui était aussi dentiste et dont on peut voir le cabinet et certains des effets personnels dans la petite expo qui lui est consacrée. On y trouve aussi un petit musée avec photos et documents sur l'histoire de la ville. À l'étage : beau mobilier impérial, porcelaine de Limoges, statues de saints, vaisselle, épées, lustres en cristal...

**Igreja São Gonçalo :** *rua Joaquim Nabuco, au cœur de la vieille ville. Tlj 8h-17h (15h sam et 14h dim).* Autre église importante du centre historique, datant de 1759. Intérieur assez sobre, avec un autel baroque.

**Convento Franciscano et igreja de Nossa Senhora dos Anjos :** *rua 7 de Setembro, à flanc de colline, à env 400 m du fleuve. Lun-sam 7h-11h30, 14h-16h30 ; fermé (en principe) le dim. Entrée : 2 Rls.* Le couvent fut fondé en 1660 et l'église achevée seulement en 1786. On peut visiter le cloître et l'église au bel intérieur baroque avec des touches rococo et plafond peint. Notez, à l'entrée, la Virgem da Conceição qui ne regarde pas le ciel, pour une fois, mais, dit-on, vers un passage secret... resté secret. À l'étage, qui accueille la sacristie (on peut demander à la voir, très jolies sculptures en bois du XVIe s), les anciennes cellules ont été converties en... chambres à louer (*twins* seulement) pour les voyageurs ! Plutôt charmant et pas cher, mais assez simples et sans clim. Infos : *99975-0989.*

LE NORDESTE

**Casa do Penedo :** *rua João Pessoa, 126. ☎ 3551-6938. • casadopenedo.com.br • Un peu excentré, dans une rue qui démarre au-dessus du quartier de l'hôtel São Francisco. Tlj sauf lun 8h-12h, 14h-18h. Entrée : 3 Rls.* C'est le musée d'Histoire locale, qui se visite avec un guide. Nombreux panneaux narratifs en portugais. En vrac, reproduction d'une lettre de 1859 d'Auguste Comte au Barão de Penedo, chaînes d'esclavage et objets de sévices, arme de *cangaceiro* (bandit local), récit de la visite de dom Pedro II en 1859, reproduction du journal *O Luctador* (qui avait un bureau à Paris au 24, rue du Mont-Thabor), photos noir et blanc du rio São Francisco et quelques souvenirs du 1er festival du pays qui eut lieu ici en 1975. La bibliothèque, quant à elle, contiendrait 60 000 ouvrages sur Penedo et l'Alagoas.

## L'ÉTAT DU SERGIPE

**Le plus petit État du Brésil (après le *Distrito Federal*). Terre de cannes à sucre (et de manioc, oranges et noix de coco), on y trouve aussi quelques belles plages et, surtout, une ou 2 petites villes coloniales parmi les plus anciennes**

**du pays. On peut aussi s'arrêter un court instant dans sa capitale, Aracaju, ville moderne pas désagréable en bord de mer, plébiscitée par nombre de vacanciers brésiliens pour ses bas prix.**

## ARACAJU

env 640 000 hab. IND. TÉL. : 79

**Une chanson de Caetano Veloso vante les charmes d'Aracaju. Moderne mais de taille encore humaine, sans vrais problèmes de sécurité, Aracaju, capitale du Sergipe, est une agglomération étendue en bord de mer, avec quelques maisons anciennes dans un urbanisme récent et fonctionnel entouré de plages. Il y fait bon vivre, au dire de ses habitants, qui apprécient son rythme facile et son climat délicieux. Cela reste toutefois une très courte étape pour le routard en quête de petits villages plus attrayants, le long du littoral... On ne vous conseille donc pas d'y séjourner, mais juste d'y faire escale sur la route.**

– Infos diverses sur le site • *visitearacaju.com.br* •

### Arriver – Quitter

***Terminal rodoviário Gov. José Rollemberg*** *(gare routière)* **:** *à 6-7 km au nord-ouest du centre, sur la route de São Cristovão.* C'est le nouveau terminal pour les bus longue distance, mais on y trouve également des bus pour ***São Cristovão.*** Pour ***Laranjeiras*** en revanche, les départs se font de l'ancienne gare routière (*terminal rodoviário velho,* d'où partent aussi des bus pour *São Cristovão*), plus proche du centre.

➢ ***Maceió :*** 3 bus/j. (6h15-18h30 d'Aracaju) avec *Real Alagoas* (• *realalagoas.com.br* •), et 2 bus avec *Rota* (• *rotatransportes.com.br* •), vers 12h et 17h30. Trajet : 4-5h.

➢ ***Recife :*** 1 bus/j. avec *Real Alagoas,* vers 22h30 d'Aracaju et 12h30 de Recife. Trajet : 8-9h.

➢ ***Salvador :*** 5 bus/j. (7h-minuit) lun-ven et 3 bus le w-e (7h-18h) avec *Aguia Branca* (• *aguiabranca.com.br* •) ; également 4 bus/j. (11h30-23h50) avec *Rota.* Trajet : 5-8h selon la route empruntée.

LE NORDESTE

### Où manger ? Où sortir ?

#### De prix moyens à plus chic (40-100 Rls / env 10-24 €)

***Restaurante e casa de forró Cariri :*** *av. Santos Dumont, 1870, passarela do Caranguejo.* ☎ *3243-1379. Sur le front de mer au sud de la ville. Tlj à partir de 10h.* Vaste terrasse aux accents colorés et festifs. Tous les classiques au menu, avec pas mal de plats composés de crevettes du Sergipe, comme les *camarão à Sergipana.* Bon, copieux et, en plus, on mange tous les soirs (et le midi le week-end) au rythme de la musique *ao vivo* (couvert artistique à prévoir). Mais le vrai spectacle se passe dans la *casa de forró* à l'arrière, à partir de 22h, les vendredi et samedi *(entrée : 25 Rls).* Joli décor dans une grande salle garnie de poupées suspendues au plafond. Bonne ambiance.

***Pitú com Pirão da Eliane :*** *av. Santos Dumont, 957.* ☎ *3243-4747. À 2 km du resto forró Cariri. Tlj 11h-23h (22h dim).* Un resto chic avec serveurs en chemise blanche et cravate, nappes rouges et murs de brique, tenu par l'adorable Eliane. Cuisine populaire mijotée. Spécialités de poisson et fruits de mer bien sûr, mais surtout, comme son nom l'indique, de *pitú* (crevette de rivière).

**Restaurante O Miguel :** *av. Antonio Alves, 340, Atalaia Velha.* ☎ *3243-1444. Dans le centre, à un gros carrefour. Fermé dim soir et lun soir. Parking juste devant.* Marre de la crevette et du poisson grillé ? Faites donc un stop chez *Miguel,* qui propose, en plus de la traditionnelle cuisine de la mer – excellente aussi –, une carte variée de viandes cuites à la braise. Cuissons maîtrisées, produits de qualité et délicieux légumes d'accompagnement. Ajoutez-y un service preste dans une grande salle plaisante, et vous obtenez une bonne halte culinaire.

## À voir. À faire à Aracaju et dans les environs

**Praça Fausto Cardoso :** centre historique de la ville, avec l'ancien palais du gouvernement du Sergipe. De là, on peut explorer les rues piétonnes : calçadão da rua João Pessoa et calçadão da rua de Laranjeiras.

**Laranjeiras :** *à 19 km au nord-ouest d'Aracaju. Pour y aller, bus depuis l'ancienne gare routière d'Aracaju.* Dans les terres, une petite ville historique, dont les 1res constructions remontent au XVIIe s. Mais elle s'est surtout développée aux XVIIIe et XIXe s, devenant même un centre d'échanges commerciaux de 1er plan au Sergipe. De cette époque, elle a conservé un bel ensemble colonial. C'est aussi le berceau de la culture noire de l'État (petit musée afro-brésilien). La ville est dominée par une colline d'où l'on a une belle vue.

**São Cristovão :** *à 23 km au sud-ouest d'Aracaju. Pour y aller, bus depuis l'ancienne ou la nouvelle gare routière d'Aracaju.* Ancienne capitale du Sergipe fondée en 1590, cette ville mérite le détour pour la place São Francisco, inscrite au Patrimoine mondial de l'Unesco. Ce grand quadrilatère forme un ensemble particulièrement homogène avec plusieurs églises, un couvent franciscain, un palais provincial et des maisons de style portugais d'époque coloniale. L'architecture est représentative de la période pendant laquelle les couronnes portugaise et espagnole étaient unies. Pas d'hébergement sur place.

**Praia de Pirambu :** *à 45 km au nord-est d'Aracaju.* Les tortues de mer viennent y pondre. Le site est protégé et surveillé par le projet *Tamar,* comme à Praia do Forte.

LE NORDESTE

# L'ÉTAT DE BAHIA

# LE LITTORAL NORD DE BAHIA

• Carte *p. 473*

## LA *LINHA VERDE*

Il s'agit d'un vaste secteur boisé et préservé qui borde la côte bahianaise sur un peu moins de 150 km du nord au sud, entre Cachoeira do Itanhim et Salvador. Fruit d'un programme ambitieux de l'État de Bahia, la *linha verde* (« ligne verte ») forme une barrière naturelle destinée (théoriquement) à éviter les excès du développement et de l'urbanisation (déboisement, exploitation immobilière et touristique du littoral). Autrement appelée « route des Cocotiers », la *linha verde* livre de belles échappées au voyageur, qu'il soit en bus ou en voiture. Du côté de l'océan Atlantique, le littoral est couvert de grandes cocoteraies (arbres naturels ou replantés sur des dunes). Dans l'arrière-pays s'étend une autre forêt : la *Mata Atlântica,* lambeaux de la forêt atlantique primitive, celle qui émerveilla, vers 1500, le découvreur européen de ces rivages, Amerigo Vespucci.

# MANGUE SECO

env 300 hab.

**« ... la plage de Mangue Seco, la plus belle du monde - pour une fois je suis péremptoire. »**
**Jorge Amado, *Navigation de cabotage.***

**Mangue Seco ressemble à une île, mais c'est une presqu'île en fait, assez longue, bordée à l'est par l'océan Atlantique et à l'ouest par le rio Real (bras de mer). On y accède en bateau seulement, depuis le micro-village de Pontal (où il faut laisser sa voiture). Au bout de 10 mn, on arrive alors à la pointe de la péninsule, un site naturel exceptionnel constitué de dunes et de plages plantées de bouquets de cocotiers, préservé grâce à la volonté de certains de ses habitants qui ont dit non à la construction d'une grande route destinée à désenclaver le bout de leur bande de terre.**

### QUAND LA RÉALITÉ COPIE LA FICTION

*En 1940, pourchassé par la dictature militaire, l'écrivain communiste Jorge Amado se réfugia à Mangue Seco. Inspiré par les lieux, il y écrit son roman* Tieta do Agreste, *un véritable best-seller devenu un film. Le succès fut tel que le maire de Jandaira changea le nom du village de Coqueiros, où fut tourné le film, en Santana do Agreste, comme dans l'histoire... Mais le pouvoir du livre s'arrête là : personne n'utilisa jamais ce nom !*

**Du coup, le petit village de Mangue Seco, avec ses quelques restos et *pousadas* le long de rues de sable et de chemins de terre assoupis, est un monde à part, d'une grande quiétude, à mille lieux des stations bruyantes et animées de certaines parties de la côte ! Ceux qui cherchent avant tout le calme et un milieu intact apprécieront. La grande plage, déserte et sauvage (hormis quelques paillotes pour boire et manger... et quelques tortues pondeuses !), se trouve, elle, sur la côte est, séparée du village par un cordon de hautes dunes de sable blanc éblouissant qui se déplacent sous l'effet du vent...**
**Pour info, Mangue Seco signifie « mangrove sèche », ou « bois sec », et non « mangue sèche », comme on pourrait l'imaginer si on connaît mal le portugais. C'est vrai qu'il y fait sec et que la chaleur est parfois écrasante... N'oubliez pas votre chapeau et votre crème solaire !**
– Pensez aussi à emporter suffisamment d'argent liquide (pas de distributeur) et un bon répulsif antimoustiques !

## Arriver – Quitter

Pas très facile en bus, mieux vaut être motorisé ! Il faut se rendre jusqu'au microvillage de Povoado do Pontal (pas de bus direct depuis Salvador) et, de là, prendre un petit bateau privé pour Mangue Seco.
➢ ***Salvador (rodoviária) :*** avec *Linha Verde* (📱 (71) 99683-9804), 3 bus/j., vers 7h, 11h et 14h de Salvador ; descendre à Cachoeira et prendre un taxi pour Pontal *(env 80 Rls).* Compter 5-6h de trajet entre Salvador et Cachoeira (235 km).
➢ ***Aracaju :*** 2 bus directs/j. jusqu'à Pontal avec *Coopertalse* (☎ (79) 3252-3547 ; • coopertalse.com.br •), à 11h et 17h depuis Aracaju. Durée : 2-3h. Sinon, cette même compagnie propose

LE NORDESTE

7 bus/j. pour Indiaroba, d'où il faut prendre un taxi pour Pontal.

➢ ***De Pontal à Mangue Seco :*** à Pontal, des particuliers assurent la traversée dans des petits hors-bord *(lancha)* jusqu'à Mangue Seco, jusqu'à min 17h30 (après, les départs sont moins certains, mais il est toujours possible de contacter sa *pousada* à Mangue Seco pour organiser le transfert). *Compter 60 Rls par trajet (pour l'embarcation, qui peut prendre au moins 4 pers) et 10 mn de traversée.*

Si vous êtes venu en voiture, vous devrez la laisser dans l'un des petits parkings privés du village *(env 15 Rls/24h).*

## Où dormir ? Où manger ?

### De bon marché à prix moyens

🏠 ***Pouso das Garças :*** *à 100 m à gauche du débarcadère, face à la lagune. 📱 (79) 9127-0112. • pousodasgarcas.com.br • Doubles 120-150 Rls (180 Rls en janv-fév). Env 60 Rls/pers supplémentaire (en chambre de 4).* Une charmante adresse. On dort dans un agréable bâtiment vert situé dans un jardin tropical face à la lagune, et le petit déj se prend sur la terrasse colorée de la maison principale en bois, toujours face à la mer. Petites chambres avec douche/w-c, clim, carrelage, et bien sûr un hamac à l'extérieur pour la sieste. Simple mais très bien tenu et bon accueil.

🏠 ***Fantasia do Agreste :*** *dans le village, à 100 m du débarcadère. 📱 (79) 99891-9919. Doubles 160-180 Rls.* Une petite vingtaine de chambres sur 2 niveaux autour d'un très joli patio tout garni de plantes et planté de cocotiers. Elles sont bien finies et plutôt sympa, avec carreaux en terre cuite au sol, mobilier en bambou et terrasse privée où pend un hamac ! Pour les familles, il y a aussi des quadruples. Quelques unes avec vue sur la lagune. Fait aussi resto.

🏠 ***Mangue Seco Hostel :*** *rua do Meio, 65. 📱 (79) 99943-2935. • manguesecohostel.com • Compter 100-180 Rls pour 2.* Tenu par Tulio, un charmant Brésilien de São Paulo qui a changé radicalement de vie en venant s'installer à Mangue Seco. Dans une maison en adobe de 150 ans, il ne propose que 2 chambres (pouvant accueillir 4 personnes), mais elles sont bien tenues (clim et salle de bains), et l'accueil fait qu'on se sent vite ici comme chez soi. Salle commune avec cuisine, bout de jardin et chouette terrasse sur le toit équipée de hamacs.

🍴 ***Bar.Co :*** *face au débarcadère. 📱 (79) 99943-2935. Tlj 10h-21h. Plats (2 pers) 60-140 Rls.* La terrasse la plus sympa du village, avec ses jolies tables en bois et ses beaux voilages, et sans doute aussi le meilleur resto du coin ! Il est tenu par Tulio, le proprio du *Mangue Seco Hostel.* On s'est régalés avec la superbe *moqueca* (de *camarão* ou d'*aratu* – un petit crabe), mais laissez-vous tenter aussi par le *peixe na chapa* (poisson braisé) dans une sauce aux herbes et aux câpres, le *filé mignon do sol,* les pizzas à la pâte levée au jus de canne à sucre (!), les sandwichs (pour les petites faims), ou encore les options végétaliennes. Sans oublier, en dessert, le délicieux *cheesecake* à la confiture de goyave... On a été conquis !

🍴 ***Restaurante Frutos do Mar :*** *face au débarcadère, à côté du Bar.Co. 📱 (79) 99903-5814. Tlj 7h-22h (env). Plat (2 pers) env 70 Rls.* Sa terrasse couverte, et sans chichis, donne sur le fleuve. Cuisine familiale, saine et pas chère, à base de produits... de la mer, évidemment. Plats cuisinés et servis exclusivement par des femmes. Sympa. Possède une petite paillote avec tables et chaises longues abritées, sur la plage. Extra en journée.

### Plus chic

🏠 🍴 ***Eco-pousada O Forte :*** *praia da Costa ; demander au bateau (depuis Pontal) de vous y déposer, sinon c'est*

*à 10 mn à pied du village. ☐ (79) 9956-8736. • pousadaoforte.com • Possibilité de transfert depuis Aracaju et Salvador. Double env 390 Rls ; gratuit - de 14 ans (dans la chambre des parents).*
Petit coup de cœur pour cette *pousada* très agréablement située face à la lagune et au bord d'une petite plage, à l'écart du village... Dans un calme total, on y loge dans des chambres (pour 3-4 personnes) fraîches et impeccables, réparties dans des petits bâtiments bas. Moustiquaire, clim, frigo, TV, bonne literie et terrasse privée avec hamac et tables... tout le confort est là ! Petit déj délicieux et copieux. Si les prix vous paraissent un peu élevés, sachez qu'il y a aussi une piscine avec hydromassage, que diverses activités sont proposées gratuitement (kayak, stand-up paddle, surf, tir à l'arc, raquettes...) et que la *pousada* est la seule de Mangue Seco à posséder le label « Ambiantal ». Bons repas servis face à la mer. Excellent accueil chaleureux.

## À faire

***Plage :*** la plage principale est située à 1,5-2 km à l'est, côté Atlantique. Immense et sauvage, derrière un gros cordon dunaire qui la sépare du village de Mangue Seco. Y aller à pied par les chemins et les dunes, superbe promenade (mais prévoir impérativement chapeau, lunettes, crème solaire et eau). Sur place, quelques restos sous paillotes avec des hamacs. On peut s'y « doucher » après la plage, grâce à un système de tubes en bois remplis d'eau fichés dans le sol. Également des vendeurs de *moquequinha de aratu* (succulentes préparations de crabe à la tomate avec de la coriandre et du cumin, servies dans des feuilles de bananier). Un péché mignon !

– La ***dune,*** longue d'environ 8 km, partage la presqu'île en 2. On peut s'y balader, notamment au coucher du soleil, pour de magnifiques points de vue entre océan et fleuve, en particulier au pied du phare. Attention, il y fait excessivement chaud en journée : quitte à nous répéter, prévoir chapeau, crème et eau.

– ***Tour en buggy :*** c'est l'activité principale à Mangue Seco. On sillonne les dunes en buggy 4 places façon *Mad Max...* Marrant, mais pas franchement écolo... La station des buggies se trouve à 300 m du débarcadère, à droite en débarquant. *Compter 80-200 Rls selon le tour.*



# PRAIA DO FORTE

IND. TÉL. : 71

• Plan *p. 516-517*

**Situé à environ 80 km au nord de Salvador (58 km seulement de l'aéroport), cet ancien village de pêcheurs s'est métamorphosé en une station balnéaire assez huppée, très prisée des Bahianais. Jolie plage de sable blond bordée de cocotiers et ambiance touristique au programme, donc.**
**Le centre de la station étant en grande partie piétonnier, il est recommandé de laisser son véhicule dans les parkings périphériques ou à votre hôtel (s'il possède un parking). Car ici, tout est à une volée de tongs. Le long de la rue principale, les anciennes maisons de pêcheurs abritent une flopée de *pousadas,* restos, bars et boutiques. Le soir, shopping et vie nocturne n'attendent que vous !**
**Praia do Forte abrite aussi le très louable *Projeto Tamar,* temple de la tortue marine et symbole de la région, à visiter absolument lors de votre passage.**

**Pour la baignade, ceux qui cherchent un peu plus de calme et de sérénité s'écarteront du village, ou iront carrément voir du côté des plages du nord, à Imbassaí et surtout Diogo (voir plus loin), plus sauvage.**

## Arriver – Quitter

➢ ***Salvador :*** avec *Expresso Linha Verde* (*(71) 99683-9804),* env 12 bus/j. depuis la *rodoviária,* mais seulement 5h30-7h20 et 13h15-15h10. En dehors de ces heures, il y a des départs réguliers (au moins 1 par heure) à l'arrêt *Shopping Iguatemi,* non loin de la *rodoviária.* De Praia do Forte (à l'entrée du village, en face de l'office de tourisme) pour Salvador, au moins 1-2 départ(s)/h avec la même compagnie, 5h-17h30. Trajet : 1h30-2h. Enfin, il y a aussi des minibus avec *Linha Branca,* départs env 5h-18h. Arrêt au *Shopping Iguatemi* à Salvador.

➢ ***Imbassaí et Diogo :*** les bus Salvador-Praia do Forte continuent vers Imbassaí et Diogo ; départ sur la place en face de l'office de tourisme, à l'entrée de Praia do Forte. Ils desservent d'abord Imbassaí, puis Diogo. Arrêt à 2 km d'Imbassaí : prévoir de continuer ensuite à pied jusqu'à son hébergement ou la plage. Sinon, il y a des taxis à l'arrêt du bus.

## Adresses et infos utiles

***Office de tourisme*** *(plan A2) : à l'entrée de la station, sur le rond-point d'où part la rue piétonne. Tlj 9h-17h, sauf dim.* Donne des infos (en portugais) et un plan touristique de la ville.
– Infos aussi sur • *praiadoforte.org.br* •

■ ***Distributeurs*** *(plan A2-3,* ***1****) : plusieurs à l'entrée du village, sur la droite (de part et d'autre de l'agence* Portomar*).*

■ **Change** (plan C3, **2**) : **AG Câmbio & Turismo,** *dans la rue piétonne, face au* supermercado O Caçador. *Tlj, sauf dim, 12h-19h (18h sam).*

***Parking gratuit :*** *autour du shopping* Armazém da Vila *(plan B1), ainsi que sur la rua da Aurora (plan B-C3), un peu avt la plage.* Sachez que si vous vous garez n'importe où, vous risquez une sérieuse amende, voire une mise en fourrière !

## Où dormir ?

Si on trouve des adresses abordables hors saison, c'est beaucoup moins vrai durant les vacances brésiliennes, en particulier de mi-décembre à début mars, sachez-le !

### Camping

***Camping Reserva da Sapiranga*** *(hors plan par A3,* ***10****) :* *99976-9450.* • *campingsapiranga.com.br* • *En voiture, passer le portique d'entrée de Praia do Forte, prendre la 1re route à droite vers le Castelo et tourner encore à droite dans le chemin de terre. Le bus de Salvador peut s'arrêter sur le petit pont avt l'entrée de Praia do Forte (arrêt Tapera) ; il reste 15 mn de marche vers la mer par une piste en forêt. Compter 40 Rls/pers.* En pleine nature, emplacements assez ombragés, une douzaine de douches (intérieures et extérieures), cuisine collective, laverie et électricité. Bon accueil.

### Prix moyens (150-250 Rls / env 36-60 €)

***Albergue Praia do Forte*** *(plan A3,* ***11****) : rua da Aurora, 155.* ☎ *3676-1094.* • *albergue.com.br* • *Membre du réseau* HI. *Dortoirs 80-100 Rls/pers, doubles 200-350 Rls. Petit déj et visites du* Projeto Tamar *et de l'*Instituto Baleïa Jubarte *inclus, ainsi que 50 % de réduc pour le* Castelo da Torre. Ce devrait être l'une des adresses les moins chères de Praia do Forte mais, en saison, elle suit bien la tendance haussière générale ! Cette précision faite, l'ensemble est agréable : une grosse maison ocre bien aérée avec un patio tout garni de végétation et une pelouse au milieu. Environ 20 chambres et dortoirs (pour 3 à 6 personnes) plaisants et bien nets, avec salle de bains et clim. On conseille les chambres au rez-de-chaussée, plus fraîches. Cuisine à dispo. Attention, bruyant le samedi soir (bar animé jusqu'à 3h, juste à côté !).

**Pousada Amanhecer** *(plan B3,* ***12****) :* *rua da Aurora, s/n. ☎ 3676-1817. Doubles 160-200 Rls. CB refusées.* Un côté pension de famille pour cette modeste *pousada* de 11 (petites) chambres dans l'une des rues les plus calmes du village. Pots de fleurs et napperons au crochet en guise de déco. Pas le grand luxe, vous l'aurez deviné, mais le confort et la tenue générale sont suffisants, et c'est l'une des adresses les moins chères de la station.

## Plus chic (250-500 Rls / env 60-120 €)

**Pousada dos Artistas** *(plan C2,* ***13****) :* *praça dos Artistas, une ruelle à gauche de l'av. principale qui mène à la pl. de l'église. ☎ 3123-8840. • pousarte.com • Doubles 240-430 Rls. Parking.* Accueil particulièrement courtois derrière le joli comptoir de la réception de ce charmant petit hôtel. Le propriétaire chilien a décoré sa maison dans un style assez... mexicain : meubles en acajou, agréable pelouse et belle salle de petit déj bien aérée. Chambres claires, coquettes et impeccables, toutes avec portes coulissantes ou « dépliantes » face à une rambarde, formant une sorte de balcon intégré à la chambre. Et, bien sûr, tout le confort est là : clim, TV, minibar, coffre... Un très bon choix.

**Pousada Rosa dos Ventos** *(plan C2,* ***14****) :* *aldeia dos Pescadores. ☎ 3676-1271. • pousadarosadosventos.com • Doubles 340-470 Rls ; - 10 % à partir de la 4e nuit.* Au cœur du village, ce ravissant boutique-hôtel dispose de 6 chambres dans la maison principale et de 12 autres dans une annexe voisine. Elles sont un peu petites mais toutes personnalisées, avec des murs aux teintes douces et des boutis élégants, bref, très charmantes. Certaines, dans la maison principale, donnent sur un mur ; demander si possible à en voir plusieurs, car le prix diffère peu. D'autres dans l'annexe ont une vue bien dégagée, en particulier dans les étages. Excellent confort. Parties communes avec tables fleuries, jolis carrelages, vaisselles dépareillées. Et une micropiscine dans le microjardin. Accueil doux. Tous les attributs du boutique-hôtel, en somme.

**Hotel-pousada Tatuapara** *(plan C2,* ***15****) :* *praça dos Artistas, 149. ☎ 3676-1015. • tatuapara.com.br • Doubles 370-450 Rls ; tarifs dégressifs possibles.* Une trentaine de chambres assez sobres et bien tenues autour d'un coquet jardin planté de bananiers avec une petite piscine. Certaines en duplex pour 3-4 personnes. Salon TV sympa, coin Internet, jacuzzi et même des massages. Prêt de parasols et fauteuils pliants pour la plage. Une adresse agréable.

## Très chic (plus de 500 Rls / env 120 €)

**Pousada Porto da Lua** *(plan D2,* ***16****) :* *☎ 3676-1155. • portodalua.com.br • Doubles 550-780 Rls.* Le genre d'hôtel balnéaire qui fait la une des magazines de voyages. Il cumule tous les clichés : grande bâtisse de style tropical en bord de mer noyée dans la cocoteraie, des rangées de transats posés sur une pelouse impeccable, puis le sable blond, l'eau bleue, et les piscines naturelles à marée basse. Un rêve... D'ailleurs, c'est le seul de Praia do Forte à bénéficier d'une telle situation stratégique et, à ce titre-là, il ne vole pas vraiment ses prix. Chambres vastes, bien arrangées et tout confort (literie douillette), toutes avec large balcon ou terrasse avec hamac et vue mer (encore plus belle aux étages !). Bar-resto sur place. L'hôtel est relativement grand, mais l'accueil personnalisé fait qu'on s'y sent tout de suite bien.

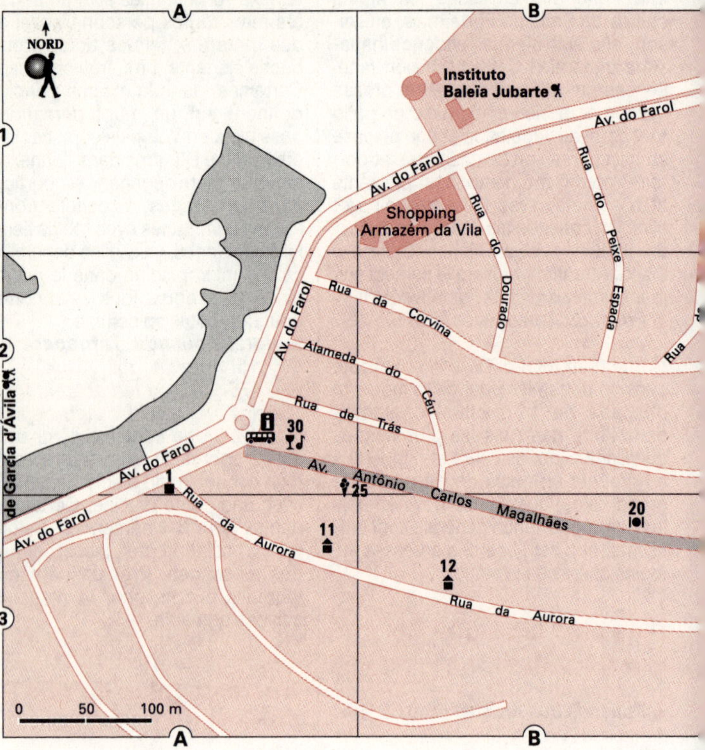




**Adresses utiles**

- Office de tourisme (A2)
- 1 Distributeurs (A2-3)
- 2 Change (C3)

**Où dormir ?**

- 10 Camping Reserva da Sapiranga (hors plan par A3)
- 11 Albergue Praia do Forte (A3)
- 12 Pousada Amanhecer (B3)
- 13 Pousada dos Artistas (C2)
- 14 Pousada Rosa dos Ventos (C2)

## Où manger ?

### De bon marché à prix moyens (30-70 Rls / env 7-17 €)

**Casa da Nati** *(plan B3, **20**) : av. ACM, s/n ; au milieu de la rue piétonne. ☎ 3676-1239. Tlj 8h-22h30.* Nati est une personnalité connue à Praia, adorable et toute douce. Elle prépare une cuisine goûteuse, qui décline les spécialités locales. Buffet *ao kilo* le midi ou carte à toute heure, avec des mets genre *moqueca de siri catado* (petit crabe), *bolinho de bacalhau, caldo de sururu* (soupe de petites moules). Et parfois du *bife de cavalo* pour les adeptes de la viande

## PRAIA DO FORTE

15 Hotel-pousada Tatuapara (C2)
16 Pousada Porto da Lua (D2)

**Où manger ?**

20 Casa da Nati (B3)
21 Restaurant de Tamar (D2-3)
22 Terra Brasil (C3)

**Où s'offrir une glace ?**

25 Gelaguela (A2-3)

**Où boire un verre ? Où sortir ?**

30 Souza Bar (A2)
31 Barracas (D3)

de canasson. Joli cadre dans les tons jaune orangé. Le tout en musique le samedi soir.

**Restaurant de Tamar** (plan D2-3, **21**) **:** *dans l'enceinte du* Projeto Tamar *; accès sans droit d'entrée.* ☎ *3676-1386. Tlj 9h-18h.* Au cœur du *Projeto Tamar,* café-resto bien agréable par sa situation sous les cocotiers, au bord de l'eau, pieds dans le sable. Et, heureuse surprise, la cuisine est soignée : salade de thon frais, risotto de poisson, *moqueca* de poulpe, poulet grillé, soupe de *sururu, casquinha de siri* (coquilles de crabe)... bref, des choses parfaitement adaptées à une déjeunette au soleil.

## De prix moyens à chic (50-100 Rls / env 12-24 €)

**Terra Brasil** (plan C3, **22**) **:** *av. ACM s/n (la rue piétonne).* ☎ *3676-1705. Tlj*

*12h-22h30 env.* Un petit resto chic au cadre soigné et à l'atmosphère douce et romantique en soirée. Pas mal de choix à la carte, mais la spécialité, ce sont les risottos, bien crémeux ! Sinon, *filé mignon* préparé de différentes façons, crevettes aux noix de cajou et langouste pour les plus fortunés. Accueil et service souriants. Bien pour un tête-à-tête intime.

## Où s'offrir une glace ?

**Gelaguela** (plan A2-3, **25**) **:** *dans la rue piétonne principale. ☎ 3676-0874. Tlj 13h30-23h.* Excellentes glaces artisanales. Une vingtaine de parfums. Essayez la pistache, la chocolat noir ou la coco !

## Où boire un verre ? Où sortir ?

**Souza Bar** (plan A2, **30**) **:** *à l'entrée de la rue piétonne principale, sur la gauche. ☎ 3676-1386. Tlj, sauf lun, 11h-minuit (2h ven-sam). Fermé en mai. Musique ao vivo à partir de 19h, ts les soirs.* Vaste terrasse couverte par un anacardier (arbre du cajou) où la fête bat son plein dès 23h-minuit, quand les autres bars du village sont en train de fermer. On y danse le *forró*, l'*axé*, la samba et le *pagode* dans une ambiance « bal de village » bon enfant. C'est aussi un resto, mais on peut se contenter d'y boire un verre, et même profiter de la fête sans rien consommer !

**Barracas** (plan D3, **31**) **:** *sur la plage, face à l'église et au Projeto Tamar, au bout de la rue piétonne. Tlj 9h-17h.* À l'ombre des cocotiers, face à la jolie petite église blanc et bleu, plusieurs néo-*barracas* dans un style balnéo-chic. La *barraca Sapiranga* a le plus de succès car elle est côté plage... Possibilité de manger un morceau.

LE NORDESTE

# À voir. À faire

Pour faire trempette, on vous conseille de vous éloigner de la concentration balnéaire autour de la petite église du bourg, côté *Projeto Tamar.* De plus, pas mal d'algues et de rochers qui affleurent... Marchez donc jusqu'au *Tivoli Resort,* ou encore plus loin vers le sud-ouest. Sinon, partez sur les plages du Nord, à Imbassaí et Diogo (voir plus loin).

**Projeto Tamar** (plan D2-3) **:** *av. Farol Garcia d'Avila, au fond de la rue piétonne principale, derrière l'église. ☎ 3676-1045 ou 0321. • tamar.org.br • Tlj 8h30-17h30 (18h30 en été). Entrée : 26 Rls ; réduc ; gratuit - de 5 ans ; « famille » 70 Rls. Visite guidée à 9h, 11h, 14h et 15h30.*

Une visite intéressante et amusante, pour les petits comme pour les grands. Fondé en 1980, le *Projeto Tamar* (abréviation de *Tartaruga marinha*) est une importante association brésilienne qui lutte pour la protection des tortues marines venant se reproduire sur le littoral brésilien. Certaines quittent les côtes africaines (golfe de Guinée), où elles se sont suffisamment « engraissées », et traversent l'Atlantique au péril de leur vie pour pondre sur les plages des côtes brésiliennes, de septembre à mars. Pourquoi cet interminable voyage ? Pour

### LES TORTUES POUR LES NULS

*Sachez que les tortues reviennent toujours pondre là où elles sont nées ! La ponte a lieu de septembre à mars, en général le soir et la nuit. Les œufs éclosent environ 45 jours après. La tortue les enterre à une profondeur variable. Plus l'œuf est enfoncé, plus sa température est basse. C'est cette différence de chaleur qui détermine le sexe des petits (et non les chromosomes !).*

pondre là où elles sont nées ! Les œufs jugés « à risque » sont alors recueillis par les bénévoles du Projeto Tamar et mis à l'abri jusqu'à éclosion. On met ensuite à l'eau les bébés tortues, qui repartent vers l'Afrique jusqu'à la prochaine migration !
Après près de 40 ans d'exercice, le Projeto Tamar s'enorgueillit d'avoir sauvegardé quelque 35 millions de tortues. Beau palmarès quand on sait que sur 1 000 naissances, seulement une tortue arrive à se reproduire. Le territoire protégé est évalué à 1 100 km de côtes, avec 26 centres *Tamar* répartis sur le littoral (de Florianópolis, au sud du pays, à Forteleza au nord). Celui de Praia do Forte est l'un des 1[ers] et des plus intéressants à visiter, un véritable parc d'attractions (dans le bon sens du terme) à mission de sensibilisation (quand même !), avec de grands bassins où l'on peut observer 4 espèces de tortues, de la tortue Oliva qui ne pèse pas plus de 65 kg à la tortue Cabeçuda, repérable à sa grosse tête, sa carapace marron de plus de 1 m de long une fois adulte et son poids moyen de 150 kg. À voir également, un bassin de bébés tortues, des raies, des petits requins et poissons exotiques, un petit aquarium avec des créatures des fonds marins (certaines fascinantes) et 3 petits films instructifs.
I●I Pour casser la croûte, très agréable ***café-resto*** sur place, au bord de l'eau (voir plus haut « Où manger ? »).

***Instituto Baleïa Jubarte*** *(plan B1)* **:** *av. do Farol, après le rond-point de la Delegacia de turismo, sur la gauche. ☎ 3676-1463. • baleiajubarte.org.br • Tlj, sauf lun, 9h30-18h (19h30 janv-fév). Entrée : env 10 Rls.* Ce petit musée en plein air, émanation d'un programme de conservation financé par Petrobras, est consacré à la baleine à bosse et aux cétacés en général. Pas énormément à voir cela dit : un grand squelette à l'entrée, un petit amphi ave film (en portugais) sur le sujet, des panneaux explicatifs dans le jardin... Programme de sorties pour aller observer les baleines en mer en saison (de juillet à octobre).

***Castelo da Torre de Garcia d'Avila*** *(hors plan par A3)* **:** *en venant du village, tourner à gauche avt le portique d'entrée et continuer le chemin sur 3 km ; à pied, demander son chemin pour couper au plus court. ☎ 3676-1133. • casadatorre.org.br • Tlj 9h-17h (18h en été). Entrée : 15 Rls ; réduc.*
Oubliez le bâtiment moderne à l'entrée, sauf si vous voulez vous pencher sur les fouilles et la restauration des lieux. La visite commence vraiment lorsque vous apercevez le magnifique ficus centenaire qui se dresse en haut d'une petite butte herbeuse, laissant apparaître peu à peu les ruines d'un vieux fort construit à l'époque coloniale sur une terre appartenant à Garcia d'Avila (1528-1609).
Appelé communément « casa da Torre », la tour date de 1551 et le reste des bâtiments de 1624. Grâce à sa situation stratégique, il visait à prévenir toute attaque de la côte et de Salvador (en plus de servir de phare pour les bateaux). Il a d'ailleurs joué son rôle en 1624 lors de l'invasion néerlandaise de Bahia par le Nord. Puis le château, aujourd'hui monument historique, est resté pendant plus de 3 siècles la demeure de la plus puissante famille de conquistadors portugais. 10 générations de Torre d'Avila s'y sont succédé jusqu'à l'abolition des seigneuries *(morgados)* et du régime féodal en 1835. Le château fut alors abandonné. Ne pas manquer la chapelle adjacente, assez sobre avec sa coupole en forme

## OH, LA VACHE !

*Garcia d'Avila arriva au Nouveau Monde en 1549, au service du 1er gouverneur du Brésil. Avec une simple paire de vaches, ce pionnier portugais fonda, sur les terres du Nordeste, rien de moins que le plus grand empire foncier de l'histoire du pays. Et même une dynastie, la maison de La Torre, le seul château féodal des Amériques. Selon certains, les seigneurs de La Torre auraient possédé 129 immenses fazendas, soit un territoire grand comme le 10e du Brésil (800 000 km²)...*

de coquillage, ses statues polychromes et ses traces de fresques murales. Dans le fort, grimper sur la passerelle pour profiter de la très belle vue sur la mer et la région.

## DANS LES ENVIRONS DE PRAIA DO FORTE

### *IMBASSAÍ* (*IND. TEL. : 71*)

À environ 10 km au nord de Praia do Forte. Ce petit village touristique en plein développement doit son nom au rio Imbassaí (« eaux vives » en tupi) qui longe les dunes de sable blanc avant de se jeter dans l'océan, formant une lagune naturelle. C'est un spot réputé auprès des surfeurs. Les autres se « contenteront » de profiter de l'immense plage en sirotant un jus de fruits sous les paillotes, et des possibilités de belles balades sur le littoral. Pas de bitume dans le village, juste des rues pavées et des pistes de sable, bordées de palmiers.

#### Où dormir ? Où manger ?

**Lujimba Eco-hostel :** *rua Lujimba. ☎ 3677-1056. • imbassaihostel.com.br • À l'écart du centre et env 10 mn à pied de la plage. En dortoir, env 50 Rls/pers ; doubles 150-170 Rls.* Noyée dans la végétation, voici une auberge tendance écolo, où se retrouvent des routards de tous horizons. Chambres (avec ou sans clim) et dortoirs (non mixtes) sans fioritures, dans des petits bâtiments rouges. Pas le grand luxe, mais l'ensemble est convivial et coloré, avec des hamacs pour la sieste et un espace de yoga et de méditation. Également une cuisine et une piscinette. Et le petit déj, de l'avis de tous, est excellent ! Bon accueil de Roberto.

**Jasmim dos Poetas :** *rua Alameda dos Cajueiros, s/n. ☎ 3677-1146. • jasmimdospoetas.com.br • Dans le village, à env 10 mn à pied de la plage. Doubles 220-300 Rls.* Sorte de *B & B* tenu par un couple de São Paulo, proposant 4 chambres dans un jardin fleuri propret et mignon. Elles sont nickel et tout confort (TV câblée, minibar, moustiquaire...), avec en prime une terrasse privée sur le devant. Mention spéciale pour le petit déj, différent chaque jour, avec des jus frais et produits de qualité. Une excellente petite *pousada* !

**Pousada Capitù :** *rua Beira do Rio. ☎ 3199-0545. • capituimbassai.com • Doubles 300-500 Rls selon confort et vue.* Tenu par une famille française (mais pas toujours sur place), ce charmant petit complexe dispose de 14 chalets aux murs orange ou bleus, qui tranchent dans le verdoyant jardin tropical. Seulement 3 d'entre eux (les plus grands et les plus chers) ont une vue mer. Et seulement 2 ont la clim, mais l'air circule bien la nuit ! Déco stylée et élégante. Piscine nichée dans un coin du jardin et resto donnant sur un bout de plage déserte où sont installés des transats naturellement ombragés. C'est du reste l'une des rares adresses d'Imbassaí à bénéficier d'un accès direct à la plage. Une réussite.

**Jerimum :** *alameda das Amendoeiras. ☎ 3677-1019. Dans le haut du village. Tlj, sauf mer, 17h (13h30 sam et 12h30 dim)-23h (minuit ven-sam). Fermé en mai. Plats (1 pers) 45-80 Rls.* Le resto branché d'Imbassaí ! En saison, attendez-vous à... attendre (il faut s'inscrire sur une liste en arrivant). D'autant que c'est un resto style *slow food,* avec un max de produits bio. Cuisine plutôt italienne (pâtes, *nhoques* – gnocchis – maison, risottos, pizzas au feu de bois) mais il y a aussi des plats aux accents plus brésiliens comme le *filé mignon* sauce gorgonzola, les fruits de mer grillés ou encore les crevettes à la crème de potiron. Cadre clair et aéré, bon fond musical et service virevoltant !

**Micasa Pizzaria :** *dans la rue*

*principale, dans le bas du village, non loin de la plage. 9995-9783. Tlj à partir de 17h, sauf mar. Pizzas (1 pers) 35-60 Rls.* Pas mal de restos dans le petit centre du village, mais celui-ci sort du lot pour la bonne ambiance et la qualité des pizzas, préparées par un Italien et cuites au feu de bois. 2-3 autres plats tels que la lasagne et le *filé mignon*. Ingrédients de qualité, garnitures généreuses, accueil souriant. Un tiercé gagnant !

## DIOGO – VILA DE SANTO ANTÔNIO *(IND. TEL. : 71)*

À environ 15 km au nord de Praia do Forte. Moins développé qu'Imbassaí et donc encore plus tranquille, Diogo est un village qui s'étale parmi les plantations de cocotiers. Il est situé à 20 mn de marche d'une belle plage sauvage. Pour s'y rendre, on prend un chemin traversant des dunes d'une blancheur aveuglante, tempérée par le vert de la végétation qui s'y accroche. Attention : on emprunte à un moment un pont fait de bric et de broc...

### Où dormir ? Où manger ?

Ces 4 adresses se situent dans la même rue, à commencer par la *pousada Too Cool* en venant d'Imbassaí.

**Camping Canto da Terra, Canto do Mar :** *un peu après Too Cool, sur la gauche. 99133-8965. • campingdiogo.com • Env 35 Rls/pers.* Dans un grand jardin, quelques emplacements plus ou moins ombragés. Petit bloc sanitaires au bout. Loue également des tentes pour dépanner. Accueil un peu spécial mais, pour les campeurs, c'est l'unique solution.

**Pousada Too Cool :** *Linha Verde, km 69. 99952-2190. • toocoolnabahia.com.br • En voiture, quitter la route principale par la 1re entrée pour Diogo (panneau). Le bus s'arrête seulement à la 2e entrée, d'où il faut marcher 20 mn ou trouver une moto-taxi ; la propriétaire peut également passer vous prendre. Doubles 225-350 Rls. Resto accessible aux non-résidents.* Havre de paix dans un environnement exceptionnel, où l'on est accueilli par Sophie, d'origine belge. Une dizaine de chalets tout confort (mais 2 sans clim), au sommet d'une colline dont la pente descend vers une petite rivière. Chaque chambre est inspirée d'un pays différent (Inde, Turquie, Éthiopie, Dubaï, Belgique, Brésil, Zanzibar...). Également 2 maisons (louées pour 2 nuits minimum), parfaites pour une famille ou des amis. Une tente arabe et un sauna invitent aussi à la méditation et à la détente. La plage, à environ 20 mn à pied, permet, en outre, de nombreuses activités sportives (surf, kayak, etc.). Possibilité de séjours à thème (peinture, massages et reiki...) et d'excursions alentour. Enfin, un minibus qui dessert Praia do Forte passe tous les jours devant la *pousada* à 9h, et revient en milieu d'après-midi. Bref, une adresse vraiment *too cool*, qu'on aime beaucoup.

**Caminho do Rio :** *après Too Cool, au croisement. 99216-4702. Tlj 11h-20h.* Une mignonne petite terrasse colorée dans un jardin tropical, avec une déco très sympa (notez les coquilles d'œufs sur les pointes des plantes vertes !). Le petit resto de village comme on l'aime, avec un service nonchalant mais souriant et de bons petits plats maison, peu ruineux. Spécialité de *bobó de camarão*. Petit dessert offert.

**Sombra da Mangueira :** *rua do Diogo, après le Caminho do Rio. 9133-4860. Tlj 11h-16h (17h w-e). CB refusées.* Une institution locale, où l'on mange sur de longues tables en bois brut posées dans un espace sablonneux ouvert, à l'ombre d'un magnifique manguier, d'où son nom. Notez le filet tendu au-dessus de votre tête pour que vous ne soyez pas assommé par la chute d'une mangue pendant que vous dégustez votre *mariscada*, une délicieuse *moqueca* de fruits de mer. Ambiance très animée.

# SALVADOR DA BAHIA ET LA BAIE DE TODOS OS SANTOS

## SALVADOR DA BAHIA

env 2,9 millions d'hab. IND. TÉL. : 71

• Plan d'ensemble *p. 523* • Centre (plan I) *p. 525* • Pelourinho (zoom I) *p. 527* • Carmo et Santo Antônio (zoom II) *p. 529* • Barra (plan II) *p. 533*

**Salvador da Bahia de Todos os Santos : un nom mythique, légendaire ! D'abord ce site étonnant : une vaste baie lovée dans les terres sur des dizaines de kilomètres, comme une immense rade maritime aux côtes ponctuées d'îles et de criques sableuses ou rocheuses. Protégé des vents et des tempêtes, quel magnifique abri naturel pour les marins et les hommes usés par la périlleuse traversée de l'Atlantique ! On se prend à imaginer les caravelles d'antan laissant leurs lourdes ancres s'accrocher pour des siècles aux côtes du Brésil. On songe aux sombres cales des navires négriers chargées des esclaves, qui débarquaient enchaînés en terre inconnue, peuple du silence arraché aux dieux de l'Afrique.**

**C'est à Salvador que l'histoire du Brésil a commencé au XVI^e^ s, et tout son déroulement plonge ses racines dans les rivages de cette vaste baie. Il n'est donc pas farfelu de commencer un voyage au Brésil par Salvador et le Nordeste. 3^e^ ville du pays par sa population, elle est de fait la 1^re^ par son cœur. Car si Rio fait rêver pour son site naturel et sa baie splendide, Salvador, ville la plus africaine du continent, fascine le voyageur par son caractère tropical et afro-brésilien. On l'a d'ailleurs surnommée « la Rome noire » du Brésil... Rome pour le nombre impressionnant d'églises que compte la ville (365, une pour chaque jour de l'année, dit-on). Et noire, parce que Salvador est aujourd'hui une métropole peuplée à 80 % de descendants des anciens esclaves africains.**

### AU NOM DE TOUS LES SAINTS

*Le site de Salvador fut découvert en 1501 par le Florentin Amerigo Vespucci. À l'époque, on nommait chaque point d'implantation d'après un nom de saint. La Bahia de Todos os Santos – baie de Tous-les-Saints – doit son nom au fait que le site fut découvert le 1^er^ novembre, jour de la Toussaint.*

## UN PEU D'HISTOIRE

En 1509, 8 ans après le passage d'Amerigo Vespucci, ***Diogo Álvares,*** un marin portugais, fait naufrage sur le rivage de Rio Vermelho. Il survit à cette épreuve et fonde un embryon de colonie portugaise dans la baie de Bahia. Coup du destin, il tombe amoureux d'une princesse indigène, ***Catarina Paraguaçu,*** fille d'un puissant cacique tupinambá. Le marin rescapé et sa dulcinée partent alors en Europe. Le 30 juillet 1528, elle est baptisée en l'église catholique de Saint-Malo sous le nom de Catherine du Brésil, après un séjour de 4 ans en France (l'acte de baptême est toujours conservé aux archives de cette ville).

En 1530, Diogo Álvares et sa compagne Catherine (ils ne sont pas encore mariés !) sont de retour à Bahia. Très religieuse, elle fait construire l'ermitage ***Nossa***

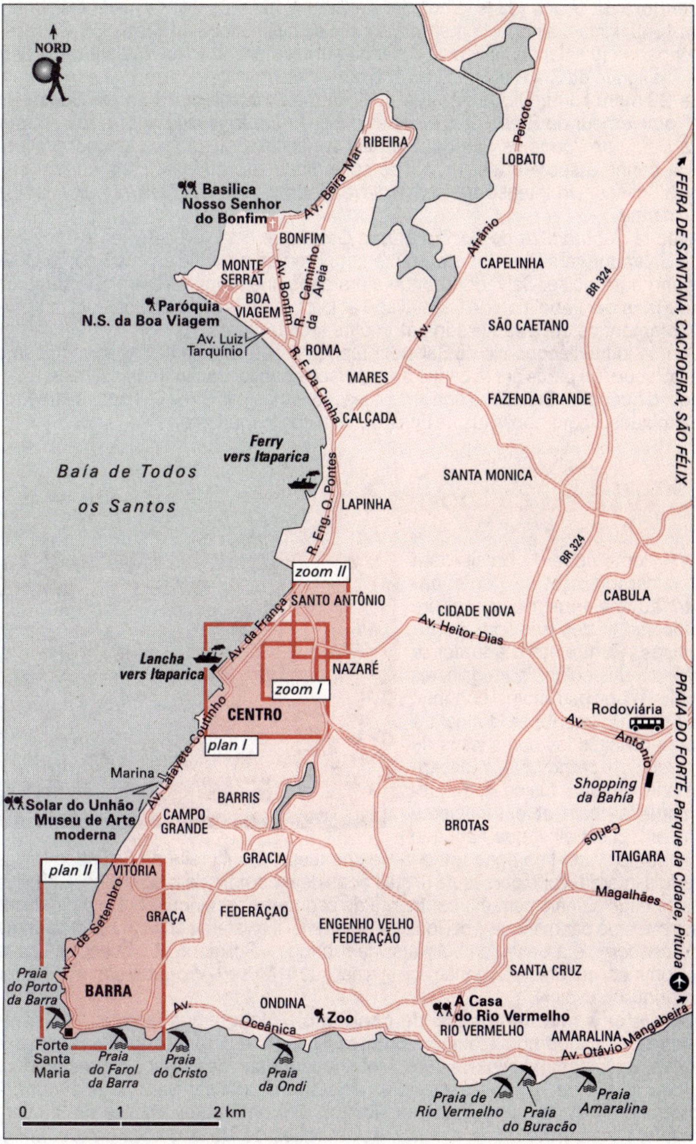


## SALVADOR DA BAHIA – Plan d'ensemble

***Senhora da Graça*** (dans le quartier de Graça), où le couple se marie finalement en 1549, initiant ainsi le 1er métissage (officiel) de l'histoire du Brésil. Par leur descendance (6 enfants), Diogo et Catarina sont les ancêtres fondateurs de la plus vieille lignée du Brésil colonial, les ***Torre d'Avila.***
Le 29 mars 1549, Diogo Álvares et Catarina accueillent ***Tomé de Souza,*** le 1er gouverneur du Brésil, et la ville devient la ***1re capitale du pays*** : *São Salvador da Bahia de Todos os Santos.* Pendant 2 siècles, Salvador va s'enrichir grâce à la canne à sucre et se couvrir de splendides *sobradões* (hôtels particuliers) et d'églises. Un intense trafic d'esclaves fournit la main-d'œuvre aux champs de canne.
Avec la ***découverte de l'or au Minas Gerais,*** le centre d'activités se déplace de Salvador vers Rio. Cette dernière est nommée capitale en 1763 par la Couronne portugaise. Salvador plonge alors dans une longue léthargie, accentuée au XIXe s par l'abolition de l'esclavage et la crise de la canne à sucre. C'est probablement ce qui a sauvé son patrimoine architectural.
De nos jours, l'économie de Salvador repose essentiellement sur l'agro-industrie et toujours en partie sur la canne à sucre (sans oublier cacao, manioc, maïs, café, noix de coco...). Signalons également les industries minières, chimiques et pétrochimiques, l'automobile (usine Ford) et, bien sûr, le tourisme.

## LA VILLE DU *CANDOMBLÉ*

### CAMOUFLAGE

*Sur la route à la sortie de l'aéroport international, on passe sous une incroyable voûte végétale composée de majestueux bambous. Aucun objectif esthétique ici. Ces bambous furent plantés lors de la Seconde Guerre mondiale par les Américains, afin de masquer l'accès à la base militaire qu'ils avaient implantée.*

La « Rome noire du Brésil » doit son caractère et sa personnalité au mélange de la culture africaine et des traditions portugaises. Contraints d'adopter la religion des colons portugais, les Noirs n'ont pas moins continué à pratiquer leur foi en donnant à leurs divinités les noms issus de la religion catholique, réalisant là une véritable fusion entre animisme africain et catholicisme romain. C'est ainsi que naquit le *candomblé,* qui imprègne toute la vie spirituelle et culturelle de Salvador. Longtemps interdit, voire persécuté (il était considéré comme de la sorcellerie), l'Église catholique a finalement été contrainte de l'admettre, et aujourd'hui le *candomblé* est pratiqué par quelque 3 millions de Brésiliens. Il existerait environ 2 000 *terreiros de candomblé* à Salvador. Voir aussi la rubrique « Religions et croyances » dans « Hommes, culture, environnement », ainsi que le *Museu Afro-brasileiro* à Salvador (rubrique « À voir »).
– ***Assister à une cérémonie de candomblé :*** longtemps fermées, les cérémonies de *candomblé* s'ouvrent progressivement aux touristes. Elles sont gratuites, mais comme elles se déroulent souvent dans des lieux éloignés (parfois 30 ou 40 km de la ville), s'y rendre nécessite de passer par une agence, qui propose aussi un guide pour l'explication des différentes phases de la cérémonie. Cela permet aussi d'éviter les arnaques des faux guides de rue. Enfin, il faut l'autorisation de la *Madre de santos* (ou du *Padre*) pour participer, ce que l'on ne peut obtenir seul. Dans les *terreiros* les plus visités, hommes et femmes sont séparés.
– ***Remarque :*** veillez aussi à porter un pantalon (plutôt qu'un short ou une jupe) et des vêtements plutôt clairs, les couleurs foncées étant, aux yeux des pratiquants, « porteurs de négativité ». Vous remarquerez que c'est le blanc qui domine...

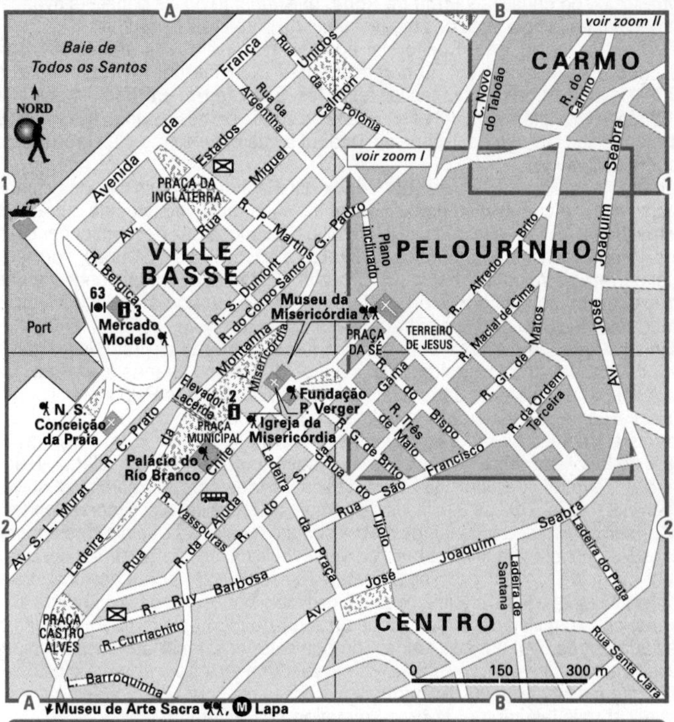


**SALVADOR DA BAHIA – Centre (Plan I)**

| ■ Adresses utiles | Où manger ? |
| --- | --- |
| 2 et 3 Offices de tourisme (A2 et A1) | 63 Mercado Modelo, restaurants Maria de São Pedro et Camafeu de Oxossi (A1) |

## LE CARNAVAL DE SALVADOR

Le carnaval de Salvador reste celui du peuple de la rue, l'ambiance est à la participation, plus qu'au spectacle. L'important ici est de *pular* (sauter-danser) ! La liesse populaire est totale, les interdits tombent. Un dicton ne dit-il pas : *Salvador de todos os santos e de todos os pecados* (« Salvador de tous les saints et de tous les péchés ») ?
Quelles différences distinguent le carnaval de Salvador des

### LES FILS DE GANDHI

*Les filhos (fils) de Gandhy furent créés en 1949 par les dockers de Salvador, à la suite du mouvement de non-violence initié par Gandhi en Inde. Les dockers s'inspirèrent de ce mode de contestation et eurent gain de cause. Ils formèrent un afoxé (groupe musical), largement soutenu par Gilberto Gil, et prirent le nom de filhos de Gandhy, en hommage au leader indien.*

autres ? Ici, on danse la ***samba de Roda,*** une variante où les danseurs avancent et reculent ensemble avec des mouvements du corps très cadencés.
Le ***frevo,*** la musique de Recife, est également présent. Les ***afoxés,*** cortèges de *candomblé,* participent au carnaval après avoir fait une offrande à *Exú* (le diable) pour qu'il ne trouble pas les festivités. Enfin, le ***trio elétrico*** est une institution bien bahianaise, qui fête ses 70 ans en 2020 : orchestres jouant la ***musique axé,*** amplifiée par des haut-parleurs, debout sur la plate-forme d'un gros camion décoré et illuminé !
Derrière, les ***foliões*** (littéralement : « ceux qui s'amusent ») dansent des sambas endiablées. Le carnaval se déroule aussi dans les multiples fêtes de quartier, où se manifeste la virtuosité des musicien(ne)s. N'oublions pas de mentionner que le Brésil doit à la ville un nombre considérable d'artistes et de groupes, parmi lesquels ***Caetano Veloso, Giberto Gil, Olodum, Timbalada*** (groupe fondé par ***Carlinhos Brown***), ou encore ***Daniela Mercury...*** Avec l'apport africain, les rythmes pratiqués à Bahia sont d'une extraordinaire diversité.
– ***En pratique :*** le carnaval commence 6 jours avant Mardi gras. Les 3 grands circuits sont le centre historique (Pelourinho), de Campo Grande à la place Castro Alves, et du phare de Barra à la plage d'Ondina. Dans le Pelourinho, c'est un carnaval de rues. Pour les 2 autres circuits, les *blocos* défilent le long des avenues parfois encadrées de tribunes payantes *(camarotes).* À partir de la praça da Sé, c'est de la folie furieuse. À pied, il faut presque toute la nuit pour aller du Pelourinho à Barra. Nuit et jour, plusieurs défilés de trios sont en marche et suivent différents tracés. Près de 3 millions de personnes en délire, c'est impressionnant !
– ***Conseil :*** il est recommandé de mettre son argent ailleurs que dans ses poches (dans les chaussettes, le slip, bref, où vous voulez !), et de n'avoir sur soi que le strict minimum (de quoi boire et grignoter). Pensez aussi à porter des chaussures confortables, que vous n'aurez pas peur de « déglinguer », et des vêtements ultralégers, car, au milieu de la foule, sous un soleil de plomb, la température grimpe très vite et très haut. Le soir, l'air est un peu plus frais, mais l'ambiance toujours aussi chaude. On vous prévient, le rythme est dur à tenir pour les non-initiés...
– Un site (essentiellement en portugais) à consulter pour réserver ses places et obtenir toutes les infos et la programmation des différents blocs : • *centraldocarnaval.com.br* •

## LE BERCEAU DE LA CAPOEIRA

Longtemps interdite car assimilée aux coutumes clandestines issues de l'esclavagisme, la capoeira est aujourd'hui pratiquée dans tout le Brésil, mais les meilleures académies sont à Bahia. C'est ici que ***Mestre Bimba*** et ***Mestre Pastinha*** ouvrirent les 1res écoles annonçant le renouveau et la réhabilitation de cet art sportif (voir la rubrique « Sports et loisirs » dans le chapitre « Hommes, culture, environnement »).
Des démonstrations sont fréquemment réalisées devant le *mercado Modelo* (seulement le matin) et sur le *Terreiro de Jesus,* mais on vous demandera quelques *reais* pour pouvoir prendre des photos. Cela reste des démonstrations destinées aux touristes, parfois spectaculaires mais pas vraiment authentiques...
L'idéal est d'assister aux entraînements dans l'une des académies bahianaises. Certaines d'entre elles proposent des cours ouverts à tous (pas cher, environ 35 Rls par mois) et ouvrent leurs portes pour des démonstrations gratuites, même s'il est d'usage à la fin de la séance qu'une petite collecte soit effectuée auprès de l'assistance.
– ***Le maculêlê*** est le sport de combat lié à la capoeira et se pratique avec des bâtons. L'initiation à l'un comme à l'autre dépend des mêmes académies. Ces 2 sports, au-delà de leurs qualités esthétiques mettant en jeu la poésie des chants, la rythmique, la beauté des musiques, la qualité acrobatique de la danse, sont parmi les plus redoutables arts martiaux.

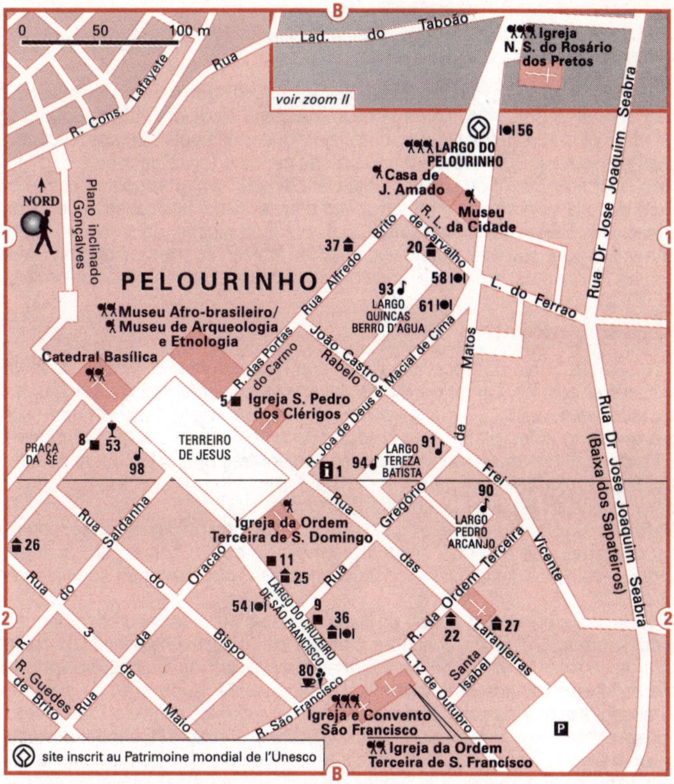


## SALVADOR DA BAHIA – Pelourinho (Zoom I)



### ■ Adresses utiles

- **1** Office de tourisme – Posto de Informação turística (B1)
- **5** Distributeur (B1)
- **8** Farmacia (B1)
- **9** Police touristique (B2)
- **11** Tours Bahia (B2)

### Où dormir ?

- **20** Pousada Terra Nossa (B1)
- **22** Hostel Laranjeiras (B2)
- **25** Pousada Solar dos Deuses (B2)
- **26** Bahia Café Hotel (B2)
- **27** Pousada Solar das Artes (B2)
- **36** Villa Bahia (B2)
- **37** Casa do Amarelindo (B1)

### Où manger ?

- **36** Restaurant de la Villa Bahia (B2)
- **54** Romã Comida Natural (B2)
- **56** Senac (B1)
- **58** Uauá (B1)

### Où s'offrir une bonne glace ? Où faire une pause sucrée ?

- **80** Le Glacier Laporte (B2)

### Où boire un verre ? Où sortir ?

- **53** O Cravinho (B1)
- **90** Largo Pedro Arcanjo (B2)
- **91** Casarão do Lord (B1)
- **93** Largo Quincas Berro d'Água (B1)
- **94** Largo Teresa Batista (B1)
- **98** Fundo de Cravinho (B1)

# LA CUISINE BAHIANAISE

## Dans la rue

Les femmes bahianaises que vous croiserez au coin des rues du Pelourinho ou à Rio Vermelho portent toujours le costume blanc traditionnel, composé d'une jupe et de plusieurs jupons superposés, ainsi que d'une petite blouse à volants et manches courtes. Sur la tête est noué d'une certaine façon un morceau d'étoffe *(torço).* Certains disent que ce costume vient directement d'Angola, d'autres qu'il serait né de la volonté des femmes noires d'imiter les riches robes de leurs maîtresses. Ces Bahianaises ont le droit, par arrêté municipal, de s'installer où bon leur semble pour préparer leurs beignets et les fameux ***acarajés.*** Autrefois, seules les *mães dos santos,* initiées aux rites du *candomblé,* disposaient de ce droit.

## Dans les restos

La cuisine de Bahia possède une réputation internationale à l'image de la ville, sensuelle et colorée. On dit qu'elle ne devait pas seulement plaire aux hommes, mais aussi aux dieux. L'huile de palme *(dendê)* intervient dans la composition de presque tous les plats : allez-y tout doucement, faute de quoi la digestion sera rude. Les crevettes séchées sont également très présentes. En revanche, le piment est toujours servi à part.
Voici les principaux plats que vous rencontrerez.
- ***Vatapá :*** savoureuse purée à base de mie de pain ou de farine de blé, comprenant crevettes, lait de coco, gingembre, noix de cajou, épices, etc. *Vatapá* et *acarajés* (voir plus loin « Dans la rue ») sont les 2 plus grandes spécialités de Bahia.
- ***Moqueca :*** genre de pot-au-feu de la mer à base d'huile de *dendê* dans lequel on fait cuire tomates, oignons, coriandre, citron et lait de coco. Les principaux composants de ce mets convivial peuvent être au choix poissons, crabes, poulpes, langoustes, crevettes, etc. Généralement accompagné de riz, de *feijão de leite* (purée de haricots à la noix de coco) et de *farofa* (farine de manioc sautée à l'huile), utilisée pour absorber la sauce. Un régal lorsqu'elle est bien préparée ! L'***ensopado*** est une version « allégée », sans *dendê* et parfois sans lait de coco (donc plus digeste !).
- ***Caruru :*** petite purée gluante à base de *quiabos* (gombos), crevettes séchées, oignons et l'inévitable huile de *dendê.*
- ***Sarapatel :*** tripes de porc cuites au sang avec du foie et des rognons, assaisonnées de menthe et de piment.
- ***Xinxim de galinha :*** fricassée de poulet à l'huile de *dendê* avec de l'ail, des crevettes, de la menthe et du poivre noir.
- ***Efo :*** légume étrange, à mi-chemin entre la salade et le chou, appelé ***língua de vaca,*** coupé en lanières très fines et bouilli, avec crevettes séchées, sel, oignon, noix de cajou, *dendê,* etc.
- Autres curiosités et spécialités locales : les ***lambretas,*** sortes de praires au court-bouillon, parfumées de coriandre et de piment. Ou l'incontournable **caldo de sururu** (petite soupe épaisse de coquillages réputés aphrodisiaques), servi dans les restaurants de fruits de mer comme dans le quartier de Ribeira.

## Dans la rue

- ***Acarajés :*** beignets de farine de haricots assaisonnés d'oignons et de sel puis plongés dans l'huile de palme, garnis de crevettes (en option et plus cher), de *vatapá,* d'une petite salade et parfois de *caruru.* Le piment en option est du genre très costaud. Une version plus légère des *acarajés* sont les *abarás* : constitués des mêmes ingrédients mais cuits à l'étouffée, emmaillotés dans une feuille de bananier.

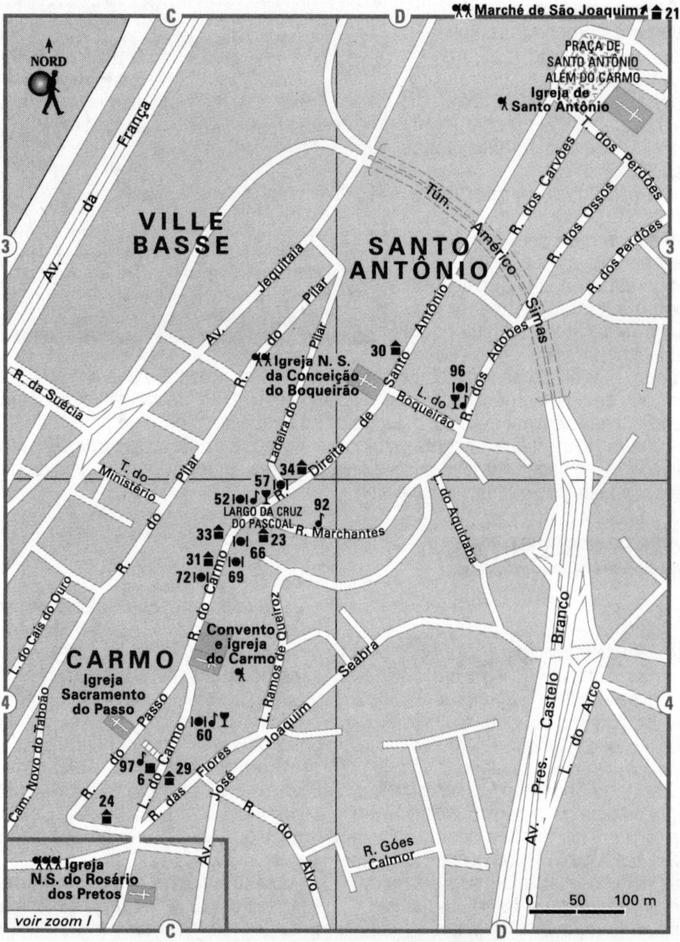


## SALVADOR DA BAHIA – Carmo et Santo Antônio (Zoom II)

■ **Adresse utile**

**6** Bahia Metisse (C4)

**Où dormir ?**

**21** Pousada Esmeralda (hors plan par D3)
**23** Nega Maluca Guesthouse (C4)
**24** Açai Hostel (C4)
**29** Studio do Carmo (C4)
**30** Pousada Beija Flor (D3)
**31** Pousada Villa Carmo (C4)
**33** Casa Vila Bela (C4)
**34** Pousada do Pilar (C3)

**Où manger ?**

**52** Bar Cruz do Pascoal (C4)
**57** Abará do Vovó (C3-4)
**60** Casa da Roça (C4)
**66** Cadê Q'Chama ? (C4)
**69** Poró (C4)
**72** Cafélier (C4)

**Où boire un verre ? Où sortir ?**

**52** Bar Cruz do Pascoal (C4)
**60** Casa da Roça (C4)
**92** A Boca (C4)
**96** D'Venetta (D3)
**97** Les escaliers de l'église Sacramento do Passo (C4)

– ***Churrasquinhos de gato*** (littéralement « brochettes de chat ») : pour une somme modique, on trouve partout des petites brochettes... non pas de chat mais de bœuf, grillées au charbon de bois. Estomacs fragiles, faites gaffe !

– ***Queijo coalho/queijinho*** : brochettes de fromage grillé à la braise, vendues sur la plage et un peu partout dans la ville. Le fromage est un peu caoutchouteux (comme les brochettes de chamallows !), mais c'est plutôt goûteux et nourrissant.

### LUTTE FÉMININE

*Rio Vermelho, quartier en vogue, propose les meilleurs acarajés (beignets) de Salvador. Ce fut aussi le lieu où a commencé la fameuse guerre des acarajés entre 2 mães (matrones) très connues dans le coin. De terribles noms d'oiseaux furent échangés lorsque Regina eut le malheur d'empiéter sur le territoire de sa rivale Dinha. Il fallut que le gouverneur de Bahia en personne intervienne pour que Regina accepte de reculer de quelques mètres !*

– Enfin, n'oubliez pas tous les gâteaux et sucreries, notamment la ***cocada,*** noix de coco finement râpée, cuite dans du caramel ou du jus de canne, extrêmement sucrée, mais souvent délicieuse. La ***goiabada cascão,*** excellente pâte de fruits à la goyave ; la meilleure s'achète en bloc sur les marchés. Et puis le ***quindim,*** dont la consistance se rapproche du pudding. D'autres sucreries composées de pâte de cacahuètes ou de fruits confits.

## Arriver – Quitter

LE NORDESTE

### En bus

***Rodoviária*** *(gare routière ; plan d'ensemble) : av. Antonio Carlos Magalhães, 4362, à Pernambués, soit à 6-7 km à l'est du centre. ☎ 3616-8357 ou 58. • rodoviariadesalvador.com.br •* Pour y aller, plusieurs bus : ceux qui vont au *Shopping Center Iguatemi,* situé en face de la gare routière (départ de la rua Chili dans le centre ; *plan I, A2*), les bus « Rodoviária » depuis l'estação da Lapa (au sud du Pelourinho), ou encore le « Circular R-1 » depuis Campo Grande (entre le Pelourinho et Barra). Trajet : env 20 mn.

– Dans la gare, bureau d'infos touristiques *(☎ 3450-3871 ; tlj 7h30-21h).* Infos sur toutes les compagnies et les horaires. Consignes à bagages (24h/24), supermarché, pharmacie, centre Internet et distributeurs de billets dans le hall d'entrée.

– Les tickets de bus s'achètent à l'étage, où chaque compagnie possède un bureau. Destinations affichées en devanture. 3 catégories : bus *comun* (le plus économique), bus *executivo* et bus *leito* (le plus confortable et le plus cher).

– Pour consulter les horaires et les prix, voire pour réserver, plusieurs sites internet : *• rodoviariadesalvador.com.br • rodoviariaonline.com.br •* ou les sites généralistes *• transportal.com.br • clickbus.com.br •* Ou encore directement sur les sites des compagnies quand ils fonctionnent...

➢ ***Cachoeira et São Felix :*** avec *Empresa Santana (☎ 3450-4951 ; • empresasantana.com.br •).* Départs env ttes les heures, 5h30-21h. Trajet : 2h30.

➢ ***Aracaju :*** avec *Rota (• rotatransportes.com.br •),* 4 bus/j., 6h-20h30 ; avec *Aguia Branca (☎ 0800-725-12-11 ; • aguiabranca.com.br •),* 5-9 bus/j., 7h-23h30. Trajet : env 5-6h.

➢ ***Praia do Forte :*** avec *Linha Verde (☎ 3450-0321),* 3 bus/j., à 6h, 9h45 et 18h30 (le dim, seulement celui de 9h45). Trajet : 1h30.

➢ ***Ilheus :*** avec *Aguia Branca,* 4 bus/j., à 9h, 12h45 13h40 et 22h15. Trajet : env 8h.

➢ ***Lençóis :*** avec *Real Expresso-Rapido Federal (☎ 0800-085-8830 ; • realexpresso.com.br •).* Env 3-6 bus/j., 7h-23h. Trajet : 6h.

➢ ***Porto Seguro :*** avec *Aguia Branca.* 1 bus/j. vers 20h. Trajet : 8h.

➢ ***Recife :*** à 850 km. 1-2 bus/j. avec

*Itapemirim* (☎ *0800-723-2121 ; ● itapemirim.com.br ●*). Trajet : 13h.

➢ ***Rio :*** à 1 680 km. 1 bus/j. (en matinée) avec *Itapemirim* et avec *Aguia Branca*, à 7h. Trajet : 32h !

## En bateau

➢ ***Itaparica et Morro de São Paulo :*** se reporter plus loin aux rubriques « Arriver – Quitter » des chapitres qui leur sont consacrés.

## En avion

✈ ***Aeroporto internacional*** *(hors plan d'ensemble)* **:** *à env 30 km à l'est de la ville.* ☎ *3204-1010.* On y trouve un bureau de poste, des comptoirs de change côté « Arrivées internationales » (24h/24), plusieurs distributeurs de billets, des agences de location de voitures *(Localiza, Avis-Budget, Hertz...)* et un point d'infos touristiques *(☎ 3204-1444 ; tlj 8h-20h, w-e 9h-17h)*, mais peu d'infos, en dehors d'une petite carte de la ville.

➢ De Salvador, vols directs tlj pour ***São Paulo, Rio de Janeiro, Brasília, Belo Horizonte, Recife, Natal*** et ***Fortaleza.*** Pour les autres destinations comme São Luís, Belém, Manaus ou Foz do Iguaçu, les vols se font généralement avec escale (impliquant ou non un changement d'avion) dans l'une des villes précitées.

***Pour rejoindre le centre (Pelourinho ou quartier de Barra)***

➢ ***En bus :*** à la sortie de l'aéroport, à l'arrêt *Ônibus Seletivo,* des minibus (affichant « Praça da Sé ») se rendent au Pelourinho (centre historique) via la côte et le quartier de Barra. Circulent tlj 5h20 à 22h. Ttes les 30 mn. Dans l'autre sens, départs de la rua Vassouras *(plan I, A2)*, 6h30-22h40. Compter env 1h-1h15 de trajet, parfois plus aux heures de pointe. Bon marché, le billet coûte à peine 6 Rls.

➢ ***En métro :*** la ligne 2 rallie la station « Acesso Norte » en passant par le *rodoviária.* Connexion avec la ligne 1 qui mène jusqu'au terminus « Lapa », proche du vieux centre, et au nord des quartiers de Victoria et Barra. De là, liaisons en bus ou taxi. *Fonctionne tlj 5h-minuit. Tarif : 3,70 Rls. Infos : ● ccrmetrobahia.com.br ●*

➢ ***En taxi :*** dans le hall d'arrivée, vous pouvez vous adresser au comptoir des 2 compagnies voisines, *Comtas* (☎ *3377-6311 ou 0800-710-311)* et *Coometas* (☎ *3244-4500)* qui pratiquent les mêmes tarifs (affichés). Pour Barra ou le Pelourinho, ça revient quand même à env 140 Rls. On peut aussi sortir de l'aéroport et prendre un taxi ordinaire *(Taxi Comun).* Ce n'est pas bon marché non plus, mais si le trafic est fluide, on peut s'en tirer pour env 90 Rls. Mais attention, on trouve là pas mal de faux taxis (difficile à repérer quand on vient d'arriver) et gare aux détours qui allongent la facture.

## En voiture

Vous n'aurez à payer un péage que si vous allez à Praia do Forte et vers le nord *(compter env 6 Rls en sem, 9 Rls w-e et j. fériés).*



# Les différents quartiers

Salvador est situé sur une vaste pointe qui délimite, à l'est, la baie de Tous-les-Saints. Plusieurs quartiers assez distincts composent la ville. Si vous comptez l'explorer au-delà des limites du centre historique, on vous conseille vivement de vous procurer (dans les kiosques) la carte *Mapa turistico de Salvador,* qui reprend toute l'agglomération de Salvador, les plages, et même, dans un encadré, l'ensemble de la baie. À noter que depuis les énergiques mesures prises il y a un certain temps (renforcement des effectifs de police), le climat d'insécurité qui régnait auparavant dans le centre a bien baissé. Mais tous les quartiers ne bénéficient pas de la même présence policière et, le soir, évitez de vous promener dans les rues sombres ou peu fréquentées.

### Le centre historique

Divisé en 2 parties : la ville haute et la ville basse. C'est là que vous ferez vos plus belles balades à pied, car ici se concentre tout le charme de Salvador.

– **La ville haute** *(plan I, A2-B1-2)* **:** 5 vieux quartiers, ***Sé, Pelourinho, Santo Antônio, Nazaré*** et ***Barroquinha.*** Un certain nombre d'hôtels pour routards, pas mal de *pousadas* de charme et beaucoup, beaucoup de restos et de boutiques touristiques. L'épicentre est le Pelourinho, en grande partie piéton. Depuis plusieurs années le quartier se rénove et les maisons aux façades colorées retrouvent leur éclat. Il faut s'éloigner du centre par la rua do Carmo, qui monte du bas du largo do Pelourinho, pour découvrir le couvent et l'église *Nossa Senhora do Carmo,* marquant l'entrée des quartiers ***Cruz do Pascoal*** et ***Santo Antônio,*** eux aussi en cours de rénovation et prolongations naturelles du Pelourinho. Ces derniers ont conservé tout leur cachet, avec une atmosphère populaire et familiale.

– ***La ville basse*** *(plan I, A-B1)* **:** étroite bande de terre située 75 m plus bas que le plateau qui porte la ville haute. De la ville haute, pour gagner la ville basse (et inversement), prendre l'*elevador Lacerda.* Quartier à éviter cependant dès la nuit tombée.

Dans le ***quartier de Comércio*** *(plan I, A1)* se trouvent le port, les commerces, les marchés couverts et les agences de voyages. Pas d'hôtels. Mieux vaut prendre l'*elevador* (ascenseur) pour s'y rendre, ne pas y accéder à pied quand il n'y a personne et ne pas s'y promener après la fermeture des bureaux.

### Les quartiers résidentiels : Vitória, Graça, Ondina, Barra et les plages

Les quartiers résidentiels à partir de Campo Grande s'étendent sur des collines qui descendent vers la mer et les plages : Vitória, Graça et Barra. On y trouve pas mal d'hôtels, de nombreux restos et bars à la mode, et des coins populaires, agréables à explorer après un bain de mer à Porto da Barra, une des seules plages urbaines non polluées. En suivant la côte atlantique vers l'est, après la plage do Farol de Barra, on rencontre les quartiers de ***Rio Vermelho*** et de ***Pituba*** (bien pour une virée le soir), la plage de Pituaçú et, plus loin, le quartier d'Itapuã. Outre les plages, une vie nocturne s'y est développée. On se rend dans ces quartiers si l'on dispose d'un peu de temps.

## Comment se déplacer ?

➢ ***À pied :*** c'est le seul moyen de visiter le cœur historique... qui est essentiellement piéton. Pour les autres quartiers de la ville, privilégiez le bus en journée et le taxi le soir.

➢ ***En ascenseur et en funiculaire :*** pour circuler de la ville basse à la ville haute, on prend le funiculaire *(Plano inclinado ; zoom I, B1)*... s'il n'est pas en panne, ou encore l'ascenseur *(elevador Lacerda ; plan I, A2),* pour env 0,15 Rl. Fabriqué en 1930 et restauré depuis, l'ascenseur fonctionne encore très bien. Mieux vaut avoir la monnaie. Pour les claustros, sachez que le trajet ne dure que 30 secondes. En revanche, pour plus de prudence, évitez de le prendre seul(e), même de jour, car il y a déjà eu des cas d'agression. Joignez-vous toujours à d'autres usagers. D'une manière générale, ne pas se rendre dans la ville basse le soir, ni de cette manière, ni a fortiori à pied.

➢ ***En bus :*** si l'on n'est pas en fonds, c'est le meilleur moyen de relier les différents quartiers de la ville. Beaucoup de lignes partent de l'*estação da Lapa,* au sud du centre historique, ainsi que de la rua Vassouras, dans le Pelourinho, à 2 pas de la praça da Sé *(plan I, B1-2).* Cette dernière zone est la plus pratique, d'autant qu'on y trouve les bus pour le quartier de Barra (et la plage du même nom), la gare routière et l'aéroport. Pour revenir dans le Pelourinho, demandez où trouver un bus pour « Praça da Sé ». Pour se rendre à la gare maritime São

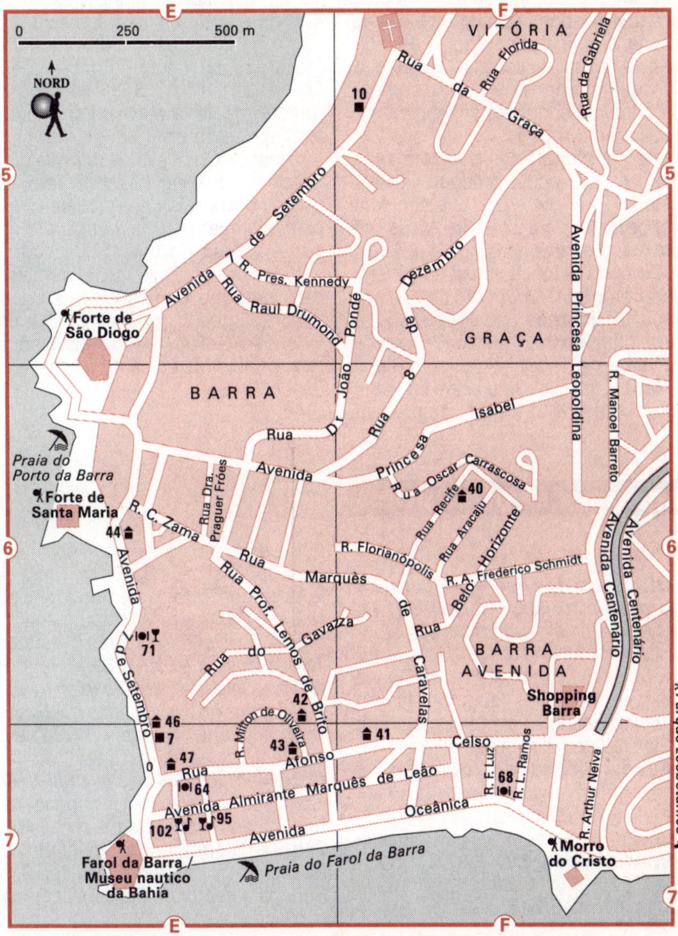


## SALVADOR DA BAHIA – Barra (Plan II)

**Adresses utiles**

- **7** Voamais (E6-7)
- **10** Alliance française (F5)

**Où dormir ?**

- **40** La Villa française (F6)
- **41** D'Boa Hostel (F7)
- **42** Pousada Papaya Verde et Casa Inglesa (E6)
- **43** Pousada O Ninho (E7)
- **44** Hotel Porto da Barra (E6)
- **46** Pousada Noa Noa (E6-7)
- **47** Pousada Estrela do Mar (E7)

**Où manger ?**

- **64** Brasil Legal (E7)
- **68** Caranguejo do Sergipe (F7)
- **71** Pereira (E6)

**Où boire un verre ? Où sortir ?**

- **71** Pereira (E6)
- **95** La Bouche (E7)
- **102** Habeas Copos (E7)

Joaquim, prendre un bus juste au pied du *Lacerda,* dans la ville basse. Les destinations finales sont toujours indiquées à l'avant du véhicule. Reste que le réseau est dense et assez compliqué... Infos disponibles cependant sur l'appli : • *moovit.com* •
À noter, la plupart des bus sont sans clim. Le trajet coûte presque 4 Rls (à peine 2 Rls le dim). Les bus circulent en gros de 5h-6h à 22h-23h. Après ces horaires, prendre un taxi, on le répète.
➢ ***En taxi :*** ils fonctionnent en général avec compteur. *Ligue Táxi :* ☎ *3277-7777.* En journée, du Pelourinho à Barra, compter 30 Rls et 35 Rls jusqu'à Rio Vermelho. Plus cher le soir et dim.
➢ ***En métro :*** la ville a lancé un vaste projet couvrant 32 km et comprenant 19 stations sur 2 lignes. Désormais, 4/5e des stations des lignes 1 et 2 sont opérationnelles, mais elles sont éloignées du centre. Fonctionne tlj 5h-minuit ; billet : 3,70 Rls. Pour le routard, seule la station Lapa (accès av. Vale de Tororo), située à côté du terminal de Ônibus Lapa (dans le quartier de Nazaré), peut s'avérer utile, afin de se rendre à la gare routière principale (changer pour la ligne 2 à la station « Acesso Norte » et descendre à « Rodoviária »). Également une liaison bien pratique depuis/vers l'aéroport avec la ligne 2, qui rallie la station « Acesso Norte » en passant par la rodoviária. Infos : • *ccrmetrobahia.com.br* •

## Adresses et infos utiles

### Offices de tourisme

**🛈 *Office de tourisme – Posto de Informação turística*** *(zoom I, B1,* ***1****) :* *rua das Laranjeiras, 2, dans le Pelourinho.* ☎ *3321-2133.* • *bahia.com.br* • *Tlj 8h30-20h ; w-e 9h-17h.* Donne quelques brochures (dont un plan du centre) et des infos sur la ville et l'État de Bahia. Accueil souriant, en anglais.
🛈 Autres ***offices de tourisme*** : *à l'entrée de l'elevador Lacerda, dans la ville haute (plan I, A2,* ***2****).* ☎ *3321-2697. Lun-ven 8h-18h.* Également au **mercado Modelo** *(plan I, A1,* ***3****)* : *praça Cayru, 250, côté ascenseur.* ☎ *3321-2697. Lun-sam 9h-18h.*



### Argent, change

■ ***Casas de Cambio*** *(zoom I, B2) :* *plusieurs maisons de change le long du largo do Cruzeiro de São Francisco. En général lun-sam 8h-17h (ou 18h). Fermé dim.* Comparez les taux avant de vous décider. Si vous tombez un dimanche, les boutiques de souvenirs du coin peuvent vous dépanner... Voir aussi l'agence *Voamais* dans « Agences de voyages » plus loin.
■ ***Distributeurs et change :*** plusieurs distributeurs dans la ville haute, notamment à l'entrée de la rua Portas do Carmo *(zoom I, B1,* ***5****)*, qui permet des retraits plus élevés que ceux (limités à 500 Rls) de la *Banco do Brasil* sur le largo do Cruzeiro de São Francisco *(zoom I, B2).* Autres distributeurs (*Bradesco* ou *Banco do Brasil*) au largo Teresa Batista *(zoom I, B2),* à la jonction rua Chile-praça da Sé *(plan I, A2)* et sur la praça Municipal *(plan I, A2).*
Dans le quartier de Barra, la rue où se concentrent les banques est l'av. Almirante Marquès de Leão *(plan II, E-F7).* Certaines banques font le change, toutes ont des distributeurs accessibles 24h/24. Distributeurs également au *Shopping center Barra (plan II, F6),* au *Shopping center da Bahia,* à l'aéroport et à la *rodoviária.*

### Représentations diplomatiques

■ ***Agence consulaire de France :*** *rua 7 de Setembro, 401, Ladeira da Barra.* ☎ *9987-0673. Lun-ven 9h-11h.* À contacter seulement en cas de problème.
■ ***Consulat de Suisse :*** *rua Lucaia, 281.* ☎ *3334-1671. Sur rdv seulement.*
■ ***Consulat de Belgique :*** *av. Santos Dumont, km 1, estrada do Côco ; edificio Refran.* ☎ *3288-0338. Lun-ven mat.*

## Urgences

■ ***Pronto socorro*** *(1ers secours)* **:** ☎ *192.*
■ ***Pharmacies de garde :*** ☎ *136.*
✚ ***Hospital Português :*** *av. Princesa Isabel, 914 (Barra Avenida).* ☎ *3203-5147. Urgences 24h/24.*
✚ ***Hospital Aliança :*** *av. Juracyr Magalhães Júnior, 2096 (Rio Vermelho).* ☎ *2108-5600.* Excellent hôpital privé, mais cher : mieux vaut avoir une bonne assurance. Pratique aussi des vaccinations, sauf le samedi.
✚ ***Probaby :*** *av. Princesa Leopoldina 457, à Barra.* ☎ *3339-9522.* Pour les urgences pédiatriques.
■ ***Dentiste :*** ***Dr Greck,*** *rua Conde Filho, 87, dans le quartier de Graça, au nord de Barra.* ☎ *3332-9393.* 📱 *98818-9603.* Il s'agit d'un dentiste francophone.
■ ***Farmacia*** *(zoom I, B1,* ***8****)* **:** *praça da Sé, 6.* ☎ *3322-6921. Tlj 7h (10h30 lun et ven)-22h.* La grande pharmacie du Pelourinho. Centrale et bien fournie.
■ ***Police touristique*** *(zoom I, B2,* ***9****)* **:** *largo do Cruzeiro de São Francisco, à l'angle de Gregorio de Matos.* ☎ *3116-6817. Ouv 24h/24.* On y parle en principe plusieurs langues, mais c'est rarement le cas ! En cas de problème, de nombreux agents sillonnent aussi la vieille ville.
– Pour toute plainte à communiquer (mauvaise prestation, arnaque), vous pouvez aussi composer le ☎ *3103-3103 (Disque Turismo),* où l'on peut s'adresser à quelqu'un en anglais ou en espagnol.

## Agences de voyages

■ ***Tours Bahia*** *(zoom I, B2,* ***11****)* **:** *largo do Cruzeiro de São Francisco, 4/6.* ☎ *3320-3272 ou 3280.* • *toursbahia.com.br* • Voici une petite agence très pro, proposant des visites de la ville, le Bahia mystique, des cérémonies de *candomblé* ou encore des excursions à Praia do Forte, Cachoeira, Itaparica, Morro, Boipeba et Itacaré. Demandez Christophe Lemaire, guide francophone.
■ ***Bahia Metisse*** *(zoom II, C4,* ***6****)* **:** *ladeira do Carmo, 24.* ☎ *3326-1445.* 📱 *98801-0837.* • *bahiametisse.com* • Petite agence sympathique, tenue par la dynamique Anne et son compère Nicolas, proposant plusieurs visites d'un Salvador différent, en accord avec les communautés locales. De l'écotourisme citadin en quelque sorte, toujours en prise directe avec la population.
■ ***Voamais*** *(plan II, E6-7,* ***7****)* **:** *av. 7 de Setembro, 4313, à Barra.* ☎ *3012-1819.* 📱 *99611-6966.* • *voamais.com* • *Tlj 9h-21h, sauf dim.* Agence de voyages francophone tenue par le volubile Henrique, qui propose toutes sortes de prestations locales (excursions en ville ou dans les îles de la côte, transferts...). Service de change (bon taux, en principe) et appels internationaux.

## Loisirs, culture

■ ***Alliance française*** *(plan II, F5,* ***10****)* **:** *av. 7 de Setembro, 401 (Ladeira da Barra).* ☎ *3336-7599.* • *afbahia.com.br* • *À l'angle du largo da Vitória. En été, lun-ven 8h-19h30, sam 8h30-11h30, fermé dim ; en hiver, lun-ven 8h-17h45, fermé w-e.* Galerie d'expos, petit centre de documentation, médiathèque, représentations théâtrales régulières, etc. Café en plein air *(ouv au public tlj sauf dim),* avec vue sur la baie au coucher du soleil et, en principe, session de jazz le vendredi *(17h-20h45).*
– ***Journaux locaux :*** se procurer le *Caderno 2,* supplément hebdomadaire du journal *A Tarde,* ou le *Correio,* quotidien qui répertorie tous les événements culturels. Spectacles, films, concerts. Mieux encore, consulter l'agenda culturel très bien fait du site • *aldeianago.com.br* •

## Achats

🧺 ***CD et instruments de musique*** *(zoom I, B2)* **:** *les meilleures boutiques se situent ttes sur la praça da Sé, notamment* ***A Primavera, Progresso, Aurisom, Minisom,*** *ou* ***Planet Music.*** Instruments de musique, CD, et même des 33-tours. Pour les amateurs éclairés, on y fait parfois de belles trouvailles.

LE NORDESTE

## Où dormir ?

Les hôtels et *pousadas* sont assez chers à Salvador, mieux vaut le savoir. Beaucoup sont complets en juillet-août et de décembre à mars (période de vacances scolaires brésiliennes), en particulier au moment du carnaval.

### *Au Pelourinho et dans le quartier de Santo Antônio*

C'est le quartier historique du centre où l'on trouve le plus d'hôtels de charme, mais ils ne sont pas donnés. Les chambres avec vue sur le port et la baie sont systématiquement plus chères que les autres. Également plusieurs auberges de jeunesse, affiliées ou non à l'association internationale des AJ, ce qui constitue une vraie solution assez bon marché. Côté sécurité, le quartier est sûr tant qu'il y a du monde. Mais les rondes de police s'arrêtent vers 1h, heure à partir de laquelle il redevient un peu plus risqué de traîner dans le coin. C'est simple, dès la nuit tombée, privilégiez les axes principaux et fréquentés.



#### Bon marché (moins de 150 Rls / env 36 €)

**Pousada Terra Nossa** *(zoom I, B1, **20**) : rua Leovigildo de Carvalho, 3. 99134-8461. • pousadaterranossa@gmail.com • Dortoir env 35 Rls/pers et double 110 Rls.* Cette petite AJ privée, rénovée, est un très bon plan pour les routards. Prix archi raisonnables, donc pensez à réserver. Au cœur du Pelourinho, une maison en brique, claire et propre, avec 2 dortoirs de 6 à 8 lits (1 mixte, 1 pour les filles) et 7 chambres privées, dont 3 avec clim côté cour. Certes, les matelas ne sont pas toujours très épais et il manque parfois une fenêtre, mais le rapport qualité-prix est imbattable. Originalité du lieu : les machines à glace à la réception... Bon accueil.

**Açai Hostel** *(zoom II, C4, **24**) : rua do Passo, 7. ☎ 3341-1039 ou 3241-5518. Réception (2ᵉ étage) ouv 24h/24. Dortoirs 40-80 Rls/pers.* Une vraie petite AJ privée, sympa et accueillante. 5 dortoirs de 4-8 lits, tous mixtes, avec lits superposés, clim, casiers, prises de courant et rideaux. Sanitaires communs. Pas de chambres privées. Cuisine à dispo, terrasse avec vue et bar, parfait pour faire des rencontres. Bon petit déj, plus café, thé, riz et pâtes à volonté pour les fauchés. Au rez-de-chaussée, tableau des bons plans pour sortir... Équipe jeune et efficace.

**Hostel Laranjeiras** *(zoom I, B2, **22**) : rua da Ordem Terceira, 13. ☎ 3321-1366. • laranjeirashostel.com.br • Réception ouv 7h-21h (portier tte la nuit). Dortoirs 40-50 Rls/pers ; doubles 120-150 Rls. Réduc de 10 % avec la carte HI.* La seule AJ officielle du centre historique, nichée dans une belle maison à la façade jaune. 8 dortoirs, de 6 à 8 lits, non mixtes. Attention, certains sont vraiment petits. Un peu cher, c'est vrai, mais idéalement placé, au cœur du Pelourinho, et globalement bien tenu. De plus, architecture aérée, tout en bois. Petit déj-buffet. Cuisine, laverie et consigne à disposition. Coin hamac sur la mezzanine, pour buller. Resto-café-crêperie. Bon accueil. Bon, parfois bruyant, vu la situation.

**Nega Maluca Guesthouse** *(zoom II, C4, **23**) : rua dos Merchantes, 15. ☎ 3242-9249. • negamaluca.com • Dortoirs 40-45 Rls/pers ; doubles 110-140 Rls.* Une atmosphère familiale règne dans ce lieu créé par un grand voyageur. 4 dortoirs et 3 chambres privées, très simples (évitez celle sans fenêtre ni salle de bains), une cuisine commune et un petit bout de terrasse pour prendre l'air. Le lieu est un peu confiné, mais c'est calme et on est fort bien situé. Propre et un peu rustique tout à la fois. Laverie.

#### Prix moyens (150-250 Rls /env 36-60 €)

**Pousada Esmeralda** *(hors zoom II par D3, **21**) : ladeira do*

*Baluarte, 29. ☎ 3323-0839. 📱 98873-4836. • pousadaesmeralda.com • ♿ (1 chambre). Dans le quartier de Santo Antônio, juste après l'église et la pl. du même nom à droite. Doubles 150-250 Rls.* Bienvenue chez Nathalie, une « ex-Air France » qui a vécu à Madagascar et pratique les massages japonais, et chez Marco, son naturopathe romain de mari, plein d'empathie. Ils ont décoré leurs 7 chambres en fonction de leurs voyages. Coup de cœur pour les plus grandes, *l'Indienne, l'Asiatique, l'Amazonie* ou encore *la Marocaine* (pour 4 personnes). Petit déj avec gâteaux et confitures maison. Cuisine à dispo et terrasse-jardin. Possibilité d'accompagner Nathalie faire ses courses au chouette marché de São Joaquim. Bons conseils pour visiter la région. Accueil chaleureux.

**Pousada Villa Carmo** *(zoom II, C4,* ***31****) : rua do Carmo, 58. ☎ 3241-3924. • pousadavillacarmo.com.br • Doubles 140-200 Rls.* Dans une vieille maison retapée, une *pousada* tenue par un couple italo-brésilien. Gianluca parle un peu français. Attention, les chambres *standard* sont assez petites (surtout les salles de bains) et celles en sous-sol sont plutôt sombres. Valable donc pour les plus chères qui ont un balcon avec vue imprenable sur le port, le large et l'île d'Itaparica. Même vue depuis la terrasse, où se prend le petit déj ou un verre au coucher du soleil.

**Pousada Solar das Artes** *(zoom I, B2,* ***27****) : rua das Laranjeiras, 34. ☎ 3481-0085. • solardasartessalvador.com.br • Doubles 200-270 Rls.* Une dizaine de chambres pour cette *pousada* nichée dans une ruelle en cul-de-sac. Joli lobby qui donne le ton, aux murs couverts d'œuvres d'artistes locaux, tout comme les chambres, meublées d'ancien. Certaines chambres plus lumineuses que d'autres (il y en a même avec 3 larges fenêtres et une vue dégagée). Bon confort (toutes avec clim, frigo, coffre...), mais un peu de roulis dans l'entretien pour le prix.

**Pousada Beija Flor** *(zoom II, D3,* ***30****) : rua Direita de Santo Antônio, 259. ☎ 3241-2472. Doubles 130-200 Rls.* Une maison coloniale à la façade blanc-bleu sertie d'azulejos. Préférez l'une des 3 chambres (les nos 1, 6 et 7) qui donnent sur la baie, bien plus lumineuses et agréables que les autres, un peu décevantes, surtout celles qui donnent sur un couloir (à éviter). Confort simple : salle de bains, coffre, frigo-bar, ventilo ou clim, au choix. Au rez-de-chaussée, petite terrasse visitée par les colibris. Accueil efficace de Nilton.

## Plus chic (250-500 Rls / env 60-120 €)

**Bahia Café Hotel** *(zoom I, B2, **26**)* : *praça da Sé, 22. ☎ 3322-1266. • bahiacafehotel.com • Doubles 250-400 Rls selon confort.* Tenue par le sympathique Michel, un Belge de Gand, cette maison coloniale du XVIIIe s est idéalement située en bordure du Pelo. Les 25 chambres, de bon confort (toutes avec clim, frigo, TV et coffre) et décorées de meubles patinés, ont vraiment du charme, même si les moins chères ne sont pas bien grandes. Petit déj de qualité, que l'on prend dans une jolie salle aux fenêtres largement ouvertes sur la praça da Sé. Cerise sur le gâteau (mais en supplément), le spa, avec *ofuró* (bain chaud), jacuzzi, sauna et massages.

**Casa Vila Bela** *(zoom II, C4, **33**)* : *rua do Carmo, 64. ☎ 3243-0909. 9152-5151. Compter 200-370 Rls pour 2 selon confort.* Encore une *pousada* dont le bâti date du XIXe s, nichée dans une belle maison d'époque peinte en bleu pastel. Entièrement restaurée par Stéphane, un Français originaire de Montpellier, elle abrite 8 chambres (4 avec vue mer et clim), décorées à l'ancienne, un rien désuètes aujourd'hui mais de bon confort. Prix en fonction de la taille, du confort (attention, 2 sans fenêtre) et de l'orientation. Préférez la *Yemanja,* avec son balcon plongeant ! Sinon, terrasse avec belle vue sur la baie de Tous-les-Saints ou les toits de Salvador. Petit déj copieux et varié. Hamac à disposition. Accueil chaleureux et prévenant.

**Studio do Carmo** *(zoom II, C4, **29**)* : *ladeira do Carmo, 17. ☎ 3326-2426. • studiodocarmo.com • Face aux escaliers conduisant à l'église de Passo. Doubles 240-350 Rls.* Un vieux *sobrado* du XVIIIe s, plein de charme, aux escaliers un peu raides, rénové et tenu par Francesca, une charmante Sarde qui parle un peu français. Une dizaine de chambres spacieuses, claires et bien arrangées, avec de beaux parquets de bois exotique, clim, ventilo et frigo. Certaines chambres donnent sur les escaliers montant vers l'église Sacramento do Passo (concert le mardi à partir de 19h). Petit déj dans le patio. Un peu une maison de famille.

**Pousada do Pilar** *(zoom II, C3, **34**)* : *rua Direita do Santo Antônio, 24. ☎ 3241-2033. • pousadadopilar.com • Compter 270-330 Rls pour 2.* Sur la douzaine de chambres qu'abrite cet hôtel, une grosse moitié offre une vue sur l'océan et possède un balcon (les plus chères, bien sûr). Si la demeure est ancienne, l'agencement de l'établissement est moderne, sobre et élégant. Chambres avec clim, coffre, TV et équipement de qualité. Tenue impeccable, évidemment. On prend le petit déj sur une terrasse, d'où l'on profite d'un panorama extra. Service pro, relevant plus de l'hôtellerie haut de gamme que d'une simple *pousada.*

## Très chic (plus de 500 Rls / env 120 €)

**Pousada Solar dos Deuses** *(zoom I, B2, **25**)* : *largo do Cruzeiro de São Francisco, 12. ☎ 3322-1911. • solardosdeuses.com.br • Double env 590 Rls.* Sur l'une des plus belles places du Pelourinho, une pousada de charme établie dans une maison du XIXe s, superbement restaurée. Seulement 6 chambres aux noms d'*orixás,* le nom des dieux et donc des lieux. Toutes spacieuses et alliant le charme de l'ancien au contemporain, avec de nobles matériaux (pierre, bois, fer forgé), de belles couleurs et le plus souvent du mobilier à l'ancienne. Le nec plus ultra, c'est le petit déj servi en chambre, chaque matin... Excellent accueil de Francisco, un charmant Portugais qui parle le français.

**Casa do Amarelindo** *(zoom I, B1, **37**)* **:** *rua Portas do Carmo, 6. ☎ 3266-8550. • casadoamarelindo.com • ♿ Doubles 550-660 Rls ; chambres supérieures et deluxe plus chères. Parfois de bonnes promos sur Internet, même en saison.* Un établissement très élégant, tenu par des Français. Pour ceux qui ont les moyens, donc, une dizaine de chambres superbes et hyper confortables, avec double vitrage, salle de bains en marbre, clim, écran plat, lecteur DVD, meubles en bois sombre et excellente literie. Du grand luxe, en fait. Quelques chambres donnent sur la rue, les autres sur la baie. Dans les plus chères, douche hydromassante et terrasse avec vue. Petite piscine, et bar (ouvert à tous, de 16h à 22h30) avec vue plongeante sur la baie. Une particularité : ici, le petit déj est servi toute la journée ! Resto aussi *(Pelô Bistrô)*, proposant une cuisine franco-bahianaise réputée.

## Encore plus chic (plus de 700 Rls / env 167 €)

**Villa Bahia** *(zoom I, B2, **36**)* **:** *largo do Cruzeiro de São Francisco, 16-18. ☎ 3322-4271. • lavillabahia.com • Doubles 700-990 Rls selon saison.* Un hôtel de très grand charme, au cœur du Pelourinho. 2 maisons coloniales sur le thème des découvreurs portugais. Aux murs, des cartes anciennes répondent aux planchers de bois tropicaux. Près de la réception, un exemplaire de Coronelli, cartographe de Louis XIV. Une petite vingtaine de chambres à la déco hyper raffinée, jouant sur les accords de couleurs, mobilier choisi pour illustrer le thème. Toutes avec clim, minibar, TV, coffre... Certaines donnent directement sur l'une des plus belles places de la ville. L'hôtel propose aussi un resto gastronomique faisant la part belle aux produits bio. Superbes parties communes, notamment l'adorable patio avec une petite piscine dont le fond est tapissé d'une croix de Malte. Solarium sur le toit, avec très belle vue sur le centre ancien. Excellent petit déj, plein de surprises, service hors pair, en bref une demeure pour voyageurs certes très à l'aise dans leur budget, mais où tout a été pensé pour donner envie de séjourner !

### À Barra

Nombreux hôtels dans ce quartier animé, un peu éloigné du centre historique et bien plus moderne, mais proche des plages.

## Bon marché (jusqu'à env 150 Rls / env 36 €)

**D'Boa Hostel** *(plan II, F7, **41**)* **:** *rua Afonso Celso, 473. ☎ 2132-8559. • facebook.com/dboahostel • Compter 35-60 Rls/pers en dortoir.* Une petite AJ colorée, jeune et sympa, plutôt bien située, à 5 mn à pied de la plage. Seulement 6 dortoirs de 4 à 8 lits, dont 1 réservé aux filles. Avec ventilo ou clim selon le tarif. Le tout très propre, avec une déco assez arty. Cuisine à disposition. Terrasse-bar au rez-de-chaussée, avec souvent une soirée le vendredi. Un bon plan pas cher pour le quartier. Attention, pendant le carnaval (qui se déroule à 2 pas), le lit en dortoir peut atteindre... 2 000 Rls !

**La Villa française** *(plan II, F6, **40**)* **:** *rua Recife, 222. ☎ 3245-6008. • lavilafrancaise.com • Dortoir 45 Rls/pers ; double 150 Rls.* Dans un coin à la fois tranquille et sûr, non loin de l'animation. Maison tenue par une Française, qui abrite 7 chambres claires et plutôt coquettes, avec clim et salle de bains, ainsi que 1 dortoir (mixte) de 6 lits. Stéphanie tient son lieu avec convivialité. Terrasse, véranda, coin bibliothèque et cuisine à disposition. Également un lave-linge. En prime, petit déj maison différent chaque jour !

**Pousada Papaya Verde** *(plan II, E6, **42**)* **:** *rua Engenheiro Milton*

*Oliveira, 177. ☎ 3267-1008. • pousadapapayaverde.com • Doubles env 140-160 Rls, avec clim, ventilo et douche/w-c ; chambres pour 3 à 5 pers à prix intéressants.* Au bord d'une petite rue semi-circulaire, tranquille et résidentielle, une coquette villa noyée dans la verdure d'un jardin tropical. Non loin de la plage, mais en retrait de l'agitation. Une quinzaine de chambres confortables et pimpantes (toutes avec frigo et coffre), de couleur lavande ou vert papaye (bien sûr !). Salle de petit déj très soignée, comme tout ici, d'ailleurs. Sur le devant, quelques palmiers et arbres du voyageur vous accueillent. Grande terrasse à l'étage, équipée de quelques hamacs. Bon accueil.

**Pousada O Ninho** *(plan II, E7,* ***43****) : rua Afonso Celso, 371. ☎ 3264-6952. • pousadaoninho.com.br • Doubles 125-155 Rls.* Une douzaine de chambres dans cette belle maison de style, à la façade saumon et dotée d'élégantes petites colonnes torsadées. Cela dit, le confort y est très simple même si on y trouve clim, frigo et TV dans chaque chambre. Pour le tarif abordable, donc.

**Hotel Porto da Barra** *(plan II, E6,* ***44****) : av. 7 de Setembro, 3783. ☎ 3264-7711. Doubles 130-140 Rls.* Sans charme aucun, ce petit hôtel en béton possède comme unique avantage d'être situé face à la plage de Porto da Barra (il suffit de traverser la rue). Chambres propres avec ventilo ou clim, mais purement fonctionnelles. Un quart d'entre elles ont la vue sur l'océan. Préférer celles du 3e étage, côté baie.

## Prix moyens (150-250 Rls / env 36-60 €)

**Pousada Estrela do Mar** *(plan II, E7,* ***47****) : rua Afonso Celso, 119. ☎ 3022-4882. • estreladomarsalvador.com • Doubles env 200-260 Rls ; également 2 familiales.* À 200 m de la plage et du phare de Barra, une charmante maison bleue du début du XXe s, fraîche, calme et parsemée de jolis tableaux. Une dizaine de chambres agréables et spacieuses, toutes blanches du sol au plafond, en passant par la literie et la déco, toutes avec salle de bains, clim, et TV câblée. Accueil jovial et petit déj fameux, à base de bons produits fermiers. Patron irlandais.

**Pousada Noa Noa** *(plan II, E6-7,* ***46****) : av. 7 de Setembro, 4295. ☎ 3264-1148. • pousadanoanoa.com • Doubles 190-220 Rls ; familiale 3-6 pers (40 Rls/pers en plus).* Dans une maison du front de mer à la déco très arty, avec des œuvres d'artistes locaux (à vendre) sur les murs. Une quinzaine de chambres (dont 4 avec vue sur mer), avec clim et salle de bains. Cela dit, on les a trouvées assez inégales, demander à en voir plusieurs, en évitant si possible celles proches de la réception. Salon commun. Excellent petit déj-buffet. La terrasse sur le devant est parfaite pour avaler une bonne pizza ou boire un verre en grignotant des tapas au coucher du soleil. Pendant le carnaval, on assiste au départ des *trios elétricos*... Tenu par Nicolas, un Français.

**Casa Inglesa** *(plan II, E6,* ***42****) : rua Engenheiro Milton Oliveira, 167. ☎ 3022-0564. • casainglesasalvador.com • Doubles 160-250 Rls ; familiales 210-260 Rls.* Si vous recherchez la modernité et la propreté absolues, voici une adresse impeccable, décorée aux couleurs de l'Angleterre et tenue par le facétieux Neil. 8 chambres nickel et tout confort autour d'un patio frais. Les chambres supérieures, à l'étage, ont un balcon. Coin calme et plage à 5 mn à pied.

## Où manger ?

Comme les hôtels, les restos sont assez chers à Salvador, surtout dans le centre historique. Les adresses qui proposent un buffet, au rapport qualité-prix intéressant, ne sont généralement ouvertes que pour le déjeuner.

### *Dans le centre historique*

## Bon marché (moins de 40 Rls / env 10 €)

**Bar Cruz do Pascoal** *(zoom II, C4, **52**)* **:** *rua Direita de Santo Antônio, 2. ☎ 3243-2285. Tlj 13h-minuit, sauf dim.* Petit bar-resto authentique, où les gens du quartier se retrouvent dans une ambiance très populaire. 2 terrasses, l'une côté rue pour observer l'animation, l'autre derrière le comptoir, avec une jolie vue sur la baie. Nourriture vraiment très simple et économique : sandwichs basiques et *carne do sol* correcte, accompagnée de purée d'*aipim*. On peut aussi se contenter d'y boire un verre au coucher du soleil.

**Abará do Vovó** *(zoom II, C3-4, **57**)* **:** *Direita de Santo Antônio, 18. ☎ 3326-5121. Tlj sauf dim.* Une petite adresse populaire qui ravira les amateurs d'ambiance (surtout le soir), mais aussi les fauchés. On s'installe à même la rue et on commande à la charmante Vovó, toute enturbannée, ses *abará* et ses *acarajé,* à avaler avec une bière. Également : *carne do sol, caldo de sururu* (moules) et poisson cuit dans une feuille de bananier.

## Prix moyens (40-70 Rls / env 10-17 €)

**Cafélier** *(zoom II, C4, **72**)* **:** *rua do Carmo, 50 (Santo Antônio). ☎ 3241-5095. Tlj, sauf mer, 14h-21h30 (20h dim).* Mélange d'atelier d'artiste et de café-resto dans une vieille maison remplie de meubles anciens, comme chez grand-mère. Petite carte de salades, sandwichs, soupes, pâtes, etc. Quelques douceurs pour la pause-goûter. On peut aussi y siroter de bonnes boissons chaudes ou froides en admirant l'étonnante vue, à pic, sur la baie. Très sympa !

**Romã Comida Natural** *(zoom I, B2, **54**)* **:** *largo do Cruzeiro de São Francisco, 7. ☎ 3321-0495. Tlj 11h30-16h, sauf dim.* Ambiance animée le midi dans ce petit resto installé au 1er étage, avec 2 salles parquetées agréables et claires, aux larges fenêtres ouvertes sur la place. Savoureux jus de fruits et formule buffet *ao kilo* remarquable, à base de produits bio et très frais : légumes grillés, riz jaune aux amandes, quinoa, poissons, viandes... plus quelques muffins et autres pâtisseries pour le dessert. Excellent, tout simplement.

**Senac** *(zoom I, B1, **56**)* **:** *largo do Pelourinho, 13-19 (au 1er étage). ☎ 3186-4000. Tlj sauf dim 11h30-15h30. Buffet à volonté 56 Rls/pers (hors boissons).* Une petite institution. Établissement installé dans l'un des beaux *sobradões* de la vieille ville. Salle à manger vaste et claire, de style colonial, avec ventilos. Ce sont les élèves de l'école hôtelière qui cuisinent et assurent le service. Ambiance un poil formelle, mais le buffet proposé vaut le détour, car il permet de faire un tour d'horizon complet de la gastronomie bahianaise. Petit musée sur ce thème juste à côté.

**Uauá** *(zoom I, B1, **58**)* **:** *rua Gregório de Matos, 36. ☎ 3321-3089. Au 1er étage. Tlj 11h30-22h, sauf dim.* On vient au *Uauá* (prononcer « wawa ») pour ses bons plats typiques du Nordeste (suffisants pour 2), servis dans un décor soigné, inspiré des villages du Sertão. Balcons donnant sur la rue. À la carte, poisson et crevettes, notamment en ragoût, et viandes du Nordeste, comme la chèvre salée et séchée. Également *moqueca mista* et *guizado de carneiro.* Salle tranquille, ouverte sur un balcon. Excellente adresse.

**Poró** *(zoom II, C4, **69**)* **:** *rua do Carmo, 13. 📱 99618-1704. Tlj 12h-16h, 19h-23h, sauf dim soir et lun.* Entre Carmo et Santo Antonio, 2 petites salles coquettes en enfilade. Dans l'assiette, une cuisine de pays, savoureuse et branchée à la fois. Par exemple : *querida sogra* (« chère belle-mère », en fait une langue de bœuf sauce créole !) ou encore la côtelette de porc à la purée de patate douce et, pour finir, un *suspiro,* une *cocada* ou un *bolinho de castanha* (gâteau à la châtaigne). Accueil et service sympa.

**Casa da Roça** *(zoom II, C4, **60**)* **:** *ladeira do Carmo, 26. ☎ 3241-8580. Tlj*

*18h-minuit. Musique sam à 20h.* Salle sombre et rustique dans le style du Sertão (bois, torchis...). On ne vient pas tellement pour la gastronomie, même si les pizzas sont bonnes et croustillantes, mais surtout pour boire un verre en écoutant de la musique *ao vivo.* Le proprio, argentin, organise en effet des petits concerts *(sauf fév-mars ; 5 Rls/pers).*

**Cadê Q'Chama ?** *(zoom II, C4, **66**) : rua do Carmo, 21. 98637-8873. Tlj.* Le nom de ce petit resto de quartier signifie « Pourquoi ne m'invites-tu pas ? ». Bonne question, d'autant que l'adresse propose des plats différents presque chaque jour, bon marché le midi. En principe, c'est *roupa velha* et *moqueca* en semaine, *moqueca* et *ximxim de galinha* le vendredi, *sarapatel* et *rabada* le samedi, *feijoada* et *moqueca* le dimanche. C'est bon, simple et maison. Attention, c'est 2 fois plus cher le soir.

## Chic (70-100 Rls / env 17-24 €)

Voir le restaurant de la ***Villa Bahia*** *(zoom I, B2, **36**)*, décrit plus haut dans « Où dormir ? », qui propose notamment, le midi en semaine, une formule entrée + plat à 49 Rls d'un rapport qualité-prix très intéressant pour profiter des lieux sans se ruiner.

LE NORDESTE

### *Dans la ville basse (Cidade baixa)*

## De bon marché à prix moyens (moins de 40-70 Rls / env 10-17 €)

***Mercado Modelo*** *(plan I, A1, **63**)* : au rez-de-chaussée de ce marché artisanal touristique, proche de l'entrée faisant face au port, un alignement de ***barracas*** populaires où se rejoignent les amis pour déguster debout des assiettes de *lambretas* (coquillages), *mariscadas* et d'*agulinhas* (petits poissons grillés).

***Restaurants Maria de São Pedro*** et ***Camafeu de Oxossi*** *(plan I, A1, **63**) : praça Visconde de Cayru, 250, à l'étage du mercado Modelo. ☎ 3242-5262 (pour le 1er) et 9751 (pour le 2d). Ouv aux horaires du marché (tlj 9h30-19h – 16h dim).* Grande salle semi-circulaire : à gauche, le *Maria de São Pedro,* pour sa terrasse-balcon qui donne sur le port de plaisance, à droite, le *Camafeu de Oxossi,* pour sa cuisine légèrement supérieure. Cuisine tout de même assez similaire de chaque côté, avec une dizaine de *moquecas,* le tout honorable sans être exceptionnel. Serveuses en tenue bahianaise et musicos pour accompagner l'attente des plats...

### *À Barra*

## Bon marché (moins de 40 Rls / env 10 €)

***Brasil Legal*** *(plan II, E7, **64**) : rua Afonso Celso, 152, angle avec Dias Davila. ☎ 3267-6162. Pas d'enseigne. Tlj 11h-16h.* Tout près des plages, une cantine populaire et sympa (*legal* signifie « sympathique »), très appréciée des Brésiliens. On y sert une nourriture bahianaise fraîche, copieuse et goûteuse, sous forme de grand buffet.

## De prix moyens à chic (40-100 Rls / env 10-24 €)

***Caranguejo do Sergipe*** *(plan II, F7, **68**) : av. Oceânica, 235 (proche du Christ de Barra). ☎ 3166-0001. 98896-1886. Tlj 11h-1h.* Grande terrasse animée, en lisière de la grande avenue de bord de mer, face à un autre resto qui masque un peu la vue, mais bon ! C'est tout de même une des adresses sûres du quartier pour manger de bons fruits de mer. Crabe à l'unité, douzaine de *lambretas* (coques), ou encore la *mariscada,* une savoureuse *moqueca de camarão.* Le plat est suffisant pour 3 personnes. À midi, *prato executivo* bon marché. Fréquenté à la fois par des touristes et des Bahianais.

**Pereira** *(plan II, E6,* ***71****)* **:** *av. 7 de Setembro, 3959 (Porto da Barra). ☎ 3264-6464. À côté de l'hôpital* Espanhol. *Tlj 12h-16h, 17h30-minuit (1h ven-sam).* Le bar-restaurant *lounge* de Salvador, prolongé par une superbe terrasse ombragée, face à la mer. Si vous n'êtes pas en fonds, venir le midi en semaine pour le buffet. Le soir, c'est à la carte, avec des plats individuels. Bien plus cher évidemment, mais on y trouve tout de même sandwichs, salades, burgers et pizzas à prix digérables. Pour dîner ou prendre un verre dans un cadre agréable et chic. Clientèle plutôt branchée, cela va de soi.

### *À Rio Vermelho*
*(plan d'ensemble)*

#### De bon marché à prix moyens (moins de 40-70 Rls / env 10-17 €)

**Acarajé da Dinha :** *largo de Santana. Sur la petite pl. centrale de Rio Vermelho, tt le monde connaît. Tlj 16h (11h dim)-minuit.* Un petit stand pris d'assaut en saison et en fin de semaine (se préparer à faire la queue un bon moment). Vous aussi, allez déguster ces *acarajés,* parmi les meilleurs de Salvador. Tous les jours après le travail et en soirée, les habitants du quartier viennent siroter quelques bières sur les terrasses de la place, rebaptisée *praça da Dinha do acarajé* par les Bahianais. Un succès qui ne se dément pas. Si ça vous agace, vous pouvez toujours passer chez sa concurrente et voisine, Ada Regina...

**Boteco do França :** *rua Borges Reis, 24. ☎ 3334-2734. Niché dans une ruelle à 300 m de la pl. de Vermelho, vers l'hôtel* Golden Tulip. *Tlj, de midi jusqu'au dernier client.* On se serre autour des tables, installées dans un étroit passage, pour boire une bière ou une caïpirinha maison, préparée avec divers fruits. Pour se rassasier, quelques plats bahianais aux noms de personnalités, et surtout de savoureux *petiscos,* comme les fameux *bolinhos de bacalhau* et les *camarão do Moraes Moreira.* Très fréquenté et apprécié depuis fort longtemps par les autochtones.

#### De chic à très chic (de 70 à plus de 100 Rls / env 17-24 €)

**Mercado do Peixe :** *largo da Mariquita. En contrebas de l'hôtel* Golden Tulip. *Tlj.* Une longue rangée de comptoirs sous des voiles tendues, installées sur de grandes terrasses à l'avant. Ne rêvez pas, c'est du moderne, pas de la cabane de pêcheurs ! On y vient autant pour boire un coup que pour manger un morceau (*petiscos,* plats de poisson...), surtout tard le soir, quand tout le reste est fermé. Clientèle hétéroclite, boucan infernal délivré par les télés (chaque terrasse a la sienne, branchée sur une chaîne différente) et serveurs accrocheurs. Ça relève plus du cours de sociologie que de la halte gastronomique !

LE NORDESTE

## Où s'offrir une bonne glace ?
## Où faire une pause sucrée ?

**Le Glacier Laporte** *(zoom I, B2,* ***80****)* **:** *largo do Cruzeiro de São Francisco, 21. ☎ 3266-3649. Tlj 10h-20h.* Quelques tables en terrasse sur la plus belle place de Salvador. Selon Georges, français et maître glacier des lieux, les fruits du Brésil délivrent les parfums les plus fins et les plus originaux qui soient. Et c'est vrai qu'ici on est convaincu ! Essayez la glace au *jenipapo* ou au *cupuacú...* ou encore celles au chocolat, au piment, ou à la *cocana,* de la noix de coco additionnée de cachaça, un pur régal ! On peut d'ailleurs goûter avant de choisir. Fait aussi des crêpes et des boissons chaudes.

## Où boire un verre ? Où sortir ?

Pour ne rien rater de la scène musicale et artistique locale pendant votre séjour, consulter l'agenda culturel très bien fait du site : ● *aldeianago.com.br* ●

### *Dans le centre historique*

Le mieux à faire dans le centre historique est de déambuler à la rencontre des petits concerts qui se tiennent un peu partout, en particulier pendant les mois qui précèdent le carnaval : presque chaque soir, les bars et restos sur les placettes et dans les ruelles du vieux centre proposent des petits concerts. Pas tout à fait gratuits (petit *couvert artístico*), mais pas chers. Pour trouver un lieu avec un peu d'ambiance, laissez-vous simplement guider par les rythmes brésiliens qui, çà et là, ne manqueront pas de vous chatouiller les oreilles... Essayez de venir un mardi, jour le plus animé de la semaine. Bon, en fin de semaine, on trouve quand même des musiciens un peu partout !



**D'Venetta** *(zoom II, D3, **96**) : rua dos Adobes, 12. ☎ 3243-0616. Mer-ven 18h-minuit, sam 12h-minuit, dim 12h-18h. Fermé lun-mar. Entrée : 5-15 Rls selon les groupes.* Cette maison à l'écart des axes touristiques (mais malgré tout proche du Pelourinho) dégage une sacrée atmosphère. Plusieurs petits salons aux murs couverts de toiles et, au fond, une courette, prolongée par un jardin en espaliers, qui accueille des groupes live samba, jazz ou *MPB*. Une ambiance toujours très cool, des contacts faciles à établir et des petites formations sympa comme tout qui s'y produisent. Pas un touriste à l'horizon (sauf ceux qui ont les mêmes lectures que vous !). Délicieuse cuisine familiale, comme la *feijoada* et la *moelha* (des gésiers en sauce !). Un coup de cœur.

**O Cravinho** *(zoom I, B1, **53**) : praça 15 de Novembro, 3, Terreiro de Jesus. ☎ 3322-6759. Tlj 11h-23h30 (et parfois bien plus tard).* Bar chaleureux au décor tout en bois et garni de tonneaux. Patron sympa. Les habitants et les travailleurs du quartier ont l'habitude de venir y boire un verre après le boulot. Tapas et bières pas chères, que l'on déguste entre amis dans la salle à l'arrière. Parmi les plus de 30 cachaças nature ou aromatisées à déguster, goûtez donc au *cravinho,* une cachaça parfumée au clou de girofle, ou au *ginger e limão* (citron et gingembre), délicieux ! Notez le nombre de petits robinets sur le tonneau qui servent à faire les mélanges. Le plus dur est d'accéder au comptoir les soirs de week-end ! Si vous souhaitez en rapporter à la maison, jolie boutique juste à côté et beaux flacons (bien emballés, à mettre en soute). Bon plan et bonne ambiance.

**Largo Pedro Arcanjo** *(zoom I, B2, **90**) :* c'est ici que le fameux Gerônimo, qui a longtemps enflammé les escaliers de l'église Sacramento do Passo (lire plus loin), se produit désormais chaque mardi à partir de 20h. Sauf que maintenant, c'est payant... mais encore raisonnable *(env 20 Rls).* Ambiance souvent assez folle ; ça vaut vraiment la peine de faire le détour, mais sortez léger (le minimum dans les poches) !

**Largo Teresa Batista** *(zoom I, B1, **94**) :* une petite place en plein Pelourinho, à laquelle on accède depuis la rua Gregório de Matos. On peut y assister, le mardi (en été), aux répétitions d'*Olodum* (le plus célèbre « bloc » de carnaval de Salvador), mais c'est cher *(env 50 Rls l'entrée).* En revanche, les autres jours, concerts gratuits (ou bon marché) de différents groupes de musique bahianais. À noter, la place est particulièrement active de décembre à la fin du carnaval, au moment des répétitions.

**Largo Quincas Berro d'Água** *(zoom I, B1, **93**) :* une autre place vouée à la musique live, à un jet de pierre de la précédente. Nombreux concerts au style varié, presque tous les soirs de décembre à février, plutôt le week-end le reste de l'année.

**Les escaliers de l'église Sacramento do Passo** *(zoom II, C4, **97**) :* tous les mardis à partir de 19h (parfois un peu plus tard), des groupes locaux se produisent gratuitement au bas des escaliers de l'église do Passo. Avant de venir ici, on vous conseille d'aller faire un tour à 2 pas de là, à l'église *Rosário dos Pretos,* où la messe de 18h offre un spectacle de syncrétisme intéressant.

♩ ***Fundo de Cravinho*** *(zoom I, B1,* ***98****)* **:** *Terreiro de Jesus, 5 ; entrée à 3 m du bar* O Cravinho, *sur la gauche.* 📱 *99361-1508. Mar-dim 17h-23h45. Fermé lun. Entrée payante.* En s'enfonçant dans un couloir, on accède à une cour couverte avec tables et chaises en plastique où, tous les soirs (sauf le lundi) à partir de 19h, un groupe fait se trémousser une foule bon enfant. Là encore, n'hésitez pas à passer !

♩ ***Casarão do Lord*** *(zoom I, B1,* ***91****)* **:** *rua São Miguel, 7.* ☎ *3321-2448. Entrée : env 10-15 Rls.* Un lieu qui bouge bien également le mardi et en fin de semaine. Petites formations musicales de très bonne qualité.

♩ ***A Boca*** *(zoom II, C4,* ***92****)* **:** *rua Marchantes, 12 (Santo Antônio). Entrée : env 10 Rls.* Uniquement le mercredi, entre 19h et 22h, quand un groupe se produit sur la petite scène en bois de ce chouette lieu alternatif logé derrière une jolie façade en briques. Selon les semaines, du reggae, de la bossa-nova, du rock... Pizzas et boissons pas chères.

♩ ***JamNoMam au museu de Arte moderna*** *(plan d'ensemble)* **:** ☎ *3241-2983. Entrée payante.* Concert de jazz chaque samedi de 18h à 21h30. Pour les mélomanes.

🍸 ♩ Voir aussi le ***Bar Cruz do Pascoal*** *(zoom II, C4,* ***52****)* et la ***Casa da Roça*** *(zoom II, C4,* ***60****)*, décrits dans « Où manger ? ».

## *Dans la ville basse (Cidade baixa)*

🍸 ⛱ ***Bar da Ponta*** *(hors plan I par A2)* **:** *praça dos Tupinambás, 2.* ☎ *3326-2208 ou 2211. En sortant de l'ascenseur, à gauche, puis à droite après la station-service ; traverser le mall (galerie commerciale), c'est au bout du ponton. Lun-sam 17h30-1h (2h ven-sam).* Un des endroits les plus romantiques de Salvador, fréquenté par les *happy few.* Un bar à cocktails savoureux, d'où l'on ne se lasse pas de contempler le coucher de soleil. Un DJ anime les soirées du week-end.

## *À Barra*

🍸 ***Pereira*** *(plan II, E6,* ***71****)* **:** *av. 7 de Setembro, 3959.* ☎ *3264-6464. Voir plus haut dans « Où manger ? ».* LE bar *lounge* de Barra. Cocktails et tapas avec vue sur la mer.

🍸 ♩ ⛱ ***Habeas Copos*** *(plan II, E7,* ***102****)* **:** *av. Almirante Marquês de Leão, 172.* ☎ *3264-9771. Tlj 11h-1h du mat.* Lieu de retrouvailles des gens du quartier, qui viennent écouter du *MPB* en terrasse autour de caïpirinhas parfumées aux fruits de saison. On peut aussi y grignoter quelques petits plats *(carne do sol, feijoada...).*

🍸 ♩ ***La Bouche*** *(plan II, E7,* ***95****)* **:** *rua Dias d'Avila, 25A.* 📱 *99228-6793. Mer-dim à partir de 18h. Fermé lun-mar.* Groupe live et crêperie. Venir tard. Bonne ambiance, assez branchée.

## *À Rio Vermelho (plan d'ensemble)*

À quelques kilomètres à l'est de Barra par la côte, l'un des quartiers qui bougent bien toute l'année, mais encore plus pendant l'été brésilien. En fin de semaine, la praça Vermelho est noire de monde ! Mais il y a aussi tous les bars-restos du *largo da Mariquita* et du *largo de Santana,* où l'on se presse pour grignoter et boire un verre. C'est un coin très fréquenté par les étudiants et la jeunesse bohème, mais aussi par les fils à papa pleins aux as, qui *cruisent* à bord de leurs gros 4x4. Ainsi le quartier peut être particulièrement embouteillé le week-end.
Certains soirs, une école de capoeira s'entraîne face à la mer, sur la petite place du marché aux poissons.

🍸 ***Boteco do França*** **:** on vous le conseille pour manger (voir plus haut), mais beaucoup se contentent d'y boire un verre.

***Borracharia*** *(Garage Pneus Elite)* **:** *rua Conselheiro Pedro Luis, 101 A.* ☎ *3334-0091. Ven-sam à partir de minuit. Fermé dim-jeu. Entrée : 15-30 Rls.* Un lieu incroyable, complètement improbable.

Voici un vrai garage, transformé en vraie boîte de nuit à partir de minuit. Dans la journée, on y répare des pneus, et le soir, on y transpire tout ce qu'on peut ! On a un peu l'impression de se retrouver dans un repaire clandestin de la piraterie, avec un côté bon enfant. La clientèle est d'ailleurs assez jeune (du moins le vendredi). Déco faite de matériaux recyclés, bougies partout et piles de pneus à l'entrée. Pas énormément d'espace, mais super ambiance animée par un DJ.

### À Pituba
### *(hors plan d'ensemble)*

***Ponte Aérea Pituba :*** *rua São Paulo, 404. ☎ 3346-1200. Tlj 11h-2h.* Un endroit très animé de Salvador, apprécié des 25-30 ans ! Ambiance cool, assis en plein air. La bière glacée et la *picanha* aux oignons en font un sérieux motif de fréquentation, les différentes caïpiroskas aussi.

## Spectacles

***Teatro Castro Alves et Concha Acustica :*** *praça Dois de Julho, sur le Campo Grande. ☎ 3535-0600.* Salle immense. Les grands noms de la musique brésilienne s'y produisent, surtout en été et les tarifs d'entrée sont souvent très bon marché. Pièces de théâtre et concerts classiques également.

***Teatro Miguel Santana :*** *rua Gregorios de Matos, 49 (Pelourinho). ☎ 3322-1962. • balefolcloricodabahia.com.br • Tlj sauf dim et mar à 20h. Durée : 45 mn. Entrée : env 50 Rls.* C'est le ballet folklorique de la ville, mais de qualité, proposant presque chaque soir (sauf tournée) un spectacle de danse traditionnelle et de capoeira.

## Où assister aux répétitions *(ensaios)* des « blocs de carnaval » ?

Il existe une trentaine de *blocos* de carnaval à Salvador, qui, dès novembre-décembre, commencent leurs répétitions. La fréquence augmente à partir des vacances de Noël jusqu'au carnaval. En voici une sélection critique et qualitative.

■ ***Olodum :*** *au Pelourinho. ☎ 3321-4154. • olodum.com.br • Siège et boutique rua Gregório de Matos, 22 ; s'y adresser pour participer au défilé du carnaval. Répétition mar en été (brésilien) à partir de 20h, sur le largo Teresa Batista. Entrée : env 50 Rls. Répétitions aussi tte l'année au largo Pedro Arcanjo, dim 16h-20h30 (env 25 Rls ; ce n'est pas le groupe principal). Également boutique et Escola Olodum ; rua das Laranjeiras, 30. ☎ 3322-8069. Tlj sauf dim.* Fondé en 1979, Olodum tire son nom du yoruba *Deity Olodumaré*, signifiant « le dieu des dieux ». Ce collectif monte un carnaval, en 1980, afin d'aider les enfants pauvres de Salvador et se réunit autour de la culture noire. Au fil des années, il crée le *Grupo Cultural Olodum*. C'est sous cette forme qu'*Olodum* devient un groupe musical, proposant un mélange de reggae et de samba. Le groupe a notamment tourné dans un clip de Michael Jackson et participé à un album de Paul Simon. Ils arborent toujours les couleurs rastas, rouge, jaune et vert. En dehors de l'aspect musical, *Olodum* s'est aussi engagé contre le racisme et la discrimination sociale.

■ ***Ilê Aiyé :*** *rua Direita do Curuzu, 228 (Curuzu-Liberdade). ☎ 2103-3400.* C'est LE groupe mythique de Salvador, un des plus anciens, créé par des Noirs et autrefois exclusivement réservé aux Noirs. Depuis peu, les Blancs sont les bienvenus pour participer aux défilés. Leur musique est plus traditionnelle, avec la prédominance de percussions africaines et de chants revendicateurs. Le samedi, à partir de 22h, répétitions dans le quartier des anciens esclaves, Liberdade. *Aiyé*, c'est aussi un centre socioculturel où l'on propose des formations professionnelles aux habitants des quartiers défavorisés.

■ ***Didá :*** *rua Gregório de Matos, 19-21. ☎ 3321-2041. • dida-salvador.com • Répétitions parfois au largo Teresa Batista, mais pas de j. fixe. Entrée : env 20 Rls.* Soutenu depuis très longtemps par Caetano Veloso, ce *bloco* est exclusivement composé de femmes musiciennes et chanteuses, avec une section de percussionnistes diablement efficace ! Samba bien sûr, mais aussi salsa. Par ailleurs, c'est une école de musique de qualité. *Didá* est un *bloco* dissident d'*Olodum,* créé par Neguinho do Samba.

■ ***Timbalada :*** *Alameda Benevento, 113, Pituba. ☎ 3354-2747. Répétitions fermées au public, mais prestations régulières au musée du Rythme. Entrée : env 80 Rls.* Certainement l'un des *blocos* les plus prisés de Salvador, créé par le célèbre Carlinhos Brown, qui a connu une carrière internationale et fondé notamment une école de percussion. Le style du groupe est un mélange de samba-reggae et d'*axé,* avec de fortes influences africaines. Il s'investit dans des actions sociales en intégrant les enfants dans le besoin au travers d'un programme d'enseignement. Ambiance très chaude et déferlement de rythmes vous laisseront un souvenir mémorable.

■ ***Filhos de Gandhy :*** *rua Gregorio de Matos, 53. ☎ 3321-7073. • facebook.com/gandhyoficial • Démonstration musicale dim à 16h (gratuit).* Un des *blocos* les plus présents lors du carnaval.

■ ***Araketu :*** *à* ***Piata*** *(à 20 km du centre), dans un local près de la plage. Répétitions mer à 22h.* Pour participer au carnaval avec ce célèbre *bloco* de musique *axé* ou assister aux répétitions.

## Où participer à une cérémonie de *candomblé* ?

Se reporter aussi à l'introduction de Salvador sur le *candomblé* et à la rubrique « Religions et croyances » dans le chapitre « Hommes, culture, environnement » en fin de guide.

■ ***La Fédération nationale du culte afro-brésilien :*** *rua Portas do Carmo, 39, au cœur du Pelourinho. ☎ 3221-1548. Accueil à l'étage, lun-ven mat.* Infos sur les cérémonies, les jours et horaires, les prix...

■ ***Ilê Axé Opô Afonjá :*** *rua direita de São Gonçalo do Retiro, 557, Cabula. ☎ 3384-3321. Taxi conseillé dans ce quartier ou s'y rendre avec un guide.* Le plus célèbre, un des plus anciens, et fréquenté notamment par la haute société et les artistes.

■ ***Terreiro do Gantois :*** *alto do Gantois, 23, Federação. ☎ 3331-9231. Près de la TV Bandeirante.* Lieu de culte réputé de la fameuse *Menininha de Gantois,* l'une des plus vénérées *mães de Santos* du *candomblé,* décédée dans les années 1980. Des personnages politiques, ou des artistes comme Caetano Veloso, Gal Costa, ou Maria Bethânia, y ont été initiés par Mãe Minininha.

■ ***Casa Branca :*** *av. Vasco da Gama, 463, Rio Vermelho. ☎ 3334-2900.* Maison réputée pour être le plus ancien *terreiro* de *candomblé* à Salvador. Téléphoner avant pour savoir quand Mãe Altamira Cecília dos Santos organise une cérémonie.

■ ***Terreiro do Alaketu :*** *rua Luís Anselmo, 67. ☎ 3244-2285.* Un *terreiro* de plus d'un siècle. Démonstrations ouvertes au public.

■ ***Terreiro Bate Folha :*** *trav. São Jorge, Mata Escura. ☎ 3261-2354. Taxi conseillé dans ce quartier ou s'y rendre avec un guide.* Un *terreiro* très impliqué dans les œuvres sociales.



## Où prendre des cours de *capoeira* ?

Les amateurs de *capoeira* qui restent un certain temps à Salvador pourront prendre des cours. On vous indique ici les 3 principales écoles du centre historique.

■ ***Associação de capoeira Mestre Bimba*** *(zoom I, B2) :* *rua das Laranjeiras, 1. ☎ 3322-0639. • capoeiramestrebimba.com.br • Au sous-sol. Cours (env 15 Rls pour 1h) lun-sam*

*10h-20h30. Fermé dim. Démonstrations (env 15 Rls) mar et ven à 19h.* L'école la plus connue.

■ ***Escola e associação de capoeira Angola Mestre Curió*** *(zoom I, B2)* **:** *rua Gregório de Matos, 9, à côté du Teatro Miguel Santana.* ☎ *3321-0396.* • *mestrecurio@yahoo.com.br* • *Entraînements lun, mer et ven seulement, 19h-21h. Roda (démonstration) ven 19h30-22h.*

■ ***Fort de Santo Antônio*** *(zoom II, D3)* **:** *dans le fort même.* On y trouve 7 écoles des plus grands maîtres de capoeira Angola. En voici 2 : *Mestre Boca Rica (📱 98117-8191)* et *Mestre Ryck. En général, cours tlj 7h-21h.*

## À voir

Pour les amateurs, il existe un bus touristique (à impériale) qui fait le tour de la ville : le *Salvador Bus (passage env ttes les heures 8h30-18h, tlj sauf dim ; coût : env 65 Rls ; réduc enfants ; infos :* ☎ *3356-6425 ;* • *salvadorbus.com.br* •*).* Le principe est celui du *hop-on hop-off* : on descend où l'on veut durant le parcours et on remonte dans l'un des bus suivants.

### *LA VILLE HAUTE (plan I et zooms I et II)*

C'est là que se concentre toute la ferveur populaire de Salvador. Le grand écrivain Jorge Amado écrivait : « Toute la richesse de l'homme de Bahia, en grâce et en civilisation, et toute sa pauvreté infinie, tout son drame et toute sa magie naissent et se retrouvent dans la vieille ville. » Ce fut vrai tout un temps, mais l'ensemble du quartier a été considérablement rénové il y a une dizaine d'années, et nombre de familles défavorisées renvoyées dans des favelas éloignées... Restos, *pousadas* et échoppes ont remplacé aussi petit à petit les habitations. Le prix de l'immobilier a grimpé, sous l'effet des investissements réalisés par de riches Brésiliens ou étrangers qui achètent des maisons décrépies pour les rénover. Mais, pour autant, ce quartier n'a pas perdu sa beauté indolente ni son âme. Le mardi et le samedi, en particulier pendant l'été brésilien, les Bahianais continuent à faire la fête sur ses pavés, à tel point que les *largos* sont bondés et les rues souvent bloquées !

– ***Sécurité :*** rien à signaler de plus que les règles élémentaires à adopter dans tout quartier touristique. Quelques rues restent néanmoins à éviter, en particulier *ladeiro Misericórdia (plan I, A1-2),* qui descend de la praça Municipal à la ville basse. En outre, le dimanche, la ville haute est quasi déserte. Pour des raisons évidentes de sécurité – mais aussi d'atmosphère –, nous vous déconseillons de la visiter ce jour-là.

– ***Conseil :*** les pavés du Pelourinho sont plutôt saillants et souvent disjoints. Prévoyez de bonnes chaussures...

### *Largo do Pelourinho (zoom I, B1)*

***Largo do Pelourinho :*** c'est le cœur triangulaire de la vieille ville, une superbe mosaïque de pavés disjoints en déclivité vers l'est, encadrée par un harmonieux alignement de *sobrados* aux tons pastel, où vivaient les riches seigneurs du sucre. Ils pouvaient assister de leurs fenêtres à balcon de fer forgé aux supplices des criminels, fouettés parfois à mort. On pense que le pilori (d'où le nom « Pelourinho ») se tenait en haut du *largo,* à droite du *museu da Cidade* (en rénovation illimitée...), à l'emplacement d'une pierre plate et ronde.

En fin d'après-midi, au soleil couchant, la place s'embrase et l'***igreja N. S. do Rosário dos Pretos*** *(lun-sam 8h-12h, 13h-17h – seulement pdt la messe dim*

*9h-10h ; entrée : env 3 Rls),* soit « l'église Notre-Dame du Rosaire des Hommes Noirs », habille d'or artificiel sa façade bleu pâle. Une église étonnante puisqu'elle fut construite en partie par les esclaves eux-mêmes, le soir après leur travail, et que la plupart des saints y sont... noirs, résultat du syncrétisme entre *orixás* et saints catholiques. Également des murs tapissés d'azulejos et chaires rococo. Plafond en bois entièrement peint, assez sombre. Au fond du couloir (panneaux explicatifs en anglais), sacristie, avec, comme d'habitude, du beau mobilier.

Ne pas manquer, le mardi, à 18h, la ***messe syncrétique,*** accompagnée de percussions africaines... *Autre messe à 9h dim et lun.*

### CHÂTIMENT OUI, MAIS PAS AU PILORI

*Il est courant de dire que le Pelourinho (pilori) était le lieu où l'on attachait les esclaves pour les punir en place publique. En fait, il s'agissait de criminels que l'on exposait et fouettait ici, et non d'esclaves. 2 raisons à cela : en fouettant un esclave devant assistance, sa valeur de revente baissait (puisque pas obéissant et éventuellement blessé !). Par ailleurs, le propriétaire pouvait apparaître comme incapable de tenir sa maison, donc sujet à la moquerie. Bref, on préférait toujours corriger ses esclaves en privé...*

***Fundação Casa de Jorge Amado*** *(zoom I, B1)* **:** *largo do Pelourinho, à côté du museu da Cidade. ☎ 3321-0070. ● jorgeamado.org.br ● Tlj, sauf dim, 10h-18h (16h sam ; ouv dim en janv-fév). Entrée : env 5 Rls ; gratuit mer.* Dans une large maison bleue avec 21 fenêtres en arc de cercle, collections de photos, de médailles et de titres honorifiques de l'écrivain, sans oublier son costume d'académicien. Une véritable star : dans le hall principal, vous le verrez en compagnie de Fidel Castro, de Sartre et de Beauvoir, de Montand, de Pablo Neruda, de Gabriel García Márquez... Également, à l'étage, des panneaux présentant ses plus grands succès littéraires, ainsi qu'un centre de documentation. Café sympa au rez-de-chaussée, aux murs tapissés des couvertures de ses romans traduits dans d'autres langues.

### À LA RECHERCHE DE DONA FLOR !

*À l'est du largo do Pelourinho se trouve le quartier de Nazaré, qui servit de cadre au film* Dona Flor et ses 2 maris *(tiré d'un roman célèbre de Jorge Amado). La belle maison de Dona Flor se situe au n° 12 de la jolie praça D. Anna Nery. C'est là qu'elle se mettait en 4 pour exécuter des plats d'une saveur exquise et sensuelle pour son mari, avant de rouler sous la table pour... d'autres acrobaties.*

LE NORDESTE

## ***Largo do Cruzeiro de São Francisco*** *(zoom I, B2)*

Tout en longueur, dans le prolongement du *Terreiro de Jesus,* cette jolie place pavée, plantée d'une croix de belle taille, offre la perspective idéale pour faire la p'tite photo, avec en toile de fond le couvent et l'église São Francisco flanquée de 2 tours symétriques. Le quartier porte le joli nom de *Maciel.* Quelques rues à droite sont peu sûres à la nuit tombée, mais le charme est bien là.

***Igreja e convento São Francisco*** *(zoom I, B2)* **:** *largo do Cruzeiro de São Francisco. ☎ 3322-6430. Lun-sam 9h-17h30, dim 10h-15h (horaires variables ce jour-là). Entrée : 5 Rls ; pdt les offices, entrée gratuite, mais photos interdites.*

Le couvent, qui ne se visite pas, fut construit entre 1686 et 1708 à l'emplacement d'une chapelle donnée en 1587 aux franciscains lors de leur arrivée à Salvador. Une dizaine de moines l'occupe encore. L'extérieur ne présente pas d'intérêt particulier.

– *Le cloître :* orné d'une série d'azulejos exceptionnels, réalisés au Portugal, numérotés puis assemblés ici. Chacun des murs traite d'un thème philosophique : l'argent sur le mur côté extérieur (le monde !), l'amitié (ou la solidarité) côté couvent, la vertu côté église, et la mort... côté cimetière. Belle galerie à arcades d'ordre toscan.

– *Le vestibule du couvent :* à l'entrée, entre le cloître et l'église. Placez-vous dans les coins de la salle pour apprécier le plafond qui est entièrement peint avec un effet de perspective, technique typique de l'art baroque qui utilise abondamment les effets de trompe-l'œil. L'œuvre, dédiée à la Vierge, est de José Joaquim da Rocha (1774), fondateur de l'école bahianaise.

– *L'église :* c'est le clou de la visite. Elle fut élevée entre 1708 et 1713. La décoration intérieure, du XVIIIe s, illustre parfaitement l'idéal baroque brésilien de cette époque : luxe époustouflant, entièrement recouvert de feuilles d'or, sculptures tarabiscotées et profusion de motifs floraux, feuilles d'acanthe, des angelots en veux-tu en voilà et des chérubins (castrés !), colonnes torses, bras sortant des murs en guise de torchères, etc.

À l'entrée, magnifiques panneaux d'azulejos ; celui de gauche représente saint François renonçant aux biens matériels. Dans la chapelle du milieu, dans la nef de droite, superbe statue en jacaranda de São Pedro de Alcântara, œuvre de l'artiste bahianais Manoel Inácio da Costa, petit chef-d'œuvre de l'art baroque avec un rendu accusé de la souffrance du saint (sortez les jumelles !). Laissez encore glisser votre regard sur les rampes de jacaranda qui séparent les nefs latérales de la nef centrale à colonnes torses. Le plafond, peint et doré, fut réalisé entre 1736 et 1738. Au centre de l'arche du transept, l'écusson franciscain et les armes du Portugal. Noter encore les chaires chargées d'angelots et les chapelles avec leur effet de perspective.

– *Le chœur :* tapissé de dalles à motifs, ses côtés sont ornés de beaux azulejos de Bartolomeu Antunes. Au-dessus de l'entrée de la tribune, notez les lutrins, typique de l'art baroque mais qui confine ici au rococo (période ultime du baroque). Également un Christ en Descente de croix (c'est rare !).

– *La sacristie :* garnie d'armoires à chasubles en jacaranda. Voir également les meubles à tiroirs, qui renfermaient les certificats de naissance, de baptême et de mariage des familles qui fréquentaient l'église. Plafonds à caissons.

Tout de suite à gauche du couvent, derrière une grille de la rua Ordem Terceira, s'élève la petite, mais superbe ***igreja da Ordem Terceira de São Francisco*** *(zoom I, B2 ; lun-ven 8h-12h, 13h-17h et w-e 9h-17h ; entrée : env 5 Rls),* construite en 1703. La magnifique façade en style churrigueresque, abondamment travaillée en volutes et guirlandes entourant les niches, contraste vivement avec celles des autres églises de la ville, en général plus sobres. Curieusement, elle resta recouverte de plusieurs couches de plâtre et d'enduit pendant 150 ans ! Elle ne fut redécouverte qu'en 1936 par un ouvrier qui creusait dans le mur pour placer un câble... Il a fallu 9 ans de travail pour en restituer la magnificence d'origine.

À l'intérieur, contrastant avec la façade, une décoration néoclassique. Passé la kitchissime « salle des saints », traversez le couloir et le cloître, tapissés de superbes panneaux d'azulejos, et grimpez à l'étage pour observer les dorures de l'église. Ensuite, petit ***musée*** dans une enfilade de pièces : meubles, portraits, vêtements du sacerdoce, saints sculptés, etc. Dans une salle, autour d'une immense table, un très bel ensemble d'azulejos qui représente un cortège nuptial parcourant la ville de Lisbonne en 1729. Cette ornementation permet de visualiser les monuments de la capitale portugaise d'avant le tremblement de terre de 1755. Assez unique. Jetez aussi un œil à l'étonnant Christ en croix dont les filets de sang sont faits de velours carmin.

LE NORDESTE

Au sous-sol, dans la crypte *(**ossuario**)*, en 1900, on a rassemblé les ossements et les cendres des riches marchands qui édifièrent l'église et de leurs descendants.

## ***Terreiro de Jesus*** *(zoom I, B1-2)*

L'une des places les plus animées de la ville. Au centre, une fontaine symbolise les 4 grands fleuves de Bahia.

***Catedral Basílica*** *(zoom I, B1)* **:** *☎ 3321-4573. Visite lun-sam 9h-17h : 5 Rls. Messe lun et ven à 16h30, dim à 10h.*
Ancienne église du collège des jésuites, elle devint cathédrale après l'expulsion du pays de la congrégation (1759), dont la plupart des monuments furent détruits ou dénaturés. La *basilica da Sé* fut construite entre 1657 et 1672 ; la façade et l'intérieur sont recouverts de marbre du Portugal (qui lestait aussi les bateaux revenant à vide...). La cathédrale est caractéristique de l'art maniériste, dernière expression de la Renaissance.
À l'intérieur, contrairement aux autres églises de la ville, la grande nef centrale et les bas-côtés communiquent entre eux. Les 2 premières chapelles latérales (à droite et à gauche) abritent les plus anciens retables en bois du pays. Certains sont le fruit d'un incroyable travail baroque, aux colonnes pleines d'angelots.
Le *plafond de la nef* présente un travail de menuiserie exceptionnel aux dessins géométriques, peints et dorés datant de 1700. En son centre, le symbole de l'ordre.
Les *chapelles du transept* sont caractéristiques de la période du second baroque portugais. Lourde chaire de marbre. Le *maître-autel* est orné de 18 tableaux du XVIIe s, de style maniériste. Superbe plafond encadré de colonnettes, belles stalles en jacaranda incrusté de bois et d'ivoire.
La *sacristie,* au fond d'un long couloir, sur la gauche, sans doute le clou de la visite, est couverte d'azulejos remarquables. Une galerie de portraits des membres de la Compagnie de Jésus orne le plafond à caissons. On remarque encore l'autel central en marbre d'Italie ainsi que les 2 grands meubles en jacaranda, beau travail de marqueterie d'ivoire et d'écaille de tortue (1683).
La *crypte,* au sous-sol, renferme une série de stalles sculptées.

LE NORDESTE

***Museu Afro-brasileiro*** *(zoom I, B1)* **:** *terreiro de Jesus. ☎ 3283-5540. Lun-ven 9h-17h. Fermé w-e. Entrée : env 6 Rls ; réduc ; gratuit - de 10 ans. Brochure explicative en français.* Contigu à l'Académie de médecine, ce modeste musée est surtout consacré à la religiosité afro-brésilienne, dont la ville de Salvador est le berceau. Photos de Pierre Verger et intéressante collection de statuettes, céramiques, jeux et instruments de musique originaires du Bénin, du Ghana, du Nigeria et du Congo. Signalons notamment les masques du royaume du Dahomey (actuel Bénin), les statues et armes de divinités, attestant de la maîtrise des techniques de métallurgie en Afrique de l'Ouest, ou encore les statuettes funéraires du Congo (des copies, les originaux sont en Belgique). Costumes et photos de *candomblé,* certaines datant du XIXe s. Mais le clou du musée, à nos yeux, ce sont les 27 magnifiques panneaux de l'artiste argentin Carybé, dans la salle du fond. Sculptés dans le bois de cèdre, ils représentent les *orixás* (dieux du *candomblé*), accompagnés de leurs animaux liturgiques et sacrificiels. Citons par exemple Ogun, le roi de la métallurgie, particulièrement savoureux ! Également des expos temporaires d'artistes bahianais d'origine africaine.

***Museu de Arqueologia e Etnologia*** *(zoom I, B1)* **:** *à l'arrière du Museu Afro-brasileiro, côté gauche, en sous-sol. Tlj sauf w-e, 9h-17h. Entrée : env 10 Rls.* Dans les soubassements, joliment rénovés, de l'Académie de médecine. Un fonds de 5 000 objets archéologiques et des différentes ethnies de l'État de Bahia (urnes funéraires des peuples indiens du littoral avant l'arrivée des Portugais au XVIe s, belles parures de plumes, etc.), qui tourne en permanence, si l'on ose dire... sauf quand une expo temporaire occupe l'espace.

Sur le terreiro de Jesus, encore 2 églises dont vous remarquerez qu'elles sont chacune amputées du clocher droit. D'abord, face à la cathédrale, l'***igreja da Ordem Terceira de São Domingo*** *(zoom I, B2),* de style rococo *(fermée depuis 2015 pour travaux de rénovation mais, en principe, ouv pdt les offices),* et au nord-est de la place, l'***igreja São Pedro dos Clérigos*** *(zoom 1, B1 ; ouv seulement pdt les offices)* fait la transition entre le baroque et le néoclassique. Au plafond, Jésus remet les clés du ciel.

## ***Praça da Sé*** *(plan I, A-B1-2)*

Elle succède au terreiro de Jesus. Encore une église, la ***igreja da Misericórdia*** *(plan I, A2),* accolée au *museu da Misericórdia* (voir ci-après), avant d'aborder la *praça Municipal,* où l'on trouve l'*elevador Lacerda* qui mène à la ville basse *(0,15 Rl).* En allant embrasser le panorama sur la baie depuis le belvédère, on remarquera la bien laide *Cruz Caida* (1998) du sculpteur local Mario Cravo.

***Museu da Misericórdia*** *(plan I, A2)* **:** *rua da Misericórdia, 6. ☎ 2203-9835. • museudamisericordia.org.br • Mar-ven 8h30-17h30, sam 9h-17h, dim et j. fériés 12h-17h, fermé lun. Entrée : env 6 Rls ; réduc. Visite accompagnée par un guide du musée (en portugais, espagnol ou anglais selon dispo).* Il s'agit d'un ancien hôpital fondé en 1549 par la reine dona Leonor du Portugal. Pour commencer, visite de l'église de la Miséricorde, dotée de panneaux d'azulejos (dont un représente les tableaux de procession de Rocha ; voir plus loin) et d'un autel de style rococo vraiment chargé. Tout autour du cloître, sur 2 étages, on admire d'abord la sacristie baroque (fontaine en marbre et meuble en bois précieux) avec vue sur la mer, puis une loggia italienne, unique en son genre en Amérique du Sud (d'où son inscription à l'Unesco) : dotée de 3 arches, polychrome et couverte de marbre, il fallut 26 années pour la réaliser !
Ensuite, visite de la grande salle de réunion *(salão nobre),* assez spectaculaire avec ses panneaux d'azulejos et son plafond à caissons couvert de peintures bibliques. Sans oublier le fauteuil spécialement fabriqué pour la visite du dernier empereur du Brésil, Dom Pedro II, en 1859. Çà et là, portraits des donateurs de l'hôpital (certains étaient trafiquants d'esclaves). Statue du marquis de Pombal, qui a officialisé le portugais en tant que langue nationale. Petite galerie d'art religieux. Voir aussi la pharmacie, avec son meuble monumental en bois précieux pour stocker pots de céramique et bouteilles, et la réplique d'un tourniquet placé dans un mur extérieur pour recueillir les bébés abandonnés... Voir aussi la reproduction du registre des entrées, qui répertorie les noms des malades, leurs maladies, mais aussi leur « race ». Modeste section de vaisselle coloniale. Enfin, une salle dédiée à la peinture de José Joaquim da Rocha, artiste du XVIIIe s, qui réalisa un ensemble sur la Passion du Christ.
Sous les arcades, la 1re voiture à essence de Salvador, une Panhard de 1898.

***Fundação Pierre Verger*** *(plan I, A2)* **:** *rua da Misericórdia, 9. ☎ 3321-2341. • pierreverger.org • Tlj 9h-19h (12h dim). GRATUIT.* Sur 2 niveaux, une expo tournante des photos de feu Pierre Verger (1902-1996), célèbre photographe et anthropologue français, mort en 1996 à 94 ans. Beaucoup des clichés présentés sont des inédits.

## ***Praça Municipal*** *(plan I, A2)*

Aussi appelée *Tome de Souza,* c'est la place de la ville haute d'où part l'ascenseur *(elevador)* de Lacerda, pour descendre à la ville basse *(env 0,20 Rl le trajet).*

Sur la gauche, face à la baie, la façade monumentale couronnée d'une coupole du ***palácio do Rio Branco,*** ancienne résidence du gouverneur. Il faut rappeler que c'est à partir d'ici que la ville se développa.
La place est entièrement piétonne, et l'exceptionnel coucher de soleil, vu de la terrasse, attire chaque soir une foule de flâneurs. Sur la place toujours, la statue de Tome de Souza, pionnier portugais qui fonda la ville de Salvador au début du XVI$^{e}$ s.

***Museu de Arte sacra*** *(hors plan I par A2) : rua do Sodré, s/n. ☎ 3283-5591. • mas.ufba.br • Lun-ven 11h30-17h30. Fermé w-e. Entrée : env 12 Rls ; réduc.* Dans l'ancien *couvent Santa Teresa,* un des plus remarquables témoins de l'architecture coloniale brésilienne. Collections d'art sacré tout à fait exceptionnelles, tant par la qualité que par le nombre : plus de 1 500 pièces exposées. Le cadre bien approprié et la disposition intelligente des objets rendent la visite attrayante. Nombreuses statues en bois polychrome, en ivoire, en pierre à savon, petits oratoires miniatures du XVIII$^{e}$ s, tableaux et objets de culte en argent... Superbes meubles coloniaux du XVI$^{e}$ s au XIX$^{e}$ s. Dans la sacristie, fontaine en marbre et magnifiques azulejos. Imaginez le labeur de l'ébéniste qui exécuta la commode en jacaranda de 10,72 m de long. Tout autour, beau jardin romantique.

## *Au nord du Pelourinho : les quartiers du Carmo et de Santo Antônio (zoom II)*

Au bas du *largo do Pelourinho,* la rue remonte assez fortement et devient la rua do Carmo qui, à elle seule, mérite une promenade pour ses maisons anciennes aux façades multicolores. Elles sont progressivement restaurées par des particuliers qui y installent des restaurants et *pousadas.* C'est ensuite le début du quartier de Santo Antônio, qui s'achève par la place du même nom, bordée par l'église Santo Antônio et le fort éponyme.

***Convento e igreja do Carmo*** *(zoom II, C4) : rua do Carmo, 1. ☎ 3242-0182. Église ouv seulement pdt les messes.* Le couvent, un des plus grands d'Amérique latine, abrite aujourd'hui un hôtel de luxe. C'est dans une de ses salles que fut signée la capitulation des Néerlandais en 1625. Si vous avez la chance de tomber sur une messe, profitez-en pour admirer, sur le côté, l'église et son autel chargé d'or et d'argent. Dans la sacristie (le plus souvent inaccessible au public), bénitier en marbre de Carrare, plafond orné de caissons peints et dorés...

***Igreja Nossa Senhora do Monte do Carmo*** *(zoom II, C4) : rua do Carmo, à côté du couvent. Lun-sam 8h-17h (12h sam) ; dim, seulement pdt les messes. Entrée : env 5 Rls.* Construite originellement en 1636, puis détruite en 1788. Beau plafond peint en bois et en perspective. Dans une salle, en vitrine, un superbe christ en bois de cèdre sculpté, réalisé par un esclave, sans aucun modèle humain. Un médecin a vérifié : la taille de chaque membre et de la tête respecte parfaitement les proportions humaines. Regardez de plus près : 200 rubis de toutes tailles représentent les gouttes de sang du calvaire du Christ. Incroyable !

Dans le prolongement de la rua do Carmo, la rua Direita de Santo Antônio présente de jolies façades bien préservées. C'est un vieux quartier populaire à l'origine, qui se développe mais reste encore à l'écart de l'agitation touristique. On passe devant le ***largo da Cruz do Pascoal*** et son oratoire du XVIII$^{e}$ s, couvert d'azulejos, puis la façade bleu pâle de l'***igreja Nossa Senhora da Conceição do Boqueirão*** *(zoom II, C-D3),* pour atteindre la ***praça de Santo Antônio Além do Carmo,*** d'où l'on bénéficie d'un superbe panorama sur la baie.

On découvre aussi l'***igreja de Santo Antônio*** *(zoom II, D3),* qui perdit un clocher lors d'une tempête, mais pas le saint qu'elle renfermait (!). Le vieux *fort* *portugais* (1703) est l'ancien lieu de répétition du bloc de carnaval *Ilê Aiyé* et toujours le terrain d'entraînement d'écoles de capoeira.

Si vous êtes par là un matin, a fortiori un mercredi, on vous conseille vivement de continuer tout droit jusqu'au ***mercado de São Joaquim*** (environ 15 mn de marche ou taxi). C'est le plus grand marché à ciel ouvert de la ville, avec une profusion de fruits et légumes. Mais c'est aussi ici que les habitants viennent faire leurs emplettes pour pratiquer le vaudou et le *candomblé*... Objets insolites et artisanat à rapporter (céramique, vannerie), plus souvenirs garantis.

## *LA VILLE BASSE* (*Cidade baixa ; plan I, A1-2*)

Au départ de la *praça Municipal,* emprunter le très populaire *elevador Lacerda* qui, bien qu'assez inesthétique, fait depuis longtemps partie du paysage de la ville. Un quartier d'affaires, de commerces et d'agences de voyages.

***Mercado Modelo*** (*plan I, A1*) **:** *situé dans les anciens bâtiments de l'Alfândega (les douanes). Tlj 9h-19h (14h dim).*
Le marché brûla presque entièrement en 1984. Mais le mercado Modelo fut rebâti et la vie reprit ses droits autour du port. Il a été transformé en un grand hall de 2 niveaux abritant des boutiques artisanales et des échoppes de souvenirs locaux, estampillés *made in China* (on est mauvaise langue, c'est parfois *made in Taiwan* !). On y trouve des colliers, des vêtements, des objets divers et des *berimbaus* (instruments de musique brésiliens) de pacotille... Aussi quelques éventaires de vraie dentelle bahianaise à des prix intéressants et 2 restos avec une grande terrasse (voir « Où manger ? ») donnant sur l'agréable animation du port. Si vos achats vous laissent à sec, sachez qu'il y a un distributeur automatique au 1er étage.

***Le port*** **:** tout à fait charmant et de taille humaine. Spectacle coloré quand les vieilles pinasses déchargent le poisson. D'abord réservé à la pêche et aux bateaux reliant Itaparica et les îles alentour, le port a subi des transformations – réussies – pour accueillir les immenses catamarans des navigateurs de la *Transat Jacques Vabre,* qui reliait la ville du Havre à Salvador da Bahia (mais c'est fini...).
Au large, on aperçoit un petit îlot au milieu duquel se dresse le ***forte de São Marcelo*** datant de 1623.

***Igreja N. S. Conceição da Praia*** (*plan I, A2*) **:** *largo da Conceição da Praia. ☎ 3242-0545. Lun 7h30-12h, 14h-17h ; mar-ven 7h30-17h ; w-e 7h30-11h30.*
Construite en 1623. Elle fut nommée ainsi (« da Praia »), car l'eau venait auparavant lui lécher les pieds. Avec l'église *N. S. do Bonfim,* elle est chère au cœur des Bahianais. Notez la forme de la façade, rococo, assez unique, avec des clochers octogonaux à angle vif de part et d'autre du porche. Le marbre provient entièrement du Portugal. Décoration intérieure assez sobre, mais beau plafond peint (sombre et donc peu visible). Nombreuses chapelles latérales aux colonnes torses et dorées. Autel baroque en diable, couvert de saints et d'angelots.
– Le 2e jeudi de janvier, c'est le point de départ du ***Lavagem de Bonfim.*** Grande fête religieuse le 8 décembre et grande ***procession de Nosso Senhor dos Navegantes*** le 1er janvier (voir « Fêtes populaires »).

***Solar do Unhão – Museu de Arte moderna*** (*plan d'ensemble*) **:** *av. Lafayete Coutinho. ☎ 3117-6139. En bord de mer, en allant vers le quartier de Barra. Tlj, sauf lun, 13h-18h.* Ce site historique, situé en contrebas de la falaise rocheuse, au bord de l'eau, présente un exemple d'architecture coloniale très intéressant. Construit au XVIIe s, il comprend la maison de maître, l'église du domaine, la maison des esclaves et une petite usine sucrière (remaniée au XIXe s en entreprise de tabac à priser). On peut souvent y voir des expos temporaires. Resto sur place, logé dans une cave voûtée.

LE NORDESTE

– L'édifice abrite aussi le ***Museu de Arte moderna*** : ☎ *3117-6139.* ● *bahiamam.org* ● *Mar-sam 13h-18h, fermé dim-lun. GRATUIT.* Intéressantes expos temporaires de photo, peinture et dessin d'artistes brésiliens et internationaux.

## LE QUARTIER DE BONFIM *(au nord ; plan d'ensemble)*

Quelques plages, des quartiers populaires, et surtout une église célèbre. Pour s'y rendre depuis Lapa, prendre le bus « Ribeira-Lapa » et descendre à la hauteur de l'église.

**Basilica Nosso Senhor do Bonfim :** ☎ *3316-2196. Compter env 20 Rls pour un taxi depuis le mercado Modelo. Bus également au départ du mercado Modelo, direction « Ribeira » ou « Bonfim ». Horaires du musée : mar-sam 9h-12h, 14h-17h. Fermé dim-lun.*
L'église la plus populaire de Bahia reçoit chaque année la grande procession de *N. S. do Bonfim* (voir « Fêtes populaires »). Elle fut spécialement construite pour accueillir la statue du Christ en croix (en ivoire et argent) apportée de Setúbal (Portugal) en 1745.
Les petits bracelets de tissu coloré que vous proposeront la ribambelle d'enfants et de vieilles dames à l'entrée de l'église correspondent à un rite bien précis. La longueur de ces morceaux d'étoffe (les *fitas*) est égale à l'écartement des bras de la statue du Christ en croix. N'hésitez pas à en acheter quelques-uns, ils sont vendus autour de 0,10 Rl. Selon la tradition, il faut en passer un à son poignet en faisant 3 nœuds, et faire un vœu à chaque nœud. Quand le bracelet, usé, cédera, il vous faudra le jeter dans un cours d'eau, et vos vœux seront exaucés...
La *façade,* décorée d'azulejos blancs et de guirlandes lumineuses, permet à tous les habitants de Salvador de suivre les cérémonies, même de très loin. À l'intérieur, les *autels* des bas-côtés sont joliment sculptés et dorés. Nombreux tableaux de Franco Velasco, grand artiste bahianais. Remarquer, dans le 3e autel sur la droite, la statue de Notre-Dame de la Bonne-Mort, dans son cercueil d'argent. Dans le *chœur,* en haut d'un trône soutenu par des colonnes corinthiennes, se trouve la fameuse *statue de Setúbal.* Au *plafond,* belle perspective peinte du début du XIXe s. Beaux meubles à tiroirs dans la *sacristie* et remarquables azulejos dans le couloir y menant, assez bien conservés. À droite du chœur, la *sala dos Milagres* est couverte d'offrandes votives. Elle témoigne de la dévotion populaire au Senhor do Bonfim.
Au 1er étage, petit *musée d'ex-voto* : sculptures, bijoux naïfs, etc. Des ex-voto en plastique représentant le membre malade sont suspendus au plafond, dans l'espérance d'une guérison.

**Paróquia Nossa Senhora da Boa Viagem :** *praça Adriano Gordilho. Mar-sam 8h-15h30 (12h sam) ; messes lun-ven 7h30 et 19h, sam 7h30 et 17h. Fermé dim.*
Une petite église datant de 1712, sans grande particularité, hormis de beaux azulejos.
Il s'y déroule le 1er janvier une grande cérémonie : l'arrivée de la ***procession de Nosso Senhor dos Navigantes*** depuis l'église Conceição da Praia (voir « Fêtes populaires »).

## LES QUARTIERS RÉSIDENTIELS : BARRA, ONDINA ET RIO VERMELHO *(plan II et plan d'ensemble)*

**Barra :** ce fut le 1er lieu de peuplement de la ville, ce que rappelle un petit monument au bout de la praia do Porto, en dessous du fort de São Diogo. Plus tard, en 1549, le fondateur de la ville, Tome de Souza (1er *governador general*), préféra l'actuel centre historique pour établir le siège de la 1re capitale du Brésil. Aujourd'hui moderne et assez résidentiel, le quartier est surtout fréquenté pour

LE NORDESTE

sa plage, mais on y trouve quelques monuments intéressants, dont 2 forteresses construites pour repousser les invasions, à visiter au cours d'une agréable balade le long du front de mer.
– Partir de l'avenida 7 de Setembro au niveau du ***forte de São Diogo*** *(plan II, E5-6).* C'est un fort tout blanc du XVIIe s qui abrite une expo virtuelle sur l'artiste argentin Carybé, moyennant un ticket d'entrée valable pour la visite du fort suivant, le ***forte de Santa Maria*** *(plan II, E6).* Celui-ci héberge une expo (tout aussi virtuelle) consacrée à la photo. *Ts les 2 ouv tlj, sauf mar, 11h-19h. Entrée : env 20 Rls ; gratuit mer.* Bon, rien de très passionnant à part la balade elle-même...
– Entre les 2, la petite plage de *Porto da Barra.*
– On poursuit l'avenida 7 de Setembro jusqu'au ***farol da Barra*** *(plan II, E7),* élevé dans l'enceinte du fort de Santo Antônio da Barra, considéré comme le plus ancien de l'Amérique des colons portugais (1534). Il abrite un *Musée nautique* et un bar en terrasse, le *Café do Farol,* agréable en fin de journée.

🏃 ***Museu nautico da Bahia*** *(plan II, E7)* **:** *praça Almirante Tamandaré, forte de Santo Antônio da Barra, dans le farol da Barra. ☎ 3264-3296. • museunauticodabahia.org.br • Tlj sauf lun 9h-18h (ouv lun en janv et juil). Entrée : env 15 Rls ; réduc. Explications en anglais et portugais.* Maquettes de bateaux, collection de jarres d'huile antiques, objets en céramique chinoise du XVIIe s venus par mer de Macao (Chine) et trouvés en 1975 lors de fouilles archéologiques sous-marines dans les épaves du *Nossa Senhora do Rosario* et du *Sacramento* (coulé dans la baie en 1668). Sextants, lentilles de phares et vieilles cartes géographiques portugaises de Salvador et de la baie, la plus ancienne (qui est toutefois une réplique de l'originale) datant de 1582.
Enfin, on peut grimper tout en haut du phare, en terminant par une échelle en bois. Vous noterez la lentille gravée « Barbier, Paris, 1889 ».

🏃 Pour ceux qui en veulent encore, finir la promenade en longeant la *praia do Farol* par l'avenida Oceânica jusqu'au ***morro do Cristo*** *(plan II, F7),* statue du Christ élevée face à l'océan.

🏃 Plus à l'est s'étend le ***quartier d'Ondina*** *(plan d'ensemble),* résidentiel, avec de belles plages, hôtels et restos de luxe, plus le parc zoologique.

🏃 ***Parque zoobotânico*** *(plan d'ensemble)* **:** *Alto de Ondina, s/n ; dans le quartier d'Ondina, à env 3 km à l'est de Barra. ☎ 3116-7954. • zoo.ba.gov.br • Tlj 8h30-17h, sauf lun. GRATUIT.* Dans un espace immense, 2 secteurs distincts : un zoo classique et une partie où les animaux sont en semi-liberté (plus « semi » que « liberté », quand même). Vous pourrez admirer certains spécimens de la faune amazonienne que vous ne pourrez ou n'aurez pu voir in situ. Également spécialisé dans la reproduction des animaux en voie de disparition.

🏃 Encore plus à l'est, c'est le ***quartier de Rio Vermelho,*** résidentiel aussi (dommage que sa plage soit malheureusement polluée). On y vient surtout pour dîner et faire la fête, mais aussi pour visiter la maison de Jorge Amado.

🏃🏃 ***A Casa do Rio Vermelho*** *(plan d'ensemble)* **:** *rua Alagoinhas, 33, à Rio Vermelho. ☎ 3333-1919. • casadoriovermelho.com.br • Tlj 10h-17h, sauf lun. Entrée : env 20 Rls ; réduc ; gratuit le mer. Visite guidée (en portugais, espagnol ou anglais) à 11h et 15h30.* C'est la maison où vécurent Jorge Amado et son épouse Zélia Gattai, écrivaine et académicienne tout comme lui, qui publiera son 1er livre à 63 ans. Voici une belle maison avec jardin, gaie et fleurie, à l'image du verbe haut de l'auteur de *Dona Flor et ses deux maris.*
On visite d'abord la salle à manger-salon avec, en fond sonore, la voix d'Amado et de Maria Bethânia. Beaux objets, machine à écrire, textes annotés... Petite chambre d'amis avec diaporama sur les... amis (Mastroianni, Toscan du Plantier...), plus sa collection de chemises à manches courtes ! Pour les fans, la « cuisine de Dona Flor », plutôt kitsch, avec ses plats factices et sa vidéo sur la cuisine bahianaise.

Dans une pièce sombre, diaporama sur l'exil du couple à Paris et Prague (membre du parti communiste, Amado fut arrêté 11 fois !) et leurs diverses correspondances. Chambre à coucher sur le thème de l'amour et de la sensualité, le thème de prédilection d'Amado.
Enfin, ne pas manquer le beau jardin tropical (kiosques avec vidéos sur le thème du *candomblé* et des témoignages). Les cendres d'Amado y sont dispersées... entre les 2 bancs en céramique.

## Plages

Si elles sont plus modestes et ne sont pas en pleine ville comme à Rio, elles s'étirent cependant dans des sites agréables, le long de la côte sud de la ville qui, à partir d'Amaralina, va vers le nord-est. Leur caractère populaire en fait toujours des lieux familiers et séduisants, malgré la forte urbanisation. Malheureusement, certaines, comme celle de Rio Vermelho, sont polluées.
*Pour s'y rendre, bus « Aeroporto-Campo Grande » depuis l'*hôtel da Bahia *(ttes les 15 mn env) ou, plus simple mais moins fréquent, le bus climatisé pour l'aéroport qui part de la rua Vassouras (plan I, A2), dans le Pelourinho.*
Depuis le centre jusqu'aux plus éloignées :

***Praia do Porto da Barra :*** *la plus proche du centre de Salvador.* C'est quasiment une plage dans la ville, adossée à des flancs rocheux et urbanisés. Petite et bondée le week-end.

***Praia do Buracão :*** *entre la plage de Rio Vermelho (polluée) et celle d'Amaralina. À partir de 15h30 env, l'hôtel* Pestana Bahia *ombrage tte la plage.* Moins fréquentée, moins de transats à louer, elle est plus sympa que ses voisines. En revanche, les vagues y sont plus fortes, on la déconseille donc aux jeunes enfants.

***Amaralina :*** *à env 7 km à l'est de Barra.* Elle reçoit des vagues assez fortes et il y a beaucoup de vent. On peut y surfer, mais baignade dangereuse. Environ 4 km plus à l'est, la plage ***Jardim de Alá*** accueille aussi les surfeurs. Puis, encore plus à l'est, on trouve les plages ***Boca do Rio*** et ***Corsário,*** cette dernière prisée de ceux qui pratiquent le volley ou le foot sur la plage.

***Jaguaribe et Itapuã :*** *situées à env 20 km de Barra.* Ce sont parmi les plus populaires (ceux qui cherchent le calme iront voir ailleurs), avec leurs centaines de cocotiers et petits stands vendant snacks et boissons. La plage de *Piatã,* en revanche, est polluée.

Et puis, au nord-est d'Itapuã toujours, les plages ***Stella Maris, do Flamengo, Ipitanga,*** etc. Toujours assez fréquentées et dans un environnement un poil plus sauvage (on est déjà à une trentaine de kilomètres de Barra), ce sont nos préférées.

LE NORDESTE

## Fêtes populaires

– ***Fête du Bom Jesus dos Navegantes :*** *le 31 déc.* C'est sûrement l'une des plus belles. Cette fête symbolise parfaitement le syncrétisme de Bahia, associant *Jesus* (patron des marins) à *Yemanjá* (déesse de la Mer). Le 31 décembre, la statue de N. S. dos Navegantes est emmenée à l'église Conceição da Praia (dans la ville basse). Le lendemain, elle est chargée sur un bateau et part en procession sur la mer jusqu'à Barra, puis elle est ramenée à l'église de Boa Viagem, accompagnée de dizaines de bateaux fleuris. Les *filles de saints* revêtent leurs belles robes blanches et jettent fleurs et cadeaux à *Iemanjá.* Une messe solennelle est célébrée à l'arrivée, en présence d'une foule nombreuse.

– ***Fête de Nosso Senhor do Bonfim :*** *du 1er au 2e dim après l'Épiphanie.* La plus grande fête religieuse de Salvador. Le *Senhor do Bonfim,* c'est *Jesus Oxalá.* Encore un bel exemple de syncrétisme entre le catholicisme et le *candomblé.* Temps fort le jeudi, lorsque les *filles de saints* traversent la ville, portant sur la tête des récipients pleins d'eau et de fleurs, suivies d'une foule énorme, entièrement vêtue de blanc, pour se rendre à l'église *N. S. do Bonfim.* Arrivées sur place, elles lavent à grande eau le parvis pour purifier l'entrée de l'église et permettre l'arrivée de Jesus Oxalá. Tout autour de l'église, c'est une fête joyeuse. Des baraques illuminées et colorées servent les meilleurs plats de la cuisine bahianaise, des gens dansent… L'atmosphère est indescriptible. Le 2e dimanche, la statue de *N. S. do Bonfim* est transportée de l'église *N. S. do Conceição* à celle de Bonfim. Puis la fête se déplace dans le quartier tranquille de Ribeira pour sa propre fête du lendemain : *Segunda Feira Gorda* (Lundi gras). Ça n'arrête pas !
– ***Fête de Yemanjá :*** *le 2 fév à Rio Vermelho où se tient la maison de Yemanjá (casa de Yemanjá).* Longue procession de bateaux chargés de présents pour la déesse de la Mer. Essayez de suivre en bateau jusqu'au lieu des offrandes…
– ***Carnaval :*** *21-26 fév 2020.*
– ***Carnaval de Micareta :*** *à* ***Feira de Santana,*** *ville située à 120 km au nord-ouest de Salvador. Pdt 4 j. fin avr ou début mai, selon le calendrier.* Fête populaire qui tient son nom du français « mi-carême ». Depuis sa création, en 1937, c'est LA grande fête annuelle de la ville et le 2e carnaval de l'État après celui de Salvador. On y retrouve, en effectifs réduits, les grands blocs du carnaval de Salvador. Grand défilé le 1er jour, avenida Presidente Dutra.

## ITAPARICA

IND. TÉL. : 71

• Carte *p. 559*

**C'est une grande île, très plate dans son ensemble, de 36 km de longueur sur 20 km de large. Située en face de Salvador, protégeant une partie de la vaste baie, elle a conservé un caractère plus rural que réellement touristique.**
**L'île d'Itaparica constitue un bon choix pour se reposer une journée ou 2 après la visite de Salvador si vous n'avez pas le temps d'aller plus au Sud. Les plus jolies plages de l'île se trouvent sur la côte est, sur la partie la plus développée. Une enfilade de croissants au sable clair qui s'appellent *Ponta de Areia, Barra do Gil, Barra do Pote* ou *Coroa.* Quelques bonnes adresses sur l'île, toutefois pas données en haute saison. En outre, beaucoup de monde sur les plages le week-end, car, pour les Salvadoriens, venir ici est une manière rapide et pas chère d'échapper à la ville pour une journée. Si vous désirez être tranquille, privilégiez les jours de semaine !**
– ***À noter :*** pas de bureau de change sur l'île, donc venir avec assez de liquide ou prévoir un retrait dans un ATM dès votre arrivée au débarcadère de Bom Despacho ou de Mar Grande.

### UN PONT POUR LE FUTUR ?

Prochainement, sans doute autour de 2021, un pont de 13 km devrait relier Salvador à Itaparica. L'idée n'est pas de désenclaver l'île, mais d'éviter aux camions d'avoir à faire le grand tour de la baie pour aller vers le sud du pays. Ainsi, les milliers de camions quotidiens qui l'emprunteront gagneront 4h de trajet. Mais l'île devrait sans doute subir les conséquences de cette fréquentation…

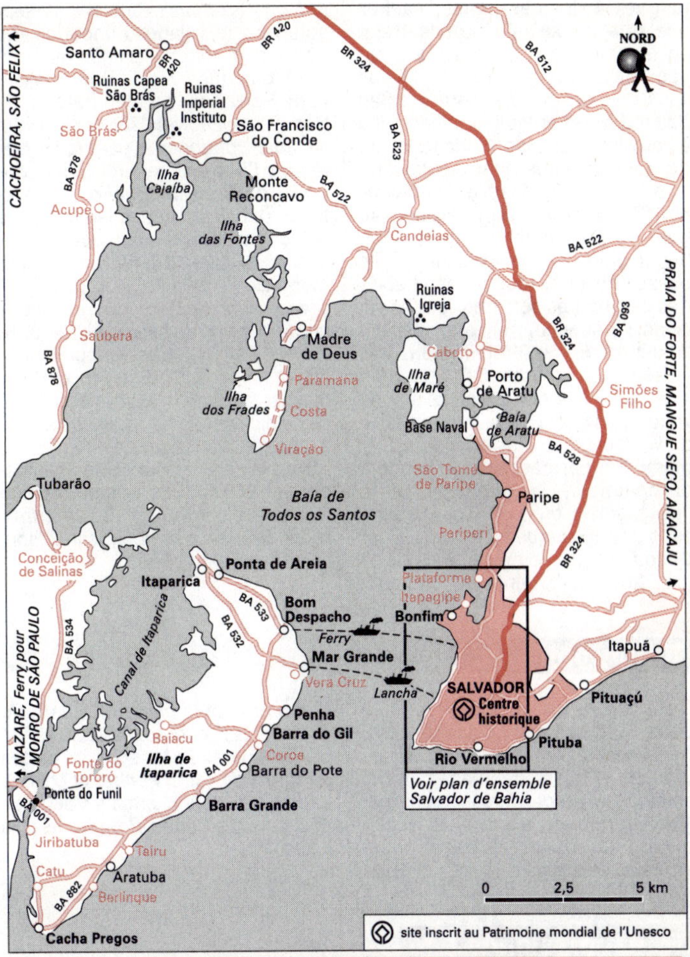


## LA BAIE DE TODOS OS SANTOS ET L'ÎLE D'ITAPARICA



## Arriver – Quitter

➢ ***En lancha :*** le plus pratique. Du port du ***terminal Maritimo*** à Salvador, devant le Mercado Modelo, départ tlj 6h-18h30 (10h dim et 19h env en hte saison). Pour revenir, dernier bateau à 18h. Traversée : env 45 mn. Billet : en sem env 7 Rls, dim et j. fériés env 8 Rls. Attention cependant aux heures de marée pour éviter une longue attente avant le prochain départ. Ces petits bateaux vous emmènent directement à ***Mar Grande,*** dans le secteur des plages qui s'étendent, face à Salvador. Idéal pour y passer une journée.

➢ ***En ferry-boat :*** avant de vous

fatiguer à lire ces lignes, sachez que l'on conseille plutôt le trajet en *lancha,* sauf si Itaparica n'est pas votre destination finale et que vous poursuivez vers Morro de São Paulo. Le w-e et les jours fériés, il y a souvent beaucoup d'attente avant de pouvoir embarquer sur le ferry et pas de résa possible. Du ***terminal São Joaquim de Salvador*** (au nord du Pelourinho ; pour y aller, bus depuis l'av. França dans la ville basse, ou taxi), départ en théorie ttes les heures (ou ttes les 30 mn selon l'affluence) ; en principe env 20 départs/j., 5h (6h dim)-23h. Traversée : 1h. Compter 5 Rls pour les piétons (le w-e env 8 Rls) ; avec une voiture, env 50-75 Rls selon la taille du véhicule et le jour de la semaine, plus 5 Rls par passager (en dehors du chauffeur). Le problème, outre l'éloignement du port São Joaquim, est qu'on débarque au terminal ***Bom Despacho,*** un peu éloigné des plages. Au débarcadère, de nombreux minibus *(combis)* vous conduisent soit vers le village d'Itaparica (au nord), soit vers les plages (au sud) pour quelques *reais.* Pour revenir vers Salvador, dernier bateau de Bom Despacho vers 23h.

➢ ***Pour continuer le périple en bus depuis l'île :*** à la gare routière *(rodoviária)* de ***Bom Despacho,*** à la sortie du débarcadère des ferries, sur la droite. 2 compagnies assurent des liaisons avec ***Valença*** (embarcadère pour Morro de Sao Paulo ; voir plus loin). *Cidade Sol* (☎ 3682-1791) propose une liaison ttes les heures, 6h10-19h10 (durée 1h40-2h), mais surtout 4 bus/j. (en principe à 7h, 9h, 14h et 16h), directs, rapides (1h30), climatisés et à peine plus chers. *Aguia Branca* assure 1 départ à chaque arrivée du ferry.

– Dans la gare routière de Bom Despacho et à 200 m de là, au ***supermarché Bompreço,*** on trouve des ***distributeurs Bradesco*** (à noter, car ils sont assez rares dans l'île).

## Topographie de l'île

C'est une île tout en longueur, toute plate, avec une route qui la traverse. Seulement une bourgade, quelques villages et plein de plages. Nous commençons notre présentation par ***Mar Grande,*** où les *lanchas* débarquent les passagers, puis petite incursion vers le nord-ouest au ***village d'Itaparica*** et la ***plage de Ponta de Areia.*** Puis la côte est, la seule véritablement développée, avec les plages de ***Barra do Gil*** et ***Penha,*** et enfin, à la pointe sud, le charmant village de pêcheurs de ***Cacha Pregos,*** le plus authentique.

## Transports dans l'île

Une seule route centrale parcourt l'île du nord au sud, à la manière d'une colonne vertébrale. Les *combis* vous déposent au bord de la route, puis il faut marcher jusqu'aux plages, situées entre 1 et 2 km de la route. Les taxis, eux, vous déposeront au plus près, bien sûr. Pour vous donner une idée des tarifs : pour rejoindre Cacha Pregos, au sud de l'île, que l'on parte de Mar Grande ou de Bom Despacho, compter 10 Rls/pers en *combi* et env 60 Rls en taxi (4 places).

➢ ***Depuis Mar Grande (débarcadère des lanchas) :*** on trouve des *combis* et des *motos-taxis* bon marché sur la place du village, ainsi que des *taxis* au niveau du débarcadère.

➢ ***Depuis Bom Despacho (débarcadère des ferries) :*** *combis* (minibus blancs, officiels) à la sortie du débarcadère, sur la droite, près de la gare routière. Ils desservent toute l'île, embarquent jusqu'à 8 pers et partent une fois pleins. Si l'on est pressé, il est toujours possible de payer pour les places vides. Également des taxis, bien sûr.

## MAR GRANDE

C'est le bourg commerçant de l'île, sans doute le plus animé, non seulement le soir, mais aussi toute l'année, car c'est ici que débarquent les passagers en *lancha*. Animée le matin mais parfaitement tranquille l'après-midi... Plage à 2 pas, avec la ligne des immeubles de Salvador qui se découpe en toile de fond.

### Adresse utile

■ ***Banco do Brasil :*** *praça Anisio Nelson de Brito, dans la rue commerçante, dans la rue à gauche après le débarcadère. Lun-ven 10h-15h. Fermé w-e. Distributeurs accessibles tlj 6h-22h.*

### Où dormir ? Où manger ?

#### De bon marché à prix moyens

***Pousada Vitória Régia :*** *praça Anisio Nelson de Brito, 144.* ☎ *3633-1267.* *98872-5665. Face à la* Banco do Brasil. *Doubles 120-150 Rls.* On la repère facilement, car la maison fait aussi fleuriste ! Un couloir très gai mène à un patio coquet et à 7 petites chambres proprettes aux portes violettes. Seulement 2 chambres avec ventilo, les autres avec clim. Bon accueil.

***Pousada Fundo de Quintal :*** *dans la ruelle face à la* Banco do Brasil. ☎ *3633-6096.* *98105-3938. Double env 110 Rls.* Le « fond de l'arrière » est une petite maison blanche, avec 8 chambres, dont certaines avec un bout de vue sur la mer au 2e étage. Confort simple mais bon marché. Quelques céramiques en guise de déco. Tenu par Antonio et Patricia.

***Volta ao Mundo :*** *largo de São Mento (face à la* Banco do Brasil). ☎ *3633-1031. Tlj 12h-22h. Au déj en sem, buffet à volonté env 30 Rls ; le soir, plats env 70 Rls.* Agréable terrasse couverte et bonne sélection de plats. Une aubaine pour les affamés et les fauchés.

#### De prix moyens à plus chic

***A Casa do Vizinho :*** *av. Beira Mar, 100 ; au débarcadère à droite.* ☎ *3633-6988.* • *acasadovizinho.com.br* • *Tlj sauf lun en hiver, 12h-23h (18h dim). Doubles 160-300 Rls. Petite formule déj en sem et plats 45-140 Rls pour 1-2 pers.* Louis, un chef français, propose des plats locaux (on ne se lasse jamais de la *moqueca*), mais aussi français. Délicieux *badejos* et autres *mariscadas,* magret de canard à la mangue, steak au poivre et tournedos béarnaise ! Servi en salle ou sur la jolie terrasse face à la mer. Pour finir, excellente *pirata* (*cocada* et mousse choc). En prime, bon pain maison et jolie sélection de vins. Quant aux 4 chambres, dans la courette derrière le resto, elles sont coquettes et tout confort, avec salle de bains, clim, ventilo, TV et frigo. Coup de cœur pour la grande à l'étage, avec vue mer.

## ITAPARICA

Capitale de l'île, sur la pointe nord, Itaparica fut en vérité la 1re colonie portugaise, en 1501, avant même Salvador. Elle s'est assoupie depuis bien longtemps mais reste une étape prisée des Brésiliens le week-end et en haute saison. Le reste du temps, le village est assez désert mais garde son charme désuet d'ancienne cité coloniale. Pas grand-chose à faire, si ce n'est se balader dans le quartier historique, au pied du vieux fort, le long du beau front de mer pavé ou des plages de l'autre côté.

■ À la marina, on trouve un ***distributeur,*** une petite ***poste*** et un ***poste de police.***

## Où dormir ? Où manger ? Où boire un verre ?

### De bon marché à prix moyens

***Pousada Muito Mais :*** *av. Dr Antônio Calmon, 252. ☎ 3631-3636. ● pousadamuitomais.com.br ● Doubles 70-140 Rls selon confort ; petit déj en plus.* On la repère à ses longs murs verts derrière lesquels s'abritent manguiers, cacaoyers et... une chocolaterie artisanale. Original pour une famille de pêcheurs ! 8 chambres, un peu roots, inégales et d'un confort relatif, mais pas chères, donc demandez à visiter avant de vous décider. Si vous ne logez pas là, goûtez au moins le cacao maison, décliné sous forme de tablettes, chocolat chaud, milk-shake... Délicieux.

***Restaurante do Negão :*** *praça da Quitanda. ☎ 3631-1797. Le long de la promenade, à l'angle de la praça Tenente Botas. Tlj 8h-17h. Snacks et plats 20-80 Rls grand max.* Bonne cuisine locale à prix à peu près raisonnables. Terrasse agréable sur la place, sous les arbres, face à la mer. Glacier juste en face.

***Amigos :*** *sur le front de mer, derrière le mercado. 98806-0657. Tlj, sauf lun-mar, de 18h au dernier client. Plats 25-30 Rls.* Un resto-bar tenu par des Sud-Africains, avec une petite terrasse face à la mer. Pizzas et grillades : viandes, poissons et poulet, tout y passe. Sympa. Également un appartement pour 5 personnes à louer juste au-dessus.

## À voir. À faire

***Fonte da Bica :*** *près de la marina. Repérer l'enceinte blanche et les murs vert et blanc.* Insolite fontaine tout en azulejos datant de 1842, d'où coule une eau minérale qui alimente les habitants de la ville. Selon la légende, il s'agit d'une fontaine de jouvence. Ainsi les touristes se font prendre en photo avant d'avoir bu l'eau, puis après, sans Photoshop !

***Fortaleza de São Lourenço :*** *en bordure de mer. Ne se visite pas.* Construction portugaise datant de 1711, bâtie sur les ruines d'une ancienne forteresse édifiée par les occupants néerlandais au milieu du XVII^e^ s. Notez que lorsque la mer se retire derrière la forteresse, l'espace libéré devient un terrain de foot !

***Ilha dos Frades :*** *bateau à prendre à la marina au bout du village. Croisières également au départ de Salvador (depuis le Terminal marítimo), incluant une halte sur Itaparica, mais bien plus cher et touristique.* Cette « île des 2 frères » est un îlot sauvage (mais privé) en face d'Itaparica, et peuplé d'environ 150 habitants. Eau claire, sable blond... un endroit encore assez préservé.

## *PONTA DE AREIA*

L'une des plus belles plages de sable, à quelques kilomètres de la ville d'Itaparica. Très calme, attention toutefois à l'arrivée des goélettes de promenade, le visage de la plage change alors en quelques instants ! Un lieu vraiment agréable quand il n'y a pas grand monde, mais assez sale quand il est trop fréquenté. En semaine, la plage est à vous ! Quelques petits restos face aux flots bleus, mais souvent chers et de qualité moyenne.

## Où dormir ? Où manger ?

### De prix moyens à plus chic

**Pousada Nel Blu :** *av. Beira Mar, 23. ☎ 3631-4578. • nelblu.com.br • ♿ (1 chambre). Doubles env 170-220 Rls, avec sdb et clim.* À l'arrière de la maison des proprios italiens, 7 chambres de plain-pied (dont une pour 4 personnes) se font face, séparées par un jardinet soigné et arboré. Petit, propre et très coquet. Tout confort, avec hamac en prime. Assez calme car situé un peu en retrait. La plage est néanmoins juste en face.

**Jardim da Ilha :** *av. Beira Mar. ☎ 3631-4504. Sur la plage. Tlj (sauf lun hors saison) 9h-17h. Plats 2 pers 40-90 Rls.* Le resto le plus réputé de Ponta de Areia. Tables sous une grande hutte de palmes ou bien sur le sable. Tenu par Renato, un sympathique Italien, professionnel exigeant, qui propose une cuisine locale de qualité à des prix assez sages. Spécialité de fruits de mer.

## Où dormir dans les environs ?

**La Maison du Capitaine :** *loteamento Nossa Senhora das Graças, 71, à **Manguinhos.** 98729-7889 ou 7684. • lamaisonducapitaine.be • À env 3 km au sud de Ponta de Areia. Ouv seulement nov-janv. Sur résa seulement. Double env 75 €.* Tenue par Kathleen et Stéphane, 2 Belges partis faire un tour du monde pendant un an et demi. Désormais, ils jettent l'ancre ici la moitié de l'année. Face à la mer, une maison en dur avec 4 chambres se partageant 2 salles de bains. Grande terrasse avec hamacs et cuisine-bar. Petite piscine avec hydromassage. Beau jardin-verger avec chevaux (balade incluse dans le prix). Un sentier mène directement à la plage (ou à l'eau à marée haute...). Possibilité d'excursions écotouristiques. N'oubliez pas de jeter un œil au village, un ancien port de chasse à la baleine encore authentique.

# BARRA DO GIL ET PENHA

Situées à quelques kilomètres au sud de Mar Grande et dans le prolongement l'une de l'autre, voici sans doute les 2 plages les plus séduisantes de l'île : longues, larges, ondulantes et calmes car protégées par une barrière de corail qui, si elle est moribonde, permet tout de même de conserver le calme des eaux de manière quasi permanente. L'été, les familles s'y retrouvent dans une atmosphère décontractée.

## Où dormir ?

**Chambres d'hôtes La Provence :** *Condominio N. S. da Penha, à **Penha.** ☎ 3633-6027. 98752-6047. • laprovenceitaparica.wix.com/br • Depuis l'entrée du condominio, c'est la 3e rue sur la gauche, puis la 3e maison sur la gauche. Doubles 200-280 Rls.* Dans un ensemble de villas protégées, avec gardien à l'entrée, voici la maison de Christian, ex-boulanger, et de Neusa, son épouse. Une jolie demeure en vérité, nichée au fond d'un généreux jardin à l'anglaise, avec une petite piscine. 3 chambres, 2 dans la maison et une autre dans un charmant chalet à l'extérieur, toutes très fraîches et impeccables (avec clim), lumineuses et bien décorées. Le soir, Christian peut vous concocter un excellent repas de son cru.

## À voir dans les environs

**Ruines de l'igreja Nossa Senhora da Vera Cruz :** *à **Baiacu,** sur la côte ouest. De Coroa, prendre la BA 868 sur 7 km (en combi ou taxi). Env 2,5 km avt Baiacu,*

LE NORDESTE

*sur la gauche, au panneau « Sabor do Mar ».* Peu avant le village de pêcheurs de Baiacu, dont le nom évoque un tout petit poisson venimeux dont raffolent pourtant les Japonais, voici les ruines d'une église jésuite du XVIe s, abandonnée dans les années 1960. Aujourd'hui, ce sont des ficus qui maintiennent les murs. Et, curieux « hasard », le ficus est justement l'arbre du *candomblé*, au pied duquel on dépose les offrandes... Pas étonnant, donc, que se déroule ici, le 14 septembre, une fête religieuse drainant un monde fou ! Jeter aussi un œil au cimetière.

## CACHA PREGOS

À l'extrême sud de l'île, Cacha Pregos est un village de pêcheurs entouré d'îlots et de plages de sable blanc, baigné par des rios remontant dans les terres : un Brésil naturel, où le temps semble suspendu. Le village, protégé des assauts de l'océan par une barrière de sable, vit à l'heure des tropiques, dans une délicieuse nonchalance. C'est le point de départ idéal pour découvrir les îles verdoyantes de la baie et les méandres de la mangrove en louant les services des pêcheurs du coin. Si vous vous baignez, attention tout de même aux courants...

### BÂTON DE VIEILLESSE

*Au bord du rio, entre la « place de l'Amitié » et celle « du Mensonge », on trouve un kiosque ouvert avec quelques tables de béton, où les vieux se retrouvent pour jouer aux dominos à la fraîche. Et ces vieux ont donné un nom à leur kiosque :* praça do pau mole, *littéralement* « place des pénis mous » *! Au pays des machos, si les anciens ont perdu de la vigueur, ils n'ont rien perdu de leur humour.*

➢ *Pour y aller :* compter de 40 mn à 1h de minibus *(combi)* depuis le débarcadère de Bom Despacho, selon les arrêts.

– Pas de banque, pas d'office de tourisme, seulement des petits commerces de base. Le distributeur le plus proche est à Mar Grande !

## Où dormir ? Où manger ? Où boire un verre ?

### Bon marché

**O Recanto dos Sabias :** *tt droit, le long de la plage, après le resto* Lua Nova. *99108-7638 ou 99837-0172. Doubles 90-110 Rls, sans petit déj (cuisine à dispo).* Une adresse pour routards à petit budget, face à la plage. On est bien accueilli par Wanderley et Adriana, qui louent 2 petites doubles équipées et 1 familiale indépendante au fond du jardin. Hamacs devant. Cuisine commune, terrasse et bibliothèque. Possibilité d'excursions avec le bateau de Wanderley. Très cool.

**Restaurant Lua Nova :** *sur la place du village, rua da Praia. ☎ 3637-1105. Fermé mer hors saison ; sert tte la journée.* Derrière une mignonne petite façade bleue, où luit une petite lune blanche, voici le bon resto du village, tenu par le charmant Renato. Petite salle et quelques tables dehors sous les parasols. Le poste idéal pour observer l'île d'Amour, la vie tranquille qui défile sur la place et pour avaler une cuisine bahianaise mijotée avec cœur. Poissons, *casquinha de siri, camarãoes,* etc. Très bien aussi pour l'apéro, à accompagner d'un *tiragosto* !

Quelques ***barracas*** sur la plage autour de la place principale.

### De prix moyens à plus chic

**Pousada Norage :** *rua Joseir Martins dos Santos, 65. ☎ 3637-1122. • pousadanorage.com • Doubles 150-230 Rls.* Petit hôtel familial proposant une douzaine de chambres, aux murs extérieurs couverts de plantes vertes. Demander une chambre au

2e étage. Petit bout de vue sur la mer. Salles de bains et literie récentes. Également des familiales et un bel appartement avec vue sur la mer et l'île d'Amour.

**Pousada Grauçá :** *rua B, 109. ☎ 3637-1022. • mlpassosservicos@hotmail.com • Dans une ruelle menant à la plage. Doubles 160-190 Rls.* Une douzaine de chambres agencées autour d'un petit jardin tropical, toutes très propres (carrelage, brique et bois). 2 chambres avec mezzanine (pour 4-5 personnes). Pas de vue sur la mer, mais sur le jardin ombragé par un manguier, doté d'une piscinette et parsemé de hamacs. Agréable pergola pour le petit déj. Accueil aimable.

***Privilège Aparthotel & Pousada :*** *rua Santo Antônio, 2, Vera Cruz. ☎ 3637-1709. Fermé mar hors saison. Congés : juil-août. Compter 160-200 Rls pour 2 ; 65-100 Rls/pers supplémentaire. Resto midi et soir. Possibilité de ½ pens.* Petit bâtiment moderne en bord de plage, avec des appartements de taille variée (pour 2 à 5 personnes). Bon confort et équipement (TV, clim, minibar, presque tous avec cuisine), plus des balcons donnant parfois sur la mer ou la piscine. Le patron, Marc Catel, est un Français à l'accent jovial du Sud qui peut vous organiser des excursions sur les îlots aux alentours. Enfin, possibilité de se restaurer les pieds dans le sable, juste devant, à la paillote du *Privilège.*

## Où dormir ? Où manger dans les environs ?

***Zimbo Tropical :*** *à* ***Aratuba,*** *rua Yemanja, s/n. ☎ 3638-1148. • zimbo-tropical.com • Arrêt de bus devant la station-essence, puis traverser la route et demander l'accès au lotissement (fermé) au gardien. Sinon, téléphonez pour qu'on vienne vous chercher. Compter 140-170 Rls pour 2. Repas env 35 Rls/pers.* Petite structure originale, créée par un adorable couple franco-brésilien. À peine l'enceinte franchie, on se retrouve immergé dans un bout de forêt tropicale, avec une colonie de ouistitis. Les bungalows sont simples et rustiques, noyés dans la verdure avec, sous chaque véranda, l'indispensable hamac. Moustiquaires (obligatoires !). La plage est à 50 m. On peut aussi louer des vélos, jouer au billard, partir avec Philippe pratiquer le *snorkelling* ou en excursion en dehors de l'île... Au dîner, cuisine franco-bahianaise préparée par Sueli, tandis que Philippe concocte la caïpirinha maison. Une adresse authentique comme on les aime, et à prix plutôt doux.

Plusieurs ***petits restos*** s'alignent sur la plage d'Aratuba.



## À voir. À faire

Que ce soit la balade dans la mangrove ou l'excursion jusqu'à Maragogipinho, passez par l'intermédiaire de votre *pousada* au moins un jour à l'avance, afin d'organiser le départ en fonction de la marée.

***Baignade à l'île d'Amour :*** *en direct avec les bateaux, compter env 100 Rls le bateau (aller-retour).* Facile à voir depuis le village, l'île d'Amour est une superbe langue de sable immaculé qui enferme une grande poche d'eau pour former une sorte de petite mer intérieure... le tout disparaissant à marée haute. Une carte postale !

***Balade en saveiro :*** *compter env 200 Rls la ½ journée, pour le bateau et jusqu'à 10 pers. Demander aux pêcheurs le long de la plage.* Cette excursion inclut en général l'île d'Amour, un tour dans la mangrove, le village de Catu et les sources d'eau naturelles à proximité.

***Balade dans la mangrove :*** *compter env 150 Rls pour 4 pers et 2h de balade.* On aperçoit la mangrove à l'entrée du village sur la droite. Possibilité de la visiter en bateau avec un pêcheur.

**Excursion en bateau jusqu'au village de Maragogipinho :** *env 500 Rls pour 8-10 pers. Compter 2h en bateau rapide.* Une belle journée de navigation en bateau au cœur de la mangrove et d'une nature vierge (un seul village sur tout le parcours). Nombreux ateliers-boutiques sur la place principale. On peut observer le tour et le tour de main des potiers, les tas de glaise bruts et acheter des tirelires-cochons à prix dérisoire ou encore des bustes de Dona Flor à poser sur le rebord d'une fenêtre, vous savez, ceux qu'on voit un peu partout...

# LE RECÔNCAVO : CACHOEIRA ET SÃO FÉLIX

IND. TÉL. : 75

**2 petites villes coloniales situées à 130 km au nord-ouest de Salvador, face à face, séparées par le rio Paraguaçu, à la dernière extrémité de la baie de Tous-les-Saints. Si Cachoeira et São Félix sont aujourd'hui un peu endormies le long du fleuve Paraguaçu, elles témoignent du riche passé colonial de la région qui construisit son rayonnement économique sur l'exploitation de la canne à sucre, puis du tabac. L'entreprise allemande *Dannemann* fit du commerce des cigares l'activité prépondérante de cette région durant tout le XIXe s.**
**Classée Monument national depuis 1971, Cachoeira est aussi célèbre pour être la 1re ville à avoir reconnu l'empereur Dom Pedro Ier. L'architecture coloniale y est donc très riche, malgré un état de décrépitude qui évoque l'image de cités oubliées, figées sur leur passé glorieux. On se laisse prendre au charme des ruelles bordées de maisons aux couleurs pastel et d'églises aux façades délabrées ; on se laisse porter par l'atmosphère indolente de São Félix et Cachoeira, qui s'assoupissent l'après-midi et reprennent vie à la tombée du jour. Si vous avez du temps, passez donc une nuit dans l'une de ces 2 cités reliées par un antique pont en métal mal entretenu... Une autre façon de goûter à la douceur de vivre brésilienne !**



## Arriver – Quitter

➢ ***Salvador :*** depuis la rodoviária de Salvador, un départ ttes les heures 5h30-21h, omnibus ou direct avec *Santana (☎ 3450-4303).* Pour le retour, arrêts de bus situés de chaque côté du pont de fer. 2 bus directs/j., le mat et l'ap-m. Compter 2h de route agréable, à travers les paysages du Recôncavo.

## Adresse utile

**Office de tourisme :** *rua Ana Nery, 7 (Centro). Lun-ven 8h-17h, w-e 9h-14h.* Personnel accueillant. Quelques docs et une carte des 2 villes.

## Où dormir ? Où manger ?

### De bon marché à prix moyens (moins de 150-200 Rls / env 36-48 €)

***Pousada do Convento :*** *praça da Aclamação (Cachoeira). ☎ 3425-1716. • pousadadoconvento.com.br • Dans le prolongement de la praça Teixeira de Freitas. Doubles 130-190 Rls, celles du rdc étant les moins chères ; également des suites.* Vous voici dans l'ancien couvent carmélite de l'église de l'Ordem Terceira, ensemble architectural datant du début du XVIIIe s, rénové en 1981 et restructuré en musée et *pousada.* Un petit luxe à prix très raisonnable pour le confort et le cadre magnifique : un grand patio rempli de plantes tropicales distribue les vastes chambres hautes de plafond, parquetées et meublées d'acajou (préférer celles à l'étage). Un vrai saut dans le temps, à l'ère des riches colons portugais ! En bonus, piscines ombragées, avec petit bain pour les enfants. Fait aussi resto.

**Pousada Paraguassu :** *av. Salvador Pinto, 3 (São Félix). ☎ 3438-3369. • pousadaparaguassu.com.br • À l'extrémité de l'av. qui longe le fleuve. Doubles avec clim 150-180 Rls.* Des chambres de plain-pied, simples et propres avec douche, w-c et TV. Les moins chères n'ont cependant qu'une fenêtre en trompe l'œil (la bonne blague !) ou une petite lucarne. Également 2 doubles un peu plus luxueuses (et plus chères) dotées d'une terrasse privée. Petit déj copieux. Un bon rapport qualité-prix. Resto en terrasse avec vue sur le fleuve et Cachoeira.

**Pousada Labarca :** *rua Inocêncio Boaventura, 37 (Cachoeira). ☎ 3425-1070. • pousadalabarcacachoeira.blogspot.com.br • Dans la rue de la Pousada do Convento. Doubles 100-120 Rls.* Tenue par l'accueillante Cristina, une artiste qui a vécu quelques années en France. Une sorte d'AJ pour étudiants (la majorité des hôtes), comprenant une douzaine de chambres, dont plusieurs au-dessus du garage (local servant de cuisine et de *lavanderia*), genre box puisque les murs ne montent pas jusqu'au plafond, favorisant la ventilation (beaucoup moins l'intimité !)... D'autres chambres de l'autre côté de la rue, dont une immense, idéale en famille ou entre amis. Au rez-de-chaussée, une galerie d'art présente des œuvres inspirées du *candomblé.* Cristina propose d'ailleurs d'assister à des cérémonies dans les *terreiros* les plus traditionnels de Cachoeira.

Le long du fleuve, *rua Virgilio Reis,* des ***lanchonetes*** servent en terrasse boissons et petits plats.



# À voir. À faire

## À Cachoeira

***Igreja da Ordem Terceira do Carmo :*** *praça da Aclamação. Lun-ven 8h-12h, 14h-17h. Fermé w-e. Entrée : 5 Rls.*
Sur cette belle place bordée d'édifices coloniaux, ne pas manquer le couvent des Carmes. Il date des XVIIe et XVIIIe s. Voir la sacristie et les sept statues polychromes du Christ, représenté sur le chemin de croix, à différentes étapes. Les dernières sont couvertes de sang... Beau baptistère en marbre.
On passe ensuite dans l'ancienne église restaurée. Remarquer les magnifiques plafonds peints, l'autel couvert à la feuille d'or ou encore les azulejos de part et d'autre du chœur. À l'étage, les balcons permettaient autrefois aux notables d'assister à la messe sans trop se mêler à la foule.

***Igreja Matriz Nossa Senhora do Rosário :*** *rua Ana Nery, s/n. Tlj 8h-12h, 13h-18h, sauf sam ap-m et dim.* Construite de 1674 à 1754. Possède une très intéressante décoration intérieure. Belles peintures, et surtout les plus grandes fresques d'azulejos du Brésil (3 à 5 m de haut), représentant des scènes de l'Évangile.

***Fundação Hansen Bahia :*** *rua 13 de Maio, 13. ☎ 3425-1453. • hansenbahia.com.br • Mar-sam 9h-17h (13h sam), fermé dim-lun. GRATUIT.* Petit musée présentant les œuvres de l'artiste allemand Karl Hansen, qui vécut à Bahia à partir de 1955. Technique de gravure étonnante : gravures sur plaque de métal, transposées ensuite au fusain, avec parfois des touches de peinture. L'artiste vécut très proche du peuple bahianais, particulièrement des prostituées qu'il a souvent représentées dans ses œuvres. On remarque aussi les tableaux consacrés à la Seconde Guerre mondiale (le *Drama do Calvário*), ainsi que l'illustration du poème de Castro Alves *(Navio Negreiro)* sur la traite des esclaves.

***Charutos** (fabrique de cigares) : av. Antonio Carlos Magalhaes, 82. ☎ 3425-1159. • charutosleitealves.com.br • Dans la grande rue qui monte, perpendiculaire au pont. Mar-sam 8h-12h, 13h-16h30 ; fermé dim-lun.* Petite fabrique de cigares où l'on peut voir les ouvrières rouler les feuilles avant d'emballer la précieuse marchandise. Il existe différents parfums (sacrilège ! diront les puristes) : miel, chocolat, café, cerise ou nature. Achat possible, même à l'unité.

## *À São Félix*

***Centro cultural Dannemann :** av. Salvador Pinto, 29. ☎ 3438-4308 ou 2500. Lun-ven 8h-17h, fermé w-e. GRATUIT.* Une partie de la fabrique de cigares est toujours en activité, mais le bâtiment abrite essentiellement un centre culturel qui a reçu de grands artistes de la scène musicale brésilienne, comme Gilberto Gil ou Carlinhos Brown. Il ne faut pas hésiter à franchir la lourde porte pour observer les ouvrières à l'œuvre ou acheter quelques cigares. Expositions ponctuelles d'artistes locaux.

## Fêtes

– Cachoeira et São Félix sont connues dans l'État de Bahia pour leurs *terreiros de candomblé.* Quelques événements majeurs, notamment la ***São João*** courant juin et surtout la ***fête de N. S. da Boa Morte,*** qui se déroule dès le vendredi précédant le 15 août puis pendant 3 jours. L'une des manifestations afro-brésiliennes les plus intéressantes : la ***procession de l'Irmandade da Boa Morte,*** une fête majeure pour tous les pratiquants du *candomblé,* qui se rassemblent ici avec ferveur.



# LE LITTORAL SUD DE BAHIA

• Carte *p. 571*

## L'ARCHIPEL DE TINHARÉ

IND. TÉL. : 75

• Carte *p. 571*

**Il s'agit d'un archipel de 26 îles lovées dans la baie de Valença, dont 3 seulement sont habitées : l'île de Cairu, qui accueille les services administratifs et abrite l'un des plus anciens monastères du Brésil – on n'y loge pas –, et les îles de Tinharé et Boipeba, qui affichent, quant à elles, une vocation touristique.**

**Le village de Morro de São Paulo, qui concentre la quasi-totalité de la population de l'île, se trouve à la pointe nord de l'île la plus vaste, Tinharé. Du village, en longeant le littoral sud, s'enchaînent plusieurs plages que l'on appelle par des numéros (de 1 à 5) : animées et festives pour les 2 premières,**

**beaucoup moins fréquentées pour les autres. Au sud de la 4e plage, accessible uniquement en 4x4, la *praia do Enconto* aligne encore peu d'hôtels. Les routards les plus solitaires s'aventureront jusqu'au village de Garapuá, bien plus au sud, avec sa somptueuse plage et sa mangrove.**
**Quant à Boipeba, l'autre île fréquentée de l'archipel, toute petite, située juste au sud de Tinharé, c'est un village de pêcheurs adorable, au développement encore mesuré, authentique havre de paix et de bonheur, qui a su conserver un judicieux équilibre entre art de vivre et tourisme.**

## *L'ÎLE DE TINHARÉ ET MORRO DE SÃO PAULO*

● Plan *p. 573*

L'île est habitée depuis le début de la conquête portugaise (1505). Un mur d'enceinte et un fort témoignent de la lutte entre les Portugais et les Néerlandais pour le contrôle de la baie de Salvador au milieu du XVIIe s. Signe de l'évolution des temps, Morro de São Paulo, principal village de l'île, est devenu pour l'ambiance le Saint-Trop' de Bahia, mâtiné de Palavas-les-Flots. Difficile d'y reconnaître le modeste village de pêcheurs d'autrefois, notamment pendant les vacances brésiliennes.
Des dizaines de *pousadas* et petits hôtels qui jouent à touche-touche, un bord de plage entièrement occupé par des bars tout ce qu'il y a de plus discret, la plage envahie par des parasols tarifés, le tout enrobé d'une musique hurlante, où chaque bar joue sa partition. Niveau cocktails, on préfère la caïpi, ça fait moins mal à la tête ! Mais sur l'île de Tinharé, tout le monde peut malgré tout y trouver son compte. Si vous êtes là pour faire la fête, choisissez les 2 premières plages. Amateur de calme, optez pour les 2 suivantes. Un bon compromis reste le village qui possède certaines ruelles tranquilles. Quant à la 4e plage, elle est immense et bien plus calme, la 5e plage étant carrément isolée. Mais bon, sachez que si vous avez choisi de venir ici en saison, c'est plutôt pour faire la fête, pas pour la culture ni la tranquillité. Si vous recherchez les ambiances zen, filez directement à Boipeba.



### Arriver – Quitter

Depuis Salvador, par la route, il faut compter 256 km. En revanche, en passant par l'île d'Itaparica, Morro de São Paulo n'est plus qu'à 100 km de Salvador. Possibilité d'y aller aussi directement en bateau depuis Salvador.

#### En bus puis bateau

➢ À partir de ***Bom Despacho*** (sur Itaparica), prendre le bus pour Valença avec *Cidade Sol (☎ 3682-1791 ; ● via caocidadesol.com.br ● ; ttes les heures 6h10-19h10, plus 4 bus/j. directs climatisés, en principe à 7h, 9h, 14h et 16h)* ou *Aguia Branca (☎ 3682-2425 ; 3 bus/j.).* Durée : 1h40-2h (1h30 en bus direct).

– Du port de ***Valença,*** prendre ensuite un bateau rapide pour ***Morro*** : ttes les heures 6h-18h. Prix : env 20 Rls ; traversée un peu plus chère le w-e. Durée : 35 mn. Les bateaux plus lents (tarifs 2 fois moins élevés) mettent env 1h30. Départs 6h-18h. Prévoir une (toute petite) taxe d'embarcation.

#### En bateau

➢ ***Liaisons Salvador-Morro de São Paulo :*** 2 possibilités selon votre budget.
– À Salvador, prendre le *catamarã* au terminal Marítimo dans la ville basse (proche de la marina, derrière le *mercado Modelo*). 2 fois plus cher qu'en

bus et bateaux (par Valença), mais direct, donc au moins 2 fois plus rapide et moins fatigant. Reste à surmonter le mal de mer ! 4 compagnies proposent les mêmes prix et circulent à des horaires différents. De Salvador, 5 départs tlj 8h30-14h30 ; de Morro de São Paulo, 9h30-15h. Compter 2h30 de trajet et env 80 Rls l'aller. *Infos : ☎ 3241-9783 ; • socicamnauticaeturismo.com.br •*

– La 2ᵉ solution est plus longue, sans compter qu'il y a foule les w-e et j. fériés, mais c'est moins cher : il faut prendre un ***ferry pour Itaparica depuis la gare maritime de São Joaquim,*** au nord du Pelourinho (pour y aller, bus depuis l'av. França dans la ville basse, ou taxi). Tlj 5h (6h dim)-23h, ttes les heures (compter env 5 Rls en sem et 7 Rls le w-e). Traversée : 1h. Une fois arrivé à Bom Despacho (sur l'île d'Itaparica), prendre un ***bus jusqu'à Valença*** (1h40 à 2h de trajet) ou ***taxi*** (même tarif que le bus si vous êtes 4). Puis, de ce village, un ***bateau à moteur pour Morro de São Paulo.*** Ouf ! En tout, compter 4h-4h30 de trajet dans le meilleur des cas, et env 50 Rls. À vous de voir si l'économie réalisée compense la durée du parcours...

## En avion

➢ La compagnie *Aerostar* assure la liaison entre ***Salvador*** et ***Morro de São Paulo*** en avion-taxi de 8 places, selon le temps. Tlj en saison (déc-mars) et 2 fois/sem en basse et moyenne saison. *Infos : ☎ (71) 3612-8600. • aerostar.com.br •*

## Taxe

En saison, les visiteurs doivent acquitter une taxe de 15 Rls/pers lors de leur entrée sur l'île.

LE NORDESTE

## Comment circuler sur l'île ?

➢ ***Rejoindre les plages :*** à pied, pardi ! Enfin, jusqu'à la 2ᵉ plage (aucun véhicule ne s'y rend depuis l'embarcadère), voire jusqu'à la 3ᵉ plage. Idem pour la praia do Gamboa, au nord de l'embarcadère. La montée raide à la sortie du port pour atteindre la place principale du village donne le ton, puisque ça monte et ça descend au cœur du village gorgé de boutiques, *pousadas,* restos et bars... Arrivé à la 1ʳᵉ plage, on trouve bien sûr le sable. Sac à dos conseillé, mais une longue promenade de bois a été aménagée, ce qui permet de faire rouler son bagage sur le plat et sur le dur. Sinon, on trouve pléthore de porteurs à brouette au débarcadère du bateau et, pour repartir, devant le ***Central do Turismo*** *(plan B2, **1**),* à l'arrivée des 4x4 venant du sud. Ils facturent env 15 Rls le sac jusqu'à la 2ᵉ plage et 30 Rls jusqu'à la 3ᵉ, à env 1,5-2 km du port. À partir de la 4ᵉ plage (voire la 3ᵉ, si vous résidez dans un gros hôtel), prendre directement contact pour savoir s'ils possèdent leur propre *navette.*

➢ ***Ailleurs sur l'île :*** dans l'intérieur de l'île, jusqu'à la 4ᵉ plage *(quarta praia),* à praia do Enconto ou encore plus au sud, vers Garapuá, il faut prendre un des *taxis 4x4* stationnés sur la petite place, derrière la 2ᵉ plage, au petit rond-point du *Central do turismo (plan B2, **1**).* Pas donné néanmoins. Ainsi, de la 2ᵉ à la 4ᵉ plage, compter environ 50 Rls.

## Adresses utiles

■ ***Central do turismo*** *(plan B2, **1**) : sur la place, derrière la 2ᵉ plage. ☎ 3652-1819. Tlj 8h30-22h.* Point de rendez-vous des porteurs de bagages (en brouette), des taxis et des navettes d'hôtel. Petit café à l'intérieur.

■ ***Distributeurs :*** il y en a 2 à Morro, régulièrement approvisionnés, sauf en fin de semaine. Le 1ᵉʳ en sortant du bateau, celui de la ***Banco do Brasil*** *(plan A1, **2**),* juste après l'église, sur la gauche, au rez-de-chaussée de

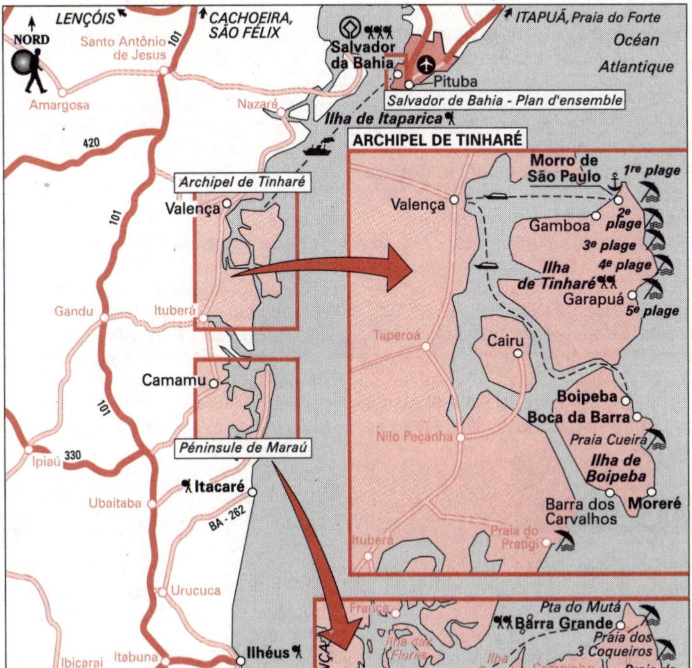


# LE LITTORAL DE SALVADOR À PORTO SEGURO

l'agence *Viva Bahia*. L'autre, celui de la **Bradesco** *(plan A1, **3**)*, dans la rue principale, après le resto *Alecrim*.

■ ***Change :*** pas vraiment de bureau de change officiel, mais certaines boutiques, supérettes et quelques *pousadas* proposent ce service. Taux moyen, en général, mais la boutique ***Rei dos Redes*** *(plan B2, **4**)*, au tt début de la 2ᵉ plage, propose un bon taux.

■ ***Policia Militar*** *(plan B1, **5**) :* *dans la rue principale (à l'angle du Café Caramelo). En cas d'urgence : 📱 99925-0856.*

■ ***Poste de Secours*** *(posto de Saúde ; plan A1) :* *en face de l'église, au début de la route du phare. ☎ 3652-1798.* Ils ont un 4x4, une moto-ambulance ainsi qu'un bateau-ambulance pour les urgences.

■ ***Pharmacies :*** *les 2 principales se trouvent dans la rue... principale.* ***Farmacia N.S. da Luz,*** *face à l'agence* Rota Tropical *(plan A-B1-2, **6**). ☎ 3652-1298 ; et* ***Farmacia São Lucas*** *(plan A1, **7**), en face du resto* Bianco e Nero. *☎ 3652-1164. Pour les 2, tlj 8h-23h30.*

***Alimentation :*** *supérettes un peu partout !*

■ ***Rota Tropical*** *(plan A-B1-2, **6**) :* *rua da Prainha, 75. ☎ 3652-1551. Tlj 8h30-21h.* Agence animée par une équipe jeune, sérieuse et dynamique. Visites de l'île et activités sportives : voile (laser, Hobie Cat...), *paddle board, snorkelling,* observation des baleines en saison (juillet-octobre). Excursions à Boipeba, Garapuá, sorties dans la mangrove, etc.

## Où dormir ?



Petit état des lieux : une hallucinante concentration de *pousadas* dans le village lui-même (relativement calme toutefois la nuit) et au niveau de la 1ʳᵉ plage, de bars et de restos sur la 2ᵉ, celle-ci ayant été hissée au rang de repaire de fêtards et autres pirates des bacs à sable. Moralité (s'il y en a une !), ceux qui recherchent la tranquillité éviteront de dormir dans ce secteur ! À partir de la 3ᵉ plage, c'est déjà bien plus calme.

### Au village de Morro et sur la 1ʳᵉ plage

Dans le village, la rua da Fonte Grande rassemble la plupart des auberges de jeunesse (privées ou non), quelques modestes terrains de camping et une atmosphère routarde autour d'un étonnant stupa. Du débarcadère, grimper jusqu'à la grande place et prendre la rue à droite dont l'entrée est une arche.

#### Camping

Si vous avez emmené votre tente (ou votre oncle), il est possible de planter ses sardines au ***Camping America*** *(plan A2, **10**)*, dans la ruelle à droite du stupa, rua da Fonte Grande. *📱 99195-7000. Env 30-35 Rls/pers.* Grand terrain un peu vague mais arboré, le plus agréable du coin. Évitez les chambres.

#### De bon marché à prix moyens (moins de 150-200 Rls / env 36-48 €)

***Hostel & Pousada Escorregue No Reggae*** *(plan A2, **11**) :* *rua da Fonte Grande, dans le village. ☎ 3652-1094. • pousadadoreggae.com.br • Lits en dortoir 60-100 Rls/pers ; doubles 120-250 Rls. Réduc 10 % avec la carte HI.* Une auberge reggae à mort, comme l'attestent le choix des couleurs et le buste du grand Bob à l'entrée. Dortoirs de 6 personnes et quelques doubles, petites mais impeccables (clim, coffre et frigo), le long d'un couloir extérieur, ouvert sur la courette. Préférer celles à l'étage, un peu plus calmes. Cuisine commune. Un lieu sympathique tenu par un rasta (c'est dire si c'est cool !) et une Suissesse (c'est dire si c'est propre !). Plus sérieusement, une bonne adresse.

***Hostel Cultural La Casita*** *(plan A1-2, **12**) :* *rua da Fonte Grande, 27.*

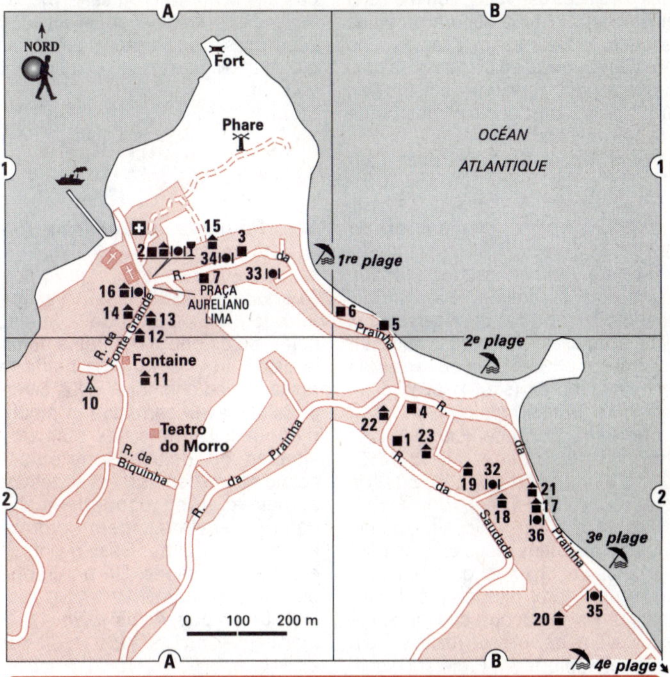


## MORRO DE SÃO PAULO

### Adresses utiles

1 Central do Turismo (B2)
2 Distributeur Banco do Brasil (A1)
3 Distributeur Bradesco (A1)
4 Rei dos Redes (change) (B2)
5 Policia Militar (B1)
6 Farmacia N.S. da Luz et Rota Tropical (A-B1-2)
7 Farmacia São Lucas (A1)

### Où dormir ?

2 Solar das Artes (A1)
10 Camping America (A2)
11 Hostel & Pousada Escorregue No Reggae (A2)
12 Hostel Cultural La Casita et B & B Morro de São Paulo (A1-2)
13 Che Lagarto Hostel (A1)
14 Pousada Gongo (A1)
15 Pousada Ninho da Águía (A1)
16 Pousada O Casarão (A1)
17 Hostel Pousada Black & White (B2)
18 Pousada Sampa No Morro et Pousada Vila Nova (B2)
19 Pousada Timbalada (B2)
20 Vila Guaiamú (B2)
21 Pousada Tranquila (B2)
22 Pousada Bahia Bella (B2)
23 Villa dos Graffitis (B2)

### Où manger ?

2 Stands d'acarajés et Café das Artes (A1)
16 Tempero Caseiro (Tia Dadai) et O Casarão (A1)
32 Folhas (B2)
33 Frigideira de Barro (A1)
34 Alecrim Restaurante (A1)
35 Canoa (B2)
36 Chez Max (B2)

*☎ 99140-4139. • facebook.com/lacasitademorro • Lits en dortoir 50-100 Rls/pers ; doubles 80-150 Rls.* On le repère à ses jolis dessins sur les murs. À l'intérieur, accueil jeune et enjoué des patrons argentins. Minuscule, dites-vous ? Surprise, les 16 dortoirs (3-6 lits) se répartissent à l'arrière,

dans 3 édifices différents, comme dans un hameau, le tout décoré de jolies fresques. Petits dortoirs, avec ou sans salle bains, ventilo ou clim selon le prix. L'autre aspect « culturel », c'est le bar, où se produisent souvent des petits groupes musicaux. Cool !

**B & B Morro de São Paulo** *(plan A1-2, **12**) : rua da Fonte Grande, derrière La Casita. (73) 99116-2265. • facebook.com • Lits en dortoir 40-100 Rls/pers ; doubles 95-200 Rls.* C'est une maison rouge, presque adossée à la colline, avec 4 dortoirs (3-8 lits ; mixtes ou réservés aux filles), avec casiers colorés. Également 4 chambres privées avec ou sans salle de bains, toutes (sauf 1) avec clim. Petit, mais joli et sympa.

**Che Lagarto Hostel** *(plan A1, **13**) : rua da Fonte Grande, 11. ☎ 3652-1018. • chelagarto.com • Lits en dortoir 70-120 Rls/pers ; doubles de prix moyens à plus chic.* Une chaîne d'*hostels* argentine, dans un gros bâtiment plus impersonnel que les autres et avec des prix plus élevés. Néanmoins, il y a beaucoup de lits, ce qui peut s'avérer très utile en haute saison. Propre et confortable. Préférer l'étage, moins sombre. Cuisine, salle de jeux et salle TV.

**Pousada Gongo** *(plan A1, **14**) : rua da Fonte Grande, en face du Che Lagarto Hostel. ☎ 3652-1074. 98314-0283. • pousadagongo.com • Doubles 170-250 Rls.* N'ayez pas peur de grimper l'escalier un peu raide, au milieu de la végétation. Là-haut, vous ne trouverez pas King Kong, rassurez-vous, mais peut-être Yvano en train de s'essayer à la boxe ou la souriante Simona, 2 Romains très sympa ! Dans leur *pousada* un peu perchée, ils proposent 5 petites chambres tout confort, fraîches et jolies. Petite terrasse au calme.

**Pousada Ninho da Águia** *(plan A1, **15**) : du débarcadère, grimper le chemin du phare et tourner avt à droite au panneau puis aller au bout. ☎ 3652-1201. 98237-8734. Doubles 120-250 Rls.* Si vous n'avez pas peur de grimper un peu pour rentrer dormir le soir, voici un bon plan en surplomb du bourg survolté. Une petite *pousada* peinarde de 11 chambres, avec ou sans clim, avec ou sans vue, tout dépend de votre budget. En outre, il y a 2 terrasses avec hamacs pour contempler la 2e plage de haut. Peinard(e), on vous dit...

### Plus chic (250-500 Rls / env 60-120 €)

**Pousada O Casarão** *(plan A1, **16**) : praça Aureliano Lima, 190. ☎ 3652-1022. • ocasarao.net • Doubles 200-350 Rls ; bungalows 280-400 Rls.* Cette belle maison coloniale du début du XVIIe s domine la place du village de sa petite terrasse. Jolies chambres à l'ancienne, certaines avec carrelage et mobilier d'époque. Derrière, les bungalows simples ou *deluxe* sont plus au calme et tout confort, avec terrasse et hamac. Bien chouette piscine dans un environnement verdoyant extra et au calme. Bassin pour les enfants. Massages. Un bon rapport qualité-prix-charme.

**Solar das Artes** *(plan A1, **2**) : praça Aureliano Lima, 155 ; sur la place du village. ☎ 3652-1057. • pousadasolardasartes.com.br • Doubles 260-420 Rls.* Une belle adresse au cœur du village. Plusieurs maisons de bois les unes au-dessus des autres, que l'on relie par une série d'escaliers un peu labyrinthiques. Murs couverts de peintures d'artistes brésiliens et déco d'inspiration coloniale, avec plein d'objets chinés. Confort total (clim, frigo, TV, coffre...) et excellent petit déj que l'on prend sur la terrasse surplombant la place. Agréable petite piscine et salon de lecture charmant. Seul bémol, le week-end, l'animation n'épargne pas vos oreilles.

## *Sur la 2e et la 3e plage*

### De bon marché à prix moyens (moins de 150-250 Rls / env 36-60 €)

**Hostel Pousada Black & White** *(plan B2, **17**) : au centre de la 3e plage.*

LE NORDESTE

☎ 3652-1152. • blackandwhite.orgfree.com • Lits en dortoir (4-16 lits) 60-70 Rls ; double 150 Rls. Dans 2 grands édifices sur 2 étages, une trentaine de chambres et dortoirs colorés, avec clim, casiers et des hamacs partout. Beaucoup d'animation dans cette AJ où se retrouvent une majorité de jeunes Israéliens et d'Argentins. Amis fêtards, vous êtes arrivés ! Resto pas cher.

**Pousada Sampa No Morro** *(plan B2,* ***18****) : rua Shalom, à l'arrière de la 3e plage. ☎ 3652-1661. Doubles 160-200 Rls.* Dans un dédale de ruelles, une modeste *pousada* aux prix raisonnables. Petites chambres basiques, avec clim et salle de bains. Préférez l'étage. Souvent investie par des groupes de jeunes Israéliens. Passez voir s'il reste de la place ou réservez.

**Pousada Vila Nova** *(plan B2,* ***18****) : rua Shalom, à l'arrière de la 3e plage. ☎ 3652-1245. • vilanovadomorro.com.br • Doubles 110-190 Rls.* Juste à l'angle de la précédente, une toute petite *pousada* familiale couleur saumon. Chambres propres et simples, avec le confort habituel (clim, TV, frigo). Accueil efficace de Ruben et Marisa.

**Pousada Timbalada** *(plan B2,* ***19****) : rua Nova, 122 ; au fond d'une impasse à l'arrière de la 2e plage. ☎ 3652-1366. • pousadatimbalada.com • Doubles 140-250 Rls.* Au fond d'une impasse, et malgré tout à une petite minute de la plage. Chambres pas bien grandes, mais équipées comme il faut (clim, frigo, TV...). Préférez celles de l'étage qui donnent sur un balcon-terrasse. Salon commun agréable au rez-de-chaussée. Cuisine et café à disposition. Si vous trouvez de la place en saison, vous pourrez dire que vous avez décroché la timbale ! Excellent accueil.

## Plus chic (250-500 Rls / env 60-120 €)

**Vila Guaiamú** *(plan B2,* ***20****) : au milieu de la 3e plage. ☎ 3652-1035 ou 1073. • vilaguaiamu.com.br • Doubles 215-350 Rls avec sdb, clim, TV et minibar ; également des chambres pour 3-4 pers. Réduc (10 % max) en payant cash.* Vaste jardin de 12 ha occupé autrefois par une plantation de palmiers, où s'ébattent un nombre incalculable de petits crabes bleus (d'où le nom des lieux). Une vingtaine de bungalows, tous bien espacés les uns des autres. Chacun arbore sous sa véranda l'indispensable hamac. Resto *Canoa* juste devant (voir « Où manger ? »). Pas de piscine, mais la mer se déploie au bout du jardin... Quel espace et quelle sérénité !

**Pousada Tranquila** *(plan B2,* ***21****) : 3e plage, à gauche du resto Chez Max. ☎ 3652-1604. • rolly246@hotmail.com • Doubles 200-280 Rls selon saison ; familiales 4 pers 300-400 Rls.* Si le passage ne vous dérange pas, 7 chambres aux 1res loges face à la mer (sauf une). Petites mais mignonnes, toutes avec clim (mais le coin est aéré). Pour les familles, des apparts avec cuisine dans une belle annexe dans la ruelle à l'angle, plus calme. Direction argentine.

**Pousada Bahia Bella** *(plan B2,* ***22****) : rua da Saudade, à l'arrière de la 2e plage. ☎ 3652-1360. • pousadabahiabella.com • Doubles 220-420 Rls.* Dans une ruelle sablonneuse légèrement en retrait de la plage et de l'agitation, une *pousada* construite sur le rocher qui affleure encore. Une dizaine de chambres seulement, mais élégantes, à l'ancienne (têtes de lit et tables en bois, beaux objets), avec un bout de vue sur la mer ou côté jardin. Tout confort, bien sûr. Piscinette. Bon accueil.

**Villa dos Graffitis** *(plan B2,* ***23****) : rua Vila Nova, à l'arrière de la 2e plage. ☎ 3652-1803. • villadosgraffitis.com.br • Doubles 290-360 Rls.* Une adresse chic et contemporaine. Dans un beau et vaste jardin en retrait de l'agitation touristique, autour d'une grande piscine et d'un espace billard. Édifices en béton moderne constellés de graffitis élégants, abritant des chambres tout confort avec balcons et de gros poufs pour s'affaler après votre épuisante journée à la plage.

### *Plus loin...*

## De plus chic à très chic (400-500 Rls et plus / env 96-120 €)

■ ***Anima Hotel :*** *praia do Encanto, à 7 km du village.* ☎ *3652-2077.* ● *ani mahotel.com* ● *Une navette relie l'hôtel à la 2e plage plusieurs fois/j. Bungalows 2 pers 400-600 Rls.* *Pousada* en bois d'eucalyptus, dont le patio central en forme de V (avec bar, salon, resto et piscine) donne sur une longue plage de sable blanc bordée de cocotiers. Une dizaine de grands bungalows de différentes couleurs, tout confort et aménagés avec goût dans un bout de forêt atlantique. Les plus chers disposent même d'une baignoire hydromassante à l'extérieur. Très bon accueil. Seul inconvénient : quand la mer est basse, il faut marcher loin pour se baigner !

# Où manger ? Où boire un verre ? Où sortir ?

### *Dans le village et sur les 3 premières plages*

## Sur le pouce

|●| ***Stands d'acarajés*** *(plan A1,* ***2****) : sur la grande place du village (pl. Aureliano Lima).* Tous les soirs, vers 19h, quelques roulottes s'installent sur la place et proposent de bons *acarajés* ou des crêpes de tapioca. C'est pas cher et ça remplit bien. Parfait pour les fauchés.

## De bon marché à prix moyens (moins de 40-70 Rls / 10-17 €)

|●| ***Folhas*** *(plan B2,* ***32****) : à l'arrière de la 3e plage ; tourner dans la ruelle à l'angle du* Praia Hotel, *c'est juste avt la* pousada Borboleta. *Tlj jusqu'à 21h.* C'est le bon plan de la 3e plage, que les petits budgets se chuchotent à l'oreille. Sandwichs à l'omelette, poulet frites, poisson grillé et *carne do sol,* le tout frais et de qualité, à prix très raisonnable. Côté décor, 4-5 tables le long du mur, au fond de la ruelle, et basta !

|●| ***Frigideira de Barro*** *(plan A1,* ***33****) : rua do Porto, 51 ; dans une ruelle qui grimpe à l'arrière de la rue principale.* 📱 *98148-4379. Tlj en continu.* Dans le village, une petite adresse pas chère avec un bout de terrasse. Sandwichs, salades, poulet, poisson, *moqueca...* Un bon rapport qualité-prix.

|●| ***Tempero Caseiro*** *(Tia Dadai ; plan A1,* ***16****) : sur la pl. principale du village, à gauche de la* Pousada da Praça. ☎ *3652-1621.* 📱 *98230-9679. Tlj 12h-minuit.* Resto au cadre plus populaire que ses voisins, pour des prix démocratiques. Bon buffet *ao kilo* à midi (12h-15h30). Sinon, la carte propose une bonne cuisine à base de poisson et de langoustes (profitez-en) ou alors poulet et pâtes pour les fauchés. La *moqueca* (de qualité) pour une personne va très bien pour 2 !

|●| ☂ ***Alecrim Restaurante*** *(plan A1,* ***34****) : dans le village, dans la rue principale.* ☎ *3652-1255. Tlj 12h-23h. Buffet* ao kilo *et carte à prix modérés.* Salle en surplomb de la rue, en terrasse. Cuisine régulière en qualité, servie dans le cadre d'un buffet proposé toute la journée. Chaque table est ornée de dessins d'enfants.

## De prix moyens à chic (40-100 Rls / env 10-24 €)

|●| ***Canoa*** *(plan B2,* ***35****) : sur la 3e plage, juste à l'entrée de la* Vila Guaiamú *(voir « Où dormir ? »). Tlj hors saison, sauf lun.* Face à la mer, sous une paillote, au calme. Cuisine italienne (et un peu brésilienne) concoctée par le sympathique patron milanais. À la carte, la bruschetta du jour (avec pain maison) et puis, bien sûr, pâtes, risotto et *moquecas.* Délicieux ! Excellent accueil.

LE NORDESTE

**Chez Max** (plan B2, **36**) **:** *au début de la 3e plage. ☎ 3652-1103. Tlj (seulement le soir hors saison).* Sous une large terrasse couverte, au cadre assez rustique, pour une pizza aussi copieuse que savoureuse. Eduardo, d'origine romaine, est un patron affable, voire volubile. Une valeur sûre à Morro.

**O Casarão** (plan A1, **16**) **:** *sur la place du village. Voir plus haut « Où dormir ? ». Tlj, sauf à midi hors saison.* Bonne cuisine bahianaise et internationale. On dîne sur la terrasse avec vue sur la place, où les artisans exposent leurs réalisations le soir. Musique en saison. Une adresse pour les romantiques.

**Café das Artes** (plan A1, **2**) **:** *sur la pl. principale du village. ☎ 3652-1057. Tlj 15h-23h (12h-minuit en hte saison).* Pour siroter en terrasse, avec vue sur la place, des cafés de toutes sortes, de revigorants jus de fruits ou craquer pour de bons gâteaux dans un cadre un peu chic. Jolies salades (aux noms d'artistes), risotto de qualité et large choix de *seafood.*

**Bars de plages** (plan AB-1-2) **:** *sur la 1re et la 2e plage.* Les stands de fruits hauts en couleur constituent un bon moyen de se familiariser avec la variété de produits brésiliens. Ça, c'est pour la bonne conscience. Reste plus qu'à y ajouter une rasade (modérée, qu'ils disent) de... cachaça ! En saison, les bars montent en puissance vers la fin d'après-midi, le volume de la musique s'intensifie et les serveurs roulent des mécaniques pour attirer le chaland. Les boissons sont glacées, mais les corps s'échauffent vite. La nuit tombée, on passe d'un bar à un autre, d'une plage à une autre, jusqu'à plus d'heure...

## À voir. À faire

**Le village :** voir ***l'église du XVIIIe s*** *(plan A1 ; ouv tlj ; messe sam à 19h30),* les ***ruines du fort*** *(plan A1)* édifié en 1630 et la vue depuis ***le phare*** *(plan A1)* sur l'île et les environs. Ne pas manquer non plus la ***grande fontaine*** *(plan A2),* dans la bien nommée rua Fonte Grande (celle précédée d'une arche), accessible depuis la place principale du village. Bâtie au XVIIe s, à l'époque coloniale par un architecte français, elle fut reconstruite au milieu du XVIIIe s. Juste à l'arrière, étonnante réserve d'eau, en forme de ***stupa*** ! Un peu plus loin, accessible par une longue volée de marches, se trouve le ***Teatro do Morro*** *(plan A2),* un espace à ciel ouvert où, les mercredi et dimanche vers 22h, se produisent des petits spectacles, genre capoeira.

Belles ***promenades*** dans les collines recouvertes de *Mata Atlântica* ou le long des ***plages.*** Lire l'introduction au chapitre pour la description des plages. Sachez tout de même que, si vous voulez débarquer en fanfare pour plaire à ces dames ou à ces messieurs, il y a une ***tyrolienne*** entre la 1re et la 2e plage ! *Compter 55 Rls (et une bonne grimpette !).*

**Garapuá :** *village de pêcheurs accessible en 4x4. Compter env 75-80 Rls/pers, que ce soit en se groupant à d'autres touristes dans un 4x4 du Central do Turismo ou par une agence.* L'endroit est superbe : la plage ourle une mer turquoise et invite au farniente. Il est également possible de visiter la mangrove avec les pêcheurs du coin. Renseignez-vous sur place. En général, l'excursion par agence inclut un petit tour en bateau aux *piscinas naturais* et à la *praia do Encanto.*

**Gamboa :** *de l'autre côté de l'île, au nord de l'embarcadère. Compter 40 mn de marche pour s'y rendre depuis Morro, mais seulement à marée basse.* On longe la plage au départ du port de Morro, jusqu'à ce petit village de pêcheurs. À marée haute, liaisons en bateau (en 15 mn) pour quelques reais ; départs ttes les heures. Se procurer les horaires des marées disponibles. À Gamboa se dresse une falaise dont l'argile rose se mélange à l'eau des sources suintant des parois.

Faites comme les locaux : enduisez-vous d'argile et laissez le tout sécher avant de prendre un bain dans la rivière. Bien moins cher que dans votre salon de beauté habituel !

## BOIPEBA

Petite île de 4 000 habitants environ, au sud de Tinharé. Quasiment entièrement couverte d'une épaisse végétation et ourlée de superbes plages dont la plupart sont désertes. Aucune voiture sur l'île (il n'y a pas de route). Une île presque confidentielle, donc, à l'accueil tout en douceur et en larges sourires. On a craqué ! Il faut dire que le rythme est éreintant : marcher le long des kilomètres de plages de sable blond, partir à la découverte de la mangrove et de son étonnant écosystème, déambuler dans les ruelles du village, aller à la rencontre des habitants qui se retrouvent le soir sur la place principale, lézarder, nager... L'enfer, quoi !

La plupart des adresses se concentrent autour de la plage de Boca da Barra, au nord de l'île et dans le village, situé juste à côté. Un chemin à travers la forêt relie le village à la plage de Moréré (compter 2h de marche ou 20 mn en tracteur). C'est un lieu de résidence extra, vraiment hors du temps, d'où se dégage une atmosphère familiale. Le coin est connu pour ses piscines naturelles à quelques encablures du littoral. On y va avec des pêcheurs, à marée basse.

– Quelques infos sur l'île sur le site : • *ilhaboipeba.org.br* •

### Arriver – Quitter

#### Liaisons depuis Morro de São Paulo

➢ ***En bateau :*** des agences organisent des croisières d'une journée autour des îles (arrêts à Garapuá, au sud de Tinharé et sur les îles de Cairu et Boipeba). *Prévoir env 100 Rls/pers.* Ceux qui comptent séjourner à Boipeba (et on le conseille fortement) peuvent s'y faire déposer et récupérer un ou plusieurs jours plus tard, au passage d'une autre croisière. C'est la solution la moins chère et la plus pratique. Voir avec les agences que l'on indique à Morro.

➢ ***En 4x4 :*** le départ se fait au niveau du *Central do turismo* qui fait office de gare routière des 4x4, un peu à l'arrière de la 2ᵉ plage, à Morro. Trajet : env 1h15 à 1h30 de tôle ondulée sur des pistes de sable blanc dans un tambour de machine à laver monté sur roues (!). *Compter env 100 Rls/pers.* Au bout de la piste, le passage du bras de mer entre l'île de Tinharé et Boipeba se fait en petit bateau, en 5 mn. Compris dans le tarif.

#### Liaisons depuis le continent

➢ ***En bateau :*** liaisons *Valença-Boipeba* en bateau rapide env ttes les 2h, 10h-17h. Trajet : 1h. Compter 50 Rls. La Cie *Expresso Boipeba* assure également des liaisons avec Valença, mais via Graciosa (15 mn de bus), pour env 30 Rls. Horaires aléatoires, en revanche ; se renseigner sur place.

En bateau lent : attention, 1 seul/j., à 12h. Prix : env 10 Rls. Durée : 4h. Depuis Salvador, ferry jusqu'à Bom Despacho (env 5 Rls) puis bus jusqu'à Valença (env 25 Rls). Compter 5h de trajet en tout (voir les détails dans la rubrique « Arriver – Quitter » à Salvador).

### Comment circuler dans l'île ?

À pied, pardi ! La plupart des trajets peuvent se faire à pied en passant par les plages. Pour celle de Moréré, 2 solutions : soit à pied en passant par le chemin des collines (compter 2h) ; soit en prenant un tracteur qui relie le village à cette plage. Compter 10-15 Rls/pers selon saison. Le tracteur part quand il est plein. Env 20 mn de trajet.

## Où dormir ?

### *Dans le village*

### De bon marché à un peu plus chic (moins de 150-300 Rls / env 36-71 €)

☗ ☂ ***Pousada Caminho de Pedras :*** *dans le village, près de la pl. principale. ☎ 3653-6168. • pousadacaminhodepedras.com.br • Doubles 120-170 Rls avec sdb, ventilo ou clim et petit déj.* Une trentaine de chambres dans une maison simple et propre, avec une grande terrasse couverte. En voir plusieurs avant de se décider : certaines n'ont qu'une lucarne au plafond, d'autres donnent sur un mur. La plupart s'ouvrent quand même sur l'extérieur et l'ensemble reste très correct. Un des meilleurs rapports qualité-prix dans cette catégorie.

☗ ***Pousada Aldeia :*** *rua do Porto. ☎ 3653-6288. • pousadaaldeia.com.br • Derrière le terre-plein central du village. Doubles 180-280 Rls (2 nuits min).* Au centre du village, mais dans une rue au calme, non loin du débarcadère. De jolies structures colorées sur 2 niveaux, au cœur d'un jardinet. D'élégantes passerelles de bois permettent d'accéder aux chambres à l'étage, impeccables et soignées. Accueil charmant de Flavia et Ricardo. Équipement de qualité (clim, frigo, moustiquaire) et bon petit déj varié.

☗ ***Sossego Pousada :*** *rua Nova, 52. ☎ 3653-6341. • sossegoboipeba.com • Dans la rue centrale du village. Lits en dortoir 65-75 Rls/pers et doubles 100-250 Rls, avec clim ou ventilo.* Une dizaine de chambres propres et soignées, entourant un jardinet bien touffu, avec bosquets peignés comme un 1er communiant. Bien équipées, surtout pour le prix. Salles de bains impeccables. Rien à redire.

☗ ☂ ***Almaviva :*** *dans le village, au-dessus de la pl. principale en montant vers l'église. ☎ 3653-6208. • pousadaalmaviva.wixsite.com/almaviva • Congés : mai. Doubles 100-150 Rls, suites 140-200 Rls.* Belle maison coloniale du XVIIIe s appartenant à un couple anglo-brésilien. 2 chambres économiques avec ventilo et salle de bains commune, plus 3 autres avec salle de bains. Toutes charmantes, à la déco ancienne d'une belle sobriété. Jardinet et terrasse pour le petit déj. Panneaux solaires et produits bio issus de la région. Petite piscine et possibilité d'excursions. Une belle adresse.

### *Sur les plages de Boca da Barra et de Tassimirim*

### De prix moyens à plus chic (150-350 Rls / env 36-84 €)

☗ ☂ ***Pousada Santa Clara :*** *en retrait de la plage de Boca da Barra, à 10 mn à pied du débarcadère. ☎ 3653-6085. • santaclaraboipeba.com • Doubles env 300-350 Rls.* Voici une superbe *pousada*, créée il y a belle lurette par 2 frères new-yorkais, Charles (polyglotte) et Mark. Noyées dans un magnifique jardin tropical, les 12 chambres sont à la mesure de cet endroit unique : toutes différentes, dotées de tout le confort et décorées avec un sens de l'esthétique affirmé. 3 d'entre elles, en duplex, se retrouvent quasi dans les arbres, avec les chambres juchées au niveau de la canopée... Pratiquement toutes ont une terrasse ou balcon. Délicieux resto. Une adresse à la fois conviviale et originale.

☗ ☂ ***Horizonte Azul :*** *juste avt la Pousada Santa Clara. ☎ 3653-6080. • pousadahorizonteazul.com • Doubles 160-250 Rls et chalets 2-4 pers 360-550 Rls.* Tenue par un couple italien, cette belle adresse propose 2 chambres économiques, 8 bungalows spacieux avec terrasse privée et 2 magnifiques chalets (avec ou sans cuisine), tous agréablement décorés et disséminés dans un beau jardin tropical en pente. Avec salle de bains, moustiquaire (fort bienvenue !), ventilo ou clim. En haut, un kiosque d'inspiration asiatique accueillant les adeptes de la méditation, du yoga et des massages ayurvédiques. Coin bibliothèque avec jeux et généreuse salle à manger ouverte sur le jardin. Cerise sur le gâteau, l'excellent resto végétarien (le *Doralice,* voir plus loin).

**Casa Mestiça :** *à 5 mn à pied par un chemin qui grimpe depuis l'arrière de la plage Boca da Barra, à 15 mn de l'embarcadère. ☎ 3653-6166. • casamestica.com.br • Doubles 150-250 Rls.* Perchées sur une colline, 5 chambres réparties dans 2 maisons à 2 pas l'une de l'autre. Chambres bien ventilées (avec ou sans clim), bien conçues et coquettes, toutes avec moustiquaire. 2 d'entre elles ont vue sur l'océan, 2 autres bénéficient d'une cuisinette au fond du jardin. Une autre avec généreuse terrasse et le tout noyé au cœur d'une végétation intouchée. Quelques hamacs de-ci de-là. Bon accueil de Saint'Clair et Carol, qui proposent également des stages de danse, yoga, taï-chi, aïkido et shiatsu.

**Pousada Luar das Aguas :** *sur la plage de Boca da Barra. ☎ 3653-6015. • luardasaguas.com.br • Doubles 250-350 Rls.* Un peu à l'arrière du sympathique bar de plage appartenant à la *pousada.* Chambres au fond d'un jardin, au calme. Tout est dans les tons blancs, ce qui donne pas mal de fraîcheur à l'ensemble, bien tenu. Certaines chambres plus grandes que d'autres et la plus chère face à la mer. Éviter celle derrière le resto, sans vue du tout. Toutes avec clim et frigo. Salon cool sur le devant, avec fauteuils et chaises de bois.

## Très chic (plus de 500 Rls / env 120 €)

**Manga Beiras :** *sur les hauteurs de la plage de Tassimirim. ☎ 3653-6153. • pousadamangabeiras.com.br • Accès par un chemin (raide). Sinon, une sorte de funiculaire permet d'éviter la grimpette. Congés : juin. Bungalows standard pour 2 pers 600-800 Rls ; tarifs dégressifs.* Cette famille brésilienne a bâti sur les hauteurs une petite dizaine de bungalows tout confort (coffre, frigo, TV), disposés le long d'une pelouse arborée, avec des percées sur la mer et la rivière. Spacieux et très bien équipés, avec balcon et la vue sur le littoral et au loin, sur les méandres du rio do Inferno. Pour une vue encore plus spectaculaire, montez à l'observatoire. Piscine. Salle de jeux et de lecture. Un endroit loin de tout pour une tranquillité assurée.

### *Sur la plage de Moréré*

## Camping

Plusieurs petits campings, dont le **Camping da Selva,** *au bord de la plage. Compter 20-30 Rls/pers.* Sur un grand terrain sablonneux et arboré. Sanitaires particulièrement sommaires. Cuisine à dispo.

## De bon marché à plus chic (150-500 Rls / env 36-120 €)

**Hospedagem e Restaurante Paraíso :** *sur la plage. ☎ 3653-6094. 📱 999-16-75-36. Resto ouv 10h-18h. Congés : mai-juin. Doubles 150-200 Rls.* Au cœur de ce beau jardin planté de palmiers et d'arbres fruitiers, quelques bungalows avec ventilo, juste devant la plage. Bonne ambiance. Sous les paillotes, on s'attable pour profiter d'une excellente cuisine, notamment le *risotto de polvo* ou l'*escabeche de peixe.*

**A Mangueira :** *dans l'unique ruelle (sablonneuse) de Moréré, perpendiculaire à la plage. ☎ 3653-8915. • pousadamangueira.com • Doubles 290-340 Rls.* Sans doute le meilleur rapport qualité-prix de Moréré. Gary et Juan Carlos ont du goût, beaucoup de goût, et savent entretenir leur petit domaine. La poignée de bungalows, dont certains très récents, est nichée dans un bien joli jardin. Chambres vraiment adorables, avec une dominante de blanc, des voilages, un hamac, moustiquaire, clim et terrasse privée. Salon commun fort agréable. Fait resto le soir pour les clients.

## Où manger ? Où boire un verre ?

### Dans le village

#### De bon marché à prix moyens (moins de 40-70 Rls / env 10-17 €)

**Beiju de Tapioca :** *sur la place du village. Ouv 18h-23h.* Un petit stand très couru des locaux, qui propose toute une variété de crêpes au tapioca (fameuses), salées et sucrées. Celles au poulet, fromage et tomates fraîches ou à la banane et *dolce de leche* nous ont laissé un souvenir mémorable... Le tout pour une bouchée de pain !

**Casa Namoa :** *rua do Ribeirinho, 35 ; tt près du centre. ☎ 3653-6251. Tlj, sauf mar-jeu, à partir de 19h.* Salées ou sucrées, les crêpes réalisées par Éric, un sympathique Bruxellois, et sa compagne, Laëtitia, nous ont conquis. Bien qu'il ne puisse se procurer de farine de blé noir, il parvient à concocter une bonne pâte qu'il garnit de légumes bien locaux, mais aussi de fromage de chèvre ou d'une sorte d'emmental, créant ainsi des mélanges insolites et goûteux. À déguster sur une terrasse au calme.

**Panela de Barro :** *rua Nova ; demander une fois sur la pl. principale. ☎ 3653-6118. Tlj, sauf dim, jusqu'à 20h30-21h.* Petite salle toute simple, familiale et fort bien tenue. Avant de déguster une excellente cuisine locale, les habitués jouent aux dominos. Faites comme eux ! Bonne *moqueca camarão pistola.*

**Varanda :** *le long de la pl. principale. 📱 98874-9415. Fermé à midi hors saison.* Un excellent petit resto italien dans une maisonnette rouge comme le plaisir. Massimo vous fera goûter les recettes de sa grand-mère, comme les délicieux gnocchis maison au gorgonzola !

### Sur les plages de Boca et Moréré

Les bars et restos alignés le long de la plage de *Boca da Barra* sont bien agréables, même s'ils sont plus chers qu'ailleurs.

#### De bon marché à prix moyens (moins de 40-70 Rls / env 10-17 €)

**Doralice :** *c'est le resto de la pousada Horizonte Azul (voir « Où dormir ? »). Tlj à midi sauf dim.* C'est la petite surprise du chef, l'unique et excellent resto végétarien de l'île. Salades, sandwichs et petits plats frais et créatifs, concoctés par les sympathiques patrons italiens.

**Santa Clara Restaurante :** *en retrait de la plage de Boca da Barra (voir « Où dormir ? »). Fermé lun soir.* Un des meilleurs restos de l'île, spécialisé dans les fruits de mer. Cuisine internationale qui change en fonction des produits frais trouvés et de l'inspiration du jour. Toujours de beaux poissons.

Voir aussi le **Restaurante Paraíso,** cité dans « Où dormir ? ».

LE NORDESTE

## À voir. À faire

***La place du village de Boipeba :*** le soir, tout le monde s'y retrouve pour flâner devant les stands des artisans, écouter de la musique et déguster une super *batida*, un *nevada* ou un jus de fruits fraîchement pressé à l'un des stands qui animent la place.

➢ Pour les excursions à Boipeba et autour, s'adresser aux agences locales, comme *Coco Dendê* (*dans le petit « centre commercial » derrière la plage de Boca da Barra ; ☎ 36553-6275 ; • agenciacocodendeboipeba.com.br •*). Ils proposent notamment un ***tour de l'île en bateau*** à la journée (*env 100 Rls/pers, sans le repas*), avec arrêts aux piscines naturelles de Moréré, baignade sur le banc de sable de Coroa Grande, visite du village de pêcheurs de Cova de Onça, remontée du fleuve Rio dos Platos par la mangrove, puis halte au village ostréicole de Ponto das Ostras avec dégustation d'huîtres (en supplément).

➢ ***Balades sur les plages de Tassimirim et Cueira,*** bordées de palmiers et d'amandiers. Une vraie carte postale.

# LA PÉNINSULE DE MARAÚ

IND. TÉL. : 73

• Carte *p. 571*

**Cette longue péninsule d'une quarantaine de kilomètres abrite sur la côte atlantique une série de plages magnifiques et désertes qui s'étirent à l'infini. Un seul village véritablement développé tout le long de cette côte qui constitue un vrai lieu de séjour : *Barra Grande,* situé à la pointe nord de la presqu'île. Et puis *Taipu de Fora,* quelques kilomètres plus au sud, qui se développe doucement autour de sa plage (quelques hébergements). De là, les aventuriers en herbe (ou plutôt ceux qui sont véhiculés) peuvent rejoindre le très beau *Lagoa do Cassange,* un lac qui longe la côte, où quelques *pousadas* raviront les amateurs de robinsonnades de luxe. Les autres rallieront directement en bus les superbes plages de *Saquaíra* et *Algodões,* où quelques adresses les attendent également. Mais, côté paysage, la côte ne s'arrête pas là ! Elle constitue une seule et même plage, qui semble s'étirer à l'infini. On le réalise vraiment après *Algodões,* sur la route d'Itacaré, quand soudain elle paraît s'étirer en ligne droite jusqu'à l'horizon !**

**À l'extrémité sud de la péninsule, la bourgade de *Maraú* n'a pas d'intérêt en soi. Petit port tranquille, on y trouve un mini-*mercado* central et une vénérable église paroissiale (plafond en bois orné d'une fresque du martyre de saint Sébastien).**

**Vous avez donc le choix : Barra Grande pour les infrastructures ou les plages plus isolées de la côte pour la robinsonnade. Quel dilemne !**

– Pas mal d'infos (en portugais) sur le site de *• guiademarau.com.br •*



## Arriver – Quitter

### En bateau

➢ Que vous veniez du nord ou du sud, le plus simple est de prendre le bateau. De *Valença* (au nord) ou d'*Itacaré* (au sud), prendre un bus pour *Camamú.* De là, *lancha* rapide (ou lente) à prendre au port. Pour les bateaux rapides, le plus pro est *Camamú Adventure.* *☎ 3255-2138. • camamuadventure.com.br • Env 10 liaisons/j., 7h-17h.* Trajet pour *Barra Grande* env 40 mn en bateau rapide (env 30 Rls), sinon 1h30 et env 10 Rls.

➢ ***De Barra Grande - Itacaré/ Ilhéus :*** *lancha* jusqu'à Camamú. De la *rodoviária* de Camamú, 2 à 5 bus/j. pour Itacaré et Ilhéus avec *Aguia Branca* et *Cidade Sol.*

## Par la route

➢ Possible seulement si vous venez du sud, d'*Itacaré* ou d'*Ilhéus* par exemple. Prendre un bus pour *Maraú*. De là, des 4x4 empruntent régulièrement la piste (la BA 030) sur une quarantaine de km pour gagner Barra Grande. Seulement intéressant si vous souhaitez vous arrêter en route sur certaines plages. Sinon, on ne voit pas vraiment l'intérêt.

## Comment se déplacer sur la péninsule ?

***À Barra Grande,*** on fait tout ***à pied.*** Le village est tout petit, et les plages sont facilement accessibles en longeant la côte les pieds dans l'eau. Pour les trajets plus longs, au petit carrefour après le débarcadère, on trouve un « ***ponto*** » qui regroupe ***jardineiras, taxis et motos-taxis*** :

➢ Pour se rendre à ***Taipú de Fora,*** à 7 km au sud, service de *jardineiras* – camions ouverts (et couverts) avec banquettes, qui font régulièrement la navette avec Barra Grande. Compter à peine 15 Rls/pers et par trajet. On peut également y aller en taxi (env 100 Rls A/R pour 4 pers) et, pour les plus audacieux, en moto-taxi (à peine 20 Rls l'aller simple).

➢ Pour les plages plus au sud, ***Saquaíra*** et ***Algodões,*** compter 80 Rls/pers A/R en *jardineira* (1h de trajet). En taxi, env 180 Rls pour Saquaíra et 250 Rls pour Algodões (A/R). Plutôt que de faire l'A/R dans la journée, on peut prévoir ces haltes dans le cadre d'un trajet vers Itacaré, en négociant à l'avance avec le chauffeur. Ça se fait sans problème.

➢ Pour ceux qui voudraient se rendre aux plages *Saquaíra* et *Algodões* ***en longeant la côte et le Lagoa do Cassange,*** il est possible de louer des ***quads*** (appelés ici *quadricycles*). Compter 150 Rls/j. Pour gagner cette côte paradisiaque, c'est le seul moyen avec le 4x4. Cela dit, soyez prudent, on en a vu partir dans le fossé à cause d'une vitesse excessive...



## ***BARRA GRANDE*** *(env 1 000 hab.)*

Voici un coin qu'on adore. À la pointe nord de la longue presqu'île de Maraú, Barra Grande fut créé par une famille d'exploitants d'huile de palme avant de devenir une halte balnéaire pour les producteurs de cacao de la région d'Ilhéus. Le village est facilement accessible depuis Camamú, sur la côte, ou par la route depuis Itacaré (puis bonne piste). Voici un village aux pistes de sable, où les véhicules ne troublent pas trop le chant des oiseaux ni le bruit des vagues, où les boutiques du « Boulevard da Barra » et de la « Praça da Tainha » restent aménagées dans un style local. Des plages côté levant, des plages côté couchant, certaines calmes comme un lac, d'autres qui semblent avoir été créées pour batifoler dans les vagues, d'adorables *pousadas* pour prendre ses aises, quelques bons restos en bord de mer, une place du village tranquille où trône un vénérable et imposant manguier, des prix encore contenus... Vous ne nous croyez pas ? Et pourtant, ça existe !

## Adresses et infos utiles

– Consulter le site • *barragrande.net* • Un excellent site animé par Didier (de la *Pousada Fruta Páo*), en français, et qui présente le village de manière pratique et intelligente.

■ ***Banque et change :*** ça va être vite vu ! Pas de change ni de distributeurs à Barra Grande, ni sur toute la presqu'île. Quelques supérettes et *pousadas* peuvent vous dépanner...

■ ***Pharmacies : Farmácia União,*** *rua Jose Melo Piraja.* ☎ *3258-6186. Tlj 8h-12h, 13h-20h.* ***Farmácia Barra Grande,*** *rua Maráu, avt la Pousada Fruta Pão, à droite.*

■ ***Association Aquéré et Centro Cultural :*** *praça da Mangueiras.* Bibliothèque communautaire (livres en français). Projection d'un film 1 samedi sur 2. Activités de judo et de capoeira.

## Où dormir ?

### Camping

***Camping Fonte dos Frades :*** *rua Dr Lilli. 99140-3395. Env 15-35 Rls/pers.* On plante sa tente sur un grand espace arboré, ombragé et sablonneux. Sanitaires (eau chaude) et cuisine à disposition.

### De bon marché à prix moyens (moins de 150-250 Rls / env 36-60 €)

***Ganga Zumba Hostel :*** *rua Desembargadora. ☎ 3258-6527. 99804-1491. • gangazumbahostel.com.br • Juste après le Camping Fonte dos Frades à droite. Lits en dortoir 50-60 Rls/pers, double env 150 Rls.* Une vraie petite AJ avec un grand jardin. 3 dortoirs (6-8 lits, dont 1 réservé aux filles) avec salle de bains commune, clim et casiers, plus 4 chambres privées. Cuisine commune. Petit déj complet inclus. Jeux, livres et possibilité d'excursions. Très cool.

***Pousada Maria de Firmino :*** *du débarcadère, aller tt droit et c'est à 50 m sur la droite. ☎ 3258-6482. • marilialuana@hotmail.com • Doubles 140-200 Rls.* Chambres plutôt simples et agréables, dans l'arrière-cour d'une maison vert pomme. Bien équipées, en rez-de-chaussée ou à l'étage, toutes avec clim et hamac. Resto au milieu d'un jardin ouvert et bien aménagé, où fleurissent des bougainvillées et des petits palmiers, flamboyants et manguiers. Accueil charmant.

***Pousada Meu Sossego :*** *rua Chiquinho. ☎ 3258-6012. 99935-4153. • meusossego.com • Du débarcadère, prendre tt droit puis la 2e à droite ; c'est à 200 m sur la droite. Doubles 180-220 Rls.* Une vingtaine de chambres (avec clim et ventilo) dans un beau jardin très fleuri. Elles sont aussi soignées que la pelouse est tondue, que les arbustes sont taillés et que l'accueil est doux. Un réseau de passerelles de bois relie les chambres à l'étage. Très paisible.

***Pousada Pau Brasil :*** *rua Marάu, 122. ☎ 3258-6027. • pousadapaubrasil.com • Après la Pousada Fruta Pão. Doubles 140-200 Rls.* Une petite *pousada* familiale, tenue avec cœur par Bruno et Nerry. Une dizaine de chambres proprettes et équipées (clim, frigo, TV), dotées de têtes de lit en bois. Petit déj avec gâteaux maison à prendre face à la cuisine ouverte et son four à bois. Jardin avec hamacs. Simple et sympa.

### Plus chic (250-500 Rls / env 60-120 €)

***Pousada Fruta Pão :*** *rua Marάu. ☎ 3258-6083. • pousadafrutapao.com.br • Doubles 200-300 Rls ; chalets 4 pers 350-390 Rls, avec petit déj.* Didier s'est installé ici bien avant que le village ne se développe. Il a conçu ses charmants bungalows autour d'un gigantesque arbre à pain planté dans le jardin (ce qui lui évite d'aller à la boulangerie !). Plusieurs types de chambres, dont certaines très modernes, toutes avec clim, ventilo, frigo, terrasse avec hamac. Les chalets ont en plus une cuisine et une mezzanine. Sous une paillote, un charmant salon pour le petit déj, où l'on se retrouve pour papoter et prendre un verre le soir. Et presque chaque dimanche, à 20h, ce fan de ciné projette sur grand écran un film récent ou un grand classique.

***Pousada Ponta do Mutá :*** *rua do Anjo. ☎ 3258-6028. • pousadapontadomuta.com.br • Du débarcadère, à gauche dans la rue principale. Doubles 390-415 Rls.* Un bel établissement au bord de la plage, avec une vaste pelouse et des petits édifices en

LE NORDESTE

dur abritant des chambres tout confort, plus balcon et hamac. Atmosphère très sereine. On va du transat à la baille en passant par le bar de plage et retour, au son d'une musique douce et des vagues projetées à intervalles réguliers comme des seaux d'eau sur le sable brûlant. Excellent petit déj et goûter inclus. Accueil pro et souriant. Un petit coup de cœur.

## Où manger ?

### De bon marché à prix moyens (moins de 40-70 Rls / env 10-17 €)

**Fonte dos Frades :** *rua Dr Lilli. ☎ 3258-6484. Tlj midi et soir.* Discrètement installée dans une rue à l'arrière du centre. Voici sans doute le meilleur rapport qualité-prix du secteur dans cette rubrique. Les *pratos executivos* constituent une affaire. Plats généreux, savoureux et bien présentés. Sinon, carte classique avec *carne do sol* et *filé de frango.* Accueil adorable de toute la famille. Fait également camping (voir plus haut « Où dormir ? »).

**Muqueca Bar :** *sur la plage de Três Coqueiros. ☎ 3258-6153. Compter au moins 30 mn à pied par la plage à marée basse ou par la piste. Tlj 10h-18h.* Les pieds des tables en plastique sont plantés dans le sable et les nôtres aussi, parfait pour attendre la langouste grillée (en saison) la moins chère du secteur, préparée par le sympathique Manoel. La *moqueca de peixe* (ou de *camarão*) n'est pas mal non plus. Cuisine très honorable et pas chère dans un cadre simple et populaire, la musique à fond !

### Chic (70-100 Rls / env 17-24 €)

**Sushi Barra :** *rua Maráu, au rdc de la* pousada Don Pepe. *☎ 3258-6326. Tlj, sauf lun, le soir seulement.* On peut avoir confiance dans la fraîcheur du poisson tant que le patron, un pêcheur, ne change pas, lui. Dans une courette quelque peu japonisante, sur fond de musique jazzy, on déguste un superbe *ceviche* et de savoureux plateaux de *sushis, sashimis* et autres *temakis,* servis froids ou chauds. Bière *Kirin Ichiban* pour faire descendre le tout. Délicieux !

**O Papagaio :** *rua Dr Lilli. ☎ 3258-6206. En hte saison, tlj 10h-minuit ; ouv à partir de 16h le reste du temps. Congés : juin-sept.* *Filé mignon* au roquefort (du vrai), à la bordelaise ou à la moutarde, accompagné de ratatouille et purée, voilà pour le côté franchouillard. Des variations autour de la *moqueca* et des *bobo,* voici pour la version brésilienne. Une carte qui fait le grand écart entre les 2 pays. Normal pour un couple franco-brésilien. Dans les 2 cas, de la belle qualité !

**A Tapera :** *rua Dr Lilli. ☎ 3258-6119. En face du camping Fonte dos Frades. Tlj 12h-22h, sauf mar.* Si vous en avez les moyens, voici l'adresse chic et chère de Barra Grande, mais dont on ne sort jamais déçu. La courette est fleurie, les tables nappées de fleurs itou, les serveurs (et -veuses) portent une chemisette raccord avec les nappes, une petite fontaine glougloute... Le cadre est posé pour profiter d'un excellent repas : pâtes, poissons, *moquecas* et *polvo.* Excellent service.

## Où boire un verre ?

Barra Grande a beau être un village tranquille, on y trouve un peu d'animation en fin de semaine, notamment sur la *praça da Tainha,* une place entourée de boutiques et de restos.

**Ma Cunaíma :** *en bord de plage, juste à droite du débarcadère en regardant la mer.* Ouverte aux 4 vents, une paillote sympathique équipée de gros poufs posés au sol pour s'affaler autour des tables basses. Parfait pour siffler une bière au coucher du soleil.

**Santo Forte :** *du ponto des taxis, à gauche puis à droite ; suivre le panneau de la Pizzaria Pinoquio à gauche, c'est tt droit.* ☎ *3258-6223.* Dans une cabane colorée prolongée d'un jardin, des concerts l'été, pratiquement tous les jours. Se renseigner hors saison.

**La Em Casa :** *peu avt Santo Forte.* Dans cette cabane, on danse généralement le *forró* en fin de semaine.

## TAIPÚ DE FORA

Sur la plage, bars et restos, et, à l'arrière, quelques belles maisons privées et *pousadas.* Taipú de Fora conviendra à ceux qui souhaitent la tranquillité totale le soir. Bon à savoir, le week-end, tout le monde se donne rendez-vous ici.

### Où dormir ? Où manger ? Où boire un verre ?

**Casa Mágica :** *bien avt Taipu à gauche, à 800 m de la piste principale.* *99345-9468 ou 99821-1560.* • *pousadacasamagica.com.br* • *Compter 30-45 Rls/pers en camping, doubles 160-210 Rls, et pour 4 pers 250-400 Rls.* Bienvenue dans la bicoque ensoleillée d'Erika, une Brésilienne solaire, et son compagnon Monchi, un Espagnol magicien sur les bords. Possibilité de planter la tente dans le sable, avec accès à des sanitaires et à une cuisine. Sinon, préférez les chambres *Luá* et *Mar,* à l'étage, plus claires que la *Estrela.* Cette dernière peut être louée avec *El Chalé,* qui accueille jusqu'à 7 personnes (avec mezzanine, cuisine et salle de bains). Plage très cool à 2 pas.

**Cais Dourado :** *dans le virage, à env 200 m avt la plage.* *99921-9300.* • *caisdouradopousada.com.br* • *(1 chambre avec cuisine). Doubles 200-260 Rls.* Dans une maison privée avec jardin et véranda, 6 chambres pour 2 à 6 personnes (avec clim, frigo). Propre et familial, avec une petite touche de déco. Si vous le pouvez, choisir les plus grandes, plus agréables. Salon commun.

**Pousada Brisa do Mar :** *dans une ruelle à gauche avt la plage.* *99941-1973.* • *brisadomartaipu.com.br* • *Doubles 200-250 Rls.* Une douzaine de petits bungalows côte à côte, dans un grand jardin avec une petite piscine. Chambres tout confort avec hamac au balcon. Grand salon élégant pour le petit déj. Bon accueil.

**Pousada Arte Latina :** *dans une ruelle à gauche avt d'arriver à la plage ; suivre les panneaux* Galeria de Arte et Bambu Dourado. *99903-7688.* • *pousadaartelatina.com.br* • *Doubles 300-400 Rls.* Une petite maison aux tons blanc et bleu, très élégante, dont les murs sont couverts d'intéressantes toiles d'artistes argentins. Grandes chambres au rez-de-chaussée ou à l'étage, claires, calmes et vraiment confortables (clim, frigo, TV câble). Une adresse pleine de charme, tenue avec gentillesse par Priscilla et le facétieux Juan Pablo, un Argentin qui fait toujours flotter dans l'air quelques notes de jazz. Fait resto le soir pour les clients. Une maison d'artiste, presque un secret.

**O Cajueiro :** *sur le chemin principal, avt le virage, sur la gauche.* ☎ *3258-9046. Tlj, tte la journée.* Petite adresse en terrasse, servant tous les classiques de la cuisine bahianaise. Pour s'en tirer à bon prix, les *pratos individuais* restent la meilleure option. *Moqueca* de bon aloi.

**Bars de plage :** plusieurs bars-restos de plage se concentrent devant la plage et les piscines naturelles (selon la marée). Le très mode *Buda Bar* squatte largement l'espace, avec ses transats doubles et ses cocktails trop chers...

## À voir. À faire

➢ De Barra Grande, l'une des excursions les plus populaires est la ***balade dans les îles de la baie*** : environ 40 Rls par personne avec les agences (déj non compris). Départ vers 10h, retour vers 16h. Arrêt sur l'*ilha de Pedra Furada,* au village de *Campinho,* sur l'*île de Sapinho* (ou sur *Goió*). Également la possibilité d'***excursion dans la presqu'île*** à la journée, en *jardineira* (camion aménagé), pour faire le tour des plus belles plages et découvrir la péninsule.

## Les plages

Plein de belles plages autour du village de ***Barra Grande,*** notamment ***Três Coqueiros*** et ***Bombaça*** côté atlantique, et ***praia da Barra*** côté baie. Dans le même coin, la pointe de ***Ponta do Mutá*** et son phare constituent une balade agréable.

***Taipú de Fora :*** considérée comme l'une des plus belles de la côte. Ce qui fait la différence ici, ce sont les piscines naturelles que l'on découvre à marée basse.

***Balade de Taipú de Fora à Saquaíra, via le lac de Cassange :*** pour ceux qui peuvent s'offrir un quad ou un taxi 4x4 à la journée, voire sur 2 jours, on ne saurait trop vous conseiller cette balade d'environ 20 km qui déroule chemins de sable, lacs, palmiers et plages au kilomètre. Magnifique ! Prendre la route d'Itacaré en direction du phare et tourner à gauche. Prendre ensuite à droite vers le ***Lagoa Azul,*** un 1er petit lac avec une cahute-bar. Possibilité de se baigner. Continuer la piste, via le *Peninsula Beach Club Hotel*. À la fourche, à droite puis à gauche, on arrive au ***Lagoa do Cassange,*** un lac d'eau douce de 5 km de long, parallèle à la côte. Après la *Pousada Terraços Marinhos,* un panneau « Bar » amène au *Lagoa & Mar (tlj jusqu'à 17h),* où l'on peut avaler *petiscos* et petits plats à prix raisonnables, pile poil face au lac. Puis 2 *pousadas.* Dans l'ordre :

***Pousada Lagoa do Cassange :*** *☎ 3258-2166. 99973-3903. • lagoadocassange.com.br • Doubles 350-650 Rls.* Sur un très beau site face à la mer, des petits bungalows bien espacés, simples mais tout confort. Eau chaude solaire. Pas donné, mais vraiment agréable et l'hôtel finance l'école communautaire. Bon resto également, avec buffet bon marché le midi et possibilité de demi-pension.

***Pousada Marâu :*** *un peu plus loin après la précédente (notez que l'on peut aussi y accéder par la BA 030). ☎ 3258-2113. 99981-4012. • pousadamarau.com.br • Doubles 280-400 Rls.* Un autre petit paradis, un peu moins cher celui-là, avec des maisonnettes bleu et blanc, spacieuses et tout confort. Dans le lot, un appartement à l'étage avec terrasse donnant sur la plage. Beau resto tout en bois face à la mer. Carte à tous les prix, des sandwichs au poisson et fruits de mer en passant par les pâtes. Accueil pro et souriant de Fatima.

Pour ceux qui n'auraient pas la possibilité de faire la balade précédente, prendre un bus de Barra Grande, avec changement à Campinho, pour la plage de ***Saquaíra,*** elle aussi remarquable, ou, quelques kilomètres plus loin, celle d'***Algodões.*** Pour se sustenter, quelques modestes cahutes de plage ici et là. Quelques logements également.

***Hostel Algodões :*** *sur le chemin qui longe la plage d'Algodões, à gauche dans l'avt-dernière ruelle. 99989-8393. • hostelalgodoes.com.br • Camping env 30 Rls/pers, lit en dortoir 50 Rls/pers, double 120 Rls. Petit déj en plus.* On plante la tente dans le joli jardin ou alors on squatte l'un des 2 dortoirs. 1 seule chambre privée. Dans le jardin, douche/w-c et cuisine commune. Bon accueil de Bruno, un moniteur de plongée qui parle un peu français et propose des tours en bateau.

# ITACARÉ

env 25 000 hab. IND. TÉL. : 73

• Plan *p. 589*

**À 400 km environ au sud de Salvador et à 70 km au nord d'Ilhéus, au beau milieu de la côte du Cacao. Fondé au XVIIIe s, Itacaré est un gros village de pêcheurs à l'architecture marquée par son passé industrieux. Avec ses rues pavées, ses maisons colorées, ses quartiers populaires, ses boutiques de souvenirs, une population mélangée communiant dans l'amour des rythmes, c'est une bourgade aux multiples facettes, à la fois archaïque et moderne, tranquille et trépidante, bref, typiquement bahianaise. Comme le cacao n'est plus ce qu'il était, le village s'est heureusement tourné vers un tourisme vert, tendance balades dans la mangrove, surf, plongée sous-marine, etc. L'artère principale qui relie le centre à la plage de Tiririca regorge de *pousadas,* de restos, bars et boutiques. Un petit paradis du farniente, pour se la couler douce, faire la fête et profiter des plages.**

### AUPRÈS DE MON ARBRE...

*La région d'Itacaré a conservé sa forêt primaire à peu près intacte. En effet, les plants de cacao poussent à l'ombre des grands arbres, que les propriétaires terriens ont toujours voulu conserver pour maintenir cette osmose ! Une vision à long terme, histoire de protéger la poule aux œufs d'or.*



## Arriver – Quitter

### En voiture

➢ Bonne route asphaltée (BA 001) longeant le littoral sur env 70 km depuis ***Ilhéus.*** Prendre direction Praia Norte et non Itacaré. Compter une petite heure de trajet. Par le nord, depuis Camamú, env 50 km. Bonne route.

### En bus

➢ ***Ilhéus-Itacaré :*** tlj, env ttes les heures, 5h40-20h40 ; trajet : env 1h30.

**Adresses utiles**

- **1** Banco do Brasil (A1)
- **2** Distributeurs Bradesco (A1)
- **3** Agence Encantur (A-B1)
- **4** Lavanderia Puro Brasil (B2)
- **5** Brazil Trip Tour (A1)
- **6** Rafting Turismo (A1)

**Où dormir ?**

- **10** Hostel e Pousada Casarão Verde (A1)
- **11** Hostel Bananas (A1)
- **12** O Pharol Hostel (A1)
- **13** Hostel Che Lagarto (A1)
- **14** Lawrence's Surf House (B1)
- **15** Pousada dos Anjos (A1)
- **16** Vila Pitanga (B1)
- **17** Pousada Casa Grande (A1)
- **18** Pousada Ilha Verde (A1)
- **19** Pousada Lanai (A1)
- **20** Natural Mystic Hostel & Pousada (B1)
- **21** Pousada Burundanga (B1)

**Où manger ?**

- **15** Jiló (A1)
- **30** Zé Senzala (A1)
- **31** Café Caramelo (A1)
- **32** Naturalmente (A1)
- **33** Casa de Taipa (B1)
- **34** Alamaim (A-B1)

**Où boire un verre ? Où sortir ?**

- **40** Jungle et Favela (B1)
- **41** Pimenta Doce (A1)
- **42** Casa Rural (A1)
- **44** Núúh !! (A1)

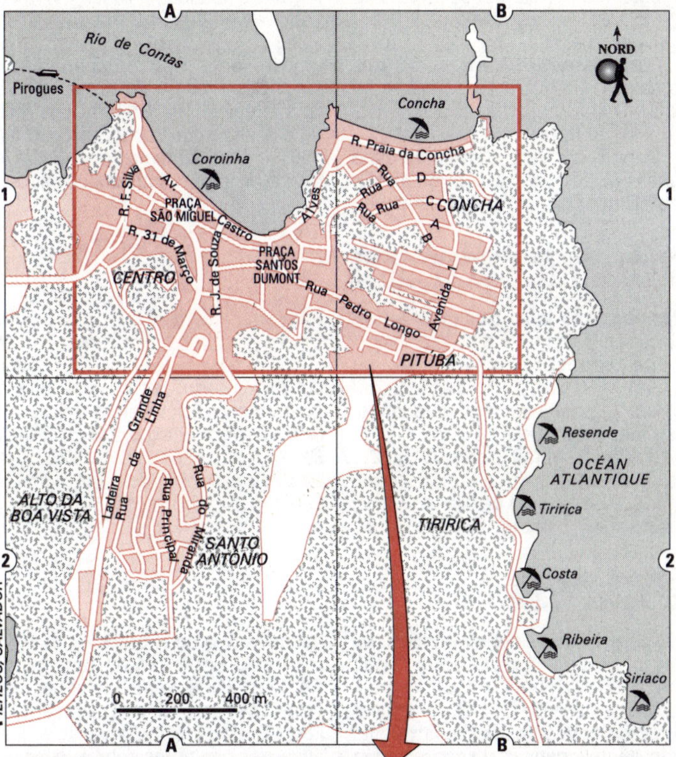
NORD
Rio de Contas
Pirogues
Concha
R. Praia da Concha
Coroinha
CONCHA
PRAÇA SÃO MIGUEL
Av. Castro Alves
R. F. Silva
R. 31 de Março
CENTRO
R. J. de Souza
PRAÇA SANTOS DUMONT
Rua Pedro Longo
Avenida 1
PITÚBA
Rua da Grande Linha
Ladeira
Rua Principal
Rua do Miranda
SANTO ANTÔNIO
ALTO DA BOA VISTA
TIRIRICA
Resende
OCÉAN ATLANTIQUE
Tiririca
Costa
Ribeira
Siriaco
ILHÉUS, SALVADOR
0 200 400 m

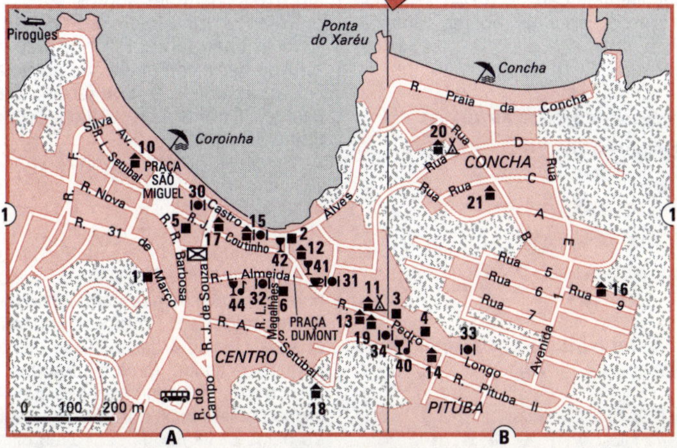
Pirogues
Ponta do Xaréu
Concha
R. Praia da Concha
Coroinha
PRAÇA SÃO MIGUEL
CONCHA
R. F. Silva
R. L. Setubal
R. Nova
R. 31 de Março
R. R. Barbosa
R. J. Coutinho
R. L. Almeida
R. L. Magalhães
R. A. Setúbal
PRAÇA S. DUMONT
R. Pedro Longo
R. Pituba II
Avenida 1
Rua 5
Rua 6
Rua 7
Rua 9
CENTRO
PITÚBA
R. do Campo
R. J. de Souza
0 100 200 m

## ITACARÉ

Compter env 17 Rls. 1 bus/h avec *Rota* (☎ 3251-2181 ; ● rotatransportes.com.br ●) à Itacaré.

➢ ***Porto Seguro-Itacaré :*** tlj, env ttes les heures, 8h-15h20 avec *Cidade Sol* (☎ 3047-1000 ; ● viacaocidadesol.com.br ●) et *Rota.*

➢ Depuis ou vers ***Salvador,*** avec *Cidade Sol* env 5-6 bus/j., 5h30-15h pour Bom Despacho (terminal des ferries à Itaparica), puis ferry vers Salvador. Avec *Aguia Branca* (☎ 2102-5353 ; ● aguiabranca.com.br ●), 2 bus/j. pour Bom Despacho, puis ferry. Compter 6h de route jusqu'au ferry et env 50 Rls. Du ferry, possibilité de prendre un taxi pour l'aéroport (env 100 Rls pour 40 mn de trajet). Évitez les faux taxis, prenez toujours un officiel.

## Adresses et infos utiles

– Nombreuses infos pratiques (et en français) sur le site : ● itacare.com ●

■ ***Banco do Brasil*** *(plan zoom, A1,* ***1****) :* *rua 31 de Março. ☎ 3251-2212. Ouv 10h-15h ; fermé w-e.* Pas de change. Distributeur de billets.

■ ***Bradesco*** *(plan zoom, A1,* ***2****) :* *rua 31 de Março et rua J. Coutinho. 24h/24.* Distributeurs de billets.

■ ***Change :*** ***Encantur*** *(plan zoom, A-B1,* ***3****), av. Castro Alves, 484. ☎ 3251-3222. Lun-ven 10h-12h, 14h-17h, plus sam mat ; fermé dim.* Agence de voyages qui fait aussi le change (taux standard) et Western Union.

■ ***Lavanderia Puro Brasil*** *(plan zoom, B2,* ***4****) :* *rua Leonardo Magalhàes, 66. ☎ 3251-2336. Tlj, sauf dim, 8h-12h, 13h-17h (sam 17h-19h).*

## Où dormir ?



Privilégier les hôtels et les commerces portant le label *Turismo CO2 Legal.* Ces établissements « neutralisent » leurs émissions de $CO_2$ et participent à un programme de soutien aux petits agriculteurs locaux et de conservation de la forêt. Pour les repérer, consulter le site ● mecenasdavida.org.br ● et cliquer sur « Turismo Legal ».

### *Dans le centre-ville et à proximité*

### De bon marché à prix moyens (moins de 150-250 Rls / env 36-60 €)

🏠 ***Hostel e Pousada Casarão Verde*** *(plan zoom, A1,* ***10****) :* *av. Castro Alves. ☎ 3251-2037. ● casaraoverdehostel.com.br ● Lits en dortoir (2-18 pers) 35-42 Rls/pers ; doubles 85-125 Rls. Petit déj en plus.* Un peu à l'écart du centre mais face à la mer, une belle maison de maître de 1913, toujours dans la famille du producteur de cacao d'origine. Paradoxe de l'histoire, elle est louée en tant qu'AJ ! Derrière l'élégante façade verte, vieux carrelage et tableaux égayent les lieux. Dortoirs de taille variable, mais aussi des chambres sobres, avec une préférence pour celle du 2ᵉ étage, rétro et charmante. Pour la plupart, salle de bains commune (impeccable). Quelques-unes dans le jardin, avec hamacs. Cuisine à disposition. Accueil adorable.

⛺ 🏠 ***Hostel Bananas*** *(plan zoom, A1,* ***11****) :* *rua Pedro Longo, 169. 📱 98231-4930. ● bananashostel.com ● Camping env 20-25 Rls/pers (sans petit déj), lits en dortoir 60-65 Rls/pers et doubles env 100-120 Rls.* Dans la rue principale, on ne devine pas vraiment ce petit *hostel* coloré pour routards souriants et sans chichis. Possibilité de planter la tente à l'arrière, (près du compost !), avec accès aux sanitaires basiques et à une cuisinette. 4 dortoirs avec salle de bains et ventilo (1 seul avec clim). Également 3 chambres privées. Cuisine commune, bar, barbecue, four à pizzas et salle TV. Simple et cool, parfois très animé.

**O Pharol Hostel** *(plan zoom, A1,* ***12****) : praça Santos Dumont, 7. ☎ 3251-2527. • opharolhostelepousada.com • ♿ (1 chambre). Lits en dortoir 45-60 Rls ; doubles 100-200 Rls.* AJ privée proposant des mini-dortoirs de 4 à 6 lits (certains avec balcon en bois, d'autres avec clim) et des chambres doubles avec clim, balcon ou terrasse. Dans le 2e bâtiment, les chambres sont plus modernes (belles salles de bains). Jardinet. Grande cuisine équipée. Originalité des lieux : le bar et le bureau de tabac ! Bon accueil.

**Hostel Che Lagarto** *(plan zoom, A1,* ***13****) : rua Pedro Longo, 58. ☎ 3251-3019. • chelagarto.com • Lits en dortoir 40-55 Rls ; doubles 120-150 Rls.* Cette chaîne argentine à l'effigie du lézard propose plusieurs dortoirs (8 lits) avec salles de bains, donnant sur un couloir encaissé. Les chambres donnent sur un balcon commun, perpendiculaire à la rue, donc assez calme. Cuisine à dispo. Ping-pong et billard. Location de surf. Fonctionnel, mais d'un bon rapport qualité-prix.

**Pousada Casa Grande** *(plan zoom, A1,* ***17****) : rua João Coutinho, 98. 📱 99111-4500. • pousadacasagrande.itacare@gmail.com • Doubles 70-150 Rls.* Pour les amateurs de charme désuet et de confort minimaliste, voici une belle façade historique, sculptée au siècle dernier, qui cache 5 chambres simples et propres, avec plancher brut, clim, salle de bains et... basta. Évitez juste celles du rez-de-chaussée, trop sombres. Cuisine commune. Pour le petit déj, terrasse face au front de mer. Presque chez l'habitant.

**Pousada Lanai** *(plan zoom, A1,* ***19****) : rua Pedro Longo, 108. ☎ 3251-2802. • pousadalanai.com.br • Doubles 100-180 Rls.* Dans la rue principale, une petite *pousada* de 8 chambres tenue par Stéphane, un Français originaire d'Angers. Certaines avec ventilo, d'autres avec clim et 2 avec hamac. Coquettes, avec une petite touche de déco. Petit jardin au fond, très sympa pour le petit déj maison (gâteaux, tapiocas et crêpes à la demande ou yaourt, plus du salé). Un bon plan à prix très raisonnable.

**Lawrence's Surf House** *(plan zoom, B1,* ***14****) : rua Pedro Longo. ☎ 3251-2049. • pousadalawrence.com • Doubles 90-250 Rls avec ventilo ou clim.* Au cœur du village, cette *pousada* largement fréquentée par les surfeurs abrite une douzaine de chambres correctes et colorées. Pas bien grandes, certes, mais bien équipées (clim, frigo) et à prix encore raisonnables. Cuisine commune. Garage. Hors saison, le déluré Lawrence, qui donne des cours de surf, fait plutôt *hostel.*

**Natural Mystic Hostel & Pousada** *(plan zoom, B1,* ***20****) : rua D (Alpina), à Concha. ☎ 3251-2835. 📱 99861-8871. • naturalmystic.itacare@gmail.com • Camping 30-70 Rls/pers, lits en dortoir (2-4 lits) 45-100 Rls/pers et doubles à prix chics.* Un *hostel* un peu luxe, dans le quartier de Concha, à 2 pas de la plage du même nom. 6 places de tentes dans le joli jardin avec sanitaires. 7 dortoirs avec ventilo, plus quelques chambres privées (avec clim), dans un bel édifice en brique et en bois. Cher, mais paisible. Bon accueil.

**Pousada dos Anjos** *(plan zoom, A1,* ***15****) : rua João Coutinho, 185 et av. Castro Alves, 126. ☎ 3251-2482. • btdanjos@yahoo.com.br • Doubles 120-250 Rls.* Dans une belle bâtisse historique (fin XIXe s), qui donne d'un côté sur la rue, de l'autre sur le quai et l'océan. 5 chambres confortables, tout confort et très coquettes, qui ont conservé leur style colonial. On préfère celles qui donnent sur le port. Grande véranda et resto avec vue (*Jiló* ; voir « Où manger ? »).

**Vila Pitanga** *(plan zoom, B1,* ***16****) : rua do Cedro. 📱 99942-1986. • pitanga.casa • Dans la ruelle à gauche de l'*Ecoporan Hotel *; sonner au 2e portail. Résa impérative. Loc des chambres doubles seulement l'hiver (et sans petit déj) env 150 Rls. L'été, loc de maisons (7-9 pers) 350-500 Rls selon période.* 3 maisons vraiment extra, enfouies dans la végétation, et

LE NORDESTE

à 2 pas du centre. Elles appartiennent à Christophe, un Français installé ici depuis fort longtemps. Conçues par un architecte, elles sont naturellement ventilées, joliment colorées, dotées d'une grande cuisine, d'un barbecue. Plein de beaux objets, de sculptures... Chacune avec terrasse privée, hamacs. Beaucoup de charme.

### Un peu plus chic (jusqu'à 350 Rls / env 84 €)

**Pousada Ilha Verde** *(plan zoom, A1, **18**)* : *rua Ataíde Setúbal, 234. ☎ 3251-2056. 9945-2244. • ilhaverde.com.br • Doubles 160-350 Rls ; cabanes près de la piscine 400-600 Rls pour 4 pers.* Nicole, au Brésil depuis plus de 20 ans, reçoit ses hôtes dans un superbe parc planté de manguiers centenaires. Des chambres thématiques raffinées et confortables, égayées d'artisanat local, des hamacs pour le farniente, un salon perché dans un arbre *(mango deck)*, un espace zen *(caju lounge)* et une piscine. Petits déj copieux et pleins de fruits. Propose des stages de yoga, massages ayurvédiques, taï-chi-chuan, shiatsu et cuisine bahianaise...

**Pousada Burundanga** *(plan zoom, B1, **21**)* : *quadra D, lote 06, à Concha. ☎ 3251-2543. • burundanga.com.br • Doubles 280-330 Rls.* Dans le quartier calme de Concha, une belle *pousada* avec une petite piscine, un jardin touffu et une déco hétéroclite à base de beaux objets, statuettes et plantes vertes. Une dizaine de chambres, spacieuses et tout confort, dans l'esprit des lieux, avec moustiquaire (nécessaire !), balcon et hamac. Accueil pro. Beau buffet au petit déj et goûter offert l'après-midi.

#### *Sur la plage de Tiririca*

L'une des plus jolies plages de la ville, pas trop éloignée du centre et grande comme un mouchoir de poche. Face à la plage, pas moins de 6 *pousadas,* dans l'esprit « surf et cabane en bois »... mais aux tarifs plutôt élevés. Voici notre sélection :

### De prix moyens à plus chic (150-400 Rls / env 36-96 €)

**Pousada Brisa do Mar :** *praça da Tiririca. ☎ 3251-3021. • pousadaerestaurantebrisadomar@hotmail.com • Doubles 120-160 Rls.* Une maison composée de rondins, façon western, avec 5 chambres pas très grandes et un peu sombres, au 1er étage, autour d'une grande terrasse couverte. Resto au rez-de-chaussée. L'adresse la moins chère de la plage.

**Pousada Hanalei :** *praça da Tiririca. ☎ 3251-2311. • pousadahanalei.com.br • Doubles 120-360 Rls.* Enfouie dans la végétation, charmante auberge en bois proposant des chambres doubles et familiales agréables et tout confort. Les moins chères, avec sanitaires à l'extérieur (mais privés), conviendront aux jeunes surfeurs fauchés. Terrasse avec hamacs. Bon accueil (en anglais). Sur place, location de planches.

**Pousada Tânara :** *praça da Tiririca. ☎ 3251-3423. • pousadatanara.com • Doubles 160-380 Rls.* Encore une belle cabane en bois améliorée ! 6 chambres élégantes, avec de jolis décrochements, différentes vues selon le prix, un joli petit salon et une terrasse avec des hamacs. Simple et sympa. Pas donné en saison, certes.

## Où manger ?

Les restos et les bars se situent principalement *rua Pedro Longo* et dans son prolongement, *rua Lodônio Almeida (Passarela da Vila),* la rue piétonne de la ville.

LE NORDESTE

## Bon marché (moins de 40 Rls / env 10 €)

**Zé Senzala** (plan zoom, A1, **30**) : *av. Castro Alves, 360 ; sur le front de mer. ☎ 3251-2419. Tlj 12h-22h.* Self *ao kilo* idéal pour le déjeuner, avec une terrasse sur le front de mer et un grand choix de crudités et de bons p'tits plats, maintenus au chaud. Tous les vendredis, spécialités bahianaises, et tous les samedis, *feijoada.* Excellent accueil.

**Café Caramelo** (plan zoom, A1, **31**) : *Pedro Longo, 43. ☎ 3251-3364. Tlj 8h-minuit.* Un café-pâtisserie grand comme un Abribus, prolongé par un échantillon de terrasse. Petit déj, gâteaux, tartes sucrées et salées, pas chères et excellentes. Bons thés et café. Tenu par un Français.

**Casa de Taipa** (plan zoom, B1, **33**) : *Pedro Longo. ☎ 3251-3510. Tlj 11h30-17h30. Buffet ao kilo.* Fonctionne toute l'année avec une clientèle mixte, touristes et locaux. Buffet d'une trentaine de plats dont salades, plats bahianais, plats du chef et 2 types de fruits. Ainsi va leur pub, ainsi va la réalité. Indéniablement bon marché.

**Alamaim** (plan zoom, A-B1, **34**) : *Pedro Longo. ☎ 3251-3462. Tlj, sauf dim, 15h-22h (plus tard en saison).* Une enclave orientale au cœur de la rue principale. Jolie salle arabisante aux couleurs chaudes et, surprise, après le coin canapés, on trouve un... jardin potager ! C'est bien sûr lui qui alimente ce resto végétarien qui sert falafel, houmous, *chakchouka,* moussaka, couscous, ainsi que des plateaux orientaux. Tout est bon et à prix raisonnable.

**Naturalmente** (plan zoom, A1, **32**) : *rua Lodônio Almeida, 37. 📱 99827-9248. Tlj 14h-22h, sauf dim.* On vient surtout dans ce resto végétarien pour le *prato do dia,* en général de bonne facture, et pour les tartes du jour. Le reste (salades, desserts) est moins convaincant...

## Chic (70-100 Rls / env 17-24 €)

**Jiló** (plan zoom, A1, **15**) : *av. Castro Alves, 164. 📱 99169-9351. Tlj, sauf lun, seulement le soir. Résa conseillée.* C'est le resto de la *Pousada dos Anjos* (voir « Où dormir ? »). Pensez à réserver en terrasse si vous voulez avoir la vue sur le front de mer. Sinon, agréable salle à manger vitrée, plutôt chic. C'est une des adresses où se retrouvent les *beautiful people* de passage. Entrées à partager, *moquecas,* poisson grillé (sur le barbecue du rez-de-chaussée) ou à la sauce bahianaise, etc. C'est bon, sans être non plus exceptionnel, mais c'est parfait pour un dîner en amoureux.

## *Sur les plages*

**Cabana Tiririca** : *praça da Tiririca. ☎ 3251-2544. Tlj sauf lun à partir de 11h. De bon marché à prix moyens.* Un bar restaurant avec terrasse en dur, à l'entrée de la plage. Bons poissons et fruits de mer du jour.

Plusieurs cabanes sur la plage de Concha. Citons notamment ***Amigão,*** à peu près au milieu de la plage.

LE NORDESTE

# Où boire un verre ? Où sortir ?

**Casa Rural** (plan zoom, A1, **42**) : *à l'angle de l'av. Castro Alves et de Pedro Longo. Tlj 8h30-23h.* Un local très simple, avec une terrasse en bois face au front de mer, pour boire un jus d'orange frais et grignoter des petits beignets de morue, viande ou crevettes.

**Pimenta Doce** (plan zoom, A1, **41**) : *Praça Santos Dumont, 40. Tlj 17h-23h30, sauf mer.* Ce piment doux est un petit bar-resto agréable pour démarrer la soirée avec une bonne caïpirinha ou une bière *Original Antarctica,* à siroter en terrasse sur la place.

**Jungle et Favela** (plan zoom, B1, **40**) : *rua Pedro Longo. Ouv à partir de 18h.* 2 bars musicaux l'un à côté de l'autre, qui accueillent régulièrement des groupes ou des DJs de qualité. Si les soirées commencent tard, elles se terminent tôt (le lendemain matin). Ambiance extra.

Signalons également **Núúh !!** *(plan zoom, A1, **44**)*, un « gastro-bar » qui joue la carte du jazz le mercredi et celle de la samba le vendredi.

Sur la plage de Concha, la cabane en dur **Corais** (au fond à droite) se lance en principe dans le *forró* chaque week-end après-midi...

## À faire

***Les plages :*** 5 anses sablonneuses enserrées par la *serra* littorale se succèdent. La plus grande et la plus proche du centre est la ***Concha,*** avec ses restos de plage plus ou moins bondés, plus ou moins bons, puis à touche-touche 4 plages bien séparées par des collines et des rochers. Coup de cœur pour les 2 premières : tout d'abord ***Resende,*** très tranquille. Puis juste à côté, ***Tiririca,*** la plus fréquentée, sur laquelle les surfeurs s'éclatent (vague courte, rapide et régulière) et où l'on trouve quelques *pousadas,* des loueurs de transats et de parasols, plus des douches d'eau naturelle à l'arrière. Plus éloignées, au-delà d'une colline, on trouve la petite ***Costa,*** fréquentée exclusivement par les surfeurs, puis ***Ribeira,*** au contraire remplie de transats, de parasols et de cabanas. Signalons que celle-ci est survolée par une tyrolienne (c'est la mode !) partie prenante d'un accrobranche *(Conduru Arvorismo)* de haute volée, alors avis aux amateurs ! Pour toutes ces plages, revenir avant la nuit. Même si les agressions sont rares, cela peut arriver.
Au-delà, une demi-douzaine de plages idylliques un peu plus isolées s'égrènent vers le sud, comme celles de ***Prainha,*** véritable carte postale. Cette dernière est accessible à pied depuis *Ribeira,* mais pas seul car on peut se perdre facilement dans les chemins, et jamais après le coucher du soleil (risque d'agression). Plus au sud, plage de *Jeribucaçu* (accessible en taxi, puis à pied), puis 3 autres, accessibles en bus et à pied, *Engenhoca, Havaizinho* (petit Hawaï, parfaite pour le surf) et *Itacarézinho...*

***Balade et/ou rafting sur le rio de Contas*** *(plan A1)* **:** une pirogue à rames ou à moteur vous emmène remonter le rio sur quelques kilomètres. Glissade silencieuse sur les eaux tranquilles, observation des oiseaux de la mangrove et, à l'arrivée, quelques minutes de marche pour aboutir à une sympathique cascade. Baignade extra. S'adresser directement aux pêcheurs au niveau du petit port, ou à une agence sérieuse comme :

■ ***Brazil Trip Tour*** *(plan zoom B1, **5**)* **:** *Pedro Longo, 239 ; 98137-3367 ; • braziltriptour.com • Env 60 Rls/pers, sans l'accès à la cascade ni le déj.* Diverses possibilités d'excursions nature dans le coin.

■ ***Rafting Turismo*** *(plan zoom B1, **6**)* **:** *Pedro Longo ; 99989-1629.* Propose du rafting sur le rio de Contas *(env 90 Rls/pers)* et d'autres excursions comme le tour de la péninsule de Maraú, la baie de Camamú...

***Surf :*** Itacaré est sans aucun doute un des meilleurs spots de surf de la côte sud de Salvador, notamment pour les surfeurs débutants et moyens. Pas moins de 15 km de plages pour s'adonner aux joies de la glisse. Si vous n'avez pas de matériel ou si vous désirez prendre des cours, vous trouverez plusieurs boutiques spécialisées dans la grande rue centrale, et dans certaines *pousadas* spécialisées dans l'accueil des surfeurs. Possibilités de prendre des cours. Aller voir l'*Association des surfeurs* directement sur la plage de Tiririca, ils vous donneront toutes les infos.

***Praia do Pontal :*** *juste de l'autre côté du rio de Contas. Des pirogues et des barques vous font faire la traversée à la demande, à partir de Porto Pedras* *ou de la plage Coroinha.* Une étendue déserte qui semble sans fin, une plage ourlée de sable blanc et bordée de cocotiers.

# ILHÉUS

185 000 hab. IND. TÉL. : 73

**La fondation d'Ilhéus remonte à 1532. Située à 460 km au sud de Salvador, ancienne capitale du cacao (le littoral porte le nom de « côte du Cacao ») après avoir été celle du sucre, c'est aujourd'hui une grande ville moderne, avec un petit centre animé, agrémenté de quelques édifices dignes d'intérêt. C'est surtout LA ville où naquit l'immense Jorge Amado. D'ailleurs, vous tomberez sur sa bonne tête à tous les coins de rue. Il y situe l'action de son plus grand succès mondial, *Gabriela, Cravo e Canalo (Gabriela, girofle et cannelle).* On peut toujours voir aux environs les immenses plantations de cacao qui furent touchées dans les années 1990 par une maladie qui les rendit stériles. Depuis, l'économie se reconvertit vers le secteur tertiaire (services et informatique). Juste au nord d'Ilhéus, une magnifique plage s'étend sur des kilomètres.**

## Arriver – Quitter

✈ ***Aeroporto Jorge Amado :*** *rua Brigadeiro Eduardo Gomes, s/n, à 3,5 km au nord de la ville.* Vols réguliers depuis São Paulo et Salvador. Liaisons également avec Rio et Belo Horizonte. En moyenne 1-2 liaisons/j. Compagnies aériennes *LATAM (☎ 3234-5258 ; • latam.com •), GOL (☎ 3633-7864 ; • voegol.com.br •), Azul (☎ 3234-4034 ; • voeazul.com.br •), Avianca (☎ 3231-8881 ; • avianca.com.br •).* Loueurs de voitures dans l'aéroport. Compter 25 Rls pour rejoindre le centre en taxi. Nombreux distributeurs à l'aéroport.

***Rodoviária Ilhéus-Itabuna :*** *av. Governador Roberto Santos, 15.* Un peu excentré, à env 4 km à l'ouest du centre-ville, mais des bus assurent la liaison en permanence avec la gare des bus locaux située au centre-ville, en 20 mn. Bus pour Salvador (6h de trajet) et Itacaré (1h40). Plusieurs compagnies représentées :

➢ *Aguia Branca (☎ 3634-4121 ; • aguiabranca.com.br •)* pour ***Salvador,*** 3 bus/j. ; pour ***Bom Despacho,*** 2-3 bus/j.

➢ *Rota (• rotatransportes.com.br •)* et *Cidade Sol (☎ 3634-3161) :* bus pour ***Itacaré*** ttes les 45 mn, 5h40-20h40.

➢ *São Geraldo (☎ 3634-6442)* pour ***Rio,*** 1 bus/j. vers 9h30 (durée : env 23h) ; pour ***São Paulo,*** 1 bus/j. vers 9h15 (durée : 30h) ; pour ***Belo Horizonte,*** 1 bus/j. (sauf mar) à 8h45 (durée : 20h).

– 2 distributeurs dans la gare routière.

## Adresses et infos utiles

***Kiosque touristique :*** *praça D. Eduardo, entre la mer et la cathédrale. Lun-ven 8h30-12h, 14h-18h ; fermé w-e.* Vraiment très peu d'infos à soutirer.

– Nombreuses infos mises à jour sur le site *• brasilheus.com.br •*

■ ***Banco do Brasil :*** *rua Marquês de Paranaguá, 112.*

■ ***Banco Itaù :*** *praça D. Eduardo.*

■ ***Encantur :*** *rua Jorge Amado, 64. ☎ 2101-3900. Lun-ven 8h-18h, sam 9h-13h, fermé dim.* Fait le change à un taux intéressant.

## Où dormir ?

### De prix moyens à un peu plus chic (moins de 200-300 Rls / env 48-72 €)

■ ***Ilhéus Praia Hotel :*** *praça D. Eduardo (et av. Soares Lopes). ☎ 2101-2533. En face de la cathédrale. Doubles 220-250 Rls, avec ventilo ou clim.* Grand hôtel (en taille) de standing classique et fonctionnel. Une soixantaine de chambres de confort moyen. Tristoune mais acceptable.

■ ***Hotel Britânia :*** *rua Jorge Amado, 16. ☎ 3634-1722. • hotelbritania@hotmail.com • Très central, juste en face de la Maison de la culture. Doubles env 160-230 Rls.* Confort correct (clim, sol carrelé, TV, frigo). Chambres sans charme, autant le savoir, avec certaines donnant sur l'atrium (à éviter). Préférer celles avec de vraies fenêtres au 1er étage. Elles sont un peu sombres, mais correctement tenues.

## Où manger ? Où boire un verre ?

***Restaurante e bar Vesúvio :*** *praça D. Eduardo, 190. ☎ 3634-2164. En face de la cathédrale. Tlj 11h-minuit (17h dim). Compter 45-70 Rls pour 2. Couvert musical.* Immanquable avec son Jorge Amado à l'entrée, qui attend qu'on lui offre un verre et où tout le monde vient se faire photographier. Le mythique café de l'écrivain, « relooké » moderne. Quelques photos aux murs... Cuisine correcte : *peixe Amado* (bien sûr), langouste, *mariscada,* viandes diverses et cocktails (c'est un bar avant tout).

***Gabriela, Cravo e Canela :*** *praça D. Eduardo, 81. Le resto du Ilhéus Praia Hotel. ☎ 3634-2839. Tlj 7h-23h.* D'excellentes pizzas et une carte bien fournie. Service en salle ou en terrasse avec vue sur la cathédrale. Chanteur guitariste le soir. Ambiance sympathique. Une bonne adresse.



## À voir. À faire à Ilhéus et dans les environs

À Ilhéus même, tout est concentré dans le centre-ville. Visite des églises et édifices coloniaux en 1h, sans se presser.

***Catedral São Sebastião :*** édifiée à partir de 1931, de style bizarre, disons « éclectique tendance pâtisserie pastel ». Façade originale avec son porche en rotonde sur colonnes, surmonté d'un petit dôme. À l'intérieur, festival de tonalités blanc et beige et de vitraux roses, ça donne un côté pâtisserie.

À partir de la cathédrale, on découvre le ***Vesúvio,*** un monument littéraire, présent dans l'œuvre d'Amado bien sûr, puis la rue éponyme célébrant l'écrivain, la *rua Jorge Amado.* On y trouve tout d'abord, sur la gauche, le ***Cine Teatro municipal*** (1932), suivi, au n° 21, de la ***Casa de Cultura Jorge Amado*** *(☎ 3231-7531 ; lun-ven 9h-13h, 14h-18h, sam 9h-13h, fermé dim ; entrée : 5 Rls, visite guidée).* Elle fut créée par le père de l'écrivain en 1920 et connut l'écriture de son 1er roman *(Le Pays du carnaval).* Nombreux souvenirs, quelques chemisettes fleuries (une achetée en Martinique !), et des couvertures d'éditions étrangères.

Au bout de la rua Amado s'élèvent quelques bâtiments notables de la grande période du cacao (1900-1930) : la ***casa dos Artistas,*** de style colonial fin du XIXe s, et, tout au bout, dominant la place J. J. Seabra, la masse lourdement ornementée du ***palácio Marquês de Paranaguá*** (1907). L'autre axe de la ville est la ***rua Antônio Lavigne,*** bordée de quelques demeures de caractère. Tout au bout, un bouquet d'intéressants édifices : le ***palácio Misael Tavares*** (1914), une loge maçonnique à la riche ornementation. À côté, l'***igreja-museu São Jorge,*** fondée en 1556, mais la construction actuelle date de 1723 : style baroque simplissime.

**Bataclan :** *av. 2 de Julho, 77. ☎ 3633-4701. Tlj 10h-17h, sauf dim. Entrée : 5 Rls.* Ancienne maison close au patronyme inspiré par le cabaret parisien, il devint célèbre avec le roman *Gabriela,* de Jorge Amado. Stratégiquement situé, près du port et de l'embarcadère de l'ancien marché d'Ilhéus, le *Bataclan* était le bordel préféré des grands marchands de cacao de l'avant-guerre et aussi le point de passage d'une faune interlope composée de marins en goguette, d'artistes, de voyous, attirés par l'atmosphère glauque, le tango argentin et le french cancan... Tombé en ruine, il a été entièrement rénové et est à présent un endroit hybride : resto, bar, petit musée au fond à l'étage, avec reconstitution de la chambre de Maria Machadão, et un espace pour les expositions. Nombreuses photos de la grande époque et caisse enregistreuse d'origine.

### UN DIMANCHE EN VILLE

*Au bon temps de la prospérité et du commerce du cacao, les riches planteurs quittaient leurs fazendas pour emmener toute la maisonnée à la messe dominicale. Ils avaient pris toutefois la précaution de se cotiser à plusieurs pour soudoyer le curé, afin qu'il allonge le service religieux le plus longtemps possible... Car dès l'oraison, ils s'éclipsaient discrètement pour se rendre au Bataclan, prendre du bon temps auprès de leurs « petites cocottes » préférées !*

Possibilité de visiter des ***fazendas de cacao.*** Renseignements dans les agences touristiques, ou téléphoner aux *fazendas* directement.

– **Ceplac :** *av. Juca Leão, 463, à Itabuna.* Le Centre de recherche national pour le cacao. Visionnage d'une vidéo sur le centre et ses objectifs, visite du siège et d'une plantation pour apprendre comment le fruit est récolté et transformé. Dégustation en fin de parcours. L'agence *Orbita* à Ilhéus offre un circuit attentionné pour une même approche *(rua Leite Mendes, 71 – petite rue qui monte du côté gauche de la cathédrale ; ☎ 3231-3704 ; • orbitaexpedicoes.com.br • ; tlj visite de 2h, résa obligatoire ; compter 50 Rls).*

– **Fazenda Primavera :** *à env 20 km d'Ilhéus, route d'Itabuna. ☎ 3613-7817. 98818-3207. Visite env 30 Rls.* Découverte de tout le processus de production, de la cueillette au séchage, en passant par le cassage des cabosses...

– **Chor** *(rua Coronel Paiva, 93)* **et Cacau do Céu** *(av. Soares Lopes, 508)* **:** pour acheter du bon chocolat au détail.

LE NORDESTE

## PORTO SEGURO

141 000 hab. IND. TÉL. : 73

• Plan *p. 599*

**Grand site historique à 722 km au sud de Salvador. Il faut dire que c'est là que le Brésil fut découvert, le 22 avril 1500, par Cabral. Les Portugais y ont célébré leur 1re messe, en présence des Indiens. Celle-ci est d'ailleurs toujours célébrée chaque année.**
**Le centre-ville se situe à l'embouchure d'un fleuve et conserve une ambiance paisible, avec quelques *pousadas* et maisons de style colonial, qui longent la mangrove. La ville possède quelques monuments historiques intéressants,**

**mais on vient surtout à Porto Seguro pour filer plus au sud et profiter des belles plages entre Arraial d'Ajuda et Trancoso.**
**Le front de mer de Porto Seguro s'est transformé aujourd'hui en un immense emporium. Que des boutiques et stands de vêtements, de gadgets et snacks plutôt du genre cheap et peu originaux. En réalité, les Paulistas et les Cariocas viennent ici désormais plus pour l'animation nocturne de la ville que pour son charme.**

## Arriver – Quitter

### En bus

Nombreuses agences à la ***rodoviária*** *(hors plan par A1, **1** ; ☎ 3288-1914).* On y trouve les kiosques des compagnies, un bar-resto et un petit kiosque d'infos sur les hébergements.
➢ *São Geraldo (☎ 3288-1198)* et *Gontijo* assurent des liaisons quotidiennes avec ***Belo Horizonte*** (départs à 14h et 15h30), ***Rio*** (départ à 16h), ***São Paulo*** (départ à 14h40), ***Brasília*** (départ à 9h) et ***Goiâna*** (départ à 16h), avec connexion pour *Brasília, Curibita, Maceo...* Pour Rio, compter 19h de route et pour São Paulo, 26h.
➢ *Aguia Branca (☎ 4004-1010 ; • aguiabranca.com.br •)* dessert surtout ***Salvador.*** 1 liaison/j. Avec couchette, départ à 18h25, arrivée à 6h35.
➢ *Rota (☎ 3288-3791 ; • rotatransportes.com.br •)* assure la liaison avec ***Ilhéus.*** Env 4 départs/j. Pour ***Itacaré,*** 1 départ/j. (à 12h40).

### En bateau

➢ 2 compagnies desservent ***Arraial d'Ajuda.*** De la *Travessia de Balsa* à la pointe extrême de la ville, les ferries traversent le *rio Buranhém.* Départ ttes les 30 mn 6h-1h et ttes les heures la nuit. Compter pour une voiture (chauffeur compris) 15 Rls le j. la sem, 18 Rls le w-e et la nuit et 4 Rls/passager supplémentaire.

### En avion

✈ ***Aeroporto de Porto Seguro*** *(hors plan par A1) : ☎ 3288-1880. Proche du centre, par la rua Pitangueira puis la ladeira do Aeroporto.* Location de véhicules, bar-resto, kiosque et taxis (env 15 Rls) pour rejoindre le centre.
➢ Avec les compagnies *LATAM (• latam.com •), AZUL (• voeazul.com.br •)* et *GOL (• voegol.com.br •),* liaisons fréquentes et directes avec ***Salvador, Rio*** et ***São Paulo.***

## Adresses et infos utiles

ℹ Petit ***centre d'information touristique*** *(hors plan par A1, **1**) : à la gare routière.*
■ ***Banco do Brasil*** *(plan B1, **3**) : av. Navegantes, 22.* Pas de change, uniquement des distributeurs automatiques (24h/24).
■ ***Banco Bradesco*** *(plan B2, **4**) : praça do Relógio.* Distributeurs automatiques (24h/24) uniquement.
➢ Un système de ***bus*** et de ***navettes*** permet, le soir, de regagner les hôtels répartis tout au long des plages, au nord *(plan B1, **2**).*

## Où dormir ?

### De bon marché à prix moyens (moins de 150-250 Rls / env 36-60 €)

⌂ ***Pousada Casa Amarela*** *(plan A1, **11**) : rua Marechal Deodoro, 286. ☎ 3288-2221. Doubles 120-140 Rls.* Impossible d'échapper à sa façade jaune. La plupart des chambres aux murs de brique donnent sur la piscine, au calme. Simples et propres, avec clim, ventilo, TV et frigo. Accueil agréable.

LE NORDESTE

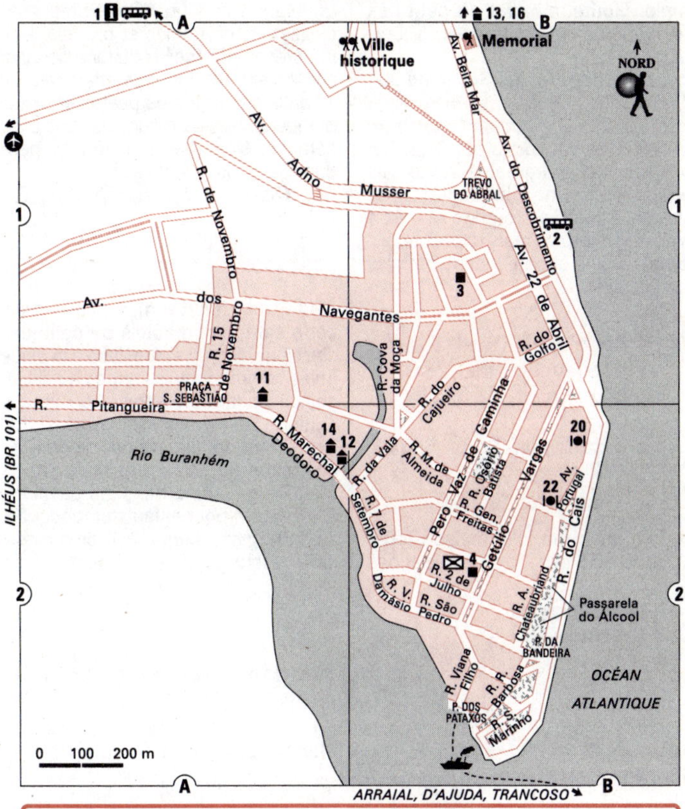


## PORTO SEGURO



**Adresses utiles**

- 1 Terminal des bus et centre d'information touristiques (hors plan par A1)
- 2 Bus pour les plages (B1)
- 3 Banco do Brasil (B1)
- 4 Banco Bradesco (B2)

**Où dormir ?**

- 11 Pousada Casa Amarela (A1)
- 12 Hotel Estalagem Porto Seguro (A2)
- 13 Quinta do Sol Lite (hors plan par B1)
- 14 Hotel Recanto do Sol (A2)
- 16 Quinta do Sol (hors plan par B1)

**Où manger ?**

- 20 Tia Nenzinha (B2)
- 22 Restaurante Esquina do Mundo (B2)

***Quinta do Sol Lite*** *(hors plan par B1,* ***13****)* **:** *av. Beira Mar, km 2, praia de Curuipe. ☎ 3288-8500. • qslite.com.br • À 2 km du centre. Double à partir de 120 Rls ; env 200 Rls en hte saison.* Annexe du *Quinta do Sol* (voir plus bas). Bon rapport qualité-prix dans cette catégorie. Niché dans la verdure, petit hôtel à l'architecture plaisante, chambres en hauteur ménageant une tranquille intimité. Toutes avec terrasse et hamac, clim, TV à écran plat et frigo. L'ensemble est impeccable et la déco simple. Goûteux buffet de petit déj, avec gâteaux et fruits frais. Micro-piscine et bar.

**Hotel Recanto do Sol** (plan A2, **14**) : rua Marechal Deodoro, 82. ☎ 3288-5195. • portalrecantodosol.com.br • Doubles 120-220 Rls. Sorte de motel, agréable et de très bon confort. Une cinquantaine de chambres colorées (orange et vert à l'honneur), simples mais impeccables. Sauna, piscine et pataugeoire pour les enfants.

### De prix moyens à un peu plus chic (moins de 250-350 Rls / env 60-84 €)

**Hotel Estalagem Porto Seguro** (plan A2, **12**) : rua Mal Deodoro, 66. ☎ 3288-2095. • hotelestalagem.com.br • Doubles env 180-350 Rls ; promos sur leur site. Une jolie maison toute fraîche, avec une déco agréable et des tableaux aux murs. Chambres spacieuses, confortables et propres. Une préférence pour celles du fond donnant sur la belle piscine. Les chambres du 1er bâtiment sont plus petites et moins pratiques. Sympathiques balcons avec hamacs. Quelques moustiques pendant la saison des pluies.

**Quinta do Sol** (hors plan par B1, **16**) : av. Beira Mar, km 1,5, praia de Curuipe. ☎ 3268-8500. • hotelquintadosol.com.br • À 1,5 km du centre vers le nord. Double env 180 Rls ; 350 Rls en hte saison. L'un des moins chers dans cette catégorie d'hôtels de petit luxe classique. Sur un étage, face à la plage (mais comme tous les autres hôtels du coin, il y a la route à traverser). Tout le confort : lit *king size,* clim, frigo, coffre, petite terrasse, etc. Ne pas prendre les chambres du sous-sol sans point de vue. Belle piscine dans les palmiers, avec bassin pour enfants et toboggan, salle de gym, sauna, hydromassage, salle de jeux... Accueil souriant.

## Où manger ?

LE NORDESTE

### De bon marché à prix moyens (moins de 40-70 Rls / env 10-17 €)

**Tia Nenzinha** (plan B2, **20**) : passarela do Alcool, 170 (ex-av. Portugal). ☎ 3288-1846. Tlj 12h-minuit. Repas complet env 30 Rls. Un des rares restos acceptables dans cette rue extrêmement touristique. Grand choix de spécialités bahianaises, poissons et crustacés essentiellement. Goûter à la *lagosta especial* (mais pas donnée et uniquement en saison), aux *bobo de camarão, vatapa, casquinha de siri,* etc. Tranquille mezzanine.

**Restaurante Esquina do Mundo** (plan B2, **22**) : passarela do Alcool, 292 (ex-av. Portugal). ☎ 3288-2139. Tlj 12h-minuit. Adresse qui a pignon sur le front de mer. Grande salle et terrasse très proprette. Cuisine italo-bahianaise qui privilégie les produits de l'océan : pizza aux fruits de mer, carpaccio de poulpe, gratin de crevettes, mais aussi filet de bœuf argentin. Également des spécialités pour 4. Sous des dehors un peu fourre-tout, c'est une très bonne adresse.

## Où boire un verre ? Où sortir ?

Pas besoin d'expliciter : sur le bord de mer, la ***Passarela do Alcool*** *(plan B2)* porte bien son nom. La *cerveja* et la cachaça y coulent à flots au milieu de l'animation créée par les musiciens de rue et les capoeiristes. Pour les amateurs d'expériences nouvelles, un cocktail redoutable : la *capeta,* à base de vodka, *guaraná* et lait concentré sucré, le tout saupoudré de cannelle et de chocolat... Explosif !

Pour les fêtards de tout poil, vaste choix de *complexo de lazer* plus au nord, notamment le long de ***praia de Taperapuan,*** qui concentre à la fois restos, bars, discothèque et salle de spectacle, pour s'éclater avec les Paulistas en goguette ! Avis aux amateurs... Voici quelques propositions, mais nul doute que vous trouverez la « boate » correspondant à vos fantasmes du moment.

**Axé Moi :** *praia de Taperapuan. ☎ 3679-3237. • axemoi.com.br • Tlj.* Vaste complexe de loisirs avec 5 restos et snacks, bar avec immense terrasse sur la plage *(8h-18h).* Pas mal d'activités pour les enfants la journée. Le soir, concerts et soirées *axé* endiablées ! Foule énorme, notamment pour certaines soirées événements : réveillon, carnaval, super shows de janvier à juillet et les folies d'octobre.

**Barramares :** *av. Beira Mar, praia de Itaperapuã, à 6 km au nord. ☎ 3679-2980. Shows tlj à partir de 22h.* Une des « boates » les plus éloignées. Spectacles de musique *axé*, samba, *forró*... Concerts.

**Ilhas dos Aquários :** *☎ 3268-2828. • ilhadosaquarios.com.br • Sur la bien nommée ilha dos Aquários ; liaisons en bateau depuis Porto Seguro ou Arraial d'Ajuda (env 7 mn, inclus dans le prix d'entrée). Seulement ven 20h-5h. Tarif : 75 Rls.* Vaste complexe avec pas moins de 8 bars ou kiosques où s'abreuver, un resto et divers snacks avec concerts de *MPB* pour animer le repas, plusieurs lieux de concerts et un night-club au décor d'aquariums géants.

**Transilvânia :** *av. Beira Mar. ☎ 3268-2828. À partir de 21h.* Comme son nom l'indique, on y aime bien les vampires (on y aurait d'ailleurs rencontré Dracula lui-même en goguette). Soirées thématiques qui rassemblent parfois plus de 5 000 personnes. Mardi bien animé, et surtout le samedi. 4 bars et pizzeria.

## À voir. À faire

**Ville historique** *(plan A-B1)* **:** *sur la colline dominant le centre. Accès par un long escalier depuis l'av. Beira Mar ou par la route, depuis la rodoviária (parking à l'arrivée).*

Romantiques vestiges de la 1re ville du Brésil, la *cidade Alta*, classée Monument national. Visite un peu décevante de 45 mn. Pas la peine de prendre un des guides de l'entrée. Beaucoup d'échoppes à souvenirs.

On l'aborde par une rue bordée de demeures coloniales allant du XVIe au XVIIIe s. À l'époque, pas de numéros de rue, c'est la couleur des façades qui déterminait les familles. La maison qui ressemble à une église fut le logement du 1er médecin de la ville (la rue porte d'ailleurs son nom). Celle avec la façade rouge livre une fenêtre faite de pierres venant du Portugal et utilisées comme ballast dans les navires au voyage aller. La maison à façade bleue, à côté, est la plus ancienne. Beau panorama sur le large. On distingue bien la barrière de corail qui protégeait efficacement les bateaux (d'où « Porto Seguro »). Subsistent encore 3 églises.

– **Matriz Nossa Senhora da Pena :** elle date de 1730. Antique pupitre en bois et icônes des XVIIIe et XIXe s.

– **Capela do Colégio São Benedito** *(ou do Salvador)* **:** construite au milieu du XVIIe s. Style très épuré, représentatif de la 1re période coloniale. La chapelle faisait partie du collège de jésuites qui fut détruit en 1917.

– **Igreja da Misericôrdia :** *entrée : 2 Rls.* Construite à la fin du XVIIIe s, sur les vestiges d'une chapelle du XVIe. À l'intérieur de cet édifice, devenu le *Museu de Arte Sacra da Misericôrdia,* retable de style rococo. Possède un saint François d'Assise du XVIe s, 1re représentation d'un saint au Brésil. Superbe représentation du Christ crucifié, déjà mentionnée dans les écrits à la fin du XVIe s.

– **Casa de Câmara e Cadeia :** *en face de l'igreja N. S. da Pena. ☎ 3012-2782. Ouv 9h-17h. Entrée : 10 Rls.* Bel exemple d'architecture du XVIIIe s. Servit de mairie et de prison. Muséographie moderne, parures indiennes, armes, petits films sur les rites de passage dans les sociétés amérindiennes et l'histoire de la colonisation, cartes des grands voyages, bien utiles pour reconstituer la chronologie des découvertes.

LE NORDESTE

– ***Marco do Descobrimento :*** longue stèle de marbre sous un plexiglas protecteur, portant une croix d'un côté et le symbole royal de l'autre. Elle fut apportée en 1503 pour marquer la prise de possession du Brésil. Tout autour les différents drapeaux des États de la fédération brésilienne.

***Memorial da Epopéia do Descobrimento do Brasil*** *(plan B1)* **:** *av. Beira Mar (praia do Cruzeiro), 800 ; à 1,5 km du centre. ☎ 3268-2586. • memorialdodescobrimento.com.br • Tlj 8h30-12h, 13h30-17h, sauf dim. Visite guidée : 30 Rls ; réduc.* On y trouve une réplique grandeur nature du navire de Pedro Álvarez Cabral, le découvreur du Brésil, une *Oca Indígena* ainsi que des reproductions de cartes de l'époque. Balade agréable dans le jardin botanique tropical.

Le site est surtout prisé pour ses innombrables ***plages*** (sable fin et eau turquoise), telles, vers le nord, ***Taperapuã, Mundaí, Curuípe, Itacimirim, Ponta Grande, Mutá*** et, vers le sud, ***Lagoa Azul, Pitinga, Itaquena...*** et quelques îlots quasi déserts. Éviter celle de *Cruzeiro,* la plus proche de la ville, car dangereuse et polluée.

➢ La ville de Porto Seguro est aussi le point de départ de belles balades dans le ***parque nacional de Monte Pascoal*** et la ***réserve marine de Recife de Fora*** *(infos auprès des agences touristiques).*

# ARRAIAL D'AJUDA

IND. TÉL. : 73

**Le charmant village d'Arraial d'Ajuda est fréquenté par une population très relax, rastas qui flânent à l'ombre des palmiers sur la praça São Braz et touristes néobabas se prélassant sur les plages de Mucugê, Parracho, Pitinga... Mais à partir de Noël, l'ambiance s'échauffe, le monde afflue, et le village se transforme en royaume de fêtards et dragueurs invétérés... Chaque soir, canette en main, on fait le beau, on se balade en short avec caleçon apparent pour exhiber ses tablettes de chocolat, on flirte ardemment, la cachaça coule à flots et on finit la soirée dans une des boîtes en vogue, dans une atmosphère déchaînée.**

## Comment y aller depuis Porto Seguro ?

➢ On accède à Arraial en traversant le *rio Buranhém,* sur des bacs qui circulent 24h/24, ttes les 30 mn (1h après minuit). Prix du passage : env 4 Rls/pers, 15 Rls/voiture en sem (chauffeur compris), 18 Rls/voiture le w-e et la nuit.

➢ À Porto Seguro, départ en bus, praça dos Pataxós *(plan B2).* Env 10 mn de traversée. Puis encore 25 km de route, si l'on veut aller jusqu'à Trancoso.

## Adresses utiles

■ ***Distributeurs automatiques :*** Banco Itaú *dans la rue commerçante, estrada do Mucugê, ou dans le centre. Également un* Banco do Brasil *rua Manoel Crescêncio Santiago, 22.*

■ ***Bureau de change :*** *au bar Novo Astral, rua Broadway, 57.* Euros et dollars acceptés mais en dépannage seulement, car le change est au plus bas.

LE NORDESTE

## Où dormir ?

### De bon marché à prix moyens (moins de 150-250 Rls / env 36-60 €)

🏠 ***Arraial d'Ajuda Hostel*** *(AJ)* **:** *rua do Campo, 94.* ☎ *3575-1192.* • *arraialdajudahostel.com.br* • *En dortoir de 5 env 55-75 Rls/pers avec ou sans la carte HI (en vente sur place) ; doubles 160-320 Rls (jusqu'à 400 Rls en janv).* AJ officielle installée dans une ancienne *pousada,* ce qui explique cette charmante architecture et le cadre particulièrement agréable. Une soixantaine de lits en tout. À noter, la clim fonctionne seulement la nuit. Cuisine équipée, *lavanderia,* piscine de poche, coffre et vente de tickets de transport. Organise aussi diverses excursions, comme à Trancoso. Atmosphère extra.

🏠 ☂ ***Pousada Bemvirá :*** *alameda dos Flamboyants, 54.* ☎ *3575-1184 ou 1714.* • *bemvira.com.br* • *À côté du resto Rosas dos Ventos, à 500 m de la plage. Doubles à partir de 200 Rls.* Structure de charme et intime dans un agréable jardin. Couleurs vives, déco soignée et atmosphère agréable. Chambres spacieuses et de bon confort (clim, TV, frigo, terrasse avec hamac). Petite piscine, terrain de beach-volley. Accueil amical. Un bon rapport qualité-prix.

🏠 ***Tubarão Pousada :*** *rua Bela Vista, 210.* ☎ *3575-3379.* • *pousadatubaraoarraial.com* • *Derrière l'église, à côté de la pousada Alto Mar. Doubles 100-320 Rls.* Situé dans un coin particulièrement calme. Chambres classiques très correctes (clim ou ventilo), spacieuses (jusqu'à 5 personnes) et fraîches. Hamacs pour faire la sieste dans le jardin tropical en pente. Agréable piscine. Accueil aimable. Encore un bon rapport qualité-prix.

🏠 ☂ ***Pousada Oca dos Indios :*** *estrada do Mucugê, 305, caminho da Praia.* ☎ *3575-1156.* • *ocadosindios.com.br* • *À 300 m de la plage, mais pas d'accès direct. Double à partir de 150 Rls.* 8 chalets impeccables, pour 2 à 5 personnes, répartis dans un grand jardin qui descend vers la mer. Tout confort : TV, clim, ventilo, frigo, et petite terrasse pour buller dans un hamac. Piscine surplombant la plage de Mucugê : vue imprenable garantie. *Churrasqueira.*

### Plus chic (250-500 Rls / env 60-120 €)

🏠 ***Aos Sinos dos Anjos*** *(Art Residence)* **:** *rua do Ipê, 71 ; légèrement à l'écart de l'agitation.* ☎ *3575-1176.* • *aossinosdosanjos.com* • *Congés : juin. Chambres et suites 200-450 Rls.* Une structure hôtelière comme on aimerait en rencontrer plus souvent. Fruit de la créativité de Lorenza, une artiste italienne à l'aise dans plusieurs langues, dont le français. Dès le mur de clôture passé, une débauche de coloris enchante les yeux. La déco originale, personnalisée et humoristique, fait de chaque chambre une œuvre d'art. La petite piscine avec son deck en teck (joli ça !) est surmontée d'une sirène chevelue. On navigue entre Niki de Saint Phalle et Botero. C'est pimpant, joyeux et communicatif. Confort complet, bien entendu. Staff aux petits oignons. On a du mal à quitter les lieux.

🏠 ☂ ***Atmosphera Pousada :*** *estrada do Mucugê, 735.* ☎ *3575-1954.* • *atmospherapousada.com.br* • *À 50 m de la plage de Mucugê. Doubles 350-440 Rls.* Gentil petit complexe hôtelier noyé dans une végétation exubérante. Plaisante architecture colorée s'intégrant fort bien à l'environnement. 14 chambres confortables et agréables, avec balcon en bois (préférer celles à l'étage) et un bungalow familial. Belle piscine. Bar et coin barbecue. Agréable terrasse couverte pour prendre le petit déj-buffet.

🏠 ☂ ⚡ ***Hotel Paraiso do Morro :*** *estrada do Mucugê, 471.* ☎ *3575-2423.* • *paraisodomorro.com* • *Double* *à partir de 390 Rls.* Petit hôtel de luxe accroché à la colline et dominant le grand large. Pas mal de charme avec ses tuiles romaines. Chambres d'excellent confort : clim, TV, téléphone direct, frigo, coffre... Pour le grand jeu, suites et apparts luxueux avec jacuzzi, écran plat et tout le tralala ! Large terrasse donnant sur l'océan, vue incomparable. Magnifique piscine se confondant avec l'horizon et transats invitant au farniente...

**Mar Paraíso Resort :** *praia do Mucugê, 476. ☎ 3575-4400. • marparaisohotel.com.br • Mini-apparts à partir de 400 Rls.* Un complexe touristique avec des petites unités disséminées dans un grand jardin, face à l'océan. Chambres spacieuses, avec salon-salle à manger et cuisine équipée. Plusieurs niveaux de confort : suite *standard*, appart, duplex, *casa luxo*... Grande terrasse. Belle piscine, sauna et salle de gym. Restaurant. L'idéal pour les familles, la plage se trouve à quelques mètres.

## Où manger ?

### De bon marché à prix moyens (moins de 40-70 Rls / env 10-17 €)

**Restaurante Paulo Pescador :** *praça São Bras, 116 (la pl. principale du village). ☎ 3575-1242. Jeu-dim 12h-22h, fermé lun-mer (ouv tlj en hte saison).* Un petit resto bien tenu, qui propose une douzaine de plats de poissons, crustacés et viandes, servis avec pommes de terre, riz et *farofa*. Une bonne adresse pour se restaurer bon marché. Très fréquenté, mais l'accueil reste souriant.

**Restaurante Portinha :** *rua Estrada do Mucugê, 333, Shopping d'Ajuda. ☎ 3575-1882. Tlj 11h30-17h30, sauf lun.* Self-service « au poids » dans une salle bien aérée, ou en terrasse. Plats réchauffés sur plaques au feu de bois *fogão à lenha*. Pas de surprise désagréable.

### Chic (70-100 Rls / env 17-24 €)

**Rosa dos Ventos :** *alameda dos Flamboyants, 24. ☎ 3575-1271. Tlj, sauf mer, 16h-minuit (13h-22h dim).* Une des adresses les plus populaires, tenue par une Autrichienne (ça se voit à certains détails du décor). Spécialités de poisson et de langouste grillée (sur commande et en saison uniquement). Excellente salade tropicale. *Apfelstrudel* en dessert.

**Restaurante Valentino :** *rua Bela Vista, 115. 99959-1063. En haut de la ville, derrière la petite église. Tlj 18h-minuit, sauf mar.* Un restaurant tendance cuisine italienne, tenu par Guy, un Français baroudeur originaire de Sète. Spécialités comme la *paella do rei*, les *lagosta grelhada* au kilo (langoustes pêchées le jour même avec le bateau de Guy), ainsi que quelques plats de poissons. Une bonne adresse en terrasse, au calme, pour savourer une cuisine de qualité.

## Où boire un verre ?

La vie nocturne, les restos et les bars sont principalement concentrés dans la estrada do Mucugê. 2 lieux emblématiques sur cette rue : au 290, le ***Morocha Club,*** atmosphère jeune et branchée dès 18h. Au 1er étage, profonds fauteuils et divans. Possibilité de grignoter pizzas et salades, mais on conseille plutôt d'y boire un verre. Le ***beco das Cores,*** au 201, départ d'une ruelle qui aligne des bars animés jusque tard. Le dimanche, c'est calme plat.

# TRANCOSO

IND. TÉL. : 73

**Situé à 24 km d'Arraial et 47 km de Porto Seguro, on y trouve les plus belles plages, comme *Nativos, Coqueiros* et *Pedra Grande.* Depuis que des people (et un *Club Med*) l'ont investi, l'endroit est devenu très prisé. Urbanisation en bon chemin, hôtels et *pousadas* qui prolifèrent... mais sans étouffer le lieu. On a su garder sur la colline le charme de la place principale, le *Quadrado Histórico,* qui domine les plages et l'océan, avec sa pelouse centrale d'herbe rase où les mômes tapent dans le ballon, ses maisons de pêcheurs... Profitez-en tant que la sérénité magique des lieux est encore préservée.**

## Liaisons depuis Arraial d'Ajuda

➢ 6 bus/j. (7h-20h ; env 10 Rls) depuis la *praça centrale* d'Arraial d'Ajuda. Compter 50 mn de trajet. On peut aussi partir d'Arraial et faire le chemin par les plages ; 12 km de marche, ce n'est pas la mer à boire, à condition de savoir qu'il y a quelques estuaires de rivière peu profonds à franchir !

## Adresses et infos utiles

– Nombreuses infos touristiques sur le site : ● *trancosobahia.com.br* ●

■ ***Distributeurs automatiques*** dans le centre (*Visa* et *MasterCard*), accessibles 24h/24 dont la ***Banque Bradesco*** sur l'avenida Itabela (pas de change).

■ Côté santé, une ***clinique,*** praça da Independência *(☎ 3668-2394),* et 2 ***pharmacies,*** sur la même place.

## Où dormir ?

### Prix moyens (moins de 250 Rls / env 60 €)

🏠 ☂ ***Pousada Saruê :*** *rua João Vieira (ex da Mangueira), 84. ☎ 3668-1582. ● saruetrancoso.com ● Doubles 200-250 Rls.* Petite structure familiale en brique bien tranquille. 6 chambrettes coquettes et colorées, avec ventilo et clim, et miniterrasse avec hamac donnant sur un jardinet. Petit coin salon avec TV. Accueil sympathique.

### De plus chic à très chic (350-500 Rls et plus / env 84-120 €)

🏠 ***Pousada Jardim das Margaridas :*** *rua Jovelino Vieira, 230 ; à 400 m du Quadrado et 800 m des plages. ☎ 3668-1108. ● jardimdasmargaridas.com ● Chambres et suites 260-500 Rls.* Une *pousada* de charme, impeccable et au calme, tenue par Pierre et Sophie. Une quinzaine de chambres et de suites au milieu d'un jardin tropical. Celles ayant un accès direct sur le jardin ou la belle piscine sont équipées avec TV, clim, ventilo, coffre-fort et minibar. Petit déj généreux et varié, le tout fait maison. Goûter à 17h. Plusieurs espaces de vie : coin petit déj, salon, patio avec hamacs favorisant l'intimité. Parking. Laissez-vous tenter par *The famous French Touch in Bahia,* la meilleure caïpirinha de Trancoso !

🏠 ***Pousada Capim Santo :*** *rua do Beco, 55. ☎ 3668-1122. ● capimsanto.com.br ● À 2 pas de la praça São João.*

*Doubles 450-750 Rls, généreux petit déj-buffet compris.* Une jolie bâtisse noyée dans un jardin luxuriant. Superbes chambres soigneusement décorées, certaines avec jacuzzi. Tout le confort : clim, TV, frigo-bar, des hamacs pour buller, une piscine, des *hot tubs* (bains japonais), un resto réputé... et la plage pas trop loin. Très bon accueil.

**Pousada Porto Bananas :** *praça São João, 234, en bordure du Quadrado. ☎ 3668-1017. • portobananas.com.br • Doubles 380-650 Rls.* Au milieu d'un jardin tropical, des bungalows de petit luxe, bien isolés. Chambres, apparts et suites jusqu'à 4 personnes, avec équipement complet. Déco raffinée, un petit air caraïbe avec ses boiseries peintes, moustiquaires, vérandas avec hamac. Une adresse de charme.

## Où manger ? Où boire un verre ?

À l'évidence, choisir de se restaurer ou de boire un verre sur la ***praça São João.*** Installé sous les grands arbres, noyé dans la pelouse, on n'en apprécie que mieux tout le charme du *Quadrado Histórico.* Pour quelques authentiques instants d'éternité.

### De prix moyens à chic (40-100 Rls / env 10-24 €)

**Rabanete :** *praça São João. ☎ 3668-1835. Tlj 12h-17h30.* Buffet *ao kilo* jusqu'à 17h. Large choix de crudités, viandes et poissons. Un excellent rapport qualité-prix. On mange dehors, autour de grandes tables sous les arbres.

**Restaurante Capim Santo :** *rua do Beco, 55. ☎ 3668-1122. Lun-sam 17h-minuit, fermé dim.* Le resto de cette belle *pousada* (voir « Où dormir ? ») est aussi très réputé pour sa goûteuse cuisine traditionnelle. En vedette : le *mix de peixe e camarâo com leite de coco* (curry de poissons et crevettes au coco) ou la *lagosta gratinada no abacaxi* (langouste à l'ananas).

Sur la ***praia dos Nativos, Coqueiros*** et autres lieux de détente, les restos de plage avec leurs toits de bardeaux se succèdent, offrant à peu près la même cuisine et les mêmes prix.



## À voir. À faire à Trancoso et dans les environs

***Quadrado Histórico*** *(quartier historique) :* miraculeusement préservé. Il a conservé le plan colonial, avec ses 2 alignements de maisons basses et colorées. Anciennes demeures de pêcheurs, investies aujourd'hui par les restos, cafés et boutiques, mais dont l'installation sait rester discrète, sans enseignes intempestives. Une large pelouse pour flâner (sauf lorsqu'elle sert de terrain de foot) sépare les 2 rangs de maisons.

Tout au bout de la pelouse, l'adorable petite ***igreja São João Batista,*** du XVIIe s, bâtie sur les ruines d'un couvent de jésuites, et un beau panorama sur le paysage de cocoteraies en contrebas, et l'horizon marin.

***Plages :*** celle de ***Coqueiros*** est la plus proche du centre-ville, en passant par la rua da Cuba ou par une ruelle à droite de l'église du *Quadrado,* ensuite accès par une passerelle en bois de 100 m de long en mauvais état, perçant la mangrove. La plage de ***Nativos*** n'est plus accessible que par la *Estrada Trancoso* qui mène à *Arraial d'Ajuda.* Cette plage, comme toutes les autres, est envahie par les bars. En continuant plus au sud, on peut atteindre ***Praia do Rio Verde*** (30 mn de marche), ***Praia de Itapororoca*** (45 mn), ***Praia de Itaquena*** (1h30). Enfin, pour les plus courageux, la reine des plages, ***Barra do Rio dos Frades*** (2h30 à pied). Si la marche vous rebute, vous pouvez accéder à certaines en voiture et stationner sur des parkings privés (10 Rls). Malheureusement, les condominiums ont envahi les bords de plage sur des kilomètres et ferment désormais les accès à la mer.

# L'INTÉRIEUR DE L'ÉTAT DE BAHIA : LE PARQUE NACIONAL DA CHAPADA DIAMANTINA

• Carte *p. 609*

**À 400 km à l'ouest de Salvador, dans une région de basse montagne, aux canyons parsemés de cascades d'eau pure et au décor de plateaux tabulaires, ce parc national est l'un des plus intéressants du Brésil. Le mot *chapada* vient de *chapa* (plaque), qui fait écho à la forme des *morros,* ces montagnes au sommet plat et aux contours presque circulaires. Des contreforts de la Chapada descendent les eaux qui alimentent les principales rivières de l'État de Bahia. Le *Paraguaçu* et le *rio de Contas* ont creusé de profondes vallées, jalonnées de spectaculaires cascades, comme celle de la *Fumaça,* et percées de cavernes, à *Torrinha* et au *Pai Inácio. Vale do Pati,* la partie centrale du parc (sans accès aux véhicules), offre des sites naturels remarquables, notamment au *Morro do Castelo* et à la cascade de *Funis.***

**Différents écosystèmes s'y sont développés, comme le *cerrado,* la forêt atlantique, les champs rupestres et la *caatinga.* S'adaptant au climat, les variétés de broméliacées et les orchidées y ont trouvé un milieu favorable. Côté faune, les *serras* qui culminent à 1 700 m dans le massif de l'*Esbarrancado* offrent les grands espaces nécessaires aux félins, comme le *jaguatirica* et le *puma,* mais aussi aux chevreuils et aux rongeurs, comme le *moco* et autres *seriemas* ou *teius.***

**À une altitude moyenne de 1 000 m, c'est l'endroit idéal pour faire de superbes randonnées. Les massifs de quartz qui ont résisté à l'érosion depuis le précambrien ont formé des forteresses minérales appelées *tepuys,* fréquentées par les Indiens cariris et maracas, qui occupaient la région avant l'arrivée des 1ers *bandeirantes,* ces groupes armés d'esclavagistes qui opéraient des razzias aux XVIe et XVIIe s. Les *Morros* du *Tabor,* du *Calumbi* et du *Pai Inácio* défient le temps de leurs silhouettes altières et alimentent les légendes locales.**

**Le parque nacional da Chapada Diamantina a été décrété en 1985 et couvre au total 150 000 ha. Il regroupe les municipalités de Lençóis, la bourgade principale, Palmeiras, Andaraí, Mucugê et Ibicoara. Les villes situées dans le parc ont conservé de beaux exemples d'architecture coloniale, datant de l'époque où l'extraction du diamant avait fait du Brésil le 1er producteur mondial. Et les chemins ouverts alors par les *garimpeiros* (chercheurs de diamants) constituent aujourd'hui de merveilleux itinéraires de randonnée. Les *pousadas* et agences locales offrent des circuits à pied, de l'escalade en rappel, des balades à VTT et autres séjours à caractère plus spiritualiste. Le tourisme dans la Chapada est un tourisme écologique dont l'activité se déroule tout le long de l'année.**

– Infos complètes sur les sites • *guiachapadadiamantina.com.br* • et • *guialencois.com.br* • et un excellent site en français élaboré par l'agence *Tatu na Trilha* • *infochapada.com.br/fr* •

LE NORDESTE

# LENÇÓIS

env 10 500 hab. IND. TÉL. : 75

● Plan p. 611

**Avec ses rues étroites et ses habitations colorées, la capitale traditionnelle de la Chapada est un superbe village colonial classé, situé entre la rivière éponyme et les contreforts de la *serra do Sincorá.* Siège de nombreuses agences de voyages, elle offre également un large choix d'hébergements et de restaurants. Une curiosité : le bâtiment de la préfecture, avec son porche flanqué de 2 lions, fut autrefois résidence du vice-consul de France, installé dans la région pour favoriser les échanges commerciaux (surtout le diamant). Sa diversité architecturale est en effet liée à l'histoire de l'exploitation des diamants alluviaux, récoltés dans les nombreuses rivières environnantes. Lors des randonnées qui empruntent les berges sablonneuses des cours d'eau, on peut d'ailleurs encore aujourd'hui trouver des cristaux de roche. Pas mal d'artistes ont choisi Lençóis pour installer leur atelier. Et dans un tout autre domaine, c'est le territoire d'élection des professionnels de sports extrêmes : canyoning, escalade, spéléo, rafting.**

## Arriver – Quitter

### En avion

✈ ***Aeroporto Coronel Horácio de Matos :*** *à 20 km à l'ouest de Lençóis.* ☎ *3625-0026.*

■ ***Azul :*** *● voeazul.com.br ●* Cette compagnie relie, entre autres, Salvador et Lençóis en saison, à raison de 2-3 rotations/sem, généralement jeu et dim en début d'ap-m, 40 mn de vol. Tarifs promotionnels sur le site internet.

### En bus

➢ Au départ de ***Salvador,*** 4 bus/j. vers Lençóis et Palmeras. Compagnie *Real Expresso (☎ 3334-1112 ; ● realexpresso.com.br ●).* Env 6h30 de trajet (410 km de route). Pour le retour, 3 bus/j. depuis Lençóis.



## Adresses et infos utiles

### Infos touristiques et banque

ℹ ***Office de tourisme – Sectur*** *(plan B1-2) : pràça dos Nagôs, au fond du marché.* ☎ *3334-1378. Lun-ven 8h-12h, 14h-20h. Fermé w-e.*
– Infos également sur le site *● guialencois.com.br ●*

■ ***Banco do Brasil*** *(plan B2, **1**) : praça Col Horácio de Matos, s/n. Tlj 9h-13h.* Distributeur automatique 6h-22h. Pas de change dans la ville.

### Agences, guides

■ ***ACVL*** *(bureau des guides ; plan A2, **2**) : rua 7 de Setembro (à 50 m au-dessus de la poste).* ☎ *3334-1425. ● acvlencois.com.br ● Lun-ven 8h-12h, 14h-17h. Fermé w-e.* Réservation de guides pour 1 à 5 jours dans la Chapada, à pied ou avec son propre véhicule notamment. Les guides sont tous des natifs de la région et sont bilingues portugais-anglais, ou allemand, ou français.

■ ***Cirtur*** *(plan A-B2, **4**) : rua Miguel Calmon, 41.* ☎ *3334-1133. ● cirtur.com.br ●* Organise des treks de 1 à 7 jours, des visites de grottes et de cascades. Pour les moins sportifs, excursions en voiture.

■ ***Terra Chapada*** *(plan B1, **5**) : praça Col Horácio de Matos, 7 (face à la Banco do Brasil).* ☎ *3334-1428.*

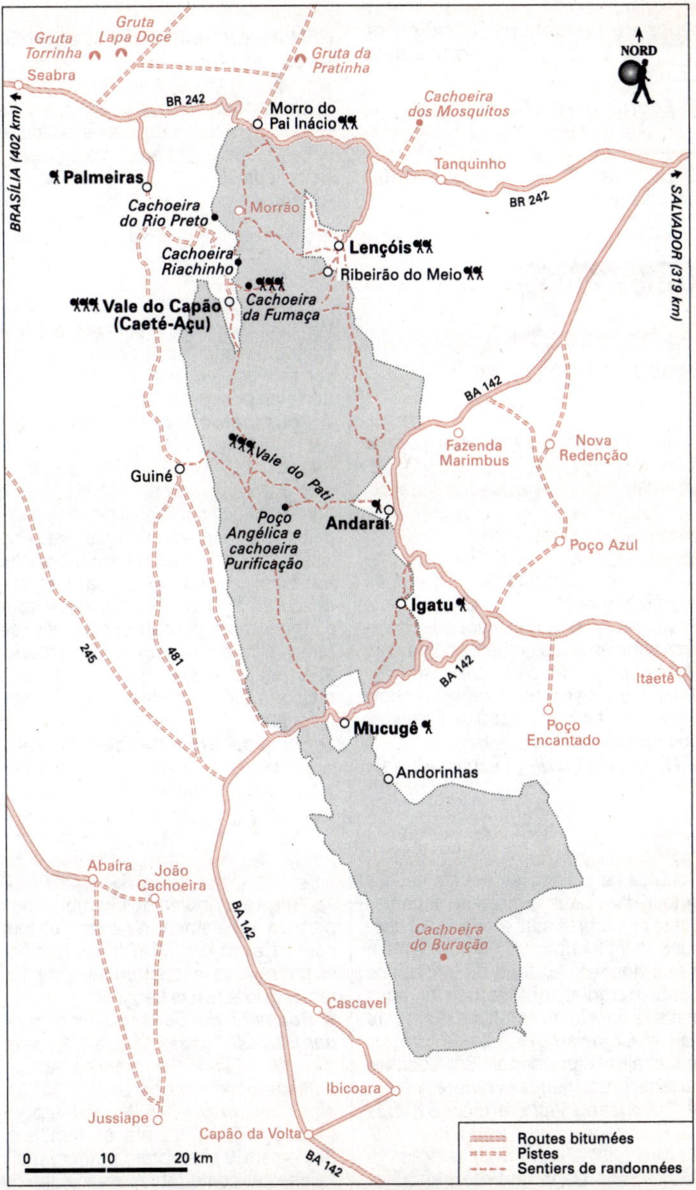


## LE PARC NATIONAL DE LA CHAPADA DIAMANTINA

• *terrachapada.com.br* • Même types de prestations. Location de VTT et possibilités de sorties avec un guide.

■ ***Ecotur*** *(plan B1, **6**) : praça Col Horácio de Matos, 142. ☎ 3334-1956. • ecoturchapada.com.br • Ouv 8h-16h (sauf dim), 18h-22h.* Propose des excursions de 7 jours.

## Divers

✚ ***Hospital municipal Sebastião Alves*** *(plan B1) : rua Vai Quem Quer, s/n. ☎ 3341-1996.*

■ ***Lavanderia*** *(plan A2, **7**) : rua 7 de Setembro.* Service de laverie rapide et efficace. Également au camping *Lumiar* (voir ci-après).

– ***Marché :*** *lun et ven, 5h-8h.*

## Où dormir ?

### De bon marché à prix moyens (moins de 150-250 Rls / env 36-60 €)

***Camping e Pousada Lumiar*** *(plan B2, **10**) : praça do Rosário, 70. ☎ 3334-1241. • pousadaecampinglumiar.com.br • Env 40 Rls/pers pour le camping. Double env 130 Rls et bungalow env 200 Rls.* Beaux emplacements de camping au calme dans le parc arboré et fleuri d'hibiscus de la *Pousada Lumiar.* Également des chambres simples (salle de bains commune) et des bungalows plus spacieux, avec petite terrasse privative. Laverie et coin communautaire avec cuisine. En prime, bon resto, *La Pergola,* sur place.

***Hostel Chapada*** *(AJ ; plan A2, **11**) : rua Urbano Duarte, 121. ☎ 3334-1497. • hostelchapada.com.br • Avec ou sans carte HI, nuitée en dortoir env 60-70 Rls ; doubles 150-180 Rls.* Doubles ou collectives, toutes situées autour d'un petit jardin botanique (les noms des arbres sont indiqués) et chacune identifiée par un nom de sentier de randonnée. Au fond du jardin, une petite pergola abritant des hamacs invite à la sieste. Cuisine flambant neuve. Organise des séjours incluant le bus aller-retour depuis Salvador, les nuitées, promenades et randonnées.

***Pousada Violeiro*** *(plan B1, **12**) : rua Professor Assis, 70. ☎ 3334-1259. • pousadavioleiro.com.br • Compter 60 Rls/pers.* Dans une rue tranquille, proche de la gare des bus, une petite structure indépendante à la façade jaune, bien tenue. Une dizaine de petits dortoirs de 4 lits et autant de chambres doubles, nickel, avec sanitaires privés. Ventilos. Certaines chambres ont une fenêtre donnant sur le couloir. Petit déj servi sur une terrasse avec jolie vue. Un bon plan pour petits budgets.

***Pousada da Rita*** *(plan A-B2, **13**) : rua Urbano Duarte (ex-Boa Vista), 69. ☎ 3334-1916. • pousadadarita.com • Doubles env 90-160 Rls.* Bonne adresse située entre les 2 places principales de la ville. Accueil chaleureux de Rita dans cette petite maison blanche aux boiseries vertes et au parquet fraîchement ciré. Les 6 chambres sont simples mais confortables (salle de bains, clim ou ventilo), super propres et le petit déj varié (gâteaux et pains maison). Dîner sur demande. Service de guides.

***Pousada Grisante*** *(plan B2, **14**) : rua José Florêncio, s/n. 📱 9929-4570. • pousadagrisante.com.br • À 10 mn à pied de la gare routière, face à l'hôtel Canto das Águas, de l'autre côté du rio. Pas de réception (on appelle quand on arrive). Résa sur Internet. Doubles 140-160 Rls.* Une dizaine de chambres très propres entièrement rénovées et tout confort avec clim, TV, frigo, minibar et coffre. Vue exceptionnelle sur les rapides de la rivière Lençóis.

***Pousada do Sossego*** *(hors plan par B2, **20**) : rua Miguel Ângelo, s/n. ☎ 3334-1203. 📱 99942-9285. • dosossego.com.br • Dortoir 60 Rls/pers ; double env 140 Rls.* Petite *pousada* agréable, simple et familiale. Seulement 9 chambres, petites, mais fraîches et confortables, avec salle de bains privée. Un dortoir également, bien tenu. Bon petit déj servi à la table commune. Carlos Henrique est aussi un excellent guide local et pourra vous organiser un trek sur mesure dans la

LE NORDESTE

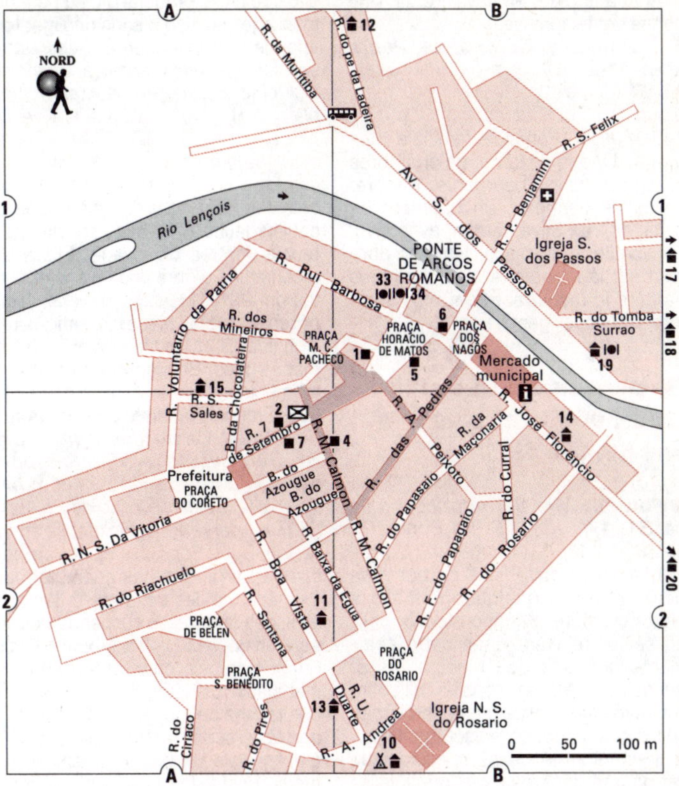


# LENÇÓIS

## Adresses utiles

- Office de tourisme – Sectur (B1-2)
- **1** Banco do Brasil (B1)
- **2** Bureau des guides ACVL (A2)
- **4** Cirtur (A-B2)
- **5** Terra Chapada (B1)
- **6** Ecotur (B1)
- **7** Lavanderia (A2)

## Où dormir ?

- **10** Camping e Pousada Lumiar (B2)
- **11** Hostel Chapada (A2)
- **12** Pousada Violeiro (B1)
- **13** Pousada da Rita (A-B2)
- **14** Pousada Grisante (B2)
- **15** Pousada Corona de Pedra (A1-2)
- **17** Pousada Vila Serrano (hors plan par B1)
- **18** Alcino Estalagem & Atelier (hors plan par B1)
- **19** Hotel Canto das Águas (B1)
- **20** Pousada do Sossego (hors plan par B2)

## Où manger ? Où boire un verre ?

- **19** Restaurante Azul (B1)
- **33** Cozinha Aberta (B1)
- **34** O Bode (B1)

Chapada (à pied, en kayak, etc.). Une bonne petite adresse.

**Pousada Corona de Pedra** (plan A1-2, **15**) : rua Samuel Sales, 28. ☎ 3334-1624. Resto tlj sauf mar ; réduc de 10 % pour les hôtes. Doubles 140-180 Rls. *Pousada* familiale bien tenue. Une quinzaine de chambres réparties dans 3 bâtiments. Préférer celles de l'annexe, un bâtiment de 2 étages, rua Silva Jardim, avec clim, TV, ventilo, frigo-bar et terrasse donnant sur la montagne. Les chambres derrière le restaurant sont plus sommaires. Accueil gentil.

## De plus chic à très chic (250-500 Rls et plus / env 60-120 €)

**Pousada Vila Serrano** (hors plan par B1, **17**) : rua Alto de Bonfim, 8. ☎ 3334-1486. • vilaserrano.com • Doubles 290-360 Rls. Au cœur d'un parc arboré, à quelques minutes à pied du centre. Situation idéale pour un séjour relaxant dans cette charmante *pousada* de 16 chambres et bungalows, joliment décorés. Elle offre l'intimité et le service d'une petite maison d'hôtes, tout en préservant l'environnement local. Le souci écologique est poussé dans les moindres détails : panneaux solaires, récupération des eaux de pluie, produits bio au petit déj, massages shiatsu... sans négliger toutefois le confort moderne ! Petit resto le soir, tenu par une Française, Charlotte.

**Alcino Estalagem & Atelier** (hors plan par B1, **18**) : rua General Viveiros, 139 (Tomba). ☎ 3334-1171. • alcino estalagem.com • Doubles sans ou avec sdb privée 250-480 Rls, superbe petit déj inclus. Maison historique de couleur jaune vif et bleu, sur une hauteur à l'entrée du village. Elle a été reconstruite d'après des plans et photos du XIX^e s. Meubles anciens, livres, poteries, tapis, pièces d'antiquaires. 3 chambres et 6 suites, dont certaines mansardées. Beaucoup de charme et moments agréables dans le patio intérieur. Français pratiqué par le patron.

**Hotel Canto das Águas** (plan B1, **19**) : av. Senhor dos Passos, 1. ☎ 3334-1154. • lencois.com.br • Double à partir de 400 Rls ; jusqu'à 850 Rls pour une suite luxueuse en hte saison. Réduc possible sur place hors saison. La plupart des chambres font face aux rapides de la rivière Lençóis, ainsi que la terrasse suspendue où est servi un copieux petit déj-buffet. Décoration tropicale chic, employant des matériaux rustiques mis en valeur par une touche de modernité. Piscine bien agréable, sauna, massages. Des tarifs élevés mais un hébergement somptueux. Resto de qualité, une véritable adresse de charme.

# Où manger ? Où boire un verre ?

La majorité des bars et restos (surtout ouverts le soir) sont situés dans la zone piétonne, notamment dans les *ruas das Pedras* et *da Baderna.* Vous n'aurez que l'embarras du choix. Agréable pour boire un verre en terrasse, mais la cuisine reste sans grande originalité.

## De bon marché à prix moyens (moins de 40-70 Rls / env 10-17 €)

**O Bode** (plan B1, **34**) : av. Rui Barbosa, s/n, dans la ruelle en face de la Banco do Brazil. Ouv 12h-17h. Formule buffet ao kilo. Belle gamme de plats : salades, légumes grillés, poissons, viandes, etc. Terrasse aérée, donnant sur le rio Lençóis.

## Chic (70-100 Rls / env 17-24 €)

**Restaurante Azul** (plan B1, **19**) : av. Senhor dos Passos, 1. ☎ 3334-1154. Tlj 12h-16h, 19h-22h30. Plats 60-100 Rls. C'est le resto chic de l'hôtel *Canto das Águas.* Dans un décor romantique, au bord des rapides. Cuisine de chef, spécialités comme la *panelinha de carne fumeiro.* Participe activement au festival gastronomique de la Chapada qui a lieu en décembre.

**Cozinha Aberta** *(plan B1,* ***33****) : av. Rui Barbosa, 42.* ☎ *3334-1321. Tlj 12h30-16h30, 17h-22h30.* Façade Art déco, petite salle plutôt sobre, terrasse couverte à l'arrière. L'adresse gastronomique de Lençóis, affiliée au mouvement *slow food.* Produits bio, bien sûr, pour une cuisine fusion inventive, pleine d'arômes et de saveurs étonnantes, influences italienne et asiatique. S'armer de patience... *slow food* oblige ! Un peu plus cher que les autres, on s'en doute, mais ça vaut le coup.

## Fêtes

- ***Festa do Senhor dos Passos :*** *fin janv.* Processions et « nuit du *garimpeiro* » avec concerts.
- ***Festa de São João*** *(Saint-Jean)* ***:*** *en juin.*
- ***Festival de musique do Inverno :*** *en août.*
- ***Quinzaine gastronomique :*** *mi-déc, dans tte la Chapada.*

## DANS LES ENVIRONS DE LENÇÓIS

Plusieurs agences peuvent vous assister au départ de Lençóis. Elles proposent toutes à peu près les mêmes circuits (une quinzaine) et les mêmes tarifs. La notoriété de la ville comme « porte d'entrée » de la Chapada entraîne les visiteurs vers les circuits touristiques les plus faciles et les plus proches. On vous indique ici les incontournables. Mais les vrais amateurs de trek choisiront de s'écarter un peu de ces circuits balisés pour savourer la sérénité magique de la Chapada. À condition de réserver quelques jours dans votre itinéraire pour explorer la région, de nombreuses autres options existent.

***Ribeirão do Meio :*** *à 45 mn de marche de la ville (3 km).* Un bassin avec une succession de toboggans naturels sur la roche lisse, parfois glissante en raison de la présence de mousse. C'est l'idéal si l'on veut se payer une baignade après une longue nuit de bus. La couleur rouge de l'eau n'est pas due à la présence de fer dans la roche mais simplement aux sédiments végétaux. Plusieurs autres cascades sont accessibles à pied de Lençóis : la *cachoeira da Primavera* (3 km), la *cachoeira do Sossego* (7 km à travers le lit du rio Ribeiro), la *cachoeira do Serrano* (à moins de 3 km). Face à cette dernière se trouve le *Salão das Areias Coloridas,* d'où sont extraits ces sables colorés qui composent les paysages naïfs retenus dans de petites bouteilles.

***Morro do Pai Inácio :*** *à 30 km au nord de Lençóis. Pour s'y rendre, on peut prendre le bus depuis Lençóis en direction de Palmeiras (à 5h et 12h), mais il reste 45 mn de marche avt d'arriver à l'accès du morro et le retour n'est pas assuré... Ttes les agences de Lençois proposent l'excursion, souvent couplée avec d'autres sites. Petite contribution demandée à l'entrée. De là, monter à pied (25 mn), de préférence en fin de journée.* Un des hauts sommets de la région (1 120 m). Coucher de soleil superbe. Vue panoramique stupéfiante, un peu gâchée toutefois par une vilaine antenne de télécommunications. Les amateurs de parapente s'y lancent depuis le sommet. Une excursion d'une journée permet également de rallier le *morro* en passant par les grottes *Torrinha, Pratinha* et *Lapa Doce* (infos auprès des agences de Lençóis).

➢ Les amateurs de ***VTT*** trouveront dans la région d'excellents circuits aussi bien en dehors du parc qu'à l'intérieur. Circuit Lençóis-Pai Inácio via Barro Branco-Vale do Capão-Morrão.

# PALMEIRAS

env 8 400 hab. IND. TÉL. : 75

**Palmeiras fut fondée à la grande époque du diamant (1890) et mérite une visite pour ses beaux immeubles d'allure coloniale, principalement autour de la place de l'église. Le centre administratif *(Ibama)* du parc national se trouve à l'entrée de la ville. Le *marché régional* du samedi est très typique avec ses artisans du cuir, ses vendeurs d'herbes parfumées et ses mules de bât qui donnent à la place du marché un petit air de Far West. Le *carnaval* de Palmeiras, le seul dans la région, attire une grande foule venue des quatre coins de la Chapada. Le développement de la ville doit beaucoup à l'attrait exercé par la vallée de Capão. Les amateurs de paléontologie seront aussi intéressés par les cavernes du *Matão,* décorées de centaines de dessins.**

## Arriver – Quitter

Palmeiras est située à 40 km au nord-est de Lençóis

### En bus

➢ Au départ de ***Salvador,*** 3 bus/j. à 7h, 13h et 23h, via Lençóis. Cie *Real Expresso (☎ (71) 3246-8575 à Salvador ; vente des billets sur • realexpresso.com.br • busbud.com •).* Env 7h de trajet (450 km de route). Pour le retour, 3 bus/j. vers 6h40, 12h25 et 22h50. Compter env 95 Rls le billet à réserver 24h à l'avance.

➢ À ***Palmeiras,*** des taxis collectifs attendent les passagers à la sortie du bus (sauf pour les arrivées tardives) pour les emmener par une route en terre battue à Vale do Capão (env 45 mn) ; compter 15-20 Rls/pers si la voiture est complète. Tâchez de vous regrouper pour limiter les frais. Sinon, transport privé env 150 Rls.

## Où dormir ?

■ ***Hostelling Caminhos da Chapada :*** *à 200 m de la rodoviária. ☎ 3332-2049. • hostelcaminhosdachapada.com • Ouv 24h/24. Nuitée en dortoir 50-60 Rls ; doubles 110-140 Rls.* Une AJ pratique pour ceux qui arrivent par un bus du soir. Jardinet et piscine de poche. Accueil chaleureux.

➢ De Palmeiras, il est possible de rejoindre Mucugê (voir plus loin) par une piste en assez bon état, qui longe la cordillère de l'Esbarrancado et passe par le hameau de ***Guiné,*** avec un point de vue superbe sur la chaîne de montagnes tout au long de l'itinéraire.

# VALE DO CAPÃO

IND. TÉL. : 75

**Au creux d'un magnifique paysage montagneux, la vallée de Capão semble sortie tout droit d'un récit de voyageurs à la recherche du *Shangri-La.* Son nom d'origine est *Caeté-Açu,* qui signifie la « grande forêt », et a donné le nom au village de la vallée, appelé aussi Vila do Capão. Les montagnes n'excèdent pas les 1 000 m et donnent naissance à plus de 53 sources, dont 30 d'entre elles génèrent des cours d'eau qui coulent toute l'année.**

**Son microclimat permet d'y jouir de journées très agréables baignées d'un ciel bleu azur, tandis que les nuits sont bien fraîches. Jusqu'à la fin du XIXe s, la vallée ne vivait que de la recherche de diamants, puis la culture du café devint l'économie principale. Avec les rêves des années 1970, l'arrivée d'adeptes de vie alternative a complètement changé le visage de la vallée. Quant au village principal, il est loin d'être endormi aujourd'hui ; on peut assister, sous le kiosque central, à des démonstrations de capoeira, et le soir, à des bals *forró*.**

➢ Prévoir un taxi collectif pour rejoindre Palmeiras au retour (de là, correspondances possibles en bus vers Salvador).

## Adresses utiles

■ ***Association des guides de la vallée de Capão*** (ACVVC) **:** *☎ 3344-1087. • acvvc.org • Compter 150 Rls (dégressif en fonction du nombre de participants) pour 1 journée de trek.* Guides locaux expérimentés et de très nombreuses possibilités. Idéal pour avoir accès aux principaux sites de la Chapada.

■ ***Tatu na Trilha :*** *dans les locaux de la pousada O Tatu Feliz (cf. « Où dormir ? »). ☎ 3344-1124. • infochapada.com.br • Tarif des excursions variable en fonction du nombre de j., de pers et de l'hébergement.* Une agence d'écotourisme tenue par Claude, qui vit depuis assez longtemps dans la vallée pour en connaître tous les coins et recoins. Excursions vers la chute de la Fumaça, les cascades du Buracão et du Mosquito, les grottes d'Iraquara, le chemin du Pati... ainsi que d'autres sentiers moins fréquentés.

## Où dormir ?

Dans ce sanctuaire écologique axé sur une quête du retour à la nature, la qualité de vie est omniprésente : nourriture bio, traitements et cures diverses à base de plantes médicinales, saunas traditionnels, shiatsu, massages et bains ayurvédiques...

### De bon marché à prix moyens (moins de 150-250 Rls / env 36-60 €)

***Camping et pousada Sempre Viva :*** *rua do Juca. ☎ 3344-1373. À 3 mn du centre du village. Emplacement 20 Rls/pers ; bungalow env 50 Rls/pers.* Basique mais bien tenu. À disposition également, quelques bungalows octogonaux de couleurs vives. Cuisine commune. Accueil sympa.

***Pousada O Tatu Feliz :*** *au centre de Caeté-Açu. ☎ 3344-1124 et 1031. • infochapada.com.br • Compter 80 Rls/pers en appart ; double env 170 Rls.* Une structure simple au cœur du village, tenue par Claude, un ingénieur sétois amoureux du parc national. 5 chambres pour 2 à 5 personnes, basiques mais bien équipées, avec bains privés. Petit déj aux couleurs locales.

### Un peu plus chic (jusqu'à 350 Rls / env 84 €)

***Castelar da Alvorada :*** *route de Palmeiras, Caeté-Açu. ☎ 3344-1037. • castelaralvorada.com • Chalets pour 2 pers env 210-320 Rls ; tarif dégressif et réduc enfants. Possibilité de repas sur commande.* À l'écart de la route et isolés du village, une construction centrale et des chalets dispersés dans un grand jardin, pouvant héberger jusqu'à 40 personnes. La maison avec clocheton a des allures de petit manoir à la « Harry Potter », mais elle est bâtie dans les règles du feng shui, avec cristaux incorporés à la maçonnerie *(sic !)*. Tenue par Sylvie, une Française, et son mari brésilien, cette adresse conviendra à ceux qui sont concernés par les disciplines alternatives (mais pas exclusivement) : nourriture végétarienne, massages, hydrothérapie dans la belle piscine, sauna indien, espace de méditation et de réunion. Les fils du couple font aussi guides pour les amateurs de rando.

## Où manger ? Où prendre un petit déj ?

À *Caeté-Açu,* on peut découvrir une très bonne cuisine régionale cuite au feu de bois et déguster des plats du terroir comme le *godo* de banane, le poulet fermier aux cœurs de palmier, le gâteau de *jaca* (un fruit au parfum entêtant), sans oublier les pizzas végétariennes (!). Tous les plats sont préparés à base de légumes bio cultivés dans les potagers des maisons. Le miel local est aussi renommé.

### De bon marché à prix moyens (moins de 40-70 Rls / env 10-17 €)

☕ ***O Galpão – Restaurante Natural :*** *à l'entrée du village, à gauche, juste avt la supérette. Ouv 7h-12h.* Bons petits déj, avec jus de fruits, crêpes, milk-shakes, yaourts aux fruits frais et *granola.*

|●| ***Pizza Integral Capão Grande :*** *en face de l'église. ☎ 3344-1138.* Jolie cour intérieure bien à l'ombre, grandes tablées. 2 sortes de pizzas seulement (végétariennes avec farine bio) : salées ou sucrées, comme celle à la banane, et taille au choix. Le miel au piment remplace l'huile piquante... Un délice. Service sympathique.

|●| ***Dona Beli :*** *dans la rue principale. ☎ 3344-1085. Tlj 12h-minuit.* Dans une maisonnette rose, le petit resto familial qui propose des plats préparés à l'avance. Sous le regard d'une Joconde au sourire ravageur, des tables couvertes d'une toile cirée. Poulet, *carne do sol,* ou cabri sur commande.

## DANS LES ENVIRONS DE VALE DO CAPÃO

***Cachoeira da Fumaça :*** c'est, paraît-il, la 2e cascade la plus haute du Brésil : 380 m de haut. Une promenade facile depuis *Vale do Capão* qui ne prend que 2h aller (5h pour l'excursion complète), très fréquentée en haute saison. Surtout, il est difficile de voir la chute au sommet (il faut se coucher sur le sol à ras du précipice). Sujets au vertige s'abstenir !

➢ Divers circuits de randonnée partent de la vallée, tous plus beaux les uns que les autres. Même si le sentier menant à la ***cachoeira da Fumaça*** est un des musts de la Chapada Diamantina, il en reste d'autres comme la ***cachoeira do Rio Preto,*** le ***poço Angélica*** (petite piscine naturelle entourée de végétation) et la ***cachoeira Purificação,*** d'une étonnante beauté, ou encore la ***cachoeira Riachinho.*** Toutes les infos auprès de l'association des guides locaux ou de l'agence *Tatu na Trilha* (voir « Adresses utiles »).

## ANDARAÍ

env 13 400 hab. IND. TÉL. : 75

**Cette ville de passage a été marquée par la prospection du diamant qui a concentré ici et pendant plusieurs dizaines d'années des milliers de *garimpeiros,* qui venaient y négocier leurs trouvailles, avec son cortège habituel de laissés-pour-compte que cette activité a engendré. Le tourisme**

**commence à rendre à la ville une économie équilibrée, beaucoup de jeunes trouvant à présent un emploi en tant que guides.**
➢ À 100 km au sud de Lençóis par la route.

## Où dormir ? Où manger ?

### Prix moyens

🏠 🍽 ***Pousada Sincorá :*** *av. Paraguaçu, 120. ☎ 3335-2210. • sincora.com.br • Double env 185 Rls.* Un peu excentrée, mais c'est dans cette *pousada* que l'on trouvera tous les renseignements auprès des guides pour les randonnées autour d'Andaraí. Resto servant quelques plats locaux.

## DANS LES ENVIRONS D'ANDARAÍ

À partir d'Andaraí (mais aussi de Vale de Capão), on peut aussi accéder au ***Vale do Pati,*** une vallée totalement isolée et habitée par une vingtaine de familles seulement. Elle est considérée par les spécialistes comme l'un des 10 plus beaux circuits de trekkings au monde et certainement le plus mémorable au Brésil. Guide indispensable. Possibilité de dormir chez l'habitant. Toutes les informations auprès de l'*Association des guides d'Andaraí (ACVA)* : *☎ 3335-2255,* au *Secretaría de Turismo : ☎ 3335-2118.* Voir aussi le site internet de l'agence ***Tatu na Trilha*** : *• infochapada.com.br •*

➢ Possibilité de parcourir la large plaine fluviale du ***Marimbus,*** riche en poissons et faune avicole. Avis aux pêcheurs amateurs !

## IGATU

IND. TÉL. : 75



**Perché à 800 m d'altitude, Igatu est sans doute un des endroits les plus exotiques de la Chapada, avec ses murs centenaires, ses rues pavées, ses maisons troglodytiques, son cimetière, son ambiance nonchalante et son décor de cinéma. Avec la ruée vers le diamant, la cité a compté quelques milliers d'habitants avant de sombrer dans l'oubli au milieu du XXe s, au moment de la découverte des diamants d'Afrique du Sud. Igatu fut quasiment abandonnée et devint un village fantôme, même si quelques familles ont continué de vivre (clandestinement) de la pierre précieuse. Son repeuplement (400 habitants à présent) a débuté dans les années 1990, et nombre de ses maisons en pierre ont été restaurées, conférant au village un charme indéniable. Aux fêtes de la Saint-Jean, on y danse le quadrille, et le carnaval a repris des couleurs.**
➢ À 50 km au sud de Lençóis. Liaison en « camion-banquette » aléatoire depuis Andaraí, sinon bus vers Mucugê et arrêt à l'entrée du chemin de 7 km qui mène au village. On passe par un curieux chemin pavé au milieu de paysages escarpés, parsemé de collines, de canyons profonds, de parois rocheuses aux nombreuses failles et de crevasses propices à la pratique de la varappe.

## Où dormir ? Où manger ?

⛺ 🏠 ***Hospedagem Flor de Açucena :*** *à l'entrée du village, sur la gauche. ☎ 3335-7003. • pousadaflordeacucena.com/fr • Empl. de camping env 50 Rls. Doubles (pouvant accueillir jusqu'à 4 pers) 220-250 Rls.* Tenue par un couple franco-brésilien, une *pousada* d'une quinzaine de chambres dont les différents éléments sont dispersés sur les 2 ha de jardin sauvage à flanc de colline, au bas de laquelle coule une rivière... Alain, qui était architecte de marine dans une autre vie, déborde d'activité et d'enthousiasme pour développer constamment son affaire. Les chambres aux noms de fleurs, certaines dotées de mezzanine, sont décorées avec fantaisie et presque toutes astucieusement intégrées aux parois rocheuses. Frigo, TV. Cuisine commune. Piscine d'eau naturelle et baignades dans la rivière. Randos organisées. Une adresse charmante et vraiment conviviale.

**Bar e restaurante Àgua Boa :** *rua Nora, s/n ; une petite rue sur la gauche de la rue principale. Tlj 10h-22h.* On mange dans un jardinet sous la treille. Petits plats pas chers, simples et délicieux, comme le poulet aux mangues et polenta. Accueil aimable.

## À voir

***Galeria Arte e Memória :*** *rua Sao Sebastio, 50 m après l'église et le cemitério bizantino. ☎ 3335-2510. Mar-dim 9h-18h, fermé lun. Entrée : 5 Rls.* Musée en plein air aménagé dans une vieille mine de diamants. Le présent rejoint le passé et raconte l'histoire de ses habitants, avec les souvenirs d'un passé prospère. Les objets présentés sont assez hétéroclites : outils de mineurs, balances de précision, mais aussi instruments de torture utilisés pour réprimer les révoltes des esclaves.

– 200 m plus bas, le village ancien des *garimpeiros* (les chercheurs d'or) en ruine, abandonné.

# MUCUGÊ

env 18 600 hab. IND. TÉL. : 75



**Autrefois connue sous le nom de *Santa Izabel do Paraguaçú.* Établie à une altitude de 960 m qui donne un climat bien agréable, la bourgade a conservé son charme tranquille. Le centre botanique de recherche *Projeto Sempre-Viva* intéressera ceux qui veulent en savoir un peu plus sur les *immortelles,* une variété de fleurs devenues le symbole de la région. L'aménagement du jardin, intégré à son milieu rocailleux, est du plus bel effet ; il est dû à un Français qui a développé le centre à ses débuts.**
**À l'écart de la ville, à flanc de colline, le *cemitério bizantino* intrigue par la monumentalité de ses tombes, d'un blanc immaculé. En suivant le sentier longeant le cimetière, on accède au sommet du *Morro do Cruzeiro,* où la vue à 360° sur la ville et le paysage avoisinant est à couper le souffle. Pour les amateurs de randonnée, nombreux sentiers, notamment la remontée du rio Preto.**

## Adresse utile

■ ***Association des guides de Mucugê** (ACVM) :* *☎ 3338-2414.* Toutes les infos sur les sentiers de rando autour de Mucugê et le long du rio Preto.

## Où dormir ? Où manger ?

### De bon marché à prix moyens

***Pousada Mucugê :*** *rua Dr Rodrigues Lima, 30. ☎ 3338-2210. Double env 240 Rls.* Grande bâtisse du XIXe s construite par les jésuites et qui a gardé pas mal d'allure. Chambres nickel, alignées à la parade tout au long d'une galerie, dans l'annexe à l'arrière. Confortables et bien équipées, mais un peu impersonnelles. Piscine. Un lieu de détente.

|●| ***Lanchonetes :*** *regroupées au centre de la praça dos Garimpeiros.* Pour les petits budgets.

|●| ***Restaurante Sabor e Arte :*** *praça Coronel Douca Medrado. ☎ 3338-2180. Tlj midi et soir.* Grande salle avec formule buffet *ao kilo,* bonne variété de plats.

|●| ***Pizzaria Point de Chapada :*** *praça dos Garimpeiros. ☎ 3338-2241. Tlj 18h-23h, sauf lun.* Salle agréable avec cheminée dans un grand bungalow. Plus de 25 sortes de pizzas, mais aussi des plats de viande et fondues. Prix raisonnables.

# HOMMES, CULTURE, ENVIRONNEMENT

## BOISSONS

### Boissons non alcoolisées

– ***L'eau : éviter impérativement l'eau du robinet*** et boire de l'eau en bouteille. Outre l'eau filtrée (vendue en bouteille scellée et distribuée dans tout le pays), le Brésil possède une infinité d'excellentes sources naturelles. L'eau plate se dit *água mineral (sem gas)* et l'eau gazeuse *água com gas.*

– ***Cafezinho*** *(« petit café »)* **:** une institution nationale. Partout, à l'agence, dans les magasins s'il vous faut attendre, on vous l'offre, souvent déjà sucré. Dans la plupart des restos au kilo *(ao kilo)* aussi. Dans les rues du Nordeste, il est aussi vendu à la Thermos, dans des gobelets en plastique. Sinon, dans le centre des villes, les bars proposent l'*espresso* et divers cafés, dont des *cappuccino.*

– ***Guaraná em pô :*** ce breuvage traditionnel possède d'incontestables vertus énergétiques et tonifiantes. Pour l'obtenir, les Indiens concassent des graines de *guaraná* qu'ils mélangent à de la résine pour façonner un bâton d'environ 20 cm, dur comme une pierre luisante. On trouve de la poudre de *guaraná (em pô)* dans les pharmacies, herboristeries et partout dans le Nord et le Nordeste. On extrait aussi un sirop de *guaraná (xarope)* que de nombreux préparateurs ajoutent aux *vitaminas* de fruits ou à l'*açaí.* Il est aussi très consommé au moment du carnaval pour ses vertus énergisantes.

#### UNE BONNE GRAINE POUR LA PETITE GRAINE

*Les vertus de la guaranine, l'alcaloïde du guaraná, sont reconnues depuis longtemps. Au XVII^e^ s, João Felipe Betteford, un père jésuite, en donnait déjà une description dithyrambique. Il précisait que les Indiens qui en faisaient usage au quotidien ne connaissaient ni la fatigue ni la faim. De plus, la petite graine réveillait un appétit sexuel démesuré qui se traduisait par une importante descendance... En avait-il fait l'expérience lui-même ?*

– ***Guaraná :*** le soda national. Élaboré à partir du fruit du *guaraná,* plante amazonienne exclusivement brésilienne, mais cette version soft-drink du *guaraná* n'a rien à voir avec la version originale des Indiens. *Brahma, Antarctica* et *Coca-Cola* se partagent le marché.

– ***Maté :*** c'est une infusion d'*Ilex paraguariensis,* une herbe originaire de la région d'Iguaçu, à la conjonction du Paraguay, du Brésil et de l'Argentine – autrement connue sous le nom de *yerba maté.* Boisson coloniale par excellence, sa diffusion est à mettre au crédit du botaniste français Auguste Prouvençal de Saint-Hilaire au XIXe s. À la fois tonifiant et équilibrant, le maté se consomme sous 2 formes, très différentes :

– ***Chá maté :*** infusion de l'herbe grillée, qui donne une tisane brun foncé, presque noire, à boire glacée, avec ou sans sucre, avec ou sans citron. Très rafraîchissante, vendue au coin des rues à Rio, São Paulo, Belo Horizonte... ou sur les plages, en boîte ou en berlingot bien frais. On peut l'acheter en sachet ou en paquet. La marque la plus populaire : *Maté Leão* (avec un beau lion sur l'étiquette). Bien souvent, le *chá maté* remplace le thé au petit déj.

– ***Maté de chimarrão :*** c'est LA boisson nationale du Sud du Brésil, en particulier des gauchos du Rio Grande do Sul. Se consomme en tout lieu, à toute heure, seul ou entre amis. Il s'agit de l'herbe verte, séchée et hachée, préparée en infusion dans une petite calebasse individuelle, à goulet cintré, la *cuia.* On le boit brûlant, en tirant sur la *bomba,* une pipette métallique à l'extrémité perforée.

– ***Sucos et vitaminas :*** dans n'importe quel resto, bar ou kiosque de rue, on boit des jus de fruits frais préparés au mixeur. On les consomme *natural* (pur), *com açúcar* (sucré) ou *com gelo* (avec glaçons). En Amazonie, des dizaines de fruits inconnus sont au menu : *cupuaçu* (le meilleur), *açaí, acerola, bacuri, mangaba...* On trouve aussi les fruits sous forme de petits cubes de pulpe congelée, mixée avec de l'eau (filtrée). Lorsqu'on les mélange avec du lait, on obtient une *vitamina.* Certains ne se préparent d'ailleurs qu'en *vitamina* : banane, papaye... Idéal par grosse chaleur ! Beaucoup d'échoppes dans les grandes villes en ont fait leur spécialité : la composition des cocktails est déclinée à l'infini. Un must à prix démocratique !

### LE SECRET DE L'ANANAS

*Sa tige contient de la broméline, une enzyme qui a la particularité d'absorber les protéines. Il n'en fallait pas plus pour la retrouver au menu des régimes ! Seul inconvénient, les ramasseurs d'ananas sont obligés de porter des gants bien épais, car la broméline s'attaque aussi à la peau...*

– ***Caldo de cana :*** jus de la canne à sucre broyée et pressée, au goût végétal et sucré prononcé ; il est parfois agrémenté de citron vert. À goûter absolument. Partout dans les rues, sur les marchés, etc.

– ***Coco verde :*** partout aussi, dans les rues, sur les plages ou au bord des routes, de solides gaillards armés de terribles machettes décollent comme un scalp le crâne de noix de coco vertes dont on boit le lait avec une paille. Demandez-les *frios,* rafraîchis dans un bain de glace, c'est encore meilleur ! On peut aussi l'acheter en bouteille dans les grandes surfaces.

## Boissons alcoolisées

– ***Bière** (cerveja)* **:** LA boisson nationale ! Les Brésiliens ont le don de la servir givrée *(gelada),* climat chaud oblige. L'*Antarctica,* la *Brahma,* la *Skol* et la *Bohemia* sont les plus répandues, mais on en compte beaucoup d'autres (la *Serpa* dans le nord, la *Devassa*, l'*Itaipava*, etc.). Sinon, on trouve pas mal de bières locales dans presque chaque région, comme l'*Amazon beer,* fabriquée à Belém, vraiment excellente. La bière est servie en bouteille, petit ou grand format (355-600 ml), mais on peut aussi la consommer en canette *(lata)* ou à la pression (*chopp,* prononcer « choppi »).

– ***Cachaça :*** appelé aussi *pinga* ou *aguardente,* ce rhum blanc agricole, qui titre de 38 à 48°, est, avec la bière, l'une des boissons alcoolisées les plus populaires. Ce qui porte le nom de « rhum » ou *ron* au Brésil n'est que le vieux rhum brun. Il existe autant de variétés de cachaças que d'alambics. Parmi les plus commercialisées, on vous recommande la *Velho Barreiro* ou la *Rochinha,* trouvables en supermarché ; ou encore l'*Ypioca,* vendue en bouteille tressée de palme. Mais les vrais amateurs ne jurent que par les cachaças artisanales, à boire pures, surtout lorsqu'elles contiennent des fruits ou plantes macérés censés leur conférer goût et vertus « thérapeutiques ». Pour la caïpirinha, préférer une cachaça bon marché et pas trop goûteuse, afin d'éviter la collision avec le citron.

– ***Caïpirinha :*** littéralement, la « petite provinciale ». C'est le cocktail brésilien par excellence, à base de cachaça, largement adoucie de glace pilée, de citron vert écrasé et de sucre de canne, servie bien glacée. Il existe autant de manières de la préparer que d'amateurs. La caïpiroska – ou caïpivodka – est une variante à base de vodka, très répandue.

– ***Batidas :*** le terme désigne toutes sortes de boissons obtenues en battant des jus de fruits avec de la cachaça et du sucre. Certaines *batidas* incluent jaune d'œuf, crème de coco ou de fruit de la passion... À boire bien glacées.
– ***Vin :*** il existe une petite production dans le Sud, à base de cépage cabernet franc, mais les vins brésiliens sont loin d'égaler ceux d'Argentine ou du Chili, malgré les efforts consentis pour développer technologie et savoir-faire. En grande distribution, le *Mielo* et le *Saint-Germain* sont parmi les marques les plus acceptables. Autrement, il faut se rabattre sur les mousseux, les fameux « Espumantes », produits majoritairement dans la région de Bento Gonçalves (au nord de Porto Alegre) à base de chardonnay ou de pinot noir, voire de muscat.

## CINÉMA

D'abord composé de films de carnaval, populaires, entrecoupés de scènes comiques, il faut attendre les années 1950 pour qu'apparaisse le *cinema novo,* néoréalisme brésilien qui s'inscrit dans les pas des cinéastes Humberto Mauro et Nelson Pereira dos Santos. Avec la dictature et la domination culturelle américaine, dans les années 1960 et 1970, la production et la création connurent un nouveau coup dur. Le cinéaste ***Glauber Rocha*** s'exila tout en réalisant certains films de compromis, mais toujours dans la continuité du *cinema novo.* Les années 1980 et 1990 furent justement celles de la TV et de l'explosion des *telenovelas.* Durant cette période, seul un cinéaste comme ***Hector Babenco*** est parvenu jusqu'à nous, avec des films comme *Pixote, la loi du plus faible* et *Le Baiser de la femme araignée.* En 1998, l'Ours d'or de Berlin est attribué à *Central do Brasil.* 1er film et révélation de ***Walter Salles,*** auteur également de documentaires (et, en 2003, de *Carnets de voyage,* sur le périple du jeune Ernesto Guevara à travers l'Amérique latine, puis, en 2012, de la faible adaptation du cultissime *Sur la route,* de Jack Kerouac).

En 2004, *De l'autre côté de la rue* a été primé dans plusieurs festivals. Son réalisateur n'est autre que le coscénariste de *Central do Brasil,* ***Marcos Bernstein.*** Ce polar a notamment été sélectionné au Festival du film de Berlin. Un festival qui réussit au cinéma brésilien car le 1er film de ***José Padilha,*** *Tropa de elite,* sur les groupes d'intervention spécialisés dans la répression du trafic de drogue dans les favelas de Rio, a remporté l'Ours d'or de Berlin en 2008. Un gros succès au Brésil, suivi par *Tropa de elite 2* sorti en 2010. Mauvaise nouvelle en janvier 2013, l'acteur ***Walmor Chagas*** (82 ans) se donne la mort. Il joua dans *Xica da Silva,* de Carlos Diegues (1976), réalisateur du *cinema novo.* Ce film avait connu un succès international.

### Filmographie

– ***Rio, 40°*** *(Brésil, 1955)* **:** de Nelson Pereira dos Santos. Mélange de mélodrame et d'humour, raillant les mœurs bourgeoises, le film relate la vie de 5 vendeurs de rue qui se partagent les points touristiques de Rio. Ce film, influencé par le néoréalisme italien, bouleverse les principes de production de l'époque, employant des acteurs non professionnels et tournant en décors naturels.
– ***Orfeu Negro*** *(France, 1959)* **:** de Marcel Camus. D'après Vinícius de Moraes, musique de Tom Jobim. Palme d'or à Cannes en 1959. Transposition noire du célèbre mythe d'Orphée sur fond de carnaval de Rio, *Orfeu Negro* est resté dans les annales cinématographiques comme un petit bijou baroque. La samba, omniprésente, donne une tension au film. Certains lui reprochent d'être une carte postale pour touristes. Mais il se laisse revoir avec plaisir !
– ***O Pagador de Promessas*** *(La Parole donnée ; Brésil, 1961)* **:** d'Anselmo Duarte. Palme d'or à Cannes en 1962. Tiré du roman de Dias Gomes, c'est un film très académique à l'opposé du *cinema novo* de l'époque, qui soulève la question du rapport entre l'Église et le peuple.

– ***Pixote, la loi du plus faible*** *(Brésil, 1981)* **:** d'Hector Babenco, cinéaste d'origine argentine. Une œuvre remarquable, 6 fois primée, sur la terrible réalité des bas-fonds brésiliens. Film cru, au réalisme parfois violent, *Pixote* raconte le parcours d'un enfant dans un orphelinat, où les brimades succèdent aux viols et aux meurtres... La 2de partie du film se passe dans la rue, dans un monde de délinquance forgé par la drogue, la prostitution et le racket. Le film fut tourné à São Paulo et à Rio. À voir absolument.

– ***Le Baiser de la femme araignée*** *(coproduction américano-brésilienne, 1985)* **:** 2e film d'Hector Babenco. Dans une prison sud-américaine, sous la dictature, Molina (William Hurt), un homosexuel, partage une cellule avec Arregui (Raul Julia), un prisonnier politique. Peu à peu, des liens se tissent entre eux et leurs souffrances finissent par se ressembler. Des thèmes incontournables pour cette partie du monde : la dictature et l'homosexualité. Un film remarquablement interprété, pour lequel Hurt a reçu un oscar.

– ***Mission*** *(États-Unis, 1986)* **:** de Roland Joffé. Palme d'or 1986 et oscar pour la meilleure photographie. L'ouverture sur les chutes d'Iguaçu est célèbre ! À la fin du XVIIe s, le père jésuite Gabriel (Jeremy Irons) reprend le flambeau d'une mission vouée à l'évangélisation des Indiens. Face à lui, Mendoza (Robert De Niro), un *bandeirante* chasseur d'esclaves. Tout les oppose. Mais la vie de Mendoza bascule lorsqu'il tue son propre frère par jalousie. Une lutte autour du sort des Indiens s'organise, avec pour protagonistes les royaumes d'Espagne et du Portugal. L'autre personnage du film, c'est la nature, superbe et omniprésente. Grand écran obligatoire !

– ***Tieta do Agreste*** *(Brésil, 1996)* **:** de Carlos Diegues. Adapté du roman de Jorge Amado (voir à Mangue Seco, où fut tourné le film), ce film nous fait entrer dans l'univers picaresque d'Amado, qui mêle sensualité et réalisme, humour et gravité. Superbe musique de Caetano Veloso.

– ***Central do Brasil*** *(Brésil, 1998)* **:** de Walter Salles. Ours d'or à Berlin en 1998. Film symbole du renouveau d'un cinéma brésilien qui se penche sur la question de l'identité nationale. Josué, récent orphelin, part de la gare routière de Rio à la recherche de son père. Dora, écrivain public, l'accompagne. Film presque classique de la quête du père pour un pays qui se cherche, témoignage d'une époque. Du même réalisateur, citons aussi ***Avril brisé*** (*Abril despedaçado* ; 2003), récit d'un enfant qui trouve une issue en rencontrant un cirque itinérant, ainsi qu'***Une famille brésilienne*** (*Linha de passe* ; 2009), récit polyphonique sur la vie de 4 frères à São Paulo.

– ***La Vie peu ordinaire de Dona Linhares*** *(Brésil, 2000)* **:** d'Andrucha Waddington. Mention spéciale « Un certain regard » à Cannes. Au cœur du plateau semi-désertique du Sertão, où la terre brûlée par le soleil reste craquelée de longs mois dans l'année, Darlene, une femme pleine de vie et de sensualité, s'entoure de 3 amants dotés chacun de qualités différentes.

– ***Madame Satã*** *(France, Brésil, 2001)* **:** de Karim Aïnouz. Le film s'inspire librement de la vie de João Francisco dos Santos (1900-1976), « Madame Satã ». Orphelin de père, vendu par sa mère, ce Carioca noir bâti comme un athlète passa l'essentiel de sa vie dans les rues de Lapa, à Rio. « Madame Satã » fut travesti et père adoptif de sept enfants, cuisinier et voyou, héros et taulard.

– ***Cidade de Deus*** *(La Cité de Dieu ; Brésil, 2003)* **:** de Fernando

## MARCHE À L'OMBRE !

*Fernando Meirelles et Katia Lund, les réalisateurs de* La Cité de Dieu*, connurent des déboires avant d'entamer le tournage du film proprement dit. En effet, ils durent négocier les droits de tournage avec le « propriétaire » de la favela, lequel souhaitait fixer lui-même le montant de son à-valoir. Aussi durent-ils lui faire parvenir le synopsis, par des intermédiaires, et cela prit un peu de temps... car monsieur était en prison !*

Meirelles. Adapté du roman du même nom (Paulo Lins ; Gallimard). Violent (âmes sensibles, s'abstenir), le film illustre le quotidien d'une favela de Rio, entre 1960 et 1980. Misères financière, affective et sociale qui conduisent enfants et adolescents à toutes les violences, entre guerres des gangs et trafics de drogue...
– ***Moro no Brasil*** *(Je vis au Brésil ; Allemagne, Finlande, Brésil, 2003)* **:** de Mika Kaurismaki (documentaire musical). Un voyage initiatique au cœur de la musique brésilienne, de Rio à Bahia en passant par le Pernambuco. Le réalisateur a suivi des artistes de la rue, chanteurs et danseurs rencontrés au cours d'un périple de 4 000 km.
– ***Favela Rising*** *(Brésil, 2005)* **:** de Jeff Zimbalist et Matt Mochary. Admirable documentaire réalisé dans le style d'un grand film de fiction. C'est l'histoire d'Anderson Sa, un jeune homme né à Vigario Geral, une des favelas les plus violentes de Rio. Il a échappé à un destin tout tracé de délinquant en devenant musicien et fondateur du groupe *AfroReggae*. Entre les policiers corrompus et les gangs qui règnent en maîtres sur le trafic de drogue, il prône la non-violence, le respect de l'autre, l'action culturelle concrète auprès des jeunes défavorisés.
– ***Rio*** *(2010)* **:** de Carlos Saldanha. Ce film d'animation conçu par les studios Blue Sky (créateurs de *L'Âge de glace*) a été réalisé par un Brésilien et se situe dans sa ville natale. L'occasion de voir en famille quelques beaux clichés de la *cidade maravilhosa* ! En prime, la bande-son est aux couleurs du Brésil. La suite, ***Rio 2*** *(2014)*, est tout aussi réussie !
– ***Les Bruits de Recife*** *(2012)* **:** de Kleber Mendonça Filho. Jouant remarquablement sur la bande-son, ce film relate le quotidien des habitants d'un quartier de Recife, bouleversé par l'arrivée d'une équipe de surveillance privée. Les effets sonores tout comme les scènes aux allures de feuilleton participent à la tension dramatique.
Du même réalisateur, voir aussi ***Aquarius,*** salué par la critique et sélectionné au festival de Cannes en 2016.
– ***Le Chant de la Forêt*** *(2018)* **:** de João Salaviza et Renée Nader Messora. Prix spécial du jury à Cannes, ce film raconte l'histoire d'Ihjãc, un jeune indigène du Cerrado qui doit organiser une cérémonie funéraire pour mettre fin au deuil de son père et libérer son âme. Tiraillé entre tradition et modernité, il refuse de devenir chaman et fuit en ville où il découvre une réalité bien différente. Un très beau film sur la culture indienne, alors que le nouveau pouvoir politique a clairement annoncé qu'il n'en avait cure...
– ***Bacurau*** *(2019)* **:** de Kleber Mendonça Filho et Juliano Dornelles. Décidément, ce réalisateur brésilien est un talent à suivre ! Le film, qui se déroule dans un futur proche dans un village du Sertão, mêle thriller, western et univers fantastique. Il a été récompensé du Prix du jury au festival de Cannes.

## CUISINE

La cuisine brésilienne résulte de l'étonnant mariage des traditions culinaires portugaises, amérindiennes et africaines, saupoudrées d'apports ultérieurs italiens, slaves, juifs et même arabes. À part Bahia, où l'influence africaine prédomine, et Belém, où les produits et les savoirs de l'Amazonie s'imposent, il est impossible de démêler l'écheveau des diverses influences. En cuisine, un seul mot s'impose, reflet de l'histoire : le métissage.

### MANIAQUES DU MANIOC !

*Les Brésiliens ne mangent pas de pain à table. Souvenir d'Afrique, il est remplacé par la* farofa*, de la farine de manioc que l'on fait revenir dans l'huile et qui sert d'accompagnement au plat principal. Il existe diverses recettes de* farofa *selon les régions, et autant de variantes que de foyers ou de restos populaires ! La* farofa *est parfois agrémentée de petits morceaux d'oignons, de viande séchée ou d'œuf.*

Les denrées alimentaires de base des Brésiliens sont le riz *(arroz)* et les haricots *(feijão)*, noirs, rouges, bruns... Quoi qu'il arrive, il y aura toujours de l'*arroz* et des *feijões*, du riz et des haricots.
À cela s'ajoutent invariablement aussi la farine de manioc *(farofa)*, ainsi qu'une viande ou un poisson, rôtis ou cuits, avec parfois des légumes (courgettes, gombos, chou vert ou blanc, potiron, banane plantain)... ou, bien sûr, des frites.

## Plats typiques

– ***Feijoada :*** c'est LE plat national brésilien, fameux quand il est bien préparé ! Dans les restos, il est traditionnellement servi le samedi midi. Les haricots sont mijotés avec des pieds, queues et oreilles de porc salé, de la poitrine et des saucisses fumées, de la viande de bœuf fumée *(charque)*, le tout bien aromatisé à l'ail et aux oignons revenus à l'huile de palme. À cela s'ajoute encore du riz blanc arrosé de sauce obtenue à partir du jus de cuisson, du chou vert cuit à l'étouffée *(couve)*, de la *farofa* (farine de manioc) et des quartiers d'orange. À ce stade de la lecture, si vous allez dans le Minas Gerais, sachez que vous avalerez midi et soir de la cuisine *mineira*, une cuisine « de mineurs » qui tient bien au corps avec en plats vedettes, des variantes locales de la feijoada, le *feijão tropeiro* et le *tutu à mineira*.
– ***Virada a paulista ou mineira :*** le haricot est transformé en purée. Accompagné de riz, de chou vert et servi avec des côtelettes de porc, des couennes rôties, des bananes panées et, parfois, un œuf à cheval.
– ***Carne do sol*** (appelée aussi *carne seca*) ***:*** viande de bœuf salée et séchée au soleil (d'où le nom). C'est la vedette de la gastronomie du Nordeste, où elle est parfois servie découpée en lanières et mélangée à de la crème (succulent !).
– ***Moqueca de peixe ou de camarão :*** autre plat emblématique, omniprésent un peu partout sur la côte. On fait revenir le poisson ou les crevettes avec oignons, ail, coriandre et tomates dans du lait de coco et on achève la cuisson avec de l'huile de palme. Servi avec du riz, de la *farofa* et un *pirão* (purée gluante de manioc). Roboratif... et délicieux ! En général, de *peixe* ou de *camarão*, elle peut être aussi de crabe, de langouste... ou mixte. Une version « allégée » (l'*ensopado*) est proposée sans huile de palme.
– ***Empadão :*** grande tarte fourrée aux crevettes ou à la viande, avec des cœurs de palmier et divers légumes. Autant de recettes que de foyers. On se dispute son origine, portugaise, italienne ou russe. En tout cas *paulista*, *mineira* et bahianaise.
– ***Cuscuz :*** pas grand-chose à voir avec le couscous du Maghreb, même s'il s'agit aussi de semoule (de maïs surtout), servie nature (avec des morceaux de saucisse) dans le Nordeste (typique au petit déj !) ; c'est plutôt un gâteau de semoule fourré aux crevettes et aux sardines, avec des morceaux de légumes, dans sa version *paulista* (de São Paulo).
– ***Vatapá :*** l'un des plats les plus réputés de la cuisine bahianaise, mais reconnu dans tout le Brésil. De l'avis des gastronomes brésiliens, ce mélange crémeux de pain, arachide, huile, lait, piment, etc., parfois agrémenté de poissons ou crevettes, suffirait à lui seul à la gloire du pays.
– ***Barreado :*** plat typique du littoral du Paraná, originaire des Açores, que l'on retrouve dans tous les restos de Morretes et Paranaguá. La viande de bœuf ou de porc est mijotée (10h à 12h) dans une cocotte en argile, puis mélangée à de la farine de manioc afin d'obtenir une consistance pâteuse.
– ***Buchada de carneiro :*** un triomphe de la cuisine du Pernambuco ! Panse de mouton farcie aux tripes et abats, préparée en ragoût aux herbes ou cuite au court-bouillon.
– ***Churrasco :*** c'est l'un des grands « sports » brésiliens. Sa réputation vient du pays gaucho, mais il se pratique dans tout le pays. C'est la grillade de bœuf. Les pièces de viande, taillées dans les meilleurs morceaux, sont marinées et grillées à la broche, avec du gros sel, sur les braises. La plupart du temps, le *churrasco* est servi à volonté (dans les *rodizios*, un type de resto ; voir plus loin).

– ***Pernil assado :*** le jambon entier, frais et rôti, avec *farofa* et couennes grillées *(torresmo)*. Tradition *paulista* et *mineira.*
– ***Pão de queijo :*** on en trouve dans tout le pays, mais c'est du Minas Gerais qu'il provient et où l'on mangera les meilleurs. C'est une sorte de petit chou au fromage, parfois fourré de différentes sauces. Amuse-gueule à savourer au petit déj ou à l'apéro.
– ***Salgados :*** une institution ! Vendus pour 3 fois rien dans de nombreux bars, *padarias* et *lanchonetes,* ces beignets salés à la viande, au poisson, au fromage ou aux légumes font des en-cas de circonstance. Il faut goûter aux *pasteís, coxinhas, kibes, bolinhos de peixe...*
– Pour les amateurs d'exotisme, on trouve des plats à base de *viande de caïman,* de *singe,* de *serpent* ou encore de *chair de requin,* sans oublier une grande variété de *poissons exotiques,* cuisinés dans le Mato Grosso et les États d'Amazonie.

## Sucreries

– ***Brigadeiro :*** un grand classique qu'on trouve partout, décliné de mille façons. Son ingrédient principal, le *leite condensado* (lait condensé sucré), est un des ingrédients phare des sucreries brésiliennes.
– ***Pudim :*** excellents petits flans laiteux, sucrés à souhait.
– ***Pé de Moleque :*** une sucrerie à base de cacahuètes et de caramel, sorte de nougatine irrésistible et dévastatrice pour les dents ! Elle est vendue sur les stands de rue, notamment à Parati et à Salvador, où l'on trouve aussi le ***bolo do estudante,*** un délicieux gâteau gélatineux à base de noix de coco, enrobé de noix de cajou.
– ***Romeo e Julieta :*** de la pâte de goyave à déguster avec un fromage *mineiro* (genre feta au goût moins prononcé). Tout le monde n'aime pas ce mariage sucré-salé... Très populaire partout au Brésil.
– ***Picolé :*** il s'agit de sorbets présentés comme un esquimau (sur un bâton), vendus dans les rues ou sur les plages.
– ***Cartola :*** une spécialité sucrée emblématique du Pernambuco. Sorte de crêpe à base de farine de manioc, garnie de fromage fondu, bananes grillées et saupoudrée de cannelle. Certains restaurants la servent aussi en version salée.
– ***Petit gâteau :*** en français dans le texte, ce banal fondant au chocolat est le dessert de référence des restos chic. Pas toujours fait maison cela dit...
– ***Tapioca :*** fécule de manioc à la base de la *farofa,* la *tapioca* désigne aussi par extension des crêpes fines confectionnées avec cette même fécule, et que l'on garnit avec ce que l'on veut (banane, chocolat...). Servies aussi en version salée.

## Les fruits

Il en existe une grande variété de formes et de saveurs. Faites le plein de vitamines et n'hésitez pas à tous les goûter !
– ***Açaí :*** prononcez « asahi ». C'est le fruit du palmier pinot. Originaire de l'estuaire de l'Amazone, l'*açaí* est l'un des fruits les plus énergétiques du Brésil. Depuis toujours, ses baies font partie de l'alimentation traditionnelle des Indiens de la région. De couleur pourpre sombre, il se consomme sous forme de jus épais, saupoudré de farine de manioc et de tapioca, voire en

### *AÇAÍ* PAR LE DOUTE

*L'açaí a la cote depuis que les nutritionnistes de tout poil lui ont découvert d'importantes vertus antioxydantes. La demande à l'export est désormais si forte que les Indiens d'Amazonie, qui le consomment depuis la nuit des temps, n'ont plus les moyens de s'en acheter. Une bonne partie de la production est réservée aux pays occidentaux (en particulier aux États-Unis). Depuis sa mise sur le marché vers la fin des années 1980, son prix a augmenté de 500 %. En dialecte local, il est appelé iça-çaï, ce qui signifie « le fruit qui pleure ». On comprend pourquoi...*

confiture ou en sorbet. Les puristes le mangent sans *guarana* (une plante bourrée de caféine et sucrée), donc très amer !

- ***Acérola :*** appelé aussi la « cerise des Barbades » ou « cerise des Antilles », ce petit fruit rouge, assez amer, est surtout consommé sous forme de jus. L'*acérola* aurait une teneur en vitamine C 20 à 30 fois plus élevée que l'orange !
- ***Caja :*** fruit de couleur jaune-vert, vendu sur tous les marchés et qui donne un jus âpre et délicieux.
- ***Caju (cajou) :*** la plus ancienne description du *caju* (ou anacardier) remonte au voyageur français André Thevet (1558). La noix de *caju* possède la suprême élégance de pousser à l'extérieur de son fruit ! Ce dernier, au goût aigre-doux, est de couleur rouge orangé quand il est mûr. La noix se mange crue (et non grillée et salée comme en Europe), souvent en apéritif.

### FRUIT DÉFENDU ?

*Sur les marchés brésiliens, la noix de cajou est toujours proposée décortiquée. En effet, entre ses 2 coques se trouve une résine particulièrement toxique, qui provoque des brûlures sur la peau si l'on tente d'extraire la noix manuellement.*

- ***Cupuaçu :*** ce gros fruit de forme oblongue, recouvert d'une coque épaisse de couleur marron, ne semble guère appétissant. Sa chair jaune blanchâtre produit pourtant un excellent jus et une délicieuse crème dessert ! Son goût, bien qu'unique, évoque un peu celui d'une poire très acidulée.
- ***Graviola :*** appelée « corossol » ou « sapotille » dans d'autres pays, la *graviola* est un fruit à la chair fibreuse douce-acide, enveloppé d'une écorce hérissée d'épines.
- ***Jaca :*** appelée le « jacque » en Europe, fruit du jacquier.
- ***Mangaba :*** petit fruit aux airs de prune, jaune-rouge, provenant d'un arbre dont les fleurs ressemblent à celles du jasmin.
- ***Maracujá*** (fruit de la passion) **:** l'arbre qui le porte est connu sous le nom de « passiflore ». On le consomme surtout en jus. Contrairement à ce qu'indique son nom, il possède des vertus apaisantes et facilite le sommeil.
- ***Pinha :*** appelée aussi « pomme-cannelle », c'est le fruit de l'attier. Protégée par une sorte de carapace à alvéoles, elle possède une chair consistante et laiteuse et sent la cannelle.
- ***Pitanga :*** son nom signifie « rouge » en tupi-guarani. Appelée « cerise de Cayenne », la *pitanga* tient de la framboise par ses boursouflures. Elle renferme un liquide doux.
- ***Saputi :*** assez pâteuse, la sapotille a donné naissance à une chanson d'une célèbre école de samba de Rio. Elle raconte l'histoire de ce fruit importé par un roi du Portugal et aujourd'hui exporté aux États-Unis. Le *saputi* entre dans la composition de certains chewing-gums.
- ***Sériguela :*** sorte de prune de couleur jaune à rouge, de forme ovale, portée par le prunier d'Espagne (ou mombin rouge). Son fruit à noyau contient une pulpe juteuse et savoureuse.
- Et bien sûr les classiques ***abacaxí*** (ananas), ***mangua*** (mangue) et ***banana*** (banane), vraiment délicieux et sucrés en saison.

## Restos, *rodizios* et *lanchonetes*

- ***Les restos « standard » :*** il en existe de différentes sortes, familiaux, classiques, chics, touristiques, etc. Les plats à la carte, notamment dans les régions côtières, sont généralement pour 2 personnes, voire 3, mais il y a aussi des plats en version individuelle. Sinon, on peut parfois demander une portion réduite, à prix moindre. Quoi qu'il en soit, les portions sont généralement copieuses et les plats presque invariablement servis avec du riz, de la *farofa* (farine de manioc) et des haricots. Dans la plupart des restos, attendez-vous à payer 10 % de service en plus sur le montant total. Dans le cas contraire (assez rare), on peut laisser un pourboire.

– ***Les restaurants « ao kilo » :*** très répandus, il s'agit de restos proposant un buffet où l'on se sert de divers plats, puis on fait peser l'assiette.
– ***Le rodizio :*** idéal pour les gros mangeurs puisque, là, on mange autant qu'on veut pour un prix fixe. D'un côté, un vaste buffet de hors-d'œuvre, crudités, garnitures, mais aussi de plats froids et de plats chauds (et même de sushis !). De l'autre, des serveurs qui tournent en salle avec des morceaux de viande (parfois aussi de poisson) grillée, qu'on n'a qu'à se faire déposer dans l'assiette, sur simple demande. Les plus classiques sont les *rodizios de churrasco,* ou *churrascarias* (viande), mais il existe aussi des *rodizios* mixtes (viandes et poissons/fruits de mer) et même de pizzas et de pâtes. Attention, les desserts ne sont pas toujours inclus.
– ***Les lanchonetes :*** c'est le snack du coin de la rue. On en trouve d'ailleurs littéralement (presque) à chaque coin de rue. On mange debout ou assis au comptoir. Cuisine populaire bon marché. L'occasion de grignoter quelques *coxinhas de frango* (boulettes de poulet), avec ou sans *catupiri* (fromage), avec un café au perco ! Essayez aussi les boulangeries *(padarias)* où l'on peut consommer sur place des petits pains fourrés et autres sandwichs (également proposés dans les bars à jus).

## Petit lexique culinaire

| | |
|---|---|
| Eau | *Água* |
| Frais | *Fresco* |
| Vin (rouge/blanc) | *Vinho (tinto/branco)* |
| Bière | *Cerveja* |
| Thé, infusion | *Chá* |
| Jus de fruits sans lait | *Suco* |
| Avec lait (milk-shake) | *Vitamina* |
| Pain | *Pão* |
| Haricots | *Feijão* |
| Pomme de terre | *Batata* |
| Riz | *Arroz* |
| Sauce | *Molho* |
| Poivre, sel | *Pimenta, sal* |
| Huile de table | *Azeite* |
| Fruits de mer | *Mariscos* |
| Crevettes | *Camarões* |
| Homard | *Lavagante* |
| Poisson | *Peixe* |
| Palourde | *Amêijoa* |
| Langouste | *Lagosta* |
| Viande | *Carne* |
| Porc | *Porco* |
| Poulet | *Frango* |
| Bœuf | *Boi, bife* |
| Entrecôte | *Bisteca* |
| Rôti | *Assado* |
| Braisé | *Refogado* |
| Fromage | *Queijo* |
| Desserts | *Doces* |
| Crème glacée | *Sorvete* |
| Goyave | *Goiaba* |
| Fruit de la passion | *Maracujá* |
| Ananas | *Abacaxi* |
| Papaye | *Mamão* |
| Raisins | *Uvas* |
| Pomme | *Maçã* (prononcer « massin ») |
| Fraise | *Morango* |

## CURIEUX, NON ?

– Une caractéristique commune au peuple brésilien, c'est bien la chaleur des ***contacts humains.*** Si vous demandez votre chemin ou un renseignement à un Brésilien, vous êtes presque sûr qu'il se mettra en 4 pour vous aider et vous gratifiera d'un « *Tudo bem* », « *Beleza* » ou « *Valeu* » lancé le pouce levé, signifiant à la fois « OK », « Bonne route » et « Salut » ! Ce geste de ***lever le pouce*** est d'ailleurs utilisé à toutes les sauces, pour saluer, marquer son accord, remercier, féliciter...

– Les Brésiliens ont le contact facile et se donnent fréquemment l'***abraço*** (l'accolade) ; c'est d'ailleurs un mot employé pour dire au revoir.

– Le ***rapport au corps*** est très libre le long des côtes, le climat tropical et la plage incitant à se vêtir légèrement. Petit, gros, sexy, jeune ou vieux, le Brésilien s'exhibe naturellement. Rien de provocant, donc, à se promener torse nu pour les hommes et en minishort avec un haut de maillot pour les filles. En revanche, ***le topless sur les plages reste tabou (!),*** comme le naturisme.

### LA QUINZAINE DU BLANC

*Pour le passage d'une année à l'autre, à l'occasion du réveillon de la Saint-Sylvestre, la majorité des Brésiliens a coutume de s'habiller en blanc, couleur de la paix. L'industrie textile s'en frotte les mains : en décembre, les ventes augmentent de 40 % !*

– Comme vous aurez souvent à utiliser le ***langage des mains*** pour communiquer avec vos interlocuteurs, sachez que pour désigner le chiffre 1, on ne lève pas le pouce mais l'index. Quant à 2 et 3, ce sont le majeur et l'annulaire que vous dresserez aussi, en gardant le pouce à l'intérieur de la main. Voilà pour éviter les petits malentendus.

– La ***patience*** est une des grandes vertus de chaque Brésilien, indispensable pour affronter les files d'attente qui se forment aux arrêts de bus, à la poste, dans les banques et devant chaque guichet « officiel ».

– On voit partout dans la rue, à l'entrée des maisons, des sortes de paniers en bois ou en métal à claire-voie, surélevés comme des cabanes à oiseaux, où sont perchées les ***poubelles*** pour éviter qu'elles ne soient éventrées par les animaux.

– Partout dans le pays, que ce soit dans un boui-boui ou un hôtel de luxe, on jette le papier toilette dans une poubelle et non dans les ***w-c,*** car le système d'évacuation des eaux usées et les égouts sont encore loin d'être au point.

– Important : si vous circulez au Brésil en voiture, vous remarquerez à chaque ***stationnement*** dans la rue des personnes qui se chargent de vous aider dans la manœuvre et de garder un œil sur votre voiture. La fonction de ces « gardiens », gamins ou personnes âgées, n'est pas officielle, mais elle est reconnue par tous. On laisse donc toujours 1 ou 2 Rls (ça dépend de la durée de l'absence) à son retour. Idem pour un autre petit travail : gardien de parapluie... On en trouve parfois à l'entrée des magasins dès qu'une averse survient !

– En règle générale, le ***marchandage*** est assez mal vu dans les boutiques d'artisanat ou même sur les marchés. À la rigueur, on obtiendra une ristourne de 5 à 10 % en insistant bien, mais jamais au-delà. Toutefois, sur les marchés très touristiques, ne pas hésiter à négocier les prix.

## DROITS DE L'HOMME

Inutile de le souligner, les défenseurs brésiliens des droits humains n'ont pas été particulièrement ravis de l'accession au pouvoir de Bolsonaro. Raciste, macho, homophobe, climatosceptique (voire antiécologiste convaincu) : depuis son investiture en janvier 2019, l'ex-militaire devenu président a commencé à appliquer son programme point par point, portant atteinte, accessoirement, au droit à l'oxygène de l'humanité toute entière. Les militants pour l'environnement et les droits des communautés autochtones ont en effet été les premiers touchés par l'amplification considérable de la déforestation (déjà problématique avant lui) ; + 67 % durant les 7 premiers mois de l'année 2019, selon l'Institut national de recherche spatiale (INPE). Des chiffres qui ont valu au directeur de l'institut d'être limogé, accusé par Bolsonaro de « faire le jeu des ONG ». Mais de fait, la déforestation aurait augmenté de 91 % en 1 an selon d'autres sources officielles.

En corollaire, l'accaparement des terres s'est encore accentué, le gouvernement attribuant des concessions minières ou de vastes surfaces pour l'agrobusiness à tour de bras. L'orpaillage clandestin est également à la fête, avec l'explosion des mines illégales, qui font peser un risque sanitaire (présence de mercure dans l'eau), ou sécuritaire important aux populations. Comme de nombreux autres opposants à ces implantations, le chef Emrya, de l'ethnie Wayapi, a été assassiné en juillet 2019. Mais les orpailleurs, auteurs probables de ce meurtres, bénéficient de la complaisance du nouveau président, qui a estimé qu'il n'y avait « pas d'indices forts » prouvant leur responsabilité.

Élu sur un programme anticorruption et d'éradication de la violence, le nouveau président a pour le moment échoué sur les 2 plans. L'opération « Lava Jeto », de la justice brésilienne, à l'origine de l'un des plus gros scandales de corruption du pays, lui avait permis d'accéder au pouvoir sur un programme populiste. Mais depuis, des liens étroits ont été révélés entre le procureur « incorruptible » Sergio Moro, et le nouveau régime, concernant un pacte secret visant à abattre politiquement le président Lula. De quoi redorer le blason de l'ancien président de gauche, qui purge actuellement une peine de 12 ans de prison, mais envisage de se présenter à la prochaine présidentielle.

Quant à la lutte contre la violence, rien n'a changé ou presque... Le pays demeure l'un des plus meurtriers au monde par habitant, avec plus de 50 000 assassinats par an. Si cette tendance est toutefois en baisse depuis quelques années, le nombre de morts imputables à la police, lui, a explosé, avec une augmentation de 18 % entre 2017 et 2018, soit 6 160 tués – officiellement – lors de fusillades. Par ailleurs, les forces de l'ordre se rendent toujours coupables de violences injustifiées lors de manifestations, et des cas de torture sont toujours signalés. La surpopulation au sein des prisons brésiliennes a encore été à l'origine de mutineries, qui ont causé la mort de dizaines de détenus.

En dépit d'une forte mobilisation, peu de mesures ont été prises pour lutter contre les « féminicides » (meurtres de femmes). Plus de 1 130 Brésiliennes sont mortes en 2018, la plupart sous les coups de leur conjoint. Pour le président Bolsonaro (qui avait dit en plein hémicycle de l'Assemblée à une députée de gauche : « Je ne te violerai pas, parce que tu ne le mérites pas »), la seule solution passe par l'armement des Brésiliennes. Quant aux LGBT, ils organisent la résistance face aux attaques du président, et ont obtenu pour le moment quelques victoires symboliques, comme la criminilisation de l'homophobie par la Cour suprême. Mais beaucoup, comme le député Jean Wyllys, ont choisi l'exil, face aux menaces et à la multiplication des agressions.

■ Pour plus d'informations, consulter le site de la ***Fédération internationale des Droits de l'homme (FIDH)*** : • *fidh.org* • et/ou d'***Amnesty International*** : • *amnesty.fr* •

## ÉCONOMIE

### Une puissance émergente

1re économie d'Amérique latine, figurant parmi les 10 premiers PIB mondiaux, le Brésil, malgré ses difficultés actuelles, reste une des grandes puissances émergentes réunies dans le groupe des ***BRICS*** (Brazil, Russia, India, China et South Africa, selon l'acronyme anglais).

## 2001-2011 : 10 ans de « miracle économique »

Sous les 2 mandats consécutifs du président Lula, la ***forte demande mondiale en matières premières,*** pétrole et denrées agricoles en particulier, dont le Brésil est un gros producteur, nourrit une croissance soutenue qui fait émerger une importante ***classe moyenne,*** pourvoyeuse de croissance à son tour. Comptant alors pour le tiers de la population, ces Brésiliens gagnant entre 500 et 1 000 €/mois permettent au pays de connaître une décennie faste en s'équipant de biens de consommation et en s'endettant. Dans le même temps, une politique de ***programmes sociaux*** volontariste permet, selon les statistiques officielles, à près de 20 millions de Brésiliens de sortir de la grande pauvreté. *Fome Zero* (« Faim zéro »), en garantissant aux familles les plus pauvres l'accès aux produits alimentaires de base, fait régresser de 46 % la malnutrition infantile tout en valorisant l'agriculture paysanne. *Bolsa Família,* les nouvelles « allocations familiales » à la brésilienne, sont versées à 25 % de la population. Le salaire minimum augmente, lui, de plus de 50 % en termes réels (en tenant compte de l'inflation), pour atteindre environ 280 €/mois en 2018.
Malgré ces avancées, le Brésil reste ***l'un des pays les plus inégalitaires au monde.*** Outre des raisons historiques, la majorité des impôts étant indirects (comme la TVA), les plus pauvres, qui consomment la quasi-totalité de leurs ressources, se retrouvent proportionnellement plus taxés que les nantis. L'impôt sur le revenu (non progressif) ne permet pas de rééquilibrer cette injustice. Les inégalités se sont creusées, l'État ne faisant que compenser un peu. Ainsi, 10 % de la population engrange à elle seule la moitié des salaires versés dans le pays, alors que plus de la moitié des travailleurs, pour la plupart non déclarés, ne touchent même pas le salaire minimum.
Autre bémol, près du tiers des surfaces arables du Brésil est encore détenu par 0,8 % des propriétaires terriens... Parallèlement, 1 500 000 paysans peinent toujours à survivre sur de minuscules exploitations et l'exode rural n'a pas été freiné, 86 % des Brésiliens vivant désormais en ville. Lula n'a pas répondu aux attentes des « paysans sans-terre », principal mouvement social du Brésil et d'Amérique latine, qui se bat depuis 1984 pour une redistribution des terres agricoles. Les « Sans-Terre » lui ont reproché sa fébrilité à l'égard des réformes agraires et son inclination pour l'agro-industrie et les banques.
Enfin, à titre de comparaison, la corruption coûterait chaque année 38 milliards d'euros au Brésil, soit plus de 2 fois le programme emblématique de Lula, *Bolsa Família.* Sur ces entrefaits, Lula lui-même finira par être condamné pour corruption...

## Du miracle à la crise

En 2010, quand Dilma Rousseff prend la suite de Lula, elle hérite d'une économie au top : le taux de croissance atteint alors 7,5 % et le taux de chômage est inférieur à 5 %.
Mais le ralentissement de la croissance mondiale – et particulièrement de la Chine, 1er partenaire du Brésil – touche le pays de plein fouet. Les prix des matières premières stagnent et la chute des prix du pétrole prive le pays d'une grosse partie de ses ressources.
Le pays rentre en ***récession*** (- 3,8 % en 2015, - 3,3 % en 2016), le taux de chômage explose (12,5 % en 2017). La grande pauvreté repart à la hausse ; 15 millions de personnes vivent avec moins de 1,90 $ par jour. Les taux d'intérêt sont au plus haut, la consommation au plus bas. Les déficits s'installent, la dette publique s'envole. Joaquim Levy, ministre des Finances en 2015, se lance alors dans une politique d'austérité, coupant dans les dépenses publiques, mettant en péril la *Bolsa Família* chère à Lula. Bref, le Brésil perd la face. Après la destitution de Dilma Rousseff, accusée d'avoir maquillé les comptes publics, c'est son vice-président, Michel Temer, lui-même accusé de corruption, qui reprend le lourd flambeau, et amplifie les ***mesures d'austérité*** jusqu'à faire inscrire dans la constitution le gel des dépenses publiques (hors inflation) pendant 20 ans ! Suit tout un catalogue de ***réformes libérales*** censé attirer les investisseurs étrangers, litanie

de flexibilisation du droit du travail et de privatisations, menées par un pouvoir chaque jour plus fragilisé par la cascade des scandales de corruption qui touchent aussi bien la classe politique que les plus grosses entreprises du pays (lire plus loin « Histoire »). En 2017, la croissance repointe, faiblement, le bout de son nez (1 %), mais le Brésil est loin de voir le bout du tunnel... Quant à 2018, l'année est marquée par la crise politique qui fragilise l'ensemble du secteur financier.

## Agriculture et élevage

Le Brésil se place parmi les 1ers producteurs et exportateurs agroalimentaires et agro-industriels de la planète.
Bien qu'elle ne représente que 5 % du PIB, l'agriculture emploie 15 % de la population active et contribue de manière très significative au maintien de la croissance. Avec plus de 15 % des ressources mondiales renouvelables en eau potable (record mondial) et plus de 200 millions d'hectares encore inexploités, le Brésil n'a pas dit son dernier mot.
- ***Sucre :*** le Brésil est, de loin, le 1er producteur mondial de sucre (40 % du sucre de canne de la planète !).
- ***Café :*** 1er producteur et exportateur mondial de café depuis le milieu du XIXe s (avec environ 2,7 millions de tonnes par an), le Brésil fournit près du tiers de la production mondiale.
- ***Soja :*** 1er producteur mondial, avec près de 100 millions de tonnes par an. De nombreuses variétés sont cultivées, transgéniques à près de 90 %. La vente de soja à la Chine représente à elle seule 40 % du total des exportations brésiliennes !
- ***Orange et cacao :*** le Brésil est le 1er producteur mondial de jus d'orange (plus de 50 % à lui seul !) et le 6e de cacao.
- ***Maïs :*** 3e producteur mondial.
- ***Tabac, manioc, coton :*** 2e producteur mondial de tabac et de manioc, 5e pour le coton.
- ***Viande :*** 2e pays du monde pour l'élevage de bovins (près de 200 millions de têtes, dans le Mato Grosso en particulier).

## L'économie de la forêt brésilienne

La forêt recèle des richesses comme l'huile de *tung* (vernicia) utilisée en imprimerie, la cire de *carnaúba* (cosmétiques), la fibre de *caroá* (corderie), le caoutchouc (latex de l'hévéa), mais aussi des huiles végétales, des résines, sans parler de l'immense variété de plantes médicinales (plus de détails plus loin dans la rubrique « Environnement » puis dans la partie « Le Nord, l'Amazonie »). L'État du Pará produit à lui seul 80 % du bois tropical exporté par le Brésil.

## Les mines et l'industrie

Près d'un tiers du PIB du pays provient des industries et des mines.
- ***L'industrie minière :*** avec des réserves de 31 milliards de tonnes de fer, le Brésil pourrait dépasser l'Australie et devenir le 2e producteur mondial, après la Chine. Parmi ses mines géantes, celle de Carajás, dans le Pará, est la plus grande au monde. Le Brésil est par ailleurs le 6e producteur mondial d'aluminium.
- ***L'industrie automobile :*** 7e producteur de véhicules automobiles au monde, avec des usines Fiat, Volkswagen, Chevrolet (General Motors), Ford, Renault ou encore PSA.

## Ressources énergétiques

- ***Électricité :*** 80 % de la production électrique est assurée par des barrages (São Paulo et Paraná). Celui d'Itaipu est le plus grand au monde en termes de production (environ 17 % de l'électricité brésilienne).
- ***Énergie verte :*** le secteur bénéficie d'un soutien actif du gouvernement (en collaboration avec le français Alstom pour les éoliennes). Le plus grand parc d'éoliennes d'Amérique latine est installé dans le Sertão (Nordeste), une région

pauvre et sèche, mais venteuse. Quant à l'énergie solaire, encore très minoritaire, elle se développe assez rapidement.
- ***Nucléaire :*** 3 % de la production énergétique. Le pays possède des mines d'uranium, 2 réacteurs et une usine d'enrichissement, à l'ouest de Rio. Une 3e tranche est en construction et 4 nouvelles centrales sont à l'étude.
- ***Charbon :*** la 10e plus importante réserve de charbon au monde (États de Santa Catarina et Rio Grande do Sul). 1er rang mondial en termes de production de ***charbon de bois*** (Minas Gerais et Carajás).
- ***Pétrole :*** le Brésil est désormais autosuffisant en pétrole, grâce à des champs sous-marins au large des côtes, découverts dans les années 2007-2008. *Petrobras,* la compagnie nationale semi-publique, affirma alors que les réserves pouvaient atteindre 240 milliards de barils – davantage que l'Arabie Saoudite ! Mais les coûts d'extraction sont faramineux et les compagnies étrangères renâclent – d'autant que de nombreux puits se sont révélés secs. Et la compagnie est entachée par un immense scandale de corruption (2 milliards de dollars détournés en 10 ans), qui a conduit un de ses ex-PDG en prison.
- ***Éthanol*** (alcool de canne à sucre) ***:*** au Brésil, cet agrocarburant est appelé *álcool comun.* Lancé dans le sillage de la crise pétrolière de 1973, il a fait du Brésil le 2e producteur et exportateur mondial. Seul hic : si tous les nouveaux véhicules sont équipés de moteurs hybrides, acceptant éthanol et essence, l'engouement s'est traduit par des pénuries récurrentes et une augmentation importante des tarifs... À la pompe, un litre coûte environ 15 % de moins que l'essence – mais la distance parcourue avec un litre d'éthanol étant inférieure de 25 % à celle parcourue avec un litre d'essence... Bref, l'éthanol n'est plus la panacée !
- ***Gaz naturel :*** au Brésil, de nombreux véhicules roulent aussi au gaz naturel. Le pays en possède d'importantes réserves, mais n'est pas encore autosuffisant. Une partie de la consommation est donc importée de Bolivie, d'Argentine et du Venezuela.
- ***Les autres agrocarburants et énergies renouvelables :*** depuis 2006, le Brésil produit d'une manière industrielle un carburant (breveté par *Petrobras*) appelé le *H-Bio Diesel.* C'est un mélange d'huile de soja, de colza, de palme ou de tournesol (à hauteur de 10-20 %) et de pétrole raffiné. Son coût est plus élevé que celui du diesel fossile, alors, pour garantir sa rentabilité, tout diesel consommé au Brésil doit contenir au minimum 7 % de ce biodiesel. Mais son intérêt écologique est très contesté (lire aussi plus bas « Environnement »).

Dans le même esprit, le gouvernement brésilien entend poursuivre la construction de centrales à biomasse, capables de recycler les déchets organiques en les transformant en énergie.

### Le tourisme au Brésil

Avec ses paysages et sa culture d'une variété infinie, le Brésil fait toujours rêver. Son chiffre fétiche est le 7, car chaque année environ 7 millions de personnes visitent le pays, générant 7 milliards de dollars de chiffre d'affaires avec... 7 millions d'emplois à la clé.

## ÉGLISES BAROQUES

Du Nordeste au Minas Gerais en passant par Rio, les églises baroques sont incontournables au Brésil ! Elles témoignent du mouvement architectural et artistique que connut le pays à partir du XVIIe s et sont l'œuvre d'une société naissante et de communautés multiples qui ont trouvé là un formidable terrain d'expression. On peut difficilement rester indifférent face à une telle théâtralité, une telle mise en scène de la foi, mais aussi à une telle manifestation de l'art, tout simplement. Il y a de fortes chances pour que l'enthousiasme s'empare même des plus réfractaires !

Depuis le parvis, il est bien souvent difficile d'imaginer ce qui attend le visiteur à l'intérieur. Les façades sont en général sobres, avec de simples murs blancs (plus rarement bleus ou jaunes), ornés de quelques chaînages de pierres sombres ou de linteaux et de chambranles aux courbes et volutes élégantes. À l'intérieur en revanche, c'est souvent un foisonnement de sculptures sur bois *(talha)*, de dorures, de colonnes et de pilastres. Les plafonds se parent de fresques, les retables trônent dans le chœur. Parfois, des azulejos recouvrent les murs de l'église et du cloître. Dans le Minas Gerais, l'intérieur de certains édifices est même entièrement recouvert d'une pellicule d'or...

Au XVII^e s, les Portugais bâtirent les 1^res églises sur la côte. Au début du XVIII^e s, l'essor économique du Brésil favorisa l'avènement du baroque. C'est d'abord à ***Recife*** et à ***Olinda*** que cet art s'épanouit. Puis la découverte d'or et de pierres précieuses dans le Minas Gerais induisit la multiplication d'églises ; le baroque se répandit à l'intérieur des terres, avec l'apport et la créativité de chaque communauté de la mosaïque brésilienne.

### PLEIN LES YEUX !

*Le baroque latino-américain se traduit par une architecture fastueuse et clinquante, aux décors exubérants. Pourquoi s'attacher et s'efforcer à une telle démonstration de la puissance divine ? Tout simplement pour amener les Indiens à se convertir au christianisme. Une seule solution : impressionner, émerveiller et persuader, afin que s'éveille durablement la foi.*

En construisant leurs propres églises, les esclaves noirs gagnèrent ainsi, selon l'universitaire Angelo Oswaldo de Araújo Santos, « leur 1^re victoire sur le chemin de la reconquête de la liberté ». On assista bientôt à l'émergence d'une nouvelle société, formée par les descendants des esclaves affranchis et les enfants issus de mariages mixtes. Beaucoup sont des artistes de grand talent, dont le travail révèle la sensibilité transcendée par leurs origines. La 2^de moitié du XVIII^e s reste d'ailleurs incontestablement marquée par le métis Antônio Francisco Lisboa, dit « l'Aleijadinho » (le Petit Estropié), appelé encore le « Michel-Ange » du Minas Gerais. Atteint d'une grave maladie dégénérative (une forme de lèpre), ce sculpteur, qui devait attacher ses outils à ses moignons et se faire porter pour se déplacer, illustra son talent et son génie avec les célèbres 12 prophètes au pied de l'église Bom Jesus de Matozinhos à Congonhas do Campo. La façade de l'***église São Francisco de Assis à Ouro Preto*** est considérée également comme l'un de ses chefs-d'œuvre.

## ENVIRONNEMENT

Associez le mot « environnement » à « Brésil » et voilà que l'on pense à l'Amazonie, à la déforestation et aux Indiens contraints de quitter leurs terres pour laisser la place à des centrales hydroélectriques, à des routes ou à des cultures extensives.

Le Brésil, c'est aussi un pionnier de la production d'agrocarburants, dont la fabrication nécessite la culture de canne à sucre sur de vastes étendues.

Dans cet immense territoire s'affrontent tous les intérêts : ceux des multinationales et des ouvriers, des agriculteurs et des Indiens, des défenseurs de l'environnement et des autorités, locales ou nationales.

### BROUSSAILLE QUI CRAQUE ET VACHES QUI PÈTENT !

*Si le Brésil n'émet pas de gaz à effet de serre en produisant une grande partie de son énergie, on ne peut pas en dire autant de son industrie agroalimentaire. Plus de la moitié du $CO_2$ émis provient de la filière bovine, et en particulier des défrichages sur brûlis de la forêt amazonienne pour constituer des pâturages. Quant aux flatulences des vaches, n'en parlons pas, l'émission de méthane de ces braves bêtes est encore plus important lorsqu'elles sont nourries au soja.*

## Les arbres, la pluie, l'eau et la vie

Le Brésil possède environ 15 % de toute l'eau douce du monde (hors glaciers et banquises), concentrée aux 3/4 dans le bassin amazonien. C'est aussi le champion mondial de la pluviométrie avec plus de 15 000 km³ d'eau de pluie qui tombe chaque année sur son vaste territoire. Conséquence, près de 95 % des cultures du Brésil sont irriguées naturellement. Cette eau tombée du ciel est une véritable manne... D'où viennent les pluies brésiliennes ? De l'évaporation de l'océan Atlantique, mais aussi de l'Amazonie et du Pantanal, des rivières et des zones humides. Il y a la mer bleue et la mer verte ! L'Amazonie est, en la matière, aussi importante que l'océan, en vertu du phénomène d'évapotranspiration (l'évaporation au niveau des sols et la transpiration des végétaux). Ainsi, ce sont des millions de tonnes d'eau qui montent en permanence dans les airs depuis la forêt. La barrière des Andes empêche ces nuages et ces masses de vapeur d'eau de rejoindre l'océan Pacifique. Résultat, les pluies retombent sur le Brésil. C'est une source inestimable de richesse naturelle, qu'il est indispensable de préserver.

### POURQUOI « BRÉSIL » ?

*Le nom vient du* pau brasil, *littéralement « bois de braise », un bois de couleur rouge très répandu au Brésil et employé autrefois dans l'industrie textile. De consistance très dure, il est encore utilisé pour la fabrication des archets de violon.*

## L'Amazonie, état des lieux

N'hésitez pas à vous reporter aussi à l'introduction du chapitre sur l'Amazonie.

Champion olympique de la biodiversité, le Brésil regroupe plus de 20 % de l'ensemble des espèces de la planète. L'Amazonie abrite à elle seule quelque 2,5 millions d'espèces d'insectes, au moins 40 000 espèces de végétaux, 2 200 de poissons, près de 1 300 oiseaux, plus de 400 mammifères, autant d'amphibiens et presque autant de reptiles. Des milliers d'autres restent encore à découvrir... si elles le sont un jour. La ***déforestation en Amazonie*** trouve ses « racines » dans la politique de développement du territoire menée à partir des années 1960-1970. Pour désenclaver cet espace immense, le gouvernement brésilien décida en 1975, après l'échec de la route transamazonienne, de créer des pôles de développement. Des milliers d'hectares furent distribués aux grands propriétaires terriens pour 3 fois rien. Résultat : les défoliants, les bulldozers et le feu libérèrent le terrain pour créer des pôles agropastoraux (élevage extensif) et agrominiers. Bientôt aussi s'imposèrent les cultures à grande échelle, comme celle du soja, dont le cours élevé a longtemps incité les agriculteurs à défricher sans cesse davantage.

### UN POUMON QUI S'ESSOUFFLE

*Si le terme de « poumon de la planète » donné à l'Amazonie a joué son rôle en marquant les esprits, il est à nuancer. En vérité, la forêt amazonienne consomme autant d'oxygène qu'elle en produit (elle en rejette le jour, mais en absorbe la nuit). Une chose est sûre en revanche : la déforestation produit du $CO_2$, notamment par la décomposition des végétaux et surtout la combustion du défrichage.*

Plus on détruit les forêts, plus on participe au ***réchauffement climatique*** de la planète. Non pas parce qu'on supprime une source de production d'oxygène, mais parce que les arbres abattus libèrent le carbone qu'ils contiennent en se décomposant, ou pire, en étant brûlés. De plus, les sols dénudés reflètent davantage l'énergie lumineuse dans l'atmosphère que les forêts qui, elles, l'utilisent pour la photosynthèse. En conséquence, si l'on prend en compte l'ensemble des sources de gaz à effet de serre, le Brésil est l'un des plus gros émetteurs au monde.

Si le rythme de la déforestation a beaucoup diminué depuis 2008-2009 (on est, en gros, passé d'un déboisement annuel de 25 000-30 000 km² à 5 000-7 000 km²), surtout grâce aux mesures prises sous le gouvernement de Lula, ***plus d'un millier d'hectares de forêt est encore anéanti chaque jour.*** Depuis les années 1960, c'est plus de 800 000 km² qui auraient ainsi été détruits, soit un peu moins du quart de l'Amazonie brésilienne, essentiellement sur « l'arc de déforestation » sud et est (le côté où se trouve le gros de la population du pays) mais aussi, dans une certaine mesure, au cœur même du bassin, ce qui donne à la surface déboisée totale un caractère relativement fragmenté.

La déforestation se poursuit encore et toujours, en particulier sur les franges du front pionnier, une zone plus difficile à contrôler et où vit une population hétérogène qui continue à défricher illégalement – à plus ou moins grande échelle – pour y pratiquer de l'élevage extensif et vendre ensuite la terre, laquelle fait l'objet d'un marché lucratif non réglementé.

***L'arrivée au pouvoir de Jair Bolsonaro*** fin 2018 n'est pas de nature non plus à éclaircir l'avenir de l'Amazonie, ce dernier se positionnant clairement du côté des intérêts de l'industrie agro-minière plutôt que de celui de la sauvegarde de l'environnement. Et même si certaines annonces de campagne à ce sujet n'ont pas été suivies dans les faits (comme le retrait du Brésil de l'Accord de Paris ou la fusion du ministère de l'Environnement et du ministère de l'Agriculture), Bolsonaro a nommé à son gouvernement divers ministres ouvertement hostiles à la lutte contre le changement climatique ou à la préservation, coûte que coûte, de l'Amazonie. Il a aussi fait suspendre (par l'intermédiaire d'un de ses ministres) la coopération entre le gouvernement et certaines ONG, refusant de se voir dicter les politiques environnementales à mener dans le pays. Plus préoccupant encore, peut-être : sa volonté d'amoindrir la protection dont bénéficient les territoires indiens pour favoriser leur exploitation à des fins économiques. Tout cela s'ajoute aux coupes déjà réalisées ces dernières années (notamment sous l'ancien président intérimaire Michel Temer) dans les budgets alloués à la lutte contre la déforestation, ainsi qu'à l'arrêt du développement de certains points du code forestier censés protéger l'Amazonie...

Les chiffres annoncés après 1 an de gouvernement Bolsonaro sont particulièrement alarmistes : on estime l'augmentation de la déforestation à plus de 91 % en 2019. Sans parler des ***incendies d'immense envergure*** durant l'été. L'avenir de la grande forêt est donc, de nouveau, très incertain. Il dépendra à la fois des nouvelles politiques gouvernementales et des initiatives de protection locale qui sauront, ou non, se mettre en place pour contrer les menaces émanant du gouvernement fédéral. Une affaire à suivre... de très près.

– Un site intéressant pour visualiser la déforestation en Amazonie : • *terrabrasilis.dpi.inpe.br* •

## Les plages et la *Mata Atlântica*

L'environnement au Brésil, ce sont aussi les plages, dont certaines polluées, en particulier autour des grandes villes comme Rio et Recife.

Cela n'empêche pas les petits paysans, derrière les collines de Rio, de pratiquer le brûlis sur leurs champs, sans protéger les sous-bois atlantiques (la *Mata Atlântica*) tout proches. Ni les citadins de construire une résidence secondaire en bord de mer, sur des aires protégées, détruisant là aussi la forêt

### NAUFRAGES CLIMATIQUES

*Chaque année, les manchots migrent de la Patagonie argentine vers le Sud brésilien, à la recherche de nourriture. Ils suivent tout simplement les courants froids vers le nord, et lorsque la température se réchauffe trop, ils font demi-tour. Seulement voilà, en 2008, ils ont poursuivi toujours plus avant, jusqu'à s'échouer à... Salvador, soit un voyage de près de 6 000 km ! La moitié d'entre eux n'ont pas survécu, les autres ont été renvoyés vers le sud du Brésil en... avion.*

atlantique. Celle-ci couvrait plus de 1,2 million de km² lors de l'arrivée des Portugais au XVIe s ; 93 % de cette forêt a aujourd'hui disparu et ses vestiges sont à 80 % morcelés en miniparcelles.
Comme le souligne l'historien Geraldo Prado : « L'histoire du déboisement de la *Mata Atlântica,* c'est l'histoire économique du Brésil. À chaque cycle de croissance a correspondu la destruction d'une partie de la forêt. »

## Les agrocarburants, une alternative écologique ?

Le Brésil est le 2e plus gros consommateur de biocarburants au monde, après les États-Unis. Si le développement de ces agrocarburants (en l'occurrence l'éthanol – ou alcool –, à base de canne à sucre) remonte au début des années 1930, il n'a commencé à faire l'objet d'un programme national visant à réduire la dépendance du pays vis-à-vis du pétrole que dans les années 1970 (suite au 1er choc pétrolier). Aujourd'hui, l'éthanol constitue une part très importante des sources d'énergie utilisées dans le secteur du transport au Brésil.
Mais une question se pose : les biocarburants sont-ils réellement bénéfiques pour l'environnement ? La réponse est moins simple qu'il n'y paraît... Cela semble être le cas pour la qualité de l'air dans les villes, car les agrocarburants émettent moins de particules et composés chimiques nocifs (monoxyde de carbone, etc.) pour la santé que les carburants fossiles (essence et diesel).
En revanche, contrairement à la croyance populaire, ils dégagent autant de $CO_2$, et donc de gaz à effet de serre, que les carburants classiques. Si l'on dit communément qu'ils contribuent à réduire les émissions de tels gaz, ce n'est que parce que la culture des végétaux nécessaires à la production de biocarburants compense, en puisant et captant du $CO_2$ dans l'air, l'émission de $CO_2$ lorsque ces végétaux transformés en carburant se consument...
Or cela n'est valable que si ces nouvelles cultures n'ont pas causé la destruction de surfaces boisées (ou d'autres biotopes), laquelle relâche de grandes quantités de $CO_2$ dans l'atmosphère. Autre problème souvent soulevé : la dégradation des sols des nouvelles cultures, qui contiennent eux-mêmes du carbone. Sans compter toute l'énergie (qui rejette du $CO_2$) nécessaire à la production des agrocarburants (récolte, transformation, acheminement, etc.), qui peut être supérieure à celle requise pour la production d'essence et de diesel.
Au final cependant, il semble que le bilan, dans le cas du Brésil, soit globalement positif (contrairement à ce qu'il est dans d'autres parties du monde !). La plupart des champs de canne à sucre, qui ne couvrent que 2 % de l'ensemble des terres arables du pays (355 millions d'hectares), se situent en effet surtout dans le sud du pays, dans l'État de São Paulo notamment, sur d'anciens pâturages et loin des biotopes et écosystèmes. L'alcool brésilien présente également l'avantage d'être beaucoup moins énergivore à fabriquer que son concurrent nord-américain (à base de maïs). Mais les cultures de cannes à sucre continuent à s'étendre et pourraient, selon certaines études, finir par repousser vers le nord certaines zones d'élevage qui, donc, pourraient empiéter sur des territoires plus vierges. L'avenir seul, au final, permettra de tirer un vrai bilan !

## Belo Monte, un barrage controversé

Après 4 décennies de résistance et de bataille juridique, la ***construction du barrage hydroélectrique de Belo Monte,*** sur le rio Xingu, au cœur de la forêt amazonienne (État de Pará), a obtenu le feu vert du gouvernement en 2011. Une nouvelle dramatique pour les peuples indiens de la région et l'occasion, pour le chef Raoni, de repartir sur le sentier de la guerre médiatique.
Inauguré en 2016, le barrage, véritable mastodonte aux 27 turbines, est conçu pour produire plus de 11 000 mégawatts par an. C'est le 4e plus grand ouvrage hydroélectrique au monde après ceux des Trois-Gorges et de Xiluodu, en Chine, et celui d'Itaipu, que le Brésil exploite déjà avec son voisin paraguayen.

On estime à plus de 400 km² la zone inondée mais à 6 500 km² le territoire qui sera, à terme, affecté. Les experts s'accordent à prédire des ***conséquences néfastes sur les écosystèmes*** et une altération significative de la dynamique saisonnière de la grande boucle du Xingu. Quelque 20 000 à 25 000 personnes ont été contraintes de se déplacer, parmi lesquelles des groupes indiens isolés de la région.
En outre, plusieurs analyses montrent que, pour assurer sa pérennité, Belo Monte devrait être soutenu par d'autres digues... ce qui, évidemment, ne rassure pas les écologistes. Tour à tour, les instances judiciaires du Pará, la Commission interaméricaine des droits de l'homme, l'ONU et l'Organisation internationale du travail ont déclaré le projet contraire à la Convention 169 relative aux droits des peuples indigènes et tribaux. En vain. Selon le gouvernement, la construction du barrage répond à un impératif de taille : la nécessité d'augmenter à court terme la capacité énergétique du Brésil...

## FAVELAS

Partie intégrante de l'âpre réalité du Brésil, la favela est une zone urbaine informelle, constituée sans aucune planification de petites habitations de brique et de tôle le plus souvent bâties à la hâte. Alors que dans la plupart des grandes villes les favelas s'étendent dans les quartiers périphériques, à Rio ou à Salvador, elles sont établies sur les *morros* qui surplombent la ville du nord au sud, au-dessus des quartiers résidentiels.

### FAVELA ?

*Le terme favela a été emprunté à l'insurrection des Canudos, dans l'État de Bahia, à la fin du XIXᵉ s. Favela était le nom d'une colline d'où ces exclus de l'époque résistèrent aux expéditions militaires chargées de les écraser. Quand la révolte fut matée en 1897, les soldats démobilisés, de retour à Rio, s'établirent « sauvagement » sur les collines* (morros), *avant d'être relogés. Ils nommèrent favela ce quartier provisoire, qui leur rappelait par son aspect le* morro *où ils avaient combattu.*

### Une histoire en plusieurs temps

À Rio, les favelas remontent à la fin du XIXᵉ s, lorsque les soldats qui avaient participé à la répression de la révolte des *Canudos* vinrent s'établir sur le *morro Providência* (voir encadré). Au même moment, de nombreux anciens esclaves (devenus libres suite à l'abolition de l'esclavage en 1888) s'installèrent aussi dans la ville ou plutôt, faute de moyens, dans sa périphérie, créant les 1ers bidonvilles. S'ensuivit la modernisation du centre de Rio dans la 1re moitié du XXᵉ s, stimulée par les vagues de migration européenne, qui eut aussi pour effet de repousser les habitants les plus pauvres à la marge, avant que l'industrialisation du pays (dans les années 1950) ne pousse toute une population rurale à venir chercher du travail dans la grande ville et à s'établir, faute de moyens là encore, dans les zones les moins favorisées. Manque de pot, la ville de Rio, en perdant son statut de capitale en 1960, vit alors son activité économique diminuer, ce qui ne fit qu'accentuer le phénomène de la « favelisation », qui s'intensifia encore suite au boom immobilier des années 1970. Aujourd'hui, on estime que près de 2 millions de personnes vivent dans 600 favelas (au moins) pour la seule ville de Rio, soit 20 % de la population totale de la ville (contre 6 % à l'échelle nationale).

### Entre accompagnement et répression

L'attitude des autorités locales à l'égard des favelas a longtemps été de vouloir supprimer ces dernières et de reloger leurs habitants dans des zones périphériques destinées à les accueillir, notamment sous la dictature militaire des années 1960-1980. Mais cela a donné des résultats très mitigés et, de fait, les favelas n'ont cessé de croître. Ce n'est qu'à partir des années 1990 que l'administration de Rio opta pour un programme d'urbanisation des favelas (avec notamment le programme « Favela-Bairro », lancé en 1994), en s'efforçant de les développer et d'y installer les infrastructures de base. Politique bien intentionnée, certes, mais qui est restée à la surface des choses... même si l'on peut saluer certaines améliorations et surtout le déploiement, dès 2008, d'*UPP (Unidade de Polícia Pacificadora),* des unités policières façon « police de proximité », destinées à pacifier certaines favelas des zones sud et nord de Rio, particulièrement actives entre la Coupe du monde de foot de 2014 et les jeux Olympiques qui ont suivi en 2016... Mais totalement à l'arrêt depuis. Si des progrès ont été constatés, la crise économique que subit le pays depuis plusieurs années rend à nouveau la situation explosive et, changement de braquet, les autorités n'hésitent pas à recourir à nouveau à des méthodes bien plus brutales, envoyant l'armée dans les favelas de Rio ou rasant certains quartiers, comme celui de Metrô, située près du stade Maracanã, sans offrir pour autant de solution pérenne de relogement aux habitants...

## Drogue, gangs et violence

De fait, dans les favelas, le véritable pouvoir est souvent aux mains des gangs qui vivent du trafic de drogue (cocaïne surtout). C'est le délaissement de ces quartiers, durant des décennies, par les autorités locales qui a fait le lit de la criminalité, souvent vue par de nombreux jeunes habitants comme le seul moyen de s'en sortir, ou tout simplement de survivre.

Dans ce monde où l'État de droit s'arrête, c'est la loi du plus armé ou l'arbitraire de la police, souvent de mèche avec les caïds, qui s'impose. Résultat : les règlements de comptes entre gangs, ou entre gangs et flics (ripoux ou non) causent plusieurs centaines de morts par an dans les favelas de Rio, descendant régulièrement jusqu'au centre des villes.

Les mouvements communautaires et les associations d'habitants, qui avaient quelquefois permis des progrès et une démocratisation importante dans les favelas, se trouvent fragilisés par cette double pression bandits/police, tandis que sur l'« asphalte » (nom donné aux quartiers résidentiels), campagnes de presse et mouvements d'opinion des classes aisées en appellent à la liquidation des favelas.

## Visiter une favela ?

N'essayez en aucun cas d'aller vous promener tout seul, le nez en l'air, dans les favelas. Si vous tenez à y aller, sachez que des visites guidées sont organisées par des agences impliquées dans un processus d'aide sociale et humanitaire. Elles ont souvent lieu le matin et se terminent par un repas (simple mais bon) dans un petit resto local ou chez l'habitant. Au cours de la balade, qui a lieu au cœur de la favela avec un guide que souvent les habitants connaissent, on en apprend sur l'histoire, le fonctionnement et la population

### FAVELA, MODE D'EMPLOI

*Les habitants des favelas n'ont pas d'adresse postale. Du coup, ils doivent se rendre à la poste la plus proche, qui centralise le courrier. De même, le terrain et la voirie étant ce qu'ils sont, il n'y a pas de collecte des ordures : chacun balaie devant sa porte et va porter ses déchets à un endroit précis, où ils sont ramassés. Enfin, les bassines qui trônent sur le toit des habitations sont des réserves d'eau, car les pompes qui acheminent l'eau (depuis un château d'eau) dans les foyers sont souvent en panne. Mais, qu'à cela ne tienne, la plupart des familles ont la TV et, de plus en plus, le wifi !*

de ces quartiers, le tout plus ou moins émaillé d'anecdotes et assorti ou non de rencontres avec des résidents ou associations qui œuvrent sur le terrain. Si cela vous tente, voir « Adresses utiles » à Rio.

## GÉOGRAPHIE

Le Brésil a la forme d'une harpe (quel beau symbole !), et sa ligne de frontière reproduit globalement (et étrangement) la silhouette entière de l'Amérique du Sud. Le Brésil forme une république fédérative de 26 États, un district fédéral et 5 grandes régions administratives : Nord, Nordeste, Centre-Ouest, Sud-Est et Sud. Il est peuplé de 209 millions d'habitants, dont 65 % vivent dans le Sud-Est et le Sud.

– ***Le Nord*** comprend 7 États : ***Pará, Amapá, Roraima, Amazonas, Acre, Rondônia*** et ***Tocantins.*** C'est la plus vaste région du pays (45,3 % du territoire national) et la moins peuplée (le seul État du Pará est grand comme 2,3 fois la France pour à peine plus de 8 millions d'habitants). Avec une bonne partie du Centre-Ouest, le Nord est largement recouvert par la forêt amazonienne. Les 2 principaux points d'accès en sont Belém, capitale du Pará, près de l'embouchure de l'Amazone, et Manaus, en plein cœur du continent, au confluent du Solimões (nom donné à l'Amazone en amont de Manaus) et du Rio Negro. Le Nord abrite encore de nombreux groupes indiens (Yanomami, Bororo, Xingu...) qui perpétuent leurs modes de vie ancestraux et réclament la délimitation de leurs territoires. C'est aussi le théâtre d'une « conquête de l'Ouest » qui provoque la destruction rapide de la plus grande réserve de forêt, d'eau et d'oxygène de la planète.

– ***Le Nordeste*** comprend 9 États : ***Maranhão, Piauí, Ceará, Rio Grande do Norte, Paraíba, Pernambuco, Alagoas, Sergipe*** et ***Bahia.*** 1re région colonisée au XVIe s, destination de nombreux esclaves, le Nordeste concentre les *latifúndios,* d'immenses domaines privés de plusieurs dizaines de milliers d'hectares, sur lesquels règnent de grands propriétaires terriens, les *coroneis* (colonels), qui font la pluie et le beau temps dans leurs États. C'est de là que viennent les millions de paysans privés de terre qui se bousculent autour des capitales du Sud-Est, ou vont former les fronts de colonisation et de déboisement dans le Nord et le Centre-Ouest. Terre de grandes richesses et de traditions culturelles, c'est aussi une région ravagée par la misère sociale. À l'origine, le littoral était couvert par la Mata Atlântica, une forêt tropicale aujourd'hui remplacée par la canne à sucre et le café. Dans l'intérieur des terres, le Sertão Nordestino, oscillant entre 200 et 500 m d'altitude, est à la fois chaud et sec ; les épisodes de sécheresse y sont parfois dramatiques.

– ***Le Centre-Ouest*** regroupe le ***district fédéral*** et les États de ***Goiás, Mato Grosso*** et ***Mato Grosso do Sul.*** C'est le socle continental du pays, au centre géographique duquel est édifiée la capitale : Brasília. Il se partage entre plateaux érodés *(chapadas),* zones de *cerrado* (sorte de savane), marches amazoniennes au nord et immense région de marais à l'ouest (Pantanal). Très peu peuplé, le Centre-Ouest est aussi, dans sa partie occidentale, une terre de colonisation des paysans venus du Sud et du Nordeste, et un lieu de conflits pour la possession de la terre. Le *cerrado* est essentiellement consacré à l'élevage extensif.

– ***Le Sud-Est,*** qui couvre à peine plus de 10 % du territoire national, regroupe 40 % des Brésiliens dans les États de ***Minas Gerais, Espírito Santo, Rio de Janeiro*** et ***São Paulo.*** Cœur du Brésil développé, de sa vitalité et de ses fièvres économiques, le Sud-Est contribue au PIB à hauteur de 60 % à lui seul. La région, où l'agriculture de haut rendement d'origine coloniale – lait, café, canne à sucre et agrumes – s'est combinée avec la concentration industrielle, est symbolisée par la puissance de São Paulo et le rayonnement de Rio. Le littoral, splendide, est marqué par le plus vaste pan préservé de Mata Atlântica (vallée de Ribeira) et entaillé de baies profondes – en particulier dans la province de Rio. Exubérant et (sub)tropical, le Sud-Est est aussi un pays de montagnes couvertes de forêts, parsemé de sources thermales et de lacs intérieurs. On y trouve également nombre de sites historiques d'une grande beauté, notamment dans le Minas Gerais.

– ***Le Sud*** (7 % du territoire national) regroupe les 3 États de ***Paraná, Santa Catarina*** et ***Rio Grande do Sul.*** Situé aux confins du Paraguay, de l'Argentine et de l'Uruguay, c'est une région subtropicale à tempérée. C'est la terre des gauchos, les cow-boys brésiliens, des rodéos et des *churrascos* (bœuf grillé). On y trouve aussi des sites naturels de toute beauté, comme les chutes d'Iguaçu et l'île de Florianópolis. Bien que connaissant des hivers frais dans l'extrême Sud, c'est une terre chaleureuse, où les racines noires et indiennes, les utopies des jésuites et les traditions d'immigrants d'Europe centrale ont formé un mélange étonnant. Une terre où l'équilibre social, mis ici aussi à rude épreuve, ne connaît pourtant pas le naufrage du reste du pays.

# HISTOIRE

## L'arrivée des Portugais

Après les découvreurs, voici les pionniers et les colons qui arrivent. Le bois et la canne à sucre furent les 1res richesses de ce nouveau continent. ***Salvador da Bahia*** devient capitale en 1549.

Les Néerlandais, après une brève occupation de la côte nord-est autour de 1630, sont chassés définitivement en 1654 par les Portugais. À la fin du XVIIe s, colonisation de l'intérieur par les ***bandeirantes*** (aventuriers). Découverte vers 1700 de l'or du Minas Gerais et, un peu plus tard, de mines de diamants. Rio, port d'embarquement des nouvelles richesses, supplante Salvador et devient capitale en 1763. ***Révolte contre l'administration coloniale*** et les injustices dans le Minas Gerais, et création de l'*Inconfidência,* mouvement révolutionnaire indépendantiste directement influencé par la Révolution française. L'âme de la révolte, Joaquim José da Silva Xavier, dit *Tiradentes,* est arrêté et exécuté à Rio, la conjuration écrasée.

### ET ON SE PARTAGEA LE NOUVEAU MONDE

*Pour mettre fin aux conflits entre Portugais et Espagnols, le pape Alexandre VI imposa la signature du traité de Tordesillas en 1494. On traça une ligne imaginaire, un méridien nord-sud, à 370 lieues à l'ouest du Cap-Vert. La frontière coupait l'Amérique du Sud en 2 de telle façon que l'Espagne récupéra les riches Pérou et Bolivie. Tout était à l'avantage des Espagnols ! Mais, revers de l'Histoire, le Brésil fut découvert 7 ans plus tard et tomba de fait dans l'escarcelle du Portugal.*

## XIXe s : indépendance et abolition de l'esclavage noir

À l'arrivée des troupes de Napoléon au Portugal, en 1807, ***la famille royale fuit le Portugal pour se réfugier à Rio de Janeiro.*** La ville devient alors une vraie petite capitale européenne, se couvrant de monuments et développant une grande richesse culturelle. En 1820, le roi Jean VI retourne au Portugal, mais son fils Pierre, le prince régent, reste sur place et proclame l'***indépendance du Brésil en 1822.*** Il abdique en 1831, et son fils Pierre II régnera de 1840 (il n'a alors que 15 ans !) à 1889. Cette période sera marquée par un essor économique. Le café devient la production nationale, suivie à partir de 1870 de celle du caoutchouc.

À la suite de l'***abolition de l'esclavage noir*** en 1888, Pierre II perd le soutien des riches et est renversé par un coup d'État militaire. La République est proclamée en 1889.

## La République : 1889-1930

Le Brésil s'industrialise, les capitaux accumulés sur le café, le sucre, le caoutchouc s'investissent à São Paulo et à Rio. L'***immigration venue d'Europe*** amène des artisans, des intellectuels, des ouvriers qualifiés, dotés de savoir-faire moderne. Le Brésil regarde vers Paris, Vienne et Milan. Le rêve d'une nouvelle Amérique, sans le puritanisme, s'empare des classes montantes. Mais pays et institutions restent aux mains des familles coloniales et le *latifundio* demeure la base du pouvoir. Seuls 3 % de la population disposent alors du droit de vote... Des idées sociales, modernistes et révolutionnaires se développent alors dans l'*intelligentsia* comme chez les ouvriers du Sud-Est et les paysans du Nordeste.

### VOÛTE CÉLESTE

*Les 27 étoiles du drapeau brésilien rappellent les différents États (l'étoile isolée est celle de Brasília). Elles ne sont pas alignées à l'instar du drapeau américain, mais la signification en est plus poétique : il s'agit de la représentation de la voûte céleste le soir du 15 novembre 1889, date de l'indépendance du pays. Au centre, la célèbre Croix du Sud.*

L'exposition de 1924 révèle une nouvelle vague intellectuelle radicale : Villa-Lobos en musique, Tarsila do Amaral en peinture, Mário de Andrade en poésie et, surtout, Oswald de Andrade, qui lance le mouvement anthropophagique. En 1927, la ***tentative d'insurrection*** dirigée par le leader communiste Luís Carlos Prestes – « le chevalier de l'espérance » – échoue après une longue marche de 3 ans du nord au sud du pays. La crise mondiale de 1929 mine les cours du café et provoque la chute du gouvernement. En 1930, le leader libéral du Sud, ***Getúlio Vargas,*** inspiré par la marche sur Rome de Mussolini, déclenche un coup d'État et s'empare du pouvoir.

## L'ère getúliste : 1930-1964

S'inspirant des conceptions mussoliniennes et du « New Deal », Getúlio Vargas va imposer l'unité du pays aux diverses factions de la bourgeoisie, en commençant par briser les velléités indépendantistes de la bourgeoisie pauliste. C'est l'« ***État nouveau*** » *(Estado Novo)* : dissolution des armées de chaque État au service des oligarchies locales, centralisation administrative, grands travaux d'équipement, système syndical corporatiste et obligatoire, livret ouvrier, police politique et sociale secrète (la *DOPS*) omniprésente ; création du salaire minimum et école publique obligatoire, vote des femmes, système de prévoyance des fonctionnaires, etc. S'appuyant sur une ***organisation totalitaire,*** il écrase les dernières tentatives de soulèvement populaire : les communistes en 1935, puis les *cangaceiros* de Lampião et Maria Bonita dans le Nordeste. L'État subventionne les grandes cultures industrielles, donnant au ***latifundio*** une place prépondérante dans le système : caoutchouc, café, coton et canne. En 1942, après une longue hésitation, le Brésil entre en guerre aux côtés des États-Unis, ce qui favorise une forte croissance sous l'aile américaine.

### JEUNES ESCLAVES

*En 1933, à Itapetininga, de riches familles brésiliennes créèrent un orphelinat où les enfants étaient réduits à l'esclavage. Soumis à l'idéologie nazie, certains moururent aux travaux forcés, d'autres sous les coups. Le centre ferma en 1945, après la défaite allemande.*

Après la victoire des Alliés, ***Vargas est déposé par les militaires en 1945.*** Son passé faisait désordre. L'aide américaine favorise la mutation industrielle, et le Parti communiste est légalisé. Mais ***en 1950, Getúlio Vargas est réélu*** triomphalement, avec l'appui de la gauche. Il institue la Sécurité sociale, le système de retraite, nationalise le pétrole, la sidérurgie, lance la réforme agraire... et se heurte à l'opposition intransigeante des grands propriétaires fonciers, de l'armée et des Américains. Plutôt que de renoncer ou de reculer, ***Vargas se suicide*** dans une ambiance de crise dramatique, ***le 24 août 1954.*** Il laisse son empreinte à l'État, aux institutions et à la société brésilienne moderne dont il est le véritable fondateur, avec toutes ses ambiguïtés et ses limites.

En 1956, le président ***Juscelino Kubitschek,*** « J. K. », assume l'héritage politique et le style Vargas, mais en évitant la réforme agraire et en créant un code des investissements favorable aux Américains. C'est le boom de l'automobile, la construction de Brasília, le « ***miracle brésilien*** ».

C'est aussi une nouvelle explosion d'***avant-garde artistique*** qui rayonne dans le monde entier, inspirée par le modernisme des années 1920 : bossa-nova en musique, *cinema novo* de Glauber Rocha et Nelson Pereira dos Santos, mises en scène avant-gardistes du *Teatro Oficina*.

En 1962, dans le Nordeste, sous l'impulsion de Miguel Arraes, le « gouverneur rouge » du Pernambuco, un ***fort mouvement pour la réforme agraire*** converge avec une ***intense agitation ouvrière*** dans le Sud-Est, que le jeune président, João Goulart (dit « Jango »), ex-ministre du Travail de Getúlio Vargas, semble soutenir.

Le ***coup d'État militaire du 1^er^ avril 1964,*** appuyé par une classe moyenne effrayée à l'idée de perdre ses privilèges, met fin brutalement et définitivement aux modèles de développement inspirés de Getúlio Vargas.

## 20 ans de dictature militaire : 1964-1985

Pendant 20 ans, le pays sera sous la coupe des généraux qui se succèdent par cooptations et complots en comité restreint. La ***répression,*** impitoyable, va d'abord briser les mouvements paysans du Nordeste et les secteurs syndicalistes radicaux. Le pays est ouvert sans restriction aux capitaux internationaux qui affluent, et les industries multinationales prolifèrent. C'est le 2^e^ miracle économique, qui voit São Paulo devenir l'actuelle mégalopole de l'Amérique du Sud. 2 partis seulement sont autorisés : la « situation » et l'« opposition », représentées par le *MDB* (Mouvement démocratique brésilien, modéré).

En 1968, face à la révolte étudiante et à la reprise d'une agitation sociale, le système se durcit. C'est le ***régime de la terreur*** : suspension des garanties constitutionnelles, dissolution du Parlement, pleins pouvoirs aux organes de sécurité, tortures, disparitions, exécutions, escadrons de la mort, etc. Tandis que l'Église s'engage aux côtés de la résistance illégale, intellectuels et artistes, les uns après les autres, sont emprisonnés ou contraints à l'exil (beaucoup vont en France), comme l'écrivain Jorge Amado, l'architecte Oscar Niemeyer et le musicien Chico Buarque qui écrit à Paris sa célèbre chanson, *Samba de Orly*.

La croissance économique s'accompagne d'un ***exode rural*** massif et une énorme classe

### DÉMOCRATIE CORINTHIANE

*En 1981, en pleine dictature militaire, le combat pour la démocratie se déplaça sur l'un des terrains favoris des Brésiliens, le football. Les joueurs des Corinthians de São Paulo prirent le pouvoir dans leur club, décidèrent de l'organisation des entraînements, de la redistribution des bénéfices, élurent eux-mêmes leur coach. Le symbole fut d'importance, d'autant que les résultats sportifs donnèrent raison à la « démocratie corinthiane », qui remporta 2 titres de champion d'affilée. Pour la finale de 1983, les joueurs brandirent une banderole « Gagner ou perdre, mais toujours en démocratie ». Ils sortirent vainqueurs.*

ouvrière apparaît dans le Sud-Est, tandis qu'à partir de 1975 la condition des classes populaires commence à s'aggraver. En 1978, estimant avoir éradiqué les dangers de subversion, les militaires préparent leur retrait progressif du pouvoir, en désignant le général Figueiredo à la présidence. C'est l'« ***ouverture graduelle*** ». Mais l'apparition d'un puissant mouvement syndical indépendant et les manifestations populaires démocratiques montrent que la société civile ne se contente pas du rôle de spectateur du changement politique. ***Le miracle économique a pris fin.*** La dette extérieure est astronomique. La misère et l'exclusion commencent à faire leur apparition. L'inflation prend un rythme obsessionnel et atteint des chiffres vertigineux. En 1982, tous les partis politiques sont autorisés.

## Le retour des civils : 1985-2002

Le retour à la démocratie civile, en 1985, ne sera qu'une suite d'espoirs déçus. En 1985, malgré une mobilisation populaire sans précédent pour l'élection directe du président, les militaires imposent que le 1er président civil soit désigné par un collège restreint. L'élu est quand même ***Tancredo Neves,*** le candidat souhaité par la rue, mais il meurt le jour de son investiture.

Le pays sera dirigé par le vice-président, José Sarney, qui avait été imposé sur le « ticket » de Tancredo Neves par les militaires. Celui-ci, outre son manque de légitimité, doit faire face à la crise économique... sans succès. Le parti de l'ancienne opposition à la dictature, le MDB, s'empare du Parlement et de tous les rouages institutionnels, et tombe vite dans la corruption, les lobbies et la préservation des privilèges, tandis que le pays s'enfonce dans le tourbillon inflationniste. En 1989, Sarney laisse le pays éreinté, atteint par une misère montante, une inflation galopante et une déconsidération de la classe politique.

Son successeur, ***Fernando Collor de Mello,*** play-boy issu d'une famille de *coroneis* du Nordeste, ne fera pas mieux. Élu de justesse après une campagne très démago, il sera destitué en 1992 par un mouvement d'indignation nationale contre les affaires de corruption révélées sur son compte, et traduit en justice. Une fois de plus, c'est le vice-président, ***Itamar Franco,*** terne et sans projet, qui gouverne jusqu'en 1995.

Suivra ensuite la présidence de ***Fernando Henrique Cardoso,*** dont le mandat sera renouvelé en 1998, soutenu par la classe politique traditionnelle et par les partis du grand *latifundio.* Malgré les 1ers succès de son programme de réformes sociales, le ***plan Real,*** le pays sortira affaibli après 8 ans de discrédit politique, de promesses non tenues, mais surtout d'***appauvrissement de la population.*** Les systèmes de santé publique, d'enseignement, de protection sociale, de logement populaire sont en ruine. La violence, corollaire de l'exclusion, prend dans certaines grandes villes des proportions alarmantes et les scandales financiers se multiplient...

## 2002 : Lula président, un nouvel espoir ?

Le 27 octobre 2002, après 3 échecs successifs aux élections présidentielles, ***Luiz Inácio Lula da Silva, dit Lula, est élu président.*** Cet ancien ouvrier tourneur nordestin immigré à São Paulo est le leader du ***Parti des travailleurs (PT),*** né de l'opposition syndicale clandestine des grandes grèves de 1979-1981 et formé d'ouvriers et de cadres syndicaux. Un profond bouleversement dans l'histoire politique du pays, car c'est le 1er syndicaliste et homme de gauche élu à la tête de l'État. Cette élection, qui suscite d'immenses espoirs dans les classes populaires, est l'occasion de fêtes démesurées dans la plupart des grandes villes. Son ***programme de lutte contre les inégalités sociales*** est ambitieux : éradication de la faim (programme « Faim zéro »), qui touche 54 millions de Brésiliens, augmentation du salaire minimum, soutien aux industries nationales et à l'exportation, restructuration de la police et de l'éducation, etc.

Le bilan à l'issue des 1res années de pouvoir est positif pour les plus pauvres comme pour les plus riches. La forte croissance enrichit encore les classes supérieures, et les programmes volontaristes de redistribution font reculer la pauvreté de 20 %, permettant à des millions de personnes de sortir de la misère (lire aussi plus haut « Économie »). Bref, Lula plaît aux pauvres et n'effraie plus les milieux financiers. L'inflation est maîtrisée, le déficit commercial fortement réduit, les investissements colossaux. Lula est réélu en 2006.
En 2009, le Brésil devenu autonome en énergie enregistre ***le plus fort taux de croissance économique depuis 1996.*** Sa dette s'est évanouie, un événement historique pour ce grand pays endetté depuis 2 siècles. Les signaux sont au vert, mais il y a encore beaucoup à faire dans un pays qui reste parmi les plus inégalitaires au monde, tandis que le PT, comme ses prédécesseurs, commence à être touché par des affaires de ***corruption...***

## Une femme à la tête du pays

Alors qu'il atteint des sommets de popularité, Lula doit céder la place en 2010, la Constitution lui interdisant de briguer un 3e mandat. Sa dauphine, ***Dilma Rousseff,*** ex-guérillera contre la dictature militaire dans les années 1960, ancienne technocrate et chef de cabinet de Lula, est élue présidente, une 1re dans l'histoire du Brésil. Elle s'engage à ***poursuivre la politique de son prédécesseur,*** en particulier la lutte contre la pauvreté. Elle doit aussi s'attaquer aux dossiers laissés en suspens : la réforme du système politique et fiscal, l'amélioration du système de santé et d'éducation, la réforme agraire, la lutte contre la violence urbaine et la corruption... En mai 2013, petite révolution socioculturelle, le Conseil national de justice ***autorise les mariages de couples homosexuels.***
Mais, avec le ralentissement de l'économie mondiale, la situation du pays se dégrade et des tensions sociales émergent entraînant notamment, dès 2013, d'immenses manifestations contre l'***augmentation du coût de la vie et des transports,*** la corruption (encore et toujours) et le ***coût exorbitant de l'organisation du Mondial de football*** en 2014 (estimé à 11 milliards d'euros). L'événement, qui devait asseoir l'image d'un Brésil conquérant, tourne définitivement au fiasco avec la défaite cuisante de l'équipe nationale contre l'Allemagne, sur le score historique de 7-1 !
Malgré ce contexte social tendu et incertain, ***Dilma Rousseff est réélue de justesse*** (51,64 % des suffrages au 2d tour) en octobre 2014 face au candidat de droite, Aécio Neves.

## Le scandale Petrobras

C'est alors qu'éclate, début 2015, le tentaculaire ***scandale de corruption Petrobras,*** l'entreprise pétrolière contrôlée par l'État, qui éclabousse aussi les géants brésiliens du BTP. Ces derniers surfacturaient les travaux de gros contrats publics (barrages, aéroports, stade, etc.), avant de reverser une partie de la somme aux hommes politiques chargés de leur attribuer les marchés. Des pots-de-vin qui auraient servi, notamment, à financer les campagnes électorales. Ce réseau de corruption aurait détourné au moins 2 milliards de dollars en 10 ans. L'enquête menée par Sergio Moro, un jeune juge incorruptible, prend le nom de ***Lava Jato*** (« nettoyage express ») et met en cause 303 députés sur 513 et 49 sénateurs sur 81 ! Le pays se retrouve plongé dans le plus grand scandale politico-financier de son histoire alors que sa situation économique est à la dérive avec une ***récession de près de 4 %*** pour sa 2e année consécutive, un ***chômage qui touche 10 millions de personnes et une inflation à 10 %.***
Si le scandale Petrobras touche tous les partis, le PT au pouvoir est en 1re ligne. En mars 2016, la tentative de Dilma Rousseff de nommer Lula au poste de ministre

de la *Casa Civil* (l'équivalent d'un poste de Premier ministre), ce qui lui permettrait d'échapper à la justice, pousse les Brésiliens à bout. Trop c'est trop, ***les manifestations se multiplient et prennent une ampleur sans précédent*** (avec un record en mars 2016 de 3,5 millions de personnes dans les rues, dont 1,4 million à São Paulo). C'est la fin. Alors que Lula est inculpé de corruption passive et blanchiment d'argent, ***Dilma Rousseff est destituée*** par la Chambre des députés, accusée d'avoir maquillé les comptes publics. Ses partisans parlent d'un « coup d'État » et d'une revanche des tortionnaires de la dictature militaire, tandis que d'autres dénoncent la corruption du couple Lula-Dilma et brandissent des pancartes « *Tchau Querida !* » (Salut chérie !)... Le vice-président, ***Michel Temer,*** que les supporters du PT soupçonnent d'avoir tout manigancé, devient président du Brésil par intérim.

## Élections de 2018 : un tournant historique pour la démocratie brésilienne

Temer traîne aussi quelques casseroles et voit plusieurs de ses collaborateurs et membres de son parti contraints à la démission pour soupçon de corruption. Dans un climat délétère, le président intérimaire échappe de peu à une destitution et son impopularité atteint de tels records qu'il renonce à se présenter aux élections présidentielles en octobre 2018.

Avec la victoire de ***Jair Bolsonaro le 28 octobre 2018*** (à une très large majorité – plus de 55 % des suffrages), ***le Brésil bascule dans le national-populisme.*** Le pays a élu un candidat d'extrême droite, militaire – ancien parachutiste – qui se déclare nostalgique de la dictature (1964-1985), ouvertement raciste, sexiste et homophobe, soutenu par les Évangélistes et conseillé par Olavo de Carvalho, ancien astrologue vivant aux États-Unis et devenu son « gourou ». C'est la conséquence d'une fracture sociale entre le sud et le nord du pays, entre les classes aisées et les plus pauvres. Le discours de Jair Bolsonaro sur la sécurité a été déterminant, d'autant qu'il a lui-même été poignardé en pleine campagne électorale, ainsi que celui sur les « valeurs » de la famille, proche de l'Église évangéliste. Mais c'est surtout en fustigeant le Parti des travailleurs (PT) et en se présentant comme le remède à la corruption qu'il a séduit les foules. L'armée a aussi joué un rôle déterminant, puisque Bolsonaro s'est entouré de généraux et a nommé le général Mourao à la vice-présidence.

## Bolsonaro au pouvoir

Sur les questions économiques, le nouveau chef du gouvernement a confié le dossier à Paulo Guedes, un financier libéral qui a mis en œuvre ***un vaste programme de privatisations, de réforme des retraites et de réduction du déficit public.***

Dès son arrivée, le gouvernement de ***Bolsonaro a multiplié les annonces portant préjudice aux indigènes et à l'environnement*** : muselage de l'Ibama, l'agence nationale chargée du contrôle de la déforestation et de la démarcation des terres indigènes (provoquant le retour à l'exploitation intensive de la forêt amazonienne), légalisation de la chasse de loisir (y compris les espèces menacées dans les aires protégées) ou encore financement encadré des ONG.

Et puis, il y a eu aussi la réduction du budget de la Culture ou encore l'interdiction d'une publicité montrant la diversité raciale et sexuelle du pays... Grand admirateur de Trump, qui l'a d'ailleurs reçu très rapidement, Bolsonaro a également commis quelques gaffes et rétropédalages diplomatiques. Par exemple, en Israël où, à propos de la Shoah, il a déclaré que si l'on ne peut pas oublier, du moins peut-on pardonner... tout en revenant sur son souhait de déplacer l'ambassade brésilienne de Tel Aviv à Jérusalem pour ne pas froisser le monde arabe (le Brésil

est le 1er exportateur de viande hallal au monde). Il présente ses condoléances aux victimes de tueries, mais c'est pour déplorer que les armes ne soient pas encore totalement en vente libre, ou encore, crée un incident diplomatique avec le président Macron en se moquant de sa femme. Enfin, la tentation dynastique est apparue avec ses 3 fils devenus conseillers (l'un a aussi été nommé ambassadeur aux États-Unis) et qui multiplient les déclarations à l'emporte-pièce, quitte à court-circuiter les ministres en exercice... ou leur propre père, par exemple sur l'éventuel retour de la peine de mort.
Au bout d'un an, la cote de popularité de Bolsonaro a nettement baissé, il est obligé de ferrailler avec le Congrès pour faire passer ses lois et les 1res manifestations monstres ont eu lieu au printemps 2019 en faveur de l'Éducation et de l'Université. Enfin, parmi les questions toujours en suspens, il faudra voir s'il donne suite ou pas à son annonce de retrait de l'Accord de Paris sur le climat.

# MÉDIAS

## Votre TV en français : TV5MONDE, la 1re chaîne culturelle francophone mondiale

Avec ses 11 chaînes et ses 14 langues de sous-titrage, TV5MONDE s'adresse à 370 millions de foyers dans 198 pays par câble, satellite et sur IPTV et est présent dans plus de 3 millions de chambres d'hôtels. Vous y retrouverez de l'information, du cinéma, du divertissement, du sport, des documentaires...
Préparez votre séjour grâce à son site voyage • *voyage.tv5monde.com* •, et sur place, restez connecté avec les applications et le site • *tv5monde.com* • Demandez à votre hôtel le canal de diffusion de TV5MONDE et contactez • *tv5monde.com/contact* • pour toutes remarques.

## Journaux

Après 20 années de dictature militaire, le Brésil a effectué son retour à la démocratie au milieu des années 1980. À la censure a succédé une relative ***liberté de parole et de la presse.*** Si peu de médias parviennent à couvrir l'ensemble du territoire (plus de 8 500 000 km$^2$ !), il existe en revanche une multitude de stations de radio et de journaux au plan régional ou local. C'est d'ailleurs la presse locale qui est encore l'objet de pressions et d'agressions.
Pays immense, le Brésil connaît une profusion de journaux. Pas moins de 465 quotidiens ont été recensés. Parmi eux, 5 titres diffusés dans tout le pays se distinguent particulièrement. Le traditionnel « groupe des 4 » *(A Folha de São Paulo, O Estado de São Paulo, O Globo, O Jornal do Brasil),* auquel il faut ajouter, pour l'actualité économique, *Brasil Econômico* ou *Valor Econômico. O Estado* et *O Globo* sont à ranger parmi les journaux conservateurs, au contraire de *A Folha de São Paulo.*

## Télévision

C'est incontestablement le média le plus populaire. Sur les 11 chaînes, dont 5 régionales, 2 se taillent la part du lion : *TV Globo,* longtemps présidée par le magnat de la presse Roberto Marinho (décédé en 2003, à 98 ans !), et *SBT (Sistema Brasileiro de Televisão),* entre les mains du roi des jeux et des loteries, Silvio Santos. Le puissant groupe Rede Globo contrôle à lui seul plusieurs chaînes de TV, 8 stations de radio, un quotidien national, des éditions de disques et de livres, des régies publicitaires et des studios de cinéma. *TV Globo* caracole en tête des sondages d'audience, avec tous les soirs presque 50 % de l'Audimat pour ses fameuses ***telenovelas,*** exportées dans plus de 120 pays dans le monde !

Rassurez-vous, si les *telenovelas* ne sont pas votre tasse de thé, le Brésil compte ce qu'il faut de chaînes par satellite ou par câble pour satisfaire tous les goûts. Côté chaînes culturelles, TV Cultura présente un programme assez diversifié, et pour les cinéphiles, Canal Brasil propose en général une intéressante sélection de films, essentiellement brésiliens.
Dans un autre registre, les Églises évangélistes contrôlent notamment les chaînes *Record* et *Rede TV*. La diffusion de la messe à 6h30 est aussi un événement du paysage audiovisuel brésilien.

**BIG GLOBO IS WATCHING YOU !**

TV Globo *est le 3e réseau mondial de télévision après* CBS *et* NBC. *La chaîne a la particularité de produire elle-même la quasi-totalité des programmes diffusés. Célèbre pour ses* telenovelas *(feuilletons à l'eau de rose) vendues dans le monde entier, elle rassemble, chaque jour, 120 millions de téléspectateurs.* TV Globo *exerce une véritable influence sur la vie quotidienne, notamment dans la popularisation du divorce, qui était, naguère, tabou au Brésil. C'est elle aussi qui impose les horaires des matchs de football, fixés selon l'heure de diffusion de la* novela das nove *(novela de 21h).*

## Liberté de la presse

Menaces, agressions, assassinats... Le Brésil demeure un des pays les plus violents d'Amérique latine pour la pratique du journalisme, et les professionnels des médias y sont régulièrement assassinés. Dans la plupart des cas, ces reporters, animateurs radio, blogueurs et autres acteurs de l'information couvraient et enquêtaient sur des thèmes liés à la corruption, aux politiques publiques ou au crime organisé, plus particulièrement dans les petites et moyennes villes du pays, dans lesquelles ils sont plus vulnérables. Les grandes manifestations de 2013 avaient été marquées par un climat de violence généralisée à l'encontre de la profession. Les reporters couvrant les protestations devenaient des cibles systématiques des forces de l'ordre, agressés physiquement ou encore placés arbitrairement en détention provisoire. Cette tendance s'est poursuivie pendant la mobilisation et la grogne sociale qui a accompagné la Coupe du monde de football et les Jeux olympiques.
L'élection de Jair Bolsonaro en octobre 2018, après une campagne marquée par les discours de haine, la désinformation, les attaques contre les journalistes et le mépris des droits de l'Homme, a ouvert une période particulièrement sombre pour la démocratie et la liberté de la presse.
En outre, les journalistes subissent régulièrement des pressions et sont victimes de procédures abusives de la part des autorités locales (pour diffamation, injure, etc.), débouchant parfois sur des amendes exorbitantes ou encore sur l'instauration d'une « censure préventive », qui touche en particulier l'information en ligne. La pénalisation de l'outrage (*desacato*), la diffamation, l'injure ou la calomnie restent ainsi encore très néfastes pour la liberté de la presse au Brésil.
Enfin, le paysage médiatique reste très concentré au Brésil, autour notamment de grandes familles d'industriels, souvent proches de la classe politique. Le secret des sources est régulièrement mis à mal dans le pays et de nombreux journalistes d'investigation sont visés par des procédures judiciaires abusives. Les médias communautaires demeurent les principales victimes de ce système. Ils opèrent souvent dans l'illégalité, faute de posséder un statut clair et des concessions leur permettant de diffuser. De fait, la loi de télécommunications de 1962, qui continue de régir l'allocation des fréquences, n'a jamais connu de refonte en profondeur depuis la fin de la dictature militaire (1985).
Ce texte a été réalisé en collaboration avec *Reporters sans frontières*. Pour plus d'informations sur les atteintes à la liberté de la presse, n'hésitez pas à consulter leur site :

■ ***Reporters sans frontières :*** ● *rsf.org* ●

# MUSIQUE

Visiter le Brésil, c'est découvrir aussi la musique qui accompagne la vie de chaque Brésilien, dans toutes les régions et à toute heure de la journée. Ici, la musique est une façon de vivre, gaie ou triste ; peu de peuples l'expriment aussi intensément comme un « art de vivre ». Avec un triple héritage amérindien, portugais et africain, la musique brésilienne est d'une grande variété et on ne saurait la limiter à la samba ou à la bossa-nova : chaque région possède une tradition et une culture musicale qui lui est propre.

Mais le Brésil c'est le ***samba*** d'abord, bien sûr. Oui, ici, on dit LE samba, soit « Sa Majesté » qui « naît dans le cœur » ! Le samba peut donc être lent, chanson habillée par une voix toujours chaude, alors *samba canção,* hymne au rythme roulant et saccadé du défilé de carnaval, alors *samba de enredo,* ou même marche entraînant l'enthousiasme collectif, *marcha rancha...* Musique avant tout populaire, il court le quartier, la ville, les ondes radio et, d'un jour à l'autre, est sur toutes les lèvres et dans toutes les mémoires. Écoutez les grands noms qui ont fait sa renommée : Paulinho da Viola ou Beth Carvalho à Rio, Nelson Sargento ou Martinho da Vila...

Le samba vit son apogée au moment du carnaval, mais il remplit la vie de chaque Brésilien, en particulier à Rio, avec les ***multiples écoles*** comme les prestigieuses Mangueira, Beija-Flor et Portela, qui rassemblent des centaines de personnes par quartiers. Chaque année, on rivalise de talent pour composer et choisir le samba qui deviendra un tube, soigner la musique mais aussi les paroles (souvent contestataires), créer le plus beau défilé, préparer les costumes, répéter avec les musiciens et les danseurs... Le carnaval n'est que la partie émergée de l'iceberg, car le samba coule chaque jour dans le sang des Brésiliens, en particulier dans les quartiers populaires.

La musique brésilienne saisit aussi les ***multiples influences du reste du monde,*** africaines surtout, mais aussi latines et occidentales, métissant différents styles pour les réinventer, entre la pop, le jazz et les rythmes africains. Avec souvent ce sentiment intraduisible de *saudade* (nostalgie, mélancolie), qui est peut-être le secret de cette musique que l'on retrouve à Cuba, en Angola ou au Cap-Vert.

La *saudade* se traduit aussi à merveille dans la ***bossa-nova,*** née d'une fusion harmonieuse entre la guitare sèche et la douceur de vivre du littoral. On peut citer en tête et bien sûr, *Mestre* Tom Jobim, qui composa plus de 500 musiques, d'*Orfeu Negro* à *Girl of Ipanema* ou *Desafinado,* appartenant désormais à la mémoire populaire, mais aussi Vinícius de Moraes, João Gilberto et les mélodies de Caetano Veloso, troublant poète et musicien. Écouter aussi la voix de Gal Costa, « la voix qui maintient toute la pureté de la nature, où il n'y a ni péché ni pardon ». Sans oublier, bien sûr, Gilberto Gil, Bahianais au rythme ensorcelant, promu un temps ministre de la Culture au sein du gouvernement Lula, et puis Chico Buarque, le Carioca à la fois habité par la veine populaire de la samba du coin de la rue et intellectuel rigoureux à la grammaire mathématique.

Dans le Minas Gerais, c'est la voix de Milton Nascimento qui résonne et, dans un tout autre genre, le hard rock du groupe Sepultura... De fait, les nouveaux courants s'affirment. Comme le ***rap,*** que le Brésil digère à sa façon, avec un retour au réel « nu et cru », pourtant swing et festif. Celui des Racionais ou de *Raça Negra,* à São Paulo, ou encore le rap carioca de Marcelo D2, mêlant allègrement samba, bossa et reggae. Et puis toutes les musiques dérivées du carnaval, comme l'***axé-music*** de Daniela Mercury ou Margareth Menezes, qui attirent toute la jeunesse bahianaise ; ou le ***pagode,*** très populaire de Rio à Salvador, sorte de samba en formation réduite, chanté notamment par Zeca Pagodinho. Et la musique afro des blocs de carnaval à Salvador da Bahia, Ilê Ayé, Olodum et la Timbalada, avec Carlinhos Brown, percussionniste et digne représentant du métissage de la musique brésilienne.

Écoutez aussi Raul Seixas, décédé en 1992, qui chante la rage et le désir d'une jeunesse exclue, et dont tout « jeune bandit » fredonne les paroles.

Et puis il y a les musiques du Nordeste : le ***forró*** à l'énergie chaleureuse, avec ses rythmes syncopés d'accordéon *(sanfona)*, rendu célèbre dans les années 1940 avec la chanson *Asa Branca* de Luiz Gonzaga ; la langueur ***sertaneja*** et le ***frevo*** de Recife ; ou encore le ***brega*** de la région de Belém et de l'île de Marajó, qui signifie « ringard » (sic !) et attire des couples de danseurs appliqués au bal du vendredi soir.

### DÉLICATESSE

*Le chanteur de charme Wando avait des textes tellement suggestifs, pour ne pas dire franchement érotiques, que ses fans lui envoyaient leurs petites culottes sur scène ! Il avait même commencé à les collectionner, se vantant d'en posséder pas moins de 17 000...*

Et encore, bien sûr, la fameuse ***MPB,*** *Musica Popular Brasileira,* que vous rencontrerez à tous les coins de rue et dans de nombreux bars ou restos. Une sorte de bossa-nova revisitée dans les années 1960 par les grands musiciens de l'époque (Jorge Ben, Chico Buarque ou Milton Nascimento, tous originaires de la côte entre São Paulo et Rio), et qui sera suivie, à partir de 1968, de l'apparition du « tropicalisme », avec Gilberto Gil.

En cours de route, jetez dans votre sac à dos les CD des anciens, ceux que vous ne pourrez plus écouter *ao vivo* (en live) : Luiz Gonzaga, à la voix dorée, le compositeur et chanteur des *forrós* les plus émouvants du Nordeste, le grand Cartola, compositeur de l'école de samba de Mangueira, Nelson Cavaquinho, Elis Regina, dont la voix et la rage se sont brutalement interrompues en 1982, l'album mythique *Tropicália,* qui regroupe toute la famille de ce courant musical des années 1970, Gal Costa, Caetano Veloso, Maria Bethânia, Gilberto Gil... et puis le reste, le renouveau incarné par les talentueuses Marisa Monte, Adriana Calcanhoto, Maria Rita (fille d'Elis Regina), Cassia Eller, Bebel Gilberto et les non moins doués Arnaldo Antunes, Tom Zé, Lenine, Marcio Faraco, Seu Jorge, Russo Passapusso... Certains d'entre eux, comme Flavia Coelho, ont même fait une jolie carrière internationale.

En résumé, au Brésil, il y a des concerts partout, souvent, pas chers, voire gratuits dans les bars, et c'est rare qu'on s'y ennuie... Alors, en piste !

# PERSONNAGES

## Les politiques

– ***Luís Carlos Prestes*** *(1898-1990)* **:** militaire et figure historique du Parti communiste, il participa à la révolte des *tenentes,* dans les années 1920. Il est célèbre pour l'épisode dit « de la colonne Prestes » : une longue marche de 27 mois à travers le Brésil, 25 000 km à travers 14 États avec une foule d'opposants, tout en évitant les troupes gouvernementales et les bandits qui voulaient sa peau ! Sa mémoire est révérée même par ses adversaires politiques.

– ***Juscelino Kubitschek*** *(1902-1976)* **:** c'est l'homme de Brasília. Médecin de formation, « J. K. » avait déjà fait appel à Niemeyer en tant que maire de Belo Horizonte, avant de se lancer, une fois président, en 1956, dans la formidable aventure de cette nouvelle capitale née de rien. Son retour d'exil (dictature oblige), en 1967, ne devait pas plaire à tout le monde, puisque le sa mort survient lors d'un accident de voiture jugé douteux en août 1976.

– ***Dom Helder Câmara*** *(1909-1999)* **:** cet ancien évêque de Recife s'engagea en faveur des plus pauvres. Figure de la « théologie de la libération », il fut condamné à 7 ans d'exil intérieur en 1970. Mais c'est finalement Jean-Paul II qui le remplaça en 1985... par un évêque beaucoup plus conservateur. On ne mange pas de ce pain-là au Vatican...

– ***Chico Mendes*** *(1944-1988)* **:** leader des ouvriers *seringueiros* de l'Acre, en pleine Amazonie, et militant écologiste, il a fait prendre conscience à la communauté internationale de l'enjeu de la protection de la forêt. Empêcheur de scier en rond, il a été assassiné par les hommes de main d'un grand propriétaire terrien. À ce jour, le crime reste impuni. Un film de John Frankenheimer, *The Burning Season* (1994), lui a été consacré.

– ***Luiz Inácio Lula da Silva, dit Lula*** *(né en 1945)* **:** né à Caétés, dans le Nordeste (Pernambuco), et issu d'une famille pauvre de 8 enfants, Lula – « calamar » en portugais ! – quitte l'école à 10 ans. Il est d'abord pêcheur de crabes, vendeur de cacahuètes, puis ouvrier tourneur à São Paulo, où il habite la favela de Vila Carioca. En 1964, année du coup d'État militaire, il déménage pour São Bernardino do Campo, le quartier ouvrier. Il devient métallurgiste. Son frère Chico, membre du Parti communiste clandestin, lui ouvre les portes du puissant syndicat métallo, dont il prendra la direction 11 ans plus tard. En 1979, les travailleurs descendent dans la rue, Lula en tête. Ce barbu charismatique y gagne 20 jours de prison et la célébrité nationale. En 1980, il fonde le PT, Parti des travailleurs. Son élection à la présidentielle en octobre 2002 permet l'émergence d'une classe moyenne ; il est reconduit dans ses fonctions en octobre 2006. En 2010, il cède la place à Dilma Rousseff avec une cote de popularité de près de 80 % ! La même année, le magazine *Time* le consacre dirigeant le plus influent de la planète. Mais la roue tourne. Touché par le scandale *Petrobras,* accusé de corruption et de blanchiment d'argent, Lula, alors en pleine campagne pour sa réélection au poste de président, est condamné à 12 ans de prison et incarcéré au printemps 2018. Malgré de multiples rebondissements judiciaires et politiques, il ne peut se représenter à l'élection présidentielle de 2018. Début 2019, sa peine est finalement allégée, mais il fait appel afin d'être définitivement acquitté.

– ***Dilma Rousseff*** *(née en 1947)* **:** la 1re femme élue à la tête du Brésil est originaire de Belo Horizonte (Minas Gerais). Son père était un avocat bulgare (Pétar Rúsef), émigré en France en 1929, puis, après la guerre, en Argentine et finalement au Brésil. À la fin des années 1960, après une éducation en partie francophone, elle s'engage dans la lutte armée contre la dictature militaire. Arrêtée en 1970, elle est torturée pendant 22 jours, puis détenue pendant presque 3 ans. En 1977, elle décroche un diplôme en économie et accède, en 1991, à la fonction de secrétaire d'État à l'Énergie, puis ministre de l'Énergie en 2003 dans le gouvernement Lula, qui en fait sa dauphine. En 2010, elle s'impose au 2d tour de l'élection présidentielle face au candidat social-démocrate José Serra, avec 56 % des voix. Après un 1er mandat jugé décevant, elle est malgré tout réélue en octobre 2014. Embourbée à partir de 2015 dans le scandale *Petrobras,* elle a été destituée en août 2016.

– ***Jair Bolsonaro*** *(né en 1955)* **:** originaire d'une petite ville de l'état de São Paulo, cet ancien militaire de carrière (avec le grade de capitaine), a été élu successivement député fédéral de Rio de 1990 à 2018. Ultraconservateur, très religieux (proche de l'église évangéliste), homophobe déclaré et connu pour ses propos racistes et/ou misogynes, il a été marié 3 fois et est le père de 5 enfants. Il a remporté les élections présidentielles sous l'étiquette du Parti social-libéral, avec la promesse de mettre fin à la corruption et à la violence dans le pays. Parfois qualifié de « Trump des Tropiques », il s'est encore illustré en août 2019 lors du sommet du G7, créant un incident diplomatique avec Emmanuel Macron et refusant l'aide financière de 20 millions de dollars proposée pour combattre les incendies en Amazonie.

## Les écrivains

– ***José de Anchieta*** *(1534-1597)* **:** né aux Canaries, arrivé à 19 ans au Brésil, ce père jésuite est considéré comme le 1er véritable écrivain de la colonie portugaise. Grammairien, poète et dramaturge, auteur d'une grammaire tupi, il a élaboré la *lingua geral,* qui devint le moyen de communication linguistique entre Indiens et Portugais.

– ***Joaquim Machado de Assis*** *(1839-1908)* **:** né à Rio d'un père mulâtre, il a édifié l'œuvre littéraire brésilienne la plus importante du XIXe s. Chez lui, aucun exotisme de pacotille, aucune effusion romantique ; c'est un classique, un ironiste, qui pose son regard acéré et souvent amusé sur la société de son temps. Il a fondé et présidé l'Académie brésilienne des lettres. À lire : *Dom Casmurro, L'Aliéniste, Mémoires posthumes de Brás Cubas.*

– ***Oswald de Andrade*** *(1890-1954)* **:** « *Tupi or not tupi, that is the question* », proclamait le poète iconoclaste. Andrade est l'auteur du manifeste poétique *Pau-Brasil,* emblématique du « modernisme » et du *Manifeste anthropophage.* Il affirme la nécessité de l'assimilation et de l'appropriation des autres cultures – en particulier européennes.

– ***João Guimarães Rosa*** *(1908-1967)* **:** d'abord médecin dans son Minas Gerais natal, puis diplomate et surtout romancier ; son œuvre est toujours située dans les paysages desséchés du *sertão,* qu'il transfigure par un usage démiurgique de la langue et une inventivité folle. La complexité et la richesse de son univers romanesque l'ont fait comparer à James Joyce, rien de moins (mais c'est justifié, y compris pour la difficulté de lecture). *Diadorim* est son grand roman (voir « Livres de route »), mais on peut se replier sur *Sagarana, Corpo de baile* ou *Mon Oncle le jaguar.*

– ***Jorge Amado*** *(1912-2001)* **:** fils de planteur, né à Salvador da Bahia, militant de gauche, il se passionne très tôt pour la littérature et les luttes sociales. Ses 1ers romans portent la marque de son engagement communiste : *Cacao, Sueur, Bahia de tous les saints, Capitaines des sables.* Après la guerre, sans renoncer à ses préoccupations politiques, il chante la joie et l'énergie du petit peuple de Bahia, dans des romans comme *Dona Flor et ses deux maris, Gabriela, La Boutique aux miracles.* « La tristesse, disait-il, est le seul péché mortel, car c'est le seul qui offense la vie. » Comment lui donner tort ?

– ***Paulo Coelho*** *(né en 1947 à Rio de Janeiro)* **:** on aime ou pas les livres de Paulo Coelho, classé aujourd'hui comme le 2e auteur le plus lu dans le monde (165 millions de livres vendus, dans 80 langues). Dans les années 1970, hippie brésilien, Paulo voyage, fricote avec la drogue et le nihilisme, devient journaliste de TV, dramaturge, metteur en scène, musicien rebelle. Il est emprisonné pour hostilité à la dictature et subit même la torture. Son 1er roman, *L'Alchimiste,* est un succès planétaire. Son écriture simple et accessible, ses intrigues faciles ont conduit la critique à le classer parmi les romanciers populaires mineurs, mais ses lecteurs le suivent pour la richesse du contenu philosophique et spirituel de son œuvre, capable de toucher les gens quels que soient leur âge, leur condition ou leur culture. Il s'investit aujourd'hui dans de nombreux programmes humanitaires, notamment une fondation créée pour soutenir les défavorisés au Brésil.

## Les artistes

– ***Aleijadinho*** *(Antônio Francisco Lisboa, dit ; 1730-1814)* **:** né dans le Minas Gerais, celui qu'on a appelé le « Michel-Ange brésilien » n'est jamais allé en Europe pour étudier la statuaire classique. Fils d'un architecte portugais et d'une esclave noire, le jeune Antônio, sans jamais quitter Ouro Preto et sa région, sculpta avec passion des œuvres religieuses en bois et en pierre à savon d'une qualité et d'une richesse extraordinaires. La plupart des églises du Minas lui doivent (presque) tout. Vers 1777, défiguré et mutilé par une terrible lèpre, *Aleijadinho* (« le Petit Estropié »), comme on le surnomme alors, continue à travailler, au besoin en se faisant fixer marteau et burin au bout de ses moignons – et trouve au contraire dans ce supplice une nouvelle force pour exalter son œuvre. Un poète disait de lui : « Cet homme n'avait rien de petit ni de faible ; il était prodigieux jusque dans sa difformité. Ni son physique, ni son moral, ni son art ne révélèrent une quelconque faiblesse sentimentale. »

– ***Heitor Villa-Lobos*** *(1887-1959)* **:** né à Rio, il commence en autodidacte à mêler la tradition occidentale aux musiques populaires du Brésil. Dans les années 1920, il séjourne à Paris et fréquente l'avant-garde européenne. Son œuvre foisonnante en fait le principal musicien brésilien contemporain, tendance classique. À écouter : les *Choros,* les *Bachianas brasileiras et La Découverte du Brésil,* vastes compositions à la gloire de la terre et des hommes du pays.
– ***Candido Portinari*** *(1903-1962)* **:** né à Santa Rosa, dans l'État de São Paulo, il fut l'un des plus importants artistes brésiliens du courant néoréaliste. Portinari a peint près de 5 000 œuvres, qui vont de petites esquisses à de vastes peintures murales.
– ***Dona Canô*** *(1907-2012)* **:** de son vrai nom Claudionor Viana Teles Velloso. Décédée à l'âge de 105 ans, cette femme exceptionnelle fut une figure de la lutte contre la dictature militaire. 2 de ses 8 enfants sont devenus des chanteurs et musiciens célèbres, Caetano Veloso et Maria Bethânia. Daniela Mercury l'a « consacrée » avec une chanson éponyme devenue un classique de la MPB.
– ***Vinícius de Moraes*** *(1913-1980)* **:** né à Rio, il débute comme poète classique, puis se tourne vers la musique populaire et la bossa-nova. Résultat : des milliers de chansons, dont *Garota de Ipanema, Samba da benção, Tarde em Itapuã, Consolação* et on en passe. Il reçoit les visiteurs dans son bain et travaille avec Orson Welles et Franck Sinatra... La musique, l'alcool (whisky de préférence) et les jolies femmes (il fut marié 9 fois !) constituent sa sainte trinité.
– ***Antônio Carlos « Tom » Jobim*** *(1927-1994)* **:** Carioca et fier de l'être, Jobim est le compositeur célébré de très nombreux morceaux de bossa-nova *(Chega de saudade, Garota de Ipanema, Águas de Marzo, Corcovado, Desafinado, Meditação, Água de beber, Insensatez...).* L'aéroport de Rio porte son nom. Normal pour qui écrivit *Samba do Avião.* Cherchez bien parmi les mélodies que vous fredonnez : il y en a sûrement une de « Tom » Jobim.
– ***João Gilberto*** *(1931-2019)* **:** originaire de Juazeiro, dans l'État de Bahia, ce guitariste et compositeur est considéré comme un des fondateurs de la *bossa nova.* Il est célèbre notamment pour la chanson *Chega de saudade* et surtout pour l'un des titres les plus repris à travers le monde, *A Garota de Ipanema,* ainsi que ses nombreuses collaborations avec le saxophoniste Stan Getz.
– ***Baden Powell*** *(1937-2000)* **:** non, ce n'est pas le chef scout ! Roberto B. P. de Aquino a cependant été baptisé ainsi par son père, en souvenir de l'autre, justement. Né à Rio, l'enfant prodige de la guitare a vécu dans de nombreux pays, notamment en France et en Allemagne. Rythmicien hors pair, mélodiste parfait, ouvert sur les expériences avec d'autres musiques (jazz, classique), Baden Powell était un grand, un très grand de la 6-cordes. À écouter : *Afro-sambas* ou *Rio das valsas.*
– ***Sebastião Salgado*** *(né en 1944)* **:** fils d'un éleveur du Minas Gerais, le jeune homme suit une formation d'économiste avant de se tourner vers la photographie en 1973, au cours d'un voyage. Il fait clairement partie de ces photographes humanistes qui, au travers de leur art, entendent témoigner de la rude condition de l'homme, ce qui lui a valu de nombreuses récompenses dans le monde entier. Un maestro du noir et blanc, version XXL, au format du Brésil. Il a notamment publié *Exodes* (Taschen, 2016), *Genesis* (Taschen, 2013), *La Main de l'homme* (La Martinière, 2014), *Serra Pelada* (Photo Poche, 2004) ou *Autres Amériques* (Contrejour, 2015). Voir aussi *Le Sel de la terre* (2014), très beau documentaire (primé) réalisé par son fils, Juliano Ribeiro, et Wim Wenders.
– ***Miguel Rio Branco*** *(né en 1946)* **:** de père diplomate, ce photographe inventif doit son œil à ses nombreux voyages. Correspondant de l'agence *Magnum,* il décortique les différentes facettes du Brésil avec des partis pris radicaux. Prostitution, douleur, se mêlent à la religion, sublimant la cruauté par une beauté parfois violente.

## Les novateurs

– ***Zumbi*** *(1655-1695)* **:** cet esclave noir du Pernambuco a vécu au XVIIe s, mais sa légende est vivace. Il fut le dernier chef, et le plus charismatique, d'un *quilombo,* groupe formé par les esclaves en fuite avant l'abolition de l'esclavage au Brésil (1887). Ces hommes résistèrent pendant près de 100 ans aux assauts des troupes portugaises. Assassiné en 1695, Zumbi est adoré des Noirs brésiliens. Le 20 novembre, jour anniversaire de sa mort, a été décrété officiellement « Journée de la conscience noire » au Brésil.

– ***Cândido Rondon*** *(1865-1958)* **:** militaire passionné par le progrès, il fut un infatigable arpenteur de l'Amazonie. Il bâtit des postes avancés en pleine jungle, fit passer le télégraphe et prit contact avec des tribus indiennes farouches, envers lesquelles il se refusait à faire usage des armes (sa devise : « Mourir s'il le faut, mais ne jamais tuer »). Très proche des Indiens, Rondon était considéré par certains chefs de tribus comme l'un des leurs. Il fonda en 1910 le Service de protection des Indiens. C'est en sa mémoire que l'État de Rondônia a été baptisé.

– ***Alberto Santos-Dumont*** *(1873-1932)* **:** de père français et de mère brésilienne, ce pionnier de l'aéronautique fut fort apprécié du public français de la Belle Époque. Il construit d'abord des ballons, puis un dirigeable, puis, en 1904, des prototypes d'aéroplane – et ça vole ! En 1906, il effectue 2 vols entrés dans l'histoire : 60 m en octobre et 220 m en novembre (nouveau record du monde). Il met au point ses « Demoiselles », des petits monoplans motorisés, qui obtiennent un vif succès. Il survole alors Paris et... passe sous la tour Eiffel. Il retourne au Brésil en 1928, où il se suicide 4 ans plus tard.

– ***Oscar Niemeyer*** *(1907-2012)* **:** influencé par l'esthétique du Bauhaus et surtout par Le Corbusier, c'est l'architecte de Brasília et, tout simplement, un des plus grands architectes contemporains. À ses yeux, l'ennemi, c'est la ligne droite ; l'architecture doit être ondoyante, audacieuse, accordée aux courbes des plages et à celles de la femme aimée. En 2005, cet infatigable créateur, remarié à 99 ans (!), signe l'auditorium de São Paulo. Petit tour de chauffe avant d'assister, en avril 2006, à l'inauguration de la bibliothèque et du musée d'Histoire de Brasília. En 2012, la rénovation du sambodrome de Rio, qu'il a lui-même conçu en 1983, compte parmi l'un de ses derniers projets. En France, on dénombre près d'une vingtaine d'œuvres de Niemeyer, dont le siège du Parti communiste à Paris (1965) et la Maison de la culture du Havre (1972).

### IMMORTEL COUP DE CRAYON

*« Je viens au bureau tous les jours, même le samedi », affirmait l'infatigable Niemeyer au lendemain de ses 102 ans ! En plus de 70 ans de carrière, l'architecte brésilien le plus connu a mené à terme plus de 600 projets à travers le monde, dont la capitale Brasília. Le dernier en date constitue un record : la cité administrative Tancredo Neves, dans le Minas Gerais, abrite 5 bâtiments, dont le palais Tiradentes (siège du gouvernement) retenu par 1 080 câbles d'acier – le plus grand édifice en béton armé suspendu au monde.*

## Les sportifs

– ***Pelé*** *(Edson Arantes do Nascimento, dit ; né en 1940)* **:** footballeur qu'on ne présente plus. Né dans le Minas Gerais, mais étoile du club de Santos dès l'âge de 16 ans. L'homme aux 1 000 buts se retire en 1972 (un vrai jour de deuil pour les supporters !). L'enfant pauvre des favelas devient par la

### LE ROI PELÉ

*Il fut le plus jeune joueur à gagner une Coupe du monde (à 17 ans). Sa notoriété internationale éclipsa tous les autres footballeurs de sa génération. Enfin, il est le seul joueur à avoir remporté 3 Coupes du monde (1958, 1962, 1970).*

suite ministre des Sports, mais sans connaître, semble-t-il, les mêmes succès que sur le terrain. Il reste une figure mythique du football au Brésil et sur le plan international.

– ***Ayrton Senna** (1960-1994) :* surdoué du sport automobile, il batifole dès l'âge de 4 ans sur les circuits de karting. Devenu pilote professionnel, il est triple champion du monde, avec 41 victoires en Grand Prix et 65 pôles positions. Jusqu'à ce funeste 1er mai 1994 à Imola, où il fait sa dernière sortie de piste... Le deuil national est alors décrété au Brésil. Un tunnel urbain de São Paulo porte désormais son nom.

– ***Ronaldo** (Luis Nazário de Lima, dit ; né en 1976) :* né dans le quartier ouvrier de Bento Ribeiro à Rio, Ronaldo fait ses débuts à 16 ans. Appelé dès 1994 dans l'équipe nationale, il arrive très vite au PSV Eindhoven, au FC Barcelone et à l'Inter Milan, parmi les étoiles du galactique Real Madrid, puis au Milan AC. Le petit prodige du football brésilien triomphe au Mondial 2002 et fait mieux que Pelé en 2006, avec 15 buts marqués en Coupe du monde (4 en 1998, 8 en 2002 et 3 en 2006). Il finit sa carrière au Brésil, au SC Corinthians, avant d'annoncer sa retraite en 2011. En tout, « *Il Fenomeno* », a marqué 62 buts en 98 matchs sous le maillot brésilien. Seul Pelé a fait mieux.

– ***Ronaldinho** (Ronaldo de Assis Moreira, dit ; né en 1980) :* né dans une favela de Porto Alegre, il rejoint le FC Barcelone en 2003. En 2005, il reçoit le Ballon d'or. En 2006, champion d'Espagne et d'Europe avec le FC Barcelone, il est désigné meilleur joueur du monde par la FIFPro 2006 et meilleur joueur de la Ligue des champions. Il poursuit au Milan AC, avant de retourner au Brésil, pour le prestigieux club du Flamengo, qui remporte en 2011 le championnat de l'État de Rio... Il prend sa retraite en 2018 pour se lancer en politique, dans les rangs d'un parti de droite proche d'une église évangéliste et soutient l'élection de Bolsonaro. Aïe !

– ***Neymar** (Neymar da Silva Santos Júnior, dit ; né en 1992) :* il débute dès 13 ans au FC Santos. À 17 ans, déjà célèbre, il est réclamé par le Real Madrid, mais son père refuse. D'autres clubs européens le convoitent, mais il ne part pour le Vieux Continent qu'en 2013, intégrant dans l'ombre de Messi le FC Barcelone, puis comme no 1 au PSG pour une somme record (mais qui ne devrait pas le rester...). Sa blessure lors du quart de finale de la Coupe du monde de 2014 le prive de demi-finale face à l'Allemagne dans son pays natal, avec le résultat désastreux que l'on connaît. Souvent blessé, parfois moqué pour ses roulades hollywoodiennes, quelque peu bousculé par l'aura colossale d'un certain Mbappé au PSG, il reste néanmoins un prodige actuel du foot.

## Les « people »

– ***Ivo Pitanguy** (1926-2016) :* quand on parle de chirurgie esthétique au Brésil, on évoque tout de suite Pitanguy. Mondialement connu, ce chirurgien a commencé à Rio en 1963 avec une clinique qu'il équipa du matériel le plus moderne de l'époque. Des stars comme Ursula Andress, Sophia Loren, Mick Jagger, François Mitterrand, la duchesse de Windsor sont passées par les mains de ce roi du bistouri et du lifting. Très riche, mais mécène à ses heures, il a soutenu aussi financièrement la favela qui borde sa luxueuse maison de Rio.

### C'EST GONFLÉ !

*Les opérations esthétiques, notamment les implants mammaires, sont désormais déductibles des impôts. En effet, l'État estime que ces interventions sont excellentes pour la santé mentale des Brésiliennes. Et aussi un facteur de promotion professionnelle !*

– ***Guilherme Peirão Leal** (né en 1950) :* homme d'affaires et milliardaire, Leal a fait sa fortune dans l'industrie cosmétique (sans doute parce qu'il le vaut bien). Une sorte d'Yves Rocher brésilien dont le groupe *Natura* est aujourd'hui (très bien) coté en Bourse. Politiquement, Leal soutient le Parti vert. Lors de l'élection de 2010, il se présente comme vice-président aux côtés de la candidate Marina Silva. Il est aussi membre du WWF Brésil et très actif au sein du *Funbio (Fundo Brasileiro para a Biodiversidade).*

– ***Eike Batista** (né en 1956) :* en 2011, Batista est l'homme le plus riche du Brésil et la 8e fortune mondiale. Patron d'une puissante holding, il contrôle des mines d'or et de fer, des centrales thermiques, des infrastructures portuaires, un groupe d'hôtellerie de luxe et des champs pétrolifères. Milliardaire à la personnalité franche et généreuse, Batista a financé la campagne du président Lula (hum, hum !) et a versé 5 millions d'euros au Comité olympique de Rio. Son nombre préféré : 63. Il ajoute toujours 63 centimes au montant de tous ses contrats... par superstition. Aurait-il fini par oublier ? Fin 2013, sa filiale pétrolière OGX fait faillite. D'un coup, il perd près de 20 milliards de dollars... On compatit : ça ne doit pas être facile de n'être « que » la 100e fortune mondiale !

– ***Gisele Bündchen** (née en 1980) :* mannequin iconique, cette top model était la mieux payée au monde avant d'annoncer sa retraite des défilés début 2015 (34 ans, certes, mais déjà pas moins de 20 ans de carrière) ! Fille d'immigrés allemands du Rio Grande do Sul, elle s'est mariée en 2009 avec le footballeur américain Tom Brady, après avoir eu une idylle avec Leonardo DiCaprio.

# POPULATION

Le Brésil est une société multiethnique. Dès le début de la colonisation, contrairement aux Anglais, les Portugais ne réprimèrent pas les relations entre colons et Indigènes ou esclaves. De plus, le manque de femmes favorisa ce type d'unions. Le Brésil présente donc toute la gamme de métissage, du *caboclo* (métis de Blanc et d'Indien) au *mulato* (métis de Noir et de Blanc), en passant par le *cafuzo* (métis de Noir et d'Indien). Plus de 40 adjectifs, en brésilien, désignent les différentes nuances de couleur de l'épiderme. Cela ne doit cependant pas faire illusion. Tous les leviers de commande politiques et économiques sont aux mains des Blancs. La publicité, les médias, ne présentent en général que l'image du Blanc. Sur les chaînes de TV, la grande majorité des journalistes sont blancs et les animatrices les plus en vue sont de blondes poupées aux yeux bleus ! Même si le symbole du Brésil, provoquant tous les fantasmes des touristes, est la belle *mulata,* devenue une sorte d'image de marque, un dicton précise : « Au Brésil, on se marie avec plus blanc que soi, mais on fait l'amour avec plus noir que soi. » Il n'y a rien de plus vrai, aujourd'hui encore...

## Les Noirs et les Blancs

Les recensements brésiliens classifient les citoyens non en fonction de leur ascendance réelle (invérifiable), mais en fonction de leur perception personnelle. Ainsi, au recensement de 2010, seuls 7,6 % des Brésiliens se sont déclarés Noirs *(pretos),* contre 43 % de métis *(pardos)* et 47,7 % de Blancs *(brancos).* En réalité, les spécialistes estiment que les Noirs sont plus nombreux et les Blancs moins nombreux... D'ailleurs, les Blancs ne possèdent, en général, que 70 à 80 % de sang européen ! Géographiquement parlant, le Sud est davantage blanc, le Nord davantage noir (ou indien). Le 1er a vu débarquer de nombreux Allemands, Italiens, Espagnols et Polonais aux XIXe et XXe s, le 2d quelque 4 millions d'esclaves africains en 3 siècles d'exploitation.

Après l'abolition tardive de l'esclavage, en 1888, les Noirs se retrouvèrent libres, mais libres d'être pauvres, sans avenir ni perspectives. Ils furent destinés aux plus basses besognes puis à l'entassement dans les bidonvilles des grandes villes.

Aujourd'hui encore, le racisme reste bien ancré. Dans les immeubles chics, les Noirs sont parfois invités à utiliser l'ascenseur de service (car identifiés comme employés de maison). Les chances de grimper l'échelle sociale sont directement

liées à la couleur de la peau ou aux cheveux (frisés ou non). Ne dit-on pas : « Le Brésil n'est pas raciste, mais un Noir ne pourra réussir qu'en devenant footballeur ou danseur de samba » ?
Il n'en reste pas moins que la culture africaine – par la musique, la cuisine, les pratiques religieuses – a pénétré toutes les strates de la société brésilienne, tant et si bien que le culte des *orixás* africains est largement pratiqué jusque dans les quartiers populaires du Rio Grande do Sul (voir la rubrique « Religions et croyances »).
C'est à Bahia que vous rencontrerez avec le plus de force cette présence de la culture africaine.

## Les *caboclos*

Difficile de dire combien sont les *caboclos*. Comptabilisés par l'État dans le groupe des *pardos* (« bruns »), ces métis d'Européens et d'Indiens vivent principalement dans la région amazonienne, mais aussi dans le Ceará, le Pernambuco et l'Alagoas. Le terme peut aussi désigner un Indien assimilé.
L'histoire des *caboclos* recoupe celle du Brésil. Nés des 1ers explorateurs portugais, ils ont vu leur communauté se développer largement au gré du boom du caoutchouc, à la fin du XIXe et au début du XXe s. Leur parcours est jalonné d'illuminations prophétiques et de révoltes à connotations mystiques : les *canudos* d'Antônio Conselheiro, le mouvement du *padre* Cicero, le *cangaço* (banditisme social) de Virgulino Ferreira, dit Lampião, et de Maria Bonita... Autant de légendes entretenues par la littérature des *cordeis* (petits livrets populaires vendus dans les rues) et par les chansons des *repentistas,* improvisées par 2 guitaristes. Leur musique ? Le *forró,* où l'accordéon et les percussions lancent les rythmes haletants du *baião* ou du *xote*.
Belém vous fera sentir l'importante présence des Indiens d'Amazonie, ainsi que Manaus, tandis qu'au sud l'héritage indien, longtemps valorisé par les jésuites, se mêle aux cultures apportées par les émigrants du Vieux Monde : Italiens, Russes, juifs, Polonais, Allemands... Le Brésil, c'est Babel.
Le 24 juin a été déclaré fête des *Caboclos* !

## Les Brésiliens d'ascendance asiatique

Le Brésil abrite la plus forte communauté d'ascendance japonaise dans le monde, estimée entre 1,5 et 3 millions de personnes – concentrées dans les États de São Paulo et du Paraná. Recrutés comme travailleurs dans les plantations de café et colons, les 1ers Japonais débarquèrent en 1908. Dans les années 1990, un mouvement inverse s'est produit : quelque 200 000 Brésiliens d'ascendance japonaise ont tenté l'aventure du retour sur la terre de leurs ancêtres – avec, souvent, de gros problèmes d'intégration.
Le pays compte en outre des minorités d'origine chinoise (250 000 personnes) et coréenne (50 000), sans oublier une communauté levantine (Libanais et Syriens, chrétiens pour la plupart).

## Les Indiens du Brésil

Les estimations peinent à s'accorder. Combien étaient les Indiens sur le territoire de l'actuel Brésil avant le début de la colonisation ? Des chiffres très différents circulent, entre 1 et 10 millions. Ceux d'aujourd'hui sont plus faciles à déterminer. Au dernier recensement de 2010, 900 000 personnes se sont définies comme « indiennes » (0,45 % de la population du pays).
La FUNAI *(Fundação Nacional do Indio),* organisme d'État chargé d'assurer la « protection » des Indiens, fixe leur nombre à environ 3 millions de personnes en l'an 1500 et près de 900 000 en 2010 – les 6 dixièmes, environ, vivant sur leurs territoires ancestraux (à l'échelle nationale). Le déclin est marqué, mais le pire a été évité : en 1957, point bas des données démographiques et période d'innombrables

exactions, les Indiens n'étaient plus que 70 000 au Brésil. C'est dire si leur taux de natalité est, aujourd'hui, plusieurs fois supérieur à celui des autres Brésiliens. Mais l'explication de ce rebond spectaculaire est plus vaste : les Brésiliens sont de plus en plus nombreux à revendiquer leur part d'identité indienne.

***Où vivent les Indiens du Brésil ?***

La plupart (environ 7 Indiens sur 10 en Amazonie) vivent dans quelque 700 réserves ou parcs nationaux, à l'accès interdit, couvrant environ 13 % du pays (plus d'un million de $km^2$). C'est l'État d'Amazonas qui possède le plus de réserves (166), lesquelles totalisent près de la moitié de la superficie de tous les territoires et réserves d'indiens du pays. Suivent ensuite, loin devant les autres, le Pará, le Roraima et le Mato Grosso. En termes démographiques, c'est bien logiquement aussi dans le Nord (Amazonie) et le Nord-Est que les Indiens sont les plus nombreux (64 %), mais on les trouve aussi dans le Centre-Ouest, dans le Mato Grosso et le Mato Grosso do Sul (16 %), au sud-est (11 %) et au sud (9 %), aux confins du monde guarani.

***Combien de nations indiennes ?***

Toujours selon la FUNAI, les Indiens se répartissent en 305 ethnies parlant 274 langues, sans compter les quelque 69 groupes qui n'auraient jamais eu de contact avec le reste du monde. Les 3 peuples les plus importants démographiquement sont les Ticunas (Amazonie), les Makuxi (Amazonie) et les Kaingang (Sud), avec des populations respectives de 30 000-35 000 individus. Certaines nations ne comptent que quelques dizaines d'individus et sont, de ce fait, menacées d'extinction. Les Juma, les Jabuti ou les Akuntsu ne sont même plus que quelques-uns... Pour y voir plus clair, des ethnologues ont essayé de les classer par grandes familles linguistiques. On en compte principalement 5 :

– ***Les Arawaks :*** originaires d'Amazonie, leurs ancêtres ont conquis, au fil des siècles, les Petites, puis les Grandes Antilles. Au Brésil, ils sont concentrés dans le Nord-Ouest du pays (Roraima et Amazonie) et sont représentés aujourd'hui par une centaine de tribus, chacune possédant sa langue. C'est dans le domaine religieux qu'ils se caractérisent, avec un culte particulier pour d'énormes trompes sacrées, sortes d'instruments à vent, qui doivent toujours être cachées aux yeux des femmes.

– ***Les Karibs*** (Caraïbes), regroupés dans les régions de Roraima, Amapá et nord du Pará, étaient d'habiles guerriers ; ils volaient régulièrement des femmes arawaks pour en faire leurs épouses et étaient religieusement cannibales. Ces pratiques, combattues par le catholicisme, n'existent plus aujourd'hui, mais les hommes ont tout de même gardé une de leurs croyances, celle de la *couvade,* qui consiste en une espèce de pantomime des douleurs qui accablent l'homme lorsque sa femme accouche d'un garçon.

– ***Les Tupis-Guaranis,*** implantés sur tout le territoire brésilien, en particulier au centre-nord, au sud et sur le littoral, ont été les 1ers Indiens à entrer en contact avec les explorateurs européens au XVIIe s. Animés par un puissant sentiment religieux, seuls quelques-uns de leurs mythes ont survécu au choc de la colonisation, comme celui de la Terre-sans-mal, paradis terrestre qui offrirait à l'Indien tout ce dont il rêve. La langue tupi a fait entrer des centaines de mots dans la langue portugaise, notamment des noms d'animaux comme jaguar, piranha, tapir, tatou, toucan... Aujourd'hui, le *mato grosso* (littéralement la « forêt touffue ») est sévèrement déboisé. Ayant perdu leurs territoires de pêche et de chasse, les Guaranis survivent en travaillant comme saisonniers dans les plantations de canne à sucre et les distilleries qui encerclent leurs terres.

– ***Les Macro-Jê*** occupent le cœur du Brésil. La pauvreté de leur culture matérielle en a fait des parias. Ils couchent à même la terre et disent vivre en ne connaissant que la faim, mais possèdent en revanche une organisation sociale extrêmement complexe, sorte de club politique, véritable casse-tête ethnologique.

– ***Les Panos-Tacanas*** sont disséminés, quant à eux, dans le haut bassin amazonien (principalement la région de Rondônia), aux confins du Pérou et de la Bolivie. Ils vivent de la chasse et d'une agriculture semi-sédentaire à base de maïs, d'arachide, de banane, de patate douce, de canne à sucre, de piment, etc. Leur existence est difficile, mais ils savent encore profiter de la jungle et se créer cette vie paisible, harmonieuse, aux désirs immédiatement satisfaits, qu'avaient pu remarquer les 1ers explorateurs.

Pour en savoir plus, vous pouvez consulter le site ● *funai.gov.br* ● Voir aussi l'introduction au chapitre « L'Amazonie ».

# RELIGIONS ET CROYANCES

## Le Brésil noir et mystique

Si le Brésil est le plus grand pays catholique du monde, il n'en demeure pas moins que c'est aussi le plus grand pays de religion africaine *yoruba,* qu'on désigne sous le terme global de *candomblé.* On compte sûrement plus de dévots du *candomblé* au Brésil qu'en Afrique ; à peu près autant que de catholiques brésiliens. Toute la subtilité et l'ambivalence du Brésil réside là. Le dimanche matin, à la messe, tout le monde est catholique, mais le lundi soir, ou n'importe quel autre soir de la semaine, les mêmes iront au *terreiro de candomblé* pour célébrer les dieux africains avec la même ferveur que lors de l'eucharistie.

### *L'héritage religieux des Yorubas*

Le terme de *candomblé* désigne la religion africaine du peuple yoruba, perpétuée au Brésil par les esclaves et leurs descendants, et vigoureusement pratiquée du nord au sud du pays, mais principalement à Salvador, ainsi qu'à Belo Horizonte, São Paulo et Rio.

Arrivés au Brésil en provenance de régions et de nations africaines dispersées, de langues différentes, les esclaves noirs d'Afrique furent soumis à un processus de destruction de leur identité culturelle : nations, ethnies, tribus, familles dispersées ; interdiction de perpétuer coutumes et croyances, de parler leur langue...

Originaires du delta du Niger, les Yorubas communiquèrent leur héritage religieux et culturel à tous les Noirs du Brésil. Ils enterrèrent les fondements magiques de leur peuple, secrètement transportés d'Afrique, comme ce fut aussi le cas à Cuba, faisant du Nigeria, du Brésil et de Cuba les 3 terres sacrées du peuple yoruba dans le monde.

Les dieux de cette religion, dont le nombre est considérable, représentent des forces bien précises qui trouvent leurs origines dans les éléments de la nature : tempêtes, rivières, forêts, brousse, foudre, mer... Mais ils ont aussi et surtout la faculté d'habiter l'esprit et le corps des humains dans ce qu'on appelle la possession, ou transe. Ainsi, chacun est habité par un dieu, un *orixá* (prononcer « oricha »), qui donne une valeur sacrée aux traits profonds de sa personnalité.

### *Le candomblé*

Religion où la beauté des rituels fait partie de la fête, le *candomblé* caractérise chaque *orixá* par une foultitude d'attributs : objets, matières, jours de la semaine, parures, bijoux, plantes, couleurs, chants, tambours, préparations culinaires et sacrifices spécifiques... toutes choses qui manifestent sa présence, mais peuvent varier selon les régions du Brésil.

Les cérémonies et fêtes ont pour but de faire se manifester ces divinités parmi les vivants, par la transe. Au dieu physiquement présent dans le corps du fidèle possédé, on pourra demander d'user de toute la force de ses pouvoirs pour aider à résoudre les problèmes de la vie : amour, santé, argent, conflits, projets, voisinage, etc. En retour, on s'informera des offrandes et fêtes qu'il souhaite pour accomplir son « travail ».

En dehors de ces cérémonies et fêtes, toute une série de pratiques entretiennent une convivialité permanente avec les dieux : faculté de faire appel à leur aide pour toutes sortes de questions, en consultant les *búzios,* l'oracle des 16 coquillages, pour élucider un problème ou en réalisant des « travaux » *(trabalhos),* c'est-à-dire offrandes, sacrifices et actes spécifiques... Ne souriez pas, peu de Brésiliens, même des plus rationalistes, peuvent prétendre ne jamais y avoir eu recours.

***Les terreiros de candomblé***

Le culte des *orixás,* au Nigeria, hormis les grandes fêtes communautaires, est essentiellement domestique. Les conditions de survie des cultures africaines au Brésil ont fait naître les *terreiros de candomblé* comme véritables lieux de culte communautaires au sein d'un quartier.
C'est une petite maison paroissiale, dirigée par un *babalorixá* ou par une *yalorixá,* qu'on appelle aussi « père » ou « mère de saint » (*pai* ou *mãe de santo*), entouré(e) d'une petite communauté d'assistants directs, et qui fait appel à ses initiés quand il (elle) a besoin d'eux pour un rituel important. Le *terreiro* assure l'assistance à tout le quartier.
Véritable curé de paroisse, le *babalorixá* (ou la *yalorixá*) rend les oracles, dirige les *trabalhos,* accomplit les sacrifices, procède à l'initiation des adeptes et, bien sûr, organise les fêtes et cérémonies rituelles indispensables.
Le *candomblé* n'a aucune institution unifiée et ne repose que sur le prestige et l'autorité de chaque *terreiro,* la beauté de ses fêtes et la réputation des *trabalhos* qui y sont accomplis. L'initiation n'est nullement nécessaire pour fréquenter un *terreiro,* interroger l'oracle, assister à une cérémonie. Les fêtes de *candomblé* sont parmi les expériences les plus belles et les plus saisissantes que vous puissiez vivre au Brésil.

***Le syncrétisme***

Religion des signes et non du verbe, longtemps soumis à de dures persécutions, réprimé par la *loi des Tambours* qui interdisait de battre les tambours la nuit, pourchassé, clandestin, le *candomblé* dut user de subterfuges : au lieu de nommer et de représenter les *orixás* à la façon yoruba, les *terreiros* et leurs adeptes les recouvrirent de l'image des saints chrétiens, trouvant dans ces images pieuses un détail, une couleur, un objet qui manifestaient la présence de l'*orixá.*
Ainsi, la représentation de flèches dans les images de saint Sébastien fit adopter ce dernier pour représenter *Oxóssi* (Ochossi), le dieu de la Chasse et de la Brousse ; *Yemanjá,* déesse de la Mer, mais aussi de la Sensualité possessive et maternelle, est Notre-Dame de l'Immaculée Conception, etc. Cela a fini par créer une espèce de syncrétisme brésilien où l'on ne sait plus toujours quel saint on honore, chrétien ou yoruba. C'est ainsi qu'à Salvador, où le *candomblé* est fortement présent dans la vie sociale, toutes les fêtes catholiques sont marquées par de grandes manifestations du *candomblé.*

## Sectes et évangélisme

« Combien y a-t-il de religions au Brésil ? Dieu seul le sait... et encore ! », a-t-on coutume de dire. À côté du catholicisme, du *candomblé,* il existe toutes sortes de religions, depuis les plus classiques (chrétiens orthodoxes, réformés de divers courants, juifs, musulmans, bouddhistes, shintoïstes) jusqu'aux plus exotiques, en passant par les sectes les plus extravagantes.

### LE POSITIVISME

*Ce mouvement français fondé au XIXe s sur la science et le progrès fut assez vite oublié dans le monde, sauf au Brésil. On en fit même une religion matérialiste (l'Église positiviste), qui refusait notamment l'esclavage. La devise sur le drapeau national, « Ordre et Progrès », est d'influence positiviste.*

Différente et préoccupante, en revanche, la montée en puissance dans les quartiers pauvres : la percée des sectes en général, et des évangélistes pentecôtistes en particulier. Leurs discours, extrêmement durs, convergent, de même que leur organisation qui a tendance à s'unifier autour de 2 grands centres : l'Église universelle du Règne de Dieu et l'Assemblée de Dieu. En rupture totale avec la tolérance religieuse brésilienne, elles enrégimentent dans une mobilisation permanente les gens des quartiers pauvres, en prenant ouvertement pour cible les traditions culturelles et spirituelles africaines, la liberté morale et sexuelle, la médecine, l'école, les mouvements progressistes et syndicaux.
Leur succès impressionnant et leur grande richesse (l'Église universelle du Règne de Dieu possède près de 2 000 églises dans le pays, plusieurs quotidiens, une trentaine de chaînes de radio et la grande chaîne de TV Record) trahissent sans doute les cassures du tissu social et culturel comme le désarroi spirituel du peuple dans l'extrême gravité de la crise qui l'atteint.

## Le chamanisme

Dans un univers où le sacré se mêle au profane, le chaman (sorcier) est l'un des personnages les plus importants des communautés indiennes. Si l'on excepte les Indiens guayakis et les Gés, chez qui l'on n'en trouve nulle trace, le chamanisme est bien l'un des traits de culture communs à tout le bassin amazonien.
Mais qui se cache derrière ce personnage, à la fois homme, médecin, sorcier, trait d'union entre le monde des hommes et celui des esprits, porte-parole de la surnature ? À la suite d'un apprentissage très long qui le mettra à l'épreuve et lui révélera – ou non – ses talents, le chaman fait profession de communiquer avec les esprits et parfois d'en être possédé. Si un homme est malade, que potions et onguents n'ont pu le guérir, c'est que la maladie est due à une puissance malfaisante, que seul le chaman peut conjurer. Capable de guérir, le chaman peut également nuire à un ennemi. Il est indispensable à la communauté car, outre ses dons de guérisseur, il sait prédire l'avenir, faire tomber la pluie. Il est aussi le conseiller militaire, le grand maître des cérémonies magico-religieuses, le détenteur des secrets des pistes giboyeuses. Mais son pouvoir ne tient qu'à un fil, très mince, car sa magie n'est efficace que pour autant que l'on croit qu'elle l'est.

# SITES INSCRITS AU PATRIMOINE MONDIAL DE L'UNESCO

UNESCO
Organisation des Nations Unies pour l'éducation, la science et la culture
En coopération avec le Centre du patrimoine mondial

Pour figurer sur la liste du Patrimoine mondial, les sites doivent avoir une valeur universelle exceptionnelle et satisfaire à au moins un des 10 critères de sélection. La protection, la gestion, l'authenticité et l'intégrité des biens sont également des considérations importantes.
Le patrimoine est l'héritage du passé dont nous profitons aujourd'hui et que nous transmettons aux générations à venir. Nos patrimoines culturel et naturel sont 2 sources irremplaçables de vie et d'inspiration. Ces sites appartiennent à tous les peuples du monde, sans tenir compte du territoire sur lequel ils sont situés. Pour plus d'informations : ● *whc.unesco.org* ●
Les sites traités dans le guide sont :
- Brasília ;
- le parc national d'Iguaçu ;
- le centre historique de la ville d'Olinda ;
- le centre historique de la ville de Diamantina ;
- le centre historique de Salvador da Bahia ;

- le centre historique de São Luis ;
- la place São Francisco, dans la ville de São Cristovão ;
- le sanctuaire du Bom Jesus à Congonhas ;
- la ville historique d'Ouro Preto ;
- l'aire de conservation du Pantanal ;
- le complexe de conservation de l'Amazonie centrale ;
- la côte de la découverte – Réserves de la forêt atlantique (États de Bahia et de l'Espírito Santo) ;
- la forêt atlantique – Réserves du Sud-Est (États du Paraná et de São Paulo) ;
- Rio de Janeiro.

## SPORTS ET LOISIRS

### Le pays du *futebol*

Quand on parle de sport au Brésil, on pense évidemment au ***football,*** élevé au rang de religion populaire par l'ensemble des Brésiliens et pratiqué dans toutes les villes et tous les villages du pays, sur une plage, un chemin de terre ou un terrain aménagé en plein air. Les gamins des favelas s'entraînent même dans les *ladeiras,* et à les observer jouer pieds nus dans ces rues en pente, on comprend la réputation de virtuoses du ballon des joueurs brésiliens. L'équipe nationale est d'ailleurs la seule à avoir emporté 5 Coupes du monde, en 1958, 1962, 1970, 1994 et enfin en 2002. Bon, on ne mentionne pas l'écrasante défaite de l'équipe nationale sur ses terres, à l'occasion de la Coupe du monde de football en 2014. La victoire de l'Allemagne en finale (7-1) reste le pire souvenir de tous les aficionados de football... Depuis cette tragédie nationale, l'équipe est déjà revenue en tête du classement mondial sous l'égide de Neymar, le nouvel enfant prodige du foot brésilien ! Le nombre et la taille des stades de football dans les villes brésiliennes témoignent bien de l'engouement pour ce sport, les plus célèbres étant le ***Maracanã*** de Rio et le ***Morumbi*** à São Paulo. Chaque grande métropole possède au moins 2 équipes, donc 2 stades, une équipe soutenue par la classe populaire et une autre supportée par la classe bourgeoise.

#### LE FOOT MACHO

*Le Brésil est la patrie du football, un sport réservé pendant longtemps aux hommes ! De 1941 à 1975, les femmes avaient interdiction de jouer au foot, soi-disant pour cause d'incompatibilité avec la nature féminine. En réalité, les matchs féminins attiraient bien plus de monde que ceux de la gent masculine...*

Pour vivre l'ambiance effervescente des matchs et se plonger dans cette folie toute brésilienne, vous pouvez aller au stade, en général tous les mercredis et dimanches. Pour les grandes rencontres, TOUT s'arrête. La ville est déserte, silencieuse... et, à chaque but, fusées et pétards retentissent à faire trembler les rues. Chacun ici a SON équipe, *Flamengo* (rouge et noir) ou *Fluminense* (vert et blanc) à Rio, *Corinthians* (noir et blanc) à São Paulo... Les grands champions – Ronaldo, Garrincha, le « roi » Pelé, Socrates ou Romario – sont adulés à l'égal des dieux. Et l'ambiance tient du délire collectif lors d'un « Fla-Flu » (Flamengo contre Fluminense).

#### LE MAILLOT FAIBLE

*En 1950, les joueurs de l'équipe du Brésil (Seleção) étaient donnés grands favoris de la finale de la Coupe du monde de football. Le match contre l'Uruguay ne semblait donc qu'une formalité. C'est pourquoi la défaite (2-1) fut mise sur le compte du maillot, traditionnellement blanc. Depuis, il est coloré en jaune, à l'image du drapeau national...*

## Un peuple de sportifs

Après le foot, le ***volley-ball*** et le ***beach-volley,*** pratiqué sur les plages du littoral, sont très populaires et appréciés des hommes et des femmes, avec des équipes plusieurs fois championnes du monde et championnes olympiques. Tout comme le ***basket-ball,*** qui a vu naître des joueurs de haut niveau, plusieurs fois vainqueurs des championnats internationaux. La classe moyenne apprécie particulièrement le ***tennis,*** avec de célèbres joueurs comme Maria Ester Bueno, qui a remporté 3 fois le tournoi de Wimbledon dans les années 1960 et, plus récemment, la star « Guga », Gustavo Kuerten, qui a pris sa retraite sportive en 2008. Sans oublier la ***formule 1,*** popularisée par les pilotes mythiques du sport automobile, Nelson Piquet dans les années 1980, Rubens Barrichello, ou encore Ayrton Senna (voir « Personnages »).
Sur le littoral du Nordeste, d'août à septembre, ***le surf et le kitesurf*** ont le vent en poupe, en particulier dans le Ceará, au nord de Fortaleza, où se sont multipliés les spots prisés des kitesurfeurs du monde entier (Préa, Icaraí de Amontada, Barra Grande, etc.). Sinon, il y a une activité méconnue en Europe mais pratiquée par une majorité de Brésiliens, la ***marche tonique*** (!). En effet, cette activité nécessite des conditions bien spécifiques à ces contrées, car elle se pratique de préférence dans un cadre idyllique, le long des plages du littoral, telles que Copacabana, pour ne citer que la plus célèbre... Tôt le matin ou en fin de journée, une foule homogène, vêtue d'un caleçon moulant, de baskets futuristes et généralement équipée d'écouteurs, arpente d'un pas énergique les quelques kilomètres qui longent ces immenses plages de sable fin. Une activité démocratique, pratiquée seul ou à plusieurs, de 7 à 77 ans, qui offre parfois un spectacle insolite sur les plages de Rio, de l'Espírito Santo ou de Bahia.

## La capoeira

Autre particularité, et non la moindre, la ***capoeira,*** pratiquée dans de nombreuses villes du Brésil, l'après-midi ou le soir, sur une place ou en bord de mer. Au son de chants africains et de 3 instruments de musique – le *berimbau* (en forme d'arc), le *pandeiro* (tambourin) et l'*atabaque* (sorte de tam-tam) –, d'étonnants danseurs, souvent vêtus de blanc, rivalisent 2 à 2 au milieu d'un cercle (la *roda*) formé par les participants. Le rythme particulier, la vibration de la corde d'acier des *berimbaus,* le chœur à l'évidence truculent et profane, mais en même temps psalmodié comme un chant religieux, tout cela ne peut qu'attirer votre attention. Et les figures acrobatiques de ces « danseurs-combattants », généralement des hommes, vous feront penser à un véritable ballet aux allures tragiques et assassines. C'est de la capoeira qu'il s'agit, et, sous ses allures de danse, c'est bien l'un des plus redoutables sports de combat qui soient. Emprunté aux techniques martiales de diverses nations africaines, on y retrouve des figures de la boule sénégalaise, autant que des feintes et passes pratiquées en Angola et chez les Zoulous ; d'ailleurs, la capoeira a emprunté sa rythmique et sa ligne musicale à l'Angola.
La capoeira remonte à la fin du XVIIIe s et était pratiquée en secret par les esclaves, qui exprimaient ainsi leurs révoltes et camouflaient sous des apparences musicales ces activités qui leur étaient interdites. Ainsi, le *toque,* le motif rythmique scandé par le *berimbau,* servait jadis de signal d'alarme. Les maîtres craignaient que ces groupes de combat organisent un mouvement de révolte. Malgré cette opposition, la capoeira acquit peu à peu une grande popularité et se répandit dans de nombreuses régions au Brésil. Mais cet art martial restait entaché d'une mauvaise réputation, d'autant que les capoeiristes étaient organisés en bandes et n'hésitaient pas à servir d'hommes de main pour le compte des diverses autorités ; dans le langage brésilien blanc du XIXe s, capoeira signifiait d'ailleurs « bandit, brigand ». Avec l'abolition de l'esclavage noir en 1888 et la proclamation de la république en 1890, la répression se durcit à l'encontre des manifestations de

la culture afro-brésilienne, y compris la capoeira. Sa pratique fut donc interdite dès 1890, et ce jusqu'en 1932, lorsque le gouvernement de Getúlio Vargas officialisa cet art martial comme « sport national ».

Car depuis le début du XXe s, des maîtres virtuoses de capoeira, personnellement engagés dans les luttes contre la ségrégation raciale envers les Noirs, avaient fait définitivement reconnaître la capoeira comme un art digne de respect. C'est à Salvador da Bahia que s'ouvrirent les 1res académies officielles. 2 « écoles » se distinguent : la *capoeira régionale,* créée par Mestre Bimba (1re académie ouverte en 1932), plus acrobatique et proche des arts martiaux, et la *capoeira angola,* pratiquée par l'académie de Mestre Pastinha (ouverte en 1941), qui revendique le style traditionnel. La capoeira est aujourd'hui pratiquée dans tout le Brésil, avec des championnats et une fédération sportive (dont les meilleures académies sont évidemment à Bahia). Elle sert d'étendard culturel aux divers mouvements de conscience noire.

# *les ROUTARDS sur la FRANCE 2022-2023*

(dates de parution sur • *routard.com* •)

## Découpage de la FRANCE par le ROUTARD

### Autres guides sur la France

- Nos meilleurs campings en France
- Nos meilleures chambres d'hôtes en France

### Autres guides sur Paris

- Paris
- Paris balades
- Restos et bistrots de Paris
- Le Routard des amoureux à Paris
- Week-ends autour de Paris

### Le Routard à vélo

- EuroVelo6
- La Bourgogne du Sud à vélo
- La Flow Vélo
- La Loire à Vélo
- La Vélo Francette
- La Vélodyssée (Roscoff-Hendaye)
- Le Canal des 2 mers à vélo
- Paris Île-de-France à vélo
- ViaRhôna
- Les plus belles escapades à vélo en France

# les ROUTARDS sur l'ÉTRANGER 2022-2023

(dates de parution sur • **routard.com** •)

**Découpage de l'ESPAGNE par le ROUTARD**

**Découpage de l'ITALIE par le ROUTARD**

## Autres pays européens

- Allemagne
- Angleterre, Pays de Galles
- Autriche
- Belgique
- Bulgarie
- Crète
- Croatie
- Danemark, Suède
- Écosse
- Finlande
- Grèce continentale
- Hongrie
- Îles grecques et Athènes
- Irlande
- Islande
- Madère
- Malte
- Norvège
- Pays baltes : Tallinn, Riga, Vilnius
- Pologne
- Portugal
- République tchèque, Slovaquie
- Roumanie
- Suisse

## Villes européennes

- Amsterdam
- Berlin
- Bruxelles
- Budapest
- Copenhague
- Dublin
- Lisbonne
- Londres
- Moscou
- Naples
- Porto
- Prague
- Saint-Pétersbourg
- Stockholm
- Vienne

# les ROUTARDS sur l'ÉTRANGER 2022-2023

(dates de parution sur • **routard.com** •)

## Découpage des ÉTATS-UNIS par le ROUTARD

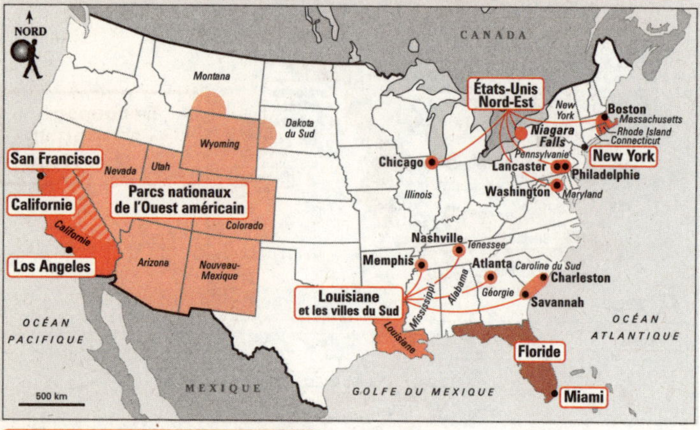


## Autres pays d'Amérique

- Argentine
- Brésil
- Canada Ouest
- Chili et île de Pâques
- Colombie
- Costa Rica
- Équateur et les îles Galápagos
- Guatemala, Belize
- Mexique
- Montréal
- Pérou, Bolivie
- Québec et Ontario

## Asie et Océanie

- Australie côtes est et nord + Red Centre
- Bali, Lombok
- Bangkok
- Birmanie (Myanmar)
- Cambodge, Laos
- Chine
- Hong Kong, Macao, Canton
- Inde du Nord
- Inde du Sud
- Israël et Palestine
- Istanbul
- Jordanie
- Malaisie, Singapour
- Népal
- Shanghai
- Sri Lanka (Ceylan)
- Thaïlande
- Tokyo, Kyoto et environs
- Turquie
- Vietnam

## Afrique

- Afrique du Sud
- Égypte
- Kenya, Tanzanie et Zanzibar
- Maroc
- Marrakech
- Sénégal
- Tunisie

## Îles Caraïbes et océan Indien

- Cuba
- Guadeloupe, Saint-Martin, Saint-Barth
- Île Maurice, Rodrigues
- Madagascar
- Martinique
- République dominicaine (Saint-Domingue)
- Réunion

## Guides de conversation

- Allemand
- Anglais
- Arabe du Maghreb
- Arabe du Proche-Orient
- Chinois
- Croate
- Espagnol
- Grec
- Italien
- Japonais
- Portugais
- Russe
- G'palémo (conversation par l'image)

## Livres-photos/Livres-cadeaux

- 50 voyages à faire dans sa vie
- 52 escapades nature en France (**nouveauté**)
- 52 week-ends coups de cœur en Europe (city trips)
- 52 week-ends coups de cœur en France
- 120 coins secrets en Europe
- 1 200 coups de cœur en France
- 1 200 coups de cœur dans le monde
- Cahier de vacances du Routard
- La France de Stéphane Bern
- Nos plus belles balades et randos en France (**nouveauté**)
- Road Trips Monde
- Road Trips en France
- Sacré : 100 lieux d'inspiration divine (**nouveauté**)
- Voyages
- Voyages : États-Unis
- Voyages : France
- Voyages : Italie

# INDEX GÉNÉRAL

## LISTE DES CARTES ET PLANS

**IMPORTANT : DERNIÈRE MINUTE**

Entre deux parutions du *Routard,* des événements fortuits (conditions sanitaines, catastrophes naturelles mais aussi formalités, taux de change, conditions d'accès aux sites, fermetures inopinées, etc.) peuvent modifier vos projets de voyage. Pour éviter les déconvenues, nous vous recommandons de consulter la rubrique « Guide » par pays de notre site ● **routard.com** ● et plus particulièrement les dernières ***Actus voyageurs.***

### *Remarque importante aux hôteliers et restaurateurs*

Les enquêteurs du *Routard* travaillent dans le plus strict anonymat. Aucune réduction, aucun avantage quelconque, aucune rétribution n'est jamais demandé en contrepartie. Face aux aigrefins, la loi autorise les hôteliers et restaurateurs à porter plainte.

### *Avis aux lecteurs*

*Le Routard,* ce n'est pas comme le bon vin, il vieillit mal. On ne veut pas pousser à la consommation, mais évitez de partir avec une édition ancienne. Les modifications sont souvent importantes.

Les réductions accordées à nos lecteurs ne sont jamais demandées par nos rédacteurs afin de préserver leur indépendance. Les hôteliers et restaurateurs sont sollicités par une société de mailing, totalement indépendante de la rédaction, qui reste donc libre de ses choix. De même pour les autocollants et plaques émaillées.

### *Avec routard.com, choisissez, organisez, réservez et partagez vos voyages !*

✓ Rejoignez la plus grande communauté francophone de voyageurs : **plusieurs millions d'internautes.**

✓ Échangez avec les routarnautes : forums, photos, avis d'hôtels.

✓ Retrouvez aussi toutes les informations actualisées pour choisir et préparer vos voyages : près de 300 guides destinations, une centaine de dossiers pratiques et un magazine en ligne pour découvrir tous les secrets de votre destination.

✓ Enfin, comparez les offres pour organiser et réserver votre voyage au meilleur prix.

## *Les* **Routards** *parlent aux* **Routards**

Faites-nous part de vos expériences, de vos découvertes, de vos tuyaux et de vos coups de cœur. Aidez-nous à remettre l'ouvrage à jour. Indiquez-nous les renseignements périmés. Faites profiter les autres de vos adresses nouvelles, combines géniales... On adresse un exemplaire gratuit de la prochaine édition à ceux qui nous envoient les meilleurs courriers, pour la qualité et la pertinence des informations.

Quelques conseils cependant :

– Envoyez-nous votre courrier le plus tôt possible afin que l'on puisse insérer vos tuyaux sur la prochaine édition.

– N'oubliez pas de préciser l'ouvrage que vous désirez recevoir, ainsi que votre adresse postale.

– Vérifiez que vos remarques concernent l'édition en cours et notez les pages du guide concernées par vos observations.

– Quand vous indiquez des hôtels ou des restaurants, pensez à signaler leur adresse précise et, pour les grandes villes, les moyens de transport pour y aller. Si vous le pouvez, joignez la carte de visite de l'hôtel ou du resto décrit.

En tout état de cause, merci pour vos nombreux mails.

**122, rue du Moulin-des-Prés, 75013 Paris**

• *guide@routard.com* • *routard.com* •



Édité par Hachette Livre (58, rue Jean-Bleuzen, CS 70007, 92178 Vanves Cedex, France)
Photocomposé par Jouve SAS (561, rue Saint Léonard, 53100 Mayenne, France)
Imprimé par Dupliprint (Quai n° 2, 733, rue Saint-Léonard, BP 3, 53101 Mayenne Cedex, France)
Achevé d'imprimer : juin 2022
Collection n° 13 - Édition n° 02
47/5472/6
I.S.B.N. 978-2-01-787154-5
Dépôt légal : décembre 2019

PAPIER À BASE DE FIBRES CERTIFIÉES